中国人力资源和社会保障
年　鉴
（工作卷）

CHINA HUMAN RESOURCES AND SOCIAL SECURITY YEARBOOK

2024

中国劳动社会保障出版社
中国人事出版社

图书在版编目（CIP）数据

中国人力资源和社会保障年鉴. 2024：文献卷、工作卷 / 人力资源和社会保障部组织编写. -- 北京：中国劳动社会保障出版社：中国人事出版社，2024.

ISBN 978-7-5167-6796-2

Ⅰ. F249.21-54；D632.1-54

中国国家版本馆 CIP 数据核字第 20247PT682 号

中国劳动社会保障出版社
中 国 人 事 出 版 社 **出版发行**

（北京市惠新东街 1 号　邮政编码：100029）

*

河北虎彩印刷有限公司印刷装订　　新华书店经销

880 毫米 ×1230 毫米　16 开本　63 印张　0.75 彩色印张　1520 千字

2024 年 12 月第 1 版　　2024 年 12 月第 1 次印刷

定价：498.00 元

营销中心电话：400-606-6496

出版社网址：https://www.class.com.cn

《中国人力资源和社会保障年鉴》编辑委员会成员

《中国人力资源和社会保障年鉴》
编辑部成员

编辑说明

一、《中国人力资源和社会保障年鉴（2024）》是关于人力资源和社会保障工作的专业性史料工具书。本年鉴收录了2023年度我国人力资源社会保障工作重要文献、资料和数据，记录了2023年度我国人力资源社会保障事业发展概况，客观反映了人力资源社会保障工作改革发展成就、经验以及今后需要继续研究解决的问题。本年鉴是对党政机关领导干部和各部门工作人员、人力资源社会保障系统工作者、企业领导和人力资源管理者，以及人力资源社会保障科研理论工作者有价值的参考用书和工具书。

二、本年鉴分文献卷、工作卷两卷。文献卷包括人力资源和社会保障重要文献、工作大事记。工作卷包括人力资源和社会保障工作概览、全国人力资源和社会保障工作、地方人力资源和社会保障工作、人力资源和社会保障统计资料。

三、本年鉴中，全国人力资源和社会保障工作分为28个部分：促进就业，人力资源流动管理，职业能力建设，专业技术人员管理，事业单位人事管理，城镇职工养老保险，失业保险，工伤保险，城乡居民基本养老保险，社会保险经办管理，中央国家机关事业单位养老保险经办管理，社会保险基金监管，劳动关系，劳动人事争议调解仲裁，事业单位工资福利，外国专家工作，农民工工作、促进家政服务业提质扩容和乡村振兴，人力资源和社会保障法治建设，劳动保障监察，国家表彰奖励，规划财务，信息化建设，科学研究，干部教育培训，行风建设，新闻宣传政务信息报刊与出版，国际交流合作及涉港澳台工作，社团活动；地方人力资源和社会保障工作47篇。

《中国人力资源和社会保障年鉴（2024）》的编辑出版是在全国人力资源社会保障系统的共同努力下完成的。在此，向所有参加编辑出版工作的领导和同志表示衷心的感谢。

《中国人力资源和社会保障年鉴》编辑部

2024年12月

目　　录

工作卷

人力资源和社会保障工作概览

全国人力资源和社会保障工作

地方人力资源和社会保障工作

人力资源和社会保障统计资料

工作卷

人力资源和社会保障工作概览

2023 年人力资源和社会保障工作综述

2023 年是全面贯彻落实党的二十大精神的开局之年，面对错综复杂的国内外形势和艰巨繁重的改革发展稳定任务，全国人力资源社会保障系统坚持以习近平新时代中国特色社会主义思想为指导，坚持稳中求进工作总基调，聚焦推动高质量发展，以加强人力资源开发利用为主题主线，大兴调查研究，创新政策举措，狠抓责任落实，圆满完成各项目标任务，推动人社事业发展取得新成效，为经济回升向好和民生保障作出了积极贡献。

一、就业局势保持总体稳定

（一）稳就业政策优化实施。

坚持把稳就业作为保民生、促发展、稳预期的重要基础，以建立健全高质量充分就业工作体系为牵引，落实就业优先政策，会同有关部门印发《关于阶段性降低失业保险、工伤保险费率有关问题的通知》（人社部发〔2023〕19 号）、《关于延续实施一次性扩岗补助政策有关工作的通知》（人社部发〔2023〕37 号），印发实施《关于强化人社支持举措　助力民营经济发展壮大的通知》（人社部发〔2023〕61 号），稳就业的政策体系进一步完善。全年失业保险、工伤保险援企稳岗，为企业减少成本超过 2 000 亿元，就业补助资金支出超过 1 000 亿元。全年城镇新增就业 1 244 万人，城镇调查失业率月均 5.2%，全面完成年度目标任务，稳住了就业基本盘，为经济运行在合理区间和社会稳定提供了有力支撑。

（二）重点群体就业保持平稳。

坚持把促进高校毕业生等青年就业作为重中之重，抓早抓实抓细各项工作，就业创业推进计划深入实施，市场化就业渠道持续拓展，公共部门岗位规模稳定扩大，百万见习岗位募集释放，招募“三支一扶”计划人员 4.2 万人，加强困难毕业生专项帮扶和离校未就业毕业生实名帮扶，确保了毕业生就业水平稳定。有序外出和就地就近就业两头发力，多措并举稳定农民工就业。“春暖农民工”“薪暖农民工”“城暖农民工”等专项服务行动取得积极成效。2023 年，全国农民工数量达 2.98 亿人，比上年增加 191 万人。加强失业人员特别是困难人员就业帮扶，畅通失业登记渠道，完善就业援助制度，开展“就业援助月”专项活动，持续推进零就业家庭至少一人就业。2023 年，城镇失业人员再就业 514 万人，帮扶就业困难人员实现就业 172 万人。同时，统筹做好退役军人、残疾人等群体就业工作。

（三）就业服务和技能培训有力有效。

坚持把就业公共服务作为稳就业促就业的重要手段，持续打造“大数据 + 铁脚板”的就业服务模式，各地普遍建成省级集中的就业信息资源库和就业信息平台，高频率开展“春风行动”等就业服务活动，1 万个“家门口就业服务站”、15 分钟就业服务圈加速布局，3 200 余家零工市场规范化水平有效提升。坚持把职业技能培训作为解决就业结构性矛盾的关键举措，组织实施制造业技能根基工程等专项培训计划，遴选发布首批 59 家技能根基工程培训基地，着力促进各类劳动者技能提升和就业创业，全年开展补贴性培训超过 1 800 万人次。充分发挥人力资源服务业促就业的作用，颁布施行人力资源服务机构管理规定，发布网络招聘服务规范等行业标准。新建人力资源服务产业园。成功举办第二届全国人力资源服务业发展大会、“国聘行动”等品牌活动。

（四）人社帮扶工作常态化推进。

坚持以就业和职业技能培训为重点，积极助力乡村振兴，促进脱贫劳动力就业增收。扎实开展防止返贫就业攻坚行动，深入实施国家乡村振兴重点帮扶地区职业技能提升工程，深化东西部劳务协作，组建区域劳务协作联盟，举办全国劳务协作暨劳务品牌发展大会，优化就业帮扶车间。对口支援新疆工作推进会顺利召开。深入开展专家人才服务基层活动，持续开展新疆、西藏和四省（四川、云南、甘肃、青海）涉藏州县少数民族专业技术人才特殊培养工作。年末脱贫人口务工规模达 3 397 万人。为 2 577 万名困难人员代缴城乡居民基本养老保险费，困难群体基本养老保险参保率保持在 99% 以上。

二、社会保障体系建设取得新进展

（一）制度改革不断深化。

围绕社会保障事业高质量可持续发展的主题，以深化改革为动力，抓重点、补短板、强弱项，持续健全社会保障体系。公布实施《社会保险经办条例》（国务院令第 765 号），社会保险经办进入法治化、规范化、精细化发展轨道。会同相关部门印发实施《关于推进工伤康复事业高质量发展的指导意见》（人社部发〔2023〕41 号）。积极发展养老保险第二、第三支柱。企业职工基本养老保险全国统筹进展顺利，2023 年全国统筹调剂资金规模达 2 716 亿元。个人养老金制度运行平稳有序，先行工作取得积极成效。新就业形态就业人员职业伤害保障试点稳妥实施，截至 2023 年年底参保 731 万人。失业保险、工伤保险省级统筹全面实现。

（二）覆盖范围和保障能力稳步提高。

围绕把更多人纳入社会保障体系，积极推进参保扩面工作，社会保险覆盖范围持续扩大。调整退休人员基本养老金水平，提高城乡居民基础养老金最低标准，各项社保待遇按时足额发放。截至 2023 年年底，全国基本养老保险、失业保险、工伤保险参保人数分别为 10.66 亿人、2.44 亿人、3.02 亿人。全年三项社会保险基金收入 7.92 万亿元，支出 7.09 万亿元，年底累计结余 8.24 万亿元，基金收支基本平衡。

（三）基金监管和投资运营不断加强。

将安全规范摆在突出位置，健全完善社会保险基金监督举报工作管理办法、社会保险基金监督约谈办法等制度。开展社会保险基金管理巩固提升行动，常态化开展年金基金管理机构现场检查和非现场监管，促进合规运营。持续推动基本养老保险基金委托投资，截至 2023 年年底，投资运营规模达 1.86 万亿元。

三、人才人事制度不断完善

（一）专业技术人才队伍建设加力推进。

聚焦支持国家重大战略，持续健全完善职称评审、职业资格等相关政策。印发《专业技术人员职业资格证书管理工作规程（试行）》（人社厅发〔2023〕16 号），加强职称评审信息化建设，实现跨地区在线查询核验。出台实施《人力资源管理专业人员职称评价办法（试行）》（人社部发〔2023〕51 号），修订新闻记者、设备监理师、精算师等职业资格制度文件。印发《国家职业标准编制技术规程（2023 年版）》，颁布 56 个国家职业标准。实施博士后创新人才支持计划和博士后国际交流计划，加大博士后自主培养和国外引进力度，新设一批博士后科研流动站和工作站，全年新招收博士后近 4 万人。成功举办第二届全国博士后创新创业大赛和首届全国博士后揭榜领题现场交流对接系列活动。完成新一批享受政府特殊津贴人员选拔推荐。深入实施留学回国人员创业启动支持计划、海外赤子为国服务行动计划等重点留学回国项目，优化留学人员回国服务。深入实施专业技术人才知识更新工程。加快推进数字技术工程师培育项目，遴选公布第二批培训机构和评价机构 600 余家。

（二）技能人才发展取得新成效。

全面落实加强新时代高技能人才队伍建设的意见，全面实施“技能中国行动”，新型学徒制、“新八级工”职业技能等级制度稳步实施。成功举办第二届全国技能大赛，各地区各行业数十万人广泛参与。举办第十六届高技能人才表彰大会、“技能成才　技能报国”中外记者见面会和高技能人才先进事迹报告会，营造了促进技能发展的良好氛围。聚焦先进制造业、现代服务业、数字技能领域职业（工种），支持建设115家国家级高技能人才培训基地和139家技能大师工作室。全面推行工学一体化技能人才培养模式，推进技工教育高质量特色发展。

（三）外国专家工作不断加强。

坚持政策制度、重大活动、引智项目、人才交流协同推进、改革创新，针对外国人才在引进使用、服务保障、社会融入等方面存在的突出问题，研究健全引智工作法律政策制度，推进外国人来华工作许可与工作类居留许可“一窗受理、并联审批、两证联办”，会同相关部门不断优化外专服务保障、联系交流机制，开展中国政府友谊奖评选表彰，优化实施国家外国专家项目和出国（境）培训项目。

（四）事业单位人事管理和表彰奖励等工作稳步推进。

会同中央组织部印发《事业单位工作人员考核规定》（人社部发〔2023〕6号）、《事业单位工作人员处分规定》（人社部发〔2023〕58号），事业单位人事管理制度更加健全完善。县以下事业单位管理岗位职员等级晋升制度平稳实施。会同教育部做好2023年中小学幼儿园教师公开招聘工作。完善表彰奖励等制度措施，会同相关部门开展有关表彰奖励工作，荣誉引领作用得到更好发挥。

四、工资收入分配制度改革深入推进

（一）企业工资宏观调控和国企工资分配等工作有序推进。

劳动者工资决定、工资增长和支付保障制度机制进一步完善，中央企业负责人薪酬制度和国有企业工资决定机制改革持续推进，会同财政部印发《关于做好国有企业津贴补贴和福利管理工作的通知》（人社部发〔2023〕13号）。开展2023年企业薪酬调查和制造业人工成本季度监测，发布薪酬调查信息。推广技能人才薪酬分配指引。有关地区最低工资标准稳慎合理调整。

（二）事业单位工资制度不断完善。

围绕改革完善体现岗位绩效和分级分类管理的薪酬制度，出台高等学校、科研院所薪酬制度改革试点意见，不断深化公立医院薪酬制度改革，会同相关部门落实高层次人才工资分配激励政策，义务教育教师工资待遇有力保障，更好激发事业单位工作人员创新创造活力。

五、劳动关系保持总体和谐稳定

（一）劳动关系协商协调有效开展。

稳步推进劳动关系“和谐同行”能力提升三年行动计划。会同有关部门印发《关于推进新时代和谐劳动关系创建活动的意见》（人社部发〔2023〕2号），开展区域和谐劳动关系高质量发展改革创新试点。会同有关部门印发《全国和谐劳动关系创建工作先进集体和先进个人表彰办法》（人社部发〔2023〕22号），组织开展第一届全国和谐劳动关系创建工作先进集体和先进个人表彰推荐评选。加强劳动关系协调员队伍建设，印发《关于做好劳动关系协调师职业技能等级认定工作的通知》（人社厅函〔2023〕141号）。加强劳动用工指导，会同相关部门印发有关劳动保护制度参考文本，出台新就业形态劳动者劳动合同和书面协议订立、休息和劳动报酬权益保障等指引指南，引导企业积极维护新就业形态劳动者权益。

（二）调解仲裁和劳动保障监察有力开展。

健全劳动人事争议多元处理机制，加强基层调解组织建设，会同有关部门印发《关于开展基层劳动人事争议调解组织建设行动的通知》（人社厅发〔2023〕36号），提高业务能力，加大协商调解工作力度。开展农民工工资争议速裁庭建设专项行动，加强新就业形态劳动纠纷"一站式"调解，发挥劳动争议调解、人民调解、司法调解优势，合力化解新就业形态劳动纠纷。开展劳动用工"查风险、强协商、保支付、促和谐"专项行动，畅通线上线下维权渠道，加强重点领域监察执法，清理整顿人力资源市场秩序，严肃查处各类侵犯劳动者合法权益的行为。

（三）保障农民工工资支付工作持续深化。

深入贯彻《保障农民工工资支付条例》，推动农民工工资专用账户、实名制管理、总包代发、工资保证金等制度落实落地。优化全国根治欠薪线索反映平台，坚持常态化监管执法。向社会公布重大欠薪违法行为，规范开展欠薪失信名单管理。开展2022年度省级政府工作考核。坚持开展根治欠薪冬季专项行动，强化对欠薪问题的专项整治。

六、公共服务水平得到新提升

（一）服务意识和能力进一步提高。

聚焦群众和企业办事的堵点痛点难点问题，优化服务管理模式，继续精简流程环节和材料，推进行风建设常态化，着力打造群众满意的人社服务。全面推进标准化建设，印发实施《关于进一步健全人力资源社会保障基本公共服务标准体系全面推行标准化的意见》（人社部发〔2023〕62号）。开展"走流程"、调研暗访等，及时发现整改问题。完善窗口服务、内部管理等制度，加强经办服务队伍教育管理监督。强化基层一线业务培训，开展服务窗口工作人员练兵比武。实施证明事项告知承诺制，梳理、调整证明事项清单。探索打造不同层级各具特色的人社优质服务"样板间"。深入开展人社政务服务"好差评"，提高差评整改效率。在全国范围内开展"社保服务进万家"活动，惠民生、暖民心社保服务品牌持续打造。

（二）数字赋能取得明显成效。

更好顺应人民对高品质公共服务的新期待，完成人社信息化便民服务创新提升行动，全面推进数字人社建设，各地形成382个应用场景。优化线上服务流程，持续推进人社服务"一网通办"。全国人社政务服务平台、国家社保公共服务平台、电子社保卡、掌上12333渠道，开通154项全国性服务，全年服务156亿人次。推进居民服务"一卡通"，社会保障卡持卡人数达13.79亿人，其中9.62亿人领用电子社保卡。全国12333热线全年接听总量约1亿次。积极推广"辅助帮办""全程代办"，为老年人、残疾人等群体提供暖心服务。

工作卷

全国人力资源和社会保障工作

促 进 就 业

一、就业目标全面完成

2023年全国城镇新增就业1 244万人，城镇失业人员再就业514万人，就业困难人员就业172万人，年末城镇调查失业率5.1%，完成年初确定目标（城镇新增就业1 200万人左右，城镇失业人员再就业500万人，就业困难人员就业130万人，城镇调查失业率全年控制在5.5%左右）。截至2023年年底，全国脱贫人口务工总数3 397万人，超过上年规模。

二、深入实施就业优先政策

（一）落实完善政策稳就业。

把稳就业提高到战略高度通盘考虑，加大宏观政策实施力度，会同相关部门及时研究出台稳增长扩消费、稳外贸稳外资、促进民营经济发展壮大、引导劳动密集型行业转型升级等系列政策，印发《关于实施专精特新中小企业就业创业扬帆计划的通知》（人社部发〔2023〕47号），鼓励劳动者创办创新型中小企业，做好企业用工服务和人才供给服务，支持技术技能人才发展、开展就业见习、构建和谐劳动关系等，促进重点行业企业更多吸纳就业，提升经济社会发展就业带动力。优化调整稳就业政策，报请国务院办公厅印发《关于优化调整稳就业政策措施全力促发展惠民生的通知》（国办发〔2023〕11号），延续降低失业保险、工伤保险费率政策，拓展吸纳就业补贴范围，优化稳岗返还政策，实施稳岗扩岗专项贷款，重启一次性扩岗补助政策，着力拓宽渠道促进高校毕业生等青年就业创业，激发活力扩大就业容量，强化帮扶兜牢民生底线。2023年全年支出就业补助资金超1 000亿元。

（二）高位部署推进稳就业。

4月，人力资源社会保障部在江苏省南京市、苏州市召开人社系统稳就业工作现场推进会。会议对2023年工作进行了系统全面部署，以“理念重塑、系统重构、数字赋能”的工作思路，明确了“三个指标、两个确保”的就业工作目标，确立了建成省级“一库一平台”一体化信息平台的工作任务。会议对各地明确下一步工作重点思路，把握工作着力点，具有很强的指导意义。

（三）凝聚各方合力稳就业。

充分发挥国务院就业促进和劳动保护工作领导小组作用，配合制定工作要点和重点任务，强化督促调度，通过领导小组简报等形式宣传推广典型经验做法，凝聚促就业工作合力。会同财政部开展促进就业地区激励，对落实就业优先政策、推动实现高质量充分就业、促进重点群体就业创业等任务完成较好的地区给予激励支持。

三、全力推进高校毕业生就业工作

（一）加强工作部署推进。

5月，国务院召开全国普通高等学校毕业生就业创业工作电视电话会议，国务院有关领导出席会议并讲话，对做好2023年高校毕业生就业创业工作进行了全面部署。6月，四位部领导分别带队对广西、山东等12个省份进行实地督查与电话督导，压实地方促进毕业生就业主体责任。同月，组织开展山东、湖北、广东、甘肃四省青年就业情况调查，全面了解毕业生等青年就业状况、生活状态等。7月，召开高校毕业生等青年就业工作部署会，对做好下半年高校毕业生等青年就业工作进行再部署再推动。12月，联合教育部召开2024届全国普通高校毕业生就业创业工作网络视频会议，对做好2024届高校毕业生就业创业工作进行部署。

（二）着力拓宽就业渠道。

延续实施一次性吸纳就业补贴等政策，推广“直补快办”模式，助力企业稳岗扩就业。组织开展高校毕业生等青年就业政策宣传周，制作高校毕业生就业创业政策口袋书，发布就业政策导图、海报，送政策宣传进校园、进社区、进园区，便利毕业生及用人单位知晓政策、享受政策。5月，会同民政部、教育部、财政部印发《关于做好2023年普通高校毕业生到城乡社区就业工作的通知》（民发〔2023〕30号），引导毕业生到城乡社区、基层就业。实施百万就业见习岗位募集计划，开发适合高校毕业生的管理、技术和科研类岗位，全年共募集见习岗位超过100万个，帮助高校毕业生等青年增加工作经验，提升就业竞争力。

（三）着力优化就业服务。

组织实施公共就业服务进校园活动，指导各地围绕政策宣传、招聘服务、就业指导、创业服务、职业培训、困难帮扶“六进校园”，把好岗位送到毕业生身边。3月，印发《关于开展2023年高校毕业生等青年就业创业推进计划的通知》（人社部函〔2023〕19号），聚焦岗位拓展、服务优化、困难帮扶、宣传引导等方面，实施中小微企业吸纳毕业生就业政策落实行动等十项专门行动，千方百计促进毕业生等青年就业。4月，印发《关于做好取消普通高等学校毕业生就业报到证有关衔接工作的通知》（人社部发〔2023〕26号），便利毕业生流动就业。6月，开展百日千万招聘专项活动，为毕业生等青年与用人单位搭建岗位对接平台。7月，启动实施2023年高校毕业生等青年就业服务攻坚行动，发出致2023届毕业生公开信，指导地方普遍发布公开信，公布求助途径、招聘平台、服务机构目录和政策服务清单。提早与教育部门和高校对接，建立实名台账，下半年持续推进“1131”实名服务，即至少提供1次政策宣介、1次职业指导、3次岗位推荐及1次培训见习机会。9月，启动大中城市联合招聘秋季专场，组织专业化、精准化、定制式现场招聘会，保持市场热度。12月，举办全国人力资源市场高校毕业生就业服务周活动，发挥人力资源服务网络优势，为毕业生提供市场化就业服务。

（四）着力做好困难帮扶。

离校前向脱贫家庭、低保家庭、残疾等困难毕业生发放求职创业补贴。离校后聚焦困难毕业生和长期失业青年，实施结对帮扶，落实“一人一策”专项帮扶计划，优先推荐岗位信息、优先提供培训见习机会。对通过市场化渠道难以实现就业的，运用公益性岗位予以安置。会同国务院国资委、教育部等部门开展第十三届中央企业面向西藏、青海、新疆毕业生专场招聘活动，为少数民族毕业生提供更多就业机会。

四、做好脱贫人口就业帮扶

（一）强化部署推动，督促完成目标任务。

与国家乡村振兴局召开全国脱贫人口稳岗就业工作会议，部署推进脱贫人口外出务工、稳岗支持、重点地区倾斜等各项工作。通过月调度、季通报工作机制，加大督促指导力度，全力稳定脱贫人口务工规模。

（二）紧盯经济走势精准施策，引导有序外出务工。

一季度火热举办春风行动，集中开展招聘对接、“点对点”输送等服务，帮助脱贫劳动力尽快返岗务工就业。及时跟踪经济形势变化，优化调整稳就业政策，实施稳岗扩岗专项贷款，落实吸纳就业税收优惠等政策，支持企业稳定脱贫人口就业岗位。

（三）紧跟全面推进乡村振兴，拓宽就近就业渠道。

实施脱贫地区特色产业提升行动，大力实施以工代赈，分类“巩固、升级、盘活、调整”就业帮扶车间等项目资产，努力将乡村地区打造为就业新沃土。

（四）充分发挥品牌带动效应，提高务工收入水平。

培育30个脱贫地区特色劳务品牌，组建京津冀鲁苏等6个区域劳务协作联盟，10月，在宁夏银川举办全国劳务协作暨劳务品牌发展大会，推动实现高效率、高质量的劳务对接。

（五）组织就业攻坚专项行动，坚决防止规模返贫。

9月，会同国家发展改革委、农业农村部印发《关于开展防止返贫就业攻坚行动的通知》（人社部发〔2023〕44号），聚焦拓展完善劳务协作对接机制、大力扶持帮扶车间健康发展、全力挖潜以工代赈就业带动能力、切实发挥乡村公益性岗位兜底作用、持续加大脱贫人口就业保障力度等重点任务，努力促外出、拓就近、稳岗位、保重点，全力稳定3 000万人以上脱贫人口务工规模。

五、大力促进群体就业和推进公平就业

（一）巩固长江禁捕退捕渔民转产安置成果。

会同有关部门健全完善退捕渔民安置保障长效工作机制，聚焦大龄困难人员、零就业家庭退捕渔民等重点帮扶对象，建立帮扶台账，强化针对性帮扶。优化调度事项，跟进了解安置保障工作进展，激励先进，督促后进。截至2023年年底，长江流域重点水域和其他水域15.4万名有劳动能力、就业意愿的退捕渔民实现转产就业，符合条件人员实现应保尽保，安置成果进一步巩固。

（二）促进残疾人就业。

深入实施促进残疾人就业三年行动，健全完善覆盖城乡的公共就业服务体系，落实社会保险补贴、岗位补贴、创业担保贷款等扶持政策。会同中国残联开展春风行动暨就业援助月活动，将残疾人作为民营企业服务月等“10+N”公共就业服务专项活动重点服务对象，集中为残疾人提供就业创业支持。

（三）强化困难人员就业援助。

2022年12月，会同工业和信息化部、民政部等10部门印发《关于开展2023年春风行动暨就业援助月的通知》（人社部函〔2022〕147号），于2023年一季度在全国范围内组织开展春风行动暨就业援助月专项活动，以“春风送真情　援助暖民心”为主题，集中为困难人员送政策、送服务、送岗位、送温暖，帮助就业困难人员实现就业创业。加强困难人员日常援助，及时将符合条件人员认定为就业困难人员，提供“一对一”就业帮扶，帮助缓解就业压力。

（四）做好其他群体就业。

1月，会同退役军人事务部等部门出台《关于加强就业困难退役军人帮扶工作的意见》（退役军人部发〔2023〕4号），立足就业困难退役军人的特点和需求，提供多岗位供给、多渠道保障的帮扶，全面落实各项支持政策，帮助有需要的就业困难军人及时就业。指导广东出台关于推行“妈妈岗”就业模式的文件，拓展生育女性就业渠道。

六、深入推进创业带动就业和多渠道灵活就业

（一）实施“源来好创业”青年创业资源对接服务季活动。

7月，印发《关于开展“源来好创业”青年创业资源对接服务季活动的通知》（人社部函〔2023〕78号），9月至12月在全国县级以上城市同步组织开展“源来好创业”青年创业资源对接服务季活动，广泛开展场地资源对接，密集举办融资对接双选会，实施创业培训“马兰花”计划，组织创业指导进基层活动，提供创业企业招聘服务，大力推动创业政策落实，推出灵活就业特色活动。活动期间，累计服务总人数513.6万人，通过举办各类融资对接活动达成投资意向金额288.5亿元，帮助超过3.5万个创业项目落实了创业场地，集中开展各类创业培训80.3万人，组织创业导师队伍1.8万人为创业项目提供针对性指导。

（二）推动加强零工市场建设。

12月，印发《关于加强零工市场规范化建设的通知》（人社部发〔2023〕65号），明确零工市场规范化建设工作要求，坚持公益性、普惠性、灵活性、兜底性，整体谋划、统筹推进，健全完善以即时快招服务为核心、以技能提升和权益维护服务为支撑的零工市场基本服务，合理规划布局数量适宜、规模适度的零工市场，规范零工市场运行模式，定期汇总分析求职招聘相关数据，动态掌握供求变化趋势，统一零工市场业务流程和服务标准，不断提升服务水平。截至2023年年底，全国共建成零工市场6 900余家。

七、加强公共就业服务

（一）持续实施提升就业服务质量工程。

持续巩固提升覆盖全民、贯穿全程、辐射全域、便捷高效的全方位公共就业服务。2023年年底，全国人力资源社会保障系统所属公共就业和人才服务机构4 434家，大多数街道（乡镇）、社区（村）综合政务服务平台开设就业服务窗口。2023年，各级公共就业和人才服务机构共办理登记招聘1.1亿人次、登记求职7 300多万人次，提供职业指导3 300多万人次、创业服务1 700多万人次，用工指导580多万家次企业。

（二）推进就业信息化建设。

4月，召开人社系统稳就业工作现场推进会，对就业信息化建设工作进行全面部署。6月，在江苏省常州市举办就业信息化培训班，为各省（区、市）解读就业信息化面临的形势任务、总体思路和工作安排，组织开展业务交流和学习研讨。下半年，通过调度通报、调研督导等多种方式，着力推动落实，截至年底各省（区、市）基本建成省集中的“一库一平台”。

（三）搭建供需对接平台。

针对各类劳动者和用人单位不同时段就业需求，印发《关于开展2024年全国公共就业服务专项活动的通知》（人社部函〔2023〕136号），在全国范围内部署开展“10+N”公共就业服务专项活动，为劳动者求职就业和用人单位用工招聘搭建供需对接平台。持续加强中国公共招聘网建设，开设企业用工专区，归集发布用工缺口千人以上的企业招聘信息，以及地方紧缺急需用工的企业招聘信息。2023年中国公共招聘网日均发布岗位信息26万多条。12月，印发《关于推进直播带岗在就业公共服务领域应用的通知》（人社厅发〔2023〕54号），创新方式提升人力资源供需对接匹配效率，明确打造直播带岗基地、完善直播带岗功能、培育直播带岗品牌、提升网络直播能力、提供网络直播支持五项重点任务。持续优化失业登记全国统一服务平台，支持劳动者线上失业登记，支持各地为登记失业人员提供就业服务。

（四）加强民营企业就业服务。

牵头制定《关于强化人社支持举措　助力民营经济发展壮大的通知》（人社部发〔2023〕61号），着力强化民营企业就业服务，要求面向各类民营企业提供劳动用工咨询、招聘信息发布、用工指导等均等化服务，推动招聘服务进园区、进企业。持续开展重点企业用工常态化服务，动态调整重点企业清单，设立专员加强联系，为重点企业提供“一对一”和“点对点”招聘用工服务。2023年累计帮助10万余家重点企业解决用工需求238万余人次。4月上旬至5月上旬，会同教育部、退役军人事务部、全国总工会、全国妇联、全国工商联组织开展了以“服务民企促发展，扩大就业惠民生”为主题的民营企业服务月活动，并在中国公共招聘网设立“2023年全国民营企业服务月”网络主会场，共组织43万家企业参加活动，提供岗位信息220.5万条。

（五）加强示范创建活动。

会同财政部启动实施2023年公共就业服务能力提升示范项目，在地方申报的基础上，经竞争性评审并公示通过，确定山西省长治市等20个城市实施项目，由中央财政给予1亿元补助。10月，召开公共就业服务能力提升示范项目调度推进电视电话会，深入推动示范项目实施。印发《关于公布公共就业创业服务示范城市创建名单的函》（人社厅函〔2023〕37号），在各地推荐基础上，确定北京市东城区等199个工作基础较好、积极性较高的城市参与公共就业创业服务示范城市创建活动。

（六）举办劳务品牌活动。

11月，联合国家乡村振兴局、中央广电总台，在宁夏举办全国劳务协作暨劳务品牌发展大会。大会期间，发布30个脱贫地区特色劳务品牌、20个“全国最具特色劳务品牌形象代言人”，现场展示38个特色劳务品牌成果，组织劳务品牌对话访谈。全年持续开展“千行百品就业行”系列宣传推介活动，启动劳务品牌发展现状调查工作，持续调度总结劳务品牌经验做法。

八、做好就业形势监测和分析

（一）做好就业统计监测工作。

继续做好城镇新增就业、失业人员再就业、困难人员就业等数据统计汇总工作，定期进行数据分析，形成就业数据分析报告。开展大数据监测，做好20省2 000个行政村农村劳动力转移就业监测工作，分析农村劳动力外出、返乡人数变化情况。持续做好重点企业用工常态化监测，了解经济形势变化对企业用工影响情况。持续开展网络招聘市场大数据监测，跟踪市场供求变化。

（二）定期开展就业形势分析研判。

依托部内及相关部门组织开展的多个项目，运用统计、调查、监测以及实地调研、课题研究等多种手段，从就业失业总体状况、劳动力市场运行、企业用工、重点群体就业等多个维度，分析研判就业形势。

人力资源流动管理

2023年，人力资源流动管理工作坚持以习近平新时代中国特色社会主义思想为指导，全面贯彻党的二十大精神，落实党中央、国务院决策部署和全国人社工作会议要求，聚焦实施就业优先战略、人才强国战略，加快建设高标准人力资源市场体系，促进人力资源服务业高质量发展，健全高水平人才流动服务体系，科学精准做好人员调配工作，围绕中心、服务大局，履职尽责、开拓创新，各项工作取得新成效。

一、加快建设高标准人力资源市场体系

坚持监管规范和促进发展两手并重，加快推进高标准人力资源市场体系建设。

一是完善人力资源市场法规。贯彻落实《人力资源市场暂行条例》，制定出台《人力资源服务机构管理规定》（人力资源社会保障部令第50号），对人力资源服务机构的许可备案、服务规范、监督管理及法律责任作出全面规定，为人力资源服务机构活动提供基本依据和准则。抓好《人力资源服务机构管理规定》贯彻实施工作，印发贯彻实施通知，召开电视电话会，做好宣贯工作，指导地方人力资源社会保障部门细化优化许可备案、日常监管、惩戒激励等措施，增强规章的针对性、可操作性，切实提升人力资源服务规范化水平。

二是加强人力资源市场管理。加强人力资源市场风险管控，印发加强人力资源市场现场招聘会安全管理工作通知，制定人力资源市场秩序失范风险应急处置预案，推动各地加强现场招聘会安全管理。开展防范求职招聘风险公益宣传，会同中央网信办、公安部开展宣传活动，发布求职招聘陷阱典型案例，提高毕业生等求职者安全防范意识。会同有关部门加强重点问题线索督查处理，强化网络招聘信息安全管理。开展清理整顿人力资源市场秩序专项执法行动，指导各地集中整治非法职介、虚假招聘、泄露信息等重点问题。指导各地规范实施人力资源服务许可告知承诺制，加强“双随机、一公开”、年度报告公示等事中事后监管。

三是推进人力资源市场建设。指导国家级人才市场聚焦重点产业、特色优势产业，强化人才供需对接和重点产业协同发展。指导有条件的地方结合当地经济社会发展需要及工作实际，发展特色鲜明的专业性行业性人才市场。加快信息化建设，推动全国人力资源市场管理信息系统建设，指导各地建设省级集中信息系统，开展许可备案线上办理、日常管理网上运行，启动市场管理数据信息采集归集工作。推动人力资源服务许可证电子证书标准制定应用，发布相关标准，为推进电子证书广泛应用提供基础。加强标准化建设，会同全国人力资源服务标准化技术委员会制定发布《网络招聘服务规范》《人力资源服务机构诚信评价规范》行业标准，引导人力资源服务机构依法经营、诚信服务。

二、大力推进人力资源服务业高质量发展

坚持把服务经济作为发展之基、服务民生作为发展之要、健康发展作为立身之本，推动人力资源服务业高质量发展。2023年，全国共有各类人力资源服务机构6.99万家，从业人员105.84万人，全年为3.31亿人次劳动者提供了就业、择业和流动服务，为5 599万家

次用人单位提供了专业支持，为促进市场化社会化就业、助力构建现代化产业体系提供了有力支撑。

一是成功举办第二届全国人力资源服务业发展大会。2023 年 11 月 22 日至 23 日，第二届全国人力资源服务业发展大会在广东深圳举办。李强总理对做好人力资源服务业发展工作作出重要批示。大会以“激发人力资源动能　汇聚强国建设力量”为主题，开展人力资源服务业高质量发展研讨、人力资源服务供需洽谈对接和展示、人力资源服务创新创业大赛和粤港澳大湾区人力资源服务技能大赛、粤港澳大湾区青年人才招聘等系列活动，130 家行业领军企业、14 家粤港澳大湾区用人单位集中展示，洽谈签约人力资源服务合作项目 294 个、金额 207 亿元，1 395 家重点企事业单位参加专场招聘会，线上线下共提供就业岗位 5.6 万个，60 个创新创业项目竞技比拼，聚智、兴业、育企、引才并举，市场化社会化就业服务的品牌效应和社会价值进一步显现。

二是深入开展人力资源服务业促就业行动。支持人力资源服务机构大规模提供求职招聘、人力资源培训、猎头等市场化就业和人才服务，创新开展直播带岗、智能匹配、在线面试、网络培训等新业态新模式，聚焦高校毕业生、农民工等重点群体，持续举办“国聘行动”、人力资源市场高校毕业生就业服务周等活动，集中推送优质就业岗位。

三是强化产业集聚平台建设。新建国家级青岛、柳州人力资源服务产业园，国家级人力资源服务产业园达 26 家，集聚各类人力资源服务机构 4 000 余家，成为助力地方经济发展的创新要素平台。

四是营造良好发展环境。出台《人力资源管理专业人员职称评价办法（试行）》（人社部发〔2023〕51 号），加强人力资源服务从业人员队伍建设。人力资源服务业在 2023 年中国国际服务贸易交易会、第六届中国国际进口博览会、2023 世界制造业大会、第 20 届中国 – 东盟博览会上举办人力资源服务主题活动或设立交流展示专区，集中展示行业风采，得到社会广泛关注。

三、积极引导高校毕业生等人才向基层流动

发挥项目引领和典型示范作用，不断健全引导和鼓励高校毕业生到基层工作长效机制，积极引导高校毕业生到基层工作，为推动乡村全面振兴提供有力的基层人才支撑。

一是实施高校毕业生“三支一扶”计划。围绕全面实施乡村振兴战略，会同财政部印发《关于做好 2023 年高校毕业生“三支一扶”计划实施工作的通知》（人社厅发〔2023〕18 号），全年新招募“三支一扶”人员 4.2 万名，为国家乡村振兴重点帮扶县招募 5 891 人。实施“三支一扶”人员能力提升专项计划，中央财政支持培训 8 000 人次。统筹推动高校毕业生基层服务项目实施，积极为基层经济社会发展输送青年人才。

二是组织开展“最美基层高校毕业生”宣传发布活动。会同中央宣传部开展 2023 年“最美基层高校毕业生”宣传发布活动，遴选 10 名扎根基层、担当奉献的基层高校毕业生先进典型。开展系列宣传报道，唱响扎根基层青春报国主旋律，引导广大高校毕业生积极转变择业观成才观。

四、持续优化人才流动公共服务

坚持完善制度与规范管理相结合，不断提升人才流动公共服务水平。

一是提升流动人员人事档案公共服务效能。会同教育部印发《关于积极稳妥做好高校毕业生档案转递接收工作的通知》（人社厅发〔2023〕20 号），全面落实取消就业报到证政策要求，规范档案转递接收工作秩序，部署开展高校毕业生档案转递接收服务专项行动。持续推进流动人员人事档案信息化建设，不断提升档案公共服务效率。

二是开展人才需求目录编制发布工作。印发《关于加强急需紧缺人才目录编制发布工作的通知》（人社厅发〔2023〕43 号），指导地

方建立健全急需紧缺人才目录编制发布工作制度。围绕国家重大发展战略，编制发布雄安新区、成渝地区双城经济圈等重点人才目录。指导地方推进人才目录成果转化运用工作，依托人才目录举办人才智力交流大会、人才引进等活动，积极引导人才合理流动。

五、调配工作科学化精准化水平不断提高

坚持精准调配与优化服务相结合，持续提升人员调配管理服务水平。配合中央组织部组织实施第十一批援疆干部人才选派、培训、送行等工作。加强中央单位人员调配工作管理，进一步完善相关政策制度。深入实施人员调配重大专项计划，精准服务中央单位人才配置。强化工作监督，开展随机抽查检查。加强内部管理，进一步完善调配工作规则和程序。推进信息化建设，提升人员调配工作科学化水平。

职业能力建设

2023年，职业能力建设工作坚持以习近平新时代中国特色社会主义思想为指导，深入贯彻习近平总书记关于技能人才发展的重要论述和党的二十大精神，把建设知识型、技能型、创新型劳动者大军作为塑造现代化人力资源的内在要求，坚持高端引领构筑协同发力政策体系，厚植企业、院校、政府、社会共同参与的培养基础，建立市场导向的技能人才评价制度，搭建技能出彩的竞赛舞台，促进形成技能就业、技能成才、技能报国的时代新风。

一、加快高技能人才队伍建设

一是深入贯彻中共中央办公厅、国务院办公厅《关于加强新时代高技能人才队伍建设的意见》，会同中央组织部印发部门分工方案，指导推动政策落实落地。

二是召开高技能人才表彰大会，对第十六届中华技能大奖获得者和全国技术能手进行表彰。在中南海召开高技能人才座谈会。

三是选拔推荐971名高技能人才享受政府特殊津贴。

四是深入实施技能中国行动，与浙江、山东、河北签署协议共同推动技能型社会、技能强省建设。

五是在江苏省组织开展智能制造国家级技能大师工作室带头人研修交流活动，为高技能人才互学互鉴、能力提升搭建平台。

六是聚焦“技能成才　技能报国”主题加强高技能人才宣传，举行先进事迹报告、中外记者见面会等活动，制播《平凡的奋斗人生》《奋进新时代的技能力量》等专题宣传片，吸引更多劳动者关注技能、投身技能。

二、提升职业技能培训质效

一是推进《“十四五”职业技能培训规划》（人社部发〔2021〕102号）实施，印发《人力资源社会保障部办公厅关于加强农民工职业技能培训工作的意见》（人社厅发〔2023〕55号），大力开展中国特色企业新型学徒制培训，围绕农民工、高校毕业生、失业人员等就业重点群体，全年开展补贴性培训超过1 800万人次，其中农民工超过640万人次。

二是扎实开展职业技能培训和评价专项整治，加强培训过程管理和基础能力建设，强化补贴资金使用监管，强化职业技能培训就业导向。

三是聚焦先进制造业等领域人才需求，组织实施制造业技能根基工程，遴选发布首批59家技能根基工程培训基地。分类分档支持建设115家国家级高技能人才培训基地和139家技能大师工作室，加强高技能人才培养能力建设。

四是加快职业技能培训信息化建设，印发《人力资源社会保障部办公厅关于做好职业技能培训信息汇集有关工作的通知》（人社厅函〔2023〕138号），启动全国职业技能培训信息动态汇集工作，促进职业技能培训规范管理。

五是举办健全终身职业技能培训制度高级研修培训班和康养领域职业技能培训师资研修活动，加强系统工作人员和培训机构管理人员政策培训，提升康养领域培训师资专业素质和教学能力。

三、推进技工教育高质量特色发展

一是全面推行工学一体化技能人才培养模式，建设专业增加至69个，颁布技工院校工学一体化课堂、课程、专业、院校建设标准，679所技工院校参与实施，组织培训6 000余名工学一体化教师。

二是指导技工院校充分发挥技能人才培养基础性作用，面向农民工、高校毕业生、失业转岗职工等开展培训。

三是督促指导地方人社部门和技工院校做好招生工作，稳定招生规模，提高培养层次。

四是加强师资队伍建设，开展第三届全国技工院校教师职业能力大赛、骨干技工院校校长研修活动。

五是深入实施国家乡村振兴重点帮扶地区职业技能提升行动，支持160个国家乡村振兴重点帮扶县和新疆、西藏等地技工院校、培训机构、技能大师工作室和高技能人才培训基地建设。

截至2023年年底，全国共有技工院校2 468所，在校生439.5万人，当年招生162.5万人，毕业生121.7万人，毕业生就业率97%，开展社会培训655.1万人次，培养培训高技能人才67.7万人，技工院校规模化培养技能人才的特色更加凸显。

四、健全完善技能人才评价体系

一是大力推行职业技能等级认定，畅通技能人才职业发展通道。推动各类企业自主开展技能人才评价，持续征集遴选社会培训评价组织。截至2023年年底，全国共备案3.3万余家职业技能等级认定机构，当年有1 200多万人次取得职业技能等级证书或职业资格证书。

二是加强技能人才评价监督管理，分别与公安部、市场监管总局开展打击培训骗补买卖证书专项行动、职业技能培训和评价问题专项治理行动。

三是健全国家职业分类和职业标准体系，优化新职业信息征集发布和职业分类动态调整工作流程。印发《国家职业标准编制技术规程（2023年版）》（人社厅发〔2023〕31号），颁布国家职业标准56个。

五、统筹做好职业技能竞赛工作

一是9月16日至19日，由人力资源社会保障部主办、天津市人民政府承办的中华人民共和国第二届职业技能大赛在天津市举行，主题为“技能成才、技能报国”，大赛共设置109个竞赛项目，4 000多名选手参赛。大赛同期举办了技能强国论坛、技能展示交流、绝技展演等活动。

二是公布第47届世界技能大赛中国集训基地名单、中国专家组长名单、参赛集训工作指导意见，启动第47届世界技能大赛参赛集训工作。

三是会同相关部门、行业共同举办第三届全国新能源汽车关键技术技能大赛、第五届全国智能制造应用技术技能大赛等赛事，带动各级各类竞赛和群众性岗位练兵技能比武活动，推动以赛促训、以赛促建。

专业技术人员管理

2023年，专业技术人员管理工作坚持党管人才原则，深入实施新时代人才强国战略，全方位做好专业技术人才培养、引进、使用等各项工作，改革创新，担当作为，各项重点工作取得积极成效。

一、贯彻落实党中央关于人才工作重大决策部署

一是深入学习贯彻党的二十大精神和习近平总书记关于做好新时代人才工作的重要论述，贯彻落实中央关于人才工作的决策部署，配合中央组织部制定出台国家高水平人才高地和吸引集聚人才平台建设总体方案以及3个人才高地建设方案，扎实有效推进落实人社部门重点人才工作。

二是服务保障国家重大战略，配合行业部门研究制定传统产业、新兴产业、未来产业政策，支持相关领域专业技术人才队伍建设，促进人才政策与教育、科技、产业等政策协同发力。

三是结合开展主题教育，围绕服务保障高水平人才高地建设、数字人才培养、工程师培养使用等重点工作深入开展人才工作调研，研究制定针对性支持政策措施。

四是指导支持地方人社部门人才工作，指导做好跨地区人才工作统筹，推进区域人才合理布局和协调发展。

五是组织部属媒体深入宣传中央人才工作会议精神，做好重大政策、重点工作的新闻发布工作，加强宣传各地人社部门人才工作经验做法和典型案例。

二、高层次人才选拔培养取得新成效

一是经党中央、国务院批准，新选拔了一批高层次专业技术人才、高技能人才享受政府特殊津贴。

二是聚焦服务全面推进乡村振兴、促进高质量发展、推动区域协调发展、保障和改善民生等重点领域，深入实施专家服务基层行动，组织60个专家服务基层示范团，新建13家专家服务基地。

三是会同国家中医药局、国家气象局、中国科学院等单位，以中医药发展创新、双碳战略、天文科技创新为主题，举办3期专家创新大讲堂。

四是举办3期高层次专家国情研修班，共选调172名高层次专家参加。

五是邀请54位专家携家属参加冬季海南休假活动，开展春节慰问等专家联系服务工作。

三、纵深推进人才评价体制改革

一是持续深化职称制度改革，印发经济系列人力资源管理专业职称评价办法，加大破“四唯”、立“新标”力度，指导各地落实《关于进一步做好职称评审工作的通知》（人社厅发〔2022〕60号），完成各系列职称评价标准修订、评审专业目录梳理。开展深化职称制度改革政策落实评估。

二是稳步推进职业资格制度改革，印发新闻记者、设备监理师、精算师等职业资格制度文件，研究修订注册城乡规划师、统计、会计等职业资格制度。推进职业资格国际互认，支

持各地结合需要建立境外职业资格认可清单。

三是做好职业资格考试组织实施工作，加强考试安全风险防控工作。印发《专业技术人员职业资格证书管理工作规程（试行）》（人社厅发〔2023〕16号），进一步规范职业资格证书管理。持续开展专业技术类“山寨证书”常态化治理、打击“挂证”等工作。在有关地区实施部分职业资格考试单独划定合格分数线。

四是加强职称和职业资格管理服务信息化建设，继续推行职称、职业资格电子证书，加大历史数据归集力度，持续完善网上办理、查询核验等服务。

四、留学人员回国工作不断加强

一是实施中国留学人员回国创业启动支持计划和高层次留学人才回国资助项目，遴选资助一批高层次留学回国人才创新创业。

二是实施海外赤子为国服务行动计划，覆盖现代制造、数字经济、新能源、生物医药、乡村振兴等领域，组织开展34项留学人员服务活动。

三是研究梳理涉及外籍专家回国服务的“关键小事”清单。

四是开展“海归记事”主题系列宣传，共刊发“海归记事”12篇、“我的留学回国就业创业故事”4篇。

五是正式启用留学人员回国服务管理信息系统。

六是指导和支持2023中国海外人才交流大会暨第25届中国留学人员广州科技交流会、第24届中国海外学子（大连）创业周、第十五届中国留学人员南京国际交流与合作大会、第十五届苏州国际精英创业周等人才项目对接交流活动。

五、高质量开展博士后工作

一是2023年共招收博士后3.9万人，出站2.4万人。

二是博士后创新人才支持计划资助499人，国家资助博士后研究人员计划（B档、C档）资助4 617人，香江学者计划资助60人，澳门青年学者计划资助30人，中德博士后交流项目资助19人，博士后国（境）外学术交流项目资助70人。

三是开展博士后科研流动站、工作站新设站工作，共新设流动站510个、备案新设工作站288个。

四是2023年10月26日至28日在山东省烟台市举办第二届全国博士后创新创业大赛总决赛，共吸引6 206个团队、2.5万人报名参赛，评选出金奖、银奖、铜奖328个。大赛同期举办成果展示、交流对接、主题研讨、人才招聘等活动，累计吸引2.68万余人参与，达成意向投资（合作）金额43.54亿元。

五是2023年4月25日至26日在安徽省合肥市举办首届全国博士后揭榜领题现场交流对接系列活动，吸引150多家企业、科研院所，200多名博士、博士后参加，现场对接博士后项目融资需求近1.2亿元。

六是2023年共举办32场博士后学术交流活动和11期博士后科技服务团活动。

六、专业技术人员继续教育深入开展

一是深入实施专业技术人才知识更新工程。遴选举办300期高级研修项目，设立第十二批专业技术人员继续教育基地25家，开展专业技术人员能力提升项目，全年培养培训高层次、急需紧缺和骨干专业技术人才153万余人。

二是大力推进数字技术工程师培育项目。制定印发国家职业标准编制技术规程（专业技术类），会同有关行业主管部门制定颁布机器人、增材制造、数据安全、密码工程技术人员等4个国家职业标准，累计出版新职业培训教程41本（其中，初级35本、中级6本），遴选公布第二批培训机构和评价机构目录，指导16个省（区、市）出台配套政策。

三是扎实开展新疆、西藏和四川云南甘肃青海4省涉藏州县少数民族专业技术人才特殊培养工作。选拔培养640名特培学员，开展

11 期特培专家服务团活动。

四是不断加强继续教育制度建设。会同国家药监局研究制定《执业药师继续教育暂行规定》，完善分类分层的继续教育政策体系。

五是持续完善专业技术人员继续教育服务体系。发展“互联网 +”继续教育，指导各地推广应用全国继续教育管理系统，开发运行专业技术等级证书管理系统，开展 2023 年公需科目课件征集遴选工作。第二届全国技能大赛专设智能制造、集成电路、人工智能、工业互联网、虚拟现实工程技术等 5 个专业技术类竞赛项目，以赛促训，选拔培养高素质数字技术技能人才。

七、人才综合协调工作统筹推进

一是做好部人才综合工作，制定印发 2023 年部人才工作要点和部人才工作领导小组工作规则，筹备并召开部人才工作领导小组会，编印部人才工作信息 12 期。

二是召开专业技术人才工作座谈会，举办专业技术人才工作骨干培训班，落实中央人才工作领导小组会议、全国人力资源社会保障工作会议部署安排，研究部署加强新时代专业技术人才队伍建设工作。

事业单位人事管理

2023年，事业单位人事管理工作坚持以习近平新时代中国特色社会主义思想为指导，全面贯彻落实党的二十大精神，践行新时代党的组织路线，落实全国人力资源社会保障工作会议部署要求，着力深化事业单位人事制度改革，完善符合事业单位特点和人才成长规律的人事管理制度，守正创新、奋发有为，不断推动各项工作迈上新台阶。

一、进一步健全完善事业单位人事管理制度

一是修订出台《事业单位工作人员考核规定》（人社部发〔2023〕6号，以下简称《考核规定》）。2023年1月，人力资源社会保障部会同中央组织部印发《考核规定》，进一步健全完善事业单位工作人员考核评价体系制度，对事业单位工作人员考核的内容、种类、标准、程序、结果运用等作出规定，为全面准确评价事业单位工作人员德才表现和工作实绩提供政策依据。文件印发后开展相关政策宣传解读，指导各地各部门结合实际制定考核的具体办法或者细则，规范开展事业单位工作人员考核工作。

二是修订出台《事业单位工作人员处分规定》（人社部发〔2023〕58号，以下简称《处分规定》）。2023年11月，人力资源社会保障部会同中央组织部印发《处分规定》，进一步健全完善事业单位全面从严治党制度体系，规范事业单位工作人员行为。文件出台后，及时召开工作电视电话会议，总结近期事业单位工作人员处分工作，分析当前处分工作的形势任务，对贯彻落实《处分规定》等各项工作作出安排部署。

三是聚焦人才队伍建设，完善落实高层次人才引进绿色通道、特设岗位等政策，支持高校、科研院所等引进使用高层次紧缺人才。落实艰苦边远地区基层事业单位“三放宽、一允许”“定向评价、定向使用”等倾斜政策，引导和鼓励社会各类人才向艰苦边远地区和基层一线事业单位流动。

二、多措并举做好事业单位公开招聘高校毕业生工作

一是落实党中央决策部署，及时制定印发《人力资源社会保障部办公厅关于做好事业单位公开招聘高校毕业生有关工作的通知》（人社厅函〔2023〕80号）、《人力资源社会保障部办公厅　教育部办公厅关于做好2023年中小学幼儿园教师公开招聘工作的通知》（人社厅函〔2023〕34号）等系列政策文件，及时动员部署，会同教育、卫生健康等部门指导各地各部门和事业单位进一步挖掘岗位资源，稳定招聘高校毕业生规模，加快招聘工作进度。

二是会同部考试中心为各地人社部门加快事业单位招聘工作进度提供招聘考试等支持服务。

三是配合卫生健康等部门制定出台《关于实施大学生乡村医生专项计划的通知》《关于做好大学生乡村医生专项计划编制保障工作的通知》等政策文件，加强乡村医生队伍建设。

四是指导有关省市事业单位做好专项招聘新疆、西藏籍少数民族高校毕业生工作。2023年工作进度快于往年，招聘规模稳中有增。

三、扎实推进事业单位人事制度改革

一是组织开展部属高校和中央科研院所自主确定专业技术岗位结构比例试点工作。贯彻落实中央关于持续深化人才发展体制机制改革的有关要求，2023年9月，人力资源社会保障部办公厅、科技部办公厅联合印发《关于在部属高校和中央科研院所开展自主确定专业技术岗位结构比例试点工作的通知》（人社厅发〔2023〕35号），选取17家部属高校和中央科研院所开展自主确定专业技术岗位结构比例试点工作，探索赋予高校和科研院所岗位设置管理更大自主权。

二是持续推进哲学社会科学领域专业技术一级岗位设置试点工作。

三是组织做好县以下事业单位管理岗位职员等级晋升制度常态化实施工作，进一步激发基层干部担当作为、干事创业的动力和活力。

四、其他重点工作

一是针对当前事业单位公开招聘工作反映突出的矛盾问题，落实国务院领导同志批示精神和部领导批示要求，抓紧研究制定规范事业单位公开招聘工作的政策文件，拟从加强招聘工作统筹、严格工作程序要求、优化资格条件设置、改进资格审查工作、提高考试命题质量、切实防范考试风险、规范招聘信息发布、严肃招聘纪律要求等方面规范事业单位公开招聘工作。

二是针对2023年年初新冠肺炎疫情防控转段的新形势，一季度牵头组织做好疫情防控新阶段关心爱护医务人员工作。

三是配合做好国家综合性消防救援队伍、军队文职人员、军民融合、编外聘用人员、社区工作者、培训疗养机构改革等重点改革工作。

四是参与深化事业单位改革试点工作，指导9个试点地区和5个试点部门切实做好涉改人员转隶安置和涉改事业单位人事管理相关工作。

城镇职工养老保险

2023年，城镇职工养老保险工作认真贯彻落实习近平总书记关于养老保险工作的重要指示批示和党的二十大精神，以党的政治建设为统领，认真贯彻落实党中央、国务院决策部署，聚焦稳步实施全国统筹制度、推动个人养老金发展等重点任务，制度运行总体平稳，各项工作取得积极进展。

一、稳妥推进企业职工基本养老保险全国统筹制度

在2022年启动实施全国统筹制度的基础上，重点做好以下工作。

一是进一步规范各地养老保险政策。指导相关省份做好养老保险政策过渡工作，加强养老保险基金支出管理。

二是及时调拨全国统筹调剂资金，有效均衡了地区间基金当期结构性矛盾，有力减轻了基金困难省份养老金发放压力。

三是进一步明确各级财政对养老保险投入责任。中央财政补助力度进一步加大，地方财政养老保险投入责任进一步压实。

四是周密开展省级政府养老保险考核工作。以国务院办公厅名义印发考核办法，赴山西、山东等5个省份开展实地核查，普遍开展书面核查，逐一核实省级自评和部级初评不一致的考核点。通过考核，各地区对统一政策、规范执行以及加强管理的严肃性、纪律性、紧迫性认识显著增强，考核“指挥棒”作用开始显现。

二、稳步推进个人养老金制度先行工作

人力资源社会保障部、财政部会同相关部门扎实推进个人养老金制度先行工作。

一是指导各先行城市（地区）和相关金融机构利用多种渠道加强宣传，深入机关企事业单位和社区推广。截至2023年年底，开户人数5 582万人，缴费总额402亿元，制度运行总体平稳，先行工作取得积极成效。

二是开展先行评估。普遍开展书面评估，赴8省10地市实地评估，广泛召开座谈会听取意见建议，到商业银行网点查看业务开展情况，询问群众参加体验，设计开展问卷调查。

三是研究完善相关政策。出台允许参加人撤回因误操作造成的缴费政策，增强制度灵活性。

四是协调各方提升参加人体验。指导商业银行严格落实制度要求，规范开展个人养老金业务。及时向社会展示个人养老金产品，研究推动扩大产品销售渠道。协调税务总局优化报税流程，提升参加人体验。

三、调整退休人员基本养老金

贯彻落实党中央、国务院决策部署，根据基本养老金合理调整机制要求，统一安排、同步调整企业和机关事业单位退休人员基本养老金水平，2023年全国人均调整比例为3.8%。截至7月底，调整增加的基本养老金全部发放到位，1.36亿名退休人员受益。

四、推动机关事业单位养老保险制度稳步实施

一是对改革过渡期结束后的风险进行提前研究预判。广泛开展调研，调度各地过渡情况，督促做好改革过渡期结束后的风险预测。

二是督促各地做好机关事业单位养老保险确保发放工作。会同财政部开展确保发放工作督导调研，督促各地人社部门会同财政、税务部门共同做好保发放工作。

三是研究完善受处分人员养老保险政策。与相关单位沟通政策思路，征求地方人社厅局意见，开展对比分析、数据测算等，进一步完善政策稿。

四是解决县以下事业单位管理岗位职员等级晋升制度实施后有关参保人员养老保险问题，切实保障相关群体养老保险权益。配合做好中国人民银行分支机构改革相关工作。

五、加强养老保险基金管理

一是研究防范化解基金潜在风险机制。根据全国统筹形势和要求变化，研究制定省级基金风险预警指标体系，推动由预测预警向监测预警转变。

二是督促指导各地推进特殊工种岗位人员信息备案工作，研究完善特殊工种提前退休政策和加强提前退休管理的有关措施。

三是规范各地参保缴费行为，完善业务管控规则，加强养老保险补缴管理。

失 业 保 险

2023年，失业保险工作以习近平新时代中国特色社会主义思想为指导，深入学习贯彻党的二十大和二十届二中全会精神，全面落实党中央、国务院决策部署，在人力资源社会保障部党组坚强领导下，积极发挥失业保险“三位一体”功能作用，助力稳岗促就业、兜牢失业保障底线，为服务经济社会发展大局作出积极贡献。

一、参保人数稳中有升，制度运行总体平稳

贯彻落实中央经济工作会议精神，及时优化调整助企纾困政策，支持企业稳岗扩岗，推动参保扩面取得积极成效，截至2023年年底，全国有24 373万人参加失业保险，比上年末增加566万人。失业保险基金运行平稳，全年失业保险基金收入1 807.3亿元，基金支出1 485.2亿元，其中用于保障失业人员基本生活支出975.8亿元，用于稳岗扩岗支出275.7亿元，用于培训等促就业支出233.7亿元。基金当期结余322.1亿元，累计结余3 212.9亿元。

二、待遇发放落细落实，织密扎牢失业保障网

聚焦保发放保生活，指导各地按时足额发放失业保险金，及时代缴职工基本医疗保险（生育保险）费，延长大龄失业人员领取失业保险金期限至法定退休年龄，物价上涨时及时启动价格临时补贴机制，有力解决失业人员在疾病、生育、年老等情况下的后顾之忧。全年累计向950万名失业人员发放各类失业保险待遇975.8亿元，月人均失业保险金水平1 814元，比上年增长6%，19个省份和新疆生产建设兵团失业保险金标准已达到最低工资标准的90%。

三、降费稳岗助企纾困，保市场主体稳就业

聚焦降低市场主体经营成本，延续实施阶段性降低失业保险费率政策至2024年年底。全年通过降费率“直兑直达”减收1 655.5亿元。聚焦稳定就业岗位，继续对不裁员少裁员的参保企业实施稳岗返还政策，中小微企业按不超过企业及其职工上年度实际缴纳失业保险费的60%返还，大型企业返还比例不超过30%，并将受益范围扩展至社会团体、以单位形式参保的个体工商户等六类市场主体，激励企业承担稳岗责任。全面推广“免申即享”经办模式，通过数据比对精准确定符合条件企业，直接拨付稳岗资金。全年共向283万户企业发放230.6亿元，惠及职工6 854万人。

四、扩岗提技精准施策，支持重点群体就业

落实习近平总书记关于青年工作的重要批示精神，按照国务院会议要求，会同教育部、财政部印发《关于延续实施一次性扩岗补助政策有关工作的通知》（人社部发〔2023〕37号），快速重启一次性扩岗补助，支持参保企业招用毕业年度高校毕业生、离校两年内未就业高校毕业生和16～24岁登记失业青年。全年共向33万户企业发放补助18.2亿元，惠及130万名高校毕业生等青年人员。继续对取得职业资格证书或职业技能等级证书的参保职工和领取失业保险金人员发放技能提升补贴，并将申领条件从参保缴费3年放宽至1年。全年

共向 285 万人次发放技能提升补贴 47.3 亿元，有力增强就业竞争力。

五、经办服务提质增效，扎实办好民生实事

落实习近平总书记关于“深入推进社保经办数字化转型”要求，创新经办模式，建立健全以“不见面”为特点的失业保险经办服务体系。

一是深入开展失业保险待遇“畅通领、安全办”行动，继续推广“免跑即领、免证即办”经办模式，取消证明材料、申领时限、捆绑条件和附加义务，进一步方便群众办事。

二是畅通失业保险待遇申领全国统一入口，失业人员随时随地可以申领，统一入口上线运行三年多来累计申领 8 800 万人次。

三是完善全国失业保险关系转移接续平台，推进跨省通办，已累计为 10 万人次提供转移接续服务。

六、持续完善制度机制，防范化解各类风险

一是全面实现省级统筹。落实党的二十大报告关于推动失业保险省级统筹要求，推动各地加快进度，截至 2023 年年底，31 个省份和新疆生产建设兵团均已印发省级统筹文件，进一步提高基金互助共济能力。

二是不断提升技防水平。部署各地针对 31 项业务经办风险点开展对照检查，逐项明确风控规则，嵌入信息系统；针对失业保险金发放，明确审核比对、数据共享、风险提示等 12 条管控措施；建立与国家人口库按季度核验比对生存状态机制，健全全国社保信息比对查询系统，努力解决跨险种、跨地区、跨部门重复享受问题。

三是加强形势研判分析。重点监测 6.9 万户企业、2 700 万个岗位变化情况，以 1 800 万户参保单位、2.4 亿名参保职工实名数据为基础开展全范围监测，强化月度分析，精准研判规模性失业风险。

工伤保险

2023年，工伤保险工作坚持以习近平新时代中国特色社会主义思想为指导，深入贯彻落实党的二十大精神，深入开展主题教育，在部党组的正确领导下，坚持围绕中心、服务大局，坚持忠诚担当、履职尽责，各项业务工作取得积极进展。

一、新就业形态就业人员职业伤害保障试点扎实推进

新就业形态就业人员职业伤害保障试点启动1年多来，各项工作有序平稳实施，制度运行总体平稳，参保登记、伤害确认、待遇支付和信息管理等工作扎实有序推进，职业伤害保障试点群体总体做到应保尽保，对重大伤亡事故的兜底保障功能有效发挥，在分散平台企业的职业伤害风险、促进平台经济规范健康持续发展方面发挥积极作用。试点启动以来，7个省市职业伤害保障参保人数已达711万人。

二、工伤保险基金省级统筹工作如期完成

《人力资源社会保障部　财政部　国家税务总局关于进一步推进完善工伤保险省级统筹制度的通知》（人社部发〔2022〕86号）印发以来，以2024年1月1日实现基金统收统支为主要目标，加强工作调度，及时掌握各地工作推进落实情况，并结合主题教育对部分省份开展专题调研或集中调研，现场研究解决问题，加强针对性指导。截至2023年12月底，全国31个省（自治区、直辖市）和新疆生产建设兵团均已实施或印发省级统筹实施方案，全面实现自2024年1月1日起基金省级统收统支的目标，总体实现政策标准和管理服务“六统一”，工伤保险制度公平性和管理服务水平进一步提升，基金共济功能和抗风险能力不断增强，在确保待遇及时足额发放、维护工伤职工合法权益方面发挥重要作用。

三、工伤保险扩面工作稳步开展

全面推进工伤保险法定人群应保尽保，进一步巩固工程建设领域按项目参保长效机制，做好建筑业农民工工伤权益保障工作。会同有关部门持续指导各地推进基层快递网点快递员优先参加工伤保险工作。截至2023年12月，全国工伤保险参保人数突破3亿人，其中农民工参保人数9 184万人，按项目参保率保持在99%以上，成效显著。

四、工伤预防和工伤康复工作提质增效

扎实推进工伤预防五年行动计划，会同有关部门印发《关于实施矿山、机械制造、铁路运输、铁路建设施工等行业重点企业工伤预防能力提升培训工程的通知》（人社厅函〔2023〕102号），全覆盖高质量培训四类重点行业企业人员，推动落实企业工伤预防主体责任。印发《关于推进工伤康复事业高质量发展的指导意见》（人社部发〔2023〕41号），明确工伤康复未来5年工作规划和目标，工伤保险积极功能进一步发挥，对促进工伤职工回归社会、重返工作岗位具有重要意义。

五、工伤风险防控工作扎实开展

坚持抓重点、建机制、补短板、强弱项，指导地方针对违规认定、人情认定、虚假认定等问题，明确工作方式和要求，切实加强工伤认定领域风险防控，进一步提升工伤认定管理水平。加强与最高人民法院沟通协作，建立完善部门协调合作机制，推进构建争议预防、化解的常态化沟通机制，从源头上减少行政争议，加大诉源治理力度。

城乡居民基本养老保险

一、城乡居民基本养老保险工作取得新进展

贯彻落实城乡居民基本养老保险待遇确定和基础养老金正常调整机制，统一提高城乡居民基本养老保险全国基础养老金最低标准。北京、河北、山西、辽宁、黑龙江、上海、江苏、浙江、安徽、福建、山东、河南、湖南、广东、海南、重庆、四川、贵州、云南、西藏、陕西、宁夏、新疆等 23 个省份和新疆生产建设兵团提高了省级基础养老金标准。2023 年年底，全国 27 个省份和新疆生产建设兵团制定了丧葬补助费政策和标准。

截至 2023 年年底，全国城乡居民基本养老保险参保人数 54 522 万人，其中 60 周岁以上实际领取待遇人数 17 268 万人。

二、困难群体基本养老保险实现应保尽保

各地持续落实城乡居民基本养老保险帮扶措施，减轻困难群体缴费负担，为参加城乡居民基本养老保险的低保对象、特困人员、返贫致贫人口、重度残疾人等缴费困难群体代缴部分或全部养老保险费。2023 年，全国共为 2 577 万名困难人员代缴了城乡居民养老保险费，困难群体基本养老保险参保率保持在 99% 以上，应保尽保成果持续巩固。

三、被征地农民社会保障和长江退捕渔民参加基本养老保险工作持续推进

贯彻落实土地管理法和土地管理法实施条例，指导各地按照法律法规要求出台被征地农民参加基本养老保险缴费补贴政策。积极引导退捕渔民按时缴费、长期缴费、有条件的按高标准缴费，及时足额支付养老保险待遇。切实落实退捕渔民养老保险缴费补贴政策和困难人员代缴保费政策，做好相关服务和政策落实。2023 年年底，长江重点水域和其他水域符合条件的 22.1 万名退捕渔民实现应保尽保。

社会保险经办管理

2023年是全面贯彻党的二十大精神的开局之年。社会保险经办管理工作坚持以习近平新时代中国特色社会主义思想为指导，紧紧围绕党中央、国务院各项决策部署，全力推进社会保障事业高质量发展。

一、聚焦主责主业，切实兜牢民生保障底线

（一）确保养老金按时足额发放。

压实保发放责任，全年拨付企业职工基本养老保险全国统筹调剂资金2 716亿元，有力支持了保发放工作。按月调度各省份企业退休人员养老金本月发放情况及下月资金筹集情况，严格督促各地筹措资金，确保养老金按时足额发放。落实机关事业单位退休人员养老金确保发放应急报送机制，对各地保发放情况开展摸底调研。做好年度调待工作，确保各地在7月底前将调整的养老金全部发放到位，惠及1.35亿名退休人员。

（二）持续扩大社保覆盖面。

抓实扩面督导，各险种提前完成全年扩面计划，截至2023年年底，基本养老保险、失业保险、工伤保险参保人数分别达到10.66亿人、2.44亿人、3.02亿人。谋划推动新时期全民参保工作，大力推广安徽“数据找人”经验，推动扩面工作提质增效。推进建筑施工企业、尘肺病重点行业参加工伤保险，截至2023年年底，全国新开工建设项目参保率99.6%，建筑施工项目参保5 276万人。定期调度督促各地做好困难群体城乡居民基本养老保险费代缴，巩固社保扶贫成果，助力乡村振兴。

（三）社保基金运行总体平稳。

基本养老保险、失业保险、工伤保险基金运行整体平稳，征缴收入同比增幅呈现平稳增长态势，基金总体收大于支。2023年1—12月，社保基金总收入7.92万亿元，总支出7.09万亿元，当期结余8 254亿元，累计结余8.24万亿元，均继续增长。

二、坚持稳中求进，扎实推动重点改革任务

（一）深入推进企业职工基本养老保险全国统筹。

进一步完善企业职工基本养老保险基金“一本账”工作，提高基金数据质量，加强数据应用，建立基金监测预警机制，不断优化拓展“一本账”信息系统功能。加强全国统筹业务管控运行分析，按月以“点对点”方式向各省份通报情况，针对各省份重点规则触发情况开展“回头看”，确保问题整改到位。批量下发业务管控工单，集中抽查电子要件，充分发挥规则作用。正式启用“发现即中止”功能，开发争议处置功能平台，提升管控工作效能。截至2023年年底，全国所有省份全部接入中台系统并上线运行，业务管控效果持续显现。全国统筹成熟的“一本账”“大管控”经验模式逐步应用到其他险种。启动机关事业单位基本养老保险、城乡居民基本养老保险和职业年金基金“一本账”工作，制定并指导各省份执行全国统一的会计明细科目，完成信息系统改造测试、部省对接，拓展基金“一本账”覆盖范围。在推进工伤保险省级统筹的同时，制定工伤保险事中事后管控规则。

（二）扎实推进社保经办数字化转型。

落实数字人社建设行动，推动社保经办数字化转型向纵深发展，在全国建立54个数字

化转型联系点，交流研讨社保经办数字化转型发展路径，打造典型样板。夯实数据“底座”，统筹规划社保数据治理工作，开展全国统筹数据质量评价，建立全国上下一体的数据治理体系。持续开展“数据找人”，为支撑精准扩面夯实数据基础。健全业务台账库、统计台账库，规范并提升数据提取与分析能力。加快推进实施社保领域严重失信主体名单管理工作，加强事后信用监管力度。以制定社保业务档案指导性文件为抓手，提升社保业务档案管理数字化水平。

（三）有序开展新就业形态就业人员职业伤害保障试点。

加强对试点工作的跟进评估指导，定期开展全国信息平台试点运行数据、费用收支情况统计分析，组织赴地方和平台企业开展7次实地调研、参加8次各方座谈会，研究讨论关于政策规定、信息系统、扩围工作的优化建议。截至2023年12月底，职业伤害保障参保731万人，职业伤害确认4.1万人次。

（四）稳步推进社保费征收体制改革。

聚焦社保费对账难题，多次开展实地调研、集中办公、座谈会，与税务部门开展专题会商4次，摸清难点症结，坚持因地制宜，联合起草规范对账的文件，积极争取以五部门名义印发。会同税务部门有序开展两批次“统模式”改革试点，指导试点省份优化调整社保费申报缴纳流程，及时梳理研究新情况新问题。

三、突出问题导向，全面加强社保经办风险防控

（一）完善风险防控体系建设。

对社保经办内部控制的基本原则、运行体系、工作流程、主要措施等进行全面规定，推动内部控制规范化、标准化、流程化。优化稽核系统疑点核查、要情管理、稽核报表等模块功能，全面提升系统事前、事中、事后风险防控效率。严格要情管理、严肃报告纪律，开展近3年企业职工基本养老保险、工伤保险要情分析，印发风险提示函警示风险隐患。

（二）深入实施数据稽核。

将一般风险“常态查”和高风险“专项查”相结合，2023年共部署核查跨省重复领取养老保险待遇，疑似死人假人、服刑人员违规领取养老保险待遇，长期暂停领取待遇，同时变更参保人员姓名和公民身份号码等5类疑点数据，分3批筛查下发机关事业单位养老保险疑点数据。采取部级督办与提级核查的方式，聚焦长期暂停领取待遇、“双改”人员等重点问题线索，向各地下发稽核通知书76份。

（三）大力开展督导检查。

部署开展第二轮26个省份社保基金管理交叉检查工作，实现全覆盖。组织四轮失业保险基金管理问题专项整治调研督导。首次委托第三方对湖北省2022年度基金管理情况实施经办审计，开创经办审计新模式。印发全国统筹调剂资金中央经办稽核办法，定期对中央本级基金财务管理情况进行内控检查。

（四）开展职业年金归集账户专项整治行动。

组织开展自查整改和25省份交叉现场检查，全链条摸排经办管理工作中的风险，加强计划监督和风险控制体系建设，保障职业年金基金安全。

四、强化提质增效，持续推进系统行风建设

（一）打造更加优质高效便捷的社保经办服务。

落实“人社服务快办行动”要求，推进更多事项打包办、简便办、就近办，依托国家社会保险公共服务平台加快实现更多服务事项“跨省通办”，解决群众“往返跑”“多地跑”等问题。扎实推进社保经办“适老化”服务，使老年人在服务中“不掉队”、认证时“不麻烦”、办事上“不折腾”。加强社保标准化建设，组织开展第三届全国社会保险标准化技术委员会换届。发布2项国家标准，完成3项标准起草工作，启动4项国家标准起草工作。

（二）集中开展“社保服务进万家”活动。

以“全民参保　共享美好”为主题，在全

国范围内开展“社保服务进万家”活动，聚焦小微企业职工、灵活就业人员、新就业形态就业人员、城乡居民等，广泛深入宣传社会保险政策和便民服务举措，创新活动形式，打造场景化、沉浸式服务体验，人民网、新华网、央视网等6 254家中央、地方媒体及部属媒体，推送或报道活动消息2.3万篇，阅读量3.6亿人次，营造了浓厚的社会氛围。

（三）推动养老保险关系转移接续工作转型升级。

积极推进建立企业职工基本养老保险定期清算模式，修改完善转移接续经办规程。会同军委后勤保障部印发军人退役养老保险关系经办管理办法，做好系统联网、动员培训、人员培训等筹备工作，推动退役军人养老保险转移“总对总”模式落地。

（四）及时解决群众急难愁盼问题。

上下联动做好群众留言和信访工作，全年积极组织受理各种途径的群众留言、投诉562件，办理政府信息公开申请47件。搭建7×24小时舆情监测系统，舆情月有分析、季度有报告，线上线下同步发力，着力解决群众反映强烈的堵点难点痛点问题，向全系统推送2期社保案例。

五、多点同向发力，协调推进各项工作取得成效

（一）贯彻落实《社会保险经办条例》。

积极推动《社会保险经办条例》出台施行，组织召开人社系统贯彻实施《社会保险经办条例》动员部署电视电话会议，指导全系统全面规范社保经办工作。印发学习宣贯通知，组织编写解读材料，开展全国性视频培训，调度各地典型经验案例，策划制作宣传片，与《中国社会保障》杂志社联合推出《社会保险经办条例》专刊，广泛开展宣贯工作。推动配套规章制度的“废改立”工作，指导各地进一步清材料、减证明、压时限。

（二）推动失业保险、工伤保险经办服务提质增效。

推动工伤保险跨省异地就医直接结算工作，修改完善经办规程，优化信息系统建设，做好部级经办准备工作，督促各地细化本省经办流程、选定试点地市和相关协议机构，确保指导有效、经办落地。推进各地实现基金统收统支模式下工伤保险省级统筹。构建工伤预防、康复、补偿“三位一体”发展体系。配合政策司局完善阶段性失业保险政策、劳务派遣单位稳岗返还、延续实施一次性扩岗补助等失业保险政策。

（三）积极推进养老保险第二、第三支柱建设。

推进全国职业年金管理信息平台建设，起草平台需求方案，大力提升职业年金经办管理信息化水平。加强数据分析应用，开展职业年金运行分析、职业年金受托人绩效考评，分析职业年金运行和管理状况。启动职业年金行业标准预研，进一步规范职业年金管理行为。开展个人养老金制度先行试点调研，研究待遇提前领取环节资格审核的实现路径，起草经办规程，推动经办机构在个人养老金咨询投诉协调过程中发挥作用，推动个人养老金落地实施和制度完善。

（四）充分发挥统计精算工作的决策支撑作用。

监测分析社保制度运行情况，按时完成养老保险、失业保险、工伤保险统计报表，开展月报、季报、年报动态分析，完成2022年社保运行分析报告。积极开展专题统计和精算分析，充分发挥其对宏观决策的支撑作用。加快推进企业职工基本养老保险全国统筹系统统计台账建设，全面开展问卷调查，为加快推进省级业务生产库直接提取统计报表数据打下坚实基础。

（五）不断深化国内外交流与合作。

做好粤港澳社保合作指导工作。支持“粤港澳社保一窗通”工作，尝试与港澳社保机构建立长期联系机制。加强与国际社会保障协会（ISSA）交流合作，深入参与协会管理运作，参加国际社会保障协会执行委员会、国际社会保障协会信息与通信技术委员会专场会议、社会保障精算统计投资大会等，选派青年干部参加国际研讨交流，传播中国社保经验。积极拓展其他国际合作，赴老挝开展联合国和平发展基金社保旗舰项目。深化中欧社保合作项目，举办精算交流活动。平稳推进双边社会保障协定经办，全年共为境外免缴申请用户审核出具参保证明 9 332 份。

中央国家机关事业单位养老保险经办管理

2023年是全面贯彻落实党的二十大精神的开局之年，也是实施“十四五”规划承上启下的重要一年。中央国家机关事业单位养老保险经办管理工作在人力资源社会保障部党组正确领导下，在人力资源社会保障部内外有关单位的支持和配合下，以习近平新时代中国特色社会主义思想为指导，深入开展学习贯彻习近平新时代中国特色社会主义思想主题教育，坚持不懈用党的创新理论凝心铸魂，扎实推进中央国家机关事业单位养老保险制度改革落地。

一、积极推进应保尽保，提供优质经办服务

截至2023年12月底，在中央国家机关养老保险管理中心（以下简称央保中心）参保的中央单位1 951家，参保人员69.52万人（在职人员41.61万人，退休人员27.91万人）。完善超编单位参保政策思路，开展超编高校和医院人员信息采集，17家参保单位提交约3.5万人的材料，审核通过3.4万人。妥善处理其他超编单位参保问题。开展年度工资申报工作，组织各参保单位有序申报2023年缴费工资，结合北京市社平工资发布情况，及时与政策部门沟通2023年缴费基数上下限。针对部分单位反映的绩效工资限高线过低问题，配合政策部门整理有关情况并做好宣传解释。加强前台业务经办，严格规范业务受理程序，充分发挥综合柜员作用，妥善处理咨询、来访事宜，积极落实证明事项告知承诺制，不断优化经办流程和服务水平，提升服务对象参保体验感。持续推进社保卡制发工作，梳理社保卡发放中的堵点难点和意见建议，做好社保卡系统与央保经办系统对接工作。

二、全面确保应发尽发，保障养老保险待遇发放

按时足额发放养老保险待遇，2023年12月，为1 745家参保单位26.9万名退休人员发放基本养老金。配合政策部门开展2022年退休人员待遇核准工作。完成2023年基本养老金调整，首次实现与全国同步调整的目标。优化完善待遇核发工作机制，建立常态化待遇预发办法及重核机制，推进待遇核定系统功能开发建设，持续增强待遇核发风险防范。强化内外沟通联络，妥善处理待遇疑难问题。与政策部门定期会商，建立首问负责机制，共同推进解决重点难点问题。强化内部协调联动，协调相关处室召开专项审核小组会，妥善处理退休人员个案疑难问题。

三、强化基金收支管理，着力解决准备期清算难点问题

2023年全年基本养老保险基金总收入244.1亿元，基金支出298.9亿元，累计结余35.3亿元。职业年金基金总收入77亿元，总支出18.9亿元，当期结余58.1亿元，累计结余655亿元。及时报送预算执行进度，关注财政补助资金到账情况和资金余量，确保基金平稳有序运行。顺利推进准备期清算工作，集中开展到账状态维护工作并启动资金流。按照“先易后难、分步推进”的工作思路，完成1 500余家单位的到账状态维护工作，对于需进行资金清算且数据无误的单位，启动资金补收、退费等后续工作。排查200余家单位存疑数据，开展准备期待遇补差工作。完成40余

家单位调待补差和100余家单位退休补贴补差业务办理，稳步推进40余家问题单位的补差工作。有序推进财务基础管理工作，2023年全年财务业务对账4.9万笔，编制会计凭证2.3万份，整理银行回单4.6万份，报送月报、季报、年报及决算报表。开具基金专用电子票据3.3万份，开票金额145亿元。编制《2023年度预算绩效目标表》。开展省级基金财务信息系统改造工作，按要求对央保经办基本养老保险和职业年金会计科目进行调整。

四、深入推进职业年金工作，提高委托投资管理水平

规范履行中央单位职业年金委托投资职责，克服国内经济需求不足、外部环境严峻复杂、A股指数连续下跌等不利因素，全年实现投资收益4.4亿元，收益率0.79%。截至2023年12月底，基金资产净值达到652.5亿元。自2019年2月末启动投资至2023年年底，累计投资收益64.9亿元，累计收益率22.83%，年化收益率4.34%，较好实现了投资目标。完成2022年度中央单位职业年金计划受托人绩效考评，组织召开评选委员会会议，起草受托人绩效考评专项工作报告。开展2023年度中央单位职业年金计划受托人绩效考评工作。继续加强基金管理制度建设，研究修改《中央国家机关事业单位职业年金计划受托人绩效考评办法》《中央国家机关事业单位职业年金计划资金分配办法》，起草《中央单位职业年金计划风险控制和监督管理办法》和《中央单位职业年金计划和组合设置管理办法》。修改受托管理合同文本，完善管理费率计提方法，再次降低管理费总体水平。大力加强风险防控和投资监督，开展各计划债权资产信用风险排查，提前发现并妥善处置高风险资产，有关做法推广各地学习。起草《2022年度中央单位职业年金委托投资情况分析报告》，组织中央单位职业年金各计划管理机构召开投资管理研讨会，提高管理水平。努力提升经办管理服务水平，继续推进职业年金转移接续和待遇发放工作，全年支付职业年金待遇6.15亿元，支付人数83 322人；办理职业年金转移业务1 600余笔，补记职业年金业务62笔。

五、有序开展保险关系转续工作，规范个人账户档案管理

高效经办基本养老保险关系转入业务，2023年共办理完成转入业务4 369人次，涉及金额5.33亿元。集中清理转入存量业务，重点处理问题件500余件，形成15类问题解决模板。加强对接部转移平台功能，线上办理率由15%提升到63%，经办效率大幅提高。试点开展基本养老保险关系转出工作，明确经办流程，推进系统开发，试点办理98笔业务，切实做好全面启动转出准备工作。全面推进参加北京市企业职工基本养老保险的中央单位关系衔接工作，基本完成相关单位及人员央保当期征缴及发放。截至2023年12月底，已将560家单位2.13万人纳入央保。与参保单位充分沟通，保证社会舆情总体稳定。稳妥谋划生产经营类转企改制的中央单位转移接续工作，初步确定24家转企单位名单，召开工作部署会，明确相关工作总体安排。与北京市社保中心加强沟通，研究工作思路及有关问题，联合开展调查摸底工作，为启动经办打下坚实基础。做好特殊单位及特殊人员、个人账户、档案管理工作，协调完成特殊单位按月征缴、发放和2023年待遇调整。定期审核非政府借调国际职员档案，明确未参加国际组织养老金计划的国际职员有关问题处理意见。维护2023年个人账户记账利率，根据单位及个人需求个性化寄递2022年度纸质个人权益记录单。累计完成业务材料归档1 928卷13.49万件52.73万页。

六、大力推进工伤保险经办筹备，完成启动准备工作

完成中央国家机关单位工伤保险经办与劳动能力鉴定业务启动准备工作，提前审核完成245家单位材料和数据，确定了应参保单位

名单和人员身份。开发参保登记系统功能，具备了办理参保登记业务的条件。明确委托鉴定事宜，经办前期拟委托北京市开展劳动能力鉴定业务，起草委托鉴定协议和实施细则。分步考察协议机构，起草工伤医疗、康复、辅助器具配置协议机构评估确定办法。现场考察3家辅具配置机构和4家康复机构，梳理北京市工伤医疗机构及机关参公单位分布情况，明确协议机构名单范围。持续开展事故备案，共收到备案97起，其中上下班途中受伤42起，涉及45家单位，已通过走访或召开座谈会等方式开展慰问活动。实施百日攻坚行动，制定《百日攻坚行动方案》，完成央保中心能独立承担的21项工作。大力开展宣传培训，组织2期面向中央在京国家机关和参公单位的工伤保险业务培训，制作工伤保险宣传片，印制政策汇编材料。积极推进制度建设，受部工伤保险司委托，起草《中央在京国家机关单位工伤保险实施办法》，与部工伤保险司联合多次征求财政部社会保障司意见。经办规程、中央劳动能力鉴定委员会工作规则等配套文件已形成初稿，准备工作基本就绪。

七、加大稽核风控工作力度，开展社保基金管理巩固提升行动

扎实开展基金管理巩固提升行动，巩固专项整治工作成果，坚决守住安全底线，完善社保经办和社保基金领域的风险防范和制度建设。持续完善提升年和基金监管局调研检查整改问题台账，更新问题进展。组织召开内检小组工作会议，审议基金年金及风险防控工作报告，研讨工作中发现的重点问题。开展待遇领取资格认证工作，完成2022年度及2023年度年中待遇领取资格认证。与公安人口库全量数据进行比对，处理疑点数据278条。通过待遇领取资格认证系统获取认证数据，辅助认证结果。开展与司法部监狱管理局的数据比对，核查涉刑领取待遇人员并作定期待遇暂停处理。持续提升技防水平，上线外置风控模块和风控查询功能，监控核查9类问题数据，对超编经办和提前退休等高风险业务进行核查，增强主动核查力度。通过全国社会保险查询比对平台与公安人口库数据进行定期数据比对。按规定开展稽核工作，约谈督促相关单位严格依规经办，从源头上杜绝瞒报错报欺诈冒领等行为，追缴死亡冒领和多领待遇。梳理媒体公开的中央单位工作人员被处分的相关情况，防范多领养老保险待遇情形。持续推进欠费清理，督促重点欠费单位做好欠费补缴。依规受理举报稽核，加强对新中国成立前参加工作人员的核查力度。组织央保中心全体干部现场观摩庭审，进一步提升风险防控意识。

八、加强信息系统建设，持续提高经办管理服务水平

持续推进网厅和业务信息系统建设，全年新增系统开发和提数需求38项，上线需求21项。全面夯实央保数据基础，做好2022年社会保险统计年报填报，编发中央经办主要业务数据统计月报12期、央保运行分析季度报告3期。不断提高公共服务水平，在国家社会保险公共服务平台、人社12333 APP等平台上线查询功能。召开央保经办数字化转型工作研讨会，推进央保经办数字化转型。全年接听咨询电话2.6万余次，日均接听量百余次。加快部署智能客服系统建设，完成知识库搭建，收录标准问答口径110条，泛化问答口径1 791条，开展系统调试和内部测试。切实维护信息系统安全，按照部信息中心要求，对安全问题及时响应、排查并处理。开展信息系统等保测评、安全检测和代码审计工作，推进系统数据库升级、系统安全服务项目验收和漏洞整改。做好机房、通信线路、密码机等场所和设备的巡检和运维管理，确保系统安全稳定运行。贯彻落实《社会保险经办条例》，研究制定央保中心贯彻实施方案，印发《社会保险经办条例》解读和问答口径有关资料，邀请专业人士解读《社会保险经办条例》。组织开展集中学习、个人自学和研讨交流，召开《社会保险经办条例》宣贯座谈会，梳理完善中央经办工作

流程，听取参保单位意见和建议。

九、坚持攻坚克难，平稳有序推进征管职责划转

与税务总局密切配合，对照央保现有业务功能，逐一梳理划转工作涉及的业务事项以及划转后业务流程、规则、数据迁移和信息交互方案，初步形成开发需求。加强与税务部门沟通，进一步细化梳理各业务环节涉及的两部门职责边界，在两部门对账流程设计基础上，形成涉及税务、人社、财政、人民银行四部门的全流程对账方案。加强划转工作流程设计，为确保央保征管职责划转不出问题，赴江西等地开展实地调研，了解经办机构划转的基本情况和存在的问题。调研浙江等五个“统一社会保险费征收模式”试点运行情况，进一步验证业务流程设计的可行性。征求财政部门关于业务总流程、职责边界、缴费模式等事项的意见，确保划转工作流程设计严谨、科学、准确。

十、做好精细化管理，建立高效内部运转机制

优化完善内部管理制度，进一步规范内部管理，先后修订完善了考勤管理规定、差旅费管理办法、大额资金管理办法、工作服着装规定及财务内控管理办法等管理制度。持续加强财务预算管理，严格规范预算经费支出，科学编报各类财务报表，依规进行财务报销和经费支出，确保2023年度预算高质量执行。严格执行政府采购制度，规范央保中心政府采购流程。做好重要活动服务保障工作。组织召开国家安全和安全生产座谈会、消防安全讲座和总体国家安全观讲座，增强干部职工的国家安全、保密和消防安全意识，着力确保内部安全运转。

十一、加强调研成果运用，有效提升行风建设水平

深入开展“厅局长走流程”“干部调研暗访”等活动，央保中心领导带队赴云南等省市开展专项调研，交流学习社保工作经验。常态化开展“走进参保单位”活动，赴参保单位“面对面”了解服务对象诉求。积极参与“人社青年攻一关”“人社青年献一策”等活动，常态化开展“我为群众办实事”活动。通过多种形式调研活动，强化党员干部的宗旨意识，通过调研成果转化，解决当前央保经办面临的突出问题，行风建设水平不断提升。

十二、用心做好定点帮扶工作，积极助推乡村振兴

全面贯彻落实部定点帮扶推进会精神，与帮扶村通过微信群和电话等多种方式，共同开展理论学习，常态化沟通情况需求。2023年全年采购金寨、天镇帮扶地区15.3万余元农副产品，其中定点采购帮扶村茶叶近3.7万元。

社会保险基金监管

2023年，人力资源社会保障系统坚决落实习近平总书记关于社会保险基金安全的重要指示批示精神和党中央、国务院决策部署，牢固树立“四个意识”，坚定“四个自信”，践行“两个维护”，坚决拥护“两个确立”，着力抓好社保基金管理巩固提升行动，社保基金监管各项工作取得明显成效。

一、开展社保基金管理巩固提升行动

一是印发工作方案。印发工作方案，并在山东济南召开座谈会动员部署，按照深化整改、强基固本、全面优化3个阶段组织实施社会保险基金管理提升年行动，进一步巩固深化社会保险基金管理问题专项整治和社会保险基金管理提升年行动工作成果，持续强化人防、制防、技防、群防“四防”协同，不断完善社保政策、经办、信息、监督“四位一体”风险防控体系，加快构建覆盖全险种、贯通全流程的社保基金安全监管体系。

二是加强制度建设。印发《社会保险基金监督举报工作管理办法》（人力资源社会保障部令第49号），进一步规范社保基金监督举报受理、办理等工作。做好《社会保险基金监督举报奖励暂行办法》（人社部发〔2022〕45号）和《中央本级社会保险基金监督举报奖励实施细则（暂行）》（人社厅发〔2023〕11号）实施工作，鼓励社会监督。

三是组织数据核查。完成养老保险、失业保险、工伤保险生产库数据疑点筛查核查工作。在全国范围内开展违规领取一次性工亡补助金疑点数据复核工作。选择辽宁沈阳等6个地市试行因病或非因工提前退休（职）劳动能力鉴定档案核查工作。推动“金保二期”基金监管系统部署应用，指导地方结合实际推动系统的本地化改造，加强社保经办生产库数据的开发利用，优化完善监督规则，提高核查精准率、问题发现率，提升监督效能。

四是强化督促指导。定期调度社保基金管理巩固提升行动开展情况，编发社会保险基金监管工作简报，通报会议精神和违法违纪案件，交流工作动态和经验做法等。对社保基金管理问题专项整治、社保基金管理提升年行动发现问题整改不及时、不到位情况开展专项督导，加大对社保基金重大案件的督导力度，持续追回损失基金。

五是开展警示教育。部署开展社保基金安全警示教育月活动，召开警示教育大会，部党组主要负责同志出席会议并讲话。分管副部长组织召开社保基金典型案例剖析会，社保政策、经办、信息、监督部门集中研究风险防控措施。编写《社会保险基金管理职务犯罪案件警示录》并印发地方，推动以案促改、以案促治、以案促建。

二、推动基本养老保险基金委托投资

一是持续扩大委托投资规模。组织地方报送基本养老保险基金委托投资年度签约计划，调度指导各地及时签（续）约和划拨委托资金。截至2023年12月末，基本养老保险基金委托合同规模约1.9万亿元。2023年，全国基本养老保险基金投资收益率2.4%，连续7年实现正收益。自启动委托投资以来，累计实现投资收益3 068亿元，年均投资收益率5%。

二是做好投资运营监管工作。依规履行审

核和备案职责，审核2022年度基本养老保险基金受托运营报告，指导社保基金会开展合同签署、资金划付、资产配置、投资运作、风险管理、内部控制、信息披露等工作，不断强化合规意识，提高投资能力，防范投资风险。

三、强化年金基金安全规范投资运营

一是持续推进审计整改。贯彻落实习近平总书记重要批示精神，持续推动问题整改，年金基金管理机构所涉合规问题已整改完毕，风险隐患得到有效化解，协同监管的长效机制正在建立健全。向审计署报送整改情况，会同财政部向党中央呈报整改报告。会同金融管理部门研究形成《关于加强年金养老金产品规范管理的意见（征求意见稿）》。

二是强化年金基金监管。组织完成对9家企业年金基金管理机构16个资格的现场检查。加强部省联动，加大对年金基金管理机构不规范行为的公示力度，并纳入监管台账管理。继续做好中央单位职业年金基金投资运营监管。持续推进集合计划管理规范和模式创新，指导部分省份规范发展人才年金。

三是加强风险防范化解。加强窗口指导，推动中石化年金股权投资试点平稳退出。加强风险研判，及时警示年金养老金产品增配非标资产风险。督导6家年金基金管理机构依规报告和积极稳妥处置违约风险。加强宣传教育，推动树立长期投资、安全规范运营理念。

四是夯实日常监管基础。完成企业年金基金管理机构资格证书电子证照库标准化。加强合同备案实质性审核，全年部本级完成年金计划管理合同备案83次，养老金产品变更备案或确认终止62只，全国共计完成年金计划管理合同备案751次。加快推进年金基金监管系统建设，持续优化系统功能，印发情况通报，督促各地加强系统使用，规范业务流程，实现监管留痕。截至2023年年末，企业（职业）年金基金积累规模超5.7万亿元，覆盖人群超过7 900万人。

劳 动 关 系

一、全面推进新时代和谐劳动关系创建

一是开启新一轮劳动关系领域改革创新试点。制定印发关于区域和谐劳动关系高质量发展改革创新试点的方案，在京津冀、长三角、黄河流域等6大区域19个省市部署开展区域改革创新，探索新时代构建和谐劳动关系新模式新路径和区域和谐劳动关系协同发展机制，推广前两轮改革试点经验。

二是全面开展和谐劳动关系创建活动。2023年，国家协调劳动关系三方联合印发《关于推进新时代和谐劳动关系创建活动的意见》（人社部发〔2023〕2号），明确提出了未来5年全国各类企业及企业集聚区普遍开展创建活动。出台《全国和谐劳动关系创建工作先进集体和先进个人表彰办法》（人社部发〔2023〕22号），印发《关于开展第一届全国和谐劳动关系创建工作先进集体和先进个人评选表彰活动的通知》（人社部函〔2023〕62号），组织评选表彰，在全国范围公示表彰对象名单。

二、积极推进基层劳动关系治理能力建设

实施劳动关系"和谐同行"能力提升三年行动计划，继续打造培育金牌劳动关系协调员、金牌协调劳动关系社会组织，培育劳动关系和谐企业，加强对新企业、重点企业用工指导和企业薪酬指引，有力提升劳动关系工作服务能力。指导各地加强劳动关系协调员队伍建设，发挥以企业劳动关系协调员为主要力量的基层劳动关系协调员在构建新时代和谐劳动关系中的"桥梁"作用，畅通劳动关系工作的"毛细血管"。印发《关于做好劳动关系协调师职业技能等级认定工作的通知》（人社厅函〔2023〕141号），进一步规范劳动关系协调师职业技能等级社会评价质量和水平。举办全国劳动关系协调员示范培训班，覆盖全国省市1 200余名学员。会同中华全国总工会等部门指导各地培育基层劳动关系公共服务样板站点94个。

三、加强劳动标准管理服务

会同国家卫生健康委、公安部、最高人民检察院、中华全国总工会、中华全国工商业联合会、中国企业联合会/中国企业家协会等部门联合印发《工作场所女职工特殊劳动保护制度（参考文本）》和《消除工作场所性骚扰制度（参考文本）》（人社厅发〔2023〕8号）、《消除工作场所童工和加强工作场所未成年工特殊劳动保护制度（参考文本）》（人社厅发〔2023〕17号）、《工作场所高温和高寒天气劳动者权益保障制度（参考文本）》（人社厅发〔2023〕26号）、《预防和消除工作场所不当管理风险隐患制度（参考文本）》（人社厅发〔2023〕27号）等5个参考文本，为用人单位依法依规用工提供了参考。加强中央企业工时规范管理，先后印发《关于批复国家开发投资集团有限公司部分岗位实行特殊工时制度的函》《关于批复中国航空集团有限公司部分岗位实行特殊工时制度的函》《关于批复中国能源建设集团有限公司部分岗位实行特殊工时制度的函》《关于批复中国航空油料集团有限公司部分岗位实行特殊工时制度的函》《关于批复中国能源投资集团有限公司部分岗位实行特

殊工时制度的函》《关于批复中国五矿集团有限公司部分岗位实行特殊工时制度的函》《关于批复中国电力建设集团有限公司部分岗位实行特殊工时制度的函》《关于批复中国东方航空集团有限公司部分岗位实行特殊工时制度的函》《关于批复中国核工业集团有限公司部分岗位实行特殊工时制度的函》《关于批复国家石油天然气管网集团有限公司部分岗位实行特殊工时制度的函》《关于批复中国华电集团有限公司部分岗位实行特殊工时制度的函》《关于批复中国机械工业集团有限公司部分岗位实行特殊工时制度的函》。

四、指导和规范企业劳动用工

持续落实新就业形态劳动者权益保障政策，印发《新就业形态劳动者劳动合同和书面协议订立指引（试行）》（人社厅发〔2023〕6号）和《新就业形态劳动者休息和劳动报酬权益保障指引》《新就业形态劳动者劳动规则公示指引》《新就业形态劳动者权益维护服务指南》（人社厅发〔2023〕50号），指导平台企业与新就业形态劳动者合理确定权利义务关系，引导新就业形态劳动者依法维护自身权益。维护快递从业人员基本劳动权益，与国家邮政局在快递行业全面推行劳动合同制度，印发快递从业人员劳动合同示范文本，指导督促快递企业依法规范用工。加强劳务派遣用工监管，指导地方建立完善劳务派遣名录库，进一步规范劳务派遣工作。指导地方做好高温天气劳动者权益保障工作。

五、加强和改进企业工资宏观指导调控

2023年，全国15个省份调整了最低工资标准。截至2023年年底，全国月最低工资标准最高的是上海的2 690元，小时最低工资标准最高的是北京的26.4元。全国19个省份发布了企业工资指导线，基准线在6.5%左右。企业薪酬调查持续开展，国家层面继续公开发布分职业、分岗位等级企业从业人员工资价位信息，大多数省份结合实际发布省本级调查信息。推动《技能人才薪酬分配指引》落实落地，引导企业建立健全符合技能人才特点的工资分配制度，科学确定和合理提高技能人才薪酬待遇。

六、积极推进国有企业工资分配制度改革工作

持续推进中央企业负责人薪酬制度和国有企业工资决定机制改革，制定印发中央企业负责人2023年度基本年薪基数、2023年中央企业工资指导线和调控线等，指导各地各部门做好国有企业负责人薪酬审核和工资总额预算管理工作。制定出台国有企业内部薪酬分配指引、国有企业津贴补贴和福利管理等政策，指导国有企业建立健全内部薪酬分配机制，规范收入分配秩序。继续会同财政部、国务院国资委开展国有企业工资内外收入监督检查。

七、对标一流标准优化人社营商环境

世界银行启动新一轮营商环境评估，将“劳工”指标列为十大评估指标之一。人力资源社会保障部结合我国国情，对标世界一流标准，指导各地优化人社领域制度机制，提高人社公共服务水平。

劳动人事争议调解仲裁

在人力资源社会保障部党组坚强领导下，2023年调解仲裁工作以习近平新时代中国特色社会主义思想为指导，全面贯彻落实党的二十大精神，认真落实人社事业发展“十四五”规划，以提升办案质效为中心，以健全争议多元处理机制为重点，不断提升调解仲裁工作规范化、标准化、专业化、智能化水平，简案快办、繁案精办，切实履行定分止争工作职责，将更多争议案件终结在调解仲裁阶段，在防范化解劳动关系风险、保障劳动者合法权益、促进劳动关系和谐与社会稳定等方面发挥了应有作用。

一、聚焦主责主业，提升风险防控能力

（一）争议案件办理形势总体平稳有序。

2023年度，全国各级劳动人事争议调解组织和仲裁机构办理争议案件385.0万件，调解成功率77.7%，仲裁结案率98.1%，仲裁终结率72.3%，没有发生因争议办理不当引发的群体性事件和极端事件。

（二）强化监测预警。

常态化开展月监测、季报告、实时专报制度，按季度对全国争议案件办理情况进行统计分析，及时研判争议案件发展趋势，排查风险隐患，完善应对预案。密切关注经济社会发展形势和各类政策实施效果，及时指导解决苗头性、倾向性问题。

（三）加大预防力度。

持续落实青年仲裁员志愿者联系企业活动常态化长效化机制，由骨干青年仲裁员组成志愿者队伍，以劳动争议易发多发的中小企业为主选择联系企业，为企业提供普法讲座、用工体检、送法入企等服务，帮助企业梳理解决劳动用工管理中的重点难点问题，规范企业用工管理。积极参与涉案企业合规第三方评估工作，帮助企业规范用工。会同公安部等部门集中打击“职业骗薪”违法行为，并指导各级调解仲裁机构在案件办理中注意核查可能存在的入职信息造假、骗取劳动报酬等违法行为，帮助企业防范用工风险、减少损失，维护正常的就业市场秩序。

二、突出争议多元处理机制建设，注重发挥各方合力

（一）不断完善制度机制。

指导各地落实人力资源社会保障部会同中央政法委等九部门联合印发的《关于进一步加强劳动人事争议协商调解工作的意见》（人社部发〔2022〕71号），建立健全党委领导、政府负责、人社部门牵头和有关部门参与、司法保障、科技支撑的争议多元处理机制。指导各省（自治区、直辖市）及新疆生产建设兵团出台协商调解工作意见实施细则。人力资源社会保障部办公厅会同中华全国总工会办公厅、中华全国工商业联合会办公厅、中国企业联合会办公室印发《关于开展基层劳动人事争议调解组织建设行动的通知》（人社厅发〔2023〕36号），以强化基层调解组织建设和作用发挥为着力点，通过明确各类调解组织职责、加大人员配置、夯实基础保障等措施，努力提升以协商调解方式化解争议案件的比重。

（二）多措并举推动发展。

人力资源社会保障部会同中华全国总工会、中华全国工商业联合会、中国企业联合会

通报表扬2023年度工作突出的129家基层调解组织，发挥先进典型示范引领作用，以点带面带动调解工作提质增效，不断提升调解公共服务能力。人力资源社会保障部积极协调中央政法委首次将“劳动人事争议多元化处理机制建设情况”纳入年度平安中国建设考核范围，切实发挥考核“指挥棒”作用。

三、强化办案指导，做好重点领域争议案件办理工作

（一）加强农民工工资争议办理。

指导各地贯彻落实《保障农民工工资支付条例》（国务院令第724号）、《关于实施“护薪”行动全力做好拖欠农民工工资争议处理工作的通知》（人社部发〔2019〕80号）等法规政策，稳妥办理农民工工资争议案件。持续开展农民工工资争议速裁庭建设专项行动。通过缩短办案时限、强化维权合力等举措，健全完善快立快调快审快结工作机制，依法有效维护农民工劳动报酬权益，切实发挥调解仲裁在根治欠薪中的积极作用。配合最高人民法院联合发布农民工工资争议典型案例。

（二）着力维护新就业形态劳动者劳动权益。

深入学习贯彻党的二十大关于支持和规范发展新就业形态、加强灵活就业和新就业形态劳动者权益保障要求，人力资源社会保障部会同最高人民法院联合发布新就业形态劳动争议典型案例，通过以案释法引导裁判实践，推动平台经济良性发展与劳动者权益保障互促共进。会同最高人民法院、司法部等部门研究制定关于加强新就业形态劳动纠纷一站式调解工作的通知，充分发挥劳动争议调解、人民调解、司法调解特点优势，探索打造“人社牵头、部门协同、行业参与”的工作格局，实行“宽进精审”，合力化解新就业形态劳动纠纷。

（三）加大与民生密切相关的三类争议案件办理力度。

指导各级调解仲裁机构做好劳动报酬、解除和终止劳动合同、社会保险等争议案件办理工作，切实提升办理质效。

四、夯实基础保障，努力解决制约工作的短板弱项

（一）信息化工作有力推进。

研发新版调解仲裁办案系统等全国统一软件，重点开发新版调解仲裁办案系统和调解员仲裁员能力提升平台，切实发挥信息化助力调解仲裁工作引擎作用。深化“总对总”在线诉调对接机制，2023年1.7万家调解组织、2.6万名调解员入驻人民法院调解平台，线上调解成功率达到93.1%。持续推广全国“互联网+调解”服务平台，充分发挥在线调解高效便捷优势，不断提升维权效率，2023年全年调解成功5.8万件。

（二）宣传工作不断扩展。

向各地发出加强劳动人事争议调解仲裁宣传工作函，明确宣传主题，创新、丰富宣传形式，健全舆情评估、应对机制，全面提升调解仲裁宣传工作能力水平。会同部宣传中心加强与《人民日报》、新华社、中央广电总台等中央媒体沟通协调，建立长效协作机制，不断增强调解仲裁社会公信力。充分发挥人力资源社会保障部门户网站调解仲裁专栏、《中国劳动保障报》调解仲裁专版、中国劳动人事争议调解仲裁微信公众号作用，开展法律政策普及宣传，引导用人单位依法规范用工和劳动者理性维权。严格落实意识形态工作责任制，加强调解仲裁法律政策解读、网络舆情引导等工作。

（三）队伍专业化水平持续提升。

组织编写调解实务和新就业形态劳动纠纷典型案例选编等书籍。举办劳动人事争议仲裁院院长培训班、新疆劳动人事争议骨干仲裁员培训班和劳动人事争议调解示范培训班，突出培训的针对性、实用性和互动性，累计培训学员400余人。牢固树立“管行业必须管行风”的理念，坚持对信访、行风、舆情等集中反映的案件问题线索应查尽查，对有问题的持续跟踪整改落实。

（四）政策支撑扎实有效。

指导中国劳动学会劳动人事争议处理专业委员会举办《中华人民共和国劳动争议调解仲裁法》实施十五周年暨劳动人事争议典型案例研讨会，总结法律实施成效，开展典型案例研究，探索调解仲裁事业发展路径。

事业单位工资福利

2023年，事业单位工资福利工作以习近平新时代中国特色社会主义思想为指导，深入学习贯彻党的二十大精神，围绕党中央、国务院决策部署和部党组工作安排，扎实推进重点任务，事业单位工资福利各项工作取得明显成效。

一、积极稳妥推进高等学校、科研院所薪酬制度改革试点工作

经中央全面深化改革委员会第二次会议审议通过并报国务院同意，会同财政部、教育部、科技部印发《关于高等学校、科研院所薪酬制度改革试点的意见》（人社部发〔2023〕46号）。把高等学校、科研院所薪酬制度改革作为统筹推进教育、科技、人才发展的重要抓手，逐步建立激发创新活力、知识价值导向、管理规范有效、保障激励兼顾的高等学校、科研院所薪酬制度，进一步激发高等学校、科研院所创新创造活力。

二、全面推进公立医院薪酬制度改革

一是落实“两个允许”（允许医疗卫生机构突破现行事业单位工资调控水平，允许医疗服务收入扣除成本并按规定提取各项基金后主要用于人员奖励）要求，指导各地出台实施方案，抓好组织实施，31个省份和新疆生产建设兵团均已出台了实施方案。开展专题调研、基层蹲点和书面调度，评估实施成效，分析存在问题，推动深化改革，进一步调动公立医院和医务人员积极性。

二是加强与相关部门沟通协调，研究在央属公立医院尽快落实薪酬制度改革要求。

三是召开公立医院人事薪酬制度改革推进会，加强对公立医院内部分配的指导，落实医务人员薪酬不得与药品、卫生材料、检查、化验等业务收入挂钩等政策规定。

三、全面落实义务教育教师工资待遇

一是贯彻落实义务教育教师平均工资收入水平不低于当地公务员平均工资收入水平的法定要求，指导各地抓好义务教育教师各项工资待遇保障政策落实工作，实现“不低于”目标。

二是会同相关部门加强教师欠薪整治工作力度，会同教育部、财政部印发文件，开展清欠教师工资待遇专项行动，指导督促有关省份核实问题并抓紧完成整改。

三是赴部分省份开展专题工作调研，研究调整教龄津贴标准。

四、加强中央事业单位绩效工资管理

一是推进部分中央事业单位先行落实高层次人才工资分配激励政策，在总结经验基础上，会同相关部门研究扩大政策落实范围的考虑。指导地方落实单列政策。

二是会同相关部门采取约谈提醒、调研提醒、发函提醒等方式，进一步严肃纪律，加强中央事业单位绩效工资管理监督。

三是按照关于定期报送中央事业单位绩效工资执行情况的通知规定，完成2022年度中央事业单位绩效工资执行情况备案工作，研究起草备案数据分析报告。

五、完善地区性津贴政策

配合相关部门调整艰苦边远地区津贴标

准、范围和部分地区类别，完善高海拔折算工龄补贴政策，加大向高海拔艰苦边远地区和基层一线的倾斜力度，指导地方抓好政策落实落地。配合相关部门研究设立海南自由贸易港建设津贴。

六、统筹推进各项工作

一是深化课题研究，推进研究改革完善事业单位工资制度工作。

二是做好规范公务员工资津补贴部际联席会议办公室有关工作。

三是做好院士常态化退休工作。

四是指导各地落实好科研人员职务科技成果转化现金奖励政策，推动科技成果加快转化为现实生产力。

五是研究完善消防员工资福利政策，明确消防员执行艰苦边远地区津贴政策口径。

六是完成2022年度全国事业单位工资福利年报统计并做好数据分析工作。

外国专家工作

按照《党和国家机构改革方案》，科技部负责的引进国外智力工作职责划入人力资源社会保障部，在人力资源社会保障部加挂国家外国专家局牌子。2023年8月31日，人力资源社会保障部举行国家外国专家局挂牌仪式。9月4日，22名机关转隶同志到岗履职，以外国专家工作筹备组名义开展工作。

2023年，外国专家工作筹备组在部党组坚强领导下，坚持以习近平新时代中国特色社会主义思想为指导，坚决贯彻党的二十大精神，全面落实中央人才和经济工作会议精神，紧密结合机构改革重大任务和学习贯彻习近平新时代中国特色社会主义思想主题教育，扎实推进职责划转、任务衔接、改革发展各项工作，深入推动外国专家工作高质量发展，为服务新时代人才强国战略实施和经济社会发展提供有力外国人才智力支撑。

一、坚持党建引领，全面加强政治机关建设

外国专家工作筹备组将机构改革作为重大政治任务，始终把讲政治摆在首位，站在拥护“两个确立”、做到“两个维护”的政治高度，坚决贯彻落实习近平总书记重要指示批示精神和党中央决策部署。第一时间成立临时党支部，坚决在政治上、思想上、行动上与以习近平同志为核心的党中央保持高度一致，确保思想不乱、工作不断、干劲不减。

二、贯彻落实党中央决策部署和部党组要求，推动新时期外国专家工作高质量发展

（一）坚决贯彻落实习近平总书记重要指示批示精神。

从拥护“两个确立”、做到“两个维护”的政治高度充分认识落实习近平总书记重要指示批示的重要意义，坚定不移贯彻落实好党中央关于新时期外国专家工作的新理念新要求，对于中国政府友谊奖、外国人来华便利化等重要指示批示，第一时间传达学习，研究工作部署，抓好推动落实，把办理成效作为检验“两个维护”的重要标准，把党中央的要求体现在谋划推动外国专家工作的具体实践中。

（二）逐步推动健全外国专家工作体制机制。

一是全面总结党中央关于加强新形势下引进外国人才工作意见的贯彻落实情况，推动形成进一步加强新时代外国专家工作的总体安排。

二是推动构建科学、统一、高效的外国人才管理体系，建章立制完善中央事权管理职责。优化工作许可审批服务网络，推广外国人来华工作许可与工作类居留许可“一窗受理、并联审批、两证联办”工作模式。

三是完善外国专家服务保障机制。就外国专家来华工作子女入学、换汇用汇等关键事项，会同相关部门优化政策措施。加强外国专家联系服务，持续开展外国老专家、长期在华工作专家慰问工作，协调落实待遇保障，相关工作获习近平总书记批示肯定。

四是做好《外国专家建议》备案工作，

研究更加精准有效做好外国专家建议的工作举措。

（三）高质量办好外国专家系列重大活动。

一是克服时间紧、任务重的困难，顺利完成 2023 年度国庆前夕李强总理会见中国政府友谊奖获奖专家重大活动。精心组织中国政府友谊奖颁奖仪式和国家外国专家局招待会等重要外专活动。共有来自 19 个国家的 49 名专家及配偶参加了国务院领导同志会见活动、友谊奖颁奖仪式等系列活动，实现了转隶后首场活动“开门红”。

二是稳妥推进 2023 年度中国政府友谊奖评审工作和新时期外国专家慰问演出，精心谋划春节前夕总理与外国专家座谈、2023 年度中国政府友谊奖颁奖活动。

三是结合党中央关于新中国成立 75 周年系列活动安排，系统谋划 2024 年新中国外国专家工作 70 周年纪念系列活动安排。

四是深度拓展国际人才交流，与 29 个国家和地区的 94 名专家组织建立合作关系。推动与境外有关专家组织合作，动员各类用人主体加强国际人才交流。

（四）持续优化国家外国专家项目和出国（境）培训项目结构。

一是优化国家外国专家项目管理机制，形成“平台建设 + 精准支持 + 重点支撑”的项目架构。聚焦贯彻新时代推动东北全面振兴政策精神，赴黑龙江召开区域座谈会，研究提出支持东北振兴发展的政策措施。

二是深入推进出国（境）培训职能转变。研究提出推动新时代出国（境）培训工作转型发展的思路举措，加强计划管理和总体规划，重点支持专业技术人才、高技能人才和急需紧缺人才培训交流，把牢因公出国“反四风”红线。

农民工工作、促进家政服务业提质扩容和乡村振兴工作

一、农民工工作

（一）农民工就业保持总体稳定。

把促进农民工就业作为稳就业工作重点，落实落细就业优先政策，组织开展“春风行动”暨就业援助月活动、“春暖农民工”服务行动，启动实施防止返贫就业攻坚行动，指导地方建设规范化零工市场，清理整顿人力资源市场秩序，大规模开展农民工职业技能培训。推动脱贫人口务工规模保持稳定，加强东西部劳务协作对口帮扶，常态化实行监测调度。2023年全国农民工总量29 753万人，同比增长0.6%。农民工月均收入4 780元，同比增长3.6%。

（二）劳动保障权益维护力度持续加大。

开展根治欠薪专项整治行动、农民工工资争议速裁庭建设专项行动、劳动用工“查风险、强协商、保支付、促和谐”专项行动、“薪暖农民工”服务行动等，组织开展保障农民工工资支付工作考核，根治欠薪工作力度持续加大。实施全民参保计划，推动农民工参加职工社会保险。开展“尊法守法·携手筑梦”服务农民工公益法律服务行动，组织律师9 453名，组建“工会干部+律师志愿者”服务分队3 237支，面向农民工群体提供公益性、专业性、综合性法律服务。

（三）公共服务均等化水平明显提高。

开展县域农民工市民化质量提升行动，落实落细农民工市民化相关政策，推动县域农民工市民化，促进县域城乡融合发展。深化户籍制度改革，持续放开放宽城市落户条件。推动各地不断提高居住证申领便利化水平，确保有意愿的未落户群众都能够持有居住证。农民工住房保障力度不断加强，随迁子女在公办学校就读或享受政府购买学位比例达到96.7%。

（四）农民工服务保障能力有效提升。

组织开展“春暖农民工”“薪暖农民工”“城暖农民工”等系列专项服务行动，打造农民工服务保障工作品牌。组织开展全国农民工工作督察，督促指导各地认真落实习近平总书记关于农民工工作重要指示批示精神及党中央、国务院决策部署，推动落实相关政策。指导各地加大对失业农民工、就业困难农民工和脱贫劳动力帮扶力度，保障好失业农民工基本生活。加强农民工信息化建设，定期开展农民工动态监测和形势研判。

二、促进家政服务业提质扩容工作

（一）强化就业政策支持。

国务院办公厅印发《关于优化调整稳就业政策措施全力促发展惠民生的通知》（国办发〔2023〕11号），明确要求加大对包括家政企业在内的吸纳就业能力强的行业企业扩岗政策支持。与财政部联合印发《关于进一步加强就业政策落实有关工作的通知》（人社厅发〔2023〕30号），要求集中开展就业政策分类宣传，推广“直补快办”经办模式，精准有效落实就业扶持政策。

（二）持续深化家政劳务对接。

指导各地不断完善家政劳务对接工作机

制，进一步加大政策支持力度，多渠道搭建家政劳务对接平台，持续推进省际、省内对接活动。2023 年，全国通过家政劳务对接行动共输出家政服务从业人员 76.5 万人，其中，脱贫人口、防止返贫监测对象 14.7 万人。

（三）加大家政劳务品牌建设力度。

持续指导各地按照《关于进一步加强家政劳务品牌建设的通知》（人社厅函〔2022〕90 号）要求，大力培育家政劳务品牌。开展家政劳务品牌典型案例征集活动，充分发挥家政劳务品牌带动作用，引导更多农村劳动力到家政服务领域就业。

（四）提升家政服务从业人员职业技能水平。

指导各地贯彻落实《“十四五”职业技能培训规划》（人社部发〔2021〕102 号），聚焦就业重点群体，结合地方实际需求加大家政服务从业人员职业技能培训力度，提升技能水平和就业能力。指导各地技工院校依据《全国技工院校专业目录（2022 年修订）》，积极开设家政服务专业，做好招生和日常教学工作，据初步统计，2023 年技工院校家政服务专业招生 1 635 人。组织开展家政服务领域各级各类职业技能竞赛，选拔培养了一批该领域优秀技能人才。

（五）加强从业人员劳动权益保障。

印发《新就业形态劳动者休息和劳动报酬权益保障指引》（人社厅发〔2023〕50 号），引导包括互联网家政企业在内的平台企业与新就业形态劳动者协商确定连续最长接单时间和每日最长工作时间等，保障新就业形态劳动者休息权益。开展 2023 年企业薪酬调查，指导各地发布包括家政服务从业人员在内的工资价位信息，推动《技能人才薪酬分配指引》落实落地，引导家政企业建立健全体现技能价值激励导向的工资分配制度。

（六）加大劳动保障监察执法力度。

指导各地区劳动保障监察机构加强日常监管，依法查处相关违法违规行为，依法维护员工制家政企业员工劳动保障权益。优化运行“全国根治欠薪线索反映平台”，打通劳动者欠薪维权“最初一公里”。加强对相关企业遵守劳动合同签订、工时和社保登记规定的巡视检查力度，依法保障劳动者权益。

三、人社领域乡村振兴工作

（一）贯彻落实党中央、国务院关于“三农”工作决策部署。

一是坚决抓好《中共中央　国务院关于做好 2023 年全面推进乡村振兴重点工作的意见》（中央一号文件）的贯彻落实。制定印发部内任务分工文件，组织实施 2023 年人社帮扶专项行动，持续推动党的二十大、中央农村工作会议相关决策部署在人社领域落实到位。

二是加强重点问题调查研究。赴贵州、河南等六省开展实地调研，助力破解农村土地“有人种、种得好、有效益”难题。

三是根据中央农村工作领导小组工作部署，积极配合有关部门研究制订《乡村振兴战略规划 2023—2027》《加快建设农业强国规划（2023—2035）》等。

四是参与巩固拓展脱贫攻坚成果同乡村振兴有效衔接综合考核工作。

（二）有序推进人社帮扶专项行动重点任务落实。

一是持续强化就业帮扶。截至 2023 年年底，脱贫人口务工规模累计达 3 397 万人，完成年度目标任务。

二是深入实施国家乡村振兴重点帮扶地区职业技能提升工程。截至 2023 年年底，160 个国家乡村振兴重点帮扶县和西藏、新疆（含新疆生产建设兵团）共有技工院校（教学点）198 所、职业培训机构 1 575 个；建设各级各类高技能人才培训基地 130 个、技能大师工作室 290 个。

三是持续巩固困难群体基本养老保险应保尽保成果。截至 2023 年年底，共为 2 577 万名困难人员代缴城乡居民基本养老保险费，参保率保持在 99% 以上。城乡居民基本养老保险月人均养老金达 214 元，较上一年度增加

18 元。

四是深化人才人事帮扶。支持县以下基层开展职称“定向评价、定向使用”，鼓励和引导优秀人才向国家乡村振兴重点帮扶县等基层一线地区流动。指导有关地区落实援藏援疆援青人才职称评审、部分职业资格考试单独划线等政策。组织开展 113 期各类专家人才服务基层示范团。遴选举办乡村振兴新主题高研班 35 期。选派 4.2 万名高校毕业生到基层从事“三支一扶”服务。

五是强化典型引路。召开人社帮扶助力推进乡村振兴交流观摩会议，组织开展人社帮扶经验案例征集，交流各地好经验好做法，扎实推动各地工作开展。

六是加强系统干部能力建设。举办国家乡村振兴重点帮扶县及对口支援省份人社干部培训班，全面提升人社干部推进乡村振兴能力。

七是抓紧抓实定点帮扶。制定印发 2023 年度定点帮扶天镇县、金寨县 21 项具体措施。指导部属单位党组织与定点帮扶村开展常态化结对帮扶活动，“点对点”推动项目落实。协调中央财政就业补助资金转移支付天镇县 636 万元、金寨县 2 308 万元，发放创业担保贷款 2.9 亿元。全年筹措资金 600 万元，开展分类扶持。广泛动员部属单位购买茶叶、鸡蛋、牛肉等农产品 537 万元，帮销 49.6 万元。

（三）坚决纠治乡村振兴领域政策落实和工作推进中的形式主义、官僚主义。

一是严格落实中央纪委关于开展乡村振兴领域不正之风和腐败问题专项治理的意见，紧盯就业指导、技能培训、人才工作、公益性岗位管理、城乡居民基本养老保险资金管理、拖欠农民工工资、行风建设等重点领域，逐项研究提出针对性措施，推动专项治理落实落地。

二是落实 2023 年乡村振兴重点帮扶县产业帮扶政策落实和资金审计整改工作要求，督促有关地方按规定落实创业担保贷款贴息政策，完善业务流程衔接；重点围绕产业项目拖欠农户务工工资等问题，督促有关部门加强项目审批管理，严格审查政府投资资金来源，确保及时足额拨付政府投资资金。

三是落实巩固拓展脱贫攻坚成果同乡村振兴有效衔接考核评估情况通报要求，梳理分析涉及人社领域问题 16 类，督促部属有关单位逐项抓好整改。

人力资源和社会保障法治建设

2023年，人力资源社会保障系统坚持以习近平新时代中国特色社会主义思想为指导，深入学习贯彻习近平法治思想，全面贯彻党的二十大精神，认真落实党中央、国务院关于法治政府建设的决策部署，法治人社建设取得了新进展。

一、深入学习贯彻习近平法治思想

一是部主要负责同志在《习近平法治思想研究与实践》专刊上发表题为《深入学习贯彻习近平法治思想　推进人力资源和社会保障事业高质量发展》理论文章。

二是召开人力资源和社会保障法治工作座谈会，总结近年来法治人社建设取得的成绩，分析形势，交流经验，对2023年重点任务进行了部署。

三是将习近平法治思想作为主题教育学习的重要内容，通过多种形式组织开展学习，部分管负责同志以学习贯彻习近平法治思想为主题讲专题党课。

四是落实中央办公厅、国务院办公厅《关于建立领导干部应知应会党内法规和国家法律清单制度的意见》，在充分借鉴相关部门做法的基础上，研究起草了《人力资源社会保障系统领导干部应知应会党内法规和法律法规清单》。

五是印发通知，对工作突出的100个法治人社建设优秀单位予以表扬，充分发挥先进典型的示范引领作用。

二、围绕中心工作推进立法

一是2023年8月16日，国务院公布《社会保险经办条例》(国务院令第765号)，自2023年12月1日起施行。

二是公布《社会保险基金监督举报工作管理办法》(人力资源社会保障部令第49号)、《人力资源服务机构管理规定》(人力资源社会保障部令第50号)。废止《事业单位工作人员考核暂行规定》《国有企业工资内外收入监督检查实施办法》和《事业单位工作人员处分暂行规定》等3个规章。

三是认真落实十四届全国人大常委会立法规划，做好人社中长期立法规划、超龄劳动者和新就业形态劳动者权益保障等立法研究工作。

三、加强行政执法监督

一是坚持复议为民宗旨，依法及时处理行政复议案件。全年共办理行政复议申请150件，加强沟通协调和调解，努力做到定分止争、案结事了。

二是积极稳妥做好行政应诉工作，支持配合司法机关受理和审理行政案件，自觉接受司法监督。全年共办理行政应诉一审案件47件、检察院监督案件5件、国务院裁决案件18件。

三是加强规范性文件合法性审核，全年共审查规范性文件草案50件次，办理规范性文件附带性审查、公民审查建议等8件次。

四是牵头做好党内法规和规范性文件清理、国务院行政规范性文件清理、国家发展改革委关于有悖高质量发展政策文件清理、市场监管总局等部门关于妨碍统一市场和公平竞争法规政策清理等工作。

五是积极推动公职律师和外聘法律顾问工

作开展。

四、推进行政审批制度改革

一是全面实行行政许可事项清单管理。根据最新法律法规规章的立改废、适应改革暂时调整以及机构改革职能划转落地、地方反馈意见情况，不断完善人社领域行政许可事项实施规范，完成部本级实施的2项行政许可事项办事指南系统填报。

二是持续推进涉企经营许可事项“证照分离”改革。研究总结人社领域涉企经营许可事项“证照分离”改革自由贸易试验区试点情况，提出下一步工作建议。

三是配合做好市场准入负面清单、违反市场准入负面清单案例征集，以及全国版、自由贸易试验区版跨境服务贸易负面清单等研究制定及相关改革试点法律法规调整等工作。

四是牵头做好地方扩大改革试点、放宽市场准入与监管体制改革等措施及有关法律法规暂时调整适用的指导支持工作，保障人社领域改革与法治协调统一。

五是加强依法行政制度建设，落实司法部关于规范行政执法行为、提升行政执法质量的有关要求，组织做好部本级行政执法人员培训、考核和执法证件制发等工作。

五、深入开展法治宣传教育

一是3—6月，配合应急管理部面向职业院校学生开展第四届应急管理普法知识竞赛活动。

二是9—10月，会同司法部、全国总工会、全国工商联、全国普法办组织开展“尊法守法·携手筑梦”2023年人社法治知识竞赛活动，竞赛包括网络答题和现场比赛，240余万人参与网络答题；各地组成32支代表队在湖北省武汉市进行现场比赛，部分管负责同志出席总决赛观摩指导，现场比赛激发了干部职工、社会公众学习人社政策法规的热情，达到了以赛促学、以赛促用目的。

三是组织做好“八五”普法规划中期评估工作，向全国普法办报送了中期评估报告。

四是加强法治工作宣传，推广法治人社建设优秀单位的典型经验；在《人力资源社会保障工作信息》编发3期法治人社建设专刊，集中刊发了27个地方的做法，有力促进了交流借鉴。

六、其他工作有序推进

一是起草人力资源社会保障部关于2022年法治政府建设情况的报告，经部党组会审议通过后上报党中央、国务院，并按要求向社会公开。

二是印发《2023年人力资源和社会保障法治工作要点》。

三是办理全国人大议案、建议和全国政协提案28件。

四是配合做好外商投资法、乡村振兴促进法、安全生产法、科学技术进步法等执法检查工作。

五是办理部外立法征求意见115件次。

六是加强制度建设，进一步提高法治工作科学化、规范化水平。

劳动保障监察

2023年，劳动保障监察工作坚决贯彻习近平总书记重要指示批示精神，落实党中央、国务院决策部署，充分发挥监察执法职能作用，有力维护劳动者合法权益，全年检查用人单位72.6万户次，立案查处各类劳动保障违法案件11.7万件，在深化根治欠薪、服务就业大局、促进劳动关系和谐等方面取得积极成效。

一、巩固深化根治欠薪成果

（一）强化政治引领。

深入学习贯彻习近平总书记重要指示批示精神，国务院就业促进和劳动保护工作领导小组召开全国深化根治欠薪工作经验交流会暨冬季专项行动动员部署电视电话会议，从政治高度引领治欠工作走深走实。人力资源社会保障部把保障农民工工资支付专项整治作为主题教育检视整改任务，各地把根治欠薪作为第二批主题教育重要任务，始终将治欠政治责任牢记心中、扛在肩上。

（二）强化法治手段。

树牢法治思维，采取法治方式，坚持常态化监管执法，持续优化全国根治欠薪线索反映平台，一网通办，接诉即办，方便劳动群众高效维权，同时实现与中国政府网系统对接，不断拓宽维权渠道、提高维权效率。对重大欠薪案件，加强督办、严厉查处，联合有关单位进行重点督导，做到以案促改、以案促治。严厉打击恶意欠薪行为，做好行刑衔接，形成依法治欠闭环。2023年，各地立案查处工资类案件7.07万件，为69.43万名劳动者解决工资问题79.03亿元，向公安机关移送涉嫌拒不支付劳动报酬犯罪案件3 152件。

（三）强化德治功能。

开展《保障农民工工资支付条例》（国务院令第724号）集中宣传活动，运用短视频、新媒体加强正面引导，进企业进工地优化执法服务，促进学法懂法用法。加强诚信引领，向社会公布重大欠薪违法行为，规范开展欠薪失信名单管理，推动形成“欠薪就是欠良心，恶意欠薪就是犯罪”的社会共识和氛围。2023年，各地公布重大欠薪违法行为2 013件，将1 740个欠薪主体纳入失信管理名单。

（四）强化综治机制。

落实国务院就业促进和劳动保护工作领导小组部署，发挥各成员单位职能作用，形成综合治欠格局。联合住建、交通、水利等部门推进源头防欠、行业治欠、系统清欠。按照国务院新修订的省级政府保障农民工工资支付工作考核办法，进一步丰富考核方式，采取第三方评估等新举措，完成2022年度考核任务，持续压紧压实属地和部门责任。聚焦岁末年初重要节点，从2023年11月到2024年春节前开展根治欠薪冬季专项行动，综合施策、精准发力，确保查实的欠薪案件全部办结。

（五）强化智治赋能。

建设全国农民工工资支付监控预警平台，与各省份实现数据互联互通，对接工程项目管理审批系统，在线监管制度落实情况，推动欠薪隐患实时预警、精准处置，加强工资支付全链条动态监测和实时监管。

二、有力服务稳就业大局

（一）维护市场秩序。

人力资源社会保障部会同市场监管总局，开展为期 3 个月的清理整顿人力资源市场秩序专项行动，严厉打击虚假招聘、“黑职介”、非法劳务派遣等违法行为，检查用人单位 33.1 万户次，查处违法案件 2 139 件，为劳动者求职就业和企业招用工营造公平市场环境。

（二）纠治就业歧视。

各地加大执法力度，聚焦社会各界关注的性别、年龄、学历等就业歧视问题，实施专项治理，建立工作台账，压实网络平台和头部人力资源服务机构审核责任，及时清理违法招聘信息，有效规制就业歧视和不合理招聘限制。

（三）规范劳动用工。

突出整治用人单位超时加班、不落实带薪休假、违反女职工劳动保护特别规定和高温作业劳动保护相关规定等违法违规行为，依法履行监察执法职能，着力规范企业用工行为，切实维护劳动者合法权益。

三、着力提升监察执法质效

（一）完善监管模式。

健全完善常态化监管，拓宽投诉举报渠道，构建“信、电、访、网”多渠道受理体系；严格落实首问负责制，在元旦、春节、国庆等关键节点实行 24 小时值守制度。发挥信用监管基础作用，推进信用分级分类，对 678.2 万户企业进行诚信等级评价。实施“双随机、一公开”，确保执法活动对企业“无事不扰”，同时让事中事后监管精准高效。

（二）加强规范化专业化信息化建设。

认真落实执法流程规范和程序要求，全面实施行政执法公示、执法全过程记录、重大执法决定法制审核三项制度。结合新情况新形势，细化、量化自由裁量权标准，确保监察执法于法有据、执法有度、科学规范。对一线执法人员、机构管理人员实施分级分类培训，强化日常考核力度。推进智慧监察系统建设，推动实现监察执法信息统一线上归集，提升监管对象库建设水平，为非现场监管提供信息技术支持。

国家表彰奖励

2023年，在人力资源社会保障部党组领导下，在党和国家功勋荣誉表彰工作委员会（以下简称功勋委）办公室具体指导下，国家表彰奖励办公室认真学习贯彻习近平新时代中国特色社会主义思想，深入学习党的二十大和二十届二中全会精神，坚决做到把表彰奖励工作放在党的工作大局下思考和谋划，切实围绕中心、服务大局，完成机构改革相关工作，严格开展国家级和省部级表彰，推动落实表彰奖励获得者待遇，加强对先进模范典型事迹宣传，弘扬社会主义核心价值观，较好地完成各项工作任务。

一、完成机构改革相关工作

深入学习领会党中央有关机构改革的文件精神，遵照人力资源社会保障部党组工作安排，8月按时完成原全国评比达标表彰工作协调小组办公室职能划转和人员转隶工作，配合部人事司及时修订完善新的“三定”方案，新成立服务保障处。就机构改革相关情况和工作进展在工作层面做好给各地表彰奖励工作部门的解释和指导，确保全国表彰奖励各项工作有序推进。

二、完成国家级和省部级表彰工作

（一）完成首届“国家工程师奖”表彰工作。

在功勋委领导下，首届“国家工程师奖”表彰于2023年举行，中国科协、中央组织部和人力资源社会保障部等10家单位为承办单位。7月，印发评选通知，各推荐单位高度重视，按照要求开展组织推荐工作，人力资源社会保障部配合有关部门认真评审，研究起草表彰决定等文件。12月，提出81名“国家卓越工程师”和50个“国家卓越工程师团队”拟表彰名单。

（二）统筹推进部级联合表彰。

人力资源社会保障部会同最高人民检察院、自然资源部、生态环境部、应急管理部、税务总局、国家档案局、国家医保局、全国总工会、全国工商联、中国科协、中国侨联等单位完成14项部级表彰工作，严格履行评选程序，严把人选质量关，把政治标准放在首位，认真落实“两审三公示”流程，共表彰901个先进集体、1 299名先进个人。

（三）开展及时性表彰。

人力资源社会保障部会同最高人民检察院、公安部、司法部等部门针对涌现出来的重大典型，认真考察，及时表彰“全国模范检察官”“全国公安系统一级英雄模范”“全国司法行政系统一级英雄模范”7名个人。

（四）开展荣誉撤销工作。

单独或会同有关部门撤销违法违纪的“全国劳动模范”张眉等7名个人荣誉。

三、落实表彰奖励获得者待遇

（一）建立功勋荣誉表彰奖励获得者待遇政策衔接、落实工作机制。

按照功勋委关于“持续完善功勋荣誉表彰奖励获得者待遇政策衔接、落实工作机制”的部署要求，细化《功勋荣誉表彰奖励获得者待遇规定（试行）》，进一步明确待遇种类、标准、落实机制等，形成做好国家级表彰奖励获得者待遇落实工作的政策文件。会同功勋委办公室、中央组织部、全国总工会、民政部、财政部、国家卫生健康委、中央军委政治工作部等单位建立功勋荣誉表彰奖励获得者待遇政策衔接、落实工作机制。

（二）组织先进模范代表参加国庆招待会。

根据中央统一部署，人力资源社会保障部严格遴选、周密服务，牵头组织来自公安、应急管理、卫生健康、教育、农业农村、文化、防沙治沙等多个领域的30名先进模范代表参加2023年国庆招待会，充分传达党和国家对先进模范的关心关爱，彰显崇尚英雄、争做先锋的价值导向。

（三）组织先进模范代表参加休假活动。

为持续发挥先进模范的典型示范和精神引领作用，联合功勋委办公室、中央军委政治工作部先后在福建、广西、辽宁、浙江、湖北等地组织开展5期省部级以上表彰奖励获得者休假活动，邀请“七一勋章”获得者、“八一勋章”获得者、“人民楷模”国家荣誉称号获得者、“卫国戍边英雄团长”荣誉称号获得者共157名省部级以上表彰奖励获得者参加。指导文化和旅游部、国家卫生健康委、海关总署、国家统计局等单位相关部门和江西、云南、陕西等省人力资源社会保障厅，开展多期面向本系统或本地区的休假活动，取得良好的政治效果和社会效果。

（四）加强对先进模范典型事迹的宣传。

举办多场先进事迹报告会进机关活动，30名省部级以上表彰奖励获得者结合自身实际，从党建引领、抗击新冠疫情、脱贫攻坚、民族团结、平安建设、技能报国等方面作了事迹报告，来自组织、宣传、政法、民委、公安、农业农村、人社、卫生健康、工会等部门的1 200余名同志现场聆听，充分发挥表彰奖励工作典型示范和精神引领作用。会同功勋委办公室、中央组织部、中央宣传部等单位组织开展“全国人民满意的公务员”先进事迹巡回演讲等。会同司法部两次组织“一级英雄模范”事迹报告会，司法系统70多万名干部通过视频方式收听收看。指导国家卫生健康委、海关总署等部门在本系统的疗休养活动中利用事迹报告、座谈交流等形式宣传先进模范。多种工作方式并举，积极推动全社会形成见贤思齐、崇尚英雄、争做先锋的良好氛围。

四、夯实基础建设

委托国家图书馆开展我国功勋荣誉表彰制度历史研究，形成《历代功勋荣誉表彰制度》报告。全面梳理总结人社领域功勋荣誉表彰工作发展历程，整理历史资料，专门设立课题开展研究，确保历史资料全面、准确、翔实，深入发掘资料，系统梳理表彰对象情况、荣誉载体等，分析总结工作特点、存在的问题和改进措施，经多次集体讨论、修改完善，形成《人力资源社会保障部承办国家级表彰工作情况报告》报功勋委办公室。

规划财务

2023年，规划财务工作坚持以习近平新时代中国特色社会主义思想为指导，认真贯彻落实党中央、国务院决策部署和部党组要求，紧扣人社事业高质量发展需要，坚持围绕中心、服务大局，积极发挥规划引领、决策支撑、服务保障、管理监督职能作用，扎实推进各项重点工作，取得了积极进展。

一、规划计划工作

（一）完成“十四五”规划中期评估。

统筹开展《人力资源和社会保障事业发展“十四五”规划》《“十四五”就业促进规划》《“十四五”职业技能培训规划》《技工教育“十四五”规划》中期评估，完成中期评估报告。从评估情况看，人社领域“十四五”规划实施总体符合预期，就业局势稳中向好，社会保障覆盖范围持续扩大，人才创新活力不断增强，劳动关系保持总体和谐稳定，人社公共服务能力不断提升，规划主要目标任务均达到序时进度。

（二）推动区域协调发展和区域重大战略实施。

向党中央、国务院报送人力资源社会保障部关于高标准高质量建设雄安新区有关情况的报告。制定印发推动长江经济带人社事业高质量发展、支持山东新旧动能转换促进绿色高质量发展、支持云南建设面向南亚东南亚辐射中心、支持壮美广西建设、支持广州南沙建设等政策性文件。召开川渝部省市战略合作联席会议。

（三）开展部省合作及对口支援工作。

人力资源社会保障部与甘肃省、内蒙古自治区、新疆维吾尔自治区及新疆生产建设兵团签署人社领域综合性战略合作协议，与浙江省、山东省、河北省签署技能专项协议。召开人社系统对口援疆工作推进会。印发进一步支持青海涉藏州县人社事业高质量发展事项清单。

（四）编制实施人社事业发展计划。

组织编制下达2023年人社事业发展计划，强化责任落实，加强监测分析，定期通报计划执行情况，加强计划工作调度。经过各级人力资源社会保障部门的共同努力，全面完成全年计划目标。组织编制2024年人社事业发展计划草案。

二、统计工作

（一）加强统计综合管理。

持续深入学习贯彻习近平总书记关于统计工作重要讲话指示批示精神，推动党中央、国务院重大决策部署在人社领域贯彻落实。组织各项统计法律法规、国家统计政令的宣传贯彻，抓好各项人社统计规章制度的遵守和执行，落实数据分级分类标准规范，进一步压实人社统计责任。

（二）依法开展统计调查。

严格按照依法经国家统计局审批的各项人社统计调查制度，组织实施2022年统计年报和2023年定期统计报表，开展2023年人社政策满意度调查、人社基本情况调查、人才资源统计、部门服务业统计等专项调查。配合国家统计局做好第五次全国经济普查等重大国情国力调查。

（三）发挥统计支撑作用。

围绕党的二十大对人社工作的新部署新要求，组织研究适应人社事业高质量发展的统计指标体系。组织发布《2022年度人力资源和社会保障事业发展统计公报》，参与编写《中国统计年鉴2023》《中国劳动统计年鉴2023》等统计资料，定期发布人社主要统计数据。举办人社统计工作培训班，推进综合调查统计系统建设。

（四）推动人社统计监督。

抓好《人力资源社会保障部关于建立人力资源社会保障统计监督制度的通知》（人社部函〔2022〕130号）的落实，加快构建系统完整、协调高效、约束有力的统计监督体系，提升统计监督效能。开展人社统计综合管理监督情况调研，调度各地报送年度统计监督报告。

三、信息化标准化工作

（一）加强科技项目管理。

组织人力资源社会保障部重大课题研究，印发部2023年度重大课题（科技项目）计划，指导部属科研机构开展课题申报和研究工作。印发2023年度委托研究项目计划。开展2022年度部科技项目验收评审，推动科研成果应用。研究制定部重大课题、部科研任务课题和司局委托课题研究工作组织实施方案，创新科研管理工作机制。

（二）推进标准化工作。

与9部门联合印发《国家基本公共服务标准（2023年版）》。制定印发《人力资源社会保障部关于进一步健全人力资源社会保障基本公共服务标准体系全面推行标准化的意见》（人社部发〔2023〕62号）。完成人社领域基本公共服务标准化试点任务，在成都召开总结推广现场会。印发《人力资源社会保障部2023年度标准制修订计划》。发布2项国家标准和4项行业标准，申报5项国家标准。

（三）加快信息化建设。

完成综合调查统计系统开发等项目最终验收并举办金保工程业务培训班。截至2023年年底，金保工程二期（中央本级）工程建设任务基本完成，设计的功能已全部实现，有力发挥了对公共服务、业务经办、监测监管和宏观决策的支撑作用。完善《人社政务服务信息化工程（金保工程三期项目）框架方案》，推进金保工程三期立项。

四、预算管理工作

（一）科学合理编制预算。

坚持有保有压，优化支出结构，严控一般性支出，加强“三公”经费管理，加强资金统筹，有效保障重大任务、重要改革和重点工作的落实。公开人力资源社会保障部年度预决算，主动接受社会监督。组织编制养老保险、失业保险、工伤保险基金预决算。

（二）加强预算执行管理。

硬化预算执行约束，压实预算执行主体责任，统筹调度当年预算和结转资金的使用，强化当年预算执行和下年预算安排挂钩机制，加快预算执行进度，提高财政资金使用效率。

（三）加强预算绩效管理。

绩效管理与预算管理紧密结合，实行预算编制、执行、监督全过程的绩效管理，实现项目绩效目标、绩效执行监控、绩效自评、绩效责任全覆盖。加强绩效评价结果应用。

五、资产管理工作

（一）进一步规范资产管理。

开展部属培训疗养机构资产清查工作。主动做好机构改革资产保障相关工作。推进人力资源社会保障部资产盘活使用，设置线上公物虚拟仓，初步建立盘活使用资产库，进一步发挥资产再生价值。

（二）推进老旧小区综合整治。

组织开展老旧小区综合整治项目，压紧压实施工、监理等各方责任，对施工过程中发现的问题，督促施工单位限期整改，有效改善小区居民居住环境，防范房地产安全隐患。

（三）加强政府采购管理。

坚持“谁采购、谁负责”的原则，强化采购项目单位主体责任，项目单位对采购需求、采购结果审核把关。科学编制部政府采购预算和采购计划，完成部省业务专网主备用线路通信租用服务、金保工程二期基础软硬件系统运维服务、人社政策满意度调查等重点项目采购工作，有力保障人社事业发展。

信息化建设

2023年人力资源社会保障信息化建设工作坚持以习近平新时代中国特色社会主义思想为指导，认真贯彻落实党中央、国务院关于网络强国、数字中国等战略部署，紧紧围绕人社事业发展中心工作，充分发挥信息化服务支撑和驱动引领作用，全力推进人社网络安全和信息化工作。

一、推进数字人社建设

为深入贯彻习近平总书记关于加强数字政府建设重要指示批示精神，贯彻落实党中央关于网络强国、数字中国等重大战略部署，人力资源社会保障部于2023年6月出台了《数字人社建设行动实施方案》（人社部发〔2023〕34号）。数字人社建设行动以“深化一体化、发展数字化、迈向智能化”为总体目标，着力打造“一体化办理、精准化服务、智能化监管、科学化决策、生态化发展”等对内对外应用场景，加快建设“人社一体化信息平台、人社大数据平台、公共基础设施”等能力底座，建立“健全政策标准、强化安全保障”的工作支柱，为推进人社领域治理体系和治理能力现代化提供有力支撑。

二、实施重点任务和重大工程

完成人社信息化便民服务创新提升行动总结评估，汇编典型案例100篇，开展创新应用展示。基本完成金保工程二期主体实施任务，开展金保三期立项工作。推进养老保险全国统筹信息化建设项目执行。完成国家“区块链+人社”创新应用试点终期评估，推进人社区块链基础支撑服务平台建设。按照中央网信办要求，组织落实提升全民数字素养与技能相关任务，协助举办活动月等。

三、推进居民服务“一卡通”

加快发放社保卡，截至2023年年底，全国持卡人数达13.79亿，覆盖97.7%人口，电子社保卡领用人数达9.62亿，覆盖68.1%人口，服务渠道424个，已开通全国服务97项，属地服务千余项。总结推广依托全国一体化政务服务平台开展社保卡居民服务“一卡通”应用试点经验，组织开展长三角“一卡通”三周年成果展示集中调研。指导京津冀三地人社部门签署“一卡通”合作框架协议。在电子社保卡中建成全国“一卡通”专区，对接上线全国一体化政务服务平台，截至2023年，汇聚了10个省份11.54万家应用场景服务机构信息。推进“一卡通”重点应用。2023年发放职业培训券1 764.26万张，用券308万张。组织各地完成工伤异地就医结算用卡准备工作。指导各地深化惠民惠农补贴资金发放应用。区域银行社保卡跨省通办服务试点上线。2023年社保卡跨省申领近26万张。加强社保卡宣传，组织电子社保卡5周年、“我和社保卡的故事”和“社会保障卡惠民服务季”等活动，在青岛市社保卡主题公园举办主场活动。“社会保障卡”公众号被评为2023年走好网上群众路线百个成绩突出账号，关注人数累计已达2 746万人。社保卡一卡通规范国家标准公开征求社会意见。配合《社会保险经办条例》施行和外国人新版永居证应用，印发相关配套工作文件。

四、统筹推进人力资源领域信息化建设

印发进一步加快就业信息化建设应用工作的通知，推进各地完成“一库一平台”等建设任务，全部省份均建成全省集中的就业信息资源库和就业信息平台，实现就业数据在部端实时归集，支持属地就业管理服务，为全国就业情况监测和服务提供支撑。完成金保工程二期劳动就业跨地区、就业专项资金、劳动人事争议调解员仲裁员能力提升、人事人才等系统试点工作。加强“就业在线”推广应用，持续完善和扩展服务渠道，截至2023年年底，248家人力资源服务机构入驻“就业在线”平台，2023年提供求职招聘服务6 387.2万人次，发布岗位信息3 988.3万条。开通就业见习服务专栏。开展“名企‘云招聘’就业‘直通车’”直播带岗活动，先后举办百日千万、金秋招聘月等30余场大型专项招聘活动。配合开展职业技能培训和评价专项整治工作，指导各地加强职业技能培训实名制系统建设，启动全国职业技能培训信息汇集工作。建成电子劳动合同应用系统、全国农民工工资支付监控预警平台。印发文件推进全国专业技术人员管理信息化建设应用。完成留学人员回国（来华）服务管理系统优化上线。启动全国人力资源市场、专业技术人员继续教育信息归集，逐步建立全国信息资源库。完成中央机关及其直属机构2024年度考试录用公务员、公开遴选和公开选调等网上报名工作。

五、全力保障社会保险领域重点改革任务

深化养老保险全国统筹业务“大管控”应用，所有省份完成业务系统部省对接。扩大社会保险基金“一本账”管理范围，推动城乡居民养老保险、机关事业单位养老保险、职业年金等险种的部省基金财务系统对接。保障个人养老金制度试点实施，个人养老金全国信息平台已与多家商业银行、金融行业平台完成对接。支持职业伤害保障制度试点实施，优化完善职业伤害保障全国信息平台，建立全国新就业形态就业人员信息库，实现职业伤害保障全流程业务衔接和数据汇聚。保障退役军人养老保险关系转移制度改革落地实施，建设退役军人养老保险关系转移系统，组织与军队资金集中收付中心、各省份社保业务系统对接。做好工伤保险异地就医结算技术准备，组织各省份完成与部级工伤保险异地就医系统对接和测试。做好社保关系转移、社保待遇资格认证、社保信息比对查询、社保稽核内控等全国性跨地区系统，以及央保系统的运维保障和应用工作。推动各地社保系统省集中建设，推进风控规则进系统，提升风控能力。

六、强化便民服务能力

持续完善全国人社政务服务平台、国家社会保险公共服务平台服务功能，与国家政务服务平台做好对接，上线个人养老金、职业伤害保障、劳动合同等服务事项，累计开通全国性服务154项，访问量超过177亿人次。完善人员调配、全国职称评审信息查询、技工院校、国际组织网站等政务服务能力，2023年提供服务1.6亿人次。推进“好差评”数据归集与分析应用，支持部属单位开展“好差评”。2023年，全国12333热线接听总量约1亿次，综合接通率90%以上。部本级12333热线接听群众来电约31万次，综合接通率96%以上，部级发送12333服务短信约2 200万条。12333微信公众号关注人数累计达到554万人。启动全国智能知识库建设，推进央保智能平台项目建设。

七、推进数据分析应用

与20多个部门实行常态化的数据共享，支持数据核查和分析。依托国家数据共享平台共享人社数据，配合国务院办公厅落实第六批共享责任清单和第四批垂管系统对接清单。依托部省业务协同平台和专项业务系统，向各地人社部门提供74项跨层级跨部门数据共享服务。深化国家人口库在人社领域的应用，完成市场主体数据共享。加强人力资源市场信息监

测，开展市场职业供求分析、宏观经济主要指标监测数据分析、就业景气指数分析，为分析就业形势提供决策支持。做好常规统计，配合开展薪酬调查、青年就业、职业伤害保障等专项调查，支持养老保险全国统筹考核计算，开展数据综合分析应用。开展大数据筛查，提升社保基金防控能力。

八、保障网络和数据安全

印发部党组网络和数据安全工作责任制实施细则部内分工方案，出台部网信领导小组工作规则和网信办工作细则。组织编制2023年度人社行业重要数据和核心数据目录。接收突发性数据安全事件的通报、预警并组织开展处置，对内加强数据安全管理和调度。完成专网升级改造和部级灾备中心建设。开展人社行业信创技术测试验证。组织全行业圆满完成“两会”、大运会、亚运会等重要活动时期的网络安全保障任务。组织全行业参加网络和数据安全专项行动。建立健全网络安全通报机制，以多种形式开展网络和数据安全培训，参训人数超千人。

科 学 研 究

一、人事科学研究

2023年，中国人事科学研究院（以下简称人科院）深入学习习近平新时代中国特色社会主义思想，深刻领悟“两个确立”的决定性意义，增强“四个意识”、坚定“四个自信”、做到“两个维护”，确保院各项工作的正确方向，科研工作取得新的进展。

（一）深化政策研究。

2023年，人科院共立项各类课题百余项，包括部重大课题、司局课题、国家级课题、国际合作课题、院立课题、中央及地方单位委托课题、科研合作网课题等。

一是部重大课题研究。根据人力资源社会保障部集中优势力量开展重大课题研究的要求，2023年人科院共承担5项部重大课题研究任务，分别是：技工教育与职业教育比较、健全终身职业技能培训推动解决结构性就业矛盾、支撑现代化产业体系建设的工程师队伍开发、实施就业优先政策的就业影响评价制度、建设人社领域一体化信息平台。这些课题皆由院领导牵头担任组长，院里组织精干力量组成研究团队，整合部相关司局、科研合作网单位、高校和科研院所的专家资源开展研究。各课题组先后赴北京、上海、山东、江苏、浙江等10余个省市开展调研，针对重点问题开展问卷调查，召开专家座谈会征求意见，并高质量完成研究任务。

二是司局课题研究。人科院承担就业司、职业能力司、专技司、工资司等司局委托的20余项课题研究任务，包括习近平关于功勋荣誉表彰奖励重要论述摘编、就业国际政策梳理、大学生创业，国家职业分类大典分册编制、专业技术人才发展指标、职业技能等级制度评估、高等学校和科研院所薪酬宏观调控、深化职称制度改革评估等。相关成果报送有关司局，部分成果在制定政策或向有关部门提出工作建议时被引用，服务中心工作的作用持续发挥。

三是中央单位委托课题研究。人科院承担了中央组织部交办的公务员工资、公务员绩效管理等研究任务。受国家发展改革委、中央网信办、中国工程院、国家移民局、国家保密局、中华全国工商业联合会、国家文物局等中央单位所属部门委托，承担新形势下中国工程技术人才培育、事业单位绩效工资与考核方案设计、涉密人员权益保障、民营企业用工状况调研、文物人才队伍规模和结构、高校毕业生等青年就业结构及心态、落实就业优先战略的政策体系、支撑我国劳动者数字职业技能提升路径等课题研究任务。这些课题在一定程度上拓展了人科院在人才与人事研究领域的视野，从更宏观、更多角度、更多层次看待就业、事业单位改革及人才培养等问题。

四是国家级课题研究。2023年，人科院共有3项国家社科基金课题在研，具体是：2021年由人科院青年科研人员申请立项的社科青年课题“企业双元创新的影响因素、演化过程和策略选择研究”，2022年申报立项的国家社科基金重大项目“实施新时代人才强国战略关键问题研究”，2023年申请立项的国家社科基金重点项目“加快建设世界重要人才中心和创新高地研究”。这些课题研究较大地提升了人科院的学术影响力。

五是国际合作课题研究。2023 年，人科院组织开展了亚太经合组织基金项目“促进绿色就业实现疫情后有韧性的经济复苏”研究工作。此项目为人力资源社会保障部近十年来首次成功申请并实施的亚太经合组织基金项目。通过这项研究，展示了我国在绿色就业领域的经验和成果，推进了我国与亚太各国就业理论与实践层面的交流互鉴。人科院还通过部国际司申报了 2024 年度亚洲合作资金项目“澜湄地区新职业技能提升在线课程资源库建设”和中国-亚太经合组织基金项目“数字职业终身职业技能培训体系建设研究”，这两项国际研究项目成为人科院国际学术交流活动的重要组成部分。

六是地方组织人社部门委托课题研究。受海南、雄安、广州、包头、昆山等地方组织人社部门委托，开展自由贸易港创建国家级吸引聚集人才平台可行性论证、薪酬制度体系设计、粤港澳大湾区高水平人才高地建设、市级人才发展规划（2022—2025 年）编制、创建国家级人力资源服务产业园规划、县域人才友好城市建设指标体系构建等课题研究工作，为推进地方人才人事工作提供了智力支持。

七是科研合作网课题。为发挥人科院在全国人才与人事研究领域中的牵头引领作用，多年来，每年都组织全国人社系统所属研究机构、行业协会等开展相关课题研究工作，既搭建了交流合作的平台，也带动了人社系统科研水平和能力的提高。2023 年共立项了 27 项地方合作课题，已顺利完成结项工作，合作网单位在结项交流中也都表示，通过持续的课题合作，地方的科研能力和成果质量获得显著提高。

（二）做好调研专报、专题报告等报送工作。

在课题研究及调研工作的基础上，人科院围绕当前人才工作、人力资源社会保障工作的热点难点问题，组织撰写《调研专报》，呈报部领导参阅。2023 年，共上报《调研专报》47 篇，内容涉及人才资源开发、就业创业、社会保障、劳动关系、外国专家来华工作、人力资源服务等领域，其中 20 余篇获得部领导肯定性批示。与 2022 年相比，专报数量增加 16 篇，批示率提高 11.3%，实现数量和质量“双提升”。

人科院还按照中共中央办公厅相关要求，与相关司局配合，围绕贯彻落实中央经济工作会议精神、防范国内外经济领域风险隐患以及一些重点问题等，完成相关选题决策咨询信息起草和咨询工作。

（三）夯实基础研究。

一是开展基础课题研究。人科院设立的院立课题侧重于基础性研究，经过多年积累，已形成了一批基础性研究文献、数据和成果。2023 年设立 18 项院立课题，有的课题成果已成为人科院组织出版系列蓝皮书的文章来源，有的将转化为著作、调研专报。

二是出版学术专著。开展人才与人事领域基础性问题研究，组织出版了《高校毕业生就业制度的变迁》《中国事业单位工资福利制度》《中外职业分类概述》《数字化转型与工作变革》《人力资源管理实践与创新》《海外及港澳台人才引进政策新动向分析》《中国特色行政学：发展与创新》《人才研究重要命题之辨析》等多部学术著作，并纳入人科院学术文库，进一步丰富了人科院成果体系，厚植了学术根基。

三是发表学术文章。2023 年，人科院科研人员在核心期刊和国家级报刊上发表学术论文 100 余篇，被国内外会议论文集、专著收录 50 余篇。其中，多篇文章围绕学习贯彻党的二十大精神及人力资源社会保障部出台政策进行解读，体现出人科院鲜明的政治导向。

（四）办好学术期刊与年度报告。

一是编印《中国人事科学》月刊。2023 年全年收到来稿 530 余篇，刊载文章 109 篇，5 篇文章被人大复印资料转载，1 篇被《新华文摘》转载。每期对外赠阅、发行 2 000 余册，在中国知网等 7 个数据库平台同步电子化出版，有近 4 000 人通过期刊微信公众号关注《中国人事科学》的学术动态。组织开展了《中国人事科学》进高校系列座谈活动，在第三届新时代人力资源管理创新与发展高端学术论坛上举办《中国人事科学》研讨专场，期刊的学术影响力不断提升。

二是编译《国际行政科学评论（中文版）》季刊。该刊是国际行政科学学会举办的国际性学术期刊，创办于1927年，在国际公共行政学领域具有权威地位和广泛影响。中文版译自英文版，创刊于2009年，全年4期，每期刊载量20余万字，由人科院负责编译。2023年，出版了88卷1～3辑，并开展89卷1～3辑的翻译和审校工作。人科院共35名同志参与翻译工作，累计80余万字，既锻炼了队伍，也使翻译工作质量不断提升。

三是编撰系列蓝皮书等年度报告。完成2023年度《中国人力资源发展报告》《中国人力资源市场分析报告》《中国事业单位发展报告》《中国企业人力资源发展报告》《中国培训事业发展报告》《全球基础研究人才指数报告》等6部蓝皮书出版工作。其中，《中国人力资源发展报告》总报告“2022—2023年中国人力资源状况及事业发展”获第十四届“优秀皮书报告奖”二等奖；《中国企业人力资源发展报告》入选中国科学院“智库报告群”，系列蓝皮书的社会影响力持续显现。

连续第九年组织编纂《中国人事科学研究报告》年度学术报告集，汇集了2022年度人科院完成或组织完成的近百项课题研究成果，120余万字。连续第八年组织编纂《全国人才与人事研究主题征文获奖作品集》，收录2022年度全国人才与人事研究主题征文获奖论文89篇。

（五）开展国内国际学术交流。

一是开展多场大型国内学术交流活动。2023年，人科院与中国社会科学院大学合作举办了第三届新时代人力资源管理创新与发展高端学术论坛，与宁波市人民政府共同举办了第八届人力资源服务创新创业大赛暨提高人力资源使用效率研讨会，与陕西省人力资源社会保障厅、西安市人民政府共同举办了第四届丝绸之路经济带人力资源发展大会。还组织召开了第四届事业单位创新发展研讨会和企业人力资源发展研讨会。承担人力资源社会保障部在深圳举办的第二届全国人力资源服务发展大会中创新创业大赛相关组织工作。同时还举办了一些其他形式的研讨活动。这些活动均取得良好效果，得到与会各方的普遍好评，有些活动已经成为人科院的品牌活动。还开展了2023年全国人才与人事科研主题征文活动，共收到论文571篇，最终评选出获奖论文108篇、优秀组织单位11家。

二是开展多样化国际学术交流活动。2023年，人科院与云南省人力资源社会保障厅共同举办“促进绿色就业实现疫情后有韧性的经济复苏”国际研讨会。派员参加国际行政科学学会大会及理事会会议、亚欧公共行政联合专场会、东部地区公共行政组织年会、第111届国际劳工大会等国际会议，并承担会议发言、一般性辩论和成果文件起草等工作。开展国际行政科学大会、东部地区公共行政组织年会主题征文活动。不断发出中国声音，推动中国行政学的国际合作与交流。

二、劳动和社会保障科学研究

2023年，中国劳动和社会保障科学研究院（以下简称劳科院）紧紧围绕人力资源和社会保障中心工作开展科研，全力推进高端智库建设，重大课题研究成果丰硕，为党和国家积极建言献策，为人社领域科学决策提供有力支撑。全院共承担各类课题项目175项，其中，智库重点课题6项、部司局课题30项（包括部科技项目6项）、其他部委和政府部门课题50项、事业和社团课题12项、国际合作课题5项、基科课题54项、企业委托课题18项。有35项优秀科研成果获批示采纳，其中3项获中央领导批示，1项被中共中央办公厅和国务院办公厅采用，26项获得部领导肯定批示，5项批转司局阅研。

（一）全力推进智库建设。

按照智库建设总体目标要求，聚焦“建机制，促成果”两大核心任务，不断深化智库体制机制改革，加强人才队伍建设，增强内部管理效能，提升服务决策能力。

一是建立健全体制机制。认真落实部党组审议通过的智库建设总体工作方案，积极筹备组建理事会、学术委员会，增设智库工作办公室，筹备组建就业与人力资源开发、社会保障、收入分配、劳动关系、综合战略和国际劳动保障等6个非实体研究中心，新建5家智库科研创新基地，编制9项智库规章制度，完成博士后招聘工作。

二是认真完成课题任务。2023年劳科院共完成智库重点课题6项，研究成果得到有关部门肯定。

三是报送多项研究成果。围绕劳动民生领域战略性、前瞻性问题开展课题研究，2篇智库报告被采纳，2篇智库建设工作简报被采纳，1篇国际信息被采纳。

（二）为党和国家建言献策。

劳科院专家于2月11日参加中央宣传部人口发展问题专家座谈会并发言，4月18日参加全国政协2023年第一季度宏观经济形势分析座谈会并发言，7月3日参加国务院领导主持召开的专家企业家就业形势座谈会并发言，7月13日参加全国政协“统筹城乡融合发展，全面推进乡村振兴”专题协商会并发言，为党和国家决策提供参考。

（三）组织力量进行重大课题攻关。

开展“青年就业调查”工作，负责调查方案设计，赴山东、广东、湖北、甘肃四省开展调研，完成3.7万份问卷分析和5份调查报告。积极推进“扩大就业机会研究”课题，赴新疆、上海、江西、贵州等地开展实地调研。开展城乡居民养老保险制度研究。开展延迟退休研究，进行基金数据测算、不同就业群体对延迟退休的社会接受度调查和风险评估等。开展新就业形态就业人员职业伤害保障试点评估，完成试点初期评估报告。

（四）开展就业创业政策研究。

开展就业形势调查分析，完成二季度和三季度“中小微企业经营用工状况调查分析报告”。完成“平台从业人员测算研究”“岗位需求试点调查工作方案和调查问卷设计”“11月网络招聘市场供求情况分析”相关工作。完成二季度和三季度“农民工外出就业情况问卷调查分析报告”。配合完成《“十四五”职业技能培训规划》中期评估工作。完成“马兰花创业培训项目评估体系开发研究”课题。开展劳动关系协调师和木质家具制作工国家职业标准编制工作。参与国家职业分类大典分册编写工作。

（五）开展社会保障政策研究。

完成“个人养老金参加意愿调查情况”研究，参与“非因工工伤伤残或因病丧失劳动能力程度鉴定标准”工作。组织开展“养老保险高质量可持续发展战略研究”“社会保险促进共同富裕研究”“职业年金风险控制制度研究”“新就业形态就业人员职业伤害保障试点基线调研和评估研究”“基金统收统支模式下工伤保险省级统筹责任分担机制问题研究”“完善我国工伤保险管理服务体制研究”“新就业形态就业人员职业伤害预防研究”等课题研究。

（六）开展劳动关系和工资收入分配政策研究。

完成“就业及经济社会形势对劳动关系的影响及对策研究报告”“2023年上半年劳动关系热点话题舆情分析报告”“2023年度企业薪酬调查数据质量分析报告”。完成“加强工作场所高温低温劳动者权益保障制度（参考文本）”制定工作。汇总整理新就业形态劳动者劳动报酬调查数据，撰写分析报告，开展“2023年度企业薪酬调查数据分析与信息发布”“新就业形态劳动者劳动报酬相关问题研究”课题研究。

（七）开展综合性问题和国际问题研究。

承担“人力资源和社会保障领域‘十四五’规划及三项专项规划实施情况中期评

估”。开展“人社事业高质量发展评价指标体系研究”“国外顶尖智库综合信息收集整理及其对我国的启示”等课题研究。与国际劳工组织签署“我国残疾人劳动及就业现状分析”“中国个人养老金（第三支柱）发展现状与展望”“新就业形态劳动者失业保险政策研究”“促进平台就业人员参加职工基本养老保险研究”“最低工资制度实施情况”等研究项目协议，共同开展相关问题研究。与国际劳工组织北京局联合主办“一带一路”国家工资趋势与最低工资制度国际研讨会，召开“消除贫困，促进就业（以艾滋病为例）项目成果交流会”。

（八）加强科研成果宣传与转化。

一是加大新闻宣传和政策解读工作力度。劳科院科研人员在中央广电总台、人民网、学习强国、新华社、《人民日报》、《光明日报》、《工人日报》、《中国劳动保障报》等媒体，以及《瞭望》《宏观经济管理》《中国人力资源社会保障》《当代经济管理》等杂志，接受采访、解读相关政策，刊发学术文章85篇（次）。

二是注重成果转化。出版《中国就业发展报告（2023）》《中国薪酬发展报告（2023）》《中国人力资源服务产业园发展报告（2023）》蓝皮书。组织《中国劳动》杂志编辑和刊印工作。编印33期《内刊》送部领导和有关司局参阅。

三是3项成果获奖。三沙工资课题报告获得中央组织部2022年度全国组织工作重点课题调研成果优秀奖；《中国人工智能人才发展报告（2022）》获第十四届“优秀皮书报告奖”一等奖；《系统推动人力资源服务业与高质量充分就业协同发展》获2023年中国人力资源服务业博士后学术交流会论文评选三等奖。

（九）加强国际交流合作。

2023年赴8个国家执行11批18人次出访任务。与国际劳工组织研究司第11次联合召开“劳动世界的未来国际研讨会”（2023年），与日本劳动政策研究研修机构、韩国劳动研究院共同举办“第21届东北亚劳动论坛”；以线上线下方式参加国际劳工组织、国际社会保障协会、世界银行、东盟等国际组织和外国政府举办的各类国际会议15场，参会专家发言主题涵盖六大研究领域。为二十国集团（G20）劳工就业部长会、亚太经合组织（APEC）人力资源开发工作组会议、金砖国家就业工作组及劳工就业部长会、中瑞（士）自贸协定谈判等重大外事活动提供及时有力的智力支持。执行中英养老金、中欧社保项目二期、国际劳工组织最低工资研究等国际合作项目6个。

干部教育培训

2023年，人力资源社会保障系统干部教育培训工作坚持以习近平新时代中国特色社会主义思想和党的二十大精神为指导，按照部党组部署要求，突出干部教育培训政治属性，紧紧围绕人力资源社会保障工作主题主线，有效提升系统和部内干部的政治能力、履职能力，为全面推进新时代人力资源社会保障事业高质量发展提供思想政治保证和能力支撑。

一、把学习贯彻习近平新时代中国特色社会主义思想和党的二十大精神摆在最突出的位置

认真贯彻落实中央有关部署安排，把学习贯彻习近平新时代中国特色社会主义思想作为干部教育培训的主题主线，坚持把学习贯彻新时代党的创新理论与学习贯彻二十大精神融合起来，做到设计班次时重点安排、课程开发时重点保障、配置资源时重点倾斜，教育引导干部深学细悟、融会贯通，不断内化深化转化。组织开展党的二十大精神的学习轮训，服务保障部领导和各单位正司级领导干部到中央党校参加系统轮训，组织举办学习贯彻党的二十大精神示范培训班和3期集中轮训班，部属各单位约650名司处级干部参加。组织部属单位处级以上干部参加中国网络干部学院网上专题班，采取多种形式及时做好其他干部的学习培训工作，确保全员覆盖。广大干部结合工作实际深刻学习领会党的二十大精神，更加自觉地维护以习近平同志为核心的党中央权威和集中统一领导，加深了对习近平新时代中国特色社会主义思想的理解认识，理清了推进人社事业改革发展的思路举措，强化了落实全面从严治党的行动自觉。

二、加强干部教育培训工作系统谋划

以贯彻落实新修订的《干部教育培训工作条例》和《全国干部教育培训规划（2023—2027年）》为指引，深入开展调查研究，制定印发《全国人社系统干部教育培训规划（2023—2027年）》。规划明确了五年内系统干部培训的目标要求、主要内容、重点举措等，在学习党的创新理论、强化政治训练、加强履职能力培训等方面提出了有针对性、可操作性的具体措施，在培训机构、师资队伍、理论研究、课程教材、网络平台和改革创新等方面作出了部署，明确了未来一个时期干部教育培训的方向、思路和工作重点，对开展工作具有很强的指导作用。

三、扎实开展干部教育培训

一是坚持精准施训办好主体班次。举办新任职处长培训班、青年干部培训班、新入部人员培训班等多个班次，立足学员特点、岗位需求、实践要求研究谋划课程，重点学习领会党的二十大精神和习近平总书记关于人社工作的重要论述，注重培养干部政治素质和履职能力，着重强化政治机关意识教育、履职能力培训和廉政警示教育，通过专题授课、经验交流、学员论坛、现场教学等方式，全面提升干部综合素质。全年直接培训部属各单位约250名干部职工。

二是打牢能力素质基础。围绕“进一步提高文稿起草能力”组织举办两期专题讲座，请中共中央办公厅有关同志和部政研司主要负责同志专题讲解公文规范性和文稿起草，共计约

500人次听取专题报告，推动干部基础能力得到新提升。

三是加强廉政警示教育。深入推进学习贯彻习近平总书记关于全面从严治党的重要论述，以及中央纪委第二次、第三次全体会议精神，组织举办系列廉政讲坛，请部领导、有关专家以及相关职能部门作专题讲解，深刻剖析发现的问题，强化纪律规矩意识教育。

四、规范培训管理，抓实培训基础建设

一是规范培训管理。组织开展培训领域专项检查整改，以学习贯彻中央纪委通报精神为契机，围绕坚持正确政治方向、提升培训实效、加强培训管理、遵守工作纪律等方面，对各单位开展专项检查，并深入培训机构开展专项调研，发现问题隐患、督促落实整改，提升办训规范化水平。加强二类培训班和职业培训管理，进一步理顺管理体制和工作机制，压实培训机构主体责任，制定并印发《关于规范部属培训机构二类班和职业培训管理工作的通知》，调整二类班和职业培训计划备案方式，并对培训机构举办二类培训班和开展职业培训提出明确要求。

二是做实精准调训基础。围绕精准选派人员到中央党校、“三所干部学院”等参加系统理论培训，组织各单位调研摸清培训基本需求，建立各单位司局级干部学习培训基础信息库，为落实《全国干部教育培训规划（2023—2027年）》要求、实施精准调训打牢基础，在工作中避免出现重复培训和长期不训。

三是夯实内部资料基础。对干部参加各类调训班次的基础档案资料，及时登记、及时转办，做到干部参训信息完整准确；对干部参训期间的学习表现，及时记录、画像，为干部选拔使用提供有效依据和参考。

行风建设

2023年，全国人力资源社会保障系统坚持以习近平新时代中国特色社会主义思想为指导，全面贯彻落实党的二十大和二十届二中全会精神，始终坚持“管行业必须管行风”“人人是窗口、处处有服务”的理念，行风建设转入常态化长效化推进新阶段。从国家统计局第三方调查情况看，全国人力资源社会保障系统行风建设政策满意度逐年提升，由2020年的80.02分提高到2023年的82.09分，已连续四年保持在“满意”区间。

一、着力提升政务服务效能

（一）持续优化营商环境。

持续巩固和提升人社领域“放管服”改革、优化营商环境改革成效，不断加大政策制度支持力度，延续、优化一批惠企便民政策。大力推动人社领域证明事项告知承诺制，全面实行人社领域行政许可事项清单管理，持续优化行政审批服务。

（二）持续提升公共服务。

人社领域基本公共服务标准化建设在吉林、浙江、湖北、海南、四川、重庆、云南等7省（市）完成试点，进入全面推进阶段。各地加强人社便民服务圈建设，打造不同层级各具特色的人社优质服务“样板间”，方便群众“就近办”。

（三）持续加强数字人社建设。

完成人社信息化便民服务创新提升行动，全面推进数字人社建设行动。优化线上服务流程，持续推进人社服务“一网通办”。在全国人社政务服务平台更新发布“跨省通办”事项办事指南，推动更多人社事项“跨省通办”。充分运用数字技术，积极推广“辅助帮办”“全程代办”，为老年人、残疾人等群体提供暖心服务。

二、着力提高窗口单位服务能力

（一）持续开展练兵比武活动。

组织全国人社窗口单位业务技能练兵比武统一在线比试，1 530名选手参加，产生了50名全国“人社知识通”和93名全国“岗位练兵明星”。人社系统干部职工自主开展“日日学、周周练、月月比”在线学习，平台注册达84万人，基本实现窗口单位全覆盖。

（二）全面开展人社政务服务“好差评”。

全面实施人社政务服务“好差评”，将好评率指标纳入人力资源和社会保障事业发展年度计划，每季度进行工作调度指导。各地及时有效归集分析“好差评”数据，有针对性地进行差评问题整改。

（三）常态化开展“厅局长走流程”。

聚焦人社领域重点政策举措和高频服务事项，紧盯企业群众“急难愁盼”问题，从群众办事和基层经办两个角度出发，各级人社部门负责同志深入基层、深入窗口、深入企业、深入群众，看政策“懂不懂”，查流程“通不通”，享体验“好不好”，发现问题，揪根问题，解决问题。

三、着力强化宣传引导

（一）开展主题宣传引导活动。

做好《社会保险经办条例》（国务院令第765号）宣贯工作，开展“社保服务进万家”活动，打造惠民生、暖民心社保服务品牌。各级人社系统组织开展形式多样、各具特色的“学习贯彻二十大、立足岗位做贡献”主题活动，鼓励干部职工立足本职岗位，提升服务能力和效率，积极展示人社为民服务良好形象。

（二）推动政策措施“四进两知晓”。

各级人社部门创新宣传方式、拓展渠道路径，扎实推进人社政策措施“四进两知晓”，面向企业推送政策“大礼包”，面向个人推送政策“小贴士”，面向经办机构推送政策“工具书”，第一时间做到让企业群众知晓、让经办机构知晓。

（三）做强做优人社宣传品牌。

做强做优“人社日课”、人社政策待遇“看得懂算得清”等宣传品牌，实现线上宣传广覆盖，线下宣传“无死角”。“人社日课”被中央网信办评选为网络正能量专题专栏，“人社政策‘看得懂’待遇‘算得清’”被评选为网络正能量主题活动。

新闻宣传政务信息报刊与出版

一、宣传工作

2023年，人力资源社会保障宣传工作坚持以习近平新时代中国特色社会主义思想为指导，深入学习贯彻党的二十大精神，认真贯彻落实习近平总书记重要指示批示精神和党中央决策部署，扎实开展人社形势任务、亮点成效宣传引导，宣传工作整体性、预见性和创新性不断增强，稳预期、强信心、防风险取得积极成效，为推动人社事业高质量发展提供有力舆论支持。

（一）强化政治机关建设，走好“两个维护”第一方阵。

坚持把党的政治建设摆在首位，坚决贯彻落实习近平总书记关于人社工作重要指示批示和习近平文化思想，坚持以政治看宣传，以宣传讲政治，强化政治忠诚。

一是持续深化政治机关意识教育。深入开展学习贯彻习近平新时代中国特色社会主义思想主题教育，持续开展人社部门是政治机关、宣传工作是政治工作的教育，引导加强政治意识和对党忠诚教育，坚持把政治意识贯穿人社宣传、舆论引导等工作的全过程各环节。

二是完善“两个维护”督促保障机制。坚持把习近平总书记重要指示批示作为“第一政治要件”，认真贯彻落实习近平总书记重要指示批示和党中央重大决策部署，持续抓好人社领域重点宣传工作落实。

三是落实宣传工作政治责任。加强人社系统宣传工作指导，通过组织召开宣传工作视频会议、印发年度宣传工作要点、举办宣传工作培训班、编写新闻舆论季报、统筹人社矩阵宣传等方式，强化人社系统宣传工作的政治意识，落实政治责任。

四是严格落实意识形态工作责任制。坚持党管宣传、党管意识形态、党管媒体，结合稳就业保就业工作和重大政策措施出台、重大活动开展，坚持从政治上去谋划和推进正面宣传和舆论引导，确保人社宣传工作正确的政治方向、舆论导向和价值取向。

（二）深入做好人社领域形势政策宣传，稳预期增信心。

坚持团结稳定鼓劲、正面宣传为主，突出稳就业保就业工作目标任务，紧密结合全国“两会”、中央经济工作会议和重大政策措施出台时间节点，多种形式宣传好党中央对形势的科学判断、党的二十大对人社工作的战略部署和工作成效，做大做强主流思想舆论。

一是开展权威访谈，广泛凝聚共识。协调中央主要媒体先后两次专访王晓萍部长，分别谈人力资源社会保障部落实中央经济工作会议精神、2023年稳就业工作的思路举措和就业形势政策。中央主要媒体及其新媒体平台集中时间、集中版面报道，各类媒体刊（播）发稿10 962篇，阅读量4.23亿人次，多个话题登上百度热搜榜。

二是组织重点政策解读，积极回应社会关切。围绕《国务院办公厅关于优化调整稳就业政策措施全力促发展惠民生的通知》（国办发〔2023〕11号）、延续阶段性降低社保费率、《社会保险经办条例》（国务院令第765号）等政策法规，部领导和部有关司局负责人参加国务院例行政策吹风会7次，中央主要媒体均在重要位置、重要版面给予充分报道。开通人社政策宣传服务直通车，部政务微信公众号、部抖音号持续打造“人社日课”“人社政能量”“人社政策直播间”政策宣传品牌栏目，为群众提供精准政策信息服务。“人社日课”栏目被评为网络正能量专题专栏，部政务微信公众号被中央网信办评为走好网上群众路线成绩突出账号。

三是精准发力，促进惠民政策应知尽知、应享尽享。先后组织开展2023年春风行动暨就业援助月、“就业扬帆　政策护航”高校毕业生等青年就业创业政策宣传周、社保服务进万家、“千行百品就业行——劳务品牌大型融媒体云推荐”等活动宣传，《人民日报》开设“深入实施就业优先战略”专栏，中央主要媒体和部属媒体广泛推送招聘岗位和服务资讯，持续报道地方经验做法，充分展现助力经济恢复的生动实践。中央主要媒体及其新媒体平台推出政策解读产品52个，媒体报道53.4万篇次，阅读量252.7亿人次。

四是加强基层就业典型宣传，引导树立正确就业观、职业观。协调中央主要媒体通过制播系列节目、宣传片，刊发综述、人物专版和人物访谈等，讲好新时代“三支一扶”高校毕业生扎根基层、技能人才技能圆梦报国的成长成才故事。

（三）增强系统思维，提升重大活动协同联动宣传效果。

围绕系列重大活动宣传，聚焦主题，把握特色亮点，加强统筹策划。精心设置议题，广泛动员各类媒体参与，充分发挥中央主流媒体主导作用。整合资源，上下联动，推出专题专栏和直播、访谈、短视频、海报、H5等融媒体产品，不断提升系列活动宣传的传播力、影响力。

一是做好第二届全国技能大赛系列宣传，唱响技能成才、技能报国的时代强音。组织200家媒体进场报道，动员各类媒体平台制作并全网推送《奋进新时代技能力量》。各类媒体刊发稿件9万余篇，全网阅读量18亿人次，网民参与互动35.6万人次。

二是开展第二届全国博士后创新创业大赛活动宣传，全面展示高层次人才创新创造活力。深入挖掘参赛项目和选手典型经验，积极展现博士后创新创业成果，刻苦钻研、精益求精的专业精神和奋勇拼搏、报效祖国的精神风貌。5 167家媒体、网站发布稿件3.8万余篇，全网浏览量6.3亿人次，网民参与互动10.5万人次。

三是组织第二届全国人力资源服务业发展大会宣传，全方位多角度展示大会成果。做好深度报道和融媒体传播，全面提升人力资源服务业知晓度、参与度、认同度，积极打造人力资源服务领域重要活动品牌。各级各类媒体刊发报道近20万篇（条），全网总阅读量12.7亿人次。

四是创新文化宣传，唱响新时代劳动者之歌。协调文化和旅游部、中国建筑集团有限公司等单位，先后在北京、四川举办“唱响新时代劳动者之歌”慰问演出活动，通过慰问演出活动致敬劳动者、关爱劳动者，激励广大劳动者奋进新征程、建功新时代。

五是开展全国劳务协作暨劳务品牌发展大会宣传。中央主要媒体记者现场报道，助力劳务品牌带动就业促增收。

二、新闻发布

2023年，新闻发布工作全面贯彻落实党的二十大决策部署，坚持团结稳定、正面宣传为主，深入解读促进高质量充分就业、健全社会保障体系等政策措施，实事求是阐释事业发展成效，客观辩证分析形势，合理引导预期。全年共举办新闻发布活动17场，为经济回升向好和民生保障营造良好氛围。

（一）重大新闻发布活动成效明显。

部领导及相关司局负责人积极参加国务院新闻办公室新闻发布和国务院政策例行吹风会等活动，介绍工作进展情况，解读政策举措，回应热点问题，有效引导舆论，展示人力资源社会保障部门持续增进民生福祉良好形象。3月2日，王晓萍部长出席国务院新闻办公室

“权威部门话开局”系列主题新闻发布会，介绍就业和社会保障工作情况，并回答实施就业优先战略举措、促进高校毕业生等青年就业、社会保障体系建设、加强职业技能培训等问题，李忠、俞家栋副部长参加。4月27日，俞家栋副部长出席国务院政策例行吹风会，介绍“优化调整稳就业政策措施　全力促发展惠民生”有关情况，并回答一季度就业形势、困难人员就业帮扶、加大职业技能培训支持力度举措、促进高校毕业生就业、调动企业用工积极性等问题，就业促进司、人力资源流动管理司、职业能力建设司负责人参加。9月4日，李忠副部长出席国务院政策例行吹风会，介绍《社会保险经办条例》有关情况，并回答贯彻落实工作安排、核验社会保险待遇享受资格便民措施、防范社会保险基金“跑冒滴漏”举措、扩大社会保险覆盖面有关考虑等问题，法规司、社会保险事业管理中心负责人参加。失业保险司负责人参加3月31日国务院政策例行吹风会，介绍优化完善部分阶段性税费优惠政策有关情况，回答落实阶段性降低失业保险、工伤保险费率工作安排等问题。

（二）专题新闻发布工作亮点突出。

围绕第二届全国技能大赛、全国博士后创新创业大赛、全国人力资源服务业发展大会等重要赛事、重要活动举行专题新闻发布会，全面介绍赛事活动意义，解读亮点及创新点，为促进高技能人才、专业技术人才发展等营造良好社会氛围。4月28日，国务院新闻办公室举行中外记者见面会，第十六届中华技能大奖获得者和全国技术能手代表围绕“技能成才　技能报国”与中外记者见面交流。职业技能大赛专题方面：2月28日，举行第二届全国技能大赛第一次新闻发布会，职业能力建设司等单位负责人介绍大赛筹备情况。9月15日、9月22日，分别举行赛前、赛后新闻发布会，介绍大赛总体安排和基本情况，并回答健全职业技能竞赛体系等问题。博士后创新创业大赛专题方面：4月21日，举行第二届全国博士后创新创业大赛新闻发布会，专业技术人员管理司、中国博士后科学基金会等单位负责人介绍大赛筹备情况，并回答大赛在博士后人才培养中的作用、如何支持博士后科研创新工作等问题。10月24日、10月28日，分别举行赛前、赛后新闻发布会，介绍大赛有关情况，并回答博士后人才培养举措及成效、揭榜领题赛有关情况等问题。人力资源服务业发展大会专题方面：7月13日，举行第二届全国人力资源服务业发展大会新闻发布会，人力资源流动管理司等单位负责人出席，介绍大会基本情况，并就推动行业发展等回答记者提问。11月21日，举行新闻发布会，人力资源流动管理司等单位负责人介绍大会筹备情况，并回答大会特色、大会对推动粤港澳大湾区经济社会高质量发展的意义等问题。

（三）例行新闻发布工作扎实开展。

新闻发言人、部属有关单位负责人共同举行例行新闻发布会，加强宏观经济数据发布和政策解读，积极回应社会关切，提振信心、稳定预期。1月18日，举行2022年四季度例行新闻发布会，介绍全年工作情况，并回答就业工作总体情况、领取养老保险待遇资格认证、失业保险在保生活方面的作用、个人养老金制度进展情况、加强高技能人才队伍建设、失业保险援企稳岗政策延续、企业职工基本养老保险全国统筹等问题，就业促进司、职业能力建设司、养老保险司、失业保险司负责人参加。4月24日，举行2023年一季度新闻发布会，介绍一季度工作进展情况，并回答如何判断全年就业走势、数字技术工程师培育项目、促进人力资源市场建设考虑、“新八级工”制度实施、推进终身职业技能培训举措、“三支一扶”计划、促进高校毕业生等青年就业举措等问题，就业促进司、人力资源流动管理司、职业能力建设司、专业技术人员管理司负责人参加。7月21日，举行二季度新闻发布会，介绍上半年工作进展情况，并回答制定人力资源服务机构管理规定主要考虑、如何稳住就业局势、推进数字人社建设行动、实施一次性扩岗补助政策、如何帮助未就业高校毕业生等青年群体就业、"三支一扶"计划进展情况、第二届全国技能大赛筹备情况等问题，就业促进司、人力资源流动管理司、职业能力建设司、失业保险司、信息中心负责人参加。10月26日，举行三季度新闻发布会，介绍前三季度工作进展情况，并回答专精特新中小企业就业创业扬帆计划、新就业形态就业人员职业伤害保障试点工作进展情况、第二届全国人力资源服务业发展大会筹办情况、如何促进高校毕业生等青年就业、如何组织实施《社会保险经办条例》、制定《人力资源管理专业人员职称评价办法（试行）》主要考虑等问题，就业促进司、人力资源流动管理司、工伤保险司、社会保险事业管理中心负责人参加。

三、政务信息

2023年，政务信息工作立足自身职能职责，充分发挥政务信息服务决策的作用，加强对新情况新趋势的收集、归纳、研判，加大信息上报下发力度，不断提高政务信息服务水平，有效服务了党中央、国务院科学决策，也为全系统业务工作顺利开展提供了重要信息支撑。全年共向党中央、国务院报送专报信息稿件328篇、《人力资源社会保障部简报》19期、《人力资源社会保障要情快报》24期，向全系统编发《人力资源社会保障工作信息》57期。

（一）聚焦人社重点工作，主动服务领导决策。

始终将政治性作为信息工作的第一属性，紧紧围绕贯彻落实习近平总书记重要指示批示和党中央重大决策部署，对标中央经济工作会议、《政府工作报告》等明确的目标任务报送信息，确保信息工作政治方向正确、符合中央大政方针、体现中央最新精神。自觉从全局高度思考、谋划和推进信息工作，找准事关大局的重大问题，及时准确反映当前工作进展和新形势新情况，如围绕稳定劳动参与率、中小微企业用工、深化公立医院薪酬制度改革、我国人工智能人才发展、支持高标准高质量建设雄安新区、加强外国人才引进等报送多篇深度信息，为决策提供可靠依据。

（二）聚焦人民群众"急难愁盼"，积极反映基层诉求。

始终把保障和改善民生作为人社工作职责所在、使命所系、价值所依，紧紧围绕强化就业优先政策、完善社会保障体系、激发人才创新活力、构建和谐劳动关系等报送信息，尤其是围绕群众关注的就业、社会保障、工资保障等方面"急难愁盼"问题，找准切入点，重点反映群众对党和国家政策的需求和期盼，如围绕超龄农民工就业、企业职工基本养老保险全国统筹、技能人才培养、根治欠薪、新就业形态劳动者权益保障等内容报送多篇深度信息，推动解决群众的操心事、烦心事、揪心事。

（三）聚焦各地优秀经验，着力加强系统交流。

加强与业务司局沟通合作，精选专题，编辑专刊，围绕基层公共就业创业服务、零工市场建设、企业职工基本养老保险全国统筹、失业保险省级统筹、工伤预防、行风建设、"一卡通"应用试点、"社保服务进万家"活动、社会保险基金管理提升年行动等业务编发专刊，发挥督促检查引领作用，实现业务司局通过信息对全系统的业务指导，促进了工作顺利开展。加大采纳各地人社部门信息力度，紧盯人力资源和社会保障重点业务工作推进情况，及时推广好经验好做法，供各地在工作中借鉴参考。同时加强与各地人社部门沟通交流，要求各地找准工作着力点，及时向部里反映重要工作进展，发挥好信息主渠道作用。

四、部属报刊

（一）中国人事报刊社。

2023年是全面贯彻党的二十大精神的开局之年，也是中国人事报刊社稳步发展的一年。在部党组的坚强领导下，报刊社坚持以习近平新时代中国特色社会主义思想为指导，深入学习宣传贯彻习近平文化思想，围绕全国组织部长会议和全国人社工作会议确定的各项任务，突出主题主线，坚持正确导向，创新宣传方式，推进媒体融合，坚持从严治社，报刊质量不断提升，发行量再创新高，为组织人社工作改革发展提供了有力舆论支持。

《中国组织人事报》紧密围绕中心，高质量服务组织人社工作大局。

一是坚持高扬旗帜，持续深入宣传习近平新时代中国特色社会主义思想。严格落实意识形态工作责任制，把宣传好习近平总书记的重要活动、重要讲话、重要指示作为首要任务。及时报道了习近平总书记在各地考察等时政活动，突出报道了习近平总书记在党的二十届二中全会、主题教育工作会等重要会议上的重要讲话精神，对相关重要讲话精神组织新闻报道、本报评论、理论文章进行解读。

二是突出主题主线，扎实做好主题宣传。持续推进党的二十大精神宣传报道，通过刊发进展动态、署名文章等多种形式，积极营造组织人社系统学习贯彻落实党的二十大精神的浓厚氛围。认真开展主题教育宣传报道，持续办好“学思想　强党性　重实践　建新功”等5个栏目，及时报道各地组织人社部门深入推进主题教育的做法、成效；推出本报评论员文章12篇，刊发组织部长、人社厅（局）长署名文章50余篇，推动主题教育走深走实。

三是聚焦主责主业，为组织人社工作营造良好舆论氛围。深入报道组织工作重点，策划推出激励干部担当作为、推动干部能上能下、党建引领基层治理、人才发展体制机制改革等地方经验专题报道，引起广泛关注。加强就业等人社重点工作宣传，开设“聚焦高校毕业生就业”“促进高校毕业生就业”等专栏，高频次报道就业工作60余篇，撰写本报系列评论3篇，加强就业工作言论引导。做好重大典型报道，推出人社工作全国先进个人、先进集体报道19篇；配合高技能人才表彰座谈会，开展了20个典型人物宣传；班子成员带队深入浙江等13个省（区、市）开展了专题调研，采写各地抓党建促乡村振兴、推进新就业群体党建、人才服务老区经济高质量发展的亮点经验。

四是加强融媒报道，提升传播力。开展《第一书记喊你来打卡》系列视频征集，展现乡村振兴的火热实践，得到各地组织部门大力支持和响应。围绕第二届全国技能大赛、全国劳务协作暨劳务品牌发展大会、博士后创新创业大赛、第二届全国人力资源服务业发展大会等重大活动，报网微联动宣传、融合报道，多平台立体推送，全平台点击量超2 000万次，呈现了大赛、大会的精彩盛况。出版《中国组织人事报》242期，发行超过42万份。

在第33届中国新闻奖评选中，报刊社报送的“擦亮劳务品牌助推乡村振兴系列报道”获得二等奖；在中国行业媒体短视频大赛评选中，报刊社推荐的作品获得二等奖；在中央宣传部组织的全国行业媒体履行社会责任情况报告中被评为优。

《中国人才》杂志突出重点，全力服务人才工作大局。

一是深入宣传解读习近平总书记关于做好新时代人才工作的重要论述。报道习近平总书记关于人才工作的重要活动、重要讲话、重要指示批示。持续办好《深入学习贯彻习近平新时代中国特色社会主义思想》栏目，深入解读习近平总书记关于建设世界重要人才中心和创新高地、培养我国关键核心技术领域人才、新时代人才工作的“八个坚持”、强化企业创新主体地位等重要讲话精神。

二是深入开展党的二十大、中央人才工作会议、全国组织部长会议精神宣传。策划推出系列聚焦，解读党的二十大对人才工作的新部署新要求；紧贴党的二十大精神，就读者关心的人才共性问题，邀请各地人才工作者深入讨论，营造学习贯彻党的二十大精神的浓厚氛围。

三是聚焦人才工作重点难点，突出宣传各地各部门人才工作的新举措新经验。结合主题调研采访推出福建、河南、湖北、吉林人才改革纵深行报道，“推进人才工作改革创新”系列报道刊发21个省（区、市）人才工作创新做法，《一线报道》栏目刊发各地各部门工作经验稿件100余篇，持续深入报道各省（区、市）贯彻落实党中央人才工作重大部署的新思路新举措新成效。

四是举办第六届全国人才工作创新案例征文活动。共征集全国29个省（区、市）案例近1 900篇，充分展现了各地各部门深入推进新时代人才强国战略的工作风貌，产生良好反响。

五是持续推进媒体融合发展。“大国人才”微信公众号24小时关注转发习近平总书记时政要闻，多措并举提升“大国人才”原创比重，全年原创作品260多条；粉丝量再创新高，达到12万人。《中国人才》杂志学习强国号推送865条信息。

全年出版《中国人才》12期，发行量达到8.7万册。

（二）中国劳动保障报社。

2023年，中国劳动保障报社坚持以习近平新时代中国特色社会主义思想为指导，以党的政治建设为统领，以提高宣传报道质量为重点，以加强干部队伍建设为支撑，坚持党建和业务两手抓两手硬，认真扎实开展主题教育，聚焦主责主业抓好宣传，推动党建与业务同频共振、互融互促，圆满完成全年各项目标任务。

一是强化党建引领，主题教育走深走实见成效。

始终将党的政治建设摆在首位，持续深化政治机关意识教育。将意识形态责任融入年度重大报道主题确定和策采编发工作全链条，坚决守牢意识形态阵地。

坚持“第一议题”学习制度，全体党员干部认真深入学习习近平新时代中国特色社会主义思想，及时跟进学习习近平总书记关于人社工作、民生保障等方面的重要论述。通过领导干部“带头学”、支部组织“深入学”、青年干部“交流学”，开展大讨论活动“集中学”、全员覆盖“深度学”、结合业务“融合学”等方式，以党的创新理论滋养初心、引领使命。

报社党委认真细化和落实全面从严治党主体责任清单，党委负责同志践行“第一责任人”职责，班子成员认真落实“一岗双责”。同时，建立报社党委、支部“书记抓、抓书记”责任传导机制，并将纪委监督贯穿“三重一大”决策、政府采购、项目合作、策采编发全领域各环节，压实管党治党责任链。制定出台《党员干部网络社交行为若干规定》《党员工作时间之外政治言行若干规定》等制度规定，严明纪律规矩。

2023年，报社第一、第二党支部获评人力资源社会保障部“四强”党支部。报社1篇“人社青年攻一关”调研报告入选《人社青年》。

二是聚焦主责主业，新闻宣传用心用情提质效。

时政要闻突出报。《中国劳动保障报》头版突出报道习近平总书记重要讲话、重要指示批示精神、重要活动和重要文章，做到应报尽报，全年发布重要时政要闻报道357条。同时，及时刊发人力资源社会保障部党组及部领导活动、调研、会议等新闻报道。

重要专题全面报。《学思想　强党性　重实践　建新功》《人社党建》专栏，对两批主题教育期间各地人力资源社会保障部门认真学习、深入调研，促进调研成果转化、党建引领事业高质量发展、解决企业群众急难愁盼问题等方面做法成效进行报道，实现了省份全覆盖。开设《聚焦主题教育》《大兴调查研究之风大家谈》等专栏，紧跟主题教育重点工作，就科学客观评估主题教育实效、做好调查研究成果运用等推出多篇评论文章。《新时代新征程——人社高质量发展》《新时代新征程——助推人口高质量发展》栏目刊发数十篇记者采写人力资源社会保障部门围绕国家发展战略，踔厉奋发、创新发展的新实践新成效文章。《深度调研》《记者观察》等栏目策划报道“千万工程”“浦江经验”“枫桥经验”中的人力资源社会保障部门实践、数字人社、社保卡“一卡通”等做法成效。推出《春季用工调查》《人社基本公共服务标准化》等系列报道。

重大活动创新报。2月“新春走基层”活动报道：春节前后，报社派出近20名骨干记者编辑，奔赴14个省份的16个基层单位，报道人力资源社会保障系统深入贯彻落实党的二十大精神，用心用情服务企业群众的动人故事，采写制作了20余篇“沾泥土”“带露珠”“冒热气”的文章和视频作品。3月全国“两会”报道：《中国劳动保障报》推出“两会”特刊8期，用32个版面、126篇稿件、23张图片报道全国“两会”，劳动保障新闻网、《中国劳动保障报》官方微信公众号等新媒体平台共推送稿件823篇。9月全国技能大赛报道：报社精心策划、周密组织，专门调整报纸刊期，设计通版，分赛前、赛中、赛后三个阶段浓墨重彩宣传报道。用8个整版、20余篇稿件、30余幅图片、64条视频、300余篇网站作品对比赛现场进行全方位报道。10月劳务协作暨劳务品牌发展大会报道：开设专题专栏，采写综述、侧记、现场新闻稿件和图片23篇，拍摄制作6部音视频作品，宣传劳务品牌特色以及劳务品牌在促就业、促发展等方面的作用。报社还开展了第二届劳务品牌形象代言人征集展示活动，推出新一批特色代言人在大会上发布和展示宣传。活动期间，报社微信公众号总浏览量达6.84亿人次。10月社保服务进万家活动报道：推出2个专题，图文并茂报道主会场和5个分会场，以及河南、广东、新疆、福建等省份开展活动的特色及成效，并推出记者采写的大综述、侧记，剪辑发布全国活动视频。《中国社会保障》杂志推出“社保服务进万家十城调研”专刊以及相关封面报道。11月博士后创新创业大赛报道：展开全面报道，报刊发送稿件35篇，人力资源社会保障部微信公众号发稿41篇，抖音推送视频19个，报社微信公众号发布作品37篇，抖音发稿4个，劳动保障新闻网发稿20篇。12月人力资源服务业发展大会报道：制定全媒体报道实施方案，开设专栏，先后刊发39篇（幅）图文，制作3块专版，配发1篇评论文章，拍摄制作原创视频3条，劳动保障新闻网发稿137篇，采取图文、视频、组图等多种方式报道大会。

政策法规精准报。围绕《社会保险经办条例》《关于加强新时代高技能人才队伍建设的意见》《人力资源服务机构管理规定》《关于推进新时代和谐劳动关系创建活动的意见》等就业、培训、社保、劳动合同、休息休假等权益保障政策，《中国劳动保障报》推出多期专版，《中国社会保障》《劳动和社会保障法规政策专刊》《中国人力资源和社会保障》杂志推出专题专栏，邀请有关司局负责人、专家学者、地方厅局长等谈认识、谈做法、谈打算，人力资源社会保障部微信公众号、抖音号和报社新媒体推出多个栏目，对政策法规精细深入阐释解读。《中国社会保障》杂志围绕《社会保险经办条例》推出专刊，从32个维度深入解读。同时，《中国社会保障》微信公众号推出《社保微课堂》栏目，以文字和视频结合方式，对《社会保险经办条例》开展系列解读。

重点工作深度报。在就业方面，开设《优服务惠民生促发展》《扬帆启航　就业加油站》《平凡岗位　精彩人生》《创响新时代》等栏目；围绕“家门口就业”、春风行动、青年就业创业政策宣传周、民企招聘月、脱贫人口稳岗就业等各类就业服务活动，宣传各地促进就业特别是高校毕业生就业新举措；推出长篇评论《中国就业长期稳定的底气从哪里来》，提振稳就业信心，为稳定就业局势、促进高质量充分就业凝心聚力。在社保方面，紧扣习近平总书记关于社保卡“一卡通”重要讲话三周年，采访报道各地居民服务“一卡通”建设工作成效；围绕养老保险全国统筹、扩面征缴保发放、个人养老金制度、新就业形态就业人员职业伤害保障、社保服务进万家、数字人社行动、基金监管、转移接续和跨省通办等组稿策划，报道各地创新社保工作经验亮点。在技能人才方面，围绕全国技能大赛、数字人才培养、技工院校改革发展等报道各地技能人才工作特色亮点；融媒报道“技能成才、技能报国”金牌选手先进事迹宣讲活动，开展“技能报国、有你有我”微信点赞接龙活动，在全社会营造尊重技能人才良好氛围。在劳动关系方面，围绕构建和谐劳动关系、根治欠薪、速裁庭建设、法治人社建设、新就业形态劳动争议等主题刊登各地经验做法；《中国劳动保障报》通过《举案释法》《案例探讨》《图说》《办案传真》等栏目，《劳动和社会保障法规政策专刊》、人社法律服务、调解仲裁微信公众号等结合案例积极宣传相关劳动保障法律知识，取得较好普法效果。在行风建设方面，开设《全国人社系统优质服务窗口和优质服务先进个人》栏目，报道受表彰的单位和个人先进事迹；《行风建设提升行动》栏目围绕“1件事联办1次跑搞定”等策划组稿，形式多样报道各地深入推进人社服务“快办行动”、打造人社便民服务圈、推动人社公共服务提质增效，以及人社服务政策送到家、送上门等经验做法。此外，《中国劳动保障报》做好年终盘点宣传。结合人社工作推出党建、就业、社保、人才、劳动关系、公共服务6篇年终特稿、1篇大综述以及1篇评论，联合部宣传中心推出人社十大新闻；还制作一期年终特刊，图文并茂充分反映2023年人社工作取得的重大成绩以及各地创新实践，唱响奋进主旋律、传播人社好声音。

2023年，《中国劳动保障报》全国“两会”融媒报道获中国记协表扬。报社“新春走基层”团队获中国行业报协会先进集体奖。《让残疾人沐浴社会保障“暖阳”》获中国残联主办的第16届残疾人事业好新闻奖二等奖。《春季用工调查·打造劳务品牌　助力县域经济》系列报道获评中国行业报协会组织的全国行业好新闻大赛二等奖；《为生命逆行　是青春前进的方向》《多样化就业观察》《探秘世赛》等系列报道获评三等奖。《中国社会保障》杂志策划采写的《奋进社保新征程　迈进民生新时代》一文入选中央宣传部出版局主办的第七届“期刊主题宣传好文章”。

新媒体宣传实现新发展。2023年，报社承办的人力资源社会保障部官方微信公众号粉丝破千万，人力资源社会保障部官方微信公众号、抖音号点击量“10万+”作品达到487件，点击量“50万+”作品10件，点击量“100万+”作品5件。人力资源社会保障部抖音号《扫码就能领社保补贴？别信！》获得第五届中国互联网辟谣优秀作品。人力资源社会保障部官方微信公众号《人社日课》栏目、“人社政策‘看得懂’待遇‘算得清’”主题宣传活动，在中央网信办主办的2022中国正能量网络精品评选活动中，被评为网络正能量专题专栏、网络正能量主题活动。报社微信公众号《技能报国，有你有我！——点赞技能有为青年》互动H5和小程序作品入选中国报业新媒体（客户端）发展大会主旨报告优秀案例。劳动保障新闻网手机版项目荣获2021—2022年度全国媒体融合技术应用创新案例奖。

三是报刊发行量保持稳定。全年《中国劳动保障报》发行量为19.5万份，《中国社会保障》《劳动和社会保障法规政策专刊》《中国人力资源和社会保障》杂志发行量分别为12万份、2.4万份、1.3万份。

五、出版工作

2023年是全面贯彻落实党的二十大精神的开局之年，是实施“十四五”规划承上启下的关键一年，也是中国人力资源和社会保障出版集团站在历史新起点、构建发展新格局的重要一年。在部党组的坚强领导下，在部里相关司局和单位的大力支持下，出版集团坚持围绕中心、服务大局，坚持聚焦主业、守正创新，坚持稳中求进、提质增效，全面贯彻新发展理念，着力推动高质量发展，圆满完成年度各项目标任务。全年出版新书742种，实现销售码洋9.25亿元，同比增长13.1%，再创销售历史新高。

（一）高举旗帜凝聚共识，深化党的创新理论武装，新时代党建工作取得新成效。

坚持以习近平新时代中国特色社会主义思想为指导，以政治建设为统领，认真贯彻落实党的二十大和二十届二中全会精神；扎实开展主题教育，深入开展干部队伍教育整顿，推动全面从严治党向纵深发展，为人力资源社会保障出版事业的发展提供坚强的政治保证。坚持以党的二十大精神武装头脑，理论学习常抓不懈，党委理论学习中心组发挥示范引领作用，带领各支部各党员深入学习领会党的二十大精神，采用“学思议行”学习机制，紧密结合职能职责，研究谋划抓好贯彻落实、指导业务实践。坚持把主题教育作为首要政治任务，把“学思想”作为第一位任务，通过举办“人社学思行”读书班和“人人讲党课”，不断筑牢党员干部政治忠诚根基，提升政治能力、思维能力、实践能力。坚持把全面从严治党向纵深推进，以严的基调强化正风肃纪，持续推进作风建设、纪律建设，加强对党员干部的教育管理监督，切实履行“一岗双责”，形成全面从严治党形势分析报告，制定落实全面从严治党主体责任清单，强化纪委监督作用，对重大经营事项进行全过程监督。

（二）守好意识形态阵地，织密织牢安全防护网，层层压紧压实责任。

坚持和加强党委对宣传思想文化工作的全面领导，旗帜鲜明坚持党管意识形态，全力推动意识形态工作责任制实施细则落实。定期分析研判意识形态领域情况，把意识形态工作贯穿各项业务工作的全过程。专题学习习近平总书记对宣传思想文化工作作出的重要指示、习近平总书记在文化传承发展座谈会上的重要讲话精神，推动意识形态工作“入脑入心”。持续强化质量管理，严格实施选题四级论证和重大选题备案制度；贯彻落实责任编辑和责任校对制度，推动编校人员继续教育培训常态化、规范化；认真执行“三审三校”制度，强化出版物质量检查工作，通过印前检、成书检等对出版物生产全过程进行有效监督与控制，在出版过程中严把政治关、导向关、质量关；加强对期刊、图书、网站、“三微一端”等意识形态阵地的管理，规范信息发布，实行动态监管，切实做到可管可控。

（三）聚焦服务中心大局，特色培育重点项目，全方位提高社会效益。

围绕人社中心工作，高质量完成服务宣传保障工作。圆满完成第二届全国技能大赛市场推广组工作，制作《国赛项目早知道》100集系列动画，实时摄制《绽放技能之美》等视频，在新华网等平台播放，为大赛营造了良好的氛围。协助筹办第三届全国技工院校教师职业能力大赛，制作发布技能成才技能报国先进事迹报告会、《社会保险经办条例》颁布宣传片等15个专题宣传视频，积极做好技工教育和职业培训规划教材建设和管理工作，编印2023年人力资源社会保障部技工教育和职业培训规划教材选用目录。坚持把社会效益放在首位，实现社会效益和经济效益相统一，不断加大对社会效益选题的资助和培育力度。《我国新就业形态发展、规范与对策研究》《建设高质量社会保障制度》2种图书获得2023年度国家出版基金资助；“中国收入分配与劳动力市场研究（全12卷）”获中国出版政府奖图书奖提名奖、中华优秀出版物提名奖；“全民应急科普丛书”获全国优秀科普作品奖；7种图书入选农家书屋重点出版物推荐目录。积极履行企业社会责任，捐赠资金支持中央苏区劳动部旧址修缮，发挥出版专业优势和教育教学资源服务优势服务乡村振兴，通过图书捐赠、资金支持、教学资源共享等方式落实定点帮扶任务，支援西部地区技工院校建设，支持受灾地区灾后重建，评选和发放“技能雏鹰”奖（助）学金。

（四）围绕内容建设，健全产品体系，多维度布局出版业务板块。

聚焦劳动保障、人才人事、技工教育和职业培训领域，发挥传统出版优势，加强选题规划，不断优化产品布局。

一是大力开发业务保障图书。做好《中华人民共和国职业分类大典（2022年版）》出版发行宣传工作，组织开发大典相关产品。组织出版《社会保险经办条例》《工伤保险典型案例研究》等政策业务类图书。持续推进“新中国医疗保障史丛书”“中国劳动关系研究丛书”等重点产品组稿工作。

二是人才人事图书体系不断完善。出版经

济师教材教辅91种，完成数字技术工程师系列10个职业35种初级教材出版，基本构建了14个职业初中高级依次推进、百余种教材有序出版、数字产品同步部署的产品格局。

三是持续加强技工教育教材建设。编辑出版技工院校“开学第一课”系列教材《中华优秀传统文化精选》《点亮技能之光》及配套教辅，完善通用职业素质课程教材和配套教学资源。推动技工院校工学一体化工作，开发完成103个专业课程标准和工学一体化课程教学资源开发指南。

四是拓展职业培训与终身学习新空间。完善国家职业技能标准库、国家基本职业培训包，编辑出版职业标准55种。组织开发专项职业能力考核培训教材44种，推进开发新职业、急需紧缺职业、绿色职业等教材。策划出版技能大赛系列图书，制作相关宣传画和展品。

五是《职业》《人力资源服务》杂志顺利完成全年出刊任务，通过整合资源、优化栏目、规范管理，办刊工作逐步迈上专业化、规范化发展轨道。

（五）完善制度体系建设，深化企业改革，基础保障工作取得新进展。

坚持把深化改革作为强大动力，切实增强发展活力，不断完善现代企业制度，着力提升经营管理水平，统筹推进安全生产，防范化解重大风险，为出版集团实现可持续、高质量发展奠定坚实基础。贯彻落实习近平总书记关于安全生产的重要指示批示精神，始终绷紧安全生产之弦，实现安全生产零事故。强化网络信息安全管理，加快提升信息安全服务水平，建立应急处置预案和工作机制。完善内部审计监督机制，堵漏洞、补短板、疏堵点，规范内部工作流程，防范化解业务工作风险。不断完善制度体系建设，持续提高管理效能。严格预算编制和执行工作，不断提高资金管理和资金使用效益。升级改造编务信息系统和协同办公系统，依托信息化手段，加强对编辑出版、排版印装、招标采购等出版业务全流程管理。创新营销工作思路，构建适应不同产品线特点的差异化发展格局，充分释放营销活力。持续改善办公基础设施建设，组织开展形式多样的群团活动，丰富职工精神文化生活，增进职工福祉，切实提升职工获得感与归属感。

国际交流合作及涉港澳台工作

2023年，国际交流合作及涉港澳台工作坚持以习近平新时代中国特色社会主义思想特别是习近平外交思想为指导，全面贯彻党的二十大精神和中央外事工作会议精神，自觉服务服从党和国家对外工作大局及人社事业发展，积极对外宣介中国式现代化、讲好中国人社故事，推进各项工作取得新成效。

一、深度参与国际劳工治理，发出中国声音，贡献中国智慧

王晓萍同志率中国三方代表团出席第111届国际劳工大会，宣介以人民为中心的发展思想和中国式现代化发展道路，会见国际劳工组织（ILO）总干事吉尔伯特·洪博，分享中国劳工治理方案。王少峰、李忠同志分别率团出席二十国集团劳工就业部长会议、金砖国家劳工就业部长会议，并与参会国家和国际组织开展双边交流，积极宣介党的二十大精神特别是中国式现代化重大理论创新，展示中国人社事业发展成就。会同常驻日内瓦代表团积极参与国际劳工组织全球社会正义联盟、双年度计划预算、国际劳工标准制定等重要议题讨论，在亚太政府组发挥引领作用，积极引导会议讨论和结论向于我国和广大发展中国家有利的方向发展，为推动各方协商一致发挥建设性作用。

二、坚持底线思维，增强斗争意识，坚决维护我国主权、安全和发展利益

妥善应对国际劳工组织标准监督机制涉我国案例，通过多种方式深入做国际劳工组织总干事吉尔伯特·洪博及秘书处高层工作，促其重视我国立场和关切，并给予必要支持和配合。接待国际劳工组织标准司司长瓦佳一行参访新疆，实地了解我国促进当地就业、惠及当地民生的相关政策措施。同国际劳工组织标准司就第111号公约涉我国案例后续工作开展技术交流，全面介绍我国相关法律和就业政策，充分增信释疑。认真做好两项强迫劳动公约生效有关工作，与国际劳工组织北京局共同举办强迫劳动公约履约能力建设研讨会，筹备成立国际劳工标准履约和案例应对小组。与国际劳工组织自由结社委员会（CFA）主席及相关委员深入交流，在自由结社委员会涉自由结社、涉港案件审议中，有力回击国际工会联合会（ITUC）对我国的不实评论。积极参加《联合国经济、社会及文化权利公约》《联合国残疾人权利公约》国别审议，有力配合我国涉外人权整体斗争。

三、围绕筹办第48届世界技能大赛，稳步推进职业技能领域国际合作

谌贻琴国务委员在北京会见世界技能组织（WSI）主席汉弗莱斯，重申2026年上海世界技能大赛“富有新意、影响广泛”的筹办目标，明确世界技能博物馆发展方向。王晓萍同志在上海会见汉弗莱斯一行，宣介我国以人口高质量发展支撑中国式现代化的政策举措，并就世界技能大赛办赛工作等与对方交换意见。王晓萍同志与上海市市长龚正及汉弗莱斯一行共同出席世界技能博物馆开馆活动，并签署《关于中国上海2026年第48届世界技能大赛框架协议书》。吴秀章同志率团出席世界技能组织全体大会并发言，介绍第48届世界技能大赛筹办和世界技能博物馆开馆情况，展现中

国政府举办一届“富有新意、影响广泛”大赛的信心和决心。首次邀请世界技能组织、国际劳工组织代表现场观摩第二届全国技能大赛相关活动，邀请世界技能组织首席执行官录制闭幕式视频致辞，宣介我国职业技能竞赛事业发展成就和水平，充分展示我国办赛能力，进一步密切与相关国际组织在职业技能领域的交流合作，为筹办上海第48届世界技能大赛打下坚实基础。

四、服务高水平对外开放，推动人社国际合作走深走实

与国际劳工组织共同召开“一带一路”倡议十周年暨促进高质量就业国际研讨会，总结十年来人社领域推进共建“一带一路”成果，提出在新起点上进一步深化合作，共同促进共建国家经济社会发展和民生福祉，会议被纳入第三届“一带一路”国际合作高峰论坛成果。在东盟国家实施南南合作就业项目和技能项目，通过提供资金支持和技术援助，切实提高受援国公共就业服务和技能开发水平。与广西壮族自治区人民政府共同主办首届中国－东盟人力资源服务博览会，为东盟与中国人力资源开发搭建新的平台。落实国务院要求，努力推进青年国际实习计划实施，召开中国－新加坡青年实习交流计划启动会，有力促进青年国际交流，增进互信与友谊。会同外交部与法国驻华使馆对中国－法国社会保障协定进行修改，推动协定早日生效。

五、围绕大局认真做好涉港澳台工作

贯彻落实党中央决策部署，支持和鼓励港澳台居民到内地（大陆）事业单位就业，落实港澳台居民参加内地（大陆）社会保险、职业资格考试和职称评审、职业技能等级认定等政策，便利港澳台居民在内地（大陆）工作和生活。王晓萍同志会见香港特区政府政务司司长陈国基，就加强内地与香港人社领域的合作进行交流。李忠同志会见香港特区政府财政司司长陈茂波，就香港居民在内地参加社会保险进行交流。俞家栋同志会见香港特区政府劳工及福利局局长孙玉菡，就加强国际劳工领域合作进行交流。

社团活动

一、中国人才研究会

2023年，中国人才研究会在人力资源社会保障部的指导下，深入开展党的二十大精神学习，加强管理制度建设，开展人才理论研究，举办学术交流活动。通过上述工作，研究会的管理规范化水平、研究水平和服务水平均得到了提高。

（一）坚持政治引领，深入贯彻落实党中央决策部署。

深刻领悟“两个确立”的决定性意义，增强“四个意识”、坚定“四个自信”、做到“两个维护”。加强党组织建设，发挥党组织的政治核心作用，将党的领导全面贯彻落实到各项工作中，不断强化理论武装，压实政治责任，在持续学习中提升认识，在贯彻落实中深化理解，推动研究会更好发挥职能作用。

召开会长办公会，深入学习党的二十大精神，重点围绕党的二十大有关人才工作的重要论述展开深入研讨，并同步部署各分支机构学习党的二十大精神，不断强化思想引领，把牢正确方向。研究会理事发表多篇解读性文章，深入阐释党的二十大精神。

（二）加强分支机构管理，提高管理规范化水平。

着眼于建立健全分支机构管理机制，4月，研究会召开分支机构负责人会议，落实分支机构印章统一管理工作要求。在人力资源社会保障部社团管理办法和分支机构管理办法印发后，研究会启动《分支机构管理办法》修订工作。此外，研究会进一步规范请示汇报制度，强调各分支机构开展活动必须提前请示，经批准后方可开展。

（三）组织开展学术交流，努力发挥交流平台作用。

2023年，研究会及部分分支机构共举办4场学术交流研讨会，为凝聚各领域人才，推动各地各行业人才队伍发展，提升研究会学术影响力起到积极作用。

8月23日，研究会汽车人才专业委员会在广州召开2023年年会，来自整车及零部件企业、相关政府部门、行业组织、汽车院校以及第三方人才服务机构的嘉宾代表参加了本次会议。本次会议以“聚士·跨越2023”为主题，通过行业报告、专题报告、青年对话等环节，共同探讨在产业变革与竞争加剧双重挑战之下，行业人才发展的痛点难点问题及其突围之道。

9月6日，研究会在浙江省嘉兴市召开2023年年会暨“新动能：新时代人才发展”研讨会，研究会领导、理事和特邀代表共150余人参加会议。研讨会围绕“塑造高质量发展人才新动能”，有关领导、专家从“数字化人力资源管理”“关键核心技术领域人才发展战略”“人才协同新格局下的产学研用融合发展”“激发人才自驱力”“职业视角下的新时代人才开发”“人才驱动中国特色产业链建设”等角度，对人才发展定位、战略等问题进行了深入研讨。

10月28日，研究会人才学专业委员会在湖南省株洲市召开“区域人才中心与创新高地建设”研讨会。本次会议以深度互动、注重务实为特色，与会专家通过主旨演讲、分组研讨、大会发言、专家圆桌论坛等形式开展研讨活动。其中，主旨演讲的主题是“加快建设世界重要人才中心和创新高地的战略举措”；分组研讨的主题是“人才集聚与人才中心建设”。

11月4日，研究会工资福利专业委员会在北京林业大学召开2023年年会，来自事业单位收入分配领域的专家学者、有关政府部门、企事业单位人力资源部门负责人等嘉宾代表参会。会议研讨通过主旨演讲、分论坛研讨的形式开展。其中，分论坛从“事业单位内部分配改革”“组织效能与激励创新的中国实践”“林草行业高质量发展与人才培养激励”等方面，分享最新成果和最佳实践，深度探讨薪酬激励的制度、政策、模式和工具创新。

（四）组织开展学术研究，强化学术研究功能。

作为全国性学术团体，积极组织各地方团体、高校、研究机构开展人才研究工作。

一是通过专家评审，完成2022年课题结项工作。

二是组织开展2023年度的课题申报与评审立项工作，制定《中国人才研究会2023年课题指南》，并及时印发至各专业委员会、常务理事、理事和各地人才研究会。经专家评审，有23个课题批准立项，内容涉及向用人主体充分授权、科技人才创新效能提升与制度环境建设、拔尖创新人才队伍建设、人才发展治理及其体系构建、高职学生工作适应性管理、世界人才中心和创新高地建设、海外科技人才回国创业政策体系搭建、青少年科学素养提升、农村科技创新人才培养、营商环境治理人才能力模块和培养体系构建、校企共育传统能源人才储备、数字技能人才队伍建设等。

二、中国继续工程教育协会

2023年，中国继续工程教育协会坚持以习近平新时代中国特色社会主义思想为指导，全面学习贯彻党的二十大精神，认真落实全国性行业协会商会党委党建工作重要部署，立足协会章程，围绕专业技术人员继续教育重点工作，积极参与实施专业技术人才知识更新工程，推进协会健康、规范发展。

（一）提高政治站位，以党建赋能高质量发展。

一是持续深化政治建设，夯实党建工作基础。协会党支部在全国性行业协会商会党委的指导下，定期召开专题会议，持续深入学习贯彻习近平总书记关于行业协会商会党的建设的重要指示批示精神，持续深化党性教育，加强会风建设，坚持党章、党史学习教育常态化、长效化，自觉将党的领导贯穿协会工作的各方面、各环节和全过程。

二是扎实开展主题教育，提升党建工作质量。按照全国性行业协会商会第二批学习贯彻习近平新时代中国特色社会主义思想主题教育部署要求，在主题教育第一巡回督导组的指导下，召开主题教育工作动员部署会，逐步落实主题教育相关工作，持续巩固拓展主题教育成果，建立健全以学铸魂、以学增智、以学正风、以学促干长效机制。

三是聚焦协会职能职责，促进党建和业务工作“双提升”。围绕协会中心工作，以支部党日活动为抓手推进协会党建工作和业务工作融合发展，探索“党建+业务”“党建+服务”的有效模式，以协会换届工作为契机，积极落实党组织书记和协会商会管理层“双向进入、交叉任职”，把加强党的领导和完善协会治理统一起来，探索具有协会特色的发展模式。

（二）找准发展定位，积极参与新一轮专业技术人才知识更新工程重点项目。

一是夯实专业技术人员继续教育工作基础，积极参与知识更新工程高级研修项目。在人力资源社会保障部专业技术人员管理司的指导和支持下，联合江南大学、苏州市高级人才太湖培训中心、华北电力大学、南京信息工程大学等单位，举办“虚拟现实领域技术人才能力提升”“生物技术与未来食品前沿技术”“工业互联网赋能产业创新集群发展的趋势与探索”“新型能源体系构建与电力数字化发展”“新时代人才大数据发展与应用”等5

期高级研修项目，累计培训重点领域高层次专业技术人才约450人次。

二是聚焦新职业领域和数字人才培养需求，积极参与数字技术工程师培育项目。协会于2023年获批成为数字技术工程师培育项目云计算、区块链、集成电路、数字化管理师4个职业培训机构和虚拟现实职业评价机构，并依托协会会员单位华北电力大学举办北京市首期“数字技术工程师培育项目”大数据工程技术人员培训班。

（三）稳步推进协会第七届理事会换届工作。

根据中央社会工作部、民政部关于社团管理工作的有关要求，协会认真按照换届审核备案程序，稳步推进协会第七届会员代表大会筹备和第七届理事会换届工作，做好协会脱钩换届工作衔接。

三、中国人才交流协会

2023年是全面贯彻落实党的二十大精神的开局之年，是“十四五”规划承上启下的关键之年，更是中国人才交流协会提质升级突破之年。协会坚持以习近平新时代中国特色社会主义思想为指导，认真贯彻落实党的二十大精神和党中央决策部署，深入贯彻落实人才强国战略、就业优先战略和创新驱动发展战略，在中央社会工作部、民政部、人力资源社会保障部的指导下，在全体会员的积极参与共同努力下，以推动人力资源服务行业高质量发展为主线，践行“四个服务”，发挥“四个作用”，打造“四个平台”，团结带领广大会员，扎实推进各项工作，有力促进行业发展，得到各有关方面充分认可，社会影响和品牌效应进一步扩大。

（一）强化党建引领。

协会始终把党的建设贯穿协会工作全过程。

一是加强政治建设，坚持把党的政治建设摆在首位，教育引导党员干部加强理论学习，强化理论武装，增强政治认同，提高政治站位，把握政治方向，站稳政治立场，深刻领悟“两个确立”的决定性意义，切实增强“四个意识”，坚定“四个自信”，坚决做到“两个维护”。

二是扎实开展学习贯彻习近平新时代中国特色社会主义思想主题教育。按照“学思想、强党性、重实践、建新功”的总要求，成立了工作组，召开了动员部署会，制订了实施方案和工作计划，明确具体要求，细化分解任务。组织党员干部读原著、学原文、悟原理，开展集中学习和自主学习，安排支部书记和专家讲党课、办讲座，组织开展交流研讨，分享学习心得，交流学习体会，坚持用党的创新理论指导实践、推动工作。在学习调研基础上，不断检视查摆问题、制定整改措施，推动落实见效。同时，抓好建章立制，建立健全长效工作机制。

三是严格落实“三会一课”制度，按要求召开支部大会、组织生活会，民主评议党员、开展批评与自我批评，积极开展形式多样的主题党日活动，组织党员集中学习、过组织生活、进行民主议事，加强党性锻炼。

（二）强化就业服务。

针对人力资源服务行业促进就业扩大和优化人力资源配置的职能定位，协会积极响应号召，有针对性地开展就业服务活动。

一是响应教育部、民政部“稳就业”“保就业”的号召，在教育部高校学生司和民政部社会组织服务中心指导下，协会指导下属汽车人力资源分会开展了教育部“24365校园招聘服务”第二届汽车产业专场招聘活动，近30家大型汽车企业参与，发布了近4 000个招聘岗位，线上收到简历40 000余份。

二是积极发动广大会员单位通过网络和直播招聘的方式，搭建供需对接平台，着力解决就业问题。

（三）强化行业服务。

一是做好标准化工作。协会牵头制定了薪税师、人才测评师、招聘师、劳动定员定额师4项国家职业标准，参与制定了劳务经纪人、劳动人事争议调解员、社团会员管理员3

项国家职业标准。完成了《薪税服务外包服务规范》团体标准立项工作，参与修订了京津冀地区《人力资源服务规范》以及北京市地方标准，参与制定了沈阳地区人力资源服务标准，有效促进行业规范自律。

二是开展行业课题征集工作。协会面向会员单位及全行业公开征集人力资源服务行业研究课题，旨在深入了解行业发展现状、市场变化情况、技术研发情况、产品创新情况、商业模式变化情况等，为行业发展提供智力支持，为政府决策提供参考依据。

（四）强化机构服务。

一是开展能力指数测评工作。协会贯彻《人力资源服务机构能力指数》国家标准，研发了线上测评系统，为会员和人力资源服务企业提供免费指数测评服务，并颁发会员能力指数等级牌匾，同时在协会网站、微信公众号等平台进行宣传推介，为人力资源服务机构参与招标、入住产业园等提供有力支撑。

二是搭建会员交流合作平台。举办了中小城市人力资源服务供需对接会、“一带一路”人力资源服务研讨会、人力资源服务产业园峰会、猎头趋势大会、（中国－非洲）国际职业教育对话会、第一期人力资源服务行业协会培训班、“一切皆可量化”人力资源服务论坛、新加坡考察交流游学团等活动，精准服务，嫁接商机，促进会员与政府人社部门、各类企业、国外同业机构等进行交流合作。

（五）强化从业人员服务。

一是经工业和信息化部批准举办了两期人力资源服务领军人才培训班。一期班圆满结业，共集中学习16天128学时，由工业和信息化部颁发结业证书，协会颁发专家证书，学员纳入工业和信息化部全国领军人才库和协会专家库。学员们结交同行，学习知识，收获资源，更重要的是达成了一批合作项目。二期班分别在四川眉山及江苏南通开展了两次集中学习。

二是经人力资源社会保障部批准举办了两个高研班。分别在佛山和深圳举办“人力资源服务业助力制造业高质量发展高研班”和“新一代新能源汽车行业管理人才能力提升高研班”，两个班全部由协会自筹经费免费为会员举办，共计150余名学员参加学习，既有专家授课，也有企业参访，既有理论知识，也有经验分享，内容丰富、形式多样，受到学员一致好评。

三是研发培训课程。包括省级人力资源行业协会培训、人力资源服务行业高管研修、劳动人事争议调解员培训、求职实用技术培训、薪税师培训、人才测评师培训等课程，服务人力资源服务行业从业人员能力素质提升。

（六）强化社会责任。

一是积极按照党中央、国务院要求，广泛发动会员单位参与，深入挖掘资源，开展志愿帮扶、捐赠帮助、产业帮扶、医疗帮扶、消费帮扶等活动。协会响应号召，制定并落实助力乡村振兴工作的四条举措，包括在协会组织的各类培训中提供免费培训名额、帮助宣传推广农特产品、组织协会会员单位开展红色研学游活动等。

二是发挥人力资源服务机构在提高劳务组织化程度中的重要作用，抓实就业服务，搭建供需对接平台，在金寨县继续开展“好工行动”，帮助金寨县解决企事业单位招工和劳务输出难题，促进金寨县经济发展和新农村建设。

（七）强化内部建设。

一是以通信方式召开了第四届十次常务理事会，审议通过了协会在上海设立工作室和两家分支机构更名事宜。

二是召开了第五届一次会员代表大会，审议通过了第四届理事会工作报告、财务报告，第一届监事会工作报告，协会章程修改等议案，选举产生了第五届理事会及第二届监事会。

三是召开了第五届一次理事会会议和第二届一次监事会会议，选举产生了第五届协会领导和第二届监事长单位。

四是召开分支机构工作推进会，分别在年

中和年末召开了两次分支机构工作推进会，研究制订年度工作计划、总结全年工作，指导推动分支机构开展服务工作。

五是不断提升信息化服务水平，充分利用协会会刊、网站、微信公众号、抖音号及微信工作群等服务平台，做好服务工作。

四、中国博士后科学基金会

2023 年，中国博士后科学基金会在人力资源社会保障部党组、全国博士后管理委员会的正确领导下，在中央和地方有关部门的大力支持下，在各级博士后工作管理和服务部门的紧密配合下，深入贯彻落实党的二十大精神和中央人才工作会议精神，紧贴国家科技和人才战略，坚持以提高博士后培养质量为核心，不断提升中国博士后科学基金资助工作水平，优化博士后人员管理和服务，拓展博士后国际交流和博士后科技、人才服务内容，推进我国博士后事业高质量发展取得新的成绩。

（一）中国博士后科学基金资助工作。

2023 年，国家财政投入博士后科学基金 9.2 亿元，共开展面上资助两批次，特别资助二批次，开展“博士后创新人才支持计划”资助、博士后优秀学术专著出版资助，以及 2023 年中国博士后科学基金会与天津市联合资助工作（以下简称博士后基金天津联合资助）各一批次。累计资助博士后研究人员 10 396 人。

2023 年年初，中国博士后科学基金会发布《中国博士后科学基金资助指南（2023）》，明确 2023 年度博士后科学基金资助类型、申报条件、申报流程以及全年资助工作时间安排。完成第 73 批、第 74 批面上资助工作，申报面上资助的总人数 52 622 人，获资助 8 648 人，资助比例为 16.43%，资助总额 66 058 万元。完成第 5 批特别资助（站前）、第 16 批特别资助（站中）和 2023 年博士后基金天津联合资助工作，资助总额 21 735 万元。其中：第 5 批特别资助（站前）申报人数 2 396 人，获资助 400 人，资助比例为 16.69%；第 16 批特别资助（站中）经设站单位按照在站人数 1/20 推荐，申报人数 4 735 人，获资助 792 人，资助比例为 16.73%；2023 年博士后基金天津联合资助申报人数 229 人，获资助 30 人，资助比例为 13.10%。2023 年“博士后创新人才支持计划”资助 497 人，资助经费总额 31 808 万元（其中，博士后日常经费资助 27 832 万元，博士后基金资助 3 976 万元）。经“博士后文库”编委会初审、“博士后文库”专家评审会议复审、科学出版社选题论证，2023 年度资助出版博士后优秀学术专著 29 部，资助总额 232 万元。

编印《2022 年度中国博士后科学基金资助者选介》，总结和宣传中国博士后科学基金资助成效，展示获资助优秀博士后的风采。

（二）中国博士后科学基金会理事会工作。

根据《中国博士后科学基金会章程》，召开了中国博士后科学基金会第六届理事会第 13 次、第 14 次、第 15 次和第 16 次会议。筹备中国博士后科学基金会第七届理事会换届工作。

（三）博士后日常管理和服务工作。

2023 年，全国共进站博士后研究人员 3.9 万余人，出站博士后研究人员 2.3 万余人，在站博士后人数 11 万余人。其中：北京地区招收 6 992 人，占比 17.8%，在所有省份中招收人数最多；博士后研究人员进站最多的学科门类为工学、理学和医学，共占比 84.4%；外籍博士后招收 1 960 人，比上一年度增长 43.7%，留学回国（含港澳台）博士进站 3 507 人，比上一年度增长 18.5%，其中博士毕业于发达国家的人员占比 80.6%。

5 月至 10 月，按照《关于开展 2023 年度新设博士后科研流动站申报工作的通知》（人社部函〔2023〕47 号）有关要求，配合全国博士后管理委员会办公室开展博士后科研流动站申报及专家会议评审的事务工作。2023 年，新设博士后科研流动站 510 个。此外，配合全国博士后管理委员会办公室继续完成 2022 年第二批新设 288 家博士后科研工作站备案工作。

全国博士后进出站服务窗口继续加强行风建设，积极利用“中国博士后微服务”微信公众号、机器人24小时语音电话、电子邮件、微信工作群等多种形式进行常态化服务工作。“中国博士后微服务”全年共推送信息127条，智能回复咨询信息5万余条，为4 000多人提供智能在线和人工咨询服务。

（四）国家资助博士后研究人员计划（B、C档）。

自2023年起，国家资助博士后研究人员计划不再按照向博士后流动站设站单位分配指标的方式进行资助，而是按照“个人申报、单位推荐、专家评审、择优资助”的原则实施分类分档资助。根据有关要求，研究编写了国家资助博士后研究人员计划（B、C档）申报及评审方案，首次组织实施了国家资助博士后研究人员（B、C档）资助工作。2023年，首次资助博士后研究人员4 617人，拨付资助经费6.140 4亿元。

（五）博士后国（境）外交流项目。

2月，配合全国博士后管理委员会办公室编写和印发《2023年香江学者计划、澳门青年学者计划、博士后国（境）外学术交流项目申报指南》和《关于开展2023年中德博士后交流项目申报工作的通知》，组织开展项目申报和评审，资助博士后研究人员赴国（境）外开展研究工作。2023年，“香江学者计划”资助60人，“澳门青年学者计划”资助30人，博士后国（境）外学术交流项目资助70人，“中德博士后交流项目”资助19人，共拨付资助经费3 950万元。

8月，配合全国博士后管理委员会办公室与德国亥姆霍兹联合会签署第三期“中德博士后交流项目”联合培养博士后研究人员协议。

（六）第二届全国博士后创新创业大赛。

为深入贯彻落实习近平总书记关于造就规模宏大的青年科技人才队伍，支持青年人才挑大梁、当主角重要指示精神，配合全国博士后管理委员会办公室承办“智汇赋能发展　博创引领未来”第二届全国博士后创新创业大赛评审及交流对接等相关工作。

一是协助做好大赛参赛发动和评审工作。大赛设置创新赛、创业赛、海外（境外）赛和揭榜领题赛等四个组别，新一代信息技术、高端装备制造、新能源新材料、生物医药与健康、现代农业与食品、海洋开发与应用、其他行业等七大赛道，共吸引6 206个博士后项目、2.5万人参赛。经预选推荐、全国复赛、总决赛角逐，共产生55个金奖、109个银奖、164个铜奖。

二是协助开展博士后创新创业成果展示、人才项目交流对接、人才招聘、创新创业主题研讨交流会等活动。共有来自全国的232个单位（项目）参加创新创业成果展示，766个单位（项目）和40家全国知名创投机构参加现场交流对接，92个揭榜领题项目和80个成果转化项目现场签约，意向合作金额43.54亿元。234家用人单位参加现场人才招聘，提供1 100多个优质岗位，达成工作意向上千人次。创新创业主题交流研讨会上，受邀院士专家、知名企业家、风投机构和创服机构负责人、优秀博士后代表共同探讨博士后人才培养、博士后创新创业的新思路和新经验。

（七）博士后揭榜领题常态化工作。

截至2023年年底，全国博士后揭榜领题交流对接平台共有739家单位进行张榜，其中技术攻关类652个、成果转化类87个；揭榜总数415个，其中技术攻关类404个、成果转化类11个。

4月，配合全国博士后管理委员会办公室在安徽省合肥市举办首届全国博士后揭榜领题现场交流对接系列活动，并对专家评选出的4个金奖、12个银奖和25个铜奖进行现场颁奖。同期举行的现场交流活动共吸引150多家企业、科研院所，200多名博士、博士后参加，现场成功对接博士后项目融资需求近1.2亿元。

（八）博士后学术交流活动及人才科技服务。

在全国分专业领域举办32场博士后学术

交流活动，涉及理学、工学、农学、医学、管理学、哲学社会科学等领域，4 000余名博士后研究人员参加活动，近550名专家应邀到会交流，活动评选优秀论文320余篇。

全年组织11批次“博士后科技服务团”，深入东北和中西部贫困地区等地开展科技和人才服务，向河南濮阳、广西全州、甘肃天水、江西宁都、黑龙江佳木斯、贵州毕节、湖北恩施、青海西宁、辽宁葫芦岛、广东横琴、海南海口等地共派出博士后研究人员及专家120余人，对接项目近110个，义诊506人次，技术指导227次。

组织完成第34届北京博士后联谊会理事会换届工作，支持指导北京博士后联谊会组织开展地方科技服务、基金申报讲座、博士后鹊桥会、创新创业沙龙、学术沙龙等各项活动，积极搭建博士后人员间沟通交流平台。

做好博士后宣传和历史资料归档工作。出版《中国博士后工作年报（2023）》，编印6期《中国博士后》内刊，发布“中国博士后”微信公众号、“中国博士后微服务”微信服务号百余期。

五、中国劳动学会

2023年，中国劳动学会深入学习贯彻党的二十大精神，围绕经济恢复中重大劳动实践问题进行理性分析，开展专题研究，针对新就业形态等热点问题开展快速调查，组织学术交流活动，搭建“政产学研”平台，积极吸纳劳动理论、劳动管理、劳动一线优秀人才，凝聚劳动科研多方力量，丰富国家劳动智库，努力在把握新发展阶段中有新探索、在贯彻新发展理念中有新认识、在构建新发展格局中有新作为。

（一）奋进中国式现代化新征程，推动劳动理论创新发展。

一是创新劳动关系协调机制。开展课题研究，全面分析劳动关系在新型工业化和数智劳动中需要探索的重大理论课题，在新发展理念指导下研究新就业形态劳动者权益保护问题。

二是创新劳动法律法规研究。学会积极组织力量研究新情况、新问题，与中国劳动和社会保障科学研究院共同开展“劳动争议调解仲裁法实施十五周年成效评估”课题研究，组织专家共同总结法律实施成效，谋划事业发展思路，开展典型案例研究。开展简易劳动合同相关研究，适用广大劳动者便捷维权，推进简易仲裁、一裁终局，鼓励和解、加强调解、快速仲裁、裁审衔接，将中华优秀传统文化中的“说服”融入具有中国特色的和谐劳动关系和调解仲裁中，从源头上化解劳动争议。

三是创新新就业形态劳动者权益保障。对新就业形态劳动用工中劳动合同、劳动协议、劳务协议或劳动约定进行相适应的管理研究；及时总结试点地区有效办法，推动职业伤害保险全覆盖；推动研究灵活就业人员在就业地参加基本养老保险和医疗保险，逐步消除在大城市参保的户籍约束；研究完善新就业形态劳动争议处理机制；加强新就业形态劳动保护研究，提出坚持“底线”思维，通过大数据进行劳动管理创新和在线调解仲裁、智慧劳动监察；开展建立适合新就业形态劳动者的职业技能培训机制研究，提出将新就业形态从业人员纳入大规模职业技能培训范围，提高其技能水平和竞争力。

（二）围绕经济恢复中劳动领域的新变化，深入调查分析“热点”、创新研究攻克“难点”、凝练思想升华“亮点”，将论文写在劳动“一线”大地上。

学会、各分支机构、专题研究项目组及理事单位积极组织开展各领域理论研究学术交流。开展支持乡村振兴和“城归”创业研究，“低龄”老年人力资源开发研究，农民工技术人才职业资格与待遇问题研究，促进共同富裕中农民工薪酬与参加社保调查研究，中交集团产业工人与技能人才队伍典型案例研究，新发展阶段农民工收入消费调查与创新政策措施研究，智能制造与先进制造业就业问题研究，新就业形态劳动者劳动权益研究，经济恢复中劳动用工研究，广东先进制造业人力资源创新发展研究，甘肃二、三产业人力资源创新发展研究，以及中国家具行业和北京工美集团“高技能人才培育与工匠成长”研究，探索适当放宽高技能人才和高级技师劳动年龄，评定高级专业技术职称应增加实操比重，等等。

（三）加快数字赋能劳动高质量发展，提出政策措施建议。

1月，继续开展农民工就地过年与回乡过年双向流动调查；呈报的《稳定和发展网约配送等灵活就业的建议》获国务院领导批示。

2月，重点开展农民工返城复工调查，分析2023年不少农民工返城复工从正月十五后提前到初七的调查情况，并向有关媒体介绍。

3月，为深入贯彻落实习近平总书记关于根治欠薪工作的重要指示精神，回顾总结根治欠薪工作经验，探索创新工作思路，学会劳动保障监察专业委员会在厦门举办“治欠之路：经验困难与创新”主题座谈会，围绕治理欠薪工作取得的经验、遇到的困难、探索的新做法深入展开讨论；参加国务院参事室南水北调实地考察并到河北白沟开展后疫情时期复工调查；学会融媒体专业委员会联合《中国人力资源社会保障》杂志社开展“高质量就业指数模型发布”活动，就数字赋能高质量充分就业介绍“数字化赋能劳动创新”课题研究情况；与广州红海人力集团联合举办“数立新时代”数字化驱动人力资源管理革命高峰会议，深入研究数字化人力资源管理的优势，探讨数字赋能加快人力资源管理创新；学会劳务经济专业委员会在厦门召开工伤预防职业化、专业化、标准化、数字化课题研讨，并向有关部门、单位提交课题报告；学会薪酬专业委员会在北京召开医保支付方式研讨会。

4月，参加由山东省委宣传部、青岛市委市政府、新华社民族品牌工程办公室联合举办的青岛数字文化发展大会，并介绍“数字赋能文化产业人才创新发展”研究成果；参加重庆市第58·59届中国高等教育博览会，就劳动教育、职普融通、产教融合等进行发言；参加“思源·行远”江苏信息职业技术学院办学70周年发展大会，并就“数字技能人才开发”发言；参加智能装备与数字农业创新论坛，就“数字赋能农业人才发展”发言，介绍“智能滴灌与农业数字技术人才培养”研究情况；参加中国品牌建设促进会和山西省政府联合举办的首届“山西精品”活动，并在山西省品牌建设促进工作座谈会上介绍“构建品牌创新的高技能人才支点”研究情况；参加国家发展改革委城市改革发展中心举办的首届家政博览会，介绍“数字赋能家政服务创新”的研究成果：家政服务业是传统产业与现代产业融合的朝阳产业，我国城镇化的发展、老龄化的加快、家庭小型化的变化、新增儿童护理需求的上升，都将使家庭服务成为以农民工就业为主的大产业，高质量发展也将带来家务劳动替代转换和家政服务快速发展的黄金期，需要市场拉动、政府推动、企业带动、环境松动、科技驱动的“五轴”联动，同时需要研究家庭服务人员的劳动权益和参加社会保障的相关办法；学会薪酬专业委员会在北京召开医保基金管理研讨会；学会劳动大数据项目组围绕部中心工作，研究利用数字技术服务就业。

5月，参加雄安新区建设和白洋淀企业用工调研；参加新华社举办的2023世界品牌莫干山大会，就数字人才赋能品牌创新发展进行主题演讲；参加品牌中国战略规划院举办的2023年度中国品牌日·品牌强国战略专家座谈会，介绍“品牌需要工匠打造，创新品牌需要工匠精神支撑”的研究情况；参加济南首届乡村振兴产教融合创新发展研讨会，介绍“数字人才赋能乡村振兴与产教融合”研究情况；参加首届世界首都母亲河论坛，就数字人才赋能生态文明建设发言；参加重庆民办职业学校产教融合高质量发展研讨会，并就数字赋能职业技术教育进行课题研究交流；参加中国美容美发协会和抚州市委市政府联合举办的中国美容美发发展大会，并就“数字人才赋能美丽产业将成为上千万人就业的大产业”交流学会研究的新观点；学会劳动人事争议处理专业委员会协助部调解仲裁管理司进行“调解仲裁推进四化建设，打造特色品牌”工作展示，并编辑会刊扩大传播；学会劳动大数据项目组开展18省份新增就业数据核查，对新增就业人员进行电话调查，形成报告得到部有关方面肯定。

6月，参加中国工艺美术大师“百壶具臻”中国内画非遗展，就“非遗传承中高技能人才师傅带徒弟的方式创新”进行交流；参加广东佛山全国产教融合高峰研讨会，并就“数字赋能劳动教育”交流发言；赴河南新乡参加人民日报社《民生周刊》组织的“乡村治理与人才振兴”调研座谈会，深入走访县镇企业、村民委员会等，就数字人才赋能乡村振兴开展一线调研并介绍“数字乡村与数字人才”研究情况；参加2023中国广州人力资源服务产业园发展大会，并就“人力资源服务创新需要数字赋能”交流发言；学会薪酬专业委员会在郑州召开药品直接支付研讨会。

7月，参加沈阳市商务局、沈阳市和平区政府等在沈阳举办的中国楼宇经济发展研讨会，就“中心城市吸附技能劳动者”交流发言；参加常州工业职业技术学院邓建军工匠学院成立暨大国工匠论坛，就“工匠培养与精神传承”交流发言；参加工业和信息化部人才交流中心、广州市政府、中国通信企业协会等在广州举办的5G应用创新大会，就“智慧企业与信息通信业聚集数字人才”交流发言；学会薪酬专业委员会在吉林敦化召开农民工工资支付担保机制研究研讨会；学会劳动人事争议处理专业委员会启动仲裁员、调解员国家职业标准编制工作；学会劳动大数据项目组利用大数据技术开展三家典型招聘平台网络招聘求职情况分析，受到部领导重视。

8月，参加新东方教育科技集团举办的“深化产教融合，共育时代人才”新时代人才联合培养与就业校企联盟合作大会，就“数智赋能产教融合创新”交流发言；学会劳动大数据项目组分析我国劳动保障监察制度的现状和问题，开展“劳动监察法立法问题研究”。

9月，参加工业和信息化部、国家发展改革委、河北省政府在正定举办的中国国际数字经济博览会，就“数字赋能人力资源创新”交流发言；参加曹妃甸职业教育创新发展大会，并就“建设技能人才雁阵、打造技能航母”交流发言；学会劳动人事争议处理专业委员会召开《中华人民共和国劳动争议调解仲裁法》实施十五周年座谈会，就“国际金融危机冲击下劳动争议上升与党政领导、部门形成合力快速处置”的重点案例进行分析，并就探索具有中国特色的调解仲裁有效路径，加强在线调解智慧仲裁，适应新就业形态劳动争议快速有效处置等进行交流发言；劳动融媒体委员会与媒体有关合作单位编辑“劳动新征程”短视频，并在年会播放；参加厦门企业人力资源教育研讨，推进新征程上企业人力资源开发；参加包头大型钢厂企业人力资源管理研讨，就“充分运用‘智慧场景’提升企业人力资源管理创新能力”交流发言；参加沈抚经济开发区人力资源发展研讨，就“创新人力资源开发，开辟产才共兴新赛道”交流发言；参加中国职业教育协会智慧财经与制造服务业论坛，就“头部企业带领专精特新中小企业快速进行智能制造迭代升级，数据嵌入制造服务业将产生超乎想象效果”交流发言；参加山西省人力资源社会保障厅、太原市政府举办的人力资源创新发展大会，就“打造‘匠都’、技能大师工作室的高技能人才‘集群’发展”进行交流发言；参加山东青岛“职多多”人力资源数字化转型发展研究；参加天津第二届全国技能大赛技能论坛，就“数字化与技能创新发展互促共进”交流发言。

9月24日，学会联合中国劳动和社会保障科学研究院、中国劳动关系学院、中国人民大学劳动人事学院、首都经济贸易大学劳动经济学院、中国社会科学院人口与劳动经济研究所等共同召开了中国劳动学会“数字化与劳动高质量发展”主题年会。会议邀请我国劳动领域“政产学研”的优秀代表发言交流，深入学习贯彻落实党的二十大精神，共同研讨数字经济发展背景下劳动实践发展趋势、理论和政策，分析研判劳动领域的新形势新情况新变化，探索推动人社工作高质量发展的新思路新方法新举措。

（四）搭建“政产学研”平台，广聚多方劳动科研人才。

学会坚持突出“政产学研”交流平台作用，汇聚众多有关劳动领域的优秀人才集中开展交流，通过分享与交流，启迪新思维，快速传播新观点。

一是“政研”合作，创劳动研究新论。积极承担国务院参事室、人力资源社会保障部、农业农村部、国家医保局等单位委托的重点课题。

二是“产研”合作，发新时代劳动强音。进一步发挥学会及各专业委员会人才荟萃、联系广泛的优势，组织课题组开展重点课题、热点问题攻关研究。

三是“学研”合作，筑劳动研究成果交流合作平台。与中国劳动和社会保障科学研究院、中国劳动关系学院、中国人民大学劳动人事学院、首都经济贸易大学劳动经济学院、中国社会科学院人口与劳动经济研究所等全国主要劳动研究机构联合举办研讨会，并先后参与人力资源社会保障部、工业和信息化部、国家发展改革委及所属研究单位，以及中国品牌建设促进会、中国智慧工程研究会、中国通信工业协会等举办的有影响的学术交流活动，在新华社、人民网、中央广电总台等主流媒体和抖音、腾讯、小红书等新媒体进行专题介绍，建立研究成果快速交流和传播机制。

六、中国社会保险学会

2023 年，中国社会保险学会坚持以习近平新时代中国特色社会主义思想为指导，深入学习贯彻党的二十大和二十届二中全会精神，扎实开展学习贯彻习近平新时代中国特色社会主义思想主题教育，深刻领悟“两个确立”的决定性意义，增强“四个意识”、坚定“四个自信”、做到“两个维护”，紧密围绕社会保险中心工作和重点任务，积极发挥桥梁纽带作用和平台资源优势，在服务大局上贡献智慧和力量，各项工作取得新进展新成效。

（一）课题研究。

一是研究和启动新课题。按照中国社会保险学会有关规定，在常务理事范围内征集了 2023 年度研究选题。组织召开 4 次座谈会，听取人力资源社会保障部相关司局和单位、有关专家学者对 2023 年度推荐选题的意见和建议。经遴选和研究，确定 10 项 2023 年度研究课题。其中，重点课题 2 项，分别是：“健全我国社会保障基金安全监管体系研究”和“社会保险高质量发展中的扩面问题研究”；常规课题 8 项，分别是：“社会保障应对非常规风险政策体系研究”“共同富裕和 2035/2049 远景目标下的中国养老保险制度研究”“年金与个人养老金融通机制研究”“社会保险基金预算绩效管理研究”“数字人民币在社保领域的应用研究”“《中国社会保险管理服务发展报告（2022—2023）》编制研究”“建立灵活就业人员职业伤害保障制度研究”和“商业保险公司承办职业伤害保障试点效果研究”。此 10 项研究课题均按计划于 2023 年启动。

二是完成部分课题研究工作。2023 年，共 5 项课题完成研究工作并结题，分别是：“雄安新区社保政策创新研究”“城乡居民养老保险制度运行与发展分析框架研究”“城镇企业职工基本养老保险全国统筹问题研究”“年金基金及养老金产品估值指引研究”和“企业年金和职业年金计划管理合同指引修订研究”。

“雄安新区社保政策创新研究”于 2 月结题。该课题结合雄安新区建设发展和疏解承接时序，聚焦新区企业职工基本养老保险，研究在国家制度框架内对新区社保政策、经办服务等进行适度创新，通过多层次多渠道保障和提高参保人员养老保险待遇。

“城乡居民养老保险制度运行与发展分析框架研究”于 5 月结题。该课题是完善城乡居民养老保险制度、精准监测制度运行状况的需要，具有重要现实意义与理论价值。课题成果以人力资源社会保障部联网监测数据为基础，结合历年统计数据，从参保、缴费、待遇、基金等方面，从时间、地域、年龄、性别等多个维度搭建了制度运行数据指标的分析和框架结构，梳理了2015年至2021年城乡居民养老保险制度运行数据，比较系统、全面地分析了城乡居民养老保险制度运行状况和发展面临的问题，为健全城乡居民养老保险制度、进一步完善宏观决策支持系统提供了数据支撑和需求建议。

“城镇企业职工基本养老保险全国统筹问题研究”于6月结题。该课题梳理了养老保险基金统筹从提出设想到付诸实践的历史进程，对我国老龄化高峰期的统筹前景作出展望，首次把全国统筹划分为调剂期、分担期、统管期3个阶段。课题报告采取学理分析与量化评估相结合的方法，明确全国统筹的本质含义，提出全国统筹的理想目标模式，并结合社会经济发展阶段，设计了改革时间表和路线图，为完善基本养老保险全国统筹制度提供了可借鉴的思路和对策。

“年金基金及养老金产品估值指引研究”和“企业年金和职业年金计划管理合同指引修订研究”于8月结题。两课题根据最新的政策法规和行业标准，结合业务实践，为年金基金和养老金产品制定估值指引、修订企业年金和职业年金计划管理合同指引，提供了理论参考和可行性方案。

三是继续推进相关课题研究。2023年，继续推进4项课题的研究工作，分别是：“从党的十八大到二十大——新时代中国社会保障的改革发展研究”“社会保障促进共同富裕研究”“企业年金制度研究”和“区块链技术在社会保险经办数字化转型中的应用研究”。组织各课题组成员到部分地方社保机构和有关单位进行调研，推动课题研究报告撰写进度。

（二）学术活动。

一是编印社会保障专题学习文集。编印社会保障专题学习文集是中国社会保险学会2023年度重点学术活动。为落实《中共中央关于认真学习宣传贯彻党的二十大精神的决定》，引导会员深刻理解和准确把握党的二十大精神和习近平总书记关于社会保障系列重要论述精神，并集中反映和展示学习的初步成果，中国社会保险学会于4月至5月策划编辑了社会保障专题学习文集《践行新思想　奋进新征程——学习党的二十大和习近平总书记关于社会保障重要论述精神文萃》。该文集全面贯彻习近平新时代中国特色社会主义思想，坚持理论与实践相结合，体现了一定的政治和专业理论水平，在深刻领会党的二十大精神和习近平总书记重要论述精神基础上，形成了对我国社会保障发展规律的深层认识，对新时代社会保障体系建设的深度思考。

二是编印《新时代社会保险的改革发展重大实践》。编印《新时代社会保险的改革发展重大实践》是中国社会保险学会2022—2023年重点学术活动，目的是客观记录党的十八大至二十大期间，在以习近平同志为核心的党中央坚强领导和英明指挥下，我国社会保障体系建设取得的举世瞩目的巨大成就，展示马克思主义中国化时代化在社保领域的丰硕成果，从社保实践角度印证习近平新时代中国特色社会主义思想的理论贡献，为后续的研究者留下珍贵史料。编纂工作由中国社会保险学会统筹，人力资源社会保障部相关司局和单位参与并提供新时代各项社保重大实践资料，同时吸纳了多方的意见和建议，于6月完成。

三是召开《社会保险经办条例》学习座谈会。为配合《社会保险经办条例》贯彻实施，加强社会保险政策宣传，中国社会保险学会于11月召开《社会保险经办条例》学习座谈会。人力资源社会保障部有关司局和单位、部分地方社保学会、金融机构的负责人，有关高校专家参加。与会人员交流了《社会保险经办条例》的学习体会与认识，并结合国家社会保险经办管理30年发展历程，总结经验和成就，为做好《社会保险经办条例》贯彻实施工作出谋划策，提供智力支持。

四是组织观摩和考察个人养老金信息平台。3月，中国社会保险学会组织部分会员和有关方面代表就个人养老金信息平台情况进行调研。其间，观摩和考察了个人养老金及其信息管理平台运行，以及国家社会保险公共服务平台、电子社保卡中个人养老金服务功能，并就有关情况进行了交流和座谈。

（三）境外交往。

深化与港澳台社会保险学（协）会的学术交流与合作。10月，中国社会保险学会与香港退休计划协会、澳门社会保障学会、台湾退休基金协会在南京共同举办了第十二届养老保险研讨会。会议由中国社会保险学会承办，主题是“经济复苏下的养老保险”。会议主要围绕养老保险新进展和新机遇、养老保险基金安全监管机制、养老保险融合发展、金融市场与养老保险等议题进行研讨，并就四个学（协）会共同开展的课题研究报告进行交流，来自四个学（协）会的负责人和专家学者近50人参加。

做好国外有关机构和人员的来访工作。2023年，中国社会保险学会接待了摩根资产管理有限公司美方有关负责人、德国法定工伤保险同业总会总干事等人员的来访，围绕养老金制度现状和未来趋势、数字经济和新经济业态下完善工伤保险制度等议题进行了交流。

（四）自身建设。

一是全力做好换届工作。2月，中国社会保险学会在广州召开第四届会员代表大会暨四届一次理事会。会议审议并通过中国社会保险学会第三届理事会工作报告、第三届理事会财务报告、《中国社会保险学会章程（修改稿）》；选举出中国社会保险学会第四届理事会、常务理事会组成人员，选举产生中国社会保险学会第四届会长、副会长、秘书长；审议并通过设立中国社会保险学会工伤保险专业委员会及其负责人。会后，及时办理中国社会保险学会第四届负责人备案、章程修改核准、法定代表人变更等手续。

二是着力抓好制度建设。根据有关规定，经过认真梳理、深入讨论和反复研究，修订和完善多项内部规章制度，进一步优化管理和运行机制。将各项规章制度汇编成册，印发并组织全体工作人员学习。

三是切实做好组织建设。完成中国社会保险学会工伤保险专业委员会设立程序，及时召开成立大会。抓好分支机构建设，提出中国社会保险学会社会保险管理服务专业委员会、退休人员社会化管理服务专业委员会有关负责人调整的意见。

（五）党建工作。

坚持和加强党对学会工作的全面领导，把党的工作融入学会运行和发展全过程。深入开展学习贯彻习近平新时代中国特色社会主义思想主题教育，作为学会当前和今后一个时期的重大政治任务。组织参加主题教育，教育引导党员和工作人员用习近平新时代中国特色社会主义思想武装头脑、指导实践、推动工作。坚持用社会主义核心价值观引领学会建设，营造积极向上的工作氛围，坚决抵制不良倾向，引导党员和工作人员提高思想素养和业务能力，汇聚推进学会发展的正能量。

（六）其他工作。

协助做好社会保险基金监管有关工作；承担企业年金、养老金产品报表统计及信息披露工作，按要求如期编制并发布《全国企业年金基金业务数据摘要》和《企业年金基金信息披露工作情况简报》；派员参加2023年年金基金管理机构专项检查工作；继续推进养老保险基金投资运营监管系统功能优化和有关数据初始化工作。

七、中国职工教育和职业培训协会

2023年，中国职工教育和职业培训协会（以下简称职协）深入贯彻落实党的二十大精神和习近平总书记对职业教育、技能人才工作重要指示精神，在有关部门的支持指导下，在会员单位的通力配合下，以中共中央办公厅、国务院办公厅印发的《关于加强新时代高技能人才队伍建设的意见》和新修订的《中华人民共和国职业教育法》为引领，圆满完成各项工作任务。

（一）狠抓党建工作，充分发挥职协党支部的战斗堡垒作用。

一是继续深入学习宣传党的二十大精神，组织全体党员和工作人员开展多种形式的学习活动。按照《中国职工教育和职业培训协会关于深入学习宣传贯彻党的二十大精神实施方案》要求，职协党支部采取集体学习和个人学习相结合的方式，组织秘书处全体人员原原本本、逐字逐句学习党的二十大报告全文，同时开展“学习二十大精神”知识答题活动，以填空题、简答题和论述题相结合的方式，引导全体干部职工加深对党的二十大精神的理解把握。

二是持续推进党建工作质量攻坚三年行动。2023 年是中央和国家机关行业协会商会党建工作质量攻坚三年行动的关键之年，职协党支部根据《中国职工教育和职业培训协会党建工作质量攻坚三年行动实施方案》要求，按照“一年一个台阶、三年整体提升”的工作思路，进一步完善党建工作制度、建立健全学习制度、整改短板弱项，充分发挥党支部在协会工作建设上把方向、谋全局、抓大事的作用。

三是组织开展学习贯彻习近平新时代中国特色社会主义思想主题教育。根据中央社会工作部的统一安排，按照《全国性行业协会商会第二批学习贯彻习近平新时代中国特色社会主义思想主题教育实施方案》要求，自 9 月下旬起，职协党支部在全国性行业协会商会第二批主题教育第一巡回督导组的监督指导下，组织开展学习贯彻习近平新时代中国特色社会主义思想主题教育，以职协党员干部为重点，覆盖秘书处全体职工，把理论学习、调查研究、推动发展、检视整改等贯通起来，有机融合、一体推进，真抓实干，推动协会党的建设和改革发展迈上新台阶、开创新局面。

（二）完善组织机构建设，健全各项管理制度。

一是稳步推进筹备换届选举工作。职协第六届理事会于 2022 年任期届满，因相关政策要求等，未能如期完成换届工作。2023 年，职协秘书处在换届工作领导小组的领导下，在中央社会工作部的指导下，按照计划稳步推进各项筹备工作。

二是启动企业专业委员会重组工作。为落实国家关于社团组织规范管理的有关要求，根据职协组织机构的基本要求和近年来会员单位的变化情况，职协于 12 月正式启动了企业专业委员会重组工作。重组后的企业专业委员会将按照新制定的《中国职协企业专业委员会管理办法（暂行）》开展相关工作，为广大企业会员单位提供更好的服务。

三是建立健全各项制度。职协以主题教育为契机，结合换届工作，制定《中国职协分支机构管理办法》《中国职协信息公开制度》等一批新制度，并进一步对《中国职协内部管理制度》等一批原有制度进行修改完善，为协会高质量发展提供制度保障。

（三）结合重点工作，面向会员单位开展各项活动。

一是开展“新形势下中国职协发展战略”调研工作。为进一步做好职协换届工作，广泛听取各会员单位意见建议，职协领导先后前往北京、浙江杭州、江苏南京、广东深圳和广州等地进行调研，深入学校、企业等会员单位调研技能人才培养情况，并召开中国职协重点工作交流研讨会等会议，探讨中国职协发展大计。

二是组织交流研讨活动。为落实 2023 年人力资源社会保障部职业能力建设重点工作部署，职协技校委员会于 8 月上旬在辽宁大连召开民办技工院校高质量发展座谈会，11 月下旬在浙江杭州召开技校委员会第 32 届年会暨技工教育高质量发展座谈会，助力推动技能人才培养和技工院校高质量特色发展。

三是举办高质量推进技工院校教学科研活动研修班。为提升技工院校教师的教学科研能力，助力学校骨干教师的快速成长，职协于 9 月下旬在北京举办高质量推进技工院校教学科研活动研修班，共有来自全国各地 49 所学校的 102 名代表参加了本次研修活动。

（四）围绕职业教育改革发展的热点，开展课题研究工作。

一是技工教育产业学院建设研究课题。为支撑技工教育产教融合、校企合作提升质量和水平，职协启动技工院校产业学院建设研究课题申报工作，先后立项了3批8大类80余项课题，并于7月和9月分别在山西太原、黑龙江佳木斯召开两次课题启动会暨数字技能提升座谈会，推动技工院校产业学院建设的落位、落地、落实。

二是新时代技工院校班主任岗位培训专项课题。为深入贯彻落实党的二十大提出的“加强师德师风建设，培养高素质教师队伍”的要求，进一步落实立德树人根本任务，职协启动了“新时代技工院校班主任岗位培训”课题研究工作，共4大类20项立项课题同步开展研究，制定了培训规范、考核与评价办法、培训师资队伍建设方案等相关文件，开发了相关教材和配套的数字化资源，组建了新时代技工院校班主任岗位能力培训师资队伍，并于8月和11月分别在江苏常州和盐城举办了两期试点培训班，受到了参培人员的广泛好评。

（五）针对不同人员，开展多层次多角度的培训工作。

一是开展军人岗位能力提升认证工作。为配合军队开展技术兵种的技能人才培养工作，为现役军人服役期间技能提升和退役后就业创业提供支持，职协与空军军事职业大学合作开展军人岗位能力提升认证工作，组织专家编写教材、制作课件、制定标准、开发题库等，涉及信息网络技术、航空机务、汽车维修等多个专业。

二是开展班组长培训工作。为了解班组长主要工作情况、班组建设情况及数字化应用对班组长管理的影响，更有针对性地设置班组长培训课程，组织实地调研十余家企业；与中国工人出版社共同组织一期资深班组长培训，期间组织班组长召开3次研讨会，对班组职业培训标准征求意见；撰写企业班组长新职业建议书，并沟通协调申报相关事项。

三是开展建筑节能减排咨询核心课程培训项目。依据建筑节能减排咨询师国家职业标准，设置核心课程，并为建筑节能减排咨询核心课程培训提供日常咨询。

四是持续推进中国制冷维修行业良好操作培训项目。自2018年起，职协与生态环境部对外合作与交流中心合作，共同开展中国制冷维修行业良好操作培训项目，面向职业院校制冷维修专业教师、企业在岗维修技术人员等开展职业技能培训。合作期间，在全国范围内共遴选24家制冷维修行业良好操作培训中心。截至2023年年底，24家培训中心已全部完成培训任务，并提交了总结报告，通过了专家团队审核和现场验收。

（六）实现宣传联动，加强宣传引导工作。

2023年，职协充分利用《中国培训》杂志、官网、官方微信公众号等自有媒体资源，在宣传工作上全面发力。

一是规范编审人员管理。为提高办刊质量，《中国培训》杂志社在组建特约撰稿人团队的基础上，进一步完善编审流程和相关制度，并于7月在杭州举办通讯员研修班，培养了一批热心职业教育且能为杂志提供优秀稿件的通讯员。

二是完善运维模式。为扩大杂志影响力，《中国培训》杂志社分别成立了多媒体部和运营部，在积极布局融媒体的同时，对杂志的广告和发行工作进行统筹管理，实现口碑与效益双赢。

三是丰富宣传内容。在宣传高技能人才培养方面的主要工作和重点活动的同时，围绕相关内容精心选取宣传重点，丰富宣传手段、延展宣传深度，以纸媒和新媒体相结合的宣传模式，为营造高技能人才队伍建设的良好氛围发挥舆论引导作用。

八、中国就业促进会

2023年是全面贯彻党的二十大精神的开局之年，也是实施“十四五”规划承前启后的关键之年。中国就业促进会（以下简称就促会）在人力资源社会保障部和中央社会工作部的指导下，以深入开展主题教育为契机，推动就促会党建与业务深度融合，围绕中心、服务大局，勇于担当、开拓创新，助力就业发展取得积极成果。

（一）强化主题教育学习，引领就促会工作发展。

一是以学铸魂强党性。将主题教育学习与提高政治站位紧密结合。紧扣主题教育部署安排，与就促会业务开展、与促进就业发展同谋划同推进。通过精心组织学习，进一步提升思想认识，增强做好就业工作的责任心和使命感。

二是以学致用促就业。将主题教育学习与专项调查研究有机结合，以实际问题为导向，聚焦就业组织研讨，深入一线开展调研，集思广益研究对策，努力将调研成果转化为破解难题、促进发展的对策举措。

三是以学促干助发展。将主题教育学习与发挥党员作用、促进就促会长远发展紧密结合。积极引导党员立足岗位做贡献，关键时刻冲在前作表率；立足实际搭平台，及时反映会员诉求和基层呼声；联合会员促发展，通过组织专题研讨、共建研发平台、发挥智库作用等，为推动就业发展积极建言。

就促会将主题教育推进与业务开展、与促进就业发展深度融合的扎实举措得到了巡回督导组的高度评价，并在主题教育推进会上作为典型分享交流经验。

（二）紧跟形势发展变化，深化政策理论研究。

一是按有关方面要求组织专家对上半年就业形势进行分析研判，形成综合分析报告供有关部门参考。部领导高度评价，认为报告功底深厚有分量，宏观性、现实性、趋势性、针对性、操作性把握得好，要求司局学习借鉴吸纳。

二是与麦斯特人力资源有限公司合作完成“数字经济与就业”研究。以数字经济发展对就业所带来的新变化、新趋势、新特点为主线，通过对多个平台企业的调研、问卷调查和多次研讨论证完成了成果报告，并提出工作思路和对策建议。

三是与北京智源人工智能研究院合作开展“在经济社会发展中增强促进就业动能”研究。先后赴安徽、江苏等地调研，了解企业发展状况、基层就业亮点及面临的新问题新挑战，提出建议主张，并将调研成果及时报送参考。

四是与美团合作启动“新就业形态（灵活就业）”研究。在调研多家头部平台企业的基础上，确定以美团骑手等群体为调查对象，摸清新情况、了解新问题，研究提出推动发展的对策措施，并探索新统计算法，为政策制定和落地提供依据。

五是为人力资源社会保障部出台高质量充分就业指导意见积极建言献策，并受中国就业培训技术指导中心委托开展高质量充分就业社区研究，赴江西、广东等地开展实地调研和问卷调查，深入了解一线成功经验、实践做法和创新路径。

六是联合北京智源人工智能研究院组织专家及平台企业参加人力资源社会保障部海南调研座谈会。分享平台一线最新观察和社保试点情况，并从加强分析研判、探索数据融通、优化社保路径、创新劳动标准和制度等角度对推动新就业形态发展积极建言。

七是配合民政部起草社会组织助力高校毕业生就业报告，全力推进重点群体就业；配合全国妇联完成联合国消除歧视履约报告审议，作为第三方起草中国妇女就业影子报告，在国际社会发出正音，全国妇联专门致信表示感谢并给予高度评价。

（三）拓展项目合作领域，助力就业事业发展。

一是受中国就业培训技术指导中心委托组织完成职业指导师和劳动保障协理员两项国家职业标准修订和题库、教材开发工作，为推进就业服务工作专业化规范化提供技术支撑。两项标准已颁布，相关教程已编印。

二是受国家乡村振兴局委托完成脱贫地

区劳务品牌评选工作。在组织专家确定评审标准的基础上，评选推荐了30家典型劳务品牌，并形成评审报告，对推动脱贫地区劳务品牌发展发挥了典型引领作用。

三是联合中国劳动和社会保障科学研究院、地方就业部门举办高质量充分就业研讨会。邀请就业部门同志、一线工作者、就业领域专家和院校、企业代表，结合工作实践、服务创新和研究成果交流研讨，为推动高质量充分就业积极建言。

四是联合麦斯特人力资源有限公司、北京智源人工智能研究院共同举办中国500强企业高峰论坛人力资本平行论坛。邀请行业权威、学术专家、500强企业代表，聚焦“一流人才引领一流企业”主题研讨交流，为推动人力资源发展建言献策并提供解决方案。

五是联合中国商业联合会、麦当劳中国共同举办2023高潜能人才发展研讨会。邀请教育、人社等部门及行业协会、高校专家，聚焦“发挥现代服务业作用，促进高校毕业生等青年就业”主题组织研讨，并为20余所高校现场答疑解惑。

六是联合美好生涯（佛山）教育科技有限公司对佛山市职业指导服务特色地方标准和地方职业指导服务发展报告等进行专业评估；发挥职业指导专家团专业引领作用，举办系列线上专题讲座，并赴佛山、广州开展专项调研，就地指导工作实践。

七是与未来之星网络科技有限公司达成战略合作，围绕职业指导师国家职业新标准和新教程的推广应用，开展一系列培训、研发和信息库师资库建设工作，并在海南文昌举办了首期高级研修和路演活动，推进落实中央有关就业服务政策和部里工作部署。

（四）强化就业宣传推广，广泛搭建交流平台

一是强化就促会微信公众号和《中国就业》杂志宣传平台作用，及时跟进报道稳就业保就业最新政策和创新实践；利用就业智库群，围绕就业创业、职业指导、劳务品牌、人才建设及国际就业等领域，不定期开展线上讨论交流。

二是联合北京智源人工智能研究院全新改版《就业工作通讯》，在构建成果信息资源库并与头部平台企业、人力资源机构建立信息互通机制的基础上，聚焦就业热点专题，及时分享企业前沿资讯和专家建议主张，进一步提升参考价值和宣传效果。

三是组织开展2023年度中国就业十件大事和地方就业创新事件评选活动，全面反映年度工作成果和突出亮点。继续联合北京智源人工智能研究院编撰《聚焦中国就业创业》年度系列文集，全面记载中国就业发展进程，刊发高端智库最新成果。

四是积极参加人社部门和国际劳工组织举办的高质量就业国际研讨会、劳动世界的未来国际研讨会，以及劳务品牌推动人力资源服务业高质量发展研讨会等，分享数字经济就业、劳务品牌发展等最新成果，提供思路对策和国际借鉴。

五是积极参加有关企业和机构举办的民生智库就业质量研讨会、人力资源标准化委员会工作会、2023中国最佳雇主颁奖盛典暨人力资本国际管理论坛等活动，并为最具社会责任感企业颁奖，宣介推广研究成果，不断提升影响力。

六是积极接待中央社会工作部、中央广电总台、品牌中国战略规划院、中国青年创业就业基金会、能源基金会、中国林业产业联合会、山东省人力资源和社会保障学会等单位来访，围绕就业发展和组织建设进行深度交流。

（五）健全完善组织建设，推动就促会行稳致远。

一是创新融合共建。在同步推进与首都经济贸易大学共建新就业形态研究中心、与麦斯特人力资源有限公司共建“一带一路”人力资源发展研究中心等合作基础上，2023年又与北京智源人工智能研究院共建研发平台，与未来之星网络科技有限公司共建职业指导师培训研发基地，进一步加强就业专项领域合作。

二是加强党建引领。以推进主题教育为主线，加强理论和业务学习，提高政治站位，明确工作方向；按要求完成党支部换届工作和各项规定动作，推进党建与业务深度融合。

三是强化建章立制。针对脱钩后社会化合作风险点增多的问题，及时完善合作项目活动管理办法，规范审批流程，完善协议模板，以制度保障就促会工作行稳致远。

四是坚持会议制度。按时召开常务理事会、理事会，审议年度重大事项；定期召开会长办公会、专项工作研讨会、秘书处例会等，加强重点工作研究和交流，确保工作有序推进。

五是强化会员服务。加强与会员的沟通联系，及时传达最新动态，反映会员诉求，做好成果报送和实践推广；全力协助地方就促会和会员单位举办就业创业活动，提供智力支持。

工作卷

地方人力资源和社会保障工作

北　京　市

2023年是全面贯彻落实党的二十大精神的开局之年，是三年新冠肺炎疫情防控转段后经济恢复发展的一年。北京市人力资源社会保障系统坚持以习近平新时代中国特色社会主义思想为指导，深入贯彻党的二十大精神，不折不扣贯彻落实党中央、国务院部署及市委、市政府要求，扎实开展学习贯彻习近平新时代中国特色社会主义思想主题教育，以新时代首都发展为统领，稳中求进、改革创新，圆满完成全年各项任务，为服务首都高质量发展作出了积极贡献。

一、主动服务国家战略，推动京津冀人社协同发展走深走实

坚决贯彻落实习近平总书记在深入推进京津冀协同发展座谈会上的重要讲话精神，持续深化京津冀人社协同发展，修订人力资源服务京津冀区域协同地方标准，签订三地社保经办服务、公共就业服务、人才、劳务协作等7个合作协议，启动社会保障卡居民服务“一卡通”建设，推进就业信息共享、职工养老保险关系顺畅转移、职称资格互认、人力资源服务产业园共建，人社服务联动水平进一步提高。向河北地区推送招聘岗位信息33.8万余个，联合举办线上线下招聘活动156场。联合举办首届京津冀创新创业大赛，举办“2023年京津冀博士后与科研人才招收暨项目洽谈会”。支持雄安新区建设，开展智能楼宇管理员、无人机驾驶员、物联网调试员等职业技能培训。支持河北建设“京津冀（河北三河）人力资源服务产业园”，举办第四届“通武廊”职业技能大赛。

二、深化体制机制创新，服务“两区”建设水平全面提升

连续第4年成功举办中国国际服务贸易交易会人力资源服务主题活动，积极促成与英国人力资源服务交流合作，发布“两区”〔国家服务业扩大开放综合示范区和中国（北京）自由贸易试验区〕建设人力资源开发目录2023年版和境外职业资格认可目录3.0版。境外职业资格清单与过往资历认可机制获评商务部服务贸易创新发展试点“最佳实践案例”。境外职业资格认可目录、对境外人员开放职业资格考试目录、外籍“高精尖缺”人才认定标准等做法，被纳入国家服务业扩大开放综合试点示范建设“最佳实践案例”。人社系统服务“两区”建设在全市表现突出。

三、积极履行部门职责，服务保障特大暴雨灾后恢复重建取得明显成效

举全系统之力服务特大暴雨受灾地区恢复重建，迅速出台实施就业服务帮扶政策，建立“专班＋网格＋结对区”精准帮扶工作机制，开展地区间“手拉手”帮扶和“一对一”服务，专设受灾企业服务窗口，开展线上线下进企入村宣讲近百场次、“手拉手暖心相助”招聘活动87场，定向为3个受灾区提供就业岗位5.4万个，累计为受灾区发放就业补贴5.1亿元，惠及7.1万人，促进登记失业人员就业1.8万人，受灾区登记失业率均保持在4%以下，整体就业局势保持稳定。设立工伤认定及待遇支付绿色通道，引导各类表彰向防汛救灾及灾后重建倾斜。

四、坚决落实稳就业决策部署，全市就业局势总体稳定

坚决贯彻落实党中央、国务院稳就业决策部署，更加突出就业优先导向，出台《优化调整稳就业政策全力促发展惠民生若干措施》，从激发活力扩大就业规模、拓宽渠道促进高校毕业生等青年就业创业、强化帮扶困难人员兜牢民生底线和加强组织 4 个方面提出 15 条具体措施，聚力财政、金融、产业等政策稳定和扩大就业。全市城镇新增就业 28.1 万人，城镇调查失业率 4.4%，在全国处于较低水平。北京市稳就业相关政策措施得到国务院督查组的肯定。坚持把促进青年特别是高校毕业生就业工作摆在更加突出的位置，实施高校毕业生就业创业推进计划，创新开展“人社局长进校园”“企业进校园招聘”等活动，合理开发政策性岗位，组织线上线下招聘活动 675 场、就业创业指导活动 233 场，为 12 407 名毕业生发放求职创业补贴 1 240.7 万元，为长期失业青年提供精细化服务 14.6 万人次，对有就业意愿的困难家庭毕业生 100% 帮扶，完成北京生源高校毕业生就业率不低于 95% 的目标任务。积极促进农村劳动力转移就业，加强困难群体就业兜底帮扶，促进农村劳动力就业参保 5.7 万人、帮扶就业困难人员就业 19.7 万人，均超额完成全年任务，确保了零就业家庭动态清零。积极鼓励创业带动就业，第一轮促进创业带动就业三年行动计划圆满收官，全年带动就业岗位 29.1 万个。

有力提升就业服务质量，组织各类职业技能培训 141.5 万人次，促进劳动力从无技能向有技能、高技能转变。紧跟新技术、新职业发展变化，组织开展互联网营销师、电子商务师、智能楼宇管理员等数字技能培训，共培训 5 500 多人。开展多项跨省劳务协作活动，打造“就业在北京”“创业北京”等服务品牌，组织开展“春风行动暨就业援助月”“百日千万招聘行动”等专项服务，举办各类招聘活动 3 270 余场、发布岗位信息 110.7 万个，创新举办“青年求职能力实训营”。加快人力资源服务业发展，组团参加第二届全国人力资源服务业发展大会，出台实施人力资源服务业创新发展行动计划（2023—2025 年），建成首个市级产业园大兴园和区级产业园丰台园，形成国家—市—区三级产业园体系，市场在人力资源配置中的决定性作用得到有效发挥。北京市出台的稳就业措施得到国务院督查组的肯定，家政服务职业技能比赛、选树“最美农民工”等工作做法在全国作经验交流。

五、稳步推进各项改革，社会保障体系更加健全

落实国家重大改革任务，积极推进企业职工基本养老保险全国统筹，顺利完成国家首次开展的省级政府企业职工基本养老保险考核相关工作，北京市有关做法在全国人社工作会议上作经验交流。积极推进第二支柱企业年金发展，开展第三支柱个人养老金制度、职业伤害保障试点，出台职业学校实习生参加工伤保险政策。研究起草被征地农民养老保险政策方案，做好征地（整建制）转居超转人员服务保障工作。坚持把维护社保基金安全作为重大政治责任，组织开展社保基金管理巩固提升三年行动，健全社保基金政策、经办、信息、监督“四位一体”风险防控体系，完善人防、制防、技防、群防“四防”机制和查责任落实、查制度机制、查人员管理、查内控措施、查经办流程、查信息系统“六查”机制。开展社保基金安全警示教育月活动，以案为鉴、以案明纪、以案示警，进一步增强工作人员风险意识、法纪意识。分层次开展社保基金监督全面检查和专项检查，认真做好养老、失业、工伤保险疑点数据核查，圆满完成失业保险基金管理问题、职业技能培训和评价专项整治工作。着力提升社保服务水平，新社保信息系统上线平稳运行，受到市政府主要领导的批示肯定；推进打包“一件事”服务场景建设，实现退休、身故等多个“一件事”“一次办”。稳步提高社保待遇标准，按照国家统一部署，结合北京市经济社会发展实际情况，研究制定相关社保待遇调整方案，稳步提高相关待遇标准，惠及全市400余万参保人员，让人民群众共享改革发展成果。

六、健全人才发展机制，技术技能人才队伍活力持续激发

持续加强技术技能人才队伍建设，出台实施《关于加强新时代首都高技能人才队伍建设的实施方案》。实施首都技能人才“金蓝领”行动计划，大力推行企业新型学徒制，组织高技能人才研修培训和休疗养活动，推进校企合作，大力培养技能人才，全年新增高技能人才2.2万人。印发实施《北京市数字技术技能人才培养实施方案》，推出数字技术工程师培育项目，全年培养数字技术技能人才1万人。实施首都专业技术人才“登攀”计划，推进专业技术人才知识更新工程，全年培养高层次、急需紧缺和骨干专业技术人才8.2万人。参加第二届全国职业技能大赛、第三届全国技工院校教师职业能力大赛、第二届全国博士后创新创业大赛和第二届全国人力资源服务业发展大会，取得优异成绩。

切实加大人才服务保障力度，发挥人才评价“指挥棒”作用，出台实施统计、审计、体育、公共法律服务4个职称系列评价办法，完成北京市25个职称系列改革任务。制定实施北京市《北京市人力资源和社会保障局关于进一步加强和改进职称工作的通知》《北京市高层次急需紧缺特殊特艺人才高级职称考核认定办法》等文件，推进新一轮职称制度改革。开展技能人才职业技能等级社会化认定，全年新增社会培训评价组织14家，共有6.2万人次取得职业技能等级证书。全面推进“新八级工”制度，在全国率先开展特级技师和首席技师评聘工作，评出首批13名特级技师。实施《北京市营利性外商投资职业技能培训机构办学管理办法》，德勤、中德莱茵科斯特、中育贝拉3家外商投资职业技能培训机构相继落户北京，开展金融服务、智能制造、信息技术等领域技能培训，职业技能培训国际化水平全国领先。做好非京籍人员人事档案接收，加快职业信用体系建设。稳慎推进积分落户工作，6 003人获得落户资格。统筹推进全市各级表彰35项、创建活动28项，报请市政府任免1 116人次。

七、加大系统治理力度，劳动关系保持和谐稳定

扎实推进根治欠薪，开展根治欠薪夏季、冬季专项行动，实现查实的欠薪案件线索动态清零，全年为2.2万名劳动者追发工资2.4亿元。北京市在国务院保障农民工工资支付工作考核中取得全国第二的历史最好成绩。持续完善劳动关系协商协调机制，首次发布北京市外籍人员劳动合同示范文本。大力推行电子劳动合同，覆盖120余万人。加强新就业形态劳动者权益保障，平稳推进职业伤害保障试点，在全国首发快递从业人员劳动权益保障团体标准，在新就业形态头部企业开展集体协商。加大劳动用工风险监测预警和联动处置，共监测风险信息212.7万条，处置化解风险企业764家。着力保障劳动者权益，出台进一步加强劳动人事争议协商调解工作实施方案，在全国率先开展结案类文书电子送达，争议案件实现全流程在线办理，累计建成1 000多家基层调解组织，受理劳动人事争议案件18.6万件。全系统承办12345派单118万件，接诉即办市本级年度成绩全市第一；12333热线提供7×24小时电话咨询服务428.2万件，群众满意率达99.5%。

八、完善工资收入分配制度，劳动报酬在初次分配中的比重持续提高

一是不断完善企业薪酬调查和信息发布制度，形成具有北京特色的“年报+季报+动态信息”发布模式。年报突出宏观指导作用，全国首创建立行业、职位国标与市场通行称谓映射关系，从产业、行政区域、群体等多维度反映上年度不同行业岗位的工资价位以及企业人工成本。季报突出及时动态响应，反映当季北京主导发展优势产业工资水平变化趋势。人力资源市场薪酬大数据报告是行业工资集体协商和企事业单位确定、调整劳动报酬的重要参考，同时在规范和调节企业收入分配行为，改善劳动关系、保障劳动者权益、促进社会和谐稳定等方面提供指导。

二是发布北京市2023年最低工资标准调整方案。根据《最低工资规定》和《北京市最低工资规定》，结合北京市实际，在科学、全面评估全市最低工资标准对企业、劳动者影响的基础上，结合北京市宏观经济社会发展情况进行分析论证，将月最低工资标准从2 320元调整到2 420元，增加100元；非全日制从业人员小时最低工资标准从每小时25.3元调整到每小时26.4元；非全日制从业人员法定节假日小时最低工资标准从每小时59元调整到每小时62元。

三是发布企业、行业工资指导线。引导企业结合经济效益、人工成本情况，参照工资指导线、劳动力市场工资价位和行业人工成本等信息做好增资决策，并加强对不同行业企业工资分配的宏观调控，有序调整行业工资增长关系，为企业提高行业竞争力提供参考。

四是推进技能人才薪酬激励相关政策落实，强化工资收入分配中技能激励的导向作用。引导企业探索建立“新八级”岗位绩效工资制，或设计其他体现技能分配“多劳者多得、技高者多得”导向的薪酬激励方式，促进人才技能与待遇“双提升”。同时，贯通技能人才职业发展“双通道”，有突出贡献的高技能人才经选聘程序可转换至经营管理岗位，打破技能人才成长“天花板”。

五是推进北京市国有企业工资决定机制改革。落实《北京市人民政府关于改革国有企业工资决定机制的实施意见》，进一步完善北京市国有企业工资总额管理，维护国有企业职工权益，促进国有企业健康发展。确定2022年市属国有企业负责人基本年薪基数。要求国有企业建立健全以岗位工资为主的基本工资制度，以岗位价值为依据，以业绩为导向，参照劳动力市场工资价位并结合企业经济效益、发展战略和薪酬策略，通过集体协商等形式合理确定不同职级、岗位的工资水平。

六是统筹平衡机关、事业单位之间的收入分配关系，先后两次核增事业单位绩效工资总量，保障事业单位工作人员收入同步增长。

九、坚定不移全面从严治党，自身建设效能进一步提升

大力推进政治机关建设，认真履行全面从严治党主体责任，突出抓好党风廉政建设，制定实施廉政风险防控清单，加强党员干部监督管理和常态化警示教育，坚持以严的基调强化正风肃纪，以实际行动坚持和捍卫“两个确立”、坚决做到“两个维护”。扎实推进学习贯彻习近平新时代中国特色社会主义思想主题教育走深走实，突出人社部门特色，一体推进理论学习、调查研究、推动发展、检视整改，注重开门搞教育，强化上下联动整改，全系统主题教育取得扎实成效。有效提升人社服务效能，深化“局处（科）长走流程”，集中开展“持续深化行风建设提升人社服务满意度”专项行动和“人社服务满意度大调研”，发布“我为群众办实事”重点民生项目清单，制定《北京市人力社保服务规范（2.0版）》和企业群众版“北京市人力社保服务事项办事指南”，人社服务事项办理时限压减、申报材料精简达7成以上，全力优化营商环境。加速实施“智慧人社”攻坚行动，积极推进一体化平台建设，开展全市集中的就业信息资源库和就业信息平台建设，着力提升人社服务智能化数字化水平。

北京市人力资源和社会保障局

天 津 市

2023年是全面贯彻落实党的二十大精神的开局之年，也是三年新冠肺炎疫情后经济恢复发展、固本培元的一年。天津市人力资源社会保障系统在天津市委、市政府坚强领导和人力资源社会保障部正确指导下，大力推进“十项行动”落实落地，把增进民生福祉作为工作出发点和落脚点，勇于担当、迎难而上，坚持稳中求进、开拓创新，重点工作有力推进，人社工作总体呈现出“稳、进、实、新”的特点，就业局势稳中向好，社保水平稳中有升，人才队伍稳中有进，劳动关系稳中加固，便民服务稳中创新。

一、就业局势稳中向好

坚决扛起稳就业政治责任，深入实施就业优先战略，坚持就业优先导向，扎实做好稳就业工作。全年城镇新增就业36.69万人，完成全年任务的101.97%。城镇调查失业率均值为5.4%，低于2022年同期0.4个百分点，就业形势逐季向好。

（一）稳定和扩大就业岗位。

出台《优化调整稳就业政策全力促发展惠民生若干措施》，延续阶段性降低失业保险费率政策，减轻企业用人成本15.96亿元。对吸纳高校毕业生、就业困难人员、农民工等重点群体就业的企业，发放社会保险补贴和岗位补贴2.94亿元，稳定岗位2.4万个。对新招用未就业高校毕业生、农民工、登记失业青年等群体的企业，发放一次性吸纳就业补贴、扩岗补助5 215.8万元，扩大岗位5.2万个。开展金融助企稳岗扩岗工作，发放稳岗扩岗专项贷款40.78亿元。

（二）稳定重点群体就业。

实施高校毕业生等青年就业创业推进计划，深入开展见习岗位募集计划，组织2.93万人参加就业见习，发放创业房租补贴、一次性创业补贴等各类创业补贴3 592万元、创业担保贷款8.33亿元，组织创业培训3万人次。组织开展离校未就业高校毕业生就业服务攻坚行动，累计组织人社局长进校园53场，为2.2万名2024届困难毕业生发放求职创业补贴6 745.5万元。

（三）提升劳动者职业技能。

发布培训补贴目录，面向重点群体开展培训，完成补贴性培训13.5万人次，13.8万人次取得职业技能等级证书。加强新时代高技能人才队伍建设，新增企业培训中心14家、国家级高技能人才基地5家、大师工作室5个，高技能人才达到84万人。组织“海河工匠杯”技能大赛，2万人参赛，带动10万名劳动者岗位练兵。

（四）做好困难人员兜底帮扶。

积极发挥失业保险基金防风险、兜底线作用，月人均失业保险金标准提高80元，累计向17.64万名失业人员发放失业保险金18.51亿元，向15.09万名就业困难人员发放灵活就业社保补贴11.02亿元。通过公益性岗位托底安置1 617名市场渠道难以实现就业的困难人员。全年没有出现大规模企业裁员和劳动者失业风险。

（五）提升公共就业服务质量。

深入实施提升就业服务质量工程，精心组织“10+N”公共就业服务专项活动，累计举办招聘活动2 843场，7.2万家企业提供岗位

148.9 万个。健全重点企业用工保障机制，为400 家重点企业协调解决用工 2.3 万人。加强老百姓“家门口”就业服务，推进规范化零工市场建设，建成公益化线下零工市场 16 家，线上平台 16 个，服务求职零工 22.4 万人次。强化“数字赋能”就业，建成数字就业创业信息系统，实现业务流程全部上网、数据信息实时交互、运行状况动态展示。

二、社会保障愈加坚实

深入推进全民参保计划，扎实做好保发放、严监管、优服务等工作，社会保障能力显著提升。截至 2023 年年底，全市基本养老、失业、工伤保险参保人数分别达到 998.38 万人、403.59 万人、412.79 万人。企业职工基本养老保险参保扩面新增 36.09 万人，完成年度目标任务，整体呈现出稳中向好的势头。

（一）制度体系更加健全。

落实企业养老保险全国统筹任务，规范养老保险缴费和待遇政策，加强基金收支管理。优化调整社会保险费申报缴纳流程。规范企业职工基本养老保险缴费延长地和待遇领取地确认手续。平稳完成城乡居民基本医疗保险登记职能划转。出台公务员工伤保险管理实施办法，建立工伤预防专家库。

（二）保障水平稳步提高。

积极争取国家资金支持，协调加大地方财政投入力度，实施养老保险地方财政支出责任分担机制，基金保障能力有效增强。提高退休人员基本养老金、城乡居民基本养老保险基础养老金，提高 1～4 级工伤职工及供养亲属待遇、失业人员失业金待遇，惠及退休（退职）人员 331.8 万人、工伤职工及供养亲属 1 万余人，月人均失业保险金标准提高 80 元。推行个人养老金试点，个人养老金开户 197.7 万个，较 2022 年年末增加 145.7 万个。

（三）基金风险防控持续加强。

组织开展“以案促防、守护安全”基金安全警示教育月活动，基金风险防范意识进一步增强。扎实推进养老、工伤、失业保险疑点数据核查，追回违规领取的待遇 131 万元。开展失业保险基金专项整治，基金管理突出风险问题进一步遏制，核查 4 500 户稳岗返还重点企业，清理劳务派遣机构截留滞留资金近 2 600 万元。不断完善基金管理工作机制，建立要情报告、监督约谈、举报奖励等制度。

（四）经办服务优化提升。

试行转移资金单笔实时支付模式，为老年人、残疾人等特殊群体开设绿色通道。社会保障卡持卡人数 1 365.95 万人，基本实现常住人口持卡全覆盖，其中，三代卡持卡人数达到 560.54 万人。部署人社自助服务设备 650 台，18 家社会保障卡智能服务体验中心正式对外服务。

三、人才生态加速优化

深入贯彻落实人才强市战略，精心做好“引育用留”四字文章，着力打造“近悦远来”人才生态。“海河英才”行动计划累计引进各类人才 47.91 万人，平均年龄 32 岁，战略性新兴产业领域人才占比 26%。

（一）引才聚才力度持续增强。

出台深入落实科教兴市人才强市行动、加快引进优秀人才来津创新创业的 10 项措施，聚焦支持重点产业链发展和天开高教科创园建设，加快集聚高端紧缺人才和青年英才。组织“津洽会”人才智力引进和“津门行”“双一流”校园招聘等招才引智活动，发布 2023 年天津市重点产业高层次和紧缺人才开发目录。举办“天开之星”海外人才创业周，组织海外人才创业大赛、金融服务对接会、海外赤子“津门行”、OPEB 全球合作伙伴大会等系列活动，吸引 20 余个国家和地区的 115 名海外高层次人才来津。中科天禾等 4 家企业入选“2023 年中国留学人员回国创业启动支持计划”，位列全国第 2 名。

（二）人才培育体系日益完善。

实施数字经济领域技术技能人才培育项目，首创产教培融合“订单班”培养模式，培养 1 200 人。设立博士后创新岗位，吸引海内外优秀博士来津从事博士后研究。新增博士后平台65个，新招收博士后655人。截至2023年年末，博士科研流动站110个、工作站343个、创新实践基地110个。在全国率先启动实施“中国博士后科学基金会与天津市联合资助”项目。设立1亿元规模的博士博士后创新创业投资基金。77名高层次人才获批享受政府特殊津贴。8个项目入选国家级继续教育高研计划，位列全国第1名。培训高层次人才1.1万人。

（三）人才竞争力稳步提高。

成功举办中华人民共和国第二届职业技能大赛，来自全国36个代表团的4 000余名选手参赛，大赛规模宏大、活动丰富、形式新颖、影响广泛、成果丰硕，向世界全面展示了中国创造、中国力量和美丽天津形象。天津代表团取得26金、19银、11铜和57个优胜奖的好成绩，金牌数和奖牌数均位居第一，31名选手进入世界技能大赛中国集训队，实现办赛参赛“双丰收”。在第二届全国博士后创新创业大赛中，获得10金、15银、30铜的好成绩，金牌榜和奖牌榜均位列全国第一。推动博士后创新创业获奖项目成果转化，已有13个大赛总决赛项目在天开高教科创园落地。

（四）体制机制改革不断深化。

在海河实验室等重大创新载体设立职称评审改革综合试验区，实施“科创企业评职称”专项服务，支持112家企业1 302人完成职称评价。做好职业资格和职业技能等级与职称衔接对应工作，91类职业资格等级证书直接贯通对应职称，受益人群超过300万人。首次实行京津冀二级造价工程师职业资格考试区域联考，升级境外职业资格认可目录从2大类到7大类，深化技能、博士后大赛“以赛代评”职称评价制度。

（五）人才服务水平有效提升。

推动协和天津留学人员创业园建设，精准定位生物医药和大健康领域，已吸引近30个创新创业项目入驻。升级人才“绿卡”为“海河英才”卡，创新“人才举荐制＋直接发卡”模式，为266名高层次人才发卡。居住证积分落户稳中有进，规模化总量位居全国前列。新认定市级人才公寓43万平方米，累计达到140余万平方米。加快国家人力资源服务出口基地建设，已启动二期1.3万平方米的建设，入驻人力资源服务机构60余家。全市人力资源服务机构数量3 000余家，规上人力资源服务业营业收入达到539.83亿元，同比增长12.8%。

四、劳动关系日益和谐

提升劳动保障执法能力，深化劳动人事争议调处，着力构建新时代和谐劳动关系，为经济社会高质量发展提供坚强保障。

（一）和谐劳动关系深入推进。

修订完善《天津市贯彻落实劳动合同法若干问题实施细则》，明确互联网平台用工劳动关系认定、加班费计算基数、企业单方调岗等问题，规范用工管理。出台《天津市特殊工时工作制行政许可管理办法》，加强特殊工时许可事中事后监管。新签、续签劳动合同134.65万人，中长期劳动合同占49.02%，备案集体合同和工资集体协议1.06万份，涉及企业7.24万户、职工182.22万人。新审批实行特殊工时工作制的企业994户、劳务派遣企业1 357户。培育专业型协调劳动关系社会组织，壮大劳动关系协调员队伍，评选金牌劳动关系协调员102人、金牌协调劳动关系社会组织4家。开展“劳动关系和谐大讲堂”74场、培训3 910人次，帮助用人单位解决用工难题。

（二）争议调处效能稳步提升。

完善预防和协商调解机制，健全调解仲裁制度，搭建平台、规范程序、强化合力，有效提升争议调处质效。规范细化仲裁终局裁决适用范围及原则，切实发挥仲裁制度在维护劳动者权益上的便捷高效优势。印发《天津市劳动人事争议调解工作办法》，为推进基层各类调解组织建设、规范争议调处程序打好基础。成立天津市劳动人事争议预防和协商调解中心，建立劳动人事争议联合调解组织17个，实现市、区两级全覆盖。实施农民工工资争议速裁庭建设专项行动，保障农民工劳动报酬权益。各级各类调解组织和仲裁机构共调处劳动人事争议案件 5.9 万件，结案金额达 9.6 亿元，仲裁结案率 98.8%，调解成功率 78.4%。

（三）根治欠薪持续发力。

通过日常巡察、联合检查、专项行动等执法活动，检查用人单位 17 029 户，查处各类劳动保障违法案件 869 件，有力维护劳动者合法权益。开展 2023 年春节前集中整治拖欠农民工工资问题专项行动，制定方案明确 10 项工作措施，抓深抓实根治欠薪工作。推进天津市农民工工资预警平台广泛运用，加大欠薪问题精准治理，为农民工补发拖欠工资 4 234.15 万元。在国家 2022 年度保障农民工工资支付工作考核中，被评为 A 级。

（四）工资制度体系不断完善。

调整天津市最低工资标准，月最低工资标准由 2 180 元提高到 2 320 元。发布企业工资指导线，基准线 6.5%、下线 3%，同时发布住宿、餐饮业等 7 个行业工资指导线，引导企业和职工开展集体协商，促进工资合理增长。印发《天津市技能人才薪酬分配指引（薪酬项目篇）》，健全技能人才薪酬分配制度。深化公立医院薪酬制度改革，政策红利惠及 71 家公立医院、5 万余名医护人员，全市公立医院薪酬水平较改革前增长 35%。

五、人社服务提速增效

以打造有温度的人社服务品牌为目标，坚持改革引领、数据赋能、服务提质、行风保障，全系统抓行风、建行风、优行风的意识能力得到显著提升，人社服务效能提质增速。

（一）经办流程更加便捷。

聚焦天开高教科创园人社服务需求，进驻 36 项人社服务事项，并委托下放 2 项行政许可事项，在园区推出“一园一门一次”套餐式集成服务和“高校毕业生创业一件事”等特色服务场景。推进 81 项业务实现“一窗通办”，100 余项业务实现“一网通办”，56 项业务实现“全城通办”，31 项业务实现“自助办理”，10 个“打包办”事项实现落地经办。编制全市人社公共服务事项办事指南，汇总人社系统 125 项公共服务事项，清事项、减材料、压时限。

（二）“数字赋能”进程加速。

完成“区块链 + 职称证书”天津市节点建设，积极对接人社网上办事大厅，实现个人授权用人单位查询区块链证书相关信息。对金保二期内网、网上办事大厅、人社 APP、自助柜员机等 4 个服务渠道 245 个功能点进行升级改造，将人社系统 385 枚实体印章“电子化”，总计盖章次数约 160 万次，惠及全市 20 余万市场主体，人社系统数字化服务能力进一步增强。

（三）作风建设不断加强。

全面开展人社政务服务“好差评”，完善评价系统建设，覆盖现有服务事项、评价对象和服务渠道，服务群众好评率逐年上升。深入基层摸情况、查问题、听需求，“局处长走流程”活动参与 176 人次，制定问题和需求清单 121 个，提出整改措施 160 条。“青年干部在一线”活动参与 53 人次，发现问题 46 个，提出对策建议 71 条。持续加强窗口服务能力建设，组织开展局系统职工工会会员业务技能练兵比武活动，共 1 839 人参与。举办 2023 年度全市人社窗口单位业务技能练兵比武线上比试，各区人力资源社会保障局、市局所属各窗口单位选拔优秀队员组成 52 支代表队，共计 208 人参赛。在全国人社业务技能练兵比武中，获得团体三等奖，3 名选手获得全国“岗位练兵明星”称号。

六、基础工作扎实开展

京津冀人社协同发展走深走实，先后签订民生领域 9 个重点协议，内容涵盖就业、社会保险经办、人才发展、劳动关系等人社全领域。提升社会保险关系转移服务效能，全年办理京冀转移接续 3.22 万人次，转移基金总额 18.11 亿元。“一卡通”工作有序推进，实现人社服务领域身份凭证、信息记录和自助查询功能全覆盖，京津冀公交、轨道、轮渡出行“一卡通行”。成立京津冀技工教育发展联盟和人力资源服务业发展联盟。主动服务非首都功能疏解企业，为人才及家属落户、工作关系转接、养老保险接续等提供便利与支持。高质量推动东西部协作和对口支援工作，帮助结对地区10.7万名农村劳动力实现就业。高标准推进法治人社建设，完成《天津市人才发展促进条例》立法，获评2023年度天津市国家机关“谁执法谁普法”优秀等次，南开等4个区人力资源社会保障局被评为全国法治人社建设示范单位。“天津人社”政务新媒体传播影响力始终位于全市前列。12333全年受理来电总量344.97万人次。对天津市抗洪抢险救灾100个先进集体和149名先进个人进行表彰。4个基层劳动人事争议调解组织被人力资源社会保障部等4部门通报表扬。在天津市人力资源发展促进中心成功举办“增进民生福祉　提高人民生活品质——天津人社成果展”。作为全国首家人社成果展，共设212个展点、432张图片、160件实物，开展以来相继接待了159批次、3 000余人参观，成为展示天津民生事业发展成果的重要窗口、讲好天津人社故事的重要平台。

天津市人力资源和社会保障局

河 北 省

2023年，河北省人力资源社会保障系统坚持以习近平新时代中国特色社会主义思想为指导，坚决落实党中央、国务院和河北省委、省政府决策部署，深入践行以人民为中心的发展思想，坚持稳字当头、稳中求进，统筹做好就业创业、社会保障、人才人事、劳动关系、行风建设等各项工作，圆满完成2023年目标任务。

一、服务重大国家战略取得新突破

（一）京津冀社保卡居民服务“一卡通”取得重要阶段性进展。

集中力量办大事，利用两个月时间实现河北省内交通出行、旅游观光、文化体验等7个高频场景一卡通，创造了河北速度。电子社保卡覆盖率达到81.8%，跃居全国第三。起草京津冀社保卡“一卡通”条例（草案），列入三地人大协同立法五年规划。2023年12月26日，在河北省石家庄市成功举办京津冀“一卡通”合作框架协议签约活动，人力资源社会保障部有关领导出席并给予充分肯定，当天中央广播电视总台“新闻联播”进行了报道。

（二）京津冀人社协同发展广度深度进一步拓展。

主动对接京津建立人社协同专题组，牵头起草并联合印发专题组运行机制和2023年重点任务。新签署7项协议，举办9项活动，开展2项大赛，牵头组建京津冀技工教育联盟，建成京津冀（河北三河）全国首家跨区域人力资源服务产业园。与京津实现特殊工种企业名录、特殊工种岗位名录、工伤保险协议机构互认，建成京津冀社保数据共享渠道。

（三）支持雄安新区建设取得新进展。

起草“雄安新区支持北京非首都功能疏解企业养老保险配套政策和疏解事业单位正式人员薪酬政策建议”，出台支持雄安新区人才工作十五条政策措施，发布2023年雄安新区急需紧缺人才目录。雄安人力资源服务产业园于2023年建成并晋升为省级产业园。积极协调推动，成功将疏解到雄安新区的第一批4所高校纳入中央高校、科研院所薪酬制度改革试点。

二、灾后恢复重建工作有序推进

一是加大政策支持。制定促进灾区重点群体就业创业八条政策，为16个重点受灾县拨付就业补助资金2.99亿元，其中专项追加4 015万元，减收工伤保险费2 446.5万元，涉及参保单位1 209户。

二是做好定兴县对口帮扶。牵头组织唐山市丰南区、民生银行石家庄分行、雄安集团建立“四包一”帮扶机制，制定对口帮扶工作方案，组织捐赠和协调资金1 193.7万元，提供贷款支持2 740万元，提供就业岗位4 500余个。

三是做好人社领域公共服务设施修复重建。积极争取涿州技师学院灾后重建项目列入国家重大项目库储备，推动受灾地区技工院校顺利开学、人社公共服务设施修缮恢复使用。

三、坚持把稳就业作为重中之重，推动高质量充分就业取得新成效

坚持把促进高质量充分就业作为全系统第一位的任务，全面落实就业优先政策，着力稳

存量、扩增量、提质量、兜底线，千方百计稳定和扩大就业岗位，取得积极成效。2023 年，河北省城镇新增就业 89.9 万人，同比增加 0.2 万人，完成全年任务的 104.5%，城镇调查失业率控制在 5.5% 以内。

（一）真金白银稳岗拓岗。

出台优化调整稳就业政策全力促发展惠民生的十七条措施，2023 年支出就业补助资金 34.05 亿元，惠及 46.5 万人，阶段性降低失业保险费率政策，为企业减负 52.63 亿元，发放稳岗返还资金 11.82 亿元。2023 年新发创业担保贷款 25.99 亿元，同比增长 32.88%。在全国率先推出“人社惠农贷”，2023 年新投放 419.38 亿元，惠及农村居民 27.76 万人次，人力资源社会保障部和中国农业银行总行在全国予以推广。

（二）突出抓好重点群体就业。

积极开展高校毕业生等青年群体就业创业推进计划，52.29 万名毕业生落实就业去向。开展“春暖农民工”“薪暖农民工”“城暖农民工”服务行动，1 250.45 万名农村劳动力实现转移就业和就近就地就业，94.38 万名脱贫人口（含监测对象）实现务工增收。

（三）持续优化就业服务。

密集开展民营企业招聘月等专项活动，2023 年举办线上招聘活动 7 971 场、发布岗位 266.78 万个，线下招聘活动 3 075 场、发布岗位 255.47 万个，促进务工就业 64.7 万人。2023 年，新创建河北省省级劳务品牌 30 个，河北省劳务品牌共 257 个，累计带动就业 1 000 万人次。在全国劳务协作暨劳务品牌发展大会上，河北省 26 个项目获奖，数量居全国第一，河北省人力资源社会保障厅作为唯一省级部门介绍经验，国务院有关领导给予充分肯定。

（四）推进人力资源市场建设。

2023 年，河北省新增经营性人力资源服务机构 856 家，新建人力资源服务产业园 8 家，人力资源市场主体规模不断壮大。

四、坚持把深化改革作为强大动力，社会保障体系建设迈出新步伐

坚持以深化改革为重点，着力提层次、提质量、提待遇，不断织密扎牢社会保障安全网。

（一）稳步推进社保制度改革。

企业职工基本养老保险全国统筹顺利实施，河北省争取中央补助资金 377 亿元，同比增加 22.2 亿元。2023 年，河北省企业职工基本养老保险基金收入 1 655 亿元，支出 1 629 亿元，当期结余 26 亿元，累计结余 320 亿元。失业保险 2023 年 1 月 1 日起实行省级统筹，工伤保险省级统筹制度不断完善。机关事业单位退休中人待遇计发工作走在全国前列。个人养老金制度在石家庄市和雄安新区先行先试、平稳运行，让参与群众老年生活更有保障。

（二）社保覆盖范围持续扩大。

截至 2023 年年底，河北省企业职工基本养老保险、失业保险、工伤保险参保人数分别达到 1 613.39 万人、815.19 万人、1 153.53 万人，均超额完成年度扩面任务。企业职工基本养老保险抚养比提升至 3.04∶1，首次突破 3.0∶1。

（三）社保待遇水平稳步提高。

按照国家部署继续调整河北省退休职工养老金，2023 年 7 月底前已发放到位。城乡居民基础养老金最低标准由 2023 年年初的 123 元提高到 138 元，1 100 多万待遇领取人员受益。失业保险金月平均标准提高 210 元，达到 1 600 元。

（四）基金风险防控不断强化。

积极扎实开展社保基金管理提升行动，与河北省高级人民法院建立跨部门联合防控社保基金风险机制，各项待遇按时足额发放，有效发挥了社会保障安全网、稳定器的作用。

五、坚持聚合力育优势，持续激发人才创新活力

坚持党管人才原则，深入实施人才强省

战略，紧紧围绕产业发展需求，以深化人才引进、培育、评价、激励机制改革为重点，大力加强专业技术和技能人才队伍建设，为河北省经济社会发展提供智力支持。

（一）技能强省建设大力推进。

成功举办河北省首届职业技能大赛，河北省委、省政府主要领导致贺信。实施制造业技能根基、全民数字提升、乡村工匠培育、康养人才赋能等工程，2023 年开展补贴性培训 47.98 万人次，完成年度目标任务的 141.1%。积极争取人力资源社会保障部与河北省人民政府签署部省共建技能强省协议。人力资源社会保障部确定冀南技师学院、定州技师学院为全国首批技工联盟示范院校，河北省 3 校 1 企为世界技能大赛集训基地。成功承办国家级技能赛事 5 项。2023 年河北省获评中华技能大奖、全国技术能手人数创历史最多。

（二）专业技术人才队伍建设不断加强。

出台职称评审管理办法，修订完善 25 个系列 78 个职称评审条件。新设立博士后科研工作站 6 个，博士后科研流动站 9 个，新招收引进博士后 242 人。成功举办第十四届中国河北高层次人才引进交流大会等系列活动，2.6 万余名人才达成引进意向。

（三）事业单位人事薪酬制度改革不断深化。

全面优化事业单位专业技术岗位结构比例。全省事业单位人员按考核结果晋升薪级年人均增资 1 008 元，提高 17 所高校绩效工资水平，199 家公立医院实行主要负责人年薪制。圆满完成公务员、事业单位招录招聘等各类人事考试 44 项，181 万人次参考。

六、坚持防风险守底线，劳动关系治理探索新经验

强化底线思维，注重标本兼治，坚持促进企业发展和维护劳动者权益相统一，持续健全制度机制，注重用法治思维和法治方式积极防范化解劳动关系领域突出风险，劳动关系保持总体和谐稳定。

持续开展根治欠薪系列专项行动，畅通各类维权渠道，2023 年办结欠薪案件 1.36 万件，同比下降 27%。在全国首创以项目为单位建立“农民工工资维权中心”，更好维护农民工权益，人力资源社会保障部在全国推广河北省做法。成功争取京津冀区域和谐劳动关系高质量发展改革创新试点，探索建立京津冀劳务派遣合规用工协同共治机制。2023 年劳动人事争议案件仲裁结案率 99.7%，保持全国前列。持续践行新时代“枫桥经验”，深入开展信访问题源头治理三年攻坚行动，2023 年信访量同比下降 20.1%。

七、坚持数字赋能，人社领域营商环境实现新提升

坚持刀刃向内、自我革命，全面推广人社一体化公共服务平台，建成省市县乡村“五级八统一”的公共服务标准化体系。持续开展人社服务事项流程化再造，减少办事环节 108 个，精简证明材料 64 项，大幅压缩群众办事时间。实施人社服务快办行动，实现“跨省通办”事项 30 个、高频“即时办”事项 113 个。将人社业务延伸融入河北省所有乡镇（街道）和村（社区）综合服务站，打造了城区步行 15 分钟、乡村辐射 5 公里的人社便民服务圈。用心用情用力做好窗口和热线服务工作，群众满意度不断提升。

河北省人力资源和社会保障厅

山 西 省

2023年是全面贯彻落实党的二十大精神的开局之年，是三年新冠肺炎疫情防控转段后经济恢复发展的一年。山西省人力资源社会保障系统全面贯彻落实党的二十大精神和习近平总书记对山西工作的重要讲话重要指示精神，认真落实人力资源社会保障部及山西省委、省政府决策部署，攻坚克难、敢作善为，各项工作取得了显著成效。

一、落实落细就业优先政策，狠抓重点群体就业

狠抓高校毕业生等青年就业，开展就业创业“十大行动”，多举措促进青年群体就业创业。推动挖掘国有企业岗位潜力，提前完成山西省事业单位公开招聘工作。修订《就业见习管理办法》，提高就业见习补贴标准，累计募集就业见习岗位3.15万个，在岗见习人数达到1.5万人。以开展经营主体提升年活动为契机，拓宽就业渠道，引导高校毕业生到山西省重点产业链、专业镇和城乡社区就业，按规定落实补助补贴政策。实施2023年离校未就业高校毕业生等青年就业帮扶行动，做好“1131”服务，高校毕业生总体就业率达90%以上。推进脱贫劳动力务工就业，两次召开山西省人社系统巩固衔接推进会，规范乡村公益性岗位管理，简化一次性交通补贴和稳岗补助发放流程，调动全系统力量做好人社帮扶工作，山西省脱贫劳动力务工就业规模达105.51万人。做优做强劳务品牌，召开山西省劳务品牌工作交流推进会，进一步提升劳务品牌影响力，全省培育劳务品牌数量达122个，其中省级劳务品牌30个。加快推进高标准人力资源市场体系建设，开展人力资源服务业创新发展行动计划，取得积极成效。截至2023年年底，全省共有各类人力资源服务机构1 617家，同比增长20.7%（其中经营性人力资源服务机构1 475家，同比增长23.2%）；从业人员1.3万人，同比增长13.3%；年营业收入221.2亿元，同比增长33.4%；共建成10家人力资源服务产业园，已认定省级人力资源服务产业园3家。高频次开展公共就业服务活动，全年举办线上线下招聘活动5 973场，提供岗位290.78万次。开展重点群体创业推进行动，举办山西省第十届星火项目创业大赛，落实创业担保贷款及贴息政策，对符合条件的个人和小微企业发放创业担保贷款，全年新发放创业担保贷款21.24亿元，同比增长10.3%。

二、健全社会保障体系，织密织牢民生安全网

精准开展社保扩面行动，以非公经济就业人员、新就业形态就业人员、灵活就业人员为重点，提升参保扩面质量，各项社会保险扩面参保计划全面完成。截至2023年年底，山西省城镇职工基本养老保险、城乡居民基本养老保险、失业保险、工伤保险参保人数分别为1 102.1万人、1 623.24万人、553.38万人、669.57万人。持续推进多支柱养老保险体系建设，将“企业年金建立完成率”指标纳入山西省2023年人社事业发展计划，压实各市企业年金扩面责任。指导晋城市有序开展个人养老金先行试点工作，晋城市个人养老金开户数量达45万户。提高企业和机关事业单位退休人员基本养老金、城乡居民基本养老保险基

础养老金、失业保险金计发标准和工伤保险待遇。强化社保基金预算管理，保障各项社会保险待遇按时足额支付。2023年1月起，山西省失业保险金标准计发比例由一类地区最低工资标准的85%提高至90%。山西省城乡居民基本养老保险基础养老金最低标准在2022年的基础上，2023年1月起再次提高5元。按照人力资源社会保障部统一部署，调整山西省2023年退休人员基本养老金以及工伤职工伤残津贴、生活护理费和因工死亡职工供养亲属抚恤金水平。落实社会保险扶贫政策，2023年共为164.65万名困难人员代缴2.96亿元城乡居民基本养老保险费。开展失业保险基金管理问题专项整治，对劳务派遣单位享受稳岗返还资金情况进行梳理认定，对涉嫌骗取失业补助金的5 972条疑点数据进行全面排查，及时追回违规资金。

三、做好人才人事工作，强化高质量发展人才支撑

围绕山西省委、省政府关于产业链、专业镇、文旅康养等重大部署，大力开展订单式、项目制培训，全年共培训56.71万人，完成全年任务的113.42%，新增技能人才30.63万人、高技能人才10.83万人，技能人才总量占从业人员比例达到32.8%。扎实开展职业技能培训和评价专项整治工作，涉及问题全部整改到位，工作简报两次被人力资源社会保障部转发，在全国介绍经验。成功举办第四届山西省职业技能大赛，全员全项目参加第二届全国技能大赛，获得优秀组织奖。提请山西省政府为911名职业技能竞赛选手授予了“三晋技术能手”称号。新建省级高技能人才基地5个、省级技能大师工作室20个。优化事业单位人事管理，首次组织省直事业单位参加人力资源社会保障部人事考试中心事业单位公开招聘统一笔试，山西省事业单位公开招聘工作顺利完成，共招聘2.63万人。实施“三支一扶”计划，选拔招募683名高校毕业生到基层工作。指导11个市落实事业单位增资政策，规范事业单位津贴补贴。持续稳妥推进县以下事业单位管理岗位职员等级晋升，完善专业技术二级岗位管理制度，优化中小学岗位设置管理。开展2023年享受国务院政府特殊津贴人员推荐选拔工作，山西省获批59人。完成首届“国家工程师奖”评选推荐工作，山西省2人被党中央、国务院授予“国家卓越工程师”称号。

四、标本兼治综合施策，构建和谐稳定劳动关系

着力构建和谐稳定的劳动关系，印发《关于推进新时代和谐劳动关系创建活动的实施方案》，在第一届全国和谐劳动关系创建工作评选表彰中，山西省获先进集体2个、先进个人8名。出台《关于进一步加强互联网平台企业劳动用工管理的实施意见（试行）》，压实平台企业责任，规范平台企业用工。在全省范围开展劳动用工环境整治、拖欠农民工工资陈案积案清理两个专项行动和煤矿、非煤矿山等重点行业劳动用工专项检查，全面净化劳动用工环境。学习践行“浦江经验”，建立重点信访事项台账，做到“一类问题一套机制”，有效化解信访积案。健全劳动人事争议多元处理机制，提升案件办理质效，全省仲裁结案率98.2%，调解成功率77.6%。强化城镇居民增收政策措施，出台“促进城镇居民增收17条”。召开山西省城镇居民增收工作协调推进会和座谈会，压实各市和省直相关部门增收工作责任。强化企业工资宏观调控，提高山西省最低工资标准，一类、二类、三类地区月最低工资标准达到1 980元、1 880元、1 780元，平均增幅7%。发布2023年企业工资指导线，基准线、上线、下线分别为7%、12%、4%。出台落实企业专技人才和技能人才职称技能等级晋升后薪酬待遇的指导意见。2023年，山西省城镇居民人均可支配收入41 327元，增长4.5%，与经济增长基本同步，在全国排名又进一位。

五、加快推进数字人社和行风建设，打造群众满意的人社服务

为加快数字人社建设，印发《山西省数字人社建设行动方案》，山西人社一体化公共服务平台投入使用。完成山西省公共就业服务平台升级改造，完善全口径劳动力建档立卡数据库。拓展以第三代社保卡为载体的民生服务“一卡通”，实现交通出行、文化旅游等多个用卡场景上线运行。开展“山西人社服务之星”选树活动，选树146名人社服务之星和服务标兵，召开标兵事迹报告会，激励全系统干部职工干事创业。围绕群众办理人社业务的难点和堵点，开展“强基层、建站点、就近办、优服务”专项行动，试点的10个县区、104个乡镇街道、1 295个社区村，向群众提供就近办服务近6万次。推进营商环境创新提升行动，高质量完成优化营商环境政治监督反馈问题整改。印发法治人社建设三年行动方案，推动人社领域地方立法，开展“送法进企业、劳动者法治护航”和“法治人社大讲堂”活动。

六、紧抓对口帮扶，助推乡村振兴走深走实

紧抓对口帮扶不放松，确保乡村振兴工作稳步推进。省厅各级领导多次实地调研督导乡村振兴、驻村帮扶工作，慰问驻村工作队，深入走访村民，了解生产生活情况，宣传帮扶政策，解决实际问题。举办两场脱贫劳动力专项招聘会，提供超过200个务工岗位。工作队持续做好对外出务工人员稳岗补贴、交通补贴、社保费缴纳等跟踪服务，让外出务工人员务工无忧、乡村振兴政策应享尽享。将岗位信息及时传达到村，让脱贫劳动力及时有效了解用工需求，让更多的返乡群众在家门口实现就业。组织畜牧和医疗专家开展专家服务基层活动，通过义诊服务、技术培训、现场指导的方式开展帮扶，累计服务村民300多人次。在春节、中秋节期间，开展两次慰问活动，为各村脱贫户、60岁以上人员等发放米、面、油等价值约20万元的慰问物资。协调拨付专项资金2.4万元，慰问困难群众11户。协调资金约19万元对西建安村村内道路修缮、硬化进行立项，进一步提升基础公共服务水平和村容村貌。开展消费帮扶工作，销售鸡蛋、花椒、杂粮等农副产品共计23万余元，为农产品打开销路，进一步推动帮扶村经济发展，助力产业帮扶，帮助脱贫群众增收。在3个驻村点设立人社业务服务站，逐步实现就业、社保等方面业务在村办理，真正让村民实现在家门口办业务，最大限度地满足“就近办”“快速办”的需求。连续三年开展“六一”儿童节慰问活动，累计为西建安小学捐赠价值15 000余元的文具、图书及学习用品。

七、亮点工作

一是城镇调查失业率创历史最高水平。突出就业优先导向，贯彻落实国务院优化调整稳就业政策部署，推动出台18条具体举措，全省就业形势稳中向好。城镇新增就业48.93万人，超额完成国家和山西省下达的任务。全年城镇调查失业率平均值为5.3%，控制在年度5.5%左右的目标内，是此项制度建立以来山西省的最好成绩。

二是省政府民生实事“零工市场县县全覆盖”高标准完成。坚持高位推动、挂图作战，制定实施方案、工作制度等5份指导性文件，拨付专项资金，按周调度进展，分赴县区督导，提前3个月在117个县（市、区）全面建成公益性零工市场，累计提供零工岗位25.3万个、服务零工13.7万人次。举办“公益性零工市场县县全覆盖”研讨活动，打造山西模式、山西样本。人力资源社会保障部两次转发山西省做法，《人民日报》3次进行报道。

三是社会保险统筹工作进入快车道。规范养老保险待遇项目，山西省养老保险政策全部与中央统一。推动出台市级政府企业职工基本养老保险考核办法、基金支出责任分担办法，养老保险统筹制度体系进一步健全。在全国人社工作会议上，山西省作了养老保险工作经验交流。失业保险、工伤保险全面实行省级统筹，提前一年完成人力资源社会保障部目标要求。

四是保障农民工工资支付工作走在全国前列。积极开展欠薪陈案积案清理专项行动，投入使用农民工工资支付监控预警平台，走进项目一线狠抓制度落实，执行“三日清零”要求，常态化开展专项考核和督导约谈，压实属地政府管理责任和相关部门监管责任，确保农民工按时足额拿到工资。在国务院保障农民工工资支付工作考核中，山西省取得了A级、第三名的优异成绩，受到了国务院通报表扬和省委、省政府主要领导的充分肯定。

五是博士后工作取得新进展。2023年，山西省新增11个博士后流动站、4个博士后工作站、44个博士后创新实践基地，新增数量为近年来最多。截至2023年年底，山西省共设立博士后流动站62个、工作站45个、创新实践基地44个，在站博士后研究人员688人，创历史新高。参加第二届全国博士后创新创业大赛，取得2个铜奖和1个优胜奖的成绩，实现历史性突破。成功举办山西省第一届博士后创新大赛，为广大博士后青年人才交流合作提供了平台。

六是社保基金安全得到显著加强。联合七部门建立追回违规领取的社保基金机制，出台社保基金监督约谈暂行办法。扎实推进社保基金管理巩固提升行动，常态化进行警示教育，完善工伤认定和劳动能力鉴定管理制度，组织开展失业保险基金管理问题专项整治、工伤保险专项检查等一系列专项行动。政策、经办、信息、监督“四位一体”防控体系持续筑牢，“人防、制防、技防、群防”协同机制不断完善。

七是“学标杆创先争优、防风险坚守底线”专项行动取得实效。山西省人社系统以“整体上台阶、省内走前列、全国争一流”的奋发姿态，推动人社工作提质增效，守牢人社领域底线。学习先进省市做法，规范统一失业保险政策。汲取先进地区经验，出台专业技术二级岗位管理办法，调动事业单位工作人员积极性。借鉴山西省委组织部经验做法，在山西省直单位率先出台《直属事业单位领导班子和班子成员年度考核办法》。太原人力资源服务产业园建成省级产业园，并正式申报国家级产业园，实现零的突破。在汾河公园建成“山西人社法治宣传广场”。全面排查各类风险隐患，为人社事业发展创造了稳定的环境。各市围绕人社业务多点发力、定点破题，各有特色，为山西省人社事业高质量发展作出了贡献。

山西省人力资源和社会保障厅

内蒙古自治区

2023年，全区各级人力资源社会保障系统坚持以习近平新时代中国特色社会主义思想为指导，深入贯彻党的二十大和二十届二中全会精神，以铸牢中华民族共同体意识为工作主线，聚焦自治区办好“两件大事”，聚焦加强人力资源开发利用，以推动“人力资源社会保障创新引领年”为牵引，深化实施党建引领提质、就业扩容提质、社会保障改革提质、技术技能人才引育提质、劳动关系治理提质、政务服务创优提质、风险防控筑堤提质7项提质工程，全力稳就业、保民生、聚人才、护权益、优服务，就业创业、社会保障、人才人事、劳动关系等各项工作落地见效，年度重点工作均圆满完成，为全区经济社会发展作出了积极贡献。

一、坚定不移稳定和扩大就业

坚决扛起稳定和扩大就业重大政治责任，深入实施就业扩容提质工程，深化“创业内蒙古”“技能内蒙古”“提升就业服务质量”“促进重点群体就业”“重点项目助推就业”5项行动，全区城镇新增就业21.9万人，完成国家年度计划的121.5%。修订《内蒙古自治区就业促进条例》、零工市场实现所有旗县区全覆盖等5项工作入选2023年度全国地方就业创新事件。

（一）就业政策落实有力。

修订《内蒙古自治区就业促进条例》，将近年来行之有效的就业政策以地方性法规的形式固定下来，进一步完善促进就业长效机制。出台《关于贯彻实施稳就业政策若干措施全力促发展惠民生的通知》《内蒙古自治区人力资源和社会保障厅关于加强线下零工市场建设的实施方案》等9个政策文件，制定稳就业政策若干措施全力促发展惠民生35条举措，持续实施阶段性降低工伤和失业保险费率、失业保险稳岗返还等助企纾困政策，推行政策找人找企服务模式，兑现政策红利42亿元，全力支持企业稳岗拓岗。开展全区稳就业政策落实督查和公共就业服务专项整治，推动政策落地见效。

（二）就业帮扶持续加力。

启动实施高校毕业生政策性统筹就业计划和促进市场就业计划，广泛征集机关事业单位考录、基层服务项目招募和国有企业招聘等政策性岗位，扎实开展离校未就业高校毕业生就业服务攻坚行动，加大“1131”服务帮扶力度，年度离校未就业高校毕业生就业率92.5%。加快释放政策性岗位资源，在全国率先将2024年全区事业单位公开招聘笔试提前到2023年年底，并协调编制部门提前将2024年12月底前退休职工的编制用于事业单位公开招聘，一次性释放岗位1万余个，让高校毕业生就业选择更早、机会更多。扎实开展“春风行动”“春暖农民工”等专项行动，持续深化京蒙劳务协作，培育自治区级劳务品牌30个，农村牧区劳动力转移就业260.1万人，完成年度计划的108.4%。落实落细就业援助政策，组织开展重点群体信息实名服务、就业困难人员稳定就业等10项服务计划，失业人员再就业13.1万人、就业困难人员就业7.3万人，分别完成年度计划的218.9%、145.2%，零就业家庭保持动态清零。

（三）创业带动就业和灵活就业更有活力。

深化“创业内蒙古”行动，发放创业担保贷款14.5亿元，完成自治区年度计划12亿元的121%。推动旗县（市、区）至少建设1个零工市场，共建成零工市场123个，实现103个旗县区全覆盖，让“路边揽活”的灵活就业人员有了遮风挡雨的暖心驿站。

（四）职业培训增添动力。

深化“技能内蒙古行动”，制定《内蒙古自治区培育打造职业技能培训品牌实施方案》，完善培训品牌评价指标体系，动态调整品牌目录，公布自治区级职业技能培训品牌34个，全年开展补贴性职业技能培训30.4万人次，完成年度目标任务的121.8%。

（五）就业服务精准助力。

举办全区春季、秋季大型招聘会，自治区、盟市、旗县（市、区）三级联动，融合开展“民营企业招聘月”“百日千万招聘专项行动”等系列活动，全区共组织开展各类线上线下招聘会3 000余场，提供就业岗位277.6万个次，积极为用人单位和各类求职人员搭建供需对接平台。

二、多措并举完善社会保障体系

坚持兜住兜准兜牢民生底线，深入实施社会保障改革提质工程，抓改革、促扩面、强管理、优服务，大力推进社会保障事业高质量可持续发展。

（一）制度体系更加健全。

全面落实企业职工基本养老保险全国统筹各项工作，提请自治区人民政府印发《内蒙古自治区职工养老保险工作考核办法》，进一步压实工作责任。启动个人养老金先行工作，48.9万人开立个人养老金账户。工伤、失业保险基金实现自治区级统收统支，年金制度覆盖范围逐步扩大，集体经济补助城乡居民基本养老保险逐步推开，社会保险业务经办跨区域“同审统办”改革、城乡居民基本养老保险基金提级管理走在全国前列。

（二）扩面提标成效明显。

深入实施全民参保计划，全区参加基本养老、工伤和失业保险人数分别达到1 747.7万人、361.8万人、329.3万人，较2022年年末分别增加53.9万人、11.9万人、20.9万人，均超额完成年度扩面任务。推动新开工工程建设项目参加工伤保险，参保率为100%，高于国家下达目标10个百分点。持续落实城乡居民基本养老保险费代缴政策，为50.3万名困难群众代缴城乡居民基本养老保险费。完成退休人员养老金、城乡居民基本养老保险基础养老金和工伤保险待遇调标工作，保障水平进一步提高，各项待遇做到按时足额发放。

（三）基金运行平稳规范。

强化预算刚性约束，企业职工基本养老保险基金当期收支结余130.4亿元。强化社保基金管理，落实人防、制防、技防、群防“四防”协同，推行社会保险业务经办跨区域“同审统办”改革，提高经办效能，防范管理风险，全力守护好老百姓的“养老钱”“保命钱”。

（四）经办服务持续优化。

积极推动社保经办数字化转型，加快业务财务一体化，建成待遇资格数据服务平台，开发运行企业职工基本养老保险经办监控系统，持续扩大社会保障卡应用范围和场景，实现141项人社业务用卡。

三、千方百计集聚激发人才活力

坚持党管人才原则，充分发挥人社部门职能优势，深入实施技术技能人才引育提质工程，推动人才与产业发展深度融合，为全区经济社会发展注入强大人才动力。

（一）人才政策全面升级。

出台《内蒙古自治区人才发展促进条例》，全区人才工作法治化水平进一步提高。联合自治区党委组织部实施技术技能人才引育提质工程，与自治区“草原英才工程”并列作为内蒙古人才方面的两项工程列入中央组织部备案，系统集成提出26项人才政策措施，进一步完善人才培养、使用、引进、激励、保障机制，提升人才服务和支持经济社会发展的能力。

（二）人才培育不断加强。

深化职称制度改革，完善系列职称评审

条件，持续下放职称评审权，高级职称自主评审单位达到71家。全面实施农牧民职称评审，全区共有1 678名“土专家”“田秀才”获评农牧民职称。新增享受政府特殊津贴52人，评选表彰10名“内蒙古自治区杰出人才”、100名“内蒙古自治区突出贡献专家”、100名“内蒙古自治区青年创新人才”，授予10人“内蒙古自治区技能大奖”。深入实施“技能内蒙古行动”，新增高技能人才5.9万人，完成年度目标任务的168.7%，其中，新增技师高级技师1.4万人，完成年度目标任务的141.8%，评出特级技师50人、首席技师16人。成功举办全区第二届乡村振兴职业技能大赛。加强市场化人才服务能力建设，认定呼和浩特、包头两家人力资源服务产业园为自治区级产业园。

（三）招才引智成果丰硕。

围绕自治区重点产业链和发展方向开展人才引进工作，动态发布自治区高层次人才需求目录12批次，自治区本级引进高层次人才469名，落实引进高层次人才科研资金1亿元，支持指导各盟市加强人才引进工作，举办引才活动117场，引进人才1.4万人。紧贴自治区产业发展方向，积极争取国家支持，新获批博士后科研工作站2个、博士后科研流动站7个，增加引聚和培育人才的新平台，全区博士后科研工作（流动）站累计达到71个。

（四）事业单位管理进一步加强。

积极落实旗县以下事业单位职员等级晋升制度，发挥“定向岗位”在基层事业单位引才聚才中的积极作用，1.4万名基层事业单位管理人员晋升岗位，1.2万人聘用到高级专业技术岗位。制定全国首个针对专业技术人员资格考试考务工作的地方标准，成功打造“蒙”字号人事考试服务标准化品牌。

四、用情用力维护劳动者合法权益

坚持把和谐劳动关系作为社会稳定的重要基础，深入实施劳动关系治理提质工程，创新维权举措，提高治理效能，劳动关系保持和谐稳定。

（一）治理能力稳步提高。

扎实推进新时代和谐劳动关系创建活动，实施劳动关系“和谐同行”能力提升三年行动计划，认定和谐劳动关系单位3 301家、工业园区18家。全面推行电子劳动合同应用，签订电子劳动合同20.6万份，服务企业5 000余家。创新开展“人社工作全领域、劳动用工全链条”监察执法行动，坚持“督”“服”联动、“督”“改”结合，依法纠正各类违法行为，真心实意帮助企业和群众解决实际困难，做法入选内蒙古自治区2023年度“十大法治事件”。

（二）调解仲裁质效有效提升。

完善调解仲裁工作机制，培育自治区级金牌调解组织90家、新业态劳动争议调解组织13家。开展“流动仲裁庭”下沉基层活动，调解成功率76.7%、仲裁结案率99.1%。

（三）根治欠薪成效明显。

提请自治区人民政府印发《自治区保障农牧民工工资支付工作考核实施办法》《关于做好保障农牧民工工资支付工作的若干措施》，升级根治欠薪线索反映平台，扎实开展贯穿全年的预防整治拖欠农牧民工工资专项行动，严格落实“双驻双查”、限时办理等制度，全国和自治区平台反映的线索经核实涉及农牧民工工资的案件均实现按月动态清零并销号，全区各级劳动监察机构立案查处拖欠农牧民工工资举报投诉案件166件，为6 078名农牧民工追发工资13 181万元。

五、持之以恒加强系统行风建设

坚持把为民办实事作为主题教育的重要内容和有效抓手，制定《全区人社系统优化招商引资营商环境的若干措施》，从助力企业招才引智、帮助企业纾困解难、服务企业便捷高效等方面提出了10条具体举措，创新开展人社干部“手拉手结对联系基层”“走基层送政策”“走企业访需求”“走流程优服务”活动，全区人社系统1 909名人社服务专员，联系服务企业1.6万家，及时回应诉求4 200余条，帮助企业解决用工 7.5 万人。大力推进“网上办”“掌上办”“一窗办”，推出“员工入职”“退休办理”等 6 个“一件事一次办”，企业和群众办事越来越便捷。积极推动人社公共服务与基层社会治理融合互促，将与群众密切相关的高频服务事项下沉到嘎查村、社区和 157 个社银合作网点，让群众不进人社门也能办好人社事。

六、统筹联动巩固脱贫成果

紧盯过渡期巩固拓展脱贫攻坚成果同乡村振兴有效衔接目标任务，整合政策措施，全力稳定脱贫人口务工规模，全区脱贫人口（含防返贫监测对象）实现务工就业 27.7 万人，完成目标任务 19.6 万人的 141%。推进创业培训“马兰花”计划，落实创业担保贷款贴息政策，将返乡创业农牧民工、脱贫人口、农村自主创业农牧民工以及吸纳以上人员达到规定比例的小微企业纳入创业担保贷款发放范围，全区农牧民工返乡创业园（孵化基地）58 家，入驻实体 1 787 户，带动就业 13 951 人。农牧民工创业培训 3 994 人，其中脱贫劳动力创业培训 1 500 人，为农牧民工发放创业担保贷款 2 274 笔、4.36 亿元。10 个国家乡村振兴重点帮扶旗县和 5 个自治区乡村振兴重点帮扶旗县，累计开展补贴性职业技能培训 2.32 万人次，完成年度任务的 464%。推动《京蒙劳务协作协议》落实落细，建立健全对口帮扶协作机制，推进区域间数据共享、信息共享、深化协作，31 个旗县市通过京蒙劳务协作，帮助农村牧区劳动力实现转移就业 70 843 人，完成年度任务的 141.7%，其中脱贫劳动力转移就业 56 114 人，完成年度任务的 1 122.3%；赴京就业的农村牧区劳动力 4 021 人，完成年度任务的 201.1%，其中脱贫人口 2 687 人，完成年度任务的 268.7%。

内蒙古自治区人力资源和社会保障厅

辽 宁 省

辽宁省人力资源社会保障系统坚持以习近平新时代中国特色社会主义思想为指导，全面贯彻党的二十大精神和习近平总书记关于东北、辽宁振兴发展系列重要讲话和指示批示精神，特别是习近平总书记在新时代推动东北全面振兴座谈会上的重要讲话精神，聚焦实施辽宁全面振兴新突破三年行动，高质量完成全年各项目标任务，多项工作取得新突破。26次在省级以上会议上介绍经验，省厅被推荐为2021—2023年度全省文明单位标兵。省级以上媒体宣传人社工作1 600余次。

一、就业创业工作

（一）主要目标完成情况。

全年制发就业工作高质量发展三年提升行动方案等13项重要文件和5类政策清单，实施66个配套行动，出台政策措施141条。全省城镇新就业人员87.23万人，新增就业47.85万人，完成年度计划的106.3%；城镇失业人员再就业43.13万人，完成年度计划的123.2%；就业困难人员就业7.97万人，完成年度计划的132.9%；新增青年就业见习岗位2.88万个，完成年度计划的130.8%；扶持创业带头人1.42万人，完成年度计划的109%；创业带头人带动就业8.43万人，完成年度计划的124%。

（二）人社领域助企纾困情况。

全年累计释放惠企红利45.1亿元。实施阶段性降低社会保险费率政策，减征失业保险费23.49亿元、工伤保险费2.53亿元。落实阶段性缓缴社会保险费政策，为821户次企业（项目）缓缴失业保险、工伤保险费单位缴费部分0.71亿元。继续实施失业保险稳岗返还政策，全面实行“免申即享”，15.1万户企业享受失业保险稳岗返还资金12.9亿元，稳定岗位332万个。为0.2万户企业拨付一次性扩岗补助0.18亿元，助力1.2万名高校毕业生和登记失业青年就业。发布青年见习岗位需求2.88万个，参加见习1.2万人，拨付就业见习补贴0.34亿元。为38.26万人次发放职业技能提升补贴资金2.35亿元，为16.5万人次发放失业保险技能提升补贴2.6亿元。

（三）高校毕业生就业创业情况。

2023届全省普通高校毕业生37.5万人，年度毕业去向落实率93.8%，在辽落实毕业去向的高校毕业生占落实毕业去向总数的67.8%。东北三省一区人社部门签订高校毕业生就业战略合作协议，实施“梦筑辽宁·才助振兴”高校毕业生等青年留辽来辽就业促进行动，开展央企国企高校毕业生招聘活动周、大中城市联合招聘等活动20场。组织就业服务进校园活动396场，为15万余名大学生宣讲政策，为3万余名高校毕业生提供创业服务，5 568名2023届高校毕业生实现自主创业。实施2023年“振兴有你·就有未来”辽宁省高校毕业生等青年群体就业服务“双百日”专项行动，2023届全省离校未就业高校毕业生约5.9万人，已就业约5.6万人，帮扶就业率91.6%，毕业生跟踪回访率和提供服务率均达到100%。

（四）重点群体就业情况。

紧盯重点群体特别是登记失业青年、低保人员、零就业家庭成员就业，开展就业援助“暖心活动”、就业援助月、国有（民营）企业招聘月和金秋招聘月等专项活动，举办招聘会1.26万场次，“送政策、送岗位、送服务”21.5万次，提供岗位271.88万个，帮助解决用工缺口78.8万个。全省脱贫人口外出务工18.8万人，完成全年任务目标的120.1%。开展辽宁省“春暖农民工”服务行动，115.4万名农村劳动力实现转移就业。全省零就业家庭实现就业1 469户、1 473人，保持动态清零。扎实保障农民工务工需求，组织40余辆“点对点”直通车，接送1 605名农民工返岗复工。

（五）职业技能培训情况。

全年开展各类职业技能培训38.3万人次，培训企业新型学徒0.6万人。技工院校招生2.62万人，完成计划的104%。支持企业普遍建立“新八级工”职业技能等级（岗位）序列，不断畅通技能人才成长通道。建立急需紧缺技能人才职业（工种）参考目录发布制度。会同省财政部门编制发布4批199项急需紧缺技能人才职业（工种）参考目录，有针对性地培养培训市场急需的各类技能人才。

（六）公共就业服务情况。

深入推广“舒心就业”基层公共就业服务模式理念，依托社区、村屯、高校、园区、商圈建设首批就业创业指导服务站点。完成第四批省级创业孵化示范基地认定及复评工作，全省207家创业孵化基地、40家基地（含6家国家级基地）获得省级示范基地称号。组织各市与新疆维吾尔自治区人力资源社会保障厅开展劳务对接，推进省级劳务协作，助力双方高质量发展。指导大连、朝阳等市按发展需要自主结对，签署省内劳务输出协议。2月11日，在大连市组织举办“春暖辽沈·援企护航”保用工促就业助振兴行动暨“春风行动就业援助月”公共就业服务活动启动仪式，举办现场招聘、线上招聘、直播带岗、政策咨询等活动。全年先后开展省级专家走基层服务启动仪式暨沈阳现代化都市圈孵化基地“齐心创业”主题交流会、2023年辽宁省创业创新成果展示交流、辽宁省特色劳务品牌参加全国劳务品牌展示等活动，不断提升公共就业服务能力。

二、社会保障工作

（一）养老保险情况。

全省企业养老保险参保人数达到1 930.4万人，其中，在职职工1 129.6万人，离退休人员800.8万人。加快发展企业年金，扩大企业年金覆盖面，全省3 796户企业建立企业年金，覆盖46.6万名职工。推动沈阳、大连两市开展个人养老金先行工作。全省机关事业单位养老保险参保人数达到220.1万人，其中，在职职工122.1万人、退休人员98万人。全省城乡居民基本养老保险参保人数为1 020.4万人，其中，领取待遇人员473.2万人。持续做好缴费困难群体社会保险帮扶，全省118.2万名符合条件的困难群体人员参加基本养老保险，完成国家规定的不低于99.9%的任务。

（二）失业保险情况。

全省失业保险参保人数达到680.1万人，完成年计划的100%。全省共计发放各项失业保险待遇58.1亿元，累计为46.2万人发放失业保险金42亿元，月人均失业保险金1 584元，代缴基本医疗保险费15.7亿元，为4.8万人发放失业补助金0.35亿元。指导符合条件的地区及时发放价格临时补贴，全省18.6万人次享受价格临时补贴0.05亿元。坚持减轻经营主体负担，继续实施阶段性降低社会保险费率政策，减征失业保险费23.49亿元，为352户企业缓缴失业保险费0.11亿元。

（三）工伤保险情况。

全省工伤保险参保人数达到812.4万人（其中农民工36.4万人），为13.8万工伤职工及其供养亲属按时足额支付各项工伤保险待遇。推进工伤保险省级统筹，确定“1+10”省级统筹政策体系，实现全省统一参保范围和参保对象、统一工伤认定和劳动能力鉴定办法、统一工伤待遇调整标准、统一基准费率和费率浮动办法、统一基金收支管理和预算管理、统一工伤就医费用结算办法“六统一”政策措施，为全国提供辽宁经验。落实工伤预防五年行动，实施矿山、机械制造、铁路运输、铁路建设施工等行业重点企业工伤预防能力提升培训工程，全省工伤事故发生率同比下降3.2%。印发《关于2023年辽宁省调整工伤保险相关待遇的通知》，调整工伤保险待遇水平，一级工伤人员及工亡供养亲属三项待遇最低标准分别达到每月2 939元、2 300元、1 375元。

（四）社会保险基金监管情况。

以“社会保险基金管理巩固提升行动”为主线，清理社会保险基金管理问题存量，遏制问题增量，细化20项具体工作任务，明确措施和时限，实现四个“全面提升”。印发《辽宁省社会保险基金监督举报奖励实施细则》《辽宁省社会保险基金行政监督约谈暂行办法》《关于进一步做好〈社会保险基金监督举报管理办法〉贯彻落实工作的通知》和《社会保险基金监督举报管理格式文书范本（试行）》。持续开展社会保险基金安全警示教育，邀请人力资源社会保障部有关领导来辽开展维护社会保险基金安全和贯彻落实经办条例专题讲座，引导全省社会保险工作人员严守纪律底线，强化法纪意识、红线意识。

（五）社会保险经办服务情况。

全省持卡人数达到3 950万人，电子社保卡签发率达到54.5%；即时制卡网点超过1 200个，月均提供各类社保卡服务超100万人次。人社领域95项“全业务用卡”应用在省内开通，在交通、文旅等居民服务领域实现应用拓展。辽宁社保微信公众号开通22项业务查询办理和8项消息提醒功能。通过自助一体机实现企业养老保险参保登记、缴费证明打印等53项业务全省通办，其中参保证明打印等业务实现养老、失业、工伤跨险种通办。建设省级统一管理的财务核算系统，实现全险种业务财务一体化管理。完善社保经办审计工作体制，组建审计专家库，按年度开展经办审计。

三、人才人事工作

（一）专业技术人才开发情况。

全省新增专业技术人才17.2万人，完成年计划的156.4%；引进高层次人才4 387人，完成年计划的219.4%。加大博士后培养储备力度，新建博士后科研流动站、科研工作站和创新实践基地43个，依托“魅力中国”平台面向全球发布高质量博士和博士后岗位1 000余个，招收博士后926人，完成年计划的185.2%，创历史新高，出站689人，留辽525人，留辽率76.2%；首办全省博士后创新创业大赛和成果展示交流活动，有效激发博士后创新创业活力；精心备战第二届全国博士后创新创业大赛，获得4金、1银、1铜、7个优胜奖，金牌数并列全国第三，辽宁代表团获优秀组织奖。高质量选拔99名优秀工程师和91名享受政府特殊津贴人选，认定“兴辽英才计划”科技创新、学术交流、引才荐才、博士后培养储备项目奖励资助人才127名、平台34个，涉及资金1.5亿元。辽宁省沙地治理与利用研究所被认定为辽宁省首个国家级专家服务基地，填补辽宁空白；获批国家级专家服务示范团、博士后科技服务团、留学人员回国资助等项目12个。实施专业技术人员知识更新工程，获批国家级专业技术人员继续教育基地1家、数字技术工程师培训基地23个，举办5期国家级和10期高级研修班，培训重点产业高层次专业技术人才900余人；新建专业技术人才继续教育信息系统，优化公需科目在线学习课程，参训人数43.1万人，完成年计划的172.4%。实施“三支一扶”计划，全额招募“三支一扶”人员300名并全部上岗。

（二）专业技术人员服务情况。

完善人才分类评价体系，出台体育教练员、工艺美术、卫生等6个系列改革实施意见，系统性完成全省各系列改革任务，构建职称制度“四梁八柱”；新修订安全工程、生态环境等9个行业（专业）评审标准，形成“24个系列+21个行业（专业）”标准体系。持续深化“放管服”改革力度，充分发挥用人单位职称自主评价权，支持辽宁材料实验室实行灵活聘任机制、自主评审。深入推进职称信息化改革，评审信息系统上线运行，职称评审信息上报线上审核。印发《2023年全省职称工作安排意见》，发挥职称评价指挥棒作用，激发人才创新创业创造活力。印发《辽宁省民营企业职称评审“直通车”实施办法》，进企业、进园区，面对面开展35场次“直通车”职称评定，服务企业100余家，1 865人参加评定，1 394人获得职称。

（三）技能人才队伍建设情况。

新增技能人才27.44万人，其中高技能人才7.65万人，全省技能人才551.9万人（其中高技能人才141.2万人）。14名优秀高技能人才享受国务院政府特殊津贴，24人获得中华技能大奖，新增4家国家级高技能人才培训基地和5家技能大师工作室，新建9家省级职业技能培训示范基地和18家技能大师工作站。印发《关于加强新时代辽宁高技能人才队伍建设的实施意见》，修订《辽宁省民办职业培训学校管理办法》，促进职业培训行业健康有序发展。加强技工院校管理，将技工院校行政审批权调整为省厅实施。选派142名选手参加中华人民共和国第二届职业技能大赛，获得1银、2铜、43项优胜奖，3名选手入选2024年第47届世界技能大赛中国集训队，辽宁代表团获得“突出贡献奖”。为2022年世界技能大赛特别赛金牌获得者姜昊及其专家团队颁奖。推报第47届世界技能大赛中国集训基地，铁岭技师学院、大连市技师学院、丹东市技师学院、抚顺市技师学院、盘锦福德汇餐饮管理有限公司5家单位入选。建成辽宁职业能力管理信息系统，全省上线运行。

（四）事业单位人事管理情况。

完成京西宾馆招工，选招40人于6月报到上岗。开展全省事业单位集中公开招聘，搭建全省事业单位公开招聘统一考试考务服务平台，征集2 923家事业单位7 060个岗位，计划招聘8 662人，适合应届毕业生报考岗位占比54%。全省17.5万人报名笔试，1.7万人参加面试，实招7 453人，其中高校毕业生4 107人，占比55.1%。开展事业单位科研人员“双创”典型选树宣传活动，确定10名先进典型。全省14市83个县区2 555家事业单位完成管理岗位职员等级晋升，晋升人数10 218人，月人均增资约343元。分类组织完成机关事业单位工勤人员技术等级晋升考试（核），省本级740名工勤人员取得技师及以下技术资格，全省59名工勤人员取得高级技师资格。配合组织社区党组织书记招聘，全省113名社区党组织书记入编定岗。

（五）工资福利和表彰任免情况。

完善表彰奖励政策体系，出台社会组织表彰实施细则、落实创建示范管理意见。规范表彰创建示范活动，对年度批复开展的20项省级工作部门表彰项目全部实现承办部门与表彰管理部门共同开展的新模式。指导配合15个省直部门向国家推荐辽宁省先进个人和集体，全年共有43名个人和36个集体受到部委联合表彰。稳妥有序推进全省事业单位工资福利工作，全省14个艰苦边远县12.25万名事业单位工作人员津补贴提标。对全省事业单位工资软件改造立项，推进工资管理信息安全升级。

（六）外国专家工作情况。

全年来辽工作外国人才5 700人，其中从境外来辽外国人才新增1 200人，较上年增长63.5%。在深圳中国国际人才交流大会设立辽宁展区，专场举办辽宁推介活动，向来自28个国家948家专业机构和组织发布辽宁省1 100个高层次人才需求岗位，组织100余家高校、院所和企业与30余个境外专家开展对接，吸引海外人才来辽回辽创新创业。举办3批次俄罗斯院士专家辽宁行活动，邀请30余名俄罗斯专家到沈阳、鞍山、营口、东戴河与企业开展技术对接，促进俄罗斯专家技术成果在省内转移转化。新建国家高校学科创新引智基地和引才引智示范基地4个，总数达到30个，汇聚一批外国高层次人才合作科研或开展技术攻关。

四、和谐劳动关系建设工作

（一）和谐劳动关系建设情况。

强化法治保障，构建“党建+法治+劳

动关系”新时代和谐劳动关系新格局，成立辽宁省协调劳动关系三方委员会，创造性地将法院、检察院和司法、国资等部门纳入委员会成员单位，形成三方八部门联动工作机制。编制发布10大主项、43个子项构建和谐劳动关系指引，制定和谐企业联合正向激励措施20条，在加大信贷支持、评先选优等方面为和谐企业提供突破性政策支持，促进全省和谐劳动关系创建水平不断提升，8名同志和2家单位被评为全国和谐劳动关系创建工作先进个人和先进集体。双向发力，推进平台企业发展和新就业形态劳动者权益保障，2023年指导新业态企业与劳动者签订劳动合同11 052份、书面协议9 139份。落实省级企业薪酬调查和信息发布制度，分类选取8 695户企业开展深入调查、分析论证，发布296个人力资源市场职业（工种）指导价位。做好国有企业薪酬分配指引，发布2023年国有企业负责人基本年薪基数。

（二）劳动监察情况。

开展劳动保障专项执法检查。组织开展清理整顿人力资源市场秩序、劳务派遣和消防等民办培训机构劳动用工专项执法检查，累计检查用人单位2 231户，涉及劳动者7.23万人，查处案件1 046起，责令整改1 046起，整改率达100%，为1.46万名劳动者追偿工资4 900余万元。集中实施劳动保障书面审查，累计审查企业578户，发现执行最低工资标准、社会保险参保缴费等14个方面问题1 465条，对发现的问题要求企业及时整改。开展根治欠薪“四季”行动和“三走进”行动。全省累计化解农民工欠薪案件1.03万件，共为2.79万名农民工追发工资3.36亿元。2023年，在国务院2022年度保障农民工工资支付工作考核中排第12名，比2022年前进5名。

（三）调解仲裁情况。

全省劳动人事争议仲裁机构立案受理争议案件3.90万件，涉及劳动者4.27万人，涉案金额118 427万元，当期结案率97.99%。开展打造“金牌劳动人事争议调解组织”活动，4家获评国家级金牌调解组织，20家获评省级金牌调解组织，人力资源社会保障部等相关部门予以通报表扬。全国首家新就业形态劳动者权益保障中心被人力资源社会保障部作为典型经验刊发，在全国推广。在2023年度平安中国建设考核中，辽宁省调解仲裁工作排名第六。

五、行风建设工作

完成省政府35个“一件事一次办”集成改革涉及人社领域的9项牵头、6项配合任务。全面加强“清风人社窗口”建设，高标准高质量编制公开“办事不找关系指南”，6个窗口获评“清风辽宁政务窗口”，数量位居省直部门第一。开展“领导干部走流程”2 218人次，梳理问题752个，制定解决措施787条，除需长期推进事项外整改率达100%。组建“人社服务体验团”，邀请人大代表、政协委员、营商环境监督员以及服务对象代表开展人社服务体验活动，开展青年干部“进企业、进学校、进大厅、进社区、进村镇、进讲堂”体验活动，不断提高服务标准和能力。开展“一市一特色”情暖人社品牌服务，打造“五优样板间”（场所优、制度优、服务优、队伍优、特色优），实现14个市全覆盖。总结推广朝阳市人力资源社会保障局“四不”（办不成事、找不到岗、招不到工、维不了权）反映窗口，建立系统行风建设绩效管理指标体系，通过月度自评、季度互评、年度综评相结合的方式开展行风建设绩效评估发现的171个问题全部整改，全系统人社服务满意率达到99.99%。

辽宁省人力资源和社会保障厅

沈 阳 市

2023年是全面贯彻党的二十大精神的开局之年，是实施“十四五”规划承上启下的关键一年，也是沈阳全面振兴新突破三年行动的首战之年。沈阳市人力资源社会保障系统紧紧围绕市委、市政府工作部署，在对标立标中唯实争先，在复杂挑战中识变应变，圆满完成了各项目标任务。整体指标居于全省首位，跨入全国先进行列，多项工作创造历史、创出亮点。

一、坚持就业为本，“舒心就业”取得新成效

全市完成城镇新增就业14.37万人，吸引高校毕业生来沈留沈16万人，为10年来最高。其中，博士1 203人，同比增长88%；硕士2.2万人，同比增长69.2%。“舒心就业”入选全省制度性创新成果，在全省人社系统推广，国家发展改革委《改革内参》给予专题报道，人力资源社会保障部主要领导在有关会议上给予充分肯定；“‘舒心就业’进社区”入选地方全面深化改革典型案例；沈阳市连续三年在全省就业高质量发展工作实绩考核中位列榜首；获得省级创业型城市、公共就业创业服务示范城市建设补助资金300万元。

（一）积极推进高校毕业生就业。

组织“万名学子沈阳行”“智汇兴沈”等系列招聘活动，提供就业岗位20.2万个。深入落实购房补贴、生活补贴、人才公寓轮候补贴、人才驿站等引才宜居政策，发放各类补贴8.1亿元，人才驿站接待求职毕业生入住9 466人次。

（二）推进农村劳动力多渠道就业。

大力发展和培育本土特色劳务品牌，积极鼓励农村劳动力就地就近转移就业，促进有序外出就业。开展“春风行动”专项活动，举办系列招聘活动193场次，提供岗位8.4万个。挖掘培育劳务品牌项目24个，带动就业超过15万人。农村劳动力转移就业4.96万人，全市3 731名有就业意愿脱贫劳动力全部实现就业。

（三）帮扶就业困难群体稳定就业。

通过援助活动、政策扶持、岗位推荐、兜底安置等措施，精准帮扶就业困难人员实现就业。开展就业援助月专项活动，落实就业困难人员灵活就业社保补贴、企业吸纳就业困难人员社保补贴及岗位补贴等政策，加强公益性岗位兜底保障，帮扶就业困难人员实现就业1.53万人，城镇失业人员再就业8.4万人，零就业家庭保持动态清零。

（四）发挥创业带动就业倍增效应。

实施“齐心创业”品牌创建行动，优化创业生态，强化创业政策扶持，丰富创业活动，促进创业带动更多就业。一次性创业补贴实现“免申直补”，全年发放创业担保贷款2 607笔，41亿元。扶持创业带头人3 378人，带动就业2.1万人。开展各类创业活动266场，扶持创业孵化基地100家，孵化企业2 333个。

沈阳市人力资源服务地方标准建设工作正式启动。2023年4月，沈阳市市场监督管理局决定将《人力资源服务规范》和《人力资源服务机构等级划分与评定》两项人力资源服务地方标准列为2023年沈阳市第一批地方标准建设项目，纳入全市地方标准建设体系。

二、坚持制度引领，社保改革取得新成效

养老保险、工伤保险、失业保险参保人数创历史新高，分别达到565.7万人、239万人、175.5万人；实现灵活就业人员新增参保2.35万人，超额完成全年任务指标。

（一）全力保发放。

全市企业离退休人员、机关事业单位离退休人员、城乡居民社保待遇实现按时足额发放。圆满完成企业和机关事业单位退休人员养老金待遇调整，企业退休人员人均增资125元，机关事业单位退休人员人均增资164.5元。城乡居民基本养老保险基础养老金最低标准从179元提高至194元。

（二）助企减负担。

实施降低失业保险费率政策，为12.88万户参保单位减轻负担6.53亿元。通过“免申即享”方式为3.88万户企业发放稳岗补贴3.23亿元，稳定岗位84.68万个。扩大实施社保费缓缴政策，共为230户企业缓缴工伤保险7 399万元，为189户企业缓缴失业保险1 691万元。全年发放一次性扩岗补助资金2 281.95万元，惠及企业2 895户。

（三）强化基金监管。

制定出台行政监督约谈办法和举报奖励制度，项目化、清单化开展“社会保险基金管理巩固提升”行动，深入开展社会保险基金警示教育月活动，编制“沈阳市社会保险基金管理风险清单”，以身边事教育身边人。主动开展工伤保险基金管理风险排查，核查疑点数据1.2万条，追回违规基金23.2万元。

三、坚持高位推动，人才工作迈上新台阶

深耕“C（center）才”理念，以人才为核心，让人才上C位、做主角、当主力，“沈阳未来　因你而来”全面叫响。人才工作第三方评价日趋向好。民意调查报告显示，受访者对沈阳市人才工作支持度超过九成，对人才政策的宣传和落实工作满意度达到75.6%，相关舆论信息全网报道8 210篇，其中正面报道占比高达99.95%。在中国城市95后人才吸引力排名中，较2022年上升6位。

（一）高层次人才加快聚集。

全市新增5位院士，新获批享受国务院政府特殊津贴44人，新认定高层次人才1 721人，均创历史新高。国务院政府特殊津贴专家张勇、“大国工匠”洪家光首批被党中央、国务院授予“国家卓越工程师”称号。

（二）育才质效不断提升。

全市人才自主认定单位由220家增加到304家。全年新增技能人才11.7万人，增幅162%，其中高技能人才4.2万人，增幅249%。全市20 846人获得专业技术职称，增幅41.95%。编制发布“沈阳市重点产业链急需紧缺人才目录”，为人力资源精准开发培育和人力资源市场壮大建设提供依据。首次发布“沈阳工匠薪酬指数”，释放从“多劳多得”向“技高者高得、技优者优得”转变的强烈信号。沈鼓集团等8家企业的50名高技能人才通过评价转换获得高级技术职称，498名非公领域专业技术人员获得高级职称。

（三）人才生态持续优化。

成功举办“博士沈阳行”“东北亚（沈阳）人才交流大会”等活动，社会反响积极正向。市委主要领导赴东北大学出席“大学与城市的百年对话”活动，作了题为“百年对话　共赢未来”的主旨演讲，在青年学子中引发热烈反响。方文墨等5名高技能领军人才被新华社以“老工业基地里的新工人”为题予以报道，沈阳尊才、爱才、护才的城市形象日益彰显。

（四）人才作用充分释放。

在首届辽宁博士后大赛中，各类奖项均列全省榜首，在博士后国赛中取得1金牌、1银牌、4优胜奖的好成绩。沈阳市选手夺得第三届全国工业设计职业技能大赛决赛陶瓷产品设计师赛项（职工组）冠军。成功举办沈阳市第二届“舒心传技”职业技能大赛，央视网、中国新闻网等主流媒体纷纷报道。

2023年11月22—23日，沈阳市共组织16家重点企业和高校30余人赴深圳参加第二

届全国人力资源服务业发展大会，借助大会平台，向全国广泛宣传“舒心就业”模式、招才引智政策，充分展示沈阳市近年来人才工作的探索努力和取得的积极成果，首次将“让人才上C位”的“C才”工作理念推向全国，增强沈阳市的人才竞争力和城市吸引力。大会期间，沈阳市展位吸引5 000余人次咨询互动，现场落地签约项目4个，招聘现场服务高校毕业生约2 000人次，发放政策大礼包、特产、城市邀请函1 000余份。

四、坚持纠治并举，劳动维权展现新作为

深化劳动维权保障，打造“如工所求”共治场景，紧贴形势变化，突出源头预防、环境管理、过程控制、依法治理，构建协同共治的劳动维权体系，持续提升市场主体和人民群众的获得感和满意度。

（一）调整沈阳市协调劳动关系三方会议制度为沈阳市协调劳动关系三方委员会议事机制。

人社、司法、国资等8部门协同开展劳动关系风险动态监测，消除企业欠薪矛盾隐患，保持劳动关系和谐稳定。

（二）指导企业建立合理薪酬分配制度。

开展企业薪酬调查工作，发布2023年工资价位和人工成本信息，引导企业合理确定和调整职工工资。发布国有企业负责人基本年薪基数（9.19万元），增幅达11.66%。

（三）深入推进和谐劳动关系创建工作。

认证市级模范劳动关系和谐企业22户。创新沈阳现代化都市圈“共享用工”模式，建立全国首个都市圈“共享用工”平台。

（四）仲裁调解工作提质增效。

全年立案受理仲裁案件9 238件，含上期结转304件，共审结案9 335件，同比增长6%，仲裁结案率97.8%；调解案件共立案8 676件，同比增长39%，调解成功率73.1%。新就业形态劳动者维权工作得到人力资源社会保障部调解仲裁司的充分肯定，在辽宁省委改革办《改革动态》、沈阳市委改革办《沈阳改革》上进行推介。皇姑区新就业形态劳动者劳动权益一体化保障中心及和平区劳动争议仲裁智慧调解中心受到人力资源社会保障部等四部门通报表彰。

（五）根治欠薪力度不断加大。

开展根治欠薪“四季”行动，对工程建设领域“一金三制”落实情况进行专项执法检查，公开曝光重大劳动保障违法典型案例44起，将11家失信企业列入“黑名单”管理。全年解决拖欠农民工工资案件3 955件，共为2.58万人追薪讨薪9.04亿元。特别是妥善处理了“特急送”群体性欠薪事件，有效避免了事态的扩大发酵，从中也积累了治理欠薪问题的宝贵经验。代表全省迎接国务院保障农民工工资支付工作考核，辽宁省全国考核排名上升5位；保障农民工工资支付工作连续3年被省政府评为A级，受到通报表扬。

（六）加强信访源头治理。

圆满完成全国两会等重要时间节点安保维稳工作，全力推进劳动社保领域案件化解，信访接待及案件办理工作有序推进。“万件清理”案件办结率、通过率均100%。诉求平台共处理网上咨询诉求21 082件，同比增长37.6%，办结率97.65%，按时反馈率98.75%，有效诉求满意率96.16%。

五、坚持惠企利民，营商环境体现新担当

始终坚持以市场主体和人民群众满意为目标，聚焦行风提优、服务提质，积极打造“营商+行风+服务”的工作格局，推动行风建设、营商环境与业务工作有机融合、深度融合，让“舒心服务”理念在人社领域全面开花。

（一）积极促进数据共享。

推进人社自建政务服务系统与沈阳市一体化政务服务平台对接，建立沈阳人社数据资源目录196个，129个政务服务事项100%实现网上可办。

（二）积极落实“一件事一次办”。

在沈阳市政务服务网和“辽事通”APP新增上线9个“一件事”场景应用，实现就业创

业、人才招聘、社保服务等人社业务“一件事一次办”。市行政审批大厅开设高层次人才窗口，一站式综合受理高层次人才服务诉求。

（三）拓展服务新场景。

全市各区县实现社保相关业务“一厅联办”，推出10个业务微信二维码，让参保人员扫码即懂、线上即办。推广“自助云办”，电子社保卡实现一码在手“零要件”即可办。完善自助一体机功能，提供社保卡全业务办理。

（四）服务企业更加高效。

打造“清风系列”品牌，编制“办事不找关系指南”，全局177名党员干部积极参与“惠帮企”服务，解决诉求问题117个，为企业答疑解惑471项，帮助争取政策落实114项，推动项目落地1个。

沈阳市人力资源和社会保障局

大 连 市

2023年，大连市人力资源社会保障系统始终坚持政治部门、民生部门、综合部门及发展部门的职责定位，深入推进“抓队伍、抓业务、抓宣传，加强党的政治建设”即“三抓一加强”工作要求，在保障和改善民生上持续用情用力，推动人社事业高质量发展取得新进展新成效。先后获评全国法治人社建设优秀单位、全国劳动保障新闻宣传工作先进单位。

一、全力以赴稳定就业

（一）就业优先导向突出。

坚持把促进高质量充分就业作为人力资源开发利用的主要途径，强化组织体系、完善政策体系、活跃市场体系、做优服务体系，打造“大就业”工作格局。组织召开市就业工作领导小组会议、全市稳就业工作会议，制发就业工作要点和三年提升行动方案，优化调整促发展惠民生助振兴稳就业18项措施，集成政策对就业的牵引力，清单化、项目化、工程化推进44项就业重点工作。推动开展“助企纾困·提振信心”、金融助企稳岗扩岗等专项行动，全面实施“降缓返补”系列助企纾困政策，发放资金近20亿元，实现城镇新增就业13万人。

（二）重点群体精准帮扶。

坚持“服务大局、创新突破、务实高效、掌握青年”的工作原则，聚焦高校毕业生等青年学子，充分释放“30条”政策红利，“万岗计划”征集岗位7.1万个，开展“我爱大连·就选大连”公共就业服务进校园等活动117场，接收2023届毕业生6.5万人，同比增长27%。完善农民工、就业困难人员、退役军人等重点群体就业支持体系，开展“春风行动”暨就业援助月和“春暖农民工”服务活动，举办专场招聘515场，走访困难家庭2 660户。启动“点对点就业服务直通车”，接回216名朝阳籍务工人员。帮扶困难人员就业1.3万人，城镇失业人员再就业11万人，零就业家庭保持动态清零。

（三）技能培训全面铺开。

61家社会培训评价组织通过人力资源社会保障部备案，19个工学一体化建设项目获得人力资源社会保障部支持。实施“技能大连行动”，调整政府补贴培训职业（工种）目录，认定职业技能培训品牌单位6家，遴选13家机构开展高校毕业生专业转换培训7 360人，组织各类职业技能培训超6.5万人次。

（四）公共服务有效供给。

推进公共就业创业服务示范城市建设，统筹实施“春暖辽沈·援企护航”13项行动，承办全省启动仪式。举办第十九届大连市创业就业博览会，近500家企业提供岗位1.5万个，3.3万人入场洽谈，创业资源对接达成合作意向近900个。培育创业带头人2 314人，支持4家创业孵化平台入选省级示范基地，实现创业带动就业1.6万人。开展线上线下招聘、直播带岗648场，发布岗位32.5万个次，建成“15分钟公共就业服务圈”407个，畅通家门口就业微循环。

二、加速完善社保体系

（一）制度改革稳妥推进。

企业职工基本养老保险全国统筹稳步实施，实现政策、信息系统等“七个统一”。失业保险、工伤保险省级统筹加快推进，省系统顺利上线运行。机关事业单位养老保险制度改革全面深化，职业年金欠费问题加快清理。个人养老金制度先行工作稳妥实施，开立账户78万个。截至2023年年底，全市养老保险、工伤保险、失业保险参保人数分别为522.3万人、197.7万人、166.7万人。

（二）待遇水平稳步提升。

同步调整企业和机关事业单位退休人员基本养老金，增加的基本养老金按时足额发放到位。进一步提高城乡居民基础养老金，待遇水平全省第一。夯实失业保险兜底帮扶，发放待遇资金18.5亿元。打造工伤预防“移动化、多元化、专题化、定制化、普及化”大连模式，创新实行工亡案件集体审议，支付工伤保险待遇9.8亿元。

（三）基金管理持续强化。

建立行政监督约谈、监督举报奖励等3项制度。开展专项资金绩效评价和重点民生资金专项整治自查，有效提升人社领域资金监管效能。扎实推进失业保险基金管理问题和职业技能培训评价专项整治，实施防范风险、巩固提升、失业保险疑点数据核查等专项行动，严厉打击各类欺诈骗保行为，风险防控体系更加完善。

（四）经办服务提速升级。

贯彻《社会保险经办条例》，推进社保经办沿海六市协同，开展“社保服务进万家”活动59场。推动“一网通办”“一窗联办”，深化“社银合作”，建成业务自助网点191个、社保卡即时服务网点333个。社保卡发放725万人，覆盖率持续增长。试点城乡居民基本养老保险协办员制度，打通服务“最后一公里”。

三、有效激发人才活力

（一）专业技术人才政策全面落实。

实施兴辽、兴连英才计划，发放各类人才资金1.7亿元。新增享受国务院政府特殊津贴专家9人，推荐3家单位入选第二批国家数字技术工程师培育项目培训机构，5家单位获评省博士后创新实践基地。第二届全国博士后创新创业大赛总决赛获奖7个，其中金奖3个，占辽宁省金奖七成以上。职称评审30个系列0.9万人参评、人事考试29个项目15.2万人参加。引进博士学历或高级职称专业技术人才900人，新增专业技术人才6.5万人。大连人力资源服务产业园获评省级产业园。

（二）技能人才培育多向发力。

推出加强新时代高技能人才队伍建设20条举措。推选国家级高技能人才培训基地、技能大师工作室各1家，32人获评“辽宁工匠”“辽宁突出贡献高技能人才”“辽宁技术能手”，指导选聘省级特级技师32名，选树“大连工匠”20名。在第二届全国技能大赛上，3名选手获评“全国技术能手”、2名选手入选世界技能大赛国家集训队；第三届全国技工院校教师职业技能大赛获一等奖。新增技能人才3.6万人，其中高技能人才1.2万人。

（三）人事管理科学规范。

拓宽选才渠道，组织事业单位公开招聘1 301人，指导教育、卫生系统自主招聘1 812人，支持事业单位选聘人才429人，44名优秀社区党组织书记定向招聘进入事业编制。一体推进市直部门所属处级及以下事业单位实绩考核，完成58家优化调整市直事业单位岗位核准备案和人员转隶。兑现县以下事业单位管理岗位职员等级晋升待遇302人。

（四）表彰任免严谨规范。

突出政治性和先进性，增加市县级表彰项目8个并点对点指导实施。完成全省表彰奖励获得者信息系统建设市级任务，市、区两级审核确认926名享受省部级待遇表彰奖励获得者信息。代市政府履行207名领导人员行政职务任免工作。组织市政府新任命国家工作人员宪法宣誓。

四、构建和谐劳动关系

（一）治理效能不断提升。

成立协调劳动关系三方委员会，统筹推进新时代和谐劳动关系创建7大行动，金普新区人力资源社会保障局荣获第一届全国和谐劳动关系创建工作先进集体。升级新就业形态劳动者权益保障措施45条，选树市级优秀协调员114名、社会组织44家，推广电子劳动合同2万余份。创新打造和谐劳动关系工作室13家。市、区认领国家及省、市台账案件203件次，化解办结率100%。

（二）收入分配指导有力。

开展最低工资标准调整3轮调查评估，高效完成4.3万家企业薪酬调查，发布企业人工成本信息和343个职业（工种）工资指导价位。深化“集中要约”“双合同月”，26家企业示范应用技能人才和国有企业科技人才薪酬分配指引，集体合同覆盖企业近1万家、职工73.7万人。

（三）调解仲裁提质增效。

修订仲裁委工作规则，优化案件管辖范围，举办“仲裁开放月”公开庭审16场，建立农民工工资争议速裁庭及速裁团队13个。打造“调裁援”一站式服务品牌，新增国家级金牌调解组织2家。调解仲裁案件2.7万件，仲裁结案率98%，调解成功率81%。“平安辽宁”建设调解仲裁工作考核名列全省第一。

（四）劳动监察依法保障。

劳动监察“一点举报投诉、全市联动受理”，网上欠薪线索及时受理率100%、动态办结率超95%；立案查处违法案件1.8万起，为1.9万名劳动者追回工资3.1亿元。建立“枫桥式”工作机制，强力实施“一金三制”，探索创建“连薪无忧”品牌，序时推进“四季行动”，保障农民工工资支付工作全省考核结果为A档。

五、扎实推进行风建设

（一）行风建设持续强化。

聚焦群众“急难愁盼”和行风建设领域痛点、堵点，不断提升窗口服务质量和公共服务水平。开展“强党建、优行风、提效能”专项行动，组织各区市县、先导区开展“领导干部走流程”800余次，171人次副处级以上领导干部巡察窗口358次；组建专班对全市各地区窗口单位进行明察暗访40余次，通过窗口服务突出问题自查发现和整改问题66个，转办行风投诉426件，答复率100%、满意度达90%以上。组织65名副处级以上领导干部深入企业进行需求对接、政策宣介700次，收集企业问题诉求81个，推动享受政策102项。

（二）服务效能有力提升。

深化“人社服务快办”，开展优化营商环境建设专项行动，实施行风建设“六抓六促”、政策措施“四进两知晓”。规范编制人社服务办事指南，推进标准化建设，实现同一事项全市无差别受理、同标准办理。统筹实施社保、医保、税务经办“一窗征缴”，打造“社银服务”模式，实现人社服务“就近办”，推行社保卡常规业务下沉至合作银行网点办理，市内五区办事处实行人社、医保、税务3部门联办服务。获评全省首批“清风辽宁政务窗口”；获评全省人社系统“示范窗口”5个、“服务明星”5人；选树全市人社系统“示范窗口”18个、“服务明星”18人。

（三）练兵比武夯实基础。

以“日日学、周周练、月月比”在线学习平台为载体，以现场竞赛比、工作实践比、实地问询比等方式组织业务技能大比武活动，全市各级人社系统日均1 549人参加在线学习答题，各级人社窗口经办人员322人参加现场综合比试，选树市级“人社知识通”55人，积极推进全市人社窗口单位业务技能练兵比武现场赛。1人获评人力资源社会保障部“岗位练兵明星”称号。

六、充分发挥综合效能

（一）规划财务统筹规范。

跟进做好“十四五”规划中期评估，重点指标任务圆满完成。开展统计监督检查、数据核查，召开全市人社系统培训和警示教育大会。全面运行财务内控信息系统，制度化规范政府采购流程，聘请第三方机构开展就业和人才资金绩效评价。

（二）数字赋能助力发展。

劳动用工备案、就业失业登记、社会保险登记顺利实现省级系统“三口合一”，社保待遇资格认证、工伤预防、劳动监察、调解仲裁业务迈进“云模式”，根治欠薪一体化平台 2.0 版升级应用，人才项目津补贴实现社保卡直达发放。

（三）人社宣传持续升温。

各级人社部门门户网站、政务新媒体发布大连人社动态 1 937 篇；市级及以上新闻媒体发稿 300 余篇，《人民日报》、新华社、中央广播电视总台等 14 家国家级媒体宣传报道大连人社工作 77 次。12333 热线接听质量连续 18 个季度全省第一。

（四）安全防线筑牢扎实。

强化安全生产管理体系建设，出台安全生产管理 3 项制度，抓实技工院校、民办职业技能培训学校、劳务派遣单位和人力资源服务机构安全生产，主动防范化解规模裁员、人事考试和数据安全等风险隐患，人社领域安全形势持续稳定。

大连市人力资源和社会保障局

吉 林 省

2023年是全面贯彻党的二十大精神的开局之年，也是三年新冠肺炎疫情防控转段后经济恢复发展的一年。面对严峻复杂形势，吉林省人力资源社会保障系统深入贯彻党的二十大精神和习近平总书记在新时代推动东北全面振兴座谈会上的重要讲话精神，以开展主题教育为契机，深入实施“两找一服务”工程，圆满完成各项目标任务，为吉林全面振兴作出积极贡献。

一、全力稳定和扩大就业，确保就业大局总体稳定

在年初疫情防控转段后“招工难”“就业难”矛盾凸显的严峻形势下，全省人社系统坚持就业优先政策，深入实施“两找一服务”工程，全年城镇新增就业25.79万人，完成年计划的112.13%；城镇调查失业率为近年来最低。创新开展“万名人社干部进万企”活动，为企业解决问题7 475个。“96885吉人在线”平台应用不断优化，帮助1 104户重点企业解决用工缺口，帮扶22.26万名重点群体实现就业。持续开展高校毕业生就业创业服务专项行动，高校毕业生留吉就业规模实现三年连续增长，2023届高校毕业生留吉就业创业达13.3万人，比2022年增加1.46万人，留吉率创历史新高。离校未就业高校毕业生帮扶就业去向落实率达到90.69%，超过计划0.69个百分点。出台促进大学生就业22条措施，开展10项促就业服务攻坚行动，对企业吸纳高校毕业生给予一次性吸纳就业补贴等。创新建立“高校毕业生就业创业实训中心”68个，累计建立高校指导服务站20个。多措并举促进农民工就业，全省农村劳动力转移就业达294.43万人，完成年计划的109.05%。完成公共就业服务标准化试点任务。完成“一库一平台”建设。创建劳务品牌10个。全省就业帮扶车间突破1 000个。全年发放创业担保贷款28.4亿元。出台地方性法规《吉林省人力资源市场条例》，8月1日开始施行。开展补贴性职业技能培训25.4万人，完成年度计划的120.95%。第二届全国技能大赛获2银3铜39个优胜奖，居东北三省一区第一位。

二、全力构建多层次社保体系，扎实兜牢民生底线

着力发挥社会保险“人民生活的安全网和社会运行的稳定器”的重要作用，全省参加基本养老保险1 896.54万人，参加失业保险282.73万人，参加工伤保险350.97万人。多险合一信息系统上线运行，社保经办的技术革新使“一堆事”变成“一件事”，“多次跑”变成“一次办”。企业职工基本养老保险与全国统筹系统顺利对接，失业、工伤保险省级统筹深入推进。圆满完成长春市个人养老金先行城市建设任务。建立城乡居民基本养老保险丧葬补助金制度。顶格落实社保“降、返、补、扩”助企稳岗政策，全年释放红利41.47亿元。积极助力吉能集团、铁路集团等企业改革脱困。养老、工伤保险待遇水平稳步提升，按时足额发放各项社保待遇1 937亿元，惠及全省740万人次。出台《吉林省企业职工基本养老保险全国统筹支出责任分担机制实施办法》，夯实地方财政对基金缺口的补助责任和支出责任，省市县三级政府对养老保险基金投入36

亿元。调整企业和机关事业单位退休职工养老金，惠及全省退休人员405万人，调整增加的养老金在7月底前全部发放到位。加快推进机关事业单位退休“中人”养老保险待遇兑现落地，2014年10月至2021年12月退休人员按新办法核定养老金14.3万人，核定率99.2%，过渡期退休人员待遇平稳衔接。指导各机构开展个人养老金账户及资金账户的开设，共开设个人养老金账户87.6万个，缴费人数29.9万人，缴费金额1.68亿元。出台《关于印发〈吉林省紧缺急需职业工种目录（2023年）〉的通知》，实现紧缺急需职业工种目录全省统一。失业保险全年支出20.26亿元，同比减少38.87%。健全新开工项目参加工伤保险工作机制，指导各地运用“吉林省建筑业参加工伤保险工作协作机制”，召开联席会议、联合开展督查、实现信息共享，全省新开工建设项目参保率达到100%。落实《吉林省推进基层快递网点优先参加工伤保险工作实施方案》，将基层快递网点纳入工伤保险参保范围。调整工伤保险待遇标准，全省伤残津贴平均费用3 162元，涨幅5.3%；供养亲属抚恤金平均费用1 521元，涨幅6.3%；生活护理费平均费用2 304元，涨幅5.0%。

三、全力促进政策落实落地，激发人才创新创业活力

着力推动创新链产业链资金链人才链深度融合，做好人才“引育留用”工作，推动全省高端人才连续实现进大于出，2020年以来“吉人回乡”创业创新人数达58.2万人。密集出台人才政策3.0版配套文件，创新制定汽车、医药产业人才支持政策，累计超过4万人次享受到人才政策红利。实施高层次人才薪酬激励计划，175名高层次人才获益。创设“吉人回乡”联络站33家，新聘任招才引智大使45名。开展招商引智、高端人才招聘活动，首次举办2024届北京高校博硕青年人才就业创业吉林行活动。2023年全省共有424名人才的子女得到较好安置，27 583人通过社会化评审获得相应职称，1 478人通过企业自主评审获得相应职称；21 323人在评聘结合单位获聘相应职称，1 869名乡村振兴优秀人才获得高、中、初级职称，2 624名基层人士通过“3010”政策获得职称并享受相关待遇。组织开展吉林省第二批乡村振兴优秀人才评选工作，评选产生200名乡村振兴优秀人才。投入1 000万元对“柔性引才”成效显著的8家单位分别给予50万元至200万元不等的资金补助。对选拔出来的81名第十九批创新创业人才实施资助，共资助1 854万元。共有博士后科研流动站112家、博士后科研工作站54家，省级创新实践基地65家。全省选拔国务院政府特殊津贴专家58人，发放“吉享卡”7 924张、“吉健卡”8 774张，为高层次人才提供便捷就医交通服务。对人力资源社会保障部新批准设立的3家博士后科研工作站、对100名留吉来吉博士后和45名省内优秀博士后、对进入吉林省博士后设站单位培养的7名国外毕业博士、对5项在省内转化落地的博士后科研成果，分别给予5万元至100万元不等的资金资助。在第二届全国博士后创新创业大赛上，荣获4金、8银、10铜，奖牌总数位居全国前列。优化全省科研院所等人才密集型事业单位岗位结构比例。建立事业单位工作人员绩效奖制度，激发干事创业动力。吉林省工业技师学院两名选手在第五届全国智能制造应用技术技能大赛上，实现了吉林省在国家级一类职业技能赛事上金牌零的突破。

四、全力强化源头治理，积极构建和谐劳动关系

以统筹维护劳动者权益和促进企业发展为目标，推动构建和谐劳动关系。全省报送人社部门审查并在有效期内的集体合同6 602份，覆盖职工64.57万人。经审批并在有效期内的特殊工时制度企业有761户，涉及职工16.25万人。全省劳动保障监察举报投诉案件结案率100%，完成年度计划的100%；拖欠农民工工资举报投诉案件结案率100%，完成年度计划的100%。全省各级劳动保障监察机构通过立案处理、纠纷化解等方式处置欠薪案件1 910件，为1.68万名农民工追回工资3.9亿元，同比分别下降16.5%、36.4%、35.6%；处理国家根治欠薪线索反映平台线索2.5万件。创新开展“薪安吉林”建设活动。加强劳动关系形势分析研判，持续深化新时代和谐劳动关系创建活动，推进新业态企业（行业）开展百日要约行动。推进劳动争议多元化处理格局，妥善处理各类劳动人事争议案件，全省各级劳动人事争议仲裁机构共受理劳动人事争议案件12 128件，涉及劳动者13 379人次，涉案金额38 298.57万元，审结12 211件，劳动人事争议仲裁结案率达97.24%。

五、持续加强系统行风建设，不断优化政务服务

扎实做好人社政务服务“好差评”，全年好评率100%，高于年度计划3个百分点；不定期开展明察暗访，按照市（州）本级窗口单位必查、县（市、区）窗口单位抽查的工作目标，以“四不两直”方式，走访窗口单位，确保发现问题、解决问题、督促提高。持续开展“人人都当服务员、人人争做于砚华”服务质量提升活动，联合省委宣传部、省直属机关工作委员会、省总工会评选第一届“吉林好人·最美人社服务标兵”21名，并举行现场发布活动和网络同步直播；向省委宣传部推荐“吉林好人”候选人，全省人社系统已有7人获评“吉林好人”。组织开展业务技能练兵比武活动，积极备战人力资源社会保障部组织的全国统一在线比试，在全国统一在线比试中吉林省荣获全国二等奖，3人获得全国“岗位练兵明星”称号；在吉林广播电视台举办“全省人社系统窗口单位业务技能练兵比武现场总决赛”，编制印发《吉林省人社系统业务知识学习读本》。开展人社系统行风建设宣传活动，拍摄以全国人社服务标兵于砚华为故事原型的人社微电影《一路春风》，持续开展“平凡的荣耀听我说——薪火传承　人社标兵基层行”先进典型全省巡回宣讲活动；在吉林人社系统报刊、微信公众号开设“认真学习宣传贯彻党的二十大精神‘旗帜领航　两找领路　标兵领军’”“优服务　展行风”专栏系列报道优质服务窗口个人先进事迹。扎实开展“万名人社干部进万企”活动，深入企业走访调查、每月进行对接，收集解决企业问题诉求，带领宣讲团入企送策，赠送人社业务学习读本，助推精准服务。

六、全力巩固脱贫攻坚成果，扎实推进乡村全面振兴

全省脱贫人口（含监测对象）务工13.6万人，完成年度目标任务的126%，比2022年增长13%。全省共创建就业帮扶车间1 011个，比2022年增长386%，吸纳脱贫人口就业4 637人，比2022年增长258%。全省开发乡村公益性岗位8.11万个，比2022年增加1.13万个。建立返乡入乡创业基地634个，带动创业就业64 079人。开展吉林省“10大劳务品牌”及省级劳务品牌培育基地评选活动，11个劳务品牌形象代言人做客“吉视通”平台直播间，宣传推介吉林省劳务品牌及品牌产品。“大安指尖草巧手”被评为全国脱贫地区特色劳务品牌。实施重点群体职业技能培训，全省组织培训14.68万人次，其中，脱贫人口9 238人次。通过连续三年开展乡村人才职称评审工作，共计900人取得乡村人才高级职称，5 034人取得初、中级职称。持续在全省范围内为符合参加城乡居民基本养老保险的困难群体代缴保费，发挥城乡居民基本养老保险助力保基本兜底作用，为49.78万脱贫人口、低保对象、重度残疾人等困难群体代缴养老保险费5 345.53万元。

吉林省人力资源和社会保障厅

长 春 市

2023年是全面贯彻落实党的二十大精神的开局之年，是长春市全面振兴新突破三年攻坚行动的启动之年。在长春市委、市政府的坚强领导下，全市人力资源社会保障系统抢抓机遇、乘势而上，推动各项工作提标提速提质提效，圆满完成年度目标任务。

一、就业形势保持稳定

深入实施“安心就业十大行动计划”，制定出台《长春市支持相关行业和企业稳岗留工有序运行若干政策措施》，创新开展强化“学、访、助”助力“万人驻（助）万企”活动，全年开发就业岗位19.7万个，实现城镇新增就业10.4万人。实施“春风行动暨就业援助月”“农村劳动力转移就业四季春”等系列活动，全年农村劳动力转移就业96.2万人。实施“五心服务，温暖就业”系列活动，为就业困难群体提供精准服务，帮助2.4万名城镇失业人员和1.6万名就业困难人员实现就业。依托“96885吉人在线”服务平台，构建“1+N”服务体系，为7 777家企业、2.8万名求职人员开展定制式招聘求职服务。提炼推广荣光街道“地毯式收集+智能化对接”就业服务新模式，打通就业服务“最后一公里”。举办“创业领航”系列活动，开展创业培训1万人，发放创业担保贷款5.4亿元。围绕长春市产业布局，评选市级创业项目6个、创业孵化示范基地5家，长春市域内基地总数达31家。高标准建设市级职业技能公共实训基地20家。开展补贴性职业技能培训6.1万人次。参加第二届全国技能大赛，长春市取得2银3铜30个优胜奖，11人获“全国技术能手”荣誉称号。在吉林省政府就业创业目标责任制考评中，连续6年蝉联全省第一。成功入选国家“公共就业创业服务示范城市”创建名单。

二、社会保障更加有力

扎实开展个人养老金国家先行城市建设，筑牢吉林省个人养老金制度全面实施工作基础。适当提高城乡居民基本养老保险待遇水平。完成退休人员审核27 091人，完成已存档的58 065名特殊工种提前退休人员档案认定，彻底解决历史遗留问题。主动深入长春一汽、营城煤矿、长春市公安局，为服务对象上门开展退休审核业务。机关事业单位养老保险并轨、副局级退休人员待遇核定、厂办大集体改制等方面均取得显著成效。积极推动快递网点优先参加工伤保险，长春市本级许可企业参保率达93.8%。出台长春市劳动能力鉴定内部控制制度，明确各岗位工作职责，构建相互制约、相互监督的组织体系。组织工伤劳动能力现场鉴定16场，鉴定工伤职工2 650名。制定《长春市工伤认定规范操作指导手册》，为实践操作提供具体抓手。实施“职业病工伤预防项目”，培训覆盖中小微企业521家、企业负责人和职业卫生管理人员937人。全年认定工伤4 525起、工亡95起。社会保障卡综合服务大厅增至86家，持卡人数达到809.4万人，签发电子社保卡410.6万张。对长春市社保基金进行深入审计，涉及金额57.3亿元。高标准完成失业保险基金专项整治，整改资金2亿元，经验做法在国家有关工作简报刊载。

三、人才人事工作扎实推进

高质量贯彻实施《长春市人才发展促进条例》《长春市科技创新条例》，制定80项年度计划，出台人才政策升级版及87项细则。在全国首创院士创新创业引领区，给予7个院士项目各1 000万元资金支持。建立两院院士、高校及科研院所、产业高层次人才、海外人才4项数据库，帮助企业获批8个博士后科研工作站，为297名高层次人才提供定制化体检，为377名人才解决子女就学安置问题。深入实施“百万大学生留长工程”，打造青年人才城，实现大学生留长10.3万人。制定高校毕业生租房和生活补贴暂行办法，发放补贴1.3亿元，惠及毕业生1.1万名。认定55家重点产业企业为长春市大学生实训基地，开发实训岗位812个，发放实训基地启动资金112万元。围绕长春市重点产业企业开发就业见习岗位5 180个，发展就业见习单位183家，吸纳就业见习生1 869人，发放就业见习补贴1 123.6万元。实施“百万蓝领人才培养工程”，技能人才总量达到85万人，高技能人才占比28%。完成长春市2023年度职称信息化评审工作，共计参评9 039人，通过6 535人，其中副高级通过2 104人，中级通过3 702人，初级通过729人。完成2023年长春市市直事业单位及基层治理专干面向社会公开招聘工作，市直事业单位成功招聘495人，基层治理专干成功招聘1 366人。持续推进“强师强医计划”，2023年“强医计划”市直签约47人，“强师计划”全口径签约640人（市直131人、县市区509人）。在汽开区开展汽车产业人才试点，采取“事编企用”模式开展汽车产业人才专项招聘。举办优秀企业家研修班，建立企业间交流合作长效机制。新增经营性人力资源服务机构82家，市属企业达到468家。高标准建设国家级人力资源服务产业园，推进人力资源服务业向纵深发展，截至2023年年末，产业园累计入驻企业52家，营业额累计达272.3亿元，实现税收6.5亿元。成立东北首家人才集团，构建“人才+服务+资本+科技+产业”多元化发展路径，促进创新链、产业链、资金链、人才链深度融合。

四、劳动关系和谐稳定

实施示范引领“双百工程”，选树市级和谐劳动关系示范企业104户，市级金、银、铜牌劳动关系协调员125名，市级和谐劳动园区（街道）12个。选树5家调解组织为长春市2023年金牌调解组织。制定新就业形态劳动者劳动权益保障方案，全市各项服务惠及新就业群体7.7万人。开展“百日要约”专项行动，向296家新业态企业发出要约，覆盖职工9 307人。助力推进沈铁集团厂办大集体改制工作，提前审核企业职工档案2 100余份，得到沈铁集团一致好评。启动实施劳动人事争议调解仲裁“暖阳行动”三年计划，倾力打造“暖心调解、阳光仲裁”服务新模式、新品牌。制定《长春市劳动争议案件远程视频审理操作细则》，对65件符合条件的案件实施远程视频审理（调解），为异地企业节约仲裁成本30余万元。探索成立长春市人力资源服务行业协会劳动争议调解委员会，2023年共计向人力资源行业调解组织移交争议案件145件，已达成调解协议108件。开展劳动用工“法治体检”活动，为有需求的用人单位提供上门服务。建立“三方六家”劳动争议多元调解处理中心，联合各成员单位开展送法入企法治宣传活动。全市已有177个街镇（乡）、357个社区成立了基层劳动争议调解组织，经验做法在吉林省推广，政务信息被人力资源社会保障部采用。开展“护薪安薪”专项行动，在东北地区率先出台2份规范性文件，创新出台农民工工资保证金担保地方规范性政策，将平均结案时限压缩80%以上，全年办结案件9 159件，依法为3.1万名农民工追讨工资9.3亿元，整治政府投资项目欠薪问题在吉林省率先销号，获评“吉林省根治拖欠农民工工资工作成绩突出集体”。积极做好信访维稳工作，筑牢信访维稳防线，维护社会和谐稳定。

五、行风建设持续优化

狠抓人社系统行风建设。扎实推进惠企惠民政策直达工作，在惠企惠民政策直达平台上线26项政策服务点，其中“新成长技师培训奖励”项目实现“秒兑”，25项政策服务点已经实现“数据回流”，更好地服务企业群众。推进劳务派遣许可事项进入政务大厅，开展综合窗口人员业务培训，打通劳务派遣许可证出证堵点。进一步规范行政审批行为，梳理政务服务事项，将现有政务服务事项由209项调整为189项，压缩政务服务事项办理时限，扩大即办件比例。严格落实劳动保障监察“四项制度”和《长春市用人单位劳动保障守法诚信等级评价分类服务管理实施意见》，推动包容审慎监管、信用监管。全面梳理长春市人力资源社会保障局行政执法事项，编制行政执法事项清单，印发并对外公布事项共计79项。长春市人力资源社会保障局12333服务热线建立疑难、投诉等问题转办机制，全年来电801 857个，直接接听476 043个，服务满意度达99.1%，服务能力明显提升。

六、机关建设不断加强

持续巩固党建工作成果，完善各项制度措施。坚持用习近平新时代中国特色社会主义思想武装头脑，严格落实局党组理论学习中心组集中学习、“第一议题”、“三会一课”、民主生活会、组织生活会等制度，深入推进BTX（B代表标准、T代表特色、X代表先进）建设。扎实开展主题教育，举办专题读书班，深入基层开展调研走访，帮助解决5大类132个问题。组织引导党员干部开展志愿服务活动，带头办实事、“双报到”。长春市人力资源社会保障局获得长春市“幸福小区”创建活动先进集体荣誉称号。严格落实意识形态及网络意识形态工作责任制，加强网络舆情监测、应对、处置，意识形态阵地始终安全稳定。狠抓党风廉政建设，强化执纪监督，扎实推进巡察反馈问题整改。组织召开中共长春市人力资源和社会保障局机关委员会党员大会，选举产生新一届中共长春市人力资源和社会保障局机关委员会和机关纪律检查委员会。做好乡村振兴有关工作，深入包保帮扶村广生村开展帮扶慰问活动，为28户包保脱贫户送去生活物资，配齐配强包保帮扶驻村干部，积极落实各项帮扶举措。创建就业扶贫车间、基地、星火站等各类帮扶载体143家，吸纳脱贫劳动力783人。开发乡村公益性岗位，安置脱贫劳动力1 332人。严把选人用人政治关、廉洁关、能力关，选拔的干部做到了领导认可、群众公认、人岗相适。

长春市人力资源和社会保障局

黑 龙 江 省

2023 年，黑龙江省人力资源社会保障系统以习近平新时代中国特色社会主义思想为指导，深入贯彻落实习近平总书记视察黑龙江省和主持召开新时代推动东北全面振兴座谈会重要讲话重要指示精神，积极应对经济下行、人口老龄化等冲击影响，踔厉奋发、迎难而上、真抓实干，主动对标对表，保障和改善民生，圆满完成各项目标任务，人社事业发展呈现良好态势。

一、就业形势总体稳定

（一）稳就业工作机制更加完善。

把稳就业提高到战略高度推进落实，省市县三级持续完善工作组织支撑、就业政策协同、公共就业服务、统计分析预测、失业动态监测和劳动关系调处“六大体系”，2023 年黑龙江省实现城镇新增就业 35.7 万人，完成年度目标的 119.1%；城镇调查失业率均值为 5.8%，同比下降 0.3 个百分点，历史上首次将年度均值控制在 6% 以内，实现有调查记录以来的最好水平。

（二）政策协同体系持续发力。

出台稳就业促发展 21 条举措，落实社会保险补贴、一次性吸纳就业补贴、创业补贴等扶持政策，争取国家就业补助资金 26.3 亿元，发放创业担保贷款 19.5 亿元，同比增长 14.2%。推进“大项目拉动就业、创业带动就业、支持新就业形态发展”三项计划，带动新就业 57.6 万人。人社部门服务发展的举措更加多元，“人社服务专员”服务企业 8 195 家，解决问题 1.2 万个。

（三）重点群体就业保持稳定。

实施高校毕业生等青年就业创业攻坚计划，将公务员考录、选调生招录、事业单位招聘、“三支一扶”招募等全部提前至高校毕业生毕业前，提供政策性岗位 3 万余个，全省离校未就业高校毕业生帮扶就业率达 97.9%。实施防止返贫就业攻坚行动，脱贫人口务工就业 21.6 万人，超额完成年度目标。统筹做好退役军人、就业困难人员等重点群体就业帮扶，零就业家庭保持动态清零。

（四）公共就业服务体系逐步完善。

举办省市县三级大型招聘会等专项活动 9 472 场次，建设“充分就业社区”2 181 个。实施“春暖”“薪暖”系列农民工服务行动，会同省总工会建设“农民工务工之家”45 个、“农民工暖心驿站”148 个，为农民工提供便利化公共服务。

（五）就业数字化转型加速推进。

建成黑龙江省统一的“就业创业服务一体化信息平台”，开发“就在龙江”“零工之家”智慧就业服务平台，构建“拿数据说话、靠数据分析、用数据决策、依数据执行”的工作新模式。

二、社会保障工作扎实推进

（一）兜底保障能力显著增强。

坚决扛稳“保发放”政治责任，落实企业职工基本养老保险全国统筹制度，确保养老金按时足额发放。平稳有序完成调待工作，653 万名退休人员增发养老金全部兑现。建立失业保险金动态调整机制，将失业保险金标准提高到当地最低工资标准的 90%，今后按此比例随最低工资标准调整而自行调整，失业保险金平均水平达到 1 460 元 / 月，为 7.6 万人发放失业保险金 6.1 亿元。统筹提高城乡居民待遇，城乡居民基本养老保险基础养老金月标准提高 15 元，丧葬补助金制度实现全覆盖，为 13.2 万名遗属发放补助金 6 715 万元。全省工伤保险工作在制度覆盖更公平、保障功能更积极、管理运行更规范上持续发力，截至 2023 年年底，全省参保 456 万人，领取待遇 3.4 万人，全省基金收入 19.2 亿元，支出 18.5 亿元，累计结余 34 亿元，可支付月数为 22 个月。

（二）持续深化社保制度改革。

高标准完成中央对省级政府养老保险考核迎检工作，在全国率先建立省对市级政府考核机制，压实地方政府基金管理主体责任。稳妥推进机关事业单位养老保险制度改革，职业年金投资收益率居全国前列。争取哈尔滨市列入全国首批个人养老金先行城市，推动黑龙江省第三支柱养老保险发展。2023 年 1 月 1 日实施以政策、基金、预算、经办、信息“五统一”为核心的失业保险省级统筹制度，提前完成“十四五”规划目标，平稳有效破解政策、经办、监管等工作难点，实现基金统收统支，合理均衡各地基金负担。按照国家统一部署，加快推进完善工伤保险省级统筹制度建设，从制度政策层面对实行工伤保险基金省级统收统支，实现全省工伤保险费率政策、缴费基数、待遇标准等规范化、制度化，作出统一规定、提出任务要求，为黑龙江省从 2024 年 1 月 1 日起实施工伤保险基金统收统支模式省级统筹打下坚实基础。综合考虑黑龙江省职工工资增长、居民消费价格指数变化及相关社会保险待遇调整情况等因素，分别对伤残津贴、生活护理费、供养亲属抚恤金等工伤保险待遇进行调整。同时，根据工伤保险省级统筹需要，统一确定了全省住院伙食补助费、异地就医（配置辅助器具）交通食宿费标准。继续执行阶段性降低工伤保险费率 20% 或 50% 的政策至年底，全年全省基金减收 4.01 亿元，惠及企业 6.3 万户。为规范行政职权行使，对哈铁、农垦、森工集团工伤认定和劳动能力鉴定实行属地化管理。

（三）全面加强社保基金监管。

持续健全监管制度，完善社保政策、经办、信息、监督“四位一体”风险防控体系，推动行政裁量、内控管理、信息共享、举报奖励等基金监管系列制度叠加发力，从制度层面扎牢风险防控的笼子。持续优化监管平台，建立起部、省、市、县四级系统全贯通、社保险种全覆盖、外部相关部门信息共享、管理全链条的一体化智慧监管平台，实现疑点数据自动筛查、及时下发、快速核查、联合惩治闭环管理，严防社保基金“跑冒滴漏”。

三、人才人事工作取得新进展

（一）人才发展体制机制改革持续深化。

聚焦构建“4567”现代产业体系，持续壮大 10 个“政校企”技能人才培养联盟，为重点产业精准培养技能人才 6 万余人。举办以“技耀龙江　能创未来”为主题的首届全省技能大赛，3.2 万名技能选手参加选拔赛，带动 10 万名劳动者提升技能。大力培养高技能人才，建设技能大师工作室 205 个，培养国家级高技能领军人才 101 人，取得技术成果或发明专利 1 700 余项，推动 119 项国家重大工程项目关键技术实现国产化自主供给。推进技工教育特色发展，对接产业发展布局院校、更新专业、开展教学，黑龙江省 105 所技工院校新增工业机器人、新能源汽车等专业 80 余个，为产业发展输送技能人才。实施制造业技能根基工程、青年职业技能培训计划等专项培训，开展补贴性培训 30.4 万人次。全面完成职称制度改革，形成评价科学、管理规范、运转协调、服务全面的职称制度。拓展职称制度改革成果，发布全省职称评审专业目录，规范 50 项职业资格与职称对应认定关系，深化党校教师和中小学教师职称制度改革，开展民办高校教师职称自主评审试点，改革经验在全国会议上交流。

（二）打造环大学大院大所人才生态圈。

围绕重点产业发展选拔享受政府特殊津贴人员280人，形成上下衔接、梯次递进的专家培养选拔体系。实施博士后“智汇龙江”计划，博士后科研流动站、工作站和创新实践基地分别达到110个、130个和80个，2023年黑龙江省博士后进出站数量分别为1 005人和549人，同比增长31.7%和42.6%，其中年度招收博士后首次突破千人，列东北四省区首位。参加第二届全国博士后创新创业大赛，获3银2铜和优秀组织奖。推荐哈尔滨工业大学、哈尔滨工程大学、东北农业大学、黑龙江大学入选国家级数字技术工程师培训机构，在国家设置的10个职业领域中，黑龙江省可以自主开展大数据、区块链等7个职业领域培训，已开展培训4期。举办黑龙江省数字技术工程师培育项目启动仪式，组建“数字技术工程师培育联盟”，构建数字技术人才培养新格局。

（三）事业单位人事管理不断优化。

畅通“一事一议”引进急需紧缺人才政策渠道，支持省属高校、科研院所等事业单位引进高层次人才、博士和高级职称人员231名，是2022年的4.8倍。作为全国8个试点省份之一，全面完成事业单位“一件事”改革试点任务，截至2023年年底累计办理业务11.25万笔、服务87.67万人次，改革做法获评黑龙江省优化营商环境十佳案例并在全国推广。首次开展省市县三级事业单位公开招聘联考，提供4 755个岗位，计划招聘7 137人，吸引20余万名考生报名参加，有效降低了公开招聘成本，得到省直部门和基层单位广泛好评。

（四）工资收入分配制度改革稳步实施。

企业工资宏观指导调控机制不断完善，连续4年发布企业工资指导价位信息，持续深化国有企业薪酬制度改革。稳慎推进公立医院薪酬制度改革，事业单位绩效工资制度平稳实施，提高事业单位艰苦边远地区津贴标准，48.5万人月均增资55元。

（五）表彰奖励工作管理服务水平持续提升。

强化评比达标表彰活动目录和计划管理，严格执行审批制度，全省目录内表彰项目增至756项；全年全省开展表彰活动97项，表彰先进集体2 869个、先进个人5 935名。规范开展国家部委系统“双先”表彰评选推荐工作，全年推荐系统先进集体37个、先进个人42名。组织实施创建示范活动清理规范工作，清理规范后全省保留创建示范项目75个，切实为基层减负。完善人事任免工作流程，全年代省政府履行行政任免职或向省人大提请审议任免职共236人次，其中任职125人次、免职111人次。推动宪法宣誓制度落实，组织47名省政府任命的国家工作人员参加宪法宣誓。

四、劳动关系总体和谐稳定

（一）和谐劳动关系构建工作稳步推进。

坚持把和谐劳动关系作为社会稳定的重要基础，劳动关系双方合法权益得到有效维护。着力打造“和谐创建龙江行”品牌，开展全省首届和谐劳动关系创建示范活动，培树137户省级和谐劳动关系企业（园区），2个单位和8名个人荣获第一届全国和谐劳动关系创建工作先进集体和先进个人称号。

（二）劳动保障监察执法力度不断加强。

强化人力资源市场、职业中介机构等重点领域专项整治，严肃查处“黑职介”、虚假招聘等违法行为。完善根治欠薪长效机制，开发建设省级集中的工资支付监控预警平台和劳动保障智慧监察系统，推动保障农民工工资支付制度在建工程项目“实运转”。扎实开展根治欠薪专项行动，加强督导考核，强化行政司法联动，欠薪案件保持动态清零。

（三）调解仲裁维权能力持续提升。

严格防控劳动争议风险，深入开展调解仲裁质效提升年活动，推进新业态调解组织、农民工工资争议速裁庭和“人工智能＋调解仲裁”建设，全省各级仲裁机构受理争议案件2.7万件，仲裁结案率99.7%，调解成功率79.7%，维权涉及金额6.4亿元。

五、行风建设水平取得新提升

（一）主题教育扎实有效推进。

全面落实以学铸魂、以学增智、以学正风、以学促干重要要求，一体推进理论学习、调查研究、推动发展、检视整改。紧扣“察实情、谋良策、破难题、促振兴”主线开展调查研究，调研报告《构筑人力资源向北开放新高地》被评为省党政领导干部优秀调研成果。积极创新人社“767”工作载体，扎实开展促进离校未就业高校毕业生和就业困难人员等重点群体就业、工伤保险省级统筹、优化社保服务、提升技能人才精准供给水平、加强新就业形态劳动者权益保障、优化惠民惠农“一卡通”服务、“人社政策进万家”提升群众政策知晓度“7个攻坚破难行动”，深入实施重点群体职业技能培训、求职招聘、农民工欠薪维权、社银合作、社保卡申领、人社政策进万家“6项人社便民服务行动”，着力打造“人社服务专员”助企发展、“政校企”联盟技能人才培养、“就业在龙江”就业创业服务、“龙江新匠人”劳务、“安全无忧”人事考试、“和谐同行”劳动关系创建、“数字人社”信息化“7个人社工作品牌”。

（二）人社系统服务效能持续提高。

黑龙江省人社部门服务对象约2 400万人，动态调整后政务服务事项167项，经办服务比1∶11 780，年均服务群众6.4亿人次，社保卡使用量2.5亿人次。全系统直面群众实际需求，提高服务能力、转变工作作风，不断提升人民群众的办事体验。不断优化社保经办服务，国家社会保险公共服务平台“跨省通办”已开通21项网上社保申请服务功能，黑龙江省人力资源和社会保障公共服务平台已有128项社保服务事项实现全程“一网通办”。推动更多人社公共服务事项“网上办”“跨省办”“打包办”“提速办”，企业职工退休审批等10个一件事“打包办”。1 468户企事业单位建立年金，事业单位编制外人员参加企业年金实现零的突破。开展个人养老金政策“进机关、进企业、进社区、进媒体、进网络”活动，推动83万人开设个人养老金账户。扎实推进“数字人社”建设，建设部省市县四级连通的人社一体化信息平台，日均办理业务1 100余万笔，即时办结事项占比48%，其他网办事项按期办结率100%。

（三）以重大活动为契机带动各项工作整体提升。

创新开展一系列标志性、牵引性活动，统筹谋划、精心组织，各项活动平稳有序、成效显著。黑龙江省首届劳务品牌大赛成功举办，文化旅游、现代农业、生活服务等重点领域的50个特色劳务品牌晋级决赛，推动“龙字号”劳务品牌聚合发展。黑龙江省首届职业技能大赛圆满成功，对标世赛、国赛设置赛项64个，3.2万名技能人才参赛，带动百万劳动者技能提升。组织127名选手参加第二届全国技能大赛，获得2枚铜牌、19个优胜奖。黑龙江省高技能人才表彰大会胜利召开，表彰省内2名中华技能大奖获得者、13名全国技术能手和20名龙江大工匠、100名龙江技术能手，营造了崇尚技能的良好社会氛围。常态化开展练兵比武，推进“日日学、周周练、月月比”岗位练兵，在人力资源社会保障部组织的技能比武活动中，连续四年获全国前六名，特别是2023年荣获全国第二名，站稳练兵比武全国赛的第一方阵。2023年在人力资源社会保障部牵头，司法部、全国总工会、全国工商联、全国普法办联合主办的“尊法守法·携手筑梦”全国人社法治知识竞赛现场赛上，黑龙江省以团体总分第二名的成绩荣获二等奖。

黑龙江省人力资源和社会保障厅

哈尔滨市

2023年，哈尔滨市人力资源社会保障系统坚持以习近平新时代中国特色社会主义思想为指导，深入贯彻党的二十大精神和习近平总书记重要讲话重要指示精神，全面落实市委、市政府部署要求，砥砺奋进、开拓进取、真抓实干，惠民实事硕果累累，强基要事纵深突破，复杂难事迎刃破解，人社事业高质量发展取得新成效。

一、强化践行政治忠诚，聚力抓根本

全系统旗帜鲜明讲政治，自觉服从服务全市经济社会发展大局。

一是政治机关建设持续加强。深入落实党的二十大精神，全面学习贯彻习近平总书记视察黑龙江省期间重要讲话重要指示精神，在深学细悟笃行中强化政治判断力、政治领悟力、政治执行力，坚定拥护“两个确立”，坚决做到“两个维护”，始终同以习近平同志为核心的党中央保持高度一致。

二是主题教育开展扎实有力。牢牢把握“学思想、强党性、重实践、建新功”总要求，一体推进理论学习、调查研究、推动发展、检视整改，动真碰硬抓好失业保险基金、职业技能培训等10个专项问题整治整改，完成率达到100%，全系统在党的创新理论掌握运用、调查研究成果转化、群众急难愁盼问题解决等方面取得良好成效。

三是服务发展大局持续深入。正确认识大局、自觉服从大局、坚决维护大局，主动把工作置身于全市振兴发展大局中去思考、定位和谋划，积极融入打造“七大都市”、建设现代化产业体系、提高人民生活品质等全市重点任务，国家和省市年度重点工作全部纳入“四个体系”闭环推进、高效落实。对标对表习近平总书记视察黑龙江省期间重要讲话重要指示精神，细化16项工作任务、37条具体举措和8个重点项目，确保重大决策部署在人社系统见行见效。

二、坚决稳就业基本盘，聚力抓攻坚

全系统坚定实施就业优先战略，落实落细就业优先举措，全市实现城镇新增就业9.9万人、失业人员再就业5.1万人、就业困难人员就业1.5万人，分别完成年计划的121%、123.2%和125.3%，保持就业形势稳中有进、稳中提质、稳中向好。

一是抓实政策赋能聚合发力。出台稳就业促发展惠民生18条措施，社保补贴、稳岗返还、阶段性降费率等全链条政策红利持续释放、延续拓展，直惠企业减负6.3亿元，稳定岗位100余万个。

二是抓实重点群体兜底帮扶。实施高校毕业生就业创业攻坚“六大行动”，提供就业见习等政策性岗位2.5万个，离校未就业高校毕业生就业率99.9%，高于全省平均水平2个百分点。统筹抓好农民工、失业人员、就业困难人员等重点群体就业帮扶，打造市级以上充分就业社区591个，公益性岗位安置1 836人，农民工就近就地就业1.8万人，零就业家庭保持动态清零。

三是抓实就业服务提质增效。“春风行动”等公共招聘活动高频率开展，就业地图、零工平台运用广泛，合计访问量达142万人次，完成工作目标120万的118.3%，就业地图提供岗位9.6万个，完成目标9万的106.7%，零工平台总用户累计达到24.2万人。哈尔滨市脱贫人口已就业27 309人，完成省人力资源社会保障厅下达的2023年度脱贫人口实现就业25 504人目标的107.1%，为2022年同期（26 100人）的104.6%，“抖音直播带岗”“王科长热线”等“云聘会”有声有色，互动数和点击量均创历史新高，道里区、道外区、平房区分别建成1个“就业驿站”。9个市级劳务品牌各具县域特色，南岗家政冰城嫂、平房航空人荣获全省首届劳务品牌大赛一等奖，市政府主要领导给予批示表扬。

四是促进重点群体就业。按照人力资源社会保障部、省人力资源社会保障厅开展公共就业专项活动的统一部署，以“10+N”就业服务专项活动为牵引，积极促进应往届高校毕业生、退役军人、下岗失业人员、农民工等重点群体就业，市人力资源社会保障局联合退役军人事务局、总工会、残联、妇联等部门，采取省市县三级联动的方式，开展“就业援助月”“春风行动”“民营企业招聘月”等系列招聘活动，全年针对重点群体组织线上线下大型专场招聘活动870场，参会企业30 320家，提供岗位37.5万个。

五是切实为农民工排忧解难。加强农民工流量动态监测及信息采集工作，录入农民工基础信息401 880条，为40余万农民工建立信息档案。认真完成农民工返岗复工服务工作，落实省市“春暖农民工”服务行动，开展“点对点”运输服务保障，全市共派出专车15辆，运送农民工340人；哈尔滨市所辖的延寿县“点对点”服务分别被新华社、龙头新闻、《黑龙江日报》、《生活报》、哈尔滨新闻等多家媒体报道。做好“农民工带头人”微信群平台服务，全市共建立“农民工带头人”二级微信群18个，“农民工带头人”三级微信群804个，组织“农民工带头人”2 670人，动态管理有就业需求的农民工376 879人，群内吸纳农民工84 925人，比2022年增长70%。

三、织密建强社保体系，聚力抓改革

全系统强化兜底保障，深化制度改革，防控基金风险，各项社保待遇按时足额发放。全市养老保险参保人数596.9万人，工伤保险参保人数150.0万人，失业保险参保人数114.2万人。

一是社保改革有序推进。顺利完成工伤、失业保险省级统筹。出台机关事业单位原试点参保人员关系接续、待遇衔接办法，推进历史遗留问题有效破解。城乡居民丧葬补助金制度实现全覆盖，12个区、县（市）补助标准达到1 000元。扎实开展个人养老金试点，83.34万人开设账户，满足群众多样化养老需求。

二是社保待遇稳步提升。提速高质完成企业和机关事业单位基本养老金调整工作，市区失业保险待遇和城乡居民基础养老金分别增长10.7%、10.9%，年内两次提高失地农民养老保险待遇和缴费标准，保障水平位居全省前列。

三是社保基金安全运行。扎实开展社保基金巩固提升三年行动，坚持政策、经办、信息、监督“四位一体”防控体系，构建人防、制防、技防、群防“四防协同”工作机制，强化事前校验、事中核验、事后查验“三维立体”防控手段，加大疑点数据筛查力度，保持严厉打击欺诈骗保等违法行为高压态势，确保社保基金安全稳定可持续运营。

四是重点工作持续推进，各项任务稳步落实。严格按照省委省政府、市委市政府工作部署，落实2023年调整退休人员基本养老金工作。制定《哈尔滨市人力资源和社会保障局2023年调整退休人员基本养老金宣传维稳工作预案》，成立调待工作领导小组，下设7个工作小组和9个区、县（市）工作督导组，明确运行机制及职责分工，按照人员类别先后组织召开4次业务培训会议，统一政策解答口径，圆满、平稳、有序完成调待工作。作为全国个人养老金制度先行城市之一，多渠道、多形式推广个人养老金政策。按照市政府和省人

力资源社会保障厅部署要求，成立以市主要领导担任组长的工作专班，制定《哈尔滨市个人养老金试点工作实施方案》。依托社保经办服务主题宣传日、“社保服务进万家”等活动，在防洪纪念塔、革新教堂等地点开展个人养老金政策宣传，派发宣传手册。录制个人养老金政策宣传视频，通过“哈尔滨市人社”微信公众号、“冰城人社”抖音账号等媒介进行网络宣传。政策红利持续释放。“三项补贴”充分发挥经济运行减震器作用。为符合条件的 3 007 户企业返还失业保险稳岗补助 6 449 万元，为符合条件的 2 305 名应届毕业大学生发放一次性扩岗补助 345.8 万元，为取得职业资格证书或职业技能等级证书的 2 564 人发放技能提升补贴 396.20 万元，助企纾困、保就业稳民生作用显著。“两项保金”充分发挥社会运行稳压器作用。发放失业保险金 24.3 万人次、3.8 亿元，发放失业补助金 3.1 万人次、1 300 万元，持续保障失业人员在失业期间的基本生活。阶段性缓缴政策减轻企业经营负担。281 户企业缓缴失业保险费 1 435.9 万元，235 户企业缓缴工伤保险费 151.5 万元，助力企业稳步发展。“免申即享”模式落实降低费率政策。减征 6 万余户企业失业保险费 3.6 亿元，减征 4 万余户企业工伤保险费 1.3 亿元，兜底保障功能凸显。社保帮扶政策有效落实。统筹做好困难群体脱贫后的政策衔接工作，符合条件的 25.7 万名困难人员全部参加城乡居民基本养老保险，为 9.6 万名困难人员代缴了基础养老保险费。

五是经办服务提质增效，持续打造“15 分钟社保服务圈”。经办服务向银行横向拓展。积极探索经办服务新路径，利用银行线下网点多的优势，与 12 家银行开展“社银合作”，服务网点由 31 个拓展到 238 个，提供 13 类、24 项企业养老保险事项服务，逐步满足群众“就近办”需求。经办服务向社区纵向延伸。在市营商局和南岗区、松北区政府的支持下，努力推动社保业务在社区办理，两个主城区 240 个社区可办理 31 项养老、失业保险服务事项，基层服务供给能力得到稳步提升。各类事项向区级部门延伸。优化“区级办”效能，以“赋权、扩能、增效”为目标，打破“市区通办、向上集中”经办模式，将原市区通办的事项归还至区级部门，适时推进 13 项业务关联度较高的服务事项调整到区级，使业务“链条”更为完整、经办流程更加畅通。

四、助力振兴发展大局，聚力抓支撑

全系统坚持以人才引领驱动支撑高质量发展，多措并举吸引留住用好人才，用心用情用力服务人才。

一是加快打造“顶天立地”的专业技术人才队伍。聚焦加快产业升级，新建博士后创新实践基地 13 个、领军人才梯队 15 个，博士后科研工作站引进博士 7 人，带动专业技术人才深度融入产业发展和科研攻关。落实 14 项职称制度改革任务，将 8 所院校纳入自主评审范围，新增中高级职称 1.2 万人。

二是加快打造“铺天盖地”的技能人才大军。建设高技能人才培训基地 3 个、技能大师工作室 7 个，组织技能培训 9.4 万人次，培养高技能人才 7 834 名，48 人荣获“龙江大工匠”“龙江技术能手”称号。组队参加全省首届职业技能大赛，获 39 金 27 银 32 铜和 62 个优胜奖，金牌数、奖牌数均列全省第一；黑龙江省参加第二届全国技能大赛取得的 2 枚奖牌均来自哈尔滨市选手，市委主要领导给予批示表扬。

三是加快打造“近悦远来”的人才成长生态。全面落实人才新政 30 条，发放高校毕业生安家费、生活补贴 3 亿元，省内 4.3 万名高校毕业生来哈尔滨工作，创历史新高。精心组织政府特殊津贴选拔推荐，12 人获国务院政府特殊津贴、37 人获省政府特殊津贴。坚持向用人主体授权，全市技能等级自主评价和社会评价机构达到 61 家。成功举办第十四届哈尔滨大学生创业大赛，吸引 75 所高校、997 个项目参赛，报名高校、赛事奖金创历届新高。哈尔滨人力资源服务产业园发展壮大，服务企业1.25万家次，服务人员71万人次，实现营收60亿元。

四是加快打造“提档升级”的人事管理制度。提前完成事业单位人事管理“一件事”改革试点任务，公开招聘等14项业务实现全流程网办，经验在全省推广。事业单位公开招聘5 572人，同比增加46.2%。持续推行县以下事业单位职员等级晋升，受益面达到16.36%。事业单位绩效工资制度改革平稳实施，公立医院薪酬制度改革稳步推进，3家试点医院改革工作进展顺利。18项人事考试报考人数较2022年增加131%，达到23.1万人，考务工作全程规范、组织严密，确保考试安全。

五是加快推进职称评审有关工作。贯彻落实黑龙江省职称评价改革要求，开展哈尔滨市2023年度职称评审工作。执行省人力资源社会保障厅新修订的14个评价标准，及时做好对各评委会的政策指导、对专业技术人员政策解答等日常工作，明确畅通新文艺群体人员职称评审渠道。加强改进民营企业专业技术人员职称服务，确保改革任务落实。向省人力资源社会保障厅签转参评正高级职称214人、副高级职称766人。哈尔滨市3个高级评委会、17个中级评委会完成了2 500人的评审工作。组织开展全市教育、卫生、农业系列农村基层一线专业技术人员破格晋升市级职称工作，组建2023年度第一批破格晋升高级职称评委会，9区县（市）共有717人破格晋升基层高级职称。

五、构建和谐劳动关系，聚力抓治理

全系统密切关注劳动关系领域新情况、新问题，创新维权举措，提高治理效能，全市劳动关系总体和谐稳定。

一是突出和谐创建引领。组织开展和谐劳动关系区、县（市）行活动，为34个重点企业和园区提供上门服务，选树和谐劳动关系企业29家。提前介入并全程指导家乐福、长安福特等企业裁员，帮助400余名职工“下岗即就业”，做法被中央媒体深度报道。开展“夏日送清凉、和谐区县行”宣传活动。采取实地参观、圆桌讨论、政策讲解等形式，市协调劳动关系三方成员分享企业在劳动用工过程中的经验以及困难并提出解决方案。针对实际，主动向企业普及劳动关系、调解仲裁、劳动保障监察、技能培训、社会保险等相关法律法规和政策，力求通过上门服务，帮助企业解决生产经营与和谐劳动关系建设中存在的实际问题。测算发布工资指导线和国有企业工资调控目标，劳动者工资水平稳步增长。

二是突出信访矛盾化解。实行12345民声热线“接诉即办”工作模式，回应民呼民诉1.7万件次，群众满意率首次达到100%。人社系统信访量持续下降，省交办的253件劳动社保领域信访矛盾攻坚事项全部化解，实现窗口零积累、进京零登记。

三是突出根治欠薪整治。坚持关口前移，推进综合治理，开展多轮专项行动，采取超常规措施化解欠薪案件603件，解决欠薪1.7亿元，全市根治欠薪形势总体平稳。建成根治欠薪指挥一体化平台，荣获2023年哈尔滨市改革创新奖。

四是突出争议协商调解。成立全市首家新业态产业园区调解组织，开发全省首个集申请、调解等功能的线上劳动争议化解平台，全面落实平安哈尔滨建设工作任务。完善劳动人事争议多元化解机制，加快在矛盾集中的重点企业及行业培育调解组织，充分发挥基层调解组织职能作用。年内新增劳动人事争议调解组织30家，其中乡镇、街道、社区调解组织5家，企业调解组织17家，事业单位调解组织2家和其他类型调解组织6家，新聘调解员365人。全年受理争议案件1万余件，占全省总量的45.6%，结案率99.4%，调解成功率79.9%。市劳动人事争议调解中心被评为国家级和省级“金牌劳动人事争议调解组织”，受到人力资源社会保障部的通报表扬。

六、加强系统行风建设，聚力抓质效

全系统直面群众实际需求，持之以恒提高

服务能力、转变工作作风，政务服务好评率达到100%。

一是能力作风不断优化。贯穿全年开展“工作落实年”活动，坚持深化解放思想聚共识、聚力攻坚破难解民忧，创建学习型机关成果在全市进行交流展示，全系统1 667人获“日日学之星”称号。持续推进整治形式主义为基层减负，全面规范评比达标表彰和创建示范活动。

二是服务效能大幅提升。参保登记等79项业务“全程网办”，社保关系转移等31项业务“跨省通办”，员工录用等10项一件事“打包办”，灵活就业人员办理退休实现全程网办不见面，238个银行网点开通社保经办业务，1 003个银行网点提供社保卡服务，营商环境劳动力市场监管和人才流动工作在全省专项行动考核中任务完成最优，指标考评满分。

三是数字人社扎实推进。扩大“人社云”平台数据库，归集数据25亿条；获取公安、民政、卫生等部门数据，信息比对4 000余万条。微信公众号、手机APP办理业务1 100余万笔，按期办结率100%。“人社云”应用场景开发、12333服务热线、流动人员档案管理、政务公开、法治政府建设、宣传报道、安全维稳、驻村扶贫和经费（资产）管理等工作创新开展、落实有力。

哈尔滨市人力资源和社会保障局

上　海　市

2023年，上海市人力资源社会保障系统坚持以习近平新时代中国特色社会主义思想为指导，全面贯彻落实党的二十大精神，深入学习贯彻习近平总书记考察上海重要讲话精神和对上海工作重要指示要求，落实十二届上海市委三次、四次全会精神，按照党中央、国务院决策部署，在上海市委、市政府的坚强领导下，在人力资源社会保障部的精心指导下，坚持稳中求进工作总基调，围绕推动高质量发展、构建新发展格局，全力以赴稳就业、保民生、育人才、促和谐、优服务、强党建，上海人社领域各项事业发展取得新成就。

一、坚决扛牢稳就业政治责任，高质量充分就业扎实推进

（一）以强化就业优先为导向，就业形势持续稳中向好。

以实施《上海市就业促进条例》为引领，健全市区协同、部门联动“大就业”工作格局，“1+2+15+保障”就业促进工作体系全面提质升级。出台稳就业“18条”，集成发布就业补贴政策，稳就业政策红利加速释放。2023年，全市新增就业岗位60.6万个，超额完成年度目标任务；12月末户籍城乡登记失业人数15.1万人，控制在17万人目标以内；全年城镇调查失业率平均为4.5%，低于全国0.7个百分点；提前完成两个上海市政府实事项目，帮助长期失业青年就业创业1.2万人，支持培养企业新型学徒1.3万人。

（二）以保障重点群体为关键，就业基本盘更加牢固。

坚持把高校毕业生等青年就业作为重中之重，延续实施一次性吸纳就业补贴，重启一次性扩岗补助，修订完善用人单位吸纳社保补贴、求职创业补贴等政策。开展高校毕业生等青年“十个一”就业服务攻坚行动，落实“一人一策”帮扶，全市离校未就业毕业生帮扶就业率达93.5%，同比增加0.1个百分点，位于全国前列。深入开展“人人乐业”专项行动，实施大龄就业困难人员灵活就业岗位补贴。全年发放一次性吸纳就业补贴1.6亿元、用人单位吸纳就业困难人员补贴1.7亿元；失业人员实现再就业人数达16.1万人。提前启动2023年“春风行动”，接续做好稳岗留工送温暖帮扶。云南转移来沪就业农村劳动力25 300人、脱贫劳动力7 500人，分别完成年度目标的632.5%和375.8%，巩固脱贫攻坚成果、助力乡村振兴再上新台阶。

（三）以创业带动就业为抓手，就业渠道进一步拓宽。

制定实施重点群体创业推进行动方案，优化创业环境，提升创业创新能力。延续实施创业担保贷款贴息、初创期创业组织社会保险补贴、创业场地补贴、首次创业一次性补贴等创业扶持政策，全年发放创业担保贷款19.6亿元，初创期社保补贴2.6亿元，创业帮扶1.5万户。扎实推进创业培训“马兰花计划”，稳步开展创业指导专家志愿团服务工作。打造“海纳百创”创业服务品牌，加强创业服务载体建设，截至2023年年底，全市有市级创业孵化示范基地114家、特色创业型社区93个、院校创业指导站87家，校区赋能、园区释能、社区显能的联动发展格局逐步形成。

（四）以提升职业技能为支撑，就业供需结构更趋优化。

充分调动各类培训主体积极性，大规模开展职业技能培训，制定完善外省市户籍灵活就业人员、监狱服刑人员等职业培训政策，加强重点群体职业技能培训。全年完成补贴性职业技能培训人次、支持企业开展新型学徒制培训人数分别实现全年目标的124.2%、126.4%。全年新增取得高级工及以上技能评价证书5.6万人次，超额完成人力资源社会保障部设定的目标。健全完善技能评价机构动态调整机制，社会化职业技能等级认定有序推进。高标准建成世界技能博物馆。

（五）以夯实多元服务为基础，就业服务体系逐步健全。

大力推进“15分钟就业服务圈”建设，制定出台社区就业服务站点建设指引，全市已建成站点227个。出台加强零工市场建设完善零工求职招聘服务的意见，全市建成零工市场6家，区域性、行业性零工市场建设初见成效。积极打造“上海公共就业招聘新平台”，实现与市场化平台、区级平台数据对接，公益性线上求职和招聘服务更加统一安全、便捷高效。健全就业统计监测，开展重点行业用工形势分析，实现精准匹配岗位资源、精准提供服务指导、精准帮扶困难群体。

二、全力织牢民生保障网，社会保障体系更加健全完善

（一）坚持改革创新、试点先行，制度体系建设高效推进。

全面放开外省市户籍等灵活就业人员在沪参保限制。完善城乡居民基本养老保险办法、工伤康复管理办法，试点开展超龄就业人员和实习生参加工伤保险。个人养老金和新就业形态就业人员职业伤害保障试点取得显著成效，累计将93.6万名新就业形态就业人员纳入保障范围。在临港新片区创设全国首个片区性人才企业年金计划。

（二）坚持尽力而为、量力而行，民生保障水平稳步提升。

对离退休等人员发放一次性节日补助和春节补助。科学、合理、适度调整养老金、最低工资等民生保障待遇标准。统筹调整社区工作者等薪酬水平，发布企业工资指导线、企业技能人才市场工资价位等标准。

（三）坚持规范有序、安全可行，基金管理成效持续巩固。

开展社会保险基金管理巩固提升三年行动，制定实施社会保险基金行政监督、监督举报等政策举措，开展社保基金监督检查，落实安全警示教育，基金管理风险防控和治理能力进一步提升。强化职业年金投资运营管理，完善绩效考核办法，推动上海市职业年金安全稳健投资运营。密切关注社保基金收支平衡，加强预警监测，社会保险基金实现平稳、可持续发展。

三、积极筑牢高水平人才高地，人才人事改革不断创新发展

（一）聚焦制度创新、破立并举，创新创造活力充分迸发。

深化职称制度改革，完成上海市25个系列职称评价办法修订工作。进一步优化上海市建设交通类、水务海洋类事业单位专业技术岗位设置。出台上海市事业单位高层次人才招聘办法和特设岗位管理办法，向用人主体充分授权、为人才松绑。探索境外职业资格和职称评价比照认定机制，制定发布上海市境外职业资格证书认可清单，促进国内外人才自由流动。

（二）聚焦关键少数、引育并重，人才队伍培养持续推进。

持续加大高技能人才培养力度，出台上海市加强新时代高技能人才队伍建设的实施意见，研究制定上海市急需紧缺高技能人才职业（工种）目录、新技能培训项目目录。成功举办上海市首届职业技能大赛、中青年工程师创新创业大赛、人力资源服务创新发展大赛、专业技术人才和项目对接大会等各类赛会，打造高水平人才竞技交流平台，上海代表团在各类全国大赛上屡获佳绩，获奖数均位居全国前列。

（三）聚焦需求导向、精准服务，人事管理更加有序规范。

制定出台上海市人力资源服务业创新发展行动方案（2023—2025年），全市人力资源服务业全口径营业收入突破5 000亿元。组织开展人力资源服务“伯乐”奖励评审。聚焦先进典型、人才激励，全年共开展各级各类评选表彰活动68项，涉及经济建设、社会治理、教育科技等领域的各类先进约7 800个。全年组织开展94项人事考试，确保了80.5万名考生考试安全；完成28项22.5万人次干部教育培训，高素质干部队伍建设扎实推进。

四、切实守牢和谐稳定底线，劳动权益保障取得显著成效

（一）坚持源头治理、多措并举，根治欠薪长效机制持续健全。

深入贯彻落实保障农民工工资支付制度，全面推进工程建设领域农民工工资保证金存储。建成农民工工资支付监控预警平台，初步实现建设领域项目欠薪预警信息全覆盖。组织开展上海市2022年度保障农民工工资支付工作考核。认真迎接国家根治欠薪实地核查，在国务院保障农民工工资支付工作考核中，连续两年获得全国第一的好成绩，根治欠薪成效进一步巩固。

（二）坚持多元调处、高效化解，劳动关系治理效能不断提升。

扎实推进新时代和谐劳动关系创建活动，全市和谐劳动关系达标企业总数达1.1万家。加强基层劳动人事争议调解组织建设，推动基层队伍整合，推广监察仲裁“一口受理”、“劳动维权+就业帮扶”、劳动争议速裁庭等创新举措，力促“案结事了人和”。开展上海金牌劳动人事争议调解组织评选活动，15家调解组织入选。2023年，全市调解仲裁机构共受理争议案件20.72万件，综合调解率达73.32%，仲裁结案率达93.99%。

（三）坚持快速响应、依法依规，人社领域风险矛盾有效防范化解。

扎实开展“查风险、强协商、保支付、促和谐”专项行动，有效防范化解风险隐患。完善规范上海市劳务派遣用工若干问题的意见，维护劳动者合法权益。2023年，全市人社执法机构共受理举报投诉案件3.2万件，举报投诉案件按期结案率达100%。

五、全面扎牢工作基层基础，人社服务效能持续巩固提升

（一）以数字人社建设为基石，现代化治理水平进一步提升。

深入践行人民城市重要理念，制定实施上海数字人社建设行动实施方案，打造“一网通办”智慧好办2.0版，完成26个“双100”高频事项（法人和个人高频服务各100项）优化、新增和持续优化“免申即享”、高效办成“一件事”、上海人社APP向“随申办”整合迁移等改革任务，扎实推进居民服务“一卡通”，建成上海人社决策支持系统1.0版，进一步提高人社精准化服务、智能化监管和科学化决策水平。加强人社公共数据运营管理，积极推进数据共享，累计向上海市大数据中心归集数据超80亿条，数据被相关委办局累计调用超14亿次。

（二）以营商环境优化为牵引，法治人社建设取得显著成效。

扎实推进世行评估迎评工作，对标世行评估标准全面推进人社领域深层次改革任务落地。贯彻落实上海市优化营商环境6.0行动方案，出台人社领域优化营商环境39条举措，扎实推进各项任务落实。加快政府职能转变，完成“一网通办”新版公共服务事项涉及人社领域768项办事指南梳理，做好205项办事指南编制。强化信用管理，编制2023版上海市人社系统公共信用信息“数据清单”“行为清单”“应用清单”。加强行政执法人员、法律顾问、公职律师等队伍建设，全面深化执法监

督，规范依法行政。

（三）以经办服务提升为抓手，服务企业群众更加高效便捷。

发布“上海人社惠企政策服务包”“就业创业培训政策电子书”等政策举措，大力推动政策集成发布、快速查找、精准推送和一网通办、免申即享。积极开展“社保服务进万家”“乐业护航”等主题活动，打造让人民群众放心满意的人社服务。扎实推进长三角区域人社一体化发展，在强化就业创业合作、人才交流协作、劳动关系协同、社会保障互通等方面持续发力。扎实开展“局长走流程”，党员干部参与 3 456 人次。深入实施“好差评”制度，全年好评率达 99.99%。12333 热线总服务量 640 万个。

六、持续把牢党建政治引领，全面从严治党深入推进落实

（一）破难题促发展，主题教育取得扎实成效。

按照党中央和上海市委要求，用“实”的导向、“严”的要求和“联”的方式，一体推进理论学习、调查研究、推动发展、检视整改、建章立制，推动主题教育落地见效。探索形成五学（集中自学、专题研学、辅导促学、现场教学、每周述学）、四式（引领发展的前瞻式调研、优化流程的体验式调研、典型案例的解剖式调研、推动落实的督查式调研）、三联改（上下联动紧盯问题改、条块联合会商问题改、部门联手直面问题改）、二清单（抓实民生项目清单和“一个支部　一件实事”清单）、一类事（推动从“解决一件事”到“解决一类事”）的“54321”主题教育特色做法。“回头看”4 个方面 15 项重点内容全面整改落实到位。中央第五指导组 2 次“四不两直”指导检查，充分肯定上海市人力资源社会保障局以实干担当推动人社事业发展等做法。主题教育期间，《人民日报》头版报道上海市人力资源社会保障局深化“人社局长走流程”等特色做法。

（二）强党建树新风，政治生态保持风清气正。

推动主体责任和监督责任贯通协同，重点抓好领导干部“一岗双责”，推动全面从严治党责任落实落细。围绕主责主业，扎实开展劳务派遣单位截滞留稳岗返还资金、失业保险待遇发放、职业技能培训和评价、保障农民工工资支付四个专项整治。落实中央八项规定精神和整治形式主义为基层减负要求，研究制定实施细则，定期开展专项督查。加强典型选树和经验交流，打造讲政治、守纪律、负责任、有效率的模范机关。加大干部选拔、任用、交流、轮岗和教育管理力度，锻造堪当新征程重任的人社干部队伍。

上海市人力资源和社会保障局

江　苏　省

2023年，江苏省人力资源社会保障系统在省委、省政府领导下，以开展学习贯彻习近平新时代中国特色社会主义思想主题教育为引领，全力推进全省人社事业改革发展，圆满完成既定目标任务，各项工作稳中有进、亮点纷呈，一些工作走在了全国前列，为"强富美高"新江苏现代化建设作出了积极贡献。

一、综合施策，就业形势稳定向好

坚决扛牢稳就业重大政治责任，推动实施就业促进"一法一条例"执法检查。印发《建设高质量充分就业先行区实施方案》，优化调整稳就业政策措施，启动实施专精特新企业就业创业扬帆计划，送出新一轮稳岗扩就业"政策礼包"，落实社保降费、稳岗返还、扩岗补助等政策231亿元。创新推进政府购买就业公共服务制度改革，国家公共就业服务能力提升示范项目及1亿元补助资金花落南京。成功举办首届全省人力资源服务业发展大会，"四对接"活动在京掀起引才热潮。高标准办好家门口就业服务站建设和开发就业见习岗位两件省政府民生实事，不断提升职业技能培训质效，重点群体就业底线兜紧兜牢。全省城镇新增就业138.29万人，总量占全国的1/10以上；月均城镇调查失业率为4.6%，低于全国平均水平0.6个百分点。3月，国务院有关领导到江苏省调研稳就业工作并给予充分肯定；4月，全国人社系统稳就业工作现场推进会在江苏省召开，会上总结推广江苏省"一体化推进、数字化赋能、多元化参与、专业化管理"的就业工作经验。

二、深化改革，社保体系不断完善

落实企业职工基本养老保险全国统筹，实现工伤保险基金省级统收统支和失业保险省级统筹。启动城乡居民基本养老保险"百镇千村"集体补助计划，在全省54个县（市、区）、176个镇（街道）、1 650个行政村开展试点，以集体补助撬动参保人员高档次缴费，打造可供学习和参考的全国"样板"。连续12年提高城乡居民基本养老保险基础养老金省定最低标准，2023年提高至每人每月208元。在全国率先开展新就业形态就业人员职业伤害保障试点，全省累计158万名新就业形态就业人员纳入保障范围，实现平台企业和新就业形态就业人员双向受益，形成一套可复制可推广的职业伤害保障"江苏模式"。按时足额发放失业保险待遇，失业保险金人均水平达2 038元/月，位居全国第三。

三、服务发展，人才活力持续增强

创新出台人才评价破"四唯"和事业单位编制"周转池"等政策，深入实施卓越博士后计划，加大对重点产业、"卡脖子"关键核心技术人才选拔支持力度。出台《省委人才办、省人力资源社会保障厅关于加强和改进新时代博士后工作的实施意见》，新设国家级博士后科研工作站50家，入选国家博士后招引海外专项448人，均居全国第一；博士后年招收4 038人，同比增长34%，由全国第四跃升至第二，仅次于广东；首届全国博士后揭榜领题优秀方案评选包揽4个赛道所有金奖。第二届全国技能大赛金牌数、奖牌数均居全国第三，省委主要领导予以肯定，省委、省政府主要领导专门接见获奖选手和专家教练代表。推动建立苏港澳人才交流合作机制，举办苏港人才合作发展座谈会，建立4个港澳人才工作联络站；与澳门签署“苏澳共同加强人才交流培养框架协议”，并在无锡建立“苏澳人才交流培养基地”。

四、依法维权，劳动关系和谐稳定

紧紧围绕“去存量、遏增量、防变量”，全方位开展保障农民工工资支付专项整治，推进“制度运行提质增效”和农民工工资“月结月清”，加强调度督导，有效遏制欠薪增长势头，为16.23万名劳动者追发工资待遇10.98亿元。持续开展和谐劳动关系创建，创新发布和谐企业、和谐工业园区和乡镇（街道）、和谐行业等三个标准，健全网约配送、快递行业集体协商机制，制定新就业形态劳动者劳动合同和用工协议订立指引。大力推进劳动人事争议联合调处中心、智能仲裁院、数字仲裁庭建设，多元化调处劳动争议案件21.15万件。

五、数字转型，服务效能加快提升

全面推进人社数字化转型，江苏省在全国人社系统信息化工作会上，围绕人社数字化转型工作进行专题演示和经验交流，在人力资源社会保障部信息化便民服务创新提升行动中，入选7个便民服务创新实践优秀案例，总结评估结果在全国排名第一。安全高效运行省人社一体化信息平台，深化开发就业运行监测分析、职业技能培训评价服务、人才服务、新就业形态就业人员职业伤害保障、农民工工资支付监控预警等18个数字化应用场景，推动贯通联动、集成创新。利用信息手段，深化“放管服”改革，精准画像，推送政策服务，打造以信息比对为主，远程自助认证与社会化服务相结合的认证服务新模式，实现“政策找企”“政策找人”，人社服务网办率提升至97.5%。

江苏省人力资源和社会保障厅

南 京 市

2023年，南京市人力资源社会保障系统以习近平新时代中国特色社会主义思想为指导，全面贯彻落实党的二十大精神，坚持正确政治方向，弘扬伟大建党精神，强化使命担当，致力促发展、惠民生、防风险、保稳定，为全市经济社会高质量发展作出贡献。

一、坚持多措并举，确保就业大局稳定

统筹推进做好稳就业、促创业、防失业各项工作，城镇新增就业23.1万人，以不到全省1/9的常住人口规模实现城镇新增就业占全省1/6强，成功入选全国公共就业服务能力提升示范项目和创建公共就业创业服务示范城市，再获年度“中国最佳促进就业城市”称号，国务院有关领导来宁考察调研时充分肯定南京就业工作“有特色、有经验、有创新，也有成效”。

（一）助企稳岗保用工。

发放稳岗返还资金6.8亿元、惠及企业10.9万家，一次性扩岗补助4 418.85万元、惠及企业8 931家，用人单位吸纳就业补贴2.27亿元、惠及企业2.66万家次，为2 195家企业发放“苏岗贷”77.53亿元，落实失业保险降费政策助企减负31.49亿元。开展用工全监测、走访全覆盖、服务全对接“三全行动”，实施助企专员“一对一”帮扶，对接保障企业用工1.3万余家次、12.9万人次；组织线上线下招聘2 826场次，提供岗位50.7万个次。建成运行1个省市区共建示范性零工市场、6个区零工市场及一批零工驿站。深入开展“春风行动”，实现精准帮扶，兜牢就业底线，组织各类专场招聘活动2 448场，帮助1.44万人实现就业。

（二）紧盯重点促就业。

深入实施“宁聚”计划，开展高校毕业生等青年就业服务攻坚行动，针对高校特点和求职需求，组织“高频次”“小而精”“定制化”的供需对接，面向高校毕业生多方筹岗逾45万个次，开发见习岗位2.5万个、见习单位（基地）2 900余家，组织见习7 452人，举办37场感知体验活动。聚焦农村劳动力、就业困难人员、退役军人等重点群体，精准施策稳保就业，建成“家门口”就业服务站45个，帮助1.93万名就业困难人员实现就业，培育省市级劳务品牌31个，劳动年龄段退捕渔民100%转产就业，零就业家庭保持动态清零。支持新就业形态发展，举办第二届新就业形态从业人员技能大赛，在全省率先组织网约配送员职业技能等级社会化评价，推进落实新就业形态就业人员职业伤害保障试点，认定支付职业伤害保障待遇1 174人次、2 758.36万元。

（三）扶持创业增动能。

全力扶持青年大学生创业，组织参加政府补贴性创业培训2.4万人次，举办32场次创业大讲坛活动，遴选资助优秀大学生创业项目174个2 450万元，发放创业担保贷款和各类创业奖补超1.7亿元。全市共建成创业孵化基地、大学生创业园等载体120家。第十一届“赢在南京”青年大学生创业大赛征集项目3 805个，数量再创新高，举办“创聚金陵”系列创业服务活动120余场。大力营造“宁创”浓厚氛围，培育自主创业者4.55万人，其中扶持大学生创业7 604人，排名全省

第一。

（四）多措并举防失业。

实施职业培训赋能专项行动计划，完成企业新型学徒制培训备案 2 964 人，推进一部门一课题“创新补贴性职业培训实施路径”重点改革项目，开展各类补贴性职业技能培训 14.65 万人次，发放培训补贴 13 682.5 万元。做好失业保险补助金阶段性扩围政策到期后的平稳过渡工作，对 2022 年符合条件但未申领的失业人员，将受理期限延长至 2023 年 3 月 31 日，兜牢底线保障失业人员基本生活。加强就业失业预警监测，有效防范规模性失业风险。

二、坚持城乡一体，织密社保安全网

深入学习贯彻习近平总书记关于社会保障体系建设重要论述，按照国家、省部署要求，围绕强统筹、优服务，不断健全城乡一体的社会保障制度，发挥保民生、兜底线作用。

（一）完善落实社保制度。

落实企业职工基本养老保险全国统筹相关工作，完成 4 640 名机关事业单位退休中人的养老待遇核定，开展城乡居民基本养老保险集体补助试点，调整退休人员养老金、特殊群体等各项社保待遇。新增企业年金备案 68 家，累计达 592 家，位居全省前列。深化“三位一体”工伤保险体系建设，对 313 家企业 3.9 万人次开展现场互动与持续改善式工伤预防培训，积极开展早期康复试点，完善工伤康复诊疗项目及服务标准，全市工伤康复 1 186 人次。持续推进新就业形态就业人员职业伤害保障试点工作，开辟业务办理绿色快捷通道，积极有序做好职业伤害确认工作，全年受理职业伤害确认申请 1 574 件，办结 1 370 件。

（二）深入推进全民参保。

全市社会保险累计参保 1 181.77 万人次，其中职工养老、失业、工伤保险参保 1 116.96 万人次。深入实施“同舟计划”，持续推动各行业领域工伤保险应保尽保，建筑业新开工项目 100% 参加工伤保险，组织快递员、超龄就业人员和实习生参加工伤保险，基层快递网点参加工伤保险人数居全省前列。精准落实社保扶贫，为 2.96 万名困难人员代缴养老保险费 4 972.8 万元。稳妥做好各类群体社保待遇调整工作，企业退休人员月均养老金达 3 413 元，居全省前列。

（三）切实提升经办效能。

开展社会保险基金管理巩固提升行动，强化社会保险基金监管和风险防控，开展失业保险基金专项治理行动，上线运行经办风控和预警分析系统，不断提升基金监管效能。加强企业退休人员社会化管理服务，组织开展“夏送清凉”等活动，全年健康体检服务 52.35 万人，开展“暖心居保”服务品牌试点创建。

三、坚持引育共兴，做大人才蓄水池

坚决贯彻中央、省委、市委关于人才工作决策部署，深入实施新时代人才强市战略，出台实施“人才强市 25 条”和“重点产业人才 7 策”新政，不断健全更加积极开放、精准有效的人才政策服务体系，全方位培养、引进、用好人才，着力打造多层次人才队伍。

（一）深化人才评价制度改革。

深化职称制度改革，完成 72 个职称评委会及评委库换届工作，创新启动数字经济工程职称评审，新增专业技术人才 13.68 万人，总量达 195.2 万人，增量与总量均位居全省第一。优化实施高层次人才举荐制，畅通非共识性人才选拔成长通道，举荐产生 33 名高层次人才，推进赋予科技领军企业单独举荐权试点，促进更多人才脱颖而出。加强社会化职业技能等级认定，新增备案机构 93 家，累计逾 450 家，列全省第二。试行“新八级工”制度，完成 16 名省特级技师评聘。拓宽高技能人才职业发展通道，1 902 名高技能人才取得职称，2 514 人实现专业技术职称评审与职业技能评价贯通。

（二）加快建设人才集聚高地。

加强海外人才引进，市级择优资助项目 180 个，举办第十五届中国留学人员南京国际交流与合作大会，200多个创新创业项目达成落户或合作意向，2023年“赢在南京”海外人才创业大赛征集全球范围内近400个项目，海内外创新资源进一步集聚。新增留学回国人员7 362人，列全省第一，总量达6.59万人。新认定市级留学回国人员创新创业园2家，遴选市级专家服务基地5家、专家服务基层项目11个，选派140名专技人才至对口协作地区交流合作。进一步壮大高技能领军人才，新增享受国务院政府特殊津贴专家3名、江苏最美工匠3名、江苏省企业首席技师11名。截至2023年年底全市有6名中华技能大奖获得者、12名享受国务院政府特殊津贴专家、100名全国技术能手、154名江苏省企业首席技师、100名江苏技能大奖获得者，高技能人才总量达55.14万人。

（三）持续打造高能级载体平台。

积极推进企业专家工作室建设，新增22家市级企业专家工作室，市级累计达102家、区级累计达213家。新增技能大师工作室省级2家、市级7家。聚焦博士后科研工作站建设，新招收博士后首超500名，获中国博士后基金资助102人，入选江苏省卓越博士后计划119人，均为全省第一，参加首届江苏省博士后创新创业大赛获奖数居首位。以赛促训着力选拔培育高技能人才，参加第二届全国技能大赛获1金2银3铜的历史最好成绩。推进技工院校工学一体化改革，校企合作单位超600家。

（四）构建优质人才发展生态。

审核通过“海智湾”入湾申请5 601人，做好国家级人力资源服务产业园创建验收准备，评选71家市级诚信人力资源服务机构，开展整顿规范人力资源市场秩序行动，编制发布南京创新型产业紧缺人才需求目录精准引才。加强人才安居保障，发放住房租赁补贴5.29亿元，高效运行“尚贤”人才服务热线和人才服务云平台等系统，提供优质公共服务。深化公立医院薪酬制度改革，落实事业单位高层次人才待遇保障，严格规范开展表彰奖励工作。有序组织28项、35.1万人次、76.2万科次人事考试，确保安全零事故。

四、坚持防治并重，构建劳动关系“稳定器”

持续推进新时代和谐劳动关系建设，健全协商协调机制，全流程、多节点精准发力，积极防范化解重点行业领域劳动关系风险隐患，确保劳动关系和谐稳定。

（一）深化和谐劳动关系创建。

持续实施“和谐同行”能力提升三年行动计划，新评定市劳动关系和谐企业270家，选树省优秀和谐劳动关系企业20家、园区2家。开展新时代和谐劳动关系建设活动，建立完善和谐企业、和谐工业园区、和谐行业梯次建设体系。促进集体协商提质增效，开展集中要约行动，首家实施网约配送行业企业集体协商。加强企业工资宏观调控，健全特色行业企业薪酬调查制度，进一步优化完善技能人才工资价位专项统计。加强劳动关系协调员队伍建设，推动在全市建设专业化劳动关系协调员队伍，为推进新时代和谐劳动关系建设提供有力保障。

（二）聚力推进联合执法维权。

实体运行“两办一班”（设在人社部门的根治拖欠农民工工资工作领导小组办公室、设在建设部门的清理拖欠工程款和农民工工资领导小组办公室、跨部门领域的治理欠薪问题工作专班），强化协同动态治欠，投诉案件结案率100%。出台《南京市工程建设领域农民工工资保证金实施办法》等政策文件，高效运行“阳光护薪”二维码，开展春季清尾、夏季排查、秋季化解、冬季攻坚“四季”专项行动，推进农民工工资支付保障制度全覆盖。全年妥善处理各类欠薪线索4.08万件，依法立案查处违法案件4 151件，为3.04万名劳动者追讨各类劳动报酬2.33亿元。连续6年获评省对市保障农民工工资支付工作考核A级等次。

（三）联调联动促进矛盾化解。

高效运行市、区14家劳动人事争议联合

调处中心，健全“五位一体”矛盾纠纷多元化解机制。新增28家市级金牌调解组织，5家被评为省级金牌调解组织。组织开展“和谐劳动关系建设百集系列微课”普法50期。深化跨域联动化解，2人入选“长三角区域劳动人事争议仲裁业务骨干库”。全年受理各类劳动人事争议案件7.35万件，结案率100%、调解成功率87.55%。

五、坚持量质齐升，打造人社服务“便利店”

聚焦服务对象“急难愁盼”，立足人社服务大局，持续简流程、优服务，不断提升公共服务质效。

（一）拓展共建跨域合作网。

深度融入“一带一路”、长江经济带、长三角一体化及南京都市圈等发展，印发《2023年南京都市圈人社领域一体化发展工作要点和工作事项》，拓展人社跨区域合作。持续构建“15分钟人社服务圈”，将20余项人社自助业务、40余项人社柜面服务下沉至13家合作银行逾千个网点，持续打通社银合作通道，就近就便提供服务。

（二）深化改革释放新动能。

深化“放管服”改革，加快推进人社服务“不见面”“一次办”，审批服务事项在江苏政务服务网“不见面”办理支持率98.2%，人社政务服务好评率99.98%。全市首家发布电子证照应用经办指南，强化引领示范。

（三）“智慧升级”居民服务“一卡通”。

加快推进社保卡居民服务“一卡通”，不断拓展在人社、医疗、交通、文旅、校园、民生等领域的场景应用，建成全省首个社保卡体验中心，为持卡人提供实时场景深度应用体验。迭代发行三代卡127万张，电子社保卡人口覆盖率达94.7%。12333咨询服务全天候运行，综合满意度93.8%，居全省前列。

六、建强人社铁军，抓党建优行风弘扬正气

全面贯彻落实党的二十大精神，不断提高政治站位、履行政治责任，把牢人社部门政治机关定位，为事业发展提供坚强保证。

（一）坚决履责，推进全面从严治党。

把持续深入学习贯彻习近平新时代中国特色社会主义思想作为党建首要任务，充分发挥局党组理论学习中心组示范引领作用和基层党组织教育引导主体作用，认真履行全面从严治党主体责任。深入开展学习贯彻习近平新时代中国特色社会主义思想主题教育，进一步强化理论武装，筑牢思想根基。

（二）坚持不懈，抓好作风行风提升。

深入开展机关作风和系统行风建设，提升满意度。抓实人社系统岗位练兵比武，以团体总分第一夺得全省一等奖，2名选手获全国“人社知识通”称号，并助力江苏获全国赛团体一等奖，个人成绩分别排省内第一名和第三名，创历年最佳。

（三）守牢底线，建强队伍根基。

严实抓好意识形态、网络安全、安全生产等工作责任制落实，全年召开27次局党组（扩大）会议跟进学习贯彻习近平总书记系列重要讲话指示精神，把全面从严治党各项要求贯彻落实到人社工作和队伍建设中。着力打造人社“清廉苑”，组织开展“爱廉说”“尚廉行”“护廉网”等行动，深入开展党组中心组理论学习、“人社学思行”系列专题讲座。

七、立足人社赋能乡村振兴

立足人社职能深入贯彻落实乡村振兴战略，强化实施多项服务，积极在推进乡村振兴中发挥人社力量。

（一）建强乡土人才队伍。

不断拓展乡土人才发展空间，强化全面推进乡村振兴、加快建设农业强国的智力支持和人才支撑。获评省级乡土人才传承示范基地1个、乡土人才大师示范工作室3家、乡土人才大师工作室9家，遴选认定市级乡土人才传承示范基地8个、乡土人才大师工作室5家。举办市第六届乡土人才技艺技能大赛，结合乡村产业振兴新设种子检测、金箔贴金、民间（民

俗）舞、数字电商、中式糕点等竞赛项目，共42名选手分获各类奖项。

（二）深化对口劳务协作。

持续巩固拓展对口帮扶地区脱贫攻坚成果，精准对接送岗，定向推送提供就业岗位，强化跟进帮扶，当地来宁务工人员全面纳入南京市政策服务范围，同等享受公共就业服务。主动对接百家市外劳务协作基地，联动举办劳务协作、专场招聘、直播带岗活动，与商洛、西宁联办各类招聘活动93场次，提供就业岗位1.63万个，帮助1 699名劳动力来宁就业。携优质人力资源服务机构和用人单位赴宁夏中卫市海原县、甘肃定西市陇西县、新疆伊犁州特克斯县三地开展走访调研、专场招聘、座谈交流等劳务协作对接活动，并与陇西人社部门签订劳务战略合作协议，助力对口协作地区推进乡村振兴。

南京市人力资源和社会保障局

浙　江　省

2023年，浙江省人力资源社会保障系统坚持以习近平新时代中国特色社会主义思想为指导，深入学习宣传贯彻党的二十大精神和习近平总书记考察浙江重要讲话精神，认真贯彻落实中央和省委、省政府及人力资源社会保障部决策部署，扎实开展“大走访大调研大服务大解题”活动，高质量开展学习贯彻习近平新时代中国特色社会主义思想主题教育，创新开展尽心耐心暖心“三心”服务行动，聚焦实施省委三个“一号工程”和省政府“十项重大工程”，全力推进人社领域创新深化改革攻坚开放提升，推动人社事业高质量发展取得新成效，为全省经济社会发展大局贡献了力量。浙江省在国务院保障农民工工资支付工作考核中连续六年获得A等次，浙江省人力资源社会保障厅在2023年度全省综合考核中被评为先进单位。

一、系统谋划，强力推进，人社领域创新深化改革攻坚开放提升取得积极成效

认真贯彻省委深入实施“八八战略”强力推进创新深化改革攻坚开放提升决策部署，以实施三个“一号工程”为牵引，全力推进人社领域创新深化改革攻坚开放提升。成立由厅主要领导任组长的人社领域深入实施“八八战略”强力推进创新深化改革攻坚开放提升领导小组，抽调精兵强将和业务骨干组建工作专班实体化运作，统筹推进人社领域创新改革开放各项工作。召开全省人社系统工作推进会，印发《人社领域强力推进创新深化改革攻坚开放提升工作总体实施方案》，实施数字人才培育、高端人才集聚、企业用工保障、人社政务服务优化提升、基层人社治理现代化改革、人力资源市场集成、促进共同富裕改革、新就业群体权益保障、人力资源服务业提质增量等“9大攻坚行动”和“35项攻坚举措”，推动数字技术技能人才培养、人力资源大平台建设、新就业形态劳动者权益保障等方面取得突破。工作专班实施周例会制度，累计召开例会31次，开展试点探索和项目路演，全省评选出31个“最佳项目”。“打造数字技术技能人才培育高地”做法入选数字经济创新提质“一号发展工程”优秀案例，“浙江人力资源大市场”项目分别入选营商环境优化提升“一号改革工程”和“地瓜经济”提能升级“一号开放工程”最佳实践案例并获评省改革突破奖铜奖。在全省人社系统开展“高质量发展建设共同富裕示范区人社领域标志性成果”典型案例征集和遴选，挖掘选树一批具有浙江辨识度的最佳案例，推动更多“盆景”变“风景”。省委主要领导先后两次对人社领域创新深化改革攻坚开放提升工作予以批示肯定。

二、完善体系，精准施策，推动实现高质量充分就业成效明显

坚持把就业工作作为首责首业，把习近平总书记在浙江工作期间提出的“人人有事做，家家有收入”的重要要求作为就业工作的总指引，深入实施就业优先战略，持续完善高质量就业创业体系，部署开展稳企拓岗增就业专项行动，圆满完成省政府工作报告明确的目标任务，全省就业形势保持总体稳定、稳中向好。全省城镇新增就业116.3万人，城镇调查失业率平均4.6%。截至2023年年底，在浙省外劳

动力2 296万人，在浙脱贫人口231万人，规模较上年均有所增加。认真做好《浙江省就业促进条例》地方性立法工作，经省人大常委会初审通过。贯彻落实国务院稳就业政策文件精神，以省政府办公厅名义出台《浙江省人民政府办公厅关于优化调整就业创业政策措施全力促发展惠民生的通知》。在全国最早实施稳工稳产送温暖活动，全力保障春节期间企业用工，助推一季度经济“开门红”。实施高校毕业生等青年就业创业推进计划，创新开展“百万岗位进校园”专项行动，人力资源社会保障部主要领导来浙出席启动仪式并给予充分肯定。深入实施离校未就业高校毕业生服务攻坚行动，对离校未就业高校毕业生实施“1311”服务，全省10.35万名离校未就业高校毕业生中有就业意愿的9.4万人全部实现就业。认真落实省委、省政府促进民营经济高质量发展“32条措施”，牵头做好人才和用工需求保障。牵头抓好省政府公共服务“七优享”工程“劳有所得”领域工作。深化“重点群体就业帮扶在线”应用，帮扶信息、帮扶过程、帮扶结果实现省、市、县、乡镇（街道）、村（社区）五级贯通闭环管理，全年累计帮扶87.5万人实现就业。促进多渠道灵活就业，建成零工市场240家，完成省政府民生实事目标任务的120%，认定首批省级示范零工市场33家。推动创业带动就业，全省共扶持创业5万人，发放创业担保贷款42.5亿元。深入开展返乡入乡合作创业，221个行政村获评返乡入乡合作创业考核优秀单位，制定发布省级地方标准《乡村合作创业管理与服务规范》，成功举办浙江省第二届返乡入乡合作创业大赛，牵头做好云和团组省级结对帮扶工作，有效助力乡村振兴。浙江省返乡入乡合作创业有关做法在全国人社帮扶助力推进乡村振兴交流观摩会议上作典型交流。大力推进劳务品牌建设，成功举办首届劳务品牌大赛。浙江省“大力推进劳务品牌建设，促进百姓持续增收致富”相关做法被国家支持浙江高质量发展建设共同富裕示范区工作简报刊发推广。李强总理对浙江省安吉青年人才返乡创业的经验做法作出肯定批示。国务院有关领导来浙江考察调研期间对浙江省就业工作予以充分肯定。

三、协同联动，持续发力，共富型大社保体系加快构建

省人力资源社会保障厅等12个部门联合出台《关于共富型大社保体系建设的实施意见》，积极推进“浙里共富大社保”平台建设，实现人社数据全省贯通和11个相关省级部门数据贯通。社保政策全年为企业和个人减负488亿元。深入推进全民参保计划，指导各地稳妥推进参保扩面，2023年年底全省企业职工基本养老保险参保人数比年初增加97万人。平稳实施退休人员基本养老金调整，惠及953万名退休人员。调整城乡居民基本养老保险基础养老金最低标准，从190元/月提高至200元/月，人均待遇水平达到450元/月。优化调整城乡居民基本养老保险缴费档次和缴费补贴标准，促进制度规范统一。组织开展“共富居保　惠民养老”系列政策宣传活动，推动符合条件、有参保意愿的城乡居民应保尽保、应享尽享。工伤职工伤残津贴每月增加198元，供养亲属抚恤金每月增加102元，工伤保险待遇稳步提高。修改完善职业年金考核办法，出台《浙江省人力资源和社会保障厅等9部门关于进一步促进我省企业年金发展的指导意见》，指导杭州、宁波开展个人养老金试点工作，账户开立人数位居全国前列。出台失业保险、工伤保险省级统筹实施意见及配套政策，开发建成省级统筹经办系统。出台《浙江省用人单位招用不符合确立劳动关系情形的特定人员参加工伤保险办法（试行）》，将超龄人员等七类人员纳入保障范围，进一步分散用人单位用工风险。截至2023年年底，全省特定人员单险种参加工伤保险40.22万人。推进工伤“e鉴通”创新应用推广，开展工程建设领域工伤保险专项整治行动。实施社保基金管理巩固提升行动，出台《落实社保基金安全管理主体责任　强化社保基金监督整改工作的意见》，组织开展社保基金“飞行检查”和第三方审计。持续优化社保经办服务，进一步提升群众获得感和满意度。浙江省优化“职工参保登记”事项在线办理做法被国务院办公厅评为政务服务效能提升典型经验案例。

四、健全机制，多点发力，“浙派工匠”金名片成色更足

以省委办公厅、省政府办公厅名义出台《关于加强新时代高技能人才队伍建设的实施意见》，省政府与人力资源社会保障部签订共建省域技能型社会合作协议，以省政府办公厅名义出台《关于开展省域技能型社会建设的指导意见》，省政府召开浙江省域技能型社会建设现场推进会进行全面部署。以“浙派工匠”民生实事为抓手，大力开展数字高技能人才倍增行动和百万技能人才“订单式”引育行动，率先探索推行“一试双证”制度，全省开展职业技能培训218.4万人次，新增技能人才85.2万人，其中高技能人才35.9万人。深入实施技工教育提质增量行动，10所一流技师学院和69个高水平专业群建设加快推进，升格技师学院2所、高级技工学校3所，新增技工学校3所。部署开展全省技工院校招生“五年攻坚”行动，设立技工院校省政府奖学金，首届评选共730名学生获奖。加强技能人才国际交流合作，与香港金融管理学院签署联合培养国际化高素质技能人才战略合作框架协议。成功举办第二届浙江技能大赛，全网曝光量超5亿次。浙江省在第二届全国技能大赛上取得6金12银8铜81优胜奖，金牌数列全国第五、奖牌数列全国第四。浙江省技能人才工作经验做法被国家发展改革委列为浙江高质量发展建设共同富裕示范区第一批典型经验。

五、深化改革，系统联动，立体化人才引育取得新突破

全省系统上下联动，多渠道开展人才引育，积极打造“留·在浙里”海外引才品牌，组团赴香港举办新冠肺炎疫情后首次现代服务业高端人才招聘会，开展“浙里更闪耀”“双强汇聚”等线上线下引才活动。加强博士后工作，新增博士后科研流动站36家、国家级博士后工作站27家、省级博士后工作站249家，招收博士后3 725名。以新型研发机构为主推进职称评聘改革，授予重大科研平台高级职称自主评聘权和社会化评审权，授予36家民营企业职称评审权。出台高层次人才特殊支持计划青年人才项目（综合类）实施细则和数字技术工程师培育项目实施方案。开展新一批享受政府特殊津贴人员选拔推荐，99人享受政府特殊津贴。加强科研事业单位专业技术岗位结构比例调控，建立科研成果与结构比例激励联动机制，对山区海岛县专业技术岗位结构比例标准予以倾斜。出台关于贯彻落实《事业单位工作人员考核规定》若干问题的意见，进一步规范事业单位工作人员考核工作。牵头组织开展事业单位面向第19届亚运会组委会社会专业人员专项招聘，83人被聘用。深化“智聚山海·助力共富”专家服务工程，全省举办各类专家服务活动385场，助力山区海岛县经济发展。出台推进新时代人力资源服务业高质量发展的若干意见，在全国率先开展“专精特新”人力资源服务机构选拔，11家机构入选首批全省服务业领军企业，遴选首批11家省级人力资源服务出口基地。大力推进“浙江人力资源大市场”建设，聚焦人力资源招引、培育、配置、评价等环节，推动实现“一网全贯通、要素全融合、服务全链条、监管全覆盖”。

六、强化引导，加强监管，收入分配制度机制更加完善

开展企业薪酬调查，突出技能人才、新就业形态劳动者等重点群体，完成调查1.7万家企业、超过200万名职工。积极推广技能人才薪酬分配指引，进一步树立技能价值参与收入分配的激励导向，全省培育“以技提薪”示范企业193家，签订能级工资集体合同2.3万余份，惠及职工354万人。调整全省最低工资

标准，最高档达 2 490 元 / 月。加强国有企业薪酬分配调控，委托第三方机构对 20 家省属企业进行工资内外收入专项审计，审核 25 家省属企业负责人 2022 年薪酬分配方案，进一步规范省属国有企业负责人薪酬分配。调整 2023 年度精减退职人员等三类人员生活困难补助费标准。出台《关于深化公立医院薪酬制度改革的实施意见》，完善公立医院薪酬水平决定办法和专项激励机制。开展省属事业单位社会化服务薪酬激励试点，完善省属高校高层次人才薪酬激励政策，进一步激发高层次人才创新创造活力。上线运行省直公务员工资管理系统，迭代升级省事业单位人事工资管理服务系统功能，扎实推进工资数据协同应用。

七、聚焦问题，标本兼治，基层人社治理现代化改革有力有效

聚焦解决县级劳动保障监察力量与劳动纠纷治理任务、传统基层人社治理工作机制与基层治理新要求不相适应等问题，深入推进基层人社治理现代化改革，省人力资源社会保障厅等 5 部门联合出台《关于加强基层人力资源社会保障治理能力建设的指导意见》，健全劳动保障督导员、劳动保障管理员、劳动关系协调员“三支队伍”，着力构建“整体智治、高效协同”的基层人社大治理工作体系。人力资源社会保障部主要领导作出批示，浙江省改革做法在全国人社工作会议上作典型经验交流。截至 2023 年年底，全省共配置劳动保障督导员 2 915 名、劳动保障管理员 4 363 名、劳动关系协调员 6.7 万余名。按照人力资源社会保障部数字人社建设的部署要求，印发《浙江省数字人社建设行动实施方案》，深入推进数字人社建设。大力推进人社领域标准化建设，发布实施《事业单位人事管理全周期“一件事”联办服务规范》等 9 项省级地方标准，多项标准为全国首创，圆满完成人力资源社会保障部基本公共服务标准化试点。深入推进长三角社会保障卡居民服务“一卡通”建设，以省政府办公厅名义出台加快推进“一卡通”服务管理工作的实施方案，实现 52 个居民服务类事项长三角一卡通用。

八、防范风险，护航亚运，全省劳动关系保持总体和谐稳定

完善人社系统风险防控机制，定期调度，强化督导，全力打好护航杭州亚运攻坚战。制定高质量推进和谐劳动关系创建活动实施方案和加强劳动关系协调员队伍建设的指导意见，为 11.2 万家企业提供免费用工体检，培训劳动关系协调员 5.3 万人次。深化“浙江无欠薪”行动，构建以安薪码、安薪在线平台、“安薪指数”为核心的欠薪数字化治理体系，将“安薪指数”列入省委综合考核和省政府公共服务“七优享”工程考核，着力打造“浙里无欠薪”品牌。组织开展“安薪护航亚运”专项行动，创新开展“开工第一课”服务活动，聚焦企业用工和劳动者就业过程中对人社法律法规政策“不知道、不了解、不掌握”等难点痛点问题，通过集中培训、专题节目、宣讲视频等多元化方式，实现“早介入、早服务、早规范”，进一步强化源头治理，推动构建和谐劳动关系。2023 年，全省开展“开工第一课”服务活动 2.6 万场，涉及 61.2 万家企业和 326.7 万名劳动者。全年共办结欠薪案件 8.84 万件，为 28.39 万名劳动者解决工资等待遇 21.99 亿元，全省未发生因欠薪引发的重大群体性事件、极端事件和重大舆情事件。浙江省在国务院根治欠薪工作经验交流会上作经验介绍，国务院有关领导对浙江省创新开展“开工第一课”服务，努力把欠薪隐患消灭在劳动关系建立第一时间的做法给予充分肯定。出台进一步加强劳动人事争议协商调解工作的实施意见，印发新就业形态劳动用工纠纷调处指引，牵头制定发布首个长三角区域社会事业类地方标准《劳动争议联合调解和协同仲裁服务规范》，在全国率先实施《劳动人事争议仲裁服务规范》与《基层劳动人事争议调解服务规范》2 个省级地方标准，着力提升劳动人事争议调解仲裁效能，平均压缩审理时限 50% 以上。创建数字仲裁庭153个，仲裁网络办案率达到55%，全省劳动人事争议调解成功率82%，争议案件在基层一线化解率达到63%，居全国前列；劳动人事争议案件终局裁决率65%，位居全国首位。

九、持续强化党建引领，纵深推进全面从严治党

（一）深入学习宣传贯彻习近平总书记考察浙江重要讲话精神。

2023年9月20日至21日，习近平总书记在浙江考察。省人力资源社会保障厅召开党组会第一时间传达学习，审议通过《浙江省人力资源和社会保障厅学习宣传贯彻习近平总书记考察浙江重要讲话精神工作方案》，召开厅党组理论学习中心组专题学习会深入交流研讨。省厅主要领导赴杭州市临平区宣讲习近平总书记考察浙江重要讲话精神，并围绕贯彻落实习近平总书记重要讲话精神，在《中国劳动保障报》发表《奋力推进浙江人社事业高质量发展》署名文章。制定印发《关于深入学习贯彻习近平总书记考察浙江重要讲话精神扎实开展稳企拓岗增就业专项行动的通知》，以推动实现高质量充分就业为主线，部署实施8项重要任务，推动习近平总书记关于人社工作重要指示精神落实落地。制定完善贯彻习近平总书记重要指示批示精神闭环落实机制，坚决贯彻落实中央和省委各项决策部署，真正做到“总书记有号令、党中央有部署、省委有要求，人社见行动”。

（二）扎实开展学习贯彻习近平新时代中国特色社会主义思想主题教育。

认真贯彻落实党中央和省委决策部署，严格按照“学思想、强党性、重实践、建新功”的总要求，以“最讲党性、最讲政治、最讲忠诚、最讲担当”标准和“当先锋、作表率”目标为牵引，坚持理论学习、调查研究、推动发展、检视整改、建章立制深度融合、一体贯通推进，持续推动以学铸魂、以学增智、以学正风、以学促干。省厅主要领导亲自指导制定工作方案，主持召开主题教育推进会，带头为全厅党员干部上专题党课。深入开展“循迹溯源学思想促践行”，推动习近平新时代中国特色社会主义思想入脑入心入行。坚持问题导向、精准选题，坚持面向基层、深入研题，坚持务求实效、精心答题，深入开展调查研究，推动全省人社系统解决了一批群众“急难愁盼”问题。按照“群众盼什么、我们办什么”的目标要求，创新开展尽心耐心暖心“三心”服务行动，全力落实企业纾困和用工服务保障、重点群体就业帮扶等11项举措，扎扎实实为民办实事解难事。把开展专项整治行动作为重要载体，认真贯彻习近平总书记重要批示精神，标本兼治开展劳务派遣单位截滞留稳岗返还资金、失业保险待遇发放、职业技能培训领域突出问题和保障农民工工资支付等4个专项整治行动，对失业保险基金管理和技能培训领域存在的问题进行大起底、无死角梳理排查，创新“一企一档”举措，做到点上问题面上整改，形成常态长效。人力资源社会保障部对浙江省失业保险基金管理问题专项整治经验做法予以充分肯定并向全国推广。浙江省人社系统主题教育相关经验做法被《中国组织人事报》《中国劳动保障报》《浙江日报》和浙江新闻联播、浙江省主题教育简报等媒体刊物宣传报道。

（三）深化推进人社系统行风建设。

认真贯彻落实人力资源社会保障部全面从严治党深化行风建设工作会议精神，进一步完善行风建设工作机制，成立由省厅主要领导任组长的省厅加强行风建设工作领导小组，明确由省厅机关党委（机关纪委）牵头承担省厅行风办工作，实行党风政风、作风行风一起抓、全面推进，并要求全省各地人社系统参照相关做法跟进落实。深化推进人社“放管服”改革、“一件事”综合集成改革，进一步优化营商环境；推进人社事项跨省通办，落实“全数据共享、全服务上网、全业务用卡”，提升人社信息化水平；持续开展人社政务服务“好差评”，更新打造人社优质服务“样板间”，积极推进人社标准化工作。坚持以人民为中心的发展思想，推进尽心耐心暖心“三心”服务行动有关做法先后被《中国劳动保障报》《浙江日报》和中国蓝新闻“唯实惟先在行动”栏目专版专题跟踪宣传报道。

浙江省人力资源和社会保障厅

杭　州　市

2023年，杭州市人力资源社会保障系统全面贯彻党的二十大精神和习近平总书记考察浙江重要讲话精神，紧紧围绕市委、市政府“经济翻身仗”“亚运攻坚仗”两大年度中心工作，系统推进就业创业、社会保障、人才人事、劳动关系、行风建设和乡村振兴各项工作。

一、就业创业

（一）就业形势保持稳定。

城镇新增就业32.92万人，城镇登记失业人员再就业8.35万人，其中就业困难人员实现再就业3.58万人，22个中西部省份脱贫人口36.7万人在杭实现就业。

（二）实施稳就业促就业政策。

发挥失业保险稳就业作用，对不裁员或少裁员的参保企业实施失业保险稳岗返还政策，向0.48万个企业返还失业保险费1.70亿元，惠及职工26.97万人。发放一次性扩岗补助1 987万元、一次性留工培训补助4 996万元。实施就业援助精准服务计划，举办就业援助专场活动170场。发放用工社保补贴、自主创业社保补贴、公益性岗位社保补贴和岗位补贴、灵活就业社保补贴等各类补贴11.14亿元。落实高校毕业生求职创业补贴政策，全年发放补贴11 066人、金额3 319.8万元。新增大学生见习基地193家，组织见习训练大学生8 340人，拨付见习补贴4 584.79万元。全市新建市级高质量就业社区（村）100个，建成33家零工市场，其中6家获评首批“省级示范零工市场”。1月，制定出台《杭州市人力资源和社会保障局　杭州市财政局关于贯彻落实杭州市人民政府关于推进高质量就业工作的意见的通知》《杭州市人力资源和社会保障局关于印发杭州市就业创业政策实施办法的通知》；3月，制定出台《杭州市人力资源和社会保障局等4部门关于印发杭州市创业担保贷款实施办法的通知》；12月，制定出台《杭州市人力资源和社会保障局　杭州市财政局关于优化调整就业创业政策措施全力促发展惠民生的通知》。切实推进就业创业政策落地见效，构建完善具有杭州特色的高质量就业创业政策体系。

（三）引导创业带动就业。

6月，制定出台《杭州市人民政府办公厅关于印发杭向未来·大学生创新创业三年行动计划（2023—2025年）的通知》，从广泛推动各类人才在杭集聚、积极培育创业项目和人才、加大创业就业支持力度、精准服务大学生就业创业4个方面提出30项措施支持大学生就业创业；12月，制定出台《中共杭州市委人才工作领导小组办公室　杭州市人力资源和社会保障局　杭州市住房保障和房产管理局关于印发杭向未来·大学生创新创业三年行动计划（2023—2025年）实施细则的通知》。2023年全市资助大学生创业项目1 253个，资助资金10 697.5万元，全市新成立大学生创业企业10 013家，创业大学生10 853人，带动就业16 036人。持续构建完善创业陪跑生态体系，全面升级创业担保贷款、创业场地租金补贴等创业扶持政策，全年发放创业担保贷款13.32亿元，发放规模居全省首位；发放创业场地扶持补贴2 226.54万元，扶持创业带动就业2.8万余人。全年新增认定创业陪跑空间22家，截至2023年年底，全市共认定创业陪跑空间62家，提供创业孵化面积近13万平方米。首创体育式创业交流社团——“创橙橙”跑团，成功举办第八届杭州众创大会、“源来好创业”青年创业资源对接服务季等创业品牌交流活动。持续推进创业陪跑领教导师队伍建设，累计开发创业陪跑精品课程59门。常态化征集入库创业项目126个，举办创业交流活动422期。杭州创业陪跑生态建设获得“2023年浙江省公共就业服务专项业务竞赛”优秀就业服务项目优胜奖。成功举办第八届中国杭州大学生创业大赛，共吸引全球1 047所高校的4 655个项目团队报名参赛，再创历史新高，各参赛团队在杭新注册成立企业372家，比上届增长169.56%。杭州市持续加强就业创业平台建设，对正常运行一年以上的24家市大学生创业园2021年、2022年运行情况进行绩效评估并按优秀、良好、合格三个等次分别给予30万元、20万元、10万元资助。举办2023杭州市大学生创业园高质量发展暨标准化推进工作培训班，重点对大学生创业园孵化服务、大学生创业园服务规范杭州地方标准和国家标准化试点等工作进行了解读和指导。创新打造“就业创业一张图”平台，集成求职招聘、创业服务、补贴智办、劳动维权、机构查询、政策咨询、索引导航七大功能。全面建成大学生就业创业数智服务平台，聚焦摸清底数、辅助决策、政策智推、高效服务，以数字赋能提升大学生就业创业服务水平，完善线上服务生态。

二、社会保障

（一）社会保险参保情况。

截至2023年年底，杭州市职工基本养老保险、工伤保险、失业保险参保人数分别达808.99万人、716.01万人、586.95万人，比上年末分别净增参保22.40万人、3.58万人、10.66万人，全市基本养老保险参保率99.02%，基本实现“人人享有社会保障”。

（二）社会保障体系日益完善。

7月，浙江省统一社会保险费征收模式工作正式实施。12月，《社会保险经办条例》正式施行，杭州市人社部门以《社会保险经办条例》宣贯为抓手，提高管理经办服务能力水平，进一步推进经办管理法治化、标准化、属地化。同月，工伤保险省级统筹正式实施，实行全省统一的政策标准、基金管理、经办管理和信息系统，杭州市进一步强化内控管理，健全风险防范体系。个人养老金先行试点成果显著，经过一年试点，累计开户达到200.68万人，缴费人数74.86万人，缴费总额13.84亿元。以“携手工伤预防，安康伴您同行”为主题，持续推进现场互动与持续改善式工伤预防培训，通过集中培训、VR体验、领导力培训、建筑制造行业TTT（培训培训师）培训等方式，共开展培训207场次、12 690人次，有效消除工伤风险隐患。启动工伤保险协议机构联网结算省级试点工作，杭州市红十字会医院成为全省首家工伤协议机构联网结算医院，“工伤保险协议机构联网结算省级优化提升”项目取得新进展。工伤保险持续向职业劳动者广覆盖，全市新就业形态劳动者等特定人员参加工伤保险3.9万人。截至年底，纳入杭州市实行社会化管理的企业退休人员达191.4万人，移交属地街道社区管理服务187.8万人，社区管理率98.1%。继续做好两年一次企业退休人员健康体检工作，推动全市域就近体检数字化改革全覆盖，全年应参加体检人数共94.6万人，其中72.5万人完成体检。

（三）社保待遇水平继续提高。

2023年，杭州市继续提高全市退休人员基本养老金待遇，城乡居民基本养老保险基础养老金全市域首次同幅度调整，每人每月提高20元，达到350元。

（四）社会保险经办管理水平不断提升。

打造优化社保智办服务体系，以政策库、事项库、数据库为运行基础，通过智慧中台的多跨数据获取、精准识别、智能感知等运算能力，为用户服务端“社保易窗”和内部治理端“杭州人社通”提供支撑。通过“社保易窗”24小时AI数字柜员和“杭州人社通”高效辅助，

“社保易窗”全年共计接待45万人次。通过“政策找人”驱动，推动社保经办服务实现数据找人、政策识别、精准办理、智能咨询。通过智办服务体系层层分解和数据共享，实现“社税共享”“社银直联”；运用大数据精准识别政策享受对象，实现各类场景“免申即享”“民生直达”“直补快办”；有效利用“退休智办”“基金安全”“营商环境”“应享尽享”等模块，推动管理服务更加安全、便民、高效。开展“社保进万家”活动和“三心”（尽心、耐心、暖心）服务行动，普及社保政策，共开展宣传活动165场次，参与群众3.4万人次。

（五）社保基金管理持续加强。

持续强化社保基金监督，印发《杭州市社会保险基金管理巩固提升行动方案》，进一步完善社保基金管理和监督制度体系，全面提升社保基金管理监督水平。全力推进社保基金管理提升年行动“回头看”、社保基金疑点数据核查等工作，建立经办“一榜二函三重点四清单”常态化内控管理制度，巩固深化“社保基金管理提升年”行动成果，筑牢社保基金监管安全关口。实施社保基金安全评估和第三方审计工作，创新实施社保基金“飞行检查”，常态化开展社保基金安全警示教育活动和社保基金监督业务培训，加强社保基金风险警示教育，守好社保基金安全防线。

三、人才人事

（一）人才政策环境持续优化。

开展高层次人才分类认定工作，新认定A–E类高层次人才34 701人。其中，A类1人、B类189人、C类693人、D类3 242人、E类30 576人。12月，制定出台《杭州市人力资源和社会保障局关于印发杭州市促进人力资源服务业高质量发展实施细则的通知》，进一步推动人力资源服务业高质量发展。成功举办“历史文化名城　现代服务高地”2023年人力资源服务系列榜单发布暨创新创优路演，发布“群英榜”和“猎手榜”，20个机构、10名猎手上榜，首次发布重点培育企业“风云榜”，102家机构上榜。8个项目获创新创优项目资助，8家机构获参与重大发展战略资助，8家机构获搭建供需对接活动补助。举办2023年中国（浙江）人力资源服务博览会、“双强汇聚”高端人才供需对接活动等品牌活动，新筹建1个市级专业型人力资源服务产业园——杭州市临平区智能制造人力资源服务产业园。5家机构入选省首批服务业领跑企业，1家产业园和4家机构入选省首批人力资源服务出口基地，入选数均居全省第一。推荐4家机构参加全国人力资源服务创新创业大赛，1家机构荣获一等奖，3家机构获优秀奖。至年末，全市集聚人力资源服务机构1 891家，从业人员4.1万人，产值1 140.85亿元；其中，76家机构产值超亿元，20家机构产值超10亿元，63家机构入选2023年浙江省人力资源服务业白皮书猎头百强，21家机构入选综合百强。

（二）海外引才质量提升。

5—11月，举办“创客天下·杭向未来2023杭州市海外高层次人才创新创业大赛”，设置留学人员项目和外国人项目两个专场，遴选引进世界各地创新创业人才项目，1 641个项目进入海选，14个项目在杭州签约落户。举办“2023杭州国际人才交流与项目合作大会”。杭州连续13年入选外籍人才眼中最具吸引力的中国城市。杭州市3个项目入选“2023年中国留学人员回国创业启动支持计划”项目。

（三）人才培养培育加大力度。

以高层次青年人才为重点加快专业技术人才队伍建设，19人入选浙江省高层次人才特殊支持计划青年拔尖人才，遴选“西湖明珠工程”青年人才50名，柔性引进钱江特聘专家100名。持续实施博士后倍增计划，新增国家级博士后工作站11家，累计达102家，首次破百；全年新进站博士后1 006人，同比增长46.7%，首次年度招收超千人。在第二届全国博士后创新创业大赛中获1金2银2铜；入选“博新计划”5人，获国家博士后科学基金55项，省择优项目42项；评选杭州市杰出博士后10名、典型博士后工作站10家。首次举办杭州博士后工作25年回顾展；首次举办博士后科创精英赛，征集30多所名校名所304个科创项目参赛，发起建立15个副省级城市博士后科创联盟，成立博士后成果转移转化中心，包含金奖在内的5个项目已经落地。职称改革打造“开放赋能”新格局。推进国际职业资格证书认可制度，225名持有国际职业资格证书人员获评工程师职称。印发《杭州市国际职业资格认可清单（数字经济领域）》100项，持有清单内国际职业资格的专业人员可按规定在杭州市提供专业服务。在高新区（滨江）、萧山区、钱塘区开展技能贯通职称评审试点，44名技能人才获评工程师职称。试点新型研发机构开展职称自主评聘，5人获聘副高级职称。授权6家民营企业开展职称自主评审试点。

深入实施新时代工匠培育工程，培养高技能人才4.88万人，开展职业技能培训32.34万人次，新建市级技能大师工作室25个。入选享受国务院政府特殊津贴人员（高技能人才）3人；入选国家级技能大师工作室2家，遴选技能平台领军人才、技能平台青年人才各10名；新认定杭州市首席技师20名，认定杭州市技术能手90人。杭州市公共实训基地全年实训、鉴定17.7万人次天，其中高级工及以上实训5.6万人次天。积极备战省赛国赛，杭州选手在第二届浙江技能大赛上获30个一等奖、24个二等奖、35个三等奖，在第二届全国技能大赛上获1金5银1铜25优胜奖，杭州市人力资源社会保障局获第二届浙江技能大赛“优秀组织单位”称号。持续迭代更新职业培训补贴、职业培训定点机构管理、技能大师工作室建设、公共实训基地体系建设等政策，助力技能人才培养。3月，印发《杭州市人力资源和社会保障局关于印发杭州市职业培训补贴（资助）实施办法和杭州市职业培训定点机构管理办法的通知》，规范职业培训经费的使用，对涉及资金支出的各项职业培训（资助）政策和职业培训定点机构的管理作了具体规定。11月，印发《杭州市人力资源和社会保障局关于深化杭州市技能大师工作室建设的通知》，通过搭建高技能人才研修平台，充分发挥技能大师工作室在名师带徒、技术攻关、技艺交流、技能研发和服务社会等方面的功能。同月，印发《杭州市人力资源和社会保障局关于印发杭州市高技能人才公共实训基地体系建设实施办法的通知》，建设市级公共实训基地与企业、院校及区、县（市）分基地互相支撑、特色发展新格局。组织市级技能竞赛30余场，涉及职业（工种）50余个，推动区、县（市）竞赛100余场，带动岗位练兵超20万人次，通过竞赛产生市技术能手90人，为青年技能人才搭建成长舞台。2023年技工院校招生12 530人，新设专业11个，新审批设立院校1家，有效推进一体化教学改革。

（四）事业单位人事管理和工资福利工作继续推进。

开展事业单位统一公开招聘，全年公开招聘事业单位工作人员6 700余人，其中应届毕业生3 100余人。根据浙江省人力资源社会保障厅统一部署，面向西藏地区专项招聘2名事业单位工作人员。市属事业单位以备案方式引进高层次人才8人，其中B类3人、C类5人。全年选聘专业技术二级岗聘任人员21人，审核备案专业技术三级岗聘任人选70人。组织开展第19届亚运会组委会社会专业人员专项招聘工作，指导杭州市38家事业单位推出41个招聘岗位，共招聘39人。

坚持稳中求进，推动事业单位高质量发展。深化公立医院薪酬制度改革，会同杭州市卫生健康委、杭州市财政局、杭州市医保局稳步推进公立医院薪酬制度改革；完善杭州市本级教师待遇保障，与杭州市教育局、杭州市财政局研究起草《进一步落实杭州市本级学校教师待遇保障方案》；落实关心关爱相关人员待遇，与杭州市卫生健康委等部门及时落实医护人员临时性工作补助，进一步调动医院和医务人员积极性；研究制定对相关民政福利机构核增一次性绩效工资方案；会同杭州市委组织部、市民政局等部门研究落实亚运会服务保障人员相关待遇。

坚持规范激励并举，保障工资制度平稳运行。落实绩效工资水平动态调整机制，会同杭州市财政局完成年度事业单位绩效工资总量审批备案工作，切实发挥绩效工资激励导向作用；确保基本工资顺利运行，指导事业单位严格执行工资政策，切实维护政策的严肃性，及时做好正常晋升薪级、晋升岗位等级工资调整、新进人员工资确定等工作，切实保障工作人员利益；开展事业单位绩效工资专项审计，根据单位性质分类抽取部分事业单位，委托第三方机构进行审计，及时发现和纠正绩效工资实施中存在的问题，加强绩效工资监管。

四、劳动关系

（一）夯实和谐劳动关系建设。

持续深化劳动关系源头治理，开展企业劳动用工体检和劳动关系协调员培训。开展“平安和谐劳动关系”示范单位认定工作，协同相关部门对杭州市构建和谐劳动关系工作表现突出的单位予以认定。组织召开平台企业行政指导会，编制政策汇编，宣讲相关政策，推广劳动合同（书面协议）范本。

（二）完善企业工资收入分配。

3月，组织召开全市技术工人薪酬分配指引推进会，以“和谐同行，以技提薪，共建共富，共享美好”为主题推进杭州市技术工人薪酬分配指引工作，积极发动企业参与技术工人薪酬分配指引，召开各层次工作推进会、宣传培训会，选树示范引领企业，聘任薪酬指导师。5月，浙江省技能人才薪酬分配推进会在杭州市召开，相关工作经验在全省予以推广。严格落实国有企业薪酬管理制度，做好国有企业工资分配宏观指导和调控有关工作；对全市3 150家样本企业进行薪酬抽样调查，涉及在岗职工50.5万余人；通过数据分析，发布杭州市企业薪酬调查信息，为企业开展工资集体协商、合理确定职工工资收入提供参考。开展每季度一次的制造业人工成本监测试点，监测样本企业140余家。

（三）加大劳动保障监察力度。

杭州市各级劳动保障监察机构监察检查用人单位19.1万户次，协调处置各类劳动保障违法案件4万余件，其中，立案查处各类劳动保障违法案件468件，结案率100%。组织实施“开工第一课”、护航亚运、人力资源市场秩序整顿、工程建设领域欠薪问题治理、根治欠薪冬季行动等专项治理行动6次，共检查各类用人单位3.8万余户。深入开展“杭州无欠薪”专项治理行动，健全政府负责、部门主管、企业主抓、人社牵头“四个责任”体系，构建完善市、区县、镇街、网格、劳资专管员5级欠薪治理体系，组织欠薪投诉集中接访，常态运行根治欠薪实体化专班，提升根治欠薪工作成效。建立健全安薪自治联盟、根治欠薪实体化专班、“护薪保”等13项根治欠薪机制。全年为11.4万余名劳动者追发工资待遇11.6亿余元，向公安机关移送涉嫌拒不支付劳动报酬犯罪案件53件，公安机关立案43件。落实重大违法行为社会公布、企业守法诚信等级评价等制度，公布黑名单企业68家、重大劳动保障违法企业16家。代表浙江省政府接受国务院保障农民工工资支付工作考核连续三次获得A级。

（四）推进基层劳动纠纷多元化解。

实施“一窗式”即接即办工作标准化和规范化，提升基层劳动纠纷化解率。全市办结劳动纠纷7.3万件，其中，基层调解办结5万件，占68.5%，调解成功率67.02%；受理劳动人事争议案3.2万件，结案3.29万件。

（五）做好信访维稳工作。

扎实开展人社领域信访治理工作，共办理18 879件，同比下降26.37%。圆满完成人社领域“护航亚运”信访维稳安保工作。获评“2022年度人民建议办理成绩突出单位”。

五、行风建设

（一）开展行风查纠整治。

深入开展行风问题警示教育和行风建设

专项督查，以“开展大走访大调研大服务大解题活动”为抓手，聚焦窗口工作人员服务态度、服务效率、服务能力，确保落实首问责任制、一次性告知制、限时办结等制度。组织开展全市人社系统窗口单位业务技能练兵比武活动，择优选拔20名选手参加全省竞赛，获得浙江省团体二等奖。优化服务流程，推行告知承诺制，27项政务服务事项通过数据共享获取证明材料，3项行政许可事项实行告知承诺制。梳理公布局行政执法清单162项，组织开展全市人社系统行政执法案卷评查，抽查行政许可、行政处罚、行政强制、行政确认等行政执法案卷267件。聘任行政执法监督员4名，赴人社服务窗口开展“走流程”行政执法监督活动，重点检查行政执法三项制度、服务质量等落实情况。

（二）推进数字化改革。

承接完成“人才服务专区”“劳动用工领域一类事”2个省级政务服务增值化改革试点和“新型研发机构科研系列职称自主评聘改革”“创新打造具有地方特色的人社法治宣传品牌”“建设项目和小微企业欠薪治理‘一件事’集成改革”“灵活就业数据治理”“探索创新新就业群体职业技能培训方式”5个全省人社领域创新深化改革攻坚开放提升试点项目，其中4个项目获评2023年全省人社领域创新深化改革攻坚开放提升“最佳项目”。创新打造“就业创业一张图”平台，12月正式上线，平台日常提供岗位数10万余个，每日岗位查看量1.6万次。全面建成大学生就业创业数智服务平台，以数字赋能提升大学生就业创业服务水平，完善线上服务生态。迭代升级“数智就业”“社保易窗”“杭云签”等特色场景；建设“浙里找零工”应用场景，做好岗位数据归集，促进线上线下互通互融。自2023年6月开始设计建设人社领域首个面向市民和企业的生成式（AIGC）人工智能政务服务应用平台“人社小灵光”平台，运用“AI+数据”技术实现精准问答、实时查询和办事引导，提供专业化、透明化、个性化的人社服务。推进社会保障卡“居民服务一卡通”，完成身份识别、缴费及待遇领取、自助查询、就医结算四大功能155项应用，实现全市残疾人和70岁以上老年人凭社会保障卡免费乘车，截至年底，发放社会保障卡1 452万张，签发电子社保卡1 182万张。

六、乡村振兴

（一）开展就业创业服务助力乡村振兴。

围绕乡村振兴、稳就业、双招双引等重大发展战略，搭建人力资源专业机构与淳安县用工企业的线上线下交流对接平台，提供市场化服务。举办中国杭州大学生创业大赛，首次设置“乡村振兴·西进创富”专项赛，其中乡村振兴领域87个，智能物联、绿色低碳、现代服务业等领域意向去西部区、县（市）落地的其他产业项目46个，为西部地区加速发展输送一批共富苗子。

（二）开展人才聚力西进创富。

启动“智汇浙西·人才聚力创富行动建德站活动”和“杭州市人才西进帮帮团”授旗仪式，帮助杭州西部地区引进各类人才。开展2023年度杭州市钱江特聘专家选聘工作，支持西部区、县（市）博士后平台建设，助力构造柔性引才“蓄水池”。组织开展“智聚山海·杭向共富”专家服务基层活动，发挥市级高层次人才集聚效益，在实践中服务西部发展，在推动人才西进乡村振兴方面发挥更大的作用。

（三）加强城乡居民基本养老保险政策宣传。

组织区、县（市）制作12部情景剧、古装剧、动画形式的城乡居民基本养老保险政策宣传短视频，集中在业务经办大厅和各街道（乡镇）、社区（村）公共服务网点轮番展播，进一步提高城乡居民基本养老保险政策知晓度，持续增强民生保障能力。

杭州市人力资源和社会保障局

宁 波 市

2023年，宁波市人力资源社会保障系统坚持以习近平新时代中国特色社会主义思想为指导，深入贯彻落实党的二十大精神，严格贯彻国家、省人社工作部署和市委、市政府要求，扎实推进稳就业惠民生攻坚行动，统筹做好就业创业、社会保障、人才人事、劳动关系等工作，为现代化滨海大都市建设筑牢民生之基。

一、就业创业

2023年，全市城镇新增就业25.99万人，同比增长6.48%；新增创业实体17.23万家，新认定102家高质量就业社区（村），城镇登记失业率1.91%，持续保持低位。实施公共就业服务能力提升示范项目，入选“全国示范”且全省唯一，获中央补助资金1亿元。创新打造零工市场、零工驿站、零工服务网点“三位一体”的零工服务体系，建成零工市场33家、零工驿站94家，迭代升级“灵活保”2.0，累计投保突破31万人，相关经验做法在全省共富研讨会上交流，“灵活保”入选“2023年中国就业十件大事及地方就业创新事件”。

（一）优化落实助企纾困稳定就业政策。

制定实施《关于贯彻落实稳就业政策全力促发展惠民生的通知》等文件，优化政策措施，全力稳就业。全年发放各类创业担保贷款6.47亿元，各类创业补贴资金1.38亿元，扶持各类实体2.23万余家次；发放失业保险金16.06亿元，惠及14.78万人；推出“甬岗贷”专项稳岗贷款产品，截至12月末，累计为约670家小微企业提供约41亿元授信支持，稳岗约3.5万人、扩岗约3 400人。

（二）完善灵活就业体系跟踪帮扶援助。

组织开展“春风行动”“就业援助月”“民企服务月”等活动，帮扶援助各类重点群体19.9万人次。实施全国公共就业服务能力提升示范项目，入选“全国示范”且全省唯一，建成高质量就业社区（村）102家。完善灵活就业综合保障体系，全市建成零工市场33家、零工驿站94家；“灵活就业在线”入驻机构109家，超9.4万人次登录使用；“灵活保”产品迭代升级，累计投保突破31万人，赔付312人，赔付金额283.8万元。以积极参加各类比武练兵竞赛为契机不断提升基层工作人员综合能力素质，在第二届浙江省公共就业服务专项业务竞赛中，1名选手获得职业指导人员组二等奖，江北区、象山县分获“优秀就业服务项目”二等奖和“优秀就业服务成果”三等奖。

（三）着力强化完善企业用工服务保障。

开展“十省百城千县”劳务协作，组织95支小分队赴外招聘168场，提供岗位近8.4万个，线上线下推送9批次、超1万个岗位信息，多渠道引入劳动力。大力实施“欢迎返岗宁波”暖心活动，组织包车429辆、包专列9节、包机2架，接返员工2.17万人。积极落实春节稳岗优工政策，快速兑付一次性留工补贴、加班补贴、交通补贴3.26亿元，惠及企业4.08万家、职工70.4万人。以“请进来”“走出去”相结合的模式广泛开展校企合作对接，促成签订合作协议6份，近3 000人达成就业意向。

（四）积极营造鼓励创业创新良好环境。

深化“四有”创业品牌建设，通过市县

联动、高校和园区互动等形式，累计举办创业沙龙 88 期、创业集市 15 期，累计参展项目超 600 个，服务创业者超 9 200 人次。启动第七届宁波面向全国青年大学生创业大赛，完成武汉、长沙、成都、西安、香港 5 个赛区活动。开展宁波市“源来好创业”青年创业资源对接服务季活动和宁波市十佳创业导师评选、宁波市返乡入乡合作创业大赛等活动，为有创业意愿的各类群体提供平台、资源支持，促进创业带动就业。

二、社会保障

稳步推进个人养老金试点，稳步提高城乡居民基本养老保险基础养老金标准；树牢为民服务理念，着力提升便民服务举措，创新推出企业职工退休“五四三”服务模式。

（一）稳步推进个人养老金试点。

建立健全部门协同、市县联动、社银合作机制，梳理打通个人养老金全链条、全流程业务，全方位加强政策宣传，形成“人人尽知，愿保尽保”的良好氛围，全市个人养老金账户开户数 126.96 万户，账户累计缴存金额 5.09 亿元。

（二）扎实推进参保扩面，稳步提升待遇水平。

截至 2023 年年底，全市企业职工基本养老保险、城乡居民基本养老保险、被征地人员养老保障、机关事业单位养老保险、工伤保险参保人数分别为 540.9 万人、96.6 万人、26.6 万、30.2 万人、471.2 万人，企业职工基本养老保险缴费人数净增 5.6 万人。45 258 名非本市户籍灵活就业人员新参加职工基本养老保险，1 186 名新就业形态劳动者新参加工伤保险。做好困难群体城乡居民基本养老保险参保帮扶工作，对 3 万余名低保、特困、残疾人等困难群体给予缴费政府补助，确保困难群体应保尽保、应补尽补。完成企业退休人员养老金十九连调，城乡居民基本养老保险基础养老金提高到每人每月 350 元，与杭州并列全省第一。

（三）着力提升便民服务举措。

创新推出企业职工退休“五四三”服务模式，累计服务重点规上、专精特新企业 140 余家、超 160 万人次，经验做法获人力资源社会保障部有关部门肯定并专刊向全国推广，代表浙江入选“社保服务进万家 · 十城调研记”典型案例，市政府主要领导专门寄语。组织举办全市“社保服务进万家”活动 300 场，约 9 万名群众参与。结合《社会保险经办条例》施行，开展宣讲 160 余场次，组织有奖竞赛、互动话题、政策问答等活动，分别有近 5 万人、83 万人次、80 万人次关注。建立杭甬社保经办联动机制，常态化开展超龄年限互认、重复清退通办、合同制工人缴费年限等问题处理。

（四）不断提升社保卡服务能力。

夯实应用基础，深化实践成效，全国率先实现社保卡公共交通“同城待遇”。全市累计发行实体社保卡 1 027.1 万张，签发电子社保卡 758.6 万张，社保卡服务网点达 1 450 家，覆盖全市所有乡镇街道。积极推进社保卡“同号换卡”即办模式，累计业务量超 9 万件。助力杭甬“双城记”提能升级，两地社保卡“一卡通”应用项目数达 155 项。

三、人才人事

（一）加大人才引进力度。

全年全市新引进大学生 26.6 万人，新增博士 1 213 人，新增硕士 12 209 人。全市新增技能人才 10.8 万人，总量达到 191.59 万人；新增高技能人才 5.1 万人，总量达到 65.15 万人。

（二）推进技能人才培养。

实施“一人一技”终身职业技能培训，举办制造业技能根基工程宁波市“一人一技”终身职业技能培训启动仪式，稳步推开职业技能培训，全年完成技能人才培训 35.5 万人次。深入实施以职业资格鉴定、技能等级认定、专项职业能力考核等多种形式的技能人才评价，鼓励企业开展技能等级认定，2023 年开展技能人才评价 183 904 人次，发放职业资格（技能等级）证书108 991本、专项能力证书11 477本，宁波市轨道交通集团有限公司、镇海石化建安工程股份有限公司2家企业入选浙江省第二批“新八级工”制度试点企业，6人入选浙江省第二批特级技师。以“甬尚一技·赢未来”为主题，创新举办第二届宁波技能大赛，共设置40个项目，全市32个代表队769名选手276名裁判参加。新建15家市级技能大师工作室，累计建成市级以上技能大师工作室145家，评选10家市级优秀技能大师工作室。推荐2023年度浙江大工匠候选人2名、省级高技能领军人才候选人8名、省级高技能青年人才候选人15名、浙江工匠候选人77名。举办“7·15世界青年技能日”主题活动，通过技能人才队伍建设成果宣传、技能人才培养政策咨询、技能大师现场演示、“技能地摊”市民体验等方式，营造“技能宁波”社会氛围。

（三）做好招聘培训工作。

2023年，宁波市事业单位共公开招聘工作人员6 732名。开创性开展面向高技能人才和优秀城乡社区工作者公开招聘事业编制人员，分别完成招聘45人和42人。进一步提升高层次人才选聘工作质量，会同市委组织部干部综合处，完成面向2023届优秀高校毕业生选聘高层次紧缺人才活动，为384名高层次紧缺人才办理了聘用手续，119名来自国内“双一流”A类高校，60名来自世界排名前100的国（境）外高校。开展宁波市2023年事业单位专业技术二级岗位审核认定工作，聘任了21名专家。会同市委党校、市人才培训中心，全面推进事业单位工作人员分类培训，分期对50名处级领导人员、100名事业单位中层干部、150名事业单位新进人员、120名人事干部进行专题培训。

四、劳动关系

（一）高质量收官劳动关系“和谐同行”三年行动。

全年累计完成劳动关系协调员培训7 559人次，开展企业劳动用工体检28 234家次，完成电子劳动合同713 266份，1人获评全国和谐劳动关系创建工作先进个人，培育选树30家和谐企业（园区）、30家金牌劳动人事争议调解组织、100名金牌劳动关系协调员，1人获评“第一届全国和谐劳动关系创建工作先进个人”，劳动关系“和谐同行”三年行动圆满收官。

（二）启动新时代和谐劳动关系创建。

10月，会同协调劳动关系三方联合印发《宁波市新时代和谐劳动关系创建实施办法》，依托省厅“和谐创建”应用平台，将和谐劳动关系创建工作，从单一面向企业开展，全面拓展为面向企业、工地项目、工业园区、乡镇（街道）、行业（协会）等劳动关系全链条开展。截至年底，全市累计15 654家企业参与和谐劳动关系创建活动。

（三）扎实做好重点时段劳动关系领域风险防范。

一是严谨审慎落实新冠肺炎疫情政策调整劳动关系稳定工作。针对年初疫情政策调整，充分结合疫情防控经验，细致整理劳动关系政策口径，指导各地人社部门妥善做好劳动者劳动权益保障问题解答和诉求处理，有效保证了疫情政策调整期间劳动关系整体平顺。二是全面预先抓好高温天气劳动者劳动权益保障工作。认真梳理总结2022年经验做法，根据气象部门夏季高温天气预测，7月5日会同协调劳动关系三方，提前印发《关于做好高温天气劳动保护工作的通知》，指导各区（县、市）充分发挥基层劳动保障管理员队伍作用，深入企业、工地一线，加大高温天气作业劳动保护政策的宣传力度，为建筑工人、环卫工人、快递员、外卖员、货车司机等户外作业劳动者，开展针对性高温防护职业健康知识专题宣讲；采取“四不两直”方式，对用人单位防暑降温工作制度和劳动保护落实情况进行走访检查，对不按规定发放劳动者高温津贴或其他违反劳动保障法律法规的行为，指导落实整改。三是周密细致开展杭州亚（残）运会风险隐患排查工作。将亚运维稳安保工作作为2023年最重要的政治任务来抓，强化担当、压实责任，周密部署、狠抓落实。根据省、市工作部署，指导各区（县、市）集中开展劳动关系领域不稳定因素排查和动态化解，坚持每日会商研判，建立问题清单，实行销号管理，强化规模性裁员政策指导，持续跟进督导，落实闭环管控，确保杭州亚（残）运会期间劳动关系整体和谐稳定。

（四）完成年度薪酬调查和国有企业工资分配指导。

11月，发布《宁波市2023年度人力资源市场部分职位工资价位及2022年度行业人工成本信息》，该报告是在累计调查了全市3 097家企业（其中部级850家、省级671家、市级1 576家），获取了42万余名员工工资报酬资料的基础上，经过技术归类、汇总、分析，并对数据进行逻辑性审核和合理性审核，最终确定3 057家企业数据及40余万名员工工资报酬数据而形成的。2023年度人力资源市场部分职位工资价位包括分职业细类从业人员工资价位367个，部分技术工人职业（工种）分等级工资价位40个；16个行业门类分职业细类企业从业人员工资价位；4类规模企业从业人员工资价位；14种登记注册类型企业从业人员工资价位；5种学历企业从业人员工资价位；14个岗位等级企业从业人员工资价位。2022年度行业人工成本信息包括17个行业门类、23个制造业大类，4类企业规模、10种登记注册类型企业人均人工成本水平，以及人工成本构成及效益情况。

（五）持续推进“宁波无欠薪”行动。

全市聚焦“无欠薪”城市建设三年行动目标，围绕“根治欠薪顽疾、强化联治效能、提升保障质量”三条主线，先后开展根治欠薪冬季、夏季，工程建设领域“六项制度”，清理整顿人力资源市场，女职工和儿童劳动权益保护，高温天气劳动保护，“安薪护航亚运”等专项行动7次，共处理欠薪线索纠纷总计72 732件，累计为2.91万名劳动者追回被拖欠工资4.23亿元。评选“红榜”优秀企业12家和企业负责人17名，以市委、市政府办公厅名义予以表扬激励；对281家违反劳动保障法律法规的企业实施行政处罚，向全市通报“黑榜”企业172家，列入欠薪“黑名单”企业38家，联合行业主管部门实施信用扣分222分，推动劳动矛盾纠纷有效化解，劳动者合法权益得到有效保障。

五、行风建设

（一）注重夯实基础，抓好标准落地。

编制启用2023年版全市系统依申请政务服务事项业务经办规范，进一步优化表单内容、精减申请材料、压缩办理时限，提升经办质效。采取集中培训、现场指导、抽查通报等方式，抓好经办规范落地，推进市县乡村四级标准统一，确保线上线下办事指南的一致性。

（二）注重服务质量，优化政务环境。

大力推进“一网通办”，解决流程设置不合理、群众办事不畅等问题，规范服务流程，提升服务效能。2023年，全市系统综合“一网通办”率达99.75%，大厅“一网通办”率达98.20%。针对业务经办需求，举全系统之力做好创新工单优化工作，全年提交采纳34条，居全市前列。建立“好差评”问题处理闭环机制，妥善处理“差评”件，及时回应群众办事诉求。

（三）注重改革增效，提升服务能力。

针对群众远程“面对面”办事需求，探索开展政务服务“视频办”改革试点，创新经办模式，提升办事便利度。创新开展窗口优质服务法征集评选活动，总结提炼24个窗口服务案例，并做好推广应用工作。注重窗口队伍能力培训，创新练兵比武方式，营造“以比促学、以赛促练”的浓厚氛围。11月，组队参加全省系统窗口单位业务技能比武竞赛获团体第一，18人获评浙江省“人社知识通”“岗位练兵明星”。

六、乡村振兴

（一）落实城乡平等就业制度。

实现城乡劳动力同等享受就业创业服务、同等参加失业保险和享受失业保险待遇，为农村劳动者提供均等化的公共就业服务。

（二）鼓励返乡入乡创业。

优化创业扶持政策，不断健全政策服务体系，支持大学生、农民工等群体返乡入乡创业。积极开展以乡村旅游、现代农业等为主要业态，以村支部书记、创业大户、返乡农民工及大学生等创业带头人为主要对象，以推广合作创业模式、提升创业能力等为主要内容的合作创业带头人培训，为合作创业村提供人才支撑。大力推广“1+3+N”乡村合作创业组织模式，充分发挥优秀村集体引领示范作用，打造创业促进乡村产业发展范本。2023 年，27 个返乡入乡合作创业村被浙江省人力资源社会保障厅评为考核优秀单位。

（三）充分发挥专家作用。

充分发挥专家智力资源引领支撑作用，组织进基层、进乡村、进企业开展“专家服务工程活动”200 余场，参与专家 800 余人次。

宁波市人力资源和社会保障局

安 徽 省

2023年，安徽省人力资源社会保障系统坚决贯彻党中央、国务院和省委、省政府决策部署，坚定信心、担当作为，以加强人力资源开发利用为主题主线，全力促进就业、保障民生、服务发展、维护和谐，各项工作取得新成效，为推动全省经济社会发展作出积极贡献。

一、就业创业工作

（一）全省就业形势保持稳定。

实施稳就业提质扩量服务“家门口”就业三年行动，优化调整稳就业措施，落细援企稳岗政策，全力促发展惠民生。深入推进“三级三方服务千企”行动，为企业解决用工42万人。举办“2+N”招聘会5.3万场次，达成就业意向227.5万人次。发挥“三公里”就业圈效用，促进40多万人次就业。大力开展社区就业服务标准化建设，全省1 561个社区被认定为充分就业社区。建立“四上”企业用工调查制度，首次发布“全省民营企业吸纳就业百强”榜单。全省城镇新增就业72.2万人，完成计划的106.2%，年均城镇调查失业率5.2%，低于5.5%的年度控制目标0.3个百分点。

（二）突出抓好高校毕业生就业。

聚焦实施“百万大学生兴皖”行动，省市联动开展“招才引智高校行”活动1 600余场次，组织“青年学子安徽行”活动190余场次，21.8万名高校毕业生意向来皖留皖。组织开展高校毕业生等青年就业服务攻坚行动，强化实名制精准帮扶措施，压实省直有关单位和地方政府稳就业责任，全省累计开发政策性岗位20多万个、市场性岗位100多万个，其中事业单位公开招聘岗位近3万个，“三支一扶”计划招募岗位1 128个。2023届高校毕业生去向落实率94.6%。

（三）加强农民工等重点群体就业帮扶。

实施县域农民工市民化质量提升行动，举办第四届全省农民工职业技能大赛，全省农村劳动力非农就业规模保持稳定。加强脱贫人口稳岗就业帮扶，全省脱贫人口、监测对象实现就业194万人，完成国家下达目标的108.5%。登记失业人员再就业30.9万人，就业困难人员再就业5.5万人，均超额完成年度目标任务。全面落实退捕渔民帮扶联系制度，有意愿的退捕渔民转产就业率100%。持续开展就业促进暖民心行动，统筹推进退役军人、残疾人、妇女等群体就业工作。

（四）大力推进创业安徽建设。

发挥科技服务业作用，积极推进创业安徽建设，完善工作调度考核机制，吸引海内外4 800多个优秀项目参加创业安徽大赛。组织举办“未来新徽商”特训营、长三角区域公共创业服务联盟合作交流、“创业在安徽”节目等活动5 000余场，开展“千才赴港培训计划”创业安徽建设专题研修班2期。实施创业培训“马兰花计划”，优化安徽省创业服务云平台建设。发放创业担保贷款超150亿元。全年支持高校毕业生、返乡人员、退役军人等15万余人创业，其中科研人员创业者1万余人，高层次创业团队1 500余个。结合城市功能品质活力提升行动，打造创业型城市。创业工作受到省政府主要领导批示肯定，“五创”工作模式被人力资源社会保障部推广。

二、社会保障工作

（一）完善社会保障制度体系。

研究完善机关事业单位养老保险待遇衔接政策，制定市级政府企业职工基本养老保险工作考核办法。在全国首创实施高校系统企业年金方案备案工作指引，开展企业年金政策宣讲50余场，企业年金基金规模超576亿元。指导合肥市先行实施个人养老金制度，累计开户135万人。制定实施被征地农民基本养老保险缴费补贴政策和实施细则。推进工伤保险省级统筹，创新将补充工伤保险保障范围扩大到新业态就业人员。建立长三角地区工龄互认、工伤认定典型疑难案件沟通机制。延续实施降费率政策，减征失业保险费48.7亿元。

（二）扩大社会保险覆盖范围。

实施“数据找人”计划，不断提高参保扩面质量。承办“数据找人”现场观摩会，推广宣介安徽经验做法。发布社保缴费基数下限暂行标准，缓解企业和职工缴费压力。建立新开办企业参保率监测报告制度，精准提醒灵活就业人员及时缴费。城镇职工基本养老保险、失业保险、工伤保险参保人数为1 687.98万人、700.43万人、920.94万人，完成年度目标的107.72%、103.77%、110.56%。城乡居民基本养老保险参保人数达3 407.96万人。

（三）逐步提高社会保险待遇。

落实基本养老金合理调整机制，调整398万名企业和机关事业单位退休人员基本养老金。城乡居民基本养老保险省级基础养老金提标5元，全省月人均水平176.3元，较上年末增加约19.3元，增长12.3%。失业保险金月人均提高280元，向26.2万名失业人员发放失业保险待遇18.9亿元。调整伤残津贴等工伤保险待遇，向7.5万名工伤职工（职工遗属）发放工伤保险待遇39.5亿元。

（四）持续加强社保基金监管。

落实部省市县四级基金数据动态管理，开展社保基金管理巩固提升行动，制定实施社保基金监督举报奖励办法、社保基金监督约谈办法、社保数据稽核规则2.0版。完善全省社会保险经办风险防控领导机制，推进社保稽核风控规则嵌入社会保险信息系统，制定社会保险业务信息系统业务风险等级划分清单，推进全省社会保险稽核信息系统建设，加强共享数据归集应用，线下归集省级11部门共享数据近亿条。开展全省社会保险经办风险管理自查互查评估，常态化开展疑点数据核查工作，完成12批22万条疑点数据核查任务。扎实开展失业保险基金管理问题专项整治，完成10项失业保险业务经办风控规则进系统。职业年金基金投资当年收益率居全国第3位、长三角第1位。

三、人才人事工作

（一）深化人才体制机制改革。

优化省政府特殊津贴制度。授予科大讯飞等龙头和链主企业职称评审自主权，增设集成电路、量子信息、人工智能等数字经济领域职称评审专业。制定人才分级分类标准及服务事项，建设一站式人才服务平台。创新制定乡村振兴人才评选办法，首批9 925人获评乡村振兴人才。出台技工强省政策实施细则37条，建立省领导联系技师学院制度。实施高校技术技能人才“一试三证”评价试点工作，2.4万名应届毕业生取得高级工职业技能等级证书。企业职工破格晋级政策惠及7.1万人，有关做法被写入《国家职业标准编制技术规程（2023年版）》。

（二）不断发挥人才引领发展作用。

落实人才强省建设部署要求，组织开展“人才安徽行”系列活动。承办全国首届博士后揭榜领题现场交流活动，成功举办第二届全省博士后创新创业大赛。在全国较早实施数字技术工程师培育项目。新建国家级、省级博士后站点44家、110家，招收博士后1 342名。全年新增专业技术人才26万人，其中副高以上职称3万人。评选学术技术带头人及后备人选各120名。推动出台加强新时代高技能人才队伍建设实施意见，首次以省政府名义召开推进技工教育现场会，推广阜阳技师学院“三转四像”办学模式。开展补贴性职业技能培训103.9万人次，其中培训徽菜师傅4.7万人次。承办3个全国一类行业大赛，参加第二届全国技能大赛，获得金牌数居全国第5位。全年新增技能人才58.8万人，其中高技能人才20.9万人。全省技工院校招生7.9万人，在校生规模居全国第5位。成功举办人力资源赋能制造业高质量发展峰会，全年新增规上人力资源服务企业177家，实现行业营业收入1 044亿元。

（三）积极服务首位产业发展。

贯彻落实省委、省政府首位产业战略部署，协同实施“汽车人才引育工程”，建立“安徽省新能源汽车产业高层次人才全球服务合伙人”机制。首批认定5所高水平技师学院、5所优质技工学校和8所高水平专业（群）建设单位，新能源汽车相关专业占比约40%。分别在合肥、柳州举办新能源汽车技术技能人才校企对接会，促进26家技工院校与汽车企业现场签约。发布制造产业、新能源汽车重点行业和全省重点领域急需紧缺人才需求目录，为企业引进急需紧缺人才2 880人。

（四）稳慎推进人事制度改革。

健全完善高校院所人才引进、人才评价、岗位管理、绩效考核等人事管理激励政策。支持做好科研单位“综合授权＋负面清单”试点改革。组织评选事业单位专业技术二级岗位人员131名，常态化实施县以下事业单位管理岗位职员等级晋升制度，核准事业单位高级专业技术特设岗位职数1 614个，制定实施事业单位工作人员考核细则。健全适应省医疗行业特点的公立医院薪酬制度，巩固中小学教师工资调整联动机制，推进科研人员双向兼职取酬制度落地。规范开展表彰奖励，做好“七一勋章”获得者口述史采集、“国家工程师奖”评选推荐工作。安全组织人事考试88项，服务考生148万人次。

四、劳动关系工作

（一）全力保障农民工工资支付。

出台农民工工资支付与监管指引，推行农民工维权二维码。开展“安薪行动”、欠薪案件办理专项行动、根治欠薪冬季专项行动，印发欠薪线索核处工作规程，“全国根治欠薪线索反映平台”线索按期办结率100%。全省查处欠薪案件2.5万件，保障7.4万名劳动者及时拿到工资6.6亿元。省级保障农民工工资支付监管系统投入运行，归集工程建设领域项目1.1万个，实名制入库312.3万人，累计发放工资197.7亿元。

（二）加强新时代和谐劳动关系创建。

认定省级金牌劳动关系协调员200名、省级金牌协调劳动关系社会组织18家。在全省推广应用电子劳动合同，全年签订电子劳动合同85万份。推动全省125个省级以上开发区（工业园区）全部建成劳动关系公共服务中心，就近就地为园区和企业提供劳动用工服务。推广应用新就业形态劳动者权益保障“三指引一指南”，会同新业态行业主管部门实施联合监管和约谈，指导督促企业落实用工主体责任。调整最低工资标准，月最低工资标准共四档，分别为2 060元、1 930元、1 870元、1 780元；非全日制小时最低工资标准分别为21元、20元、19元、18元。完成2023年企业薪酬调查，发布65个职业工种的工资价位等薪酬信息。制发加强国有企业津贴补贴和福利管理、规范省属企业领导班子成员和中层管理人员退出领导职务薪酬待遇等政策。

（三）稳步提升调解仲裁质效。

制定实施加强劳动人事争议协商调解工作的实施意见，组织开展基层调解组织建设行动。建立仲裁员联系企业制度，持续开展“百名仲裁员服务千家企业”活动。做好劳动人事争议调解仲裁条例立法准备工作。完成130个农民工工资争议速裁庭建设，受理农民工争议案件5 774件。选树金牌调解组织50家，濉溪县临涣镇劳动人事争议调解中心、中铁四局七公司劳动争议调解委员会、九华山旅游发展股份有限公司劳动争议调解委员会等3家基层调解组织受到人力资源社会保障部等部门联合通报表扬。全年处理劳动人事争议案件7.2万件，仲裁结案率 98.8%，调解成功率 78.4%。

五、行风建设工作

（一）扎实开展主题教育。

全省各级人社部门牢牢把握主题教育目标要求，贯通推进理论学习、调查研究、推动发展、检视问题，有力增强事业发展的政治保障。践行“四下基层”优良传统，落实现场办公制度，帮助基层和群众办实事、解难题。开展失业保险基金、职业技能培训和评价、保障农民工工资支付等专项整治，举一反三抓好问题整改落实。创新建立“群众呼、提速应”的“民呼我应”机制，解决群众“急难愁盼”问题。实现全省各级社保经办机构“办不成事”窗口全覆盖运行。制定劳动力市场监管季度测评办法，梳理 15 项优化营商环境重点举措，发布 30 项为企服务清单，人社领域营商环境持续优化。

（二）加快推进信息化建设。

完成就业领域“一库一平台”建设，推广劳动关系系统应用，拓展人才人事领域平台功能。就业创业、企业职工退休等 11 个“一件事一次办”上线。整合汇聚人社 365 项服务，实现线上办事“一网通办”。建成综合服务平台，推行线下办事“一门综窗”。全省社银合作“就近办”服务网点 3 000 余家，1 085 家网点上线人社综合服务平台。居民服务“一卡通”集成公共服务 207 项，完善长三角居民服务“一卡通”工作推进机制，52 项居民服务实现长三角区域“一卡通办”。全省社保卡持卡人数、签发电子社保卡人数分别覆盖常住人口的 99%、78.1%，超额完成目标任务。“居民服务‘一卡通’美好生活伴你行”入选安徽扎实推进长三角一体化发展“十佳”创新案例。

（三）着力提升政务服务水平。

始终把群众的“急难愁盼”记在心上、抓在手上，实现服务理念从“便我”向“便民”的转变。调整全省人社权责事项、审批服务事项、基本公共服务事项等清单，编制“全省一单”，实现市级及以下 13 个行政许可事项、137 个公共服务事项同标准、无差别办理。开展“人社服务快办行动”和“人社综合窗口改革”，实现 50% 以上政务服务事项即时办结。完善人社政务服务“好差评”，常态化开展“厅局长走流程”、明察暗访活动，全省人社政务服务好评率达 99.9%。依托全国练兵比武在线学习平台，在窗口单位持续开展“日日学、周周练、月月比”岗位练兵，开展“人社服务标兵”宣讲交流活动，不断激发干部职工干事创业的动力。

六、乡村振兴工作

（一）做好脱贫人口稳岗就业。

加强脱贫人口稳岗就业政策支撑，畅通脱贫人口、就业困难人员等“家门口”就业渠道，多频次、分行业、分岗位举办以脱贫人口等为服务对象的专场招聘活动。依托劳动力资源协作联盟、沪苏浙皖结对帮扶城市劳务协作联盟，促进区域性劳动力资源匹配，保障脱贫人口有序外出就业。加大就业帮扶车间动态管理和分类帮扶工作力度，全省 925 家就业帮扶车间，带动就业 3.3 万人，其中脱贫人口、监测对象 1.2 万人，占比 36.2%。健全完善乡村公益性岗位管理机制，全省累计开发乡村公益性岗位安置脱贫人口、监测对象 25.6 万人。对失业的脱贫人口，及时兑现失业保险待遇，提供职业介绍、职业指导、职业培训等就业服务，帮助其尽快再就业。

（二）增强乡村振兴人才支撑。

出台《进一步激发人才活力更好服务乡村振兴的支持举措》，推出 5 项计划 16 条举措，加强乡村振兴人才队伍建设。创新开展乡村振兴人才评选，一批“土专家”“田秀才”“乡创客”“新农人”脱颖而出。推动落实事业单位公开招聘“三放宽一允许”优惠政策，全年指导全省艰苦边远地区事业单位完成 6 590 个岗位招聘计划。突出基层急需紧缺导向，重点开发乡村振兴协理员、基层社会保障等服务岗位，大力开发乡镇（流域）水利管理、林草资源管理、生态修复工程、营林生产等生态文明建设服务岗位。组织高层次专家服务基层，培训各类人才 3 700 多人。建成 1 个国家级专家服务基地。

（三）兜牢民生保障底线。

深入实施全民参保计划，突出加强政策宣传和引导，聚焦困难群体等重点人群精准扩面。落实人力资源社会保障部等部门《关于巩固拓展社会保险扶贫成果助力全面实施乡村振兴战略的通知》，继续对符合参加城乡居民基本养老保险条件的低保对象、特困人员、返贫致贫人口、重度残疾人、计划生育特别扶助对象等特殊困难群体，在缴费档次范围内为其代缴养老保险费。全年共为 119.6 万名困难人员代缴城乡居民基本养老保险费 2.1 亿元。

（四）履行定点帮扶责任。

建立成员单位会商工作机制，加强与帮扶单位和金安区沟通联络，协同推进工作落实。直接投入帮扶资金 338.3 万元，开展消费帮扶 202.8 万元，走村入户帮扶 300 余次。加大就业帮扶力度，金安区脱贫人口及监测对象实现就业 3.7 万人。新认定金安区省级农民工返乡创业示范园 1 家，给予 120 万元资金支持。支持六安技师学院申报第 47 届世界技能大赛移动机器人、数控车项目中国集训基地。积极发展定点帮扶村集体经济，支持宣郢村发展壮大电商产业，支持胡郢村建设蔬菜瓜果基地和菌菇养殖基地。

安徽省人力资源和社会保障厅

福 建 省

2023年，福建省人力资源社会保障系统坚持以习近平新时代中国特色社会主义思想为指导，全面贯彻党的二十大精神，认真落实党中央、国务院决策部署和省委、省政府工作要求，深学争优、敢为争先、实干争效，坚持稳中求进工作总基调，着力抓重点、攻难点、疏堵点、创亮点，圆满完成各项目标任务，人社事业高质量发展迈上新台阶。

一、就业创业

2023年，全省城镇新增就业53.49万人，完成年度任务的106.98%；城镇调查失业率全年均值4.8%，控制在5.5%目标以内；失业人员再就业15.42万人，就业困难人员实现就业3.71万人。

（一）就业创业支持。

出台《关于实施2023年春节期间稳工稳产促就业七条措施的通知》《福建省2023年高校毕业生等青年就业创业推进计划实施方案》《促进2023年高校毕业生等青年就业创业十条措施》等一揽子稳就业政策。全年累计释放政策红利90.27亿元。举办线上线下招聘活动4 841场，提供岗位216.65万个，达成就业意向23.31万人次。建立重点企业用工服务保障机制，开展“春暖农民工”服务行动，返岗复工“点对点”服务，组织包机包列包车338趟，运送1.55万名务工人员返闽返岗。全省已建成零工线上服务平台12个，线下零工市场（驿站）523个，覆盖省内71个县（市）区及开发区。引导鼓励毕业生面向基层就业，省级、市级“三支一扶”计划招募派遣毕业生1 071人、427人，志愿服务欠发达地区计划和服务社区计划各招募派遣300人。为离校未就业毕业生提供“1311”就业服务，对困难毕业生实行“双向包干制”“就业红娘”结对帮扶，实名登记2023届离校未就业高校毕业生104 399人，实现就业104 069人，登记困难毕业生3 815人，实现就业3 803人。指导各地、各高校为5 220名离校未就业毕业生提供免费住宿至8月底。

（二）职业技能培训。

开展补贴性职业技能培训45.62万人次，完成目标任务的114.05%，其中农民工19.97万人次。探索建立“揭榜挂帅”机制，创新出台培训后实现就业奖励政策，省级共遴选15个重点培训项目、39个工种、40家优质培训单位开展重点项目培训，遴选149个适岗培训工种、3家优质培训单位开展重点群体培训。

（三）劳务品牌建设。

开展“一县一品”劳务品牌培育工作，建立“品牌＋培训”机制，扶持培育“闽字号”劳务品牌。截至2023年年底，全省共有劳务品牌103家，总体就业规模超过141万人。参加全国劳务协作暨劳务品牌发展大会，“仙作劳务”作为劳务品牌代表参展，“长汀河田鸡倌”获评“2023年脱贫地区特色劳务品牌”，1人获评“全国特色劳务品牌形象代言人”，6人获评“全国新星劳务品牌形象代言人”。全省3家家政企业入选2023年全国家政劳务品牌典型案例。

二、社会保障

（一）企业职工基本养老保险。

截至2023年年底，企业职工基本养老

保险参保人数 1 632.98 万人，其中在职参保 1 441.95 万人，退休 191.03 万人。连续 25 年为企业退休人员增加养老金，全省 178.85 万名企业退休人员受益。贯彻落实《社会保险经办条例》，开展“社保服务提升行动”，持续优化社保经办服务，实现 12 个高频事项“全省通办”，21 个事项在全省中国工商银行、兴业银行等银行 656 家网点、1 977 台自助设备实现“就近办”，超过 78 万人社保待遇领取资格通过“静默办”实现无感认证，全力打造 15 分钟社保便民服务圈。

（二）机关事业单位养老保险。

截至 2023 年年底，机关事业单位养老保险参保人数 155.92 万人，其中在职参保 101.62 万人，退休 54.3 万人。连续 8 年与企业退休人员同步同办法调整养老金，52.47 万名机关事业单位退休人员受益。持续推进经办服务便民化，20 项高频业务实现在全省 451 个建设银行网点“就近办”。

（三）城乡居民基本养老保险。

截至 2023 年年底，城乡居民基本养老保险参保人数达 1 594.95 万人，参保率 99.21%，待遇领取人数 547.82 万人。2023 年度基础养老金省定最低标准调整后为每人每月 150 元。截至 2023 年年底，全省低保对象、特困人员、重度残疾人、返贫致贫人口等四类困难群体参加城乡居民基本养老保险共 80.31 万人，其中 39.18 万劳动年龄段困难群体享受了城乡居民基本养老保险政府代缴费，代缴金额 7 993.76 万元。

（四）失业保险。

实施失业保险基金省级统筹，全省失业保险金标准统一调整至当地最低工资标准的 90%。截至 2023 年年底，全省失业保险参保人数 763.06 万人。全年共为 17.17 万名失业人员发放失业保险金 14.17 亿元。全面落实失业保险稳岗返还政策，全年共发放失业保险稳岗返还资金 2.35 亿元。

（五）工伤保险。

截至 2023 年年底，全省工伤保险参保人数为 1 064.61 万人，按时足额为 5.25 万名工伤人员发放各项待遇。印发《福建省人力资源和社会保障厅　福建省财政厅关于调整全省工伤保险定期待遇的通知》，从 2023 年 1 月起统一调整、适当提高工伤职工伤残津贴、生活护理费、供养亲属抚恤金等三项定期待遇。印发《福建省工伤保险基金省级统收统支实施方案》，持续完善工伤保险省级统筹制度。全省完成劳动能力鉴定 34 030 人，其中，因工伤残鉴定 33 397 人，因病或非因工鉴定 633 人；省级再次鉴定完成 1 735 人，改变市级等级 349 人，改变率 20.12%。印发《关于加强劳动能力鉴定管理的通知》，进一步规范劳动能力鉴定管理工作。

（六）社会保险基金监督。

坚持“四位一体”、“四防”协同，全面开展社保基金管理巩固提升行动，不断梳理影响社保基金安全管理的易发、多发、高发风险点，出台社保基金监督举报办法等多项制度，问题整改率、资金追回率继续保持在 90% 以上。

三、人才人事

（一）高层次人才选拔与培养。

遴选新增第四批“雏鹰计划”青年拔尖人才 47 名，累计遴选 196 名。选拔政府特殊津贴人员 71 名（其中专业技术人才 53 名、高技能人才 18 名）、百千万人才工程省级人选 50 名。新设立博士后科研流动站 14 家、工作站 10 家、博士后创新实践基地 86 家。全年进站博士后 478 人，较上年增长 25.8%。组织参加第二届全国博士后创新创业大赛，福建省代表团荣获 1 银、1 铜、3 优胜奖，福建省人力资源社会保障厅被授予优秀组织奖。发放在闽“两院”院士及百千万人才工程国家级人选科研补助经费共计 490.8 万元。

（二）人才智力引进。

出台《“四大经济”省级高层次人才认定条件（试行）》等人才政策。新增省级高层次人才（含引进人才及现有人才）2 414 人，工科青年人才支持对象 4 229 人，从省外引进各类紧缺急需高层次人才 660 人。依托“人才福建周”活动，组团赴省外开展人才招聘活动，双向对接人才需求 11 000 余个。组织京、沪医疗专家共 6 批、146 人次赴省内基层医院开展义诊会诊等，累计与 181 名青年医生结成“师徒”对子，建立名医工作室 11 个。举办第二届“师带徒”引凤项目大赛，意向落地人才项目 63 项；举办“师带徒”人才项目“揭榜挂帅”赶集日活动 9 场，现场路演并揭榜签约人才项目 25 个。

（三）专业技术人才队伍建设。

修订印发新闻、出版、统计、审计、工程、经济、高校、教师等 13 个系列专业职称评审标准，新增人工智能等 17 个产业职称专业。在厦门市试点对 50 项国际职业资格直接认定福建省职称，直接采认 600 余人。组织开展第五届特殊人才高级职称认定（评审）工作，评审通过高级职称 60 人。重新组建或调整卫生、文化艺术、工程、统计等 30 多个系列评委库。

印发《福建省人力资源和社会保障厅办公室关于加强专业技术人员继续教育工作有关事项的通知》。组织实施专业技术人才知识更新工程高级研修项目，入选国家级研修项目 4 期，遴选省级研修项目 116 期。福建船政交通职业学院入选第十二批国家级专业技术人员继续教育基地，中国海峡人才市场、厦门大学等 8 家培训机构入选数字技术工程师培育项目第二批培训机构目录。

（四）事业单位人事管理。

开展省属事业单位公开招聘工作，招聘 2 924 人。严格审批程序，共办理省属事业单位人员调动批复 324 件。推进公办高校人事制度改革，指导 29 家省属公办高校制定岗位设置实施方案，增加专业技术岗位 7 768 个，同比增加 26.8%，其中高级岗位增加 4 184 个，同比增加 32%。推进事业单位岗位设置和聘用管理，核准省属、省直事业单位岗位设置方案 85 个，审核岗位聘用调整备案 687 件，调整人员 6 000 余人。推进考核奖励等各项制度落实，会同省委组织部共同部署事业单位工作人员年度考核工作，办理事业单位 257 人记功、12 家事业单位记大功。组织奖励杭州第 19 届亚运会事业单位运动员教练员和有功集体、杭州第 4 届亚残运会事业单位参赛人员。指导常态化开展县以下事业单位管理岗位职员等级晋升工作。

印发实施《全省公立医疗机构医务人员发放一次性补助方案》，完善医务人员临时性工作补助有关政策。推动公立医院工资总额管理办法修订工作。实现工资管理系统与国库统发系统的对接与数据共享。完善省属事业单位绩效工资总量管理，印发绩效工资总量单列清单。

（五）技能人才队伍建设。

全省新增国家职业资格或职业技能等级证书取证 18.42 万人次，其中三级（高级工）以上 5.85 万人次；新增专项职业能力考核证书取证 10.24 万人次。新增 20 家企业、32 家职业院校（技工院校）、18 家社会培训评价组织为职业技能等级认定单位。直接采认台湾地区职业技能资格项目由 34 个扩大到 50 个，101 名台湾同胞通过考试或直接采认取得相应职业技能等级证书。新增国家级高技能人才培训基地 5 家，总数达 43 家；新增国家级技能大师工作室 5 家，总数达 44 家；新增省级技能大师工作室 60 个，总数达 725 个；新增全国技术能手 19 名。

组织开展省级职业技能竞赛 35 场次 85 个项目。组织参加第二届全国技能大赛，共有 45 个项目 57 名选手获奖，福建代表团获“优秀组织奖”。组建 58 个第 47 届世界技能大赛福建集训基地，入选第 47 届世界技能大赛 6 个项目的国家级集训基地名单，授予 157 名优秀选手“福建省技术能手”称号。

全省技工院校达 72 所。2023 年，技工院校招生 6.54 万人，在校生 14.22 万人，毕业生 3.2 万人，就业率达 98%。参加第三届全国技工院校教师职业能力大赛，取得 1 金 6 银 3 铜的优异成绩，教师职业能力排名全国前十，省人力资源社会保障厅获优秀组织奖。福建省技工教育联盟成立，福建省技工教育迈向新阶段。

（六）人才服务。

推进专家服务基地建设。福建连城农民创业园管委会获批国家级专家服务基地，遴选新增省级专家服务基地9家。共发放高层次人才生活津贴6 481人次、6 704.15万元，发放国务院政府特殊津贴1 201人次、423.06万元。举办专家休假活动3期，共有各类专家及家属92人参加。推动全省各地创建特色人才驿站，累计达857家。《福建省人力资源市场条例》已列入省政府2023年度立法工作计划的地方性法规“提请审议项目”。

四、劳动关系

（一）和谐劳动关系创建。

深入实施劳动关系“和谐同行”能力提升三年行动。行动实施以来，全省培育和谐企业947家，服务指导新办企业和重点企业分别为11 886家、2 960家，选树省级金牌协调劳动关系社会组织19家、金牌劳动关系协调员224名。开展劳动用工“查风险　强协商　保支付　促和谐”专项行动。牵头建立维护新就业形态劳动者劳动保障权益八项工作机制，持续推进新就业形态劳动者权益保障工作。

（二）劳动人事争议调解仲裁。

全省各级劳动人事争议调解仲裁机构共处理争议案件7.26万件，涉及劳动者8.43万人，涉案金额24.07亿元；调解成功率67.6%、仲裁结案率96.8%。转发人力资源社会保障部等九部门《关于进一步加强劳动人事争议协商调解工作的意见》并提出贯彻意见；推广“仲裁+X”一站式调裁服务模式，积极推进“总对总”在线诉调对接工作；会同有关部门开展基层劳动人事争议调解组织建设行动，建立青年仲裁员志愿者联系企业活动常态化长效化工作机制；创新打造“人社局长调解工作室”“乡镇书记调解工作室”等调解工作品牌，2021年至2023年全省已有12家调解组织作为工作突出的全国基层调解组织，受到了人力资源社会保障部等部门通报表扬。开展农民工工资争议速裁庭建设专项行动，会同省高院联合发布9件劳动争议典型案例，推进自贸区仲裁机构“阳光仲裁”，创新调解仲裁与就业帮扶协作等工作机制。开展调解仲裁数字化提升行动，《仲裁庭数字化建设规范》在全国率先申报省级地方标准，全省建成省级标准化数字仲裁庭8个。福建省调解仲裁信息化建设获省直综合管理类改革创新项目评比第一名，并入选工业和信息化部2023年信息技术应用创新应用示范案例。

（三）劳动保障监察。

全面落实《保障农民工工资支付条例》，相继出台建筑工人实名制管理、工资专用账户、工资保证金等相关制度，创新建立“甲指分包”项目欠薪治理机制、全域网格化监管机制、根治欠薪约谈制度等系列制度机制。推广劳动监测预警大数据平台，自动研判预警欠薪风险隐患，实现工资支付智慧化监管。在全国率先开通“96333”欠薪投诉专线，持续畅通维权渠道。组织开展劳动保障领域突出违法行为专项执法行动，春节前欠薪全面清零。2023年，全省各级劳动保障监察机构共检查用人单位11 133户，办结劳动保障违法案件22 454件，为37 872名劳动者追发工资等待遇3.99亿元。在国务院保障农民工工资支付工作考核中福建省连续四年位列全国第一方阵。

（四）工资收入分配。

深入实施城镇职工、农民、困难群体、高端人才“四大群体”增收计划，多渠道促进居民增收。2023年，全省居民人均可支配收入45 426元，居全国第7位，同比增长5.4%。农村居民人均可支配收入增速快于同期城镇居民收入增速2.6个百分点。城乡居民收入比由上年的2.15∶1缩小为2.1∶1。深入推进国有企业负责人薪酬制度改革和工资决定机制改革，牵头开展新一轮省管企业负责人薪酬管理及考核办法修订工作。开展2023年企业薪酬调查，涉及企业 8 968 户、劳动者 92 万余人。发布 2022 年企业薪酬调查信息、2023 年全省企业工资指导线和省属企业工资指导线（全省企业工资指导线基准线为 7%、下线为 3%）。

五、行风建设

印发年度全省人社系统行风建设工作方案，确定 20 余项工作任务并统筹实施。持续开展“厅局长走流程”，确定省本级 10 个重点项目。全省人社部门领导干部结合调研，带头“走流程”，全面查堵点、深入摸需求，全省走流程累计 1 560 人次，线上体验 850 次，解决问题 576 个。深入实施人社政务服务“好差评”，全省人社政务服务全年好评率为 100%。深化制度建设，省厅制定完善 12 项内部管理制度。印发《机关效能提质提效暂行规定》，强化岗位责任制、服务承诺制、首问责任制、一次性告知制、限时办结制、否定报备制、责任追究制；严格报批事项的办理时限，简易事项即收即办，一般事项 10 个工作日内办结，提高了机关运转效率。全年主动公开文件 157 个。

六、乡村振兴

2023 年，全省劳动年龄段内有劳动能力的脱贫人口实现就业 16.97 万人，培训 6.96 万人，公益性岗位安置 1.07 万人。《福建省实施脱贫人口“就业一键帮”动态保持“双百”目标》入选人力资源社会保障部“人社帮扶助力乡村振兴品牌建设”行动案例。与贵州省毕节市等 6 地新建立劳务协作对接机制，新签订劳务协议 59 份；签订省际劳务协议增至 363 份，覆盖 18 个合作省份。依托省际劳务协作对接服务平台，发放跨省就业补助资金 10 412.84 万元，覆盖中西部脱贫人口 12.96 万人，涉及企业 2.98 万家。

制定印发《乡村振兴人才支持专项工作实施方案》。开展“智惠八闽”专家服务乡村振兴专项行动、“海归英才八闽行”，分别组织 6 批 45 人次专家、4 批 39 名留学回国专家深入基层一线开展帮扶活动。组织 12 名专家赴宁夏开展闽宁协作福建专家对口支援宁夏同心县活动，承接宁夏 14 名专家赴福建学习交流活动。挂钩帮扶顺昌县乡村振兴工作入选 2023 年人力资源社会保障部乡村振兴品牌建设行动典型案例。

福建省人力资源和社会保障厅

厦 门 市

2023年，厦门市人力资源社会保障工作坚持以习近平新时代中国特色社会主义思想为指导，认真学习贯彻习近平总书记关于做好新时代人才工作的重要论述和关于人社工作的重要论述，以扎实开展主题教育为契机，以“情暖人社”党建品牌创建引领推动人社事业全面发展。全年城镇新增就业16.47万人，接收高校毕业生7.97万人，2023届离校未就业毕业生就业率达到99.78%，新引进留学人才0.21万人，人社服务“好差评”群众满意率达到99.995%。

一、坚持精准施策，全力以赴惠企稳岗促就业，确保就业局势稳中向好

（一）全力稳市场主体稳就业。

先后出台支持企业不停工、鼓励员工来厦返厦就业等系列政策举措，将阶段性降低失业保险费率政策延续实施至2024年年底，探索推行“免申即享”“直补快办”等模式，打出惠企政策组合拳，全年全市共为企业增收减负25.63亿元。定期收集重点用工企业用工需求，开展“八闽春暖”、智能制造、数字经济、重点民企等15场云端招聘活动，围绕重点园区、重点产业、重点行业开展“产业优才·携手未来”系列直播活动10场，帮助企业抢占用工先机。全市登记用工企业25.76万家，登记在职职工271.46万人，企业用工需求率为3.17%，总体保持稳定。服务保障用工相关做法被国务院农民工工作领导小组简报刊发，春节期间采取包机包车输转务工人员做法被《人民日报》头版评论员专文点赞。

（二）千方百计促进重点群体就业。

综合运用“131”帮扶机制、公益性岗位兜底等方式帮扶重点群体就业，将财政部、人力资源社会保障部下发的就业补助资金9 823万元全部安排用于促进就业困难人员就业。深化促进家政服务业提质扩容“领跑者”行动，“小羽佳”入选第一批全国家政劳务品牌典型案例。牵头出台促进高校毕业生等青年就业创业十条措施，深入开展“书记市长送岗留才进校园”活动，面向全国主要高校开展44场城市引才推介会、政策宣讲会、就业座谈会等各类政策推广活动，邀请全国103所高校代表开展“2023全国高校来厦访企拓岗对接活动”，相关做法被中央广播电视总台“新闻联播”、《中国组织人事报》等媒体报道。

（三）持续健全公共就业服务体系。

围绕“强服务、提技能、稳就业”，制定出台“1+1+N”政策体系，市财政配套2.11亿元资金，加快推动公共就业服务能力提升示范项目建设。牵头组织实施六大提升工程26项举措，重点打造强化特色技能培训、升级“i就业”信息系统、优化服务载体等，推动公共就业服务向基层延伸、向困难群体扩展，全面提升保障公共就业服务能力位居全国前列。

（四）持续开展职业技能培训。

坚持就业导向，继续开展重点群体项目制、企业新型学徒制等补贴性培训，创新推出毕业年度学生学徒制培训政策，遴选支持一批生物医药、电子信息、新材料、半导体等高新行业企业作为示范企业开展岗位技能培训，推动技能培训工作提质增效。全年共开展职业技能培训9.63万人次，发放补贴资金1.18亿元。

二、坚持先行探索，注重引、育、保结合，人才人事工作呈现新局面

（一）强化国际化人才引育。

加快构筑国际化引才平台，开通厦门国际化人才招聘专窗，成立驻北京国际化人才工作站和厦门城市引才联盟，探索实施国际职业资格认可和对台职业资格采认试点。积极推进留学人才招引和服务，举办留学人才专场招聘对接会和留学人才厦门行活动，通过线上线下渠道发布 1 068 个岗位，推荐 205 人入选“海归鹭岛”人才行动。实施国际职业资格认可清单制度改革，发布 125 项国际职业资格认可清单，颁发证书 782 份，获人民网、《福建日报》等主流媒体报道。

（二）提升人才服务保障水平。

以创建国家级人力资源服务产业园为牵引，出台市级人力资源服务产业园管理办法，按照“一个核心园 + 三个专业园”模式，改造提升厦门人才市场，推动集美创新园、中科航天园落地建设。优化人才服务保障，创新分两批组织高层次人才认定，在福建省首创高层次人才电子证书；扩展骨干人才住房保障范围和标准，首次将非厦门户籍人才纳入申请范畴。持续深化职称改革，在福建省率先新增人工智能职称专业评审，优化生物医药职称改革试点，提高物联网、轨道交通、工业设计 3 个职称改革试点专业的评审级别。开展对台职业资格采认工作，发布 80 项台湾地区职业资格采认清单，直接采认 195 名台湾同胞，获评 2023 年度市级十佳营商环境创新举措。

（三）优化事业单位人事管理服务。

灵活运用骨干人才专场招聘、简化程序招聘等形式组织事业单位编内工作人员招聘，创新推行对等安置引进博士生配偶和面向国内外知名高校招聘部分类别博士“优培生”不占职数直聘副高专业技术岗等举措，出台事业单位特设岗位设置管理办法等文件，在福建省率先开展事业单位工作人员定期记功奖励，持续激发事业单位活力，“县管校聘”管理改革实现全市六区全覆盖。面向事业单位法定代表人、初任人员、人事或财务人员组织开展综合素质及履职能力培训，严密组织各类考试 36 项，完成首个市级人事考试培训基地建设。

（四）持续推进技能人才队伍建设。

研究出台加强新时代高技能人才队伍建设方案，从加大技能人才培养、使用、评价、激励等方面持续发力，优化高技能人才保障机制。推动成立以“1+X”模式为基础的技工教育联盟，成功举办第二届厦门市职业技能竞赛活动，选派优秀选手参加第二届全国技能大赛及福建省选拔赛，成绩均位居福建省首位。遴选建设市级技能大师工作室 15 个，组织推荐国家级（3 个）、省级（10 个）技能大师工作室。持续推进技能人才评价工作，开展人才评价 5.53 万人次，发放证书 3.77 万本。

三、坚持统筹兼顾，社会保障体系不断完善，社保基金监管能力稳步提升

（一）推动社会保险制度改革。

稳步推进企业职工基本养老保险全国统筹工作，切实做好本市政策与全国统筹政策衔接过渡，延长地方法规调整适用期限。稳妥推进工伤、失业保险省级统筹。扎实开展被征地人员养老保险政策衔接，积极研究新的被征地农民社会保障办法，全年全市完成存量被征地人员入库 26.86 万人。

（二）健全完善社会保险体系。

完善城乡居民基本养老保险待遇确定和基础养老金正常调整机制，基础养老金调整提高至每人每月 350 元，居福建省第一、全国副省级城市第三。平稳开展退休人员养老金调整，总体调整幅度 3.8%，涉及退休人员 42.16 万人。截至 2023 年年底，全市养老保险、工伤保险、失业保险参保人数分别为 562.3 万人、297.31 万人、275.64 万人。

（三）加强社会保险基金监管。

深入开展社保基金管理巩固提升年行动，在福建省内率先建立与公安、民政等多部门联合追回违规领取社会保险待遇部门协作机制，扎实组织开展失业保险稳岗补贴被截滞留、短期参保骗取失业补助金、职业技能培训和评价三项专项整治，全力配合上级审计并做好整改落实。

四、坚持主动作为，劳动者权益得到有效保障，和谐劳动关系进一步确立

（一）积极构建和谐劳动关系。

推进完成劳动关系“和谐同行”能力提升三年行动计划，协调指导全市广泛开展新时代和谐劳动关系创建活动，集美区构筑“三位一体”和谐劳动关系新体系做法被《中国劳动保障报》刊发；湖里创新园区挂牌成立全市首个基层劳动关系公共服务样板站点并通过国家级样板站点验收，入选市2023年度改革创新优秀案例。对311家市属企业（含72家建筑企业）开展遵守劳动保障法律法规情况“双随机”检查，完成1 765家用人单位（建筑项目）的劳动保障守法诚信等级评价。测算发布企业工资指导线，稳妥实施国有企业负责人薪酬制度和工资决定机制改革，完成企业薪酬调查工作，指导培育3个技能人才薪酬分配制度建设典型。

（二）探索实践新就业形态劳动者权益保障新模式。

深入开展专题调研，研究并提出相关政策意见建议，成立福建省首家新就业形态劳动者权益保障服务中心，加快建设厦门市新就业形态劳动者权益保障服务信息系统，积极推进“政府主导、财政补贴、商业保险”的灵活就业人员职业伤害保险“益鹭保”，并组织广泛宣传，初步构建新就业形态劳动者权益保障工作规范模式和长效机制。相关做法获人民网、新华网以及《中国劳动保障报》《福建日报》等各级各类主流媒体关注，并被国务院就业促进和劳动保护工作领导小组办公室通报为地方工作经验亮点。

（三）持续推进根治欠薪工作。

扎实开展欠薪隐患排查处置和欠薪线索动态清零工作，开展以工程建设领域、加工制造业、新就业形态等欠薪易发多发行业企业为重点的专项整治行动，在工程建设领域建立根治欠薪工作全域网格化监管机制，持续推进“无欠薪标杆项目”创建，坚持欠薪案件动态清零。全年全市共接处涉薪类案件2.56万件，追发劳动者工资等待遇1.05亿余元。强化“党建引领”根治欠薪经验做法被人民网刊发。

（四）完善劳动人事争议多元处理机制。

积极推进“仲裁+X”工作模式，与司法等部门联合构建“法治+新就业形态”等多元化解机制，成立福建省首家工会驻市劳动人事争议仲裁委调解工作站，持续推进数字仲裁庭和农民工工资争议速裁庭建设，着力提升调解仲裁办案质效，全年全市共处理劳动人事争议案件2.08万件。农民工工资争议速裁庭建设先进经验做法被人力资源社会保障部微信公众号刊发。以湖里区劳动人事争议仲裁院为试点，有序推动两岸融合化解劳动争议机制改革，并逐步向全市推广。湖里区推进劳动争议综合预防化解的做法，获评中央和国家机关工委青年理论学习小组“关键小事”调研攻关活动二等奖。

五、坚持党建引领，强化自身建设，人社系统作风形象明显改变

（一）强化政治机关建设。

全面落实新时代党的建设总要求，坚持党建引领人社事业高质量发展。扎实组织开展主题教育，结合实际确定45个调研课题，完成11项问题清单整改，落实9件为民办实事项目，在全市主题教育推进会上作经验交流发言，经验做法在人民网、学习强国及《厦门日报》等媒体刊发；“以党建品牌创建引领人社事业新发展”荣获厦门市基层党建创新案例二等奖。认真履行意识形态、网络意识形态及网络安全工作责任，强化网络安全检查和网络舆情处置，全年监测并妥善处置新就业形态劳动者权益保障等方面舆情2 393条，以“三度三新”模式加强宣传报道工作，厦门市人社新闻

宣传工作被人力资源社会保障部办公厅通报表扬。持续深化青年干部理论武装，“人社习苑”青年理论学习小组获评市直机关“优秀青年理论学习小组”。厦门技师学院林颜章获得“全国五一劳动奖章”，湖里区龚晓龙被人力资源社会保障部授予“全国人力资源社会保障系统先进工作者”称号。

（二）提升人社服务质效。

深入开展人社系统“非常满意提升年”活动，进一步推行“全流程网上办”“秒批秒办”审批服务模式，网上实际办理率提高到92%，审批服务效率居福建省前列。在福建省首创企业职工退休“双确认”便民服务模式及工伤医疗康复“免垫付”服务系统，创新构建厦门人社“人工+AI”大语音模型，设立“社保有事我帮您”社保政策一站式查询平台。打造“智慧社保”推进社保经办数字化转型改革入选人力资源社会保障部信息化便民服务创新提升行动典型案例。退休人员社会化管理率达到100%，退休人员社会化管理应用获评2023年度福建省公共数据应用优秀案例和2023年度厦门市公共数据优秀共享案例。

（三）落实平安建设责任。

深入贯彻习近平法治思想，坚定不移贯彻总体国家安全观，积极统筹发展和安全，妥善处理人社领域各类信访问题。认真组织开展重大事故隐患专项排查整治2023行动，分批次对全市人社行业342家单位进行安全生产检查并督促整改，有效确保全市人社系统安全稳定。坚持依法行政，行政机关负责人出庭应诉率100%，思明区人力资源社会保障局获评人力资源社会保障部“法治人社建设优秀单位”。

厦门市人力资源和社会保障局

江 西 省

2023年，江西省人力资源社会保障系统坚持以习近平新时代中国特色社会主义思想为指导，深入学习宣传贯彻党的二十大精神和习近平总书记考察江西重要讲话精神，坚决贯彻落实党中央、国务院和江西省委、省政府以及人力资源社会保障部决策部署，聚焦“走在前、勇争先、善作为”目标要求，立足“政治机关、民生部门、经济单位”职责定位，扎实开展主题教育，坚持用“创新、安全、赋能、和谐、服务”五个理念推动人社工作，圆满完成了各项目标任务。

一、以创新促进就业，总体局势稳中向好

（一）强化就业优先政策。

出台优化稳就业促发展惠民生16条措施，联合中国银行江西省分行出台金融助企稳岗政策，实施经济发展促进就业4项计划、稳定就业基本盘7项行动，助力市场主体稳岗扩岗，为市场主体和个人减负60.67亿元。2023年，江西省城镇新增就业、失业人员再就业、就业困难人员就业分别为46.06万人、15.41万人、5.07万人，分别完成年度计划的112.3%、118.5%、126.6%。12月城镇调查失业率5.1%，低于年度控制目标，与全国平均水平持平。

（二）稳定重点群体就业。

实施高校毕业生等青年就业服务攻坚行动，开展就业困难群体“一对一”帮扶，2023届高校毕业生毕业去向落实率82.33%，高校毕业生“三支一扶”计划招募1 859人。农民工外出务工达到1 143.9万人，占农民工总量的89.7%；开展困难群体就业重点帮扶，179.7万脱贫劳动力实现就业145.1万人，超额完成国家下达江西省130.9万的年度目标任务；易地搬迁脱贫劳动力6.72万人实现就业，完成年度目标任务的108.5%；重点水域5.04万退捕渔民全部顺利转产就业，零就业家庭保持动态清零。

（三）推进创业带动就业。

江西省本级启动创业担保贷款市场信用担保模式改革试点，承办全国创业担保贷款“跟踪指导助力行动”（江西站）首站高校毕业生和乡村创业两个专场活动，全年发放创业担保贷款351.27亿元，完成年度目标任务的234.18%。新增认定省级创业孵化基地22家，开展创业培训14.68万人次，累计打造75个劳务品牌，创造经济效益达6 941.56亿元。

（四）健全就业公共服务体系。

启动推进“5+2就业之家”建设，着力打造省市县乡村5级和开发区、大中专院校2类“就业之家”，正式上线运行江西“5+2就业之家”软件，新建各类就业之家13 000余家，创建110个省级充分就业社区。打响“赣就有位来”公共就业招聘品牌，举办各类招聘活动5 100场，提供岗位信息343.76万条。争取中央就业补助资金22.5亿元，较上年度增加16.3%，为历年最高，高于全国平均增幅8个百分点。新增南昌市获评全国公共就业服务能力提升示范项目，获得中央财政支持资金1亿元，南昌、九江、萍乡、新余、赣州、吉安等6个城市入选全国创建公共就业创业服务示范城市。

（五）发展人力资源服务业。

配合江西省人大高质量完成对江西省人力资源市场建设管理工作情况的监督。成功举

办江西省首届人力资源服务创新创业大赛，推荐项目在全国大赛中取得佳绩。持续举办人力资源服务供需对接系列活动和人力资源服务高研班，组建江西省人力资源服务行业专家库。截至2023年年底，全省有人力资源服务机构3 188家，从业人员6万人，年营业收入达到570亿元；全省建成人力资源服务产业园32个，其中国家级1个、省级10个。

二、以安全兜牢底线，社保体系不断健全

（一）制度改革稳步推进。

出台《江西省社会保险事业高质量发展三年行动计划（2023—2025年）》，稳步实施企业职工基本养老保险全国统筹，并研究制定相关配套政策。出台工伤、失业保险省级统收统支实施方案，修订《江西省实施〈工伤保险条例〉办法》，完善公务员工伤保险政策，在赣州开展城乡居民基本养老保险集体经济补助试点，推动个人养老金制度在南昌先行试点。

（二）参保扩面持续推动。

贯彻落实《社会保险经办条例》，实施全民参保计划，推进社保费“统模式”改革试点，出台社会保险依法参保红榜企业认定发布办法，深入开展社保服务“百千万行动计划”。全省企业职工基本养老保险、机关事业单位基本养老保险、城乡居民基本养老保险、失业保险、工伤保险参保人数分别达到1 253.98万人、181.60万人、1 951.47万人、402.57万人、593.36万人，分别完成民生工作计划任务的104.9%、103.8%、102.7%、103.2%、106%。

（三）待遇水平不断提高。

同步调整企业和机关事业单位退休人员养老金，385万名退休人员受益。提高城乡居民基础养老金水平5元，省级基础养老金达到每人每月133元；继续鼓励各地自主提高城乡居民基础养老金标准，全省城乡居民基本养老保险月人均待遇水平达到195元，居中部省份第一。调整因工致残人员伤残津贴等定期待遇，确保各项待遇按时足额发放。

（四）基金安全有效保障。

拟定出台加强社会保险基金监管工作意见，构建党委领导、政府负责、部门协同、社会共治的基金监管工作机制。养老、失业、工伤保险基金总收入、总支出、总结余分别达到1 765.67亿元、1 651.84亿元、1 499.77亿元。向全国社保基金理事会划转委托投资城乡居民基本养老保险基金33.80亿元，累计已委托投资208.95亿元，确定江西省2023年个人账户记账利率为1.5%。职业年金投资运营首个合同期取得“开门红”，累计投资收益率20.22%，居全国第一方阵。

（五）经办服务持续优化。

承办全国首届“社保服务进万家”活动，江西省共开展宣传活动869场，发放或张贴宣传资料40.9万份，媒体推送、报道消息335条。畅通养老保险关系转移接续，超期率下降至0.3%。强化数据共享，全面推行信息比对“静默认证”为主、人脸识别自助认证为辅、社会化服务现场认证为补充的认证新模式。大力拓展“网上办”“掌上办”“自助办”“一次办”，上线132个网厅服务事项、34个掌端和40个自助端服务事项，全省线上办件率在89%以上。

三、以赋能激发活力，人才人事创新推进

（一）人才发展体制改革不断深化。

以江西省委办公厅、省政府办公厅名义印发《江西省关于加强新时代高技能人才队伍建设的实施意见》《江西省深化职业教育技工教育改革服务产业高质量发展的若干措施》《关于优化江西省政府特殊津贴制度的通知》，持续完善技能人才政策体系，深化职业教育、技工教育改革若干措施。以江西省委人才工作领导小组名义印发江西省博士后工作九条，围绕博士后人才培养“引、育、用、留”关键环节全方位支持博士后人才“挑大梁”。出台《关于在企业推行“新八级工”职业技能等级认定制度的通知》，拓宽技能人才职业发展通道。截至2023年年底，江西省专业技术人才总量

332万人，技能人才总量538万人，其中高级工以上技能人才162.36万人、中华技能大奖获得者7人、全国技术能手147人，赣鄱工匠56人、江西省能工巧匠240人、江西省技术能手4 286人。全省建有省级及以上高技能人才培训基地120家、技能大师工作室248家、省级及以上职业技能竞赛集训基地28家。

（二）专业技术人才队伍建设成效显著。

开展“才聚江西 智荟赣鄱”引才活动，面向世界招引高层次和急需紧缺人才，新增引进人才7.2万人，同比增长114%。新增64名国务院政府特殊津贴专家，选拔产生100名“双高工程”人选。实施专业技术人才知识更新工程，举办高级研修项目培训26期，培养培训高层次人才1 600余人。新增56家博士后科研工作站，参加全国博士后创新创业大赛获2个铜奖。顺利组织各类人事考试65项，新增专业技术人才20.7万人。

（三）技能人才培育持续加强。

深化技工教育改革，升格技师学院2所，新设技工学校3所，新增专业点数242个，支持建设5个产业学院、15个重点特色专业（群）、15个一体化名师工作室。截至2023年年底，全省技工院校达137所，在校生达25.2万人，学校数量、在校生人数均居全国第5位。全年表彰赣鄱工匠20人、江西省能工巧匠80人。支持建设8个职业技能培训共建共享基地，开展补贴性职业技能培训45.6万人次。新增国家级和省级高技能人才培训基地8家、技能大师工作室25家。推行社会化职业技能等级认定，新增职业技能等级认定机构205家。参加第二届全国技能大赛，获得1金1银3铜；承办全国技工院校教师职业能力大赛，获4个一等奖，排全国第3名。

（四）人才激励不断强化。

畅通职称评审“绿色通道”，近300名人才通过绿色通道获批高级职称，3 075名农业、林业等系列基层人才通过“定向评价、定向使用”方式取得高级职称。完善事业单位工资绩效制度，推进高等学校、科研院所薪酬制度改革试点，支持11家单位对342名高层次人才实行年薪制，支持8家单位对职务科技成果转化重要贡献人员给予现金奖励5 489.07万元、18家单位开展校企合作等项目净收入追加一次性绩效2 253.67万元。全省表彰项目新设92项、调整6项、撤销5项，累计推荐29个集体、39名个人参评14项部级表彰活动，省本级累计表彰先进集体988个、先进个人2 489名、项目和成果173项。

四、以和谐维护权益，劳动关系总体稳定

（一）构建和谐劳动关系。

完成劳动关系“和谐同行”能力提升三年行动。完成第一届全国和谐劳动关系创建工作先进集体和先进个人推荐评选，3个集体被评为“全国和谐劳动关系创建工作先进集体”、8名个人被评为“全国和谐劳动关系创建工作先进个人”。启动“江西省新时代和谐劳动关系创建五年行动（2023—2027年）”。发布2023年企业工资指导线和省属国有企业负责人薪酬基本年薪计算基数，顺利完成全省企业薪酬调查工作，向社会公开发布全省劳动力市场工资价位。

（二）维护新就业形态劳动者权益。

健全就业社保、劳动报酬、劳动安全等方面的规章制度。印发《新就业形态劳动者劳动合同和书面协议订立指引（试行）》《新就业形态劳动者休息和劳动报酬权益保障指引》《新就业形态劳动者劳动规则公示指引》《新就业形态劳动者权益维护服务指南》。在赣州市开展补充工伤保险试点，增加南昌市、吉安市、抚州市三个设区市开展补充工伤保险试点，并将试点人群扩大到网约车、外卖、即时配送、同城货运和家政服务等新就业形态劳动者，解决其职业伤害保障制度缺失问题。在11个地市成立道路运输行业党委、快递行业党委，实现全省全覆盖。持续推进工会工作，全省共吸纳68.56多万人加入工会，建设服务站点4 246家，为5 422名新就业群体女性劳动者进行了免费“两癌”筛查。

（三）推进争议调解仲裁工作。

健全劳动人事争议协商调解工作机制，江西省人力资源社会保障厅等9部门印发《江西省进一步加强劳动人事争议协商调解工作实施方案》。推进基层劳动人事争议调解组织建设，省人力资源社会保障厅会同总工会、企联/企协、工商联等部门开展全省金牌调解组织的培育、选树工作，评选出2023年度金牌劳动人事争议调解组织42家。在全省范围内继续开展创建星级劳动人事争议仲裁院活动，评选出2023年度五星级仲裁院35家、四星级仲裁院30家、三星级仲裁院12家。2023年，江西全省各级劳动人事争议调解仲裁机构共依法受理劳动人事争议案件56 073件，依法调处案件56 101件，仲裁结案率为99.8%，调解成功率为91.8%，仲裁终结率为86.3%，涉案金额达12.1亿元。大力推广全国“互联网+调解”服务平台和江西省“智慧仲裁”信息系统，提升案件处理智能化水平和服务社会能力。

（四）加强根治欠薪治理。

贯彻落实《保障农民工工资支付条例》，将赣鄱无农民工欠薪项目试点工作由5个县（区）扩展至20个县（区），全面推动工资支付保障制度落实落地，纳入试点的388个政府和国企项目无一发生欠薪问题。加强农民工劳动报酬权益保障，建成农民工工资争议速裁庭114个。建设农民工工资监控预警平台和数据归集平台，完善平台数据库，通过信息化手段提升根治欠薪工作水平。2023年，平台在建工程项目3 784个、农民工实名制信息52.5万条，总包代发农民工工资40.12亿元，监测农民工工资保证金204.14亿元。实施联合惩戒，向社会公布33件重大劳动保障违法行为，将12个企业列入拖欠农民工工资失信联合惩戒对象名单，向公安机关移送81起涉嫌拒不支付劳动报酬犯罪案件。组织开展农民工工资支付、清理整顿人力资源市场秩序、高温津贴发放等专项检查和劳动保障年度书面审查工作。2023年，江西省共检查用人单位1.09万户，立案办结拖欠农民工工资案件1 511件，依法为1.91万名农民工追回工资待遇2.61亿元。

五、以服务提升质效，行风建设深入开展

（一）标准化程度全面提升。

实施全省人社政务服务事项标准化提升行动，印发《江西省人社领域政务服务事项清单（2023年版）》，逐项对人社领域依申请类政务服务事项所涉及的责任部门、基本名称、办理层级及设定依据等基本要素进行规范，完成了276个办理项实施要素的“颗粒化”梳理。推进通用综合窗口改革，实现省本级高频服务事项全部进驻省政务服务中心办事窗口，省本级6项行政许可事项全部进驻中心通用综合窗口。

（二）信息化建设稳步推进。

持续优化人社一体化平台功能，强化日常巡检、运维和管理，优化或新增相关功能357个。升级完善人社专区服务功能，进一步解决高频事项“查不到”、人脸识别“太频繁”、系统响应“较缓慢”等突出问题。推动省本级行政许可事项证照全部电子化，同时依托人社一体化系统对接省电子证照共享系统，帮助企业和办事群众实现免证办理业务，解决办事多次提交纸质材料、随身携带证件等问题。建设全省统一的公共就业服务信息平台和信息资源库，打造江西社保数字全景图，推广五类就业补助资金线上直发。

（三）社保卡应用范围不断拓展。

发布社会保障卡第一批163项应用目录，应用场景持续拓展，大力推广社保卡发放农民工工资，通过社保卡发放各类资金4 654亿元。全省累计制发社会保障卡4 793万张，3 505万人领用电子社保卡。

（四）系统行风持续改善。

推出企业职工退休、失业等7个跨部门“一件事一次办”上线运行，进一步提升人社政务服务效能。落实人社政务服务“好差评”制度，督促经办机构提升服务水平，2023年人社政务服务好评率达99.99%。组织开展省

直机关处长办事流程“大体验”活动，及时发现经办流程的问题和不足，不断提升服务群众的能力和水平。全省 12333 咨询服务群众有效评价满意度 98%。

江西省人力资源和社会保障厅

山 东 省

2023年，山东省人力资源社会保障系统以开展学习贯彻习近平新时代中国特色社会主义思想主题教育为契机，深入学习贯彻习近平总书记关于山东工作和人社工作的重要指示批示精神，锚定“走在前、开新局”，主动融入服务绿色低碳高质量发展先行区建设，扎实做好稳就业、促改革、惠民生、防风险、保稳定各项工作，为全省经济发展、民生改善、社会稳定作出积极贡献。

一、就业创业

把稳就业作为保民生、促发展、稳预期的重要基础，健全有利于高质量充分就业的体制机制。全力确保就业局势稳定，扛牢就业大省责任，落实就业优先政策，推动就业形势稳中向好。全年实现城镇新增就业124.5万人，超额完成年度任务；城镇调查失业率稳定在年度目标范围内。山东就业工作第5次受到国务院督查激励。

（一）密集出台就业政策。

出台“一稳三促”行动方案，实施助力工业经济高质量发展的“九+”计划，为8.5万家企业常态化解决用工126.4万人次。在全国率先推出稳岗扩岗专项贷款政策，发放专项贷款143.3亿元。

（二）着力保障重点群体就业。

突出抓好高校毕业生就业，建立“政行企校”四方协作机制，创新实施“访企拓岗”“职通央企”等专项行动，在全国率先出台省级加强高校毕业生就业指导服务综合性文件，创新举办首届山东省高校毕业生求职技能大赛、高校职业指导师职业技能竞赛、知名高校优秀大学生齐鲁研修营、首届山东省大学生职业规划大赛，打造“就选山东”校园招聘品牌，组织举办线下校园招聘活动9 312场，18万余家用人单位共提供岗位326万余个，高校毕业生综合就业率超过90%。探索农村劳动力就业集成改革，农民工总量稳定在2 374万以上，外出农民工月均务工收入5 319元，同比增长4.3%。实施“社区微业”行动，大幅扩容城乡公益性岗位，新开发岗位61.9万个、安置61.7万人，在岗120.5万人。

（三）促进创业提质增效。

实施“创业齐鲁十大推进行动”，制作发布创业IP形象“山东喵小创”，打造创业元宇宙体验中心“创业岛”，持续提升创业服务质效。组织创业导师基层行“六进”活动342场，举办“源来好创业”青年创业资源对接服务季活动，服务高校毕业生等青年创业者32.94万人。创新发放“创业提振贷”17.4亿元，发放创业担保贷款212亿元，居全国前列，直接扶持创业、带动就业24.2万人。

（四）全面优化就业服务。

实施绿色低碳职业技能培训项目，开展补贴性职业技能培训88.6万人次。组织开展“春风行动”、就业援助月、民营企业服务月、金秋招聘月等公共就业服务活动，累计举办11 744场招聘活动，提供就业岗位660万个。巩固提升“一县一家”零工市场建设成果，全省建成公益性零工市场224处。出台《关于加强职业指导队伍建设的指导意见》，举办首届职业指导师职业技能竞赛，构建“家门口”职业指导服务矩阵。打造“鲁甘人力”“鲁渝劳务协作”劳务协作品牌升级版，超额完成全年东西部协作目标任务。获批部省共建国家级青岛人力资源服务产业园，山东省成为全国唯一拥有3家国家级产业园的省份。成功申办全国就业示范项目城市。率先开展专项职业能力考核社会化改革试点，推进职业技能等级认定扩容提质，全省备案自主评价企业7 166家，数量居全国前列。深入实施流动人员人事档案便民服务创新提升行动，全省存管流动人员人事档案950万余份，服务非公经济组织11.6万余家，全年提供基于流动人员人事档案的公共服务逾300万人次，有关经验做法入选人力资源社会保障部信息化便民服务创新提升行动典型案例。

（五）发挥数字赋能作用。

加强统计信息化实名制管理，增强数据核实核查，向山东省政府报送11篇就业工作进展情况。创新运用“就业＋电力”大数据加强企业用工监测，拓展移动大数据监测样本超80万人，防范规模性失业风险。开展“五个优化”赋能提质行动，建成全省集中的“一库一平台”。上线“资金对账”“单位信用”查询校验等功能111项，实现112项业务对外“一口服务”，全年提供服务923万人次，同比增长5.8%。

二、社会保障

坚决兜牢社会保障底线，充分发挥社会保障对经济社会运行的稳定器作用，坚持促改革、保发放、强监管，社会保障体系不断完善。

（一）提升社会保险统筹层次。

落实企业职工基本养老保险全国统筹，整理4 710项待遇项目，经验做法被人力资源社会保障部推广。建立被征地农民参加城乡居民基本养老保险长效机制，规范被征地农民参加城乡居民基本养老保险办法。实施失业保险省级统筹，完善工伤保险省级统筹制度，加快多层次、多支柱养老保险体系建设，完善企业年金政策，启动人才年金试点，积极推进个人养老金试点工作。

（二）扎实推进扩面提标。

大力实施全民参保计划，实施社会保险“精准扩面”专项行动，推进基层快递网点优先参加工伤保险。各险种参保人数稳步提升，参保结构进一步优化。创新出台加快企业年金发展若干措施，建立企业年金企业数、参加人数和基金规模位居全国前列。全省参加城镇职工基本养老保险、失业保险、工伤保险的总人数分别达到3 424.1万人、1 615.8万人、2 045.6万人，完成全年新增任务目标。提高退休人员基本养老金，总体调整水平3.8%左右，惠及全省820余万退休人员。完成工伤保险三项定期待遇标准调整工作并发放到位，惠及全省4.4万名工伤职工及遗属，共为15.17万名工伤职工及遗属发放工伤保险待遇74.45亿元，伤病残职工劳动能力鉴定7.6万人次。失业保险金三档标准平均每人每月增长99元，向48.1万人发放失业保险金57.4亿元，代缴医疗保险费12.4亿元。全省为91.5万名困难群体代缴1.4亿元城乡居民基本养老保险费，有力保障115.9万名困难群体的基本养老保险待遇。

（三）顶格实施社会保险助企纾困政策。

全省落实降低失业、工伤保险费率政策，减收用人单位社会保险费251.5亿元，发放稳岗返还资金20.5亿元，惠及企业19.67万户；向2.3万户次参保企业发放一次性扩岗补助1.8亿元，支持企业吸纳就业人员12.1万人；向19.16万人次发放技能提升补贴3.2亿元，助力山东省招才引智。

（四）狠抓社保基金监管。

开展社保基金管理巩固提升三年行动，出台加强社保基金安全工作意见、基金监督举报奖励办法、约谈办法等，开展社保经办合规教育，核查社会保险疑点数据，严厉打击社保基金违法违规行为，追回基金4 734万元。

（五）深化社保卡“一卡通”应用。

开展“社会保障卡　惠享山东行”活动，推出大额消费券、一分钱乘公交、观影优惠等系列活动，惠及群众超166万人次，拉动消费超22亿元。

三、人才人事

着力打造人才集聚新高地，突出高层次人才、专业技术人才、青年人才、技能人才四支队伍，加强引育创新，优化服务生态，促进人才“集聚齐鲁”。

（一）集聚高层次人才。

在全国率先建立省政府特殊津贴制度，推荐国务院政府特殊津贴人员126人。遴选10名泰山学者攀登专家、60名泰山产业技能领军人才。出台专业技术二级岗位评聘管理办法，聘用二级岗199人。

（二）引育青年人才。

实施青年人才集聚齐鲁行动，组织“山东—名校人才直通车”605场、“名校师生山东城市行”320场，全省集聚青年人才超85万人。引进海外留学人才7 170人。新增博士后科研平台145个，新入站博士后2 115人。承办第二届全国博士后创新创业大赛，山东省获得56个奖项，其中金奖11个。

（三）锻造高技能人才。

提请省政府与人力资源社会保障部签署共建“技能山东”框架协议，出台加强新时代全省高技能人才队伍建设的实施意见，举办首届山东省职业技能大赛，实施“技能兴鲁”百万工匠培育行动，全省新增高技能人才31.8万人，同比增长45%，高技能人才总量超过400万人。试行“新八级工”职业技能等级制度，全省累计评聘特级技师255人、首席技师11人。

（四）深化人才制度改革。

实施事业单位人事管理“一件事”改革，支持高水平高校、科研院所和公立医院自主确定高层次人才薪酬激励范围，在全国率先建立事业单位绩效工资监督检查机制，开展乡村振兴合伙人、境外职业资格认可等改革试点。动态修订18个职称评价标准，创新专精特新中小企业职称评审机制，2 600余名企业人才通过“举荐制”获批高级职称。率先启动数字技术工程师培育项目，获批数字技术工程师培训机构13家，数量居全国首位。

（五）提高人才服务水平。

推进人才服务智能化、专员化、市场化，新发放“山东惠才卡”952张。推出“高层次人才服务码”，高层次人才服务专员达1.3万人。建设山东省留学人才之家，打造“海聚山东”“海创山东”“海川学堂”“海悦联谊”等活动品牌，成立山东省留学人员回国服务联盟，吸纳整合省内91家留学人员服务团体和机构。开展专家服务基层活动2 740次，转化落地项目2 860个，培训基层人才22.6万人。

（六）严格规范组织人事考试。

全年组织各类人事考试55项，报考总人数277.9万人，报考科次562.3万科。出台《山东人事考试事业高质量发展规划》《山东省人事考试考点考务工作人员管理办法（试行）》等制度。在省人事考试基地加挂“人力资源和社会保障部人事考试中心（山东）测评基地”牌子。完成第四批省级人事考试标准化考场建设任务，全省标准化考场总量7 601个，首批公布6个电子化人事考试标准化考点，为机考组织实施提供规范化场所。

四、劳动关系

积极构建和谐劳动关系，坚持治标、治本同步，完善劳动关系综合治理体系，着力化解劳动关系领域的矛盾风险。

（一）提升劳动关系治理能力。

开展区域和谐劳动关系高质量发展改革创新试点，推广电子劳动合同，支持签订集体合同。发布2023年山东省企业工资指导线，月最低工资标准提高至2 200元、2 010元、1 820元。

（二）突出抓好根治欠薪。

出台保障农民工工资支付指导手册，聚焦政府、国企项目和重点行业企业欠薪，开展专项整治行动，2次部署专项清理，在国务院保障农民工工资支付工作考核中，山东省提升5个位次，进入A级行列。启动劳资专管员职业化等4项试点，开发劳动监察公益性岗位4 094个，深化农民工工资支付监管平台应用，纳入项目3万个，实名制613.9万人，代发工资2 810.75亿元。

（三）强化劳动争议调解仲裁。

在全国率先组建省级调解专家库，选树金牌调解组织，全省各级机构受理案件21.5万件，调解成功率82.8%，结案率99.7%。

五、行风建设

不断优化人社公共服务，聚力优服务、提效能、增便利，加速工作理念、服务模式变革，不断提升群众获得感、满意度。

（一）优化人社营商环境。

以迎接世行营商环境评价为契机，持续推进营商环境创新提升行动，实施营商环境“揭榜挂帅”项目14个，取得阶段性成效。深化“高效办成一件事”，完成274项政务服务事项标准化提升，开展新就业形态劳动者权益保护“综合监管一件事”改革试点。

（二）加强系统行风建设。

从7月份开始，开展政务热线平台办理“降低办件量、降低不满意量、提高解决率”百日攻坚行动，截至10月底，月均受理量比上半年下降10.4%，群众服务满意率、问题解决率比上半年分别提高3.2个和2.8个百分点。全年12333电话咨询服务总量达1 672万个，综合接通率达95%以上，增强群众的获得感、幸福感。在全国人社法治知识竞赛中，山东省获得晋级赛一等奖、总决赛第五名。

（三）提升社保经办服务质效。

推进社保经办数字化转型，推进省市政务服务一体化，54项高频服务事项实行省、济南市一体化受理、无差别服务。开展“社保服务进万家”活动，多元化宣传《社会保险经办条例》和便民服务举措。

（四）推进“智慧人社”一体化建设。

通过全系统联动、全领域梳理，形成全省统一、科学规范的人社业务事项534个。实施规划设计，初步构建包含30个专题的业务规划体系。开展数据治理，摸清人社数据底数1 080亿条，问题数据占比从3.1%下降到0.26%。开展国产化适配测试，被人力资源社会保障部确定为全国首个人力资源社会保障信创应用试点。成功举办全国“社会保障卡·惠民服务季”主场活动。

山东省人力资源和社会保障厅

济 南 市

2023年，济南市人力资源社会保障系统坚持以习近平新时代中国特色社会主义思想为指引，深入贯彻党的二十大精神，扎实落实人力资源社会保障部、山东省人力资源社会保障厅部署，紧紧围绕市委、市政府有关要求，坚持以人民为中心的发展思想，创新思路抓谋划、凝心聚力强落实，统筹推动人力资源和社会保障各项工作取得新成效，就业更加充分更高质量、多层次社会保障体系更加健全、人才创新创造活力更加迸发、工资收入分配制度更加完善、劳动关系协商协调体制机制更加健全、人社公共服务体系更加完善，在全面贯彻落实党的二十大精神的开局之年，书写高质量发展人社事业答卷。

一、就业创业

（一）就业政策落实。

坚持就业优先政策，密集出台“稳定和扩大就业25条”“农村劳动力就业集成改革25条”“保障企业用工18条”“青年创业10项措施”等一揽子政策举措，形成了税费减免、金融贷款、补贴支持的系统性、全链条高质量充分就业政策体系。综合实施“政策找人”“免申即享”“直补快办”等方式，确保各项稳就业政策高质高效落实。依托市大数据局“数据直通车”，开发就业数据比对系统，既减轻了基层工作量，又确保政策精准落实。上调灵活就业社保补贴标准，为1.89万名高校毕业生和5.82万人次就业困难人员发放吸纳就业补贴、社保补贴、岗位补贴等资金6.21亿元，零就业家庭保持动态清零。为355家小微企业发放“泉岗贷”17.76亿元，为6.97万家企业落实失业保险稳岗返还资金3.82亿元、一次性扩岗补助3 710.85万元，稳定和扩大就业岗位117.56万个。2023年全市实现城镇新增就业17.8万人，组织公益性岗位开发上岗4.19万人，帮扶就业困难人员实现就业9 136人，失业人员再就业7.03万人，全市就业形势持续稳定。

（二）重点群体就业。

搭建“政行企校”多方参与的高校毕业生就业服务平台。滚动举办“选择济南·共赢未来”双选会107场，实现驻济高校全覆盖。创新举办优秀大学生就业创业“泉城行”训练营，实施高校毕业生就业服务攻坚行动，完成“三支一扶”计划招募127人，开发见习岗位2.72万个，组织见习4 740人，联系服务济南户籍离校未就业毕业生2.02万人，帮扶就业率96.28%。实施困难群体“家门口”就业服务工程。扩容城乡公益性岗位，新开发4.19万个岗位，目前在岗8.43万人，经验做法获评联合国“2023全球减贫最佳案例”。广泛开展“春风行动暨就业援助月”专项服务活动，实施“社区微业”三年行动，优化完善178项公共就业服务标准，因地制宜打造“职等你来e站”“金葵花创业合作社”“技能学堂”等特色基层服务平台，促进家门口就业。全面提升农民工综合服务水平。针对农民工工作面临的新形势新任务，成立工作专班深入开展调研，深入50余家企业，走访调研农民工5万余人，制定出台《济南市农民工服务保障工作提升九大行动实施方案》，健全农民工服务保障“一揽子体系”。成立建筑工程、家政服务、交通运输行业农民工党委。完善提升市农民工综合服务中心服务功能，将其打造为集综合服务、职业介绍、技能培训、工匠展示于一体的高标准、规范化服务载体。组织开展农民工子女“七彩课堂”、“劳动者之歌”消夏晚会、送电影进工地等关爱服务活动150余场次。规范零工市场建设，开发海右灵活用工综合服务平台，建成零工公寓5 533间。

（三）创业带动就业。

优化创业担保贷款政策，建立人力资源社会保障部门、融担集团、经办银行三方共同推进、风险共担的合作模式，调整经办担保机构，降低反担保门槛，实现经办银行全覆盖，将个人和小微企业最高创业贷款额度分别提高到30万元、400万元，发放创业担保贷款7.75亿元，落实各类创业补贴4 600万元，扶持市场主体8 290家。推出“创业提振贷”，以“创贷+商贷”组合形式，将个人、小微企业组合贷款最高额度提高至60万元、1 000万元，极大增强了贷款政策的吸引力和支撑力。建强创业载体，建成长清大学城创业服务站，为13所驻济高校提供创业服务。推进黄河流域大学生创业孵化基地建设，新认定17家市级创业孵化基地。充分发挥市大学生创业孵化中心国家级示范平台作用，新评审入驻创业项目86个，开展创业实训、项目路演等服务活动17场。高频举办创业服务活动，组织资深创业专家走进齐鲁工业大学、山东建筑大学、山东管理学院等院校，开展“源来好创业”“创业导师泉城行”等各类创业交流分享活动145场，服务在校大学生1.1万人。开展“我的就业创业梦”短视频征集活动，首次举办“就业创业榜样”事迹分享会，评选10名“创业之星”，推荐1人入选山东省“十大返乡创业农民工”，以典型示范激发创业热情。

（四）就业供需对接。

搭建精准对接平台。聚焦高校毕业生等青年就业存在的就业信息不对称、岗位供需不匹配两个突出问题，创新打造“海右人才就业数智化平台”，开发“济南云聘e码通”，建立岗位信息和求职信息“双归集机制”，促进就业供求信息智能匹配、精准推送，有力提升就业工作质效。建立“专策、专账、专招”企业用工保障机制。定期调研摸排比亚迪、齐鲁制药等重点企业用工需求台账，公开发布2 544家规模以上工业企业急需紧缺职业（工种）目录。举办“线上线下+市内市外”各类专场招聘会702场，提供岗位信息66.12万个，保障重点企业用工4.7万人。构建“产业、职业、就业”技能培训体系。以产业需求为导向，公布包含10个行业类别、700余个培训工种的补贴性职业培训目录和补贴标准，其中推出“一老一小照护”等项目制培训工种12个，培训6 000余名产业发展急需紧缺的技能人才。优化调整企业职工岗前培训有关业务流程，提升承训机构组训积极性。2023年开展补贴性技能培训10.13万人次，其中培训农民工2.91万人次。发挥失业保险“保生活、防失业、促就业”功能。为40.45万人次发放失业保险金7.75亿元，代缴医疗保险费1.61亿元，为2.76万人次发放技能提升补贴4 134.35万元，为6.75万家企业发放稳岗返还资金3.82亿元。

二、社会保障

（一）社保参保扩面。

按照“兜底线、织密网、建机制”的要求，努力构建覆盖全民、城乡统筹、权责清晰、保障适度、可持续的多层次社会保障体系。深入实施“全民参保计划”，重点做好农民工、被征地农民、新就业形态就业人员、灵活就业人员、新就业毕业生等群体的保险保障工作，全市新开工建设项目参加工伤保险参保率100%，全市城镇职工基本养老保险、城乡居民基本养老保险、工伤保险、失业保险参保人数分别达到454.49万人、311.99万人、311.41万人、239.99万人，社保卡持卡人数852万人，电子社保卡覆盖率达60%，社保覆盖面持续扩大。

（二）社保待遇调整。

根据国家和省部署要求，坚持尽力而为、

量力而行，稳步提升工伤保险待遇标准和企业退休人员基本养老金，城乡居民基础养老金月标准由170元提高至178元，按照调整后的最低工资标准的90%同步上调失业保险金标准。累计落实全市被征地农民社会保障资金93.11亿元，为6.1万名各类困难人员代缴城乡居民基本养老保险费893.52万元。延续执行失业保险、工伤保险降费政策，点对点“免申即享”，享受社保降费政策的同时社保待遇不受任何影响，为全市参保企业和职工减负13.47亿元。543家企业建立企业年金制度，济南市入选全省“人才年金”首批试点城市，激发企业人才活力。

（三）社保服务建设。

深入推进社保经办服务数字化转型，努力打造智能便捷社保公共服务体系。在全省率先上线创新社保高风险业务远程集中复审“云审批”，打造全省首个“分级审核+全程网办”特殊工种提前退休资格确认审批模式，开发工伤保险省内异地就医直接结算系统，开展社保“亲情帮办”服务，加强社保“云窗口”建设，社保公共服务综合网办率达98.2%，48项社保服务事项实现跨域通办。加强社保档案数字化建设，获评省档案工作业务建设示范单位。加速省会经济圈社保一体化建设，建立圈内社保待遇资格静默认证异地协同互认机制。在全省率先推出多项工伤保险待遇“无感办”服务，劳动能力再次鉴定维持率连续两年位居全省首位。在全省率先推出社保卡“同号换卡”服务，实现借阅图书、提取公积金、公共交通等功能一卡通。积极打造“就近办”社保便民服务圈，全市设立640家社保卡即时制卡网点、194家“社银合作”便捷服务网点和165家街道便捷服务网点，实现社保业务“多点可及、就近能办”。

（四）社保基金监管。

严守基金安全底线，深入推进社保基金管理巩固提升专项行动，落实内控机制，完善内控规则，强化人防、制防、技防、群防“四防协同”，加强稽核检查，防控基金风险，维护基金安全。聚焦安全规范新要求，深入开展社保经办服务合规教育，加强经办队伍教育培训，常态化开展警示教育，完善经办制度，规范经办操作，确保经办服务各项工作规范统一。规范落实基金预决算绩效考核制度，强化精算统计分析，科学预判经济形势变化、人口老龄化等对基金收支的影响，提前研究、提前谋划，努力做到防患于未然。

三、人才工作

（一）人才服务体系。

打造人才服务工作品牌矩阵，聚焦主责主业，着力打造“才聚泉城”“人人皆才”“才创未来”“海汇济南”“人人竞技”“人来无忧”“人才驿站”“人才数智”八大工作品牌，以工作品牌带动人才服务工作创新提升。实施“三个一”行动计划，聚焦区县、高校、重点企业三大工作领域，实施“一区县一产业一工程”“一高校一资源一服务”“一企业一通道一机制”行动计划，构建全链条、全流程、全要素人才服务体系，推动人才服务集成化、项目化、定制化。

（二）人才发展载体。

加强博士后创新平台建设，驻济博士后科研流动站59家、博士后科研工作站66家、省博士后创新实践基地52家，在站博士后2 700余人，出站累计2 300余人。支持鼓励博士后人才创新创业，在第二届全国博士后创新创业大赛中获金奖3个、银奖7个、铜奖6个、优胜奖12个，获奖数居全省第一。推动技工教育高质量发展，10个专业入选全国技工院校工学一体化建设名单，4个专业（群）获评省技工教育优质专业建设项目。举办第七届济南市职业技能大赛，参加第一届山东省职业技能大赛，获得奖牌37枚，居全省首位。新增技师学院2所，市管技工院校达28所，在校生6万人。打造5家市级高技能人才培训基地和特色首席技师工作站，国家级、省级、市级技能人才培养载体分别达到15家、29家和51家，规模居全省首位。新增省级专家服务示范项目2个，15家省级专家服务基地考核全优，新设立市级专家服务基地12个，全市专家服务基地达67个。

（三）人才招引工作。

搭建“才聚泉城常态化互动式招引平台”，新引进青年人才16万人，全市人才总量突破278万人，济南市获评“2023中国年度最佳引才城市”。建立“人才、高校、企业、产业、园区”五位一体的常态化引才机制，联合省会经济圈城市征集发布人才需求目录，赴20个重点城市和40所重点高校开展“才聚泉城高校行、城市行”引才活动。强化校地企交流合作，设立济南人才工作联络站74个，合作高校突破106家；举办第三届济南市校地企合作交流会，成立济南市校地企合作联盟。举办云端引才专场17场，122家企业进场开展“直播带岗”。

（四）产业发展状况。

高标准建设国家级人力资源服务产业园，中国济南人力资源服务产业园CBD园区开园运营，槐荫、章丘、钢城园区陆续投入使用，产业园集群化发展态势初步形成。组建黄河流域国家级人力资源服务产业园联盟，举办首届“黄河流域人力资源人力资本服务创新大赛”。组织“百家人力资源服务机构进校园”活动，开展招聘活动253场，帮助3.4万名求职者实现就业。全市人力资源服务机构超过1 700家，年营收达到435亿元。

（五）人才待遇落实。

为2.5万名高层次人才及硕博士发放生活和租房补贴资金3.1亿元，为542人发放博士后生活和住房补贴3 098万元，为405人发放博士后留济补贴4 681万元。完善高层次人才精准服务体系，组建470名人才服务专员队伍，推出“济南人才码”，发放D类以上泉城人才服务金卡4 955张，组织1 186名D类以上人才参加高层次人才体检，为210名高层次人才配备家庭医生。成立济南市高层次人才服务联盟，179家企事业单位成为首批成员。持续推动人才服务迭代升级，拓展“泉城人才金卡”服务领域，开发市场化服务资源，新增“金卡合伙人”单位21家，总量达57家，提供人才专属市场服务220项，营造让人才安心工作、舒心生活的良好环境。

四、人事管理

（一）薪酬激励机制。

扩大事业单位分配自主权，允许事业单位自主确定绩效工资分设项目、发放标准和发放办法，规范事业单位主要负责人薪酬水平。扩大公立医院薪酬水平管理范畴，实行工资总额管理，将基本工资、基础绩效奖和绩效工资三部分纳入管理范畴。将公立医院高层次人才认定权下放至各级卫健部门，经卫健部门认定的高层次人才，在原年薪制、协议工资制、项目工资制或绩效工资倾斜等优惠政策不变的基础上，进一步鼓励科研创新，享受职务科技成果转化现金奖励，为医院“引得进、留得住、用得好”高层次人才加大政策支持力度。持续加强对市属事业单位引进急需紧缺高层次人才的薪酬激励力度，全面落实以增加知识价值为导向的收入分配政策。

（二）评比达标表彰。

完善全市功勋荣誉表彰活动、通报表扬工作等相关制度文件，指导市教育局开展“济南市教书育人、尊师重教先进集体和先进个人”以及市委改革办开展推进“济南市改革攻坚先进集体、济南市改革尖兵”2个市级表彰项目工作。督促做好“历下区担当新使命奋进新征程先进集体和先进个人”等15个区县评选表彰工作。将“济南市‘抓项目、促发展’先进集体和先进个人”“济南市乡村振兴先进集体和先进个人”2个市级表彰项目和历下区“‘平安历下建设’先进集体及先进个人”等15个区县表彰项目作为全市2024年表彰奖励项目报省委立项。将济南市“担当作为‘出彩型’好干部、好团队”等10个项目申报作为2024年度以市委、市政府名义开展的通报表扬项目。对全市创建示范活动实行目录管理，指导市级23项创建示范活动稳步开展，通过评估、验收等方式，对优秀创建示范成果，以通报、命名、授牌等形式予以认定，充分发挥创建示范引领作用。

（三）职称制度改革。

深化职称制度改革，200名高层次人才通过职称评审“直通车”获评高级职称，936名基层专业技术人才通过“定向评价、定向使用”基层职称制度获评高级职称，303名人才通过“专精特新”企业董事长“举荐制”获评高级职称，52名高技能人才通过高技能人才和专业技术人才贯通评价取得职称，全市专业技术人才总量53.09万人。加快推进数字技术工程师培育项目，率先将数字技术工程师人才培养纳入补贴性职业技能培训目录，山东大学、浪潮集团等6家驻济单位入选人力资源社会保障部数字技术工程师培育机构，数量居全省首位。建立职称评审“直通车”，数字经济高层次人才可直接参评高级职称。新增大数据工程、工业互联网等数字经济领域职称专业10余个，受益参评人才2 300人。

（四）事业单位进人。

组织开展事业单位综合类岗位公开招聘，发布招聘计划1 485人。组织济南实验高中、济南市中心医院等事业单位赴北京师范大学、吉林大学、山东大学等知名高校现场宣讲引才政策，招聘清华大学、北京大学等知名高校博士、硕士研究生100余人。探索长期招聘新模式，济南市社会科学院、济南市中心医院、济南工程职业技术学院、济南幼儿高等专科学校等单位公布高层次人才引进计划200余个，引进博士研究生或高级专业技术人才80余人。支持区县基层事业单位补充招聘人员，核准备案历下区、市中区、平阴县等区县招聘简章60余次，公布招聘计划5 800余个，聘用人员5 100余人。

（五）人事考试组织。

坚持把安全考试、公平考试放在第一位，全年完成47项人事考试任务，服务考生56万人。加强试题命制“专业性”“科学性”“安全性”建设，为37家单位命制试题170余套。领取发放各类证书23项3.3万本，试点推行“证书直邮”服务，83%的考生自愿选择证书邮寄方式领取，证书邮寄的比例不断提高。新建市中区民生大街小学、卧龙路小学、育秀小学和文景小学等标准化考场80个。

五、劳动关系

（一）劳动关系基础工作。

开展企业薪酬调查，发布2023年企业工资指导线，调整2023年最低工资标准，引导企业职工工资合理增长。开展和谐劳动关系创建工作，为18家国家、省级和谐劳动关系企业、园区授牌。做好新就业形态劳动者权益保障工作，建立基层调解组织16家，夯实劳动争议调解基础。开展截滞留稳岗返还资金问题专项整治，核查劳务派遣企业610家。推广使用电子劳动合同平台，全市注册企业1 500余家，签订电子劳动合同5万余份。

（二）劳动监察执法。

组织“双随机、一公开”联合执法检查，抽查企业5 103家，督促企业整改违法违规行为76起。开展企业劳动保障守法诚信等级评价，评选A级企业364家、B级企业46家、C级企业38家，5家单位和个人被列入拖欠农民工工资失信联合惩戒对象名单。开展根治欠薪攻坚行动，出台《关于印发济南市工程建设领域保障农民工工资支付办法实施细则的通知》，健全农民工工资支付全流程监管体系，创新推出“泉城安薪码”，简化劳动者维权程序，实现诉求“码”上反映“马上办”，维权投诉“零跑腿”。开展劳动社保领域信访突出问题专项整治行动，推动信访事项妥善化解。

（三）劳动争议调解仲裁。

强化调解仲裁工作。建立基层调解组织16家，推行“仲裁＋工会＋法律援助”多元化解机制，提供网上立案、线上庭审、电子送达等便民服务，完善特邀监督员制度，全市仲裁机构立案受理1.86万件、结案率99.85%，调解结案1.2万件、调解成功率80%。

六、公共服务

（一）系统行风建设。

围绕发挥政策效应、推动政策直达、提升服务水平、强化实践实效等方面，全面推进人社系统行风建设。深入开展“人社干部走流程”活动，聚焦重点政策举措和高频服务事项，通过换位体验、挂职锻炼、结对帮扶、走访调研等形式，开展“走流程”活动 1 073 次，整改问题 475 个。组织全市人社系统基层平台业务技能练兵比武竞赛活动，选树一批“人社知识通”和“岗位练兵明星”，引导人社干部职工学榜样、强素质、树形象。

（二）基层平台建设。

投入 1 500 余万元奖补资金，提升基层平台规范化标准化水平，推进“不打烊”“打包办”“就近办”等服务模式，市民群众办事更加便捷高效。首次开展街镇人社平台服务创新项目评选，选出 20 个具有创新性实效性的项目，覆盖窗口样板间、便民服务、信息化建设、促进就业、农民工服务、业务标准化、帮办代办等服务领域。

（三）数字人社建设。

推进政务服务标准化，梳理全省统一政务服务事项 157 项、市级政务服务事项 9 项，159 项业务实现网上办理，54 项业务实现“全省通办”和“跨省通办”，30 项业务上线“爱山东・泉城办”APP，90 余项业务纳入政务服务自助终端办理，基本实现人社公共服务线上、线下办理同频共振。

七、乡村人才振兴

（一）充实队伍力量。

用编进人计划向基层倾斜，为 161 个街镇增加事业编制 2 400 个，有效增加基层工作力量。实施高校毕业生“三支一扶”计划，招募 127 名高校毕业生到基层从事支教、支农、支医和帮扶乡村振兴工作。组织 196 名公费师范生到乡村学校任教，安排 260 名师范生赴长清、商河等区县乡村学校开展实习支教，进一步充实乡村教育力量。制定年度公费农科生培养计划 30 名，安排 20 名公费农科生到基层涉农岗位工作。安置 68 名公费医学生到乡村医院工作。深入推进城乡公益性岗位扩容提质行动，新安排上岗 4.2 万人，乡村公益性岗位在岗人员 8.05 万人，有力充实了乡村公共服务力量。

（二）强化人才培育。

发挥相关职能部门作用，大力培育各类乡村人才。聚焦提升就业技能，加强脱贫人口等农村劳动力培训，累计培训农村劳动力 2.82 万人次。开展“千名农技专家下乡促夏粮丰收行动”，累计下乡 2 000 余人次，发布技术指导意见 38 期，举办农技培训班 80 余期，培训 1.1 万人次。依托海右文艺讲堂，举办基层文艺骨干创作培训班，开展免费艺术培训 300 人次。实施“乡村振兴专家服务行动”，组建 160 人专家团队，完成农业专业技术培训指导 287 场，受益群众 9 086 人。实施农民技能素质提升培训工程，开展农民实用人才培训 8 425 人次。

（三）提升服务效能。

发挥省会人才资源优势，依托 19 家省级和 35 家市级乡村振兴专家服务基地，引导农业领域专家服务乡村振兴。“平阴主要经济作物减肥增效与土壤改良技术专家服务活动”和“以人才集聚带动产业发展推进乡村振兴”2 个项目获批 2023 年度省级专家服务基层示范项目。组织开展“服务产业发展・助力乡村振兴”2023 年济南市专家服务基层示范活动，汇聚农业领域专家投身乡村振兴一线，新聘请 20 名专家进入济南市乡村振兴专家服务团，前往黄瓜大棚、畜牧场等生产一线，开展技术指导，推动成果转化。组织开展“智汇春耕”专家服务基层行活动，邀请省农业科学院、市农技推广服务中心的农业专家指导农业生产。

（四）深化政策激励。

出台济南市支持青年投身乡村振兴政策（20 条），从乡村青年成长成才、乡村社会建设、乡村助困、农村青年创业就业 4 个方面，提供奖金补助、人才认定、创业空间等政策支持。推进落实基层职称制度，26 人获得基层正高级职称、95 人获得基层副高级职称，全市累计取得基层高级职称 936 人，其中正高级 142 人、副高级 794 人。推进落实新型职业农民职称制度，全市累计 881 名新型职业农民取得了职称，其中副高级、中级、初级职称分别为 59 人、153 人和 669 人，有效激发广大农村“土专家”和“田秀才”干事创业热情。评选海右乡村振兴人才 80 名，全市海右乡村振兴人才达到 581 名，齐鲁乡村之星达到 201 名。开展乡村好青年培育工作，选树乡村好青年 1 713 名，为乡村发展激发青春力量。

济南市人力资源和社会保障局

青 岛 市

2023年，青岛市人力资源社会保障工作坚持以习近平新时代中国特色社会主义思想为指导，贯彻落实党中央、省委、市委有关工作部署和国家、省人力资源社会保障工作要求，抢抓新冠肺炎疫情防控转段后经济恢复发展关键期，锚定“走在前、开新局”，牢记初心使命、强化为民情怀，坚持稳字当头、稳中求进，统筹推进就业创业、社会保障、人才人事、劳动关系、公共服务等各项工作，跑出高质量发展新速度，为加快建设现代化国际大都市贡献人社力量。

一、就业创业

坚决扛牢稳就业保就业政治责任，大力实施就业优先政策，确保全市就业形势总体稳定、稳中提质。全市城镇新增就业22.6万人，总量居全省第一；扶持创业4.5万人，创业带动就业6.5万人；获中央财政就业补助资金3亿元，创历史新高。

（一）强化就业优先政策。

坚持经济发展就业导向，围绕重点产业、重点领域、重点群体，完善稳定和扩大就业政策，出台优化调整稳就业11条措施，印发稳定和扩大就业促增收促消费促增长行动方案，推出“青岗贷”稳岗扩岗专项贷款政策，延续实施阶段性降低失业保险费率政策，实施重点群体就业保障、创业城市建设赋能等“七大行动计划”，推动落实就业优先战略和人才强青战略，持续打好减负、扩岗、稳就业政策组合拳。

（二）抓好重点群体就业。

滚动实施城乡公益性岗位扩容提质行动，开发岗位5万余个，城镇和农村在岗人员分别实现年增收2万元、1万元，进一步推动全市更加充分更高质量就业，促进共同富裕，省委、省政府督查组给予高度评价。开展高校毕业生就业“百日冲刺”“启航扬帆”“筑基行动”等专项行动，举办第九届大学生职业生涯规划大赛，实施就业见习万岗募集计划，发布就业见习岗位2.1万个，组织见习5 466人。实施农民工就业创业五大行动，全市打造10家“零工之家”。发起失业人员再就业攻坚行动，“一人一档”清单化精准帮扶就业，全市10.7万名失业人员实现再就业，零就业家庭保持动态清零。

（三）着力保障企业用工。

开展重点企业用工保障专项行动，建立400余人的用工服务专员队伍，为全市1 977家企业提供“一企一策”用工保障。组织“春风行动”“国聘行动”“民企专场”等招聘活动900余场，提供岗位41万个。实施新一轮失业保险稳就业政策，调整优化吸纳就业社会保险补贴，为28.8万户参保企业减免失业保险费10.5亿元，为8 124户企业发放一次性扩岗补助5 608.3万元，为1.9万户市场主体发放社保补贴4亿余元、稳定就业岗位4.1万个。推动东西部劳务协作，帮助脱贫人口来青务工2 664人，青岛市在全国劳务协作暨劳务品牌发展大会上作典型经验交流。

（四）强化创业带动就业。

建立创业赋能中心，打造“一体两翼八轮驱动”全链条创业服务体系，上线“青创通”创业服务云平台。组织创业城市合伙人百企加速营，开展“创业第一课”公益培训讲堂，举办创业沙龙、产业对接、投融资对接等活动，惠及创业者372.6万余人次。出台新一轮创业担保贷款政策，创新推出“创贷+商贷”服务模式。在全市打造146家“就享家”乐业服务站，在全省率先试点“街区创业生态圈”，推出大鲍岛、银鱼巷等34家创业型特色街区。实施“技能培训进万家”行动，在全省率先创办“技能提升夜校”，以“保姆式”服务帮助群众在家门口实现就业创业。人力资源社会保障部主要领导到青岛市调研，对就业创业、博士后创新创业等工作给予充分肯定。

二、社会保障

积极稳慎推进改革、健全机制、优化服务，持续织密扎牢社会保障安全网。全市基本养老、失业、工伤三项社会保险参保人数分别达到848.2万人、333.9万人、286.1万人，发放三项待遇645.3亿元。

（一）深入推进扩面征缴。

实施全民参保“1236”计划，聚焦新就业形态、灵活就业人员开展扩面提质行动，企业职工基本养老保险参保缴费人数净增8.3万人。落实对缴费困难群体帮扶政策，促进城乡居民基本养老保险适龄参保人员应保尽保。推进工伤保险向职业劳动者全覆盖，规范单独缴纳工伤保险费群体的业务经办管理，提高工伤保险参保率。数字化扩面做法在全省社会保险征缴与个人账户管理工作现场会推广。为全市120.3万名企业和机关事业单位退休人员调整补发养老待遇；提高一至四级工伤职工及供养亲属三项定期待遇，惠及职工4 639人。

（二）深化社保制度改革。

聚焦群众对多层次多样化社会保障的需求，在全省首创人才年金试行办法，承办全省人才年金政策发布会并成为试点城市，年内新增年金计划企业156家，建立年金的企业总数达到2 866家，居全省首位，年金资产超过82亿元。深入推进个人养老金制度全国先行试点，全市开立个人养老金账户141.6万户，缴费户数达36.5万户，试点取得扎实成效，中央广播电视总台“朝闻天下”予以宣传报道。试行补充工伤保险与伤养服务相结合的新型工伤保障制度，全市1 094户企业10.2万人参加补充工伤保险，340名职工享受伤养服务，相关做法获《人力资源社会保障信息》《青岛改革》刊发。发布全国首个《劳动能力鉴定智能化服务规范》地方标准，为劳动能力鉴定领域智能化规范化建设提供“青岛模式”。

（三）深化社保智慧经办。

深入推进养老待遇领取资格认证工作，拓宽认证渠道，深挖数据来源，社保待遇领取资格综合认证率达99%以上。推出青岛视联社保平台，在全省首创智慧社保统计平台，打造全省首批社银适老服务示范点，在全省率先建立企业简易注销社保联检模式。创建“参保一件事”平台，全面推行企业职工“退休一件事”办理。创建全国首个“社保卡主题公园”，在全国首创基于社保卡的民政养老服务卡，推进居民服务“一卡通”多领域应用，获人力资源社会保障部主要领导肯定。青岛入选人力资源社会保障部“数字化转型工作联系点”，典型做法入选《中国社会保险管理服务发展报告》，在全国第三届社保论坛作典型交流。

（四）加强社保基金管理。

建立社保基金智能辅助预算系统，健全风险自查、日常稽查、经办互查、专项检查“四查”工作机制。完善市、区（市）两级社保稽查联动机制，常态推进数据稽核，开展近年来最大规模的社保基金管理巩固提升、失业保险基金管理问题专项整治等行动。推进《社会保险基金行政监督办法》贯彻落实，加强人社基金资金大数据监管平台建设，完善政策、经办、信息、监督“四位一体”基金管理风险防控体系。落实社保基金要情报告制度，扎实做好企业年金基金合同备案后监管。

三、人才人事

大力实施人才攻坚十大行动，多措并举强化人才培育、引进、激励和服务，有力加强现代化建设人才支撑，激发城市发展新动能。

全年引进集聚各类人才26.3万人，全市人才总量达到278万人，相关工作获《人民日报》《中国劳动保障报》等媒体报道，青岛市首次入选“中国95后人才吸引力十强城市”。

（一）创新人才招引模式。

建立“部门协同、市区联动”“项目吹哨、专员报到”工作机制，实施重点产业引才“一业一案”“一企一策”，首批认定100个市级重点招才引智项目。首次组织企业、院所赴港澳地区高校引才，首次举办海洋高端人才交流暨项目洽谈会，成功举办第二十三届“蓝洽会”。高频举办“博士行”“名校行”“青雁归巢”等引才活动190余场，发布岗位23万个。在全省率先发布事业单位紧缺急需人才目录，修订完善事业单位紧缺急需专业目录，健全事业单位多元化多层次公开招聘体系，全市事业单位公开招聘6 463人。

（二）创新人才培育举措。

实施“十百千万”博士后聚青创新创业计划，在政策资助、平台搭建、成果转化等方面出台系列政策措施，引导支持博士后创新创业。创建全省唯一的博士后创新创业园区和博士后科技成果转化基地，新获批博士后科研流动站9家、博士后科研工作站3家，累计设立博士后站（基地）278家，累计吸引博士后进站7 656人，数量居全省第一，相关做法在《人民日报》《科技日报》刊发。在第二届全国博士后创新创业大赛上获金银铜奖各6个，金奖数量居全省第一。出台加强新时代高技能人才队伍建设实施意见，在全省率先开展首席技师评聘试点，打造全国首批技能根基工程培训基地。大力开展补贴性职业技能培训，企业新型学徒制、金蓝领培训目录分别达到176个、123个，组织培训9万人次。高标准承办首届山东省职业技能大赛，获得金牌19枚、银牌10枚、铜牌7枚；组织参加第二届全国技能大赛，获得银牌2枚、铜牌1枚，实现奖牌零的突破，推动全市技能人才培养选拔实现新提升。

（三）创新人才评价机制。

全面推进职业技能等级认定权限下放，健全完善新时代职业技能“新八级工”制度，新增自主评价备案企业163家，完成认定2.6万人次，建成全省首支百人级别技能人才评价外部质量督导员队伍。持续深化职称评审制度改革，向11家企业下放中级职称评审权限，创新实施“专精特新”企业技术人才职称评审举荐制，全年新增中级以上专业技术人才2.2万人。修订事业单位人员聘用办法，建立事业单位人事管理事中事后监管长效制度，优化事业单位高等级岗位人才评价，选拔126名行业拔尖领军人才，全市二、三级岗位人才达到505人，居全省首位。稳慎推进县以下事业单位职员等级晋升改革，指导完成1 477名职员等级晋升工作。全面部署推进公立医院薪酬改革，创新搞活事业单位高层次人才薪酬激励机制，首次核定市本级事业单位科研人员职务科技成果转化现金奖励绩效工资632.9万元。

（四）创新人才发展生态。

打造“一站式”人才服务品牌，全面推行“一式四化”（一站式、市场化、无感化、定制化、国际化）人才服务新模式。推进人力资源服务业发展，全市人力资源服务机构达到2 845家，其中规上机构353家，营收456亿元，三项指标均居全省首位。成功创建国家级人力资源服务产业园，成为全省唯一拥有“双国字号”人力资源配置平台的城市，举办首届人力资源服务国际贸易交流合作大会，为促进人力资源配置提供便利。出台实施优化人才发展环境、提升人才便利度19条举措，创新打造“198大学生服务总站”。推进实施新一轮高层次人才绿色通道服务办法，制定高层次人才服务工作机制及运行办法，提升人才服务态度速度温度，相关经验在《青岛通讯》《新时代现代化强省建设实录》《山东人力资源和社会保障》刊登。

四、劳动关系

坚持标本兼治、源头治理，健全劳动关系综合治理体系，妥善化解劳动关系领域矛盾风险。全市审理劳动人事争议案件28 631件，调解成功率达到 84.9%；处理劳动监察案件 5 011 起，按期结案率达到 100%。全年共为劳动者追回各类经济损失 5.5 亿元。

（一）维护劳动关系和谐稳定。

深入推进劳动关系“和谐同行”能力提升三年行动，出台深化构建新时代和谐劳动关系 14 条措施，制定强化劳动关系和谐企业联合激励 35 项意见，落实新就业形态劳动者劳动权益保障 16 条举措，形成企业主体积极参与、政府部门协同共治、社会各方广泛监督的共建共治共享的和谐劳动关系新局面，《工人日报》《大众日报》等媒体给予宣传报道。全年获评国家、省、市级劳动关系和谐企业 142 家。联合胶东五市发布《企业劳动用工指导手册（2023 版）》，指导企业依法依规用工。开展劳动关系风险监测研判，强化重点领域劳动关系风险防范，规范劳务派遣单位经营行为。指导企业健全工资合理增长机制，落实企业工资指导线规定和最低工资标准，发布人力资源市场工资价位信息，推动企业开展工资集体协商。

（二）强化劳动争议多元化解。

创新推动金牌劳动人事争议调解组织创建，全年获评国家级金牌调解组织 1 家、省级标准化调解组织 5 家。强化基层调解能力建设，全市成立行业性、区域性劳动争议预防调解联盟 55 家，基层调解组织及仲裁机构案外调解化解争议案件占案件总量的 38%。全面推进要素式办案方式改革，优化农民工工资工伤争议速裁机制，实现案件审理提速增效，相关工作以“山东青岛拖欠纠纷诉调速裁”为题获《中国劳动保障报》报道。在全国率先建立劳动争议“大数据监测预警 + 跨部门联动处置”工作机制，基层劳动人事争议预防调解创新项目入选省人力资源社会保障厅“服务绿色低碳高质量发展三年行动方案”，成为全省劳动关系领域唯一的试点项目。

（三）提升劳动监察执法效能。

创设“人盯项目”管理制度，实施欠薪治理“五员管理”（专门镇街工作人员、行业主管部门监管员、劳动保障监察员、项目负责人、劳资专管员）责任制度，对全市 1 795 个项目实现从开工到竣工全过程闭环监管，相关做法被《工人日报》刊载推广。创新农民工工资权益“一件事平台”系统，打造“全链条、一体化、智能化”农民工工资维权治理服务门户，实现农民工工资维权“预防、预警、举报、仲裁、执法”闭环服务，相关做法在《大众日报》《山东人力资源和社会保障》刊发，荣获中国计算机用户协会年度电子政务典型案例。接续开展根治欠薪“春雷行动”、欠薪线索集中清理“雷霆行动”、根治欠薪冬季专项行动，建立“按项目清零”工作机制，先后将 4 批 100 余个重点项目列入市级挂牌督办。综合运用通报约谈、媒体曝光、行政处罚、联合惩戒、欠薪入罪等手段，形成有效震慑，全年约谈市场主体 100 余家次，对 93 户违法企业作出行政处罚决定，向社会公布 33 起重大劳动保障违法行为案件，将 5 户企业列入拖欠农民工工资“失信联合惩戒名单”实施联合惩戒。青岛市被确定为全省根治欠薪数字监管试点城市，在全省深化根治欠薪工作经验交流暨冬季专项行动推进会上作典型发言。

五、公共服务

坚持以人民为中心的发展思想，树立优化服务永远在路上的理念，以党的政治建设为统领，扎实开展主题教育，着力加强系统行风建设，转作风、优服务、增便利，持续提升人民群众满意度获得感，不断擦亮温馨温暖的人社服务品牌。

（一）加强内部基础建设。

始终把政治建设摆在首位，扎实开展学习贯彻习近平新时代中国特色社会主义思想主题教育，深入学习贯彻党的二十大精神和习近平总书记对山东、对青岛、对人社工作的重要指示精神，坚定拥护“两个确立”，坚决做到“两个维护”。举办主题教育专题读书班、干部素质能力培训班，开展区市“局长擂台”、市局“处长擂台”等活动，提升干部队伍素质能力。树牢法治思维法治方式，严格执行重大行政决策程序。完善公开接访制度，解决信访积案36件，其中10年以上积案4件，积案化解率达到100%。树牢底线思维，在重大任务、重要时间节点、重点政策出台时及时组织进行风险分析研判，掌握风险防控主动权。

（二）大力优化营商环境。

实施“深化作风能力优化营商环境”六大攻坚专项行动，强力推进16个攻坚目标、36项攻坚任务落地见效，其中3项任务入选省人力资源社会保障厅“揭榜挂帅”改革试点。制定实施24项人社领域“稳中向好、进中提质”政策清单。建立健全市场主体参与政策制定机制，制定优化营商环境助力经济社会高质量发展措施，聚焦政策供给、放权改革、要素保障、经办流程、作风能力等5个方面，研究提出30条具体举措。深入开展胶东经济圈人社领域优化营商环境跨地区“一体化”协同改革试点，在省厅验收考核中取得“优秀”，获省厅通报表扬，经验做法在全省推广。

（三）加强人社政策解读。

创新开展“人社政策畅通行”活动，深入推进人社政策宣传解读，加大新媒体创新创意宣传，优化人社政策“周周问、月月讲”发布机制，人社政策知晓度、普及度明显提升。累计播出“周周问”44期、“月月讲”18期，观看人数突破900余万人次。持续做强做优青岛人社微信公众号，关注人数超过136万人，入选全省百强政务新媒体账号，被人力资源社会保障部、省人力资源社会保障厅表彰为新闻宣传工作做得好的单位。12333热线全年受理市民来电167.9万件，热线接通率最高达到99.9%。开展“事业单位工资政策畅通行”活动，组织业务培训、政策宣讲20余场，培训1 500人次。

（四）提升政务服务质效。

抓好政务服务事项规范办理，编制发布180项政务服务事项基本目录、实施清单。推进政务服务事项“一网通办”“全程网办”，事项网办率达100%、全程网办率达96%。大力推进提速办理，事项承诺办结时限比法定办结时限提速74%，145项事项实现即时办结。深入开展“身边一件事”服务活动，围绕有效化解群众办事的堵点难点，为群众提供帮办代办服务745件，协助企业解决疑难事项436个。立足群众需求，围绕工伤保险、农民工维权、人才服务等典型场景，开展跨部门事项集成和业务流程再造，职工退休、创业服务等12项业务实现“一件事一次办”，相关工作获《青岛通讯》刊发、被青岛《地方改革案例》采用并上报省委改革办。

六、乡村振兴

坚持优化政策、强化激励，加强培训、提升服务，积极引导支持各类人才在乡村振兴中施展才华、建功立业，为全面推进乡村振兴、加快农业农村现代化提供有力人才支撑。

（一）推动政策升级，提升人才投身乡村振兴保障水平。

出台支持人才投身乡村振兴33项措施，健全乡村人才引进、培养、创业支持、评价、城乡人才交流等5项工作机制，优化16项保障工作举措，全面提升育才聚才用才水平。出台青年人才乡村振兴服务政策，对促进青年服务乡村振兴作出制度性安排。升级乡村人才创业支持政策，对个人借款人给予全额贴息、小微借款人给予200个基点贴息，帮助返乡创业农民工、农村自主创业农民等创业者解决创业融资难题，惠及返乡入乡创业1 240人。创新出台支持取得职称的新型职业农民创新创业发展16条政策。

（二）加强人才培训，赋能本土乡村人才加快成长。

实施高素质农民培育计划，完成农民技能培训4 088人、高素质农民培育3 411人，组织56名产业带头人参加乡村产业振兴带头人“头雁”项目培训。开展农村劳动力技能提升培训项目，将农村转移就业劳动者纳入技能培训补贴政策范围，提高农村转移就业劳动者就业创业能力。组织开展高素质青年农民暨“乡村好青年”“巾帼行动”专题培训，培训乡村青年和妇女代表110余人。组织开展乡村医生职业提升培训，利用青岛市海慈医疗集团和青岛第三人民医院培训基地，对10个区市的40名基层骨干和80名乡村医生进行培训。组织开展全科乡村教师培训，有效解决乡村小学规模和学科融合教育改革对全科教师的需求。组织开展乡村文化普及培训，开展“满天星”市文化志愿服务公益培训辅导走基层系列活动，举办培训班6期，培训业务骨干700余名。

（三）支持基层招聘，推动各类人才向乡村基层流动。

实施“三支一扶”招募计划，全市招募87名“三支一扶”高校毕业生到乡镇（街道）服务。实施公共服务人才计划，推进公费生选聘计划，组织304名公费医学生、师范生、农科生选岗就业，选派136名城区骨干教师赴19个强镇筑基乡镇支教。开展乡村振兴合伙人行动，征集“乡村振兴合伙人”597人，《农民日报》对“乡村振兴红色合伙人”工作进行报道。持续推进专家服务基层活动，举办专家服务、技术培训、现场观摩等活动700余场，辐射农民超36万人次。持续开展科技特派员选派工作，选派168名同志为市第九批特派员，组建12个产业服务团进行科技技术服务，定点帮扶20个乡村振兴重点乡镇、60余个村庄。实施乡村公益性岗位扩容提质行动，全年创设乡村公益性岗位4.1万个。

（四）加强典型培树，营造人才投身乡村振兴良好氛围。

开展乡村人才振兴典型案例选树，评选出22例人才典型、17例工作典型。开展青岛市优秀乡镇农业技术人才、青岛市乡村振兴英才、齐鲁乡村之星评选工作，新增市优秀乡镇农业技术人才40名、市乡村振兴英才10名、齐鲁乡村之星58人。组织创业者参加省、市返乡创业评选活动，荣获“山东省十大返乡创业农民工”称号1人、“青岛市返乡入乡创业带头人”称号10人，分别给予3万元奖励。推进“村村都有好青年”选培计划，推选乡村好青年3 400余人，选树市级好青年35人，获评省级好青年5人，获评第二届全国乡村振兴青年先锋1人。在全市选树巾帼乡村工匠25人、巾帼特色好客项目18项、市级巾帼现代农业科技示范基地21个。

青岛市人力资源和社会保障局

河　南　省

2023年，在河南省委、省政府的正确领导和人力资源社会保障部的有力指导下，在全省广大人社干部的共同努力下，坚持“优服务、惠民生、促发展、争出彩”的工作思路，统筹推进就业创业、社会保障、人才人事、劳动关系等各项工作，全省人力资源和社会保障事业发展取得了新成效。

一、牢固树立“五个坚持”理念，扛稳扛牢主体责任，推进主题教育走深走实

高起点谋划、高标准开局、高质量推进，坚持用系统化的思维来谋划，坚持用一体化的思路来部署，坚持用贯通压茬的举措来支撑，坚持用刀刃向内的精神来检视，坚持用服务对象的获得感来检验，确保主题教育方向不偏、走深走实。先后3次在河南省委主题教育相关会议上作典型发言，《人民日报》等主要媒体多次报道。

（一）深学细悟党的创新理论，拥护“两个确立”、践行“两个维护”的思想自觉、政治自觉和行动自觉更加坚定。

坚持把理论学习作为首要任务，持续抓好习近平新时代中国特色社会主义思想的深化内化转化工作，引导广大党员干部从中找理念、找思路、找方法、找举措。全厅35个基层党组织、1 181名党员、1 400多名干部思想得到了净化、心灵受到了洗礼、党性经历了淬炼，拥护“两个确立”、践行“两个维护”更加自觉更加坚定。

（二）创新开展“三包三联”活动，问计于民、问需于民的使命情怀、工作作风、方式方法更加接地气。

厅级干部分包省辖市，联系重点行业；处级干部分包县（市、区），联系开发区；科级干部分包乡镇（街道），联系特色产业链，全省人社系统共走访企业、社区等8 218家，发现解决问题2 141个，“机关围着基层转、干部围着群众转、业务围着发展转”的氛围日益浓厚。《中国劳动保障报》以“中原大地遍开为民之花”为题进行报道，省政府主要领导批示肯定。

（三）扎实推动人社领域检视整改，刀刃向内、自我革命的主动性、积极性、坚定性更加彻底。

把省委主题教育专项整治中的失业保险基金管理问题、农民工欠薪和社保费欠缴两项专项整治作为重点。在失业保险基金管理问题专项整治方面，审计反馈的三类问题已整改完毕，相关资金基本追回，虚构劳动关系骗取失业补助金资金基本追回，2015年以来劳务派遣单位发放稳岗返还资金已全部处置完毕；在社保费欠缴专项整治方面，收回部分历史欠费，为一些欠费到龄职工办理退休手续。主题教育中央第九指导组对河南省专项整治工作给予表扬肯定。

二、落实就业优先战略，千方百计抓就业创业，就业创业工作稳中向好

全省城镇新增就业119.3万人，完成年度目标任务的108.5%，城镇调查失业率5.4%。

（一）抓好重点群体就业。

省政府在全国第一个召开了省级层面高校毕业生工作电视电话会议，出台《2023年河南省支持高校毕业生等青年就业创业若干政策措施》。省政府主要领导把高校毕业生就业工

作作为主题教育的重点调研课题，提出“323”的目标要求（通过企业吸纳30万人，政策性岗位招录招聘20万人，灵活就业及自主创业30万人），全省高校毕业生总体就业率超过90%。为做好农村劳动力就业工作，在全国率先举办“春风行动暨就业援助月”活动，与浙江、江苏等省份建立“省际劳务协作联盟”，全省农村劳动力新增转移就业49.0万人。为做好就业困难人员工作，优化实名制管理，全省失业人员再就业28.4万人、困难人员就业9.9万人，零就业家庭动态清零。全省脱贫人口外出务工规模达到227.5万人。

（二）充分发挥创业带动就业的倍增效应。

新增发放创业担保贷款171.4亿元，扶持8.9万人自主创业，带动和吸纳就业28.0万人；发放稳岗扩岗专项贷款234.1亿元，稳定就业岗位37.4万个。为支持农民工返乡创业，选树98名“返乡创业之星”，认定一批省级返乡创业示范县（园区、项目），新增返乡创业18.8万人，带动就业112.8万人。

（三）有效提升公共就业服务能力水平。

出台《河南省人力资源和社会保障厅关于实施人力资源服务业高质量发展行动计划的通知》，引导全省人力资源服务业集聚发展。指导9个地市争创全国公共就业服务示范城市、334个社区开展高质量充分就业社区创建，建立475家公益性零工市场（驿站）。常态化服务保障1 335家重点企业用工。

三、围绕服务首位战略实施，完善制度支撑体系，人才人事工作质效更高

（一）坚持量质并重，“人人持证、技能河南”建设成效显著。

全省开展职业技能培训428.7万人次，技能人才总量达到1 744.5万人，其中，高技能人才总量516.8万人，占全省技能人才总量的29.6%。高标准举办第二届河南省职业技能大赛，积极参加第二届全国技能大赛，推荐16名选手入选第47届世界技能大赛国家集训队。获得第三届全国技能大赛举办权，省政府常务会议两次听取了工作汇报，并印发了工作方案和联席会议机制。评选11名中原技能领军人才，30名技能人才享受国务院政府特殊津贴。

（二）坚持放管结合，事业单位人事管理更加精准有效。

会同省委组织部出台《关于印发进一步放权赋能激发事业单位活力若干政策的通知》，印发《关于进一步加大对郑州大学、河南大学“双航母”建设支持力度的通知》《关于进一步加大对省科学院、农业科学院、社会科学院支持力度的通知》《关于进一步加大对“双一流”创建高校支持力度的通知》《关于进一步加大对新型研发机构支持力度的通知》《关于进一步加大对河南省人民医院、郑州大学第一附属医院支持力度的通知》，聚焦“双一流”建设及创建高校、省属重点科研单位、高水平医疗机构以及省立实验室等重点行业、单位，加快构建支持事业单位高质量发展“1+5+N”政策体系。推进事业单位工资津贴补贴规范工作，深化公立医院薪酬制度改革，核定调整事业单位绩效工资总量。研究出台《事业单位人事管理综合评估办法（试行）》，在公开招聘、考核奖励等方面加强监管，实现“放权不放责、放权不忘管、放权不失序”。

（三）坚持以点带面，人才评价开发“指挥棒”作用得到有效发挥。

研究出台《人力资源开发利用三年行动方案（2023—2025年）》《关于加强和改进优秀青年专业技术人才队伍建设的若干措施》《关于加强和改进技能人才队伍建设的若干措施》《关于加强和改进基层专业技术人才队伍建设的若干措施》等“1+3+N”政策体系，推动青年人才快速成长、技能人才规模壮大、基层人才扎根基层。省委主要领导对民营企业人员职称评审工作批示肯定。

（四）坚持引育并举，积极推动高层次人才集聚高地加快形成。

全年新增112名享受国务院政府特殊津贴人员、150名享受省政府特殊津贴人员，评选10名中原基础研究领军人才、11名海外特

聘研究员、80名职业教育教学专家。获批博士后科研流动站17个，全省招引博士后2 267人。在第二届全国博士后创新创业大赛中，河南省金牌、奖牌数居全国第4位。

（五）坚持务求实效，招才引智金字招牌擦得更亮。

发挥招才引智办公室作用，举办50场人才（项目）线下活动，开展7场省外专场招聘，开辟海外招才渠道，累计签约大学本科以上人才31.7万人、人才项目2 539个。省委主要领导在总结报告上批示肯定。

高质量完成省部级表彰推荐评选25项，批复开展各类表彰221项，提请省政府任免工作人员486人次。

四、坚持系统集成、协同高效，兜底线织密网建机制，社会保障更加充分更可持续

全省基本养老保险、失业保险和工伤保险参保人数分别达到7 858.3万人、1 147.8万人、1 128.2万人。

（一）积极构建养老保险多层次多支柱体系。

巩固企业职工基本养老保险全国统筹，规范全省灵活就业人员退休、机关事业单位工作人员转移接续等政策，建立市级政府养老保险责任考核机制。企业退休人员月人均增加基本养老金3.8%，城乡居民基础养老金最低标准年人均提高120元。全省企业年金覆盖职工69.7万人，职业年金覆盖职工266.3万人。启动郑州市个人养老金试点，个人养老金开户167.8万人，实际缴费人数45.9万人，缴费金额5.4亿元。

（二）不断增强失业保险保生活、防失业、促就业功能。

提前一年实现失业保险基金省级统收统支，完善领取失业保险金人员参加生育保险政策。继续阶段性降低失业保险费率，开展稳岗返还、技能提升补贴，延续实施一次性扩岗补助。减征失业保险费54.8亿元，为9.2万户参保单位支出稳岗返还资金10.3亿元、惠及职工387.2万人，为20.1万名失业人员发放失业保险金18.2亿元。

（三）全力完善工伤保险预防、康复、补偿机制。

顺利完成工伤保险基金集中管理，规范全省工伤预防费预算管理，推进全省康复试点建设。继续阶段性降低工伤保险费率，减征工伤保险费1.2亿元，为7.0万人发放工伤保险待遇37.4亿元。

（四）持续强化社会保险基金监督运营。

出台《社会保险基金监督举报管理暂行办法》，启动全省社保基金管理巩固提升行动，连续第三年开展社保基金安全警示教育月活动，建立数据共享比对工作机制，严厉打击贪污侵占、欺诈骗取社保基金行为。城乡居民基本养老保险基金和职业年金累计委托投资分别为390.6亿元和797.6亿元，实现了保值增值。

（五）全面优化社保经办管理服务。

全省市县社保经办机构总数由整合前的601个压减至179个。修订《河南省社会保险业务经办规程》，升级社保经办系统功能589个。全省便民服务合作网点达2 034家，80%的社保业务实现“网掌办”，85%的社保业务实现“就近办”。

五、统筹维护劳动者合法权益，提升劳动关系治理能力，劳动关系整体和谐稳定

（一）构建和谐劳动关系有效推进。

开展首届新时代和谐劳动关系创建活动。建立新就业形态劳动者权益保障定期会商机制，在8个省辖市开展新就业形态劳动者权益保障试点工作，新建新业态工会组织900余家，发展新就业形态劳动者会员14万余人。

（二）企业职工工资收入分配合理有序。

强化国有企业工资内外收入监督管理、企业内部薪酬分配指引。发布企业工资指导线，将河南省一、二、三类行政区域月最低工资标准由现行的2 000元、1 800元、1 600元，分别调整为2 100元、2 000元、1 800元。

（三）劳动人事争议调解仲裁效能稳步提升。

在全国率先开展仲裁业务规范化评价活动，实施农民工工资争议速裁庭建设、重大集体劳动人事争议预防化解专项行动，立案受理劳动人事争议案件7.9万件，仲裁结案率99.7%、终结率76.3%，调解成功率79.2%。

（四）根治欠薪工作持续深化。

通过“源头减、科学分、上下联、牵头抓”，优化欠薪治理体系。开展保障农民工工资支付专项整治和冬季攻坚行动，共为10.5万名农民工追讨工资报酬9.8亿元。以淇县、灵宝为试点，开展农民工工资治欠保支示范县（市、区）创建活动。

六、纵深推进全面从严治党，抓好基层打好基础，人社事业高质量发展根基更牢

（一）扛稳扛牢管党治党责任。

健全主体责任、第一责任人责任、“一岗双责”、监督责任“四责协同”机制，制定厅党组主体责任清单，与各基层党组织签订责任书，全力推动责任落实落地。主动接受纪检监察监督，支持驻厅纪检监察组履行监督责任，一体推进不敢腐、不能腐、不想腐，推动主体责任和监督责任同题共答、同向发力。开展全省人社系统警示教育和社保经办系统基金安全警示教育活动，梳理排查人社系统风险点，开展日常监督，发出廉政提醒，对4家厅属单位开展政治巡察，推动全面从严治党向纵深发展。

（二）抓好各项专项整治问题的整改。

开展人社系统民生领域不正之风和腐败问题集中整治、乡村振兴领域不正之风专项整治、职业技能培训和评价专项整治，发现问题基本整改到位。

（三）人社领域系统风险得到有效防范化解。

深入开展人社领域信访突出问题“双解双降双树”源头治理，信访工作法治化试点工作圆满完成。全系统办理信访事项同比下降，交办信访积案化解率排河南省重复信访积案专项治理5大领域（城乡建设和自然资源、劳动和社会保障、涉法涉诉、农业农村、金融）第1位，被中央信访工作联席会议办公室评为优秀集体。

（四）积极探索机关党的建设新路径。

在省直机关率先探索开展“服务优质星、学习争先星、业务出彩星、作风务实星、支部过硬星”机关党建“五星”党支部创建活动，评星结果与“两优一先”、文明处室、先进单位等评选活动相结合，推动党的建设与业务工作融合发展。

（五）严管厚爱党员干部队伍。

出台《河南省人力资源和社会保障厅领导干部报告个人有关事项规定管理办法》《河南省人力资源和社会保障厅先进集体和先进个人考核评比办法（试行）》《河南省人力资源和社会保障厅公务员平时考核实施办法（试行）》《河南省人力资源和社会保障厅考勤管理办法》等文件，完善激励约束机制。机关27个党支部与县（市、区）27个基层党支部签订共建协议。举办6期人社干部论坛，近百名人社干部上台悟思想、谈认识、讲业务。推进政治机关、学习机关、服务机关、文明机关、廉洁机关“五型机关”建设，努力营造积极健康、向善向上、阳光简约的工作氛围。全厅“争先创优、晋位升级”氛围更加浓厚，多项工作在全省乃至全国取得较好成绩。

（六）基础工作全面加强。

加强法治人社建设，省厅获得“法治政府建设优秀单位”“立法工作先进单位”称号。意识形态、深化改革、平安建设、政务公开、调查研究、新闻宣传、人社信息、规划财务、内部审计、组织人事、驻村工作、老干部服务、人事考试、工考服务、后勤保障、园区建设、援疆帮扶等工作全面推进。

河南省人力资源和社会保障厅

湖 北 省

2023年，面对严峻复杂形势、多重困难挑战，湖北省人力资源社会保障系统在省委、省政府坚强领导下，主动服务先行区建设，切实保障和改善民生，人力资源和社会保障各项工作取得新成效，各项目标任务如期完成。

一、全力以赴稳定就业局势

城镇新增就业92.88万人，完成目标任务的132.69%，完成率居全国前列；新增发放创业担保贷款430.8亿元，发放规模再创历史新高；新增高校毕业生留鄂来鄂就业创业44.1万人，完成目标任务的110.25%；脱贫人口外出务工220.9万人，完成目标任务的106%。

（一）强化政策支撑。

提请省政府出台优化调整稳就业政策17条、加快建设高质量人力资源市场体系16条等措施，实施失业保险稳岗返还、阶段性降低失业保险费率、一次性吸纳就业补贴、“以训送工”奖补等惠企政策，真金白银为企业减负稳岗。在全国率先提请省政府出台加快完善高校毕业生等青年就业创业工作体系政策文件，针对大学生在校期间、毕业当年、离校后分阶段提供全方位、全周期就业创业支持措施。

（二）强化公共就业服务。

开展全省稳岗促就业助力“开门红”行动，设立人社服务专员661人，开展“点对点”精准服务，全年帮助解决用工需求23.3万人。首次举办湖北省“春暖荆楚·助鄂企航”保用工促发展行动。省市县乡村五级联动，连续第19年举办“春风行动”。活动期间，全省举办招聘活动3 976场，累计提供岗位317.1万个次，达成就业意向31.12万人次。持续开展各类网络招聘活动，全年发布网络招聘会7 727场，提供岗位396.1万个，开展“直播带岗”活动1 169场，全平台观看量5 283万人次。开展省际省内四级劳务协作，2023年度新签订劳务协作协议234个，提供岗位48.13万个，开展协作活动625场次，去往协作地务工11.07万人。全面落实《湖北省人力资源市场条例》，实施两年来，机构数、营收、帮助实现就业和流动人次较实施前分别增长70.6%、48.1%、76.6%。推广“职业中介开办一件事”，激发市场活力。新认定省级诚信机构103家，营造诚信经营良好氛围。开展人力资源市场专项整顿规范行动，震慑违法违规行为。举办首届人力资源服务创新创业大赛，一批优质项目脱颖而出，2个项目分获全国大赛二、三等奖。将人力资源服务业纳入全省服务业发展月调度范围，截至2023年年底，机构数已达5 550家，规上达624家、营收761.5亿元。

（三）强化创业带动就业。

深入实施“才聚荆楚”工程，将高校毕业生等青年就业创业纳入全省十大民生项目，实施2023年高校毕业生等青年就业创业十项行动，全年新增高校毕业生留鄂来鄂就业创业44.1万人，完成年度目标的110.25%。提请省政府出台《省人民政府办公厅关于加快完善高校毕业生等青年就业创业工作体系的实施意见》，吸引更多高校毕业生留鄂来鄂就业创业。创新开展“百县进百校”就业促进专项行动，发动所有市县结对124所高校开展招聘活动，提供就业岗位11.23万个，有力促进高校毕业生向基层一线流动。开展“国企优聘”活动，积极服务国企人才招聘；启动民企招聘直通车，营造良好营商环境。大力推进大学生就业见习工作，全省实有见习基地 2 741 家，募集岗位 5.1 万余个，完成见习 14 648 人。集中开展离校未就业高校毕业生等青年就业服务攻坚行动，为未就业毕业生等青年群体送政策、送岗位、送服务，共为 10.42 万名 2023 届离校未就业高校毕业生进行实名登记，帮助 10.11 万人落实就业去向。出台《湖北省大学生创业孵化示范基地认定和管理办法（试行）》，对孵化群体、量化指标、孵化成效、考评方式、动态管理等进一步明确，为大学生创业提供集咨询、指导、培训、孵化、融资、实训、项目对接于一体的省级大学生创业服务平台；实施 2023 年湖北省大学生创业扶持项目，扶持优秀项目 637 个。开展“创立方”创业路演、创业大讲堂、创业基层行、创业训练营等服务活动。深入实施“我兴楚乡·创在湖北”行动，落实返乡创业优惠政策，积极促进资金回流、项目回迁、人才回归。开展返乡创业示范创建，认定省级返乡创业示范县 7 个、示范园 22 个、示范项目 90 个，安排奖补，加大典型宣传，激发返乡创业热情。全省新增返乡创业 6.6 万人，带动 20.4 万人就近就地就业。加大创业担保贷款扶持力度，全省新增发放创业担保贷款 13.26 万笔、404.35 亿元，同比分别增长 36.84%、62.15%，发放规模再创历史新高。

（四）强化重点群体就业帮扶。

持续做好农民工、就业困难人员、长江禁捕退捕渔民等群体的就业帮扶工作，32.08 万就业困难人员再就业，城镇零就业家庭实现动态清零。出台《湖北省高校毕业生“三支一扶”计划补助资金管理暂行办法》，省级财政增加投入近 4 000 万元。2023 年“三支一扶”计划报名、参考人数均创历史新高，共招募 2 005 人，奉献基层的青年人才队伍不断壮大。印发《关于推进零工驿站与户外职工爱心驿站融合共建的通知》，在全省开展零工驿站和爱心驿站融合共建工作。截至 2023 年年底，全省建成零工驿站 1 097 家，发布零工求职招聘信息 243.6 万条，服务用工主体和灵活就业人员 791.9 万人次，其中，全省共享共建驿站 318 家。持续做好退捕渔民安置保障工作，退捕渔民转产就业率和参保率均达到 100%。协同做好农村劳动力、脱贫人口、退役军人、残疾人等重点群体就业。

二、千方百计提高社会保障水平

（一）持续推进全民参保。

全力推进扩面参保工作。完善城乡居民基本养老保险缴费政策，会同省财政厅印发《湖北省人力资源和社会保障厅　湖北省财政厅　国家税务总局　湖北省税务局关于调整城乡居民基本养老保险缴费有关政策的通知》，对城乡居民基本养老保险个人缴费档次、政府补贴、缴费年限养老金三个方面政策进行调整；开展城乡居民基本养老保险集体经济组织补助居民参保缴费试点工作，并取得预期效果。与税务部门密切配合，开展数据转换迁移，改造优化信息系统，建立高效协同机制，2023 年年底实现灵活就业人员“统模式”，高标准完成阶段性改革任务。开展困难群体社保帮扶工作，连续三年实现困难群体人员基本养老保险参保率 100%、为符合条件的困难群体人员代缴城乡居民基本养老保险费完成率 100%。全省失业保险覆盖范围不断扩大，在经济社会发展中的作用更加凸显。锚定工伤保险职业群体全覆盖发展目标，改造信息系统，制定经办流程，开展业务培训，加强指导督办，分批次推进全省公务员工伤保险参保工作。2023 年，全省基本养老、失业、工伤保险参保人数分别达到 4 555 万人、753 万人、912 万人。

（二）稳步提高社保待遇。

调整企业和机关事业单位退休（退职）人员基本养老金，总体调整水平以湖北省退休人员 2022 年月人均基本养老金的 3.8% 确定，惠及全省近 638 万企业和机关事业单位退休（退职）人员。提高城乡居民基本养老保险养老待遇水平，86 个地区结合实际提高当地基础养老金标准，最低标准提至每人 130 元，全省月人均养老金达到179.2元，较上年增长12%。

（三）加大社保惠企惠民力度。

印发《湖北省人力资源和社会保障厅　湖北省财政厅　湖北省医疗保障局　国家税务总局　湖北省税务局关于领取失业保险金人员参加职工基本医疗保险（含生育保险）有关问题的通知》，进一步实施好领取失业保险金期间失业人员参加生育保险工作。为116.9万人次发放失业保险金19.51亿元，为115.81万人次代缴基本医疗保险费5.13亿元，发放价格临时补贴249.01万元，兜牢失业保障底线；为14.96万人次发放技能提升补贴2.51亿元，促进职工技能提升；降低失业保险费率，为参保单位减负53.3亿元，为16.53万家次企业发放稳岗资金13.67亿元，切实减轻企业负担，助力维护就业局势稳定。全面推进工伤保险省级统筹，深入实施工伤预防五年行动计划，认真实施《湖北省工伤预防项目管理暂行办法》《湖北省工伤预防专家库管理暂行办法》，开展《湖北省工伤保险实施办法》立法修订工作。提高工伤职工定期待遇，印发《关于调整2023年工伤职工伤残津贴、供养亲属抚恤金、生活护理费的通知》，将工伤职工伤残津贴、供养亲属抚恤金、生活护理费标准提高10%，待遇调整及补发工作全部到位。

（四）优化社保服务。

持续推进社会保障卡“一卡通”应用，在惠民惠农补贴资金“一卡通”发、文化旅游“一卡通”刷、智慧城市“一卡通”用和公积金“一卡通”取等应用领域取得新进展。搭建省社保卡“数字柜员”智能客服系统，线上开通湖北12333微信公众号“数字人”客服，线下在省级人社服务大厅部署智能服务实体机器人服务。加大第三代社会保障卡和电子社会保障卡发放力度。开展以“全民参保　共享美好”为主题的“社保服务进万家”活动，活动期间，全省社保经办机构深入企业、社区、乡村、校园等场所1 400次以上，发放各类宣传资料近50万份，线上线下为40余万名参与群众提供政策宣讲和经办服务。开展社银合作“就近办”试点，推动社银合作由“自助办”向一体化程度更高的“柜面办”迈进。

（五）加强社保基金风险防控。

启动实施社保基金管理巩固提升三年行动，强化人防、制防、技防、群防“四防”协同，进一步筑牢政策、经办、信息、监督“四位一体”的风险防控体系，制度化、常态化开展基金安全警示教育，以零容忍态度打击查处涉嫌贪污侵占、欺诈骗保违法行为，健全社保基金安全监管体系。组织市州经办机构开展社保基金交叉检查，省社保中心作为全国首家试点单位接受人力资源社会保障部社保中心经办审计。参与国家“四方对账”课题研究，养老全险种接入全国基金“一本账”，建成全省社会保险统计一体化平台，启动机保信息系统改造升级，机保与企保信息系统相关“协同办”功能上线应用。“金保二期”社保基金监管系统在全国率先上线应用。

三、激发活力推进人才人事工作

（一）高层次人才工作取得新进展。

注重高层次人才培养，推荐选拔257名享受政府特殊津贴人员、省有突出贡献中青年专家、享受省政府专项津贴专家。推进博士后制度改革创新，着力打造“博聚楚天”人才品牌，初步形成全流程、全链条博士后人才资助体系，创新实施博士后尖端人才引进、优秀人才跟踪支持项目，2023年，全省新进站博士后1 188人，出站873人，出站留鄂来鄂751人。开展博士后学术交流、集中引才、科技服务、创新创业大赛、成果推介转化、揭榜领题等“五共”活动，初步形成具有湖北特色的博士后活动平台体系。全年共有460余名博士、博士后参加学术交流活动，共308个项目、近千名博士后报名参加首届湖北省博士后创新创业大赛，在第二届全国博士后创新创业大赛上，湖北省获1金、7银、2铜、13个优胜奖和优秀组织奖。

（二）技能人才队伍建设取得新突破。

持续开展高技能人才项目建设，组织开展国家级、省级高技能人才培训基地、技能大师工作室评选、推荐工作。4家单位获批为国家级培训基地、5家单位获批为国家级工作室；确定6家单位为省级培训基地、20家单位为省级工作室。推进技能人才评价考核，全年新增技能人才34.48万人次，新增高技能人才13.79万人次，新增技师高级技师1.22万人次，分别完成目标任务的172.39%、229.76%、135.69%，任务完成情况进入全国第一方阵。进一步加强技能培训规范管理，修订《湖北省民办培训机构管理办法》，开发培训机构线上查询系统，实现机构信息实时查询。印发《湖北省岗位技能提升培训补贴管理办法（试行）》，发布2023年度岗位技能提升培训重点补贴职业指导目录，引导各地聚焦全省重点产业发展，围绕制造业、数字经济、现代农业等领域加大培训力度。加强“湖北工匠杯”职业技能大赛统筹管理，全省共开展省级职业技能竞赛42项，涉及近200个职业（工种），50多万人参赛。积极组织参加第二届全国技能大赛，142名选手参加全部109个项目比赛，共获得6金、1银、4铜和68个优胜奖，湖北代表团荣获“突出贡献奖”，“唐代蒸青茶饼”获“最受欢迎十大绝技”，电子技术（世赛）项目金牌获得者曹博获“最佳选手奖”，实现历史性突破。推行技工院校工学一体化人才培养模式改革，全省共30所院校、50个专业获批开展一体化改革，分4期培训一体化教师200人。

（三）职称制度改革取得新成效。

进一步健全职称政策体系，研究制定《省人力资源社会保障厅关于进一步完善我省职称工作有关政策的通知》和《关于进一步做好民营企业专业技术人员职称评审工作的通知》两个文件，对相关职称政策进一步明确、规范和完善，畅通和规范民营经济专业技术人才职称申报通道。围绕湖北省优势产业发展，授予华工科技、长飞光纤、高德红外3家企业正高级职称评审权。为省级实验室和部分地方急需紧缺、突出贡献人才组织2次高级职称特殊评审会，共46人获评高级职称。进一步完善职称评审管理信息系统，实现与身份认证、中国高等教育学生信息网、社保平台的对接，全省高、中、初级职称全部实现网上申报、推荐、审核、评审、公示，并自动生成职称电子证书。

（四）事业单位人事管理更完善。

不断深化事业单位人事管理制度改革，常态化实施县以下职员等级晋升制度。完善岗位管理和聘用制度，指导水利、农业、交通、民政、文旅等部门和各相关市州做好专业技术三级岗位选聘工作。鼓励科研人员创新创业，会同组织、科技、教育部门出台《湖北省事业单位科研人员创新创业工作指引》，营造鼓励支持科技人员创新创业的环境氛围。针对各地人才引进中的突出问题，出台政策口径，规范岗位条件设置、特设岗位使用和聘后岗位定级等。事业单位招聘引才提速提质，全省事业单位公开招聘3.2万余人，统一公开招聘首次实现全省17个市州全覆盖，首次全面落实笔试成绩最低合格线制度并分级统一划线。常态支持省属高校、院所等单位开展专项招聘和人才引进，顺利完成援藏援疆事业单位专项公开招聘工作任务。持续深化公立医院薪酬制度改革工作，继续指导督促各地结合当地公立医院特点，出台本地具体实施方案，建立起适应医疗行业特点的公立医院薪酬制度。

（五）人才服务保障更优化。

为3 148位高层次人才核发“楚才卡”，积极办好专家子女入学等急难愁盼高频事项。创新启用“院士专家企业行”小程序，选派500位专家（其中院士5位）帮助企业解决技术难题864项，创新实施“师傅带徒弟”机制，为地方培养一批本地人才。组织16位专家赴新疆博州、兵团第五师开展技术服务。开展2023“智慧之光”湖北专家创新创业成果转化对接活动，引导专家人才向市州合理流动，推进湖北省高层次人才服务地方经济提质增效，助推企业技术创新，为湖北省高质量发展和加快先行区建设提供“智慧之力”。

（六）人事管理服务工作更扎实。

严格表彰项目审核（批）与组织实施，全年批复省级、省级工作部门表彰计划31项，市、县级表彰项目137项。组织实施省级、省级工作部门表彰项目29项，开展部级表彰推荐评选项目19项，表彰先进个人1 913名、先进集体978个、优秀作品（项目）156个。持续规范评比达标表彰和创建示范活动，完成65项省级表彰和8项省级创建项目成效评估工作。组织各项人事考试，全年共完成91项人事考试，全省参考114万人次、245.7万科次；完成命题项目44项，命制笔面试题本127套；完成74项人事考试主客观题阅卷170.43万科次，平稳完成全年考试任务。

四、用情用力维护劳动权益

（一）积极构建和谐劳动关系。

协调劳动关系三方四家制定出台推进新时代和谐劳动关系创建活动工作方案，细化全省和谐劳动关系示范企业和工业园区、街道（乡镇）创建标准，建立创建评价指标体系。开展劳动关系“和谐筑基·百千万行动”，立足社区、园区和街道（乡镇），强化资源共享、力量整合，聚焦服务事项、职责、程序和运转统一，初步实现劳动关系基层公共服务样板站点县域全覆盖。组织第一届全国和谐劳动关系创建先进集体和先进个人评选表彰推荐工作，湖北省2个集体、9名个人获表彰。会同省协调劳动关系三方四家联合印发“1+3”集体合同参考文本，进一步加强集体合同制度建设，规范集体协商内容，增强集体协商实效性。联合省总工会、省邮政管理局开展“聚力护‘新’‘和’满荆楚”新就业形态政策指导服务活动，积极推动新就业形态劳动者权益保障系列指引指南贯彻落实。在全省首次开展重点行业季度企业薪酬调查，组织开展相关研讨活动，对调查信息进行深入解读，引导企业合理确定职工薪酬水平。

（二）深入实施根治欠薪行动。

不断完善根治欠薪制度体系，出台《湖北省保障农民工工资支付工作考核办法》《湖北省房屋建筑和市政基础设施工程领域工程款支付担保管理实施办法（试行）》《湖北省劳动保障监察举报投诉处理办法》等制度，建立定期调度通报及交办反馈机制、联合督案接访处置机制、信用激励和约谈问责机制，推动形成制度完备、责任落实、监管有力的治理格局。不断优化根治欠薪信息监管系统，汇集各地各部门工资支付监管数据，多维度、深层次整合数据资源，对企业生产经营情况和工资支付情况进行实时监测预警。将全国根治欠薪反映平台线索、网络舆情线索、信访线索、在线举报投诉、窗口大厅受理、上级转办线索等所有欠薪线索进行归集整合，全流程在线办理分办核查、立案审批、调查取证、处理决定、结案审批、文书归档等执法环节。全省1.6万个工程项目、608万农民工纳入省监管平台，通过专用账户发放农民工工资2 062亿元。开展根治欠薪冬季专项行动，共检查各类用人单位11 875户，涉及劳动者85.75万人，解决欠薪问题6 588件，为5.88万名劳动者追发工资待遇7.98亿元。在全省开展“标准化安薪项目”选树活动，已认定授牌2 138个，形成良好示范效应。湖北省保障农民工工资支付工作位列国务院保障农民工工资支付考核A级第4位，连续6年稳居A级方阵。

（三）着力提升劳动人事争议处理效能。

以健全争议多元处理机制为牵引，切实提升争议办理质效，进一步强化重大争议和易发多发争议化解力度，不断健全完善工作制度机制，扎实推进调解仲裁工作高质量发展。完善协商调解制度，印发《省人力资源和社会保障厅　省委政法委　省高级人民法院等九部门关于进一步加强劳动人事争议协商调解工作的实施意见》，进一步健全争议多元处理机制。建立“人社＋工会”裁调对接机制，会同省总工会印发《湖北省“人社＋工会”劳动争议裁调对接工作实施办法》《湖北省人力资源和社会保障厅　湖北省总工会关于有序开展“人社＋工会”劳动争议裁调对接工作的通知》，建立90个工会裁调工作室，办理仲裁委托调解案件近4 000件。建强基层调解组织矩阵，会同省总工会、省企联、省工商联印发基层调解组织建设行动通知，依托三方机制打造11个国家级、50个省级金牌调解组织，总结推广调解工作模式，发挥先进典型示范引领作用。推进“互联网＋调解”，共处理劳动人事争议在线调解平台和人社、法院“总对总”在线诉调对接平台案件5 400余件。构建公共服务新模式，推进“一站式”劳动保障维权改革，着力打造“一站式”劳动保障维权中心，72个县市区实现“一窗受理”“一站办结”“一管到底”，劳动维权事项办理明显提速增效。深化劳动争议快调速裁改革，构建以多元联动化解为核心的争议快调速裁模式，成立农民工工资争议速裁庭（团队）116个，在全国率先实现全覆盖。

（四）扎实做好农民工工作。

谋划落实“为农民工办实事”52件，着力解决农民工急难愁盼问题。会同省发展改革委等部门联合印发《湖北省县域农民工市民化质量提升行动实施方案》，开展湖北省县域农民工市民化质量提升行动。会同省司法厅开展“薪暖农民工”服务行动，聚焦解决拖欠工资等侵害农民工劳动报酬权益问题，确保农民工权益维护力度更大、法律服务可及性更强，促进农民工劳动报酬权益得到更好维护。会同省教育厅等部门联合开展“城暖农民工”服务行动，推动在城镇就业的农民工就业更稳定，权益保障更充分，享受公共服务更便捷，形成农民工共建共享城镇发展成果、更好融入城镇的良好格局。

五、提升公共服务能力，优化营商环境

优化服务事项。省政务服务网调整政务服务事项158个，初步建立人社领域标准体系，标准基本实现业务板块全覆盖，打造人社领域基本公共服务标准化试点的湖北样板。湖北省人社部门牵头研制2项国家标准，成功立项27项省级地方标准、1项团体标准，人力资源社会保障部评估验收排名第一，“湖北标准打造人社服务样板间”项目入选全省社会治理十大创新案例之首。

提升服务效能。推进30项服务“跨省通办”、169项服务在武汉都市圈通办、35项服务接入“鄂汇办”。高校毕业生就业一件事实现8项服务“一次办”。累计14项主题服务实现“一事联办”，85项服务事项实现“掌上办”，省本级全程网办率提升7.4%，办理总时限再压缩3%。完成数字人社一体化信息平台统一门户建设，实现人社各业务系统统一入口、统一用户管理、统一身份认证、统一权限管理。

12333咨询服务质量稳步提升。2023年，全省共有226.3万人次拨打湖北省12333咨询服务电话，综合接通率达82.3%。湖北12333微信公众号和支付宝“湖北智慧人社”生活号、小程序平台新增上线参保证明打印、社保关系转移、档案查询等10余项服务功能，畅通劳动维权举报线上投诉渠道。

湖北省人力资源和社会保障厅

武 汉 市

2023年，武汉市人力资源社会保障系统坚持以习近平新时代中国特色社会主义思想为指导，深入学习贯彻党的二十大精神和习近平总书记考察湖北武汉重要讲话精神，按照党中央、国务院决策部署和人力资源社会保障部、省人力资源社会保障厅工作要求，紧紧围绕中心工作，振奋精神、鼓足干劲，脚踏实地、埋头苦干，各项重点工作顺利推进，年度事业发展计划各项指标圆满完成，为奋力谱写全面建设社会主义现代化国家武汉篇章作出积极贡献。

一、实施就业优先战略，促进高质量充分就业

全面贯彻党中央“把稳就业提高到战略高度通盘考虑”的重要部署，千方百计稳存量、扩增量、提质量、兜底线。全年实现城镇新增就业29.26万人，新增高校毕业生就业创业30.6万人，就业局势保持总体稳定。国务院有关领导在武汉市调研期间，对武汉市就业工作成效给予充分肯定。

（一）优化调整稳就业政策措施。

印发武汉市贯彻落实优化调整稳就业政策措施的有关文件，扩大吸纳就业、就业见习等补贴发放范围，开展就业创业政策宣传活动200余场，发放各类就业补贴资金11.97亿余元，稳定和促进23.7万余人就业，切实兜牢就业底线。继续推进社保“降、缓、返、补”政策免申即享、直达快享，为55万家市场主体减少成本33.3亿元，助力企业稳定发展预期、增强发展信心，促进就业稳定。

（二）深入实施“学子聚汉”工程。

始终把促进高校毕业生等青年就业摆在突出位置，围绕加大岗位筹集力度、促进供需精准对接等部署开展十大行动。统筹举办校园招聘活动336场，提供岗位56.7万余个，不断拓宽就业渠道。成功举办第二届“英雄杯”创新创业大赛决赛，为242个获奖项目发放奖金980万元；启动第三届“英雄杯”创新创业大赛，吸引1 225个项目参赛，激发大学生创业活力，着力打造热带雨林式创新创业生态。

（三）大力促进困难群体稳定就业。

着力夯实重点群体就业基本盘，实施“乐业无忧”就业援助专项行动，开展失业人员跟踪服务57.06万人次。推动全市41家零工驿站规范化、专业化、标准化运行，为8.1万人提供就业服务。通过公益性岗位安置、企业吸纳、灵活就业、自主创业等渠道，促进失业人员再就业6.84万人，帮扶就业困难人员就业3.66万人，重点群体就业帮扶成效明显。

（四）不断提升公共就业服务能力。

围绕强服务、提技能、稳就业目标编制实施方案，成功获批国家公共就业服务能力提升示范项目，获中央补助资金1亿元。开展“促发展　保用工　稳就业”百日攻坚行动，对重点企业提供“一企一策”用工帮扶，为5 234家企业解决用工需求11.5万余人。积极推进人力资源市场促进条例立法工作，举办首届武汉人力资源服务创新发展高峰对话会，赴苏州、重庆、西安开展招商活动，人力资源服务业集聚发展加速推进，公共服务水平再上新台阶。

二、深化社保制度改革，织密社会保障安全网

认真贯彻党的二十大关于“健全覆盖全民、统筹城乡、公平统一、安全规范、可持续的多层次社会保障体系”的部署要求，进一步织密织牢社会保障安全网。全年社保三险（养老、失业、工伤保险）扩面新增37.4万人次，参保人数达1 616万人次，创历史新高，让现代化建设成果更多更公平惠及全体市民。

（一）实施全民参保计划。

建立扩面工作任务清单，加强数据信息比对，持续推进企业新招录员工、新就业形态就业人员等重点人群参保。顺利启动实施公务员参加工伤保险工作，完成全市1 173家机关和参公单位职工的参保缴费工作，实现工伤保险职业群体全覆盖。进一步规范基层快递网点就业人员优先参加工伤保险的业务经办流程，引入第三方保险公司推动建筑项目工伤保险参保，提高社保扩面精细化管理水平，圆满完成社保扩面目标。

（二）稳步提升社保统筹层次。

全面落实企业职工基本养老保险全国统筹，全方位梳理政策、治理数据、清理待遇项目，将90亿条数据一次性接入国家社保信息平台，实现合规待遇项目统一纳入全国待遇项目清单，确保全国统筹改革任务平稳落地。大力推进失业保险省级统筹，实现由区县级、市级统筹并行模式向省级统筹模式的跨越并轨，确保失业人员待遇按时足额发放、助企纾困政策全面落实、经办管理服务提质增效。积极推进工伤保险省级统筹工作，认真落实统一参保对象、统一费率政策、统一认定办法、统一待遇标准、统一经办流程和信息系统的要求，按时上解省级调剂金，做好省级统收统支各项准备工作。

（三）确保待遇按时足额发放。

顺利完成全市155万名企业退休人员基本养老金调整工作，为失业人员发放失业保险金和缴纳医保费14.8亿元，进一步提高工伤职工伤残津贴、供养亲属抚恤金、生活护理费待遇标准。按照全省统一部署，将武汉市城乡居民基本养老保险基础养老金增加到每人每月322元，惠及46万人。经报市政府同意，将武汉市城乡居民基本养老保险缴费补贴标准从2个档次调整为6个档次，完善多缴多得的激励机制，不断增强人民群众的获得感、幸福感、安全感。

（四）健全多层次养老保险体系。

抓好个人养老金试点工作。多维度开展政策宣传活动100余场次，大力推行“掌上办”“网上办”，全市个人养老金开户172.6万人，缴费52.7万人，累计缴费12.5亿元，在全国首批36个试点地区中排名前十。大力发展企业年金，积极推动具有经济负担能力的用人单位建立企业年金，持续促进武汉市企业年金发展。妥善解决机关事业单位基本养老保险参保遗留问题，针对部分市直事业单位分类改革工作中出现的参保和待遇落实问题，全面摸清基本情况，研究分类处理意见，有力化解了社会矛盾。

三、实施人才强国战略，激发高质量发展动能

深入贯彻党的二十大关于“深入实施科教兴国战略、人才强国战略、创新驱动发展战略”的重要部署，聚焦“引、育、留、用、服”全链条，着力打造创新型技术技能人才队伍，开展技能培训32.2万人，新增高技能人才1.4万人，助力把武汉科教人才优势转化为创新发展优势。

（一）强化技能人才队伍建设。

加强新时代高技能人才队伍建设，完善终身职业技能培训政策体系，组织参加全国技能大赛，武汉选手取得6金1银4铜的优异成绩，包揽全省所有金牌，实现湖北省国赛金牌零的突破。坚持规范审批、制度先行，研究出台民办普通技工学校审批管理办法，对办学方向、设立条件、审批流程、监督管理等方面作出详细规定。启动第三届“武汉工匠”评选，选树技能技艺高超、业绩贡献突出的“武汉工匠”26名、技能大师49名和大师工作室10个，激发技能人才创新创造活力。

（二）优化专业技术人才服务。

加强专家队伍建设，18人入选国务院政府特殊津贴专家，5人入选省有突出贡献中青年专家、享受省政府特殊津贴专家。组织开展“院士专家企业行”活动，落实院士津贴、博士后工作站建站资助和生活津贴。组织参加首届湖北省博士后创新创业大赛，取得1金1银1铜的优异成绩，8名博士后入选省博士后创新实践岗位。深化职称制度改革，推动武鄂黄黄职称互认，成功举办签约仪式，实现源头核验、协同联动、一地确认、四地通用，促进区域协调发展。聚焦“965”重点产业，组织实施职称专场评审，782人获评高、中级职称，助力产业创新发展。

（三）规范事业单位人事管理。

组织开展全市事业单位人事制度监督检查，进一步提升制度化、规范化、科学化水平。组织事业单位公开招聘，上半年报名13.6万余人，创历史新高，首次在南京、成都设立省外考区。下半年再次发布集中招聘岗位878个，77%的岗位可供应届毕业生报考。多批次开展教师、画家、节目主持人、动物管理员等专项招聘，引进科技创新、高等教育、医疗卫生等领域急需紧缺高层次人才1 500余人，满足事业单位多样化用人需求，岗位所需与人才所长匹配更加精准高效。

（四）推进收入分配制度改革。

认真贯彻落实省委、省政府关于规范机关和企事业单位4类人员待遇工作的要求，严格执行上级政策规定，充分考虑武汉实际情况，认真分析测算数据，会同有关部门反复研究完善，相关政策文件经市委常委会会议、市政府常务会议审议通过，并报省人力资源社会保障厅、省财政厅备案后实施。全力推动非营利服务业工资总额增速目标任务，举全局之力，局领导全员上阵、包保督导，1至9月实现11.9%的增速，高于全省平均增速，为全市GDP增长作出了努力。

四、构建和谐劳动关系，保障劳动者合法权益

认真落实习近平总书记“关注一线职工、农民工、困难职工等群体”“努力让劳动者实现体面劳动、全面发展”的要求，不断提升劳动监察、调解仲裁工作效能，全市调解仲裁机构共办结劳动人事争议案件6.7万件，劳动保障监察机构办结案件3 382件，着力提升劳动关系领域社会治理能力和水平。

（一）创新劳动关系工作机制。

推进劳动关系“和谐同行”能力提升三年行动计划，组织开展和谐劳动关系创建活动。印发全市国有企业工资内外收入监督管理工作通知，持续深化国有企业收入分配制度改革。组织开展薪酬信息调查、重点行业薪酬信息专项调查，进一步发挥指引作用。加强对企业劳动用工的政策指导，引导企业依法合规用工，积极维护新就业形态劳动者劳动保障权益。

（二）增强调解仲裁工作效能。

加强劳动争议源头治理，全市累计建成基层调解组织1 127家，1家获评国家金牌调解组织，2家获评省金牌调解组织，认定市示范调解组织17家。开展“百名仲裁员服务千企”活动，联系服务企业1 761家，帮助企业防范化解劳动争议风险。推进案件快立快调快审快结，全市劳动人事争议调解成功率达到78.66%，仲裁结案率达到98.57%，有效维护全市劳动关系和谐稳定。

（三）提升劳动监察执法水平。

实施“安薪工程”专项行动，选树15个“安薪驿站”和489个“标准化安薪项目”。牢固树立依法行政、执法为民理念，分类开展春、夏季欠薪专项整治行动和岁末年初攻坚行动，坚持市区一体、部门联动，建立重大欠薪案件联合攻坚机制，对领导批示件、上级转办督办件实行定点督办。在建工程项目落实实名制管理等制度覆盖率达92%以上，违法案件法定期限内结案率100%。

（四）迎接国务院保障农民工工资支付考核。

代表湖北省参加国务院保障农民工工资支付考核迎检，加强统筹调度，抽调骨干组成工作专班，认真起草汇报材料、访谈提纲，对照考核细则、核查规程逐项精心准备台账资料，对3.4万件全国根治欠薪平台反映线索办理情况进行全覆盖回访，确保群众诉求件件有回音，圆满完成各项任务。

五、加强机关自身建设，提升人社公共服务能力

坚持不懈用习近平新时代中国特色社会主义思想凝心铸魂，着力建设忠诚干净担当的高素质干部队伍，深入推进全面从严治党，持续转作风、提能力、增效率，不断提升人民群众对人社公共服务的满意度。

（一）扎实开展主题教育。

一体推进理论学习、调查研究、推动发展、检视整改，举办读书班，开展3次集中研讨、2次专家辅导，开展党的二十大精神专题宣讲，组织170名青年干部，举办两期“学思想、强党性、重实践、建新功”主题演讲活动，推动党的创新理论生动传播、入脑入心。大兴调查研究，确定110个调研课题，领办解决173个群众关切问题，将主题教育成果转化为干事创业动力。

（二）着力锻造过硬队伍。

选优配强局属单位领导班子，大力培养使用优秀年轻干部，营造干事创业的浓厚氛围。1个局属单位获评全国人社系统先进集体；50名选手参加全国人社系统窗口单位练兵比武，获得团体二等奖，3名选手获全国“岗位练兵明星”称号；荣获市直机关“学习二十大　践悟新思想”知识竞赛一等奖、全市第九届公务员技能大赛第一名，1名干部获评全市百佳公务员，提振了锐意进取、担当有为的精气神。

（三）全面优化政务服务。

持续推进“社银合作”，将38项高频社保服务事项延伸至银行网点办理。打造“金卡快车”服务品牌，加强社保卡“一卡通”应用，持卡人数达1 131万人，方便群众快捷享受城市服务。以“履职提升年”“创新发展年”“问题突破年”为主题，全面提升行风建设水平。深入实施人社服务快办行动，158个人社服务事项实现武汉都市圈“跨城通办”。用好“双评议”“好差评”评价标尺，以评促改、以评促优，政务服务好评率达到99.9%，不断增强人社公共服务的舒适度、便捷度、满意度。

六、巩固脱贫攻坚成果，助力推动乡村振兴

聚焦巩固拓展脱贫攻坚成果、全面推进乡村振兴工作，充分发挥职能作用，精准发力、定向施策，为乡村振兴注入人社力量。

（一）持续推动农村劳动力转移就业。

发挥劳务品牌促就业作用，“新洲建筑工”获评湖北省十大劳务品牌，武汉友缘家政服务集团被认定为湖北省第一批劳务品牌领军企业。深化劳务协作和对口帮扶，举办各类劳务协作55场，提供岗位1万余个，推送各类岗位信息6.4万余条。持续加强退捕渔民就业帮扶指导，组织开展退捕渔民招聘会14场，提供岗位5 159个，发放社会保险补贴16.96万元，全市752名有就业意愿和能力的退捕渔民实现就业全安置，助力长江经济带绿色发展。

（二）深入推进返乡创业行动。

积极推进“我兴楚乡·创在武汉”返乡创业行动计划，新增4家省级返乡创业示范园、示范项目，发放各类补贴、担保贷款1 588万元，全市新增返乡创业6 459人，充分发挥返乡创业示范带动效应。开展农村劳动力就业创业培训，摸清农村劳动力培训意愿和需求，有针对性地开展专业技能培训和创业培训，全年培训1.85万人，为符合条件的人员发放培训补贴544.72万元，帮助更多农村劳动力成功创业。

（三）不断强化乡村振兴人才支撑。

完善基层卫生和乡村教师职称评价机制，建立“定向评价、定向使用”机制，对申报基层卫生和乡村教师高级职称的专业技术人员实行定向评审，36名专业技术人员获评基层卫生高级职称，320名教师获评乡村教师高级职称。组织开展乡村农业技术人员职称评审，13名农业技术专家深入田间地头，对69名申报人员现场提问答辩，切实增强分类评价的有效性，全年共63人获评乡村农业技术人员高中级职称，助力充实乡村振兴人才队伍。

武汉市人力资源和社会保障局

湖 南 省

2023年是全面贯彻党的二十大精神的开局之年，也是湖南人力资源社会保障系统埋头苦干、奋勇前行、成果丰硕的一年。全省人力资源社会保障系统坚持以习近平新时代中国特色社会主义思想为指导，深入贯彻省委、省政府以及人力资源社会保障部决策部署，扎实推动工作落实，圆满完成各项任务，主要工作实现了稳中有进、稳中向好、稳中提质。

一、主题教育

坚持对标看齐，扎实开展主题教育。

一是理论学习入脑入心。分类梳理“就业是民生之本”“社会保障是治国安邦的大问题”“人才是第一资源”等习近平总书记关于人社工作10个方面重要论述，分别进行阐释辅导和深学细悟。

二是调查研究见行见效。聚焦政策执行开展“解剖式”调研，聚焦民生诉求开展“蹲点式”调研，聚焦经办服务开展“体验式”调研，聚焦风险防控开展“督查式”调研。厅机关确立35个调研课题，所有厅党组成员带队，先后到14个市州、30多个县市区、150余个基层单位开展调研，先后出台各类政策40余项，有效推动调研成果转化，省委主要领导在全省会议上就“运用‘走找想促’系统解决急难愁盼”对省厅提出表扬。

三是“四送”服务走深走实。全面开展送政策、送信息、送培训、送服务活动。厅机关66名35周岁以下青年干部，深入农村、社区等基层单位，全面推动人社政策深入群众、人社服务直达市场主体，相关经验做法获主题教育中央第十巡回指导组认可，被中央主题教育官网推介。

二、就业创业

坚持工作部署、政策落地、重点群体、公共服务“四个优先”。

一是就业局势保持总体稳定。2023年全省城镇新增就业76.5万人，城镇调查失业率平均值为5.3%。省政府印发优化调整稳就业18条政策措施，配套出台促进高校毕业生高质量充分就业8条、支持民营经济高质量发展9条、加强困难人员就业帮扶10条、支持农民工就业创业16条等措施。2023年，全省各级共支出就业资金41.2亿元，减征失业保险费36.86亿元，发放稳岗返还资金8.02亿元，新增发放创业担保贷款51.64亿元。

二是健全完善就业服务体系。建成公共就业服务“一库四平台”（就业信息基础库、人社一体化平台、单位网厅、个人网厅、湘就业平台），实现政策申领、就业管理和就业服务等信息资源“一库管理”。将1 578个社区（村）纳入充分就业社区（村）建设，助推实现充分就业。全力支持重点企业稳岗扩岗，全省共帮扶重点企业招用员工12.8万人。完善职业技能培训服务机制，组织开展补贴性职业技能培训55.39万人次，举办职业技能师资培训班48期，建立“1+3+N”线上培训监管模式，推进职业技能培训提档升级。加强劳务品牌建设，培育建设劳务品牌183个，带动就业人员312万人，产生经济效益近5 215亿元。

三是加强重点群体就业帮扶。多措并举、千方百计促进高校毕业生、退役军人、农民工、就业困难人员等重点群体就业。全省帮扶

2023届离校未就业高校毕业生12.28万人，就业率达97.21%；脱贫人口（含监测对象）务工规模稳定在254.2万人，完成国家下达任务数的109.33%；建成就业帮扶车间和帮扶基地8 160家，吸纳脱贫劳动力就业10.5万人。持续推进退捕渔民转产就业服务行动，全省建档立卡退捕渔民28 580人，其中有就业意愿的18 585人已全部实现转产就业。

四是“技行三湘”品牌不断擦亮。推动出台《建设新时代技能人才强省的若干措施》。深入实施“新八级工”职业技能等级制度，首批66名高技能人才获评特级技师。参加第二届全国技能大赛，斩获3金3银7铜和71个优胜奖，奖牌数量全国排名第七、中部排名第一，创历史最好成绩。

三、社会保障

全力打造全民社保、温暖社保、平安社保、数字社保、清廉社保“五个社保”。

一是参保扩面持续推进。深入实施全民参保计划，截至2023年年底，全省基本养老保险、工伤保险、失业保险参保人数分别达到5 431.57万人、994.68万人、740.42万人。启动实施“温暖社保”三年行动计划，开展“社保服务进万家”等活动，推动社保服务“进园区、进企业、进社区、进乡村、进万家”。

二是待遇水平稳步提升。城乡居民基本养老保险基础养老金最低标准由每人每月118元提高到131元，月人均养老金水平增加至165.5元；退休职工月人均基本养老金提高113元。

三是社保改革重点任务基本完成。企业职工基本养老保险全国统筹深入实施，开展省对市州企业养老保险考核。印发《湖南省人民政府办公厅关于湖南省失业保险省级统筹的实施意见》，失业保险基金自7月1日起实现省级统收统支，构建覆盖全省、权责清晰、安全规范、更加公平、可持续的失业保障体系。印发《湖南省工伤保险基金省级统收统支实施办法》，工伤保险基金自12月1日起实现省级统收统支，全面实现“六个统一”，有力保障工伤职工权益，增强基金抗风险能力。

四是基金监管持续发力。《湖南省社会保险基金监管条例》经省十四届人大常委会第六次会议通过，自2024年1月1日起正式施行。积极探索智慧监督，建成金保工程二期监管监督平台，将社保基金监管制度规则与业务经办内控制度、稽核规则深度融合，优化社保基金监管预警规则，进一步增强风险识别、监测、防控能力，实现实时监测和智慧预警。

四、人才人事

健全人才培养、使用、评价、激励等四项机制，助推人才强省战略落实落地。

一是人力资源服务产业蓬勃发展。坚持融合发展、创新发展、集聚发展、规范发展，成功举办湖南省第一届人力资源服务业发展大会，首次签订“中部6省人力资源服务业高质量发展联盟协议”，人力资源社会保障部有关领导到会指导，600余家人力资源服务机构、4 000余人参加大会。选派两个项目参加第二届全国人力资源服务创新创业大赛，分别获得二、三等奖。2023年，全省人力资源服务机构达到2 456家，营收突破618.3亿元。

二是人才评价服务机制持续完善。立“三实”、破“四唯”，出台《在职称评审中破“四唯”强化实干实力实绩评价的实施意见》。坚持以品德、能力、贡献为导向构建人才评价体系，围绕湖南6大产业持续开展15场“湘产专场”职称评审，相关经验做法被人力资源社会保障部官网推介。

三是大力加强人才平台建设。全省新获批26个博士后科研流动站，新引进博士后超800名，31个机构获批数字技术工程师国家级培训资质。高规格开展“湘领军+”专家大讲堂、“湘才乡连”专家服务乡村振兴等活动。举办湖南省首届博士后创新创业大赛，大赛共吸引300余个项目咨询报名，80个项目入围决赛。参加第二届全国博士后创新创业大赛，获得1金1银1铜和4个优胜奖。

四是完善事业单位人事管理。持续开展事业单位人才发展体制机制改革试点，为引进高层次人才开辟“绿色通道”。平稳推进县以下事业单位管理岗位职员等级晋升制度，全省职员等级晋升5万余人。创新开展事业单位人员培训工作，第四届中国事业单位创新发展研讨会重点推介湖南培训经验，获人力资源社会保障部高度肯定。统筹平衡机关事业单位收入分配关系，出台省直事业单位绩效工资统筹规范相关政策。深入推进公立医院薪酬制度改革，合理确定医院薪酬水平，严禁医务人员薪酬待遇与检查、化验开单挂钩。落实艰苦边远地区津贴正常调整机制，完成艰苦边远地区的14个县市10.76万名事业单位工作人员调标工作，调整事业单位老工伤人员伤残保健金标准，年人均增资760元。

五、劳动关系

坚持法治、自治、共治、数治“四治”联动，劳动关系治理水平再上台阶。

一是合理调控收入水平。2022年度城镇在岗职工平均工资达到94 590元，同比增长6.43%。发布企业工资指导线下线、基准线和上线，分别为3%、6%、10%。

二是规范企业劳动用工。制定《湖南省企业劳动关系工作指引》，推广《新就业形态劳动者劳动合同和书面协议订立指引（试行）》等14个劳动用工指引应用，指导企业合法合规用工。累计为全省新注册32万余家市场主体发送短信和用工指南，帮助企业有效防范用工风险。推动《劳动关系和谐企业评价规范》《劳动关系和谐工业园区评价规范》等地方标准广泛运用。

三是根治欠薪走在全国前列。构建“三体系、两机制”工作格局，在全国率先上线“安薪务工”平台，出台《保障农民工工资支付工作考核办法》，开展保障农民工工资支付专项行动。2023年共查处欠薪案件20 913件，为11.25万名劳动者追发工资待遇11.39亿元。在国务院对省级人民政府保障农民工工资支付考核中，湖南省连续两年获评A级，2023年全国排名第五，取得历史最好成绩。

四是“和谐同行”圆满收官。劳动关系“和谐同行”能力提升三年行动计划取得良好成效，全省培育劳动关系和谐企业1 019家，授牌443家“湘融湘爱”农民工服务保障社会协作单位，为13 291家重点企业收入分配提供指引。

五是调解仲裁提质增效。推进“工会+人社”劳动争议裁调对接工作，省本级和14个市州均成立了“工会+人社”劳动争议调解工作室。高标准组织化解人社领域突出信访问题专项行动，常态化建立人社厅局长“每月一次”接访制度，开展省市县三级同步集中接访，全年共受理劳动争议案件5.53万件，仲裁结案率98.1%，调解成功率70.4%。

六、民生实事

实行清单、进度、闭环、标准“四个管理”，民生保障仗圆满收官。2023年由人力资源社会保障厅牵头的全省十大重点民生实事20个项目全部办结，4个监测项目均达到预期目标。

一是公共服务泛在可及。实现城镇新增就业76.5万人，完成补贴性技能培训55.39万人次；完成全省999家二级以上定点医疗机构普通门诊异地就医直接结算；1 944个乡镇（街道）、29 315个村（社区）医保经办服务事项直办或帮代办服务实现全覆盖；完成48个县级妇幼保健机构标准化建设；启动100所县域普通高中“徐特立项目”建设；“湘易办”超级服务端汇聚政务服务、生活服务事项超过17 000项，基本实现“一机在手、一键登录、一网通办、一次办好”。

二是民生保障兜准兜牢。提高城乡低保标准总计投入66.18亿元，全省城市低保平均标准达到657元/月，同比提高6.1%；农村低保平均标准达到5 849元/年，同比提高4.6%。提高残疾人“两项补贴”标准总计投入14.86亿元，全省困难残疾人生活补贴平均标准达到每人每月 89.7 元，同比提高 4.8%；重度残疾人护理补贴平均标准达到每人每月 83.4 元，同比提高 5.2%。提高孤儿基本生活最低保障标准总计投入 3.99 亿元，全省保障孤儿和事实无人抚养儿童 3.8 万人。农村适龄及城镇低保适龄妇女“两癌”免费检查 103.13 万人，完成年度目标任务的 103.13%。康复救助残疾儿童 18 528 人，完成年度目标任务的 142.52%。

三是生活环境优化提升。开工改造城镇老旧小区 2 000 个，完成投资 53.14 亿元，让群众更加宜居。城镇住宅小区居民“一户一表”改造 67 712 户，让群众用上“放心电”。养老机构新增护理型床位 5 746 张，更好满足养老机构失能失智老年人照护服务需求。特殊困难老年人居家适老化改造 33 194 户，提升了居家养老的便利化、可及化、智能化水平。困难残疾人家庭无障碍改造 13 084 户，使残疾人家庭生活质量得到改善提高。

四是基础设施改善加强。农村“三路”建设，全省累计完成农村公路提质改造 5 790 千米，建成农村公路安防设施 7 118 千米，完成普通国省道安防精细化提升 2 083 千米。农村水源保障及灌溉能力提升，全省新增蓄水能力 5 089.39 万立方米，恢复和改善灌溉面积 10 余万公顷。农村电网巩固提升工程，全省完成投资 72.31 亿元，惠及人民群众约 600 万人。乡村信息化网络建设，全省新建农村基站 11 020 个，升级改造农村千兆光纤端口 72.2 万个。完成 1 000 个农村千人以上集中饮用水水源地突出环境问题整治，确保群众“水缸子”安全。

七、能力建设

坚持为民服务，基础保障全面夯实。

一是人社政务服务更优。社会保险、退休、就业、企业用工、员工保障等 5 个主题“一件事”集成改革任务基本完成。全险种社保参保证明实现线上一键查询打印，做法被作为湖南第一批主题教育典型案例推介。与税务、医保等部门组建社会保险费信息系统联合运维中心，相关经验入选国务院政务服务效能提升典型经验案例。2023 年省本级人社政务窗口共受件 15.3 万件，累计回复网民留言 9 503 件，全省“好差评”系统好评总数 710.1 万条，好评率 99.99%。

二是数字人社应用更广。全面推进金保工程二期项目建设，社保、就业、人才人事、劳动关系等 8 个核心系统全部上线运行，打造了省级集中部署、业务协同联动、实时联网管控的人社一体化信息系统，构建了“一卡”“一网”“三端”“三微”的人社经办管理服务模式。142 项人社政务服务事项实现网上办理，惠及 6 450.39 万用户群体和 94.82 万家单位，基本实现“全数据共享、全业务协同、全服务上网、全业务用卡、全层级贯通”的应用格局。全面打造“网上人社超市”服务品牌，目前注册用户超 2 700 万人。上线运行“码上通”办事平台，涵盖 43 个高频业务。

三是法治人社体系更全。《湖南省社会保险基金监管条例》的出台，有效填补了湖南省社保基金监管地方性法规的空白。加强规范性文件管理，“清存量、管增量、提质量、建机制”的精细化模式获评湖南省第二批法治政府建设示范项目。全面落实行政负责人出庭应诉制度，厅机关全年行政应诉、复议等案件 61 件，败诉率创历史新低。建设数字法治系统，建成全省人社领域法律法规政策库，建立规范性文件审查、合同审查、行政应诉等全流程线上办理系统，推动“人工办”向“智慧办”转型。

四是清廉人社举措更实。开展清廉社保基金管理、清廉就业创业培训资金管理、清廉人事考试 3 个清廉单元创建，梳理风险点 173 条，制定措施 242 条，列出制度 132 个。深入开展领导干部利用职权或影响力为亲友牟利专项整治、领导干部子女互相请托办事问题整治，持续跟进监督。严肃执纪问责，厅本级全年处理处分党员干部 6 人。

五是人社文化氛围更浓。开设“湖南人社

讲堂”，先后邀请人力资源社会保障部有关司局领导、业务领域专家学者来厅授课辅导，有效提升干部职工思想认识水平。建立“湖南人社”微信公众号，累计发布消息近800篇，关注人数超21万人，阅读总量超200万人次，逐渐成为全省人社工作交流平台、政策宣讲阵地、学习教育课堂。“湖南人社”品牌的影响力公信力逐步提升，厅官网全年点击量达1 900余万次，居省政府部门首位；“智慧人社”APP被中央网信办评为全国2023年走好网上群众路线百个成绩突出账号。

湖南省人力资源和社会保障厅

广 东 省

2023年，广东省人力资源社会保障系统坚持以习近平新时代中国特色社会主义思想为指导，全面贯彻落实党的二十大精神，深入学习贯彻习近平总书记视察广东重要讲话重要指示精神，认真落实省委“1310”具体部署和省政府工作要求，各项重点任务取得扎实成效。

一、服务大局

（一）服务粤港澳大湾区建设。

印发部省支持广州南沙建设政策措施清单，争取政策支持创新点35项，构建形成部省合作“两协议两清单”政策体系。研究制定推进港澳青年创新创业基地建设若干措施，高水平建设“1+12+N”港澳青年创新创业孵化基地，截至2023年年底建成系列基地84家，累计孵化港澳项目5 056个，带动港澳居民就业6 731人。成立“大湾区香港青年创新创业基地联盟”。在港澳举办“众创杯”赛事路演和宣传推介活动，近200个港澳项目参赛。举办“2023年港澳青年就业创业湾区行”系列活动600余场，吸引港澳青年超2万人次参加。创造性推进大湾区职场导师计划，聘请130名港澳导师。配合实施“大湾区青年就业计划”。深入实施大湾区（内地）事业单位公开招聘港澳居民管理办法。推进职业资格认可，8个专业领域3 234名港澳专业人才在大湾区内地便利执业。实施大湾区港澳工程专业人才职称评价试点，首批评审出93名港澳正高级工程师。指导广州和南沙出台境外职业资格认可清单。拓展粤港澳“一试多证”范围，累计170批次3 537人获得相关技能证书。联动港澳成功举办首届大湾区人才服务高质量发展大会。加强粤港澳大湾区劳动争议“一中心三站”建设，扩大聘任港澳籍仲裁员试点范围，截至2023年年底，全省共有在聘港澳籍仲裁员41名、港澳籍调解员28名，珠海（横琴）、广州（琶洲）、深圳（前海）速调快裁服务站累计办理涉港澳案件547件。

（二）服务“百千万工程”。

围绕“省委要求、基层所需、人社所能”，制定实施人社部门服务“百县千镇万村高质量发展工程”若干措施，从优化县域就业环境、加强农民技能培训、统筹城乡社保制度、促进人才入县下乡4个方面出台73项政策点，制定首批25项重点任务清单，印发系列配套文件，构建“1+N”政策体系。推动“三项工程”服务百县千镇万村高质量发展，聚焦“坚持制造业当家”“百县千镇万村高质量发展工程”，制定实施“三项工程”年度工作要点。实施“镇村通”工程，全省建立社会保险服务网点超3.2万个，上线“社保电子地图”，制定《广东省合作银行经办社会保险业务管理办法》，打造社保便民服务圈。推进纵向组团帮扶潮州市饶平县，整合3家帮扶单位资源优势，谋划提出24项造血帮扶任务，加紧推进4个重大建设项目，帮助补齐硬件短板、夯实发展基础。

（三）持续发展“三项工程”。

持续擦亮“粤菜师傅”金字招牌，开展“粤菜师傅”名厨、名店、名品、名食材“四名”品牌建设，新增认定五星级“粤菜师傅”名厨30名、四星级名厨80名，继续扶持建设6个“粤菜师傅”培养示范基地。开展“粤菜师傅”培训4.7万人次。举办第五届粤港澳大湾区“粤菜师傅”技能大赛暨粤菜产业文化交流活动。开展“南粤家政”技能培训35.47万人次。认定省级家政服务龙头、诚信企业32家，培训示范基地30家，四星级、五星级服务人员37名。扶持建设“南粤家政”综合服务示范基地、产业园等平台载体63个，1 000多个基层服务站嵌入社区，15分钟家政服务圈加快形成。“南粤家政”服务地图再升级，精准定位匹配推送家政服务信息。打造功夫家嫂、客家大嫂、邑管家等家政劳务品牌。举办广东省第三届“南粤家政”技能大赛，吸引超5 000名选手参赛。做好“三项工程”品牌保护工作，成功注册44个“三项工程”商标。推动“农村电商”工程取得新进展，分专题、分片区开展农村电商“省级精英训练营”培训，全年开展常规性培训4.07万人次，超额完成培训任务。

（四）积极贯彻城乡区域协调发展部署。

推动人才入县下乡。深入实施高校毕业生“三支一扶”计划，向19个地级以上市共派遣3 342名、补录441名高校毕业生到基层从事支教、支医、支农和帮扶乡村振兴工作。在粤东粤西粤北地区12市和肇庆市共建成959个人才驿站，开展柔性引才4 066人次，组织学术交流、项目对接、技能培训等人才活动4 631场。落实人才评价倾斜支持政策，推动卫生、教育、农业农村等重点领域、艰苦边远地区和基层一线职称倾斜政策落实落地。首次举办事业单位人事管理政策“入县下乡”培训班，培训学员247人。实施工资高定政策，对聘用到粤东粤西粤北地区及珠三角欠发达地区乡镇事业单位工作的人员，可直接执行转正定级工资并适当高定薪级。指导粤东粤西粤北地区乡镇事业单位深入落实乡镇工作补贴制度。加强乡村工匠培育评价，全年新增取得农业技术员等乡村工匠相关职业（工种）技能等级证书4.9万人次。落实义务教育教师工资待遇“两个不低于”要求，推进基层医疗卫生机构“一类保障，二类管理”的倾斜政策。做好技工教育助推乡村振兴工作，截至2023年年底，全省技工院校共有约42万名农村、县镇户籍学生和涉农专业学生免学费接受技工教育，约2.5万名家庭经济困难学生和涉农专业学生享受国家助学金，中央和省财政统筹安排资金约11亿元。做好省际劳务帮扶协作工作，新选派8名技工院校专业教师开展柔性援疆援藏，与新疆人力资源社会保障厅和喀什地区行政公署共同签署推进喀什地区技工院校建设2023—2025年合作框架协议。与宁夏签署协作协议，加强与贵州、广西、黑龙江等省份的交流，其中与广西、贵州共建“一县一企”稳岗就业基地超过200个。全年全省累计帮助广西、贵州两省份41.4万名农村劳动力实现就业。

二、就业创业

（一）着力健全就业促进机制。

2023年，城镇新增就业累计139.3万人，失业人员再就业累计49万人，分别完成年度任务的126.6％、122.5％。全省各级人社部门共促进创业16.6万人，完成全年任务的138.7%。优化调整稳就业政策，省政府办公厅出台实施“稳就业16条”，对到粤东粤西粤北地区就业的高校毕业生等人才给予5 000到10 000元不等的就业补贴；部署建设一批省级标准化零工市场、支持有条件的社区（村）建设运营“就业驿站”等。省政府印发的省“民生十大工程”五年行动计划将就业放在首位，五年省财政新增投入约40亿元，其中就业约10亿元。促进高校毕业生等青年就业，多措并举促进农民工和脱贫人口稳岗就业。争取财政支持，中央就业补助资金较上年多拨付广东省10.2亿元，东莞市获全国公共就业服务能力提升示范项目1亿元补助。在全国率先推广“妈妈岗”就业模式，全省“妈妈岗”企业超1 700家，招聘育儿妇女超1.1万人。

（二）突出重点群体就业。

出台实施高校毕业生就业创业十大行动工作方案，累计提供政策性岗位38.5万个，拓展就业岗位超10万个。粤港澳三地政府共同举办大湾区大学生就业实习双选会，搭建线上招聘平台和开展直播带岗活动。坚持基层导向，抓实抓细“三支一扶”工作。开展青年就业服务攻坚行动，至12月底，离校未就业高校毕业生就业率超90%，有就业意愿困难毕业生100%就业。多措并举促进农民工和脱贫人口稳岗就业，抓好4 300多万农民工特别是逾400万脱贫人口稳岗就业，开展“南粤春暖”稳就业促发展特别行动，多频次举办招聘对接活动。做好异地务工人员服务管理统筹协调工作。修订出台《广东省就业困难人员认定管理办法》，兜底帮扶促进困难群体就业，全年累计帮扶就业困难人员实现就业9.7万人，完成年度目标任务的121.2%。

（三）拓展创业空间。

优化落实普惠性创业补贴政策和创业担保贷款等政策，全省新发放创业担保贷款63.8亿元，发放贴息资金3.5亿元，存量贷款规模120.6亿元。落实省级优秀创业项目资助，资助项目168个，拨付资金1 639万元。联合中山大学等5所高校组织1 000名初创企业经营者参加能力提升培训，新增智能制造时代下的企业管理与创业机遇专题和经营管理能力提升内容（含促进县域经济发展和乡村振兴项目方向），助力小微企业高质量发展。开展全省区域性（特色性）创业孵化基地第三方工作评价，督促提升运营水平。截至2023年年底，全省各级人社部门建设认定各类创业孵化基地695家、返乡创业孵化基地66家。举办2023年广东“众创杯”创业创新大赛，开展“源来好创业”青年创业资源对接服务季活动，推进网络创业工作。

（四）提质公共就业服务。

推进全省就业一体化信息平台建设，初步建成全省集中的就业信息资源库和就业信息平台，集就业失业管理、补贴申领、公共求职招聘、就业监测等功能于一体，并在全省21个地市上线试运行。出台《广东省就业驿站建设指引》《广东省零工市场建设指引》，推动就业服务向基层延伸。截至2023年年底，全省纳入名录的零工市场203个，已建成就业驿站575个。优化城镇新增就业取数规则，完善流程、强化督导，着力提高统计质量。实施《进一步优化完善全省就业失业动态监测工作实施方案》，加强1.5万家企业用工监测。开展“民营企业服务月”“金秋招聘月”“百日千万”招聘等专项活动。抓好重点企业用工服务保障工作，开展“千名就业服务专员助万家重点企业”活动，全年共实地走访服务重点企业1.66万多家次，全省共归集发布重点企业招聘岗位信息128万多条。创新开展用工保障首席服务专员制度，全省380多名首席服务专员与610多家重点企业结对子。举办12期“揾工在广东”重点企业直播带岗活动。帮助重点用工企业新招员工18.6万多人次。持续开展新就业新模式从业人员技能培训工作，共培训5.4万人次。至12月底，外省在粤就业脱贫人口规模435.9万人。开展“南粤春暖”稳就业促发展特别行动、“春风行动”，其间共举办线上线下招聘活动超2 700场，提供岗位近300万个。开展“点对点”返岗服务，全年全省共组织农民工入粤返岗专列14趟、专车725班次，惠及4.5万农民工。

三、社会保障

（一）织密扎牢社会保险“安全网”。

截至2023年年底，广东省养老、失业、工伤保险总参保1.6亿人次，其中基本养老保险参保8 128.9万人，工伤保险参保4 270.3万人，失业保险参保3 794.8万人，灵活就业人员参加企业养老保险415.4万人（不含退休）。基金累计结余1.9万亿元。按国家统一部署调整退休人员养老金。推动“社保服务通”工程。推动“一网通办”，上线“粤省事”88项、“粤商通”7项，全省网上办理业务超7 000万笔，占总业务量的90%。部电子档案应用试点顺利通过验收。提供暖心贴心社保服务，全省700个社会保险志愿服务队伍1.7万名社会保险志愿者将服务送到群众身边。完成2023—2024年养老保险基金委托投资任务，广东省基金委托投资规模增至3 200亿元，居全国首位。

（二）持续推进养老保险制度建设。

落实企业职工基本养老保险全国统筹。落实全国统筹资金调拨，全年按时足额上解1 259.8亿元。截至2023年年底，企业职工基本养老保险参保人数达5 022.4万人，较上年末增长2.7%。组织实施基本养老金和缴费基数等调整工作。完成退休人员基本养老金待遇年度调整工作，参与年度调整的退休人员781.2万人。及时公布2022年全省全口径城镇单位就业人员月平均工资和2023年职工基本养老保险缴费基数上下限、基本养老金计发基数。继续落实企业养老保险过渡性养老金计发办法改革，将过渡期发放比例由50%调整为70%。持续推进机关事业单位养老保险制度改革。修订出台参加省本级机关事业单位养老保险有关问题处理意见。修订广东省机关事业单位工作人员基本养老保险经办规程。强化职业年金管理，压实职业年金实账积累属地责任，已累计做实307.7亿元，整体做实比例88.3%。投资规模超2 720.7亿元，年度投资收益率0.9%、收益额17亿元，自2020年9月28日投资以来累计投资收益率8.1%、收益额94.8亿元。完成职业年金首个合同期考核，并签订新一期合同。截至2023年年底，广东省城乡居民基本养老保险参保人数2 760万人，完成年度参保计划的101.5%。领取待遇909.9万人，基金累计结余602.40亿元。稳步提升基础养老金最低标准，全省基础养老金最低标准自2023年7月1日起提高至200元。落实困难群体养老保险费代缴，全年全省共为112.69万名困难群体人员代缴养老保险费2.1亿元，基本实现应保尽保。率先出台城乡居民基本养老保险领取待遇资格确认办法，做好“统模式”改革，实行按年缴费。加强征地社保工作，全省完成125.9亿元留存资金的分配任务，完成率99.8%。上线省集中式城乡居民基本养老保险信息管理系统征地社保资金分配进度管理模块，提高征地社保工作的规范性、实效性。统一个人账户记账利率，公布2023年度广东省城乡居民基本养老保险个人账户记账利率1.8%。推进城乡居民基本养老保险基金省级管理，统一全省城乡居民基本养老保险缴费方式。印发《关于进一步推动我省城乡居民参保促进基本养老保险提质增效的意见》，引导有条件的城乡居民按规定参加企业职工基本养老保险，鼓励有缴费能力的城乡居民进一步提高个人缴费标准。推动规范发展养老保险第三支柱相关工作，出台《关于进一步促进我省养老保险第三支柱高质量发展的若干措施》，全省人社部门和金融机构开设服务专窗4 834个，搭建线上线下宣传阵地超过14 000个。截至2023年年底，开通个人养老金账户723万户，缴存金额65亿元。

（三）持续完善工伤保险制度。

截至2023年年底，广东省工伤保险参保人数4 270.3万人，位居全国首位，其中灵活就业特定人员参加工伤保险约128万人；新开工项目参保率近100%。深入实施新就业形态就业人员职业伤害保障试点，有力维护其劳动保障权益。招标5家商保公司分片区委托承办业务，探索全流程委托、一体化经办服务模式，提升服务质量效率。延续工伤保险阶段降费、特定行业企业缓缴政策分别至2023年4月和3月，全省阶段降费约11.1亿元，缓缴约0.5亿元。巩固完善工伤保险省级统筹机制，强化预防补偿康复“三位一体”保障功能。2023年度提高伤残津贴、生活护理费、供养亲属抚恤金标准，调整后人均分别约5 253元、4 740元和2 016元，位居全国前列。加强工伤预防工作，投入工伤预防费约8 364万元，开展危险化学品、矿山、机械制造、铁路运输、铁路建设施工等行业工伤预防能力提升培训工程。推动工伤康复早期介入，扩大工伤康复受益面，工伤康复9 205人次，康复人次位居全国首位。全省完成工伤认定约18万件，劳动能力初次鉴定约11万件，办理省再次鉴定约0.2万件。完善工伤保险经办服务体系，出台职业伤害保障待遇快审快支办法，针对高频工伤保险经办服务事项，开展全省通办。

（四）持续推动失业保险参保扩面工作。

截至2023年年底，广东省失业保险参保人数3 794.8万人，稳居全国第一。全年累计发放失业保险金90.5亿元，惠及101.9万人。统筹基金安全平稳运行。失业保险基金收入（不含上下级往来）173.1亿元，支出（不含上下级往来）160.0亿元，滚存结余193亿元。开展失业保险基金管理问题专项整治，聚焦劳务派遣单位截滞留稳岗返还资金清理专项行动，全省共排查清理2015—2022年劳务派遣企业享受稳岗返还资金21.1亿元，开展打击骗取失业保险基金违法犯罪行为专项行动。继续发挥失业保险促就业、防失业功能。

（五）全面提升管理服务水平。

开展“社保服务通”工程。深化“湾区社保通”工程，建设珠三角地区专窗237个、港澳网点85个，在横琴、南沙建设“粤澳社保一窗通”。推进“跨省通”工程，与江西、河南等10个省份人社部门签署合作框架协议；创新开展远程视频联办，提供线下服务2.2万人次，网上专区服务5.6万人次。推进“镇村通”工程，全省建立社会保险服务网点超3.2万个。上线“社保电子地图”，制定《广东省合作银行经办社会保险业务管理办法》，打造社保便民服务圈。

（六）加强社会保险基金监督。

完善要情管理制度，建立社保基金要情基金追回和人员追责动态督促机制，出台社保基金监督约谈暂行办法。出台基金监督全覆盖工作指引，率先启动监督全覆盖工作。开展社保基金管理巩固提升行动。全年处置新发现社保基金要情88件，追回基金4 738.48万元，移交司法127人，移送纪检5人，党纪政纪处理5人。加强年金监管，完善职业年金信息系统安全防范功能。社会保险基金风险防控“清数”和“筑墙”行动顺利收官，清理整改问题数据7 911万条，处理基金金额5.6亿元，制定制度措施671项，实现60多项外部数据共享。开展社保基金安全警示教育月活动。制定社保经办机构岗位权限管理实施办法、内部控制监督检查工作指引，统一全省操作标准。增强“技防”力度，营造“群防”态势。开展失业保险待遇发放问题专项整治，全部追回违规领取的105万元待遇。加强社保基金预决算审核。率先开展“伤病分离+智能审核”的工伤医疗费用联网结算，全省1 100家工伤协议机构累计为29.7万人次联网结算医疗费用22.4亿元。

四、人才人事

（一）进一步加大专业技术和高技能人才培养力度。

截至2023年年底，广东省专业技术、技能人才总量分别达972万人、1 979万人，其中高层次、高技能人才分别达94万人、690万人。全省新增取得职业资格证书或职业技能等级证书79.1万人次，其中，高级工以上24.1万人次，技师以上1.8万人次。全省共有备案职业技能等级评价机构3 011家，其中企业2 388家、院校316家、社评组织307家。

（二）加强高技能人才培养。

截至2023年年底，广东省技工院校共招生22.9万人，实现连续八年递增；应届毕业生17.7万人，就业率保持在95%以上。全年全省技工院校共有约65.9万名学生，共安排8 500万元扶持建设50个省级重点专业和10个省级特色专业，64所技工院校纳入全国技工院校工学一体化第二阶段建设院校及建设专业名单，数量均居全国第一。与100多家世界500强企业及国内800多家大型企业深入开展校企合作。为柬埔寨、东非高校联盟、香港机电工程署等开展师资培训、技能人才培训。推进“强基培优”计划落实，新增10所高水平技师学院创建单位、5所培育单位和20所示范性技工学校创建单位，完成第一批高水平技师学院建设项目终期验收工作，公布第一批高水平技师学院名单。加强思政课程建设，落实立德树人任务。完成58所技工院校130个新设专业备案工作，升级20个专业，论证通过9个新名称专业。开展广东省技工院校省编专业目录的修订与开发工作，开展省级精品课程建设。出台《广东省职业技能培训补贴管理办法》，全省开展各类补贴性职业技能培训94万人次，支出各类培训补贴资金约10.6亿元。大力推进产教评技能生态链建设，遴选首批63条产教评技能生态链，吸引华为、腾讯、比亚迪等一批制造业当家企业成为链主企业，3 170家生态企业、432家院校参与，在技能生态链企业推行学生学徒、技培生“岗位+培养”新就业形式。加强职业技能培训规范管理，开发建设职业技能培训和评价实名制管理平台。开展“马兰花”创业培训。推行“互联网+”职业技能培训，累计登录广东远程职业培训平台参加培训学习1 274.3万人次，累计实名注册用户40.5万人，其中2023年新增培训学习605.9万人次，新增实名注册用户6.6万人。继续推广使用职业培训券，全年全省累计发放职业培训券648.9万张，领取629.5万张，使用21万张。加强全民数字技能培训，全年平台上线数字素养与技能类培训课程资源492个，累计培训学习超6万人次。第47届世界技能大赛广东共有23个项目27名选手入选国家参赛名单，项目、选手数量均居全国第一。参加第二届全国技能大赛，金牌数占全国的22%。举办广东省第三届职业技能大赛、第五届粤港澳大湾区“粤菜师傅”技能大赛、广东省第三届“南粤家政”技能大赛，全年核发职业技能竞赛优胜选手职业技能等级证书16 234人次，其中高级工13 064人次，技师及以上1 400人次。贯彻“新八级工”职业技能等级制度，印发广东省“新八级工”职业技能等级制度企业备案工作指引（试行），支持备案企业直接认定技师和高级技师，新产生92名特级技师和19名广东省首批首席技师。整体推进院校职业技能等级认定，组织18所高水平技师学院向社会提供技师及以上级别技能人才评价服务。培育支持社评组织，创新设立社评组织遴选培育辅导机制，确定122家新申请机构、87家申请增加评价范围的备案机构和21家制造业大型企业进入培育辅导期。印发《“产教评”技能生态链评价机构开展自主评价工作指引（试行）》，遴选“产教评”技能生态链46家企业自主评价培育机构和44家进入培育辅导期的链主培育单位社评组织。出台广东省社评组织题库管理办法（试行）和试题审核备案工作指引（试行），率先推出“广东技能人才评价试题审核备案”线上服务。深化大湾区技能人才评价合作，粤港澳三地累计组织170批次、4 585人次参加“一试多证”考试，其中3 537人获得相关技能证书。在南沙设立“粤港澳合作技能人才评价工作站”，“一试多证”技能人才评价合作正式落地广州南沙。

（三）深化人才发展体制机制改革。

截至2023年年底，全省共设立职称评审委员会1 917个、国家级专业技术人员继续教育基地6家。出台广东省大数据工程技术人才职称评价标准条件，进一步开发新业态、新领域人才资源。印发进一步加强职称评审工作的通知，进一步健全专业设置、完善评价标准、创新评价机制、优化管理服务。在全省职称评审工作中推广代表性成果制度，建立各职称系列代表性成果清单，着重评价代表性成果质量、原创价值和对经济社会发展的实际贡献。打通非公有制人才平等参评职称渠道，在全省设立非公人才职称直报点300多个，非公人才申报比例超50%。深入开展“乡村工匠”专业人才职称评审，拓宽专业领域范围，全年新增评审专业近80个，评审通过6 139人。持续推进2018年起全国首创的“公需科目免费培训模式”，全年为203.2万名专业技术人员提供公益性学习培训。深入实施专业技术人才知识更新工程，累计培训重点领域专业技术人才10.6万人次。举办高级研修项目培训班26期，培训中高层次专业技术人才和管理人才1 820人。推进数字技术工程师培育项目，建立继续教育、职称评审等政策衔接机制，举办首期培训班。加强高层次人才服务保障。开展新一批享受国务院政府特殊津贴人员选拔工作，向人力资源社会保障部推荐135名拟享受人员。完成全年政府特殊津贴发放和历史结余资金清算任务，省财政厅同意提高广东省新入选享受特殊津贴人员配套补贴标准。顺利实施2023年人力资源社会保障部专家服务基层示范团项目2个。完成国家留学回国人员资助项目遴选推荐。发挥人才港阵地作用、带动效应，建成7个实体人才港，“云港”已上线运行，创设人才港大讲堂，吸引线上线下超420万人次参与。以人才港省级高层次人才服务专区为龙头，带动服务延伸至地市、高校、科研院所等，全年累计服务约30万人次。以政策升级健全高层次人才服务保障。出台2.0版优粤卡实施办法，科学界定服务对象，提供17项便利服务，推进属地化服务，至12月底，共1 511人通过优粤卡申请。创新开设专场人才对接品牌，毕业生服务开创新局面。聚焦产才融合，打造“粤好服务·粤聚人才”粤港澳大湾区青年人才对接会金字品牌，7场硕博专场对接会初步对接成功率平均超70%。首次运用数字人技术，开展九城千企人才对接会等，全年各种人才对接会共提供岗位超6.6万个，入场求职毕业生超4.9万人次，直播带岗吸引超239万人次。创新开展优粤人才活动，举办9期高层次青年人才社群“1+1”活动，助力520余位青年人才跨界交流。2023年在清远、云浮、蕉岭共举办3场高层次人才服务基层活动，邀请35位生物医药、新材料、现代农业等领域的高层次人才进企、进园、进乡与115家需求单位对接项目，累计达成65个合作意向。发挥人才驿站枢纽作用，组织世界技能大赛获奖选手赴粤东粤西粤北13市开展人才驿站行活动，已在揭阳、潮州等6市邀请17名世界技能大赛选手面向近4万名师生等传递“工匠精神”，为地方产业发展提供技术支持指导。至12月底，全省评定5家省级人力资源服务产业园，省级人力资源服务产业园达到10家。完善人力资源服务业政策措施，出台广东省人力资源服务业创新发展行动计划（2023—2025年）。博士博士后科研创新平台超2 500家，在站博士后超1.3万人，全年新增进站博士后超5 700人，近5年年平均增长率约11%，稳居全国第一。实施博士博士后人才专项支持计划、青年优秀科研人才国际培养计划博士后项目。541名博士后获得第74批中国博士后科学基金面上资助，居全国首位。

（四）推进事业单位人事管理制度改革。

实施《广东省事业单位公开招聘人员办法》，采取立新废旧的方式，对原办法从篇章结构到实体内容予以全面重构，推动建立更加公开、平等、竞争、择优的事业单位选人用人新机制。广东省人力资源社会保障厅会同广东省委组织部开展2023年全省事业单位集中公开招聘高校毕业生工作，发布招聘岗位1.3万个，报名考生57.5万人。做好促进事业单位公开招聘高校毕业生工作，鼓励支持各地各单位开展自主公开招聘，全年全省事业单位提供公开招聘岗位数超过6.8万个。出台《关于我省大湾区事业单位招聘相关人员工资福利待遇确定问题的通知》，明确大湾区（内地）事业单位招聘港澳等境外各类人才有关工资待遇确定办法和高层次人才及急需紧缺人才激励分配等方面措施。落实3名新增“两院”院士直接兑现专业技术一级岗位工资标准。巩固市县统筹规范事业单位工资收入水平的工作成果，落实县域中小学教师工资待遇保障，落实长期驻山区乡镇工作点事业单位工作人员按政策发放乡镇工作补贴，推进全面深化公立医院薪酬制度改革。加强事业单位人事管理业务建设，精心编纂《广东省事业单位人事管理政策选编》（1950—2023年），收录新中国成立以来中央和省有关事业单位人事管理主要法律法规和政策文件。组织开展2023年度事业单位新聘用人员岗前公共科目培训，代训全省老区苏区、民族地区和粤东粤西粤北欠发达县（市、区）部分基层事业单位新聘用人员973人。

（五）做好人事考试工作。

组织实施2024年度选调生笔试，创新采

用机考模式，全国首创公务员申论机考。强化考试操作规范化，统一培训课件、工作手册和语音指令，规范一线工作人员操作，推进国考考务规范化，推动全省普及应用公务员面试系统。强化考试风险防范。全年共顺利实施 62 项考试，服务考生 335.6 万人次

五、劳动关系

（一）系统谋划构建和谐劳动关系。

大力推动构建广东特色和谐劳动关系。深化“和谐同行”能力提升三年行动，制定年度劳动关系工作要点。开展金牌劳动关系协调员培训和选树活动，选树百名广东省金牌劳动关系协调员。深化新时代和谐劳动关系创建活动，制定推进新时代和谐劳动关系创建活动实施方案及粤港澳大湾区和谐劳动关系高质量发展改革创新试点方案，在广州市海珠区等地创建新一轮 2.0 版和谐劳动关系综合试验区。

（二）优化企业分配格局。

强化企业工资宏观调控。印发《关于印发广东省企业薪酬调查统计监测制度的通知》和《关于开展 2023 年企业薪酬调查工作的通知》。开展全省最低工资标准评估。印发广东省公交驾驶员、电子行业等技能人才薪酬分配指引。深入推进国企薪酬改革。

（三）推进劳动纠纷预防化解处置。

持续开展基层劳动纠纷排查化解专项行动。完善劳动关系形势分析研判机制，加强劳动关系舆情监测处置，落实企业裁员“每日一报”。开展劳动关系矛盾风险防范化解调度督导，强力维护劳动者合法权益，加大电子劳动合同推广应用，强化劳务派遣用工监管。全面维护新就业形态劳动者劳动保障权益，持续开展维护新就业形态劳动者劳动保障权益专项行动，开展清理整顿人力资源市场秩序专项行动和劳动用工“查风险　强协商　保支付　促和谐”专项行动。

（四）坚持创新劳动人事争议处理方式。

受理劳动人事争议调解仲裁案件总量 87.9 万件，仲裁案件 27.5 万件，同比上升 7%，增幅同比下降 24.3 个百分点。调解成功率达到 81.5%，仲裁结案率达到 98.1%，创历史新高。出台加强劳动人事争议协商调解工作实施方案、劳动争议三方联合调解工作经费补助办法。选树和培育国家级金牌调解组织 15 家、省级金牌调解组织 50 家，试点培育新业态劳动纠纷一站式调解组织 90 家。建立“调解仲裁＋事务托管”等争议预防模式，建立“凡仲裁必监察”机制，开展“法治人社·志愿青春”青年仲裁员志愿者联系企业活动、“劳动争议多元化解服务月”活动。加强调裁诉衔接，落实“总对总”在线诉调对接机制，通过购买服务对在线调解案件集中运营。推进三方联调中心建设，全省各地仲裁院三方联调中心陆续挂牌运营，广州三方联调机制被国家发展改革委列入优化营商环境经验做法及改革亮点。实行简案快审、繁案精审，设立速裁庭，对同类案件特别是农民工工资争议案件多案同审、多案连审。探索建立争议联合处置机制，试行电子劳动合同争议处理规则。开展基层调解组织建设行动，印发商会调解组织培育培优行动方案。

（五）加强劳动监察专项治理和根治欠薪。

持续加强劳动保障监察执法。依托根治欠薪线索反映平台排查劳动纠纷线索，时效内办结率达到 99.9%。组织开展人力资源服务活动和用人单位招用工情况专项检查、清理整顿人力资源市场秩序专项行动。加强对超时加班等违法行为的监督检查，高度重视社保基金管理风险防控，强化劳动纠纷风险隐患排查化解，做好重要节点期间风险防控。发挥省领导小组办公室作用，实施重点市劳动领域风险排查防范化解工作督导调度，不断健全党委政法委抓总、人社部门牵头、市县属地负责、行业主管部门各负其责的治欠工作格局。进一步形成源头防欠体系，建立定期调度通报约谈机制，完成国家对省、省对市保障农民工工资支付工作考核，优化劳动保障监察、工程建设领域用工实名制、工资支付监控系统，发现异常及时预警。进一步加强依法惩欠力度，扎实开展保障

农民工工资支付专项整治，强化“两法衔接”，全年共检查用人单位约15.52万户，办结立案处理劳动保障监察违法案件9 014件，对欠薪行为震慑力度进一步增强。

（六）推动人社信访工作高质量发展。

学习践行“浦江经验”，构建人社信访安全保障“一盘棋”格局，形成长效工作机制。下半年全省劳动和社会保障类信访量16 211件，同比下降40.5%，环比下降71.1%，总体趋势持续向好。开展集中治理重复信访、化解信访积案专项工作，全力化解中央集中交办的77宗信访积案类案。畅通渠道，做精做细网上信访。不断健全机制、优化流程，扎实办理网上留言和“粤省心”平台工单。

六、行风建设

2023年，从严管党治党，党的建设质量不断提升，把新时代党的建设总要求落到实处。锻造坚强战斗堡垒，以“四强”党支部创建为目标，实施新一轮加强党的基层组织建设三年行动计划，落实领导干部双重组织生活、民主评议党员、抓基层党建工作述职评议等制度。严守意识形态阵地，开展检查考核和专项督查，加强网络、论坛、讲座等阵地管理，加强技工院校思政课建设，常态监测舆情风险。打造过硬干部队伍，落实巡视整改责任，制定巡视整改方案及选人用人、意识形态、巡察“1+3”工作台账，落实“建账、交账、督账、销账”全流程闭环管理。强化正风肃纪反腐，完善巡察工作制度，全力支持驻厅纪检监察组开展监督执纪问责工作，强化监督执纪“四种形态”。坚持便民利民，人社公共服务更加优化。实施“数字人社”建设行动，上线人社一体化信息平台，首次大规模使用华为高斯数据库、在信创云上运行。人社事项进驻省政务服务网246项、粤省事191项、粤商通29项、粤智助43项。拓展社保卡“一卡通”应用，建成“一卡通”应用平台，应用场景更加丰富，截至2023年年底，全省社会保障卡常住人口持卡人数1.2亿人，持卡率97.2%，电子社保卡签发8 692万人，普及率68.7%，实体卡、电子卡持卡人数均居全国首位。健全“一卡通”工作机制，在全省全域推进社会保障卡居民服务“一卡通”。推进“人社服务快办”“走流程”等行风建设提升行动，制定“一件事”业务优化方案，广州、中山首批试点上线企业职工退休“一件事”，开发10个事项“打包办”柜台系统，在5个市开展试点推行。积极推进实施政务服务“好差评”，以问题倒逼服务优化提升，2023年全省人社政务服务好评率99.98%。全省常态化开展窗口单位明察暗访，省厅暗访发现的147个问题全部整改。大力提升网办能力，推进更多事项实现“一网通办”“全程网办”，全省人社服务事项全程网办率90.8%。深学笃行习近平法治思想，大力培育法治人社建设先进典型，广东5个基层人力资源社会保障局在全国人社系统法治示范创建中获通报表扬，数量居全国首位。深入推进人社法治宣传教育，强化法治文化建设，广东省获2023年全国人力资源和社会保障法治知识竞赛优秀组织奖，省代表队获晋级赛三等奖。“青年仲裁员志愿者联系企业活动”获广东省国家机关“谁执法谁普法”优秀普法工作项目，选派干部参加广东省、市直机关党员干部法治演讲比赛获得银奖。

广东省人力资源和社会保障厅

广　州　市

2023年，广州市人力资源社会保障系统坚持以习近平新时代中国特色社会主义思想为指导，全面贯彻党的二十大精神，深入贯彻习近平总书记视察广东重要讲话重要指示精神，在市委、市政府的坚强领导和省人力资源社会保障厅的有力指导下，聚焦就业创业、社会保障、人才人事、技工教育、劳动关系等工作，实施一系列行之有效、惠民利民的举措，多项工作走在全国全省前列，为广州加快实现老城市新活力、“四个出新出彩”，在全省推进中国式现代化建设中走在前列贡献了人社力量。

一、就业创业

（一）实施就业优先政策。

坚持就业优先战略，全力做好保用工、稳就业、促创业工作，加强就业形势分析监测，全市就业局势保持基本平稳，城镇新增就业33.01万人，城镇登记失业人员再就业12.09万人，就业困难人员再就业4.77万人。完善政策体系，及时出台稳经济、保主体、促就业的政策，不断优化完善公共服务，凝聚稳就业保居民就业的强大合力。全市共发放就业补助资金25.74亿元，惠及28.85万家用人单位，惠及劳动者108.94万人次。

（二）公共就业服务。

建成311家“家门口”就业驿站、83家院校就业创业e站、26个零工市场（零工专区或专窗），打造线上、线下、直播带岗“三位一体”招聘平台，打造业务经办和决策支持智能平台。就业驿站、高校就业创业e站工作经验在全省推广。鼓励创业带动就业，全市共有各级创业基地122家，全市各级各类基地已入驻实体累计超2.27万家，带动就业累计人数17.18万人。截至2023年年底，全市发放创业担保贷款6.97亿元。构建以粤港澳大湾区（广东）创新创业孵化基地为龙头、省级基地为骨干、各区特色基地为基础的港澳青年创新创业基地体系，全市建成港澳青年创新创业基地55个，累计落户港澳台创业项目2 229个，带动就业人数8.23万人，其中港澳居民近3 000人。举办第十二届“赢在广州”暨粤港澳大湾区大学生创业大赛，广泛发动国内及港澳地区近150所高校学生参与，41个内地赛区创业项目和5个港澳赛区创业项目参赛，决赛与颁奖典礼活动实况直播观看累计达64万人次。

（三）重点群体就业。

全市公共就业服务机构共举办线上线下招聘1 576场次（线上927场，线下649场），参会企业5.60万家次，提供招聘岗位138.58万个，服务求职人员194.30万人次。推进高校毕业生就业创业十大行动，开发政策性岗位超1.8万个。举办各类“阳光就业”线上线下招聘活动1 037场，累计提供就业岗位111.48万个，举办就业创业系列讲座服务657场，开展创业项目对接会、创业沙龙262场。首次组织35家次企事业单位赴香港、澳门开展“赢在广州”2023届高校毕业生招聘活动，提供岗位超3 200个，吸引港澳毕业生进场约1 000人次。为离校未就业毕业生提供“13311”就业服务（即1次政策宣介、3次职业指导、3次岗位推荐、1次技能培训或就业见习机会、1次档案服务），建立困难毕业生台账，实施“一人一策”帮扶。建设27个“山海心连之家”服务站，帮扶毕节市、黔南州、安顺市实现就业139 021人（转移广东就业46 068人）。就业安置随军家属351人。

二、社会保障

（一）养老保险。

深入实施全民参保计划，全面落实企业职工基本养老保险全国统筹制度和城乡居民基本养老保险基金省级管理，落实企业和机关事业单位退休人员、城乡居民基本养老金的正常调整机制，调整提高基本养老金。2023年参加基本养老保险人数1 035.72万人，其中领取基本养老金人数202.29万人。全力推动个人养老金先行实施工作，参加人数390.59万人，累计缴存金额33.91亿元。

（二）工伤保险。

提高工伤残疾退休人员的退休待遇，人均伤残津贴为6 358元/月，工亡一次性补助金标准985 660元（不含供养亲属抚恤金）。实施阶段性下调工伤保险费率政策为企业减负4.16亿元。推进新就业形态就业人员职业伤害保障试点工作，发动特定人员参加工伤保险，保障特定人员工伤保险待遇权益。贯彻落实南沙方案，推进香港科技大学（广州）等机构组织未建立劳动关系的港澳籍（含外籍）临时教学科研人员工伤保险保障工作。打造“政企联动工伤预防”特色服务品牌，探索构建工伤预防项目绩效评估量化标准。健全“早期介入”和“先康复后评残”的工伤康复机制，规范工伤康复费用支出。落实工伤保险基金省级统筹工作，在工伤保险基金省级统筹考核中获A等次且全省排名第一。截至2023年年底，广州市工伤保险参保人数763.47万人。

（三）失业保险。

扩大失业保险覆盖面，不断提高失业保险保障水平，失业保险金标准2 070元/月。继续实施阶段性降低失业保险费率至1%的政策，实施期限延长至2024年年底，2023年全年为企业减负52.79亿元。对参加失业保险1年以上的企业职工或领取失业保险金人员取得职业资格证书或职业技能等级证书的，延续实施发放技能提升补贴政策至2023年12月底，2023年全年发放失业保险技能提升补贴65 554人和失业保险金238 385人，发放金额分别为10 261.34万元、247 479.21万元。推进灵活就业人员参加失业保险，保障灵活就业人员社保权益。截至2023年年底，广州市失业保险参保人数718.6万人。

三、人才人事

（一）人才引进。

探索建立引进人才入户自动化审核新模式，加强引进人才入户申报审核系统信息化建设，提升引进人才的服务效能，全市市、区人社部门共办理引进在职人才入户5.6万人。

（二）事业单位人事管理。

深化事业单位人事制度改革，积极探索事业单位专业技术二级岗位管理工作机制，19人通过评议聘为专业技术二级岗位；全面落实广州大学、广州医科大学、广州番禺职业技术学院、广州铁路职业技术学院和广州航海学院在广州交通大学筹建期间人事管理自主权。加强事业单位人事管理制度建设，制定《关于建立健全广州市事业单位工作人员考核退出机制的通知》《关于做好新形势下事业单位公开招聘工作的通知》《关于优化我市事业单位岗位管理的指导意见（试行）》，指导南沙区实施全省首个事业单位特设岗位设置管理办法。加强事业单位人才招聘引进，参加省2023年度事业单位集中招聘，招聘507人。会同市教育局集中统一开展2023年广州市教育系统校园招聘“优才计划”，签约应届高校毕业生182名。

（三）专业技术人才管理。

组建电力工程、城乡规划、地质勘查工程、自然资源工程海洋专业技术人才职称评审委员会。全市组建正高级评审委员会102个，覆盖44个单位。向广汽集团、广药集团下放经济人才职称自主评审权，全市组建自主评审职称委员会76个，占全市评委会的33%。在汽车工程领域增设汽车电子专业人才职称评审，涉及智能网联、算法、大数据、自动驾驶等技术岗位，1 004 人获评汽车工程职称。支持集成电路专业技术人员申报职称，203 名集成电路专业人才获评职称。在乡村工匠职称评审中新增设家政、荔枝、丝苗米、迟菜心等专业，511 名乡村工匠获评职称。持续推动落实《广州市境外职业资格便利执业认可清单》，超过 700 名境外人才在广州市执业。稳步推进博士后工作，全市新增设立 86 家博士博士后科研工作平台，2 家博士后工作站获批独立招收权限。在首届粤港澳大湾区博士博士后创新创业大赛中，广州市获 1 金 2 银 4 铜 10 个优胜奖，奖牌数居全省首位。在第二届全国博士后创新创业大赛中，广州地区获 4 金 4 银 6 铜，其中市属单位获 2 金 1 银 1 铜，居全省首位。

（四）技能人才培养。

多措并举优化技能人才培养、使用、评价、激励制度，为产业发展提供技能人才保障。开展广州市首批职业技能培训项目遴选工作，推动“产教评”技能生态链建设，全年开展补贴性职业技能培训 18.59 万人次，新增企业新型学徒制备案 3 933 人次。推动“新八级工”制度落地，评聘产生广州市首批 5 名首席技师和新一批 4 名特级技师。搭建技能人才培养交流平台，率先成立由政府部门牵头的粤港澳大湾区产教融合技能人才培养联盟。截至 2023 年年底，广州市技能人才总量达 388.82 万人，其中高技能人才总量达到 140.63 万人，高技能人才占比 36.17%，位居全国前列。联合市财政局印发《广州市职业技能竞赛管理办法》。参加第二届全国技能大赛，共获 13 金 4 银 7 铜 26 个优胜奖，金牌数占全国 12%、占全省 56.5%，金牌数位居全国副省级城市首位。参加广东省第三届职业技能大赛获 38 金 11 银 9 铜 20 个优胜奖，居全省首位。在南沙区举办第 12 届穗港澳蓉青年技能大赛，获 5 金 5 银 1 铜，成绩领跑四地。举办“广东技工”工程羊城行动——“羊城工匠杯”2023 年广州市技工院校教师职业能力大赛，支持开展 2023 年广东省第二届消防行业职业技能大赛广州市预选赛、2023 年“羊城工匠杯”直播电商大赛、广州市城镇燃气行业技能竞赛等赛事，各层级、各行业竞赛广泛开展。

（五）人力资源服务。

全市共有人力资源服务机构 2 421 家，其中民营机构 2 271 家，占 94%；人力资源服务机构全年营业收入 1 670 亿元，比上年增长 13%。中国广州人力资源服务产业园建筑面积 9.53 万平方米，入驻企业 123 家，同比增长 10%，营业收入 512 亿元，同比增长 17.4%。广州机构在第二届全国人力资源服务业发展大会上的全国人力资源服务创新创业大赛中获 1 个特等奖、2 个三等奖，奖项总数位居全国前列、副省级城市首位；广州选手在大会举办的粤港澳大湾区人力资源服务技能大赛决赛中获第一名，独获一等奖。成功举办第二届广州人力资源博览会，吸引超 2 000 家企业代表出席活动；成功举办中国广州人力资源服务产业园发展大会，邀请北京、上海、深圳等地 10 余家国家级人力资源服务产业园代表共话产业园未来发展之路，推动各地产业园协调发展。

四、劳动关系

（一）构建和谐劳动关系。

着力构建和谐劳动关系。在海珠区、南沙区推进小微企业劳动关系事务托管服务，入库托管小微企业 3 213 家，覆盖劳动者 4.4 万人。评选广州市劳动关系和谐单位 4 364 家，广州市劳动关系和谐社区（村）、街（镇）、园区 230 个。抓好特殊工时试点工作，组织召开广州市特殊工时管理制度改革座谈会。加强裁员指导工作，防范和应对大规模失业风险。推广电子劳动合同平台运行应用，规范劳动用工管理。完善政府、工会、企业共同参与的协商协调机制。加强休息休假和女职工劳动保护，引导用人单位规范劳动用工。组织参加广东省 2023 年劳动争议多元化解业务技能竞赛，获全省第一名。推进新业态就业人员权益保障工作，建立健全新就业涉稳风险专项应急处置机制，构建综合监管体系，成立全国首家新业态用工保障联盟。成立联盟调解中心，召开新业态劳动争议调解组织培育试点工作现场会，建立全国首家实体化综合性新业态劳动者权益监测服务保障中心。

（二）劳动工资。

开展企业薪酬调查和分配工作。组织开展2023年全市企业抽样薪酬调查、“粤菜师傅”“广东技工”“南粤家政”三项工程羊城行动专项薪酬调查、国有企业薪酬调查、广州市21条重点产业链专项薪酬调查和重点企业季度人工成本监测，发布《广州市2023年人力资源市场工资价位及2022年企业人工成本信息》。以公交集团和白云电器有限公司为试点开展技能人才薪酬分配激励工作，并总结试点经验逐步推广应用。广州市公交驾驶员技能人才薪酬分配指引在广东省推广。

（三）劳动保障监察。

加大根治欠薪工作力度，推进劳动纠纷矛盾预防化解，保障劳动者合法权益。修订建设领域施工企业工人工资支付保证金管理办法，推动保证金制度落实落地。制定贯彻落实省源头治理欠薪问题实施办法的实施方案，深化源头治理机制。推动数字赋能，推进全行业工资支付监控预警平台建设，创新根治欠薪监管模式。启用“广州市欠薪线索反映平台”系统，扫二维码“穗薪无忧”即可线上投诉，拓宽投诉渠道。使用建设领域管理应用信息平台，对在建工程项目落实有关管理制度，实行有效监管。组织开展清理整顿人力资源市场秩序、保障农民工工资支付“百日清欠”、冬季根治欠薪等全市性专项行动，排查化解劳动领域风险隐患，规范企业用工，依法查处劳动保障违法行为。严格执行欠薪失信联合惩戒管理规定，推行工程建设领域违法企业与不良班组通报机制。加快对各类欠薪线索的核实处置进度，定期进行梳理分析和通报，对线索集中总量多的企业下达警示提醒函或进行约谈，推动欠薪问题快速有效化解。

（四）劳动人事争议仲裁。

全市劳动争议调解仲裁立案22.34万件，其中全市三方联调中心调处案件1.56万件。全市仲裁结案率99.22%、调解成功率82.52%、仲裁终结率78.70%。在全市推广使用互联网在线视频同步审理、异步审理和异步调解，创新5G短消息、微信小程序等电子送达方式，继续推广“互联网＋调解仲裁”应用，全年通过互联网审理案件2.29万件，其中异步审理1.84万件，互联网送达文书10.23万份，互联网受理案件2.09万件，异地移交受理案件356件。持续挖潜和创新方法，全力打造智能化、数字化、规范化的智慧仲裁系统，数据管理和服务能力大幅提升。

五、技工教育

广州市现有办学的技工院校20所，其中，技师学院8所、高级技工学校4所，全日制在校生11.36万人，毕业生就业率98%以上，年社会职业培训12.62万人次。3所技师学院入选第二批省高水平技师学院创建单位、培育单位，占全省1/5，5所技工学校入选省示范性技工学校，占全省1/4，1所技工学校获批升格为高级技工学校。第二届全国技能大赛广州市选手获13金4银7铜26个优胜奖，其中，技工院校选手获13金4银6铜19个优胜奖，占据绝对优势。3所技师学院顺利入驻广州科技教育城，全面提升学校办学条件。各技工院校深化产教融合、校企合作，与企业组建323个“订单班”“双制班”“冠名班”。组建技工教育校企联盟，2所技师学院上榜全国第一批示范性技工教育联盟（集团）建设院校，1所技师学院上榜全国第二批技工教育联盟（集团）建设院校；10所技工院校获评广州市首批产教融合示范基地。

六、人社帮扶

扎实推进东西部协作工作，助推贵州省毕节市、黔南州、安顺市巩固拓展脱贫攻坚成果，全面推进乡村振兴。全年帮助毕节市、黔南州、安顺市农村劳动力实现就业139 021人（转移广东就业46 068人），脱贫人口实现就业94 508人（转移广东就业21 143人），与协作地区组织开展就业技能培训735场次、33 812人次（脱贫人口18 050人次）。春节后开展务工人员返岗专车专列接送工作，共组织专列10趟及专车36车次共5 015人返穗返岗，实现务工人员点对点、组织化、规模化精准输出。累计向毕节市、黔南州、安顺市筛选并推送管理规范、技能文化门槛较低、待遇较好的就业岗位超过10万个，组织1 305家次企业采取现场和网络方式开展招聘活动100场次，提供招聘就业岗位7.9万个。遴选经营发展优、吸纳就业多、群众口碑好的企业，与协作地区共建吸纳转移来粤就业的稳岗就业基地共20家，加大劳务输出和稳岗就业支持力度，拓宽农村劳动力就业渠道。依托“山海心连之家”服务站积极开展政策宣传、技能培训、就业推荐、劳动维权、老乡关怀等服务活动共319次。组织开办“三项工程”师资培训班41期，培训三地师资974人。发挥技工教育优势，与黔南州合作开设“广黔工匠班”和“广交黔英班”，2个班分别招收初中起点学生30人和高中起点学生24人。

七、行风建设

持续抓实抓细行风建设，推进行风建设工作常态化、长效化。组织全市人社系统窗口单位业务技能练兵比武及全国在线比试。修订印发《政务服务事项综合管理办法》《政务服务事中事后监督管理办法》，对政务服务事项的标准化、信息化和事中事后监管等作出明确规定。政务服务好评率、差评工单整改及时率、暗访问题整改及时率三个政务服务指标均维持100%。按照全市优化营商环境6.0改革工作部署，印发广州市建设国际一流营商环境标杆城市助力产业高质量发展行动分工方案、在全市范围深入开展营商环境“优化提升再出发”大行动分工方案，持续推动优化全市营商环境。推进基本公共服务标准化工作，落实广州市基本公共服务标准2023年工作，参与编制广州市基本公共服务标准2023年版。完善人社信用体系建设，印发实施2023年广州市社会信用体系建设工作要点工作分工表、推进重点领域信用监管工作安排、信用领域突出问题专项治理任务清单，推进人社领域社会信用体系健全完善，市人力资源社会保障局信用创新工作入选2023年广州市“信用创新应用案例”。

广州市人力资源和社会保障局

深　圳　市

2023年，深圳市人力资源社会保障系统以习近平新时代中国特色社会主义思想为指导，全面学习贯彻党的二十大精神，深入贯彻落实习近平总书记视察广东重要讲话重要指示精神，紧密围绕国家、省人社工作部署，聚焦深圳市委、市政府工作安排，扎实推进深圳人社“1+2+5”工作体系，抓党建聚合力、稳就业惠民生、减负担保企业、优服务引人才、防风险保稳定、抓改革促创新，力争在人社事业高质量发展道路上走在前列、勇当尖兵。

一、坚持以高质量党建引领高质量发展，党的建设全面进步、全面过硬

（一）理论学习入脑入心。

坚持推动学习贯彻习近平新时代中国特色社会主义思想融入日常、抓在经常，开展局党组第一议题学习36次、理论学习中心组学习18次，引导党员干部在学深悟透中坚定拥护“两个确立”、坚决做到“两个维护”。

（二）主题教育见行见效。

举办主题教育读书班，开展专题学习研讨及专题党课。结合“大走访、大座谈、大起底”“走流程、优服务”等活动，创建“五个一”调研工作机制，开展“微调研深圳行”，形成103项课题调研报告，以高质量调研推动主题教育走深走实，获省委主题教育指导组高度好评。

（三）党建业务同频共振。

开展党组织书记抓基层党建述职评议考核，组织党支部书记及党务干部培训。找准党建与业务结合点，持续推进“党建＋业务”综合考评，细化量化考评指标，用考核指挥棒推动党建业务双融双促双赢。

（四）党风廉政从严从紧。

积极做好市委财政支持发展专项资金管理专项巡察工作，出台各类管理办法15项，完善修订制度5项，持续巩固整改成效。梳理全局742个廉政风险点，织密廉政风险“防控网”。

二、坚持以高素质队伍支撑高质量发展，干部队伍更具活力、更加有为

（一）在制度管人中激活发展动能。

始终把制度建设摆在突出位置，优化局党组议事规则、局长办公会议规则、内控工作三年行动方案、专项资金（经费）管理暂行办法、评审专家管理办法及运行规则等系列制度，实现内部管理守规矩、更高效。高质量推动法治人社建设，获2023年全市执法单位“谁执法谁普法”履职报告评议第一名。

（二）在选育管用中锻造过硬队伍。

坚持党管干部工作原则，树立选人用人正确导向，推动人岗相适、人事相宜。创新推出年轻干部“雏鹰计划”主题沙龙系列活动，举办数字化场景创新应用基础能力训练营，在交流学习中为高素质干部队伍建设积蓄源头活水。2名同志分获全国人社系统先进工作者、全国“人社知识通”称号。

（三）在严管厚爱中激励担当作为。

严格执行重大事项请示报告及个人有关事项报告制度。积极落实党员关怀帮扶和干部荣休制度，出台育儿假、护理假等请休假规定，开设机关干部子女爱心托班，组织开展职工文体活动节及趣味运动会，建立常态化心理健康

服务机制，做到真情关怀、真心爱护。

三、坚持以高水平服务赋能高质量发展，政务服务提速增效、便民惠企

（一）“数字人社”建设成效显著。

创新“1.0——具有时空共享特征的秒批”“2.0——具有时空交融特征的5G视频办”“3.0——具有时空延展特征的人力资源生态服务平台”循序演进的人社政务服务改革，获人力资源社会保障部高度肯定。建成全市首批CIM（城市信息模型）落图场景应用。顺利完成“数字人社”（一期）项目立项，夯实“数字底座”，形成统一标准数据资源目录，实现全局数据资产一张图。编制人社领域“公共数据责任清单”，成为全市“一数一源”首批试点单位。

（二）政务服务改革成果丰硕。

实现全局202个依申请事项99.5%网上办理，184项“不见面审批”，93项“马上办”，140项“移动办”，77项“秒批（办）”，60项“无感申办”。建立政务服务标准化体系，形成全局1 320个要素和611个材料的审核标准，荣获全国“标准化+”原创短视频第一。

（三）一卡通用场景更加便民。

印发居民服务“一卡通”应用目录等系列文件，全市社保卡累计持卡超2 250万人，电子社保卡累计签发超1 727万人，为群众线上线下提供就医购药、交通出行等15个领域154项一卡通用便捷服务，实现全市1 153台社保自助服务终端办理88项人社、医保等高频业务事项。

四、坚持以强化就业优先政策为导向，就业创业扩容提质、稳中有升

（一）援企稳岗就业政策深入实施。

创新实施阶段性鼓励用工政策，发放就业补贴2.2亿元，惠及29万人。推动市政府印发《关于优化调整稳就业政策措施全力促发展惠民生的通知》，梳理整合全市现行21个就业补贴项目，政策工具箱更加丰富。全市就业人口达1 255.9万人，其中非深户籍995.2万人，城镇新增就业19.7万人，相关就业指标超额完成并创历史新高，为全国、全省稳就业大局作出深圳贡献。

（二）重点群体就业工作持续加强。

印发高校毕业生就业创业十大行动方案，举办“职引未来”、双选会、校园专场招聘会等活动，发布就业岗位超20.9万个次，发放各类高校毕业生求职创业补贴3.24亿元。兜紧兜牢就业困难人员、脱贫人口就业底线，开展“春风行动”、百日千万招聘等专项活动，提供岗位66万个次。

（三）创业带动就业倍增效应明显。

完善“五位一体”创业扶持体系，遴选24家市级创业培训机构，推动市级创业孵化基地增至87家，发放创业补贴4.1亿元，促进创业3万人。发布《深圳市进一步支持港澳青年就业创业实施细则》，优化“1+10+N”港澳青年创新创业基地空间布局，累计认定10家市级港澳青年创新创业基地，在香港设立3个面向港澳青年的就业创业离岸服务平台，新增入驻154个香港创业团队，创新经验获国家、省人社部门高度肯定。创业担保贷款额度、范围及门槛全省最优，发放创业担保贷款28.5亿元。

（四）职业技能培训扎实有效推进。

印发《深圳市职业技能培训补贴办法》，完善“1+N”政策体系，优化“1+11+N”载体布局，推动14家龙头企业入选首批“产教评”链主单位名录。全市职业技能培训载体规模达333家，发放各类职业技能培训补贴2.2亿元。开展“粤菜师傅星级厨师”评选，建成145家“南粤家政”基层服务站。

（五）公共就业服务不断优化提升。

优化“1+10+N”线上线下零工市场布局，建成52家零工市场。建设人力资源生态服务平台“灵活用工”专区，实现就业精准画像、政策“达”人、主动兑现。出台《深圳市推进新时代人力资源服务业高质量发展的若干措施》，“真金白银”扶持行业发展。招引10余家国内外头部人力资源服务机构落户深圳。第二届全国人力资源服务业发展大会在深圳市成功举办，获国家、省、市领导高度肯定。推动国家级人力资源服务产业园扩至9个，园区数和规模居全国前列。

五、坚持以增进民生福祉为目标，社会保障更加充实、更可持续

（一）社会保障能力持续增强。

全市养老、失业、工伤三险总参保4 036.3万人次，基金总收入2 503.3亿元，历年滚存结余5 995亿元。上解省级统筹资金1 836.2亿元，向省归集职业年金60.1亿元。通过“缓返降补”等政策落实社保减负超80亿元。实现企业退休人员基本养老金19连调，达4 356元/月，1至4级工伤职工人均伤残津贴达5 788元/月，失业保险金达2 124元/月，待遇水平居全国前列。

（二）社保体系建设不断完善。

顺利切换上线省集中式社保信息系统。创新工伤预防制度机制被人力资源社会保障部信息刊登。全市个人养老金开户332.2万户，缴存30.6亿元，居全国前列。企业年金方案备案业务下沉各区并实现“全城通办”。5.2万名港澳居民在深圳市参加城镇职工基本养老保险，同比增长23.1%。实现事业单位失业保险全覆盖。推进职业伤害保障试点，2023年征缴收入0.75亿元，偿付待遇0.93亿元。灵活就业人员参加养老保险达72.4万人，同比增长28.4%；特定人员参加工伤保险达28.7万人，同比增长31.1%。

（三）社保经办服务更加便捷。

深汕特别合作区深圳社保服务点正式揭牌并投入使用。与省外8地市签订“跨省通办”合作协议。在港澳开设12个跨境社保服务点，让“湾区社保服务通”更便捷。

（四）基金安全防线织密扎牢。

集中力量开展失业保险待遇发放问题专项整治，全力追回社保基金，完善待遇领取人员信息比对核查制度。落实社保基金管理巩固提升年行动，开展基金安全警示教育，强化稽核执法力度，切实筑牢基金安全防线。

六、坚持以体制机制改革为依托，人事管理结构优化、活力迸发

（一）推动事业单位人事管理配置高效。

出台事业单位招聘高层次人才操作指引，为事业单位延揽人才提供制度保障。完善司法辅助人员、网格员等编外人员管理。组织开展省、市事业单位公开招聘高校应届毕业生工作，鼓励港澳居民报考深圳市招聘岗位。稳慎推进职称制度改革。落实县以下事业单位管理岗位职员等级晋升制度，组织实施事业单位绩效考核，切实增强干事创业活力。

（二）推动事业单位薪酬待遇保持稳定。

全面做好市直财政核拨事业单位及机关工资统发工作。开展事业单位违规发放津贴补贴专项整治。持续推动高校、中小学、幼儿园、公立医院薪酬制度改革。

（三）推动组织人事各类考试安全顺利。

2023年组织实施各类人事考试121项，共有85.4万人报考187.6万科次，报考人数、科次数创历史新高。持续优化考试服务保障，获700余名考生致信感谢，获国家、省人事考试部门高度肯定。

七、坚持以人才高地建设为契机，人才队伍持续优化、不断壮大

（一）人才政策体系持续强化。

落实国务院政府特殊津贴及高层次人才奖励，优化升级产业发展与创新人才奖，修订技能菁英遴选及资助管理办法。全市新引进人才入户15.7万人，累计认定高层次人才超2.4万人，引进留学人员超20万人，博士后在站5 302人，专业技术人才总量242.9万人，技能人才总量402.3万人。

（二）人才培养机制持续创新。

全市共设71个职称评委会，支持指导鹏城实验室等10家单位开展职称自主评审。探

索高技能人才与专业技术人才职业发展贯通，以优必选科技有限公司为试点，“一评三证”核发证书140人次。指导中国广核集团、深圳燃气集团评聘15名特级技师、3名首席技师等“新八级工”，激励劳动者提技赋能增收。

（三）人才竞赛选拔持续增进。

在全球14个海外城市举办中国深圳创新创业大赛第七届国际赛，推动41个海外项目与深圳签订落地意向协议。积极参加第一届粤港澳大湾区博士后创新创业大赛、第二届全国博士后创新创业大赛，累计获得4金4银7铜和13个优胜奖的优异成绩，均名列全省第一。组织承办广东省第三届职业技能大赛集中赛，获18金8银5铜和5个优胜奖的优异成绩，金牌数、奖牌数均列集中赛全省第一。继续做好杰出人才选拔培养，3名杰出人才培养对象当选两院院士。选拔10名技艺精湛、贡献突出的“鹏城工匠”，强化技能灯塔示范引领。

（四）技工教育体系持续完善。

制定技工教育高质量发展三年行动计划，印发《深圳市技工院校办学水平评估办法》。组建两大技工教育集团。深圳技师学院纳入高等职业学校进入最后冲刺阶段，鹏城技师学院被确认为省级高水平技师学院，携创高级技工学校、深德技工学校、宝山技工学校等3所学校入选省级示范性技工学校创建单位，技工院校毕业生就业率保持在98%以上。

（五）人才服务生态持续优化。

举办国际人才交流大会海归招聘会，发布1 234个博士后岗位招聘计划，联合教育部举办第十九届留学英才招聘会粤港澳大湾区专场，举办19场“优才”系列主题活动。成功举办第三届深圳工匠活动周。全面上线“鹏城优才”线上线下一体化服务平台，构建全职院士“一对一”“7×24小时”响应服务机制，开展领导干部联系服务专家活动，为人才心无旁骛发展事业创造良好条件。

八、坚持以劳动权益保障为核心，劳动关系健康发展、和谐稳定

（一）劳动关系领域改革不断深化。

在全国率先发布实施“劳动用工信用监管指引”地方标准，构建劳动用工信用监管新格局。继续推动特殊工时管理改革，深化和谐劳动关系建设，盐田区港口物流产业劳动关系公共服务站入选全国第一批样板站点。探索劳动争议处理机制改革，推动龙岗区、坪山区设立“调援裁诉”一站式服务中心。

（二）矛盾纠纷多元化解提质增效。

举办全市首届调解员职业技能竞赛。成立劳动争议三方联合调解中心。完善劳动争议调解以案定补激励机制。推动54家平台企业（园区）设立劳动争议调解组织。坪山区劳动争议调解委员会获评全国突出基层劳动人事争议调解组织。上线新仲裁服务平台。建立健全“日清日结”“初次信访工作进度”机制，落实领导包案、督查问责制度，推进重复访治理，办理民生诉求工单20.7万件，群众满意率99.94%。

（三）促进收入分配更加公平合理。

按季度对1 184家企业开展人工成本监测。开展企业薪酬调查和制定工资价位，首次对国有企业开展全样本薪酬调查，首次开展新就业形态劳动者薪酬调查。编写制造业技能人才薪酬分配指引企业案例，推动实现技高者多得、多劳者多得。

（四）劳动者权益保障不断强化。

推动出台《深圳市新就业形态劳动者综合保障实施方案》，切实维护新就业形态劳动者劳动权益，推动新就业形态劳动者高质量充分就业，服务全市经济社会发展。制定源头治理欠薪“22条”，推广“安薪在深”欠薪维权二维码，运用欠薪保障基金为2 913名劳动者垫付欠薪4 152.6万元，有效维护劳动者工资报酬权益。

九、坚持以深化行风建设为抓手，系统行风真转实改、健康向上

（一）以过硬队伍树立过硬行风。

持续开展“日学、周练、月比”岗位练兵。宣传全国人社系统先进工作者、广东省“人民满意公务员”典型事迹。深入开展领导干部“走流程优服务”行动，聘请第三方机构按月开展窗口服务质量明察暗访，强化日常监督。

（二）以规范高效完善人社服务。

完善“好差评”制度，做到以评促改、以改促优。优化窗口便民服务，设立人才一站式服务窗口、湾区专窗、办不成事窗口，以小窗口服务大民生。建成前海、河套等8个人才服务工作站，提供主动式、移动式服务。落实“人社服务快办行动”，着力推动19项业务“一件事打包办”。整合就业、人才、社保服务事项，实现12个服务场景“一页览知”“一次办理”“一屏智享”。

（三）以政策宣贯优化营商环境。

打造深圳“参保易”宣传品牌，开展进社区、进园区、进驿站等主题宣传活动达143场，推动灵活就业人员、新就业形态就业人员参保扩面。全力推进个人养老金制度先行先试，开展政策宣讲952场次，送政策上门1 592场次。创新“主动兑现”、告知承诺制办理、“5G视频办”、“跨域通办”等便民服务模式，极大方便申请人减少跑动次数。

十、坚持为乡村振兴注入人社力量，各项帮扶精准发力、定向施策

（一）强化就业帮扶。

积极推进劳务协作，赴西藏、广西、河南、云南等地开展劳务协作13场。积极落实脱贫人口稳岗就业工作，向脱贫人口、就业困难人员及招用企业发放各类就业补贴1.7亿元，实现城镇登记失业人员再就业2.8万人，就业困难人员实现就业3 780人。

（二）强化技能帮扶。

深入实施“粤菜师傅”“广东技工”“南粤家政”三项工程，开展“粤菜师傅”培训取证2 210人次、“南粤家政”培训5.5万人次，帮助劳动者提升技能水平、实现高质量就业。遴选优质机构面向农村转移就业劳动者提供免费职业技能培训，支持各类主体开展乡村工匠职业技能培训，将乡村工匠相关职业（工种）纳入职业技能培训补贴范围，开展“乡村工匠”技能评价和职业技能竞赛，重点培养乡村振兴需求旺盛的技能人才。

（三）落实社保帮扶政策。

实施城乡居民基本养老保险“镇村通”工程，将城乡居民基本养老保险办理服务延伸至镇村，社保服务已进驻全市10个区61个政务服务大厅，全市铺设1 152台社保自助服务终端，与7家银行开展“社银自助服务终端一体化”合作，网点增至2 404个，自助终端设备达5 240台。落实企业职工基本养老保险过渡性养老金计发办法改革，将待遇加发比例由50%提至70%。

深圳市人力资源和社会保障局

广西壮族自治区

2023年，广西壮族自治区人力资源社会保障系统坚持以习近平新时代中国特色社会主义思想为指导，深入贯彻落实习近平总书记关于人力资源社会保障工作重要论述精神和习近平总书记对广西重大方略要求，践行以人民为中心的发展思想，按照自治区党委、自治区人民政府和人力资源社会保障部的部署要求，以开展主题教育为契机，聚焦就业创业，突出社会保障，推进人才人事制度改革，疏通劳动关系堵点，助力乡村振兴，狠抓行风建设，圆满完成全年各项任务目标，人社工作取得良好成效，为促进广西经济社会发展、维护社会稳定作出了积极贡献。

一、就业形势保持总体平稳

坚持就业优先导向，完善促进就业政策体系，出台《关于进一步促进充分就业增强市场活力若干措施》《加强企业人力资源服务支持实体经济发展若干措施》等一系列政策措施，落实稳经济一揽子助企纾困政策，推动就业质的有效提升和量的合理增长。大力提升公共就业服务水平，探索推进零工市场建设，截至2023年年底，广西共建成零工市场216家，全年累计发布就业岗位81.57万个。连续两年获得国家公共就业服务能力提升示范项目资金共2亿元。积极推进公共就业服务专项活动，组织开展“就业暖心·桂在行动”专项服务、“春风行动”暨就业援助月、金秋招聘月等活动，2023年全年举办招聘会6 581场，发布岗位726.48万个，开行“点对点”返岗务工专车专列4 452次，直接送工16.84万人。大力开展各类重点群体职业技能培训，以技能提升促进更高质量就业，全年开展补贴性职业技能培训24.23万人次。做好高校毕业生留桂就业工作，深入推进2023年高校毕业生等青年就业服务攻坚行动，2023届离校未就业高校毕业生就业率达到96.76%，完成自治区政府工作报告设定的90%以上目标。成功举办第三届广西农民工创业大赛，对24个获奖项目提供“一对一”上门指导服务，促进创业项目合作资源对接。持续打造“八桂家政”“八桂建工”“八桂米粉师傅”劳务品牌，培训师资230人，开展劳务品牌相关培训12.69万人次。按照“人社＋人文、就业＋产业、赛区＋景（园）区”理念，举办“六堡茶师”“福绵裁缝”“恭城油茶师傅”等8场劳务品牌3+N专项职业技能大赛。

2023年实现城镇新增就业39.90万人，失业人员再就业11.84万人，就业困难人员实现就业4.55万人，分别完成目标任务的132.98%、139.31%、151.75%；城镇调查失业率为5.5%，同比下降0.1个百分点，保持在6%的任务目标以内。

二、社会保障体系持续完善

深入实施全民参保计划，做好重点群体精准扩面，推动社会保险从“制度全覆盖”转向“人群全覆盖”，各险种参保人数再创新高，职工基本养老保险、失业保险、工伤保险参保人数分别达到1 069.56万人、540.81万人、636.95万人，分别完成目标任务的103.84%、104.40%、104.42%；城乡居民基本养老保险参保人数2 365.48万人。各项社保改革掷地有声，企业职工基本养老保险全国统筹工作稳步推进，工伤保险自治区级统筹持续巩固，失业保险自治区级统筹正式实施。足额发放各项社会保险待遇，2023 年发放企业职工基本养老保险、机关事业单位基本养老保险、城乡居民基本养老保险、工伤保险、失业保险待遇分别为 841.87 亿元、461.76 亿元、127.01 亿元、14.75 亿元、20.75 亿元，统一发放职业年金待遇 9.7 亿元。提高城乡居民基本养老保险基础养老金最低标准，从 2023 年 7 月 1 日起，基础养老金最低标准提高至每人每月 146 元。劳务派遣单位截滞留稳岗返还资金、失业保险待遇发放问题等专项整治有力开展。扎实推进被征地农民参加基本养老保险审计整改“减存量、遏增量”工作，超额完成年度整改任务。健全人防、制防、技防、群防“四防”协同机制，社保基金总体安全平稳。

贯彻落实阶段性降缓政策，助企纾困。延续实施阶段性降低失业、工伤保险费率政策至 2024 年年底，2023 年共为 30.33 万家用人单位、515.79 万名参保职工减征失业保险费 32.89 亿元，为 31.31 万家用人单位减征工伤保险费 10.58 亿元。实施阶段性缓缴失业、工伤保险费政策，针对 17 个困难行业持续实施阶段性缓缴失业、工伤保险费政策至 2023 年 5 月底，共为 4 700 家企业缓缴失业保险费 0.33 亿元、工伤保险费 0.28 亿元。继续实施失业保险稳岗返还政策，符合条件的参保企业可申请失业保险稳岗返还，2023 年累计发放失业保险稳岗返还资金 6.61 亿元，帮助 6.64 万家用人单位稳定职工队伍 182.08 万人。印发《广西壮族自治区人力资源和社会保障厅　广西壮族自治区教育厅　广西壮族自治区财政厅关于做好延续实施一次性扩岗补助政策有关工作的通知》，延续实施一次性扩岗补助政策，2023 年发放一次性扩岗补助 2 788.35 万元，涉及吸纳 1.86 万人。

三、人才发展环境不断优化

完善人才政策，会同自治区党委组织部等部门印发自治区高层次人才认定参考目录（2023 年）、自然资源部第四海洋研究所人才引进政策等政策文件，配合自治区党委组织部起草面向新入职青年博士人才的青苗人才普惠性支持政策，完善自治区特聘专家和广西人才小高地项目评审管理等制度。加强专业技术人才队伍建设，持续推进事业单位人事管理制度改革。深化职称和职业资格制度改革，完善高级职称评审绿色通道。发挥人力资源产业园在加强人力资源开发和利用中的重要作用，广西（柳州）人力资源服务产业园成功获批部区共建国家级人力资源服务产业园，实现国家级产业园零的突破。加强技能人才特别是高技能人才队伍建设，出台《关于进一步加强新时代高技能人才队伍建设的若干措施》。支持中国－东盟产业合作区建设，开展整市推进产业工人队伍建设支持企业用工行动，帮助重点园区和企业解决用工 34.97 万人。参加第二届全国技能大赛，获得 1 银 2 铜 85 个优胜奖的突破性成绩。推进收入分配改革，出台《关于进一步提高广西城乡居民收入的若干措施》，助推重点群体收入逐步提高；完成事业单位工作人员艰苦边远地区津贴调标工作，人均每月增资 46.3 元；全面推进公立医院薪酬制度改革，制定出台自治区本级公立医院绩效工资动态奖励额度核定办法；督促落实和保障义务教育教师工资待遇，核增义务教育教师岗位考核津贴和奖励绩效考核津贴；进一步探索推进高校和职业院校实施人才薪酬制度改革试点，指导自治区本级高校、职业院校和科研院所落实高层次人才薪酬激励政策。

截至 2023 年年底，广西技能人才总量达到 820.76 万人，其中高技能人才 181.37 万人。取得技师、高级技师、特级技师职业资格证书或职业技能等级证书 27.05 万人，其中高级技师、特技技师 5.45 万人。获得“中华技能大奖”称号 3 人、“全国技术能手”称号 150 人，建有国家级高技能人才培训基地 38 个、国家级技能大师工作室 40 个、自治区高技能人才培训基地 68 个、自治区级技能大师工作室 94 个、自治区级世界技能大赛项目集训基地 25

个。专业技术人才总量达到320.19万人，其中高级职称人数38.8万人（正高2.4万人、副高36.4万人）。国家“百千万”人才工程人选50名，享受政府特殊津贴1 675人；自治区特聘专家188人，广西“十百千”人才工程人选650人，自治区已认定高层次人才335人。共有博士后科研流动站36家、博士后科研工作站58家、国家级专业技术人员继续教育基地5家、国家级专家服务基地4家，广西人才小高地84个、博士后创新实践基地84家、自治区级专业技术人员继续教育基地39家、自治区级专家服务基地21家。

四、劳动关系保持和谐稳定

组织开展保障农民工工资支付专项整治暨“根治欠薪·桂在行动”，广西2个单位、8名个人分别荣获第一届全国和谐劳动关系创建工作先进集体和先进个人，在全国保障农民工工资支付工作考核中实现“4连A”。创新构建“一中心、多工作室、多站点”多元调解平台体系，基本完成市县调解中心框架建设。加强调解仲裁与劳动监察、工伤、养老等衔接联动，启动仲裁标准化建设，成为全国少数几个制定建设标准的省份之一。调整广西最低工资标准，2023年11月1日起执行新的最低工资标准；发布2023年企业工资指导线，基准线5%，上线11%，下线1%。持续推广电子劳动合同应用，广西劳动关系管理系统中电子劳动合同签订10.5万份。清理整顿人力资源市场秩序，消除影响平等就业的不合理限制和就业歧视。加强新就业形态劳动者权益保障，解决快递小哥、外卖骑手、卡车司机等后顾之忧。

2023年，通过立案和协调处理共办结劳动保障监察案件7 071件，为2.83万名劳动者追发工资等待遇3.57亿元，其中为1.44万名农民工追发工资等待遇1.93亿元，向司法机关移送欠薪案件209件。劳动人事争议调解仲裁案件总数97 341件，其中立案受理40 198件，案外调解57 143件。劳动人事争议调解成功率78.18%，劳动人事争议仲裁结案率99.08%。

五、系统行风建设务实高效

多措并举抓人社系统行风建设，“管行业必管行风”的思想共识更加凝聚，行风建设长效机制更加巩固，人社服务质量水平进一步提升。2023年广西共归集人社政务服务经办件1 618万余件，人社政务服务“好评率”保持在99.99%。推动第一批就业、社保高频服务关联事项“一件事打包办”系统平台正式上线，完成业务办理21.25万笔。更新人社政务服务电子地图网点信息，2023年共更新人社政务服务电子地图网点信息32条，为群众办事提供准确无误的导航服务。组织50名选手参加全国人社窗口单位业务技能练兵比武在线比试并获得二等奖。

六、助力乡村振兴成效显著

做好就业、社保、人才帮扶工作，巩固脱贫攻坚成果，助力脱贫人口增收，全国人社帮扶助力推进乡村振兴交流观摩会议在南宁召开，广西在会上作经验交流发言。全区脱贫人口务工规模293.47万人，完成年度任务的109.42%；开发乡村公益性岗位安置脱贫人口就业27.02万人，是2020年规模的110.24%。为符合条件的117.99万人代缴城乡居民基本养老保险费。实施高校毕业生“三支一扶”计划，招募1 748名“三支一扶”人员，完成人力资源社会保障部下达任务的112.77%。实施乡村振兴村级协理员专项计划，2023年招用2 530名高校毕业生到基层工作，实现乡村振兴重点帮扶县行政村全覆盖。扎实做好定点帮扶工作，在中直、区直单位定点帮扶工作考核中获评“好”等次，定点帮扶县马山县被自治区党委、政府评为市县巩固脱贫成果后评估综合评价“好”等次、全区实施乡村振兴战略实绩考核优秀。

七、对外开放合作迈出新步伐

成功举办首届中国－东盟人力资源合作

与开发论坛暨中国－东盟人力资源服务博览会，搭建了以人力资源合作开发服务国家周边外交战略的新平台，为高质量共建“一带一路”、构建更为紧密的中国－东盟命运共同体作出了人社贡献。首次实现中国－东盟人力资源主管部门“10+1”“全家福”，东盟 10 国 9 名副部级以上官员参会；26 家国家级人力资源服务产业园首次集体亮相，5 万多人入场参会参展，其中 3.5 万多名高校毕业生参加人才交流大会；中国－东盟人力资源服务项目协议、人社服务跨省合作、广西“数智人社”等一批重要成果签约。在深化粤桂劳务协作基础上，广西与 12 个省份签订珠江流域用工联盟暨省际劳务协作框架协议，拓展劳动者高质量就业空间。

广西壮族自治区人力资源和社会保障厅

海 南 省

2023年，海南省人力资源社会保障系统坚持以习近平新时代中国特色社会主义思想为指导，全面贯彻落实党的二十大精神，深入贯彻落实习近平总书记关于海南工作、人社工作的系列重要讲话和指示批示精神，紧紧围绕人社部门职责使命，聚焦自由贸易港建设大局、聚焦高质量发展，抓重点、破难点、疏堵点、创亮点，圆满完成各项工作任务，为加快推进海南自由贸易港建设贡献了人社力量。

一、坚持扩增量提质量，多点发力促进高质量充分就业

全省各级人社部门将稳就业作为重大政治任务和头等大事，持续深化高质量就业专项行动，全力稳定和扩大就业。全省城镇新增就业17.1万人，完成年度目标的113.7%；农村劳动力外出务工149.4万人，完成年度目标的103.0%；脱贫劳动力外出务工32.9万人，完成年度目标的104.4%。

（一）完善就业创业政策体系。

出台《海南省稳就业促发展惠民生若干措施》，为市场主体纾困减负，稳岗扩岗。持续实施社保降费政策，延续发放吸纳就业补贴，释放人社惠企政策红利超过60亿元。印发《关于进一步促进“三支一扶”高校毕业生服务期满就业和流动的通知》，明确“三支一扶”人员的各项优惠政策，鼓励和引导青年人才向基层一线流动，支持高校毕业生主动扎根基层，激发基层人才活力。

（二）保障重点群体、困难群体就业。

一是高校毕业生就业。组织开展“聚四方之才　共建自贸港”“海南学子·就在海南”和首届中国（海南）人才交流大会等招才引智活动，组织市县、高校举办“返乡人才对接会”、专场招聘等系列校园招聘活动216场，持续拓宽市场化就业渠道，加大政策性岗位吸纳力度，全省2023届高校毕业生毕业去向落实率为91.9%，留琼率达63.8%，超额完成年度目标。依托21所高校青年人才就业服务站，开展岗位对接、直播带岗等公共就业服务进校园活动297场，累计服务毕业生14万人次。开展青年就业服务攻坚行动，2023届离校未就业高校毕业生帮扶就业率达92%。突出抓好“雨露计划”毕业生就业帮扶，有就业能力、就业意愿的2023届“雨露计划”毕业生就业率达99.1%。

二是农民工就业。组织开展农民工高质量就业专项行动，持续开展“春暖农民工”、“春风行动”、就业援助“暖心活动”等服务活动，认真做好返乡返岗“点对点”服务保障工作。举办2023年省际劳务协作交流活动，粤桂湘鄂黔川琼联合建立“五个机制”（信息互通、培训互助、工作共商、资源共享、常态互动）。积极培树“琼字号”劳务品牌，结合海南自贸港建设和重点产业发展，指导市县培育“椰嫂”“热带新农人”“琼筑劳务”“海南粽师”“文昌鸡师傅”等“琼字号”劳务品牌。举办首届全省劳务品牌推介大会，集中推介展示15个优秀劳务品牌。加大农村劳务带头人、致富能人、乡村工匠“三支队伍”挖掘力度，截至2023年年底，各市县“三支队伍”登记造册6 319人，带动就业16.7万人次。持续开展“优选岗位全省送”，累计推送岗位信息50期，全省200多个乡镇2 000多个行政村累计

向当地农村劳动力发布岗位信息43.1万次。

三是困难群体就业。开展就业困难群体帮扶“晴天行动”，依托就业驿站、驻村工作队深入企业及住户进行走访宣传，做好岗位需求、求职需求情况登记，全省按照“一人一档、一人一策”要求为2.65万名困难人员建立就业帮扶档案、制定就业帮扶计划。开展社区就业服务“就业敲门”行动，在海口市筛选16个试点社区，进驻专业工作人员，通过上门走访、电话联系、发放问卷等方式，累计服务劳动者近2.1万人、用人单位5 367家，举办就业对接活动205场。

（三）深入实施大众创业万众创新。

举办2023年海南自贸港创业大赛，开设院校学生专项赛、乡村振兴专项赛、青年人才邀请赛等3个赛道，6 398个项目报名参赛，覆盖全省18个市（县）、24所院校和9个产业园区；配套开展创业指导、创业培训、实地走访等服务活动近百场。全省发放创业担保贷款15.7亿元，同比增长54%，带动就业1.4万人，实现连续两年“跨越式”增长。举办2023年海南省马兰花创业培训讲师大赛，加强对创业培训机构和师资的管理，规范开展创业培训工作，全省创业培训学员培训累计1.2万余人次、创业培训师资培训累计211人。

（四）完善公共就业服务。

加速推进就业驿站建设，截至2023年年底，全省建成运行就业驿站238家，覆盖18个市县、21所高校以及部分重点园区，2023年各驿站累计走访和接待劳动者32.2万人次，走访用人单位8.4万家次，帮助17.8万人次劳动者务工就业。举办2023年海南省基层就业公共服务交流大会暨就业驿站质量提升行动，评选授牌五星级就业驿站11家、四星级就业驿站16家。精细化日常公共招聘管理，全省累计举办公共招聘会791场。完善职业指导服务，在海南省人力资源开发局设立职业指导室，工作日安排职业导师值班，提供“一对一”职业咨询、职业测评、心理咨询等服务。

（五）推进人力资源市场建设。

出台实施《海南省全面推进新时代人力资源服务业高质量发展的若干措施》，为人力资源服务业在促进就业创业、优化人力资源配置等方面提供指导性意见；加大对人力资源服务业扶持力度，人力资源服务企业达到650家，较2022年增长8.3%，年营业收入约130亿元。持续推进国家级人力资源服务产业园建设，截至2023年年底，共有109家人力资源服务企业入驻产业园，包含平台经济、薪酬管理、培训、招聘、高级人才寻访等业态，进一步拓宽服务类型。中国海南人力资源服务产业园三亚分园和中国三亚旅游人才市场新园揭牌成立，实现服务提质升级。加快推进人力资源服务信息化建设，依托全国人力资源市场软件建设省级集中信息系统，进一步提高海南省人力资源管理信息化水平。

二、坚持促改革保民生，安全规范发展社会保障体系

（一）深化社保制度改革。

修订实施《海南省城乡居民基本养老保险办法》，引导城乡居民高档次缴费、长期缴费，增强惠民力度，2023年海南省城乡居民基本养老保险参保人数为715.46万人，增长3.8%。部署实施城乡居民基础养老金提标工作，月人均养老金水平较上年度增加22.02元。指导督促海口市开展个人养老金先行试点工作。出台《实习生、见习人员、超龄从业人员参加工伤保险办法（试行）》，进一步扩大工伤保险覆盖范围，2023年海南省工伤保险参保人数为196.59万人，增长1.1%。在全国率先开展新就业形态就业人员职业伤害保障试点，积极推进新就业形态就业人员职业伤害保障“小伤”快认快支优化改革，截至2023年年底，全省职业伤害保障参保人数15.2万人，缴费3.56亿元，为新就业形态劳动者构筑起坚实的职业伤害保障。

（二）推动社保经办规范化便利化智能化。

扎实推进政府数字化转型“强基提能”各

项攻坚任务，完成综柜系统与省“海易办”受理平台对接阶段性任务，完成精细化梳理事项75个，118个事项实现“网上办”，网办率达到86%；45项社保业务和56项医保业务可通过海南“一卡通”“海易办”等移动端实现“掌上办”，26项业务实现“自助办”，25项高频业务实现“跨省通办”。在巩固提升各市县经办大厅规范化建设的基础上，与海南省农信社、中国人寿等6家金融机构合作设立社保医保便民服务站334个，覆盖全省所有行政区、乡镇（街道）和农场，新增下放14项高频事项，参保群众在社保医保便民服务站可办理的高频事项达26项；推动经办服务进驻企业，在三亚市凤凰机场设立经办服务站，为机场员工和来往游客提供高效便捷的经办服务。

（三）加强社保基金监督管理。

出台《海南省社会保险基金监督举报奖励暂行办法实施细则》，鼓励社会公众举报社会保险领域违法违规问题，切实维护基金安全。在全省范围开展社会保险基金管理三年巩固提升行动，积极推进深化整改。为提高社会保险基金行政监督能力，制定社会保险基金行政监督清单，下发各市县严格落实，实现基金监督常态化、规范化、制度化。2023年11月，在全省范围内组织开展以“以案释纪鸣警钟、理论学习强思想”为主题的社会保险基金安全警示教育月活动，强化维护基金安全的思想自觉和行动自觉。

（四）大力推行社会保障卡“一卡通”。

2023年，海南省社会保障卡持卡人数达1 017万人，覆盖全省常住人口的99%。与6家金融机构签订社会保障卡合作协议，为群众提供更加便捷完善的金融服务。扩大社会保障卡“一卡通”应用范围，目录清单已实施565项，整体实施率98.09%。印发《海南省社会保障卡跨行换卡和个人申请注销业务服务规程》《海南省社会保障卡一卡通合作金融机构服务评价办法》等文件，完善合作金融机构相关配套管理制度体系。

三、坚持强队伍优机制，推动人才队伍提质增量

（一）推进事业单位人事管理和工资福利制度改革。

创新岗位管理，为事业单位引进“高精尖缺”等人才开辟绿色通道，累计设置特设岗位71个，为招才引才“松绑”。贯彻实施《深化基层教育卫生专业技术人才激励机制改革的若干措施》，通过政策指导、细化举措，建立健全基层人才“招得来、留得住、用得好”的长效管理机制。推动建设事业单位工作人员职业生涯全生命周期系统，实现事业单位人员管理服务全流程“零跑动”。继续推进以公益性为导向的公立医院改革和疾控体系建设，指导全省公立医院人事薪酬制度改革，强化以公益性为导向的绩效考核，着力调动医疗卫生行业人员的积极性。

（二）规范事业单位招聘工作。

开展全省事业单位公开招聘专项整治行动，全面梳理公开招聘各个环节可能存在的风险点。印发《海南省事业单位公开招聘工作人员风险防控指南（试行）》，加强对试题命制、面试考核等重点环节的检查监督，全面防范招聘风险。全年先后两次组织文昌、琼海等8个市县参加全国事业单位公开招聘集中笔试联考，共完成公开招聘660人。印发“事业单位聘用合同（范本）”，全面规范事业单位工作人员聘用工作，进一步指导全省事业单位确立以聘用合同管理为基础的用人机制。

（三）加强技能人才队伍建设。

海南省政府办公厅出台《“技能自贸港”三年行动方案（2023—2025年）》，着力促进技能人才队伍实现质的有效提升和量的合理增长。印发《海南省人力资源和社会保障厅〈关于进一步做好企业新型学徒制培训工作的通知〉》，进一步完善职业培训政策，规范培训过程与补助资金管理，助力提高劳动者技能与企业岗位匹配度。指导市县加强培训项目开发，全省累计设立126个专项职业能力考核项目，其中市县特色项目64个。大规模开展职业技能培训，2023年全省共开展补贴性职业技能培训12.09万人次，其中农民工职业技能培训8.42万人次。组织开展高技能人才培训基地、技能大师工作室遴选工作，共有24个单位申报国家级项目，确定省级项目27个。组织完成第三批“南海工匠”申报初审工作，59人入选该培养项目。2023年，全省新增技能人才7.14万人，其中高技能人才1.17万人，高技能人才年增长量首次突破万人。

（四）精心举办参加职业技能竞赛。

海南省坚持以赛促教、以赛促学、以赛促建、以赛促产，全省通过技能竞赛选拔技能人才近1 500人，其中高技能人才近1 000人。在第二届全国技能大赛上，海南代表团91名选手参加69个项目比赛，取得1金2银2铜和35个优胜奖的优异成绩，实现金牌零的突破，奖牌数量居全国第14位；新增10名全国技术能手，3名选手入选第47届世界技能大赛中国集训队。省委、省政府主要领导会见第二届全国技能大赛海南省获奖选手代表，省政府召开第二届全国技能大赛海南省参赛总结和颁奖大会，对获奖选手和优秀单位进行表扬奖励，向全省广大技术工人和技能人才工作者表示慰问。举办第二届海南自由贸易港技能大赛、数字技能竞赛等赛事32场，广泛选拔技能人才。

（五）大力发展技工教育。

推进技工院校工学一体化教学改革，全省7个专业、1个师资培训基地进入人力资源社会保障部目录。2023年全省技工院校共招生10 060人，其中高级工班以上招生3 245人；毕业生8 227人，就业率97.15%。开展企业新型学徒制培训、订单式培训等社会化职业技能培训24 874人次。加强师资队伍建设，首次开展技工院校教师系列正高级职称评审工作，省技师学院、省三亚技师学院和市县自主实施技工院校教师系列初、中级职称评审工作。海南省人力资源社会保障厅与省教育厅等部门联合实施技工院校办学条件达标工程，持续强化对技工院校招生、学籍、学生资助补助、教材使用、实习就业、安全生产等管理。

四、坚持促和谐严监管，建章立制保持劳动关系和谐稳定

（一）完善机制体制建设。

印发《海南省人力资源社会保障厅等五部门关于推进新时代和谐劳动关系创建活动意见的实施方案》，推动完善创建标准，健全评价机制，优化创建激励措施。推动快递行业签订集体合同，覆盖顺丰等9个快递企业。积极培育新就业形态劳动争议调解组织，成立海南省、海口市、文昌市新就业形态劳动争议联合调解中心，建成琼中黎族苗族自治县网约送餐行业劳动争议调解委员会和儋州市网约车劳动争议调解中心，及时化解新就业形态劳动纠纷。修订《海南省劳动保障监察若干规定》，规范和加强劳动保障监察工作。修订《海南省保障农民工工资支付工作考核办法》，进一步压实市县根治欠薪主体责任。出台《海南省关于〈工程建设领域农民工工资保证金规定〉的实施细则（修订）》，解决“单个企业、一地缴交、全省通用和全省封顶”问题，增强企业工资支付责任意识。

（二）防范化解劳动关系领域风险。

开展和谐劳动关系创建示范活动，召开全省构建和谐劳动关系先进表彰暨经验交流会，评选推荐第一届全国和谐劳动关系创建工作先进集体和先进个人。推进劳动关系基层公共服务站点建设，培育海口市琼山区府城街道劳动关系公共服务站、龙华区杰锦劳动关系公共服务站点、海南就业驿站——儋州三都站（加载劳动关系公共服务站）3个第一批国家级基层劳动关系公共服务样板站点。成立全省首家劳动关系公共服务中心——龙华区劳动关系公共服务中心。开展劳动用工“查风险　强协商　保支付　促和谐”专项行动，加强劳动用工指导服务，全面提升集体协商质效，有效防范化解欠薪风险隐患。推动“八项制度”落实落地，聚焦重点地区、重点行业、重点企业、

重点项目，对制度落实情况列出问题清单、建立整改台账，逐条整改、逐一销号。

（三）加强劳动保障监察执法。

2022 年 9 月至 2023 年春节前，开展 2023 年根治欠薪冬季专项行动，对所有在建项目开展地毯式排查，对拖欠农民工工资问题实施集中整治。组织开展“零欠薪市县”“零欠薪项目”三年行动，通过深入整治从源头上消除隐患，从制度上堵塞漏洞。针对工程建设等重点领域，开展工资支付情况“双随机、一公开”监督抽查，按 5% 比例抽查企业落实“八项制度全覆盖”情况。加大督办整改力度，对全省 1 325 个在建工程项目落实八项制度、欠薪案件办理、诚信体系建设等情况进行通报，并督促相关市县进行整改。加大涉嫌拒不支付劳动报酬犯罪案件查处力度，全省各级人社部门向公安机关依法移送案件 67 件，公安机关立案 67 件。指导市县组织开展企业劳动保障守法诚信 A、B、C 三级评价工作，正面引导用工企业遵守劳动法律法规。向社会公布 19 件重大欠薪违法行为，将 33 个企业或个人列入拖欠农民工工资失信联合惩戒对象名单，依法依规实施联合惩戒。推进全省工程建设领域工资支付信息化监管，不断完善海南智慧劳动监察平台和海南省工资支付监管平台，依托大数据分析、网格化管理，推动根治欠薪由“接诉即办”向“未诉先办”延伸。推进工程建设领域农民工工资支付监控预警省级平台建设，实现维权服务全省联动、“一网通办”。

（四）提升劳动人事争议仲裁质效。

2023 年 3 月 17 日，海南省劳动人事争议联合调解中心、海南省新业态劳动争议联合调解中心、海南船员劳动争议联合调解中心（全国首个船员劳动争议联合调解中心）揭牌成立，建立“五调联动”一站式纠纷化解渠道。印发《关于进一步加强劳动人事争议协商调解工作实施方案》，充分发挥协商调解优势，促进海南自贸港和谐劳动关系高质量发展。印发《海南省人力资源和社会保障厅等四部门关于开展全省基层劳动人事争议调解组织建设行动的通知》，切实提升基层劳动人事争议协商调解工作能力。设立全国首家涉外劳动争议仲裁庭。开展农民工工资争议速裁庭建设专项行动，在年均争议案件达到 200 件以上的市县仲裁院设立农民工工资争议速裁庭 10 个，在其他市县仲裁院成立速裁团队，依法及时有效维护农民工劳动报酬权益。海南省劳动人事争议仲裁院设立农民工工资争议速裁庭、工伤和女职工“三期”争议速裁庭，全年共处理农民工工资争议案件 105 件、工伤和女职工“三期”案件 266 件。

五、坚持优服务强保障，提升人社公共服务质量

（一）深入推进行风建设。

深入推动人社服务快办行动，海口、三亚、儋州三个地级市全部完成快办行动 10 个一件事打包和 20 个高频事项提速办。在全省开展公共就业服务标准化专项试点，大力打造人社服务“样板间”。广泛推行人社服务“好差评”，2023 年全省人社领域办件评价总量 890 871 件，人社服务好评率 99.99%。

（二）助力优化营商环境。

深入实施“放管服”改革，补充完善拟委托下放市县实施省级政务服务事项的设立依据、风险评估、事中事后监管措施、承接单位意见，持续动态调整政务服务事项，“零跑动”可办率提升至 100%。深入开展首席企业服务专员以及“政企面对面、服务心贴心”“领导干部走流程、促营商环境提升”等活动。初步建成全省统一的人社一体化业务平台，实现人社业务数据集中管理、融合共享。积极推动数据共享应用，打通信息壁垒，与部省政务服务平台实现对接，有效赋能人社政务服务水平提升，推动实现“数据多跑路，群众少跑腿”。

海南省人力资源和社会保障厅

重 庆 市

一、就业创业

2023年，重庆市实施就业优先战略，强化就业优先政策，推动就业工作取得积极成效。全年城镇新增就业73.86万人，完成目标任务的123%，同比增长4.5%，增幅高于全国1.4个百分点。城镇调查失业率平均值为5.4%，控制在年度目标范围内。探索建设7个高质量充分就业区县，数字化变革促进高质量充分就业、高校毕业生就业工作在全国会议上作经验交流，人社局长与离校未就业高校毕业生“面对面促就业创业”活动受到人力资源社会保障部肯定并在全国推广，“大学生创新创业一件事”被国务院办公厅通报表扬。

（一）就业工作机制高效运行。

一是坚持高位推动。市委常委会会议、市政府常务会议先后7次研究就业工作，对稳就业作出系统安排部署。市就业工作领导小组召开调度推进会议1次、形势分析会议4次、专题会议3次，强化统筹协调，对重点工作实行“日调度、周通报、月会商”。

二是突出协同联动。成立高质量充分就业、高校毕业生就业、退捕渔民帮扶、惠民暖心优服、失业风险防范等5个工作专班，加强市级部门、高校、区县多方联动。会同市教委、市国资委等8个部门成立高校毕业生就业工作督导组，由部门负责同志带队对所有高校、区县进行全覆盖督导，协调解决重点难点问题40余项。

三是强化考核激励。将就业工作纳入市政府督查激励内容，对5个促进就业成效明显的区县进行激励表扬。按季度发布各区县调查失业率，连同重点群体帮扶就业率纳入全市民生领域每季度晾晒指标和高质量发展成效考核内容。以市政府名义表彰60个“重庆市就业创业工作先进集体”和120名“重庆市就业创业工作先进个人”。

（二）就业规模容量持续扩大。

一是开展助企纾困。推出“降、返、补、减、贷”政策包，为32.15万户参保企业降低失业保险费32.63亿元，向12.86万户未裁员、少裁员企业返还失业保险费9.6亿元，向1.2万家用人单位发放社保补贴等就业资金20.7亿元，为2 647户中小微企业减免贷款利息1.1亿元，向6 300余家企业发放低利率“稳岗贷”107.7亿元，共计稳定就业岗位627万个。

二是拓展就业渠道。全年开展补贴性职业技能培训27万人次，完成目标任务的108%。其中，重点群体占比69%，同比提高11.8个百分点。培训后就业率达到68%，同比提高7.6个百分点。与重点产业匹配度达到87%，同比提高6个百分点。协助智能终端产业招工15.5万人，其中重点电子企业11.1万人。助力“满天星”行动计划，新增从业人员10.1万人，完成目标的101%。

三是支持灵活就业。制定出台促进灵活就业高质量发展16条政策措施，对运营规范、促进灵活就业成效明显的夜市给予奖补，对市级夜间经济示范区给予最高50万元的奖励。全市累计培育夜间经济集聚区203个，带动就业5.8万人。

（三）就业民生底线全面兜牢。

一是坚持把高校毕业生就业作为重中之

重。实施促进高校毕业生等青年就业创业“十大行动”，组织高校毕业生招聘活动1.5万场次，发布市场化就业岗位115万个，筹集政策性岗位10.1万个，举办人社局长与离校未就业高校毕业生“面对面促就业创业”活动45场。28.7万名重庆户籍高校毕业生就业率为97.7%，同比上升0.1个百分点，困难家庭毕业生全部实现就业或参加到就业准备活动中。

二是稳定农村劳动力特别是脱贫人口务工规模。出台“春风暖心·渝你同行”12条措施，通过包车包列等方式，促进455.3万名农民工春节后顺利返岗，基本实现应返尽返。新创建市级农民工返乡创业园13个，累计达到79个，新培育市场主体4 300余家，带动就业6.1万人。累计创建劳务品牌126个，带动就业240万人。脱贫人口外出务工80.8万人，超额完成国家下达的75.11万人的目标任务，同比增长1.1%。

三是健全困难人员就业援助制度。建立日常援助和集中援助相结合的工作机制，举办“春风行动”“就业援助月”等专项活动，“一人一策”开展精准帮扶。全年共帮扶困难人员就业14.93万人，完成目标任务的187%，同比增长6.6%，零就业家庭保持动态清零。

（四）新增创业保持良好态势。

一是加大融资扶持。将稳定就业岗位达到95%的小微企业纳入创业担保贷款扶持范围，并给予1个点的财政贴息。发挥市小微企业融资担保公司增信分险作用，利用“政担银”机制，提高银行放贷积极性。全年发放创业担保贷款50.48亿元，完成目标任务的168%，直接扶持2.6万人创业。

二是优化创业服务。开展“源来好创业”青年创业资源对接服务季活动，新创建市级创业孵化基地14家，累计达到120家，为9 941家入驻企业提供场地保障等服务，带动就业21.6万人。为大学生等青年群体提供1万个免费创业工位。培育1 388名创业导师，组织开展创业服务活动4 278场，服务创业者18万人次。

三是营造创业氛围。举办第七届“渝创渝新”创业创新大赛，挖掘优质创业项目3 000余个，同比增长80.1%，创历史新高。实施大学生创业启航和加速计划，扶持大学生创业项目1 200余个。全年新增创业64.84万户，同比增长21.82%。

（五）公共就业服务提质增效。

一是推进数字就业建设。迭代升级“一库四联盟”，建立2 207万劳动力实名制信息库、116万家企业用工需求库，对企业和个人进行“画像”，促进供需精准匹配。“社会·渝悦·就业”三张清单纳入数字重庆重大应用“一本账”，开发“渝职聘”公共求职招聘平台、“大学生创新创业一件事”等应用场景，就业领域38项政策服务事项全部实现网上办理、网上反馈，8项就业政策实现“免申即享”“直补快办”。

二是加强区域就业协作。大力开展重庆、四川就业领域协作，逐步取消川渝就业政策户籍限制，职业介绍、就业登记等6项服务事项实现“川渝通办”。成功举办第三届成渝地区双城经济圈就业创业活动周，服务川渝劳动者30万人次，为全国人社区域协作提供“川渝方案”。深化鲁渝劳务协作，2023年山东帮扶重庆市农村劳动力转移就业5.36万人，其中脱贫人口转移就业1.46万人，分别完成全年目标任务的约5倍和2倍。

三是构建多元化供给体系。市、区县、街道（乡镇）均设立公共就业服务机构，所有社区（村）均配备就业工作专兼职人员。建成93个不同特色的线下零工市场（驿站），培育2.3万名劳务经纪人、5 000名职业指导师（创业导师）队伍。通过“大数据+铁脚板”有力有效的就业服务，帮扶失业人员再就业27.48万人，完成目标任务的183%，同比增长12.3%。

二、社会保障

2023年，在市委、市政府坚强领导下，紧紧围绕年度目标任务，在多重挑战中承压前行，在复杂局面中主动变革，实干笃行，不务虚功，各项工作都取得了积极进展和实际效果。全市养老保险参保人数 2 650 万人，失业保险参保人数 625 万人，工伤保险参保人数 755 万人，完成全年参保扩面任务。养老保险待遇领取人数 831 万人，失业保险待遇领取人数 20 万人，工伤保险待遇领取人数 6.7 万人。养老、失业、工伤保险基金收入 1 837 亿元，基金支出 1 774 亿元，基金累计结余 1 838 亿元。职业年金累计投资 615 亿元，累计投资收益突破 40 亿元。

（一）不断优制度，顶层设计向好向优。

牢牢把握社会保障制度改革已进入系统集成、协同高效阶段的新内涵，持续完善优化公平统一的制度体系。

一是在养老保险方面。严格贯彻落实企业职工基本养老保险全国统筹，印发《区县（自治县）政府企业职工基本养老保险工作考核办法》，完成 2022 年度企业职工养老保险省级政府考核迎检工作。印发《重庆市人力资源和社会保障局　重庆市财政局　国家税务总局　重庆市税务局关于进一步规范城乡居民基本养老保险有关工作的通知》，规范完善城乡居民基本养老保险参保缴费及待遇领取政策，探索城乡居民基本养老保险发展举措。平稳推进机关事业单位养老保险制度改革，全面检视改革 9 年执行情况，谋划改革过渡期结束前后相关工作。

二是在失业保险方面。印发《重庆市人力资源和社会保障局　重庆市财政局　国家税务总局　重庆市税务局关于提升重庆市失业保险基金市级统筹层次的通知》，执行失业保险基金统收统支的市级统筹制度，实现失业保险政策、基金预算管理、基金统收统支、经办服务管理和经办信息系统“五个统一”。继续实施失业保险稳岗返还、一次性扩岗补助等政策，多措并举稳定和扩大就业岗位，维护就业局势稳定。

三是在工伤保险方面。健全完善机关和参公人员参加工伤保险政策，出台工伤职工及工亡职工供养亲属定期待遇调整政策，为近 1.5 万人发放调待资金 3 300 余万元。出台超龄人员等特殊群体参加工伤保险扩围政策，实施基层快递人员优先参加工伤保险政策。进一步健全工伤保险市级统筹机制，印发《重庆市工伤保险经办规程（试行）》，有力规范全市工伤经办工作。扎实开展工伤预防经办工作，严格参照政府采购法有序完成 2022 年度和 2023 年度工伤预防项目 5 个政府采购，确定了第三方服务机构提供工伤预防服务，并组织签订协议。按照《重庆市工伤预防费使用管理暂行办法》等要求，2023 年度工伤预防费工伤基金支出 2 861 万元。

四是在基金监管方面。制定《社会保险基金监督约谈暂行办法》《重庆市社会保险基金监督举报奖励实施细则》等 4 项基金监管制度，建立核查结果分析运行及典型案例复盘评估 2 项机制，进一步完善监管制度闭环，有效搭建基金监管“四梁八柱”。

（二）加速推改革，破题攻坚有力有为。

敢啃硬骨头、勇蹚深水区，全面深化改革取得新进展。

一是数字转型纵深推进。推进“渝悦·社保”应用建设，完成核心业务梳理，编制“三张清单”，并纳入数字重庆建设应用“一本账”。打造“1+4”社保数字驾驶舱，完成“扩面提质”“职伤保障”等 17 个子场景建设，初步实现“数据实时可查询、业务经办可掌握、工作推进可调度”预期目标。搭建社保基金智治监管数字驾驶舱，实现经办风险数字化管控，走在全国前列。

二是试点工作全力争进。全域推动个人养老金试点，覆盖范围稳定提升，全市企业年金达 1 715 户，参保职工近 30 万人，累计积累资金近 200 亿元；个人养老金参保 284 万人，缴费 7 亿元。新就业形态就业人员职业伤害保障试点稳健实施，覆盖 7 家平台企业 43.9 万人，并在全国率先建立职业伤害人员劳动能力鉴定结果跨区互认工作机制，打破在工伤认定地进行劳动能力鉴定的传统限制。推进统一社会保险费征收模式试点，7月1日起实现用人单位自行向税务部门申报并缴纳社保费。深化社保卡“一卡通”试点，95项应用全面完成，“社保卡+数币”“社保卡+金融”“社保卡+交通”等应用拓展实现“零突破”。创新职业伤害保障委托承办模式，形成人社部门发挥主导作用，政府与市场风险共担、同向发力机制，向商保机构委托“服务”但不委托“责任”，商保公司服务费与职业伤害保障资金收支结余挂钩，最大限度维护职业伤害保障基金安全。

三是川渝合作互促共进。实现川渝两地11项通办事项标准协同，完成12项重点任务，做好“社保待遇资格就近认”“工伤保险定期待遇停发川渝通办”等通办事项28个。在全国率先实现川渝两地养老保险关系转移资金定期结算全险种覆盖，压缩办理时限2/3以上。

（三）全力促参保，扩面提质见行见效。

锚定年度目标，以稳应变，以进固稳，推动发展成果惠及全体人民。

一是抓好扩面提质。通过“数据找人”，推动精准扩面，将社会保险扩面任务完成率纳入民生报表，进行“赛马比拼”，促进人员全覆盖，全年促进43万未参保人员参保。全市养老、失业、工伤保险参保人数均超额提前完成全年目标。近五年，基本养老保险参保人数增长率排名全国第六，职工养老保险参保人数增长率排名全国第四。

二是抓好项目参保。工伤保险工程建设项目参保9 046个，参保人数224万人，参保率达99%，同比增加10万人。8 570余名基层快递网点从业人员优先参加工伤保险。

三是抓好乡村振兴。困难群体参保率稳定在99.9%以上，退捕渔民参保率稳定在100%。在全国率先实现征地安置对象养老保险缴费补贴“免申即享”，为3.2万名征地安置人员发放缴费补贴13.6亿元。

（四）持续惠民生，保障水平趋稳趋好。

围绕发展成果全民共享，持续推动民生温度与发展速度同频共振。

一是待遇发放按时足额。确保各项社会保险待遇按时足额发放，圆满完成831万名退休人员领取待遇工作。为20万名失业人员发放失业保险金20.1亿元，代缴基本医疗保险费5.8亿元。工伤待遇发放27.8亿元，保障6.7万名工伤职工。职业年金发放5.1亿元，11万人受益。

二是待遇领取便捷高效。打造“131”养老待遇资格认证服务体系，开发“帮你认”功能，提供养老待遇领取资格认证服务2 100余万人次，实现认证服务全覆盖。建立待遇补发“绿色通道”，领待人员资格恢复后即刻补发养老待遇，17.7万人次受益。完成工伤医疗、康复、辅助器具配置联网结算，实现工伤职工出院实时结算，惠及4.4万人次，为开展跨省异地就医直接结算打下坚实基础。

（五）主动迎挑战，风险防控落实落细。

始终严守安全底线，推动实现高质量发展和高水平安全的良性互动。

一是抓制度推动“长效”。构建“1+1+3”基金安全数字化综合治理体系，探索建立经办内控评价模型。构建“预防、排查、化解、治理”四位一体工作体系，健全信访稳定风险全过程闭环管控机制，社保板块初次信访一次性化解率超过92%，重复信访率下降3%以上。

二是优方法提升“实效”。构建业务、财务、银行闭环支付体系，推进征缴数据四方对账平台建设，重建职业年金账管系统，4次迭代风险防控规则库，不断夯实社保基金“智治监管”平台。全年核查疑点数据1.1万条，重点业务触发人力资源社会保障部业务管控规则数量降幅超过60%。

三是强督导确保“成效”。全面完成失业保险基金管理问题专项整治，攻坚“四个行动”，10户企业滞留的132.45万元已全部整改。全面推行工伤认定辅助调查，查处虚假案件56件，主动放弃申报案件70件。扎实推进社保基金专项整治问题整改，累计整改929件次，整改率达99.4%。组织全市跨省重复领取养老保险待遇、第四批服刑人员等6批次疑点数据核查工作，基金安全环境进一步优化。

（六）携手践承诺，经办服务提速提质。

坚持以“渝保渝快”社保惠民行动计划为牵引，聚焦群众所盼，践行为民初心，增进民生福祉。

一是跑出服务“加速度”。实现86项社保对外服务事项网上办理，开通支付宝即时主动推送功能，在“重庆人社”APP上线“参保直通车”“乐享退休”“工伤无忧”等智慧应用场景，实现22项参保管理类、23项养老待遇类、18项工伤待遇类业务集成、精准画像和智能推送，网办量同比增加105%。

二是构建服务“样板间”。全面推行企业职工退休预审，为168万临退休人员提供“预估”服务。推动城乡居民养老待遇“免申即享”，惠及780万参保群众。继续推进失业保险稳岗返还“免申即享”、一次性扩岗补助“直补快办”，确保政策落实落地。实现工伤伙食补助“免申快赔”，工伤职工住院伙食补助费“免申报、零材料、零跑腿、快兑现”。修订国家、地方和行业经办服务标准5项。全力推进“清减压”工作，先后优化时限31项，精简材料18项，公共服务事项平均办理时限较法定办结时限压缩50%。

三是延伸服务“全链条”。创新“总对总”社银合作模式，首批签约5家银行，全市4 044个网点开通20项高频社保业务，就近办件逾30万。统筹打造两批18个市级社会保险公共服务标准化示范基地。有力抓好《社会保险经办条例》宣传贯彻，组织第三届“最美社保人”评选，结合“助企纾困·人社在行动”，累计开展1 000余场“社保服务进万家”“三进三送”活动。

三、人才人事

2023年，重庆市深入贯彻落实党的二十大、二十届二中全会、中央经济工作会议精神和习近平总书记关于新时代人才工作的重要论述，锚定科技创新和人才强市首位战略，聚焦加快建设西部人才中心和创新高地目标任务，用心营造良好人才发展环境。全年引进人才7.4万人，同比增长19.4%。全市专业技术人才总量达233万人，高级（25万人）、中级职称（92.4万人）占比超过50%。全市技能人才总量达530万人，其中高技能人才168万人，占技能人才总量的31.7%，保持西部领先。完善人才创新创业全周期服务机制，建设“渝才荟”数字平台，全年新发放人才服务卡5 679张，提供服务44.55万人次，同比增长65.59%，人才服务满意度不断提升。

（一）靶向发力，精准引才。

一是强化政策引才。2023年，全市新认定高层次人才173人，同比增长23.57%，兑现安家补贴和岗位津贴4 537万元，同比增长25.59%。认定“鸿雁计划”人才731人，同比增长101.11%；发放人才奖励和引才补助6 446.12万元。

二是强化活动招才。全市开展“百万人才兴重庆”系列引才活动308场，签约引进16 887人（其中博士410人、硕士6 897人）。

三是完善政策揽才。围绕“416”科技创新战略布局和“33618”现代制造业集群体系建设，推动新引才政策实施；印发《新重庆引才计划优秀青年专项实施方案（试行）》，重点联系市内230余家用人单位进行政策宣讲。

四是强化市场化引才。用好引才“伯乐”激励办法，充分发挥高层次人才图谱、中国·重庆人力资源服务产业园猎头基地作用，围绕重点企业人才需求，2023年发布揭榜招贤岗位232个，紧缺目录岗位1 080个，不断激发市场引才活力。

五是全面迭代升级重庆国际人才交流大会。高质量举办重庆国际人才交流大会，围绕“才聚新重庆·共创新未来”主题，举行“会、展、赛、引”等系列活动，现场参展参会2.2万人，线上参展参会9.8万人次；引进人才3 401人（其中硕士2 812人、占比82.7%，博士203人、占比6%）。同时，组织开展事业单位考核招聘紧缺高层次人才，招收高层次人才1 681名（含博士427人、硕士1 165人）；引进项目206个，预计总投资443.6亿元。发布重庆市科技攻关“揭榜挂帅”项目28个、金额2.2亿元；54名顶尖人才和专家学者进行了专业分享，建言献策121条，取得积极成果。

（二）创新载体，平台育才。

一是深入实施卓越工程师培养集聚行动。印发启航、赋能和海聚专项实施方案，支持长安汽车、中冶赛迪等30家单位入选首批卓越工程师实践基地，引育卓越工程师超过1.2万人，1人被授予“国家卓越工程师”称号。举办两届卓越工程师大赛，首届发布项目638个，引导社会资本投入近45亿元。第二届发布744个技术攻关需求项目，遴选征集625个创新挑战优秀项目。“兴渝杯”创新创业大赛、博士离岸创新创业项目洽谈等优选项目1 727个，与重点产业相关度达80%。

二是深化数字经济人才市场建设。在北碚、巴南、永川、两江新区设立了4家数字经济人才市场，并在赛力斯等企业设立13家工作站，邀请80家单位成立数字经济人才联盟，形成“市场+联盟+区县市场+工作站”的雁阵格局。发布《2022中国数字经济人才发展报告》《2022中国数字经济人才急需紧缺目录》等系列研究成果。

三是深入推进“满天星”行动计划。印发《2023年“满天星”重点企业人才集聚行动计划》，线上开发“渝职聘”智慧平台，引进软信人才7 786人。支持渝中区打造软件人力资源服务产业园、九龙坡区筹建重庆软件人才市场。新建数字领域技能大师工作室10家、高技能人才培训基地11个，开展人工智能训练师、数字化管理师等19个软信类职业（工种）培训3.7万人次。

四是深入实施博士后“倍增”计划。2023年全市新招收博士后1 316人，同比增长23%。博士后出站556人，同比增长120%，出站留渝498人，出站留渝率达90%，同比增长4%，领先全国平均水平75%。全市博士后获批2023年国家自然科学基金、国家社会科学基金、中国博士后科学基金项目734项，获得经费1.89亿元，同比增长19%。入选国家博士后创新人才支持计划7人、“香江学者”计划4人，均创历史新高。在第二届全国博士后创新创业大赛上，重庆代表团荣获3金3银1铜和5个优胜奖及优秀组织奖，金奖数量居西部第一。

五是提质高技能人才队伍。着力推动“一城、双核、三区、多点”数字工匠培育雁阵释能出效，谋划实施技能人才品牌项目71个，签订国际国内技能交流合作项目1 000余个，新建各级高技能人才培训基地、技能大师工作室等人才平台近500个，新获评全国技术能手48名。

六是提升技能竞赛办赛水平。举办“巴蜀工匠”杯乡村振兴赛、市级行业赛、区县赛等100余场次。参加第二届全国技能大赛获得5金2银4铜和67个优胜奖，金牌数、奖牌数均位居西部第一。有力有序推进第二届“一带一路”国际技能大赛筹备工作。

七是做好专家人才选拔培养。聚焦全市重大战略、重点产业、重大工程需求，注重向先进制造业、数字经济领域倾斜，注重向青年、基层一线的科技创新人才倾斜，遴选43名专业技术人才作为享受国务院政府特殊津贴推荐人选，设立市级专家工作室29个。

（三）破立并举，创新用才。

一是深化公立医院薪酬制度改革。将150家公立医院全部纳入改革，量身打造以“基本薪酬+绩效薪酬”为主体、“追加薪酬+奖励薪酬”为补充的“2+2”薪酬结构，“六破六立”改革做法被人力资源社会保障部推广。

二是推动高校薪酬制度改革试点。重庆市人力资源社会保障局选取西南政法大学、重庆邮电大学等3所市属高校探索实施绩效工资总量按聘期自主调剂试点，逐步形成符合用才、育才周期的分配激励机制，有效促进高校高质量发展和人才队伍建设。

三是创新出台乡村振兴人才激励举措。在全国首创出台26条薪酬激励措施支持和鼓励事业单位入乡、在乡、驻乡各类人才服务乡村振兴，升级工资待遇倾斜政策。对卫生“县聘乡用”人员，创新推出以虚拟机构独立核定总量、独立考核分配、独立保障经费的“三独立”机制，解决了医疗人才下沉的“卡脖子”问题，有关做法被中央改革办刊发。

四是深化人才评价认定。出台乡镇农技人员高级职称“双定”办法，完成26个系列68个专业职称申报条件和3个“绿色通道”评审办法修订印发。

五是强化工作力量统筹。强化市区县（部门）联动，与渝中区、北碚区、长寿区、高新区、渝东北部分区县和浙商银行重庆分行等签订战略合作协议，深化人才与人力资源领域交流合作。

六是实施科研人员顶岗培养计划。在全国率先探索开展以重点产业、重大项目、重点课题为载体，以科技创新、人才互动为导向的科研人员互派顶岗培养，构建“国字号”高校、科研院校、新型研发机构、企业为地方培养科研人才新渠道。选派新能源、大数据、智能制造、生命科学等与建设科研中心密切相关的中青年科研人员389名。

（四）多维服务，暖心留才。

一是强化人才服务保障。2023年全市新发放重庆人才服务卡5 679张，提供服务44.55万人次，同比增长65.59%。全市“专员+联络员”队伍达到4 728人。印发《重庆人才“智汇圈”组建方案》《重庆人才服务码实施方案》，在“重庆人才服务”微信小程序更新11家儿科门诊，供人才查询、预约。组织学术论坛、人才联谊、周末活动等31场，服务人才1 187人次，其中开展重庆人才“智汇圈”学术交流活动4场。试行推出家政体验活动、春季乐购活动等市场化服务，满意率100%。

二是加快数字化变革。“渝才荟”数字平台获评全市2023年人才工作改革创新实践最佳案例。完善人才工作数据库、驾驶舱，上线全市引才数据库、大学生创新创业“一件事一次办”和人才引进“一件事一次办”等服务获国务院办公厅通报表扬。推动“愉悦·人资开发”立项建设，夯实人才数字化整体智治基础能力。通过党建报表、创新报表、重点工作“五色图”、人才流动指数等晾晒机制，形成全市人社系统人才工作创先争优、学帮赶超的浓厚氛围。

三是激发专家人才活力。2023年，全市开展专家服务活动26场，联系服务专家7 000余人次。发布《中国长江经济带绿色发展人才报告2022》等研究成果。组织100名院士专家走进高新区、长寿区、石柱县等8个区县，其中石柱县、丰都县2场获批国家级示范项目，服务20个产业领域91个重点项目，解决重点难点问题235个，签署合作协议85个，带动工业增加值10余亿元。

四是助力成渝地区双城经济圈建设。创建“成渝地区双城经济圈西部（重庆）科学城专家服务基地”，新建市级专家服务基地4个。采取“揭榜挂帅”机制，选派两批专家服务团250个团队常态化服务基层，带动产业发展1.5万余公顷，创造经济价值41亿元。

四、劳动关系

2023年，重庆市牢牢把握劳动关系和收入分配在稳就业、促共富中的重要作用，面对新情况、新挑战，勇担当、谋对策，建机制、抓落实，强执法、保稳定，劳动管理工作成效显著。全年面向1.5万户企业开展劳动保障守法诚信等级评价。共处理936件农民工欠薪案件，涉及人数1.16万人，涉及金额1.16亿元。4个单位和12名个人荣获全国和谐劳动关系创建先进集体和先进个人，位居西部前列。全市劳动关系总体和谐稳定，有力助推全市经济社会行稳致远。

（一）劳动保障监察有力有效。

一是制度建设卓有成效。出台《重庆市劳动保障监察执法人员行为规范》，规范执法行为，提升监察执法队伍作战能力。

二是执法工作扎实推进。结合《保障农民工工资支付条例》施行三周年，开展“尊重劳动·渝薪无忧”专题宣传活动，全市组织劳资专管员培训130场，现场接待群众咨询6.1万人次，发放资料12万份。开展企业2022年度劳动保障守法诚信等级评价，对1.5万户企业开展劳动保障守法诚信等级评价，A级企业数量较上一年度增长33.7%。信用监管基础不断夯实。落实“双随机、一公开”监管机制，全市共对1.4万户用人单位实施劳动保障监察书面审查，审查范围较上年扩大近40%，抽查劳动者11.6万人。

三是队伍建设提升能力。精准执法资格管理，组织49名新任监察员完成拟任监察员培训，审批执法资格申请193条。在浙江大学、上海交通大学举办2期劳动保障监察强化法治思维培训，联合四川省人力资源社会保障厅举办2期川渝劳动保障监察员能力提升培训，共计458人次参训。评选2022年度优秀劳动保障监察机构负责人12名、优秀监察员44名，凝聚了人心，激励了士气。

四是举报投诉办理及时高效。认真落实24小时值班制度，确保举报投诉渠道畅通。确保网上信访及时回复，平台欠薪线索高效处理，“全国根治欠薪线索反映平台”线索处理及时，平台接收线索数量35 474条，办结34 317条，共为14 597名劳动者追讨工资16 226.6万元。

（二）劳动关系和谐稳定。

一是高强度治理，劳动关系风险总体平稳。着力打造“智慧人社”劳动关系管理系统，建成并推广应用“渝悦签”电子劳动合同网签平台系统，开发运行劳动用工监管在线，实时监测百人以上企业。加强行政指导，规范新业态用工，形成大数据分析报告，为完善出台政策提供参考依据。

二是高起点创建，做亮劳动关系品牌。印发《推进新时代和谐劳动关系创建活动实施方案》，在国家协调劳动关系三方信息中刊登。评选AAA级和谐劳动关系企业111家、金牌劳动关系协调员100名。打造“渝你同行”和谐劳动关系构建品牌，培育全国第一批公共服务样板站点3个，通过国家验收。

三是高质量创新，试点改革成效明显。圆满收官“和谐同行”三年行动，累计培育和谐劳动关系企业6 712户，建成劳动关系示范点2 080个。推动区域和谐劳动关系改革创新工程，四个项目纳入人力资源社会保障部高质量发展改革创新试点，劳动关系川渝合作形成标志性成果。指导长寿区开展特殊工时审批改革试点，试点经验在《中国组织人事报》、市委改革动态上刊载。

四是高标准把控，严格审批备案监管。全年审批实行特殊工时制企业4 803户，涉及职工99.7万人；劳务派遣行政许可541户，分公司备案74户；有效集体合同2.7万份，涉及企业6.9万户，涉及职工135万人。印发劳务派遣规范用工指引，编制信用等级评价规范。扎实做好优化营商环境世行评估迎评工作。

五是高站位调控，促进工资分配合理。组建收入分配工作专班，配合市发展改革委制定扩大中等收入群体提高低收入群体收入实施方案。抓好企业工资宏观调控，开展最低工资标准调整评估。组织5 689户企业开展薪酬调查，涉及职工70余万人，形成调查分析报告，川渝合作发布人力资源市场工资价位和行业人工成本信息，川渝主流媒体宣传报道。明确国有企业工资指导线、职工平均工资调控水平，对市属国有重点企业开展工资内外收入监督检查。

五、乡村振兴

2023年，重庆市脱贫人口务工规模80.8万人，同比增长1.1%，就业规模保持总体稳定；培训农村劳动力10.4万人次，其中，脱贫人口3.8万人次；招募“三支一扶”大学毕业生806名，同比增长22.9%，人才振兴支持力度不断加大；140.68万困难群体中符合养老保险参保条件的参保率持续稳定在99.9%以上，为35.57万困难群体代缴城乡居民基本养老保险费3 020.66万元，应保尽保成果持续巩固。脱贫人口跨区域务工交通补助“免申即享”工作得到国家乡村振兴局领导肯定性批示。成功举办首届“巴蜀工匠杯”乡村振兴技术技能大赛，受到《人民日报》专版报道，关注人数突破1亿，有力助推川渝乡村振兴和技能人才培养。

（一）聚焦于“稳”，帮扶促进就业增收。

一是完善政策体系。印发《重庆市人力资源和社会保障局　重庆市乡村振兴局关于做好2023年脱贫人口就业帮扶工作的通知》《重庆市人力资源和社会保障局　重庆市乡村振兴局关于进一步做好跨区域交通补贴政策落实工作的补充通知》等政策文件，优化帮扶举措，提升服务效能，推动政策“免申即享”。

二是助推就近就业。深入实施就业帮扶车间提质行动，推行“车间+活动、车间+专家、车间+企业、车间+互联网”4+培育模式，全市617个就业帮扶车间吸纳脱贫人口就业4 989人，同比增长10%。会同市级行业主管部门，加大乡村公益性岗位开发管理力度，加强部门间数据比对和沟通协作，通过公益性岗位安置11.02万名市场渠道难以就业的脱贫人口。

三是深化劳务协作。健全鲁渝劳务协作机制，印发《重庆市人力资源和社会保障局　重庆市乡村振兴局关于做好2023年鲁渝劳务协作工作的通知》等文件，签订年度劳务协作落实协议，遵循《鲁渝劳务协作“十四五”规划》指引，进一步提高组织化输出程度。2023年山东帮扶重庆脱贫人口转移就业1.46万人，完成目标任务的226%。

四是强化创业扶持。开展创业导师服务团走进重点帮扶乡镇、孵化基地、工业园区等系列帮扶活动，举办“乡村创业领雁训练营”“渝创渝新”创业创新大赛，加大创业带动就业倍增效应。启动创业担保贷款改革，推动贷款“秒申秒审”“零材料、零跑路”，为1 060名脱贫人口发放创业担保贷款1.96亿元。

五是聚焦重点区域。将乡村振兴重点帮扶县、重点帮扶乡镇和易地搬迁集中安置区作为重点区域，精准推送就业信息，常态化组织招聘对接，联合发展改革部门，持续开展易地搬迁就业帮扶行动，促进14.4万名易地搬迁群众就业，零就业家庭保持动态清零。

六是推广以工代赈。印发《重庆市人力资源和社会保障局　重庆市发展和改革委员会　重庆市乡村振兴局关于组织动员当地群众参与以工代赈工程建设的通知》，建立人社系统用工、劳务报酬发放、培训情况季报机制和日常工作信息对接制度。召开以工代赈推进会，市区两级成立以工代赈议事协调机构，定期召开联席会议，协调处理工作问题。统筹以工代赈项目1 104个，带动就业8.09万人，其中吸纳脱贫人口就业6 344人。

七是优化就业服务。推行“大数据+铁脚板”服务，通过“智慧人社”数据库比对扫描，2.3万名劳务经纪人上门摸排，智能推送岗位95万个。建设就业“数字驾驶舱”，优化迭代“一库四联盟”，智能挖掘政策享受潜在对象，推进脱贫人口跨区域务工交通补助等政策“免申即享”，为53.5万名脱贫人口发放跨区域务工交通补助8 432.71万元，同比增长7.3%。

（二）突出于“精”，切实提升培训实效。

一是实施专项培训。实施农民工稳就业职业技能培训计划、乡村振兴重点帮扶区县职业技能提升工程、紧缺职业（工种）专项培训计划，发放职业培训券20万张。整合用工需求端、培训供给端、劳动者求职端三方资源，推行3个“3+”组训模式，培训后就业率达到68.4%，提升培训质效。

二是培育技能人才。备案家政服务员、快递员等30余个农村劳动力就业容量大、技能发展有通道的等级评价职业（工种），累计开发紧贴乡村产业的155个专项职业能力考核项目，开展技能进农村进社区进家庭活动20余场次，建设“巴渝工匠”乡村驿站、高技能人才培训基地、技能大师工作室等技能人才平台。

三是加强品牌建设。重点支持云阳“云阳面工”、万州“巴渝大嫂”等培训品牌建设，将“云阳面工”培训由特色工种提升为专项职业能力项目。推广使用52个新职业重庆培训标准、考核标准，发挥2 200余名新职业培训讲师作用，鼓励下乡入村开展新职业培训。

四是突出竞赛引领。会同四川省人力资源社会保障厅、永川区政府举办“巴蜀工匠”杯乡村振兴技术技能大赛，特设农机修理、蔬菜嫁接、无人机植保、盆景制作、手工制茶等17个就业容量大、与农村劳动力转移就业联系紧密的项目，吸引川渝57个代表队551名选手参赛，帮助农村劳动力就近就业提升技能。

（三）瞄准于“专”，聚才引才助力振兴。

一是强化政策导向。实施乡村人才培育“五万计划”，优化政策措施，支持采取公开招聘、考核招聘、校园招聘、专项招聘等多种方式招聘人才，组织区县开展集中招聘，对招人难、留人难的基层事业单位岗位，适当放宽招录条件，新招募“三支一扶”大学毕业生806名，聘用退休“双高”人员304名，为基层事业单位招聘高校毕业生3 517人。

二是加强薪酬激励。鼓励支持事业单位人才“在乡”“入乡”“驻乡”，制定26条薪酬激励措施，打造“政策找人”工具箱，强化乡村人才振兴待遇激励保障，助推形成各类人才支持服务乡村格局。

三是开展专家服务。“揭榜挂帅”选派第四批专家服务团125个团队下基层为乡村振兴育才增智，累计1 044名专家深入38个区县开展1 900余次技术帮扶工作，实现市级乡村振兴重点帮扶乡镇专家服务团全覆盖。

四是加强人才交流。印发《重庆市人力资源和社会保障局办公室关于加快推进2023年度鲁渝协作专业技术人才交流和培训工作的通知》，密切与行业主管部门联系，会同市教委、市科技局、市农业农村委、市卫生健康委选派教师、医务人员、农技人员及其他专业人员341名赴山东省学习交流，培训专业技术人才10 076人次，分别完成目标任务的148%、360%。

五是加强表彰激励。开展“重庆市乡村振兴贡献奖”市级专项表彰，重点评选在乡村振兴中作出突出贡献的单位和个人，有力激发人才队伍投身乡村振兴的干事创业热情。

重庆市人力资源和社会保障局

四　川　省

2023年，四川省人力资源社会保障系统坚持以习近平新时代中国特色社会主义思想为指导，深入学习贯彻党的二十大精神，全面落实习近平总书记来川视察重要指示精神，坚决贯彻落实省委、省政府决策部署，准确把握最大民生部门、经济发展重要助推部门职能定位，真抓实干、精准发力，贯彻新发展理念、推动高质量发展取得明显成效。

一、千方百计保持就业形势总体稳定

始终牢记习近平总书记在宜宾学院视察时对推进高校毕业生就业创业作出的重要指示，坚决扛起稳就业保就业政治责任，以时时放心不下的责任感使命感紧迫感，担当作为、攻坚克难，以超常举措稳定全省就业形势。2023年，全省城镇新增就业104.02万人，约占全国总量的十二分之一，调查失业率控制在5.5%左右，全省就业局势保持总体稳定。

一是强化政策支撑稳就业。出台降低企业招工成本支持政策，用足用好减税降费、援企稳岗等政策，推出稳岗返还、扩岗补助、吸纳就业补贴、减征社保费等系列措施，鼓励企业吸纳就业，全省累计减征、缓缴社保费100.55亿元。

二是加大就业帮扶保群体。把高校毕业生等青年就业作为重中之重，统筹推出扩大机关招录、增加国企招工、鼓励市场吸纳等35条措施，提供政策性岗位超30万个，2023届川籍离校未就业高校毕业生帮扶就业率达94.2%，“四类重点人群”帮扶就业率达97.3%。实施农民工服务保障战略性工程，开展农民工就业促进专项行动，构建县乡村三级劳务服务体系，大力培育“川字号”特色劳务品牌，易地扶贫搬迁集中安置点就业增收稳步推进，全省农村劳动力转移就业达2 660万人，脱贫人口就业235.5万人。

三是培育人力资源产业增载体。深入实施人力资源服务提升行动，有效发挥人力资源服务稳就业、促就业重要作用，已建成1个国家级、14个省级人力资源服务产业园，帮助实现就业、择业和流动近2 000万人次，实现收入近2 200亿元。

四是提升服务质效促匹配。扎实开展“春风行动”暨就业援助月、民营企业服务月、百日千万招聘专项行动、离校未就业高校毕业生服务攻坚行动等专项活动7 607场，达成就业意向76.67万人。面向高校毕业生、农村转移就业劳动力等群体，大规模开展职业技能培训，开展补贴性培训78.6万人次。

二、持续完善社会保障制度体系

始终牢记习近平总书记关于要着力保障和改善民生，解决好人民群众关心的民生问题，不断提高人民生活水平和质量的指示要求，尽力而为、量力而行，不断推进多层次社会保障体系建设，全省养老、失业、工伤保险参保人数分别达到6 576.4万人、1 191.3万人、1 584.8万人，社保卡持卡人数达9 087万人，城乡居民基础养老金水平排位提升至全国第22位。

一是稳步推进社保制度改革。贯彻落实养老保险全国统筹制度，研究贯彻实施办法、待遇项目平稳衔接意见、养老保险地方责任分担办法、被征地农民养老保障政策等，全面实施失业、工伤保险统收统支省级统筹。

二是深入实施全民参保和待遇提升。引导用人单位依法参保缴费，落实灵活就业人员不受户籍地限制参保政策，切实推进养老保险由制度全覆盖到法定人员全覆盖。持续为近200万低保对象、特困人员、返贫致贫人口、重度残疾人等困难群体代缴城乡居民基本养老保险费，实现应缴尽缴。为全省1 013万退休人员调整基本养老金，实现“19连涨”。

三是加强社保基金监督管理。扎实开展社保基金管理巩固提升行动，追回基金4 200余万元，有力维护了基金安全。稳慎推进职业年金投资运营，基本养老保险基金、职业年金委托投资运营超2 700亿元，基金规模和收入水平均处于全国前列。

三、持续深化人才人事机制改革

始终牢记习近平总书记来川视察时对科技创新和建设现代化产业体系提出的指示要求，聚焦全省产业发展建设，激发人才创新创造活力，全省专业技术人才总量达438万人，其中高级职称55万人；全省技能人才总量达1 098万人，其中高技能人才238万人。

一是加强专业技术人才队伍建设。深入推进职称制度改革和人才分类评价机制改革，扎实推进技术技能人才融合贯通发展，圆满完成第十四批省学术和技术带头人及后备人选选拔工作、新一批享受政府特殊津贴人员选拔推荐工作。

二是促进技能人才加快发展。印发出台《关于加强新时代高技能人才队伍建设的实施意见》，深入实施高技能人才振兴计划，广泛开展职业技能培训，大力发展技工教育，加速推进职业技能等级认定工作，持续推进西部工匠城等重大平台建设，大力营造技能成才良好氛围。参加第二届全国技能大赛取得4金3铜和78个优胜奖。

三是加强事业单位人员管理。完善事业单位岗位管理制度，教育、卫生行业人才队伍建设持续加强，省属事业单位、公立医院收入分配制度改革取得积极进展。

四、积极构建和谐劳动关系

始终牢记习近平总书记关于根治欠薪的系列指示批示精神，主动应对新经济新业态发展变化带来的新型劳动关系变化，及时防范化解劳动关系领域风险隐患。

一是巩固根治欠薪成果。以工程建设领域和新就业形态领域为重点，扎实开展根治欠薪专项行动，为9 685名农民工追发工资待遇1.3亿元。协调处理欠薪案件8 928件，为6.7万名农民工追发工资待遇6.8亿元，有力维护了农民工合法权益和社会稳定。

二是深化和谐劳动关系“春风行动”。推进劳动关系基层治理制度创新和能力建设，扎实开展“集中要约季”活动，推进新就业形态领域集体协商，签订企业集体合同和工资等专项集体合同3.7万份，覆盖企业4.5万家，覆盖职工207万人。

三是强化新就业形态劳动者权益保障。健全新就业形态劳动者权益保障政策支持体系，开展权益保障专项行动，排查化解矛盾纠纷。持续推进职业伤害保障试点，参保人数达97.8万人次，职业伤害确认3 966人次，待遇支付5 803.2万元，试点全程运行平稳，四川省作为7个试点省（市）唯一代表在全国会议上发言。

四是提升劳动人事争议仲裁效能。全年共处理劳动人事争议11.5万件，涉及劳动者12.6万人，涉案金额34.4亿元，仲裁结案率90.3%。

五、持续提升人社服务水平

持续推动川渝人社事业一体化发展，不断提高人民群众获得感、幸福感、安全感。

一是主题教育成效明显。牢牢把握总要求和目标任务，深学习、实调研、抓落实，推动主题教育在以学铸魂、以学增智、以学正风、以学促干上取得明显成效，3项全省民生实事项目、20项厅本级“我为群众办实事”实践活动重点任务圆满完成，调查研究转化成果61项。

二是人社标准化建设取得突破。高质量承办全国人社领域基本公共服务标准化试点总结推广现场会，23个川渝通办事项上线运行，实现基本公共服务事项办理标准省、市、县、乡、村“五级同标”，人社标准体系建设和多维场景打造等多个成功经验和典型做法在全国推广。

三是公共服务更加便民。深化社保卡在惠民惠农财政补贴、高校奖助学金、村民自建项目劳务报酬等方面的资金发放“一卡通”，创新推出社保卡在景区入园、医院就医互认互通。强化数据共享协同，获取部、省接口资源160余项，调用相关数据资源4 780万余次，批量核验比对数据资源1.4亿余条。

四川省人力资源和社会保障厅

成 都 市

2023年，成都市人力资源社会保障系统坚持以习近平新时代中国特色社会主义思想为指导，深入学习贯彻党的二十大精神和习近平总书记来川视察重要指示精神，坚决贯彻落实党中央国务院和省委省政府、市委市政府系列决策部署，迎难而上、笃行实干，全力以赴推进惠民生、促发展各项工作，圆满完成年度目标任务。

一、就业创业

（一）积极构建齐抓共管的“大就业”工作格局。

调整组建成都市就业促进和劳动保护工作领导小组，形成党委政府领导、46个市级部门单位横向协同、市县两级上下联动的“大就业”工作格局。推动协调成都市委、市政府主要领导及分管领导亲自调研、亲自部署稳就业工作，5次召开全市性会议研究形势、制定措施，市县两级合力充分凝聚。研究出台《关于建立产业发展与就业促进协同机制的工作方案》，推动形成扩大产业规模、推动产业升级、推进项目建设与增加就业容量、优化就业结构、提高就业质量的协同协作工作机制。

（二）超常规推进高校毕业生就业工作。

制定实施促进高校毕业生等青年就业创业措施36条，多渠道促进就业创业。打造高校毕业生“全就业周期”服务，实施离校前开展进校服务、毕业季提供筹岗服务、择业期实施攻坚帮扶。在全市65所高校全覆盖开展“公共就业服务进校园”活动318场，服务56.89万人次；抢抓7—10月离校关键期集中开展“百日万企”招聘活动940场，发布岗位超35万个；实施离校未就业毕业生就业服务攻坚行动，1.78万名离校未就业毕业生中有就业意愿的帮扶就业率99%，困难毕业生实现100%就业。2023年，成都市共有离校未就业高校毕业生17 767人，帮扶就业率93.78%，联系成功率100%。国务院有关领导来蓉调研高校毕业生等青年群体就业情况，对有关工作给予肯定。

（三）做细做实重点群体就业援助帮扶。

推进农民工三级劳务体系建设，建成省级服务示范站7个，开展劳务品牌培训2.74万人次，全市农村劳动力转移就业规模稳定在220万人以上；开展“春风行动暨就业援助月”招聘活动878场次，元旦春节期间走访慰问农民工9.88万人。精准开展就业困难人员“1311”援助服务5.07万人次，筹集托底安置岗位6 496个，及时足额发放失业保险金40.6亿元、失业补助金0.48亿元，就业困难人员实现就业1.78万人，动态消除零就业家庭。做好对口支援帮扶，在涉藏县投入就业帮扶资金205.22万元，组织现场招聘会57场、劳务洽谈会16场，被四川省人力资源社会保障厅评为凉山州易地扶贫搬迁就业增收工作成效突出单位。

（四）强化职业技能培训提质就业。

深入实施全民职业技能提升行动，以脱贫劳动力、高校毕业生、就业困难人员等群体为重点，大力开展技能培训，2023年开展补贴性职业技能培训11.3万人次。健全按需施培制度，结合产业发展紧缺技能人才需求，建立培训需求调查和培训信息动态发布机制，涉及开班信息712个、工种78个。建立培训监管长效机制，规范培训信息发布、强化“线下”巡察和培训后续服务，落实培训补贴“二审”工作制度，确保培训真实有效。

（五）持续完善公共就业服务体系。

建设“蓉易就业”基层服务机制，推动基层公共就业服务“进网入格”，打造形成“锦江就业超市”“武侯就业小站”“都江堰就业直通车”等示范点位39个。创新制定全市就业干部激励办法，鼓励各级就业干部担当作为，争当有情怀的就业工作者。2023年，全市城镇新增就业26.44万人，完成全年目标任务的114.95%，新吸纳大专以上学历在蓉就业参保超60万人，就业形势保持稳定。成都市获评2023年度“最佳促进就业城市”，被纳入全国公共就业创业服务示范城市首批创建名单，农民工服务保障工作受到省委办公厅、省政府办公厅表扬，全市就业促进工作先后8次得到国家级媒体推广报道。

二、社会保障

（一）持续推进全民参保计划。

全力推进“人人享有”，深入实施全民参保计划，聚焦“两类企业”“四类群体”精准扩面，全市参保单位和参保人数稳定增长。截至2023年年底，全市新增有效参保企业4.69万户，基本养老保险参保人数达1 741.96万人，较上年期末增加43.02万人，基本养老保险参保率达93.45%，企业基本养老保险抚养比达5.18∶1，高于全国、全省平均水平。助力全面实施乡村振兴战略，按照每人1 004.64元标准为全市5.69万名低保对象、特困人员、返贫致贫人口等困难群体代缴2023年城乡居民基本养老保险费，代缴完成率达126.08%。坚决履行保发放职责，按时足额发放360余万人养老待遇；平稳兑现7 599名2022年机关事业单位退休人员养老待遇；圆满完成230.81万名机关企事业单位退休人员和91.04万名城乡居民基本养老保险缴费领取待遇人员基础养老金调整工作，人均增幅3.7%、4.2%。创新推进个人养老金先行试点，截至2023年年底，成都市个人养老金开户近300万人，缴存金额超15亿元，居全国前列、中西部首位，经验做法被人力资源社会保障部、省人力资源社会保障厅推广，3次在全国性研讨会上作经验交流。

（二）推行稳岗返还“免申即享”服务模式。

利用大数据技术和信息化手段，实现发放对象的智能审核和精准直发。在“免申即享”发放稳岗返还的创新模式下，参保单位全程“免申报、零材料、零跑腿”即可快捷享受失业保险稳岗返还政策，实现“企业找政策”到“政策、资金、服务找企业”的转变，有力解决了“线上不会办”“线下跑麻烦”等问题。2023年，全市共发放失业保险稳岗返还6.7亿元，发放企业5.1万户，惠及职工195.3万人；充分发挥失业保险保生活作用，保障失业人员基本生活，为31.57万名失业人员发放失业保险金40.6亿元、缴纳医疗保险费11.7亿元。

（三）不断扩大工伤保险覆盖面。

持续推动工程建设项目参加工伤保险和超龄等非标准劳动关系就业人员、基层快递网点快递员优先参加工伤保险工作，参保覆盖面不断扩大。落实阶段性降低工伤保险费率政策，全年为54.89万户参保企业减少工伤保险费5.46亿元。深入推进新就业形态就业人员职业伤害保障试点，积极打造“2+3”小伤快办经办模式，全年为3 260名职业伤害人员发放待遇5 807.35万元。截至2023年年底，全市工伤保险参保人数达773.74万人（含按项目参保建筑业农民工84.03万人），较上年期末增加7.45万人；及时兑现2.65万人工伤保险待遇。积极推进工伤预防五年行动落地落实，全市重点行业企业工伤事故发生率实现下降5%的目标。

（四）促进经办服务提质增效。

大力推进服务事项“全程网办”，全市开通网上经办单位44.24万余户，5人以上企业开通率98.82%，线上线下经办量达5 332.55

万笔，线上占比82.8%。深化完善“档案预审、预约办理、提醒办理”个性化服务，创新开展流动人才退休不见面服务试点，机关事业单位退休人员“一封书信、一条短信”精细化服务模式从“成都实践”上升到全省经办标准化应用。持续推进社保服务“适老化”，健全“五位一体”认证服务模式，优化帮办代办、上门办等助老服务，全市人脸识别认证293.06万人次，数据比对认证60.83万人次，上门认证6.83万人次。市县联动开展“社保服务进万家——全民参保、共享美好”主题宣传活动，采取面向公众、深入基层、走进电台、社银合作等方式，多渠道开展社保政策、经办和便民服务举措宣传249场，服务群众2.3万人次。

（五）巩固深化社保风险防控。

组织开展社保基金管理巩固提升行动，全面梳理查找岗位职责、业务流程等方面廉政风险点68个，对标风险防控要求制定防控措施235条，落实提升年行动15类任务60项举措。建立社保经办风险防控子系统，运用大数据分析技术，实现养老保险94项业务的事前比对拦截风险，42项业务的事中核验强化审核，48项业务的事后分析数据稽核，提升风险防控智能化水平。聚焦社保费一次性补缴、特殊工种提前退休审批等高风险业务风险隐患，建章立制强化风险管理、规范业务运行，形成党风廉政建设“1+23”制度体系。贯彻落实“四位一体”风险防控机制，建立工作例会、集体会商、专题研讨制度，以重点抽查、交叉检查、第三方审计相结合的方式，全方位、全流程、多层次开展风险防控监督检查，从源头上堵塞漏洞。

三、人才与人事管理

（一）加快推动人才集聚。

发布《成都市重点项目人才开发指引（2023）》《成都市人才开发指引（2023）》（成都人才白皮书），细化重点产业、科技创新等重点领域6大类224项人才需求和510类紧缺岗位。出台《成都市鼓励引进培育博士后人才实施办法》，落实新设站资助、生活资助、博新项目资助三项政策，首次面向全球发布博士后岗位需求3 092个，新增博士后“两站一基地一平台”58个，总量达372个；新招进站博士后1 427人，累计在站达5 095人。成功举办“蓉漂杯”首届博士博士后创新创业大赛，实现科技成果转化3.95亿元。首次开展“蓉城英才计划”卓越工程师项目，评选出20名先进制造业、国防科工等领域杰出产业人才。18位重点产业领域、自然科学领域高层次人才成功入选第十四批四川省学术技术带头人及后备人选。

（二）不断健全人才评价体系。

出台职称评审委员会专家管理办法，向省人力资源社会保障厅争取授予四川天府新区、成都高新区、成都东部新区更高人才评价权限，支持通威太阳能等制造业领域头部企业开展自主职称评审试点，建成上线全市统一的职称评审系统，实现职称评审全员、全程、全量可核可溯。出台职业技能等级评价机构管理办法、职业技能等级认定工作指南，建立起以市场为导向的技能人才评价制度。

（三）持续加大技能人才培养力度。

制定《关于加强新时代高技能人才队伍建设的实施意见》，加快高技能人才培育平台载体建设，全市新建高技能人才培育载体88个，总量达478个，同比增长22.6%。开展各级各类补贴性职业技能培训21万人次，发放补贴2.4亿元。成功举办第12届穗港澳蓉职业技能竞赛、第6届技工院校职业技能竞赛等各类竞赛300余场。参加第二届全国技能大赛获2金2铜和47个优胜奖（含2个双人赛、1个三人赛）的历史最佳成绩。2023年，全市高技能人才总数92.13万人，新增取得高级工以上职业资格证书或职业技能等级证书1.27亿人，其中技师及以上2 094万人。建成省级集训基地20个，培育世赛奖牌选手3人（1金2银）和国赛奖牌选手95人（3金4银8铜和80个优胜奖）。

（四）优化提升人力资源服务业发展水平。

出台人力资源服务业创新发展三年行动计划和骨干优秀机构评价办法，全市新增主板上市企业1家、“专精特新”企业5家、获评省级龙头企业18家。率先在全省建立起国家、省、市三级人力资源服务产业园体系，举办各类人企对接活动160余场次，获全国人力资源服务业双创大赛一等奖。2023年，全市专业技术、技能人才分别新增9.6万人、17万人，总量达237万人、292万人；新增人力资源服务机构500家，总量突破2 600家，营收超660亿元。成都市获评2023年度“最佳引才城市”。

（五）增强事业单位岗位管理质效。

出台《关于进一步提升事业单位岗位设置管理效能十条措施》《成都市事业单位工作人员流（调）动办法》，分类优化专业技术岗位结构比，强化科技科研岗位激励，鼓励设置“特设岗位”吸引人才。印发《成都市人力资源和社会保障局关于医疗卫生事业单位考核招聘急需紧缺专业技术人员的通知》，充分发挥医疗卫生事业单位选人用人自主权作用。支持四川天府新区、成都东部新区开展集成授权改革，建立健全因事设岗、能进能出的灵活用人机制。稳妥推进县以下职员等级晋升制度改革，全市晋升职员等级5 047人，由岗位等级“单通道”晋升模式，转变为管理岗位、职员等级“双轨道”晋升格局。

四、劳动关系

（一）不断创新源头治理模式。

创新建立劳动关系风险监测预警处置机制，运用大数据技术赋能基层劳动关系治理，实现劳动关系风险隐患动态监测、主动发现、精准研判、分级预警和分类处置，将全市60.08万家参保企业纳入大数据动态监管，提前介入处置劳动纠纷1 248件，防控群体性风险线索9 202条，前端化解率从34.59%上升到42.38%。先后举办第六届构建和谐劳动关系宣传月、青年仲裁员志愿者联系服务企业活动，开展劳动关系普法宣传活动超1 200场次，常态化组织100名青年仲裁员志愿者深入348家次企业开展送法入企、以案释法、用工体检等活动，持续促进企业依法用工、关爱职工。

（二）大力推进劳动关系多元治理。

持续完善劳动纠纷“一站式”多元化解联动处置机制，培育1 408名专兼职调解员，在全市构筑起“1+23+162”［1个市级联处中心、23个区（市）县级联处中心、162个联处分中心］的全域化解劳动纠纷格局。全市各级联处中心（分中心）累计接待群众21.1万人次，提供法律咨询13.1万人次，受理法律援助案件3 204件，受理登记案件8.2万件，受理调解案件5.6万件，调解涉及金额10.2亿元。全市受理劳动争议仲裁案件7.2万件，审结7.3万件。调解成功案件数同比增长83.15%，仲裁结案率达95%。会同成都市委政法委、市法院、市检察院、市司法局、市总工会开展先进典型选树评价活动，促进形成正向激励、引领示范的良好氛围。

（三）合力抓好根治欠薪。

充分发挥考核“指挥棒”作用，一体压实政府属地责任、行业监管责任、企业主体责任，会同政法、住建、法院、检察院、公安、司法、信访等部门联合组建9个房地产领域防范管控涉稳风险督导组，将重大欠薪案件、历史陈案、疑难案件等纳入督导范围，下沉23个区（市）县蹲点督导，集中化解15个重点欠薪案件，兑现2 600余名农民工工资1.14亿元。打好行政执法、刑事司法和信用惩戒“组合拳”，为劳动者追讨工资等待遇10.73亿元。常态化走访核查、根治欠薪标准化项目建设等经验做法被全省推广。

五、公共服务

（一）持续优化人社政务服务。

高质量完成人社领域基本公共服务标准化试点任务，作为全国唯一点位承办现场观摩活动，受到人力资源社会保障部有关领导肯定。

持续深化“一网通办”前提下“最多跑一次”改革，以标准化、信息化推动人社181项依申请公共服务事项在“一网通办”政务服务平台上“应上尽上”、数据“应汇尽汇”，政务服务“一网通办”效能稳居市级部门A组第一梯队，省政务服务一体化平台“好差评”系统满意率达99.9%。人社3项服务分获2023年天府市民云“十佳”口碑民生和创新便民服务，营商环境牵头指标“劳动力市场监管”蝉联全省考评第一。

（二）强力推进“智慧人社”建设。

扎实开展人社智慧治理标准化国家试点，新颁智慧治理地方标准1部。创新“人社+”跨界公共服务供给，深化惠民惠农财政补贴对象发放资格自动核验、住房购买资格核验等跨业务、跨部门的业务协同，“智慧人社”新增数据66亿条，汇总数量超600亿条，累计为市县两级384个部门提供社会保障卡数据服务惠及市民433万人，为市场监管部门提供信用评估验证超3 000万次，为公安部门提供积分入户审核验证超5亿次。打造“热线+在线”“智能客服+人工坐席”12333咨询服务阵地，拓展社会保障卡制卡进度查询、劳动保障维权绿色通道等“电话办事”便民服务项目。“智慧人社”事件枢纽系统上线运行，建成“成都人社体征指标运行图”“就业经办风险防控”“劳动关系风险监测预警分析”等14个应用主题场景，“智慧人社”建设持续迭代升级。

（三）全力提升网络理政质效。

健全12345平台群众诉求联动处置和办理会商机制，出台12345热线平台诉求办理工作细则，形成受理、办理、整理、治理工作闭环，12345热线平台诉求人社服务满意率位居全市市级部门第一方阵。成都市就业局、郫都区人力资源社会保障局和成都市社保局2个案例分获“12345亲清在线”服务企业十大“典型案例”和十大“暖心人物”。

（四）纵深推进人社区域协作。

加快打造成渝人社同频共振新格局，首次实现118项人社数据互通，两地共享岗位信息30.98万个，协同开展劳务转移11.05万人，社保卡“一卡通”惠及群众22.5万人次；为两地3 100余名劳动者异地落实创业担保贷款等政策资金1 240余万元，实现就业创业政策“同城同待遇”；办理养老保险关系转移1.43万人次，社保待遇领取资格认证2.3万人次；全市成渝社保卡通办服务网点由35个增加至2 801个，实现街道、社区全覆盖；社保卡“一卡通游”“一卡通购”惠及群众23.5万人次。成德眉资同城化发展走深走实，举办四地专场招聘活动137场，劳务转移超86万人次，成都职业技能培训网络学院培训四市劳动者180万人次。

六、行风建设

（一）强化廉政风险防控。

贯通运用“九责工作法”压紧压实主体责任，抓早抓小纠治“三性”问题，一体推进“三不腐”建设。坚持“完善业务制度就是反腐败”，聚焦就业、社保、职称评审、职业技能等级认定、劳动能力鉴定五大领域，建立健全“10+N”制度体系，出台职称评审专家管理办法、劳动能力鉴定“双比对”等65个制度规范，构建廉政风险防控长效机制。开展2023年度岗位廉政风险排查，初步排查风险岗位270个，梳理风险点350个，制定防控措施824条。

（二）稳步推进系统行风建设。

推动通办服务、智慧服务、优质服务“三大行动”提档升级为标准引领、智慧转型、专业提能“三大工程”，深入为民服务第一线开展“领导干部走流程”，开展全市窗口单位行风建设明察暗访，主动听取企业群众“好差评”评价，5个区（市）县人社部门、20名个人获评全省“温暖人社”三年行动表现突出单位和个人，全省行风建设群众满意度测评排名持续提升。

七、乡村振兴

利用“宜业成都”公共人力资源市场等渠道，多形式开展“春风行动”送岗活动，帮助农民工及时就业，开展“春风行动暨就业援助月”招聘活动 878 场次，提供就业岗位 78.51 万个，达成就业意向 10.06 万人次。紧扣城市产业发展需求，建立培训需求调查机制和需求清单，精准开展技能培训和新职业新业态培训，制发“成都市 2023 年劳务品牌培训专业目录”，创建市级劳务品牌 32 个、省级“川字号”劳务品牌 4 个，开展劳务品牌培训 2.74 万人次，“龙泉车工”入选四川省第二批“川字号”特色劳务品牌。落实政策强服务，鼓励返乡人员参与农商文旅体融合发展创业，开展返乡创业培训 5 797 人次，发放农民工返乡创业补贴 218 万元，彭州市九尺镇、崇州市隆兴镇入选首批四川省返乡入乡创业示范乡（镇），天府农创园等 4 个园区入选首批四川省返乡入乡创业示范园。

成都市人力资源和社会保障局

贵 州 省

2023 年，贵州省人力资源社会保障系统坚持以习近平新时代中国特色社会主义思想为指导，深入学习贯彻习近平总书记视察贵州重要讲话精神和对贵州、对人社工作重要指示批示精神，扎实开展学习贯彻习近平新时代中国特色社会主义思想主题教育，认真落实党中央、国务院和省委、省政府以及全国人力资源社会保障工作会议部署，抢抓《国务院关于支持贵州在新时代西部大开发上闯新路的意见》国发〔2022〕2 号文件重大政策机遇，聚焦“四新”“四化”主战略、“四区一高地”主定位，认真落实“六稳”“六保”工作任务，统筹推进人社各项重点工作。

一、全力做好稳就业促就业工作

（一）完成 2023 年目标任务。

坚持突出就业优先导向，印发《关于促进高质量充分就业的意见》“1+4”文件，不断完善就业政策体系，形成有效政策供给，精准推动就业工作落实。2023 年，全省实现城镇新增就业 61.75 万人，完成目标任务 60 万人的 102.92%；促进失业人员再就业 15.35 万人，完成目标任务 13 万人的 118.08%；促进就业困难人员就业 7.52 万人，完成目标任务 7 万人的 107.43%。城镇调查失业率平均 5.4%。贵州省获评 2022 年全国促进就业工作五个先进地区之一并获资金倾斜支持。

（二）稳住外出务工基本盘。

在广东、浙江、福建、江苏等省搭建了省、市、县三级省外就业服务“一张网”，建立完善“省级总站 + 市级分站 + 县级工作站”三级联动服务体系，优化建设省外劳务协作站 129 个。加强东西部劳务协作，与广东共建“一县一企（多企）”农村劳动力稳岗就业基地 181 个。“两节”期间等重点时段，开展返乡返岗监测及就业跟踪服务。截至 2023 年年底，全省脱贫劳动力（含监测对象）外出务工 346.58 万人，完成国家下达目标任务 319.6 万人的 108.44%，农村劳动力跨省务工规模保持在 600 万人左右。“多措并举稳住农村劳动力外出务工基本盘”作为贵州省唯一案例入选 2023 年中央主题教育整改整治案例选编。

（三）促进重点群体就业。

印发《贵州省高校毕业生留黔行动实施方案》，实施“高校毕业生留黔行动”和高校毕业生等青年就业服务攻坚行动，挖掘政策性岗位超 11 万个，全省 2023 届高校毕业生初次去向落实率 84.34%，人社系统实名登记离校未就业高校毕业生帮扶就业率 92.3%。围绕恒力集团、宁德时代等招商引资重点企业，建立重点企业用工服务平台，累计帮助企业解决用工 13.9 万人。围绕希音公司、际华集团等劳动密集型企业，促进脱贫劳动力、易地搬迁劳动力等实现就业。强化兜底保障，截至 2023 年年底，全省城镇、乡村公益性岗位分别在岗 4.04 万人、45.95 万人。

（四）优化公共就业服务。

推进黔西南州、毕节市全国公共就业服务能力提升示范项目建设。推动零工市场等服务载体建设，全省建成零工市场 144 个、零工驿站 1 868 个，5 063 个村（社区）参与村级就业公共服务站点建设，将就业服务延伸至村（居）。推进劳务品牌建设，评选出“都匀毛尖技工”等 20 个首批省级优秀劳务品牌。组织开展“2023年春风行动暨就业援助月”“民营企业服务月”“金秋招聘月”等专项活动，全省共举办招聘活动7 265场。

（五）支持创业带动就业。

加强创业扶持政策兑现，2023年全省新增创业担保贷款40.9亿元，新增扶持创业人员2.24万人，带动就业6.25万人。加强创业平台载体建设，2023年新增认定11家省级创业孵化示范基地，经复评保留59家省级创业孵化示范基地资格。加强创业服务活动供给，组建“贵州省创业创新专家库”，开展第六届“返乡农民工创业之星”评选、“源来好创业”青年创业资源对接服务季等活动，进一步激发高校毕业生等重点群体创新创业活力。

二、不断增强职业技能培训的针对性实效性

（一）实施四项培训工程。

印发《省人力政府关于推动职业技能培训高质量发展》“1+4”文件，围绕“六大产业基地”、重点产业、“专精特新”企业、劳动密集型企业等培训需求，全面实施“贵州技工”“黔菜师傅”“黔灵家政”“黔旅工匠”四项工程，2023年开展职业技能培训62.37万人次，完成60万人次目标任务的103.95%。

（二）强化技能培训平台建设。

围绕酱香白酒、磷化工和新能源材料等贵州优势产业，建设首批8个省级培训基地。推进技工院校发展，2023年共完成13家技工院校设立审批工作，全省技工院校累计招生3.6万人，完成人力资源社会保障部下达的3.5万人招生任务。组织对全省560家民办职业培训学校进行评估，给予133家评估不合格（不配合评估）的学校暂停或撤销办学资格处罚。加强高技能人才培训基地和技能大师工作室建设，获评2022年度国家级高技能人才培训基地和技能大师工作室各5个。

（三）深化东西部协作培训。

推动东西部校校合作、校企合作，省内32所技工院校与省内外176所学校开展“校校合作”，67所技工院校与812家企业开展“校企合作”，“广州酒家班”“广港班”“广汽班”等订单班培养1.6万余人。2023年，开展“粤菜师傅”“南粤家政”“广东技工”培训697期（班）3.27万人次。

（四）推进职业技能竞赛。

组队参加第二届全国技能大赛，获得3枚银牌、3枚铜牌和32个优胜奖，实现奖牌零的突破。举办52项行业职业技能竞赛，350余人获得“贵州省技术能手”称号。组队参加全国行业职业技能竞赛，9名选手获得一等奖，24人获得“全国技术能手”称号。

三、统筹做好社会保险工作

（一）提高社会保障水平。

实施全民参保计划，以灵活就业人员、新就业形态就业人员以及未参保居民等群体为重点，将更多人群纳入保障范围。截至2023年年底，基本养老、失业、工伤三项保险分别参保2 736.17万人、349.16万人、626.12万人。调整发放170.43万退休人员基本养老金，月人均增加128.58元。为领取城乡居民基本养老保险待遇人员每月增加15元基础养老金，最低标准从118元提高至133元，惠及全省515.59万待遇领取人员。将失业保险金标准从每人每月1 611元调整到1 701元。

（二）完善社会保障制度。

开展个人养老金试点，截至2023年年底，贵阳市（含贵安新区）个人养老金开立账户61.06万户，缴费18.78万人2.23亿元。推进失业保险基金省级统筹，实现基金省级管理，统收统支。深化工伤保险制度改革，持续推动基层快递网点优先参加工伤保险和煤矿、冶金、建材等尘肺病重点行业、建筑业参加工伤保险。按照国家统一部署，优化措施，落实助企纾困政策，制作惠企（惠民）宣传“二维码”，线上线下同步开展宣传推介，2023年为企业减负38.56亿元。

（三）加强社保基金监管。

开展社保基金管理巩固提升行动，推进政

策、经办、信息、监督“四位一体”风险防控体系建设，坚持“人防、制防、技防、群防”四防协同，与公安、司法、民政等部门开展核查会商和数据比对，坚决守好群众的“养老钱”“保命钱”。深入开展清理整顿人力资源市场秩序、劳务派遣单位截滞留稳岗返还资金清理、打击短期参保骗取失业补助金、联合打击骗取失业保险基金违法犯罪行为四个失业保险基金管理问题专项整治行动，对发现的问题进行整改，及时追回骗取基金。

（四）提升经办服务质效。

与广东、上海、江苏、浙江、广西等省（自治区、市）签订“社保通”合作框架协议，推动社保领域跨省协作。制定全省人社窗口服务标准化建设规范，创建并挂牌10家省级基层优质服务窗口试点。加快全省社会保险信息系统完善升级，推进“一件事一次办”“一网一窗通办”和“企业之家”服务，授权综合受理窗口事项由63项扩大至140项，208个事项实现“全省通办”，34个事项实现“跨省通办”，一般事项实现100%全程网办，政务服务好评率99%以上。开展“社银一体化”试点，建成覆盖到村的服务网点2 026个。推进社保卡“一卡通”，全省社保卡累计持卡3 799万人。

四、扎实推进人才人事工作

（一）优化人才政策。

优化实施“百千万人才引进计划”，指导15家单位对接28名符合条件的高技能人才。完善重点人才“蓄水池”等政策，印发《贵州省“银龄计划”实施方案》，制定12条措施，引进留用“银龄人才”1 356人。截至2023年年底，全省人才总量达691.81万人，较2022年增加38.62万人。

（二）建好用好人才平台。

举办第十一届人才博览会，省委、省政府主要领导发出致人才的一封信，引进落地人才1.05万人。完成全省2.3万余名事业单位工作人员招聘工作。组织参加第二届全国博士后创新创业大赛，2个项目获银奖。选拔推荐享受国务院政府特殊津贴人选39名，享受省政府特殊津贴人选100名。启动省级专家服务基层项目，遴选34个专家服务团、动员400余名专家人才赴基层开展智力服务。

（三）推进人事制度改革。

全部修订完成25个职称系列评审条件，率先在全国实现专技人员职称全程“云上评”，实现职称证书电子化。深入推动公立医院薪酬制度改革，推动落实高层次人才工资分配激励政策和科研人员职务科技成果转化现金奖励政策。实施职业院校学生“双证书”行动，2023年新增高技能人才10.21万人。开展全省县以下事业单位管理岗位职员等级常态化晋升工作，全省累计4.6万余人晋升职级。

（四）加强人力资源开发。

印发推动毕节人力资源开发培育“1+2”行动方案，支持毕节人力资源开发。印发推进人力资源服务业高质量发展政策措施，评选省级人力资源服务业龙头企业8家，引进省外知名服务机构14家。组团参加第二届全国人力资源服务业发展大会，2个创新创业参赛项目分获全国二等奖和三等奖。加强中国贵阳人力资源服务产业园建设，产业园入驻企业87家，为4.59万家用人单位提供服务，提供就业岗位65万个。

（五）做优人才服务。

用好“省人才之家”“96567人才服务热线”，2023年举办人才活动250场，办理“96567人才服务热线”1.6万余个，发放“高层次人才服务绿卡”1 035张。

五、不断构建和谐劳动关系

（一）深入开展根治欠薪。

落实“双转办、双交办”闭环管理制度，2023年办理欠薪案件3 820件，涉及5.84万人6.73亿元，与2022年相比，案件数、人数、金额分别下降19.98%、17.05%、10.51%。完善劳动用工大数据综合服务平台，推进工程建设领域“项目全入库、人员全覆盖、工资支付全监管”。截至2023年年底，纳入平台进行实名制监管的项目3 132个，“六项制度”综合落实达标率为94.05%。开展失信联合惩戒，2023年省级公布拖欠农民工工资失信联合惩戒企业16家和重大劳动保障违法案件19件。

（二）扎实做好劳动人事争议案件化解。

全覆盖运行全国“互联网＋调解”平台，在线调处争议案件7 218件。2023年，全省劳动人事争议调解、仲裁立案6.43万件，涉及6.69万人15.74亿元，调解成功率79.80%，仲裁结案率99.97%，仲裁终结率85.33%，终局裁决率57.76%。加强调解仲裁干部队伍建设，4家调解组织获全国通报表扬。

（三）推进创建和谐劳动关系。

推进劳动关系“和谐同行”能力提升三年行动计划，全力做好金牌劳动关系协调员、金牌协调劳动关系社会组织选树培育工作，2023年认定6家金牌协调劳动关系社会组织、100名金牌劳动关系协调员。推进电子劳动合同订立平台建设，推广运用电子劳动合同，截至2023年年底，全省累计签订5.5万份电子劳动合同。

六、持续深化系统行风建设

落实中央和省委关于整治形式主义为基层减负的要求，推动精文减会、整合APP、减少报表等工作落实，2023年印发编号文件411件，同比下降24.45%；全口径发文3 445件，同比减少3.32%。组织参加练兵比武全国赛在线比试。组队参加2023年全国人社法治知识竞赛获团体三等奖。开展“厅局长走流程”，形成常态化机制。

贵州省人力资源和社会保障厅

云 南 省

2023年，云南省人力资源社会保障系统坚持以习近平新时代中国特色社会主义思想为指导，贯彻落实党中央、国务院决策部署和省委、省政府及人力资源社会保障部工作要求，紧紧围绕省委“3815”战略发展目标，深刻把握转型大势下面临的新形势、新任务、新要求，主动思变谋变求变，坚持服务发展与服务民生并重，开拓创新、加压奋进，探索实践了一些新思路新举措，打开了云南人社事业高质量发展的新局面。

一、就业创业

突出就业优先导向，实施就业优先战略，确保全省就业形势保持总体稳定。2023年全省实现城镇新增就业53.98万人，帮助失业人员再就业17.25万人，帮助就业困难人员就业13.71万人，均超额完成年度目标任务。

（一）就业优先政策不断强化。

2023年，出台稳就业促发展惠民生20条、进一步推动高校毕业生等青年群体就业创业17条、推进重点群体创业行动、引导高校毕业生服务乡村振兴等系列政策措施，加强创新突破，优化政策供给。加大27个国家级、30个省级乡村振兴重点帮扶县，以及高校毕业生等重点群体就业资金倾斜支持力度，及时下拨中央就业补助资金和省级配套资金31.1亿元，强化资金保障。落实“降缓返补”政策减轻参保单位失业保险缴费26.24亿元，稳岗返还5.31亿元，助力稳岗扩岗。

（二）高校毕业生等青年就业保持稳定。

针对近年来高校毕业生群体不断扩大、就业压力增大的实际，重点在“四个着力”上下功夫。着力强支撑，出台推动高校毕业生等青年群体就业创业17条措施、稳就业促发展惠民生20条措施，加大政策供给。着力扩岗位，2023年开发岗位去向44.11万个，支持引导近8.21万名高校毕业生等青年下乡返乡兴乡。着力优服务，建设涵盖近95.6万名高校毕业生实名信息系统，实施人社干部进企挂县稳岗拓岗等6个专项行动，征集岗位122万余个。着力抓帮扶，对6.26万名困难毕业生开展“一对一”帮扶，全覆盖调研解决23.6万名返乡高校毕业生就业问题。2023届高校毕业生去向落实率95.04%，高于上年度水平。

（三）农村劳动力转移就业提质增收。

针对云南省农村劳动力2 058万人，脱贫人口933万人，占全国近十分之一等实际，坚持外出务工就业和就地就近就业两个方向同时发力，抓实转移就业促增收。2023年，开行专车、专列、包机22 706趟次，一站式、组织化输送51.01万人；加强省际间劳务协作，与省外12个省（市）、39个县（市、区）人社部门以及有关人力资源公司、用工企业签订劳务合作协议820份，设立驻省外劳务工作站154个。2023年，云南省省外转移就业首次突破400万人，达到403.48万人。全省农村劳动力转移就业1 573.76万人，比2022年年末增加4.49万人，完成年度目标任务的104.92%，转移就业总规模稳中有升。

培育打造特色劳务品牌，实施“七彩云南”劳务品牌促就业行动，制定省级劳务品牌认定管理指导意见和评审实施细则，印发加快推动米线产业高质量发展三年行动计划、专项制定劳务品牌培训补贴目录等。截至2023

年年底，云南共有“滇字号”劳务品牌147个，从业人员约256万人，年经济收入1 522亿元。全省就业帮扶车间2 209个，吸纳就业3.62万人，2023年省内务工规模达1 171.86万人，其中县内务工864.87万人，在实现家门口就业的同时，有效解决“一老一小”问题。健全公共就业服务体系，打造云南就业服务“幸福里”品牌。2023年9月，云南省人民政府在楚雄州永仁县召开了全省基层公共就业服务能力建设现场推进会，在全省推广“幸福里”社区“用工企业＋用工平台＋务工人员”新模式，构建以“幸福里”社区为龙头，以零工市场、公共就业服务站点和人力资源服务机构为支撑的“四位一体”的公共就业服务体系。出台进一步加强基层公共就业服务体系建设16条措施，指导州（市）创建50个“幸福里”社区，建设140个零工市场，1 425个乡镇、14 816个村（社区）就业服务站点，引导人力资源服务机构在基层设立网点，打造“15分钟就业服务圈”。强化数字赋能，启动就业信息资源库、就业一体化信息平台建设，打造集“全政策落地、一体化经办、多元化服务、智能化监管、科学化决策、数智化协同”的就业信息化“一库一平台”。升级改造云南省公共就业服务平台实现系统国产化，推动业务流程标准化，为宏观决策和精准就业服务提供坚实保障。

（四）创业带动就业效应明显提升。

围绕打造“七彩云南　创业福地”品牌目标，按照“全统筹、聚资源、强要素、优服务”的工作思路，聚力打造政策链、资源链、平台链、人才链、金融链、服务链“六链”融合，构建“一站式、精准化、全链条”创业服务新模式。不断加强创业载体建设，截至2023年年底，共认定创业孵化载体208个，孵化创业实体1.29万户，带动（吸纳）就业26.37万人。全省共通过发放创业担保贷款扶持创业4.12万人，发放贷款73.12亿元，带动（吸纳）就业11.34万人。

二、社会保障

（一）完善城乡居民基本养老保险制度，提高社会保险待遇水平。

印发《关于进一步完善云南省城乡居民基本养老保险制度的通知》，建立省级财政补助的基础养老金最低标准动态调整机制，优化增加缴费档次标准，推动建立正向激励的参保缴费补贴机制，稳步提升基金管理层次。按照国家统一部署，自2023年1月1日起，调整退休人员基本养老金，总体调整比例为3.8%。2023年，云南省城乡居民基础养老金增幅9.2%，失业保险金增幅13.7%，工伤职工伤残津贴、生活护理费、供养亲属抚恤金等三项工伤保险长期待遇增幅分别为6.4%、11.8%、3.1%。在玉溪市先行实施个人养老金制度，截至2023年年末，参加个人养老金人数28.97万人。

（二）社会保险基金运行平稳，覆盖面进一步扩大。

截至2023年年末，云南省基本养老保险、失业保险、工伤保险参保人数分别达3 374.7万人、375.7万人、606.6万人，同比增长2.7%、5.1%、5.4%，新开工工程建设项目工伤保险参保率100%。三项保险基金当期收入1 446.3亿元，当期支出1 275.4亿元，基金运行平稳有序。实施社会保险扩面提质增效三年专项行动，以扩大城镇职工基本养老保险覆盖面为重点，协同扩大失业保险、工伤保险覆盖面，调整优化养老保险参保结构。

（三）社会保险基金管理安全规范。

深入实施失业保险基金管理问题专项整治、社保基金管理巩固提升行动，完善政策、经办、信息、监督“四位一体”风险防控体系，强化人防、制防、技防、群防“四防协同”，以零容忍态度严厉打击欺诈骗保、套保或挪用贪占各类社会保障资金的违法行为，守牢基金安全底线。巩固完善企业职工基本养老保险省级统筹制度，落实全国统筹制度实施要求，按时足额上解全国统筹调剂金。印发《云南省人民政府办公厅关于建立失业保险省级统筹制度的意见》《关于实行工伤保险基金省级统收统支的通知》，实施失业保险、工伤保险基金省级统收统支管理模式。

（四）社会保险经办服务便民利民。

贯彻实施《社会保险经办条例》，积极开展废改立工作。实施“统模式”、“三险合一”经办、“受办分离”综合柜员制改革，推行“网上办”“打包办”，深化社银社邮合作。常态化机制化实施“康乃馨”行动，举办“社保服务进万家”活动，依托全省146支社保服务先锋队，深入基层一线宣讲政策、倾听诉求、办理业务，服务群众超200余万次，为高龄老人等特殊群体提供“面对面”服务典型经验被国务院办公厅转发。

三、人才人事

（一）健全人才政策体系。

紧扣“3815”战略发展目标，围绕建设面向南亚东南亚人才新高地和区域性人才中心任务，强化发展的人才支撑。印发实施《关于加快推动人力资源社会保障事业高质量发展的若干意见》，出台《关于加强新时代高技能人才队伍建设的实施意见》《“彩云博士后计划”实施细则》，进一步拓展人才发展空间。持续深化职称制度改革，全面完成25个职称系列、52个评审专业、427个子专业评价标准条件，搭建起职称评价体系的“四梁八柱”。

（二）技能人才队伍建设。

截至2023年年底，全省共备案技能等级评价机构441家，覆盖职业（工种）570个。全省技工院校招生4.94万人，完成招生目标任务的102.9%。推行“学历证书＋若干职业技能证书”制度，让学生足不出校即可参加评价。2023年，全省新增获取职业资格证书或职业技能等级证书48.28万人次。建立“新八级工”职业技能等级（岗位）序列，将74个新职业（工种）纳入培训补贴目录，开展补贴性技能培训78.64万人次。

（三）专业技术人才队伍建设。

完成年度职称评审工作，全年共有13.68万人通过评审取得高一级职称，11.8万人取得各类专业技术职业资格证书。建成并使用专业技术人才管理服务信息平台，全面推行职称电子证书，开展网上职称评审。加强人才自主培养，培训5 000名中高级专业技术人才、1 628名管理人才、800名园区人才、100名产业领军人才、100名民营企业带头人，选派40名优秀少数民族专业技术人才到国内高校、科研院所和企业进行为期一年的特殊培养。

（四）发挥竞赛示范引领作用。

2023年9月16日至19日，云南省派出选手136人、裁判106人赴天津参加第二届全国技能大赛，进行106个赛项的竞技角逐，项目覆盖率达97%。经过激烈比拼，云南选手在车身修理、焊接、酒店接待3个世界技能大赛选拔项目中获铜牌，云南代表团获“优秀组织奖”。2023年10月26日至28日，第二届全国博士后创新创业大赛总决赛在山东省烟台市举行。云南省组织24个项目48名博士后参加总决赛。经过激烈角逐，云南代表团取得了2金5银2铜和4个优胜奖的成绩并获“优秀组织奖”。

（五）引进各类急需紧缺人才。

2023年，支持高校直聘引进高层次人才4名，引进博士666名，支持医疗卫生事业单位引进硕士以上人员285名。以“彩云英才荟”人才服务品牌为统领，邀请6位院士和20多位各领域的顶级专家赴滇举办院士（高端人才）沙龙活动6场。赴北京、上海、四川、广东、西安等人才聚集地高校开展“云南人才周”“广聚贤才·共创滇峰——人才面对面”高层次人才引进活动12场次。

四、劳动关系

（一）调整全省最低工资标准，发布企业薪酬调查信息。

印发《云南省人力资源和社会保障厅关于调整最低工资标准的通知》，将全省一类地区月最低工资标准调整为1 990元，小时最低工资标准调整为19元；二类地区月最低工资标准调整为 1 840 元，小时最低工资标准调整为 18 元；三类地区月最低工资标准调整为 1 690 元，小时最低工资标准调整为 17 元。发布《云南省 2023 年人力资源市场工资价位和行业人工成本信息》《2023 年云南省技能人才工资价位》。同时开展新就业形态劳动者劳动报酬调查和省属国有企业薪酬专项调查。

（二）国有企业工资宏观管理。

印发《关于做好 2022 年度省属企业负责人薪酬审核备案和信息披露工作的通知》《关于报送 2022 年度国有企业工资总额预算执行情况的通知》，推进两项备案工作。根据《人力资源社会保障部　财政部　国务院国资委关于印发〈国有企业工资内外收入监督管理规定〉的通知》，会同省财政厅、国资委对 15 户省属企业负责人薪酬制度和工资决定机制改革政策执行情况开展监督检查。指导省国资委完成《云南省省属企业负责人经营业绩考核暂行办法》《云南省省属企业负责人薪酬管理暂行办法》和《云南省省属企业工资总额管理办法实施细则》。

（三）构建和谐劳动关系。

全面完成劳动关系“和谐同行”能力提升三年行动计划任务目标，在全省评选出 100 名金牌劳动关系协调员、10 家金牌协调劳动关系社会组织、10 家金牌劳动人事争议调解组织。印发《云南省推进新时代和谐劳动关系创建活动实施方案》《强保障　维稳定　促和谐劳动关系矛盾风险防范化解专项行动工作方案》。组织开展劳动用工“义诊”服务工作，覆盖 6 个州（市）共 50 户企业，加强新就业形态劳动者劳动合同、书面协议订立的宣传和指导服务，健全完善劳务派遣单位名录库，全省录入劳务派遣机构信息 3 655 户。在第一届全国和谐劳动关系创建工作先进集体和先进个人的表彰活动中，云南省 3 个先进集体、7 名先进个人受到表彰。

（四）劳动人事争议调解仲裁。

2023 年云南省共受理劳动人事争议案件 61 221 件，当期仲裁结案率 99.53%，调解成功率 81.63%。印发《关于进一步加强劳动人事争议协商调解工作的实施意见》《关于确认劳动关系类争议案件仲裁有关问题的办案指引》，发布 2022 年度劳动人事争议典型案例。

（五）劳动保障监察。

全省各级劳动保障监察机构主动监察用人单位 1.51 万户，涉及劳动者 54.44 万人，接收国家和省级举报投诉平台欠薪等各类线索 113 748 条，办结 113 714 条，动态办结率 99.97%。督促用人单位为 7 675 名劳动者补签劳动合同，督促用人单位参保缴费 458.28 万元，为 16.64 万名农民工追发工资等待遇 20.13 亿元。开展“安薪行动”“稳薪行动”，“安薪行动”被省委主题教育领导小组办公室列入主题教育期间全省“民生项目”清单。在全省开展清理整顿人力资源市场秩序专项行动，全省共检查 9 145 户次人力资源服务机构、劳务派遣单位、用人单位，责令退赔劳动者中介服务费、押金或其他费用 29.03 万元，罚款 9.4 万元。开展根治欠薪冬季专项行动，共为 5.28 万名农民工追发工资 5.06 亿元。

五、行风建设

2023 年，云南省各级人社部门深入学习贯彻习近平新时代中国特色社会主义思想，坚持以人民为中心持续优化政务服务，坚持以问题为导向注重补齐短板弱项，坚持以质效为核心不断提升行政效能。企业和群众办事满意度、获得感持续提升。

（一）人社政务服务质效持续提升。

服务基础不断夯实。精简权责事项 109 项，取消证明材料事项 60 余项，实行告知承诺制证明材料 21 项，梳理公布云南人社系统电子证照发证清单和用证清单，人社政务服务逐步实现从能办到好办、易办、快办的转变。服务模式迭代更新。“领取待遇资格认证”等 60 余项高频服务实现“掌上办”，落实惠企惠民政策“直达快享”，加大社银社邮合作力度，推进“就近办”，整合集成关联事项推动“一件事一次办”。服务效能持续提升。全省人社系统政务服务事项全数实现“最多跑一次”，95% 实现“全程网办”，承诺件办理时限压缩 83%。云南人社公共服务一体化平台注册用户达 859.46 万人、36.38 万家单位。

（二）公共服务标准得到推广应用。

完成试点任务。圆满完成全国人社领域基本公共服务标准化试点任务，全面梳理涵盖公共服务、行政权力等服务事项清单 248 个，经归并后制定人社领域公共服务标准 169 项、70 余万字。发布 52 项组织内部标准在全省人社系统推广应用，42 项通过省级地方标准立项。通过验收评估。云南“全面构建、全面覆盖、层级清晰、联动互补”“以信息化助力标准实施”“以标准化促进服务模式创新”三个突出亮点得到验收评估组专家的高度肯定，试点工作成效被《中国劳动保障报》头版头条专题报道。实践应用标准。将标准化试点成果深度融入云南人社公共服务一体化平台，在全省社保经办服务、人才服务等领域推广应用，让业务经办过程自然成为标准执行过程。

（三）人社线下窗口建设不断加强。

强化制度保障。出台《云南省人力资源社会保障系统政务服务窗口管理办法（试行）》，健全工作制度，优化窗口设置，规范服务行为。强化窗口体验。试点打造 18 个人社优质服务“样板间”，从场所、制度、服务、队伍、特色五个方面着力提升服务水平。强化人才支撑。抓思想、抓学习、抓实践、抓作风，将练兵比武活动作为常态化长效化加强系统行风建设的重要举措，全面强化干部队伍建设。云南省参加 2022 年度全国人社窗口单位业务技能练兵比武大赛，获得团体三等奖，3 名选手获得全国“岗位练兵明星”称号。

（四）监督管理机制逐步健全。

“走流程”推动难点堵点逐一解决。省、市、县三级人社部门领导常态化“走流程”。2023 年主题教育期间，省厅领导班子“走流程”发现并解决问题 228 个，切实解决了一批企业群众办事的难点堵点问题。“好差评”助力服务效能不断提升。认真落实政务服务“好差评”制度，以办事群众的满意度和评价为风向标，有针对性地改进服务质量。2023 年，全省人社部门办件量 2 278 万件，好评率 99.99%。

六、乡村振兴

坚决贯彻落实《中共云南省委　云南省人民政府关于做好 2023 年全面推进乡村振兴重点工作实施意见》精神，切实按照人力资源社会保障部办公厅《2023 年实施“人社帮扶专项行动”重点任务及分工》要求，把巩固拓展脱贫攻坚成果同乡村振兴有效衔接摆在突出位置，围绕促进脱贫人口和防止返贫监测对象就业促增收，实施人社帮扶专项行动，持续为巩固拓展脱贫攻坚成果同乡村振兴有效衔接作出人社贡献。

（一）持续完善帮扶政策体系，加大就业补助资金保障支持倾斜力度。

制定出台《关于进一步支持农民工就业创业的实施意见》《关于进一步做好一次性交通补助发放工作的通知》《关于优化一次性交通补助申请和经办流程的通知》《关于进一步做好防止返贫就业攻坚工作的通知》等政策，进一步压实责任，健全完善对脱贫人口、监测对象等重点群体的就业帮扶机制。继续对国家乡村振兴重点帮扶县、易地搬迁大型安置区给予就业补助资金倾斜支持。其中，向 109 个易地搬迁集中安置点专项补助 4 880 万元，向 27 个国家级乡村振兴重点帮扶县（区）专项补助 10 800 万元，向 30 个省级乡村振兴重点帮扶县（区）专项补助 4 500 万元。

（二）持续实施转移就业“百日行动”，脱贫人口就业规模稳中有升。

坚持把实施农村劳动力转移就业“百日行动”作为保障农民增收和巩固脱贫成果重要手段，早谋划、抢先机，综合发力，采取“日更新、周调度、月通报、季分析”等措施，有序推动农村劳动力转移就业，就业形势保持总体稳定。2023 年，全省脱贫劳动力（含防返贫监测对象）实现转移就业 359 万人，较 2022

年增加15万人，增幅4.4%。

（三）持续实施技能培训专项行动，脱贫人口就业技能水平显著提升。

从满足劳动者培训意愿和就业创业需求出发，围绕产业发展，结合劳务品牌打造，完善资金激励、师资建设、培训监管等配套服务，动态更新培训职业（工种）目录，培训职业（工种）增加到937个。帮助有就业意愿、培训意愿的脱贫人口“应培尽培”“能培尽培”，增强脱贫地区、脱贫劳动力转移就业促增收内生动力，切实提升脱贫人口职业技能水平促进增收。2023年，开展脱贫劳动力培训107.43万人次，完成年度目标任务70万人次的153.47%。

（四）强化实施育才扶智专项行动，乡村振兴人才帮扶支撑效果显著。

聚焦省委“3815”战略，立足乡村振兴所需，组织开展以“百名高层次人才进云南”“百名专家进乡村”等“五个一百”为主要内容的“云南人才服务月”系列人才服务活动3 088场次，1 140名专家、510名技师、1 520名青年人才参加活动，直接服务重点企业（单位）1.39万余家，服务群众15.9万余人次，设立242个专家基层科研工作站，为全面推进乡村振兴、加快农业农村现代化提供人才和智力支持。

（五）合理有序开发乡村公益性岗位，兜牢就业困难群体帮扶底线。

针对农村就业困难群体，特别是脱贫劳动力，结合脱贫劳动力就业特点，因地制宜开发一批乡村公益性岗位，如护林员、保洁员、楼栋长等，确保有就业意愿又不能外出就业的脱贫劳动力实现“家门口”就业。2023年，云南省开发乡村公益性岗位45.57万个（人社部门开发18.33万个），做到应安置尽安置。

云南省人力资源和社会保障厅

西藏自治区

2023年是贯彻落实党的二十大精神的开局之年，也是全区人社事业推进高质量发展的启航之年。全区人社系统坚持以习近平新时代中国特色社会主义思想为指导，全面贯彻落实区党委、区政府决策部署，抓重点、破难点，谋改革、求创新，保基本、促发展，人社各项主要发展指标全部高质量完成，人社事业发展步伐稳健、成效显著。

一、就业创业

面对严峻的就业形势，全区人社工作者迎难而上，拓渠道、开新路、挖潜力、强保障，应届高校毕业生就业率达95.8%，市场化就业占比突破75%；城镇新增就业5.1万人，城镇调查失业率低于全国平均水平，零就业家庭持续动态清零；农牧民转移就业64.7万人，劳务收入首次突破60亿元大关，达到65.6亿元；人才智慧招聘系统实现区、市、县三级直通，率先完成省级集中的就业一体化“一库一平台”建设，创新打造与12个省市岗位共享工作，全区就业形势持续稳中向好、稳中有进。

二、社会保障

社会保障逐步由制度全覆盖转向人员全覆盖，社保待遇水平稳步提升，养老、工伤、失业保险参保338.1万人次；多层次养老保险体系探索推进，已开立个人养老金账户8.48万人，缴费1 608.8万元；4 000余名“快递小哥”参加工伤保险；城乡居民基本养老保险基础养老金每人每月再提高15元，惠及28.8万人；退休人员养老金同步调整，惠及11.1万人。社保基金风险防控体系机制逐步健全，养老保险基金投资运营连续5年实现较高收益，社保基金稳定运行。

三、人才人事

深入实施“育、引、用、留”四大工程，职称制度改革任务总体完成，“工程技术领军人才”“珠峰拔尖人才”“珠峰青年人才”“高原工匠”等人才选拔计划有序开展；人才服务信息化平台建设取得突破性进展；3 211名高校毕业生充实到基层事业岗位，1 300名“三支一扶”人员奔赴各行各业；全区技能人才总量达到43.21万人，新增1.87万名劳动者取得职业资格证书和职业技能等级证书，人才基础性支撑作用不断显现。

四、劳动关系

和谐劳动关系创建工作扎实推进，新就业形态劳动者权益保障不断加强，企业工资分配宏观指导和调控有序开展，国有企业负责人薪酬制度改革破冰前行，电子劳动合同成功上线；根治欠薪长治机制落实落地，欠薪违法案件和欠薪数额逐年下降，欠薪案件持续动态清零，劳动保障监察举报投诉案件结案率保持在98%以上；“要素式”办案、“数字化”仲裁促进效能提升，“绿色通道”护航特殊群体权益保护，劳动人事争议调解仲裁结案率保持在97%以上，调解成功率达到67.98%。

五、行风建设

人社系统作风建设、行风建设纵深推进，“一网一门一次”改革加速推进，全区社保卡持卡人数达347.11万人，覆盖全区95%的人口，金融账户激活率达90.7%，签发电子社保卡273.07万人，社保卡居民服务“一卡通”覆盖13个民生服务领域，川藏“一卡通”实现同城待遇，12333电话咨询群众满意率达99.9%，人社政务服务满意度连续两年保持在100%。

西藏自治区人力资源和社会保障厅

陕 西 省

2023年，陕西省人力资源社会保障系统坚持以习近平新时代中国特色社会主义思想为指导，深入学习贯彻党的二十大精神和习近平总书记来陕考察重要讲话以及对人社工作重要论述，全面落实党中央和省委、省政府决策部署，紧扣高质量发展目标，以主题教育和省委、省政府“三个年”活动为统领，以“人社工作进园区”为总牵引，全力以赴稳就业，稳妥推进社会保障制度改革，加强人才人事工作，构建和谐劳动关系，持续深化机关党建和作风建设，全面完成年度目标任务。

一、聚焦“高质量充分就业”，就业形势保持总体稳定

（一）稳就业促就业政策措施落实有力。

强化就业“双优先”理念，坚持把稳就业作为重大政治责任和第一位的工作来抓，充分发挥稳就业牵头部门作用，统筹开展就业创业十大行动，实施工作要点21条、优化调整稳就业政策措施19条、支持高校毕业生就业创业措施6条，梳理制作惠企利企政策服务清单，开展“人社政策进园区”巡回宣讲活动，实施“免申即享”“直补快办”经办模式，推动惠企稳岗政策精准落实、快速兑现，发挥市场主体吸纳就业主渠道作用。新增发放创业担保贷款63.08亿元，完成年度任务的126.16%，扶持创业2.04万人，带动就业7.43万人。就业补助资金支出30亿元，惠及77.5万人。全年城镇新增就业43.11万人，完成年度任务的107.78%，全年城镇调查失业率平均为5.2%，低于控制指标0.3个百分点。陕西省人力资源社会保障厅就业促进处被省政府表彰为全省就业创业工作先进集体。

（二）重点群体就业保持平稳。

全力加强就业监测预警，注重兜底保障，完善重点群体就业支持体系，着力促进青年特别是高校毕业生、农村劳动力特别是脱贫人口、就业困难人员等重点群体就业。实施高校毕业生等青年就业创业工作推进计划，开展“公共就业服务进校园”、离校未就业毕业生服务攻坚行动、“家门口就业”服务行动等，共开发政策性岗位8.55万个。人力资源社会保障部门登记2023届离校未就业高校毕业生8.16万人，实现就业和就业见习7.68万人，占有就业意愿人员的98.85%。省政府主要领导在全国高校毕业生等青年就业创业工作电视电话会议上作交流发言。聚焦农民工特别是脱贫劳动力，坚持返乡创业、劳务品牌、职业技能、劳务协作四轮驱动，开展“春风行动暨就业援助月”活动和农民工专项服务行动，实施防止返贫就业攻坚行动，全省脱贫人口（含防止返贫监测对象）务工规模达222.64万人，完成年度任务的105.9%。农村劳动力转移就业749.3万人，同比增加5.5万人。失业人员再就业13.99万人，就业困难人员实现就业3.63万人，分别完成年度任务的127.18%、121%。保持零就业家庭动态清零。在全国脱贫人口稳岗就业工作视频会议上，陕西省作交流发言。陕西省人力资源社会保障厅乡村振兴办被省委、省政府表彰为陕西省乡村振兴工作先进集体。县域农民工市民化深入推进，联合省级9部门印发实施《陕西省开展县域农民工市民化质量提升行动实施方案》和《关于规范县域农民工综合服务平台设立工作的指导意

见》，该项工作获国务院就业促进和劳动保护工作领导小组办公室通报表扬。

（三）就业公共服务质量不断提升。

印发实施《关于加快实施就业服务提质工程的意见》《“人社工作进园区”就业服务工作指引》，建立缺工快速响应机制，帮助企业解决用工 34.39 万人。数字赋能优化就业服务，“秦云就业”微信小程序注册个人用户 1 413 万人、单位用户 8.55 万家，累计促进就业 36.88 万人。推广西安市“家门口就业”服务模式，已建成“家门口就业”服务站点 318 个。建设规范化零工市场 35 个。开展全省人力资源服务业稳就业促就业行动，各级人力资源服务企业共举办招聘会 7 288 场次，发布岗位 102.6 万个，达成意向 54.6 万个，实现促就业 20.6 万人次。发布《2023 年陕西省制造业 24 条重点产业链急需紧缺岗位人才需求目录》及《分析报告》，为企业招才引智、人才求职创业提供参考依据。

二、聚焦“健全多层次社会保障体系”，社会保障水平稳步提升

（一）社会保险制度改革深入推进。

养老保险制度改革持续深化。深入推进全民参保计划。全力推进企业职工基本养老保险全国统筹。持续规范政策，提请省政府印发市级政府企业职工基本养老保险工作考核办法，会同 5 部门规范退役军人等 6 类群体 4 万余人代缴流程。积极推动个人养老金试点工作，西安市开立账户人数达 178 万。稳步提高养老保险待遇水平，调整提高企业、机关事业单位退休人员养老金，城乡居民基本养老保险基础养老金最低标准每人每月提高 8 元。出台《陕西省失业保险省级统筹办法（试行）》《陕西省工伤保险省级统筹管理办法》，完成失业、工伤保险省级统筹改革任务。印发实施《陕西省关于阶段性降低失业保险、工伤保险费率有关问题的通知》，降低企业成本 50.92 亿元。落实省政府办公厅关于优化调整稳就业政策措施，发放稳岗返还 9.28 亿元，惠及企业 6.03 万家、职工 273.76 万人。推进社会保险信息化建设，将陕西养老保险 APP 升级为陕西社会保险 APP，新增失业、工伤保险等功能。积极推进稳岗返还“免审即享”经办新模式，取消企业经办环节，通过信息系统提取、后台对比等方式，补助资金直接拨付企业。

（二）社保基金安全持续守牢。

社保基金监管不断巩固提升。全面总结评估提升年行动工作，健全完善基金管理各项制度规范 36 项，提升信息系统功能 215 项。扎实开展社保基金管理巩固提升行动，制定实施方案，细化 21 项工作，开展实地调研检查 6 次，任务调度督导 11 项，通报进展情况 9 次。加大社保基金监督专项检查力度，专题调度疑点数据 4 类 169.72 万条，核实违规基金 1 305.12 万元，追回 1 109.37 万元。全力推进失业保险基金管理问题专项整治，及时整改反馈问题，已通过人力资源社会保障部验收评估。进一步健全社保基金管理“四位一体”风险防控体系，印发《陕西省人力资源和社会保障厅关于加快推进特殊工种岗位人员信息库全面应用工作的通知》《关于进一步做好工伤认定工作的通知》等制度文件。在全省组织开展社保基金安全“警示教育月”活动，以案为鉴、以案促改、以案促防。

三、聚焦“激发人才创新活力”，人才队伍建设不断加强

（一）专业技术人才队伍建设取得新成效。

2023 年，专业技术人才总量达 236 万人，同比增加 15 万人。完成 25 个主体系列职称制度改革任务，形成设置合理、评价科学、管理规范、服务全面的职称制度体系。深入推进科技成果转化“三项改革”，大力支持技术转移转化人才职称评审，全年共 417 人取得技术转移转化专业职称资格。深化“放管服”改革，在咸阳市中心医院、西安市中医医院试点开展高级职称自主评审。加快推进全省职称资格全国跨地区在线核验，向人力资源社会保障部上报职称信息数据 53.4 万条。新增 19 个博士后

科研流动站，1 339 名博士后进站科研，同比增长 19%。安排博士后资助项目 589 个 4 149 万元。组队参加第二届全国博士后创新创业大赛荣获 1 金 3 银 2 铜，成功举办第二届省博士后创新创业大赛。在秦创原总窗口建成“陕西省留学人员创新创业园”，严密组织实施留学回国人才“3+1”资助项目，资助 29 人 180 万元。组织开展人才项目评选，选拔推荐 64 名专家享受国务院政府特殊津贴（其中非公经济领域 4 人）。发放按月享受特殊津贴专家津贴 1 689 人次、579.1 万元，省级层面组织 750 名专家体检、89 名专家参加“重走红色路　奋进新时代”专家休假考察活动。新设 1 个省级专家服务基地，实施 11 个专家服务团项目。优化省高层次人才网上服务平台“三秦优才卡电子卡包”服务功能，为 12 名人才提供了永居办理等服务。大力实施专业技术人才知识更新工程，全省 110 万人次“线上 + 线下”参加培训。举办 3 期国家级、6 期省级高级研修班，省内外 700 名副高以上职称专业技术人才参加培训。

（二）技能人才培育取得新进展。

印发陕西省《关于加强新时代高技能人才队伍建设的实施意见》，进一步健全技能人才培养、使用、评价、激励机制。评选表彰 14 名享受政府特殊津贴高技能人才、40 名“陕西省首席技师”、713 名“陕西省技术能手”，推荐 5 个国家级高技能人才培训基地和 5 个国家级技能大师工作室，评审确定 20 个省级技能大师工作室。贯彻落实“新八级工”制度，鼓励企业设立首席技师、特级技师岗位，打破技能人才成长“天花板”。新增备案机构 69 家，已备案评价机构 517 家，发放职业技能等级证书 20.26 万人次，其中高级工以上证书 5.09 万人次，完成年度任务的 145.5%；技师、高级技师证书 0.765 万人次，完成年度任务的 153%。实施职业技能提升工程，面向重点产业园区、重点就业群体、重点产业、重点项目，主动对接梳理用工需求和技能需求，常态化开展技能培训，全年组织技能培训 35.78 万人次。全力做好离校未就业高校毕业生职业技能培训工作，全年培训高校毕业生 5.41 万人次。会同有关部门联合印发 7 个专项职业技能培训文件，培训脱贫人口 8.16 万人次。开展 2023 年家政服务业职业技能提升行动，全年培训家政服务人员 6.5 万人，超额完成年度任务。陕西省蓝田家政、西秦大姐、汉家嫂、康嫂家政入选人力资源社会保障部公布的第一批全国家政劳务品牌典型案例。推进职业培训服务管理信息系统建设，举办全省操作应用培训班，着力推动职业技能培训业务全程网办。2023 年年底，信息系统已通过验收并在全省各市上线使用，累计为 305.49 万劳动者建立终身职业技能培训电子档案。

（三）乡村人才服务支持持续加力。

实施乡村人才振兴“六送”行动（送政策上门、送岗位入户、送技能到家、送人才进村、送品牌下乡、送服务到人）。出台乡村振兴人才职称晋升支持政策，对教师、医生、组团式帮扶人才、城市人才等 5 大类乡村专业技术人才分类施策，引导各类人才向乡村振兴一线流动。开展专家服务基层活动，择优实施 9 个省级专家服务基层项目，建设 1 个省级专家服务基地，配套支持 2 个人力资源社会保障部批复项目。聚焦乡村振兴急需紧缺人才，向江苏选派 1 274 名专业技术人才学习交流。稳定高校毕业生“三支一扶”计划招募规模，全年共招募 532 人。

（四）事业单位人事管理工作稳步推进。

持续做好县以下事业单位管理岗位职员等级晋升，针对县区自然资源局所属事业单位管理岗位职员等级晋升反映较为突出的问题，与省委组织部、省自然资源厅和有关市沟通调研，将县区自然资源局所属事业单位纳入管理岗位职员等级晋升范围。全省县以下事业单位晋升职员等级 2.9 万人，晋升工作平稳顺利。及时调整艰苦边远地区津贴标准，惠及事业单位工作人员 28.9 万人，调标后艰苦边远地区津贴月人均约 267 元。适时调整 212 家省级事业单位绩效工资总量，对有引进高层次人才需求的24个单位所需绩效工资进行单列。组织2次全省事业单位统一公开招聘，指导各市区和省属事业单位开展高层次紧缺人才招聘、医学定向招聘、“三支一扶”人员招募、校园招聘，全年共招聘工作人员2.8万人，其中省属高校、科研院所自主招聘2 543人。在全国事业单位人事管理工作座谈会上，陕西省作事业单位公开招聘经验介绍。

四、聚焦“劳动关系和谐稳定”，劳动者权益保障有力有效

（一）和谐劳动关系持续巩固。

劳动力市场监管全面加强。开展省级人力资源诚信示范主题创建活动，取消6家、新评选5家省级诚信机构并向社会公布。扎实开展人力资源市场专项整治，统筹整治截滞留稳岗返还资金和骗取失业补助金等问题，共组织检查人力资源服务机构、用人单位等市场主体3 020家，责令退赔押金等费用20.27万元。实施“和谐同行”能力提升行动，印发《关于加强劳动关系协调员队伍建设的实施意见》，选树第三批省级金牌劳动关系协调员252名、金牌协调劳动关系社会组织17家。印发工作场所女职工特殊劳动保护、消除工作场所童工、建筑工人简易劳动合同等参考文本，帮助指导企业加强用工管理。聚焦新就业形态劳动者等重点群体劳动权益保障，省协调劳动关系三方委员会成员单位联合印发《关于加强新就业形态劳动者权益协商协调工作的通知》，明确各级三方深入企业指导开展集体协商，要求平台企业建立新就业形态劳动者权益协商协调机制，省委主要领导批示肯定了此项工作。印发《新就业形态劳动者劳动合同和书面协议订立指引（试行）》，引导平台企业依法合规用工。陕西省在人力资源社会保障部新就业形态劳动者权益保障电视电话会上作交流发言。全省各级调解仲裁机构共受理案件70 078件，同比增长6.5%，增速下降18个百分点。仲裁结案率为98.7%，位于全国前列。

（二）企业工资宏观调控不断加强。

持续深化收入分配制度改革，调整最低工资标准，一类区达2 160元/月。加强企业薪酬调查数据分析，发布陕西省劳动力市场工资价位，供企业工资分配和职工对标参考。印发《国有企业内部薪酬分配指引》，引导企业完善内部薪酬分配机制。对陕煤集团等7家省属企业开展监督检查，规范收入分配秩序。结合全省GDP增速、城乡居民增收预期目标等，确定发布2023年企业工资指导线基准线为6.5%。

（三）劳动权益保障力度持续增强。

保障农民工工资支付工作力度持续加大。制定实施拖欠农民工工资失信联合惩戒工作细则。加大违法行为曝光惩戒力度，全年公布7批拖欠农民工工资失信联合惩戒对象名单和重大劳动保障违法行为，纳入失信联合惩戒对象单位43个，向公安机关移送欠薪案件100件。对全省107个区县的保障农民工工资支付制度落实情况开展“拉网式”实地督查调研，向市县反馈5大类11个方面500余条问题，《人民日报》等主流媒体对此项工作进行了报道。开展保障农民工工资支付专项整治和根治欠薪冬季专项行动，省厅党组成员分别带领5个督导组赴11个市（区）实地督导暗访，陕西省在全国冬季行动推进会上作交流发言。高效办结省委、省政府领导批转欠薪线索243件。组织全省开展欠薪隐患“大排查大化解”，全年为9.1万名劳动者追回工资报酬9.19亿元，涉及人数、金额同比下降19.3%和32.5%。省委主要领导批示“省人社厅深入学习贯彻习近平新时代中国特色社会主义思想和党的二十大精神，不断完善依法治欠措施，根治农民工工资工作取得新成效”。

（四）平安建设工作扎实开展。

认真落实平安建设主体责任，开展全省人社系统“察民情、释民惑、解民忧”信访矛盾专项治理，针对新冠肺炎疫情后劳动社保领域社会矛盾多发、信访量攀升等问题，先后9次调度工作进展、分析通报各地信访情况并抄送政府分管领导。中省交办全省人社

系统第三批重复信访和信访积案 194 件（省厅 5 件、各地 189 件），全部落实领导包案、台账管理要求，结案率 100%，全省人社系统信访量稳步下降，陕西省人力资源社会保障厅被评为 2023 年度“信访工作先进单位”。全力做好“中国－中亚”峰会期间维稳安保工作，确保全省人社领域社会稳定，陕西省人力资源社会保障厅被评为 2023 年度“平安建设先进单位”。在 2023 年全国平安建设考评工作中，陕西省人力资源社会保障厅负责的“劳资重点矛盾纠纷化解情况”计分点全国排名第 11 位。

五、扎实开展主题教育，机关党的建设不断加强

（一）主题教育取得实效。

紧扣“学思想、强党性、重实践、建新功”总要求，坚持把理论学习、调查研究、检视整改、推动发展贯穿主题教育始终，制定工作方案，召开动员大会，先后组织开展主题教育读书班、实践研学、处级领导干部深入学习贯彻习近平总书记在听取陕西省委和省政府工作汇报时的重要讲话专题学习班、宣讲报告会等活动。省厅主要领导带头向全系统宣讲习近平总书记在听取省委和省政府工作汇报时的重要讲话精神，并围绕“认真学习遵守党章”“学习贯彻习近平法治思想”主题，2 次讲授专题党课。以高质量调查研究推动主题教育走深走实，坚持教育实践两手抓、两促进，形成调研报告 8 篇，化解各类问题 56 个，调研成果转化为各项政策措施 68 项，检视整改问题 20 个，系统联动压茬推进 4 个专项整治，部署实施 23 项重点民生项目，形成了以“人社工作进园区”为标志的系列成果，省委主要领导在《关于全面推行“人社工作进园区”工作的报告》上批示“这个活动务实有效”。在陕西省优化提升营商环境工作领导小组办公室组织开展的 2023 年度营商环境典型案例评选活动中，“陕西省人社系统开展‘人社工作进园区’，延伸服务触角，助力企业发展”案例获得二等奖。

（二）党建引领持续深化。

坚持“抓党建、强机关”，制定印发《党建工作要点》《党风廉政建设工作要点》，修订《厅党组落实全面从严治党主体责任清单》，召开党建暨党风廉政建设工作会议，推进全面从严治党责任制落细落实。召开庆祝中国共产党成立 102 周年暨“两优一先”表彰大会，表彰 62 名优秀共产党员、20 名优秀党务工作者和 15 个先进基层党组织。深化“五星级党支部”创建活动，14 个党支部被工委命名为“五星级党支部”，省人才交流服务中心流动党员工作部党支部“‘5+’工作法”入选省直机关优秀案例，35 个党支部完成换届选举。聚焦贯彻落实习近平总书记重要讲话重要指示精神和党中央决策部署，印发《进一步健全完善贯彻落实习近平总书记重要讲话重要指示批示工作机制的通知》，坚持第一要件强化责任、第一议题认真学习、第一遵循狠抓落实、第一要务跟踪问效。深化细化“三个年”活动方案，制定并落实 3 方面 33 项工作举措。制定贯彻落实省委“两个决定”的实施意见，明确了 5 个方面 25 条措施。

（三）作风建设持续强化。

以严的基调、严的措施推动全面从严治党工作。厅党组严格落实全面从严治党主体责任，2 次听取班子成员履行“一岗双责”情况汇报，分析研判形势，研究解决短板不足，提出加强和改进的措施，督促履行教育、管理、监督责任。探索开展巡察工作，研究制定《厅党组巡察工作办法（试行）》，组建巡察组，围绕全面从严治党责任、党组织规范化建设、经办系统业务发展、党风廉政建设等 4 个方面，对铜川市养老保险经办处开展首轮巡察。扎实开展纪律教育宣传月活动，经常性开展党章党规党纪学习，组织党员干部赴陕西女子监狱开展警示教育，赴渭北革命党史教育基地开展“学党章、悟思想、强党性、善作为”主题党日活动。五一、端午、中秋等重要节点，发送廉政提醒短信，注重日常廉政提醒，引导党员

干部筑牢思想防线、守住纪律底线。

（四）行风建设持续优化。

大力推进全省行政办事员（政务服务综合窗口办事员）全员持证上岗，全省备案7家行政办事员职业技能等级认定机构，共有1 187人获得行政办事员职业技能等级证书。上线运行高校毕业生就业公共服务、灵活就业、员工录用、企业职工退休4项“一件事一次办”集成改革事项。年金基金管理合同备案、人力资源服务企业备案、职业技能考核鉴定机构备案、高级职称评审委员会备案和劳务派遣单位设立分公司经营劳务派遣业务备案等5个服务事项，纳入《陕西省行政备案事项清单（2023年版）》。调整完善30项“跨省通办”政务服务事项办事指南。公布32项企业职工基本养老保险“全省通办”服务清单。85项人社高频服务事项上线“秦务员”APP，事项点击量达到114.13万余次，75项服务事项在全省430个建设银行服务网点1 580台自助柜员机上线，实现人社服务就近能办、多点可办、少跑快办，累计办件量达到180.52万余件。推进事业单位养老保险参保登记和工伤保险参保登记系统接入“秦务员”一体化政务服务平台，实现事业单位法人证书电子证照应用。参加2022年度全国人社窗口单位业务技能练兵比武统一在线比试，荣获团体二等奖，3名同志被人力资源社会保障部授予全国“岗位练兵明星”称号。

（五）依法行政能力持续提高。

有力推进法治政府建设。积极推进人社立法，重点推进《陕西省企业集体合同条例》立法调研，为陕西省立法工作贡献人社力量。加强规范性文件监督管理，严格落实规范性文件制发“七审联动、集成快审”工作机制，认真开展规范性文件专项清理、备案工作，及时规范向省司法厅报备规范性文件21件。强化执法监督和法治服务，制定《人社领域行政处罚裁量适用规定及裁量基准》，靠前推动陕西省人力资源社会保障厅10项行政许可事项认领、办事指南编制工作；顺利通过省司法厅2023年度行政执法质量实地考评；新聘2名法律顾问，新增1名公职律师，不断壮大法治服务队伍。精心开展法治宣传，举办全省人社系统依法行政能力提升培训班、全厅行政执法人员执法证换发暨宪法宣誓仪式，营造良好学法用法氛围；组队参加全国人社法治知识竞赛，跻身全国八强，荣获晋级赛一等奖、总决赛三等奖，取得历史最好成绩。

陕西省人力资源和社会保障厅

西　安　市

2023年，西安市人力资源社会保障系统以习近平新时代中国特色社会主义思想为指导，全面贯彻党的二十大精神，深入落实习近平总书记来陕考察重要讲话重要指示精神，坚持把西安市“三个年”活动、八个方面重点工作与主题教育统筹推进、一体落实，按照“突出重点、提升服务、规范管理、坚守底线”的工作思路，着力解决好就业这个最大的民生，在人才人事、社会保障等领域作出更有成效的制度安排，全力以赴守住守牢保障群众基本生活和基本权益的民生底线，年度目标任务圆满完成，切实在把牢正确政治方向中推动人社事业高质量发展，有力服务了西安市高质量发展大局。“企业职工退休一件事一次办”被国务院办公厅评为“以新技术、新理念、新流程，推进线上线下融合服务”典型案例，入选政务服务效能提升典型经验案例；西安市人力资源社会保障局劳动能力鉴定中心被人力资源社会保障部授予全国人社系统先进集体称号。

一、就业工作提质增效

深入实施就业优先政策，突出抓好高校毕业生、农民工、退役军人、就业困难人员等重点群体就业，零就业家庭动态清零。西安市城镇新增就业17.72万人，完成年度目标任务的122%；失业人员再就业3.39万人，完成年度目标任务的113%；就业困难人员实现就业3 863人，完成年度目标任务的129%。制定《支持高校毕业生就业创业九项措施》等系列政策，创新“家门口就业”服务新模式，举办公共招聘活动480场、就业服务进社区活动225场，设置就业服务驿站（点）318个，提供就业岗位超56万个，为1 600余家重点企业解决用工4.6万人次。持续打造大学生求职大赛等就业创业服务品牌，策划实施“高校毕业生乐业计划”等活动，新增就业见习基地542家，提供见习岗位3.1万个。西安市就业形势总体稳定。

二、人才人事取得实效

高标准承办第四届丝绸之路经济带人力资源发展大会。“西安青年人才驿站”入站超过9万人。编制发布《重点产业急需紧缺岗位人才需求目录》。年内评价确认地区优秀人才、实用储备人才2.8万人，授权华为等领军企业自主评价权。持续壮大、规范人力资源市场，西安市人力资源服务机构超过3 100家。开展补贴性职业技能培训12.7万人次，完成年度目标任务的208%。成功举办西安市高技能人才技能大赛。进一步规范事业单位人员招聘、管理，全年招聘7 699人，完成1 235名职员等级晋升工作。全面深化公立医院薪酬制度改革，持续优化事业单位绩效工资总量管理。规范评比达标表彰，推荐122个集体、240名个人参加国家和陕西省、西安市有关评选表彰，严抓西安市级22个表彰创建项目组织实施，全面落实表彰奖励获得者待遇。

三、社会保障有力有效

深入实施全民参保计划，西安市基本养老、失业、工伤保险参保人数分别达到956.81万人、307.81万人和347.27万人。城乡居民基本养老保险基础养老金标准年内“两连调”，增至每人每月196元。积极推动个人养老金制度试点，进一步推进被征地农民基本养老保障工作。探索推进新就业形态就业人员职业伤害保障试点。精准落实“降、返、补”等政策，失业、工伤保险降费35.36亿元，发放稳岗返还5.76亿元，发放失业保险金、农民工一次性生活补助、一次性扩岗补助、技能提升补贴等8.23亿元。学习宣传贯彻《社会保险经办条例》，推进工伤预防五年行动计划，举办“社保服务进万家”活动。扎实做好劳务派遣单位截滞留稳岗返还资金和失业保险待遇发放问题专项整治，有力维护社保基金安全。

紧紧抓住西安市“一件事一次办”集成改革的重要契机，坚持以人民为中心的发展思想，主动将企业职工退休审批纳入改革范围，按照“省统市建”要求，着力“减环节、减时间、减材料、减跑动”，下功夫精简申报材料、压缩办事环节、打通数据壁垒，积极推进资源重组，提高办事效率，企业职工退休“一件事”实现了“全程网办、一次办多件”，每年将惠及超过3万名退休职工。

（一）狠抓资源整合，破解业务难题。

一是剥离难点。企业职工档案材料是退休审批的法定依据，如何处理好严格审核标准与提高办事效率的关系，是集成改革成败的关键。为此超前谋划、抢点布局，在2020年西安市推行“审批剥离”改革的基础上，把档案核验与退休信息确认进行剥离，独立运行退休信息确认业务，确保退休审批环节成功上线运行。

二是畅通堵点。在2023年4月试运行“企业职工退休一件事一次办”系统过程中，发现最初设计的部门与部门对接信息模式存在环节多、效率低等问题，经及时调整，打通了政务中心、人社行政部门、养老保险经办机构之间的数据壁垒，实现了业务数据互联共享，经办环节由12个缩减为8个。

三是整治痛点。按照“颗粒化处理、功能性重组”思路，对企业职工退休申请资料、办理流程全部打散重组、精简优化，申请表从4张整合至1张，表单要素从46个减少至15个，申请材料从14份精简至2份，企业跑动次数从4次变为一次都不跑，办理时限从90个工作日减少到25个工作日。

（二）强化数据赋能，提升用户体验。

始终以便民、利民和提质、增效为出发点，充分挖掘数据潜力，推动社会治理更加智慧、群众办事更加便捷。

一是数据自动处理。在反复梳理业务部门数据需求的基础上，协调打通部门间数据壁垒，通过数据比对、数据共享、数据抓取、数据覆盖等方式，实现后台数据自动处理。

二是表格自动填写。企业通过系统认证后，只需输入退休人员身份证号码并选择业务办理内容，表单中人员姓名、性别、出生年月、社保卡编号、档案审核结果及企业基本信息等即可全部自动调用填写，生成符合申报多项业务的表单，大幅减少企业申报时间，降低申报难度。

三是业务自动流转。利用西安市一体化平台的场景引导、网上申报、网上核验、电子证照、网上反馈等功能，实现审批环节自动流转，办件进度、办理结果随时可查，全程公开透明，有效提升了行政效能和用户体验。

四、劳动关系和谐稳定

开展保障农民工工资支付系列执法检查活动，检查用人单位6 372户，受理投诉举报9 213件，查处侵权案件3 649起，申请法院强制执行案件259起，向公安部门移送涉嫌拒不支付劳动报酬罪案件31起，“全国根治欠薪线索反映平台”转办线索办结率99.18%，累计为4.1万农民工兑付工资3.36亿元。维护新就业形态劳动者合法权益，开展新业态领域劳动矛盾纠纷风险隐患排查化解工作，形成相关研究报告。坚持和发展新时代“枫桥经验”，处理劳动人事争议仲裁案件3.62万件，结案率98.82%，调解成功率66.95%，超额完成目标任务。

五、公共服务便民利民

全力做好西安市八个方面重点工作，高质

高效牵头“着力做好民生保障和社会服务”工作，坚持周督导、月调度、季考核，推动15个责任单位62项重点任务全面完成，西安市民生领域争创全国试点、获得国家级荣誉及典型案例推广75项，获得省级荣誉63项；其他方面20项责任、配合任务也全部完成。扎实开展西安市“营商环境突破年”活动，系统推进政务服务改革，233项事项在西安市一体化政务服务平台“应上尽上”，220项事项在西安市政务大厅“应进必进”，实现“跨省通办”30项、“全市通办”41项、“一证通办”21项，好评率99.99%；12333咨询服务热线全年受理来电149万个；创新“西安人社视频导办”模式；发放社保卡累计达1 297.77万张，融合86项人社、10项医保业务，应用场景在图书阅览等领域不断拓展。大力推进西咸一体化和西渭、西商融合发展，服务参与“双中心”建设和北跨发展战略，签订人社公共服务一体化等系列合作协议，区域联合招聘等实现常态化。

六、乡村振兴蓄力推进

坚持以习近平总书记关于“三农”工作的重要指示精神为指引，紧紧围绕“四个不摘”和西安市八个方面重点工作要求，按照“平稳过渡、扩面提质、拓展延伸、协同联动”的原则，坚持重点突破、系统推进，用心用情用力推动巩固衔接各项部署落实落地。西安市脱贫劳动力外出务工就业122 567人，完成年度目标任务116 000人的105.7%；创办社区工厂15家，吸纳脱贫劳动力161人；创办就业帮扶基地28家，吸纳脱贫劳动力263人；开发涉及就地就近就业的公益性岗位5 582个；充分发挥苏陕劳务协作机制，加强劳务协作对接，全年新增帮助农村劳动力实现就业1 446人，其中脱贫劳动力480人；积极落实扶持政策，降低返乡入乡创业融资门槛，向农村劳动力发放创业担保贷款559笔、8 777万元，完成年度发放3 000万元目标的292.57%。

七、自身建设不断加强

持续强化政治建设，严守政治纪律政治规矩，巩固深化巡视巡察整改成果，深入开展学习贯彻习近平新时代中国特色社会主义思想主题教育，在以学铸魂、以学增智、以学正风、以学促干中进一步坚定拥护“两个确立”，坚决做到“两个维护”。严格落实《党组工作条例》，健全完善《重大行政决策工作规则》《重大行政执法案件集体审议制度》等议事决策制度，不断建强领导班子，注重班子团结、发扬党内民主、坚持平等议事、发挥集体智慧。大力抓好干部队伍建设，严格落实干部选拔任用规定，实施全员培训计划，发挥“三项机制”和考核激励作用，选派年轻干部在西安市“三个年”活动、八个方面重点工作、乡村振兴等急难岗位锻炼。扎实推进基层党建，分层级制定党建主体责任清单，扎实做好党支部标准化规范化建设暨“对标评星”工作，持续开展基层党组织、党员到社区“双报到双评议”和“社区工作日”活动，不断完善联系服务群众机制。坚持全面从严治党，制定《全面从严治党主体责任清单》《党风廉政建设主体责任清单》，出台措施持续加强“一把手”和领导班子监督。严抓《党风廉政建设和反腐败工作要点》《纪律检查工作要点》落实，层层签订党风廉政建设责任书，进一步健全廉政风险防控工作机制，常态化抓好警示教育。扎实开展“干部作风能力提升年”活动，认真贯彻落实中央八项规定及其实施细则精神。严格落实意识形态工作责任制，制定局党组《意识形态工作责任制正面清单、负面清单》《意识形态工作责任制实施细则》，突出抓好党的政策和人社业务正面宣传引导，加强舆情监测预警，西安市未发生重大负面舆情。

西安市人力资源和社会保障局

甘 肃 省

2023年，甘肃省人力资源社会保障系统坚持以习近平新时代中国特色社会主义思想为指导，深入学习贯彻党的二十大精神，认真学习习近平总书记对人社工作作出的重要指示批示精神，全面贯彻落实习近平总书记对甘肃重要讲话重要指示批示精神，保持战略定力，坚定发展信心，举全系统之力，全力以赴做好就业创业、社会保障、人才人事、劳动关系等工作，各项重点目标任务如期完成。7月13日，省委主要领导到省厅调研，对人社重点工作及部分创新做法予以充分肯定。8月8日至10日，人力资源社会保障部主要领导来甘签署《人力资源社会保障部　甘肃省人民政府共同推动甘肃省人力资源和社会保障事业高质量发展战略合作协议》，并在调研时指出，甘肃人社工作取得明显成效，创造了许多经验，为经济社会发展大局作出了积极贡献。

一、就业创业

持续巩固“大就业”工作格局，凝聚成员单位合力，稳就业保就业取得积极成效。报请省政府将稳就业扩就业政策纳入《促进经济稳中有进推动高质量发展若干政策措施》，提出5个方面务实举措；将“城镇新增就业32万人”列入省政府为民实事项目。2023年，全省城镇新增就业32.01万人，超额完成年度目标任务；城镇调查失业率年均5.4%，控制在调度目标范围内。延续实施阶段性降低工伤和失业保险费率、职业技能培训补贴、一次性扩岗补助等奖补政策。持续开展“援企稳岗·服务千企”行动，指导省市县三级人社部门采取日常走访服务和集中现场服务相结合的方式，深入中小微企业开展走访调研、推动政策落实，全省累计走访服务各类企业5 465家。连续15年将“支持1万名未就业普通高校毕业生到基层就业”列入省委、省政府为民实事项目，统筹实施“三支一扶”“特岗教师”“西部计划”基层服务项目，吸纳就业1.7万人。全省实有青年就业见习岗位1.5万个。“百千万”创业引领工程圆满收官，累计评选出省级“创业达人”306名、市级“创业新秀”1 011名、县级“新锐创客”10 020名。全省新增发放创业担保贷款45.69亿元，其中为2.37万名个人发放贷款33.03亿元，为586户小微企业发放贷款12.66亿元，吸纳带动就业6.01万人。择优推荐兰州市成功入围2023年全国公共就业服务能力提升示范项目，并争取到1亿元中央财政项目资金支持。持续做大做强“百名人社局长直播带岗”品牌，会同省教育厅启动第二季直播带岗暖心行动，9名厅局长、10名市州领导、49名县区领导和109名人社局长走进直播间介绍政策、推介岗位，累计举办专场招聘活动1 617场次，提供就业岗位76.6万个。直播带岗经验做法入选人力资源社会保障部人力资源社会保障信息化便民服务创新提升行动典型案例，并于2023年6月底参加了全国人社信息化创新应用成果展示。

二、社会保障

全面实行失业保险省级统筹，加快推进工伤保险省级统筹，有序推进甘肃省养老保险第三支柱个人养老金庆阳试点运行工作，积极开展新就业形态就业人员职业伤害保障试点。调整全省城乡居民基本养老保险缴费档次，在原有 12 个档次基础上增加 4 000 元、5 000 元两个档次。扎实开展社保基金风险排查和专项整治，组织开展全省社保基金管理提升年行动，深入实施失业保险稳岗补贴被截滞留和待遇发放问题专项整治行动。提高全省企业和机关事业单位退休人员养老金水平，分别达到月人均 3 237 元和 5 614 元。调整提高全省失业保险金标准。调整工伤保险有关待遇，全省伤残津贴、生活护理费、供养亲属抚恤金月人均水平分别达到 3 449 元、3 019 元、1 557 元。全面完成 2023 年城乡居民基本养老保险中央财政基础养老金提标工作。提高机关事业单位工作人员和退休人员死亡丧葬费标准。印发《甘肃省社会保险基金监督飞行检查暂行办法》，对基本养老、工伤、失业等社会保险基金的收支、管理和使用情况进行预先不告知的现场监督检查。出台《甘肃省社会保险基金监督举报奖励实施办法》，鼓励社会公众举报社会保险领域违法违规行为，维护社会保险基金安全。2023 年，甘肃省职工养老、城乡居民养老、失业、工伤保险参保人数分别达到 532.5 万人、1 379 万人、210.1 万人、297.2 万人，全省基金累计结余 849.4 亿元，运行总体平稳。

三、人才人事

高标准开展新一批享受政府特殊津贴人员选拔工作，39 人获批享受国务院政府特殊津贴。对聘满三年的 587 名领军人才开展聘期考核，推荐优秀等次人选 38 名，一次性奖励 20 万元。新选拔 544 名领军人才和 355 名陇原青年英才。全省共发布高层次和急需紧缺人才引进公告 310 期，已完成招聘结果备案 7 430 人，同比增长 20.2%。“两站一基地”达到 129 家，招收博士后 289 人，实现双突破目标。组织参加第二届全国博士后创新创业大赛总决赛，实现大赛成绩“双铜”历史性突破。印发高技能人才培训基地考核办法和技能大师工作室考核办法，在山东泰安举办“甘肃技能大师齐鲁行”高级研修班。全省 2 名高技能人才入选拔尖领军人才，86 人获评“全国技术能手”，998 人获评“甘肃省技术能手”。在全国首创建成省级技能大师之家，为高技能人才搭建切实有效的交流共享平台，发挥技能大师之家的窗口辐射、桥梁纽带作用。人力资源社会保障部主要领导来甘调研时，充分肯定甘肃技能大师之家的作用，认为“五大功能”富有特色，各项活动初见成效，创新做法值得借鉴推广。首次高规格举办黄河流域高技能人才发展座谈研讨活动，开展文物修复类高技能人才培育研讨，得到人力资源社会保障部肯定。全面落实事业单位用人自主权，规范全省继续教育工作，开展 2023 年甘肃省涉藏州县少数民族专业技术人才特殊培养工作。对 10 个职称系列（专业）评价条件标准进行修订，制定自然科学研究系列技术经纪人专业和科学传播专业职称评价条件试行标准。《甘肃聚焦职称评价破四唯立新标　持续推进人才评价机制改革》被中央全面深化改革委员会办公室《改革情况交流》专版采用，人力资源社会保障部有关领导带队调研总结经验并给予充分肯定。

四、劳动关系

坚持治标、治本相结合，完善劳动关系综合治理体系，防范化解劳动关系领域矛盾风险。制定《甘肃省推进新时代和谐劳动关系创建活动实施方案》，全面完成 2023 年全省企业薪酬调查工作。持续开展维护新就业形态劳动者劳动保障权益“十大暖心行动”，全方位保障新就业形态劳动者权益。全面推动仲裁调解提质增效，全省各级仲裁机构受理办结劳动人事争议案件 1.2 万件，涉及金额 3.87 亿元，仲裁结案率 99.6%，高于人力资源社会保障部目标要求 9.6 个百分点，位居全国第 4 位。持续推进保障农民工工资支付专项整治，连续开展系列专项行动，强化欠薪案件查处，加大违法惩戒力度，全省各级人社部门处置欠薪案件 5 561 件，结案率 100%，为 4.18 万名农民工追回工资 5.22 亿元。2022 年度保障农民工工资支付考核全国排名第 17 位，西北地区排名第一，这也是国家 2017 年开始考核以来甘肃省取得的最好成绩。

五、行风建设

坚持系统抓、抓系统，深入推进“六个转变”（从“权力部门”到“民生部门”、从“审批管理”到“服务保障”、从“厅内循环”到“系统共抓”、从“群众上门”到“直达服务”、从“被动接访”到“主动化解”、从“能过则过”到“精益求精”），持续锻造“强本领、树形象，抓落实、争一流”部门理念，把开展“三抓三促”行动作为推动人社工作高质量发展的重要载体和抓手，努力做到“六个提升”（主要指标位次有提升、重点任务质量有提升、特色工作影响有提升、典型经验推广有提升、工作成绩褒奖有提升、人民群众好评有提升），实现“四有”目标（人社系统有影响、上级机关有肯定、部门单位有口碑、人民群众有点赞）。全省人社公共服务平台上线人社服务事项 224 项，“甘快办”已接入人社服务事项 67 项；全面完成国务院要求的 35 项“跨省通办”事项和人力资源社会保障部已开通并要求完成的 74 项“一网通办”事项。认真及时办理省委书记、省长信箱留言 200 件，厅长信箱留言 2 750 件，高质量办结“互联网 + 督查”反馈问题 26 件。甘肃省人力资源社会保障厅被人民网评为 2023 年度网上群众工作“实干担当单位”。持续推进人社信息化建设，全省“大就业”“大社保”和劳动关系系统上线运行，人社云平台正式投入使用，人才人事系统建设、三代社保卡发放工作有序推进，已完成全省人社系统信息化建设总体规划 80% 的工作任务。人力资源社会保障部网信办通报甘肃省人社信息化便民服务创新提升行动整体成效在全国平均水平之上。2023 年度省政府部门数字政府服务能力评估情况通报指出，省人力资源社会保障厅综合得分位列第一等次第一名，省直部门排名第一。聚力打造人社为民服务“直通车”金名片，累计提供咨询解答 64.3 万人次，办理业务 42.7 万件，解决涉及群众切身利益“急难愁盼”问题 1 829 件，全省累计收到锦旗 268 面、感谢信 139 封。人力资源社会保障部行风办负责人带队到甘肃省基层直通车窗口蹲点调研，总结经验，在《中国劳动保障报》头版头条刊发《开进民心的“直通车”》；主题教育中央指导组“回头看”调研时给予充分肯定，评价人社为民服务“直通车”是新时代“枫桥经验”在人社系统的生动实践。

六、乡村振兴

扎实推进劳动力转移就业，抢抓春节前后求职用工“高峰期”，“点对点”输转 16 万人。全省共输转城乡富余劳动力 523.2 万人，其中脱贫劳动力 199.9 万人，超额完成年度目标任务。持续推动乡村就业工厂转型升级和规范管理，全省乡村就业工厂（帮扶车间）累计认定 2 607 个，吸纳就业 10 万余人，其中脱贫劳动力 3.8 万人。全省开展政府补贴性职业技能培训 47.8 万人次，超额完成年度目标任务，其中开展脱贫劳动力培训 7.5 万人次。创新开发爱心理发员、乡村创稳网格员、暑期学生防溺水巡查员、乡村保洁员等乡村公益性岗位，全省乡村公益性岗位稳定在 14 万个以上。通过岗位优化调整，在全省 14 765 个行政村选聘了乡村创稳网格员，在全省河流、池塘、水渠等相对集中地区，选聘 3 602 名暑期学生防溺水巡查员（临时乡村公益性岗位），主动服务全省创安创稳部署要求，自岗位设立以来，因溺水引发的涉校涉生安全事件起数同比下降 50%，溺亡人数同比下降 60%。加大劳务品牌宣传推介力度，“兰州拉面师”“陇南电商”在全国劳务协作暨劳务品牌发展大会上展示，“静宁果农”“礼贤妹”获评“全国脱贫地区特色劳务品牌”。

甘肃省人力资源和社会保障厅

青 海 省

2023年，青海省人力资源社会保障工作坚持以习近平新时代中国特色社会主义思想为指导，深入贯彻习近平总书记关于青海工作的重要讲话精神和对人社工作的重要指示批示精神，坚决落实党中央、国务院决策部署和省委、省政府以及人力资源社会保障部工作要求，按照“干部要干、思路要清、律己要严”要求，高质量开展主题教育，以力争上游的精神状态全面推进人社各项主责主业，全省就业创业形势保持平稳，社会保障能力稳步提升，人才人事工作有序推进，劳动关系总体稳定向好，人社服务质效明显提升，圆满完成年度各项目标任务。

一、就业创业

（一）持续完善就业优先政策。

报省委、省政府印发《关于进一步推动农牧区劳动力转移就业的若干措施》《青海省就业创业提质增效行动方案》《青海省优化调整细化实化稳就业政策全力促发展惠民生若干措施》，与多部门联合出台促进脱贫人口就业帮扶、一次性交通补助等20余个政策文件，全年城镇新增就业6.6万人，城镇调查失业率和登记失业率分别控制在5.5%左右和3.5%以内的合理区间，全省就业形势保持总体稳定。

（二）突出重点群体就业。

组织开展“春风行动暨就业援助月”等专项活动，实施高校毕业生就业创业推进计划、就业服务攻坚行动，全年全省高校毕业生“三支一扶”招募服务人员1 850人，公开招聘事业单位工作人员3 996人，离校未就业高校毕业生登记就业率89.9%。打造“土族盘绣绣娘”等优势特色劳务品牌，新增“互助盘绣”“大通养殖”等10个省级劳务品牌，以优质劳务品牌带动农牧民增收致富。加强省内省外劳务合作，推动有组织、有规模转移就业，全年全省农牧区劳动力转移就业109.77万人次，就业质量和稳定性得到明显提升。

（三）持续落实助企纾困政策。

加强重点企业用工保障，强化多部门协同联动，合力推进落实助企稳岗政策。研究建立重点企业用工需求清单，设立助企服务专员，“一企一策”提供用工指导、岗位招聘、技能培训等服务，全年为20家重点企业保障用工1.46万人。延续实施阶段性降低失业、工伤保险费率，普惠性稳岗返还，一次性扩岗补助等政策，全年累计降费减负11.43亿元。

（四）创新构建“大就业”格局。

谋划打造“青海e就业”工作品牌，探索建立“横向到边、纵向到底，聚点成链、结链成网，覆盖全民、共建共享”的就业工作体系，制定实施智慧信息赋能、就业服务增效、职业技能提升、社会保障筑基、人才人事支撑、劳动和谐共促六项工程，积极构建“大就业”格局，主动服务青海生态文明高地和产业“四地”建设。

（五）进一步强化东西部协作和对口支援。

持续推动部省合作协议22项帮扶事项落地落实。按照人力资源社会保障部办公厅《进一步支持青海涉藏地区人力资源和社会保障事业高质量发展事项清单》，持续加大与援青六省市对接交流力度，推动青海省人力资源社会保障厅、六州政府与援青六省市人力资源社会保障厅局三方签订“十四五”时期对口支援人力资源和社会保障工作协议书，印发年度帮扶任务清单，形成“一州一本协议、六张任务清单、百条援助措施”工作模式。强化东西部劳务协作，协调江苏省提供当地企业用工岗位 7 万个，在苏青海籍务工人员超过 1 万人。

二、社会保障

（一）持续扩大参保覆盖面。

持续推进企业职工基本养老保险全国统筹，启动企业年金推介扩面三年行动，落实个人养老金先行试点，推进全民参保计划。截至 2023 年年底，全省基本养老、失业、工伤保险参保人数分别达到 452.15 万人、68.14 万人、117.59 万人，覆盖人数和基金规模持续扩大。建立省、市、县三级联动机制，高效推进各项社保待遇核定，稳步调整提高基本养老金、失业保险金和工伤保险待遇，全年累计发放各类待遇 357.16 亿元。

（二）全力维护社保基金安全。

实施全省社保基金管理巩固提升行动，开展全省社保基金安全警示教育月活动，制定出台《青海省社会保险基金监督举报奖励暂行办法》《青海省社会保险基金监督约谈实施办法》，进一步提高社保基金监督管理水平，确保社保基金绝对安全。

（三）不断提升社保服务效能。

扩大“就近办”银行网点范围，拓展合作服务事项，在 76 家银行网点开通 13 项社保“就近办”服务。实施综合柜员制，打造“一窗式”服务窗口。深入开展“社保服务进万家”活动，组织全省 54 个经办机构深入基层推广普及政策知识，深入“四进”场所开展宣传活动 455 场，参与群众 3.25 万人，发放宣传资料 7 万余份。

三、人才人事

（一）持续深化事业单位人事制度改革。

制定出台《青海省事业单位工作人员竞聘上岗暂行办法》《青海省事业单位工作人员年度考核暂行办法》《优化完善县以下事业单位管理岗位职员等级晋升有关工作的通知》《关于进一步优化高校人事管理工作的通知》等制度，完成青海民族大学高校教师职称评聘制度改革试点评估，以更加积极开放有效的政策不断激发人才创新活力。

（二）不断强化高层次人才队伍建设。

向人力资源社会保障部推荐 28 名享受国务院政府特殊津贴专家人选，选拔 5 名“青海学者”、26 名青海省优秀专家。在青海民族大学设立民族学博士后流动站，全省博士后站点达到 17 个。新设立 1 家国家级继续教育基地、7 家省级专家服务基地，邀请 134 名国内外专家学者赴重点帮扶县开展帮扶活动，解决技术难题 48 个，培训基层人员 1 500 余名。遴选 40 名涉藏地区少数民族专业技术人才到省外培训，实施专业技术人才知识更新工程、数字技术技能人才培育项目，全年培训专业技术人才 6.7 万人，专业技术人才总量达到 18.79 万人。

（三）进一步深化人才评价机制改革。

开展首次农牧民职称评审，201 名“田秀才”“土专家”“乡创客”获得相应职称。启动“新八级工”试点，支持高技能人才参加工程、农业、技工院校教师等系列职称评审，97 人获得相应等级职称，全省 41 家用人单位和社会培训机构评价各级各类技能人才 3.3 万人。

（四）大力加强技能人才培养。

出台《关于加强青海新时代高技能人才队伍建设的实施意见》《关于进一步加强全省拉面产业技能人才队伍建设的通知》，健全完善技能人才培养、使用、评价、激励机制，申报并新建 2 个国家级高技能人才培训基地和 2 个国家级技能大师工作室，全年开展补贴性职业技能培训 10.86 万人次，高技能人才总量达 10.01 万人。组织参加第二届全国技能大赛，移动机器人项目获得 1 枚银牌，实现青海省奖牌数零的突破。组织参加第三届全国技工院校职业能力大赛，荣获 1 个二等奖 3 个三等奖，参赛成绩实现历史最好。

（五）着力促进区域人力资源开发利用。

6 月 8 日至 9 日在青海省海南州贵德县成

功举办第二届黄河流域人力资源服务高质量发展推进会，沿黄九省区人社部门通过主旨演讲、交流发言、推介宣传等活动，进一步凝聚区域协调发展共识，联合签署《黄河流域九省区共同促进黄河源头人力资源服务高质量发展框架协议》《黄河流域九省区人力资源服务行业协会协同发展框架协议》，有效推动黄河流域人力资源服务业协同发展。

四、劳动关系

（一）持续推动和谐劳动关系创建。

报请省政府成立协调劳动关系三方委员会，持续健全和谐劳动关系协调机制。顺利实施企业薪酬调查，推进国企薪酬分配制度改革。稳慎提高全省最低工资标准，从2023年2月1日起将月最低工资标准由1 700元调整为1 880元，小时最低工资标准由15.2元调整为18元。维护新就业形态劳动者权益，加强平台经济用工行为监管，依法规范企业劳动关系，多元处理劳动人事争议纠纷，企业劳动合同签订率保持在95%以上。

（二）进一步加大劳动监察力度。

组织召开青海省根治欠薪工作领导小组暨省协调劳动关系三方委员会会议，对根治欠薪、劳动关系领域风险隐患治理等工作进行统筹安排部署。全年全省共立案及协调处理欠薪案件4 527件，为2.8万名农民工追发工资3.3亿元，全省劳动保障监察举报投诉案件结案率、拖欠农民工工资举报投诉结案率均为100%。

（三）不断提升劳动仲裁质效。

召开省劳动人事争议仲裁委员会全体会议，持续谋划、部署和推进调解仲裁工作。开展农民工工资争议速裁庭建设专项活动，建立健全符合农民工工资争议案件办理特点的快立快调快审快结工作机制，全年劳动人事争议案件调解成功率70.5%，仲裁结案率97.5%。

五、行风建设

研究制定2023年度行风建设和“放管服”改革任务分工方案，明确6个方面26项具体工作，进一步压实工作责任。厅党组成员多次带队开展“人社干部走流程”，及时发现并解决问题。扎实做好“一网通办”，促成各市州人社公共服务事项与青海政务服务网实现对接。持续做好“全数据共享”，完成人力资源社会保障部73项、省内171项数据共享。推进“全服务上网”，完善人社政务服务一体化平台，273项人社事项实现全国“一网通办”。开展窗口单位业务技能练兵比武现场赛，推进人社政务服务“好差评”，好评率始终保持在99%以上。持续推进“快递小哥”优先参加工伤保险、为重点企业提供专场招聘等优质人社服务，得到企业和群众充分肯定。

六、乡村振兴

按照省委、省政府工作部署，制定印发厅系统巩固拓展脱贫攻坚成果同乡村振兴有效衔年度工作要点、国家考核评估反馈问题整改方案，厅党组成员按照职责分工赴各市州开展督导帮扶，全面完成相关问题整改。研究制定《关于做好跨省就业脱贫人口和监测帮扶对象一次性交通补助工作的通知》《关于进一步推动农牧区劳动力转移就业的若干措施》等5个政策文件，为重点群体外出务工就业提供精准服务，全年为18 612名符合条件脱贫人口兑现跨省就业一次性交通补助1 861.2万元，农牧民补贴性职业技能培训中脱贫劳动力培训1.4万人次。落实城乡居民基本养老保险费代缴政策，为24.21万名困难群体代缴3 225.59万元。及时调整党组织结对帮扶村和党员干部结对帮扶户名单，213名党员干部与132家帮扶户共计586人“结对认亲”，“双帮”工作实现全覆盖；积极协调解决结对帮扶村饮水、道路等困难问题，各基层党组织和党员累计捐款捐物价值6万余元。

七、自身建设

（一）持续加强机关党的建设。

认真贯彻落实《中共中央关于加强党的

政治建设的意见》《党委（党组）落实全面从严治党主体责任规定》等党内法规，建立政治监督清单，按月盘点、跟进监督，全年落实省委、省政府和人力资源社会保障部工作要求200余件。严格落实“第一议题”制度，全年召开党组会29次，第一时间跟进传达学习习近平总书记重要讲话指示批示精神118件次，开展党组理论学习中心组扩大学习会17次，建立支部互学互促、青年学习小组等学习机制，组织开展走进红色教育基地研学、“五四”青年风采展等活动，切实推动理论学习提质增效。

（二）高质量开展主题教育。

按照党中央总体部署，对标省委安排，推动主题教育与主责主业有机融合、规定动作与自选动作充分衔接，举办专题读书班、专题研讨深入开展理论学习，开展“大走访、大调研、大排查、大攻坚”活动，有效破解了一批难点堵点问题，推动形成了一批管长远、促发展的制度安排，主题教育取得显著成效，省委、省政府主要领导到省厅调研时给予了充分肯定。

（三）建立践行“三跑一经常”工作机制。

按照省委、省政府工作要求，结合人社实际创新建立“三跑一经常”工作机制。通过向“上”跑，及时掌握人力资源社会保障部政策走向、工作重点和工作要求，共争取政策、项目、资金及人才等方面的支持31项。通过向“外”跑，充分运用调研、培训等实地学习和线上交流机会，学习借鉴东西部协作和对口援青有关省份先进工作经验方法，深化交流合作，落实工作任务28项。通过向“内”跑，主动深入群众、深入企业、深入基层，厅党组成员带头多次深入市州调研督导，各处室局、单位加强业务指导和工作督导，落实工作任务48项。通过“经常”报告，经常化向省委、省政府报送各类报告29件。“三跑一经常”工作机制有力推动青海人社各项工作取得积极成效，得到省委、省政府主要领导充分肯定，并被青海省政府办公厅转发各委、办、厅、局学习借鉴。

（四）持续加强班子和队伍建设。

深入实施《关于提升干部能力素质的若干措施》，创新开展“处长讲业务”活动，省社会保险服务局企业职工和城乡居民养老保险经办处被评为全省“人民满意的公务员集体”。大力选拔使用优秀年轻干部，全厅正处级领导干部平均年龄下降3.2岁，副处级领导干部平均年龄下降1岁，40岁以下处级干部占比由11.69%提升为18.75%。厅党组书记先后主持召开年轻干部、事业单位人员、新任职干部、挂职干部、驻村干部集中座谈会，对各年龄段、各层级干部职工提出希望和要求，持续激发干部干事创业精气神。

（五）抓紧抓实人社宣传工作。

聚焦反映青海人社领域落实党的二十大精神和党中央决策部署的实践成效，在《人民日报》等主流媒体刊发新闻稿件1 000余篇。省厅门户网站浏览量突破300万人次，微信公众号推送信息800余条，点击超20万人次。编印《青海人社》刊物7期，编发《青海人社信息》152期、《信息专报》25期，被省委、省政府和人力资源社会保障部单篇采用43期，全省人社领域始终高奏主旋律、充满正能量。

（六）持之以恒正风肃纪。

召开全省人社系统作风突出问题专项整治动员部署会，从严从实抓好乡村振兴国家考核评估反馈问题整改、失业保险基金管理问题专项整治、职业技能培训和评价专项整治、社会保险基金管理巩固提升行动。紧盯重要时间节点及时发布廉洁提醒、开展明察暗访。深化以案促改专项教育整治，常态化开展谈心谈话、提醒告诫。严格执行中央“八项规定”和省委、省政府若干措施，坚决整治“四风”，持续为基层减负，再度压减“三公经费”。

青海省人力资源和社会保障厅

宁夏回族自治区

2023年，宁夏人力资源社会保障系统全面贯彻党的二十大精神和习近平总书记视察宁夏重要讲话指示批示精神，认真落实宁夏第十三次党代会和宁夏党委十三届四次、五次、六次全会部署，统筹发展和安全、发展和民生，推动主题教育和人社工作互融共促，创新开展“就业创业促进年”活动，实施就业创业优先、居民增收致富、社保扩面提标“三大工程”，一体推进人才人事、和谐劳动关系、行风建设、人社信息化等工作，着力防范风险隐患，筑牢安全底线，重点工作提质增效，主要指标超额完成，人社事业发展取得新成效。

一、就业创业

坚持就业优先战略，健全完善“七项机制”，创新开展“就业创业促进年”活动，着力稳定和扩大就业，重点群体就业量质双升，就业局势稳中向好。2023年城镇新增就业8.27万人、农村劳动力转移就业83.56万人，分别完成全年任务的103.3%、104.45%。城镇调查失业率控制在5.5%以内。“宁夏举办全国劳务协作暨劳务品牌发展大会”入选2023年度中国就业十件大事。“宁夏创新完善‘七项机制’开展‘就业创业促进年’活动”、举办全国劳务协作暨劳务品牌发展大会、创新实施“铁杆庄稼保”政策三件就业创新工作入选2023年度地方就业创新事件。“铁杆庄稼保”政策作为经验亮点被国务院农民工工作督查组通报表扬。

（一）就业政策供给。

推动出台促进就业创业33条、优化调整稳就业18条等政策，制发农民工就业创业17条、重点群体创业推进8条等配套措施，推动政策直补快办、高效直达。创新推出“宁岗贷”，发放授信贷款近2亿元。延续实施阶段性社保“降、返、补”措施，为6.45万家参保企业减缴社保费90.5亿元，稳定132万个岗位。

（二）重点群体就业。

实施高校毕业生等青年就业服务攻坚行动，开发园区企业岗位超2万个，募集见习实习岗位1.37万个，招募“三支一扶”基层项目4 400人，离校未就业毕业生帮扶就业率、困难毕业生帮扶就业率达到90%以上，高于上年同期。深化闽宁劳务协作，新建江浙沪等9个省际劳务协作机制，推动劳务协作联盟发展，带动13万余名农村劳动力跨省务工，同比增长8.7%。持续推进“铁杆庄稼保”，参保64.34万人次，94人获赔830.17万元。开展就业帮扶援助，购买公益性岗位1.46万个，失业人员再就业6.52万人，就业困难人员就业1.2万人，分别完成全年任务的130.3%、170.3%，零就业家庭动态清零。

（三）创业带动就业。

开展“技能宁夏”“创业宁夏”行动，组织政府补贴性职业技能培训5.68万人，发放创业担保贷款20亿元，新增创业实体1.75万个，创造新岗位2.95万个，创业带动就业6.2万人，分别完成全年任务的113.6%、200%、194%、147.3%、124%；评选大学生优秀创业项目33个。

（四）就业公共服务。

组织促进就业“春风行动”等10+N专项活动，举办线上线下和“直播带岗”招聘

1 375场次，提供岗位信息52.18万个。组织重点企业赴甘肃、江苏、陕西、深圳等地招聘，举办“才聚塞上江南　职引美好未来”等直播宣讲573场次。

二、社会保障

巩固拓展全民参保成果，精准推进农民工、新就业形态就业人员等重点群体参保，宁夏基本养老、失业、工伤保险参保人数分别达到524.09万人、122.52万人、148.51万人，完成年度任务的102.76%、103.83%、101.72%。

（一）扩面提待。

按3.8%增幅为机关企事业单位退休人员调增养老金，惠及73.16万人。为46.46万名城乡居民调增基础养老金15元，调整后平均养老金达到268元。全国统筹后企业退休职工冬季取暖费平稳过渡，补贴标准保持2022年标准不变。工伤职工伤残津贴一至六级每月分别增加360元、330元、300元、270元、240元、210元，供养亲属抚恤金每月增加110元。随着宁夏最低工资标准及三个类区的调整，同步提高宁夏失业保险金水平，将原一类地区、二类地区合并为一类地区，月标准分别从1 755元、1 656元提高至1 845元，三类地区调整为二类地区，月标准从1 575元提高至1 710元。

（二）制度改革。

深化企业职工基本养老保险全国统筹，完善不符合条件一次性缴纳养老保险费人员排查机制，规范待遇项目，失业、工伤保险基金实现省级统收统支。率先全省建立补充工伤保险制度，完成1 983名消防救援员养老保险属地参保工作。推行个人养老金制度，38.9万人参保。出台失业、工伤保险经办规程，完善社保公共服务平台，拓展社保卡“跨省通”，推进“粤宁社保通”工程，实现更多服务事项“一件事一次办”。府院共商化解工伤保险行政争议，首次出台《城乡居民基本养老保险村（居）协办员服务规范》。

（三）社保基金监管。

推动社保基金管理巩固提升行动走深走实，扎实开展失业保险基金管理问题专项整治和社保基金案件集中整治百日攻坚行动，组织开展社保基金安全警示教育月活动，核查督办社保基金案件340件，追回基金916.92万元。实地稽核1 492户参保单位，追回少缴、欺诈冒领待遇1 306.75万元。

三、人才人事

深化制度改革，做实人才“引育留用”大文章，培养壮大专业技术人才和技能人才两支队伍，激发人才引领高质量发展。

（一）人才队伍建设。

出台支持民营企业职称评审和柔性引进人才工作实施办法，修订高层次人才认定目录，实施专业技术人员知识更新项目54期，新开展宣传思想文化领域人才、基层中医药人才专题培训。推荐国务院政府特殊津贴人选29名，选拔“塞上英才”10名，新认定高层次人才431名，选拔青年拔尖人才108名，聘任3名院士、27名国内知名专家为“自治区特聘专家”，累计评聘基层定向职称4 721人，评定高素质农民职称416人。全区专业技术人才总量37万人。宁夏党委办公厅、政府办公厅印发《关于加强新时代高技能人才队伍建设的实施意见》，制定《宁夏高技能人才培训基地建设管理办法》等12个政策性文件。实施“金蓝领”培育计划，选拔“塞上技能大师”10名、宁夏技术能手31名，新培养高技能人才6 503人，新增技师、高级技师1 131人。高质量举办技能中国行2023——走进宁夏暨第二届宁夏乡村振兴职业技能大赛等活动。

（二）人才载体建设。

启动职业技能培训机构服务规范（地方标准）编制工作，修订发布177个职业（工种）培训学校设置标准，遴选16家培训机构开展标准化试点示范项目建设。实施国家级专家服务示范团项目2个，建设人才小高地12个，建立专家服务基地10个、博士后科研流动（工作）站32个、数字技术工程师培训机构3个。新建国家和自治区级高技能人才培训基地3个、技能大师工作室9个，建设技工院校特色专业2个。

（三）事业单位人事制度改革。

贯彻落实人才强区战略部署，对《自治区事业单位公开招聘工作人员实施办法》进行全方位修订，优化和规范公开招聘的重要环节和程序，出台《事业单位面试评委管理办法》，明确13项监督管理要求；开发建设面试评委培训与管理系统，对近6 000名评委进行全覆盖线上培训。优化完善岗位设置和聘用管理政策措施，出台《自治区中小学岗位设置和聘用管理实施办法》，优化调整中小学专业技术岗位结构比例，实行公立医院正式在编人员与备案制人员一体化管理政策。首次采取申报竞聘、自主评聘、直接聘用相结合的方法，择优评聘专技二级岗位41人。2023年组织53项人事考试3.5万场，服务考生42万人次。

四、劳动关系

（一）和谐劳动关系。

统筹维护劳动者权益和企业发展，推进劳动关系治理提质增效。牵头承担黄河流域和谐劳动关系高质量发展改革创新试点工作，选树100名宁夏首届“塞上江南最美‘骑士’”，线上累计签订电子劳动合同233.8万份，签订农民工电子简易劳动合同63.2万份。

（二）调解仲裁。

选树金牌劳动人事争议调解组织32家，组建新业态调解组织40家。开展农民工工资争议速裁庭建设专项行动，26家仲裁院全部挂牌组建速裁庭，“快办妥处”各类争议案件2.27万件。劳动人事争议调解成功率、仲裁结案率分别达到69.5%、95.6%，高于年度目标任务9.5、5.6个百分点。府院联动“总对总”在线诉调对接委派劳动人事争议案件调解成功率100%。

（三）根治欠薪。

开展清理整顿人力资源市场秩序、根治欠薪等专项行动，为3.67万名劳动者追回工资待遇3.05亿元，劳动保障监察和拖欠农民工工资举报投诉案件结案率100%。完善农民工工资支付监控预警平台，3 000余个工程建设项目42.5万农民工纳入监管。

五、收入分配

（一）企业工资。

加强企业工资宏观管理，完成企业薪酬调查3 076户企业28万人，发布企业工资指导线和人力资源市场工资价位。深化国有企业工资制度改革，普遍实行全员绩效管理。调整最低工资标准和地区类别，最低工资标准一类区和二类区分别调整为2 050元、1 900元。

（二）事业单位工资。

完善体现岗位绩效和分级分类管理的事业单位薪酬制度，落实以增加知识价值为导向的收入分配政策，深化公立医院薪酬制度改革，保障义务教育学校教师工资待遇，及时批复事业单位绩效工资总量，加强绩效考核分配突出激励导向，按时足额发放事业单位工作人员工资津贴补贴。

六、行风建设

（一）“放管服”改革。

坚持人社服务为人民理念，构建“大数据支撑、网络化共享、智慧化协作”服务模式，高效便捷惠企便民。完善人社一体化和公共服务平台功能，拓展人社业务全流程上网不见面办理，31个事项“免申办”，40个事项“联动办”，75个事项“掌上办”，5个“高效办成一件事”。深入推进行政审批综窗改革，人社政务服务好评率100%。通过学校设立条件标准化、办理流程标准化推动民办职业技能培训机构“告知承诺制”改革的做法被自治区标准化工作协调推进部门联席会议办公室作为标准实施典型案例推介。

（二）法治人社建设。

深入推进法治人社示范创建，完善法制机构、法律顾问、公职律师、法律专家合法性审核联动机制，梳理82项人社“双随机一公开”检查清单，调整95项行政基准裁量权、44项免罚清单，厅本级行政、民事诉讼和复议案件胜诉率100%。组队参加“尊法守法　携手筑梦”全国人社法治知识竞赛荣获三等奖。

（三）安全生产。

深入贯彻宁夏党委十三届四次全会精神，落实“1+37+8”系列文件要求，健全完善人社领域安全生产一个办法、一张清单、一套预案“三个一”制度体系，开展安全风险隐患排查整治专项行动，举办安全生产综合能力和技工院校、职业技能培训学校校长安全管理能力提升培训班，创新开展“平安校园·护航成长——讲学查比”系列活动，98项问题隐患全部整改到位。

宁夏回族自治区人力资源和社会保障厅

新疆维吾尔自治区

2023年，新疆人力资源社会保障部门坚持以习近平新时代中国特色社会主义思想为指导，深入贯彻落实习近平总书记听取自治区和兵团工作汇报时的重要讲话精神，贯彻落实自治区党委十届历次全会精神，完整准确全面贯彻新时代党的治疆方略，聚焦高质量发展首要任务，扎实做好人力资源社会保障工作，全面完成年初确定的各项目标任务，为推进中国式现代化新疆实践积极贡献人社力量。

一、坚持改革创新思维，积极服务新疆工作大局

坚持胸怀“两个大局”、牢记“国之大者”，自觉把人社工作放在新疆发展大局、全国人社全局中去谋划和推动，在更高起点上找准人社工作定位，在破题攻坚中找准“牵一发而动全身”的突破口，在积极融入新疆发展重大战略中乘势而上，以高质量人社工作助力新疆经济社会高质量发展。

（一）激发开放动力，找准差距、转变观念。

坚持高位推动，积极争取人力资源社会保障部政策倾斜、项目资金支持，自治区政府主要领导率队赴人力资源社会保障部开展对接工作，就支持新疆就业、职业培训、技工教育、人才、社会保障等工作达成广泛合作共识。人力资源社会保障部主要领导到疆调研，与自治区主要领导进行深入座谈交流，签署了部区共同推进新疆人社事业高质量发展战略合作协议，明确了6个方面31条支持措施。围绕人社事业高质量发展，组织开展大规模、高频次赴东部先进省份学习考察，组团参加第二届全国技能大赛、第二届全国博士后创新创业大赛、全国劳务协作暨劳动品牌发展大会、第二届全国人力资源服务业发展大会等重大活动，全面对标先进，认真学习先进经验做法。

（二）激发改革动力，强化担当、破解难题。

坚持把数字赋能作为驱动人社工作理念创新、模式创新、手段创新的重要支撑，制定印发《数字人社行动实施方案》《自治区人社一体化信息平台建设方案》，横向打通与12个政府部门、兵团人社部门和20家金融机构管理壁垒，纵向贯通人力资源社会保障部、区属地县乡的信息系统，建成全区集中的就业信息资源库和就业信息平台，完善了省级集中的社会保险信息系统，开发了省级集中的人力资源市场管理信息系统，优化了劳动监察系统案件处理流程，工伤保险协议机构实现联网直接结算，职业年金缴费电子票据推广应用，全区社保业务档案数据信息实现一体化管理，推进“跨省通办”“疆内通办”“一件事一次办”，涉及人社业务的38项“跨省通办”事项完成37项，21项人社政务服务事项实现“疆内通办”，3项“一件事一次办”事项上线运行。完善民营企业创新和人才聚集政策体系、配套措施，畅通民营企业职称评审渠道，首次启动面向民营企业的专业技术人员职称评审，2 408名专业技术人员取得专业技术职称。鼓励民营企业积极申报“天池英才”引进计划，55家民营企业127名高层次人才入选，累计资助1.1亿元。

（三）激发创新动力，勇闯新路、推动发展。

牢牢把握创新第一动力，着力加快人才发展体制机制改革，人才政策精准供给全面提速，自治区职称评审管理办法、特殊人才认定高级职称办法、人才管理服务授权清单、事业单位工作人员奖励办法等一系列政策措施先后制定出台，新疆人才发展集团正式启动筹建，人才创新创业平台加快建设，西北地区人才集聚中心和创新高地建设迈出重要步伐。2023年，新疆在全国重大比赛展示活动中屡创佳绩。第二届全国技能大赛取得1银1铜和12个优胜奖，积分名列西北五省第一；第二届全国博士后创新创业大赛取得2铜和3个优胜奖，第二届全国人力资源服务创新创业大赛荣获三等奖，实现奖牌零的突破；做好党中央、国务院首次“国家工程师奖”评选推荐，新疆1人入选。

二、坚决扛牢稳就业政治责任，全区就业形势持续向好

坚持把稳就业作为人社部门的首责首业来抓，着力推进就业优先战略，推动就业政策与产业政策、财政政策、金融政策协同联动，强化就业工作合力。全年实现城镇新增就业48.22万人，同比增长4.49%，完成全年目标任务的104.83%；城镇调查失业率均值4.4%，比全国平均水平低0.8个百分点。

（一）着力落实稳就业政策。

更加注重产业发展与促进就业双向驱动，深入挖掘央企、地方国企、民营企业等各类市场主体吸纳就业潜力，对吸纳就业能力强的产业和企业加大支持力度，制定实施失业保险“降缓返补扩”减负稳岗政策，为企业个人落实政策资金46.55亿元；调整完善就业扶持政策，倾斜支持吸纳就业能力强的行业企业，落实各类就业补贴23.55亿元。

（二）突出抓好重点群体就业。

多渠道促进高校毕业生就业创业，区属应届普通高校毕业生毕业去向落实率达93.01%；开展促进城乡群众就业创业增收行动，全区农村劳动力外出务工320.07万人次，脱贫人口务工规模109.3万人，分别完成年度目标任务的116.39%、100.55%；开展就业援助暖心活动，城镇失业人员实现再就业23.86万人，就业困难人员实现就业3.43万人，分别完成年度目标任务的149.13%、118.37%；城镇零就业家庭保持动态清零。

（三）注重培训服务双向发力。

坚持就业导向，大力开展订单、定向、定岗、新型学徒制等针对性培训，全年开展各类技能培训249.87万人次，完成年度目标任务的166.58%。实施“创业环境优化、创业主体培育”等8个创业推进计划，开展“中国创翼”创新创业大赛、“源来好创业”服务季、创客训练营、创业服务地州行等活动。全区实现创业8.1万人，带动就业23.33万人。出台支持人力资源市场高质量发展的配套政策，推动零工市场建设。线上线下同步组织开展24项贯穿全年的公共就业服务活动，打造“职在新疆”线上公共就业服务品牌。全年共组织招聘活动6 016场次，提供岗位182万个，达成就业意向46.5万人。

三、积极稳妥推进制度改革，社会保障体系更加完善

坚持以制度改革为牵引，以确保发放兜住底线，以强化监管打牢基础，落实社保改革各项任务，扎实推进社会保障体系建设，全面推动各项政策落地见效。

（一）企业职工基本养老保险全国统筹扎实推进。

落实企业职工基本养老保险全国统筹业务管控要求，执行国家统一养老保险政策和业务规范。稳步推进养老保险待遇项目规范工作。有序推进统一社会保险费征收模式工作。失业、工伤保险省级统筹进一步完善，落实基金统收统支。完成工伤保险省级统筹管理后的首次浮动费率调整工作。确定5地州和12家协议机构进行跨省异地就医直接结算试点，完成工伤保险跨省直接结算预付金制度测试。持续加强职业年金基金安全规范运营，职业年金单位缴费记账记实工作取得新突破。个人养老金在乌鲁木齐顺利推行。

（二）精准有序推进全民参保计划。

有序推进参保扩面，超额完成2023年度扩面任务，社会保险覆盖面进一步扩大，基本养老、失业和工伤保险参保达到2 184.43万人次，比2022年年底增加102.08万人次。通过整合人社、医保、税务移动服务端，实现灵活就业人员养老、医疗保险参保缴费、暂停、续保、基数变更等业务联合办理，同时将该功能进一步拓展到城乡居民参保缴费，优化参保人员参保办事体验。2023年全区灵活就业人员参保138.86万人，比2022年年底增加9.18万人。全面落实政府代缴政策，持续减轻困难群体缴费负担，累计为53.18万困难群体代缴资金3 977.17万元。

（三）调整提高社会保险待遇。

按照国家统一部署，上调退休人员基本养老金，全区159万余名退休人员受益。连续两次调整提高城乡居民基本养老保险基础养老金最低标准，增发10元，惠及126.88万名城乡居民。调整提高工伤（亡）职工保险待遇。压实“保发放”政治责任，积极协调调度，加强资金保障，确保社保待遇按时足额发放。稳步推进基金投资运营，实现基金保值增值。助企纾困政策落地见效，推进失业保险从保生活向稳就业功能延伸，全年累计为企业和个人减负46.55亿元。

（四）进一步提升社保经办管理水平。

全面推动落实综合柜员制，实现社保服务事项全区“无差别受理、同标准办理”，对55项社保公共服务事项和51项操作规范的受理条件、办理流程、申请材料、办结时限等要素进行全区统一。社保基层服务平台全面应用，乡村两级账户初始化率和激活率均达到100%，高频业务“不出村（社区）”服务占比达到85%以上。经办服务更加便利，实现职工参保登记等10项服务事项“全区通办”、领取社保待遇人员资格认证等26项服务事项“跨省通办”。推进与广东社保“三通一机制”的实施，完成试点地州市“粤新社保通”线下专窗、专区建设。

四、优化人才人事政策，人才创造创新活力不断激发

坚持人才强区战略，抓好人才工作重要政策落实、重大项目实施、重点人才服务，不断优化人才发展环境。

（一）推动事业单位人事管理提质增效。

制定出台事业单位工作人员奖励办法（试行）、事业单位专业技术二级岗位管理办法（试行），印发人才管理服务授权清单。加大事业单位招聘引才规模，全年招聘事业单位工作人员2.2万人。首次开展专业技术二级岗评议选聘工作，选聘109人。持续做好县以下事业单位管理岗位职员等级晋升。探索开展自主确定专业技术岗位机构比例试点，实施岗位设置方案动态调整、动态管理，完成601家单位19 748个岗位设置备案业务。调整落实事业单位工作人员基本工资、艰苦边远地区津贴、绩效奖金、特殊岗位津贴标准，稳步提高事业单位工作人员工资收入水平。

（二）加大人才引进培养力度。

制定自治区推进新时代人力资源服务业高质量发展的若干措施，编制发布《自治区2023年八大产业集群急需紧缺人才需求调查目录》，举办春季、秋季面向高校毕业生人才引进招聘活动。实施专业技术人才知识更新工程高级研修项目68个。实施2023年度新疆少数民族科技骨干特殊培养项目，培养400人。推荐48名专家享受政府特殊津贴。开展“国家工程师奖”推荐评选，新疆大学王维庆成功入选。制定职称评审管理办法、特殊人才认定高级职称办法、职称评审监督管理办法，会同相关部门修订完善74个专业职称评审条件。首次开展民营企业专业技术人员专项职称评审，2 408人取得专业技术职称。高质量组织完成公务员考试11项、事业单位招聘考

试6项、职业资格考试45项，服务考生90余万人。

（三）加强博士后等高层次人才工作。

制定印发《自治区博士后创新实践基地管理服务细则（试行）》，吸引203名博士进站工作，同比增加39.04%；在站人数首次突破600人，创历史新高。新设博士后科研流动站4个、工作站3个、自治区博士后创新实践基地10个；择优遴选支持优秀博士后平台20个，支持新设博士后平台17个、优秀博士后研究人员60人。两批“天池英才”引进计划入选1 432人，支持资金5.08亿元。

（四）加强高技能人才队伍建设。

编印《自治区技工院校工作指导手册》，实施技工院校办学水平评估和办学条件达标工程，新升格技师学院1所、高级技工学校5所，全年招生3.9万人，完成年度目标任务的114%。建立“新八级工”职业技能等级制度，开展特级技师评聘，首批评选出14名；组织实施“新疆工匠”项目，两批入选357人；评选建设国家级、自治区级高技能人才培训基地和技能大师工作室各20个。全年新增取得职业资格证书和职业技能等级证书33万人次，其中，高级工及以上3万人次。

五、突出标本兼治综合治理，劳动关系更趋和谐稳定

加大劳动保障法律法规宣传和贯彻执行力度，指导督促企业规范用工和妥善处理劳动关系，从源头上减少矛盾纠纷。

（一）强化劳动关系治理效能。

进一步强化劳动关系三方协调机制，继续推进劳动关系和谐同行能力提升。印发《关于巩固深化新时代和谐劳动关系实施方案》《关于开展劳动用工“查风险　强协商　保支付　促和谐”专项行动的通知》，严格落实劳动关系风险报告制度，开展新就业形态劳动矛盾纠纷风险隐患排查化解专项工作。开展电子劳动合同百城试点，共签订电子劳动合同41万余份。

（二）强化企业工资宏观调控机制。

联合自治区总工会开展2023年集体协商“集中要约”活动，签订工资专项集体合同5 980份，覆盖职工50余万人。持续深化国有企业负责人薪酬制度改革，科学测算2023年国有企业负责人基本年薪基数。开展国有企业科技人才薪酬分配指引试点，引导企业探索建立健全适应科技人才发展需求的薪酬分配体系。加强企业工资宏观调控，发布2023年企业工资指导线。

（三）强化根治欠薪制度措施落实。

实施农民工安“薪”无忧工程，开展集中整治拖欠农民工工资问题专项行动“回头看”、保障农民工工资支付“制度全覆盖”夏季专项行动和根治欠薪冬季专项行动。6 662个在建工程项目、62.92万名农民工纳入平台实时动态监控，各类工程建设项目保障农民工工资支付五项制度综合落实率达到95.71%，全年办结欠薪问题线索11.9万件，为15.3万人追发工资19.9亿元。

（四）强化矛盾纠纷调处力度。

印发《关于进一步加强劳动人事争议协商调解工作的实施意见》，完善争议多元处理机制，全区各级调解仲裁机构共受理劳动人事争议案件30 545件，同比增长67%；仲裁结案率为98.5%，调解成功率为68.1%，较2022年分别提高2.7和6.6个百分点。贯彻落实《信访工作条例》，落实各方责任，积极推动解决信访案件。全区人社部门共办信接访、处理网上信访4 579批（件）次、5 882人次。厅信访办被自治区信访办评为“治重化积”专项工作优秀集体。

新疆维吾尔自治区人力资源和社会保障厅

新疆生产建设兵团

2023年是全面贯彻党的二十大精神的开局之年，也是兵团深化改革的关键一年。兵团人力资源社会保障系统在兵团党委的坚强领导和人力资源社会保障部的关心支持下，以习近平新时代中国特色社会主义思想为指导，深入贯彻落实党的二十大精神，认真落实新时代党的治疆方略和党中央对兵团的定位要求，紧紧围绕新疆工作总目标，聚焦兵团职责使命，凝心聚力促改革、攻坚克难谋发展，圆满完成年度目标任务，为兵团经济社会发展稳定大局作出了积极贡献。

一、紧扣主题抓教育，为民服务得到新提升

按照“学思想、强党性、重实践、建新功”总要求，紧密结合人社工作实际，扎实开展学习贯彻习近平新时代中国特色社会主义思想主题教育，深刻领悟“两个确立”的决定性意义，进一步树牢“四个意识”、坚定“四个自信”、做到“两个维护”，宗旨意识和群众观念进一步强化。

一是狠抓调查研究。深入基层一线，坚持问题导向，认真调研分析，转化调研成果，集中解决了治欠保支、求职就业、社保待遇申领、职称评聘等一批基层和群众反映强烈、普遍关注的问题。

二是狠抓专项整治。把开展专项整治行动作为重要载体，扎实抓好劳务派遣单位截滞留稳岗返还资金、失业保险待遇发放、职称评审、职业技能培训和评价等整治行动，排查整改突出问题，健全完善制度机制，筑牢社保基金和就业补助资金安全堤坝。

三是狠抓矛盾化解。借鉴“浦江经验”，主动下访听民声、访民意，有效化解特殊工种提前退休、劳动关系纠纷等信访问题；建立15个农民工工资争议速裁庭，畅通拖欠农民工工资维权“绿色通道”，等等。这些工作既充分展现了主题教育的积极成效，也深刻体现了兵团人社系统的为民情怀和使命担当。

二、聚焦人社推改革，制度建设取得新进展

围绕更好履行兵团职责使命，以高度的政治自觉和行动自觉全力做好兵团人社领域各项改革。

一是连队职工管理制度建设深入推进。组建修订完善兵团连队职工管理办法工作专班，深入10个师市、42个团场、136个连队调研连队职工管理的深层次问题，研究提出针对性政策措施，修订完善兵团连队职工管理办法。

二是工资收入分配制度改革持续深化。加强国有企业津补贴和福利管理，国有企业收入分配秩序进一步规范。完善兵团事业单位绩效工资总量核定办法，指导事业单位科学合理确定绩效工资水平。会同相关部门稳步推进高校、科研院所薪酬制度改革，公立医院收入分配制度进一步优化。

三是人才人事体制机制改革激发活力。制定兵团事业单位专业技术二级岗位管理办法，进一步完善二级岗位设置和聘用管理制度。出台兵团事业单位引进高层次人才和急需紧缺专业人才实施办法，畅通人才引进“绿色通道”。

四是社会保险制度更加完善。建立兵团师

市企业职工基本养老保险工作考核机制，压实师市工作责任。规范企业职工基本养老保险待遇项目，严格落实全国统筹要求。优化调整城乡居民基本养老保险缴费档次、缴费方式、补缴政策，引导城乡居民长缴多得、多缴多得。

五是根治欠薪机制更加健全。制定兵团工程建设领域保障农民工工资支付办法，出台兵团"欠薪线索反映平台"核处指南，修订农民工工资保证金实施细则，完善根治欠薪制度体系，根治欠薪工作得到有效提升。

三、共建共享共发展，兵地融合取得新突破

习近平总书记强调，兵地融合是兵团作为新疆组成部分的重要体现，也是发挥兵团特殊作用的重要途径。2023 年，在兵地融合方面进行了积极探索，采取了一系列行之有效的措施，取得了明显成效。

一是推动事业发展共谋。人力资源社会保障部、自治区、兵团三方签署战略合作协议，共同谋划推进兵团人社事业高质量发展。兵团和自治区在人社事业发展方面同步研究、同步探索、同步实施。

二是加强就业资源共享。主动与自治区人社部门对接，归集纺织服装、田间管理等岗位，有序接收南疆城乡富余劳动力到南疆师市务工就业。联合地方举办"百日千万招聘专项行动"，组织 153 家兵地企业，为各民族劳动者提供近 7 000 个就业岗位。

三是强化人才队伍共培。与自治区联合实施 2023 年新疆少数民族科技骨干特殊培养计划、"新疆工匠"培养项目、"天池英才"引进计划，兵团分别有 24 名专业技术人员、40 名高技能人才、203 名高层次和急需紧缺人才入选。争取新疆人才发展基金 1.5 亿元，用于新引进人才科研和生活补贴。

四是促进政策待遇同频。在资格资质、工资福利、继续教育、职称评审、社会保险等领域，保持兵地政策待遇一致。联合开展企业薪酬调查，适用同一标准企业工资指导线、最低工资标准、劳动关系评价规范。

四、突出重点抓落实，人社事业展现新作为

坚持民生为本，狠抓就业、社会保障、人才人事和劳动关系等重点工作，着力增强人民福祉。

一是筑牢民生之本，就业形势稳中向好。落实落细就业优先政策，聚焦重点群体就业，全年实现城镇新增就业 8.32 万人，完成年度目标任务的 104%。加大资金支持力度，下达就业补助资金 9.09 亿元，同比增长 26.51%。加强职业技能培训，开展各类培训 12.39 万人次，完成全年计划的 103.25%。优化公共就业服务，举办招聘会 622 场次，提高市场化就业服务能力。释放政策红利 9.15 亿元，助企纾困，服务企业高质量发展。

二是夯实民生之基，社保惠民增进民生福祉。城镇职工基本养老、失业、工伤保险参保人数分别达到 198.73 万人、77.06 万人、94.93 万人，全部超额完成国家下达的目标计划，社会保险扩面成效显著。同步调整企业和机关事业单位退休人员养老金，两次提高兵团城乡居民基本养老保险基础养老金最低标准，社会保险待遇稳步提高。实施社保基金管理问题专项整治，开展社保基金管理巩固提升行动和常态化警示教育活动，追回违规社保基金 1 633.44 万元，社保基金监管更加有力。

三是坚持引育留用并举，人才人事工作扎实推进。指导各师市、兵直有关部门招聘事业单位工作人员 5 354 人，其中博士 171 人、硕士 690 人。招募"三支一扶"人员 1 019 名，完成国家下达计划的 107.26%。推进兵团博士后工作，兵团博士后站点数量从 21 个增加到 25 个。推荐 21 名高层次高技能人才享受政府特殊津贴，组织表彰 29 名"兵团有突出贡献优秀专家"。健全完善技能人才培养政策体系，建成国家级高技能人才培训基地 1 家、技能大师工作室 1 家、国家首批技能根基工程培训基地 2 家。规范开展技能人才评价，累计评价

11.97 万人次。

四是统筹维权维稳，劳动关系和谐稳定。深入开展新时代和谐劳动关系创建活动，持续做好劳动关系矛盾风险排查化解，不断提升维权服务水平。全年共处理争议案件 5 241 件，调解成功率 70.28%，仲裁结案率 98.72%，同比分别提高 2.57%、0.67%，调解仲裁质效稳步提升。采取考核、督办、挂钩包联等多种措施，明确任务分工，层层压实行业主管部门责任、属地责任，2023 年办结各类欠薪案件 2 584 件，为 1.58 万名劳动者追发工资 1.83 亿元，欠薪案件、欠薪人数、欠薪金额较 2022 年分别下降 27.15%、36.03%、44.88%，实现了“三下降”。

五、强化效能抓服务，行风建设再上新台阶

持续推进行风建设与业务工作互促共进、融合发展，不断提高兵团人社服务效能。

一是大力推进法治人社建设。全面落实普法责任制，组织兵团人社系统开展宪法、人社领域重要法规集中宣传活动 1 300 余次，提高人社法律法规知晓率。在全国人社法治知识竞赛现场晋级赛中，兵团代表队荣获二等奖。在全国练兵比武竞赛中，兵团代表队荣获团体二等奖，3 人荣获全国“岗位练兵明星”称号。

二是不断优化人社政务服务。深入开展“局处长走流程”活动，强化兵团 12333 热线电话服务，确定“兵地通办”事项 31 项，统筹推进“一件事一次办”、高频事项“一网通办”和“就近办”，积极为企业和群众提供便利。全年兵团人社系统政务服务好评率达到 99.99%。

三是稳步提升信息化便民服务能力。推进兵团就业信息资源库和就业一体化信息平台建设，建成兵团劳动用工备案系统，人才人事审批业务实现全程网办，社保卡持卡人数达 293.61 万人，完成年度计划的 101.24%，信息化助力人社服务提质增效。

新疆生产建设兵团人力资源和社会保障局

工作卷

人力资源和社会保障统计资料

（一）综　合

表 1–1　国内生产总值增长及构成

年份	国内生产总值	第一产业	第二产业	第三产业
一、绝对数（亿元）				
2000	100 280	14 717	45 665	39 898
2001	110 863	15 503	49 661	45 700
2002	121 717	16 190	54 106	51 422
2003	137 422	16 970	62 697	57 754
2004	161 840	20 904	74 287	66 649
2005	187 319	21 807	88 084	77 428
2006	219 439	23 317	104 362	91 760
2007	270 092	27 674	126 631	115 788
2008	319 245	32 464	149 953	136 828
2009	348 518	33 584	160 169	154 765
2010	412 119	38 431	191 627	182 062
2011	487 940	44 781	227 035	216 124
2012	538 580	49 085	244 639	244 856
2013	592 963	53 028	261 952	277 984
2014	643 563	55 626	277 283	310 654
2015	688 858	57 775	281 339	349 745
2016	746 395	60 139	295 428	390 828
2017	832 036	62 100	331 580	438 356
2018	919 281	64 745	364 835	489 701
2019	986 515	70 474	380 671	535 371
2020	1 013 567	78 031	383 562	551 974
2021	1 149 237	83 217	451 544	614 476
2022	1 210 207	88 345	483 165	638 698
2023	1 260 582	89 755	482 589	688 238
二、比上年增长（%）				
2000	8.5	2.3	9.5	9.8
2001	8.3	2.6	8.5	10.3
2002	9.1	2.7	9.9	10.5
2003	10.0	2.4	12.7	9.5
2004	10.1	6.1	11.1	10.1
2005	11.4	5.1	12.1	12.4
2006	12.7	4.8	13.5	14.1
2007	14.2	3.5	15.1	16.1
2008	9.7	5.2	9.8	10.5
2009	9.4	4.0	10.3	9.6

续表

年份	国内生产总值	第一产业	第二产业	第三产业
2010	10.6	4.3	12.7	9.7
2011	9.6	4.2	10.7	9.5
2012	7.9	4.5	8.4	8.0
2013	7.8	3.8	8.0	8.3
2014	7.4	4.1	7.2	8.3
2015	7.0	3.9	5.9	8.8
2016	6.8	3.3	6.0	8.1
2017	6.9	4.0	5.9	8.3
2018	6.7	3.5	5.8	8.0
2019	6.0	3.1	4.9	7.2
2020	2.2	3.1	2.5	1.9
2021	8.1	7.1	8.2	8.2
2022	3.0	4.1	3.8	2.3
2023	5.2	4.1	4.7	5.8
三、构成（%）				
2000	100.0	14.7	45.5	39.8
2001	100.0	14.0	44.8	41.2
2002	100.0	13.3	44.5	42.2
2003	100.0	12.3	45.6	42.0
2004	100.0	12.9	45.9	41.2
2005	100.0	11.6	47.0	41.3
2006	100.0	10.6	47.6	41.8
2007	100.0	10.2	46.9	42.9
2008	100.0	10.2	47.0	42.9
2009	100.0	9.6	46.0	44.4
2010	100.0	9.3	46.5	44.2
2011	100.0	9.2	46.5	44.3
2012	100.0	9.1	45.4	45.5
2013	100.0	8.9	44.2	46.9
2014	100.0	8.6	43.1	48.3
2015	100.0	8.4	40.8	50.8
2016	100.0	8.1	39.6	52.4
2017	100.0	7.5	39.9	52.7
2018	100.0	7.0	39.7	53.3
2019	100.0	7.1	38.6	54.3
2020	100.0	7.7	37.8	54.5
2021	100.0	7.3	39.4	53.3
2022	100.0	7.3	39.9	52.8
2023	100.0	7.1	38.3	54.6

注：按第四次经济普查数据，对 2007 年及以后的数据进行了修订。比上年增长按不变价格计算。

表 1-2　　全国分城乡就业人员年末人数及构成　　单位：万人

年份	就业人数			构成（%）		
	合计	城镇	乡村	合计	城镇	乡村
2000	72 085	23 151	48 934	100	32.1	67.9
2001	72 797	24 123	48 674	100	33.1	66.9
2002	73 280	25 159	48 121	100	34.3	65.7
2003	73 736	26 230	47 506	100	35.6	64.4
2004	74 264	27 293	46 971	100	36.8	63.2
2005	74 647	28 389	46 258	100	38.0	62.0
2006	74 978	29 630	45 348	100	39.5	60.5
2007	75 321	30 953	44 368	100	41.1	58.9
2008	75 564	32 103	43 461	100	42.5	57.5
2009	75 828	33 322	42 506	100	43.9	56.1
2010	76 105	34 687	41 418	100	45.6	54.4
2011	76 196	36 003	40 193	100	47.3	52.7
2012	76 254	37 287	38 967	100	48.9	51.1
2013	76 301	38 527	37 774	100	50.5	49.5
2014	76 349	39 703	36 646	100	52.0	48.0
2015	76 320	40 916	35 404	100	53.6	46.4
2016	76 245	42 051	34 194	100	55.2	44.8
2017	76 058	43 208	32 850	100	56.8	43.2
2018	75 782	44 292	31 490	100	58.4	41.6
2019	75 447	45 249	30 198	100	60.0	40.0
2020	75 064	46 271	28 793	100	61.6	38.4
2021	74 652	46 773	27 879	100	62.7	37.3
2022	73 351	45 931	27 420	100	62.6	37.4
2023	74 041	47 032	27 009	100	63.5	36.5

注：1990 年及以后的数据根据劳动力调查、人口普查推算，2011—2019 年数据是根据第七次人口普查修订数（下表同）。

表 1–3　全国分产业就业人员年末人数及构成　　单位：万人

年份	就业人数				构成（%）			
	合计	第一产业	第二产业	第三产业	合计	第一产业	第二产业	第三产业
2000	72 085	36 043	16 219	19 823	100	50.0	22.5	27.5
2001	72 797	36 399	16 234	20 165	100	50.0	22.3	27.7
2002	73 280	36 640	15 682	20 958	100	50.0	21.4	28.6
2003	73 736	36 204	15 927	21 605	100	49.1	21.6	29.3
2004	74 264	34 830	16 709	22 725	100	46.9	22.5	30.6
2005	74 647	33 442	17 766	23 439	100	44.8	23.8	31.4
2006	74 978	31 941	18 894	24 143	100	42.6	25.2	32.2
2007	75 321	30 731	20 186	24 404	100	40.8	26.8	32.4
2008	75 564	29 923	20 553	25 087	100	39.6	27.2	33.2
2009	75 828	28 890	21 080	25 857	100	38.1	27.8	34.1
2010	76 105	27 931	21 842	26 332	100	36.7	28.7	34.6
2011	76 196	26 472	22 539	27 185	100	34.7	29.6	35.7
2012	76 254	25 535	23 226	27 493	100	33.5	30.4	36.1
2013	76 301	23 838	23 142	29 321	100	31.3	30.3	38.4
2014	76 349	22 372	23 057	30 920	100	29.3	30.2	40.5
2015	76 320	21 418	22 644	32 258	100	28.0	29.7	42.3
2016	76 245	20 908	22 295	33 042	100	27.4	29.3	43.3
2017	76 058	20 295	21 762	34 001	100	26.7	28.6	44.7
2018	75 782	19 515	21 356	34 911	100	25.7	28.2	46.1
2019	75 447	18 652	21 234	35 561	100	24.7	28.2	47.1
2020	75 064	17 715	21 543	35 806	100	23.6	28.7	47.7
2021	74 652	17 072	21 712	35 868	100	22.9	29.1	48.0
2022	73 351	17 663	21 105	34 583	100	24.1	28.8	47.1
2023	74 041	16 882	21 520	35 639	100	22.8	29.1	48.1

表 1–4　分登记注册类型城镇单位就业人员人数　单位：万人

年份	合计	内资单位		集体单位	股份合作单位
			国有单位		
2000	23 151	10 970	8 102	1 499	155
2001	24 123	10 495	7 640	1 291	153
2002	25 159	10 227	7 163	1 122	161
2003	26 230	10 107	6 876	1 000	173
2004	27 293	10 066	6 710	897	192
2005	28 389	10 159	6 488	810	188
2006	29 630	10 306	6 430	764	178
2007	30 953	10 441	6 424	718	170
2008	32 103	10 571	6 447	662	164
2009	33 322	10 874	6 420	618	160
2010	34 687	11 228	6 516	597	156
2011	35 914	12 264	6 704	603	149
2012	37 102	13 021	6 839	590	149
2013	38 240	15 145	6 365	566	108
2014	39 310	15 323	6 312	537	103
2015	40 410	15 273	6 208	481	92
2016	41 428	15 222	6 170	453	86
2017	42 462	15 062	6 064	406	77
2018	43 419	14 893	5 740	347	66
2019	44 247	14 801	5 473	296	60
2020	46 271	14 665	5 563	271	69
2021	46 773	14 619	5 633	262	62
2022	45 931	14 423	5 612	235	58
2023	16 368	14 287	5 400	—	—

注：自 2023 年起，国家统计局劳动工资统计按照《关于市场主体统计分类的划分规定》（国统字〔2023〕14 号），执行新的登记注册统计类别，故表中指标分类有调整。国有单位包括机关事业单位、全民所有制企业。以下相关表同。

续表

年份	联营单位	有限责任公司	股份有限公司	港澳台商投资单位
2000	42	687	457	310
2001	45	841	483	326
2002	45	1 083	538	367
2003	44	1 261	592	409
2004	44	1 436	625	470
2005	45	1 750	699	557
2006	45	1 920	741	611
2007	43	2 075	788	680
2008	43	2 194	840	679
2009	37	2 433	956	721
2010	36	2 613	1 024	770
2011	37	3 269	1 183	932
2012	39	3 787	1 243	969
2013	25	6 069	1 721	1 397
2014	22	6 315	1 751	1 393
2015	20	6 389	1 798	1 344
2016	18	6 381	1 824	1 305
2017	13	6 367	1 846	1 290
2018	12	6 570	1 875	1 153
2019	12	6 608	1 879	1 157
2020	25	6 542	1 837	1 159
2021	22	6 526	1 789	1 175
2022	19	6 506	1 684	1 114
2023	—	—	—	1 093

续表

年份	外商投资单位	私营个体及其他		
		私营企业	个体	其他
2000	332	1 268	2 136	8 134
2001	345	1 527	2 131	9 299
2002	391	1 999	2 269	9 907
2003	454	2 545	2 377	10 338
2004	563	2 994	2 521	10 680
2005	688	3 458	2 778	10 749
2006	796	3 954	3 012	10 950
2007	903	4 581	3 310	11 038
2008	943	5 124	3 609	11 177
2009	978	5 544	4 245	10 960
2010	1 053	6 071	4 467	11 097
2011	1 217	6 912	5 227	9 362
2012	1 246	7 557	5 643	8 666
2013	1 566	8 242	6 142	5 747
2014	1 562	9 857	7 009	4 167
2015	1 446	11 180	7 800	3 368
2016	1 361	12 083	8 627	2 830
2017	1 291	13 327	9 348	2 143
2018	1 212	13 952	10 440	1 754
2019	1 203	14 567	11 692	827
2020	1 216		29 232	
2021	1 220		29 758	
2022	1 164		29 230	
2023	988		—	

注：自 2020 年起，国家市场监督管理总局不再统计私营个体就业人员数据，数据为推算数。

表 1–5　分登记注册类型城镇单位就业人员年末人数　　单位：万人

年份	合计	在岗职工	内资单位	国有单位	在岗职工	港澳台商投资单位
2000	11 612	11 259	10 970	8 102	7 878	310
2001	11 166	10 792	10 495	7 640	7 409	326
2002	10 985	10 558	10 227	7 163	6 924	367
2003	10 970	10 492	10 107	6 876	6 621	409
2004	11 099	10 576	10 066	6 710	6 438	470
2005	11 404	10 850	10 159	6 488	6 232	557
2006	11 713	11 160	10 306	6 430	6 170	611
2007	12 024	11 427	10 441	6 424	6 148	680
2008	12 193	11 515	10 571	6 447	6 126	679
2009	12 573	11 824	10 874	6 420	6 078	721
2010	13 052	12 251	11 228	6 516	6 145	770
2011	14 413	13 681	12 264	6 704	6 362	932
2012	15 236	14 403	13 021	6 839	6 467	969
2013	18 108	17 057	15 145	6 365	6 012	1 397
2014	18 278	17 212	15 323	6 312	5 956	1 393
2015	18 062	16 977	15 273	6 208	5 856	1 344
2016	17 888	16 768	15 222	6 170	5 811	1 305
2017	17 644	16 508	15 062	6 064	5 708	1 290
2018	17 258	16 070	14 893	5 740	5 389	1 153
2019	17 162	15 938	14 801	5 473	5 146	1 157
2020	17 039	15 887	14 665	5 563	5 282	1 159
2021	17 015	15 970	14 619	5 633	5 359	1 175
2022	16 701	15 780	14 423	5 612	5 359	1 114
2023	16 368	15 444	14 287	5 400	5 174	1 093

注：同表 1–4。本表 2010 年及以后在岗职工人数包含单位使用的劳务派遣人员数。

续表

年份	外商投资单位	城镇集体单位		其他单位	
			在岗职工		在岗职工
2000	332	1 499	1 447	2 011	1 935
2001	345	1 291	1 241	2 235	2 142
2002	391	1 122	1 071	2 700	2 563
2003	454	1 000	951	3 094	2 920
2004	563	897	851	3 492	3 287
2005	688	810	769	4 106	3 849
2006	796	764	726	4 519	4 264
2007	903	718	684	4 882	4 595
2008	943	662	623	5 084	4 766
2009	978	618	578	5 535	5 168
2010	1 053	597	558	5 938	5 548
2011	1 217	603	562	7 106	6 757
2012	1 246	590	549	7 808	7 387
2013	1 566	566	522	11 177	10 523
2014	1 562	537	494	11 429	10 762
2015	1 446	481	444	11 373	10 677
2016	1 361	453	418	11 265	10 539
2017	1 291	406	374	11 174	10 426
2018	1 212	347	318	11 171	10 363
2019	1 203	296	270	11 393	10 522
2020	1 216	271	250	11 205	10 355
2021	1 220	262	242	11 120	10 368
2022	1 164	235	218	10 853	10 203
2023	988	—	—	—	—

注：同表 1–4。本表 2010 年及以后在岗职工人数包含单位使用的劳务派遣人员数。

表 1-6　　分地区执行会计标准类型单位就业人数（2023 年）　　单位：万人

地区	总计		企业		其中：国有	
		在岗		在岗		在岗
总计	**16 368**	**15 444**	**11 316**	**10 599**	**447**	**423**
北京	756	710	617	578	17	15
天津	219	206	166	156	7	6
河北	555	526	312	292	17	16
山西	435	416	284	271	10	10
内蒙古	269	257	148	141	5	5
辽宁	424	402	275	258	20	19
吉林	234	221	135	126	13	13
黑龙江	275	258	155	145	15	15
上海	648	610	563	529	9	9
江苏	1 311	1 247	1 045	992	32	31
浙江	1 065	1 018	841	802	10	10
安徽	591	548	432	395	13	12
福建	549	499	409	367	11	10
江西	419	393	266	246	22	21
山东	1 077	1 018	737	687	35	34
河南	787	749	484	455	28	26
湖北	626	584	427	394	17	16
湖南	585	539	372	333	24	23
广东	1 990	1 911	1 603	1 535	36	34
广西	391	370	199	186	10	10
海南	102	98	63	61	3	3
重庆	337	307	234	207	8	7
四川	884	826	568	524	23	21
贵州	311	292	159	148	9	9
云南	345	316	165	152	8	8
西藏	41	38	15	15	1	1
陕西	456	433	298	281	15	14
甘肃	234	218	117	107	12	11
青海	66	63	34	33	1	1
宁夏	74	70	44	42	2	2
新疆	313	299	149	143	13	13

注：由于各级各类行政事业单位执行政府会计准则制度，自 2020 年起，机关和事业单位合并为政府。

续表

地区	政府	在岗	民间非营利组织	在岗	其他	在岗
总计	4 938	4 738	108	101	6	6
北京	134	129	4	4	0.15	0.14
天津	51	49	2	1	0.06	0.06
河北	241	232	2	2	0.11	0.10
山西	147	141	4	4	0.06	0.06
内蒙古	119	115	1	1	0.10	0.10
辽宁	146	141	4	3	0.33	0.31
吉林	97	93	2	2	0.01	0.01
黑龙江	118	112	1	1	0.13	0.12
上海	78	76	7	5	0.09	0.09
江苏	259	248	7	7	0.34	0.32
浙江	216	209	8	7	0.08	0.08
安徽	156	150	3	3	0.11	0.09
福建	137	129	3	3	0.09	0.09
江西	150	144	3	3	0.16	0.16
山东	333	324	7	7	0.30	0.29
河南	296	288	6	6	0.37	0.37
湖北	195	186	4	4	0.08	0.08
湖南	208	201	4	4	0.59	0.56
广东	373	364	12	11	1.60	1.50
广西	187	180	4	4	0.67	0.66
海南	37	36	1	1	0.01	0.01
重庆	102	98	1	1	0.20	0.19
四川	310	296	6	5	0.21	0.21
贵州	151	142	1	1	0.05	0.04
云南	177	161	3	3	0.11	0.11
西藏	25	23	0	0	0.001	0.001
陕西	154	148	4	4	0.04	0.04
甘肃	116	109	1	1	0.02	0.02
青海	32	30	0	0	0.003	0.003
宁夏	30	28	0	0	0.004	0.004
新疆	163	154	1	1	0.05	0.05

注：由于各级各类行政事业单位执行政府会计准则制度，自 2020 年起，机关和事业单位合并为政府。

表 1-7　　分行业城镇单位在岗职工年末人数（1995—2002 年）　　单位：万人

年份	合计	农、林、牧、渔业	采掘业	制造业	电力、煤气及水的生产和供应业	建筑业	地质勘查业、水利管理业	交通运输、仓储及邮电通信业
1995	14 908	660	914	5 439	257	1 053	134	824
1996	14 845	617	886	5 293	272	1 035	128	830
1997	14 668	612	851	5 083	282	1 004	128	824
1998	12 337	546	702	3 769	281	846	115	701
1999	11 773	519	650	3 496	283	778	110	682
2000	11 259	494	581	3 240	282	744	109	659
2001	10 792	458	544	3 010	284	733	104	629
2002	10 558	430	537	2 907	285	756	96	613

年份	批发和零售贸易、餐饮业	金融、保险业	房地产业	社会服务业	卫生、体育和社会福利业	教育、文化艺术和广播电影电视业	科学研究和综合技术服务业	国家机关、政党机关和社会团体	其他
1995	1 828	273	77	449	438	1 291	178	1 027	66
1996	1 807	288	82	458	451	1 345	176	1 075	103
1997	1 774	298	84	480	464	1 403	179	1 080	125
1998	1 256	301	89	451	469	1 451	168	1 084	108
1999	1 110	300	90	453	473	1 480	165	1 088	96
2000	977	294	93	457	476	1 500	164	1 091	99
2001	840	292	97	463	481	1 512	154	1 088	104
2002	733	287	107	483	480	1 517	151	1 056	120

表 1–8　分行业城镇单位在岗职工年末人数（2003—2011 年）　单位：万人

年份	合计	农、林、牧、渔业	采矿业	制造业	电力、燃气及水的生产和供应业	建筑业	交通运输、仓储和邮政业	信息传输、计算机服务和软件业	批发和零售业	住宿和餐饮业
2003	10 492	460	481	2 899	292	774	610	104	592	159
2004	10 576	438	491	2 960	294	778	598	111	551	163
2005	10 850	414	498	3 096	294	854	579	117	508	167
2006	11 161	402	518	3 250	296	910	579	125	486	170
2007	11 427	386	524	3 358	298	962	584	137	479	172
2008	11 515	362	526	3 329	297	971	583	144	487	178
2009	11 824	328	539	3 380	297	1 050	589	158	493	185
2010	12 251	328	546	3 519	299	1 133	582	168	506	191
2011	13 681	311	600	4 022	324	1 519	642	208	622	228

年份	金融业	房地产业	租赁和商务服务业	科学研究、技术服务和地质勘查业	水利、环境和公共设施管理业	居民服务和其他服务业	教育	卫生、社会保障和社会福利业	文化、体育和娱乐业	公共管理和社会组织
2003	286	108	168	206	164	47	1 402	472	122	1 146
2004	287	120	176	208	165	47	1 425	477	118	1 170
2005	295	133	199	213	170	47	1 445	491	117	1 213
2006	300	140	215	220	176	50	1 466	506	117	1 235
2007	311	151	223	228	181	51	1 484	522	119	1 260
2008	326	157	247	240	179	50	1 491	536	119	1 292
2009	347	175	263	255	184	55	1 502	564	122	1 337
2010	370	195	281	273	193	56	1 527	595	124	1 365
2011	417	233	273	282	203	57	1 563	644	128	1 406

表 1-9　　分行业城镇单位在岗职工年末人数（2012—2023 年）　　单位：万人

年份	合计	农、林、牧、渔业	采矿业	制造业	电力、热力、燃气及水生产和供应业	建筑业	批发和零售业	交通运输、仓储和邮政业	住宿和餐饮业	信息传输、软件和信息技术服务业
2012	14 403	291	618	4 192	334	1 739	683	648	246	218
2013	17 057	256	622	5 166	389	2 513	854	816	282	319
2014	17 212	252	583	5 152	389	2 518	850	830	268	327
2015	16 977	240	534	4 980	382	2 416	843	823	256	340
2016	16 768	230	477	4 805	377	2 354	834	819	250	355
2017	16 508	219	443	4 553	367	2 284	805	812	240	385
2018	16 070	159	404	4 104	358	2 338	783	792	234	412
2019	15 938	118	359	3 765	363	1 952	794	791	228	437
2020	15 887	77	344	3 743	371	1 875	759	792	223	473
2021	15 970	79	338	3 773	373	1 732	771	782	228	505
2022	15 780	72	335	3 690	368	1 623	763	760	219	516
2023	15 444	64	322	3 532	354	1 404	759	750	241	517

年份	金融业	房地产业	租赁和商务服务业	科学研究和技术服务业	水利、环境和公共设施管理业	居民服务、修理和其他服务业	教育	卫生和社会工作	文化、体育和娱乐业	公共管理、社会保障和社会组织
2012	441	258	278	313	213	59	131	1 594	1 467	681
2013	447	352	399	368	226	69	138	1 623	1 491	727
2014	467	379	426	386	232	72	137	1 657	1 518	765
2015	478	394	450	389	233	70	140	1 665	1 550	794
2016	498	407	463	398	229	71	142	1 657	1 584	819
2017	501	419	495	400	230	73	143	1 656	1 632	850
2018	494	441	492	391	224	72	1 658	865	137	1 713
2019	539	486	618	414	212	81	1 822	955	142	1 864
2020	526	502	601	413	218	78	1 874	1 002	142	1 874
2021	541	507	640	433	224	81	1 887	1 044	144	1 888
2022	529	492	688	440	226	85	1 874	1 066	140	1 895
2023	529	487	744	436	233	81	1 863	1 083	140	1 906

表 1-10　　分登记注册类型城镇单位就业人员平均工资　　单位：元

年份	平均工资	在岗职工	内资单位	国有单位	城镇集体单位	其他单位	港澳台商投资单位	外商投资单位
1995	5 348	5 500	5 250	5 553	3 934	7 728	7 711	8 812
2000	9 333	9 371	9 068	9 441	6 241	11 238	12 210	15 692
2005	18 200	18 364	17 866	18 978	11 176	18 362	17 833	23 625
2010	36 539	37 147	36 366	38 359	24 010	35 801	31 983	41 739
2011	41 799	42 452	41 354	43 483	28 791	41 323	38 341	48 869
2012	46 769	47 593	46 090	48 357	33 784	46 360	44 103	55 888
2013	51 483	52 388	50 403	52 657	38 905	51 453	49 961	63 171
2014	56 360	57 361	55 018	57 296	42 742	56 485	55 935	69 826
2015	62 029	63 241	60 652	65 296	46 607	60 906	62 017	76 302
2016	67 569	68 993	66 190	72 538	50 527	65 531	67 506	82 902
2017	74 318	76 121	73 067	81 114	55 243	71 304	73 016	90 064
2018	82 413	84 744	81 044	89 474	60 664	79 532	82 027	99 367
2019	90 501	93 383	89 105	98 899	62 612	87 195	91 304	106 604
2020	97 379	100 512	95 919	108 132	68 590	92 721	100 155	112 089
2021	106 837	110 221	104 644	115 583	74 491	103 182	114 034	126 019
2022	114 029	117 177	111 247	123 623	77 868	109 895	124 841	137 199
2023	120 698	123 734	117 783	127 672	—	—	132 342	149 130

注：同表 1-4。本表为城镇非私营单位就业人员平均工资。

表 1-11　　分地区登记注册类型单位就业人员平均工资（2023 年）　　单位：元

地区	就业人员平均工资				
	合计	内资单位		港澳台商投资单位	外商投资单位
			国有		
总计	**120 698**	**117 783**	**127 672**	**132 342**	**149 130**
北京	218 312	205 812	231 908	281 474	260 128
天津	138 007	141 296	158 688	111 621	139 398
河北	94 818	94 397	94 528	109 566	95 124
山西	95 025	95 306	87 760	77 817	97 377
内蒙古	108 856	108 742	104 454	102 868	121 706
辽宁	97 330	96 488	100 722	97 653	105 756
吉林	94 937	93 755	96 372	82 630	125 278
黑龙江	95 750	96 010	97 153	80 481	91 612
上海	229 337	216 282	263 880	235 593	257 083
江苏	125 102	126 522	164 986	112 727	125 839
浙江	133 045	131 778	184 226	153 616	126 240
安徽	103 688	103 295	125 346	102 586	118 837
福建	108 520	111 923	136 249	88 755	98 920
江西	92 794	94 119	109 315	66 089	83 932
山东	107 131	107 675	126 459	104 960	99 426
河南	84 156	84 449	87 026	69 603	95 353
湖北	109 227	109 642	125 884	90 588	115 298
湖南	97 015	97 774	108 029	83 432	89 392
广东	131 418	138 838	172 245	107 949	122 197
广西	96 185	96 671	102 304	68 817	101 838
海南	114 572	113 237	120 111	149 842	130 414
重庆	113 653	114 521	140 595	103 582	104 746
四川	110 160	110 282	124 016	103 341	112 473
贵州	102 010	102 068	102 376	98 715	96 178
云南	106 769	107 381	114 200	76 626	87 906
西藏	165 004	165 035	178 527	175 839	126 960
陕西	106 969	106 559	101 948	86 495	147 016
甘肃	99 124	98 911	105 486	82 643	147 414
青海	121 457	121 461	127 891	140 063	107 208
宁夏	117 681	117 819	116 884	116 379	108 468
新疆	112 305	112 311	113 739	111 912	111 561

注：同表 1-4。

表 1-12　分地区登记注册类型单位在岗职工平均工资（2023 年）　单位：元

地区	在岗职工平均工资				
	合计	内资单位		港澳台商投资单位	外商投资单位
			国有		
总计	**123 734**	**120 970**	**130 931**	**134 127**	**150 833**
北京	224 562	210 714	236 939	297 671	272 466
天津	141 769	145 898	161 828	111 126	142 145
河北	96 958	96 634	96 267	108 512	96 477
山西	97 315	97 576	90 227	78 630	105 817
内蒙古	111 602	111 501	106 931	103 135	125 320
辽宁	99 733	98 705	103 126	101 530	109 700
吉林	97 562	96 621	98 930	86 361	121 725
黑龙江	99 046	99 325	100 300	80 832	97 768
上海	235 520	223 176	268 129	241 168	262 356
江苏	127 620	129 790	169 246	113 937	125 406
浙江	135 653	134 443	188 092	156 781	127 348
安徽	106 769	106 421	128 199	104 289	121 684
福建	111 401	115 449	141 196	89 925	99 629
江西	94 742	96 188	111 978	66 169	83 927
山东	109 805	110 643	128 505	105 309	99 301
河南	85 583	85 931	88 238	69 512	97 829
湖北	112 255	112 513	129 504	98 878	116 967
湖南	99 480	100 315	110 464	84 794	92 679
广东	133 452	141 462	174 774	108 948	123 116
广西	98 811	99 268	104 908	68 941	109 648
海南	116 686	115 336	122 560	151 820	133 019
重庆	117 446	118 672	143 629	103 369	106 628
四川	113 223	113 453	127 551	103 915	114 533
贵州	104 802	104 885	106 014	99 067	99 012
云南	112 908	113 519	121 619	83 029	92 368
西藏	172 077	172 164	189 030	176 294	129 305
陕西	109 908	109 466	104 688	93 037	147 143
甘肃	102 934	102 659	109 303	95 913	152 605
青海	125 114	125 060	133 605	141 313	121 551
宁夏	121 648	121 907	123 550	117 889	108 501
新疆	115 093	115 071	117 463	112 739	122 387

注：同表 1–4。

表 1-13　　城镇非私营单位在岗职工平均工资　　单位：元

年份	合计	企业				政府					
						事业	机关	事业	机关	事业	机关
		小计	国有	集体	其他	小计		国有		集体	
2001	10 870	10 453	10 619	6 667	12 136	11 491	12 125	11 640	12 136	8 518	8 960
2002	12 422	11 873	12 109	7 426	13 206	13 246	14 005	13 438	14 020	9 399	9 302
2003	14 040	13 578	14 028	8 401	14 575	14 564	15 736	14 770	15 757	10 448	9 742
2004	16 024	15 559	16 336	9 513	16 255	16 489	17 869	16 690	17 887	11 773	12 101
2005	18 364	17 853	19 069	10 909	18 242	18 720	20 828	18 926	20 840	13 602	15 365
2006	21 001	20 555	22 246	12 547	20 756	21 259	23 360	21 466	23 370	15 887	17 897
2007	24 932	24 046	26 284	14 882	24 053	25 805	28 763	26 029	28 773	19 828	21 803
2008	29 229	28 359	30 780	17 616	28 388	29 758	33 869	30 004	33 878	22 682	25 298
2009	32 736	31 622	34 778	20 041	31 362	34 053	37 397	34 276	37 410	26 900	30 394
2010	37 147	36 256	39 938	23 338	35 891	38 411	40 512	38 626	40 561	31 260	31 338
2011	42 452	42 020	46 288	28 115	41 550	43 254	44 303	43 522	44 388	36 378	39 612
2012	47 593	47 284	51 698	33 274	46 780	48 426	48 513	48 683	48 608	41 400	39 608
2013	52 388	52 270	56 962	38 322	52 032	53 291	51 894	53 463	51 905	47 439	41 020
2014	57 361	57 359	62 236	42 036	57 164	58 125	55 939	58 304	55 962	52 246	41 702
2015	63 241	61 904	67 303	45 857	61 655	67 828	65 829	68 197	65 853	56 629	49 879
2016	68 993	66 580	71 533	49 100	66 437	76 216	75 124	76 655	75 172	63 818	52 920
2017	76 121	72 703	78 275	53 267	72 525	85 450	85 304	86 016	85 358	70 894	59 609
2018	84 744	81 065	85 237	57 188	81 209	94 688	94 259	95 019	94 329	81 606	67 804
2019	93 383	89 505	91 670	53 667	90 032	105 845	101 554	106 148	101 608	98 185	84 178
2020	100 512	95 840	102 066	56 481	96 060	113 196		113 227		106 620	
2021	110 221	106 770	113 388	61 283	106 984	120 174		120 267		112 768	
2022	117 177	113 152	119 334	63 624	113 381	128 497		128 630		118 239	
2023	123 734	120 959	130 931	—	—	130 717		130 749		—	

续表

年份	政府		民间非营利组织				其他			
	事业	机关								
	其他		小计	国有	集体	其他	小计	国有	集体	其他
2001	14 628									
2002	15 568									
2003	15 147									
2004	17 335									
2005	18 621									
2006	20 668									
2007	25 048									
2008	28 205									
2009	31 924	26 434	29 529	49 985	24 868	26 439	24 249	38 003	16 991	21 532
2010	36 661	26 214	33 750	54 207	27 953	30 867	26 264	37 897	18 222	24 708
2011	37 218	30 197	37 015	57 700	29 235	34 741	30 663	42 019	24 550	28 505
2012	43 097	29 971	42 887	67 214	39 755	40 635	35 421	46 635	29 206	33 225
2013	51 914	47 424	46 849	67 401	43 004	44 792	44 167	58 328	35 120	38 828
2014	56 344	42 494	49 530	69 474	45 816	47 834	53 341	72 950	39 144	43 661
2015	60 720	50 654	53 477	60 775	53 823	52 414	58 923	64 220	43 570	57 340
2016	66 278	48 145	57 995	66 405	60 678	56 662	63 333	76 424	52 067	56 227
2017	69 895	53 159	71 802	101 446	59 121	70 038	69 569	86 467	52 717	59 385
2018	92 998	68 532	70 270	105 366	67 247	66 193	75 671	98 450	57 901	62 833
2019	102 744	94 519	58 917	77 024	58 231	57 647	86 761	117 646	50 805	65 863
2020	119 182		60 713	71 729	56 553	59 419	98 790	120 520	61 427	78 993
2021	122 882		67 700	76 278	62 206	66 845	112 280	149 704	71 502	81 761
2022	130 085		70 286	77 200	65 784	69 673	125 172	168 176	70 932	91 224
2023	—		89 443	108 349	—	—	107 735	127 815	—	—

注：同表 1–4。本表自 2009 年起，新增列民间非营利组织和其他两个分类，以前年度民间非营利组织和其他单位按照登记注册情况并入了机关、事业和企业单位。自 2020 年起，机关和事业单位合并为政府。

表 1–14　　分行业城镇单位在岗职工平均工资（1995—2002 年）　　单位：元

年份	合计	农、林、牧、渔业	采掘业	制造业	电力、煤气及水的生产和供应业	建筑业	地质勘查业、水利管理业	交通运输、仓储及邮电通信业
1995	5 500	3 522	5 757	5 169	7 843	5 785	5 962	6 948
1996	6 210	4 050	6 482	5 642	8 816	6 249	6 581	7 870
1997	6 470	4 311	6 833	5 933	9 649	6 655	7 160	8 600
1998	7 479	4 528	7 242	7 064	10 478	7 456	7 951	9 808
1999	8 346	4 832	7 521	7 794	11 513	7 982	8 821	10 991
2000	9 371	5 184	8 340	8 750	12 830	8 735	9 622	12 319
2001	10 870	5 741	9 586	9 774	14 590	9 484	10 957	14 167
2002	12 422	6 398	11 017	11 001	16 440	10 279	12 303	16 044

年份	批发和零售贸易、餐饮业	金融、保险业	房地产业	社会服务业	卫生、体育和社会福利业	教育、文化艺术和广播电影电视业	科学研究和综合技术服务业	国家机关、政党机关和社会团体	其他
1995	4 248	7 376	7 330	5 982	5 860	5 435	6 846	5 526	6 295
1996	4 661	8 406	8 337	6 778	6 790	6 144	8 048	6 340	7 184
1997	4 845	9 734	9 190	7 553	7 599	6 759	9 049	6 981	6 838
1998	5 865	10 633	10 302	8 333	8 493	7 474	10 241	7 773	8 481
1999	6 417	12 046	11 505	9 263	9 664	8 510	11 601	8 978	10 068
2000	7 190	13 478	12 616	10 339	10 930	9 482	13 620	10 043	11 098
2001	8 192	16 277	14 096	11 869	12 933	11 452	16 437	12 142	12 590
2002	9 398	19 135	15 501	13 499	14 795	13 290	19 113	13 975	14 215

注：本表表 1–15、表 1–16 为城镇非私营单位在岗职工平均工资。

表 1–15　　分行业城镇单位在岗职工平均工资（2003—2011 年）　　单位：元

年份	合计	农、林、牧、渔业	采矿业	制造业	电力、燃气及水的生产和供应业	建筑业	交通运输、仓储和邮政业	信息传输、计算机服务和软件业	批发和零售业	住宿和餐饮业
2003	14 040	6 969	13 682	12 496	18 752	11 478	15 973	32 244	10 939	11 083
2004	16 024	7 611	16 874	14 033	21 805	12 770	18 381	34 988	12 923	12 535
2005	18 364	8 309	20 626	15 757	25 073	14 338	21 352	40 558	15 241	13 857
2006	21 001	9 430	24 335	17 966	28 765	16 406	24 623	44 763	17 736	15 206
2007	24 932	11 086	28 377	20 884	33 809	18 758	28 434	49 225	20 888	17 041
2008	29 229	12 958	34 405	24 192	39 204	21 527	32 796	56 642	25 538	19 481
2009	32 736	14 911	38 224	26 599	42 668	24 625	36 224	59 919	29 031	21 193
2010	37 147	17 345	44 496	30 700	48 323	28 127	41 536	66 598	33 520	23 812
2011	42 452	20 393	52 569	36 494	53 723	32 657	47 646	70 619	40 295	27 847

年份	金融业	房地产业	租赁和商务服务业	科学研究、技术服务和地质勘查业	水利、环境和公共设施管理业	居民服务和其他服务业	教育	卫生、社会保障和社会福利业	文化、体育和娱乐业	公共管理和社会组织
2003	22 457	17 182	16 501	20 636	12 095	12 900	14 399	16 352	17 268	15 533
2004	26 982	18 712	18 131	23 593	13 336	14 152	16 277	18 617	20 730	17 609
2005	32 228	20 581	20 992	27 434	14 753	16 642	18 470	21 048	22 885	20 505
2006	39 280	22 578	23 648	31 909	16 140	18 935	21 134	23 898	26 126	22 883
2007	49 435	26 425	26 965	38 879	19 064	21 550	26 162	28 258	30 662	28 171
2008	61 841	30 327	31 735	46 003	22 182	23 801	30 185	32 714	34 494	32 955
2009	70 265	32 591	34 318	50 866	24 551	25 704	35 042	36 380	38 319	36 268
2010	80 772	36 392	38 502	57 316	27 229	28 665	39 624	41 132	42 245	39 329
2011	91 364	43 345	45 900	65 238	30 750	33 713	43 907	47 258	48 711	43 214

表 1–16　　分行业城镇单位在岗职工平均工资（2012—2023 年）　　单位：元

年份	合计	农、林、牧、渔业	采矿业	制造业	电力、热力、燃气及水生产和供应业	建筑业	批发和零售业	交通运输、仓储和邮政业	住宿和餐饮业	信息传输、软件和信息技术服务业
2012	47 593	23 419	57 471	41 483	59 215	37 284	46 165	53 923	31 898	80 402
2013	52 388	26 557	60 787	46 290	68 552	42 839	50 264	58 869	34 990	91 404
2014	57 361	29 058	62 172	51 225	74 893	46 661	55 870	64 376	38 232	101 434
2015	63 241	32 971	59 920	55 192	80 528	49 767	60 449	69 772	41 773	112 935
2016	68 993	34 746	61 229	59 346	85 260	52 805	65 381	74 638	44 306	123 447
2017	76 121	38 139	70 300	64 402	91 749	56 384	71 640	81 332	47 456	134 278
2018	84 744	38 392	82 371	72 081	101 869	61 498	81 204	89 568	51 751	149 440
2019	93 383	40 877	92 300	78 114	109 480	66 794	89 649	98 131	54 664	164 621
2020	100 512	50 900	97 875	82 784	118 341	71 390	96 862	101 684	53 057	180 062
2021	110 221	56 226	109 745	92 510	127 054	77 518	108 160	110 861	58 873	204 789
2022	117 177	61 649	122 746	97 593	134 573	80 242	115 823	116 553	59 728	223 928
2023	123 734	65 745	136 286	104 063	145 187	88 212	125 207	123 773	64 834	235 303

年份	金融业	房地产业	租赁和商务服务业	科学研究和技术服务业	水利、环境和公共设施管理业	居民服务、修理和其他服务业	教育	卫生和社会工作	文化、体育和娱乐业	公共管理、社会保障和社会组织
2012	100 690	47 327	52 315	70 441	34 584	35 586	48 566	53 753	54 414	47 471
2013	112 330	51 887	62 260	77 921	38 595	38 888	52 882	59 371	60 486	50 723
2014	122 049	56 543	66 421	83 671	42 001	42 266	57 709	64 804	65 646	54 745
2015	132 788	61 381	71 410	90 786	47 046	45 524	68 090	73 444	74 301	64 431
2016	140 421	66 736	76 123	98 153	51 950	48 206	76 242	82 031	81 187	73 403
2017	150 426	70 608	80 925	109 595	56 698	51 464	85 472	91 838	88 974	83 321
2018	162 897	76 841	85 682	125 740	61 212	56 781	94 819	100 583	99 635	91 363
2019	176 083	81 750	88 830	135 604	66 340	61 435	100 343	111 564	108 542	98 500
2020	189 694	85 413	94 241	141 935	68 425	61 816	109 209	118 104	112 909	108 053
2021	210 205	92 857	103 769	154 201	70 632	66 270	114 223	129 661	119 498	115 069
2022	223 608	91 851	108 407	165 718	73 058	66 442	123 275	138 070	123 947	121 097
2023	234 053	93 792	112 114	173 561	72 611	69 903	126 904	146 366	130 281	120 243

表 1-17　分地区城镇单位就业人员平均工资（2023 年）　单位：元

地区	合计	企业	国企	政府	民间非营利组织	其他
全国	**120 698**	**118 059**	**130 708**	**127 480**	**89 138**	**105 773**
北京	218 312	214 154	166 699	240 265	146 130	224 161
天津	138 007	132 409	162 756	158 371	81 249	162 305
河北	94 818	96 044	109 689	93 508	63 907	67 692
山西	95 025	99 470	94 249	87 370	57 779	58 528
内蒙古	108 856	113 169	120 097	103 778	77 158	107 686
辽宁	97 330	94 340	77 872	104 038	59 439	91 416
吉林	94 937	97 566	131 771	91 705	68 756	53 050
黑龙江	95 750	94 283	90 933	98 006	67 433	87 886
上海	229 337	225 688	273 701	263 226	144 659	218 864
江苏	125 102	114 728	148 116	167 147	105 382	120 511
浙江	133 045	120 020	174 694	184 539	110 207	108 393
安徽	103 688	95 878	123 412	125 629	79 347	73 959
福建	108 520	98 826	123 728	137 313	89 376	94 588
江西	92 794	82 616	96 207	111 315	75 368	86 748
山东	107 131	98 842	129 295	126 261	78 742	91 505
河南	84 156	82 766	89 240	86 801	68 855	69 243
湖北	109 227	101 823	123 639	126 125	71 842	95 736
湖南	97 015	92 212	124 353	106 305	67 908	67 915
广东	131 418	121 999	161 302	173 228	111 405	91 230
广西	96 185	90 819	96 049	102 406	56 238	186 222
海南	114 572	112 525	125 621	119 798	63 450	253 978
重庆	113 653	102 585	161 350	139 143	121 128	138 692
四川	110 160	104 052	156 171	121 730	82 371	98 669
贵州	102 010	103 388	130 481	100 768	76 289	63 095
云南	106 769	100 426	142 510	113 116	85 321	58 270
西藏	165 004	143 125	186 508	178 301	157 208	25 500
陕西	106 969	111 255	124 019	99 861	63 830	73 510
甘肃	99 124	94 568	117 946	104 226	57 813	62 153
青海	121 457	114 344	97 004	129 489	91 871	124 758
宁夏	117 681	118 413	116 775	116 995	84 994	94 861
新疆	112 305	115 301	161 779	109 912	67 000	81 118

注：本表为城镇非私营单位执行会计标准就业人员平均工资。

表 1–18　分地区城镇单位在岗职工平均工资（2023 年）　单位：元

地区	合计	企业	国有	政府	民间非营利组织	其他
全国	**123 734**	**120 959**	**134 138**	**130 717**	**89 443**	**107 735**
北京	224 562	220 647	171 708	245 052	137 027	222 661
天津	141 769	136 221	167 849	161 276	83 352	166 570
河北	96 958	98 351	108 240	95 497	65 782	69 483
山西	97 315	101 715	97 097	89 800	58 880	59 037
内蒙古	111 602	116 166	122 104	106 253	80 773	108 905
辽宁	99 733	96 718	80 262	106 309	61 296	94 583
吉林	97 562	100 315	133 271	94 274	69 861	49 841
黑龙江	99 046	97 486	92 007	101 393	70 511	87 993
上海	235 520	231 954	276 985	267 521	141 813	232 288
江苏	127 620	116 728	152 130	171 424	108 953	123 013
浙江	135 653	122 147	178 319	188 424	112 332	104 600
安徽	106 769	98 650	125 974	128 504	80 142	75 485
福建	111 401	100 494	125 944	142 484	91 432	94 421
江西	94 742	83 727	98 879	113 958	76 495	87 756
山东	109 805	101 420	131 388	128 301	79 699	93 315
河南	85 583	84 367	91 970	87 880	69 435	69 538
湖北	112 255	104 383	129 011	129 583	73 616	97 335
湖南	99 480	94 436	128 592	108 585	68 729	69 705
广东	133 452	123 832	166 930	175 430	112 674	93 453
广西	98 811	93 437	99 888	104 926	56 253	187 354
海南	116 686	114 466	127 764	122 282	63 407	259 205
重庆	117 446	105 734	165 866	142 178	126 246	141 956
四川	113 223	106 655	161 161	125 255	84 470	99 823
贵州	104 802	105 376	133 655	104 392	80 578	63 747
云南	112 908	105 175	147 897	120 584	90 417	59 130
西藏	172 077	145 467	190 498	188 953	182 068	25 500
陕西	109 908	114 553	130 254	102 330	64 371	75 034
甘肃	102 934	98 164	120 890	108 138	59 121	62 220
青海	125 114	116 184	98 637	135 349	98 662	124 758
宁夏	121 648	120 513	121 769	123 724	88 919	94 861
新疆	115 093	117 092	164 558	113 606	69 502	78 584

注：本表为城镇非私营单位执行会计标准在岗职工平均工资。

表 1–19　　居民消费价格指数和商品零售价格指数

（以上年为 100）

年份	全国居民消费价格指数	城市	商品零售价格指数	城市
2000	100.4	100.8	98.5	98.5
2001	100.7	100.7	99.2	98.9
2002	99.2	99.0	98.7	98.5
2003	101.2	100.9	99.9	99.6
2004	103.9	103.3	102.8	102.1
2005	101.8	101.6	100.8	100.5
2006	101.5	101.5	101.0	100.9
2007	104.8	104.5	103.8	103.3
2008	105.9	105.6	105.9	105.5
2009	99.3	99.1	98.8	98.7
2010	103.3	103.2	103.1	102.8
2011	105.4	105.3	104.9	104.7
2012	102.6	102.7	102.0	101.9
2013	102.6	102.6	101.4	101.3
2014	102.0	102.1	101.0	101.0
2015	101.4	101.5	100.1	100.0
2016	102.0	102.1	100.7	100.7
2017	101.6	101.7	101.1	101.1
2018	102.1	102.1	101.9	101.9
2019	102.9	102.8	102.0	101.9
2020	102.5	102.3	101.4	101.3
2021	100.9	101.0	101.6	101.7
2022	102.0	102.0	102.7	102.7
2023	100.2	100.3	—	—

注：自 2023 年起，国家统计局不再统计商品零售价格指数。

表 1-20　城乡居民收入及增长情况　　单位：元

年份	城镇居民人均可支配收入	农村居民人均纯收入	扣除物价因素比上年实际增长（%）	
			城镇居民人均可支配收入	农村居民人均纯收入
1998	5 425	—	5.8	—
1999	5 854	—	9.3	—
2000	6 280	—	6.4	—
2001	6 860	—	8.2	—
2002	7 703	—	13.4	—
2003	8 472	—	9.0	—
2004	9 422	—	7.7	—
2005	10 493	—	9.6	—
2006	11 760	—	10.4	—
2007	13 786	—	12.2	—
2008	15 781	—	8.4	—
2009	17 175	—	9.8	—
2010	19 109	—	7.8	—
2011	21 810	—	8.4	—
2012	24 565	—	9.6	—
2013	26 467	9 430	7.0	—
2014	28 844	10 489	6.8	9.2
2015	31 195	11 422	6.6	7.5
2016	33 616	12 363	5.6	6.2
2017	36 396	13 432	6.5	7.3
2018	39 251	14 617	5.6	6.6
2019	42 359	16 021	5.0	6.2
2020	43 834	17 131	1.2	3.8
2021	47 412	18 931	7.1	9.7
2022	49 283	20 133	1.9	4.2
2023	51 821	21 691	5.1	7.7

注：自 2013 年起，国家统计局开展了城乡一体化住户收支与生活状况调查，2013 年及以后年份的数据来源于此调查，与 2013 年前的分城镇和农村住户调查的调查范围、调查方法和指标口径有所不同。

（二）就业、失业与薪酬

表 2-1　　历年全国城镇就业与失业情况

年份	城镇登记失业人数（万人）	比上年增长（%）	登记失业率（%）	城镇调查失业率（%）
1998 年底	571	-1.0	3.1	—
1999 年底	575	0.7	3.1	—
2000 年底	595	3.5	3.1	—
2001 年底	681	14.4	3.6	—
2002 年底	770	13.1	4.0	—
2003 年底	800	3.9	4.3	—
2004 年底	827	3.4	4.2	—
2005 年底	839	1.5	4.2	—
2006 年底	847	1.0	4.1	—
2007 年底	830	-2.0	4.0	—
2008 年底	886	6.7	4.2	—
2009 年底	921	4.0	4.3	—
2010 年底	908	-1.4	4.1	—
2011 年底	922	1.5	4.1	—
2012 年底	917	-0.5	4.1	—
2013 年底	926	1.0	4.1	—
2014 年底	952	2.8	4.1	—
2015 年底	966	1.5	4.1	—
2016 年底	982	1.7	4.0	—
2017 年底	972	-1.0	3.9	—
2018 年底	974	0.2	3.8	4.9
2019 年底	945	-3.0	3.6	5.2
2020 年底	1 160	22.8	4.2	5.2
2021 年底	1 040	-10.4	4.0	5.1
2022 年底	1 203	15.6	—	5.5
2023 年底	1 074	-10.7	—	5.1

注：自 2022 年起，不再统计登记失业率，调整为参考调查失业率数据。

表 2–2　　分地区城镇登记失业与新增就业情况（2023 年）　　单位：万人

地区	城镇登记失业人数	城镇新增就业人数
北京	35.5	28.1
天津	42.8	35.7
河北	9.3	89.9
山西	26.4	48.9
内蒙古	26.2	21.9
辽宁	55.9	47.9
吉林	24.2	25.8
黑龙江	15.1	35.7
上海	76.3	60.6
江苏	64.7	138.3
浙江	47.2	116.3
安徽	16.6	72.2
福建	25.1	53.5
江西	36.5	46.1
山东	33.1	124.5
河南	65.8	119.3
湖北	42.7	92.9
湖南	18.2	76.5
广东	114.6	139.3
广西	21.0	39.9
海南	11.2	17.1
重庆	34.9	73.9
四川	83.1	104.0
贵州	26.5	61.8
云南	38.6	54.0
西藏	0.7	5.1
陕西	19.5	43.1
甘肃	20.5	32.0
青海	2.7	6.6
宁夏	16.9	8.3
新疆	18.3	39.9
新疆兵团	3.6	8.3

表 2–3　　公共就业服务工作情况（2023 年）　　单位：人，人次

项目	本期单位登记招聘人数	本期登记求职人数			本期接受职业指导人次		本期接受创业服务人次
			女性	应届高校毕业生		女性	
总计	**78 972 795**	**46 248 423**	**19 043 631**	**8 548 938**	**34 258 349**	**12 226 630**	**12 120 288**
市（地、州）及以上公共就业人才服务机构	29 625 604	18 055 938	7 453 604	4 458 137	10 065 045	2 619 535	3 982 852
区（县）公共就业人才服务机构	38 368 861	21 798 243	9 042 723	3 447 625	17 323 204	6 914 106	6 309 623
街道（乡镇）公共就业和人才服务平台	8 577 154	4 868 663	1 923 724	495 048	5 049 514	1 971 675	1 450 589
社区（行政村）公共就业服务窗口	2 401 176	1 525 579	623 580	148 128	1 820 586	721 314	377 224

表 2–4　　分地区公共就业服务工作情况（2023 年）　　单位：人，人次

地区	本期单位登记招聘人数	本期登记求职人数	女性	应届高校毕业生	农村劳动者	本期接受职业指导人次	女性	本期接受创业服务人数
总计	**78 972 795**	**46 248 423**	**19 043 631**	**8 548 938**	**12 883 816**	**34 258 349**	**12 226 630**	**12 120 288**
北京	660 164	311 251	130 844	8 422	68 648	971 916	194 718	74 112
天津	2 022 496	1 465 163	691 645	738 910	220 365	230 936	110 411	33 043
河北	5 324 742	2 771 885	1 031 632	465 261	800 344	2 109 764	752 074	2 057 814
山西	1 933 550	3 304 648	1 643 960	289 616	358 581	899 657	354 038	80 228
内蒙古	1 088 030	678 624	229 230	139 750	131 920	195 121	69 905	46 643
辽宁	1 693 674	1 064 735	442 584	127 219	176 840	355 365	170 656	133 183
吉林	733 048	284 856	118 943	49 464	29 546	134 505	52 959	37 265
黑龙江	1 809 920	1 429 956	602 808	134 278	492 314	4 210 549	1 796 150	107 963
上海	1 019 062	730 686	311 376	67 984	0	60 994	30 594	83 866
江苏	5 296 007	3 919 458	1 643 291	735 669	1 008 260	1 779 844	653 295	715 268
浙江	4 823 296	2 044 102	843 736	270 325	651 775	740 806	288 267	231 680
安徽	4 457 562	2 470 009	1 070 730	390 779	672 527	1 104 553	356 922	273 083
福建	1 293 343	998 215	363 133	214 017	161 012	223 836	86 376	52 573
江西	1 972 396	1 287 863	534 213	164 538	676 170	926 835	379 467	293 116
山东	6 006 919	5 003 258	2 205 003	1 465 242	1 482 006	5 011 116	2 038 772	4 451 941
河南	5 244 246	3 066 817	1 067 895	698 333	975 019	1 495 982	554 605	566 291
湖北	2 489 504	1 195 508	484 682	160 541	533 298	1 064 889	406 111	344 735
湖南	2 897 849	1 747 733	767 948	251 062	689 331	1 856 076	648 906	371 112
广东	6 543 406	4 011 385	1 329 549	540 749	549 190	2 456 251	890 316	752 825
广西	5 691 978	1 453 545	587 533	517 833	555 303	3 326 878	340 567	82 610
海南	373 171	201 170	65 419	12 690	83 956	65 261	27 206	25 490
重庆	1 365 010	676 451	257 473	51 048	209 562	789 570	293 280	42 978
四川	2 958 559	1 373 552	610 739	179 587	581 736	827 855	379 624	343 741
贵州	2 879 192	1 145 111	513 636	124 996	348 700	771 744	297 355	136 653
云南	2 123 075	823 072	362 428	195 381	383 448	877 715	362 817	112 901
西藏	193 300	78 910	33 689	15 896	4 236	35 698	8 568	2 565
陕西	2 847 175	875 386	354 442	190 793	264 153	561 014	210 539	98 568
甘肃	1 033 311	662 233	251 309	152 169	185 656	216 883	57 493	412 026
青海	342 063	229 353	80 544	8 719	157 547	188 654	77 307	17 987
宁夏	474 850	121 768	59 715	30 199	33 041	92 574	47 216	43 432
新疆	1 311 584	715 891	298 765	137 688	368 556	638 294	271 546	91 896
新疆兵团	70 313	105 829	54 738	19 780	30 776	37 214	18 570	2 700

表 2–5　分职业中类企业从业人员工资价位（2023 年）　单位：万元 / 年

职业代码	职业名称	分位值				
		10%	25%	50%	75%	90%
106	企业单位负责人 *	4.56	6.08	9.60	16.80	30.05
202	工程技术人员	3.96	5.29	7.54	11.76	18.23
203	农业技术人员	2.68	3.60	5.05	7.20	10.01
205	卫生专业技术人员	3.36	4.40	6.16	9.09	13.73
206	经济和金融专业人员	4.00	5.22	7.48	11.81	18.81
207	法律、社会和宗教专业人员	3.71	5.12	7.97	14.20	21.94
208	教学人员 **	2.92	3.80	5.19	8.26	13.50
209	文学艺术、体育专业人员	3.60	4.79	6.85	10.88	16.86
210	新闻出版、文化专业人员	4.20	5.48	8.25	13.34	20.51
299	其他专业技术人员	3.75	5.19	7.82	12.05	18.54
301	行政办事及辅助人员	3.60	4.76	6.52	9.87	15.42
302	安全和消防及辅助人员	3.07	4.03	5.18	7.22	10.15
399	其他办事人员和有关人员	3.60	4.80	6.67	10.06	16.10
401	批发与零售服务人员	3.09	3.98	5.40	8.01	12.27
402	交通运输、仓储物流和邮政业服务人员	3.36	4.39	5.96	8.26	11.33
403	住宿和餐饮服务人员	3.00	3.70	4.82	6.56	8.83
404	信息传输、软件和信息技术服务人员	4.43	6.16	9.53	14.97	23.08
405	金融服务人员	5.45	8.16	12.38	18.15	27.07
406	房地产服务人员	3.17	4.00	5.40	7.61	10.80
407	租赁和商务服务人员	2.70	3.47	4.68	6.45	9.20
408	技术辅助服务人员	3.57	4.52	6.08	9.04	13.27
409	水利、环境和公共设施管理服务人员	2.46	3.00	3.93	5.13	6.91
410	居民服务人员	2.76	3.54	4.78	6.47	8.90
411	电力、燃气及水供应服务人员	3.60	4.92	7.58	11.51	15.93
412	修理及制作服务人员	3.75	4.86	6.58	8.93	11.57
413	文化和教育服务人员	3.07	4.33	6.17	9.55	15.60
414	健康、体育和休闲服务人员	2.82	3.56	4.80	6.83	10.16
501	农业生产人员	2.30	2.85	3.90	4.97	6.34
502	林业生产人员	2.52	3.51	4.46	5.88	8.13
503	畜牧业生产人员	2.73	3.65	4.74	6.13	8.30
505	农、林、牧、渔业生产辅助人员	2.63	3.47	4.50	5.83	7.95
601	农副产品加工人员	3.14	4.00	5.04	6.43	8.31
602	食品、饮料生产加工人员	3.24	4.15	5.42	7.39	9.78

续表

职业代码	职业名称	分位值				
		10%	25%	50%	75%	90%
604	纺织、针织、印染人员	3.56	4.52	5.48	6.94	8.82
605	纺织品、服装和皮革、毛皮制品加工制作人员	3.36	4.20	5.22	6.51	8.02
606	木材加工、家具与木制品制作人员	3.07	3.86	4.97	6.50	8.12
607	纸及纸制品生产加工人员	3.36	4.36	5.61	7.38	10.06
608	印刷和记录媒介复制人员	3.81	4.88	6.24	8.60	11.16
609	文教、工美、体育和娱乐用品制造人员	3.53	4.28	5.27	6.96	8.66
610	石油加工和炼焦、煤化工生产人员	4.00	4.95	7.09	10.03	14.44
611	化学原料和化学制品制造人员	3.73	4.79	6.54	8.79	11.54
612	医药制造人员	3.41	4.29	5.75	7.85	10.29
613	化学纤维制造人员	3.72	5.49	7.36	8.84	10.35
614	橡胶和塑料制品制造人员	3.80	4.66	5.94	7.65	9.47
615	非金属矿物制品制造人员	3.10	4.16	5.30	7.02	9.06
616	采矿人员	3.66	5.13	7.59	11.37	16.01
617	金属冶炼和压延加工人员	3.89	4.81	6.42	8.50	11.13
618	机械制造基础加工人员	3.92	5.04	6.62	8.73	11.07
619	金属制品制造人员	3.97	4.97	6.40	8.21	10.10
620	通用设备制造人员	4.07	5.18	6.60	8.75	11.54
621	专用设备制造人员	3.60	4.44	6.15	8.44	11.64
622	汽车制造人员	4.02	5.11	6.87	9.08	11.62
623	铁路、船舶、航空设备制造人员	3.93	4.98	6.97	10.59	14.79
624	电气机械和器材制造人员	4.08	4.93	6.40	8.02	10.07
625	计算机、通信和其他电子设备制造人员	4.13	5.24	6.65	8.28	10.21
626	仪器仪表制造人员	3.43	4.08	5.32	6.97	9.50
628	电力、热力、气体、水生产和输配人员	3.90	5.06	7.38	11.55	17.51
629	建筑施工人员	3.59	4.64	5.92	7.83	10.20
630	运输设备和通用工程机械操作人员及有关人员	4.14	5.40	7.24	9.97	14.82
631	生产辅助人员	3.46	4.47	5.96	8.06	10.93
699	其他生产制造及有关人员	3.60	4.62	6.00	7.92	10.46

注：本表数据来源于企业薪酬调查。企业薪酬调查是以企业中不同职业从业人员工资报酬水平和不同行业企业人工成本状况为调查内容的抽样调查，以反映我国劳动力市场价格状况。表 2–6 同。

*“企业单位负责人”是指在企业中担任领导职务并具有决策和管理职权的各级负责人员，既包括企业董事、监事等高层负责人，也包括企业内设部门或分支机构经理等中层、基层负责人。**“教学人员”是指在企业中从事各级各类教育工作的专业人员。

表 2–6　　分岗位等级企业从业人员工资价位（2023 年）　　单位：万元 / 年

岗位等级		分位值				
		10%	25%	50%	75%	90%
管理类	高层管理岗	5.14	7.09	11.78	21.90	41.00
	中层管理岗	4.57	6.03	9.24	15.58	26.96
	基层管理岗	3.96	5.32	7.80	12.73	21.60
	管理类员工岗	3.56	4.65	6.42	9.71	15.52
技术类	高级职称	5.04	7.43	12.22	20.59	31.60
	中级职称	4.20	5.68	8.56	13.59	20.86
	初级职称	3.77	4.92	6.76	9.95	14.63
技能类	高级技能及以上	4.15	5.66	8.19	11.70	16.75
	中级技能	3.94	5.12	7.26	10.38	14.88
	初级技能	3.30	4.29	5.78	8.06	11.30

（三）技工教育与职业资格评价

表 3–1　　历年技工院校综合情况　　单位：万人

年份	技工院校个数（个）	招生人数	在校学生人数	毕业生人数	在职教职工人数
一、绝对数					
1999	4 098	51.5	156.1	66.2	26.9
2000	3 792	50.4	140.1	64.6	24.0
2001	3 470	55.1	134.7	47.7	22.0
2002	3 075	73.3	153.0	45.4	20.3
2003	2 970	91.6	193.1	45.3	20.2
2004	2 884	109.7	234.4	53.5	20.4
2005	2 855	118.4	275.3	69.0	20.4
2006	2 880	134.8	320.8	86.4	21.5
2007	2 995	158.5	367.1	99.7	24.0
2008	3 075	161.4	397.5	109.0	24.7
2009	3 064	156.4	414.3	115.2	25.8
2010	2 998	158.6	421.0	121.3	26.5
2011	2 914	163.5	429.4	118.9	26.5
2012	2 892	156.8	422.8	120.2	26.7
2013	2 882	133.5	386.6	116.9	26.9
2014	2 818	124.4	339.0	106.8	26.5
2015	2 545	121.4	321.5	94.6	26.0
2016	2 526	127.2	323.2	93.1	26.5
2017	2 490	130.9	338.2	90.5	26.9
2018	2 379	128.5	341.6	90.3	26.7
2019	2 392	143.0	360.3	98.4	27.2
2020	2 423	160.1	395.5	101.4	27.9
2021	2 492	167.2	426.7	108.7	29.8
2022	2 551	166.0	445.4	120.0	31.3
2023	2 468	162.5	439.5	121.7	30.0
二、比上年增长（%）					
2000	–7.5	–2.3	–10.2	–2.5	–11.0
2001	–8.5	9.4	–3.8	–26.1	–8.3
2002	–11.4	33.0	13.6	–4.9	–7.4
2003	–3.4	24.9	26.2	–0.2	–0.7
2004	–2.9	19.8	21.4	18.1	1.0

续表

年份	技工院校个数（个）	招生人数	在校学生人数	毕业生人数	在职教职工人数
2005	−1.0	7.9	17.4	29.0	0.0
2006	0.9	13.9	16.5	25.2	5.4
2007	4.0	17.6	14.4	15.4	11.6
2008	2.7	1.8	8.3	9.3	2.9
2009	−0.4	−3.1	4.2	5.7	4.6
2010	−2.2	1.4	1.6	5.4	2.6
2011	−2.8	3.1	2.0	−2.0	0.0
2012	−0.8	−4.1	−1.5	1.1	0.8
2013	−0.3	−14.8	−8.6	−2.8	0.9
2014	−2.2	−6.8	−12.3	−8.6	−1.6
2015	−9.7	−2.4	−5.2	−11.4	−1.8
2016	−0.7	4.7	0.5	−1.6	1.8
2017	−1.4	2.9	4.7	−2.8	1.3
2018	−3.9	8.4	6.1	8.1	1.2
2019	0.5	11.2	5.5	9.0	1.9
2020	1.3	12.0	9.8	3.0	2.8
2021	5.3	3.7	12.6	18.3	11.9
2022	2.4	−0.7	4.4	10.4	4.8
2023	−3.3	−2.1	−1.3	1.4	−4.1

年份			兼职教师人数	培训社会人员人次数（万人次）	培训社会人员结业人数
	文化技术理论课教师	生产实习指导教师			
一、绝对数					
1999	11.2	3.8	2.9	149.1	144.6
2000	10.5	3.5	2.7	158.5	156.7
2001	10.0	3.4	2.6	151.7	163.9
2002	9.5	3.2	2.6	208.6	196.9
2003	9.6	3.4	3.0	226.9	223.7
2004	9.6	3.8	2.9	265.6	257.5
2005	9.7	3.8	3.2	273.3	270.1
2006	10.4	4.2	3.6	337.7	330.2
2007	11.2	5.0	3.8	380.7	369.8
2008	12.2	5.4	4.1	400.0	389.8
2009	12.5	6.0	4.3	484.1	382.9
2010	12.7	6.3	4.4	468.4	371.3
2011	12.9	6.3	4.3	527.5	416.1

续表

年份	文化技术理论课教师	生产实习指导教师	兼职教师人数	培训社会人员人次数（万人次）	培训社会人员结业人数
2012	13.0	6.6	4.3	551.3	441.6
2013	13.4	6.5	4.1	525.3	397.1
2014	13.2	6.2	4.2	508.5	372.3
2015	13.2	6.0	4.1	476.6	378.9
2016	13.7	6.0	4.3	451.6	349.9
2017	14.0	5.9	4.4	456.4	326.1
2018	14.2	5.6	4.4	420.6	301.6
2019	14.4	5.7	4.4	432.3	308.8
2020	15.3	5.6	4.5	485.8	345.8
2021	16.6	5.7	5.1	600.7	467.9
2022	17.6	6.0	5.0	616.0	451.7
2023	17.1	5.6	4.6	655.1	525.6
二、比上年增长（%）					
2000	–6.9	–6.7	–6.3	6.3	8.4
2001	–4.9	–3.7	–4.1	–4.3	4.6
2002	–5.0	–6.8	–2.4	37.6	20.2
2003	1.5	7.3	17.4	37.6	20.2
2004	0.0	11.8	–3.3	17.1	15.1
2005	1.0	0.0	10.3	2.9	4.9
2006	7.2	10.5	12.5	23.6	22.3
2007	7.7	19.0	5.6	12.7	12.0
2008	8.9	8.0	7.9	5.1	5.4
2009	2.8	11.6	5.2	21.0	–1.8
2010	1.2	4.3	1.0	–3.2	–3.0
2011	1.8	–0.4	–1.7	12.6	12.1
2012	0.3	6.1	0.6	4.5	6.1
2013	3.4	–2.1	–5.7	–4.7	–10.1
2014	–1.3	–4.3	2.8	–3.2	–6.2
2015	–0.3	–4.2	–2.5	–6.3	1.8
2016	3.5	0.3	5.7	–5.2	–7.6
2017	2.6	–1.9	2.6	1.1	–6.8
2018	1.2	–4.1	–0.6	–7.9	–7.5
2019	1.3	1.5	–0.02	2.8	2.4
2020	6.6	–2.6	2.91	12.4	12.0
2021	8.7	3.2	12.1	23.7	35.3
2022	5.9	4.4	–1.9	2.6	–3.5
2023	–3.0	–6.0	–7.7	6.3	16.4

表 3–2　　分地区技工院校综合情况（2023 年）　　单位：个，人

地区	技工院校个数	在职教职工人数	女性	文化技术理论课教师	高级讲师	讲师	助理讲师
全国	2 468	299 704	154 550	171 012	37 439	52 044	40 099
北京	24	3 052	1 616	1 320	374	366	315
天津	17	2 309	1 243	1 168	380	475	217
河北	149	15 489	9 080	8 921	2 503	2 812	1 307
山西	76	8 639	4 709	4 350	958	1 499	964
内蒙古	73	7 901	3 910	5 208	1 453	1 867	973
辽宁	104	7 667	3 942	3 918	965	1 207	540
吉林	64	3 885	2 042	1 864	478	569	390
黑龙江	105	7 412	3 973	4 623	1 568	1 476	1 133
上海							
江苏	117	17 343	8 737	10 014	2 324	2 959	2 134
浙江	111	16 923	8 806	11 106	3 343	3 505	2 368
安徽	91	12 694	6 336	7 817	1 727	1 764	1 846
福建	72	6 645	3 504	3 588	651	636	855
江西	136	16 605	8 772	9 472	1 399	2 363	2 605
山东	215	30 859	15 837	19 243	4 116	6 187	4 729
河南	95	13 643	6 857	7 481	1 481	2 504	2 476
湖北	120	9 741	4 946	5 730	1 181	1 987	1 417
湖南	85	10 866	5 532	6 165	1 170	1 798	1 393
广东	148	34 800	17 748	18 894	3 568	6 015	4 423
广西	49	7 399	3 691	3 751	594	1 365	754
海南	10	1 868	854	1 170	283	407	204
重庆	50	5 443	2 889	2 954	514	717	717
四川	101	13 298	7 023	8 124	1 490	2 254	2 091
贵州	61	8 364	4 173	5 100	959	1 602	1 453
云南	35	5 889	2 713	3 748	1 296	1 213	853
西藏	5	208	98	82	11	12	11
陕西	128	11 585	5 676	5 338	917	1 636	1 299
甘肃	51	3 971	1 890	2 524	610	940	614
青海	15	934	470	578	182	180	122
宁夏	14	924	538	369	30	54	99
新疆	147	13 348	6 945	6 392	914	1 675	1 797

注：新疆数据包含新疆兵团数据。

续表

地区	生产实习指导教师	高级实习指导教师	一级实习指导教师	二级实习指导教师	三级实习指导教师	技师、高级技师	一体化教师	兼职教师人数
全国	**56 298**	**6 762**	**9 431**	**7 034**	**4 623**	**15 786**	**89 289**	**45 809**
北京	552	111	109	77	8	149	940	278
天津	348	93	144	75	6	18	723	201
河北	2 322	328	386	265	200	629	4 097	2 090
山西	1 641	177	299	189	152	513	2 099	1 186
内蒙古	1 104	119	128	66	80	383	2 072	744
辽宁	991	100	153	128	55	235	1 460	1 179
吉林	664	56	34	44	66	252	887	721
黑龙江	893	93	103	67	81	322	1 856	904
上海								
江苏	3 771	500	690	490	179	1 351	6 987	2 917
浙江	3 001	408	543	470	174	958	5 838	2 255
安徽	2 635	337	299	251	280	700	4 735	2 415
福建	1 531	166	233	211	62	208	1 519	1 414
江西	2 933	272	298	388	413	853	3 816	2 659
山东	5 532	811	998	592	421	1 525	11 278	3 834
河南	3 056	444	643	599	173	932	4 951	2 718
湖北	2 043	336	374	312	242	466	2 339	1 305
湖南	2 118	279	436	260	144	527	3 446	1 290
广东	8 411	795	1 540	979	497	2 483	12 882	4 542
广西	2 100	210	434	185	22	600	1 733	543
海南	309	44	78	52	36	90	550	134
重庆	965	102	138	135	95	314	1 491	876
四川	2 323	231	350	236	275	588	3 688	2 044
贵州	1 204	109	187	120	97	444	1 691	1 495
云南	1 074	164	203	178	35	180	2 261	1 764
西藏	17	1	0	0	0	2	27	8
陕西	2 386	210	378	346	423	640	2 514	2 173
甘肃	598	89	71	88	69	166	755	594
青海	144	22	29	15	11	25	226	202
宁夏	248	12	17	17	42	74	252	172
新疆	1 384	143	136	199	285	159	2 176	3 152

续表

地区	招生人数	高级班学生	农业户口学生	在校学生人数	女生	高级班学生	毕业生人数	获得中级工 / 四级	获得高级工 / 三级
全国	**1 624 576**	**450 731**	**1 271 643**	**4 394 618**	**1 470 041**	**1 273 153**	**1 216 656**	**587 521**	**218 798**
北京	11 219	2 018	5 539	29 053	9 135	3 750	8 908	5 314	1 684
天津	8 259	2 087	6 198	23 917	5 483	4 189	8 289	6 052	2 225
河北	61 541	8 054	50 336	162 458	47 386	15 086	54 497	42 787	3 765
山西	28 137	2 655	18 530	85 072	27 453	10 778	29 464	20 676	5 846
内蒙古	7 328	536	5 214	21 192	6 925	1 236	6 730	3 842	89
辽宁	26 331	1 774	19 792	70 544	22 390	4 845	21 527	6 280	481
吉林	30 592	10 829	19 955	66 828	21 845	15 761	24 717	8 548	868
黑龙江	21 559	6 192	12 306	67 036	22 143	19 148	30 258	3 529	1 795
上海									
江苏	106 667	31 435	58 382	282 625	96 663	82 766	69 113	44 182	19 381
浙江	86 561	32 086	61 105	230 486	71 904	96 157	38 826	21 149	11 894
安徽	79 583	22 630	68 876	239 411	97 325	76 466	55 232	29 337	9 606
福建	65 416	3 992	43 361	142 205	52 405	12 924	32 232	25 333	4 897
江西	83 281	28 878	70 140	252 197	98 887	65 888	58 998	31 976	5 052
山东	184 243	33 753	163 973	447 812	162 448	70 942	134 699	64 356	20 474
河南	124 003	57 542	106 254	314 648	93 899	138 109	109 609	42 881	37 720
湖北	49 084	1 552	36 864	124 470	44 434	3 758	30 494	21 520	1 631
湖南	52 232	12 633	42 834	160 048	44 250	50 835	38 565	18 880	6 054
广东	228 488	96 937	179 508	658 749	219 712	311 902	176 647	69 700	39 002
广西	60 655	17 482	56 044	148 589	42 353	33 544	34 990	23 865	1 076
海南	10 060	3 196	7 339	33 135	9 501	10 094	8 227	5 451	1 408
重庆	38 896	9 910	20 268	95 070	33 430	32 438	21 861	10 426	5 126
四川	63 351	11 431	53 110	168 765	64 788	26 273	48 181	15 862	2 320
贵州	35 892	1 635	30 370	95 110	34 496	3 000	25 357	9 798	351
云南	49 404	26 313	43 914	142 534	36 865	85 638	47 203	14 608	22 371
西藏	1 445	1 149	1 282	3 833	1 809	3 537	775		574
陕西	44 196	11 240	38 061	151 324	45 371	62 500	52 027	21 435	10 188
甘肃	19 339	3 489	14 822	43 295	12 068	5 610	13 440	4 137	442
青海	850	109	579	2 381	400	109	366	241	0
宁夏	4 859	1 882	3 616	12 407	5 682	3 092	4 811	4 123	8
新疆	41 105	7 312	33 071	119 424	38 591	22 778	30 613	11 233	2 470

表 3–3　　分地区技工院校培训情况（2023 年）　　单位：人

地区	招生院校数（个）	培训社会人员数（人次）	按培训对象分组				就业人数	
			失业人员	劳动预备制人员	在职职工	农村劳动者		高级班学生
全国	**2 083**	**6 550 790**	**245 218**	**257 192**	**3639 456**	**1 197 510**	**1 180 453**	**302 221**
北京	15	178 664	0	0	173 110	4 450	8 872	1 677
天津	11	19 866	0	0	13 185	0	8 071	2 213
河北	135	332 377	16 912	46 482	147 821	29 577	53 407	3 791
山西	59	109 359	2 093	216	96 630	2 995	28 866	5 586
内蒙古	41	134 114	5 796	629	93 251	12 315	6 441	340
辽宁	64	45 500	898	388	16 705	8 842	20 939	1 452
吉林	50	76 327	1 519	900	60 945	5 848	23 280	7 462
黑龙江	94	64 599	6 588	882	36 710	12 030	29 880	7 887
上海								
江苏	109	488 827	14 317	33 431	367 093	22 634	68 635	19 399
浙江	101	694 339	18 427	35 263	472 478	59 314	37 272	13 095
安徽	90	322 150	13 100	4 940	203 007	56 427	54 181	13 832
福建	52	122 112	8 611	2 000	62 306	22 456	31 721	4 982
江西	120	176 514	2 561	2 308	131 710	7 995	57 471	8 944
山东	212	625 485	16 560	35 308	385 866	69 114	132 989	23 508
河南	85	274 715	4 058	5 183	144 743	50 640	107 031	43 818
湖北	100	147 368	10 026	2 551	91 193	24 983	29 436	2 549
湖南	80	266 609	5 409	4 884	171 981	48 743	35 964	9 610
广东	141	214 280	4 756	10 677	150 290	16 985	168 446	62 877
广西	34	68 868	924	141	41 700	16 533	33 446	1 242
海南	10	24 874	458	1 528	11 785	2 035	7 993	1 701
重庆	33	128 734	8 777	8 517	81 775	12 795	21 489	7 449
四川	80	163 803	5 612	12 126	94 941	22 030	46 986	7 448
贵州	54	120 771	3 277	4 434	35 016	19 594	24 435	701
云南	34	257 569	20 481	3 325	36 233	31 649	45 806	25 965
西藏	4	5 208	620	450	753	2 719	756	756
陕西	106	301 004	2 666	2 594	235 957	22 608	48 655	18 435
甘肃	48	70 794	691	538	60 070	4 615	13 312	1 193
青海	8	31 761	1 122	327	18 379	9 472	366	
宁夏	14	7 493	242	197	4 951	726	4 793	202
新疆	99	1 076 706	68 717	36 973	198 872	597 386	29 514	4 107

注：新疆数据包含新疆兵团数据。

续表

地区	培训社会人员结业人数	按获取证书分组			
		初级工（五级）	中级工（四级）	高级工（三级）	技师（二级）和高级技师（一级）
全国	**5 256 235**	**794 113**	**521 436**	**277 993**	**61 767**
北京	177 641	8 587	8 262	13 040	4 236
天津	17 026	1 727	11 577	3 225	431
河北	303 732	26 973	13 931	1 832	1 041
山西	104 220	16 716	13 909	4 559	2 034
内蒙古	126 368	5 474	6 771	2 847	1 037
辽宁	14 038	5 707	2 334	1 783	151
吉林	61 482	943	42 951	12 635	1 993
黑龙江	35 821	7 159	348	200	274
上海					
江苏	273 227	50 021	60 376	28 079	4 824
浙江	592 329	62 434	47 911	54 725	12 004
安徽	231 532	39 595	31 465	27 199	1 577
福建	94 532	17 721	26 671	9 788	1 352
江西	146 347	4 414	16 660	4 432	831
山东	534 793	22 239	17 773	12 849	4 195
河南	165 140	26 178	36 763	23 679	1 760
湖北	114 732	8 803	23 359	7 561	2 079
湖南	251 389	16 803	19 716	7 837	1 044
广东	158 639	6 895	30 579	9 340	3 749
广西	55 234	13 417	10 049	4 731	2 484
海南	16 952	2 787	5 719	1 370	572
重庆	94 265	23 818	17 456	6 663	1 942
四川	71 812	11 176	13 466	3 766	3 559
贵州	98 652	15 681	6 226	11 160	404
云南	107 792	13 691	8 660	12 582	5 032
西藏	5 023	1 712	400	90	0
陕西	289 865	114 963	18 960	5 404	1 089
甘肃	67 812	3 138	7 421	2 373	371
青海	21 102	9 259	3 296	307	378
宁夏	6 029	1 525	3 038	340	325
新疆	1 018 709	254 557	15 389	3 597	999

表 3–4　　分地区就业训练中心综合情况（2023 年）　　单位：人

地区	就业训练中心个数（个）	在职教职工总人数	教师	兼职教师人数	培训人次数（人次）	取得证书人次数（人次）	就业人数
全国	**500**	**10 662**	**2 985**	**6 100**	**644 524**	**584 342**	**259 645**
北京	3	172	108	40	2 706	2 676	881
天津							
河北	55	249	112	65	14 259	10 190	6 890
山西	25	602	98	257	28 625	68 310	3 595
内蒙古	4	46	18	22	1 875	1 874	1 351
辽宁	5	234	44	151	10 894	381	10 605
吉林	4	61	48	7	256	217	0
黑龙江	2	18	2	8	1 749	560	1 328
上海							
江苏							
浙江	4	2 280	5	2 234	71 231	14 193	1 482
安徽	3	15	7	7	630	578	450
福建	1	0	0	0	1 945	1 945	0
江西	13	78	32	27	2 071	1 359	971
山东	4	68	25	34	2 384	2 182	343
河南	63	1 077	300	465	107 769	83 841	47 785
湖北	96	1 835	457	1 128	249 254	251 835	121 712
湖南	39	588	133	323	20 350	19 909	9 784
广东	37	1 432	793	639	86 485	82 399	32 674
广西	7	190	107	29	2 705	1 428	2 175
海南							
重庆	7	56	23	27	2 579	2 551	1 306
四川	44	317	73	170	7 658	7 557	3 988
贵州							
云南							
西藏							
陕西	61	846	314	269	21 494	23 338	6 868
甘肃	17	360	205	155	5 869	5 754	3 760
青海							
宁夏	2	100	77	13	1 597	1 140	1 597
新疆	4	38	4	30	139	125	100

注：天津、江苏、上海、海南、贵州、云南、西藏、青海、新疆兵团无就业训练中心。

表 3-5　分地区民办职业培训机构综合情况（2023 年）　单位：人

地区	职业培训机构个数（个）	在职教职工人数	教师	兼职教师人数	培训人次数（人次）	取得证书人次数（人次）	就业人数
全国	**31 226**	**414 668**	**179 012**	**186 543**	**15 532 280**	**11 343 512**	**6 623 826**
北京	450	5 568	2 409	2 198	275 643	170 451	81 076
天津	602	5 361	1 561	2 543	112 275	73 088	58 280
河北	1 787	23 710	10 558	10 772	485 726	276 390	121 164
山西	595	8 373	3 644	3 900	150 763	142 999	43 096
内蒙古	825	9 917	4 294	5 274	202 262	146 813	90 812
辽宁	952	10 459	4 533	4 981	251 184	157 073	81 701
吉林	880	11 653	4 154	6 939	307 787	226 210	46 874
黑龙江	908	9 802	4 310	4 414	212 991	133 044	97 140
上海	596	8 075	880	1 227	1 065 354	374 595	1 047 281
江苏	1 578	18 079	7 401	9 262	702 956	515 860	262 717
浙江	1 451	16 880	6 461	9 100	928 071	637 099	180 201
安徽	1 567	19 733	9 053	9 845	977 492	466 775	191 513
福建	568	6 330	2 546	2 960	231 999	166 659	80 454
江西	1 416	16 358	8 213	6 773	635 183	479 182	285 322
山东	2 370	21 847	10 890	9 406	850 042	581 236	427 071
河南	1 993	31 825	16 323	12 590	1 058 568	1 020 939	521 766
湖北	1 216	16 949	8 669	7 053	676 320	601 409	285 357
湖南	1 138	15 942	6 992	7 531	447 841	389 986	222 832
广东	1 507	15 852	7 565	8 287	1 055 953	742 242	453 376
广西	865	11 565	5 000	5 722	209 759	168 373	119 151
海南	421	5 847	2 324	3 132	126 040	110 163	36 485
重庆	760	16 182	4 374	8 082	1 058 303	1 010 299	457 746
四川	1 476	19 796	9 470	9 104	638 760	466 954	209 608
贵州	483	7 957	3 367	3 868	260 787	219 000	150 460
云南	1 096	22 318	7 955	2 160	865 838	687 587	381 898
西藏	213	4 034	2 149	1 430	124 531	106 670	34 328
陕西	1 010	12 342	5 659	5 616	430 873	357 328	115 040
甘肃	1 187	18 357	8 730	9 627	460 224	440 077	229 051
青海	270	4 255	2 081	1 869	123 438	101 793	65 364
宁夏	382	5 177	2 883	1 918	280 084	173 441	72 986
新疆	664	14 125	4 564	8 960	325 233	199 777	173 676

注：新疆数据包含新疆兵团数据。

表 3-6　　分地区职业技能等级认定情况（2023 年）　　单位：人次

地区	考评机构数（个）	考评人员人数（人）	本年认定人次数	
				初级工
全国	**36 848**	**684 312**	**13 795 208**	**3 284 898**
北京	203	17 387	70 396	20 747
天津	89	13 151	153 934	22 794
河北	640	10 453	449 545	193 317
山西	835	24 869	493 188	115 997
内蒙古	418	23 020	241 489	43 758
辽宁	394	7 656	318 472	48 483
吉林	184	12 290	293 759	11 840
黑龙江	139	18 805	69 343	18 112
上海	167	20 568	180 348	49 415
江苏	3 695	57 896	1 219 129	306 173
浙江	7 915	10 394	1 006 111	130 870
安徽	901	22 703	693 217	181 296
福建	295	11 307	252 215	22 472
江西	440	9 007	208 963	24 923
山东	7 820	30 172	627 758	60 530
河南	5 194	99 728	2 914 038	563 539
湖北	936	31 777	395 902	51 978
湖南	462	14 280	304 012	87 160
广东	2 936	106 996	1 006 718	155 024
广西	320	12 213	382 700	157 770
海南	207	4 038	77 614	46 867
重庆	352	15 741	354 123	115 909
四川	323	21 577	294 784	76 981
贵州	339	19 583	274 567	70 532
云南	383	1 915	541 929	234 707
西藏	58	285	22 398	14 846
陕西	379	24 938	281 662	89 949
甘肃	267	8 534	94 591	16 850
青海	34	3 151	43 321	22 567
宁夏	113	1 637	80 811	19 087
新疆	332	24 984	372 839	272 643
新疆兵团	78	3 257	75 332	37 762

续表

地区	中级工	高级工	技师	高级技师	特级技师
全国	**5 649 511**	**4 332 010**	**414 752**	**112 127**	**1 715**
北京	25 713	18 246	4 807	869	14
天津	104 721	21 512	3 813	1 094	0
河北	133 991	88 687	29 401	3 714	350
山西	194 127	173 984	7 574	1 506	0
内蒙古	117 934	57 341	14 545	7 845	50
辽宁	183 423	75 552	9 150	1 787	62
吉林	210 059	48 369	18 388	5 103	0
黑龙江	17 465	25 576	6 391	1 527	272
上海	48 728	67 868	12 178	2 063	96
江苏	593 942	289 503	24 921	4 476	114
浙江	336 401	483 754	45 320	9 766	0
安徽	261 799	233 402	13 799	2 875	39
福建	137 744	82 387	6 630	2 982	0
江西	136 849	43 375	3 154	662	0
山东	201 999	322 848	34 495	7 633	253
河南	1 020 154	1 234 822	67 492	28 027	3
湖北	185 030	144 767	9 337	4 772	16
湖南	182 425	28 503	4 733	1 191	0
广东	525 098	293 133	28 787	4 425	210
广西	160 032	55 288	7 835	1 704	71
海南	17 342	11 924	630	851	0
重庆	154 406	73 580	6 737	3 491	0
四川	123 230	79 600	10 653	4 169	125
贵州	79 830	118 212	5 325	647	20
云南	170 316	122 660	12 875	1 371	0
西藏	4 138	1 231	1 690	493	0
陕西	114 642	64 854	9 601	2 606	9
甘肃	47 344	23 948	4 337	2 112	0
青海	16 218	3 332	885	319	0
宁夏	52 771	7 456	1 298	199	0
新疆	66 237	25 734	6 406	1 808	11
新疆兵团	25 403	10 562	1 565	40	0

续表

地区	首席技师	本年获取证书人次数	初级工	中级工	高级工
全国	**195**	**11 481 432**	**2 785 242**	**4 668 681**	**3 627 269**
北京	0	62 738	17 791	22 958	16 849
天津	0	131 624	19 525	90 476	18 565
河北	85	387 225	169 159	116 972	72 417
山西	0	381 858	91 271	152 215	131 742
内蒙古	16	186 621	34 630	93 175	44 716
辽宁	15	274 448	39 783	158 181	67 371
吉林	0	219 692	8 481	156 929	37 777
黑龙江	0	44 885	12 106	11 088	15 867
上海	0	128 465	37 843	34 932	46 852
江苏	0	1 020 328	250 124	499 297	247 321
浙江	0	737 363	106 441	259 763	329 454
安徽	7	587 796	153 638	224 232	200 201
福建	0	184 234	18 351	107 343	53 327
江西	0	167 971	20 384	111 642	34 172
山东	0	534 762	52 205	167 137	283 270
河南	1	2 662 386	473 724	906 761	1 189 784
湖北	2	346 229	45 057	162 113	126 826
湖南	0	226 815	69 329	136 616	17 569
广东	41	790 475	131 813	418 008	222 625
广西	0	326 351	140 759	135 158	44 541
海南	0	71 364	44 046	15 588	10 648
重庆	0	303 006	103 260	131 540	60 846
四川	26	203 196	57 157	85 789	50 167
贵州	1	225 834	61 794	61 947	98 165
云南	0	482 779	214 248	150 035	106 350
西藏	0	18 377	13 056	3 211	1 007
陕西	1	202 643	68 642	83 064	43 284
甘肃	0	70 554	12 748	38 864	15 696
青海	0	33 510	18 808	11 889	2 196
宁夏	0	64 832	15 674	42 655	5 372
新疆	0	337 835	250 668	56 883	23 149
新疆兵团	0	65 236	32 727	22 220	9 143

续表

地区	技师	高级技师	特级技师	首席技师
全国	**311 956**	**86 810**	**1 363**	**111**
北京	4 349	778	13	0
天津	2 348	710	0	0
河北	25 473	2 942	226	36
山西	5 596	1 034	0	0
内蒙古	8 687	5 347	50	16
辽宁	7 705	1 382	24	2
吉林	13 242	3 263	0	0
黑龙江	4 598	954	272	0
上海	7 464	1 304	70	0
江苏	20 091	3 421	74	0
浙江	34 892	6 813	0	0
安徽	7 974	1 705	39	7
福建	3 418	1 795	0	0
江西	1 450	323	0	0
山东	25 845	6 052	253	0
河南	64 869	27 244	3	1
湖北	8 006	4 209	16	2
湖南	2 669	632	0	0
广东	15 426	2 492	92	19
广西	4 460	1 363	70	0
海南	447	635	0	0
重庆	4 364	2 996	0	0
四川	7 352	2 580	125	26
贵州	3 464	444	19	1
云南	10 983	1 163	0	0
西藏	836	267	0	0
陕西	5 831	1 812	9	1
甘肃	2 044	1 202	0	0
青海	473	144	0	0
宁夏	964	167	0	0
新疆	5 529	1 598	8	0
新疆兵团	1 107	39	0	0

（四）劳动关系与监察

表 4–1　　历年劳动人事争议仲裁案件处理情况　　单位：件

项目	1998 年	1999 年	2000 年	2001 年	2002 年
上期未结案件数	3 475	3 840	6 374	8 739	12 472
案件受理情况					
当期案件受理数	93 649	120 191	135 206	154 621	184 116
集体劳动争议案件数	6 767	9 043	8 247	9 847	11 024
劳动者申诉案件数	84 829	114 152	120 043	146 781	172 253
劳动者当事人数（人）	358 531	473 957	422 617	467 150	608 396
集体劳动争议劳动者当事人数	251 268	319 445	259 445	286 680	374 956
争议原因					
劳动报酬				45 172	59 144
社会保险				31 158	56 558
变更劳动合同	2 840	3 469	3 829	4 254	3 765
解除劳动合同	13 069	18 108	21 149	29 038	30 940
终止劳动合同	4 752	8 031	10 816	10 298	12 908
其他	9 515	8 626	12 549		
案件处理情况					
结案数	92 288	121 289	130 688	150 279	178 744
处理方式					
仲裁调解	31 483	39 550	41 877	42 933	50 925
仲裁裁决	25 389	34 712	54 142	77 250	77 340
其他方式	35 155	47 027	34 669	35 096	50 479
处理结果					
用人单位胜诉	11 937	15 674	13 699	31 544	27 017
劳动者胜诉	48 650	63 030	70 544	71 739	84 432
双方部分胜诉及其他	27 365	37 459	37 247	46 996	67 295
案外调解案件数				63 939	77 342

续表

项目	2003 年	2004 年	2005 年	2006 年	2007 年
上期未结案件件数	16 276	17 117	17 829	22 165	25 424
案件受理情况					
当期案件受理数	226 391	260 471	313 773	317 162	350 182
集体劳动争议案件数	10 823	19 241	16 217	13 977	12 784
劳动者申诉案件数	215 512	249 335	293 710	301 233	325 590
劳动者当事人数（人）	801 042	764 981	744 195	679 312	653 472
集体劳动争议劳动者当事人数	514 573	477 992	409 819	348 714	271 777
争议原因					
劳动报酬	76 774	85 132	103 183	103 887	108 953
社会保险	76 181	88 119	97 519	100 342	97 731
变更劳动合同	5 494	4 465	7 567	3 456	4 695
解除劳动合同	40 017	42 881	54 858	55 502	67 565
终止劳动合同	12 043	14 140	14 015	12 366	12 696
其他					
案件处理情况					
结案数	223 503	258 678	306 027	310 780	340 030
处理方式					
仲裁调解	67 765	83 400	104 308	104 435	119 436
仲裁裁决	95 774	110 708	131 745	141 465	149 013
其他方式	59 954	64 550	69 974	64 880	71 581
处理结果					
用人单位胜诉	34 272	35 679	39 401	39 251	49 211
劳动者胜诉	109 556	123 268	145 352	146 028	156 955
双方部分胜诉及其他	79 475	94 041	121 274	125 501	133 864
案外调解案件数	58 451	70 840	93 561	130 321	151 902

续表

项目	2008 年	2009 年	2010 年	2011 年
上期未结案件数	33 084	83 709	77 926	42 308
案件受理情况				
当期案件受理数	693 465	684 379	600 865	589 244
集体劳动争议案件数	21 880	13 779	9 314	6 592
劳动者申诉案件数	650 077	627 530	558 853	568 768
劳动者当事人数（人）	1 214 328	1 016 922	815 121	779 490
集体劳动争议劳动者当事人数	502 713	299 601	211 755	174 785
争议原因				
劳动报酬	225 061	247 330	209 968	200 550
社会保险				149 944
解除、终止劳动合同	139 702	43 876	31 915	118 684
案件处理情况				
结案数	622 719	689 714	634 041	592 823
处理方式				
仲裁调解	221 284	251 463	250 131	278 873
仲裁裁决	274 543	290 971	266 506	244 942
其他方式	126 892	147 280	117 404	69 008
处理结果				
用人单位胜诉	80 462	95 470	85 028	74 189
劳动者胜诉	276 793	255 119	229 448	195 680
双方部分胜诉及其他	265 464	339 125	319 565	322 954
案外调解案件数	237 283	185 598	163 997	194 338

续表

项目	2012 年	2013 年	2014 年	2015 年
上期未结案件数	36 151	34 478	31 796	39 580
案件受理情况				
当期案件受理数	641 202	665 760	715 163	813 859
集体劳动争议案件数	7 252	6 783	8 041	10 466
劳动者申诉案件数	620 849	641 932	690 418	784 229
劳动者当事人数（人）	882 487	888 430	997 807	1 159 687
集体劳动争议劳动者当事人数	231 894	218 521	267 165	341 588
争议原因				
劳动报酬	225 981	223 351	258 716	321 179
社会保险	159 649	165 665	160 961	158 002
解除、终止劳动合同	129 108	147 977	155 870	182 396
案件处理情况				
结案数	643 292	669 062	711 044	812 461
处理方式				
仲裁调解	302 552	311 806	321 598	362 814
仲裁裁决	268 530	283 341	313 175	368 409
其他方式	72 210	73 915	76 271	81 238
处理结果				
用人单位胜诉	79 187	82 519	82 541	90 785
劳动者胜诉	213 453	217 551	250 284	287 544
双方部分胜诉及其他	350 652	368 992	378 219	434 132
案外调解案件数	212 937	215 595	227 447	258 114

续表

项目	2016 年	2017 年	2018 年	2019 年
上期未结案件数	37 977	38 545	35 506	48 661
案件受理情况				
当期案件受理数	828 410	785 323	894 053	1 069 638
集体劳动争议案件数	9 745	7 513	8 699	9 235
劳动者申诉案件数	801 190	762 572	869 421	1 021 334
劳动者当事人数（人）	1 112 408	979 016	1 110 175	1 274 124
集体劳动争议劳动者当事人数	289 924	203 963	234 943	220 174
争议原因				
劳动报酬	345 685	331 463	380 751	446 572
社会保险	145 671	135 211	144 533	149 966
解除、终止劳动合同	188 642	169 456	195 063	259 550
案件处理情况				
结案数	827 717	790 448	884 223	1 068 413
处理方式				
仲裁调解	389 109	390 278	458 353	552 584
仲裁裁决	366 742	336 073	357 666	430 309
其他方式	71 866	64 097	68 204	85 520
处理结果				
用人单位胜诉	92 405	89 928	93 823	112 747
劳动者胜诉	285 824	259 898	276 642	314 097
双方部分胜诉及其他	369 429	440 622	513 758	641 569
案外调解案件数	240 101	208 491	214 288	242 479

续表

项目	2020 年	2021 年	2022 年	2023 年
上期未结案件数	49 723	43 525	40 745	43 661
案件受理情况				
当期案件受理数	1 094 788	1 252 045	1 473 145	1 629 445
集体劳动争议案件数	8 321	7 446	8 148	8 484
劳动者申诉案件数	1 041 567	1 199 847	1 421 670	1 581 748
劳动者当事人数（人）	1 283 491	1 404 754	1 636 418	1 803 057
集体劳动争议劳动者当事人数	200 824	159 898	177 821	175 402
争议原因				
劳动报酬	462 729	524 473	593 024	638 503
社会保险	136 496	164 102	187 186	227 063
解除、终止劳动合同	280 058	293 924	382 297	428 270
案件处理情况				
结案数	1 100 681	1 256 162	1 466 857	1 641 106
处理方式				
仲裁调解	599 797	703 373	847 132	951 055
仲裁裁决	430 863	471 819	542 709	603 393
其他方式	70 021	80 970	77 016	86 658
处理结果				
用人单位胜诉	112 053	127 910	150 606	165 385
劳动者胜诉	310 819	341 245	370 243	398 015
双方部分胜诉及其他	677 809	787 007	946 008	1 077 706
案外调解案件数	255 328	320 621	381 693	469 647

注：自 2011 年起，将解除劳动合同和终止劳动合同两项合并统计。

表 4-2　分地区劳动人事争议仲裁案件处理情况（2023 年）　单位：件

地区	上期未结案件数	案件受理情况				
		当期案件受理数	集体劳动争议案件	劳动者申诉案件	劳动者当事人数（人）	集体劳动争议劳动者当事人数
全国	**43 661**	**1 629 445**	**8 484**	**1 581 748**	**1 803 057**	**175 402**
北京	7 250	135 226	569	133 614	135 226	9 409
天津	1 087	30 787	64	30 317	31 840	1 118
河北	152	39 768	67	37 255	41 602	1 367
山西	207	17 118	28	16 179	18 197	533
内蒙古	281	22 963	48	21 005	23 872	1 122
辽宁	925	38 989	170	38 093	42 760	3 964
吉林	429	12 128	19	10 892	13 379	1 166
黑龙江	373	27 127	18	27 081	27 595	304
上海	3 765	77 714	311	76 636	84 802	5 827
江苏	2 800	121 126	857	120 486	129 799	16 905
浙江	1 458	98 963	371	98 417	111 687	8 552
安徽	927	47 670	74	44 854	50 190	1 280
福建	1 714	48 871	489	48 166	62 976	10 540
江西	141	20 365	50	19 367	22 073	1 428
山东	778	120 124	89	119 319	128 378	2 466
河南	175	39 947	72	38 261	41 599	1 165
湖北	772	53 735	169	52 279	60 963	3 514
湖南	836	39 733	168	38 270	42 230	2 832
广东	8 695	274 804	3 679	267 735	356 807	77 888
广西	1 284	40 198	113	39 602	41 566	2 819
海南	1 021	12 851	22	11 990	12 942	323
重庆	498	42 142	107	41 237	42 216	2 079
四川	5 736	104 133	454	95 400	108 413	9 531
贵州	67	36 119	11	35 228	36 579	201
云南	477	26 085	200	25 501	27 174	3 314
西藏	34	1 351	18	1 330	1 849	396
陕西	580	48 574	83	44 664	50 170	2 004
甘肃	110	11 602	12	11 228	11 987	286
青海	81	3 622	6	3 338	3 787	150
宁夏	441	12 626	79	12 466	14 916	1 603
新疆	532	19 818	66	19 059	22 182	1 304
新疆兵团	35	3 166	1	2 479	3 301	12

续表

地区	案件受理情况			
	按争议类型分			
	劳动报酬	社会保险待遇		解除、终止劳动合同
			其中：工伤保险	
全国	**638 503**	**227 063**	**197 327**	**428 270**
北京	64 876	3 078	2 039	38 054
天津	15 089	1 533	1 453	4 996
河北	11 577	5 739	3 562	12 287
山西	5 245	4 743	4 370	3 247
内蒙古	11 543	3 769	2 491	4 565
辽宁	19 162	4 153	2 590	7 931
吉林	5 336	938	783	1 960
黑龙江	14 854	3 812	3 265	78
上海	24 766	5 069	4 670	33 211
江苏	51 225	23 502	23 024	28 965
浙江	35 245	25 460	23 491	19 438
安徽	18 254	11 892	10 745	9 588
福建	17 140	9 736	9 260	10 063
江西	6 601	5 277	4 969	5 779
山东	53 073	11 602	11 152	32 306
河南	19 265	4 410	3 007	8 451
湖北	18 470	6 694	5 508	19 002
湖南	10 512	9 394	8 078	12 444
广东	87 604	31 167	29 855	100 329
广西	23 068	2 554	2 128	10 470
海南	5 787	478	360	1 599
重庆	12 041	9 119	8 640	10 511
四川	41 758	11 336	10 101	20 560
贵州	13 566	9 395	7 430	5 391
云南	10 186	3 892	3 544	4 956
西藏	680	187	171	263
陕西	19 674	10 272	4 292	12 982
甘肃	5 118	1 817	1 476	2 351
青海	1 897	541	524	957
宁夏	3 497	2 643	1 706	2 928
新疆	9 835	2 381	2 171	2 483
新疆兵团	1 559	480	472	125

续表

地区	案件处理情况							案外调解案件数
	结案数	处理方式			处理结果			
		仲裁调解	仲裁裁决	其他方式	用人单位胜诉	劳动者胜诉	双方部分胜诉及其他	
全国	**1 641 106**	**951 055**	**603 393**	**86 658**	**165 385**	**398 015**	**1 077 706**	**469 647**
北京	138 952	74 076	58 461	6 415	25 611	20 927	92 414	20 394
天津	31 487	19 152	12 335		3 527	5 050	22 910	4 678
河北	39 810	27 541	11 053	1 216	3 942	16 409	19 459	16 145
山西	17 132	11 300	5 403	429	2 089	9 012	6 031	6 219
内蒙古	23 036	14 404	7 945	687	1 782	7 148	14 106	6 133
辽宁	39 113	19 968	18 407	738	4 580	17 525	17 008	16 564
吉林	12 211	5 335	6 015	861	1 195	5 938	5 078	4 788
黑龙江	27 417	17 089	9 996	332	2 000	11 028	14 389	10 783
上海	76 585	39 582	33 538	3 465	16 054	7 269	53 262	14 529
江苏	121 526	74 425	33 898	13 203	8 370	28 966	84 190	57 626
浙江	99 221	57 528	21 697	19 996	4 708	16 152	78 361	16 117
安徽	48 025	34 539	12 492	994	3 450	16 193	28 382	8 684
福建	48 951	29 097	18 072	1 782	3 780	10 691	34 480	4 770
江西	20 457	15 992	4 089	376	1 926	6 204	12 327	13 436
山东	120 560	84 510	34 613	1 437	10 401	28 306	81 853	29 717
河南	39 992	26 067	12 981	944	2 830	15 869	21 293	17 219
湖北	54 002	35 666	17 911	425	2 931	13 305	37 766	27 449
湖南	39 794	24 532	14 092	1 170	2 911	14 390	22 493	7 422
广东	278 056	133 024	132 802	12 230	27 017	45 640	205 399	74 950
广西	41 100	19 774	20 232	1 094	3 345	11 300	26 455	23 183
海南	12 901	4 195	6 637	2 069	903	4 243	7 755	3 416
重庆	42 369	28 579	11 368	2 422	3 171	5 317	33 881	5 421
四川	104 976	58 024	38 166	8 786	10 846	29 442	64 688	23 667
贵州	36 174	23 717	12 381	76	3 168	5 964	27 042	18 150
云南	26 436	15 425	10 199	812	2 974	8 295	15 167	15 507
西藏	1 350	850	426	74	69	567	714	219
陕西	48 510	27 439	18 935	2 136	6 108	15 006	27 396	11 379
甘肃	11 663	7 411	4 158	94	1 396	5 147	5 120	3 150
青海	3 611	2 447	1 092	72	286	1 732	1 593	277
宁夏	12 488	6 544	4 640	1 304	1 482	4 958	6 048	3 776
新疆	20 041	11 058	8 104	879	2 226	8 737	9 078	3 487
新疆兵团	3 160	1 765	1 255	140	307	1 285	1 568	392

表 4-3　　劳动保障监察情况（2023 年）

监察案件情况（件）	2023 年	监察执法效果情况	2023 年
结案数	116 982	主动监察	
案件分类		检查单位数（万户）	72.6
内部劳动保障规章制度	700	涉及劳动者人数（万人）	3 078.7
订立和解除劳动合同	3 666	投诉结案数（万件）	10.0
女职工特殊劳动保护	82	举报结案数（万件）	2.5
未成年工特殊劳动保护	232	审查用人单位报送的书面材料涉及用人单位数（万户）	127.9
工作时间和休息休假	3 135	补签劳动合同（万人）	31.0
支付工资和最低工资标准	70 665	**追发劳动者工资等待遇**	
参加社会保险和缴纳社会保险费	13 362	涉及劳动者人数（万人）	69.4
职业介绍	208	金额（亿元）	79.0
职业技能培训和职业技能考核	24	**督促缴纳社会保险费**	
其他	27 064	单位数（万户）	1.0
案件处理情况		金额（亿元）	2.1
责令限期改正	34 905	督促社会保险登记单位数（万户）	0.4
行政处理决定	5 153	取缔非法职业中介机构（户）	596
警告	421	清退风险抵押金金额（万元）	204.3
罚款	5 353	审查用人单位规章（万户）	25.5
其他行政处罚	139	纠正用人单位违法规章（万户）	1.1
		单独随机抽查（万户）	11.8

（五）社会保障

表 5–1　　历年全国社会保险基金收支及累计结余　　单位：亿元

年份	合计	基本养老保险	失业保险	工伤保险	基本医疗保险	生育保险
基金收入						
2000	2 644.9	2 278.5	160.4	24.8	170.0	11.2
2001	3 101.9	2 489.0	187.3	28.3	383.6	13.7
2002	4 048.7	3 171.5	215.6	32.0	607.8	21.8
2003	4 882.9	3 680.0	249.5	37.6	890.0	25.8
2004	5 780.3	4 258.4	290.8	58.3	1 140.5	32.1
2005	6 975.2	5 093.3	340.3	92.5	1 405.3	43.8
2006	8 643.2	6 309.8	402.4	121.8	1 747.1	62.1
2007	10 812.3	7 834.2	471.7	165.6	2 257.2	83.6
2008	13 696.1	9 740.2	585.1	216.7	3 040.4	113.7
2009	16 115.6	11 490.8	580.4	240.1	3 671.9	132.4
2010	19 276.1	13 872.9	649.8	284.9	4 308.9	159.6
2011	25 153.3	18 004.8	923.1	466.4	5 539.2	219.8
2012	30 738.8	21 830.2	1 138.9	526.7	6 938.7	304.2
2013	35 252.9	24 732.6	1 288.9	614.8	8 248.3	368.4
2014	39 827.7	27 619.9	1 379.8	694.8	9 687.2	446.1
2015	46 012.1	32 195.5	1 367.8	754.2	11 192.9	501.7
2016	53 562.7	37 990.8	1 228.9	736.9	13 084.3	521.9
2017	67 154.2	46 613.8	1 112.6	853.8	17 931.6	642.5
2018	79 254.7	55 005.3	1 171.1	913.0	21 384.2	781.1
2019	83 550.4	57 025.9	1 284.2	819.4	24 420.9	
2020	75 512.5	49 228.6	951.5	486.3	24 846.1	
2021	96 936.8	65 793.3	1 459.6	951.9	28 732.0	
2022	102 504.8	68 933.2	1 596.1	1 053.3	30 922.2	
2023	113 214.9	76 691.2	1 807.3	1 211.6	33 504.9	
基金支出						
2000	2 385.6	2 115.5	123.4	13.8	124.5	8.3
2001	2 748.0	2 321.3	156.6	16.5	244.1	9.6
2002	3 471.5	2 842.9	186.6	19.9	409.4	12.8
2003	4 016.4	3 122.1	199.8	27.1	653.9	13.5
2004	4 627.4	3 502.1	211.3	33.3	862.2	18.8
2005	5 400.8	4 040.3	206.9	47.5	1 078.7	27.4
2006	6 477.4	4 896.7	198.0	68.5	1 276.7	37.5
2007	7 887.9	5 964.9	217.7	87.9	1 561.8	55.6
2008	9 925.1	7 389.6	253.5	126.9	2 083.6	71.5
2009	12 302.6	8 894.4	366.8	155.7	2 797.4	88.3
2010	15 018.9	10 755.3	423.3	192.4	3 538.1	109.9

续表

年份	合计	基本养老保险	失业保险	工伤保险	基本医疗保险	生育保险
2011	18 652.9	13 363.2	432.8	286.4	4 431.4	139.2
2012	23 331.3	16 711.5	450.6	406.3	5 543.6	219.3
2013	27 916.3	19 818.7	531.6	482.1	6 801.0	282.8
2014	33 002.7	23 325.8	614.7	560.5	8 133.6	368.1
2015	38 988.1	27 929.4	736.4	598.7	9 312.1	411.5
2016	46 888.4	34 004.3	976.1	610.3	10 767.1	530.6
2017	57 145.0	40 423.8	893.8	662.3	14 421.7	743.5
2018	67 792.5	47 550.4	915.3	742.0	17 822.5	762.4
2019	75 346.6	52 342.3	1 333.2	816.9	20 854.2	
2020	78 611.8	54 656.5	2 103.0	820.3	21 032.1	
2021	86 734.9	60 196.5	1 500.0	990.2	24 048.2	
2022	90 719.1	63 079.0	2 017.8	1 025.0	24 597.2	
2023	99 301.8	68 369.4	1 485.2	1 236.7	28 210.5	
累计结余						
2000	1 327.5	947.1	195.9	57.9	109.8	16.8
2001	1 622.8	1 054.1	226.2	68.9	253.0	20.6
2002	2 423.4	1 608.0	253.8	81.1	450.7	29.7
2003	3 313.8	2 206.5	303.5	91.2	670.6	42.0
2004	4 493.4	2 975.0	385.8	118.6	957.9	55.9
2005	6 073.7	4 041.0	519.0	163.5	1 278.1	72.1
2006	8 255.9	5 488.9	724.8	192.9	1 752.4	96.9
2007	11 236.6	7 391.4	979.1	262.6	2 476.9	126.6
2008	15 225.6	9 931.0	1 310.1	384.6	3 431.7	168.2
2009	19 006.5	12 526.1	1 523.6	468.8	4 275.9	212.1
2010	23 407.5	15 787.8	1 749.8	561.4	5 047.1	261.4
2011	30 233.1	20 727.8	2 240.2	742.6	6 180.0	342.5
2012	38 106.6	26 243.5	2 929.0	861.9	7 644.5	427.6
2013	45 588.1	31 274.8	3 685.9	996.2	9 116.5	514.7
2014	52 462.3	35 644.5	4 451.5	1 128.8	10 644.8	592.7
2015	59 532.5	39 937.1	5 083.0	1 285.3	12 542.8	684.4
2016	66 349.7	43 965.2	5 333.3	1 410.9	14 964.3	675.9
2017	77 311.6	50 202.2	5 552.4	1 606.9	19 385.6	564.5
2018	89 775.1	58 151.6	5 817.0	1 784.9	23 439.9	581.7
2019	96 977.8	62 872.6	4 625.4	1 783.2	27 696.7	
2020	94 378.7	58 075.2	3 354.1	1 449.3	31 500.0	
2021	104 872.1	63 970.0	3 312.5	1 411.2	36 178.3	
2022	116 822.0	69 851.3	2 890.8	1 440.1	42 639.9	
2023	130 752.0	78 173.0	3 212.9	1 415.1	47 951.0	

注：1. 自 2008 年起，工伤保险基金累计结余中含储备金。

2. 自 2010 年起，基本养老保险基金中含城乡居民基本养老保险基金。

3. 自 2019 年起，基本医疗保险基金中含生育保险基金。

表 5-2　历年全国基本养老保险基金收支及累计结余　单位：亿元

指标	2000 年	2001 年	2002 年	2003 年	2004 年	2005 年	2006 年	2007 年
一、基金收入	2 278.1	2 489.0	3 171.5	3 680.0	4 258.4	5 093.3	6 309.7	7 834.2
（一）城镇职工	2 278.1	2 489.0	3 171.5	3 680.0	4 258.4	5 093.3	6 309.7	7 834.2
1. 企业	2 088.3	2 235.1	2 783.6	3 209.4	3 728.5	4 491.7	5 632.5	7 010.6
2. 事业、机关	189.8	253.0	387.8	470.6	529.9	601.6	677.2	823.6
（二）城乡居民								
二、基金支出	2 115.5	2 321.3	2 842.9	3 122.1	3 502.1	4 040.3	4 896.7	5 964.9
（一）城镇职工	2 115.5	2 321.3	2 842.9	3 122.1	3 502.1	4 040.3	4 896.7	5 964.9
1. 企业	1 970.0	2 116.5	2 502.8	2 716.2	3 031.2	3 495.3	4 287.3	5 153.6
2. 事业、机关	145.4	204.4	340.1	405.9	470.9	545.0	609.4	811.3
（二）城乡居民								
三、累计结余	947.1	1 054.1	1 608.0	2 206.5	2 975.0	4 041.0	5 488.9	7 391.4
（一）城镇职工	947.1	1 054.1	1 608.0	2 206.5	2 975.0	4 041.0	5 488.9	7 391.4
1. 企业	761.0	818.6	1 243.5	1 764.8	2 499.3	3 506.7	4 869.1	6 758.2
2. 事业、机关	186.1	233.2	364.5	441.7	475.7	534.3	619.8	633.2
（二）城乡居民								

指标	2008 年	2009 年	2010 年	2011 年	2012 年	2013 年	2014 年	2015 年
一、基金收入	9 740.2	11 490.8	13 872.9	18 004.8	21 830.2	24 732.6	27 619.9	32 195.5
（一）城镇职工	9 740.2	11 490.8	13 419.5	16 894.7	20 001.0	22 680.4	25 309.7	29 340.9
1. 企业	8 800.1	10 420.6	12 218.4	15 484.8	18 363.0	20 848.7	23 305.4	26 613.2
2. 事业、机关	940.1	1 070.3	1 201.1	1 409.9	1 638.0	1 831.7	2 004.2	2 727.7
（二）城乡居民			453.4	1 110.1	1 829.2	2 052.3	2 310.2	2 854.6
二、基金支出	7 389.6	8 894.4	10 755.3	13 363.2	16 711.5	19 818.7	23 325.8	27 929.4
（一）城镇职工	7 389.6	8 894.4	10 554.9	12 764.9	15 561.8	18 470.4	21 754.7	25 812.7
1. 企业	6 507.6	7 886.6	9 409.9	11 425.7	14 008.5	16 741.5	19 847.2	23 140.9

续表

指标	2008 年	2009 年	2010 年	2011 年	2012 年	2013 年	2014 年	2015 年
2. 事业、机关	882.0	1 007.8	1 145.0	1 339.3	1 553.3	1 729.0	1 907.4	2 671.8
（二）城乡居民			200.4	598.3	1 149.7	1 348.3	1 571.2	2 116.7
三、累计结余	9 931.0	12 526.1	15 787.8	20 727.8	26 243.5	31 274.8	35 644.5	39 937.1
（一）城镇职工	9 931.0	12 526.1	15 365.3	19 496.6	23 941.3	28 269.2	31 800.0	35 344.8
1. 企业	9 241.0	11 774.3	14 547.2	18 608.1	22 968.0	27 192.3	30 626.3	34 115.2
2. 事业、机关	690.0	751.8	818.1	888.5	973.3	1 076.9	1 173.7	1 229.6
（二）城乡居民			422.5	1 231.2	2 302.2	3 005.7	3 844.6	4 592.3

指标	2016 年	2017 年	2018 年	2019 年	2020 年	2021 年	2022 年	2023 年
一、基金收入	37 990.8	46 613.8	55 005.3	57 025.9	49 228.6	65 793.3	68 933.2	76 691.2
（一）城镇职工	35 057.5	43 309.6	51 167.6	52 918.8	44 375.7	60 454.7	63 323.8	70 506.3
1. 企业	28 692.6	32 929.8	37 392.1	38 101.9	30 180.4	44 487.3	47 918.4	53 265.7
2. 事业、机关	6 364.9	10 379.7	13 775.5	14 816.9	14 195.3	15 967.4	15 405.4	17 240.6
（二）城乡居民	2 933.3	3 304.2	3 837.7	4 107.0	4 852.9	5 338.6	5 609.3	6 184.9
二、基金支出	34 004.3	40 423.8	47 550.4	52 342.3	54 656.5	60 196.5	63 079.0	68 369.4
（一）城镇职工	31 853.8	38 051.5	44 644.9	49 228.0	51 301.4	56 481.5	59 034.7	63 756.6
1. 企业	25 865.1	28 541.1	31 500.6	34 655.3	37 612.3	40 683.3	43 567.2	46 960.8
2. 事业、机关	5 988.7	9 510.4	13 144.3	14 572.8	13 689.1	15 798.2	15 467.5	16 795.7
（二）城乡居民	2 150.5	2 372.2	2 905.5	3 114.3	3 355.1	3 715.0	4 044.3	4 612.9
三、累计结余	43 965.2	50 202.2	58 151.6	62 872.6	58 075.2	63 970.0	69 851.3	78 173.0
（一）城镇职工	38 580.0	43 884.6	50 901.3	54 623.3	48 316.6	52 573.6	56 889.6	63 639.1
1. 企业	36 970.3	41 385.2	47 761.2	51 221.2	44 401.7	48 475.2	52 923.6	59 240.5
2. 事业、机关	1 609.8	2 499.3	3 140.0	3 402.2	3 914.9	4 098.3	3 966.0	4 398.6
（二）城乡居民	5 385.2	6 317.6	7 250.3	8 249.2	9 758.6	11 396.4	12 961.7	14 533.9

注：自 2010 年起，基本养老保险中含城乡居民基本养老保险。

表 5–3　　历年全国参加城镇职工基本养老保险职工及离退休人数　　单位：万人

年份	职工		离退休人员	
	合计	企业	合计	企业
2000	10 447.5	9 469.9	3 169.9	3 016.5
2001	10 801.9	9 733.0	3 380.6	3 171.3
2002	11 128.8	9 929.4	3 607.8	3 349.2
2003	11 646.5	10 324.5	3 860.2	3 556.9
2004	12 250.3	10 903.9	4 102.6	3 775.0
2005	13 120.4	11 710.6	4 367.5	4 005.2
2006	14 130.9	12 618.0	4 635.4	4 238.6
2007	15 183.2	13 690.6	4 953.7	4 544.0
2008	16 587.5	15 083.4	5 303.6	4 868.0
2009	17 743.0	16 219.0	5 806.9	5 348.0
2010	19 402.3	17 822.7	6 305.0	5 811.6
2011	21 565.0	19 970.0	6 826.2	6 314.0
2012	22 981.1	21 360.9	7 445.7	6 910.9
2013	24 177.3	22 564.7	8 041.0	7 484.8
2014	25 531.0	23 932.3	8 593.4	8 013.6
2015	26 219.2	24 586.8	9 141.9	8 536.5
2016	27 826.3	25 239.6	10 103.4	9 023.9
2017	29 267.6	25 856.3	11 025.7	9 460.4
2018	30 104.0	26 502.6	11 797.7	9 980.5
2019	31 177.5	27 508.7	12 310.4	10 396.3
2020	32 858.7	29 123.6	12 762.3	10 784.2
2021	34 917.1	31 101.5	13 157.0	11 126.5
2022	36 711.0	32 871.5	13 644.0	11 530.9
2023	37 925.2	34 052.9	14 195.6	11 991.2

表 5-4　　历年分地区城镇职工基本养老保险参保人数　　单位：万人

地区	2001年		2002年		2003年		2004年		2005年	
	合计	离退休人员	合计	离退休人员	合计	离退休人员	合计	离退休人员	合计	离退休人员
全国	14 182.5	3 380.6	14 736.6	3 607.8	15 506.7	3 860.2	16 352.9	4 102.6	17 487.9	4 367.5
北京	425.9	124.3	436.2	133.2	448.5	141.5	459.7	148.6	520.0	155.2
天津	281.4	85.2	296.0	91.4	283.3	97.6	298.1	102.9	308.3	107.7
河北	641.4	145.3	643.5	154.0	665.5	163.6	683.4	172.0	707.9	184.2
山西	365.6	81.8	361.8	85.4	364.4	88.1	376.7	93.3	383.4	98.2
内蒙古	290.6	65.3	292.9	70.8	300.9	72.6	318.8	82.0	338.9	86.1
辽宁	1 022.7	288.9	1 039.2	302.2	1 070.4	315.5	1 101.0	333.8	1 193.6	360.8
吉林	389.1	99.6	397.7	104.9	427.0	115.5	439.0	123.1	455.9	131.0
黑龙江	692.5	178.5	689.8	187.4	714.3	196.0	738.1	207.3	768.9	223.2
上海	683.5	239.9	699.8	246.9	715.6	254.6	770.9	265.3	830.0	290.7
江苏	888.1	212.7	1 063.5	252.9	1 135.2	271.4	1 214.1	288.8	1 345.6	307.9
浙江	610.4	125.1	701.1	132.6	801.2	144.2	888.0	152.4	962.3	160.9
安徽	432.7	98.5	432.3	102.8	456.6	113.6	463.9	118.8	471.7	124.8
福建	242.0	58.4	285.1	61.6	364.2	79.4	377.5	83.7	409.6	88.9
江西	328.8	78.2	339.8	82.6	355.9	93.4	371.8	99.9	387.4	105.5
山东	1 022.6	191.3	1 043.0	205.3	1 135.9	219.3	1 218.7	232.2	1 302.4	248.6
河南	736.6	141.9	757.8	161.5	751.1	171.0	781.1	181.1	814.0	194.2
湖北	612.1	137.7	628.8	147.2	732.4	177.9	780.5	195.4	804.0	206.4
湖南	603.4	148.0	616.5	157.7	636.2	167.5	691.7	185.4	718.6	195.2
广东	1 370.3	187.0	1 405.4	193.5	1 482.2	203.8	1 588.8	220.4	1 796.1	231.2
广西	248.9	58.7	257.2	63.5	264.8	66.3	279.3	70.2	288.6	73.3
海南	108.2	30.5	111.2	31.9	116.7	33.6	120.0	35.2	120.9	36.5
重庆	270.3	82.3	280.3	87.8	280.0	92.4	283.9	96.8	290.2	100.5
四川	578.9	169.4	589.2	178.1	605.5	187.5	668.0	202.7	793.4	230.7
贵州	159.0	42.4	168.9	44.9	168.0	48.0	174.9	50.0	183.7	51.7
云南	243.1	69.6	252.1	74.1	257.3	77.8	255.3	79.4	258.7	81.9

续表

地区	2001年		2002年		2003年		2004年		2005年	
	合计	离退休人员	合计	离退休人员	合计	离退休人员	合计	离退休人员	合计	离退休人员
西藏	7.1	2.6	7.0	2.6	7.3	2.8	7.6	3.0	7.7	3.1
陕西	345.4	83.4	352.0	90.8	362.4	97.4	369.3	102.5	376.1	107.8
甘肃	188.4	45.3	188.0	48.1	192.0	51.2	194.5	53.5	197.3	55.1
青海	51.9	14.9	54.2	15.0	56.4	15.9	58.5	16.5	60.0	16.9
宁夏	57.9	13.2	59.0	13.7	60.7	14.3	62.5	15.2	67.5	16.1
新疆	258.4	77.6	262.1	79.6	269.3	83.0	294.8	87.3	302.1	89.0
不分地区	25.2	3.3	25.3	3.6	25.4	3.8	22.9	3.9	22.8	4.2

地区	2006年		2007年		2008年		2009年		2010年	
	合计	离退休人员	合计	离退休人员	合计	离退休人员	合计	离退休人员	合计	离退休人员
全国	**18 766.3**	**4 635.4**	**20 136.9**	**4 953.7**	**21 891.1**	**5 303.6**	**23 549.9**	**5 806.9**	**25 707.3**	**6 305.0**
北京	603.6	160.9	671.0	171.2	757.2	180.1	826.7	188.2	981.3	195.5
天津	328.2	112.7	344.8	119.2	376.5	129.3	401.5	136.5	431.5	143.6
河北	747.5	196.0	795.6	210.2	862.5	222.7	919.5	238.0	988.4	259.5
山西	486.9	112.7	506.7	120.2	539.4	128.0	563.8	136.6	591.0	147.3
内蒙古	356.6	91.1	370.9	96.6	389.5	102.9	410.8	112.8	430.7	119.2
辽宁	1 248.8	383.0	1 299.7	408.1	1 406.2	429.9	1 457.4	449.4	1 496.9	472.7
吉林	480.2	138.9	501.7	147.8	525.3	155.4	554.3	171.1	599.5	206.6
黑龙江	801.0	236.5	826.8	253.0	857.8	276.0	920.3	333.7	952.2	363.0
上海	891.7	314.4	932.4	340.5	967.7	357.8	1 001.1	376.0	1 049.5	392.2
江苏	1 469.8	328.1	1 602.3	353.3	1 751.6	378.6	1 883.1	415.4	2 033.0	449.1
浙江	1 052.6	170.9	1 167.1	182.3	1 386.9	194.8	1 527.4	209.6	1 702.2	223.6
安徽	495.2	133.8	530.3	144.8	578.4	158.1	628.2	169.5	669.5	177.5
福建	456.1	93.6	512.8	98.1	557.2	102.6	585.9	108.1	635.5	113.5
江西	415.0	111.6	475.0	118.5	550.3	128.5	581.9	135.9	607.6	145.5

续表

地区	2006年		2007年		2008年		2009年		2010年	
	合计	离退休人员	合计	离退休人员	合计	离退休人员	合计	离退休人员	合计	离退休人员
山东	1 368.0	261.7	1 457.1	282.2	1 565.9	305.0	1 661.0	326.0	1 773.0	345.1
河南	863.8	208.2	912.9	224.7	972.0	239.1	1 019.1	254.5	1 079.3	270.3
湖北	850.8	220.5	886.8	235.3	932.3	252.0	982.0	273.6	1 039.8	301.6
湖南	751.6	209.9	784.0	227.3	829.1	235.3	879.1	246.1	938.9	265.4
广东	1 972.3	243.5	2 226.8	257.2	2 444.3	273.0	2 716.4	294.2	3 215.2	339.6
广西	302.7	77.1	325.5	82.2	368.1	95.0	411.3	118.0	449.3	138.1
海南	132.0	38.0	141.7	39.7	156.2	42.0	168.1	43.2	180.8	45.4
重庆	317.3	107.9	344.8	112.7	406.1	130.7	492.8	176.5	584.4	192.5
四川	842.7	244.9	917.4	269.4	1 017.9	306.7	1 176.2	393.5	1 300.9	439.0
贵州	193.2	54.1	205.9	56.5	215.9	59.3	235.6	63.5	257.3	67.0
云南	267.4	83.8	279.4	87.6	293.7	89.3	306.5	90.2	317.4	92.3
西藏	7.6	3.1	8.1	3.0	8.5	3.1	9.2	3.1	9.9	3.2
陕西	391.5	111.4	408.1	117.4	433.4	124.4	458.8	131.0	550.4	150.3
甘肃	201.2	57.7	208.4	60.6	221.0	64.0	230.9	67.5	242.5	71.3
青海	62.5	17.4	65.2	18.0	68.3	18.6	71.3	19.3	74.4	20.0
宁夏	72.3	16.7	77.0	17.7	82.6	18.8	89.4	20.0	107.8	30.5
新疆	313.3	90.9	327.7	93.7	346.3	97.6	356.9	100.6	393.8	119.2
不分地区	22.8	4.4	23.0	4.7	23.1	4.9	23.1	5.2	23.4	5.4

地区	2011年		2012年		2013年		2014年		2015年	
	合计	离退休人员	合计	离退休人员	合计	离退休人员	合计	离退休人员	合计	离退休人员
全国	**28 391.3**	**6 826.2**	**30 426.8**	**7 445.7**	**32 218.4**	**8 041.0**	**34 124.4**	**8 593.4**	**35 361.2**	**9 141.9**
北京	1 089.4	201.2	1 206.4	210.7	1 311.3	220.0	1 392.6	228.9	1 424.2	236.7
天津	458.7	148.8	490.3	156.9	520.7	168.4	545.4	175.3	565.2	180.9
河北	1 059.8	285.3	1 125.6	312.3	1 194.7	335.1	1 262.0	353.6	1 320.5	368.5

续表

地区	2011年		2012年		2013年		2014年		2015年	
	合计	离退休人员	合计	离退休人员	合计	离退休人员	合计	离退休人员	合计	离退休人员
山西	623.8	158.9	648.7	168.9	672.4	180.5	692.0	190.9	714.3	201.4
内蒙古	452.4	136.6	471.9	153.0	496.5	172.7	524.9	192.7	579.0	208.1
辽宁	1 556.6	486.5	1 609.2	510.4	1 729.5	557.8	1 769.2	601.9	1 780.2	640.5
吉林	617.5	221.1	632.2	234.6	655.2	248.4	676.7	261.1	693.6	273.7
黑龙江	981.0	380.0	1 013.0	401.6	1 062.1	422.2	1 090.1	443.4	1 118.0	471.1
上海	1 382.7	406.5	1 416.9	423.8	1 429.9	437.5	1 457.4	452.4	1 493.8	465.4
江苏	2 223.9	483.1	2 427.5	547.0	2 582.1	594.3	2 691.9	637.6	2 779.9	681.1
浙江	1 919.2	253.4	2 183.3	347.8	2 375.4	398.9	2 548.0	468.8	2 504.3	570.3
安徽	729.3	191.5	783.8	205.4	811.3	219.1	829.2	232.3	857.5	246.7
福建	695.1	118.2	756.5	125.5	812.8	133.2	848.3	140.2	883.7	147.1
江西	653.0	168.7	707.4	189.1	754.2	207.0	783.9	221.1	823.1	235.2
山东	1 907.1	373.1	2 063.2	416.3	2 259.6	459.2	2 370.2	511.5	2 477.5	554.4
河南	1 168.4	287.9	1 270.6	306.0	1 350.0	325.6	1 431.6	342.3	1 508.7	359.8
湖北	1 113.4	341.7	1 171.4	367.3	1 219.4	395.9	1 266.2	419.2	1 315.5	440.6
湖南	988.2	277.9	1 048.0	300.4	1 091.7	329.5	1 118.9	349.0	1 160.1	369.0
广东	3 800.7	372.6	4 034.1	390.2	4 183.0	421.3	4 809.5	445.9	5 086.5	473.3
广西	483.8	151.5	512.7	163.6	538.4	172.6	557.6	180.3	576.6	186.9
海南	199.9	47.8	214.2	52.5	231.5	57.1	242.3	59.9	249.8	62.0
重庆	647.6	220.1	716.9	247.0	773.1	275.4	825.5	293.3	849.3	304.9
四川	1 494.2	495.4	1 615.4	541.7	1 720.3	596.2	1 839.7	648.1	1 939.0	688.9
贵州	282.1	71.3	309.4	77.7	337.3	82.6	361.5	87.1	392.1	94.8
云南	342.8	104.2	364.5	110.7	384.3	115.7	397.9	118.7	412.9	121.8
西藏	11.2	3.2	13.3	3.5	14.0	3.5	15.2	3.7	16.2	3.8
陕西	588.6	155.5	643.5	177.1	685.0	191.9	716.5	200.3	751.7	207.5
甘肃	263.0	85.1	277.4	93.7	288.4	99.9	298.8	105.0	306.2	109.2
青海	81.5	25.2	86.0	26.2	90.3	27.6	94.6	28.8	100.1	30.1

续表

地区	2011年		2012年		2013年		2014年		2015年	
	合计	离退休人员	合计	离退休人员	合计	离退休人员	合计	离退休人员	合计	离退休人员
宁夏	121.4	36.4	131.2	39.9	143.8	41.9	151.4	44.2	157.5	46.4
新疆	431.5	131.9	458.8	139.0	476.3	143.8	490.8	149.1	499.4	154.8
不分地区	23.6	5.8	23.7	6.0	24.0	6.4	24.5	6.8	24.8	7.2

地区	2016年		2017年		2018年		2019年	
	合计	离退休人员	合计	离退休人员	合计	离退休人员	合计	离退休人员
全国	**37 929.7**	**10 103.4**	**40 293.3**	**11 025.7**	**41 901.6**	**11 797.7**	**43 487.9**	**12 310.4**
北京	1 546.6	275.4	1 604.5	283.1	1 685.8	293.5	1 748.2	302.6
天津	639.0	208.6	655.0	213.8	683.2	221.0	695.6	226.3
河北	1 403.1	391.3	1 535.8	433.8	1 586.1	455.4	1 654.5	466.7
山西	760.2	216.6	798.7	243.0	837.6	262.2	871.5	273.6
内蒙古	655.0	236.5	694.3	257.1	733.5	284.6	763.4	298.8
辽宁	1 800.3	679.7	1 949.8	754.4	1 994.8	789.6	2 026.2	816.0
吉林	706.8	286.7	814.5	332.2	862.4	356.6	882.1	375.9
黑龙江	1 144.1	488.5	1 206.1	523.9	1 308.5	576.7	1 364.9	599.8
上海	1 527.1	476.3	1 548.2	489.2	1 573.4	502.0	1 589.6	511.9
江苏	2 861.5	724.2	3 034.5	796.1	3 225.6	871.2	3 417.4	918.1
浙江	2 506.9	663.9	2 712.4	747.5	2 883.4	806.8	3 031.7	856.9
安徽	892.2	257.9	1 077.0	322.9	1 141.7	342.9	1 217.0	356.7
福建	979.8	174.0	1 022.1	182.0	1 074.3	190.6	1 137.3	199.1
江西	957.3	284.6	1 005.2	307.7	1 052.8	333.1	1 096.9	348.4
山东	2 576.4	607.4	2 660.9	638.8	2 762.7	677.1	2 868.0	711.2
河南	1 848.4	450.3	1 897.6	460.0	2 006.5	486.4	2 133.8	505.6
湖北	1 355.0	458.0	1 546.6	526.1	1 601.6	554.1	1 684.8	584.3
湖南	1 186.7	362.9	1 279.3	422.7	1 402.4	454.5	1 557.8	486.0

续表

地区	2016年		2017年		2018年		2019年	
	合计	离退休人员	合计	离退休人员	合计	离退休人员	合计	离退休人员
广东	5 392.4	524.6	5 287.1	569.0	4 919.7	636.6	4 633.4	671.2
广西	751.9	240.7	777.8	251.9	825.9	260.3	869.5	268.4
海南	224.9	66.5	240.9	68.9	258.0	70.5	281.0	72.7
重庆	952.2	346.3	989.2	360.8	1 051.2	388.7	1 127.7	406.6
四川	2 157.6	777.8	2 335.1	816.0	2 543.7	881.6	2 700.3	915.7
贵州	423.6	99.6	588.2	141.3	639.8	149.7	677.5	155.8
云南	581.8	168.0	591.5	171.3	616.2	176.0	649.9	181.5
西藏	21.1	6.0	42.9	9.2	46.2	9.6	48.2	10.0
陕西	790.8	213.6	953.3	246.4	992.0	258.2	1 080.7	264.1
甘肃	315.0	114.1	429.8	141.6	454.7	155.4	469.4	159.6
青海	132.3	41.4	138.3	42.8	145.1	44.7	152.8	46.7
宁夏	189.3	57.8	205.2	60.2	216.1	63.6	226.6	66.0
新疆	625.0	196.5	646.4	204.3	695.3	211.0	744.2	219.0
不分地区	25.1	7.7	25.1	7.7	81.6	33.2	85.8	35.4

地区	2020年		2021年		2022年		2023年	
	合计	离退休人员	合计	离退休人员	合计	离退休人员	合计	离退休人员
全国	**45 621.1**	**12 762.3**	**48 074.0**	**13 157.0**	**50 355.0**	**13 644.0**	**52 120.8**	**14 195.6**
北京	1 777.8	311.4	1 826.8	319.0	1 867.8	328.2	1 904.9	337.8
天津	730.8	234.4	765.1	237.9	800.1	243.6	826.2	249.5
河北	1 737.9	480.1	1 805.5	491.7	1 867.7	503.3	1 949.8	520.9
山西	932.9	278.2	1 002.3	291.8	1 065.8	314.7	1 102.1	324.2
内蒙古	785.9	311.3	823.1	320.0	895.2	335.3	932.2	347.2
辽宁	2 049.0	839.7	2 084.6	857.0	2 114.4	873.9	2 150.4	897.8
吉林	898.2	385.8	922.0	395.4	941.1	405.8	953.8	412.8

续表

地区	2020年		2021年		2022年		2023年	
	合计	离退休人员	合计	离退休人员	合计	离退休人员	合计	离退休人员
黑龙江	1 411.4	621.0	1 446.6	634.8	1 507.3	656.2	1 523.9	673.7
上海	1 616.7	521.8	1 654.4	528.4	1 659.4	535.6	1 689.4	542.8
江苏	3 557.9	964.5	3 609.3	1 001.8	3 690.3	1 051.3	3 752.0	1 106.0
浙江	3 211.1	897.2	3 367.5	911.9	3 472.8	947.5	3 573.6	989.6
安徽	1 283.5	369.1	1 384.2	381.0	1 580.9	397.9	1 688.0	416.6
福建	1 200.6	209.0	1 330.0	219.6	1 673.8	231.4	1 788.9	245.3
江西	1 167.4	360.7	1 246.9	371.4	1 362.0	385.1	1 435.6	407.9
山东	3 046.3	754.1	3 226.7	789.0	3 333.6	822.6	3 424.1	864.4
河南	2 248.5	524.4	2 377.2	536.0	2 484.9	565.0	2 578.2	590.5
湖北	1 744.7	596.8	1 834.7	617.1	1 959.7	640.9	2 048.0	668.9
湖南	1 724.8	502.7	1 849.5	521.8	1 892.9	540.6	2 018.6	564.6
广东	4 873.1	711.1	5 079.5	752.4	5 229.2	797.3	5 368.9	850.7
广西	919.5	274.6	985.3	281.1	1 032.6	286.6	1 069.6	294.3
海南	305.3	74.3	329.0	76.1	352.8	78.8	373.6	81.7
重庆	1 203.4	421.9	1 354.2	442.7	1 431.8	451.7	1 475.4	471.4
四川	2 830.1	947.5	3 178.5	977.1	3 327.2	1 006.6	3 426.3	1 047.1
贵州	714.0	160.5	755.8	164.9	770.1	171.2	794.3	177.4
云南	701.3	185.6	739.3	188.8	807.0	195.9	883.6	202.6
西藏	52.6	10.4	59.5	10.9	61.9	11.1	67.3	11.4
陕西	1 157.6	272.9	1 229.4	282.6	1 285.4	293.7	1 346.8	302.4
甘肃	484.5	164.7	502.5	168.5	517.6	174.5	532.5	180.1
青海	158.2	48.5	169.0	50.0	175.8	51.9	188.0	54.2
宁夏	240.1	68.6	252.1	70.4	283.8	73.2	292.0	75.9
新疆	767.1	224.3	791.5	229.9	816.9	235.4	867.9	246.1
不分地区	89.0	35.4	92.1	36.1	93.4	37.4	95.1	39.7

注：2018年前“不分地区”数据包括中国人民银行、中国农业发展银行数据，2018年起“不分地区”数据包括中央机关、中国人民银行以及中国农业发展银行数据。新疆数据包含新疆兵团数据。

表 5-5　　分地区城镇职工基本养老保险情况（2023 年） 单位：万人，亿元

地区	参保职工年末人数		参保离退休人员年末人数	基金收支情况		
		企业		基金收入	基金支出	累计结余
全国	**37 925.2**	**34 052.9**	**14 195.6**	**70 506.3**	**63 756.6**	**63 639.1**
北京	1 567.2	1 501.9	337.8	4 009.4	2 377.9	8 614.3
天津	576.7	530.0	249.5	1 311.4	1 288.2	442.4
河北	1 428.9	1 214.0	520.9	2 434.9	2 428.4	620.1
山西	777.9	663.1	324.2	1 680.5	1 650.0	1 552.2
内蒙古	584.9	490.0	347.2	1 421.8	1 538.3	481.1
辽宁	1 252.6	1 129.6	897.8	3 101.0	3 858.4	398.5
吉林	541.0	457.7	412.8	1 651.9	1 880.7	298.6
黑龙江	850.2	739.7	673.7	2 029.7	2 743.6	247.0
上海	1 146.5	1 077.0	542.8	4 226.2	3 680.0	1 950.7
江苏	2 646.0	2 454.2	1 106.0	5 183.4	4 505.3	5 340.8
浙江	2 584.0	2 421.6	989.6	3 907.6	4 276.3	1 381.4
安徽	1 271.4	1 144.5	416.6	2 173.6	1 714.8	2 692.2
福建	1 543.6	1 441.9	245.3	1 366.7	1 094.4	1 005.8
江西	1 027.7	908.2	407.9	1 522.7	1 474.6	924.6
山东	2 559.8	2 284.6	864.4	3 994.6	3 965.3	1 345.0
河南	1 987.7	1 714.3	590.5	2 565.8	2 366.7	1 591.3
湖北	1 379.1	1 240.8	668.9	3 158.5	2 993.0	1 135.2
湖南	1 454.0	1 272.4	564.6	2 209.8	2 151.4	1 894.8
广东	4 518.2	4 276.4	850.7	7 036.5	3 950.1	17 549.0
广西	775.3	645.4	294.3	1 468.1	1 314.8	873.7
海南	292.0	266.3	81.7	499.2	362.4	484.5
重庆	1 003.9	928.3	471.4	1 638.7	1 596.4	1 512.3
四川	2 379.2	2 177.4	1 047.1	4 049.8	3 707.8	4 101.0
贵州	617.0	504.5	177.4	1 014.4	801.6	1 284.6
云南	681.0	553.3	202.6	1 246.3	1 026.3	1 821.9
西藏	55.9	32.8	11.4	215.3	144.3	290.6
陕西	1 044.4	910.4	302.4	1 911.0	1 574.9	1 282.0
甘肃	352.4	258.8	180.1	844.6	870.4	350.1
青海	133.8	112.7	54.2	336.5	338.9	43.8
宁夏	216.1	194.8	75.9	390.7	360.8	275.2
新疆	621.8	505.9	246.1	1 567.2	1 330.0	1 814.8
不分地区	55.3		39.7	338.5	390.4	39.7

注：新疆数据包含新疆兵团数据。“不分地区”数据包括中央机关、中国人民银行、中国农业发展银行以及统筹调剂金数据。

表 5–6　　历年分地区基本医疗保险参保人数　　单位：万人

地区	2001年		2002年		2003年		2004年		2005年	
	合计	退休人员	合计	退休人员	合计	退休人员	合计	退休人员	合计	退休人员
全国	7 285.9	1 815.2	9 401.2	2 475.4	10 901.7	2 926.8	12 403.6	3 359.2	13 782.9	3 761.2
北京	240.7	89.4	321.1	113.2	436.1	134.7	483.9	141.7	574.8	155.1
天津	139.6	46.8	250.2	103.8	254.7	108.5	263.0	104.8	299.1	118.3
河北	282.5	61.5	330.4	73.0	383.2	84.7	472.5	108.9	562.1	139.6
山西	157.3	34.4	216.7	49.5	245.5	51.3	295.5	63.9	324.9	73.0
内蒙古	196.9	45.5	221.7	54.2	252.3	66.1	274.2	78.1	292.0	86.0
辽宁	313.6	90.4	619.0	188.7	697.7	217.2	783.7	247.3	864.2	280.0
吉林	124.2	27.8	176.9	39.8	230.8	55.3	270.0	67.5	283.0	73.9
黑龙江	308.3	89.2	392.8	108.2	435.2	122.1	544.1	151.7	602.9	170.4
上海	680.5	238.9	694.8	245.9	709.6	250.6	714.1	260.9	728.6	275.9
江苏	456.0	113.5	690.9	183.2	815.0	227.6	976.7	261.6	1 124.1	303.0
浙江	352.7	100.0	423.4	117.0	510.3	139.5	569.2	150.3	639.6	163.1
安徽	232.8	53.6	273.4	65.6	318.2	79.8	362.2	97.7	387.1	112.7
福建	171.0	38.3	230.0	54.7	247.8	61.8	285.9	69.5	333.0	77.2
江西	71.6	12.2	106.6	22.7	188.2	45.7	250.4	65.8	276.7	75.0
山东	490.2	86.0	625.6	119.5	691.1	138.0	771.9	153.5	861.5	176.7
河南	460.3	94.8	537.4	115.2	567.9	126.9	590.0	136.8	641.5	154.1
湖北	255.4	54.5	338.1	80.6	416.6	110.1	466.8	132.5	502.0	147.2
湖南	351.6	83.7	398.1	108.3	423.5	116.1	477.0	133.9	503.4	146.6
广东	544.8	84.4	717.7	118.8	877.0	146.4	1 034.2	168.9	1 235.3	180.3
广西	150.1	33.4	201.8	54.1	235.0	66.1	272.2	77.8	285.9	82.3
海南	40.9	8.5	52.6	11.5	63.1	15.4	78.6	22.3	87.2	24.5
重庆	36.8	9.7	58.7	18.0	121.8	41.7	206.3	76.2	237.7	91.9
四川	437.6	128.3	480.6	150.1	531.2	173.8	587.6	196.5	647.0	220.2
贵州	31.1	6.9	94.6	26.6	134.1	38.2	152.6	44.0	180.5	51.5
云南	185.7	45.6	238.4	65.0	281.5	81.4	302.3	89.6	320.7	95.5

续表

地区	2001年		2002年		2003年		2004年		2005年	
	合计	退休人员	合计	退休人员	合计	退休人员	合计	退休人员	合计	退休人员
西藏					6.0	1.8	7.1	2.8	15.2	4.8
陕西	231.4	49.4	261.8	65.1	301.0	77.4	325.6	86.8	348.8	101.3
甘肃	109.9	23.6	124.1	26.0	146.0	32.8	165.8	40.6	176.6	46.2
青海	38.3	12.6	51.1	16.3	56.4	17.8	60.2	19.5	62.0	20.4
宁夏	17.2	4.0	36.8	10.1	48.1	12.7	55.6	14.6	64.5	17.2
新疆	177.0	48.1	235.7	70.6	276.7	85.3	304.4	93.2	321.1	97.5

地区	2006年		2007年		2008年		2009年		2010年	
	合计	退休人员	合计	退休人员	合计	退休人员	合计	退休人员	合计	退休人员
全国	**15 731.9**	**4 151.5**	**22 311.4**	**4 600.0**	**31 821.7**	**5 007.9**	**40 147.0**	**5 526.9**	**43 262.9**	**5 943.5**
北京	679.5	163.9	929.4	172.9	1 017.1	182.4	1 083.9	191.8	1 207.3	215.1
天津	344.2	126.0	403.8	133.2	484.5	141.8	605.3	150.6	960.9	157.5
河北	615.9	158.6	746.3	183.9	1 083.1	199.5	1 421.1	219.7	1 518.1	238.0
山西	353.8	82.2	460.6	98.3	593.9	108.8	879.0	128.5	923.5	140.0
内蒙古	316.2	93.1	451.6	103.8	612.5	108.6	805.3	117.8	886.4	124.7
辽宁	959.3	307.4	1 200.2	346.5	1 507.5	386.5	1 895.6	444.5	2 056.2	464.1
吉林	376.3	101.2	767.2	118.2	937.4	131.8	1 242.8	147.4	1 333.8	179.9
黑龙江	708.2	192.9	826.7	202.3	1 056.3	216.0	1 544.3	256.5	1 560.8	278.4
上海	1 023.3	291.0	1 096.8	306.4	1 355.2	320.9	1 583.8	372.5	1 665.2	388.8
江苏	1 274.3	338.5	2 136.6	365.4	2 837.6	390.3	3 031.0	418.6	3 249.4	443.2
浙江	730.6	172.9	946.2	185.5	1 322.6	198.3	1 784.4	211.8	1 963.8	226.8
安徽	441.2	124.7	953.3	137.1	1 323.8	148.1	1 435.8	160.4	1 529.3	169.3
福建	370.1	85.2	477.4	91.0	796.5	101.4	1 137.2	114.7	1 200.6	120.7
江西	313.3	86.5	784.7	121.6	1 207.1	149.4	1 300.4	151.6	1 326.4	166.5

续表

地区	2006年		2007年		2008年		2009年		2010年	
	合计	退休人员	合计	退休人员	合计	退休人员	合计	退休人员	合计	退休人员
山东	996.1	199.9	1 292.3	227.8	1 847.0	256.2	2 540.2	287.8	2 770.6	316.7
河南	704.1	173.3	897.7	197.4	1 549.4	220.8	1 970.1	243.7	2 043.7	258.7
湖北	565.3	166.6	870.5	196.3	1 435.7	210.9	1 811.7	236.2	1 860.0	239.8
湖南	560.5	162.4	724.5	181.9	1 321.6	206.5	1 831.9	225.6	1 894.5	236.9
广东	1 421.1	197.9	2 281.6	218.0	3 551.8	240.3	4 568.5	259.4	5 043.2	314.5
广西	302.0	88.7	361.4	99.2	568.2	103.8	850.0	110.6	935.2	123.0
海南	91.0	25.6	155.3	29.9	249.7	34.0	283.8	41.5	323.3	43.2
重庆	257.5	97.4	327.5	104.7	550.6	115.1	769.5	120.8	830.8	125.6
四川	734.5	247.8	1 020.0	270.6	1 413.8	296.7	1 912.7	317.3	2 063.1	348.3
贵州	199.2	57.8	293.8	66.1	404.3	73.0	567.0	85.1	602.5	88.2
云南	331.5	98.8	400.3	101.8	618.2	103.6	762.5	118.3	820.5	121.4
西藏	16.5	5.0	19.2	5.8	32.4	5.3	36.0	6.4	38.6	6.6
陕西	377.1	111.4	459.3	123.2	717.3	132.8	890.0	145.2	947.2	151.2
甘肃	195.8	51.7	449.5	61.6	522.2	68.8	557.4	77.7	588.8	85.9
青海	64.5	22.0	95.8	23.0	93.6	24.5	104.8	24.6	140.3	25.2
宁夏	73.1	19.9	114.0	21.4	158.7	22.7	186.0	23.8	188.3	26.4
新疆	335.8	101.2	367.9	105.1	652.1	109.0	755.0	114.7	790.5	119.0

地区	2011年		2012年		2013年		2014年		2015年	
	合计	退休人员	合计	退休人员	合计	退休人员	合计	退休人员	合计	退休人员
全国	**47 343.2**	**6 278.6**	**53 641.3**	**6 624.2**	**57 072.6**	**6 941.8**	**59 746.9**	**7 254.8**	**66 581.6**	**7 531.2**
北京	1 347.8	232.8	1 431.6	239.1	1 514.9	249.8	1 604.3	260.1	1 656.6	269.5
天津	972.8	162.5	981.3	168.9	1 001.5	177.3	1 023.6	183.6	1 054.1	190.4
河北	1 562.2	248.2	1 644.4	261.5	1 674.5	275.6	1 697.5	286.3	1 663.7	300.3
山西	1 005.1	150.8	1 055.9	157.2	1 086.3	166.9	1 101.2	175.5	1 113.8	179.4

续表

地区	2011年		2012年		2013年		2014年		2015年	
	合计	退休人员	合计	退休人员	合计	退休人员	合计	退休人员	合计	退休人员
内蒙古	907.3	124.3	967.7	132.4	986.2	134.5	998.1	138.6	1 008.1	141.4
辽宁	2 120.1	494.1	2 251.9	524.8	2 333.3	546.9	2 387.2	576.7	2 396.2	597.7
吉林	1 350.6	188.2	1 370.0	194.0	1 378.6	197.5	1 380.0	197.5	1 380.6	199.7
黑龙江	1 578.0	293.6	1 580.3	309.6	1 580.4	311.6	1 586.4	324.3	1 594.8	330.1
上海	1 591.8	404.1	1 638.6	421.5	1 650.5	438.4	1 678.5	453.2	1 719.2	465.8
江苏	3 500.5	470.9	3 608.8	508.9	3 427.6	543.6	3 797.5	577.0	4 014.3	610.8
浙江	2 244.1	243.3	2 806.8	277.1	4 121.1	299.5	4 847.6	324.1	4 964.1	353.7
安徽	1 612.9	181.9	1 660.0	191.5	1 660.8	203.3	1 756.4	211.9	1 737.6	221.1
福建	1 217.2	126.2	1 262.9	130.2	1 283.8	136.4	1 293.0	143.0	1 301.2	146.8
江西	1 329.7	170.9	1 438.6	180.4	1 476.6	189.8	1 494.2	197.7	1 530.4	201.3
山东	2 947.8	337.5	3 101.2	365.6	3 647.9	391.7	3 988.0	411.4	9 235.8	439.9
河南	2 122.3	272.2	2 222.2	293.2	2 297.2	313.4	2 340.0	327.2	2 344.9	336.6
湖北	1 932.5	254.6	1 960.3	264.7	1 960.6	280.7	1 968.0	286.9	1 972.1	296.3
湖南	1 941.2	242.9	2 341.9	248.8	2 316.2	257.5	2 300.7	261.8	2 662.3	267.1
广东	6 767.1	340.5	8 421.8	362.8	9 179.8	383.8	9 804.2	420.9	10 136.0	439.7
广西	981.3	128.8	1 011.5	133.6	1 031.0	137.8	1 067.3	143.8	1 077.6	148.8
海南	352.4	45.3	378.5	47.5	406.5	50.6	386.8	53.7	389.8	55.6
重庆	1 324.8	133.1	3 219.1	147.9	3 234.8	158.9	3 256.8	167.0	3 266.3	174.0
四川	2 248.4	366.0	2 383.8	381.8	2 486.0	394.5	2 576.5	407.5	2 650.7	418.8
贵州	629.0	93.3	648.3	96.3	672.1	98.1	687.1	99.9	955.5	105.2
云南	865.8	126.6	882.4	129.5	1 118.8	133.3	1 135.9	138.6	1 140.8	140.7
西藏	43.7	6.6	50.1	7.1	54.8	7.2	58.9	7.8	61.8	8.1
陕西	1 090.4	172.8	1 118.8	175.8	1 244.3	181.7	1 246.2	184.4	1 247.3	187.4
甘肃	590.8	88.2	616.5	87.7	622.8	90.2	630.6	96.2	635.0	99.8
青海	151.6	25.9	172.3	26.7	181.3	27.6	190.4	29.1	195.2	30.4
宁夏	188.8	27.1	561.8	28.5	565.5	29.5	578.6	31.0	584.8	32.2
新疆	825.2	125.2	851.9	129.6	877.1	134.3	885.1	138.2	891.0	142.6

续表

地区	2016年		2017年		2018年		2019年	
	合计	退休人员	合计	退休人员	合计	退休人员	合计	退休人员
全国	**74 391.6**	**7 811.6**	**117 681.4**	**8 034.3**	**134 458.6**	**8 373.3**	**135 407.4**	**8 700.4**
北京	1 708.8	277.8	1 771.4	286.2	2 018.1	296.9	2 082.7	306.1
天津	1 066.8	195.4	1 088.5	201.0	1 116.7	207.5	1 137.0	212.1
河北	6 672.1	306.2	6 883.1	312.4	6 914.3	324.7	6 937.7	337.3
山西	1 121.2	185.4	3 215.3	189.2	3 266.9	207.2	3 266.4	219.7
内蒙古	1 019.8	146.1	2 161.5	148.4	2 164.4	153.6	2 178.4	170.5
辽宁	2 376.0	612.9	2 277.5	608.4	3 968.8	622.8	3 894.7	641.0
吉林	1 380.9	204.8	1 380.9	207.6	2 607.3	209.9	2 548.1	192.3
黑龙江	1 599.9	354.0	2 892.6	350.6	2 908.6	358.2	2 837.1	377.1
上海	1 806.7	477.0	1 839.8	489.7	1 866.1	502.7	1 889.1	512.4
江苏	3 984.4	641.2	7 619.1	679.8	7 721.7	723.1	7 848.8	764.5
浙江	4 993.3	383.2	5 251.6	414.5	5 368.7	446.4	5 461.5	476.5
安徽	1 621.5	231.1	2 108.1	237.7	6 105.1	247.3	6 731.5	255.3
福建	1 297.9	150.2	3 768.6	155.1	3 804.7	161.0	3 788.1	162.6
江西	1 807.0	202.8	4 762.4	191.8	4 797.5	197.3	4 782.4	207.0
山东	9 188.8	465.6	9 295.7	486.3	9 437.1	512.0	9 569.6	549.5
河南	2 360.7	344.6	10 410.7	344.4	10 435.7	361.3	10 289.8	375.1
湖北	1 981.8	300.5	5 622.2	316.2	5 586.2	321.9	5 562.6	331.4
湖南	2 646.1	272.5	6 906.3	285.4	6 838.0	292.6	6 716.1	299.0
广东	10 150.2	460.6	10 365.1	479.1	10 615.8	505.3	10 783.5	525.6
广西	1 096.4	155.0	5 173.3	160.2	5 136.7	167.5	5 207.2	176.0
海南	387.2	57.1	419.5	60.4	915.4	62.9	920.6	64.7
重庆	3 259.3	179.5	3 248.5	184.9	3 265.3	192.4	3 272.1	200.3
四川	5 056.8	439.4	7 714.8	458.4	8 637.1	481.4	8 616.9	498.7
贵州	973.6	108.3	1 001.3	111.5	4 233.6	115.7	4 186.7	119.7
云南	1 163.6	144.5	4 463.8	147.3	4 520.9	150.3	4 533.4	154.6

续表

地区	2016年		2017年		2018年		2019年	
	合计	退休人员	合计	退休人员	合计	退休人员	合计	退休人员
西藏	65.4	8.6	69.9	9.1	342.7	9.8	347.1	11.2
陕西	1 248.0	188.5	1 251.0	190.5	3 885.9	197.6	3 960.8	204.4
甘肃	643.3	106.0	2 512.2	108.0	2 546.7	110.8	2 572.9	114.1
青海	196.7	31.8	549.0	32.8	555.3	34.2	557.9	35.7
宁夏	594.0	33.0	618.2	34.6	626.2	36.3	633.7	38.0
新疆	923.2	148.0	1 039.6	152.7	2 250.9	162.7	2 293.1	168.1

地区	2020年		2021年		2022年		2023年	
	合计	退休人员	合计	退休人员	合计	退休人员	合计	退休人员
全国	**136 131.1**	**9 026.3**	**136 296.7**	**9 324.4**	**134 592.5**	**9 639.1**	**133 389.0**	**9 995.9**
北京	2 139.9	315.0	1 886.9	320.5	1 900.5	331.6	1 908.6	340.5
天津	1 164.1	217.9	1 175.0	222.1	1 176.4	225.6	1 183.6	233.0
河北	6 938.8	348.3	7 091.0	366.0	7 020.3	376.1	6 925.9	402.1
山西	3 245.1	228.1	3 246.0	234.1	3 222.7	240.6	3 186.1	248.1
内蒙古	2 183.9	184.3	2 192.2	184.2	2 169.9	191.8	2 158.7	204.8
辽宁	3 867.5	651.1	3 808.3	668.6	3 748.6	680.9	3 721.7	711.4
吉林	2 461.9	200.3	2 290.3	204.2	2 262.6	209.6	2 238.5	215.8
黑龙江	2 827.0	391.8	2 821.1	400.6	2 767.8	409.7	2 753.2	421.0
上海	1 943.2	522.3	1 978.5	528.7	1 989.6	535.9	2 004.1	541.2
江苏	7 967.7	805.6	8 063.8	842.0	8 119.5	882.1	8 133.3	937.2
浙江	5 556.5	507.3	5 654.5	547.8	5 577.2	588.6	5 621.1	624.4
安徽	6 704.6	267.3	6 661.9	279.2	6 506.7	290.9	6 377.9	304.4
福建	3 840.5	171.1	3 872.1	175.6	3 863.5	183.1	3 833.5	192.5
江西	4 780.0	213.1	4 689.1	215.2	4 648.2	222.1	4 527.4	228.1
山东	9 697.8	588.0	9 732.4	624.5	9 633.1	654.7	9 654.3	692.0
河南	10 349.5	389.2	10 339.2	402.1	10 093.9	418.1	9 931.6	436.3

续表

地区	2020年		2021年		2022年		2023年	
	合计	退休人员	合计	退休人员	合计	退休人员	合计	退休人员
湖北	5 583.0	339.2	5 619.7	358.0	5 593.0	388.8	5 564.6	382.5
湖南	6 731.8	308.2	6 748.7	312.3	6 523.2	321.0	6 355.7	334.8
广东	10 991.4	547.7	11 271.9	581.3	11 153.2	574.7	11 040.9	573.0
广西	5 217.2	177.6	5 249.3	183.4	5 201.9	188.4	5 161.9	192.4
海南	934.0	66.5	938.8	66.2	920.9	68.3	936.9	70.6
重庆	3 266.7	205.8	3 261.7	209.5	3 206.6	211.7	3 142.4	220.0
四川	8 591.7	511.7	8 586.2	510.4	8 393.9	532.8	8 132.8	559.1
贵州	4 194.4	123.2	4 214.5	122.1	4 221.2	127.4	4 181.3	132.0
云南	4 581.3	157.7	4 521.9	161.8	4 559.8	165.3	4 563.4	171.3
西藏	342.8	11.1	346.0	11.3	339.6	11.3	341.5	11.7
陕西	3 899.7	209.6	3 891.6	217.0	3 668.3	220.4	3 730.6	229.1
甘肃	2 590.4	119.9	2 587.2	119.2	2 555.1	123.3	2 510.6	130.4
青海	563.3	37.2	567.0	38.1	559.6	39.5	567.1	41.4
宁夏	658.8	39.5	663.4	40.5	662.8	41.2	666.6	42.9
新疆	2 316.8	170.7	2 326.4	177.7	2 332.9	183.7	2 333.2	172.1

表 5–7　　分地区职工基本医疗保险参保人数（2023 年）

地区	年末参保人数（万人）	职工	退休人员
全国	**37 094.6**	**27 098.7**	**9 995.9**
北京	1 504.7	1 164.2	340.5
天津	659.2	426.2	233.0
河北	1 288.3	886.2	402.1
山西	753.9	505.8	248.1
内蒙古	606.6	401.8	204.8
辽宁	1 596.5	885.2	711.4
吉林	553.1	337.3	215.8
黑龙江	891.7	470.7	421.0
上海	1 623.2	1 082.0	541.2
江苏	3 476.6	2 539.4	937.2
浙江	2 954.0	2 329.6	624.4
安徽	1 103.5	799.0	304.4
福建	978.7	786.2	192.5
江西	642.3	414.2	228.1
山东	2 598.2	1 906.1	692.0
河南	1 433.8	997.5	436.3
湖北	1 342.6	960.1	382.5
湖南	1 046.7	711.9	334.8
广东	4 848.2	4 275.2	573.0
广西	742.4	550.0	192.4
海南	267.2	196.6	70.6
重庆	813.0	593.0	220.0
四川	1 999.3	1 440.2	559.1
贵州	504.8	372.9	132.0
云南	598.1	426.9	171.3
西藏	58.7	47.0	11.7
陕西	839.8	610.7	229.1
甘肃	396.7	266.3	130.4
青海	123.6	82.2	41.4
宁夏	169.1	126.2	42.9
新疆	680.1	508.1	172.1

表 5-8　　分地区基本医疗保险参保人数（2023 年）　　单位：万人

地区	合计	职工	城乡居民
全国	**133 389.0**	**37 094.6**	**96 294.4**
北京	1 908.6	1 504.7	403.9
天津	1 183.6	659.2	524.5
河北	6 925.9	1 288.3	5 637.6
山西	3 186.1	753.9	2 432.2
内蒙古	2 158.7	606.6	1 552.1
辽宁	3 721.7	1 596.5	2 125.2
吉林	2 238.5	553.1	1 685.4
黑龙江	2 753.2	891.7	1 861.5
上海	2 004.1	1 623.2	380.9
江苏	8 133.3	3 476.6	4 656.8
浙江	5 621.1	2 954.0	2 667.1
安徽	6 377.9	1 103.5	5 274.4
福建	3 833.5	978.7	2 854.8
江西	4 527.4	642.3	3 885.1
山东	9 654.3	2 598.2	7 056.2
河南	9 931.6	1 433.8	8 497.7
湖北	5 564.6	1 342.6	4 222.1
湖南	6 355.7	1 046.7	5 309.0
广东	11 040.9	4 848.2	6 192.7
广西	5 161.9	742.4	4 419.5
海南	936.9	267.2	669.7
重庆	3 142.4	813.0	2 329.4
四川	8 132.8	1 999.3	6 133.5
贵州	4 181.3	504.8	3 676.5
云南	4 563.4	598.1	3 965.3
西藏	341.5	58.7	282.8
陕西	3 730.6	839.8	2 890.8
甘肃	2 510.6	396.7	2 113.9
青海	567.1	123.6	443.4
宁夏	666.6	169.1	497.5
新疆	2 333.2	680.1	1 653.0

表 5-9　　分地区基本医疗保险基金收支情况（2023 年）　　单位：亿元

地区	基金收入			基金支出			累计结余		
	合计	职工	居民	合计	职工	居民	合计	职工	居民
全国	**33 504.9**	**22 935.1**	**10 569.7**	**28 210.5**	**17 752.8**	**10 457.7**	**47 951.0**	**40 287.3**	**7 663.7**
北京	2 062.7	1 947.1	115.5	1 250.7	1 138.7	112.0	3 095.8	3 015.7	80.0
天津	539.3	480.4	58.8	418.8	347.3	71.5	662.3	596.4	65.9
河北	1 268.9	713.3	555.6	1 122.9	559.8	563.1	1 750.7	1 401.4	349.4
山西	663.1	409.9	253.2	550.9	329.1	221.8	897.3	668.3	229.0
内蒙古	529.7	357.5	172.3	493.4	318.0	175.4	774.7	620.3	154.4
辽宁	931.5	725.1	206.4	901.0	666.9	234.2	1 005.0	820.4	184.6
吉林	445.3	268.2	177.1	407.1	241.9	165.3	619.1	475.3	143.7
黑龙江	605.6	404.4	201.2	620.8	400.4	220.5	853.8	651.3	202.4
上海	2 317.2	2 213.2	104.0	1 374.1	1 255.7	118.4	5 482.6	5 463.5	19.1
江苏	2 456.2	1 874.2	582.1	2 392.8	1 788.9	603.9	3 092.9	2 832.6	260.3
浙江	2 255.7	1 747.4	508.2	1 951.3	1 434.0	517.3	3 668.3	3 384.4	283.8
安徽	1 087.1	548.9	538.2	924.8	391.0	533.8	1 205.6	939.1	266.5
福建	867.6	576.9	290.8	741.2	446.6	294.5	1 227.3	1 101.0	126.3
江西	719.2	321.9	397.3	690.1	278.8	411.2	865.9	537.5	328.4
山东	2 139.5	1 406.2	733.4	2 009.0	1 259.8	749.2	2 181.7	1 761.5	420.1
河南	1 579.4	700.1	879.3	1 454.6	612.9	841.8	1 468.7	1 081.4	387.4
湖北	1 206.3	763.6	442.7	1 070.7	634.4	436.4	1 379.0	1 055.7	323.3
湖南	1 133.9	590.6	543.3	959.2	452.3	507.0	1 434.9	1 043.9	391.1
广东	3 198.6	2 464.3	734.4	2 422.5	1 715.8	706.7	5 583.7	4 704.2	879.5
广西	863.9	388.7	475.2	795.6	345.2	450.4	1 064.7	632.8	432.0
海南	229.8	159.6	70.3	172.5	96.3	76.1	392.3	328.9	63.4
重庆	733.2	483.8	249.5	631.2	381.8	249.4	838.0	665.0	173.0
四川	1 817.6	1 170.5	647.1	1 491.9	858.1	633.8	2 961.8	2 412.9	548.9
贵州	683.6	305.4	378.2	598.0	252.2	345.8	847.3	498.5	348.8
云南	813.0	399.3	413.7	704.2	321.2	383.1	1 066.4	769.6	296.8
西藏	108.2	76.2	32.0	72.5	45.7	26.8	276.5	243.6	32.9
陕西	848.8	547.1	301.7	771.7	447.5	324.2	1 107.6	908.2	199.4
甘肃	437.1	220.5	216.6	392.4	189.3	203.2	535.7	349.3	186.4
青海	159.2	112.3	46.9	123.8	78.3	45.5	298.3	239.4	58.9
宁夏	163.6	107.9	55.6	113.4	68.4	45.0	296.6	238.4	58.2
新疆	639.8	450.8	189.0	587.4	396.6	190.7	1 016.6	846.8	169.8

注：基本医疗保险基金收支结余中含生育保险基金。

表 5–10　　历年分地区失业保险基本情况　　单位：万人

地区	2001 年		2002 年		2003 年		2004 年		2005 年	
	年末参保人数	年末领取失业保险金人数	年末参保人数	年末领取失业保险金人数	年末参保人数	年末领取失业保险金人数	年末参保人数	年末领取失业保险金人数	年末参保人数	年末领取失业保险金人数
全国	**10 355**	**312**	**10 182**	**440**	**10 373**	**415**	**10 584**	**419**	**10 648**	**362**
北京	287.2	5.5	299.6	4.8	306.6	5.2	308.2	3.8	357.5	3.5
天津	214.3	10.8	196.3	12.4	193.5	9.4	195.1	5.1	197.5	3.8
河北	513.2	7.3	488.6	7.2	484.2	8.3	479.0	11.0	461.2	13.3
山西	286.0	5.9	278.9	4.5	284.1	5.7	286.5	5.4	288.5	4.8
内蒙古	217.7	5.4	219.7	7.1	221.6	5.7	222.3	5.8	222.2	4.9
辽宁	656.7	20.3	591.2	82.2	622.2	67.0	616.2	81.7	607.7	46.5
吉林	283.8	13.2	284.0	15.6	292.9	16.2	282.2	12.2	199.4	7.5
黑龙江	532.6	12.5	466.0	19.6	479.0	12.6	475.8	9.7	459.6	10.3
上海	430.7	13.1	436.0	14.4	441.1	14.0	487.8	15.9	466.1	17.8
江苏	766.5	39.5	735.6	49.7	761.6	48.9	797.1	43.6	838.3	30.2
浙江	391.1	33.0	390.0	27.5	396.8	17.4	428.4	11.3	444.7	7.2
安徽	375.2	11.5	378.8	17.5	380.8	23.4	371.1	26.4	360.3	24.3
福建	239.6	9.6	249.5	11.1	266.4	10.0	266.4	9.5	266.6	8.6
江西	235.9	2.1	226.7	3.9	215.5	5.9	226.6	7.2	230.7	6.0
山东	700.2	20.5	701.2	30.1	719.1	30.1	747.5	30.6	771.1	32.2
河南	676.1	10.0	670.4	16.8	680.0	18.7	681.6	22.3	681.9	29.2
湖北	420.8	26.1	416.1	25.1	390.1	18.7	391.3	17.0	391.5	14.8
湖南	352.0	4.4	326.6	7.9	347.5	10.5	380.5	9.8	382.7	11.3
广东	819.5	21.2	890.2	26.2	954.1	25.9	1 005.8	23.4	1 099.1	20.4
广西	217.7	5.0	215.5	7.6	219.1	8.9	226.4	9.8	219.9	9.4
海南	56.1	0.7	60.2	1.7	57.7	1.8	57.9	2.1	56.7	2.0
重庆	210.0	7.7	205.3	9.1	199.5	8.1	193.4	9.2	188.2	6.4
四川	412.2	11.9	402.9	14.0	400.0	12.6	398.6	12.6	380.5	15.6
贵州	136.4	1.2	132.2	1.6	128.0	1.3	129.9	1.2	129.3	1.3

续表

地区	2001年		2002年		2003年		2004年		2005年	
	年末参保人数	年末领取失业保险金人数	年末参保人数	年末领取失业保险金人数	年末参保人数	年末领取失业保险金人数	年末参保人数	年末领取失业保险金人数	年末参保人数	年末领取失业保险金人数
云南	190.7	3.6	183.2	4.6	183.0	6.6	173.2	10.5	180.3	9.1
西藏	6.3		7.1		7.1		6.7		6.7	
陕西	304.9	3.5	315.7	7.3	323.3	8.2	325.5	7.2	326.7	8.6
甘肃	162.7	1.1	161.0	2.7	162.1	3.8	161.0	4.3	160.0	5.4
青海	35.7	1.4	32.2	1.0	33.2	1.3	33.1	1.2	33.2	1.1
宁夏	34.7	0.7	35.7	0.8	36.3	1.0	36.4	1.2	37.2	1.2
新疆	188.2	3.9	185.2	5.7	186.5	7.4	192.4	7.7	202.4	5.6

地区	2006年		2007年		2008年		2009年	
	年末参保人数	年末领取失业保险金人数	年末参保人数	年末领取失业保险金人数	年末参保人数	年末领取失业保险金人数	年末参保人数	年末领取失业保险金人数
全国	**11 187**	**327**	**11 645**	**286**	**12 400**	**261**	**12 715**	**235**
北京	482.2	3.1	535.3	3.0	614.3	2.6	675.7	1.8
天津	216.7	3.6	221.5	3.3	232.5	3.2	239.2	3.1
河北	470.8	13.4	473.3	11.6	481.7	9.8	484.4	10.4
山西	296.0	5.2	299.0	6.0	312.2	7.3	293.3	6.1
内蒙古	223.5	5.0	223.7	4.7	225.5	3.1	229.7	2.5
辽宁	614.1	25.9	622.1	19.6	622.7	15.7	625.3	13.4
吉林	224.4	10.2	228.7	13.9	233.7	16.5	241.4	14.3
黑龙江	457.5	17.8	464.1	15.3	467.6	10.3	471.3	9.3
上海	476.4	18.5	491.5	14.9	511.8	14.0	523.5	14.6
江苏	901.1	22.7	968.5	21.2	1 052.2	21.5	1 079.1	19.7
浙江	504.4	6.5	584.7	6.3	731.1	6.3	784.5	5.5
安徽	362.6	17.9	364.5	14.1	373.1	12.8	377.8	10.5
福建	293.1	6.8	318.2	5.7	338.7	4.6	348.1	3.6
江西	241.0	4.9	251.5	5.3	266.3	3.4	275.5	3.4

续表

地区	2006年		2007年		2008年		2009年	
	年末参保人数	年末领取失业保险金人数	年末参保人数	年末领取失业保险金人数	年末参保人数	年末领取失业保险金人数	年末参保人数	年末领取失业保险金人数
山东	789.7	30.3	814.9	27.8	864.1	24.9	899.5	23.0
河南	682.8	28.0	682.9	21.6	683.4	18.4	690.2	16.7
湖北	395.5	12.0	405.7	8.9	422.9	7.4	440.3	7.0
湖南	386.3	10.2	389.0	8.6	390.1	8.3	392.0	8.3
广东	1 208.2	16.7	1 295.5	14.3	1 471.9	13.7	1 470.7	12.8
广西	222.3	8.1	223.8	7.2	234.6	8.0	237.0	7.6
海南	59.1	2.3	66.2	2.5	84.7	3.3	97.5	2.8
重庆	193.0	4.8	196.7	4.1	210.1	4.4	215.9	4.7
四川	400.0	16.3	418.2	11.3	436.9	12.2	463.5	10.0
贵州	131.1	1.5	134.5	1.4	141.4	1.3	144.6	1.1
云南	183.0	6.4	185.8	4.3	191.9	3.7	198.7	3.5
西藏	7.5		7.2	0.0	7.8	0.0	8.8	0.0
陕西	326.5	14.1	327.2	13.6	329.3	9.1	331.0	9.3
甘肃	160.5	7.5	161.8	7.1	162.6	5.6	164.1	3.7
青海	34.0	1.0	34.7	2.1	35.4	2.3	36.0	1.0
宁夏	38.3	1.2	40.1	1.5	44.4	1.4	44.9	1.1
新疆	205.4	4.8	213.6	4.7	224.8	6.1	231.8	4.9

地区	2010年		2011年		2012年		2013年	
	年末参保人数	年末领取失业保险金人数	年末参保人数	年末领取失业保险金人数	年末参保人数	年末领取失业保险金人数	年末参保人数	年末领取失业保险金人数
全国	13 376	209	14 317	197	15 225	204	16 417	197
北京	774.2	1.6	881.0	2.0	1 006.7	2.3	1 025.1	2.4
天津	246.1	3.5	258.8	2.8	268.7	2.0	278.7	2.0
河北	493.4	9.0	498.7	8.4	501.7	7.9	505.0	7.1
山西	305.7	4.6	309.4	4.3	391.0	3.8	400.7	3.1
内蒙古	230.9	2.1	232.5	2.5	232.8	2.5	233.4	2.3

续表

地区	2010年		2011年		2012年		2013年	
	年末参保人数	年末领取失业保险金人数	年末参保人数	年末领取失业保险金人数	年末参保人数	年末领取失业保险金人数	年末参保人数	年末领取失业保险金人数
辽宁	626.9	11.4	632.3	9.7	660.7	7.4	663.2	7.6
吉林	245.1	7.8	247.2	5.1	251.5	4.6	258.8	6.0
黑龙江	472.9	8.8	474.5	7.1	476.2	7.7	477.4	7.1
上海	556.2	11.6	604.2	11.2	617.4	10.9	625.7	9.9
江苏	1 153.8	19.7	1 238.2	29.9	1 332.2	32.7	1 389.3	29.9
浙江	875.0	5.8	980.6	7.4	1 065.6	7.0	1 144.3	7.8
安徽	384.0	7.8	397.7	6.7	402.2	6.1	409.0	6.1
福建	374.2	3.2	430.9	3.6	459.1	4.6	496.7	4.2
江西	265.3	8.2	263.5	5.4	272.2	3.3	271.1	1.5
山东	931.2	20.7	964.9	19.8	1 009.8	19.1	1 089.6	17.8
河南	696.7	14.7	701.2	13.3	724.2	11.4	741.3	10.5
湖北	469.7	6.4	498.2	5.1	508.6	4.8	511.3	5.2
湖南	399.5	6.9	415.6	7.0	449.9	6.0	461.7	6.1
广东	1 627.3	10.6	1 875.4	10.5	2 008.7	9.8	2 702.2	8.8
广西	238.4	6.2	240.8	5.2	243.4	5.5	253.4	5.6
海南	112.5	1.6	126.0	1.8	139.5	1.8	150.8	2.1
重庆	237.4	3.7	268.6	2.9	323.5	2.8	389.7	3.4
四川	464.7	9.1	536.8	8.1	585.5	24.5	613.5	24.1
贵州	152.5	1.2	160.5	1.1	173.5	1.0	185.2	1.3
云南	209.6	3.2	216.8	3.3	224.7	3.8	232.5	4.5
西藏	9.3	0.0	9.6	0.0	10.6		11.0	0.002
陕西	331.6	7.5	332.2	4.5	339.1	3.5	339.7	3.2
甘肃	164.2	2.4	163.8	1.5	163.6	1.2	163.1	1.0
青海	36.6	0.4	37.3	0.6	37.9	0.7	38.5	0.5
宁夏	47.6	1.0	60.0	1.2	70.5	1.1	71.3	1.1
新疆	242.9	8.3	260.2	5.0	273.7	4.2	283.9	4.8

续表

地区	2014年		2015年		2016年		2017年	
	年末参保人数	年末领取失业保险金人数	年末参保人数	年末领取失业保险金人数	年末参保人数	年末领取失业保险金人数	年末参保人数	年末领取失业保险金人数
全国	**17 043**	**207**	**17 326**	**227**	**18 089**	**230**	**18 784**	**220**
北京	1 057.1	3.0	1 082.3	3.4	1 115.0	3.7	1 170.9	3.9
天津	287.6	2.6	295.3	7.1	302.5	7.4	311.3	8.4
河北	508.7	7.1	511.0	8.0	515.9	7.9	529.7	7.2
山西	407.7	3.0	411.3	3.1	415.2	3.0	420.6	3.0
内蒙古	236.3	2.4	242.1	2.9	241.1	3.0	247.1	2.5
辽宁	664.3	8.5	665.3	9.7	665.4	10.7	679.9	10.5
吉林	258.7	2.2	261.2	2.2	262.0	2.7	263.7	2.8
黑龙江	478.4	4.8	312.8	3.7	313.2	3.9	315.1	4.1
上海	634.1	9.8	641.8	9.5	947.3	10.5	961.8	11.1
江苏	1 442.7	32.1	1 490.9	34.2	1 538.1	34.0	1 583.0	32.1
浙江	1 210.3	8.2	1 260.2	9.0	1 317.0	9.0	1 380.9	8.9
安徽	422.0	6.5	436.6	7.7	448.5	8.8	472.4	8.1
福建	524.1	4.5	546.3	5.0	575.5	5.2	612.3	4.9
江西	271.8	1.3	281.5	1.4	282.6	1.6	286.3	1.7
山东	1 154.3	19.9	1 203.8	21.6	1 222.9	22.0	1 268.3	20.1
河南	773.3	10.2	783.3	8.3	788.1	7.6	805.6	7.5
湖北	519.0	5.6	528.4	6.0	541.9	6.9	561.3	6.4
湖南	509.5	6.9	521.2	6.7	537.5	7.0	563.7	6.8
广东	2 840.2	10.9	2 930.1	13.9	3 020.1	15.4	3 163.7	14.6
广西	259.0	6.1	273.2	6.2	283.7	5.9	302.1	5.4
海南	157.5	2.0	164.8	2.0	170.2	2.2	168.1	2.2
重庆	439.1	2.8	439.5	3.5	447.1	4.2	466.3	3.9
四川	635.8	29.8	661.0	33.2	702.0	29.8	776.7	27.4
贵州	191.9	1.5	205.3	1.7	218.1	2.4	235.7	2.2
云南	236.9	5.3	243.3	5.9	251.2	5.6	259.8	5.1

续表

地区	2014年		2015年		2016年		2017年	
	年末参保人数	年末领取失业保险金人数	年末参保人数	年末领取失业保险金人数	年末参保人数	年末领取失业保险金人数	年末参保人数	年末领取失业保险金人数
西藏	12.5	0.004	11.4	0.01	15.19	0.003	15.2	0.002
陕西	344.3	2.9	347.7	3.0	352.2	2.8	356.5	2.9
甘肃	162.4	1.0	162.8	1.0	164.3	1.1	165.4	0.9
青海	39.3	0.4	40.1	0.4	40.8	0.4	41.5	0.3
宁夏	73.5	1.3	76.6	1.3	95.6	1.3	88.5	1.2
新疆	290.2	4.7	294.9	4.9	298.7	4.5	310.8	4.0

地区	2018年		2019年		2020年		2021年	
	年末参保人数	年末领取失业保险金人数	年末参保人数	年末领取失业保险金人数	年末参保人数	年末领取失业保险金人数	年末参保人数	年末领取失业保险金人数
全国	**19 643**	**223**	**20 543**	**228**	**21 689**	**270**	**22 958**	**259**
北京	1 240.7	3.8	1 294.8	4.0	1 318.4	9.6	1 359.0	8.4
天津	323.4	6.9	335.5	6.6	349.1	6.6	372.3	7.7
河北	546.0	6.8	554.1	6.7	691.5	6.8	747.4	7.0
山西	431.1	2.9	443.9	3.1	469.4	3.2	504.5	3.7
内蒙古	255.5	2.5	267.4	2.3	276.5	2.7	290.9	2.9
辽宁	679.6	11.2	668.2	12.6	677.0	18.4	690.9	19.2
吉林	269.5	2.4	273.6	2.5	270.7	2.4	278.0	2.6
黑龙江	318.0	3.5	324.0	3.3	326.1	3.5	329.5	3.7
上海	977.2	10.8	984.9	10.6	987.6	31.5	1 021.3	16.6
江苏	1 671.3	30.4	1 794.2	30.6	1 887.0	33.2	1 967.0	29.2
浙江	1 478.4	13.0	1 561.7	13.6	1 687.8	16.9	1 793.5	20.0
安徽	505.5	7.5	518.8	7.2	564.2	7.5	616.6	7.4
福建	570.3	5.0	610.6	5.9	664.4	6.3	716.7	6.0
江西	288.0	1.7	289.7	1.6	291.9	1.8	308.0	2.4
山东	1 318.5	18.7	1 366.0	17.7	1 466.1	19.3	1 542.7	23.2
河南	819.9	7.2	837.3	6.8	885.9	9.4	1 004.9	9.4

续表

地区	2018年		2019年		2020年		2021年	
	年末参保人数	年末领取失业保险金人数	年末参保人数	年末领取失业保险金人数	年末参保人数	年末领取失业保险金人数	年末参保人数	年末领取失业保险金人数
湖北	590.8	6.1	619.5	6.2	651.3	7.5	698.7	7.1
湖南	584.2	5.9	606.6	6.3	640.9	7.8	687.4	6.3
广东	3 361.7	16.2	3 498.8	17.5	3 603.4	26.4	3 725.1	25.8
广西	323.5	5.5	363.0	5.5	410.6	6.7	475.0	6.8
海南	173.4	2.3	178.6	2.6	194.6	3.1	205.6	2.9
重庆	489.8	3.4	515.0	5.6	548.5	6.4	598.3	7.6
四川	875.1	33.2	953.5	32.7	1 045.7	11.8	1 128.9	12.6
贵州	257.3	2.3	276.1	2.7	297.9	4.2	320.9	3.7
云南	273.1	4.9	289.2	5.1	307.4	6.6	329.8	6.4
西藏	17.7	0.004	25.3	0.006	26.7	0.1	29.6	0.1
陕西	372.4	2.9	426.4	3.2	439.9	3.9	468.7	3.9
甘肃	168.3	1.0	173.0	0.8	187.4	0.8	196.1	0.8
青海	42.3	0.3	43.8	0.3	46.5	0.4	55.0	0.4
宁夏	92.0	1.2	97.4	1.6	102.7	1.5	108.5	1.6
新疆	328.8	3.4	352.1	3.1	372.4	3.9	387.2	3.5

地区	2022年		2023年	
	年末参保人数	年末领取失业保险金人数	年末参保人数	年末领取失业保险金人数
全国	**23 807**	**297**	**24 373**	**352**
北京	1 391.4	16.6	1 418.3	21.0
天津	392.2	9.3	403.6	9.7
河北	795.4	6.5	815.2	7.4
山西	531.5	3.2	553.4	3.5
内蒙古	308.4	3.2	329.3	3.8
辽宁	677.9	19.9	680.1	23.6
吉林	281.1	3.1	282.7	3.9
黑龙江	332.2	3.3	333.2	3.7

续表

地区	2022年		2023年	
	年末参保人数	年末领取失业保险金人数	年末参保人数	年末领取失业保险金人数
上海	1 014.7	20.3	1 023.5	24.0
江苏	2 027.1	28.3	2 040.9	35.0
浙江	1 850.9	25.9	1 886.0	30.0
安徽	663.6	8.0	700.4	9.1
福建	761.3	6.2	763.1	7.6
江西	357.5	2.6	402.6	3.1
山东	1 593.5	24.6	1 615.8	25.5
河南	1 092.7	9.1	1 147.8	9.9
湖北	735.6	8.2	752.9	10.7
湖南	723.9	7.3	740.4	9.7
广东	3 751.1	32.8	3 794.8	40.4
广西	509.4	7.3	540.8	8.3
海南	220.4	3.6	224.0	3.6
重庆	614.2	8.4	625.2	10.6
四川	1 179.0	16.1	1 191.3	20.9
贵州	338.7	3.9	349.2	4.9
云南	357.5	7.6	375.7	8.7
西藏	31.0	0.1	36.2	0.1
陕西	492.5	4.1	531.2	4.6
甘肃	202.8	0.8	210.1	1.1
青海	63.4	0.4	68.1	0.5
宁夏	117.4	1.6	122.5	1.9
新疆	398.1	4.1	414.6	5.5

注：新疆数据包含新疆兵团数据。

表 5-11　分地区失业保险基金情况（2023 年）　单位：亿元

地区	基金收入	基金支出	累计结余
全国	**1 807.3**	**1 485.2**	**3 212.9**
北京	158.6	158.3	105.1
天津	34.4	38.0	21.7
河北	54.9	35.9	142.3
山西	39.0	22.5	166.3
内蒙古	33.8	21.3	119.7
辽宁	50.9	72.1	71.8
吉林	26.5	20.3	73.2
黑龙江	22.9	13.5	118.8
上海	158.6	116.6	129.1
江苏	168.7	160.5	246.8
浙江	130.7	99.5	165.6
安徽	52.7	41.0	93.5
福建	38.3	37.3	86.5
江西	25.6	15.4	70.5
山东	124.7	99.4	207.7
河南	60.3	34.1	117.7
湖北	57.4	42.7	131.3
湖南	39.6	32.1	113.4
广东	173.1	160.0	193.0
广西	37.2	30.9	94.5
海南	12.8	11.0	15.9
重庆	34.9	37.4	36.4
四川	93.7	69.2	215.4
贵州	26.7	21.1	61.1
云南	29.2	26.5	92.4
西藏	5.2	0.7	31.0
陕西	44.1	26.5	73.3
甘肃	20.0	6.1	84.3
青海	7.7	3.1	29.4
宁夏	9.8	7.3	25.7
新疆	35.2	24.8	79.6

注：新疆数据包含新疆兵团数据。

表 5–12　　历年分地区工伤保险基本情况　　单位：万人

地区	2001 年		2002 年		2003 年		2004 年		2005 年	
	参保人数	享受待遇人数	参保人数	享受待遇人数	参保人数	享受待遇人数	参保人数	享受待遇人数	参保人数	享受待遇人数
全国	**4 345**	**19**	**4 406**	**27**	**4 575**	**33**	**6 845**	**52**	**8 478**	**65**
北京	204.7	0.1	221.1	0.7	242.9	1.2	258.9	2.5	303.9	3.0
天津							147.2	0.1	162.9	0.9
河北	163.1	0.8	146.7	0.4	145.7	0.4	273.9	0.9	361.4	1.3
山西	71.8	0.0	46.3	0.1	48.4	0.0	104.0	0.1	151.4	0.5
内蒙古	26.7	0.5	23.8	0.2	31.8	0.3	85.0	0.5	110.2	0.7
辽宁	390.6	5.0	390.5	6.0	345.8	7.3	404.2	8.2	474.6	9.1
吉林	30.7	1.1	36.6	1.5	37.1	1.2	114.3	3.1	136.7	2.2
黑龙江	104.4	0.1	119.0	0.9	130.9	1.1	202.7	4.3	257.5	3.8
上海							488.3	0.1	523.7	0.5
江苏	473.9	0.7	480.0	1.3	503.0	1.7	577.2	2.7	680.2	3.7
浙江	219.7	0.6	226.0	1.0	287.7	1.4	360.4	2.7	453.1	4.8
安徽	73.4	0.2	69.8	0.3	68.0	0.4	102.0	0.5	148.2	1.7
福建	159.0	0.2	170.7	0.3	172.3	0.6	205.4	0.8	239.1	1.3
江西	137.8	0.2	129.3	0.2	129.7	0.3	134.7	0.4	153.6	0.8
山东	285.5	0.6	277.7	1.1	281.8	1.5	476.7	4.7	578.7	5.7
河南	196.0	0.5	218.8	0.7	210.6	0.5	324.7	1.1	404.0	1.5
湖北	182.3	1.3	183.2	1.7	189.2	1.4	187.2	1.8	230.3	1.1
湖南					8.6	0.0	203.3	0.3	228.2	0.7
广东	990.1	5.2	1 049.9	8.0	1 120.0	9.7	1 215.1	11.3	1 605.1	12.9
广西	124.1	0.1	117.3	0.2	120.3	0.3	133.5	0.7	144.4	0.8
海南	69.5	0.0	68.9	0.1	68.2	0.1	64.5	0.1	68.9	0.1
重庆	25.0	0.1	29.7	0.1	26.5	0.2	122.6	0.4	154.1	1.2
四川	179.3	0.5	167.4	0.6	161.4	1.2	195.6	1.6	270.5	2.0
贵州	1.7	0.0	1.3	0.0	1.3	0.0	1.2	0.0	65.8	0.1
云南	97.3	0.6	89.0	0.9	84.1	1.2	150.9	1.1	166.9	1.2

续表

地区	2001年		2002年		2003年		2004年		2005年	
	参保人数	享受待遇人数	参保人数	享受待遇人数	参保人数	享受待遇人数	参保人数	享受待遇人数	参保人数	享受待遇人数
西藏									1.9	
陕西	24.5	0.1	25.6	0.0	35.1	0.1	115.1	0.7	149.2	1.8
甘肃	9.5	0.0	8.7	0.0	8.0	0.0	42.0	0.1	70.1	0.4
青海	7.1	0.0	6.6	0.0	6.6	0.0	15.7	0.1	20.5	0.3
宁夏	11.4	0.0	16.0	0.0	15.2	0.1	19.1	0.3	23.5	0.3
新疆	86.3	0.1	86.0	0.1	94.6	0.5	119.5	0.7	139.1	0.9

地区	2006年		2007年		2008年		2009年		2010年	
	参保人数	享受待遇人数	参保人数	享受待遇人数	参保人数	享受待遇人数	参保人数	享受待遇人数	参保人数	享受待遇人数
全国	**10 268**	**78**	**12 173**	**96**	**13 787**	**118**	**14 896**	**130**	**16 161**	**147**
北京	465.3	1.5	609.2	1.6	666.5	1.8	747.1	4.1	823.8	4.4
天津	209.7	1.7	257.2	2.3	274.9	2.7	292.2	3.1	304.5	4.1
河北	402.4	2.4	481.3	6.0	520.8	5.3	559.3	6.0	594.4	7.5
山西	201.4	3.3	229.1	3.9	261.0	4.6	280.7	4.3	292.4	4.9
内蒙古	131.6	0.8	163.6	1.3	185.4	1.4	199.1	1.6	207.5	1.8
辽宁	510.0	8.5	572.3	9.1	659.6	8.5	695.8	9.0	730.0	10.0
吉林	174.7	3.0	206.8	2.6	234.9	4.1	272.2	3.0	300.5	3.7
黑龙江	303.0	3.9	351.7	4.9	390.9	4.5	401.8	5.6	415.1	6.2
上海	817.7	0.7	884.4	0.9	950.4	1.2	934.0	1.3	961.0	1.7
江苏	812.7	5.6	921.0	6.6	1 056.6	8.4	1 118.1	9.3	1 205.5	9.8
浙江	603.9	7.4	1 002.9	11.2	1 261.8	16.9	1 331.1	18.0	1 475.1	20.2
安徽	200.2	2.0	248.7	2.2	292.9	2.9	320.6	3.9	351.1	4.4
福建	261.0	1.5	294.8	1.9	346.1	2.2	379.3	2.3	417.7	2.4
江西	207.9	1.5	251.3	1.7	313.6	2.0	340.2	1.9	371.7	2.7
山东	647.3	5.8	745.0	7.0	865.0	8.8	1 064.6	9.2	1 211.2	10.2
河南	421.0	1.7	448.3	2.6	500.2	3.1	521.0	3.2	551.7	3.0

续表

地区	2006年		2007年		2008年		2009年		2010年	
	参保人数	享受待遇人数	参保人数	享受待遇人数	参保人数	享受待遇人数	参保人数	享受待遇人数	参保人数	享受待遇人数
湖北	275.5	1.5	327.5	2.0	360.9	2.4	410.7	2.7	444.0	3.1
湖南	280.1	2.0	342.4	2.6	403.5	3.9	472.1	5.3	516.0	7.4
广东	1 868.2	13.5	2 113.9	13.8	2 302.3	15.2	2 435.5	15.0	2 657.8	14.7
广西	161.1	0.8	182.4	0.9	204.9	1.1	221.7	1.2	235.7	1.4
海南	71.5	0.2	78.4	0.2	86.1	0.2	90.1	0.3	95.8	0.3
重庆	165.4	1.8	181.1	1.6	208.2	4.2	226.5	4.7	266.0	5.6
四川	304.9	2.3	397.3	3.2	464.6	4.6	515.8	6.1	583.8	6.0
贵州	90.5	0.6	110.5	0.9	129.0	1.1	143.3	1.4	162.2	1.9
云南	173.8	1.1	188.5	1.6	202.5	2.3	215.1	2.4	227.4	4.6
西藏	2.3	0.0	3.7	0.0	5.9	0.0	8.3		8.8	0.0
陕西	210.3	0.7	232.0	1.0	247.6	1.4	264.9	1.4	278.6	1.6
甘肃	86.3	0.3	98.2	0.4	108.9	0.8	119.7	0.8	130.1	1.1
青海	23.1	0.4	25.3	0.4	29.9	0.5	40.1	0.5	43.2	0.5
宁夏	24.2	0.3	30.5	0.1	37.5	0.2	42.4	0.2	48.9	0.3
新疆	161.3	1.2	194.1	1.4	214.5	1.6	232.3	1.9	249.3	2.0

地区	2011年		2012年		2013年		2014年		2015年	
	参保人数	享受待遇人数	参保人数	享受待遇人数	参保人数	享受待遇人数	参保人数	享受待遇人数	参保人数	享受待遇人数
全国	**17 696**	**163**	**19 010**	**191**	**19 917**	**195**	**20 639**	**198**	**21 432**	**202**
北京	862.4	4.7	897.2	4.8	920.3	4.8	961.0	5.0	1 020.1	4.7
天津	320.4	3.8	330.1	3.4	335.1	3.3	345.2	3.3	385.6	3.4
河北	640.4	8.6	694.8	9.1	737.0	10.5	778.7	10.4	809.7	9.6
山西	337.6	5.5	529.6	8.4	550.0	9.7	563.1	11.1	573.1	10.1
内蒙古	225.3	3.2	248.9	2.5	277.4	2.2	289.9	2.3	297.1	2.4
辽宁	779.1	11.3	819.1	14.0	856.7	13.2	903.1	13.2	918.6	13.8

续表

地区	2011年		2012年		2013年		2014年		2015年	
	参保人数	享受待遇人数	参保人数	享受待遇人数	参保人数	享受待遇人数	参保人数	享受待遇人数	参保人数	享受待遇人数
吉林	331.6	3.3	359.4	4.2	392.1	5.3	415.6	4.6	435.6	11.3
黑龙江	450.0	8.2	470.6	6.8	493.1	7.2	505.5	6.3	512.0	6.5
上海	939.5	2.5	898.9	6.1	904.1	6.6	920.5	6.9	932.9	7.0
江苏	1 327.0	10.7	1 420.7	12.3	1 487.3	13.6	1 540.1	14.3	1 594.1	14.7
浙江	1 610.8	22.2	1 731.7	23.8	1 826.1	22.6	1 899.4	22.6	1 930.1	20.4
安徽	422.0	5.6	457.9	8.8	473.2	8.1	508.3	8.3	528.9	8.3
福建	496.9	2.8	540.9	3.4	607.5	3.5	627.3	3.9	691.0	3.9
江西	387.9	3.0	410.9	5.5	431.5	4.5	461.2	4.7	500.6	4.6
山东	1 276.1	10.8	1 339.6	11.9	1 371.9	11.2	1 421.5	11.8	1 473.5	11.1
河南	655.5	3.5	720.6	4.8	773.1	4.6	805.7	4.6	856.7	5.0
湖北	481.0	4.5	522.6	4.0	556.9	5.7	576.7	4.9	640.1	4.9
湖南	635.5	7.0	693.8	7.8	731.2	8.3	747.9	8.7	778.0	9.3
广东	2 847.8	15.4	2 962.8	16.7	3 057.3	16.7	3 092.6	17.1	3 122.7	16.8
广西	272.5	1.5	312.4	1.8	325.6	1.9	338.2	1.8	360.5	1.9
海南	104.0	0.3	119.5	0.4	123.4	0.3	126.1	0.3	131.5	0.3
重庆	337.1	6.2	374.9	8.0	406.8	8.0	426.1	8.1	428.5	7.5
四川	650.8	6.5	689.4	8.0	690.1	8.3	709.7	8.6	753.2	7.9
贵州	194.0	2.2	238.2	2.7	260.4	2.3	275.4	2.3	290.2	2.8
云南	243.4	3.6	295.3	4.0	334.3	4.4	341.7	4.0	368.1	4.3
西藏	11.8	0.0	14.2	0.1	14.8	0.0	24.3	0.1	26.9	0.1
陕西	326.8	1.9	350.4	2.2	378.1	3.0	404.0	2.9	427.3	3.0
甘肃	150.2	1.4	158.5	1.8	167.7	1.8	175.1	2.2	182.6	2.3
青海	45.6	0.5	49.2	0.6	52.3	0.6	54.7	0.6	58.0	0.5
宁夏	58.3	0.3	63.9	0.4	72.7	0.5	82.2	0.5	80.8	0.6
新疆	274.6	2.0	294.1	2.4	309.5	2.5	318.2	2.8	324.4	2.9

续表

地区	2016年		2017年		2018年		2019年	
	参保人数	享受待遇人数	参保人数	享受待遇人数	参保人数	享受待遇人数	参保人数	享受待遇人数
全国	**21 889**	**196**	**22 724**	**193**	**23 874**	**199**	**25 478**	**194**
北京	1 060.2	4.6	1 117.9	4.4	1 187.0	4.4	1 242.2	4.4
天津	388.1	3.4	395.3	3.6	398.5	3.7	400.2	4.0
河北	840.0	9.8	860.7	10.0	880.3	10.3	951.4	10.0
山西	576.0	11.4	582.6	6.3	596.6	6.8	624.2	7.4
内蒙古	303.2	2.7	307.8	2.4	325.5	2.4	338.2	2.4
辽宁	886.6	13.8	862.1	13.8	841.1	13.7	816.8	13.1
吉林	440.7	4.9	441.4	5.1	441.4	3.9	445.9	3.9
黑龙江	522.2	6.5	519.1	6.2	520.1	6.9	464.1	5.9
上海	943.5	6.5	958.1	6.4	972.9	6.5	1 084.1	6.4
江苏	1 633.9	15.1	1 690.2	14.3	1 777.5	14.8	2 016.3	15.1
浙江	1 880.7	18.7	1 977.2	19.4	2 087.8	21.6	2 257.4	22.2
安徽	544.6	8.7	565.5	10.5	603.5	11.3	639.1	7.0
福建	733.8	4.2	798.7	4.3	853.9	4.7	891.1	4.8
江西	502.1	4.5	517.1	5.1	534.6	5.2	539.4	4.2
山东	1 510.9	11.1	1 569.1	11.1	1 633.0	11.4	1 710.7	11.9
河南	877.0	4.8	900.9	5.4	926.3	5.6	966.2	4.6
湖北	651.1	7.9	656.6	6.5	675.6	5.3	717.3	5.0
湖南	773.3	11.1	782.8	11.9	793.8	13.2	807.6	13.4
广东	3 246.2	14.5	3 402.0	14.5	3 592.5	14.5	3 815.8	15.6
广西	374.1	1.8	388.8	1.6	412.6	1.7	442.2	1.8
海南	137.4	0.3	141.4	0.4	152.9	0.4	159.6	0.4
重庆	454.9	7.0	504.6	6.7	577.1	6.4	661.7	6.2
四川	799.1	7.6	876.0	7.6	1 012.6	8.2	1 177.1	8.6
贵州	305.0	2.5	332.5	2.4	355.8	2.4	408.5	2.6
云南	372.8	3.7	383.7	4.4	403.3	4.3	438.5	4.9

续表

地区	2016年		2017年		2018年		2019年	
	参保人数	享受待遇人数	参保人数	享受待遇人数	参保人数	享受待遇人数	参保人数	享受待遇人数
西藏	26.9	0.1	33.4	0.1	35.7	0.1	36.8	0.1
陕西	441.6	3.0	459.3	2.8	528.0	3.1	577.4	3.0
甘肃	188.4	2.5	198.6	1.9	219.4	2.0	244.1	1.5
青海	59.8	0.5	64.9	0.5	69.2	0.5	74.0	0.5
宁夏	83.5	0.5	90.3	0.5	93.3	0.6	119.6	0.6
新疆	331.9	2.4	345.1	2.5	372.4	2.4	410.2	2.6

地区	2020年		2021年		2022年		2023年	
	参保人数	享受待遇人数	参保人数	享受待遇人数	参保人数	享受待遇人数	参保人数	享受待遇人数
全国	**26 763**	**188**	**28 287**	**206**	**29 117**	**204**	**30 174**	**222**
北京	1 267.2	3.9	1 307.2	4.6	1 337.0	4.6	1 366.9	3.7
天津	405.6	3.8	408.4	4.1	410.5	4.1	412.8	4.1
河北	1 069.4	9.7	1 084.7	9.9	1 105.9	9.5	1 153.5	9.8
山西	629.5	7.6	640.1	8.2	664.4	8.2	669.6	7.9
内蒙古	336.0	3.3	338.2	2.5	349.9	2.3	361.8	3.0
辽宁	807.1	12.9	807.9	12.1	810.3	11.4	812.4	13.1
吉林	384.5	6.4	392.4	5.9	394.5	5.6	351.0	4.9
黑龙江	442.6	4.6	444.4	4.4	448.8	3.2	456.0	3.4
上海	1 082.2	5.7	1 097.3	6.2	1 072.0	5.3	1 188.2	6.8
江苏	2 130.8	14.7	2 340.6	16.4	2 401.0	18.1	2 426.1	19.6
浙江	2 546.1	17.2	2 741.6	19.3	2 766.7	20.3	2 792.4	21.8
安徽	683.9	6.8	718.0	7.4	818.1	6.9	920.9	7.5
福建	936.8	4.8	984.4	5.1	1 040.0	5.2	1 064.6	5.6
江西	558.0	4.7	563.5	5.1	558.0	4.8	593.4	5.2
山东	1 822.1	12.4	1 921.9	13.8	2 020.8	13.6	2 045.6	15.2
河南	1 000.0	4.7	1 045.4	6.9	1 068.1	6.7	1 128.2	7.0

续表

地区	2020年		2021年		2022年		2023年	
	参保人数	享受待遇人数	参保人数	享受待遇人数	参保人数	享受待遇人数	参保人数	享受待遇人数
湖北	745.8	4.5	828.3	5.4	872.9	5.6	912.0	6.8
湖南	820.5	12.3	853.8	15.3	895.5	14.4	994.7	14.4
广东	3 866.7	14.7	4 068.6	17.1	4 083.4	18.9	4 270.3	22.4
广西	485.6	2.0	551.3	2.2	601.3	2.1	637.0	2.2
海南	170.1	0.4	184.9	0.4	194.5	0.4	196.6	0.5
重庆	729.9	6.0	765.7	7.3	752.8	6.3	754.7	6.7
四川	1 320.1	7.9	1 472.1	8.9	1 544.8	8.8	1 584.8	10.0
贵州	463.8	3.4	529.9	4.2	593.8	3.8	626.1	4.3
云南	498.8	4.9	541.9	4.1	575.7	4.0	606.6	4.3
西藏	40.2	0.1	49.6	0.1	51.5	0.1	67.7	0.2
陕西	604.2	3.2	629.6	3.9	652.4	3.8	696.8	4.6
甘肃	264.6	1.5	278.7	1.6	287.2	1.7	297.4	2.1
青海	85.9	0.7	95.9	0.6	111.7	0.5	117.6	0.7
宁夏	132.6	0.6	143.8	0.6	147.3	1.1	148.5	1.3
新疆	432.8	2.1	456.1	2.3	485.5	2.2	519.4	3.0

注：新疆数据包含新疆兵团数据。

表 5-13　　分地区工伤保险基金情况（2023 年）　　单位：亿元

地区	基金收入	基金支出	累计结余	储备金结存
全国	**1 211.6**	**1 236.7**	**1 415.1**	**119.1**
北京	66.7	60.3	44.1	17.9
天津	17.6	15.6	16.5	0.8
河北	68.0	55.5	71.6	11.7
山西	51.6	50.6	37.5	2.3
内蒙古	17.6	20.6	34.9	0
辽宁	48.2	41.1	67.6	0
吉林	8.8	12.8	28.7	0.2
黑龙江	27.4	26.8	34.0	0
上海	54.9	57.9	45.8	13.3
江苏	111.6	119.1	118.7	7.4
浙江	104.8	115.7	59.3	8.3
安徽	39.5	40.0	31.7	0
福建	35.5	39.0	41.7	0
江西	19.3	24.4	46.7	0
山东	86.2	75.3	109.9	0
河南	40.9	33.9	74.4	0
湖北	23.9	29.7	30.9	0
湖南	51.3	55.2	79.4	0
广东	95.7	130.2	117.8	21.9
广西	14.2	15.0	48.1	5.0
海南	4.3	3.3	21.3	3.5
重庆	35.9	27.8	21.8	0.6
四川	51.9	59.3	68.6	5.9
贵州	27.4	24.0	22.4	5.4
云南	22.6	22.8	20.1	1.2
西藏	3.8	2.0	10.1	0
陕西	31.9	29.8	43.7	0
甘肃	14.5	12.3	24.4	0
青海	3.1	4.6	7.5	5.8
宁夏	6.5	7.5	8.1	2.6
新疆	26.2	24.6	27.8	5.2

注：1. 工伤保险累计结余中含储备金。

2. 新疆数据包含新疆兵团数据。

表 5-14　分地区工伤认定情况（2023 年）

单位：人

地区	认定工伤人数	视同工伤人数	不予认定工伤人数	当期不予受理申请人数
全国	**1 358 957**	**16 819**	**32 147**	**8 405**
北京	28 074	625	592	106
天津	22 044	254	338	52
河北	53 478	851	1 241	272
山西	28 111	644	533	164
内蒙古	14 785	392	526	121
辽宁	34 973	940	523	228
吉林	11 200	356	107	26
黑龙江	13 949	389	155	98
上海	50 041	469	1 036	201
江苏	154 380	1 046	2 732	1 123
浙江	190 808	518	1 008	681
安徽	57 098	418	735	247
福建	45 479	398	771	223
江西	32 025	262	1 147	396
山东	87 847	1 361	1 342	297
河南	28 116	964	963	294
湖北	35 986	488	1 079	230
湖南	52 110	552	2 277	180
广东	169 222	1 928	7 088	1 409
广西	18 553	342	909	244
海南	4 035	89	167	12
重庆	40 554	295	912	643
四川	60 233	596	1 891	373
贵州	29 116	277	700	135
云南	21 670	459	860	113
西藏	1 548	45	98	9
陕西	29 144	509	649	170
甘肃	10 874	336	326	80
青海	3 420	96	126	7
宁夏	10 164	121	498	70
新疆	19 920	799	818	201

注：新疆数据包含新疆兵团数据。

表 5–15　　分地区劳动能力鉴定情况（2023 年）　　单位：人

地区	作出劳动能力鉴定结论人数						评定伤残等级人数				存在生活自理障碍人数
	小计	初次申请	再次申请	再次申请：改变结论	复查申请	复查申请：改变结论	小计	一至四级	五至六级	七至十级	
全国	1 048 334	1 020 564	23 751	4 336	4 019	1 852	957 575	11 439	11 411	934 725	5 492
北京	22 092	21 454	190	2	448	393	19 377	527	248	18 602	134
天津	14 338	14 022	229	60	87	27	13 247	96	121	13 030	76
河北	40 201	39 272	783	161	146	102	37 997	528	558	36 911	249
山西	26 277	25 901	261	99	115	72	24 640	727	598	23 315	316
内蒙古	13 018	12 328	520	109	170	54	11 697	320	325	11 052	174
辽宁	26 458	25 525	494	67	439	94	23 689	344	336	23 009	198
吉林	8 183	7 802	314	78	67	9	7 403	111	145	7 147	84
黑龙江	12 124	11 531	418	69	175	46	11 120	321	255	10 544	99
上海	44 313	43 363	877	140	73	32	39 850	117	154	39 579	99
江苏	136 404	135 454	807	34	143	65	127 242	752	1 042	125 448	482
浙江	156 610	154 630	1 916	232	64	3	146 389	646	1 282	144 461	447
安徽	42 223	40 011	1 821	282	391	196	38 709	472	529	37 708	235
福建	33 397	31 555	1 720	346	122	78	26 596	1 138	399	25 059	186
江西	23 512	22 137	1 308	229	67	20	21 179	286	336	20 557	115
山东	58 946	56 599	2 029	237	318	201	53 534	1 087	865	51 582	495
河南	21 098	20 235	747	252	116	75	19 310	428	366	18 516	163
湖北	22 994	21 959	955	174	80	23	20 944	242	228	20 474	165
湖南	35 072	34 620	343	85	109	76	33 175	360	267	32 548	69
广东	122 298	119 926	2 157	259	215	87	109 109	686	916	107 507	397
广西	8 863	8 608	240	57	15	6	8 059	92	165	7 802	54
海南	1 780	1 730	42	15	8	6	1 718	34	34	1 650	23
重庆	33 231	31 859	1 278	249	94	30	30 487	239	279	29 969	154
四川	51 589	49 477	1 866	523	246	51	46 023	729	659	44 635	509
贵州	23 625	23 072	525	117	28	12	22 316	159	247	21 910	80
云南	12 755	12 458	266	32	31	15	12 048	217	205	11 626	116
西藏	790	754	35	13	1	0	702	4	15	683	4
陕西	20 751	20 177	482	109	92	12	19 437	272	327	18 838	145
甘肃	7 547	7 359	120	31	68	21	7 158	131	137	6 890	57
青海	2 556	2 491	50	21	15	12	2 367	63	39	2 265	29
宁夏	8 267	7 936	297	43	34	12	7 129	126	88	6 915	45
新疆	14 477	13 836	610	197	31	18	12 679	150	213	12 316	66
新疆兵团	2 545	2 483	51	14	11	4	2 245	35	33	2 177	27

表 5-16　　历年分地区生育保险基本情况　　单位：万人，万人次

地区	2001年		2002年		2003年		2004年		2005年	
	参保人数	享受待遇人次	参保人数	享受待遇人次	参保人数	享受待遇人次	参保人数	享受待遇人次	参保人数	享受待遇人次
全国	3 455	24	3 488	28	3 655	36	4 384	46	5 408	62
北京									226.1	1.1
天津									157.4	0.6
河北	131.5	0.8	95.4	0.7	94.1	0.4	114.1	0.4	215.9	0.8
山西	108.0	0.3	84.3	0.3	84.3	0.2	93.2	0.2	95.6	0.3
内蒙古	27.9	0.3	23.4	0.1	40.3	0.2	66.7	0.4	105.8	1.5
辽宁	227.8	1.2	216.1	1.2	199.1	1.5	215.9	2.1	220.1	2.7
吉林	24.0	0.1	32.7	0.1	34.0	0.1	35.1	0.2	35.3	0.8
黑龙江	68.2	0.2	153.2	1.2	167.5	2.7	187.3	3.5	156.6	2.9
上海	443.7	0.1	452.9	3.7	461.1	4.1	505.6	4.9	539.3	5.8
江苏	483.5	4.6	486.1	4.1	504.1	7.2	552.7	9.2	630.9	11.2
浙江	187.6	1.7	193.7	1.9	215.0	2.1	239.8	3.0	284.9	3.7
安徽	23.4	0.1	23.6	0.2	23.9	0.2	37.6	0.2	53.5	0.5
福建	118.2	0.9	123.7	1.0	139.4	1.4	146.5	1.7	161.8	2.1
江西	120.2	0.8	109.4	0.7	108.7	0.6	107.6	0.5	117.8	0.8
山东	331.8	3.4	322.8	3.8	336.5	4.1	390.8	4.7	461.2	5.5
河南	196.4	1.1	205.9	1.1	199.2	1.1	201.2	1.5	228.4	1.5
湖北	182.1	1.1	182.7	0.8	182.1	0.6	179.9	0.6	175.9	0.6
湖南	3.7	0.01	3.4	0.05	3.3	0.04	212.9	0.5	250.2	3.2
广东	250.1	2.4	258.7	2.5	330.8	3.0	376.7	3.6	419.4	4.2
广西	113.5	1.2	106.8	1.1	111.1	1.2	134.8	1.6	141.4	1.9
海南	10.8	0.1	23.2	0.2	28.4	0.2	31.7	0.4	34.9	0.5
重庆	23.6	0.2	19.9	0.1	16.5	0.1	12.9	0.03		
四川	178.1	1.6	166.4	1.2	165.1	1.3	187.4	1.4	212.5	1.4
贵州	1.1	0.002	0.9	0.01	0.9	0.01	2.3	0.01	52.1	0.05
云南	96.1	1.2	86.9	1.0	82.8	1.4	142.3	2.3	156.1	2.5
西藏										
陕西	4.6	0.1	5.4	0.1	14.6	0.1	36.2	0.2	43.1	0.8
甘肃	5.0	0.03	5.1	0.04	6.8	0.04	31.0	0.1	40.0	0.3
青海	6.6	0.1	4.3	0.05	5.2	0.1	5.8	0.1	6.5	0.1
宁夏	8.7	0.1	15.0	0.2	15.1	0.2	18.4	0.2	21.6	0.2
新疆	78.9	1.0	86.4	1.0	85.7	2.0	117.4	2.5	164.1	4.7

续表

地区	2006年		2007年		2008年		2009年	
	参保人数	享受待遇人次	参保人数	享受待遇人次	参保人数	享受待遇人次	参保人数	享受待遇人次
全国	6 459	108	7 775	113	9 254	140	10 876	174
北京	263.3	6.7	290.6	9.8	324.1	11.8	346.8	12.8
天津	180.1	7.7	194.0	3.9	196.5	4.7	204.6	4.8
河北	264.2	1.7	338.5	2.5	408.5	5.2	489.9	6.7
山西	98.1	0.4	104.4	0.3	148.3	0.7	185.8	0.9
内蒙古	122.1	2.1	139.1	1.7	154.6	1.6	182.9	2.0
辽宁	378.7	4.9	423.0	13.2	460.2	11.7	531.2	13.5
吉林	117.7	0.6	173.6	1.6	227.9	2.5	289.9	4.6
黑龙江	172.7	3.1	216.8	3.1	241.9	3.2	270.0	3.3
上海	555.1	16.8	592.0	7.3	609.9	7.1	625.1	6.5
江苏	711.5	12.8	794.1	14.5	907.2	19.5	962.5	23.3
浙江	382.7	6.9	505.0	6.1	690.0	8.1	750.7	10.4
安徽	78.6	1.0	175.6	1.9	231.0	3.5	303.6	4.6
福建	173.5	2.0	250.4	2.7	273.9	3.2	317.8	4.5
江西	123.2	1.1	137.8	0.8	156.6	0.6	163.0	0.7
山东	488.8	10.0	563.3	8.2	638.0	10.3	703.0	14.4
河南	238.4	2.0	279.1	2.2	313.4	2.8	379.8	4.0
湖北	194.5	0.8	224.6	1.1	278.0	2.9	357.1	6.5
湖南	308.5	5.2	369.3	5.6	431.5	6.2	502.4	9.0
广东	464.8	4.8	659.1	6.6	1 011.2	9.7	1 586.3	12.5
广西	145.2	1.9	163.5	2.3	176.5	3.0	199.0	3.2
海南	40.6	0.7	66.7	0.8	79.8	1.1	85.0	1.2
重庆	96.8	0.6	116.9	2.2	141.6	2.6	155.5	3.7
四川	274.1	1.9	323.3	3.6	373.0	4.4	426.4	5.8
贵州	72.1	0.7	89.1	1.2	135.9	1.8	152.5	1.9
云南	159.5	2.6	165.1	2.2	168.4	2.6	181.1	2.8
西藏			9.4	0.0	12.4	0.1	14.2	0.2
陕西	86.3	0.5	120.9	0.9	147.6	1.6	164.4	2.1
甘肃	47.0	0.4	53.3	0.7	59.1	0.6	71.2	0.7
青海	7.2	0.2	6.2	0.2	6.3	0.1	6.3	0.1
宁夏	18.1	0.4	19.2	0.4	25.1	0.4	30.7	0.5
新疆	195.6	7.5	211.6	5.6	225.4	6.4	236.8	6.6

续表

地区	2010年		2011年		2012年		2013年	
	参保人数	享受待遇人次	参保人数	享受待遇人次	参保人数	享受待遇人次	参保人数	享受待遇人次
全国	12 336	211	13 892	265	15 429	353	16 392	522
北京	372.2	12.6	395.3	14.9	844.7	27.9	883.2	41.1
天津	212.0	5.6	234.6	6.6	242.7	8.0	249.1	24.8
河北	561.5	5.2	593.1	5.5	634.8	9.7	667.6	15.7
山西	211.6	1.7	253.7	2.1	407.6	3.1	445.6	5.2
内蒙古	233.9	2.2	263.3	4.8	274.8	4.3	285.0	6.5
辽宁	593.0	13.5	664.7	15.1	713.9	19.4	752.3	25.9
吉林	310.5	5.6	335.9	6.7	350.4	9.4	365.9	11.2
黑龙江	290.1	3.4	350.1	3.6	353.1	4.2	355.1	6.9
上海	657.3	7.7	703.1	8.8	711.5	11.7	713.9	22.0
江苏	1 086.4	24.4	1 199.2	44.2	1 276.2	55.5	1 355.6	78.7
浙江	863.7	12.4	979.8	14.9	1 084.8	19.4	1 173.2	39.9
安徽	346.9	5.0	400.1	6.3	430.1	9.0	458.5	10.6
福建	374.4	4.9	451.9	5.7	484.3	8.2	539.6	12.1
江西	170.0	1.0	200.1	0.8	204.2	2.0	217.8	2.5
山东	774.1	18.0	857.8	19.7	919.0	19.9	974.4	47.1
河南	412.9	5.3	460.7	6.3	520.3	12.0	569.6	13.6
湖北	381.8	11.0	420.9	13.6	452.9	18.8	465.3	18.5
湖南	527.1	12.1	538.8	15.3	546.0	14.8	536.0	14.8
广东	2 038.5	24.3	2 339.7	32.6	2 484.9	40.1	2 711.6	45.0
广西	218.5	3.6	243.8	3.9	254.7	5.1	270.2	7.7
海南	92.6	1.5	100.7	2.2	116.0	3.2	120.2	4.0
重庆	175.7	4.9	216.6	5.4	253.5	8.2	280.4	10.2
四川	484.2	5.9	601.7	6.8	654.4	12.5	689.1	18.0
贵州	164.3	2.3	198.1	2.6	221.6	3.1	238.7	4.4
云南	210.2	4.0	216.5	3.5	239.2	4.6	270.9	11.2
西藏	14.8	0.3	16.1	0.3	18.2	0.4	20.7	0.5
陕西	180.1	2.4	211.6	2.8	223.7	3.1	240.3	4.3
甘肃	82.0	1.0	110.1	1.7	129.5	2.5	135.1	3.2
青海	6.4	0.1	6.7	0.2	33.8	0.3	42.8	1.7
宁夏	39.8	0.6	59.3	1.0	66.4	1.9	68.4	3.7
新疆	249.4	8.4	268.1	7.0	281.6	10.3	296.1	11.1

续表

地区	2014年		2015年		2016年		2017年	
	参保人数	享受待遇人次	参保人数	享受待遇人次	参保人数	享受待遇人次	参保人数	享受待遇人次
全国	**17 039**	**613**	**17 771**	**642**	**18 451**	**914**	**19 300**	**1 113**
北京	915.6	53.2	941.6	52.8	981.0	51.9	1 035.2	68.6
天津	260.7	22.2	269.7	19.4	285.0	28.1	296.9	27.4
河北	684.0	22.5	713.0	18.5	710.3	33.8	737.8	36.3
山西	454.2	7.4	456.5	8.0	458.5	8.9	464.2	14.2
内蒙古	293.7	8.0	302.6	7.8	305.3	8.5	307.6	11.5
辽宁	783.9	28.5	789.3	29.6	790.1	31.7	782.4	44.2
吉林	367.0	14.0	367.5	14.0	367.8	17.1	370.1	17.1
黑龙江	356.1	7.8	357.1	6.4	358.0	9.4	355.1	8.9
上海	717.5	24.0	735.4	22.9	956.1	28.2	972.0	36.4
江苏	1 374.6	93.6	1 471.7	95.3	1 510.3	170.3	1 582.0	167.1
浙江	1 248.9	46.1	1 285.2	51.0	1 294.4	62.1	1 393.0	77.2
安徽	482.8	13.6	499.3	15.9	517.6	21.8	554.1	23.5
福建	556.7	12.8	598.3	14.0	625.8	20.9	634.5	27.5
江西	241.1	3.3	251.3	4.7	258.9	7.8	279.3	13.5
山东	1 046.5	56.2	1 111.3	48.1	1 139.1	73.4	1 186.6	90.9
河南	590.2	15.7	609.5	16.5	646.8	24.5	692.7	30.5
湖北	480.6	19.9	500.2	22.3	511.9	30.2	522.1	35.2
湖南	537.6	17.0	544.0	20.5	542.9	27.4	561.9	34.0
广东	2 801.3	50.8	3 081.8	67.0	3 161.9	117.8	3 300.9	169.6
广西	280.2	8.6	307.9	9.6	319.6	13.0	338.6	20.4
海南	122.0	3.8	127.1	4.7	136.5	6.0	140.3	8.8
重庆	347.5	12.5	354.3	18.3	365.7	24.3	411.3	26.6
四川	730.4	21.7	670.3	24.8	713.1	31.8	776.3	34.3
贵州	248.8	6.4	263.6	7.5	286.3	10.8	304.0	20.5
云南	279.3	13.2	289.8	12.0	295.9	16.2	307.9	22.2
西藏	22.8	0.5	23.8	0.7	24.9	0.9	29.1	1.4
陕西	250.8	5.3	265.3	6.4	283.4	9.1	328.7	12.6
甘肃	143.7	3.9	154.1	3.5	162.7	6.8	175.3	7.7
青海	45.8	3.4	48.0	5.0	49.7	3.7	50.0	3.8
宁夏	71.3	4.9	73.7	2.6	76.5	4.4	81.7	6.2
新疆	303.0	12.7	307.9	12.4	315.0	13.0	328.4	14.6

续表

地区	2018年		2019年		2020年		2021年	
	参保人数	享受待遇人次	参保人数	享受待遇人次	参保人数	享受待遇人次	参保人数	享受待遇人次
全国	**20 434**	**1 089**	**21 417**	**1 136**	**23 567**	**1 167**	**23 752**	**1 320**
北京	1 104.0	61.4	1 164.4	61.2	1 341.1	53.3	1 082.7	49.1
天津	330.4	25.0	341.3	24.5	353.5	22.0	366.1	18.1
河北	774.2	31.4	811.0	35.5	875.2	32.2	900.6	24.4
山西	481.9	14.2	489.6	15.7	476.7	16.1	379.1	12.8
内蒙古	319.5	11.0	320.6	11.0	334.8	11.8	345.4	9.6
辽宁	777.8	40.5	789.4	43.5	792.2	47.8	704.8	31.8
吉林	370.3	15.3	326.3	22.3	326.8	25.7	331.7	19.0
黑龙江	350.2	8.4	343.5	9.1	397.7	11.9	396.0	12.0
上海	984.9	32.2	989.6	32.4	1 008.8	28.0	1 084.7	29.3
江苏	1 694.5	166.8	1 868.8	143.5	1 987.1	127.4	2 094.9	101.9
浙江	1 477.3	72.3	1 561.1	71.6	2 066.8	137.9	1 810.9	152.1
安徽	586.3	25.8	622.3	27.9	652.9	41.2	700.9	40.2
福建	651.9	24.0	621.7	21.0	676.6	20.5	711.1	18.4
江西	290.1	10.9	303.3	12.6	372.2	12.5	380.4	12.4
山东	1 235.4	81.6	1 298.8	81.2	1 534.3	79.3	1 607.5	76.1
河南	755.4	29.3	765.3	31.6	872.1	25.2	889.4	29.6
湖北	540.0	36.1	577.7	38.5	645.9	35.9	710.1	36.9
湖南	571.8	31.2	600.4	32.0	633.8	30.5	652.8	29.1
广东	3 495.3	189.3	3 669.4	217.2	3 799.8	201.0	3 973.9	420.1
广西	366.2	19.1	405.9	18.8	477.2	16.6	523.5	17.4
海南	152.6	7.0	168.8	10.7	183.2	10.7	179.6	10.7
重庆	439.5	26.9	466.9	29.4	505.8	26.9	536.5	26.3
四川	878.2	34.1	954.9	36.8	1 129.1	35.4	1 201.7	33.2
贵州	325.9	23.5	349.6	28.1	383.7	33.6	341.7	36.0
云南	339.5	17.3	356.0	18.3	375.0	22.3	393.3	17.5
西藏	32.4	2.0	34.3	3.6	37.3	3.6	41.6	3.5
陕西	401.9	14.3	454.5	16.8	519.0	16.7	560.2	18.1
甘肃	202.9	13.5	221.8	14.2	234.0	14.5	250.7	9.9
青海	58.1	4.0	61.8	4.6	64.2	4.9	68.4	6.9
宁夏	88.1	5.7	94.7	7.1	105.4	6.6	111.5	5.3
新疆	357.5	14.4	383.6	15.9	405.6	14.7	420.0	12.6

续表

地区	2022 年		2023 年	
	参保人数	基金待遇支出（亿元）	参保人数	基金待遇支出（亿元）
全国	**24 621**	**951**	**24 903**	**1 177**
北京	1 082.7	70.3	1 070.8	98.7
天津	365.2	16.7	425.7	20.4
河北	882.3	30.2	909.8	37.4
山西	480.2	12.1	490.6	14.8
内蒙古	343.3	9.9	371.4	11.1
辽宁	693.1	29.3	704.4	29.7
吉林	335.6	7.1	314.2	9.7
黑龙江	390.1	6.1	388.3	6.8
上海	1 087.8	96.9	1 082.1	97.8
江苏	2 156.4	86.4	2 175.8	113.0
浙江	2 186.5	61.9	2 235.9	84.7
安徽	757.1	24.1	782.2	27.8
福建	741.7	23.6	732.2	27.1
江西	405.9	12.9	412.3	17.3
山东	1 646.9	59.4	1 696.4	67.4
河南	922.6	36.9	943.3	47.3
湖北	748.0	24.0	799.1	30.2
湖南	723.6	23.3	703.5	28.4
广东	4 062.0	155.7	3 902.8	188.9
广西	508.3	14.4	513.8	17.2
海南	182.3	5.7	196.6	7.2
重庆	547.9	19.6	539.0	21.8
四川	1 216.8	35.9	1 218.9	41.7
贵州	348.6	16.8	372.8	20.2
云南	406.3	20.4	397.3	28.3
西藏	42.4	2.5	45.1	4.7
陕西	496.1	15.6	589.8	26.2
甘肃	256.9	7.2	265.4	11.0
青海	71.3	3.0	72.7	3.9
宁夏	114.1	6.3	119.0	6.7
新疆	419.4	17.4	431.9	29.9

表 5-17　分地区城乡居民基本养老保险情况（2023 年） 单位：万人，亿元

地区	参保人数	实际领取待遇人数	基金收支情况		
			基金收入	基金支出	累计结余
全国	**54 522.5**	**17 268.3**	**6 184.9**	**4 612.9**	**14 533.9**
北京	181.0	63.8	127.5	113.7	188.1
天津	172.2	88.7	57.6	56.2	319.1
河北	3 527.3	1 184.3	295.9	236.6	696.4
山西	1 623.2	450.9	175.3	97.2	474.9
内蒙古	815.5	263.2	94.2	74.0	186.2
辽宁	1 020.4	445.6	91.3	91.4	97.9
吉林	942.7	285.7	59.1	49.4	114.8
黑龙江	892.7	273.6	85.6	64.5	173.4
上海	71.8	52.6	104.8	104.2	92.4
江苏	2 351.9	1 144.5	661.7	489.1	1 174.8
浙江	1 032.8	563.4	411.9	318.9	506.4
安徽	3 408.0	1 019.2	397.5	219.4	1 110.2
福建	1 595.0	505.6	153.5	129.5	315.6
江西	1 951.5	552.4	191.6	135.8	448.2
山东	4 566.3	1 690.1	581.7	452.7	1 785.6
河南	5 280.1	1 544.9	360.5	287.0	909.8
湖北	2 507.4	821.8	252.1	192.1	713.1
湖南	3 413.0	935.6	264.3	186.2	657.4
广东	2 760.0	909.9	331.8	308.8	602.4
广西	2 671.8	646.1	147.7	127.4	332.6
海南	341.8	83.6	42.7	27.5	157.7
重庆	1 175.0	359.5	128.0	76.6	275.4
四川	3 150.1	1 090.6	502.3	289.6	1 144.7
贵州	1 941.8	494.9	117.5	92.4	243.0
云南	2 491.1	603.3	148.2	120.7	629.3
西藏	176.2	28.9	14.4	9.6	48.2
陕西	1 812.4	587.6	164.7	128.1	409.0
甘肃	1 379.0	351.4	116.2	68.6	382.1
青海	263.4	48.2	23.8	15.3	83.8
宁夏	232.1	46.6	21.7	15.6	63.8
新疆	775.1	131.5	59.8	34.8	197.6

2023 年 7 月 7 日，人力资源社会保障部党组书记、部长、部主题教育领导小组组长王晓萍以“感悟真理伟力、学习情怀担当，以忠诚干净担当的实际行动践行‘两个维护’”为题，为机关党员干部讲专题党课。

2023 年 9 月 24 日至 26 日，人力资源社会保障部党组书记、部长王晓萍在新疆维吾尔自治区喀什地区、乌鲁木齐市调研。

2023 年 11 月 22 日至 23 日，人力资源社会保障部党组书记、部长王晓萍在广东省深圳市出席第二届全国人力资源服务业发展大会并调研。

2023 年 11 月 21 日，人力资源社会保障部部长王晓萍会见蒙古劳动与社会保障部部长布勒根图雅，就完善社会保障制度、增进民生福祉等进行交流。

2023 年 1 月 16 日，人力资源社会保障部党组成员、副部长汤涛出席全国人力资源社会保障工作会议暨人社系统先进集体和先进工作者表彰大会。

2023 年 3 月 29 日，人力资源社会保障部召开全面从严治党工作会议，深入学习贯彻党的二十大和二十届中央纪委二次全会精神，研究部署 2023 年部机关全面从严治党工作。

2023 年 5 月 30 日，人力资源社会保障部党组成员、副部长王少峰在北京出席中国科协第三届“全国创新争先奖”表彰大会并宣读表彰决定。

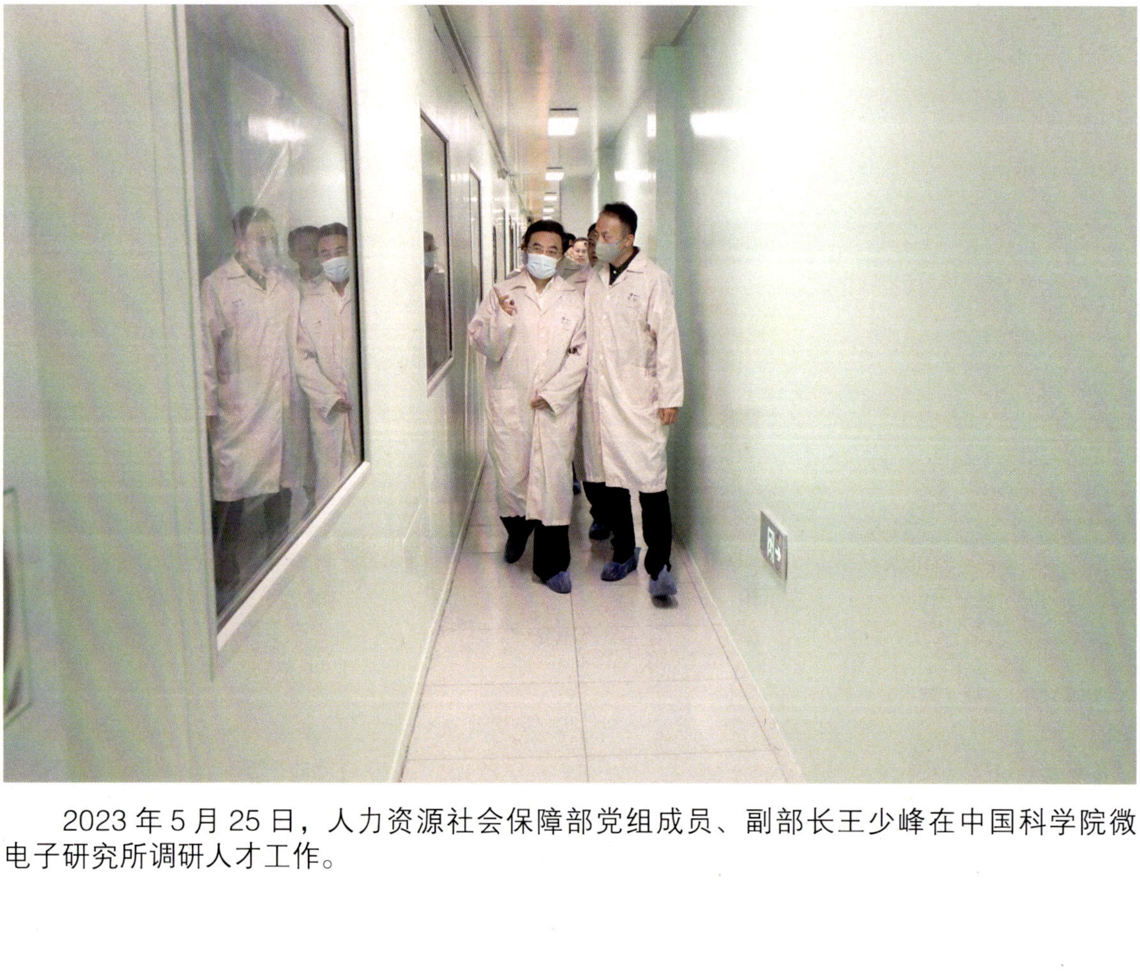

2023 年 5 月 25 日，人力资源社会保障部党组成员、副部长王少峰在中国科学院微电子研究所调研人才工作。

2023 年 12 月 6 日，中央纪委国家监委驻人力资源社会保障部纪检监察组组长、人力资源社会保障部党组成员张敏作“强化纪律规矩意识 严守党的纪律规矩”廉政教育报告。

2023 年 6 月 14 日至 16 日，中央纪委国家监委驻人力资源社会保障部纪检监察组组长、人力资源社会保障部党组成员张敏赴河南省郑州市开展“一体推进不敢腐、不能腐、不想腐，坚决打赢反腐败斗争攻坚战持久战”课题暨失业保险基金管理问题专项整治监督调研。

2023 年 12 月 1 日，人力资源社会保障部党组成员、副部长吴秀章出席部社会保险基金安全警示教育大会。

2023 年 10 月 24 日至 28 日，人力资源社会保障部党组成员、副部长吴秀章在山东省烟台市出席第二届全国博士后创新创业大赛并调研。

2023 年 9 月 28 日至 29 日，人力资源社会保障部副部长李忠在南非德班出席 2023 年金砖国家劳工就业部长会议。

2023 年 12 月 17 日，人力资源社会保障部党组成员、副部长李忠出席 2023 年重庆国际人才交流大会并调研。

2023 年 5 月 17 日，人力资源社会保障部党组成员、副部长俞家栋出席人力资源和社会保障法治工作座谈会。

2023 年 2 月 10 日，人力资源社会保障部党组成员、副部长俞家栋在广西壮族自治区百色市调研慰问基层“三支一扶”人员。

2023 年 5 月 7 日，第十六届高技能人才表彰大会在北京市举行，表彰 30 名中华技能大奖获得者和 295 名全国技术能手。

2023 年 8 月 31 日，人力资源社会保障部举行加挂国家外国专家局牌子仪式。

方人力资源和社会保障工作 47 篇。

《中国人力资源和社会保障年鉴（2024）》的编辑出版是在全国人力资源社会保障系统的共同努力下完成的。在此，向所有参加编辑出版工作的领导和同志表示衷心的感谢。

《中国人力资源和社会保障年鉴》编辑部

2024 年 12 月

编辑说明

一、《中国人力资源和社会保障年鉴（2024）》是关于人力资源和社会保障工作的专业性史料工具书。本年鉴收录了2023年度我国人力资源社会保障工作重要文献、资料和数据，记录了2023年度我国人力资源社会保障事业发展概况，客观反映了人力资源社会保障工作改革发展成就、经验以及今后需要继续研究解决的问题。本年鉴是对党政机关领导干部和各部门工作人员、人力资源社会保障系统工作者、企业领导和人力资源管理者，以及人力资源社会保障科研理论工作者有价值的参考用书和工具书。

二、本年鉴分文献卷、工作卷两卷。文献卷包括人力资源和社会保障重要文献、工作大事记。工作卷包括人力资源和社会保障工作概览、全国人力资源和社会保障工作、地方人力资源和社会保障工作、人力资源和社会保障统计资料。

三、本年鉴中，全国人力资源和社会保障工作分为28个部分：促进就业，人力资源流动管理，职业能力建设，专业技术人员管理，事业单位人事管理，城镇职工养老保险，失业保险，工伤保险，城乡居民基本养老保险，社会保险经办管理，中央国家机关事业单位养老保险经办管理，社会保险基金监管，劳动关系，劳动人事争议调解仲裁，事业单位工资福利，外国专家工作，农民工工作、促进家政服务业提质扩容和乡村振兴，人力资源和社会保障法治建设，劳动保障监察，国家表彰奖励，规划财务，信息化建设，科学研究，干部教育培训，行风建设，新闻宣传政务信息报刊与出版，国际交流合作及涉港澳台工作，社团活动；地

《中国人力资源和社会保障年鉴》
编辑部成员

《中国人力资源和社会保障年鉴》
编辑委员会成员

图书在版编目（CIP）数据

中国人力资源和社会保障年鉴. 2024：文献卷、工作卷 / 人力资源和社会保障部组织编写. -- 北京：中国劳动社会保障出版社：中国人事出版社，2024.

ISBN 978-7-5167-6796-2

Ⅰ. F249.21-54；D632.1-54

中国国家版本馆 CIP 数据核字第 20247PT682 号

中国劳动社会保障出版社
中 国 人 事 出 版 社 出版发行

（北京市惠新东街 1 号 邮政编码：100029）

*

河北虎彩印刷有限公司印刷装订　　新华书店经销

880 毫米 ×1230 毫米　16 开本　63 印张　0.75 彩色印张　1520 千字

2024 年 12 月第 1 版　　2024 年 12 月第 1 次印刷

定价：498.00 元

营销中心电话：400-606-6496

出版社网址：https://www.class.com.cn

中国人力资源和社会保障
年　鉴
（文献卷）

CHINA HUMAN RESOURCES AND SOCIAL SECURITY YEARBOOK

2024

中国劳动社会保障出版社

中国人事出版社

目　　录

文献卷

人力资源和社会保障重要文献

一、党和国家领导人关于人力资源和社会保障工作的活动和重要指示批示

二、中共中央、国务院文件

三、人力资源社会保障部领导的讲话和文章

四、人力资源社会保障部文件

五、联合发文

工作大事记

工作卷

人力资源和社会保障工作概览

全国人力资源和社会保障工作

地方人力资源和社会保障工作

人力资源和社会保障统计资料

文献卷

人力资源和社会保障重要文献

一、党和国家领导人关于人力资源和社会保障工作的活动和重要指示批示

习近平：健全全面从严治党体系 推动新时代党的建设新的伟大工程向纵深发展

把党的建设作为一项伟大工程来推进，并且始终坚持党要管党、从严治党的原则和方针，是我们党的一大创举，也是立党立国、兴党强国的一大法宝。回顾100多年党的历史，党团结带领人民接续奋斗，中华民族迎来了从站起来、富起来到强起来的伟大飞跃，这个伟大飞跃是改造社会的伟大事业，同时也是改造自身的伟大工程。党的十八大以来，我们把全面从严治党作为新时代党的建设的鲜明主题，提出一系列创新理念，实施一系列变革实践，健全一系列制度规范，推动党的建设这项伟大工程不断深化发展，初步构建起全面从严治党体系。

构建全面从严治党体系是一项具有全局性、开创性的工作。新时代10年，我们党不断深化对自我革命规律的认识，不断推进党的建设理论创新、实践创新、制度创新，在构建全面从严治党体系上积累了丰富成果。我们把党的政治建设作为党的根本性建设，始终摆在首位，旗帜鲜明坚持和加强党的领导，严肃党内政治生活，净化修复政治生态，推动全党增强“四个意识”、坚定“四个自信”、做到“两个维护”，紧密团结在党中央周围，实现党的团结统一。我们把思想建设作为党的基础性建设，用新时代中国特色社会主义思想凝心铸魂，弘扬伟大建党精神，持续开展党内集中教育，使党员、干部补足精神之钙，坚守共产党人精神家园。我们提出和坚持新时代党的组织路线，以组织体系建设为重点，增强党组织政治功能和组织功能，整顿软弱涣散党组织，推动各级党组织全面进步、全面过硬，坚持党管干部原则，坚持新时代好干部标准，着力培养忠诚干净担当的高素质干部队伍。我们以制定和落实中央八项规定开局破题，以钉钉子精神纠治“四风”，坚决反对特权思想和特权现象，踏石留印、抓铁有痕，刹住了一些长期没有刹住的歪风，纠治了一些多年未除的顽瘴痼疾，以作风建设新气象赢得人民群众信任拥护。我们把纪律建设纳入党的建设总体布局，坚持纪严于法、纪在法前，严明党的政治纪律和政治规矩，带动组织纪律、廉洁纪律、群众纪律、工作纪律、生活纪律全面从严，以严明纪律规范党员、干部履职用权，抓早抓小、防微杜渐，精准运用“四种形态”，让党员、干部切身感受到党的严管和厚爱。我们把制度建设贯穿党的各项建设，与时俱进完善党章，聚焦加强党的领导和党的建设推进制度创新，形成比较完善的党内法规体系，搭建起党和国家监督体系“四梁八柱”，把权力关进制度的笼子，为新时代党的建设提供了根本性、全局性、稳定性、长期性保障。我们开展史无前例的反腐败斗争，坚持无禁区、全覆盖、零容忍，不敢腐、不能腐、不想腐一体推进，“打虎”、“拍蝇”、“猎狐”多管齐下，查处一大批腐败分子，消除党内严重政治隐患，反腐败斗争取得压倒性胜利并全面巩固，成功走出一条中国特色反腐败之路。放眼全世界，没有任何一个政党能像中国共产党如此严肃认真地对待自身建设，如此高度自觉地以科学的态度、体系化的方式推进自我革命，这是我们党的显著优势，也是引领时代的制胜之道。全面从严治党得到人民群众坚定支持和认可，2022 年国家统计局民意调查显示，97.4% 的群众对全面从严治党、党风廉政建设和反腐败工作成效表示满意，比 2012 年提高 22.4 个百分点。

健全全面从严治党体系，是党的二十大提出的加强新时代党的建设的重大举措。全面从严治党体系应是一个内涵丰富、功能完备、科学规范、运行高效的动态系统。健全这个体系，需要我们坚持制度治党、依规治党，更加突出党的各方面建设有机衔接、联动集成、协同协调，更加突出体制机制的健全完善和法规制度的科学有效，更加突出运用治理的理念、系统的观念、辩证的思维管党治党建设党。要坚持内容上全涵盖，党的建设推进到哪里，全面从严治党体系就要构建到哪里，无论党的政治建设、思想建设、组织建设、作风建设、纪律建设，还是制度建设、反腐败斗争，都要自觉贯彻全面从严治党战略方针，不能把全面从严治党局限于正风、肃纪、反腐。坚持对象上全覆盖，面向党的各级组织和全体党员，做到管全党、治全党，重点是抓好“关键少数”，管好党员领导干部特别是高级干部、“一把手”，在管党治党上没有特殊党员、不留任何死角和空白。坚持责任上全链条，压实各级党委（党组）全面从严治党主体责任、各级纪委的监督责任，推动各级党委（党组）书记扛起第一责任人责任、领导班子其他成员切实担负“一岗双责”，让每名党员、干部行使应有权利、履行应尽责任，做到权责对等、失责必问，压力层层传导，责任环环相扣，切实增强管党治党的责任感使命感，巩固发展全党动手一起抓的良好局面。坚持制度上全贯通，把制度建设要求体现到全面从严治党全过程、各方面、各层级，以党章为根本，以民主集中制为核心，不断完善党内法规制度体系，增强党内法规权威性和执行力，用制度促进全面从严治党体系贯通、联动，真正实现制度治党、依规治党。

健全全面从严治党体系，是全党的共同责任，必须充分发挥党的政治优势、组织优势、制度优势。要深刻把握党自我革命历史经验特别是党的十八大以来全面从严治党新鲜经验，立足新的形势任务，在党中央集中统一领导下，健全各负其责、统一协调的管党治党责任格局，把全的要求、严的基调、治的理念落实到全面从严治党体系的构建之中，不断提升制度化、规范化、科学化水平，使全面从严治党各项工作更好体现时代性、把握规律性、富于创造性，为党和国家事业健康发展提供政治、思想、组织保证。

（习近平总书记 2023 年 1 月 9 日在二十届中央纪委二次全会上讲话的一部分，《求是》杂志 2023 年第 12 期）

习近平：时刻保持解决大党独有难题的清醒和坚定，把党的伟大自我革命进行到底

治国必先治党，党兴才能国强。党的二十大发出了为全面建设社会主义现代化国家、全面推进中华民族伟大复兴而团结奋斗的伟大号召，党领导的社会革命迈上新征程，党的自我革命必须展现新气象，全面从严治党更要有新的认识、新的作为。

过去10年，面对党内一系列突出矛盾和问题，党中央把全面从严治党纳入“四个全面”战略布局，刀刃向内、刮骨疗毒，猛药去疴、重典治乱，使党在革命性锻造中变得更加坚强有力。党的二十大深刻总结全面从严治党十年磨一剑的历史性成就，进一步要求全党时刻保持解决大党独有难题的清醒和坚定。这是我们党从所处的历史方位、肩负的使命任务、面临的复杂环境出发，深刻把握党的根本性质和党情发展变化，对新时代新征程全面从严治党提出的新的重大命题。

我们党是在马克思主义建党学说指导下、按照民主集中制原则建立起来的世界最大政党，在世界上人口最多的国家长期执政，历史久、人数多、规模大，既有办大事、建伟业的巨大优势，也面临治党治国的特殊难题。我看，至少有以下几大难题需要进一步研究解决。

——如何始终不忘初心、牢记使命。党的事业伟大而艰巨、任重而道远，有人走着走着就忘记了为什么出发，忘记了共产主义远大理想和中国特色社会主义共同理想，忘记了我是谁、为了谁、依靠谁，从而丧失了共产党人的本色。我们必须坚守奠基创业时的初心，坚守党的理想信念宗旨，始终为中国人民谋幸福、为中华民族谋复兴，始终保持党同人民群众的血肉联系，永葆党的先进性和纯洁性。

——如何始终统一思想、统一意志、统一行动。党的规模大了，一些人容易出现搞小山头、小圈子、小团伙现象，容易出现尾大不掉、自行其是问题，破坏党的团结统一，影响党的凝聚力战斗力。随着改革开放逐步深入，社会利益多元化、思想多样化也深刻影响到党员、干部的观念和行为。我们必须在重大问题、严峻形势面前始终心往一处想、劲往一处使，做到凝心聚力、众志成城，确保全党紧密团结在党中央周围，步调一致向前进。

——如何始终具备强大的执政能力和领导水平。百年大党长期执政，思维惯性、行为惰性客观存在，一些老观念、老套路、老办法容易相沿成习，队伍不断发展壮大也带来干部良莠并存、参差不齐。我们必须与时俱进提高科学执政、民主执政、依法执政水平，克服干部队伍中存在的能力不足、本领恐慌，确保适应新时代要求、具备领导现代化建设能力，做到政治过硬、本领高强，堪当民族复兴重任。

——如何始终保持干事创业精神状态。执政几十年承平日久，许多党员、干部没有经历过生死考验，缺乏严峻斗争和艰苦环境的磨砺，容易追求安逸享乐而意志消沉、不思进取，容易在具有许多新的历史特点的伟大斗争面前慌了心神、乱了阵脚。我们必须始终保持艰苦奋斗、奋发有为的精气神，敢于斗争、善于斗争，勇于担当作为，全力战胜前进道路上

各种困难和挑战，依靠顽强斗争不断打开事业发展新天地。

——如何始终能够及时发现和解决自身存在的问题。堡垒最容易从内部被攻破，能打败我们的只有我们自己。我们这么大一个党，有着光荣的历史、伟大的成就，一些人很容易在执政业绩光环的照耀下出现忽略自身不足、忽视自身问题的现象，陷入“革别人命容易，革自己命难”的境地。我们必须坚持真理、修正错误，始终顺乎潮流、顺应民心，发扬经验、吸取教训，在世界形势深刻变化的历史进程中始终走在时代前列、朝着正确方向前进。

——如何始终保持风清气正的政治生态。长期以来，各种弱化党的先进性、损害党的纯洁性的因素无时不有，各种侵蚀党的肌体健康的病毒无处不在，如果不严加防范，经常打扫政治灰尘，久而久之必将积重难返。我们必须常怀忧患意识、底线思维，始终保持刀刃向内的坚定自觉，补钙壮骨、排毒杀菌、祛病疗伤、去腐生肌，涵养积极健康的党内政治文化，持续净化党内政治生态，汇聚激浊扬清的强大正能量，使党永远不变质、不变色、不变味。

解决好上述难题，是实现新时代新征程党的使命任务必须迈过的一道坎，是全面从严治党适应新形势新要求必须啃下的硬骨头。面对全面建成社会主义现代化强国、以中国式现代化全面推进中华民族伟大复兴的崇高使命，面对前进道路上风高浪急甚至惊涛骇浪的重大挑战，面对长期存在的“四大考验”、“四种危险”，解决大党独有难题必然是一个长期而艰巨的过程，这就决定了全面从严治党永远在路上，党的自我革命永远在路上。我们一定要站在事关党长期执政、国家长治久安、人民幸福安康的高度，把全面从严治党作为党的长期战略、永恒课题，坚决摒弃权宜之计、一时之举的思想，坚决克服松劲歇脚、疲劳厌战的情绪，坚决防止转变风向、降调变调的错误期待，始终坚持问题导向，保持战略定力，发扬彻底的自我革命精神，永远吹冲锋号，把严的基调、严的措施、严的氛围长期坚持下去，把党的伟大自我革命进行到底。

新征程上，全面从严治党要更好发挥政治引领和政治保障作用，更好推进党和国家事业发展，必须把促进全党牢记“三个务必”、践行党的宗旨作为根本指向，把从严管理监督和鼓励担当作为高度统一起来，从而锻造更为坚强的领导力量，凝聚更为广泛的奋斗力量。全面从严治党的目的不是要把人管死，让人瞻前顾后、畏首畏尾，搞成暮气沉沉、无所作为的一潭死水，而是要通过明方向、立规矩、正风气、强免疫，营造积极健康、干事创业的政治生态和良好环境。要不断探索完善全面从严治党的有效举措，坚持“三个区分开来”，坚持严管和厚爱结合、激励和约束并重，更好激发广大党员、干部的积极性、主动性、创造性，形成奋进新征程、建功新时代的浓厚氛围和生动局面。

（习近平总书记 2023 年 1 月 9 日在二十届中央纪委二次全会上讲话的一部分，《求是》杂志 2024 年第 6 期）

习近平：加快构建新发展格局
把握未来发展主动权

加快构建新发展格局，是党的二十大提出的一项战略任务。今天，中央政治局围绕这个内容举行第 2 次集体学习，目的是结合学习贯彻党的二十大精神和中央经济工作会议精神，进一步加深对构建新发展格局意义的认识，分析工作中存在的问题，探讨着力破除主要矛盾、加快构建新发展格局的措施。

构建以国内大循环为主体、国内国际双循环相互促进的新发展格局，是我于 2020 年 4 月在中央财经委员会会议上首次提出的。经过两年多的实践，我们对构建新发展格局战略意义的认识是越来越深刻、思路越来越清晰了。从现在起，我们党的中心任务就是团结带领全国各族人民全面建成社会主义现代化强国、实现第二个百年奋斗目标，以中国式现代化全面推进中华民族伟大复兴。我国 14 亿多人口整体迈进现代化社会，规模超过现有发达国家人口的总和，其艰巨性和复杂性前所未有，必须把发展的主导权牢牢掌握在自己手中；我国是一个超大规模经济体，而超大规模经济体可以也必须内部可循环。事实充分证明，加快构建新发展格局，是立足实现第二个百年奋斗目标、统筹发展和安全作出的战略决策，是把握未来发展主动权的战略部署。我们只有加快构建新发展格局，才能夯实我国经济发展的根基、增强发展的安全性稳定性，才能在各种可以预见和难以预见的狂风暴雨、惊涛骇浪中增强我国的生存力、竞争力、发展力、持续力，确保中华民族伟大复兴进程不被迟滞甚至中断，胜利实现全面建成社会主义现代化强国目标。

两年多来，构建新发展格局扎实推进，取得了一些成效，思想共识不断凝聚、工作基础不断夯实、政策制度不断完善，一些地方服务和融入新发展格局呈现新气象。但是，从调研情况看，构建新发展格局工作还存在一些突出问题，需要引起重视、认真研究解决。

总体看，全面建成新发展格局还任重道远。加快构建新发展格局，要从两个维度来研究和布局：一是更有针对性地加快补上我国产业链供应链短板弱项，确保国民经济循环畅通；二是提升国内大循环内生动力和可靠性，提高国际竞争力，增强对国际循环的吸引力、推动力。为此，必须坚持问题导向和系统观念，着力破除制约加快构建新发展格局的主要矛盾和问题，全面深化改革，推进实践创新、制度创新，不断扬优势、补短板、强弱项。

第一，更好统筹扩大内需和深化供给侧结构性改革，增强国内大循环动力和可靠性。构建新发展格局的关键在于实现经济循环的畅通无阻。能否实现，主要取决于供给和需求两端是否动力强劲、总体匹配，动态平衡、良性互动。这就需要把扩大内需战略同深化供给侧结构性改革有机结合起来，供需两端同时发力、协调配合，形成需求牵引供给、供给创造需求的更高水平动态平衡，实现国民经济良性循环。要坚决贯彻落实扩大内需战略规划纲要，尽快形成完整内需体系，着力扩大有收入支撑的消费需求、有合理回报的投资需求、有本金和债务约束的金融需求。要建立和完善扩大居民消费的长效机制，使居民有稳定收入能消费、没有后顾之忧敢消费、消费环境优获得感强愿消费。要完善扩大投资机制，拓展有效投资空间，适度超前部署新型基础设施建设，扩大高技术产业和战略性新兴产业投资，持续激发民间投资活力。要继续深化供给侧结构性改革，持续推动科技创新、制度创新，突破供给约束堵点、卡点、脆弱点，增强产业链供应链的竞争力和安全性，以自主可控、高质量的供给适应满足现有需求，创造引领新的需求。供给和需求严重失衡错位、循环不畅，是经济金融领域重大风险的根源之一，统筹好扩大内需和深化供给侧结构性改革也有助于防范化解经济金融领域风险。

第二，加快科技自立自强步伐，解决外国“卡脖子”问题。当今世界，科学技术是第一生产力、第一竞争力。我们要完善党中央对科技工作统一领导的体制，健全新型举国体制，强化国家战略科技力量，优化配置创新资源，使我国在重要科技领域成为全球领跑者，在前沿交叉领域成为开拓者，力争尽早成为世界主要科学中心和创新高地。要实现科教兴国战略、人才强国战略、创新驱动发展战略有效联动，坚持教育发展、科技创新、人才培养一体推进，形成良性循环；坚持原始创新、集成创新、开放创新一体设计，实现有效贯通；坚持创新链、产业链、人才链一体部署，推动深度融合。

第三，加快建设现代化产业体系，夯实新发展格局的产业基础。新发展格局以现代化产业体系为基础，经济循环畅通需要各产业有序链接、高效畅通。当前，全球产业体系和产业链供应链呈现多元化布局、区域化合作、绿色化转型、数字化加速的态势，这是经济发展规律和历史大趋势，不以人的意志为转移。我们要继续把发展经济的着力点放在实体经济上，扎实推进新型工业化，加快建设制造强国、质量强国、网络强国、数字中国，打造具有国际竞争力的数字产业集群。顺应产业发展大势，从时空两方面统筹抓好产业升级和产业转移。一方面，推动短板产业补链、优势产业延链，传统产业升链、新兴产业建链，增强产业发展的接续性和竞争力；另一方面，深化改革健全区域战略统筹、市场一体化发展等机制，优化生产力布局，推动重点产业在国内外有序转移，支持企业深度参与全球产业分工和合作，促进内外产业深度融合，打造自主可控、安全可靠、竞争力强的现代化产业体系。

第四，全面推进城乡、区域协调发展，提高国内大循环的覆盖面。只有实现了城乡、区域协调发展，国内大循环的空间才能更广阔、成色才能更足。乡村既是巨大的消费市场，又是巨大的要素市场，是国内大循环的重要组成部分。要充分发挥乡村作为消费市场和要素市场的重要作用，全面推进乡村振兴，推进以县城为重要载体的城镇化建设，推动城乡融合发展，增强城乡经济联系，畅通城乡经济循环。防止各地搞自我小循环，打消区域壁垒，真正形成全国统一大市场。推动区域协调发展战略、区域重大战略、主体功能区战略等深度融合，优化重大生产力布局，促进各类要素合理流动和高效集聚，畅通国内大循环。

第五，进一步深化改革开放，增强国内外大循环的动力和活力。要深化要素市场化改革，建设高标准市场体系，加快构建全国统一大市场。完善产权保护、市场准入、公平竞争、社会信用等市场经济基础制度，加强反垄断和反不正当竞争，依法规范和引导资本健康发展，为各类经营主体投资创业营造良好环境，激发各类经营主体活力。深化财政金融体制改革，完善现代财税金融体制，健全现代预算制度、优化税制结构、完善财政转移支付体系，建设现代中央银行制度、完善现代金融监管、建强金融稳定保障体系，健全资本市场功能、发挥现代资本市场积极作用。推进高水平对外开放，对标高标准国际贸易和投资通行规则，稳步扩大规则、规制、管理、标准等制度型开放，增强在国际大循环中的话语权。优化区域开放布局，加快建设西部陆海新通道，加快建设海南自由贸易港，实施自由贸易试验区提升战略，形成参与国际大循环的增长点。有序推进人民币国际化，依法保护外商投资权益，构建参与国际经济合作和竞争的新优势。推动共建“一带一路”高质量发展，积极参与国际经贸规则谈判，推动形成开放、多元、稳定的世界经济秩序，为实现国内国际两个市场两种资源联动循环创造条件。

（习近平总书记 2023 年 1 月 31 日在二十届中央政治局第二次集体学习时讲话的主要部分，《求是》杂志 2023 年第 8 期）

习近平：中国式现代化是中国共产党领导的社会主义现代化

党的二十大报告明确指出："中国式现代化，是中国共产党领导的社会主义现代化。"这是对中国式现代化定性的话，是管总、管根本的。为什么要强调党在中国式现代化建设中的领导地位？这是因为，党的领导直接关系中国式现代化的根本方向、前途命运、最终成败。

党的领导决定中国式现代化的根本性质。党的性质宗旨、初心使命、信仰信念、政策主张决定了中国式现代化是社会主义现代化，而不是别的什么现代化。我们党始终高举中国特色社会主义伟大旗帜，既坚持科学社会主义基本原则，又不断赋予其鲜明的中国特色和时代内涵，坚定不移地走中国特色社会主义道路，确保中国式现代化在正确的轨道上顺利推进。我们党坚持把马克思主义作为根本指导思想，不断深化对共产党执政规律、社会主义建设规律、人类社会发展规律的认识，不断开辟马克思主义中国化时代化新境界，为中国式现代化提供科学指引。我们党坚持和完善中国特色社会主义制度，不断推进国家治理体系和治理能力现代化，形成包括中国特色社会主义根本制度、基本制度、重要制度等在内的一整套制度体系，为中国式现代化稳步前行提供坚强制度保证。我们党坚持和发展中国特色社会主义文化，激发全民族文化创新创造活力，为中国式现代化提供强大精神力量。可以说，只有毫不动摇坚持党的领导，中国式现代化才能前景光明、繁荣兴盛；否则，中国式现代化就会偏离航向、丧失灵魂，甚至犯颠覆性错误。

党的领导确保中国式现代化锚定奋斗目标行稳致远。我们党始终坚守初心使命，矢志为中国人民谋幸福、为中华民族谋复兴，坚持把远大理想和阶段性目标统一起来，一旦确定目标，就咬定青山不放松，接续奋斗、艰苦奋斗、不懈奋斗。改革开放以来，我们建设社会主义现代化国家的奋斗目标都是循序渐进、一以贯之的，并随着实践的发展而不断丰富完善。在总结改革开放和新时代实践成就和经验基础上，党的二十大更加清晰擘画了到2035年我国发展的目标要求，科学描绘了全面建成社会主义现代化强国、全面推进中华民族伟大复兴的宏伟蓝图。从这些历史进程中，我们可以清楚地看到，建设社会主义现代化国家是我们党一以贯之的奋斗目标，一代一代地接力推进，并不断取得举世瞩目、彪炳史册的辉煌业绩。

党的领导激发建设中国式现代化的强劲动力。改革开放是决定当代中国命运的关键一招，也是决定中国式现代化成败的关键一招。改革开放以后，我们党以伟大历史主动精神不断变革生产关系和生产力之间、上层建筑和经济基础之间不相适应的方面，不断推进各领域体制改革，形成和发展符合当代中国国情、充满生机活力的体制机制，让一切劳动、知识、技术、管理和资本的活力竞相迸发，让一切创造社会财富的源泉充分涌流。党的十八大以来，我们党以巨大的政治勇气全面深化改革，突出问题导向，敢于突进深水区，敢于啃硬骨头，敢于涉险滩，敢于面对新矛盾新挑战，冲破思想观念束缚，突破利益固化藩篱，坚决破除各方面体制机制弊端，改革由局部探索、破冰突围到系统集成、全面深化，许多领域实现历史性变革、系统性重塑、整体性重构，为中国式现代化注入不竭动力源泉。

党的领导凝聚建设中国式现代化的磅礴力量。我们党深刻认识到中国式现代化是亿万人民自己的事业，人民是中国式现代化的主体，必须紧紧依靠人民，尊重人民创造精神，汇集全体人民的智慧和力量，才能推动中国式现代化不断向前发展。我们坚持党的群众路线，想问题、作决策、办事情注重把准人民脉搏、回应人民关切、体现人民愿望、增进人民福祉，努力使党的理论和路线方针政策得到人民群众衷心拥护。我们坚持把人民对美好生活的向往作为奋斗目标，坚持以人民为中心的发展思想，着力保障和改善民生，着力解决人民急难愁盼问题，让中国式现代化建设成果更多更公平地惠及全体人民。我们党发展全过程人民民主，拓展民主渠道，丰富民主形式，扩大人民有序政治参与，确保人民依法通过各种途径和形式管理国家事务，管理经济和文化事业，管理社会事务，以主人翁精神满怀热忱地投入到现代化建设中来。我们党以中国式现代化的美好愿景激励人、鼓舞人、感召人，有效促进政党关系、民族关系、宗教关系、阶层关系、海内外同胞关系和谐，促进海内外中华儿女团结奋斗，凝聚起全面建设社会主义现代化国家的磅礴伟力。

（习近平总书记 2023 年 2 月 7 日在新进中央委员会的委员、候补委员和省部级主要领导干部学习贯彻习近平新时代中国特色社会主义思想和党的二十大精神研讨班上讲话的一部分，《求是》杂志 2023 年第 11 期）

习近平：中国式现代化是强国建设、民族复兴的康庄大道

一个国家选择什么样的现代化道路，是由其历史传统、社会制度、发展条件、外部环境等诸多因素决定的。国情不同，现代化途径也会不同。实践证明，一个国家走向现代化，既要遵循现代化一般规律，更要符合本国实际，具有本国特色。中国式现代化既有各国现代化的共同特征，更有基于自己国情的鲜明特色。党的二十大报告明确概括了中国式现代化 5 个方面的中国特色，深刻揭示了中国式现代化的科学内涵。这既是理论概括，也是实践要求，为全面建成社会主义现代化强国、实现中华民族伟大复兴指明了一条康庄大道。

康庄大道并不等于一马平川。要把中国式现代化 5 个方面的中国特色变为成功实践，把鲜明特色变成独特优势，需要付出艰巨努力。

第一，人口规模巨大的现代化。这是中国式现代化的显著特征。人口规模不同，现代化的任务就不同，其艰巨性、复杂性就不同，发展途径和推进方式也必然具有自己的特点。现在，全球进入现代化的国家也就 20 多个，总人口 10 亿左右。中国 14 亿多人口整体迈入现代化，规模超过现有发达国家人口的总和，将极大地改变现代化的世界版图。这是人类历史上规模最大的现代化，也是难度最大的现代化。

超大规模的人口，既能提供充足的人力资源和超大规模市场，也带来一系列难题和挑战。光是解决 14 亿多人的吃饭问题，就是一个不小的挑战。还有就业、分配、教育、医疗、住房、养老、托幼等问题，哪一项解决起来都不容易，哪一项涉及的人群都是天文数字。我们想问题、作决策、办事情，首先要考虑人口基数问题，考虑我国城乡区域发展水平差异大等实际，既不能好高骛远，也不能因循守旧，要保持历史耐心，坚持稳中求进、循序渐进、持续推进。

第二，全体人民共同富裕的现代化。这是中国式现代化的本质特征，也是区别于西方现代化的显著标志。西方现代化的最大弊端，就是以资本为中心而不是以人民为中心，追求资本利益最大化而不是服务绝大多数人的利益，导致贫富差距大、两极分化严重。一些发展中国家在现代化过程中曾接近发达国家的门槛，却掉进了“中等收入陷阱”，长期陷于停滞状态，甚至严重倒退，一个重要原因就是没有解决好两极分化、阶层固化等问题。

中国式现代化坚持发展为了人民、发展依靠人民、发展成果由人民共享，在推动全体人民共同富裕上取得重要进展，特别是党的十八大以来打赢脱贫攻坚战，使近 1 亿农村贫困人口脱贫。现在，我们已经形成促进全体人民共同富裕的一整套思想理念、制度安排、政策举措。要在推动高质量发展、做好做大“蛋糕”的同时，进一步分好“蛋糕”，着力解决好就业、分配、教育、医疗、住房、养老、托幼等民生问题，构建三次分配协调配套的制度体系，规范收入分配秩序，规范财富积累机制，依法引导和规范资本健康发展，逐步扩大中等收入群体、缩小收入分配差距，让现代化建设成果更多更公平惠及全体人民，坚决防止两极

分化。实现共同富裕是一个长期任务，必须久久为功，咬定青山不放松，不断取得新进展。

第三，物质文明和精神文明相协调的现代化。既要物质富足、也要精神富有，是中国式现代化的崇高追求。物质贫困不是社会主义，精神贫乏也不是社会主义。西方早期的现代化，一边是财富的积累，一边是信仰缺失、物欲横流。今天，西方国家日渐陷入困境，一个重要原因就是无法遏制资本贪婪的本性，无法解决物质主义膨胀、精神贫乏等痼疾。

中国式现代化既要物质财富极大丰富，也要精神财富极大丰富、在思想文化上自信自强。要坚持两手抓、两手硬，促进物质文明和精神文明相互协调、相互促进，让全体人民始终拥有团结奋斗的思想基础、开拓进取的主动精神、健康向上的价值追求。要顺应人民日益增长的精神文化需求，建设具有强大凝聚力和引领力的社会主义意识形态，加强理想信念教育和“四史”宣传教育，培育和弘扬社会主义核心价值观，发展社会主义先进文化，推出更多优秀文艺作品，不断丰富人民精神世界，提高全社会文明程度，促进人的全面发展。

第四，人与自然和谐共生的现代化。尊重自然、顺应自然、保护自然，促进人与自然和谐共生，是中国式现代化的鲜明特点。近代以来，西方国家的现代化大都经历了对自然资源肆意掠夺和生态环境恶性破坏的阶段，在创造巨大物质财富的同时，往往造成环境污染、资源枯竭等严重问题。我国人均能源资源禀赋严重不足，加快发展面临更多的能源资源和环境约束，这决定了我国不可能走西方现代化的老路。

中国式现代化坚持可持续发展，坚持节约优先、保护优先、自然恢复为主的方针，坚定不移走生产发展、生活富裕、生态良好的文明发展道路，为实现中华民族永续发展开辟了广阔前景。要牢固树立和践行绿水青山就是金山银山的理念，坚持山水林田湖草沙一体化保护和系统治理，推进生态优先、节约集约、绿色低碳发展，加快发展方式绿色转型，提升生态系统多样性、稳定性、持续性，积极稳妥推进碳达峰碳中和，以高品质的生态环境支撑高质量发展。

第五，走和平发展道路的现代化。坚持和平发展，在坚定维护世界和平与发展中谋求自身发展，又以自身发展更好维护世界和平与发展，推动构建人类命运共同体，是中国式现代化的突出特征。西方国家的现代化，充满战争、贩奴、殖民、掠夺等血腥罪恶，给广大发展中国家带来深重苦难。中华民族经历了西方列强侵略、凌辱的悲惨历史，深知和平的宝贵，决不可能重复西方国家的老路。

中国式现代化坚持独立自主、自力更生，依靠全体人民的辛勤劳动和创新创造发展壮大自己，通过激发内生动力与和平利用外部资源相结合的方式来实现国家发展，不以任何形式压迫其他民族、掠夺他国资源财富，而是为广大发展中国家提供力所能及的支持和帮助。我们要始终高举和平、发展、合作、共赢旗帜，奉行互利共赢的开放战略，不断以中国新发展为世界提供新机遇。积极参与全球治理体系改革和建设，践行真正的多边主义，弘扬全人类共同价值，推动落实全球发展倡议和全球安全倡议，努力为人类和平与发展作出更大贡献。

新中国成立特别是改革开放以来，我们用几十年时间走完西方发达国家几百年走过的工业化历程，创造了经济快速发展和社会长期稳定的奇迹，为中华民族伟大复兴开辟了广阔前景。实践证明，中国式现代化走得通、行得稳，是强国建设、民族复兴的唯一正确道路。

（习近平总书记 2023 年 2 月 7 日在新进中央委员会的委员、候补委员和省部级主要领导干部学习贯彻习近平新时代中国特色社会主义思想和党的二十大精神研讨班上讲话的一部分，《求是》杂志 2023 年第 16 期）

习近平：推进中国式现代化需要处理好若干重大关系

推进中国式现代化是一个系统工程，需要统筹兼顾、系统谋划、整体推进，正确处理好一系列重大关系。这里我重点强调6个方面。

一是顶层设计与实践探索的关系。党的二十大报告深刻阐述了中国式现代化的中国特色、本质要求和重大原则，是对推进中国式现代化的最高顶层设计。中国式现代化是分阶段、分领域推进的，实现各个阶段发展目标、落实各个领域发展战略同样需要进行顶层设计。进行顶层设计，需要深刻洞察世界发展大势，准确把握人民群众的共同愿望，深入探索经济社会发展规律，使制定的规划和政策体系体现时代性、把握规律性、富于创造性，做到远近结合、上下贯通、内容协调。同时，推进中国式现代化是一个探索性事业，还有许多未知领域，需要我们在实践中去大胆探索，通过改革创新来推动事业发展，决不能刻舟求剑、守株待兔。各地区各部门要结合各自具体实际开拓创新，特别是在前沿实践、未知领域，鼓励大胆探索、敢为人先，寻求有效解决新矛盾新问题的思路和办法，努力创造可复制、可推广的新鲜经验。

二是战略与策略的关系。战略与策略是我们党领导人民改造世界、变革实践、推动历史发展的有力武器。正确运用战略和策略，是我们党创造辉煌历史、成就千秋伟业、战胜各种风险挑战，不断从胜利走向胜利的成功秘诀。推进中国式现代化，必须把这一成功秘诀传承好、运用好、发展好。要增强战略的前瞻性，准确把握事物发展的必然趋势，敏锐洞悉前进道路上可能出现的机遇和挑战，以科学的战略预见未来、引领未来。增强战略的全局性，谋划战略目标、制定战略举措、作出战略部署，都要着眼于解决事关党和国家事业兴衰成败、牵一发而动全身的重大问题。增强战略的稳定性，战略一经形成，就要长期坚持、一抓到底、善作善成，不要随意改变。做到这些，需要我们提高政治站位，树立世界眼光，胸怀“国之大者”，把历史、现实、未来贯通起来，把中国和世界连接起来，增强战略思维能力，使我们制定的战略符合实际、行之有效，为中国式现代化提供强大的战略支撑。策略为战略实施提供科学方法。实施战略的环境条件随时都在发生变化，每时每刻都会遇到新情况新问题，这就需要我们把战略的原则性和策略的灵活性有机结合起来，灵活机动、随机应变、临机决断，在因地制宜、因势而动、顺势而为中把握战略主动。

三是守正与创新的关系。守正创新是我们党在新时代治国理政的重要思想方法。守正才能不迷失方向、不犯颠覆性错误，创新才能把握时代、引领时代。中国式现代化的探索就是一个在继承中发展、在守正中创新的历史过程。在推进中国式现代化新征程上，首先要守好中国式现代化的本和源、根和魂，毫不动摇坚持中国式现代化的中国特色、本质要求和重大原则，坚持党的基本理论、基本路线、基本方略，坚持党的十八大以来的一系列重大方针政策，确保中国式现代化的正确方向。同时，要把创新摆在国家发展全局的突出位置，顺应时代发展要求，着眼于解决重大理论和实践问题，积极识变应变求变，大力推进理论创新、实践创新、制度创新、文化创新以及其他各方面创新，不断开辟发展新领域新赛道，塑造发展新动能新优势。积极营造崇尚创新、鼓励创新、勇于创新的浓厚氛围，让创新在全社会蔚然成风。各级领导干部要加快转变不适应创新发展要求的思想观念、思维方式、行为方式和工作方法，真正成为创新的引领者、推动者。

四是效率与公平的关系。中国式现代化既要创造比资本主义更高的效率，又要更有效地维护社会公平，更好实现效率与公平相兼顾、相促进、相统一。要坚持和完善社会主义基本经济制度，毫不动摇巩固和发展公有制经济，毫不动摇鼓励、支持、引导非公有制经济发展，充分发挥市场在资源配置中的决定性作用，更好发挥政府作用。构建全国统一大市场，深化要素市场化改革，建设高标准市场体系，营造市场化、法治化、国际化营商环境，持续优化劳动、资本、土地、资源等生产要素配置，着力提高全要素生产率。加快建立以权利公平、机会公平、规则公平为主要内容的社会公平保障体系，保证人民平等参与、平等发展权利。深入推进司法体制改革，努力让人民群众在每一项法律制度、每一个执法决定、每一宗司法案件中都感受到公平正义。破除阶层固化的体制机制障碍，畅通社会上升通道。健全基本公共服务体系，提高公共服务水平，增强均衡性和可及性，扎实推进共同富裕取得更为明显的实质性进展。

五是活力与秩序的关系。在现代化的历史进程中，处理好这对关系是一道世界性难题。中国式现代化应当而且能够实现活而不乱、活跃有序的动态平衡。要深化各方面体制机制改革，充分释放全社会创造潜能，鼓励科学家、企业家、文艺家等各方面人才特别是青年人才创新、创造。积极发展党内民主，保障党员权利，采取切实有效措施解决不愿担当、不敢担当、不善担当等问题，充分调动广大党员干部干事创业的积极性。加强社会舆论引导，形成劳动创造财富、实干创造业绩、奋斗创造幸福的正确导向，防止轻视劳动、不劳而获、一夜暴富、坐享其成、消极躺平等不良思想滋长蔓延，充分激发全社会创造活力。统筹发展和安全，贯彻总体国家安全观，健全国家安全体系，增强维护国家安全能力，坚定维护国家政权安全、制度安全、意识形态安全和重点领域安全。提高公共安全治理水平，完善社会治理体系，提升社会治理效能。发展全过程人民民主，正确处理新形势下人民内部矛盾，努力把矛盾纠纷化解在基层、化解在萌芽状态，教育引导人民群众通过理性合法途径表达利益诉求、维护合法权益。强化社会治安整体防控，依法严惩群众反映强烈的各类违法犯罪活动，确保人民安居乐业。

六是自立自强与对外开放的关系。推进中国式现代化，必须坚持独立自主、自立自强，坚持把国家和民族发展放在自己力量的基点上，坚持把我国发展进步的命运牢牢掌握在自己手中。要加快构建新发展格局，实现内部可循环，并依托我国超大规模市场优势吸引全球资源要素，增强国内国际两个市场两种资源联动效应。维护好经济安全特别是粮食安全、能源安全、产业链供应链安全。健全新型举国体制，强化国家战略科技力量，以国家战略需求为导向，集聚力量进行原创性引领性科技攻关，坚决打赢关键核心技术攻坚战。不断扩大高水平对外开放，提升贸易投资合作质量和水平，稳步扩大规则、规制、管理、标准等制度型开放，推动共建“一带一路”高质量发展，优化区域开放布局，实施自由贸易试验区提升战略，扩大面向全球的高标准自由贸易区网络，深度参与全球产业分工和合作，维护多元稳定的国际经济格局和经贸关系，拓展中国式现代化的发展空间。

（习近平总书记 2023 年 2 月 7 日在新进中央委员会的委员、候补委员和省部级主要领导干部学习贯彻习近平新时代中国特色社会主义思想和党的二十大精神研讨班上讲话的一部分，《求是》杂志 2023 年第 19 期）

习近平：深化党和国家机构改革
推进国家治理体系和治理能力现代化

深化党和国家机构改革，是贯彻落实党的二十大精神的重要举措，是推进国家治理体系和治理能力现代化的集中部署。继续推进党和国家机构改革，目的是推动党对社会主义现代化建设的领导在机构设置上更加科学、在职能配置上更加优化、在体制机制上更加完善、在运行管理上更加高效。党和国家机构改革是一项复杂系统工程，不可能一蹴而就，也不会一劳永逸，需要根据新的使命任务、新的战略安排、新的工作需要，不断调整优化党和国家机构职能体系，使之更好适应党和国家事业发展需要。

这次机构改革，是在党的十九届三中全会以来党和国家机构职能实现系统性、整体性重构基础上推进的，同时也是在党的二十大对今后 5 年乃至更长时期党和国家事业发展作出战略部署的背景下研究谋划的。我们要坚持稳中求进工作总基调，适应统筹推进“五位一体”总体布局、协调推进“四个全面”战略布局的要求，适应构建新发展格局、推动高质量发展的需要，坚持问题导向，统筹党中央机构、全国人大机构、国务院机构、全国政协机构，统筹中央和地方，充分利用各方面有利条件，充分考虑各种风险挑战，坚定推进一些重点领域的机构职责调整。

党的十八大以来，我们深化党和国家机构改革的一个重要目的是坚持和加强党的全面领导，从机构职责上把加强党的全面领导落实到各领域、各方面、各环节。这次机构改革，设立新的党中央决策议事协调机构，组建新的党中央职能部门和办事机构，在重要领域设立新的党中央派出机关，就是为了扬优势、补短板、强弱项，加强党中央对重大工作的集中统一领导。党中央职能部门、办事机构、派出机关要带头坚持党中央集中统一领导，带头执行党的路线方针政策，立足职责定位，加强协调配合，更好发挥作用。

同时，我们在金融管理体制、科技管理体制、社会管理体制、数据管理体制、知识产权管理体制，在港澳工作体制、“三农”工作体制、老龄工作体制等方面对机构设置和职责配置作了比较合理的设计和安排。这些调整是在分析我们面临的深层次矛盾和问题的基础上提出的解决方案。下一步，关键是要对标党中央赋予的职责任务，切实转职能、转方式、转作风，高效履职尽责。

各地区各部门要自觉在大局下思考、在大局下行动，确保机构改革方案贯彻落实不打折、不变形、不走样，特别是要严格依据机构改革方案制定和执行部门“三定”规定。“三定”规定作为党内法规和部门履职的基本依据，事权在党中央。“三定”规定经党中央批准后，部门就要严格按此履行职责、开展工作，以高水平的履职能力和高质量的工作实绩作为检验机构改革成效的重要标准。

搞好机构改革组织实施工作至关重要。要继续运用好坚持党对机构改革的全面领导、坚持不立不破先立后破、坚持推动机构职能优化协同高效、坚持中央和地方一盘棋、坚持改革和法治相统一、坚持把思想政治工作贯穿改革全过程等宝贵经验，把住要害和关键，把工作做深做细，有组织、有步骤、有纪律推进机构改革组织实施工作。

一要加大统的力度。在中央政治局常委会领导下，中央全面深化改革委员会牵头抓总、加强统筹协调，设立协调机制。党中央和全国人大、国务院、全国政协负责本系统机构改革实施工作，地方机构改革由省级党委统一领导。党中央、国务院分管领导同志是各自分管领域机构改革工作的第一责任人，要带头贯彻落实党中央决策部署，同分管的涉改革部门领导班子共同研究细化落实方案，抓好动员部署、谈心谈话、转隶组建、职能调整等关键环节。中央办公厅、中央组织部、中央编办、国务院办公厅等部门也要根据各自职责分工协同做好相关工作。

二要坚持稳的基调。这次机构改革涉及部门较多、触及的问题较深，要谋定而后动。新组建部门的领导班子要尽快配备到位，尽快熟悉本部门职责定位和任务要求，按照先转隶、再做“三定”规定的次序，抓紧组建机构、配齐人员、集中办公，确保平稳过渡、有序转隶、无缝衔接。对涉及面比较广、情况比较复杂的改革任务，要在党中央作出的顶层设计基础上认真研究拟订专项改革方案，细化相关政策措施，按程序报批后再组织实施。中央和地方机构改革在工作部署和组织实施上要有机衔接、有序推进。中央层面的改革任务力争在2023年年底前完成，地方层面的改革任务力争在2024年年底前完成。

三要做好人的工作。要引导广大党员、干部讲政治、顾大局、守规矩，正确对待利益格局调整和个人进退留转，积极支持改革，自觉服从组织安排，做到思想不乱、工作不断、队伍不散、干劲不减。

四要执行严的纪律。涉及机构变动、职责调整的部门，要自觉服从大局，确保机构、职责、人员等按要求及时调整到位，不允许懈怠迟滞拖延，更不允许搞变通作选择。严禁上级主管部门干预下级机构设置和编制配备，严禁突击提拔干部，严肃财经纪律，坚决防止国有资产流失。要加强监督和执纪问责，严肃查处机构改革工作中的违纪违规问题，严肃追究相关人员责任。

五要做到于法有据。坚持在法治轨道上推进机构改革，需要制定、修改或废止法律的，主责单位要主动同立法机构衔接。立法机构要统筹做好相关立改废释工作。

除了这次全会审议的《党和国家机构改革方案》外，党中央还研究部署了党中央、国务院有关议事协调机构优化调整工作，要一体实施、一体落实。

（习近平总书记2023年2月28日在党的二十届二中全会第二次全体会议上讲话的一部分，《求是》杂志2023年第14期）

习近平在参加江苏代表团审议时强调
牢牢把握高质量发展这个首要任务（节选）

中共中央总书记、国家主席、中央军委主席习近平5日下午在参加他所在的十四届全国人大一次会议江苏代表团审议时强调，高质量发展是全面建设社会主义现代化国家的首要任务。必须完整、准确、全面贯彻新发展理念，始终以创新、协调、绿色、开放、共享的内在统一来把握发展、衡量发展、推动发展；必须更好统筹质的有效提升和量的合理增长，始终坚持质量第一、效益优先，大力增强质量意识，视质量为生命，以高质量为追求；必须坚定不移深化改革开放、深入转变发展方式，以效率变革、动力变革促进质量变革，加快形成可持续的高质量发展体制机制；必须以满足人民日益增长的美好生活需要为出发点和落脚点，把发展成果不断转化为生活品质，不断增强人民群众的获得感、幸福感、安全感。

习近平指出，人民幸福安康是推动高质量发展的最终目的。基层治理和民生保障事关人民群众切身利益，是促进共同富裕、打造高品质生活的基础性工程，各级党委和政府必须牢牢记在心上、时时抓在手上，确保取得扎扎实实的成效。要健全基层党组织领导的基层群众自治机制，加强基层组织建设，完善网格化管理、精细化服务、信息化支撑的基层治理平台，健全城乡社区治理体系，为人民群众提供家门口的优质服务和精细管理。要坚持和发展新时代“枫桥经验”，完善正确处理新形势下人民内部矛盾机制，及时把矛盾纠纷化解在基层、化解在萌芽状态。要紧紧抓住人民群众急难愁盼问题，采取更多惠民生、暖民心举措，健全基本公共服务体系，着力做好重点群体就业帮扶、收入分配调节、健全社会保障体系、强化“一老一幼”服务等工作。

（新华社北京2023年3月5日电）

习近平在看望参加政协会议的民建工商联界委员时强调　正确引导民营经济健康发展高质量发展 王沪宁蔡奇丁薛祥参加看望和讨论（节选）

中共中央总书记、国家主席、中央军委主席习近平6日下午看望了参加全国政协十四届一次会议的民建、工商联界委员，并参加联组会，听取意见和建议。他强调，党中央始终坚持“两个毫不动摇”、“三个没有变”，始终把民营企业和民营企业家当作自己人。要引导民营企业和民营企业家正确理解党中央方针政策，增强信心、轻装上阵、大胆发展，实现民营经济健康发展、高质量发展。

习近平指出，民营经济是我们党长期执政、团结带领全国人民实现“两个一百年”奋斗目标和中华民族伟大复兴中国梦的重要力量。我们始终把民营企业和民营企业家当作自己人，在民营企业遇到困难的时候给予支持，在民营企业遇到困惑的时候给予指导。要优化民营企业发展环境，破除制约民营企业公平参与市场竞争的制度障碍，依法维护民营企业产权和企业家权益，从制度和法律上把对国企民企平等对待的要求落下来，鼓励和支持民营经济和民营企业发展壮大，提振市场预期和信心。要积极发挥民营企业在稳就业、促增收中的重要作用，采取更有效的措施支持中小微企业和个体工商户发展，支持平台企业在创造就业、拓展消费、国际竞争中大显身手。

习近平指出，中国式现代化是全体人民共同富裕的现代化。无论是国有企业还是民营企业，都是促进共同富裕的重要力量，都必须担负促进共同富裕的社会责任。民营企业家要增强家国情怀，自觉践行以人民为中心的发展思想，增强先富带后富、促进共同富裕的责任感和使命感。民营企业要在企业内部积极构建和谐劳动关系，推动构建全体员工利益共同体，让企业发展成果更公平惠及全体员工。民营企业和民营企业家要筑牢依法合规经营底线，弘扬优秀企业家精神，做爱国敬业、守法经营、创业创新、回报社会的典范。要继承和弘扬中华民族传统美德，积极参与和兴办社会公益慈善事业，做到富而有责、富而有义、富而有爱。

（新华社北京2023年3月6日电）

十四届全国人大一次会议在京闭幕 习近平发表重要讲话（节选）

中华人民共和国第十四届全国人民代表大会第一次会议，在圆满完成各项议程，产生新一届国家机构组成人员后，13日上午在北京人民大会堂闭幕。

大会号召，全国各族人民更加紧密地团结在以习近平同志为核心的党中央周围，高举中国特色社会主义伟大旗帜，坚持以习近平新时代中国特色社会主义思想为指导，全面贯彻党的二十大精神，自信自强、守正创新，凝心聚力、埋头苦干，为全面建设社会主义现代化国家、全面推进中华民族伟大复兴而团结奋斗！

中共中央总书记、国家主席、中央军委主席习近平在会上发表重要讲话。他表示，这次大会选举我继续担任中华人民共和国主席，我对各位代表和全国各族人民的信任，表示衷心感谢。人民的信任，是我前进的最大动力，也是我肩上沉甸甸的责任。我将忠实履行宪法赋予的职责，以国家需要为使命，以人民利益为准绳，恪尽职守，竭诚奉献，绝不辜负各位代表和全国各族人民的重托。

习近平强调，从现在起到本世纪中叶，全面建成社会主义现代化强国、全面推进中华民族伟大复兴，是全党全国人民的中心任务。强国建设、民族复兴的接力棒，历史地落在我们这一代人身上。我们要按照党的二十大的战略部署，坚持统筹推进“五位一体”总体布局、协调推进“四个全面”战略布局，加快推进中国式现代化建设，团结奋斗，开拓创新，在新征程上作出无负时代、无负历史、无负人民的业绩，为推进强国建设、民族复兴作出我们这一代人的应有贡献。

习近平指出，在强国建设、民族复兴的新征程，我们要坚定不移推动高质量发展。要完整、准确、全面贯彻新发展理念，加快构建新发展格局，深入实施科教兴国战略、人才强国战略、创新驱动发展战略，着力提升科技自立自强能力，推动产业转型升级，推动城乡区域协调发展，推动经济社会发展绿色化、低碳化，推动经济实现质的有效提升和量的合理增长，不断壮大我国经济实力、科技实力、综合国力。

习近平强调，我们要始终坚持人民至上。全面建成社会主义现代化强国，人民是决定性力量。要积极发展全过程人民民主，坚持党的领导、人民当家作主、依法治国有机统一，健全人民当家作主制度体系，实现人民意志，保障人民权益，充分激发全体人民的积极性主动性创造性。要贯彻以人民为中心的发展思想，完善分配制度，健全社会保障体系，强化基本公共服务，兜牢民生底线，解决好人民群众急难愁盼问题，让现代化建设成果更多更公平惠及全体人民，在推进全体人民共同富裕上不断取得更为明显的实质性进展。要不断巩固发展全国各族人民大团结、海内外中华儿女大团结，充分调动一切积极因素，凝聚起强国建设、民族复兴的磅礴力量。

（新华社北京2023年3月13日电）

习近平：在二十届中央政治局第四次集体学习时的讲话

今天，我们以学习贯彻新时代中国特色社会主义思想为题举行集体学习，目的是发挥示范作用，推动全党在主题教育中深入学习贯彻新时代中国特色社会主义思想，打牢思想理论基础。

这里，我围绕开展主题教育强调几点。

第一，学习贯彻新时代中国特色社会主义思想是新时代新征程开创事业发展新局面的根本要求。对于我们这样一个世界上最大的马克思主义执政党来说，理论强，才能方向明、人心齐、底气足。拥有马克思主义科学理论指导是我们党坚定信仰信念、把握历史主动的根本所在。坚持用马克思主义中国化时代化最新成果武装全党、指导实践、推动工作，是我们党创造历史、成就辉煌的一条重要经验。新时代新征程，面对错综复杂的国际国内形势、艰巨繁重的改革发展稳定任务、各种不确定难预料的风险挑战，要实现党的二十大确定的战略目标，迫切需要广大党员、干部特别是各级领导干部进一步深入学习贯彻新时代中国特色社会主义思想，这是党中央确定在全党开展这次主题教育的主要考量。

党的理论创新每前进一步，理论武装就要跟进一步。新时代中国特色社会主义思想历经了10年的发展历程，伴随着这一历程，我们也推动全党学习了10年，取得了明显成效。但是，理论武装的任务仍然艰巨。一方面，在真学真信真用、学懂弄通做实方面，还存在一些需要引起重视的问题。另一方面，党的创新理论在不断发展，党的二十大提出了一系列重大思想、重大观点，党的二十大以来在阐述党的二十大精神过程中又提出了一些新观点，特别是提出并系统阐述了中国式现代化这个重大理论和实践问题，进一步丰富了新时代中国特色社会主义思想。这方面的学习贯彻才刚刚开始。这次主题教育确定以学习贯彻新时代中国特色社会主义思想为主题，就是要推动全党特别是领导干部把学习贯彻新时代中国特色社会主义思想不断引向深入。

第二，着力把握新时代中国特色社会主义思想的科学体系和精髓要义。党的理论创新过程是一个总结经验、探求未知、发现真理的过程，就是一个把握事物之间内在联系、揭示客观规律、预见事物发展必然趋势的过程，由此形成的理论成果自然是一个科学系统、逻辑严密、有机统一的整体。新时代中国特色社会主义思想就是紧紧围绕回答新时代坚持和发展什么样的中国特色社会主义、怎样坚持和发展中国特色社会主义，建设什么样的社会主义现代化强国、怎样建设社会主义现代化强国，建设什么样的长期执政的马克思主义政党、怎样建设长期执政的马克思主义政党等重大时代课题，不断深化对人类社会发展规律、社会主义建设规律、共产党执政规律认识的理论成果。其内容涵盖改革发展稳定、内政外交国防、治党治国治军等方方面面，构成一个完整的科学体系。党的二十大报告明确指出，“十个明确”、“十四个坚持”、“十三个方面成就”概括了这一思想的主要内容。我们既要全面系统地学习掌握这些主要内容，又要整体把握这一思想的科学体系，做到融会贯通。对各领域提出的新理念、新思想、新战略，对各方面工作提出的具体要求，都要放在整个科学体系中来认识和把握，避免碎片化、片面性，不能只见树木、不见森林。

同时，学深悟透新时代中国特色社会主义思想，还必须把握这一思想的世界观、方法论和贯穿其中的立场观点方法。党的二十大报告提出了继续推进理论创新的科学方法，即必须坚持人民至上、必须坚持自信自立、必须坚持守正创新、必须坚持问题导向、必须坚持系统观念、必须坚持胸怀天下。这“六个必须坚持”，也是新时代中国特色社会主义思想的立场观点方法的重要体现。只有准确把握包括“六个必须坚持”在内的新时代中国特色社会主义思想的立场观点方法，才能更好领会这一思想的精髓要义，才能把思想方法搞对头，认识问题才站得高，分析问题才看得深，开展工作也才能把得准，确保张弛有度、收放自如。在实际工作中，一些领导干部判断形势不准确，应对风险不主动，处理复杂矛盾问题顾此失彼、进退失据，往往都同没有把握好党的创新理论的精髓要义密切相关。

第三，发扬理论联系实际的优良作风。理论在一个国家实现的程度取决于理论满足现实需要的程度，理论作用发挥的效度取决于理论见诸实践的深度。实践性是马克思主义的显著特征，学习新时代中国特色社会主义思想的目的全在于运用，在于把这一思想变成改造主观世界和客观世界的强大思想武器。只有把自己的思想摆进去、把工作摆进去、把职责摆进去，才能真切感悟到科学理论的真理力量和实践伟力。

党的二十大报告提出用新时代中国特色社会主义思想凝心铸魂，就是要推动全党以党的创新理论为武器改造主观世界。在这次主题教育中，党员、干部特别是各级领导干部要主动把自己的思想摆进去，学习掌握党的创新理论关于坚定理想信念、提升思想境界、加强党性锻炼的一系列要求，包括不忘初心、牢记使命，胸怀“国之大者”，提高政治判断力、政治领悟力、政治执行力，“三严三实”，忠诚干净担当，为民务实清廉等等，始终保持共产党人的政治本色。特别是要把这一思想的世界观、方法论和贯穿其中的立场观点方法转化为自己的思想武器，内化于心、外化于行。

要把党的创新理论运用到贯彻落实党的二十大提出的重大战略部署中去。要善于运用新时代中国特色社会主义思想观察时代、把握时代、引领时代，更好统筹中华民族伟大复兴战略全局和世界百年未有之大变局，深刻洞察时与势、危与机，积极识变应变求变。要善于运用这一思想推进中国式现代化取得新进展、新突破，强化政治领导，丰富战略支撑，拓展实践路径，破解发展难题，激发动力活力，使中国式现代化的中国特色更加鲜明、优势更加彰显、前景更加光明。要善于运用这一思想解决经济社会发展中的各种矛盾和问题，完整、准确、全面贯彻新发展理念，加快构建新发展格局，推动高质量发展，促进共同富裕。要善于运用这一思想防范化解重大风险，增强忧患意识，坚持底线思维，居安思危、未雨绸缪，时刻保持箭在弦上的备战姿态，下好先手棋，打好主动仗，对各种风险见之于未萌、化之于未发，坚决防范各种风险失控蔓延，坚决防范系统性风险。要善于运用这一思想深入推进全面从严治党，时刻保持解决大党独有难题的清醒和坚定，既注重解决好出现的新问题，又注重解决好存在的深层次问题，确保党永远不变质、不变色、不变味。

第四，中央政治局的同志要在主题教育中当表率。党的十八大以来，我反复强调领导干部在各个方面都要坚持以身作则、以上率下。实践证明，这是一种有效的领导方法和工作方法。这次主题教育，中央政治局的同志要带头学习领会和贯彻落实党中央关于深入开展主题教育文件的精神，以更高标准、更严要求、更实措施，为全党作示范、立标杆、带好头。要带头抓好理论学习，引导和推动全党把学习贯彻新时代中国特色社会主义思想引向深入。要带头抓好调查研究，深入实际、深入群众，增强问题意识，真正把情况摸清、把问题找准、把对策提实，提出解决问题的新思路新办法，引导和推动全党大兴调查研究之风。要带头抓好问题检视和整改，紧密结合新形势新任务新职责，把学、查、改有机贯通起来，全面查找自身不足和工作偏差，正确对待和自觉接受党内外监督，认真开展批评和自我批评，着力从思想根源和制度机制上解决问题，带动全党深查实改，以整改的实际成效取信于民。要带头抓好所在地区、分管领域的主题教育，压实领导责任，全程掌握进展情况，着力发现和解决各种苗头性、倾向性问题，正确处理日常工作与主题教育的关系，把工作抓实、抓深，确保方向不偏、力度不减，推动主题教育扎实开展，努力取得实实在在的成效。

（2023 年 3 月 30 日，《求是》杂志 2023 年第 10 期）

习近平：在学习贯彻习近平新时代中国特色社会主义思想主题教育工作会议上的讲话

此前，党中央已下发了关于开展主题教育的《意见》，就抓好这次主题教育作出安排，提出明确要求。这里，我讲3个问题。

一、深刻认识开展这次主题教育的重大意义

以县处级以上领导干部为重点在全党深入开展学习贯彻新时代中国特色社会主义思想主题教育，是贯彻落实党的二十大精神的重大举措，对于统一全党思想、解决党内存在的突出问题、始终保持党同人民群众血肉联系、推动党和国家事业发展，具有重要意义。

第一，这是统一全党思想意志行动、始终保持党的强大凝聚力、战斗力的必然要求。团结统一是党的生命，是党的力量所在。思想上的统一是党的团结统一最深厚最持久最可靠的保证。我们这么大一个党，领导着这么大一个国家，肩负着带领全国各族人民实现国家强盛、民族复兴这个艰巨任务，全党必须统一思想、统一意志、统一行动。怎么实现全党思想、意志、行动的统一？最根本的就是用党的基本理论武装全党。

我们党始终高度重视理论武装，每逢重大历史关头，都要用党的创新理论统一全党思想，每次党内集中教育也都坚持把理论学习作为首要任务并贯穿始终，为全党团结统一奠定坚实思想基础。今天，我们党带领全国各族人民迈上了全面建设社会主义现代化国家、全面推进中华民族伟大复兴的新征程，要更好肩负起新时代新征程党的使命任务，迫切需要用新时代中国特色社会主义思想武装头脑、指导实践、推动工作。

党的十八大以来，伴随着新时代中国特色社会主义思想在实践中形成发展的历程，我们持续推动用党的创新理论武装全党，取得了明显成效。但是，理论武装的任务仍然艰巨。一方面，在真学真信真用、学懂弄通做实方面，还存在一些需要引起重视的问题。有的党员、干部理论学习兴趣不浓，学不进去，学习走形式装样子；有的学习不系统不深入，一知半解、浅尝辄止，知其然不知其所以然；有的学用脱节，学归学做归做，不善于把学习成果转化为干事创业的实际本领，等等。这些问题表明，党的理论武装工作不能搞形式，必须持续往深里走、往实里走。另一方面，党的创新理论在不断发展，党的二十大提出了一系列重大思想、重大观点，党的二十大以来在阐述党的二十大精神过程中又提出了一些新观点，特别是提出并系统阐述了中国式现代化这个重大理论和实践问题，进一步丰富了新时代中国特色社会主义思想。这方面的学习贯彻才刚刚开始。因此，在新征程开局起步之际，必须继续推动全党深入学习贯彻新时代中国特色社会主义思想。历史和现实表明，理论学习不深入不彻底，思想统一就没有基础，党的团结统一就会受到严重影响。

这次主题教育，要在推动学习贯彻新时代

中国特色社会主义思想走深走实上下功夫，教育引导党员、干部从思想上正本清源、固本培元，不断提高政治判断力、政治领悟力、政治执行力，增强“四个意识”、坚定“四个自信”、做到“两个维护”，始终在思想上政治上行动上同党中央保持高度一致，做到心往一处想、劲往一处使，共同把党锻造成一块攻无不克、战无不胜的坚硬钢铁。

第二，这是推动全党积极担当作为、不断开创事业发展新局面的必然要求。全面建成社会主义现代化强国、实现第二个百年奋斗目标，以中国式现代化全面推进中华民族伟大复兴，是全党全国各族人民在新时代新征程的中心任务。这是前无古人的开创性事业，前进道路上，必然会遇到大量从未出现过的全新课题、遭遇各种艰难险阻、经受许多风高浪急甚至惊涛骇浪的重大考验。唯有始终保持锐意进取、敢为人先、迎难而上的奋斗姿态，积极担当作为、敢于善于斗争，才能胜利推进强国建设、民族复兴的历史伟业。

我们党百年奋斗的伟大成就都是党团结带领全国各族人民拼出来、干出来的，要把党的二十大描绘的宏伟蓝图变成现实，仍然要靠拼、要靠干。总体来看，现在广大党员、干部的能力素质和精神状态是好的，但也要清醒看到，干部队伍中不愿担当、不敢担当、不善担当的问题还比较突出。有的为了不出事宁愿不干事，得过且过；有的碰到矛盾和难题绕道走，把自身责任往外推，不敢动真碰硬；有的光说不练，表态快、调门高，行动慢、落实差；有的德不配位、能力平庸，挑不起重担，打不开工作局面；有的瞻前顾后、畏首畏尾，在重大风险挑战面前底气不足、惊慌失措，等等。这些问题尽管存在于少数党员、干部身上，但任其发展，就会损害党的形象、贻误党的事业，必须认真加以解决。

这次主题教育，要教育引导广大党员、干部学思想、见行动，树立正确的权力观、政绩观、事业观，增强责任感和使命感，不断提高推动高质量发展本领、服务群众本领、防范化解风险本领，加强斗争精神和斗争本领养成，提振锐意进取、担当有为的精气神。要采取有效措施，着力消除影响干部担当作为的各种消极因素，敢于为担当者担当、为负责者负责、为干事者撑腰，让愿担当、敢担当、善担当蔚然成风，推动广大党员、干部以满腔热忱奋进新征程、建功新时代。

第三，这是深入推进全面从严治党、以党的自我革命引领社会革命的必然要求。治国必先治党，党兴才能国强。全面从严治党永远在路上，党的自我革命永远在路上，解决大党独有难题是一个长期而艰巨的过程，既需要常抓不懈，又需要集中发力，及时消除一切影响党的先进性纯洁性的因素，清除一切侵蚀党的肌体健康的病毒，确保党永远不变质、不变色、不变味。

党的十八大以来，面对党面临的重大风险考验和党内存在的突出问题，我们党以刀刃向内的自我革命精神，采取一系列重大战略举措，坚持和加强党的全面领导，坚定不移推进全面从严治党，党在革命性锻造中变得更加坚强有力。成就有目共睹，问题也不容忽视。党内存在的思想不纯、组织不纯、作风不纯等突出问题尚未得到根本解决，一些已经解决的问题有可能死灰复燃，一些新的问题还在不断出现。比如，一些地方和部门贯彻落实党中央决策部署不到位，要么简单化、“一刀切”，照抄照搬、上下一般粗，要么做选择、搞变通、打折扣，不顾大局、搞部门和地方保护主义；享乐主义、奢靡之风不时抬头，隐形变异行为潜滋暗长，铲除形式主义、官僚主义顽疾还任重道远；一些党组织政治功能、组织功能不强，党建引领基层治理作用发挥还不充分；反腐败斗争形势依然严峻复杂，遏制增量、清除存量的任务依然艰巨，等等。解决这些问题一刻也不能放松，必须把严的基调、严的措施、严的氛围长期坚持下去，不断把全面从严治党引向深入。

这次主题教育，要教育引导各级党组织和广大党员、干部突出问题导向，查不足、找差距、明方向，接受政治体检，打扫政治灰尘，纠正行为偏差，解决思想不纯、组织不纯方面存在的突出问题，不断增强党的自我净化、自我完善、自我革新、自我提高能力，使我们党始终充满蓬勃生机和旺盛活力，始终成为中国特色社会主义事业的坚强领导核心。

二、全面准确把握主题教育的目标要求

党中央下发的《意见》对这次主题教育的总要求、目标任务、方法措施作出了明确规定，各级党组织要结合实际抓好落实，确保取得预期效果。

第一，牢牢把握总要求。这次主题教育的总要求是“学思想、强党性、重实践、建新功”。这四句话体现了我们党认识与实践相结合、理论与实际相联系、改造主观世界与改造客观世界相统一的一贯要求，是一个紧密联系、相互贯通、内在统一的整体。要把这一总要求贯穿这次主题教育全过程。

学思想，就是要全面学习领会新时代中国特色社会主义思想，全面系统掌握这一思想的基本观点、科学体系，把握好这一思想的世界观、方法论，坚持好、运用好贯穿其中的立场观点方法，不断增进对党的创新理论的政治认同、思想认同、理论认同、情感认同，真正把马克思主义看家本领学到手，自觉用新时代中国特色社会主义思想指导各项工作。

强党性，就是要自觉用新时代中国特色社会主义思想改造主观世界，深刻领会这一思想关于坚定理想信念、提升思想境界、加强党性锻炼等一系列要求，始终保持共产党人的政治本色。

重实践，就是要自觉践行新时代中国特色社会主义思想，用以改造客观世界、推动事业发展，用以观察时代、把握时代、引领时代，积极识变应变求变，解决经济社会发展和党的建设中存在的各种矛盾问题，防范化解重大风险，推动中国式现代化取得新进展新突破。

建新功，就是要从新时代中国特色社会主义思想中汲取奋发进取的智慧和力量，熟练掌握其中蕴含的领导方法、思想方法、工作方法，不断提高履职尽责的能力和水平，凝心聚力促发展，驰而不息抓落实，立足岗位作贡献，努力创造经得起历史和人民检验的实绩。

第二，紧紧锚定目标任务。开展这次主题教育，根本任务是坚持学思用贯通、知信行统一，把新时代中国特色社会主义思想转化为坚定理想、锤炼党性和指导实践、推动工作的强大力量，使全党始终保持统一的思想、坚定的意志、协调的行动、强大的战斗力，努力在以学铸魂、以学增智、以学正风、以学促干方面取得实实在在的成效。具体要达到以下目标。

一是凝心铸魂筑牢根本。要教育引导广大党员、干部经受思想淬炼、精神洗礼，坚定对马克思主义的信仰、对中国特色社会主义的信念、对实现中华民族伟大复兴中国梦的信心，弘扬伟大建党精神，务必不忘初心、牢记使命，务必谦虚谨慎、艰苦奋斗，务必敢于斗争、善于斗争，筑牢信仰之基、补足精神之钙、把稳思想之舵。

二是锤炼品格强化忠诚。要教育引导广大党员、干部锤炼政治品格，不断提高政治判断力、政治领悟力、政治执行力，增强“四个意识”、坚定“四个自信”、做到“两个维护”，以党的旗帜为旗帜、以党的意志为意志、以党的使命为使命，始终忠诚于党、忠诚于人民、忠诚于马克思主义，真心爱党、时刻忧党、坚定护党、全力兴党。

三是实干担当促进发展。要教育引导广大党员、干部胸怀“国之大者”，紧紧围绕新时代新征程党的中心任务，真抓实干、务求实效，聚焦问题、知难而进，以“时时放心不下”的责任感、积极担当作为的精气神为党和人民履好职、尽好责，以新气象新作为推动高质量发展取得新成效，依靠顽强斗争打开事业发展新天地。

四是践行宗旨为民造福。要教育引导广大党员、干部牢固树立以人民为中心的发展思想，坚持一切为了人民、一切依靠人民，自觉问计于民、问需于民，始终同人民同呼吸、共

命运、心连心，通过做大“蛋糕”不断增进民生福祉，着力解决人民群众急难愁盼问题，把惠民生、暖民心、顺民意的工作做到群众心坎上，增强人民群众获得感、幸福感、安全感。

五是廉洁奉公树立新风。要教育引导广大党员、干部增强纪律意识、规矩意识，持续纠治“四风”，把纠治形式主义、官僚主义摆在更加突出的位置，做到公正用权、依法用权、为民用权、廉洁用权，推动形成清清爽爽的同志关系、规规矩矩的上下级关系、亲清统一的新型政商关系，当好良好政治生态和社会风气的引领者、营造者、维护者。

第三，全面落实重点措施。这次主题教育不划阶段、不分环节，要把理论学习、调查研究、推动发展、检视整改等贯通起来，有机融合、一体推进。

要强化理论学习。坚持读原著学原文悟原理，坚持多思多想、学深悟透，全面学习领会新时代中国特色社会主义思想的科学体系、核心要义、实践要求，做到整体把握、融会贯通。大力弘扬理论联系实际的马克思主义学风，紧密结合新时代波澜壮阔的历史进程和伟大变革，深刻把握新时代中国特色社会主义思想产生和发展的实践基础；紧密结合统揽伟大斗争、伟大工程、伟大事业、伟大梦想，统筹推进“五位一体”总体布局、协调推进“四个全面”战略布局的时代要求，深刻把握这一思想关于治国理政的新理念新思想新战略；紧密结合工作职责需要，深刻把握这一思想关于相关领域的重要论述以及做好具体工作的思路、举措、办法。把全面学习和重点学习结合起来，引导广大党员、干部坚持干什么就重点学什么、缺什么就重点补什么，增强学习的针对性，努力提高学习实效。各级党委（党组）要采取理论学习中心组学习、举办读书班等多种形式开展集中学习、深入研讨交流。领导干部要上讲台、讲党课，以身作则、以讲促学。坚持以党内教育引导和带动全社会的学习，让党的创新理论“飞入寻常百姓家”。

要深入调查研究。按照党中央关于在全党大兴调查研究的工作方案，组织广大党员、干部特别是各级领导干部扑下身子、沉到一线，深入农村、社区、企业、医院、学校、“两新”组织等基层单位，把脉问诊、解剖麻雀，进行问题梳理、难题排查，运用党的创新理论研究新情况、解决新问题。坚持问题导向，增强问题意识，敢于正视问题，善于发现问题，既看“高楼大厦”又看“背阴胡同”，真正把情况摸清、把问题找准、把对策提实。改进调研方式，力戒形式主义、官僚主义，多到困难多、群众意见集中、工作打不开局面的地方和单位调研。善于换位思考，走进群众，真诚倾听群众呼声、真实反映群众愿望、真情关心群众疾苦，准确了解群众的所忧所盼。注重调研成果转化运用，在调查的基础上深化研究，提高调研成果质量，切实把调研成果转化为解决问题、改进工作的实际举措，防止调查多研究少、情况多分析少，提出的对策建议大而化之、空洞抽象、不解决实际问题。统筹安排、合理确定调研时间、地点，防止扎堆调研、作秀式调研。调研过程中要轻车简从，简化公务接待，不给基层增加负担。

要推动高质量发展。紧紧围绕高质量发展这个全面建设社会主义现代化国家的首要任务，以强化理论学习指导发展实践，以深化调查研究推动解决发展难题，把学习和调研落实到完成党的二十大部署的各项任务中去，以推动高质量发展的新成效检验主题教育成果。认真落实党中央关于贯彻新发展理念、构建新发展格局、推动高质量发展的一系列要求和决策部署，增强系统观念和大局意识，做好着力扩大内需、深化供给侧结构性改革，加快建设现代化产业体系，全面推进乡村振兴，实施科教兴国战略、人才强国战略、创新驱动发展战略，在发展中保障和改善民生，推动绿色发展、推进美丽中国建设，推进全面依法治国，建设社会主义文化强国，维护社会稳定等方面工作，形成共促高质量发展的强大合力。紧密结合实际，打破思维定势，转变思想观念，紧盯本地区本部门本单位影响和制约高质量发展的问题短板及其根源，开展靶向治疗，正确处理速度和质量、发展和安全、发展和环保、发展和防疫等重大关系，不断提高推动高质量发展的系统性、整体性、协同性。需要着重强调，各级领导班子要牢记党和人民嘱托，发扬“功成不必在我、功成必定有我”的精神，坚持一张蓝图绘到底，对已有的部署和规划，只要是科学的、切合新的实践要求的、符合人民群众愿望的，就要坚持，一茬接着一茬干，防止换届后容易出现的政绩冲动、盲目蛮干、大干快上以及“换赛道”、“留痕迹”等现象。

要抓好检视整改。坚持边学习、边对照、边检视、边整改，把问题整改贯穿主题教育始终，让人民群众切实感受到解决问题的实际成效。领导班子要对照《意见》列举的问题，对标对表新时代中国特色社会主义思想和党中央重大决策部署，系统梳理调研发现的问题、推动发展遇到的问题、群众反映强烈的问题，结合巡视巡察、审计监督发现的问题，一项一项制定整改措施，能改的马上改，一时解决不了的，要盯住不放、持续整改，确保整改到位，防止久拖不决、整而不改。党员、干部特别是领导干部要把自己摆进去、把职责摆进去、把工作摆进去，对照检视出来的问题进行党性分析，认真开展批评和自我批评，做到见人见事见思想，着力从思想根源上解决问题。各地区各部门各单位要抓好突出问题的专项整治，敢于动真碰硬，务求取得实效。坚持“当下改”与“长久立”相结合，对主题教育中学习贯彻新时代中国特色社会主义思想的好做法好经验，及时以制度形式固定下来。对反复出现的问题注重从制度上找原因，做好完善机制、建章立制的工作，防止问题反弹。

中央和国家机关在党和国家治理体系中处于特殊重要位置，离党中央最近，服务党中央最直接，对开展好这次主题教育具有风向标作用。这次主题教育，中央和国家机关各部门要带好头、作表率，示范带动主题教育走深走实。同时，要在主题教育中抓好机关和系统内干部队伍教育整顿，切实加强政治教育、党性教育，严守规矩、严明法纪，以严肃教育纯洁思想，以严格整顿纯洁组织，努力建设让党中央放心、让人民群众满意的模范机关，走好践行“两个维护”的第一方阵。

三、切实加强对主题教育的领导

这次主题教育是一件事关全局的大事，时间紧、任务重、要求高。各级党委（党组）要高度重视，精心组织实施，确保圆满完成主题教育各项任务。

第一，明确领导责任。这次主题教育在中央政治局常委会领导下开展，成立中央主题教育领导小组及其办公室，负责主题教育的领导和指导。领导小组成员单位要充分发挥职能作用，形成齐抓共管合力。各级党委（党组）要扛起主体责任，把主题教育谋划好、组织好、落实好。党委（党组）主要负责同志要切实履行第一责任人职责，亲自谋划、靠前指挥、督促指导，不当“甩手掌柜”、不当“二传手”。党委（党组）成员要认真履行一岗双责，加强对分管领域、分管部门开展主题教育的指导督促。行业系统主管部门要加强对本行业本系统开展主题教育的指导。相关部门要明确责任、密切配合，形成良好的组织指导格局，使主题教育善始善终、取得实际成效。要把主题教育开展情况作为领导班子和领导干部年度考核、党组织书记抓基层党建工作述职评议考核重要内容。

第二，强化督促指导。中央派出指导组，对主题教育开展情况进行督促指导。省区市党委和行业系统主管部门党组（党委）派出巡回指导组，加强对所属地区、部门和单位的督促指导。市县两级不组建指导组。各级指导组要采取巡回指导、随机抽查、下沉走访、座谈访谈等方式，严督实导、以导带督，既指出存在问题，又帮助研究对策。要针对不同地区、不同领域、不同行业的特点分类指导，精准施策，防止“一刀切”。要紧紧依靠地区部门单位党委（党组）开展工作，加强沟通交流，及时交换意见，推动问题解决。需要注意的是，形式主义、官僚主义是这次主题教育要重点检视整改的问题，那么这次主题教育就坚决不能搞形式主义，不能搞形式化、套路化、表面化那一套。对可能出现的各种形式主义，要提前预判、有效防范、坚决克服。

第三，注重统筹兼顾。今年是全面贯彻党的二十大精神的开局之年，又要推进党和国家机构改革，任务重、头绪多。各地区各部门各单位要坚持围绕中心、服务大局，把开展主题教育同贯彻落实党中央各项决策部署结合起来，同推动本地区本部门本单位的中心工作结合起来，同推进机构改革结合起来，做到两手抓、两促进，推动党员、干部将焕发出来的学习、工作热情转化为攻坚克难、干事创业的强大动力。要结合实际，统筹安排第一批、第二批主题教育，确保前后衔接、有序推进。

第四，加强宣传引导。要充分发挥各级党报、党刊、电视台、广播电台等宣传主渠道作用，注重运用新媒体，深入宣传党中央部署要求，宣传主题教育的重大意义、目标任务、进展成效。创新方式方法，充分发挥主流媒体和新兴媒体作用，正面引导网上舆论，注意防止“低级红”、“高级黑”。宣传正面典型，总结一批可复制可推广的好经验好做法。深刻剖析反面典型，以案例明法纪、促整改，有效发挥警示作用。

同志们，强国建设、民族复兴的宏伟目标令人鼓舞、催人奋进，我们这一代共产党人使命光荣、责任重大。我们要以这次主题教育为契机，加强党的创新理论武装，不断提高全党马克思主义水平，不断提高党的执政能力和领导水平，为奋进新征程凝心聚力，踔厉奋发、勇毅前行，为全面建设社会主义现代化国家、全面推进中华民族伟大复兴而团结奋斗！

（2023 年 4 月 3 日，《求是》杂志 2023 年第 9 期）

习近平：扎实推动教育强国建设

今天，中央政治局进行第五次集体学习，内容是建设教育强国。安排这次学习，目的是贯彻落实党的二十大部署，总结我国建设教育强国的进展和成就，分析面临的形势和需要解决的问题，探究我国建设什么样的教育强国、怎样建设教育强国这一重大课题，扎实推动教育强国建设。

纵观人类历史，教育兴则国家兴，教育强则国家强。世界强国无一不是教育强国，教育始终是强国兴起的关键因素。建设教育强国，是全面建成社会主义现代化强国的战略先导，是实现高水平科技自立自强的重要支撑，是促进全体人民共同富裕的有效途径，是以中国式现代化全面推进中华民族伟大复兴的基础工程。

重教尚学是中华民族世代传承的优良传统，是中华民族生生不息的内在动力。新中国成立以来，我国教育事业走过了由旧到新、由小到大的非凡历程，实现了从文盲大国向教育大国、从人口大国向人力资源大国的转变。党的十八大以来，党中央坚持把教育作为国之大计、党之大计，作出加快教育现代化、建设教育强国的重大决策，推动新时代教育事业取得历史性成就、发生格局性变化。我国已建成世界上规模最大的教育体系，教育现代化发展总体水平跨入世界中上国家行列。据中国教育科学研究院测算，我国目前的教育强国指数居全球第23位，比2012年上升26位，是进步最快的国家。这充分证明，中国特色社会主义教育发展道路是完全正确的。

当今世界，新一轮科技革命和产业变革深入发展，围绕高素质人才和科技制高点的国际竞争空前激烈。我国在建设教育强国上仍存在不少差距、短板和弱项，实现从教育大国向教育强国的跨越依然任重道远。

党的二十大报告把教育科技人才单独成章进行布局，吹响了加快建设教育强国的号角。我们要建设的教育强国，是中国特色社会主义教育强国，必须以坚持党对教育事业的全面领导为根本保证，以立德树人为根本任务，以为党育人、为国育才为根本目标，以服务中华民族伟大复兴为重要使命，以教育理念、体系、制度、内容、方法、治理现代化为基本路径，以支撑引领中国式现代化为核心功能，最终是办好人民满意的教育。我们要全面贯彻党的教育方针，坚持以人民为中心发展教育，主动超前布局、有力应对变局、奋力开拓新局，加快推进教育现代化，以教育之力厚植人民幸福之本，以教育之强夯实国家富强之基，为全面推进中华民族伟大复兴提供有力支撑。

第一，培养担当民族复兴大任的时代新人。培养什么人、怎样培养人、为谁培养人是教育的根本问题，也是建设教育强国的核心课题。我们建设教育强国的目的，就是培养一代又一代德智体美劳全面发展的社会主义建设者和接班人，培养一代又一代在社会主义现代化建设中可堪大用、能担重任的栋梁之才，确保党的事业和社会主义现代化强国建设后继有人。浇花浇根，育人育心。要坚持不懈用新时代中国特色社会主义思想铸魂育人，着力加强社会主义核心价值观教育，引导学生树立坚定的理想信念，永远听党话、跟党走，矢志奉献国家和人民。要坚持改革创新，推进大中小学思想政治教育一体化建设，提高思政课的针对性和吸引力。网络已成为广大青少年学习生活的重要空间，要提高网络育人能力，扎实做好互联网时代的学校思想政治工作和意识形态工作。

第二，加快建设高质量教育体系。当前，我国教育已由规模扩张阶段转向高质量发展阶段。要坚持把高质量发展作为各级各类教育的生命线，加快建设高质量教育体系，以教育高质量发展赋能经济社会可持续发展。建设教育强国，基点在基础教育。基础教育搞得越扎实，教育强国步伐就越稳、后劲就越足。要推进学前教育普及普惠安全优质发展，推动义务教育优质均衡发展和城乡一体化。基础教育既要夯实学生的知识基础，也要激发学生崇尚科学、探索未知的兴趣，培养其探索性、创新性思维品质。要在全社会树立科学的人才观、成才观、教育观，加快扭转教育功利化倾向，形成健康的教育环境和生态。建设教育强国，龙头是高等教育。放眼全球，任何一个教育强国都是高等教育强国。要把加快建设中国特色、世界一流的大学和优势学科作为重中之重，大力加强基础学科、新兴学科、交叉学科建设，瞄准世界科技前沿和国家重大战略需求推进科研创新，不断提升原始创新能力和人才培养质量。要建设全民终身学习的学习型社会、学习型大国，促进人人皆学、处处能学、时时可学，不断提高国民受教育程度，全面提升人力资源开发水平，促进人的全面发展。

第三，全面提升教育服务高质量发展的能力。要把服务高质量发展作为建设教育强国的重要任务。当今时代，人才是第一资源，科技是第一生产力，创新是第一动力，建设教育强国、科技强国、人才强国具有内在一致性和相互支撑性，要把三者有机结合起来、一体统筹推进，形成推动高质量发展的倍增效应。要进一步加强科学教育、工程教育，加强拔尖创新人才自主培养，为解决我国关键核心技术“卡脖子”问题提供人才支撑。要系统分析我国各方面人才发展趋势及缺口状况，根据科学技术发展态势，聚焦国家重大战略需求，动态调整优化高等教育学科设置，有的放矢培养国家战略人才和急需紧缺人才，提升教育对高质量发展的支撑力、贡献力。要统筹职业教育、高等教育、继续教育，推进职普融通、产教融合、科教融汇，源源不断培养高素质技术技能人才、大国工匠、能工巧匠。

第四，在深化改革创新中激发教育发展活力。从教育大国到教育强国是一个系统性跃升和质变，必须以改革创新为动力。要坚持系统观念，统筹推进育人方式、办学模式、管理体制、保障机制改革，坚决破除一切制约教育高质量发展的思想观念束缚和体制机制弊端，全面提高教育治理体系和治理能力现代化水平。教育公平是社会公平的重要基础，也是建设教育强国的内在要求。要把促进教育公平融入到深化教育领域综合改革的各方面各环节，缩小教育的城乡、区域、校际、群体差距，努力让每个孩子都能享有公平而有质量的教育，更好满足群众对“上好学”的需要。教育评价事关教育发展方向，事关教育强国成败。要紧扣建设教育强国目标，深化新时代教育评价改革，构建多元主体参与、符合我国实际、具有世界水平的教育评价体系。要加强教材建设和管理，牢牢把握正确政治方向和价值导向，用心打造培根铸魂、启智增慧的精品教材。教育数字化是我国开辟教育发展新赛道和塑造教育发展新优势的重要突破口。我国互联网上网人数已达 10.67 亿人，要进一步推进数字教育，为个性化学习、终身学习、扩大优质教育资源覆盖面和教育现代化提供有效支撑。

第五，增强我国教育的国际影响力。要根据国际形势发展变化，完善教育对外开放战略策略，统筹做好“引进来”和“走出去”两篇大文章，有效利用世界一流教育资源和创新要素，使我国成为具有强大影响力的世界重要教育中心。要积极参与全球教育治理，大力推进“留学中国”品牌建设，讲好中国故事、传播中国经验、发出中国声音，增强我国教育的国际影响力和话语权。要坚持扩大教育对外开放不动摇。深入贯彻总体国家安全观，把牢教育对外开放正确方向和安全底线。

第六，培养高素质教师队伍。强教必先强师。要把加强教师队伍建设作为建设教育强国最重要的基础工作来抓，健全中国特色教师教育体系，大力培养造就一支师德高尚、业务精湛、结构合理、充满活力的高素质专业化教师队伍。要立足教育强国建设实际需要，加大教职工统筹配置和跨区域调整力度。要弘扬尊师重教社会风尚，提高教师政治地位、社会地位、职业地位，使教师成为最受社会尊重的职业之一，支持和吸引优秀人才热心从教、精心从教、长期从教、终身从教。要加强师德师风建设，引导广大教师坚定理想信念、陶冶道德情操、涵养扎实学识、勤修仁爱之心，树立“躬耕教坛、强国有我”的志向和抱负，坚守三尺讲台，潜心教书育人。

建设教育强国是全党全社会的共同任务。要坚持和加强党对教育工作的全面领导，不断完善党委统一领导、党政齐抓共管、部门各负其责的教育领导体制。中央教育工作领导小组要把建设教育强国作为总抓手，加强顶层设计、统筹协调、整体推进、督促落实。各级党委和政府要始终心怀“国之大者”，坚持教育优先发展，在组织领导、发展规划、资源保障、经费投入上加大力度。学校、家庭、社会要紧密合作、同向发力，积极投身教育强国实践，共同办好教育强国事业。全党全国各族人民要坚定信心、久久为功，为早日实现教育强国目标而共同努力。

（习近平总书记2023年5月29日在二十届中央政治局第五次集体学习时的讲话，《求是》杂志2023年第18期）

习近平：在文化传承发展座谈会上的讲话

今天，我们召开文化传承发展座谈会。座谈会之前，我先后参观了新建成的中国国家版本馆和中国历史研究院的考古博物馆，很有收获。

成立中国历史研究院、中国国家版本馆，是党中央作出的重大决策。中华民族具有百万年的人类史、一万年的文化史、五千多年的文明史。这次参观考察中国历史研究院、中国国家版本馆，我更加深切感到中国文化源远流长，中华文明博大精深。只有全面深入了解中华文明的历史，才能更有效地推动中华优秀传统文化创造性转化、创新性发展，更有力地推进中国特色社会主义文化建设，建设中华民族现代文明。

文化关乎国本、国运。这段时间，我一直在思考推进中国特色社会主义文化建设、建设中华民族现代文明这个重大问题。这也是召开这次座谈会的原因。这里，我讲3个问题。

一、深刻把握中华文明的突出特性

中华优秀传统文化有很多重要元素，比如，天下为公、天下大同的社会理想，民为邦本、为政以德的治理思想，九州共贯、多元一体的大一统传统，修齐治平、兴亡有责的家国情怀，厚德载物、明德弘道的精神追求，富民厚生、义利兼顾的经济伦理，天人合一、万物并育的生态理念，实事求是、知行合一的哲学思想，执两用中、守中致和的思维方法，讲信修睦、亲仁善邻的交往之道等，共同塑造出中华文明的突出特性。

中华文明具有突出的连续性。中华文明是世界上唯一绵延不断且以国家形态发展至今的伟大文明。这充分证明了中华文明具有自我发展、回应挑战、开创新局的文化主体性与旺盛生命力。深厚的家国情怀与深沉的历史意识，为中华民族打下了维护大一统的人心根基，成为中华民族历经千难万险而不断复兴的精神支撑。中华文明的连续性，从根本上决定了中华民族必然走自己的路。如果不从源远流长的历史连续性来认识中国，就不可能理解古代中国，也不可能理解现代中国，更不可能理解未来中国。

中华文明具有突出的创新性。中华文明是革故鼎新、辉光日新的文明，静水深流与波澜壮阔交织。连续不是停滞、更不是僵化，而是以创新为支撑的历史进步过程。中华民族始终以“苟日新，日日新，又日新”的精神不断创造自己的物质文明、精神文明和政治文明，在很长的历史时期内作为最繁荣最强大的文明体屹立于世。中华文明的创新性，从根本上决定了中华民族守正不守旧、尊古不复古的进取精神，决定了中华民族不惧新挑战、勇于接受新事物的无畏品格。

中华文明具有突出的统一性。中华文明长期的大一统传统，形成了多元一体、团结集中的统一性。“向内凝聚”的统一性追求，是文明连续的前提，也是文明连续的结果。团结统一是福，分裂动荡是祸，是中国人用血的代价换来的宝贵经验教训。中华文明的统一性，从根本上决定了中华民族各民族文化融为一体、即使遭遇重大挫折也牢固凝聚，决定了国土不可分、国家不可乱、民族不可散、文明不可断的共同信念，决定了国家统一永远是中国核心利益的核心，决定了一个坚强统一的国家是各族人民的命运所系。

中华文明具有突出的包容性。中华文明从来不用单一文化代替多元文化，而是由多元文化汇聚成共同文化，化解冲突，凝聚共识。中华文化认同超越地域乡土、血缘世系、宗教信仰等，把内部差异极大的广土巨族整合成多元一体的中华民族。越包容，就越是得到认同和维护，就越会绵延不断。中华文明的包容性，从根本上决定了中华民族交往交流交融的历史取向，决定了中国各宗教信仰多元并存的和谐格局，决定了中华文化对世界文明兼收并蓄的开放胸怀。

中华文明具有突出的和平性。和平、和睦、和谐是中华文明五千多年来一直传承的理念，主张以道德秩序构造一个群己合一的世界，在人己关系中以他人为重。倡导交通成和，反对隔绝闭塞；倡导共生并进，反对强人从己；倡导保合太和，反对丛林法则。中华文明的和平性，从根本上决定了中国始终是世界和平的建设者、全球发展的贡献者、国际秩序的维护者，决定了中国不断追求文明交流互鉴而不搞文化霸权，决定了中国不会把自己的价值观念与政治体制强加于人，决定了中国坚持合作、不搞对抗，决不搞“党同伐异”的小圈子。

二、深刻理解“两个结合”的重大意义

在五千多年中华文明深厚基础上开辟和发展中国特色社会主义，把马克思主义基本原理同中国具体实际、同中华优秀传统文化相结合是必由之路。这是我们在探索中国特色社会主义道路中得出的规律性认识。我们一直强调把马克思主义基本原理同中国具体实际相结合，现在我们又明确提出“第二个结合”。我说过，如果没有中华五千年文明，哪里有什么中国特色？如果不是中国特色，哪有我们今天这么成功的中国特色社会主义道路？只有立足波澜壮阔的中华五千多年文明史，才能真正理解中国道路的历史必然、文化内涵与独特优势。

历史正反两方面的经验表明，“两个结合”是我们取得成功的最大法宝。

第一，“结合”的前提是彼此契合。“结合”不是硬凑在一起的。马克思主义和中华优秀传统文化来源不同，但彼此存在高度的契合性。比如，天下为公、讲信修睦的社会追求与共产主义、社会主义的理想信念相通，民为邦本、为政以德的治理思想与人民至上的政治观念相融，革故鼎新、自强不息的担当与共产党人的革命精神相合。马克思主义从社会关系的角度把握人的本质，中华文化也把人安放在家国天下之中，都反对把人看作孤立的个体。相互契合才能有机结合。正是在这个意义上，我们才说中国共产党既是马克思主义的坚定信仰者和践行者，又是中华优秀传统文化的忠实继承者和弘扬者。

第二，“结合”的结果是互相成就。“结合”不是“拼盘”，不是简单的“物理反应”，而是深刻的“化学反应”，造就了一个有机统一的新的文化生命体。一方面，马克思主义把先进的思想理论带到中国，以真理之光激活了中华文明的基因，引领中国走进现代世界，推动了中华文明的生命更新和现代转型。从民本到民主，从九州共贯到中华民族共同体，从万物并育到人与自然和谐共生，从富民厚生到共同富裕，中华文明别开生面，实现了从传统到现代的跨越，发展出中华文明的现代形态。另一方面，中华优秀传统文化充实了马克思主义的文化生命，推动马克思主义不断实现中国化时代化的新飞跃，显示出日益鲜明的中国风格与中国气派，中国化马克思主义成为中华文化和中国精神的时代精华。“第二个结合”让马克思主义成为中国的，中华优秀传统文化成为现代的，让经由“结合”而形成的新文化成为中国式现代化的文化形态。

第三，“结合”筑牢了道路根基。我们的社会主义为什么不一样？为什么能够生机勃勃、充满活力？关键就在于中国特色。中国特色的关键就在于“两个结合”。中国特色社会主义道路首先是社会主义，这是从马克思主义那里来的；同时，中国文化中朴素的社会主义

元素也提供了中国接受马克思主义的文化基础。建设中国特色社会主义，我们的道路越走越宽广、越走越坚定。在中国特色社会主义新时代，党和国家的事业之所以取得了历史性成就、发生了历史性变革，一个重要原因就是我们坚持了“两个结合”。中国特色社会主义道路是在马克思主义指导下走出来的，也是从五千多年中华文明史中走出来的；“第二个结合”让中国特色社会主义道路有了更加宏阔深远的历史纵深，拓展了中国特色社会主义道路的文化根基。中国式现代化是强国建设、民族复兴的康庄大道。中国式现代化赋予中华文明以现代力量，中华文明赋予中国式现代化以深厚底蕴。中国式现代化是赓续古老文明的现代化，而不是消灭古老文明的现代化；是从中华大地长出来的现代化，不是照搬照抄其他国家的现代化；是文明更新的结果，不是文明断裂的产物。中国式现代化是中华民族的旧邦新命，必将推动中华文明重焕荣光。

第四，“结合”打开了创新空间。“结合”本身就是创新，同时又开启了广阔的理论和实践创新空间。“第二个结合”让我们掌握了思想和文化主动，并有力地作用于道路、理论和制度。从这个角度看，我们党开创的人民代表大会制度、政治协商制度，与中华文明的民本思想，天下共治理念，“共和”、“商量”的施政传统，“兼容并包、求同存异”的政治智慧都有深刻关联。我们没有搞联邦制、邦联制，确立了单一制国家形式，实行民族区域自治制度，就是顺应向内凝聚、多元一体的中华民族发展大趋势，承继九州共贯、六合同风、四海一家的中国文化大一统传统。更重要的是，“第二个结合”是又一次的思想解放，让我们能够在更广阔的文化空间中，充分运用中华优秀传统文化的宝贵资源，探索面向未来的理论和制度创新。

第五，“结合”巩固了文化主体性。任何文化要立得住、行得远，要有引领力、凝聚力、塑造力、辐射力，就必须有自己的主体性。中国共产党历来重视文化，新时代我们在道路自信、理论自信、制度自信的基础上增加了文化自信。文化自信就来自我们的文化主体性。这一主体性是中国共产党带领中国人民在中国大地上建立起来的；是在创造性转化、创新性发展中华优秀传统文化，继承革命文化，发展社会主义先进文化的基础上，借鉴吸收人类一切优秀文明成果的基础上建立起来的；是通过把马克思主义基本原理同中国具体实际、同中华优秀传统文化相结合建立起来的。创立新时代中国特色社会主义思想就是这一文化主体性的最有力体现。有了文化主体性，就有了文化意义上坚定的自我，文化自信就有了根本依托，中国共产党就有了引领时代的强大文化力量，中华民族和中国人民就有了国家认同的坚实文化基础，中华文明就有了和世界其他文明交流互鉴的鲜明文化特性。

“第二个结合”，是我们党对马克思主义中国化时代化历史经验的深刻总结，是对中华文明发展规律的深刻把握，表明我们党对中国道路、理论、制度的认识达到了新高度，表明我们党的历史自信、文化自信达到了新高度，表明我们党在传承中华优秀传统文化中推进文化创新的自觉性达到了新高度。

三、更好担负起新的文化使命

党的十八大以来，党中央在领导党和人民推进治国理政的实践中，把文化建设摆在全局工作的重要位置。经过这些年的不懈努力，文化传承发展呈现出新的气象、开创了新的局面，社会主义文化强国建设迈出坚实步伐。

在实践中，我们不断深化对文化建设的规律性认识，提出一系列新思想新观点新论断。这些重要观点，是新时代党领导文化建设实践经验的理论总结，是做好宣传思想文化工作的根本遵循，必须长期坚持贯彻、不断丰富发展。

在新的起点上继续推动文化繁荣、建设文化强国、建设中华民族现代文明，是我们在新时代新的文化使命。这里，我着重强调3点。

第一，坚定文化自信。自信才能自强。有

文化自信的民族，才能立得住、站得稳、行得远。中华文明历经数千年而绵延不绝、迭遭忧患而经久不衰，这是人类文明的奇迹，也是我们自信的底气。坚定文化自信，就是坚持走自己的路。坚定文化自信的首要任务，就是立足中华民族伟大历史实践和当代实践，用中国道理总结好中国经验，把中国经验提升为中国理论，既不盲从各种教条，也不照搬外国理论，实现精神上的独立自主。要把文化自信融入全民族的精神气质与文化品格中，养成昂扬向上的风貌和理性平和的心态。

第二，秉持开放包容。开放包容始终是文明发展的活力来源，也是文化自信的显著标志。中华文明的博大气象，就得益于中华文化自古以来开放的姿态、包容的胸怀。秉持开放包容，就是要更加积极主动地学习借鉴人类创造的一切优秀文明成果。无论是对内提升先进文化的凝聚力感召力，还是对外增强中华文明的传播力影响力，都离不开融通中外、贯通古今。经过长期努力，我们比以往任何一个时代都更有条件破解“古今中西之争”，也比以往任何一个时代都更迫切需要一批熔铸古今、汇通中西的文化成果。我们必须坚持马克思主义中国化时代化，传承发展中华优秀传统文化，促进外来文化本土化，不断培育和创造新时代中国特色社会主义文化。

第三，坚持守正创新。对文化建设来说，守正才能不迷失自我、不迷失方向，创新才能把握时代、引领时代。守正，守的是马克思主义在意识形态领域指导地位的根本制度，守的是“两个结合”的根本要求，守的是中国共产党的文化领导权和中华民族的文化主体性。创新，创的是新思路、新话语、新机制、新形式，要在马克思主义指导下真正做到古为今用、洋为中用、辩证取舍、推陈出新，实现传统与现代的有机衔接。新时代的文化工作者必须以守正创新的正气和锐气，赓续历史文脉、谱写当代华章。

同志们！对历史最好的继承就是创造新的历史，对人类文明最大的礼敬就是创造人类文明新形态。希望大家担当使命、奋发有为，共同努力创造属于我们这个时代的新文化，建设中华民族现代文明！

（2023 年 6 月 2 日，《求是》杂志 2023 年第 17 期）

习近平在内蒙古考察时强调
把握战略定位坚持绿色发展
奋力书写中国式现代化内蒙古新篇章（节选）

中共中央总书记、国家主席、中央军委主席习近平近日在内蒙古考察时强调，要牢牢把握党中央对内蒙古的战略定位，完整、准确、全面贯彻新发展理念，紧紧围绕推进高质量发展这个首要任务，以铸牢中华民族共同体意识为主线，坚持发展和安全并重，坚持以生态优先、绿色发展为导向，积极融入和服务构建新发展格局，在建设“两个屏障”、“两个基地”、“一个桥头堡”上展现新作为，奋力书写中国式现代化内蒙古新篇章。

6月7日至8日，习近平在巴彦淖尔市考察并主持召开加强荒漠化综合防治和推进“三北”等重点生态工程建设座谈会后，在内蒙古自治区党委书记孙绍骋、自治区人民政府主席王莉霞陪同下，来到呼和浩特市调研。

8日上午，习近平听取内蒙古自治区党委和政府工作汇报，对内蒙古各项工作取得的成绩给予肯定。

习近平强调，从全国来看，推动全体人民共同富裕，最艰巨的任务在一些边疆民族地区。这些边疆民族地区在走向共同富裕的道路上不能掉队。要坚持以人民为中心，在发展中更加注重保障和改善民生，补齐民生短板，增进民生福祉，让各族人民实实在在感受到推进共同富裕在行动、在身边。要全面落实就业优先政策，把推动实现更加充分更高质量的就业摆在突出位置，完善政策体系，强化培训服务，精准有效实施减负稳岗扩就业各项政策措施，支持多渠道灵活就业，重点抓好高校毕业生、退役军人、农民工等群体就业。要开拓就业渠道，加强对脱贫家庭、低保家庭、零就业家庭、残疾人等困难人员就业兜底帮扶。要健全多层次社会保障体系，推动参保扩面，加大社会救助、医疗救助、低保和困难家庭保障扶持措施，发展养老事业和养老产业。要巩固拓展脱贫攻坚成果，把促进脱贫县加快发展作为主攻方向，增强脱贫地区和脱贫群众内生发展动力，坚决守住不发生规模性返贫底线。要以“时时放心不下”的责任感抓好安全生产，把制度完善起来，把责任落实下去，尽最大努力防范各类重大安全事故的发生，维护好人民群众生命财产安全。

（新华社呼和浩特2023年6月8日电）

习近平：开辟马克思主义中国化时代化新境界

今天进行二十届中央政治局第六次集体学习，内容是开辟马克思主义中国化时代化新境界。这是中央政治局深化主题教育理论学习的一项重要安排。

党的二十大提出开辟马克思主义中国化时代化新境界的重大任务，强调这是当代中国共产党人的庄严历史责任。我们以这个题目进行集体学习，目的是深化对党的理论创新的规律性认识，进一步明确理论创新的方位、方向、方法，在新时代新征程上取得更为丰硕的理论创新成果。

回顾党的百年奋斗史，我们党之所以能够在革命、建设、改革各个历史时期取得重大成就，能够领导人民完成中国其他政治力量不可能完成的艰巨任务，根本在于掌握了马克思主义科学理论，并不断结合新的实际推进理论创新，使党掌握了强大的真理力量。中国共产党为什么能，中国特色社会主义为什么好，归根到底是马克思主义行，是中国化时代化的马克思主义行。这是历史的结论。

在推进马克思主义中国化时代化的历史进程中，我们党取得了毛泽东思想、邓小平理论、“三个代表”重要思想、科学发展观、新时代中国特色社会主义思想等重大理论成果，始终坚持解放思想、实事求是、与时俱进、求真务实，使马克思主义在中国焕发出强大生命力。党的二十大报告在总结历史经验基础上，提出并阐述了“两个结合”、“六个必须坚持”等推进党的理论创新的科学方法，为继续推进党的理论创新提供了根本遵循，我们要坚持好、运用好。

第一，始终坚守理论创新的魂和根。马克思主义中国化时代化这个重大命题本身就决定，我们决不能抛弃马克思主义这个魂脉，决不能抛弃中华优秀传统文化这个根脉。坚守好这个魂和根，是理论创新的基础和前提，理论创新也是为了更好坚守这个魂和根。坚持是为了更好地发展，发展也是为了更好地坚持。理论创新必须讲新话，但不能丢了老祖宗，数典忘祖就等于割断了魂脉和根脉，最终会犯失去魂脉和根脉的颠覆性错误。我提出守正创新，就是强调既不走封闭僵化的老路，也不走改旗易帜的邪路，这两条路都是死路。

我们必须坚持马克思主义这个立党立国、兴党兴国之本不动摇，坚持植根本国、本民族历史文化沃土发展马克思主义不停步，坚定历史自信、文化自信，坚持古为今用、推陈出新，以马克思主义为指导对中华 5 000 多年文明宝库进行全面挖掘，用马克思主义激活中华优秀传统文化中富有生命力的优秀因子并赋予新的时代内涵，将中华民族的伟大精神和丰富智慧更深层次地注入马克思主义，有效把马克思主义思想精髓同中华优秀传统文化精华贯通起来，聚变为新的理论优势，不断攀登新的思想高峰。当然，强调坚守好党的理论的魂和根，并不是要封闭、僵化和保守。马克思主义不排斥一切真理，不管它来自何时、来自哪里，只要是真理性认识，都可以作为丰富和发展自己的养分。我们要拓宽理论视野，以海纳百川的开放胸襟学习和借鉴人类社会一切优秀文明成果，在“人类知识的总和”中汲取优秀思想文化资源来创新和发展党的理论，形成兼容并蓄、博采众长的理论大格局大气象。

第二，及时科学解答时代新课题。时代

是思想之母，实践是理论之源。一切划时代的理论，都是满足时代需要的产物。用以观察时代、把握时代、引领时代的理论，必须反映时代的声音，绝不能脱离所在时代的实践，必须不断总结实践经验，将其凝结成时代的思想精华。理论的飞跃不是体现在词句的标新立异上，也不是体现在逻辑的自洽自证上，归根到底要体现在回答实践问题、引领实践发展上。马克思主义是实践的理论。我们推进理论创新是实践基础上的理论创新，而不是坐在象牙塔内的空想，必须坚持在实践中发现真理、发展真理，用实践来实现真理、检验真理。

当今世界正在经历百年未有之大变局，处在民族复兴关键时期的当代中国正在经历着有史以来最为广泛而深刻的社会变革，正在推进中国式现代化这一人类历史上非常宏大而独特的实践创新。在“两个大局”加速演进并深度互动的时代背景下，人类社会面临许多亟待解决的共同问题，我国改革发展稳定、内政外交国防、治党治国治军等各个领域也都面临着一系列新的重大课题，中国之问、世界之问、人民之问、时代之问给我们提出的新考题比过去更复杂、更难，迫切需要我们从理论与实践的结合上提交答案。今天，我们推进马克思主义中国化时代化的任务不是轻了，而是更重了。要牢固树立大历史观，以更宽广的视野、更长远的眼光把握世界历史的发展脉络和正确走向，认清我国社会发展、人类社会发展的大逻辑大趋势，把握中国式现代化的历史沿革和实践要求，在新一轮科技革命、全球经济发展大格局和我国发展的阶段性特征中深化对推动高质量发展、构建新发展格局的规律性认识，在世界马克思主义政党命运比较和我们党长期执政面临的现实考验中深化对党的自我革命战略思想的规律性认识，全面系统地提出解决现实问题的科学理念、有效对策，让当代中国马克思主义、21世纪马克思主义展现出更为强大、更有说服力的真理力量。

第三，着力推进党的创新理论体系化学理化。推进理论的体系化学理化，是理论创新的内在要求和重要途径。马克思主义之所以影响深远，在于其以深刻的学理揭示人类社会发展的真理性、以完备的体系论证其理论的科学性。马克思曾说他的著作是一个艺术的整体，列宁也说过马克思主义哲学是一块整钢。恩格斯撰写《社会主义从空想到科学的发展》等论著，系统阐发马克思主义基本原理，科学论证了马克思主义三个组成部分之间的内在统一性，以深刻的学理捍卫并发展了马克思主义的科学性，以完备的体系避免和修正了对马克思主义的片段化、庸俗化。这充分说明了体系化和学理化对坚持和发展马克思主义的重要性。

党的十九大报告将党的十八大以来党的创新理论的主要内容概括为“八个明确”、“十四个坚持”，经过党的十九届六中全会的概括，到党的二十大报告概括为“十个明确”、“十四个坚持”、“十三个方面成就”，并总结提炼和深刻阐述“两个结合”、“六个必须坚持”等推进党的理论创新的科学方法，表明新时代中国特色社会主义思想的发展是一个不断丰富拓展并不断体系化、学理化的过程。新时代中国特色社会主义思想是一个完整体系，由若干组成部分共同构成，如经济思想、法治思想、生态文明思想、强军思想、外交思想，要进一步丰富和发展。随着实践进程的深化，党的理论创新成果会越来越丰富。马克思主义理论研究和建设工程要不断深化理论研究阐释，重点研究阐释我们党提出的新理念新论断中原理性理论成果，把握相互的内在联系，教育引导全党全国更好学习把握新时代中国特色社会主义思想的理论体系。

第四，注重从人民群众的创造中汲取理论创新智慧。马克思主义是为人民立言、为人民代言的理论，是为改变人民命运而创立、在人民求解放的实践中丰富和发展的，人民的创造性实践是马克思主义理论创新的不竭源泉。人民作为历史的创造者，不仅是物质财富的创造者，也是精神财富的创造者。人民群众不仅是浩瀚的力量之海，也是浩瀚的智慧之海。中国有14亿多人口，亿万人民的力量和智慧加在一起，谁能比得过？只要我们紧密联系人民群众、经常深入人民群众、紧紧依靠人民群众，真心拜人民为师，诚心向人民学习，虚心向人民求教，就能够得到源源不断的实践力量和理论智慧。

事实正是如此。马克思主义中国化时代化成果，都是党和人民实践经验和集体智慧的结晶。无论是毛泽东思想、中国特色社会主义理论体系，还是新时代中国特色社会主义思想，无不源自于人民的智慧、人民的探索、人民的创造。人民群众身处实践最前沿，对实践变化感知最敏感、感受最深切，也最聪慧，只要走到人民群众中去，很多百思不得其解的问题就能豁然开朗、找到答案。我们的各项工作实践要走好群众路线，推进党的理论创新也要走好群众路线，决不能闭门造车、坐而论道、流于空想。在谋划这次主题教育时，我提出大兴调查研究，就是要推动各级领导干部树牢唯物史观，强化群众观点和宗旨意识，坚持目标导向和问题导向，走出机关沉到基层一线，广泛倾听人民群众的声音，自觉问计于民、问需于民，运用党的创新理论研究解决好发展所需、改革所急、基层所盼、民心所向的突出问题，同时从人民群众的真知灼见中获取理论创新和实践创新灵感。要尊重人民首创精神，注重从人民的创造性实践中总结新鲜经验，上升为理性认识，提炼出新的理论成果，着力让党的创新理论深入亿万人民心中，成为接地气、聚民智、顺民意、得民心的理论。

（习近平总书记2023年6月30日在二十届中央政治局第六次集体学习时的讲话，《求是》杂志2023年第20期）

习近平在江苏考察时强调 在推进中国式现代化中走在前做示范 谱写“强富美高”新江苏现代化建设新篇章（节选）

中共中央总书记、国家主席、中央军委主席习近平近日在江苏考察时强调，江苏拥有产业基础坚实、科教资源丰富、营商环境优良、市场规模巨大等优势，有能力也有责任在推进中国式现代化中走在前、做示范。要完整准确全面贯彻新发展理念，继续在改革创新、推动高质量发展上争当表率，在服务全国构建新发展格局上争做示范，在率先实现社会主义现代化上走在前列，奋力推进中国式现代化江苏新实践，谱写“强富美高”新江苏现代化建设新篇章。

7月5日至7日，习近平在江苏省委书记信长星和省长许昆林陪同下，先后来到苏州、南京等地，深入工业园区、企业、历史文化街区、科学实验室等进行调研。

7日上午，习近平听取了江苏省委和省政府工作汇报，对江苏各项工作取得的成绩给予肯定，希望江苏在科技创新上取得新突破，在强链补链延链上展现新作为，在建设中华民族现代文明上探索新经验，在推进社会治理现代化上实现新提升。

习近平指出，中国式现代化关键在科技现代化。江苏要在科技创新上率先取得新突破，打造全国重要的产业科技创新高地，使高质量发展更多依靠创新驱动的内涵型增长。要强化企业科技创新主体地位，促进创新要素向企业集聚，不断提高科技成果转化和产业化水平。要深化科技体制改革和人才发展体制机制改革，形成支持全面创新的基础制度，多元化加大科技投入，加强知识产权法治保障，充分激发各类人才创新活力。

习近平强调，江苏必须在保障和改善民生、推进社会治理现代化上走在前列。要加快健全社会保障体系，健全就业促进机制和就业公共服务体系，做好重点群体就业工作。要坚持和发展新时代“枫桥经验”、“浦江经验”，完善社会治理体系，健全城乡基层治理体系和乡村治理协同推进机制，推进社会治理数字化。要推进应急管理体系和能力现代化，深入开展安全生产专项整治，坚决防范重特大安全事故发生。

（新华社南京2023年7月7日电）

习近平在浙江考察时强调
始终干在实处走在前列勇立潮头
奋力谱写中国式现代化浙江新篇章
返京途中在山东枣庄考察（节选）

中共中央总书记、国家主席、中央军委主席习近平近日在浙江考察时强调，要完整准确全面贯彻新发展理念，围绕构建新发展格局、推动高质量发展，聚焦建设共同富裕示范区、打造新时代全面展示中国特色社会主义制度优越性的重要窗口，坚持一张蓝图绘到底，持续推动“八八战略”走深走实，始终干在实处、走在前列、勇立潮头，奋力谱写中国式现代化浙江新篇章。

9月20日至21日，习近平在浙江省委书记易炼红和省长王浩陪同下，先后来到金华、绍兴等地，深入农村、商贸市场、陈列馆、文化园区等进行调研。

……

21日下午，习近平听取了浙江省委和省政府工作汇报，对浙江各项工作取得的成绩给予肯定，对浙江提出了新要求。

……

习近平强调，浙江要在推进共同富裕中先行示范。要把缩小城乡差距、地区差距、收入差距作为主攻方向，进一步健全城乡融合发展体制机制。坚持就业优先政策，在推动传统产业转型升级和发展新兴产业中注重扩大就业容量，解决好重点群体就业问题。深化收入分配制度改革，健全多层次社会保障体系。全面推进乡村振兴，积极发展乡村特色产业，深化“千村示范、万村整治”工程。加强平安浙江、法治浙江建设，在推进基层治理体系和治理能力现代化上创造更多经验。

（新华社浙江杭州/山东枣庄2023年9月25日电）

习近平在第十个国家宪法日之际作出重要指示强调坚定维护宪法权威和尊严推动宪法完善和发展更好发挥宪法在治国理政中的重要作用（节选）

在第十个国家宪法日到来之际，中共中央总书记、国家主席、中央军委主席习近平作出重要指示指出，宪法是治国安邦的总章程，是我们党治国理政的根本法律依据，是国家政治和社会生活的最高法律规范。党的十八大以来，党加强对宪法工作的全面领导，丰富和发展了中国特色社会主义宪法理论和宪法实践，推动我国宪法制度建设和宪法实施取得历史性成就。

习近平强调，新征程上，要坚定维护宪法权威和尊严，推动宪法完善和发展，更好发挥宪法在治国理政中的重要作用，为以中国式现代化全面推进强国建设、民族复兴伟业提供坚实保障。要坚定政治制度自信，坚持宪法确定的中国共产党领导地位不动摇，坚持宪法确定的人民民主专政的国体和人民代表大会制度的政体不动摇。要贯彻新时代中国特色社会主义法治思想，坚持宪法规定、宪法原则、宪法精神全面贯彻，坚持宪法实施、宪法解释、宪法监督系统推进，加快完善以宪法为核心的中国特色社会主义法律体系，不断提高宪法实施和监督水平。要加强宪法理论研究和宣传教育，坚持知识普及、理论阐释、观念引导全面发力，在全社会大力弘扬宪法精神、社会主义法治精神，推动宪法实施成为全体人民的自觉行动。

（新华社北京 2023 年 12 月 4 日电）

李强总理出席记者会并回答中外记者提问（节选）

十四届全国人大一次会议13日上午在人民大会堂举行记者会，国务院总理李强应大会发言人王超的邀请出席记者会，并回答中外记者提问。

新一届政府的工作，就是要把党中央的决策部署贯彻好、落实好，把党的二十大擘画的宏伟蓝图变成施工图，与全国人民一道，一步一个脚印把宏伟蓝图变成美好现实。

今后工作中，有这么几个方面是我们要重点把握的：

第一是牢固树立以人民为中心的发展思想。说到底，党和政府一切工作的宗旨就是为民造福。习近平总书记讲："人民对美好生活的向往，就是我们的奋斗目标。"我们任何时候都必须始终牢记人民政府前面的"人民"这两个字，扎扎实实办好每一件民生实事。客观地讲，绝大部分老百姓不会天天盯着看GDP增长了多少，大家更在乎的是住房、就业、收入、教育、就医、生态环境等身边具体事。政府工作就是要贴近老百姓的实际感受去谋划、推进，真正做到民有所盼、政有所为。

第二是集中力量推动高质量发展。这次两会期间，习近平总书记在参加江苏代表团审议时特别强调，要牢牢把握高质量发展这个首要任务。我国经济社会发展已经取得了巨大成就，经济总量稳居世界第二，但发展还不平衡、不充分。任何一个总量指标，分摊到14亿多的人口基数上，人均水平都比较有限。现在，我们的发展更多地只是解决"有没有"的问题，下一步需要更加重视解决"好不好"的问题，特别是提高科技创新能力、建设现代化产业体系、推动发展方式绿色转型等。总的来说，我们要完整、准确、全面贯彻新发展理念，加快构建新发展格局，着力推动高质量发展。

第三是坚定不移深化改革开放。改革开放是决定当代中国命运的关键一招，我们在推进中国式现代化、实现第二个百年奋斗目标的历史进程中，还是要"吃改革饭、走开放路"。要坚持社会主义市场经济改革方向，坚持高水平对外开放，在深化改革开放中不断增强发展的动力和活力。

第一个问题，就业问题。就业是民生之本，解决就业问题，最根本的一条，还是要靠发展经济。具体工作中，我们将全面落实就业优先战略，进一步加大就业服务、技能培训等方面的政策支持力度，多措并举稳定和扩大就业岗位，支持和规范发展新就业形态。今年高校毕业生预计1 158万，从就业看，有一定压力；但从发展看，注入的是蓬勃的活力。我们将进一步拓宽就业渠道，帮助年轻人通过劳动和奋斗，更好地实现自己的人生价值。

第二个问题，人口负增长问题。我国人口增长由正转负，有人担心人口红利会不会就此消失。我看没那么简单。人口红利既要看总量、更要看质量，既要看人口、更要看人才。我国有近9亿劳动力，每年新增劳动力都超过1 500万，人力资源丰富仍然是中国的突出优势。更重要的是，我国接受高等教育的人口已超过2.4亿，新增劳动力平均受教育年限达到14年。可以说，我们的“人口红利”没有消失，“人才红利”正在形成，发展动力依旧强劲。当然，我们对人口增减可能带来的问题还要作深入的分析研判，积极应对。

至于延迟退休政策问题，我们将认真研究、充分论证，在适当时候稳妥推出。

（新华社北京2023年3月13日电）

李强对提升残疾人职业技能促进残疾人就业创业工作作出重要批示强调大力加强职业教育和职业培训帮助更多残疾人通过劳动创造幸福生活

第七届全国残疾人职业技能大赛暨第四届全国残疾人展能节6月27日在济南开幕。中共中央政治局常委、国务院总理李强日前对提升残疾人职业技能促进残疾人就业创业工作作出重要批示。批示指出：残疾人技能人才是宝贵的人力资源。举办全国残疾人职业技能大赛暨残疾人展能节，有利于展现残疾人劳动者的技能和风采，激励广大残疾人自强不息、拼搏奋斗。各地区、各部门要坚持以习近平新时代中国特色社会主义思想为指导，全面贯彻党的二十大精神，认真落实习近平总书记关于残疾人事业的重要指示批示精神，按照党中央、国务院决策部署，履职尽责、积极作为，大力加强残疾人职业教育和职业培训，促进广大残疾人不断提高职业技能水平，做好就业创业指导帮扶，着力消除残疾人就业创业障碍，巩固拓展农村残疾人脱贫攻坚成果，帮助更多残疾人通过劳动实现就业创业、创造幸福生活，在推动高质量发展、推进中国式现代化的道路上成就精彩的人生。

国务委员谌贻琴宣布第七届全国残疾人职业技能大赛暨第四届全国残疾人展能节开幕，并参加了开幕式相关活动。

技能大赛由中国残联、人力资源社会保障部主办，山东省人民政府承办。全国约950名残疾人参加信息通信技术、美术专业、手工业、工业及先进制造业、服务等五大类28个项目竞赛。同期举办的第四届全国残疾人展能节通过成果展览、技能展示和产品展销等方式集中展现近年来我国残疾人就业创业成就。

（新华社济南2023年6月27日电）

李强对做好技能人才工作作出重要批示强调 努力造就一支规模宏大、结构合理、素质优良的技能劳动者队伍

中华人民共和国第二届职业技能大赛 9 月 16 日在天津开幕。中共中央政治局常委、国务院总理李强日前对做好技能人才工作作出重要批示。批示指出：技能人才是实施人才强国战略、就业优先战略和创新驱动发展战略的宝贵资源。举办全国职业技能大赛，为广大技能人才搭建展示技能、切磋技艺的平台，有利于促进形成技能就业、技能成才、技能报国的时代新风。各地区、各部门要坚持以习近平新时代中国特色社会主义思想为指导，全面贯彻党的二十大精神和习近平总书记重要指示要求，按照党中央决策部署，扎实做好技能人才工作，加快发展技工教育，健全终身职业技能培训制度，完善中国特色职业技能竞赛体系，拓宽发展通道，提升待遇水平，在全社会大力弘扬劳模精神、劳动精神、工匠精神，努力造就一支规模宏大、结构合理、素质优良的技能劳动者队伍，为推动高质量发展、全面建设社会主义现代化国家贡献力量。

国务委员谌贻琴出席开幕式宣布开幕，并调研技能人才工作。她强调，要深入贯彻习近平总书记关于技能人才工作的重要指示批示精神，落实党中央、国务院决策部署，大力加强技能人才队伍建设，为推动高质量发展和全面建设社会主义现代化国家强化技能人才支撑。

开幕式结束后，谌贻琴实地参观了大赛技能展示交流区和制造类、交通类等竞赛项目，随后来到天津职业技术师范大学附属高级技术学校和世界技能大赛中国（天津）研究中心，调研了解技工院校技能人才培养、世界技能大赛研究和推广等情况。

她指出，加强技能人才培养是壮大技能劳动者队伍和促进技能就业的基础。要创新技能人才培养体系，完善技能人才评价、激励机制，突出加强制造业等重点领域技能人才培养，扎实推进技工院校改革发展，不断完善学科专业设置和人才培养方式。要持续开展大规模多层次职业技能培训，广泛开展各类职业技能竞赛，强化赛训结合、赛学互促，不断提高技能人才培养水平。

（新华社天津 2023 年 9 月 16 日电）

李强对做好人力资源服务业发展工作作出重要批示强调　在人力资源服务领域培育新增长点形成新动能为全面建设社会主义现代化国家提供高质量人力资源支撑

第二届全国人力资源服务业发展大会11月22日在深圳召开。中共中央政治局常委、国务院总理李强日前对做好人力资源服务业发展工作作出重要批示。批示指出：人力资源服务业直接服务亿万劳动者和广大用人单位，对促进市场化社会化就业、助力构建现代化产业体系具有重要意义。举办全国人力资源服务业发展大会，打造高水平展示交流、供需对接的平台，有利于优化人力资源流动配置，更好推动高质量充分就业。要坚持以习近平新时代中国特色社会主义思想为指导，深入贯彻习近平总书记重要指示和党中央决策部署，以实施就业优先战略、人才强国战略和创新驱动发展战略为引领，加强顶层设计，强化政策支持，创新供给方式，在人力资源服务领域培育新增长点、形成新动能，加快构建统一规范、竞争有序的人力资源市场，提高人力资源利用效率，更大激发市场活力，为全面建设社会主义现代化国家提供高质量人力资源支撑。

（新华社深圳2023年11月22日电）

谌贻琴强调 全力抓好党中央稳就业部署落实 推动就业进一步回稳向好

国务委员谌贻琴近日在江苏省调研就业工作。她强调，要深入学习贯彻党的二十大精神和习近平总书记关于做好就业工作的重要指示精神，全力抓好党中央稳就业部署落实，深入实施就业优先战略，推动就业进一步回稳向好，保持就业大局稳定。

20日至22日，谌贻琴先后来到江苏省常州市、南京市，深入企业、社区、技师学院、零工市场等，并召开就业工作座谈会，了解就业市场供求、企业用工，高校毕业生、脱贫人口、退役军人等重点群体就业，以及技能培训、灵活就业权益保障等情况。

谌贻琴指出，今年以来，在以习近平同志为核心的党中央坚强领导下，各地区各部门狠抓稳就业部署落实，推动就业逐月回升、形势总体平稳。要按照党中央大兴调查研究的部署，全面准确把握就业形势任务，落实落细就业支持政策，加大工作力度，确保实现全年就业目标。

谌贻琴强调，解决就业问题根本上要靠发展，要聚精会神抓高质量发展，以高质量发展促进高质量充分就业。要及时优化调整阶段性稳就业政策，支持企业稳岗扩岗，增强市场吸纳就业能力。要加强高校毕业生就业支持引导，做好退役军人就业服务，稳住脱贫人口务工规模，兜牢困难群体就业底线，加强灵活就业权益保障。要充分调动企业、人力资源服务机构、社会组织和各方面支持就业的积极性，形成稳就业的强大合力。

（新华社南京2023年3月23日电）

谌贻琴强调　牢牢把握高质量发展这个首要任务 为全面建设社会主义现代化国家 提供有力高技能人才支撑

高技能人才座谈会8日在京召开，国务委员谌贻琴出席会议并讲话。谌贻琴代表国务院向第十六届中华技能大奖获得者和全国技术能手表示热烈祝贺。她强调，要深入学习贯彻习近平总书记关于高技能人才工作的重要指示批示精神，结合深入开展学习贯彻习近平新时代中国特色社会主义思想主题教育，牢牢把握高质量发展这个首要任务，把培养制造业高技能人才摆在重中之重，为全面建设社会主义现代化国家提供有力高技能人才支撑。

谌贻琴指出，近年来，各地区各部门深入贯彻落实党中央决策部署，推动高技能人才工作不断取得新成效。要立足新时代新征程，切实加强高技能人才多元教育培养体系建设，不断创新技能人才评价机制，以技能贡献为导向强化人才使用激励，更大激发高技能人才创新创造活力。要聚焦重点领域培养高技能人才，加强制造业、乡村振兴、服务业特别是现代服务业等领域高技能人才培养，着力增强人才的适配性。

谌贻琴强调，做好新时代高技能人才工作，要牢牢把握党管人才这个重大原则，切实加大政策支持力度，着力营造尊重劳动崇尚技能的浓厚氛围，形成支持高技能人才工作的强大合力。优秀技能人才要发挥示范带动作用，担大任、建新功，带动更多人成长成才、技能报国。

（新华社北京2023年5月8日电）

谌贻琴在四川、湖北调研时强调 加快落实高校毕业生等青年就业政策举措 着力推动就业持续回升向好

国务委员谌贻琴近日在四川、湖北调研高校毕业生等青年就业工作。她强调，要深入贯彻落实习近平总书记重要指示精神，结合开展学习贯彻习近平新时代中国特色社会主义思想主题教育，加快落实各项促就业政策举措，着力推动就业持续回升向好，更好服务经济社会高质量发展。

6日至7日，谌贻琴先后来到四川省成都市和湖北省武汉市，深入企业、创业孵化基地、现场招聘会和社区等，调研高校毕业生等青年就业创业、实习见习、招聘服务等情况，并在成都主持召开部分企业、服务机构、高校和师生代表座谈会，在武汉主持召开部分省政府负责同志座谈会，进一步听取各方面对高校毕业生等青年就业的意见建议。

谌贻琴强调，高校毕业生等青年就业是关系发展稳定和民生福祉的大事要事，各级各有关部门要认真落实党中央、国务院决策部署，抢抓高校毕业生离校前的关键期，千方百计拓展就业岗位，提供更加优质高效的就业服务，用心用情做好就业困难人员帮扶，强化就业工作的协同性。各类企业、服务机构、高校要发挥优势、积极作为，在促进和扩大就业上多作贡献，形成支持高校毕业生等青年就业的强大合力。要加强就业形势分析研判，及时完善稳就业政策，为实现全年就业目标提供有力支撑。

（新华社武汉2023年6月8日电）

谌贻琴在吉林、辽宁调研时强调在推动高质量发展中更好促进就业切实保障基本民生

国务委员谌贻琴近日在吉林省、辽宁省调研就业和基本民生保障工作。她强调，要深入学习贯彻习近平总书记在新时代推动东北全面振兴座谈会上的重要讲话精神，全面落实党中央、国务院决策部署，在推动高质量发展中更好促进就业，切实保障基本民生。

谌贻琴先后来到吉林省吉林市、长春市和辽宁省鞍山市、沈阳市，深入企业和就业、民生服务机构，调研了解就业创业、困难群众基本生活保障等情况。她指出，要从战略和全局高度谋划推进稳就业工作，进一步激发市场吸纳就业活力，着力拓展新的就业空间，持续提升先进制造、文化旅游、现代农业等产业对就业的带动能力。要切实抓好高校毕业生、退役军人、农民工等重点群体就业工作，加强零就业家庭、残疾人等就业困难群体帮扶。要加大职业技能培训力度，吸引留住用好各类人才，更好支撑新时代东北全面振兴。

谌贻琴强调，保障基本民生是各级政府的重要责任，要分层分类做好社会救助，提高救助的精准性有效性，兜住兜牢民生底线。加强对困难群众特别是受灾群众的救助帮扶，确保他们的基本生活和安全温暖过冬。要健全基本养老服务体系，做好老年助餐服务，不断增进老年人民生福祉。

（新华社沈阳 2023 年 10 月 16 日电）

谌贻琴在宁夏出席全国劳务协作暨劳务品牌发展大会时强调 进一步扩大劳务协作和劳务品牌成效 更好促进农村劳动力就业增收

全国劳务协作暨劳务品牌发展大会 18 日在宁夏银川举行，国务委员谌贻琴出席大会并讲话。她强调，要深入学习贯彻习近平总书记关于做好就业工作的重要指示批示精神，认真落实党中央、国务院决策部署，创新完善工作机制和政策举措，进一步扩大劳务协作和劳务品牌成效，更好巩固拓展脱贫攻坚成果、促进乡村全面振兴，扎实推进共同富裕。

谌贻琴指出，近年来，各地区、各部门加大对农村劳动力特别是脱贫人口的就业帮扶，强化劳务协作机制，培育了一批劳务品牌，有力促进了农村劳动力就业增收。要紧紧围绕高质量发展和现代化建设新要求，以闽宁协作为示范，创新工作机制，不断拓展劳务协作的广度和深度。要在品牌培育上有新突破，加快培育一批优秀品牌集群、龙头企业和产业园区，着力提升促就业成效。要加强宣传引导，鼓励市场机构、社会力量积极参与劳务协作和品牌培育，形成各方面支持就业创业的良好环境。

谌贻琴还到银川市有关企业、就业服务机构等，调研了解重点群体就业、创业带动就业、就业服务信息化等方面情况，要求当地发挥特色产业优势，优化就业服务和支持政策，拓宽就近就地就业渠道，支持返乡创业就业，促进就业形势持续向好。

（新华社银川 2023 年 10 月 18 日电）

谌贻琴强调 用心用情用力做好根治拖欠农民工工资工作 确保农民工及时足额拿到应得的工资报酬

全国深化根治欠薪工作经验交流会暨冬季专项行动动员部署电视电话会议30日在京召开。国务委员、国务院就业促进和劳动保护工作领导小组组长谌贻琴出席会议并讲话。她强调，要深入学习贯彻习近平总书记重要指示批示精神，按照党中央、国务院部署，用心用情用力做好根治拖欠农民工工资工作，确保农民工及时足额拿到应得的工资报酬，切实维护农民工合法权益。

谌贻琴指出，《保障农民工工资支付条例》施行以来，根治拖欠农民工工资工作不断取得新成效。岁末年初是欠薪问题易发高发期，各地区各有关部门要坚持以人民为中心的发展思想，扎实开展根治欠薪冬季专项行动，全面排查突出问题隐患，分类施策，集中攻坚，推动所有查实的拖欠农民工工资案件尽快办结。要严厉惩处恶意欠薪等违法违规行为，发挥好行政和协商手段作用，提高治理拖欠效果。加强困难农民工救助帮扶，为他们解决临时生活困难。要压实工作责任，健全长效机制，推动拖欠农民工工资问题得到根本治理。

（新华社北京2023年11月30日电）

二、中共中央、国务院文件

中共中央发出关于印发《习近平新时代中国特色社会主义思想学习纲要（2023年版）》的通知

［新华社北京2023年4月6日电　近日，中共中央发出关于印发《习近平新时代中国特色社会主义思想学习纲要（2023年版）》的通知。全文如下。］

党的十八大以来，以习近平同志为主要代表的中国共产党人，坚持把马克思主义基本原理同中国具体实际相结合、同中华优秀传统文化相结合，科学回答了新时代坚持和发展什么样的中国特色社会主义、怎样坚持和发展中国特色社会主义等重大时代课题，创立了习近平新时代中国特色社会主义思想。习近平新时代中国特色社会主义思想是当代中国马克思主义、二十一世纪马克思主义，是中华文化和中国精神的时代精华，实现了马克思主义中国化时代化新的飞跃。党确立习近平总书记党中央的核心、全党的核心地位，确立习近平新时代中国特色社会主义思想的指导地位，是党在新时代取得的重大政治成果，反映了全党全军全国各族人民共同心愿，对新时代党和国家事业发展、对推进中华民族伟大复兴历史进程具有决定性意义。

为推动全党全社会深刻领悟"两个确立"的决定性意义，把学习贯彻习近平新时代中国特色社会主义思想进一步引向深入，根据党中央要求，中央宣传部对2019年出版的《习近平新时代中国特色社会主义思想学习纲要》进行修订，组织编写了《习近平新时代中国特色社会主义思想学习纲要（2023年版）》（以下简称《纲要（2023年版）》）。党中央认为，《纲要（2023年版）》对习近平新时代中国特色社会主义思想作了全面系统阐述，充分反映了这一思想的最新发展，有助于更好地理解把握党的创新理论的基本精神、基本内容、基本要求。党中央同意印发《纲要（2023年版）》（由中央宣传部统一印发），作为广大党员、干部、群众深入学习领会习近平新时代中国特色社会主义思想的重要辅助读物。

各级党委（党组）要坚持用习近平新时代中国特色社会主义思想统一思想、统一意志、统一行动，着力在武装头脑、指导实践、推动工作上下功夫。要组织全体党员认真读原著、学原文、悟原理，并紧密结合学习贯彻习近平新时代中国特色社会主义思想主题教育，把《纲要（2023年版）》纳入学习计划，作出周密安排，开展多形式、分层次、全覆盖的学习培训。要做到深学笃信，坚持原原本本学、及时跟进学，全面系统深入把握这一思想的核心要义、精神实质、丰富内涵、实践要求，不断增进政治认同、思想认同、理论认同、情感认同；要做到精思细悟，深刻把握这一思想的世界观、方法论和贯穿其中的立场观点方法，知其然又知其所以然，不断提高马克思主义理论水平；要做到知行合一，大力弘扬理论联系实际的优良学风，更加自觉用这一思想指导解决实际问题，切实把学习成效转化为做好本职工作、推动事业发展的生动实践。

要坚持不懈用习近平新时代中国特色社会主义思想凝心铸魂，在全党全社会深入开展学习宣传阐释工作，引导广大党员、干部、群众深刻领悟“两个确立”的决定性意义，增强“四个意识”、坚定“四个自信”、做到“两个维护”，自觉在思想上政治上行动上同以习近平同志为核心的党中央保持高度一致，为全面建设社会主义现代化国家、全面推进中华民族伟大复兴而团结奋斗。

中共中央发出关于学习《习近平著作选读》第一卷、第二卷的通知

［新华社北京 2023 年 4 月 10 日电　近日，中共中央发出关于学习《习近平著作选读》第一卷、第二卷的通知。全文如下。］

编辑出版《习近平著作选读》，是党中央作出的重大决定。现在，《习近平著作选读》第一卷、第二卷已经出版发行，这是党和国家政治生活中的一件大事。

《习近平著作选读》收入了习近平总书记在 2012 年 11 月至 2022 年 10 月这段时间内的重要著作。这些重要著作，生动记录了以习近平同志为核心的党中央团结带领全党全国各族人民进行伟大斗争、建设伟大工程、推进伟大事业、实现伟大梦想，推动党和国家事业取得历史性成就、发生历史性变革，开创中国特色社会主义新时代的历史进程，科学总结了我们党领导人民如期全面建成小康社会，迈上全面建设社会主义现代化国家新征程，以中国式现代化推进中华民族伟大复兴的宝贵经验，集中反映了我们党坚持把马克思主义基本原理同中国具体实际相结合、同中华优秀传统文化相结合，推进马克思主义中国化时代化取得的重大理论创新成果，是全党全国各族人民深入学习贯彻习近平新时代中国特色社会主义思想的权威教材。认真学习《习近平著作选读》，对于全党全国各族人民深刻领悟“两个确立”的决定性意义，增强“四个意识”、坚定“四个自信”、做到“两个维护”，自觉在思想上政治上行动上同以习近平同志为核心的党中央保持高度一致，奋力把新时代中国特色社会主义事业推向前进，具有十分重要的意义。

习近平总书记是习近平新时代中国特色社会主义思想的主要创立者。在领导全党全国各族人民坚持和发展中国特色社会主义的伟大实践中，习近平总书记以马克思主义政治家、思想家、战略家的历史主动精神、非凡理论勇气、卓越政治智慧、强烈使命担当，对关系新时代党和国家事业发展的一系列重大理论和实践问题进行深邃思考和科学判断，提出一系列原创性的新理念新思想新战略，为习近平新时代中国特色社会主义思想的创立和发展发挥了决定性作用、作出了决定性贡献。

学习《习近平著作选读》，要紧密联系国际国内形势的发展变化，着眼实现新时代新征程党的使命任务，增强用习近平新时代中国特色社会主义思想统一思想、统一意志、统一行动的自觉性和坚定性，着力在武装头脑、指导实践、推动工作上下功夫。要深刻领会习近平新时代中国特色社会主义思想是当代中国马克思主义、二十一世纪马克思主义，是中华文化和中国精神的时代精华，实现了马克思主义中国化时代化新的飞跃，充分认识这一思想继承和发展马克思列宁主义、毛泽东思想、邓小平理论、“三个代表”重要思想、科学发展观，以全新的视野深化了对共产党执政规律、社会主义建设规律、人类社会发展规律的认识，开辟了马克思主义中国化时代化新境界。要深刻领会习近平新时代中国特色社会主义思想的重大意义，充分认识这一思想为丰富发展马克思主义作出了原创性贡献，为传承发展中华优秀

传统文化作出了历史性贡献，为推动人类文明进步作出了世界性贡献。要深刻领会习近平新时代中国特色社会主义思想的主要内容，全面把握这一思想的世界观、方法论和贯穿其中的立场观点方法，充分认识这一思想贯通马克思主义哲学、马克思主义政治经济学、科学社会主义，贯通历史、现在、未来，贯通改革发展稳定、内政外交国防、治党治国治军等各领域，是一个逻辑严密、内涵丰富、系统全面、博大精深的科学体系。要深刻领会习近平新时代中国特色社会主义思想的真理力量和实践伟力，充分认识这一思想是推动新时代伟大实践、引领新时代伟大变革的强大思想武器，为全面建成社会主义现代化强国、以中国式现代化全面推进中华民族伟大复兴提供了科学理论指引。

学习《习近平著作选读》，必须大力弘扬理论联系实际的马克思主义学风，做到学思用贯通、知信行统一。要强化问题导向、实践导向、需求导向，紧密联系工作实际和思想实际，切实把学习成效转化为坚定理想、锤炼党性的高度自觉，转化为做好本职工作、推动事业发展的生动实践。

学习《习近平著作选读》，是坚持用习近平新时代中国特色社会主义思想凝心铸魂的重大政治任务。各级党委（党组）要把学习《习近平著作选读》摆在重要位置，紧密结合学习贯彻党的二十大精神、结合开展学习贯彻习近平新时代中国特色社会主义思想主题教育，组织党员、干部原原本本学、认认真真悟，做到知其言更知其义、知其然更知其所以然。各级党委（党组）理论学习中心组要把《习近平著作选读》列入学习计划，深学细悟笃行，不断提高政治判断力、政治领悟力、政治执行力。各级党校（行政学院）、干部学院要把《习近平著作选读》纳入培训教学重要内容，举办各种研讨班、培训班、学习班，推动学习多形式、分层次、全覆盖开展。各高等学校要把《习近平著作选读》作为师生理论学习教材，更好推动习近平新时代中国特色社会主义思想进教材、进课堂、进头脑。各级党委宣传部门、组织部门要加强对学习的指导和督促检查，做好宣传报道，组织好宣讲宣介，不断把学习引向深入。

全党全国各族人民要更加紧密地团结在以习近平同志为核心的党中央周围，全面贯彻习近平新时代中国特色社会主义思想，弘扬伟大建党精神，牢记“三个务必”，自信自强、守正创新，踔厉奋发、勇毅前行，为全面建设社会主义现代化国家、全面推进中华民族伟大复兴而团结奋斗！

中共中央印发《干部教育培训工作条例》

［新华社北京2023年10月15日电　近日，中共中央印发了修订后的《干部教育培训工作条例》(以下简称《条例》)，并发出通知，要求各地区各部门认真遵照执行。］

通知指出，干部教育培训是建设高素质干部队伍的先导性、基础性、战略性工程，在推进中国特色社会主义伟大事业和党的建设新的伟大工程中具有不可替代的重要地位和作用。《条例》修订，以习近平新时代中国特色社会主义思想为指导，全面贯彻习近平总书记关于党的建设的重要思想，深入贯彻党的二十大精神，落实新时代党的建设总要求和新时代党的组织路线，总结干部教育培训实践的新经验新成果，进一步推进干部教育培训工作科学化、制度化、规范化，对于坚持不懈用习近平新时代中国特色社会主义思想凝心铸魂、强基固本，培养造就政治过硬、适应新时代要求、具备领导社会主义现代化建设能力的高素质干部队伍，具有重要意义。

通知要求，各级党委（党组）要认真学习宣传、严格贯彻执行《条例》，把深入学习贯彻习近平新时代中国特色社会主义思想作为主题主线，高质量教育培训干部，高水平服务党和国家事业发展，为以中国式现代化全面推进中华民族伟大复兴提供思想政治保证和能力支撑。各地区各部门在执行《条例》中的重要情况和建议，要及时报告党中央。

《条例》全文如下。

干部教育培训工作条例

（2015年9月10日中共中央政治局常委会会议审议批准　2015年10月14日中共中央发布
2023年8月31日中共中央政治局会议修订　2023年9月19日中共中央发布）

第一章　总　　则

第一条　为了推进干部教育培训工作科学化、制度化、规范化，培养造就政治过硬、适应新时代要求、具备领导社会主义现代化建设能力的高素质干部队伍，根据《中国共产党章程》，制定本条例。

第二条　干部教育培训是建设高素质干部队伍的先导性、基础性、战略性工程，在推进中国特色社会主义伟大事业和党的建设新的伟大工程中具有不可替代的重要地位和作用。干部教育培训工作必须高举中国特色社会主义伟大旗帜，坚持马克思列宁主义、毛泽东思想、邓小平理论、“三个代表”重要思想、科学发展观，全面贯彻习近平新时代中国特色社会主义思想，深入贯彻习近平总书记关于党的建设的重要思想，认真落实新时代党的建设总要求和新时代党的组织路线，深刻领悟“两个确立”的决定性意义，增强“四个意识”、坚定“四个自信”、做到“两个维护”，把深入学习贯彻习近平新时代中国特色社会主义思想作为主题主线，以坚定理想信念宗旨为根本，以全面增强执政本领为重点，高质量教育培训干部，高水平服务党和国家事业发展，为以中国式现代化全面推进中华民族伟大复兴提供思想政治保证和能力支撑。

第三条 干部教育培训工作应当遵循下列原则：

（一）政治统领，服务大局。旗帜鲜明讲政治，坚持和加强党的全面领导，紧紧围绕党和国家事业发展需要开展教育培训，始终保持正确政治方向。

（二）育德为先，注重能力。坚持新时代好干部标准，突出党的创新理论武装和党性教育，加强能力培训，全面提高干部德才素质和履职能力。

（三）分类分级，全面覆盖。按照干部管理权限组织实施教育培训，把教育培训的普遍性要求与不同类别、不同层级、不同岗位干部的特殊需要结合起来，增强针对性，确保全员培训。

（四）联系实际，学以致用。大力弘扬马克思主义学风，围绕中心工作，坚持问题导向，引导干部加强主观世界和客观世界改造，做到学思用贯通、知信行统一。

（五）与时俱进，守正创新。继承和发扬干部教育培训优良传统和作风，遵循干部成长规律和干部教育培训规律，推进干部教育培训理论创新、实践创新、制度创新。

（六）依规依法，从严管理。建立健全干部教育培训法规制度，推进干部教育培训规范管理，从严治校、从严治教、从严治学，保持良好的教学秩序和学习风气。

第四条 本条例适用于党的机关、人大机关、行政机关、政协机关、监察机关、审判机关、检察机关，以及列入公务员法实施范围的其他机关和参照公务员法管理的机关（单位）的干部教育培训工作。

国有企业、事业单位结合各自特点执行本条例。

第二章 管理体制

第五条 全国干部教育培训工作实行在党中央领导下，由中央组织部主管，中央和国家机关有关工作部门分工负责，中央和地方分级管理的体制。

第六条 中央组织部履行全国干部教育培训工作的整体规划、制度建设、宏观指导、协调服务、监督管理等职能。

全国干部教育联席会议成员单位按照职责分工，负责相关的干部教育培训工作。

中央和国家机关各部门负责指导本行业本系统的业务培训。

第七条 地方各级党委领导本地区干部教育培训工作，贯彻执行党和国家干部教育培训工作的方针政策，把干部教育培训工作纳入本地区党的建设整体部署和经济社会发展规划，统筹研究推进。

地方各级党委组织部主管本地区干部教育培训工作。地方各级干部教育领导小组或者联席会议成员单位按照职责分工，负责相关的干部教育培训工作。

第八条 干部所在单位按照干部管理权限，负责组织实施和管理本单位的干部教育培训工作。

第九条 垂直管理部门的干部教育培训工作由部门负责。

双重管理单位的干部教育培训工作由主管单位负责、协管单位配合，根据工作需要，经协商也可以由协管单位负责。

第十条 党委和政府工作部门抽调下级党委和政府领导班子成员参加培训，必须报同级干部教育培训主管部门审批；抽调下级党委管理的干部参加本系统本行业培训，应当以书面形式提前通知下级党委组织部门，避免多头调训和重复培训。

第三章　教育培训对象

第十一条　干部有接受教育培训的权利和义务。

第十二条　干部教育培训的对象是全体干部，重点是县处级以上党政领导干部和优秀年轻干部。

第十三条　干部应当根据不同情况参加相应的教育培训：

（一）党的理论教育和党性教育的专题培训；

（二）贯彻落实党和国家重大决策部署的集中轮训；

（三）新录（聘）用的初任培训；

（四）晋升领导职务的任职培训；

（五）提升履职能力的在职培训；

（六）其他培训。

第十四条　省部级、厅局级、县处级党政领导干部和四级调研员及相当层次职级以上公务员，经组织选调，应当每 5 年参加党校（行政学院）、干部学院等干部教育培训机构脱产培训，以及干部教育培训主管部门认可的其他集中培训，累计不少于 3 个月或者 550 学时。提拔担任领导职务的，确因特殊情况在提任前未达到教育培训要求的，应当在提任后 1 年内完成培训。干部教育培训主管部门应当作出规划，统筹安排。

乡科级党政领导干部和一级主任科员及相当层次职级以下公务员，应当每年参加干部教育培训主管部门认可的集中培训，累计不少于 12 天或者 90 学时。

干部应当结合岗位职责参加网络培训，完成规定的学时。

第十五条　干部在参加组织选派的脱产培训期间，一般应当享受在岗同等待遇，一般不承担所在单位的日常工作、出国（境）考察等任务。因特殊情况确需请假的，必须严格履行手续，累计请假时间原则上不得超过总学时的 1/7，超过的应予退学。

第十六条　干部个人参加社会化培训，费用一律由本人承担，不得由财政经费和单位经费报销，不得接受任何机构和他人的资助或者变相资助。

第四章　教育培训内容

第十七条　干部教育培训以深入学习贯彻习近平新时代中国特色社会主义思想为主题主线，以党的理论教育、党性教育和履职能力培训为重点，注重知识培训，全面提高干部素质和能力。

第十八条　党的理论教育重点开展马克思列宁主义、毛泽东思想、邓小平理论、“三个代表”重要思想、科学发展观教育培训，全面加强习近平新时代中国特色社会主义思想教育培训，加强党的路线方针政策教育培训，引导干部自觉做共产主义远大理想和中国特色社会主义共同理想的坚定信仰者和忠实实践者，提高运用马克思主义立场观点方法分析解决实际问题的能力，增强适应新时代要求、推进中国式现代化建设的本领。

突出党的创新理论教育，坚持用习近平新时代中国特色社会主义思想统一思想、统一意志、统一行动，教育引导干部全面系统掌握这一思想的基本观点、科学体系，把握好这一思想的世界观、方法论，坚持好、运用好贯穿其中的立场观点方法，深刻领悟“两个确立”的决定性意义，增强“四个意识”、坚定“四个自信”、做到“两个维护”，不断提高政治判断力、政治领悟力、政治执行力，自觉在思想上、政治上、行动上同以习近平同志为核心的党中央保持高度一致。

对党外干部，也应当根据其特点，开展相应的政治理论教育。

第十九条　党性教育重点开展理想信念、党的宗旨、革命传统、党风廉政教育。突出党章和党规党纪学习教育，强化政治忠诚教育，加强政治纪律和政治规矩教育，加强斗争精神和斗争本领养成，深入开展党史、新中国史、改革开放史、社会主义发展史、中华民族发展史学习教育，坚持用以伟大建党精神为源头的中国共产党人精神谱系教育干部，加强铸牢中华民族共同体意识教育，开展社会主义核心价值观教育、中华优秀传统文化教育、中华民族传统美德教育，开展政德教育、警示教育，引导党员干部提高思想觉悟、精神境界、道德修养，树立正确的权力观、政绩观、事业观，做到对党忠诚、个人干净、敢于担当，永葆共产党人政治本色。

第二十条 履职能力培训重点开展党中央关于经济建设、政治建设、文化建设、社会建设、生态文明建设和党的建设等方面重大决策部署的培训，分领域分专题学深学透习近平总书记重要思想、重要论述，提升推动高质量发展本领、服务群众本领、防范化解风险本领。加强宪法、法律和政策法规教育培训，提高干部科学执政、民主执政、依法执政水平。开展总体国家安全观教育，增强干部国家安全意识，提高统筹发展和安全能力。

第二十一条 知识培训应当根据干部岗位特点和工作要求，有针对性地开展履行岗位职责所必备知识的培训，加强各种新知识新技能的教育培训，帮助干部优化知识结构、完善知识体系、提高综合素养。

第五章 教育培训方式方法

第二十二条 干部教育培训以脱产培训、党委（党组）理论学习中心组学习、网络培训、在职自学等方式进行。

第二十三条 脱产培训以组织调训为主。干部教育培训主管部门负责制定调训计划、选调干部参加培训，对重要岗位的干部可以实行点名调训。干部所在单位按照计划完成调训任务。干部必须服从组织调训。

第二十四条 党委（党组）理论学习中心组学习以政治学习为根本，以深入学习贯彻习近平新时代中国特色社会主义思想为主题主线，在个人自学和专题调研基础上保证每个季度不少于1次集体学习研讨。

第二十五条 充分运用现代信息技术，完善网络培训制度，建立兼容、开放、共享、规范的干部网络培训体系。提高干部教育培训教学和管理数字化水平，用好大数据、人工智能等技术手段。

第二十六条 建立健全干部在职自学制度。干部所在单位应当支持鼓励干部在职自学，并提供必要条件。

第二十七条 干部教育培训应当根据内容要求和干部特点，综合运用讲授式、研讨式、案例式、模拟式、体验式、访谈式、行动学习等方法，实现教学相长、学学相长。

干部教育培训主管部门应当引导和支持干部教育培训机构积极开展方式方法创新。

第六章 教育培训机构

第二十八条 干部教育培训机构主要包括：党校（行政学院）、干部学院、社会主义学院、部门行业培训机构、国有企业培训机构、干部教育培训高校基地。

各级党委（党组）和干部教育培训主管部门应当加强对干部教育培训机构的工作指导，构建分工明确、优势互补、布局合理、规范有序的培训机构体系。

第二十九条 党校（行政学院）是干部教育培训的主渠道，应当坚守党校初心、坚持党校姓党，突出党的理论教育、党性教育，加强履职能力培训，发挥为党育才、为党献策的独特价值。

中央党校（国家行政学院）和中国浦东干部学院、中国井冈山干部学院、中国延安干部学院作为国家级干部教育培训机构，应当发挥示范引领作用。

省（自治区、直辖市）党性教育干部学院是教育党员干部坚定理想信念、加强党性修养、传承红色基因、赓续红色血脉的重要阵地，应当用好红色资源，突出办学特色，发挥在党性教育中的独特优势。

社会主义学院是党领导的统一战线性质的政治学院，应当坚持功能定位，承担好民主党派和无党派人士、统一战线其他领域代表人士、统战干部及统一战线理论研究人才等培训任务。

部门行业培训机构、国有企业培训机构应当按照各自职责提升办学水平，重点做好本部门本行业本单位的干部教育培训工作。

干部教育培训高校基地应当发挥学科专业优势，重点开展履职能力培训。

各类干部教育培训机构应当加强交流合作，通过联合办学等方式，促进资源优化配置。

第三十条 根据工作需要，干部教育培训主办单位可以委托干部教育培训主管部门认可的其他高等学校、科研院所承担干部教育培训任务。

第三十一条 干部教育培训机构应当以教学为中心，深化教学改革，优化学科结构，完善培训内容，科学设置培训班次和学制，改进课程设计，创新教学方法，规范现场教学点管理，提高教学水平。

第三十二条 各级党委应当加强对党校（行政学院）工作的领导，履行办好、管好、建好党校（行政学院）的主体责任，选优配强领导班子，按照实用、安全、有效的原则加强和改善基础设施和办学条件。

因地制宜推进县级党校（行政学校）分类建设，深化办学体制改革和办学模式创新，不断提升办学能力和水平。

第三十三条 加强干部教育培训机构规范管理和质量提升，调整、整顿办学能力弱的干部教育培训机构。新设干部教育培训机构应当严格按照有关规定程序和机构编制管理权限审批。

第三十四条 干部教育培训主管部门和干部教育培训机构应当注重干部教育培训管理者队伍建设，加强培养，严格管理，促进交流，优化结构，提高素质。

加强干部教育培训理论研究。

第三十五条 干部教育培训机构必须贯彻执行党和国家干部教育培训方针政策和有关党内法规、法律法规，严格落实意识形态工作责任制，加强校风教风学风建设。

第七章 师资、课程、教材、经费

第三十六条 干部教育培训主管部门和干部教育培训机构应当按照政治过硬、素质优良、规模适当、结构合理、专兼结合的原则，建设高素质干部教育培训师资队伍。

第三十七条 从事干部教育培训工作的教师，必须对党忠诚、信念坚定，严守纪律、严谨治学，具有良好的思想道德修养、较高的理论政策水平、扎实的专业知识基础，有一定的实际工作经验，掌握现代教育培训理论和方法，具备胜任教学、科研工作的能力，不得传播违反党的理论和路线方针政策、违反中央决定的错误观点。

第三十八条 注重专职教师队伍建设，创新引才育才机制，完善考核、奖惩和教育培训、实践锻炼制度，专职教师每年参加教育培训的时间累计不少于1个月。逐步建立符合干部教育培训特点的师资队伍考核评价体系和职称评审制度。

第三十九条 注重邀请思想政治素质过硬、实践经验丰富、理论水平较高的领导干部、专家学者和先进模范人物、优秀基层干部等到干部教育培训课堂授课，充分发挥外请教师的作用。干部教育培训主办单位和干部教育培训机构应当加强对外请教师的审核把关。

坚持领导干部上讲台制度。县级以上党政领导班子成员特别是主要领导干部应当带头到党校（行政学院）、干部学院、社会主义学院等授课。

第四十条 中央组织部和各省（自治区、直辖市）党委组织部应当建立完善干部教育培训师资库。有条件的地区和部门可以根据工作需要建立干部教育培训师资库。

第四十一条 干部教育培训主管部门和干部教育培训机构应当完善课程开发和更新机制，构建富有时代特征和实践特色、务实管用的课程体系。

第四十二条 加强精品课程建设，重点开发体现马克思主义中国化时代化最新成果、反映各领域实践党的创新理论的精品课程。

建立干部教育培训精品课程库，实现优质课程资源共享。

第四十三条 适应不同类别干部教育培训的需要，着眼于提高干部综合素质和能力，开发具有政治性、思想性、权威性、指导性、可读性的干部学习培训教材。

第四十四条 全国干部培训教材编审指导委员会负责全国干部学习培训教材规划、编写、审定等工作。地方、部门和干部教育培训机构可以编写符合需要、各具特色的干部学习培训教材。

第四十五条 干部教育培训主管部门和干部教育培训机构应当严格审核把关，优先选用中央有关部门组织编写、推荐的权威教材，也可以选用其他优秀出版物。未经审核把关的教材不得进入干部教育培训课堂。

第四十六条 干部教育培训经费列入各级政府年度财政预算，保证干部教育培训工作需要。

干部教育培训主管部门、干部教育培训主办单位和干部教育培训机构应当严格干部教育培训经费管理，厉行节约，勤俭办学，提高经费使用效益。

第四十七条 各级党委和政府应当加大对革命老区、民族地区、边疆地区、乡村振兴重点帮扶地区干部教育培训支持力度，推动优质培训资源向基层延伸倾斜。

第八章 考核与评估

第四十八条 干部教育培训主管部门和干部教育培训机构应当完善干部教育培训考核和激励机制。干部接受教育培训情况应当作为干部考核的内容和任职、晋升的重要依据。

第四十九条 干部教育培训考核的内容包括干部的学习态度和表现，理论、知识掌握程度，党性修养、作风养成和遵规守纪情况，以及解决实际问题的能力等。

干部教育培训考核结果应当按照干部管理权限及时反馈组织人事部门。干部教育培训考核不合格的，年度考核不得确定为优秀等次。

第五十条 干部教育培训考核应当区分不同教育培训方式分别实施。脱产培训的考核，由主办单位和干部教育培训机构实施；网络培训的考核，由主办单位和干部所在单位实施。

干部教育培训主管部门和干部教育培训机构应当健全跟班管理制度，加强对干部学习培训的考核与监督。

第五十一条 干部教育培训实行登记管理。各级干部教育培训主管部门和干部所在单位应当按照干部管理权限，建立完善干部教育培训档案，如实记载干部参加教育培训情况和考核结果。

干部参加脱产培训情况应当记入干部年度考核登记表，参加 2 个月以上的脱产培训情况应当记入干部任免审批表。

第五十二条 干部教育培训主管部门负责对干部教育培训机构进行评估，也可以委托干部教育培训主管部门认可的机构进行评估。

干部教育培训机构评估的内容包括办学方针、培训质量、师资队伍、组织管理、学风建设、基础设施、经费管理等。

干部教育培训主管部门应当充分运用评估结果，指导干部教育培训机构改进工作。

第五十三条 干部教育培训主办单位负责对干部教育培训班次进行评估。

班次评估的内容包括培训设计、培训实施、培训管理、培训效果等。

评估结果应当作为评价干部教育培训机构办学质量的重要标准，作为确定干部教育培训机构承担培训任务的重要依据。

第五十四条 干部教育培训机构负责对干部教育培训课程进行评估。

课程评估的内容包括教学态度、教学内容、教学方法、教学效果等。

干部教育培训机构应当将评估结果作为指导教学部门和教师改进教学的重要依据。

第九章 纪律与监督

第五十五条 各级党委和政府及其有关工

作部门、干部教育培训机构、干部所在单位和干部本人必须严格执行本条例。开展干部教育培训工作情况应当作为领导班子考核、巡视巡察和选人用人专项检查的内容。

第五十六条 干部教育培训主管部门会同有关部门对干部教育培训工作和贯彻执行本条例情况进行监督检查，制止和纠正违反本条例的行为，并对有关责任单位和人员提出处理意见和建议。

第五十七条 干部教育培训主办单位和干部教育培训机构违反本条例和有关规定的，由干部教育培训主管部门或者会同有关部门责令限期整改；逾期不改的，给予通报批评；情节严重的，由有关部门对负有领导责任人员和直接责任人员给予组织处理、党纪政务处分。

第五十八条 从事干部教育培训工作的教师违反本条例和有关规定的，由干部教育培训机构或者有关部门视情节轻重给予批评教育、组织处理、党纪政务处分。

第五十九条 干部因故未按规定参加教育培训或者未达到教育培训要求的，应当及时安排补训。对无正当理由不参加教育培训的，由干部管理部门视情节轻重给予批评教育、组织处理。干部弄虚作假获取培训经历的，由干部管理部门按照有关规定严肃处理。

第六十条 干部参加教育培训期间必须严格遵守学习培训和廉洁自律各项规定。违反本条例和有关规定的，由干部教育培训机构视情节轻重给予约谈提醒、通报批评、责令退学等处理；情节严重的，由有关部门给予组织处理、党纪政务处分。

第十章　附　　则

第六十一条 中国人民解放军和中国人民武装警察部队的干部教育培训规定，由中央军事委员会根据本条例制定。

第六十二条 本条例由中共中央组织部负责解释。

第六十三条 本条例自发布之日起施行。

中共中央　国务院关于做好2023年全面推进乡村振兴重点工作的意见（节选）

（2023年1月2日）

（十四）坚决守住不发生规模性返贫底线。压紧压实各级巩固拓展脱贫攻坚成果责任，确保不松劲、不跑偏。强化防止返贫动态监测。对有劳动能力、有意愿的监测户，落实开发式帮扶措施。健全分层分类的社会救助体系，做好兜底保障。巩固提升“三保障”和饮水安全保障成果。

（十五）增强脱贫地区和脱贫群众内生发展动力。把增加脱贫群众收入作为根本要求，把促进脱贫县加快发展作为主攻方向，更加注重扶志扶智，聚焦产业就业，不断缩小收入差距、发展差距。中央财政衔接推进乡村振兴补助资金用于产业发展的比重力争提高到60%以上，重点支持补上技术、设施、营销等短板。鼓励脱贫地区有条件的农户发展庭院经济。深入开展多种形式的消费帮扶，持续推进消费帮扶示范城市和产地示范区创建，支持脱贫地区打造区域公用品牌。财政资金和帮扶资金支持的经营性帮扶项目要健全利益联结机制，带动农民增收。管好用好扶贫项目资产。深化东西部劳务协作，实施防止返贫就业攻坚行动，确保脱贫劳动力就业规模稳定在3 000万人以上。持续运营好就业帮扶车间和其他产业帮扶项目。充分发挥乡村公益性岗位就业保障作用。深入开展“雨露计划+”就业促进行动。在国家乡村振兴重点帮扶县实施一批补短板促振兴重点项目，深入实施医疗、教育干部人才“组团式”帮扶，更好发挥驻村干部、科技特派员产业帮扶作用。深入开展巩固易地搬迁脱贫成果专项行动和搬迁群众就业帮扶专项行动。

（十六）稳定完善帮扶政策。落实巩固拓展脱贫攻坚成果同乡村振兴有效衔接政策。开展国家乡村振兴重点帮扶县发展成效监测评价。保持脱贫地区信贷投放力度不减，扎实做好脱贫人口小额信贷工作。按照市场化原则加大对帮扶项目的金融支持。深化东西部协作，组织东部地区经济较发达县（市、区）与脱贫县开展携手促振兴行动，带动脱贫县更多承接和发展劳动密集型产业。持续做好中央单位定点帮扶，调整完善结对关系。深入推进“万企兴万村”行动。研究过渡期后农村低收入人口和欠发达地区常态化帮扶机制。

（二十一）促进农民就业增收。强化各项稳岗纾困政策落实，加大对中小微企业稳岗倾斜力度，稳定农民工就业。促进农民工职业技能提升。完善农民工工资支付监测预警机制。维护好超龄农民工就业权益。加快完善灵活就业人员权益保障制度。加强返乡入乡创业园、农村创业孵化实训基地等建设。在政府投资重点工程和农业农村基础设施建设项目中推广以工代赈，适当提高劳务报酬发放比例。

（二十七）提升基本公共服务能力。推动基本公共服务资源下沉，着力加强薄弱环节。

推进县域内义务教育优质均衡发展，提升农村学校办学水平。落实乡村教师生活补助政策。推进医疗卫生资源县域统筹，加强乡村两级医疗卫生、医疗保障服务能力建设。统筹解决乡村医生薪酬分配和待遇保障问题，推进乡村医生队伍专业化规范化。提高农村传染病防控和应急处置能力。做好农村新冠疫情防控工作，层层压实责任，加强农村老幼病残孕等重点人群医疗保障，最大程度维护好农村居民身体健康和正常生产生活秩序。优化低保审核确认流程，确保符合条件的困难群众“应保尽保”。深化农村社会工作服务。加快乡镇区域养老服务中心建设，推广日间照料、互助养老、探访关爱、老年食堂等养老服务。实施农村妇女素质提升计划，加强农村未成年人保护工作，健全农村残疾人社会保障制度和关爱服务体系，关心关爱精神障碍人员。

（三十二）加强乡村人才队伍建设。实施乡村振兴人才支持计划，组织引导教育、卫生、科技、文化、社会工作、精神文明建设等领域人才到基层一线服务，支持培养本土急需紧缺人才。实施高素质农民培育计划，开展农村创业带头人培育行动，提高培训实效。大力发展面向乡村振兴的职业教育，深化产教融合和校企合作。完善城市专业技术人才定期服务乡村激励机制，对长期服务乡村的在职务晋升、职称评定方面予以适当倾斜。引导城市专业技术人员入乡兼职兼薪和离岗创业。允许符合一定条件的返乡回乡下乡就业创业人员在原籍地或就业创业地落户。继续实施农村订单定向医学生免费培养项目、教师“优师计划”、“特岗计划”、“国培计划”，实施“大学生乡村医生”专项计划。实施乡村振兴巾帼行动、青年人才开发行动。

中共中央 国务院印发《数字中国建设整体布局规划》

［新华社北京2023年2月27日电 近日，中共中央、国务院印发了《数字中国建设整体布局规划》（以下简称《规划》），并发出通知，要求各地区各部门结合实际认真贯彻落实。］

《规划》指出，建设数字中国是数字时代推进中国式现代化的重要引擎，是构筑国家竞争新优势的有力支撑。加快数字中国建设，对全面建设社会主义现代化国家、全面推进中华民族伟大复兴具有重要意义和深远影响。

《规划》强调，要坚持以习近平新时代中国特色社会主义思想特别是习近平总书记关于网络强国的重要思想为指导，深入贯彻党的二十大精神，坚持稳中求进工作总基调，完整、准确、全面贯彻新发展理念，加快构建新发展格局，着力推动高质量发展，统筹发展和安全，强化系统观念和底线思维，加强整体布局，按照夯实基础、赋能全局、强化能力、优化环境的战略路径，全面提升数字中国建设的整体性、系统性、协同性，促进数字经济和实体经济深度融合，以数字化驱动生产生活和治理方式变革，为以中国式现代化全面推进中华民族伟大复兴注入强大动力。

《规划》提出，到2025年，基本形成横向打通、纵向贯通、协调有力的一体化推进格局，数字中国建设取得重要进展。数字基础设施高效联通，数据资源规模和质量加快提升，数据要素价值有效释放，数字经济发展质量效益大幅增强，政务数字化智能化水平明显提升，数字文化建设跃上新台阶，数字社会精准化普惠化便捷化取得显著成效，数字生态文明建设取得积极进展，数字技术创新实现重大突破，应用创新全球领先，数字安全保障能力全面提升，数字治理体系更加完善，数字领域国际合作打开新局面。到2035年，数字化发展水平进入世界前列，数字中国建设取得重大成就。数字中国建设体系化布局更加科学完备，经济、政治、文化、社会、生态文明建设各领域数字化发展更加协调充分，有力支撑全面建设社会主义现代化国家。

《规划》明确，数字中国建设按照“2522”的整体框架进行布局，即夯实数字基础设施和数据资源体系“两大基础”，推进数字技术与经济、政治、文化、社会、生态文明建设“五位一体”深度融合，强化数字技术创新体系和数字安全屏障“两大能力”，优化数字化发展国内国际“两个环境”。

《规划》指出，要夯实数字中国建设基础。一是打通数字基础设施大动脉。加快5G网络与千兆光网协同建设，深入推进IPv6规模部署和应用，推进移动物联网全面发展，大力推进北斗规模应用。系统优化算力基础设施布局，促进东西部算力高效互补和协同联动，引导通用数据中心、超算中心、智能计算中心、边缘数据中心等合理梯次布局。整体提升应用基础设施水平，加强传统基础设施数字化、智能化改造。二是畅通数据资源大循环。构建国家数据管理体制机制，健全各级数据统筹管理机构。推动公共数据汇聚利用，建设公共卫生、科技、教育等重要领域国家数据资源库。

释放商业数据价值潜能，加快建立数据产权制度，开展数据资产计价研究，建立数据要素按价值贡献参与分配机制。

《规划》指出，要全面赋能经济社会发展。一是做强做优做大数字经济。培育壮大数字经济核心产业，研究制定推动数字产业高质量发展的措施，打造具有国际竞争力的数字产业集群。推动数字技术和实体经济深度融合，在农业、工业、金融、教育、医疗、交通、能源等重点领域，加快数字技术创新应用。支持数字企业发展壮大，健全大中小企业融通创新工作机制，发挥“绿灯”投资案例引导作用，推动平台企业规范健康发展。二是发展高效协同的数字政务。加快制度规则创新，完善与数字政务建设相适应的规章制度。强化数字化能力建设，促进信息系统网络互联互通、数据按需共享、业务高效协同。提升数字化服务水平，加快推进“一件事一次办”，推进线上线下融合，加强和规范政务移动互联网应用程序管理。三是打造自信繁荣的数字文化。大力发展网络文化，加强优质网络文化产品供给，引导各类平台和广大网民创作生产积极健康、向上向善的网络文化产品。推进文化数字化发展，深入实施国家文化数字化战略，建设国家文化大数据体系，形成中华文化数据库。提升数字文化服务能力，打造若干综合性数字文化展示平台，加快发展新型文化企业、文化业态、文化消费模式。四是构建普惠便捷的数字社会。促进数字公共服务普惠化，大力实施国家教育数字化战略行动，完善国家智慧教育平台，发展数字健康，规范互联网诊疗和互联网医院发展。推进数字社会治理精准化，深入实施数字乡村发展行动，以数字化赋能乡村产业发展、乡村建设和乡村治理。普及数字生活智能化，打造智慧便民生活圈、新型数字消费业态、面向未来的智能化沉浸式服务体验。五是建设绿色智慧的数字生态文明。推动生态环境智慧治理，加快构建智慧高效的生态环境信息化体系，运用数字技术推动山水林田湖草沙一体化保护和系统治理，完善自然资源三维立体“一张图”和国土空间基础信息平台，构建以数字孪生流域为核心的智慧水利体系。加快数字化绿色化协同转型。倡导绿色智慧生活方式。

《规划》指出，要强化数字中国关键能力。一是构筑自立自强的数字技术创新体系。健全社会主义市场经济条件下关键核心技术攻关新型举国体制，加强企业主导的产学研深度融合。强化企业科技创新主体地位，发挥科技型骨干企业引领支撑作用。加强知识产权保护，健全知识产权转化收益分配机制。二是筑牢可信可控的数字安全屏障。切实维护网络安全，完善网络安全法律法规和政策体系。增强数据安全保障能力，建立数据分类分级保护基础制度，健全网络数据监测预警和应急处置工作体系。

《规划》指出，要优化数字化发展环境。一是建设公平规范的数字治理生态。完善法律法规体系，加强立法统筹协调，研究制定数字领域立法规划，及时按程序调整不适应数字化发展的法律制度。构建技术标准体系，编制数字化标准工作指南，加快制定修订各行业数字化转型、产业交叉融合发展等应用标准。提升治理水平，健全网络综合治理体系，提升全方位多维度综合治理能力，构建科学、高效、有序的管网治网格局。净化网络空间，深入开展网络生态治理工作，推进“清朗”、“净网”系列专项行动，创新推进网络文明建设。二是构建开放共赢的数字领域国际合作格局。统筹谋划数字领域国际合作，建立多层面协同、多平台支撑、多主体参与的数字领域国际交流合作体系，高质量共建“数字丝绸之路”，积极发展“丝路电商”。拓展数字领域国际合作空间，积极参与联合国、世界贸易组织、二十国集团、亚太经合组织、金砖国家、上合组织等多边框架下的数字领域合作平台，高质量搭建数字领域开放合作新平台，积极参与数据跨境流动等相关国际规则构建。

《规划》强调，要加强整体谋划、统筹推进，把各项任务落到实处。一是加强组织领导。坚持和加强党对数字中国建设的全面领导，在党中央集中统一领导下，中央网络安全和信息化委员会加强对数字中国建设的统筹协调、整体推进、督促落实。充分发挥地方党委网络安全和信息化委员会作用，健全议事协调机制，将数字化发展摆在本地区工作重要位置，切实落实责任。各有关部门按照职责分工，完善政策措施，强化资源整合和力量协同，形成工作合力。二是健全体制机制。建立健全数字中国建设统筹协调机制，及时研究解决数字化发展重大问题，推动跨部门协同和上下联动，抓好重大任务和重大工程的督促落实。开展数字中国发展监测评估。将数字中国建设工作情况作为对有关党政领导干部考核评价的参考。三是保障资金投入。创新资金扶持方式，加强对各类资金的统筹引导。发挥国家产融合作平台等作用，引导金融资源支持数字化发展。鼓励引导资本规范参与数字中国建设，构建社会资本有效参与的投融资体系。四是强化人才支撑。增强领导干部和公务员数字思维、数字认知、数字技能。统筹布局一批数字领域学科专业点，培养创新型、应用型、复合型人才。构建覆盖全民、城乡融合的数字素养与技能发展培育体系。五是营造良好氛围。推动高等学校、研究机构、企业等共同参与数字中国建设，建立一批数字中国研究基地。统筹开展数字中国建设综合试点工作，综合集成推进改革试验。办好数字中国建设峰会等重大活动，举办数字领域高规格国内国际系列赛事，推动数字化理念深入人心，营造全社会共同关注、积极参与数字中国建设的良好氛围。

中共中央　国务院印发《党和国家机构改革方案》（节选）

［新华社北京2023年3月16日电　近日，中共中央、国务院印发了《党和国家机构改革方案》，并发出通知，要求各地区各部门结合实际认真贯彻落实。］

三、深化国务院机构改革

（七）重新组建科学技术部。加强科学技术部推动健全新型举国体制、优化科技创新全链条管理、促进科技成果转化、促进科技和经济社会发展相结合等职能，强化战略规划、体制改革、资源统筹、综合协调、政策法规、督促检查等宏观管理职责，保留国家基础研究和应用基础研究、国家实验室建设、国家科技重大专项、国家技术转移体系建设、科技成果转移转化和产学研结合、区域科技创新体系建设、科技监督评价体系建设、科研诚信建设、国际科技合作、科技人才队伍建设、国家科技评奖等相关职责，仍作为国务院组成部门。

将科学技术部的组织拟订科技促进农业农村发展规划和政策、指导农村科技进步职责划入农业农村部。将科学技术部的组织拟订科技促进社会发展规划和政策职责分别划入国家发展和改革委员会、生态环境部、国家卫生健康委员会等部门。将科学技术部的组织拟订高新技术发展及产业化规划和政策，指导国家自主创新示范区、国家高新技术产业开发区等科技园区建设，指导科技服务业、技术市场、科技中介组织发展等职责划入工业和信息化部。将科学技术部的负责引进国外智力工作职责划入人力资源和社会保障部，在人力资源和社会保障部加挂国家外国专家局牌子。

深化财政科技经费分配使用机制改革，完善中央财政科技计划执行和专业机构管理体制，调整科学技术部的中央财政科技计划（专项、基金等）协调管理、科研项目资金协调评估等职责，将科学技术部所属中国农村技术开发中心划入农业农村部，中国生物技术发展中心划入国家卫生健康委员会，中国21世纪议程管理中心、科学技术部高技术研究发展中心划入国家自然科学基金委员会。

国家自然科学基金委员会仍由科学技术部管理。

科学技术部不再保留国家外国专家局牌子。

地方政府科技部门职责结合实际进行调整。

中共中央　国务院关于促进民营经济发展壮大的意见（节选）

（2023 年 7 月 14 日）

（七）强化人才和用工需求保障。畅通人才向民营企业流动渠道，健全人事管理、档案管理、社会保障等接续的政策机制。完善民营企业职称评审办法，畅通民营企业职称评审渠道，完善以市场评价为导向的职称评审标准。搭建民营企业、个体工商户用工和劳动者求职信息对接平台。大力推进校企合作、产教融合。推进民营经济产业工人队伍建设，优化职业发展环境。加强灵活就业和新就业形态劳动者权益保障，发挥平台企业在扩大就业方面的作用。

（八）完善支持政策直达快享机制。充分发挥财政资金直达机制作用，推动涉企资金直达快享。加大涉企补贴资金公开力度，接受社会监督。针对民营中小微企业和个体工商户建立支持政策“免申即享”机制，推广告知承诺制，有关部门能够通过公共数据平台提取的材料，不再要求重复提供。

（九）强化政策沟通和预期引导。依法依规履行涉企政策调整程序，根据实际设置合理过渡期。加强直接面向民营企业和个体工商户的政策发布和解读引导。支持各级政府部门邀请优秀企业家开展咨询，在涉企政策、规划、标准的制定和评估等方面充分发挥企业家作用。

（二十八）支持民营企业更好履行社会责任。教育引导民营企业自觉担负促进共同富裕的社会责任，在企业内部积极构建和谐劳动关系，推动构建全体员工利益共同体，让企业发展成果更公平惠及全体员工。鼓励引导民营经济人士做发展的实干家和新时代的奉献者，在更高层次上实现个人价值，向全社会展现遵纪守法、遵守社会公德的良好形象，做到富而有责、富而有义、富而有爱。探索建立民营企业社会责任评价体系和激励机制，引导民营企业踊跃投身光彩事业和公益慈善事业，参与应急救灾，支持国防建设。

中共中央办公厅印发《关于在全党大兴调查研究的工作方案》

［新华社北京2023年3月19日电　近日，中共中央办公厅印发了《关于在全党大兴调查研究的工作方案》，并发出通知，要求各地区各部门结合实际认真贯彻落实。］

《关于在全党大兴调查研究的工作方案》全文如下。

为深入学习贯彻习近平新时代中国特色社会主义思想，全面贯彻落实党的二十大精神，党中央决定，在全党大兴调查研究，作为在全党开展的主题教育的重要内容，推动全面建设社会主义现代化国家开好局起好步。现制定如下工作方案。

一、重要意义

调查研究是我们党的传家宝。党的十八大以来，以习近平同志为核心的党中央高度重视调查研究工作，习近平总书记强调指出，调查研究是谋事之基、成事之道，没有调查就没有发言权，没有调查就没有决策权；正确的决策离不开调查研究，正确的贯彻落实同样也离不开调查研究；调查研究是获得真知灼见的源头活水，是做好工作的基本功；要在全党大兴调查研究之风。习近平总书记这些重要指示，深刻阐明了调查研究的极端重要性，为全党大兴调查研究、做好各项工作提供了根本遵循。

当前，我国发展面临新的战略机遇、新的战略任务、新的战略阶段、新的战略要求、新的战略环境。世界百年未有之大变局加速演进，不确定、难预料因素增多，国内改革发展稳定面临不少深层次矛盾躲不开、绕不过，各种风险挑战、困难问题比以往更加严峻复杂，迫切需要通过调查研究把握事物的本质和规律，找到破解难题的办法和路径。在全党大兴调查研究，是深入学习贯彻习近平新时代中国特色社会主义思想、感悟这一重要思想的真理力量和实践伟力的必然要求，是深刻领悟“两个确立”的决定性意义、坚决做到“两个维护”的具体实践，是应对新时代新征程前进路上的风浪考验、推进中国式现代化的有力举措，是时刻保持解决大党独有难题的清醒和坚定、回答“六个如何始终”的现实需要，是转变工作作风、密切联系群众、提高履职本领、强化责任担当的有效途径。

二、总体要求

在全党大兴调查研究，要坚持以习近平新时代中国特色社会主义思想为指导，全面贯彻落实党的二十大精神，紧紧围绕党的理论和路线方针政策、党中央重大决策部署的贯彻执行，大力弘扬党的光荣传统和优良作风，突出问题导向和目标导向，促进广大党员、干部特别是领导干部带头深入调查研究，不断深化对党的创新理论的认识和把握，善于运用党的创新理论研究新情况、解决新问题、总结新经验、探索新规律，扑下身子干实事、谋实招、求实效，使调查研究工作同中心工作和决策需要紧密结合起来，更好为科学决策服务，为提高党的执政能力和领导水平服务，为完成新时代新征程的使命任务服务。

在全党大兴调查研究，必须坚持党的群众路线，从群众中来、到群众中去，增进同人民群众的感情，真诚倾听群众呼声、真实反映群众愿望、真情关心群众疾苦，自觉向群众学习、向实践学习，从人民的创造性实践中获得正确认识，把党的正确主张变为群众的自觉行动。必须坚持实事求是，坚守党性原则，一切从实际出发，理论联系实际，听真话、察实情，坚持真理、修正错误，有一是一、有二是二，既报喜又报忧，不唯书、不唯上、只唯实。必须坚持问题导向，增强问题意识，敢于正视问题、善于发现问题，以解决问题为根本目的，真正把情况摸清、把问题找准、把对策提实，不断提出真正解决问题的新思路新办法。必须坚持攻坚克难，发扬斗争精神，增强斗争本领，勇于涉险滩、破难题，知难而进、迎难而上，把调查研究成果转化为推进工作、战胜困难的实际成效。必须坚持系统观念，深入实际、深入基层、深入群众调查了解情况，把握好全局和局部、当前和长远、宏观和微观、主要矛盾和次要矛盾、特殊和一般的关系，前瞻性思考、全局性谋划、整体性推进党和国家各项事业。

三、调研内容

在全党大兴调查研究，要紧紧围绕全面贯彻落实党的二十大精神、推动高质量发展，直奔问题去，实行问题大梳理、难题大排查，着力打通贯彻执行中的堵点淤点难点。各级党委（党组）要立足职能职责，围绕做好事关全局的战略性调研、破解复杂难题的对策性调研、新时代新情况的前瞻性调研、重大工作项目的跟踪性调研、典型案例的解剖式调研、推动落实的督查式调研，突出重点、直击要害，结合实际确定调研内容。主要是 12 个方面。

1. 贯彻落实党中央决策部署和习近平总书记对本地区本部门本领域工作重要指示批示精神的主要情况和重点问题。

2. 贯彻新发展理念、构建新发展格局、推动高质量发展中的重大问题，推进高水平科技自立自强，扩大国内需求、深化供给侧结构性改革、建设现代化产业体系、落实“两个毫不动摇”、吸引和利用外资，全面推进乡村振兴中的主要情况和重点问题。

3. 统筹发展和安全，确保粮食、能源、产业链供应链、生产、食品药品、公共卫生等安全，防范化解重大经济金融风险中的主要情况和重点问题。

4. 全面深化改革开放中的重大问题，重要领域和关键环节改革、推进高水平对外开放中的主要情况和重点问题。

5. 全面依法治国中的重大问题，完善中国特色社会主义法律体系、推进依法行政、严格公正司法、建设法治社会等主要情况和重点问题。

6. 意识形态领域面临的挑战，推进文化自信自强、建设社会主义文化强国和新闻舆论引导、网络综合治理中的主要情况和重点问题。

7. 推进共同富裕、增进民生福祉中的重大问题，巩固拓展脱贫攻坚成果、缩小城乡区域发展差距和收入分配差距的主要情况和重点问题。

8. 人民最关心最直接最现实的利益问题，特别是就业、教育、医疗、托育、养老、住房等群众急难愁盼的具体问题。

9. 牢固树立和践行绿水青山就是金山银山理念方面的差距和不足，推进美丽中国建设、保护生态环境和维护生态安全中的主要情况和重点问题。

10. 维护社会稳定中的重大问题，防灾减灾救灾和重大突发公共事件处置保障短板，处理新形势下人民内部矛盾和强化社会治安整体防控的主要情况和重点问题。

11. 全面从严治党中的重大问题，落实党的领导弱化虚化淡化、党组织政治功能和组织功能不够强，干事创业精气神不足、不担当不作为，应对“黑天鹅”、“灰犀牛”事件和防范化解风险能力不强，形式主义、官僚主义，特权思想和特权行为等重点问题。

12. 本地区本部门本单位长期未解决的老大难问题。

四、方法步骤

在全党大兴调查研究，分为6个步骤。

（一）提高认识。各级党委（党组）要通过理论学习中心组学习、读书班等，组织党员、干部深入学习领会习近平总书记关于调查研究的重要论述，学习习近平总书记关于本地区本部门本领域的重要讲话和重要指示批示精神，继承和发扬老一辈革命家深入基层调查研究的优良作风，增强做好调查研究的思想自觉、政治自觉、行动自觉。

（二）制定方案。各级党委（党组）要围绕调研内容，结合本地区本部门本单位实际，广泛听取各方面意见，研究制定调查研究的具体方案，明确调研的项目课题、方式方法和工作要求等，统筹安排、合理确定调研的时间、地点、人员。党委（党组）主要负责同志要亲自主持制定方案。

（三）开展调研。县处级以上领导班子成员每人牵头1个课题开展调研，同时，针对相关领域或工作中最突出的难点问题进行专项调研。要坚持因地制宜，综合运用座谈访谈、随机走访、问卷调查、专家调查、抽样调查、统计分析等方式，充分运用互联网、大数据等现代信息技术开展调查研究，提高科学性和实效性。要深入农村、社区、企业、医院、学校、新经济组织、新社会组织等基层单位，掌握实情、把脉问诊，问计于群众、问计于实践。要转换角色、走进群众，了解群众的烦心事操心事揪心事，发现和查找工作中的差距不足。要结合典型案例，分析问题、剖析原因，举一反三采取改进措施。要加强督查调研，检查工作是否真正落实、问题是否真正解决。

（四）深化研究。全面梳理汇总调研情况，运用习近平新时代中国特色社会主义思想的世界观、方法论和贯穿其中的立场观点方法，进行深入分析、充分论证和科学决策。特别是对那些具有普遍性和制度性的问题、涉及改革发展稳定的深层次关键性问题，以及难题积案和顽瘴痼疾等，要研究透彻、找准根源和症结。在此基础上，领导班子交流调研情况，研究对策措施，形成解决问题、促进工作的思路办法和政策举措，确保每个问题都有务实管用的破解之策。

（五）解决问题。对调研中反映和发现的问题，逐一梳理形成问题清单、责任清单、任务清单，逐一列出解决措施、责任单位、责任人和完成时限。对短期能够解决的，立行立改、马上就办。对一时难以解决、需要持续推进的，明确目标，紧盯不放，一抓到底，做到问题不解决不松劲、解决不彻底不放手。

（六）督查回访。各级党委（党组）要建立调研成果转化运用清单，加强对调研课题完成情况、问题解决情况的督查督办和跟踪问效；领导干部要定期对调研对象和解决问题等事项进行回访，注意发现和解决新的问题。

五、工作要求

（一）加强组织领导。各级党委（党组）要高度重视调查研究工作，作出专门部署，科学精准做好方案设计、过程实施、监督问效等各个环节工作。党委（党组）主要负责同志负总责，抓好本地区本部门本单位调查研究的推进落实；班子其他成员各负其责，抓好分管领域和分管单位的调查研究工作。领导干部要带头开展调查研究，改进调研方法，以上率下、作出示范。

（二）严明工作纪律。调查研究要严格执行中央八项规定及其实施细则精神，轻车简从，厉行节约，不搞层层陪同。要采取“四不两直”方式，多到困难多、群众意见集中、工作打不开局面的地方和单位开展调研，防止嫌贫爱富式调研。要加强调研统筹，避免扎堆调研、多头调研、重复调研，不增加基层负担。要力戒形式主义、官僚主义，不搞作秀式、盆景式和蜻蜓点水式调研，防止走过场、不深入。要在调查的基础上深化研究，防止调查多研究少、情况多分析少，提出的对策建议不解决实际问题。对违反作风建设要求和廉洁自律规定的，要依规依纪严肃问责。

（三）坚持统筹推进。对表现在基层、根子在上面的问题，对涉及多个地区或部门单位的问题，上下协同、整体推动解决。统筹当前和长远，发现总结调查研究的有效做法和成功经验，完善调查研究的长效机制，使调查研究成为党员、干部的经常性工作，在全党蔚然成风、产生实效。

（四）加大宣传力度。充分利用党报、党刊、电视台、广播电台、网络传播平台等，采取多种多样的宣传形式和手段，大力宣传大兴调查研究的重要意义和各地区各部门各单位大兴调查研究的具体举措、实际成效，凝聚起大兴调查研究的共识和力量，营造浓厚氛围。

中共中央办公厅印发《专业技术类公务员管理规定》和《行政执法类公务员管理规定》

［新华社北京 2023 年 9 月 14 日电　近日，党中央对《专业技术类公务员管理规定》和《行政执法类公务员管理规定》作了修订。中共中央办公厅发出通知，要求各地区各部门认真遵照执行。］

《专业技术类公务员管理规定》和《行政执法类公务员管理规定》全文如下。

专业技术类公务员管理规定

（2016 年 7 月 8 日中共中央批准　2016 年 7 月 8 日中共中央办公厅、国务院办公厅发布
2023 年 9 月 1 日中共中央修订　2023 年 9 月 1 日中共中央办公厅发布）

第一章　总　　则

第一条　为了加强党对公务员队伍的集中统一领导，适应全面建设社会主义现代化国家、深入推进国家治理体系和治理能力现代化的要求，落实新时代好干部标准，完善公务员职位分类，建立健全符合专业技术类公务员特点的管理制度，提高管理效能和科学化水平，建设忠诚干净担当的高素质专业化公务员队伍，根据《中华人民共和国公务员法》和有关党内法规，制定本规定。

第二条　本规定所称专业技术类公务员，是指专门从事专业技术工作，具有专业知识、专业技能，为机关履行职责提供技术支持和保障的公务员，其职责具有强技术性、低替代性。

第三条　专业技术类公务员的管理，坚持以习近平新时代中国特色社会主义思想为指导，贯彻新时代党的建设总要求和新时代党的组织路线，突出政治标准，注重专业要求，坚持下列原则：

（一）党管干部、党管人才；

（二）德才兼备、以德为先、五湖四海、任人唯贤；

（三）事业为上、公道正派、人岗相适、人事相宜；

（四）注重实绩、业内认可、分类评价；

（五）监督约束与激励保障并重。

第四条　专业技术类公务员应当忠于宪法，模范遵守、自觉维护宪法和法律，自觉

接受党的领导，具有良好的政治素质和道德品行。

第五条 中央公务员主管部门负责全国专业技术类公务员的综合管理工作。县级以上地方各级公务员主管部门负责本辖区内专业技术类公务员的综合管理工作。上级公务员主管部门指导下级公务员主管部门的专业技术类公务员管理工作。各级公务员主管部门指导同级机关的专业技术类公务员管理工作。

第二章 职位设置

第六条 专业技术类公务员职位根据工作性质、专业特点和管理需要，一般在市地级以上机关以专业技术工作为主要职责的内设机构或者岗位设置。经批准，部分县（市、区、旗）专门从事专业技术工作公务员较多的机关可以设置专业技术类公务员职位。县级以上机关可以设置专业技术类公务员特设职位引进高层次人才。

专业技术类公务员职位设置范围由中央公务员主管部门确定。

第七条 机关依照职能、国家行政编制等，根据中央公务员主管部门确定的职位设置范围，制定本机关专业技术类公务员职位设置方案，并确定职位的具体工作职责和任职资格条件。

第八条 中央机关及其直属机构专业技术类公务员职位设置方案，报中央公务员主管部门审批；省级以下机关及其直属机构专业技术类公务员职位设置方案，由省级公务员主管部门审批后报中央公务员主管部门备案。

第三章 职务、职级与级别

第九条 专业技术类公务员实行职务与职级并行制度，设置领导职务、职级序列。

专业技术类公务员领导职务根据有关党内法规、法律法规和机构规格设置。

专业技术类公务员职级序列分为十一个层次。通用职级名称由高至低依次为：一级总监、二级总监、一级高级主管、二级高级主管、三级高级主管、四级高级主管、一级主管、二级主管、三级主管、四级主管、专业技术员。

具体职级名称由中央公务员主管部门以通用职级名称为基础确定。

第十条 专业技术类公务员职级与级别的对应关系是：

（一）一级总监：十三级至八级；

（二）二级总监：十五级至十级；

（三）一级高级主管：十七级至十一级；

（四）二级高级主管：十八级至十二级；

（五）三级高级主管：十九级至十三级；

（六）四级高级主管：二十级至十四级；

（七）一级主管：二十一级至十五级；

（八）二级主管：二十二级至十六级；

（九）三级主管：二十三级至十七级；

（十）四级主管：二十四级至十八级；

（十一）专业技术员：二十六级至十八级。

第十一条 专业技术类公务员职级与综合管理类、行政执法类公务员职级的对应关系是：

（一）一级总监：一级巡视员；

（二）二级总监：二级巡视员、督办；

（三）一级高级主管：一级调研员、一级高级主办；

（四）二级高级主管：二级调研员、二级高级主办；

（五）三级高级主管：三级调研员、三级高级主办；

（六）四级高级主管：四级调研员、四级高级主办；

（七）一级主管：一级主任科员、一级主办；

（八）二级主管：二级主任科员、二级主办；

（九）三级主管：三级主任科员、三级主办；

（十）四级主管：四级主任科员、四级主办；

（十一）专业技术员：一级科员、一级行

政执法员。

第十二条 专业技术类公务员职级按照下列规格设置：

（一）中央机关，省、自治区、直辖市机关，副省级城市机关设置一级总监以下职级；

（二）市（地、州、盟）、直辖市的区机关设置二级总监以下职级，副省级城市的区机关设置一级高级主管以下职级；

（三）部分县（市、区、旗）专门从事专业技术工作公务员较多的机关设置二级高级主管以下职级。

第十三条 专业技术类公务员职级职数一般应当按照专业技术类公务员职位数量的一定比例核定，具体职数比例按照有关规定执行。

职数较少或者难以按照各机关分别核定的专业技术类公务员职级，一般由市地级以上公务员主管部门根据实际情况和职级晋升审批权限，分级统筹核定和使用。

第十四条 中央和省级机关垂直管理的机构、实行双重领导并以部门领导为主的机构、市地级以上机关的直属单位或者派出机构等，根据机构规格，参照第十二条、第十三条规定，设置专业技术类公务员职级并核定职数。

第十五条 根据服务党和国家重大战略、重大工程、重大项目等需要，经省级以上公务员主管部门批准，县级以上机关可以引进高层次急需人才在专业技术类公务员特设职位上担任一级总监、二级总监、一级高级主管，其中突破规格、职数限额设置的职级，职数单独管理。

第四章　职务、职级任免与升降

第十六条 专业技术类公务员任职，应当具备相应的专业技术任职资格，在规定的职位设置范围和职数内进行。

第十七条 专业技术任职资格由高至低依次为高级、中级、初级。高级包括正高级和副高级。

担任专业技术类公务员厅局级副职以上领导职务或者一级、二级总监和一级高级主管，应当具备正高级专业技术任职资格；担任专业技术类公务员县处级领导职务或者二级、三级、四级高级主管，应当具备副高级以上专业技术任职资格；担任专业技术类公务员乡科级正职领导职务或者一级、二级主管，应当具备中级以上专业技术任职资格；担任专业技术类公务员乡科级副职领导职务或者三级、四级主管和专业技术员，应当具备初级以上专业技术任职资格。

专业技术任职资格评定按照有关规定执行。专业技术任职资格与专业技术人才职称，可以按照规定进行互认转换。

第十八条 专业技术类公务员晋升职级，应当具备拟任职级所要求的政治素质、工作能力、专业技术任职资格、工作实绩、任职年限、纪律作风等方面的基本条件，并在规定任职年限内的年度考核结果均为称职以上等次。

晋升专业技术类公务员职级的任职年限、程序、审批权限等要求，根据对应的综合管理类公务员职级，按照《公务员职务与职级并行规定》执行。

机关必须把政治标准放在首位，考准考实拟晋升职级人选的政治素质。

第十九条 对有政治能力不过硬，缺乏应有的政治判断力、政治领悟力、政治执行力，在涉及党的领导等重大原则问题上立场不坚定、态度暧昧，担当和斗争精神不强，事业心和责任感不强，专业知识、专业技能不足，作风不严不实，职业道德失范，专业技术工作失误造成严重后果等情形，被认定为不适宜或者不胜任现任专业技术类公务员领导职务、职级的，应当按照有关规定及时予以调整。

专业技术类公务员在年度考核中被确定为不称职的，按照有关规定降低一个职务或者职级层次任职。

第二十条 专业技术类公务员转任其他职位类别公务员或者专业技术任职资格被取消的，应当予以免职。

第二十一条 试用期满考核合格并取得相应专业技术任职资格的新录用专业技术类公务

员，应当按照规定在一级主管以下职级层次任职定级。

第五章　管理与监督

第二十二条　一级主管以下职级层次专业技术类公务员的录用，应当采取公开考试、严格考察、平等竞争、择优录取的办法。

考试内容根据专业技术类公务员应当具备的基本能力和不同职位要求设置，重点测查政治素质、专业技术基础知识和运用专业技术处理实际问题的能力。

根据职位特点和工作需要，经省级以上公务员主管部门批准，可以对有关专业知识、专业技能进行测查。

第二十三条　根据工作需要，机关可以按照公务员聘任有关规定，对部分专业技术类公务员职位实行聘任制。

第二十四条　专业技术类公务员的考核，按照公务员考核有关规定，以职位职责和所承担的专业技术工作为基本依据，有针对性地设置考核内容和指标，采取体现职位特点的考核方法，全面考核德、能、勤、绩、廉，重点考核政治素质和工作实绩，引导专业技术类公务员树立和践行正确政绩观。考核结果作为专业技术任职资格评定的重要依据。

第二十五条　专业技术类公务员应当按照规定接受初任培训、任职培训、专门业务培训、在职培训；培训内容主要包括政治素质、专业素养、职业道德、廉洁自律等方面，应当按照知识更新的需要，强化专业知识和专业技能等培训。

机关应当加强对专业技术类公务员的实践锻炼、专业训练，增强提供技术支持和保障的专业能力。

第二十六条　国有企业、高等学校和科研院所以及其他不参照公务员法管理的事业单位中从事公务的人员，可以根据工作和队伍建设需要，按照公务员调任有关规定调入机关，并根据认定的专业技术任职资格担任专业技术类公务员领导职务或者四级高级主管以上职级。

第二十七条　专业技术类公务员转任，一般在专业技术类公务员职位范围内进行。因工作需要，也可以在不同职位类别之间进行。

专业技术类公务员在专业技术类公务员职位范围内转任的，一般转任相同专业的职位。因工作需要，也可以转任到相关、相近专业的职位。

专业技术类公务员因工作需要转任其他职位类别公务员的，按照干部管理权限或者职级晋升审批权限，综合考虑其任职经历等条件，比照确定领导职务、职级。

其他职位类别公务员转任专业技术类公务员的，应当具备拟转任职位所要求的专业技术任职资格等条件。

第二十八条　专业技术类公务员实行国家统一规定的工资制度，按照国家规定享受基本工资、津贴、补贴和奖金。

第二十九条　国家鼓励专业技术类公务员在工作中进行发明创造，对取得显著经济效益或者社会效益的给予奖励。

作出杰出贡献且符合条件的，可以纳入院士参评、国务院和地方政府特殊津贴评定等范围。

符合条件的专业技术类公务员，经批准可以参加中央和地方各级重大人才工程、科技奖励和科研项目评选，纳入人才服务保障体系。

第三十条　机关应当落实从严管理干部要求，严明政治纪律和政治规矩，加强对专业技术类公务员全方位管理和经常性监督。专业技术类公务员有公开发表存在严重政治问题言论、对党不忠诚不老实、表里不一、阳奉阴违等违反政治纪律行为的，在履行职责中有弄虚作假、滥用职权、玩忽职守、徇私舞弊等违纪违法行为的，按照有关规定给予谈话提醒、批评教育、责令检查、诫勉、组织处理、处分；构成犯罪的，依法追究刑事责任。

第三十一条　专业技术类公务员辞去公职或者退休的，应当遵守从业限制规定。原所在机关和有关部门应当按照规定加强对专业技术类公务员离职从业行为的管理监督。

第三十二条 对有下列情形的，由县级以上领导机关或者公务员主管部门按照管理权限，区别不同情况，分别予以责令纠正或者宣布无效；对负有责任的领导人员和直接责任人员，根据情节轻重，给予批评教育、责令检查、诫勉、组织处理、处分；构成犯罪的，依法追究刑事责任：

（一）擅自扩大专业技术类公务员职位设置范围；

（二）超职数设置专业技术类公务员领导职务、职级；

（三）随意放宽任职资格条件或者改变专业技术任职资格评定标准；

（四）违反规定的条件和程序进行录用、调任、转任、聘任、晋升以及考核、奖惩；

（五）违反国家规定，更改专业技术类公务员工资、福利、保险待遇标准；

（六）违反本规定的其他行为。

第六章　附　　则

第三十三条 担任领导职务的专业技术类公务员，有关党内法规和法律对其选拔任用、管理监督等另有规定的，按照有关规定执行。

第三十四条 专业技术类公务员的管理，本规定未作规定的，按照《中华人民共和国公务员法》及其配套法规执行。

第三十五条 参照公务员法管理的机关（单位）中从事专业技术工作的工作人员，经省级以上公务员主管部门批准，参照本规定进行管理。

第三十六条 本规定由中共中央组织部负责解释。

第三十七条 本规定自发布之日起施行。

行政执法类公务员管理规定

（2016年7月8日中共中央批准　2016年7月8日中共中央办公厅、国务院办公厅发布
2023年9月1日中共中央修订　2023年9月1日中共中央办公厅发布）

第一章　总　　则

第一条 为了加强党对公务员队伍的集中统一领导，适应全面建设社会主义现代化国家、深入推进国家治理体系和治理能力现代化的要求，落实新时代好干部标准，完善公务员职位分类，建立健全符合行政执法类公务员特点的管理制度，提高管理效能和科学化水平，建设忠诚干净担当的高素质专业化公务员队伍，根据《中华人民共和国公务员法》和有关党内法规，制定本规定。

第二条 本规定所称行政执法类公务员，是指依照法律、法规对行政相对人直接履行行政许可、行政处罚、行政强制、行政征收、行政收费、行政检查等执法职责的公务员，其职责具有执行性、强制性。

第三条 行政执法类公务员的管理，坚持以习近平新时代中国特色社会主义思想为指导，贯彻新时代党的建设总要求和新时代党的组织路线，突出政治标准，强化行政执法能力，坚持下列原则：

（一）党管干部、党管人才；

（二）德才兼备、以德为先、五湖四海、任人唯贤；

（三）事业为上、公道正派、人岗相适、人事相宜；

（四）注重实绩、群众公认，提高执法效能；

（五）监督约束与激励保障并重。

第四条 行政执法类公务员应当忠于宪法，模范遵守、自觉维护宪法和法律，自觉接受党的领导，具有良好的政治素质和道德品行。

第五条 行政执法类公务员应当按照规定的权限和程序认真履行职责，坚持依法行政、依法办事，做到严格规范公正文明执法，提高执法执行力和公信力，保障和促进社会公平正义，维护人民合法权益。

第六条 中央公务员主管部门负责全国行政执法类公务员的综合管理工作。县级以上地方各级公务员主管部门负责本辖区内行政执法类公务员的综合管理工作。上级公务员主管部门指导下级公务员主管部门的行政执法类公务员管理工作。各级公务员主管部门指导同级机关的行政执法类公务员管理工作。

第二章 职 位 设 置

第七条 行政执法类公务员职位根据工作性质、执法职能和管理需要，一般在以行政执法工作为主要职责的市地级以下机关或者内设机构设置。根据行政执法机构设置实际，省级、副省级城市机关也可以设置行政执法类公务员职位。

行政执法类公务员职位设置范围由中央公务员主管部门确定。

第八条 机关依照职能、国家行政编制等，根据中央公务员主管部门确定的职位设置范围，制定本机关行政执法类公务员职位设置方案，并确定职位的具体工作职责和任职资格条件。

第九条 中央机关直属机构行政执法类公务员职位设置方案，报中央公务员主管部门审批；省级以下机关及其直属机构行政执法类公务员职位设置方案，由省级公务员主管部门审批，职位设置等情况每年度报中央公务员主管部门备案。

第三章 职务、职级与级别

第十条 行政执法类公务员实行职务与职级并行制度，设置领导职务、职级序列。

行政执法类公务员领导职务根据有关党内法规、法律法规和机构规格设置。

行政执法类公务员职级序列分为十一个层次。通用职级名称由高至低依次为：督办、一级高级主办、二级高级主办、三级高级主办、四级高级主办、一级主办、二级主办、三级主办、四级主办、一级行政执法员、二级行政执法员。

具体职级名称由中央公务员主管部门以通用职级名称为基础确定。

第十一条 行政执法类公务员职级与级别的对应关系是：

（一）督办：十五级至十级；

（二）一级高级主办：十七级至十一级；

（三）二级高级主办：十八级至十二级；

（四）三级高级主办：十九级至十三级；

（五）四级高级主办：二十级至十四级；

（六）一级主办：二十一级至十五级；

（七）二级主办：二十二级至十六级；

（八）三级主办：二十三级至十七级；

（九）四级主办：二十四级至十八级；

（十）一级行政执法员：二十六级至十八级；

（十一）二级行政执法员：二十七级至十九级。

第十二条 行政执法类公务员职级与综合管理类、专业技术类公务员职级的对应关系是：

（一）督办：二级巡视员、二级总监；

（二）一级高级主办：一级调研员、一级高级主管；

（三）二级高级主办：二级调研员、二级高级主管；

（四）三级高级主办：三级调研员、三级高级主管；

（五）四级高级主办：四级调研员、四级

高级主管；

（六）一级主办：一级主任科员、一级主管；

（七）二级主办：二级主任科员、二级主管；

（八）三级主办：三级主任科员、三级主管；

（九）四级主办：四级主任科员、四级主管；

（十）一级行政执法员：一级科员、专业技术员；

（十一）二级行政执法员：二级科员。

第十三条 行政执法类公务员职级按照下列规格设置：

（一）市（地、州、盟）、直辖市的区机关设置督办以下职级；

（二）副省级城市的区机关设置一级高级主办以下职级；

（三）县（市、区、旗）机关设置二级高级主办以下职级。

省、自治区、直辖市机关和副省级城市机关设有行政执法类公务员职位的，设置督办以下职级。

第十四条 行政执法类公务员职级职数一般应当按照行政执法类公务员职位数量的一定比例核定，具体职数比例按照有关规定执行。

职数较少或者难以按照各机关分别核定的行政执法类公务员职级，一般由县级以上公务员主管部门根据实际情况和职级晋升审批权限，分级统筹核定和使用。

第十五条 中央和省级机关垂直管理的机构、实行双重领导并以部门领导为主的机构、市地级以上机关的直属单位或者派出机构等，根据机构规格，参照第十三条、第十四条规定，设置行政执法类公务员职级并核定职数。

第四章 职务、职级任免与升降

第十六条 行政执法类公务员任职，应当在规定的职位设置范围和职数内进行。

第十七条 行政执法类公务员晋升职级，应当具备拟任职级所要求的政治素质、工作能力、工作实绩、任职年限、纪律作风等方面的基本条件，并在规定任职年限内的年度考核结果均为称职以上等次。

晋升行政执法类公务员职级的任职年限、程序、审批权限等要求，根据对应的综合管理类公务员职级，按照《公务员职务与职级并行规定》执行。

机关必须把政治标准放在首位，考准考实拟晋升职级人选的政治素质。

第十八条 对有政治能力不过硬，缺乏应有的政治判断力、政治领悟力、政治执行力，在涉及党的领导等重大原则问题上立场不坚定、态度暧昧，担当和斗争精神不强，事业心和责任感不强，行政执法能力不足，作风不严不实，职业道德失范，行政执法工作不规范不文明造成不良社会影响等情形，被认定为不适宜或者不胜任现任行政执法类公务员领导职务、职级的，应当按照有关规定及时予以调整。

行政执法类公务员在年度考核中被确定为不称职的，按照有关规定降低一个职务或者职级层次任职。

第十九条 行政执法类公务员转任其他职位类别公务员的，应当予以免职。

第二十条 试用期满考核合格的新录用行政执法类公务员，应当按照规定在一级主办以下职级层次任职定级。

第五章 管理与监督

第二十一条 一级主办以下职级层次行政执法类公务员的录用，应当采取公开考试、严格考察、平等竞争、择优录取的办法。

考试内容根据行政执法类公务员应当具备的基本能力和不同职位要求设置，重点测查政治素质、法律素养和法律执行等能力。

根据职位特点和工作需要，经省级以上公务员主管部门批准，可以对有关心理素质、体能等进行测评。

第二十二条 行政执法类公务员的考核，按照公务员考核有关规定，以职位职责和所承担的行政执法工作为基本依据，有针对性地设置考核内容和指标，采取体现职位特点的考核方法，全面考核德、能、勤、绩、廉，重点考核政治素质和履行行政执法职责、完成行政执法工作的情况，必要时可以听取行政相对人的意见，引导行政执法类公务员树立和践行正确政绩观。

第二十三条 行政执法类公务员应当按照规定接受初任培训、任职培训、专门业务培训、在职培训；培训内容主要包括政治素质、工作能力、职业道德、廉洁自律等方面，应当强化法律、法规和执法技能、文明执法、应急处突能力等培训。

机关应当加强对行政执法类公务员的实践锻炼、专业训练，增强行政执法能力和服务群众本领。

第二十四条 国有企业、高等学校和科研院所以及其他不参照公务员法管理的事业单位中从事公务的人员，可以根据工作和队伍建设需要，按照公务员调任有关规定调入机关，担任行政执法类公务员领导职务或者四级高级主办以上职级。

第二十五条 行政执法类公务员转任，一般在行政执法类公务员职位范围内进行。因工作需要，也可以在不同职位类别之间进行。行政执法类公务员在行政许可、行政处罚等同一职位工作满10年的，应当转任。

行政执法类公务员转任其他职位类别公务员的，按照干部管理权限或者职级晋升审批权限，综合考虑其任职经历等条件，比照确定领导职务、职级。

其他职位类别公务员转任行政执法类公务员的，应当具备拟转任职位所要求的条件。

第二十六条 行政执法类公务员实行国家统一规定的工资制度，按照国家规定享受基本工资、津贴、补贴和奖金。

第二十七条 机关应当落实从严管理干部要求，严明政治纪律和政治规矩，加强对行政执法类公务员全方位管理和经常性监督，完善行政执法程序，强化行政执法监督机制，严格落实行政执法责任制和责任追究制度。

行政执法类公务员应当自觉接受监督。

第二十八条 行政执法类公务员有公开发表存在严重政治问题言论、对党不忠诚不老实、表里不一、阳奉阴违等违反政治纪律行为的，在履行职责中有态度恶劣粗暴造成不良后果或者影响、故意刁难或者吃拿卡要、弄虚作假、滥用职权、玩忽职守、徇私枉法、打击报复行政相对人等违纪违法行为以及违反机关的决定和命令的，按照有关规定给予谈话提醒、批评教育、责令检查、诫勉、组织处理、处分；构成犯罪的，依法追究刑事责任。

第二十九条 行政执法类公务员在执行公务中有应当回避情形的，本人应当申请回避，行政相对人可以提出回避申请，主管领导可以提出回避要求，由所在机关作出回避决定。

第三十条 行政执法类公务员辞去公职或者退休的，应当遵守从业限制规定。原所在机关和有关部门应当按照规定加强对行政执法类公务员离职从业行为的管理监督。

第三十一条 对有下列情形的，由县级以上领导机关或者公务员主管部门按照管理权限，区别不同情况，分别予以责令纠正或者宣布无效；对负有责任的领导人员和直接责任人员，根据情节轻重，给予批评教育、责令检查、诫勉、组织处理、处分；构成犯罪的，依法追究刑事责任：

（一）擅自扩大行政执法类公务员职位设置范围；

（二）超职数设置行政执法类公务员领导职务、职级；

（三）随意放宽任职资格条件；

（四）违反规定的条件和程序进行录用、调任、转任、晋升以及考核、奖惩；

（五）违反国家规定，更改行政执法类公务员工资、福利、保险待遇标准；

（六）违反本规定的其他行为。

第六章　附　　则

第三十二条　担任领导职务的行政执法类公务员，有关党内法规和法律对其选拔任用、管理监督等另有规定的，按照有关规定执行。

第三十三条　行政执法类公务员的管理，本规定未作规定的，按照《中华人民共和国公务员法》及其配套法规执行。

第三十四条　参照公务员法管理的事业单位中从事行政执法工作的工作人员，经省级以上公务员主管部门批准，参照本规定进行管理。

第三十五条　本规定由中共中央组织部负责解释。

第三十六条　本规定自发布之日起施行。

中共中央办公厅　国务院办公厅印发《关于推进基本养老服务体系建设的意见》

［新华社北京2023年5月21日电　中共中央办公厅、国务院办公厅印发了《关于推进基本养老服务体系建设的意见》，并发出通知，要求各地区各部门结合实际认真贯彻落实。］

《关于推进基本养老服务体系建设的意见》主要内容如下。

基本养老服务在实现老有所养中发挥重要基础性作用，推进基本养老服务体系建设是实施积极应对人口老龄化国家战略，实现基本公共服务均等化的重要任务。党的十八大以来，在党中央坚强领导下，基本养老服务加快发展，内容逐步拓展，公平性、可及性持续增强。为贯彻落实党中央、国务院有关决策部署，健全基本养老服务体系，更好保障老年人生活，现提出如下意见。

一、总体要求

（一）指导思想。以习近平新时代中国特色社会主义思想为指导，立足新发展阶段，完整、准确、全面贯彻新发展理念，构建新发展格局，坚持党对基本养老服务体系建设的全面领导，坚持以人民为中心，坚持以改革创新为根本动力，加快建成覆盖全体老年人、权责清晰、保障适度、可持续的基本养老服务体系，不断增强老年人的获得感、幸福感、安全感。

（二）主要任务。基本养老服务是指由国家直接提供或者通过一定方式支持相关主体向老年人提供的，旨在实现老有所养、老有所依必需的基础性、普惠性、兜底性服务，包括物质帮助、照护服务、关爱服务等内容。基本养老服务的对象、内容、标准等根据经济社会发展动态调整，“十四五”时期重点聚焦老年人面临家庭和个人难以应对的失能、残疾、无人照顾等困难时的基本养老服务需求。

（三）工作原则

——基础性原则。立足我国基本国情，统筹考虑必要性和可能性，着眼保基本、广覆盖、可持续，尽力而为、量力而行，保障老年人的基本生活和照料需要。

——普惠性原则。在提高基本公共服务均等化水平的过程中，逐步拓展基本养老服务的对象和内容，使所有符合条件的老年人能够方便可及、大致均等地获得基本养老服务。

——共担性原则。在赡养人、扶养人切实履行赡养、扶养义务基础上，通过提供基本养老服务、发挥市场作用、引导社会互助共济等方式，帮助困难家庭分担供养、照料方面的负担。

——系统性原则。推动社会保险、社会救助、社会福利、慈善事业、老年优待等制度资源优化整合，强化各相关领域体制改革配套衔接，支持基本养老服务体系发展。

二、重点工作

（一）制定落实基本养老服务清单。各地区各有关部门要严格落实《国家基本养老服务清单》（见附件）。《国家基本养老服务清单》明确的对象、项目、内容等，根据经济社会发展水平、财力状况等因素动态调整，由民政部会同相关部门适时提出修订意见，按程序报批后以部门名义印发实施。省级政府应当对照《国家基本养老服务清单》制定并发布本地区基本养老服务具体实施方案及清单，明确具体服务对象、内容、标准等，其清单应当包含《国家基本养老服务清单》中的服务项目，且覆盖范围和实现程度不得低于《国家基本养老服务清单》要求。到2025年，基本养老服务制度体系基本健全，基本养老服务清单不断完善，服务对象、服务内容、服务标准等清晰明确，服务供给、服务保障、服务监管等机制不断健全，基本养老服务体系覆盖全体老年人。

（二）建立精准服务主动响应机制。建立老年人状况统计调查和发布制度，开展老年人能力综合评估，制定完善全国统一的评估标准，推动评估结果全国范围互认、各部门按需使用。依托全国一体化政务服务平台，推进跨部门数据共享，建立困难老年人精准识别和动态管理机制，细化与常住人口、服务半径挂钩的制度安排，逐步实现从“人找服务”到“服务找人”。推动在残疾老年人身份识别、待遇享受、服务递送、无障碍环境建设等方面实现资源整合，加强残疾老年人养老服务保障。面向独居、空巢、留守、失能、重残、计划生育特殊家庭等老年人提供探访关爱服务。支持基层老年协会、志愿服务组织等参与探访关爱服务。依托基层管理服务平台，提供养老服务政策咨询、信息查询、业务办理等便民养老服务。

（三）完善基本养老服务保障机制。推动建立相关保险、福利、救助相衔接的长期照护保障制度。合理确定经济困难失能老年人护理补贴覆盖范围和补贴标准。地方各级政府应当建立基本养老服务经费保障机制，中央财政统筹现有资金渠道给予支持。落实发展养老服务优惠扶持政策，鼓励社会力量参与提供基本养老服务，支持物业服务企业因地制宜提供居家社区养老服务。将政府购买服务与直接提供服务相结合，优先保障经济困难的失能、高龄、无人照顾等老年人的服务需求。具备条件的地方优化养老服务机构床位建设补助、运营补助等政策，支持养老服务机构提供基本养老服务。鼓励和引导企业、社会组织、个人等社会力量依法通过捐赠、设立慈善基金、志愿服务等方式，为基本养老服务提供支持和帮助。开展基本养老服务统计监测工作，建立基本养老服务项目统计调查制度。

（四）提高基本养老服务供给能力。设区的市级以上地方政府应当将养老服务设施（含光荣院）建设纳入相关规划，结合当地经济社会发展水平、老年人口状况和发展趋势、环境条件等因素，分级编制推动养老服务设施发展的整体方案，合理确定设施种类、数量、规模以及布局，形成结构科学、功能完备、布局合理的养老服务设施网络。各地新建城区、新建居住区要按标准和要求配套建设养老服务设施；老城区和已建成居住区要结合城镇老旧小区改造、居住区建设补短板行动等，通过补建等方式完善养老服务设施。政府投入资源或者出资建设的养老服务设施要优先用于基本养老服务。发挥公办养老机构提供基本养老服务的基础作用，研究制定推进公办养老机构高质量发展的政策措施。建立公办养老机构入住管理制度，明确老年人入住条件和排序规则，强化对失能特困老年人的兜底保障。现役军人家属和烈士、因公牺牲军人、病故军人的遗属，符合规定条件申请入住公办养老机构的，同等条件下优先安排。保障特困人员供养服务机构有效运转。到2025年确保每个县（市、区、旗）至少有1所以失能特困人员专业照护为主的县级特困人员供养服务机构。光荣院在保障好集中供养对象的前提下，可利用空余床位为其他无法定赡养人、扶养人或者法定赡养人、扶养人无赡养、扶养能力的老年优待抚恤对象提供优惠服务。鼓励支持党政机关和国有企事业单位所属培训疗养机构转型为普惠型养老服务设施。提升国有经济对养老服务体系的支持能力，强化国有经济在基本养老服务领域有效供给。

（五）提升基本养老服务便利化可及化水平。依托和整合现有资源，发展街道（乡镇）

区域养老服务中心或为老服务综合体。支持养老机构运营社区养老服务设施，可按规定统筹养老服务资源。支持社会力量为老年人提供日间照料、助餐助洁、康复护理等服务。依托街道（乡镇）区域养老服务中心或为老服务综合体、社区养老服务设施以及村民委员会、社区居委会等基层力量提供家庭养老指导服务，帮助老年人家庭成员提高照护能力。将失能老年人家庭成员照护培训纳入政府购买养老服务目录，符合条件的失能老年人家庭成员参加照护培训等相关职业技能培训的，按规定给予职业培训补贴。优先推进与老年人日常生活密切相关的公共服务设施改造，为老年人提供安全、便利和舒适的环境。鼓励开展无障碍环境认证，提升无障碍环境服务水平。以满足居家生活照料、起居行动、康复护理等需求为重点，采取政府补贴等方式，对纳入分散特困供养的失能、高龄、残疾老年人家庭实施居家适老化改造，有条件的地方可将改造对象范围扩大到城乡低保对象中的失能、高龄、残疾老年人家庭等，引导社会化专业机构为其他有需求的老年人家庭提供居家适老化改造服务。鼓励发展康复辅助器具社区租赁服务，提升老年人生活自理能力和居家养老品质。积极推进养老服务认证工作。加强信息无障碍建设，降低老年人应用数字技术的难度，保留线下服务途径，为老年人获取基本养老服务提供便利。依托国家人口基础信息库推进基本养老服务对象信息、服务保障信息统一归集、互认和开放共享。

三、组织保障

（一）加强组织领导。发挥党总揽全局、协调各方的领导核心作用，坚持党政主要负责人负总责。地方各级党委和政府要将基本养老服务体系建设纳入当地经济社会发展规划和重要议事日程。中央各有关部门和单位要按照职责分工，明确落实措施和进度安排。养老服务部际联席会议要发挥牵头协调作用，研究并推动解决基本养老服务体系建设工作中的重大问题。

（二）强化督促指导和监管。省级政府要切实履行责任，落实支持政策，加强绩效评价和监督检查。民政部要会同国家发展改革委等部门，建立健全评价机制，把基本养老服务体系建设情况纳入积极应对人口老龄化综合绩效评估。各地要强化基本养老服务综合监管，确保服务质量和安全，对违法违规行为严肃追究责任。发挥标准对基本养老服务的技术支撑作用，开展服务质量第三方认证。

（三）营造良好社会氛围。各地区各有关部门要主动做好基本养老服务政策宣传解读，及时公开基本养老服务信息。要凝聚社会共识，充分调动各方支持配合基本养老服务体系建设的积极性和主动性。

附件：国家基本养老服务清单

附件

国家基本养老服务清单

对象	服务项目		服务内容	服务类型
达到待遇享受年龄的老年人	1	职工基本养老保险	为符合条件的参保老年人按时足额发放基本养老金	物质帮助
	2	城乡居民基本养老保险	为符合条件的参保老年人发放基础养老金和个人账户养老金	物质帮助

续表

对象	服务项目		服务内容	服务类型
65周岁及以上老年人	3	老年人能力综合评估	为65周岁及以上老年人提供能力综合评估，做好老年人能力综合评估与健康状况评估的衔接	照护服务
80周岁及以上老年人	4	高龄津贴	为80周岁及以上老年人发放高龄津贴	物质帮助
经济困难的老年人	5	养老服务补贴	为经济困难的老年人提供养老服务补贴	物质帮助
	6	家庭适老化改造	按照相关标准，分年度逐步为经济困难的老年人家庭提供无障碍改造服务	照护服务
经认定生活不能自理的老年人	7	护理补贴	为经认定生活不能自理的经济困难老年人提供护理补贴	物质帮助
	8	家庭养老支持服务	符合条件的失能老年人家庭成员参加照护培训等相关职业技能培训的，按规定给予职业培训补贴	照护服务
纳入最低生活保障范围的老年人	9	最低社会保障	对获得最低生活保障金后生活仍有困难的老年人，采取必要措施给予生活保障	物质帮助
特困老年人	10	分散供养	对选择在家供养的特困老年人，由县级政府民政部门依照有关规定给予分散供养，提供基本生活条件、疾病治疗、办理丧葬事宜等，对生活不能自理的给予照料	照护服务
	11	集中供养	对需要集中供养的特困老年人，由县级政府民政部门按照便于管理的原则，就近安排到相应的供养服务机构，提供基本生活条件、疾病治疗、办理丧葬事宜等，对生活不能自理的给予照料	照护服务
特殊困难老年人	12	探访服务	面向独居、空巢、留守、失能、重残、计划生育特殊家庭等老年人提供探访关爱服务	关爱服务
对国家和社会作出特殊贡献的老年人	13	集中供养	老年烈士遗属、因公牺牲军人遗属、病故军人遗属和进入老年的残疾军人、复员军人、退伍军人，无法定赡养人、扶养人或者法定赡养人、扶养人无赡养、扶养能力且享受国家定期抚恤补助待遇的，提供集中供养、医疗等保障	照护服务
计划生育特殊家庭老年人	14	优先享受机构养老	同等条件下优先入住政府投资兴办的养老机构	照护服务
经认定符合条件的残疾老年人	15	困难残疾人生活补贴和重度残疾人护理补贴	为最低生活保障家庭中的残疾老年人提供生活补贴，为残疾等级被评定为一级、二级且需要长期照护的重度残疾老年人提供护理补贴	物质帮助
生活无着的流浪、乞讨老年人	16	社会救助	依照有关规定给予帮助	物质帮助

中共中央办公厅　国务院办公厅印发《关于建立领导干部应知应会党内法规和国家法律清单制度的意见》

［新华社北京2023年8月2日电　近日，中共中央办公厅、国务院办公厅印发了《关于建立领导干部应知应会党内法规和国家法律清单制度的意见》，并发出通知，要求各地区各部门结合实际认真贯彻落实。］

《关于建立领导干部应知应会党内法规和国家法律清单制度的意见》全文如下。

为深入贯彻落实党的二十大精神，推动领导干部带头尊规学规守规用规，带头尊法学法守法用法，根据《法治中国建设规划（2020—2025年）》等要求，现就建立领导干部应知应会党内法规和国家法律清单制度提出如下意见。

一、总体要求

坚持以习近平新时代中国特色社会主义思想为指导，深入学习贯彻习近平法治思想，抓住领导干部这个“关键少数”，以增强法治观念、提升法治思维能力、遵守党规国法为目标，建立健全领导干部应知应会党内法规和国家法律清单制度，推动领导干部深刻领悟“两个确立”的决定性意义，做到“两个维护”；牢固树立党章意识，更加自觉地学习党内法规，用党章党规党纪约束自己的一言一行；牢固树立宪法法律至上、法律面前人人平等、权由法定、权依法使等基本法治观念，做到在法治之下想问题、作决策、办事情。

二、学习重点

（一）习近平法治思想

把学习掌握习近平法治思想作为重要必修课程，深入系统学习习近平总书记《论坚持全面依法治国》、《习近平关于全面依法治国论述摘编》、《习近平关于依规治党论述摘编》，学习《习近平法治思想学习纲要》，吃透基本精神、把握核心要义、明确工作要求，深刻理解习近平法治思想是习近平新时代中国特色社会主义思想的重要组成部分，是新时代全面依法治国的根本遵循和行动指南，带头做习近平法治思想的坚定信仰者、积极传播者、模范实践者。

（二）党内法规

1. 认真学习党章。把学习党章作为必修课、基本功，深刻理解党章是党的根本大法，是全党必须共同遵守的根本行为规范。用党章规范自己的言行、按党章要求规规矩矩办事，始终在政治立场、政治方向、政治原则、政治道路上同党中央保持高度一致。凡是党章规定党员必须做的，领导干部要首先做到；凡是党章规定党员不能做的，领导干部要带头不做。

2. 认真学习党的组织法规。根据工作需要，深入学习中国共产党中央委员会工作条例、地方委员会工作条例、纪律检查委员会工作条例、党组工作条例、工作机关条例（试行）、组织工作条例、支部工作条例（试行）、党政领导干部选拔任用工作条例、推进领导干部能上能下规定等，熟悉掌握党的组织结构、组织体系以及各级各类组织的设置定位、产生运行、职权职责。

3. 认真学习党的领导法规。根据工作需要，深入学习中国共产党农村工作条例、统一战线工作条例、政治协商工作条例、政法工作条例、机构编制工作条例、宣传工作条例、中国共产党领导国家安全工作条例、信访工作条例、地方党政领导干部安全生产责任制规定等，深刻理解坚持和加强党的全面领导的丰富内涵，增强做到“两个维护”的自觉性和坚定性。

4. 认真学习党的自身建设法规。根据工作需要，深入学习关于新形势下党内政治生活的若干准则、中国共产党廉洁自律准则、重大事项请示报告条例、党政机关厉行节约反对浪费条例、中央八项规定及其实施细则、党委（党组）落实全面从严治党主体责任规定、党委（党组）理论学习中心组学习规则等，深刻理解推进新时代党的建设新的伟大工程的重大意义，时刻保持永远在路上的坚韧和执着，增强坚定不移全面从严治党的政治定力。

5. 认真学习党的监督保障法规。根据工作需要，深入学习中国共产党党内监督条例、巡视工作条例、党政领导干部考核工作条例、问责条例、纪律处分条例、党员权利保障条例、组织处理规定（试行）、党内法规执行责任制规定（试行）、纪律检查机关监督执纪工作规则等，坚决贯彻党的自我革命战略部署，不断强化党的意识、纪律意识、规矩意识。

（三）国家法律

1. 认真学习宪法。深刻把握宪法原则和宪法确立的国家根本制度、根本任务、大政方针，坚持宪法确定的中国共产党领导地位不动摇，坚持宪法确定的人民民主专政的国体和人民代表大会制度的政体不动摇。强化宪法意识，弘扬宪法精神，推动宪法实施，更好发挥宪法在治国理政中的重要作用。根据工作需要，学习全国人民代表大会组织法、国务院组织法、监察法、地方各级人民代表大会和地方各级人民政府组织法、人民法院组织法、人民检察院组织法、民族区域自治法、立法法等宪法相关法，熟悉掌握国家机构的产生、组织、职权和基本工作制度，增强依照法定职责、限于法定范围、遵守法定程序推进国家各项工作的意识和能力。

2. 认真学习总体国家安全观和国家安全法。根据工作需要，学习保守国家秘密法、网络安全法、生物安全法、突发事件应对法、反恐怖主义法、反间谍法、数据安全法等，统筹发展和安全，提高领导干部运用法律武器防范化解重大风险的能力，增强依法斗争本领。

3. 认真学习推动高质量发展相关法律。根据工作需要，学习循环经济促进法、乡村振兴促进法、预算法、科学技术进步法、中小企业促进法、外商投资法、著作权法等，学习与建设现代化产业体系、优化营商环境、全面推进乡村振兴、推进高水平对外开放、实施科教兴国战略、推动绿色发展等相关的法律，增强领导干部推动高质量发展本领。

4. 认真学习民法典。深刻把握平等、自愿、公平、诚信、公序良俗、绿色等民事活动基本原则和坚持主体平等、保护财产权利、便利交易流转、维护人格尊严、促进家庭和谐、追究侵权责任等基本要求。把民法典作为决策、管理、监督的重要标尺，提高运用民法典维护人民权益、化解矛盾纠纷、促进社会和谐稳定的能力和水平。根据工作需要，学习其他民事法律。

5. 认真学习刑法和公职人员政务处分法。深刻把握罪刑法定、对任何人犯罪在适用法律上一律平等、罪责刑相适应等刑法基本原则，推动依法打击犯罪和保障人权。学习关于职务犯罪的刑法规定、公职人员政务处分法，牢固树立底线思维，不触碰法律红线。根据工作需要，学习反有组织犯罪法等其他刑事法律。

6. 认真学习行政法律。根据工作需要，学习行政许可法、行政处罚法、行政强制法、行政复议法、行政诉讼法、国家赔偿法、公务员法等，深刻把握合法行政、合理行政、程序正当、高效便民、诚实守信、权责统一等行政法基本原则，牢固树立职权法定、法定职责必须为、法无授权不可为等法治理念，强化依法行政意识。

7. 认真学习与履职密切相关的其他法律。根据工作需要，学习社会治理、“一国两制”、涉外法治、反腐败斗争等领域的法律；学习与我国司法制度相关的法律，支持和维护公正司法；学习重大行政决策程序、政府信息公开等行政法规和军事法规、监察法规等，善于运用法治思维和法治方式谋划和推进工作。

三、工作措施

（一）分级分类制定领导干部应知应会党内法规和国家法律清单。各地区各部门要从实际出发，区分不同层级、不同岗位，准确理解把握应知应会要求，抓住关键、突出重点，充分考虑工作需要和学习效果，合理编制应知应会党内法规和国家法律清单，提升学习的精准性、科学性、实效性。中央和国家机关要带头制定本单位或本行业本系统的领导干部应知应会党内法规和国家法律清单，发挥引领示范作用。建立健全清单动态调整机制，党中央对学习贯彻新制定修订的党内法规和国家法律作出部署安排的，要及时将有关党内法规和国家法律纳入清单，认真组织领导干部进行学习。

（二）把领导干部应知应会党内法规和国家法律学习纳入干部教育体系。党政主要负责人要带头学习掌握应知应会党内法规和国家法律，做尊规学规守规用规、尊法学法守法用法的模范，充分发挥示范作用。把应知应会党内法规和国家法律纳入各级党委（党组）理论学习中心组学习内容，纳入各级党校（行政学院）教学内容和领导干部任职培训、在职培训的必训课程，确保培训课时数量和培训质量；结合工作实际，纳入政府常务会议学规学法、单位领导班子会前学规学法、重大决策前学规学法等重要内容，把学习成果转化为依法决策、依法办事的自觉行动。

（三）建立健全领导干部学法用法激励机制。落实并完善有关领导干部年终述法制度，用好领导干部在线学法平台，推动学法用法常态化、规范化。加强督促检查评估，进一步把领导干部学法用法情况纳入考核评价干部和精神文明创建内容，列入法治创建考核指标，推动考核结果运用，增强学法用法示范效应，防止形式主义。

中共中央办公厅　国务院办公厅印发《关于进一步加强青年科技人才培养和使用的若干措施》

［新华社北京2023年8月27日电　为深入贯彻党的二十大精神，落实中央人才工作会议部署，全方位培养和用好青年科技人才，中共中央办公厅、国务院办公厅近日印发了《关于进一步加强青年科技人才培养和使用的若干措施》(以下简称《若干措施》)。］

《若干措施》强调，要坚持党对新时代青年科技人才工作的全面领导，用党的初心使命感召青年科技人才，激励引导青年科技人才大力弘扬科学家精神，传承“两弹一星”精神，继承和发扬老一代科学家科技报国的优秀品质，坚持“四个面向”，坚定敢为人先的创新自信，坚守科研诚信、科技伦理、学术规范，担当作为、求实创新、潜心研究，在实现高水平科技自立自强和建设科技强国、人才强国实践中建功立业，在以中国式现代化全面推进中华民族伟大复兴进程中奉献青春和智慧。

《若干措施》提出，要引导支持青年科技人才服务高质量发展。鼓励青年科技人才深入经济社会发展实践，结合实际需求凝练科学问题，开展原始创新、技术攻关、成果转化，把论文写在祖国大地上。落实事业单位科研人员创新创业等相关政策，支持和鼓励高等学校、科研机构等选派科研能力强、拥有创新成果的青年科技人才，通过兼职创新、长期派驻、短期合作等方式，到基层和企业开展科技咨询、产品开发、成果转化、科学普及等服务，服务成效作为职称评审、职务晋升等的重要参考。

《若干措施》明确，支持青年科技人才在国家重大科技任务中“挑大梁”、“当主角”。国家重大科技任务、关键核心技术攻关和应急科技攻关大胆使用青年科技人才，40岁以下青年科技人才担任项目（课题）负责人和骨干的比例原则上不低于50%。鼓励青年科技人才跨学科、跨领域组建团队承担颠覆性技术创新任务，不纳入申请和承担国家科技计划项目的限项统计范围。稳步提高国家自然科学基金对青年科技人才的资助规模，将资助项目数占比保持在45%以上，支持青年科技人才开展原创、前沿、交叉科学问题研究。地方科技任务实施加大对青年科技人才的支持力度。深入实施国家重点研发计划青年科学家项目，负责人申报年龄可放宽到40岁，不设职称、学历限制，探索实行滚动支持机制，经费使用可实行包干制。

《若干措施》要求，国家科技创新基地要大力培养使用青年科技人才。国家科技创新基地要积极推进科研项目负责人及科研骨干队伍年轻化，推动重要科研岗位更多由青年科技人才担任。鼓励各类国家科技创新基地面向青年科技人才自主设立科研项目，由40岁以下青年科技人才领衔承担的比例原则上不低于60%。青年科技人才的结构比例、领衔承担科研任务、取得重大原创成果等培养使用情况纳入国家科技创新基地绩效评估指标，加强绩效评估结果的应用。

《若干措施》提出，要加大基本科研业务费对职业早期青年科技人才稳定支持力度。根据实际需要、使用绩效、财政状况，逐步扩大中央高校、公益性科研院所基本科研业务费对青年科技人才的资助规模，完善并落实以绩效评价结果为主要依据的动态分配机制。基本科研业务费重点用于支持35岁以下青年科技人才开展自主研究，有条件的单位支持比例逐步提到不低于年度预算的50%，引导青年科技人才聚焦国家战略需求，开展前沿科学问题研究。鼓励各地通过基本科研业务费等多种方式加大经费投入，加强对高等学校、科研院所职业早期青年科技人才的支持。

《若干措施》提出，要完善自然科学领域博士后培养机制。提升博士后培养质量，合理确定基础前沿和交叉学科领域博士后科研流动站和工作站数量，合理扩大自然科学、工程技术领域博士后规模。国家科技计划项目经费“劳务费”可根据博士后参加项目研究实际情况列支，统筹用于博士后培养。强化博士后在站管理，设站单位和合作导师应创造条件支持博士后独立承担科研任务，培养和提升博士后独立科研能力。支持符合条件的企业设立博士后工作站，扩大数量和规模，强化产学研融合，在产业技术创新实践中培育青年科技人才。

《若干措施》提出，要更好发挥青年科技人才决策咨询作用。高等学校、科研院所、企业等各类创新主体要积极推荐活跃在科研一线、负责任讲信誉的高水平青年科技人才进入国家科技评审专家库。国家科技计划（专项、基金等）项目指南编制专家组，科技计划项目、人才计划、科技奖励等评审专家组，科研机构、科技创新基地等绩效评估专家组中，45岁以下青年科技人才占比原则上不低于三分之一。高层次科技战略咨询机制、各级各类学会组织应根据需要设立青年专业委员会，推动理事会、专家委员会等打破职称、年龄限制，支持青年科技人才多层次参与学会组织治理运营。

《若干措施》要求，要提升科研单位人才自主评价能力。高等学校、科研院所、国有企业等要根据职责使命，遵循科研活动规律和人才成长规律，建立和完善青年科技人才评价机制，创新评价方式，科学设置评价考核周期，减少考核频次，开展分类评价，完善并落实优秀青年科技人才职称职务破格晋升机制。高等学校、科研院所、国有企业主管部门要坚决破除“四唯”和数“帽子”倾向，正确看待和运用论文指标，形成既发挥高质量论文价值，又坚决反对单纯以论文数量论英雄的氛围。合理设置机构评价标准，不把论文数量和人才称号作为机构评价指标，避免层层分解为青年科技人才的考核评价指标。

《若干措施》要求，要减轻青年科技人才非科研负担。持续推进青年科技人才减负行动。科技项目管理坚持结果导向、简化流程，高等学校、科研院所健全完善科研助理制度，切实落实科研项目和经费管理相关规定，避免在表格填报、科研经费报销等方面层层加码，不断提升信息化服务水平，提高办事效率。减少青年科技人才个人科研业务之外的事务性工作，杜绝不必要的应酬活动，保证科研岗位青年科技人才参与非学术事务性活动每周不超过1天、每周80%以上的工作时间用于科研学术活动，将保障青年科技人才科研时间纳入单位考核。行政部门和国有企事业单位原则上不得借调一线科研人员从事非科研工作。

《若干措施》提出，要加大力度支持青年科技人才开展国际科技交流合作。支持青年科技人才到国（境）外高水平科研机构开展学习培训和合作研究。支持青年科技人才参加国际学术会议，鼓励青年学术带头人发起和牵头组织国际学术会议，提升青年科技人才国际活跃度和影响力。

《若干措施》要求，要加大青年科技人才生活服务保障力度。高等学校、科研院所、国有企业结合自身实际，采取适当方式提高职业早期青年科技人才薪酬待遇，绩效工资和科技成果转化收益等向作出突出贡献的青年科技人才倾斜。各类创新主体加强对青年科技人才的关怀爱护，保障青年科技人才休息休假，定期组织医疗体检、心理咨询活动，探索建立学术休假制度，营造宽松和谐的科研文化环境。各地要重视并创造条件帮助青年科技人才解决子女入托入学、住房等方面的困难。

《若干措施》强调，要加强对青年科技人才工作的组织领导。各级党委和政府要把青年科技人才工作作为战略性工作，纳入本地区经济社会发展、人才队伍建设总体部署，建立多元化投入保障机制和常态化联系青年科技人才机制，抓好政策落实，为青年科技人才加快成长和更好发挥作用创造良好条件。用人单位要落实培育造就拔尖创新人才的主体责任，结合单位实际制定具体落实举措，制定完善青年科技人才培养计划，加强青年科技人才专业技术培训，做到政治上充分信任、思想上主动引导、工作上创造条件、生活上关心照顾，全面提升青年科技人才队伍思想政治素质和科技创新能力。

社会保险经办条例

（2023年8月16日国务院令第765号公布　自2023年12月1日起施行）

第一章　总　　则

第一条　为了规范社会保险经办，优化社会保险服务，保障社会保险基金安全，维护用人单位和个人的合法权益，促进社会公平，根据《中华人民共和国社会保险法》，制定本条例。

第二条　经办基本养老保险、基本医疗保险、工伤保险、失业保险、生育保险等国家规定的社会保险，适用本条例。

第三条　社会保险经办工作坚持中国共产党的领导，坚持以人民为中心，遵循合法、便民、及时、公开、安全的原则。

第四条　国务院人力资源社会保障行政部门主管全国基本养老保险、工伤保险、失业保险等社会保险经办工作。国务院医疗保障行政部门主管全国基本医疗保险、生育保险等社会保险经办工作。

县级以上地方人民政府人力资源社会保障行政部门按照统筹层次主管基本养老保险、工伤保险、失业保险等社会保险经办工作。县级以上地方人民政府医疗保障行政部门按照统筹层次主管基本医疗保险、生育保险等社会保险经办工作。

第五条　国务院人力资源社会保障行政部门、医疗保障行政部门以及其他有关部门按照各自职责，密切配合、相互协作，共同做好社会保险经办工作。

县级以上地方人民政府应当加强对本行政区域社会保险经办工作的领导，加强社会保险经办能力建设，为社会保险经办工作提供保障。

第二章　社会保险登记和关系转移

第六条　用人单位在登记管理机关办理登记时同步办理社会保险登记。

个人申请办理社会保险登记，以公民身份号码作为社会保障号码，取得社会保障卡和医保电子凭证。社会保险经办机构应当自收到申请之日起10个工作日内办理完毕。

第七条　社会保障卡是个人参加基本养老保险、基本医疗保险、工伤保险、失业保险、生育保险等社会保险和享受各项社会保险待遇的凭证，包括实体社会保障卡和电子社会保障卡。

医保电子凭证是个人参加基本医疗保险、生育保险等社会保险和享受基本医疗保险、生育保险等社会保险待遇的凭证。

第八条　登记管理机关应当将用人单位设立、变更、注销登记的信息与社会保险经办机构共享，公安、民政、卫生健康、司法行政等部门应当将个人的出生、死亡以及户口登记、迁移、注销等信息与社会保险经办机构共享。

第九条　用人单位的性质、银行账户、用工等参保信息发生变化，以及个人参保信息发生变化的，用人单位和个人应当及时告知社会保险经办机构。社会保险经办机构应当对用人单位和个人提供的参保信息与共享信息进行比对核实。

第十条　用人单位和个人申请变更、注销社会保险登记，社会保险经办机构应当自收到申请之日起10个工作日内办理完毕。用人单位注销社会保险登记的，应当先结清欠缴的社会保险费、滞纳金、罚款。

第十一条 社会保险经办机构应当及时、完整、准确记录下列信息：

（一）社会保险登记情况；

（二）社会保险费缴纳情况；

（三）社会保险待遇享受情况；

（四）个人账户情况；

（五）与社会保险经办相关的其他情况。

第十二条 参加职工基本养老保险的个人跨统筹地区就业，其职工基本养老保险关系随同转移。

参加职工基本养老保险的个人在机关事业单位与企业等不同性质用人单位之间流动就业，其职工基本养老保险关系随同转移。

参加城乡居民基本养老保险且未享受待遇的个人跨统筹地区迁移户籍，其城乡居民基本养老保险关系可以随同转移。

第十三条 参加职工基本医疗保险的个人跨统筹地区就业，其职工基本医疗保险关系随同转移。

参加城乡居民基本医疗保险的个人跨统筹地区迁移户籍或者变动经常居住地，其城乡居民基本医疗保险关系可以按照规定随同转移。

职工基本医疗保险与城乡居民基本医疗保险之间的关系转移，按照规定执行。

第十四条 参加失业保险的个人跨统筹地区就业，其失业保险关系随同转移。

第十五条 参加工伤保险、生育保险的个人跨统筹地区就业，在新就业地参加工伤保险、生育保险。

第十六条 用人单位和个人办理社会保险关系转移接续手续的，社会保险经办机构应当在规定时限内办理完毕，并将结果告知用人单位和个人，或者提供办理情况查询服务。

第十七条 军事机关和社会保险经办机构，按照各自职责办理军人保险与社会保险关系转移接续手续。

社会保险经办机构应当为军人保险与社会保险关系转移接续手续办理优先提供服务。

第三章 社会保险待遇核定和支付

第十八条 用人单位和个人应当按照国家规定，向社会保险经办机构提出领取基本养老金的申请。社会保险经办机构应当自收到申请之日起20个工作日内办理完毕。

第十九条 参加职工基本养老保险的个人死亡或者失业人员在领取失业保险金期间死亡，其遗属可以依法向社会保险经办机构申领丧葬补助金和抚恤金。社会保险经办机构应当及时核实有关情况，按照规定核定并发放丧葬补助金和抚恤金。

第二十条 个人医疗费用、生育医疗费用中应当由基本医疗保险（含生育保险）基金支付的部分，由社会保险经办机构审核后与医疗机构、药品经营单位直接结算。

因特殊情况个人申请手工报销，应当向社会保险经办机构提供医疗机构、药品经营单位的收费票据、费用清单、诊断证明、病历资料。社会保险经办机构应当对收费票据、费用清单、诊断证明、病历资料进行审核，并自收到申请之日起30个工作日内办理完毕。

参加生育保险的个人申领生育津贴，应当向社会保险经办机构提供病历资料。社会保险经办机构应当对病历资料进行审核，并自收到申请之日起10个工作日内办理完毕。

第二十一条 工伤职工及其用人单位依法申请劳动能力鉴定、辅助器具配置确认、停工留薪期延长确认、工伤旧伤复发确认，应当向社会保险经办机构提供诊断证明、病历资料。

第二十二条 个人治疗工伤的医疗费用、康复费用、安装配置辅助器具费用中应当由工伤保险基金支付的部分，由社会保险经办机构审核后与医疗机构、辅助器具配置机构直接结算。

因特殊情况用人单位或者个人申请手工报销，应当向社会保险经办机构提供医疗机构、辅助器具配置机构的收费票据、费用清单、诊断证明、病历资料。社会保险经办机构应当对收费票据、费用清单、诊断证明、病历资料进行审核，并自收到申请之日起20个工作日内办理完毕。

第二十三条 人力资源社会保障行政部门、医疗保障行政部门应当按照各自职责建立健全异地就医医疗费用结算制度。社会保险经办机构应当做好异地就医医疗费用结算工作。

第二十四条 个人申领失业保险金，社会保险经办机构应当自收到申请之日起10个工作日内办理完毕。

个人在领取失业保险金期间，社会保险经办机构应当从失业保险基金中支付其应当缴纳的基本医疗保险（含生育保险）费。

个人申领职业培训等补贴，应当提供职业资格证书或者职业技能等级证书。社会保险经办机构应当对职业资格证书或者职业技能等级证书进行审核，并自收到申请之日起10个工作日内办理完毕。

第二十五条 个人出现国家规定的停止享受社会保险待遇的情形，用人单位、待遇享受人员或者其亲属应当自相关情形发生之日起20个工作日内告知社会保险经办机构。社会保险经办机构核实后应当停止发放相应的社会保险待遇。

第二十六条 社会保险经办机构应当通过信息比对、自助认证等方式，核验社会保险待遇享受资格。通过信息比对、自助认证等方式无法确认社会保险待遇享受资格的，社会保险经办机构可以委托用人单位或者第三方机构进行核实。

对涉嫌丧失社会保险待遇享受资格后继续享受待遇的，社会保险经办机构应当调查核实。经调查确认不符合社会保险待遇享受资格的，停止发放待遇。

第四章　社会保险经办服务和管理

第二十七条 社会保险经办机构应当依托社会保险公共服务平台、医疗保障信息平台等实现跨部门、跨统筹地区社会保险经办。

第二十八条 社会保险经办机构应当推动社会保险经办事项与相关政务服务事项协同办理。社会保险经办窗口应当进驻政务服务中心，为用人单位和个人提供一站式服务。

人力资源社会保障行政部门、医疗保障行政部门应当强化社会保险经办服务能力，实现省、市、县、乡镇（街道）、村（社区）全覆盖。

第二十九条 用人单位和个人办理社会保险事务，可以通过政府网站、移动终端、自助终端等服务渠道办理，也可以到社会保险经办窗口现场办理。

第三十条 社会保险经办机构应当加强无障碍环境建设，提供无障碍信息交流，完善无障碍服务设施设备，采用授权代办、上门服务等方式，为老年人、残疾人等特殊群体提供便利。

第三十一条 用人单位和个人办理社会保险事务，社会保险经办机构要求其提供身份证件以外的其他证明材料的，应当有法律、法规和国务院决定依据。

第三十二条 社会保险经办机构免费向用人单位和个人提供查询核对社会保险缴费和享受社会保险待遇记录、社会保险咨询等相关服务。

第三十三条 社会保险经办机构应当根据经办工作需要，与符合条件的机构协商签订服务协议，规范社会保险服务行为。人力资源社会保障行政部门、医疗保障行政部门应当加强对服务协议订立、履行等情况的监督。

第三十四条 医疗保障行政部门所属的社会保险经办机构应当改进基金支付和结算服务，加强服务协议管理，建立健全集体协商谈判机制。

第三十五条 社会保险经办机构应当妥善保管社会保险经办信息，确保信息完整、准确和安全。

第三十六条 社会保险经办机构应当建立健全业务、财务、安全和风险管理等内部控制制度。

社会保险经办机构应当定期对内部控制制度的制定、执行情况进行检查、评估，对发现的问题进行整改。

第三十七条 社会保险经办机构应当明确岗位权责，对重点业务、高风险业务分级审核。

第三十八条 社会保险经办机构应当加强信息系统应用管理，健全信息核验机制，记录业务经办过程。

第三十九条 社会保险经办机构具体编制下一年度社会保险基金预算草案，报本级人力资源社会保障行政部门、医疗保障行政部门审核汇总。社会保险基金收入预算草案由社会保险经办机构会同社会保险费征收机构具体编制。

第四十条 社会保险经办机构设立社会保险基金支出户，用于接受财政专户拨入基金、支付基金支出款项、上解上级经办机构基金、下拨下级经办机构基金等。

第四十一条 社会保险经办机构应当按照国家统一的会计制度对社会保险基金进行会计核算、对账。

第四十二条 社会保险经办机构应当核查下列事项：

（一）社会保险登记和待遇享受等情况；

（二）社会保险服务机构履行服务协议、执行费用结算项目和标准情况；

（三）法律、法规规定的其他事项。

第四十三条 社会保险经办机构发现社会保险服务机构违反服务协议的，可以督促其履行服务协议，按照服务协议约定暂停或者不予拨付费用、追回违规费用、中止相关责任人员或者所在部门涉及社会保险基金使用的社会保险服务，直至解除服务协议；社会保险服务机构及其相关责任人员有权进行陈述、申辩。

第四十四条 社会保险经办机构发现用人单位、个人、社会保险服务机构违反社会保险法律、法规、规章的，应当责令改正。对拒不改正或者依法应当由人力资源社会保障行政部门、医疗保障行政部门处理的，及时移交人力资源社会保障行政部门、医疗保障行政部门处理。

第四十五条 国务院人力资源社会保障行政部门、医疗保障行政部门会同有关部门建立社会保险信用管理制度，明确社会保险领域严重失信主体名单认定标准。

社会保险经办机构应当如实记录用人单位、个人和社会保险服务机构及其工作人员违反社会保险法律、法规行为等失信行为。

第四十六条 个人多享受社会保险待遇的，由社会保险经办机构责令退回；难以一次性退回的，可以签订还款协议分期退回，也可以从其后续享受的社会保险待遇或者个人账户余额中抵扣。

第五章 社会保险经办监督

第四十七条 人力资源社会保障行政部门、医疗保障行政部门按照各自职责对社会保险经办机构下列事项进行监督检查：

（一）社会保险法律、法规、规章执行情况；

（二）社会保险登记、待遇支付等经办情况；

（三）社会保险基金管理情况；

（四）与社会保险服务机构签订服务协议和服务协议履行情况；

（五）法律、法规规定的其他事项。

财政部门、审计机关按照各自职责，依法对社会保险经办机构的相关工作实施监督。

第四十八条 人力资源社会保障行政部门、医疗保障行政部门应当按照各自职责加强对社会保险服务机构、用人单位和个人遵守社会保险法律、法规、规章情况的监督检查。社会保险服务机构、用人单位和个人应当配合，如实提供与社会保险有关的资料，不得拒绝检查或者谎报、瞒报。

人力资源社会保障行政部门、医疗保障行政部门发现社会保险服务机构、用人单位违反社会保险法律、法规、规章的，应当按照各自职责提出处理意见，督促整改，并可以约谈相关负责人。

第四十九条 人力资源社会保障行政部门、医疗保障行政部门、社会保险经办机构及其工作人员依法保护用人单位和个人的信息，不得以任何形式泄露。

第五十条 人力资源社会保障行政部门、医疗保障行政部门应当畅通监督渠道，鼓励和支持社会各方面对社会保险经办进行监督。

社会保险经办机构应当定期向社会公布参加社会保险情况以及社会保险基金的收入、支出、结余和收益情况，听取用人单位和个人的意见建议，接受社会监督。

工会、企业代表组织应当及时反映用人单位和个人对社会保险经办的意见建议。

第五十一条 任何组织和个人有权对违反社会保险法律、法规、规章的行为进行举报、投诉。

人力资源社会保障行政部门、医疗保障行政部门对收到的有关社会保险的举报、投诉，应当依法进行处理。

第五十二条 用人单位和个人认为社会保险经办机构在社会保险经办工作中侵害其社会保险权益的，可以依法申请行政复议或者提起行政诉讼。

第六章 法律责任

第五十三条 社会保险经办机构及其工作人员有下列行为之一的，由人力资源社会保障行政部门、医疗保障行政部门按照各自职责责令改正；给社会保险基金、用人单位或者个人造成损失的，依法承担赔偿责任；对负有责任的领导人员和直接责任人员依法给予处分：

（一）未履行社会保险法定职责的；

（二）违反规定要求提供证明材料的；

（三）克扣或者拒不按时支付社会保险待遇的；

（四）丢失或者篡改缴费记录、享受社会保险待遇记录等社会保险数据、个人权益记录的；

（五）违反社会保险经办内部控制制度的。

第五十四条 人力资源社会保障行政部门、医疗保障行政部门、社会保险经办机构及其工作人员泄露用人单位和个人信息的，对负有责任的领导人员和直接责任人员依法给予处分；给用人单位或者个人造成损失的，依法承担赔偿责任。

第五十五条 以欺诈、伪造证明材料或者其他手段骗取社会保险基金支出的，由人力资源社会保障行政部门、医疗保障行政部门按照各自职责责令退回，处骗取金额 2 倍以上 5 倍以下的罚款；属于定点医药机构的，责令其暂停相关责任部门 6 个月以上 1 年以下涉及社会保险基金使用的社会保险服务，直至由社会保险经办机构解除服务协议；属于其他社会保险服务机构的，由社会保险经办机构解除服务协议。对负有责任的领导人员和直接责任人员，有执业资格的，由有关主管部门依法吊销其执业资格。

第五十六条 隐匿、转移、侵占、挪用社会保险基金或者违规投资运营的，由人力资源社会保障行政部门、医疗保障行政部门、财政部门、审计机关按照各自职责责令追回；有违法所得的，没收违法所得；对负有责任的领导人员和直接责任人员依法给予处分。

第五十七条 社会保险服务机构拒绝人力资源社会保障行政部门、医疗保障行政部门监督检查或者谎报、瞒报有关情况的，由人力资源社会保障行政部门、医疗保障行政部门按照各自职责责令改正，并可以约谈有关负责人；拒不改正的，处 1 万元以上 5 万元以下的罚款。

第五十八条 公职人员在社会保险经办工作中滥用职权、玩忽职守、徇私舞弊的，依法给予处分。

第五十九条 违反本条例规定，构成违反治安管理行为的，依法给予治安管理处罚；构成犯罪的，依法追究刑事责任。

第七章 附 则

第六十条 本条例所称社会保险经办机构，是指人力资源社会保障行政部门所属的经办基本养老保险、工伤保险、失业保险等社会保险的机构和医疗保障行政部门所属的经办基本医疗保险、生育保险等社会保险的机构。

第六十一条 本条例所称社会保险服务机构，是指与社会保险经办机构签订服务协议，提供社会保险服务的医疗机构、药品经营单位、辅助器具配置机构、失业保险委托培训机构等机构。

第六十二条 社会保障卡加载金融功能，有条件的地方可以扩大社会保障卡的应用范围，提升民生服务效能。医保电子凭证可以根据需要，加载相关服务功能。

第六十三条 本条例自 2023 年 12 月 1 日起施行。

国务院办公厅关于深入推进跨部门综合监管的指导意见

国办发〔2023〕1号

各省、自治区、直辖市人民政府，国务院各部委、各直属机构：

深入推进跨部门综合监管，是加快转变政府职能、提高政府监管效能的重要举措。近年来，各地区各部门认真贯彻落实党中央、国务院决策部署，着力加强和创新监管，取得积极成效，但一些地区一些领域仍然存在监管责任不明确、协同机制不完善、风险防范能力不强以及重复检查、多头执法等问题。为进一步加强跨部门综合监管，维护公平有序的市场环境，切实降低市场主体制度性交易成本，推动高质量发展，经国务院同意，现提出如下意见。

一、总体要求

（一）指导思想。以习近平新时代中国特色社会主义思想为指导，深入贯彻落实党的二十大精神，完整、准确、全面贯彻新发展理念，加快构建新发展格局，坚持统筹发展和安全，健全监管体制机制，完善监管制度框架，创新监管方式方法，对涉及多个部门、管理难度大、风险隐患突出的监管事项，建立健全跨部门综合监管制度，强化条块结合、区域联动，完善协同监管机制，提升监管的精准性和有效性，维护公平竞争的市场秩序，为加快建设全国统一大市场、推动高质量发展提供有力支撑。

（二）基本原则。

坚持系统观念、统筹推进。加强整体设计，一体推进监管体制机制建设，统筹各类监管资源，加快建立全方位、多层次、立体化监管体系，实现事前事中事后全链条全领域监管。

坚持协同联动、务实高效。聚焦具体监管事项，逐项理清责任链条，明确责任分工，加强跨部门、跨区域、跨层级业务协同，切实增强监管合力，提高综合监管效能。

坚持问题导向、突出重点。聚焦监管薄弱环节，加快完善风险隐患突出的重点领域、新兴领域跨部门综合监管制度，补齐监管短板、堵塞监管漏洞，切实把该管的管好、管到位。

坚持创新驱动、数字赋能。创新监管理念和方法，结合跨部门综合监管事项风险特点，加强信息技术运用，统筹推进业务融合、数据融合、技术融合，实施精准有效监管。

（三）主要目标。2023年底前，建立跨部门综合监管重点事项清单管理和动态更新机制，在部分领域开展跨部门综合监管试点，按事项建立健全跨部门综合监管制度，完善各司其职、各负其责、相互配合、齐抓共管的协同监管机制。到2025年，在更多领域、更大范围建立健全跨部门综合监管制度，进一步优化协同监管机制和方式，大幅提升发现问题和处置风险能力，推动市场竞争更加公平有序、市场活力充分释放。

二、健全跨部门综合监管体制机制

（四）确定跨部门综合监管事项清单。行业主管部门或法律法规规定的主管部门（以下统称行业主管部门）要会同相关监管部门梳理需实施跨部门综合监管的重点事项，对食品、药品、医疗器械、危险化学品、燃气、特种设备、建筑工程质量、非法金融活动等直接关系人民群众生命财产安全、公共安全和潜在风险大、社会风险高的重点领域及新兴领域中涉及多部门监管的事项，要积极开展跨部门综合监管。各省（自治区、直辖市）要明确本地区跨部门综合监管重点事项。2023 年底前，各地区各部门通过“互联网 + 监管”系统对跨部门综合监管重点事项实施清单管理和动态更新。

（五）明确跨部门综合监管责任分工。行业主管部门要会同相关监管部门依照法律法规、“三定”规定和权责清单，逐项明确跨部门综合监管事项责任分工。对行业主管部门不明确、监管边界模糊、监管责任存在争议的新产业新业态新模式，与之相关的各部门都要主动履职、密切配合，防止出现监管空白；同时，要按照领域归口、业务相近原则和新产业新业态新模式的主要行为特征，会同有关方面及时对其研判定性、明确监管职责。县级以上地方人民政府要全面落实属地监管责任，对本地区涉及多部门监管的事项，要结合地方机构设置和监管力量配置等情况确定监管部门和职责划分，确保事有人管、责有人负。对存在部门管辖争议的行政执法事项，各级司法行政部门要加强协调。

（六）完善跨部门综合监管制度规则。各地区各部门要强化监管政策的协同性、有效性和可操作性，既要防止出现监管漏洞，又要避免政策叠加造成不利影响。行业主管部门要会同相关监管部门加快推进跨部门综合监管制度建设，明确牵头单位、配合单位、监管规则和标准等，完善配套监管措施；对现行监管标准不一致、相互不衔接的制度规则，要抓紧修订完善。支持各地区实施综合监管“一业一册”告知制度，一类事项制定一册合规经营指南，一次性告知市场主体合规经营要求，稳定市场主体监管预期。

（七）健全跨部门综合监管工作机制。行业主管部门要会同相关监管部门根据监管需要，建立健全协同高效的跨部门综合监管工作机制，明确议事会商、情况通报等工作要求，有效整合监管资源，统筹监管政策制定，督促监管责任落实，推动监管信息共享，组织联合执法检查。已建立相关工作机制的，要进一步完善运行规则，加强业务统筹，强化跨部门综合监管职能作用。县级以上地方人民政府要结合区域实际，分事项建立健全相关跨部门综合监管工作机制，加强统筹协调，推动解决突出问题，防范化解重大风险。

三、完善跨部门综合监管协同方式

（八）加强风险隐患跨部门联合监测。聚焦问题多发和高风险领域，构建科学高效、多部门联动响应的风险隐患监测预警机制，实现风险隐患动态监测、科学评估、精准预警和及时处置。要依托“互联网 + 监管”等现有信息系统，针对具体监管事项的风险特点，构建跨部门联合监测预警模型，建立健全预警指标体系和预警标准，明确预警信息推送规则，制定预警响应和处置预案。要利用信息技术手段全面提升监测感知能力，有效归集分析相关部门监管信息，及早发现和处置各类风险隐患。对重大预警信息要开展跨部门综合研判、协同处置。

（九）开展市场主体跨部门联合抽查检查。高效统筹监管执法资源，大力精简整合检查事项，积极推行联合抽查检查，持续提升协同监管能力。两个以上部门对同一监管对象实施不同行政检查且可以同时开展的，原则上应实行跨部门联合检查。开展跨部门联合抽查检查一般应采取“双随机、一公开”监管方式，要结合监管对象信用等级和风险分类，不断优化组织方式，合理确定抽查比例、频次和参与部门等。发现涉及行业性、区域性违法违规行为或存在普遍性、多发性问题的，应及时组织开展跨部门联合检查或专项整治。

（十）推进问题线索跨部门联合处置。不断拓宽问题线索收集渠道，通过12345政务服务便民热线、全国一体化在线监管平台以及行业协会、新闻媒体等多种渠道广泛收集问题线索，加强大数据分析，形成社会多元共治合力。建立健全问题线索分办、转办和查处工作机制，对涉及多部门监管职责的问题线索，及时转送相关部门协同开展核查，依法依规进行处理，既要做到应查必查、有效处置，又要防止多头检查、重复处罚。各部门在工作中发现属于其他部门监管职责的违法违规行为，要及时将线索等推送给相关部门，相关部门要及时进行调查处理。

（十一）积极开展跨部门联合信用监管。根据跨部门综合监管对象的属性和风险特点，积极探索符合行业监管需要的信用监管模式，充分发挥信用监管在配置监管资源、防范化解风险等方面的重要作用。行业主管部门要会同相关监管部门建立健全跨部门综合监管事项信用评价指标体系，明确分级分类标准及相应的协同监管措施。相关部门在注册登记、资质审核、日常监管、公共服务、执法办案过程中，要准确、全面记录市场主体信用行为，及时归集共享信用信息。发现存在违法失信行为的，要及时通报相关部门，依法开展失信惩戒。

四、提升跨部门综合监管联动效能

（十二）加强部门与地方监管联动。各部门制定监管政策要充分听取地方的意见建议；加强对地方的业务指导，全面研判风险隐患，督促相关地区弥补监管短板；建立监管资源统筹调配机制，对需要调用异地监管执法资源处置违法违规问题以及有关地区提出监管协助需要的，及时协调开展跨区域监管执法。垂直管理部门要加强与地方政府之间的信息共享和执法协作。各地区要加强与相关部门的沟通联系，及时分析本地区监管突出问题，对本地区跨部门综合监管事项实施有效监管；有效整合监管资源，及时共享监管信息，支持和配合有关部门开展跨区域、跨层级监管工作。

（十三）加强跨区域监管联动。针对跨部门综合监管涉及的跨区域监管缺位、管辖争议、执法办案困难等问题，建立健全源头追溯、信息共享、线索移送、联合调查、执法联动、执法互认等机制。加快推进食品安全、道路运输安全、知识产权保护、资质资格认定、商业特许经营等跨区域监管协作，切实加强大气污染、水污染、固体废物转移等跨区域联防联治。鼓励跨行政区域按规定联合发布统一监管政策法规及区域性地方标准，加强调查取证和案件处置合作，京津冀、长三角、粤港澳大湾区、成渝等地区要积极探索创新联合监管模式。

（十四）加强行政执法与刑事司法联动。行政执法机关要与司法机关加强信息共享、线索移送、联合调查等方面协调配合，建立健全行刑衔接机制。根据不同领域监管实际需要，完善案件移送、双向咨询、情况通报、信息共享、检验鉴定结果互认等机制。行政执法机关在依法查处违法行为过程中发现涉嫌犯罪、依法需要追究刑事责任的，应及时移送有关机关处理；存在暴力抗法等情形的，可商请有关机关协助调查处理。有关机关立案后提请行政执法机关作出检验、鉴定、认定和涉案物品保存、销毁、处置等协助的，行政执法机关要积极配合。

五、加强跨部门综合监管支撑能力建设

（十五）提升监管信息化建设水平。各地区各有关部门要依托全国一体化在线监管平台或现有信息化系统建设跨部门综合监管业务支撑模块，开发业务协同、资源共享的跨部门综合监管应用场景，完善监管事项清单管理、信息共享、监测预警、分析评估、证据互认、联合检查等相关功能。做好相关监管系统与全国一体化在线监管平台、全国行政执法综合管理监督信息系统等互联对接，统一接口标准。加

快大数据、人工智能、物联感知、区块链等技术应用，积极开展以部门协同远程监管、移动监管、预警防控等为特征的非现场监管，通过多维数据关联分析，快速有效协同处置问题，提升跨部门综合监管智能化水平。

（十六）大力推进监管信息互通共享。各地区各部门要着力打通数据壁垒，以跨部门、跨区域、跨层级数据互通共享支撑跨部门综合监管。依托已有政务数据共享交换平台做好与自然人、法人、空间地理、电子证照、公共信用、监管行为等信息库的对接联通，按跨部门综合监管业务场景需要共享本地区本领域审批和监管数据，明确数据回流和交换规则，确保数据归集规范有序、使用安全高效。相关部门要结合跨部门综合监管具体事项风险监测、协同执法等业务需求，明确信息共享的范围、方式、程序、时限、频次和保密要求等。

六、保障措施

（十七）加强组织实施。各地区各部门要切实提高政治站位，把坚持和加强党的领导贯穿到跨部门综合监管全过程各方面。要加强统筹协调，明确工作重点，细化落实措施，确保取得实效。对监管不力、执法缺位、推诿扯皮的，要依规依纪依法严肃追责问责。国务院办公厅要加强督促指导，推动跨部门综合监管各项任务落实到位。

（十八）开展试点示范。支持有关地区和部门在成品油流通、自建房安全、单用途预付卡等领域开展跨部门综合监管试点，完善跨部门综合监管体制机制、创新方式方法、补齐短板漏洞。鼓励有条件的地区积极推进“综合监管一件事”、“综合查一次”等改革。要及时总结推广典型经验做法，不断扩大改革成效。

（十九）提升监管能力。根据跨部门综合监管需要，有针对性地开展业务培训，做好人员、技术、设备、经费等保障。深入推进综合行政执法改革，加强“一专多能”的综合执法队伍建设，推进行政审批、日常监管与综合执法衔接，提升跨部门执法协作能力；支持有条件的乡镇（街道）整合执法资源、充实执法力量，提升依法履职能力。

国务院办公厅

2023 年 1 月 13 日

国务院办公厅关于优化调整稳就业政策措施全力促发展惠民生的通知

国办发〔2023〕11号

各省、自治区、直辖市人民政府，国务院各部委、各直属机构：

为全面贯彻党的二十大和中央经济工作会议、全国“两会”精神，落实国务院2023年重点工作分工要求，深入实施就业优先战略，多措并举稳定和扩大就业岗位，全力促发展惠民生，经国务院同意，现就优化调整稳就业政策措施有关事项通知如下：

一、激发活力扩大就业容量

（一）加大对吸纳就业能力强的行业企业扩岗政策支持。及时梳理本地区带动就业能力强、涉及国计民生和生产保供的企业清单，配备就业服务专员，建立岗位收集、技能培训、送工上岗联动机制。对吸纳高校毕业生等重点群体就业的，在符合发放条件的前提下，运用“直补快办”等模式，一揽子兑现社会保险补贴、吸纳就业补贴、职业培训补贴等政策。支持各地在符合国家规定的前提下出台地方性政策，为吸纳就业能力强的行业企业扩大岗位供给提供有力支撑。

（二）支持金融机构开展稳岗扩岗服务和贷款业务。鼓励金融机构面向吸纳就业人数多、稳岗效果好且用工规范的实体经济和小微企业发放贷款，支持其稳岗扩岗。支持金融机构在依法合规、风险可控的前提下，优化贷款审批流程，合理确定贷款额度，增加信用贷等支持，为符合条件的小微企业提供续贷支持。

（三）发挥创业带动就业倍增效应。聚焦高校毕业生、农民工等群体创业需求，支持其创办投资少、风险小的创业项目，从事创意经济、个性化定制化文化业态等特色经营。落实创业担保贷款及贴息政策，简化担保手续，对符合条件的落实免除反担保要求，健全风险分担机制和呆账核销机制。创业担保贷款借款人因自然灾害、重特大突发事件影响流动性遇到暂时困难的，可申请展期还款，期限原则上不超过1年，政策实施期限截至2023年12月31日。

（四）加大技能培训支持力度。适应数字中国、健康中国、制造强国等建设和本地区产业发展需求，积极推动各类职业院校（含技工院校）、职业培训机构和符合条件的企业大规模开展重点行业、急需紧缺职业（工种）技能培训。充分用好就业补助资金、失业保险基金、职业技能提升行动专账资金、企业职工教育经费等资金开展培训，按规定给予职业培训补贴等支持。参加失业保险1年以上的企业职工或领取失业保险金人员取得职业资格证书或职业技能等级证书的，可申请技能提升补贴，每人每年享受补贴次数最多不超过三次，政策实施期限截至2023年12月31日。

（五）继续实施失业保险稳岗返还政策。参保企业上年度未裁员或裁员率不高于上年度全国城镇调查失业率控制目标，30人（含）以下的参保企业裁员率不高于参保职工总数

20%的，可申请失业保险稳岗返还。中小微企业按不超过企业及其职工上年度实际缴纳失业保险费的60%返还，大型企业按不超过30%返还。社会团体、基金会、社会服务机构、律师事务所、会计师事务所、以单位形式参保的个体工商户参照实施。实施此项政策的统筹地区上年度失业保险基金滚存结余备付期限应在1年以上，政策实施期限截至2023年12月31日。

二、拓宽渠道促进高校毕业生等青年就业创业

（六）鼓励企业吸纳就业。对企业招用毕业年度或离校2年内未就业高校毕业生、登记失业的16～24岁青年，签订1年以上劳动合同的，可发放一次性吸纳就业补贴，政策实施期限截至2023年12月31日。

（七）鼓励引导基层就业。稳定“三支一扶”计划、大学生志愿服务西部计划等基层服务项目2023年招募规模。实施“大学生乡村医生”专项计划，落实医学专业高校毕业生免试申请乡村医生执业注册政策。继续做好2023年高校毕业生到城乡社区就业创业工作。对到中西部地区、艰苦边远地区、老工业基地县以下基层单位就业的高校毕业生，按规定给予学费补偿和国家助学贷款代偿、高定工资等支持，对招聘为事业单位工作人员的，可按规定提前转正定级。

（八）支持国有企业扩大招聘规模。对按照工资效益联动机制确定的工资总额难以满足扩大高校毕业生招聘需求的国有企业，经履行出资人职责机构或其他企业主管部门同意，统筹考虑企业招聘高校毕业生人数、自然减员情况和现有职工工资水平等因素，2023年可给予一次性增人增资，核增部分据实计入工资总额并作为下一年度工资总额预算基数。

（九）稳定机关事业单位岗位规模。挖掘党政机关、事业单位编制存量，统筹自然减员，加大补员力度，稳定招录、招聘高校毕业生规模，合理确定招录、招聘时间。

（十）实施2023年百万就业见习岗位募集计划。广泛动员各类企事业单位、社会组织等，募集不少于100万个青年见习岗位，对吸纳就业见习人员的给予见习补贴，用于支付见习人员基本生活费、办理人身意外伤害保险，以及对见习人员的指导管理费用。对见习期未满与见习人员签订劳动合同的，各地可给予剩余期限见习补贴，政策实施期限截至2023年12月31日。

三、强化帮扶兜牢民生底线

（十一）加强困难人员就业帮扶。合理确定并动态调整就业困难人员认定标准，及时将零就业家庭、低保家庭、脱贫户、大龄、残疾、长期失业等人员纳入援助范围。制定个性化援助方案，优先推荐低门槛、有保障的爱心岗位，提供“一对一”就业援助，对符合条件的困难毕业生发放一次性求职创业补贴。对企业招用登记失业半年以上人员，签订1年以上劳动合同的，可发放一次性吸纳就业补贴，政策实施期限截至2023年12月31日。对通过市场渠道难以实现就业的，合理统筹公益性岗位安置，确保零就业家庭至少一人就业。

（十二）保障困难群众基本生活。对符合条件的失业人员，做好失业保险金、代缴基本医疗保险费（含生育保险费）和失业农民工一次性生活补助等常规性保生活待遇发放工作。将符合条件的生活困难失业人员及家庭纳入最低生活保障、临时救助等社会救助范围。及时启动社会救助和保障标准与物价上涨挂钩联动机制，按规定向困难群众足额发放物价补贴。

四、加强组织实施

（十三）细化实化政策。各地要结合实际，细化实化本通知明确的各项政策措施，加速释放政策红利。同步梳理前期本地出台的阶段性稳就业政策，明确优化调整意见，落实好各项常态化就业政策，推动各项政策落地见效、惠企利民，为就业大局总体稳定提供有力保障。政策实施中的重要问题和经验做法，及时报有关主管部门。

（十四）优化经办服务。各地要持续优化经办流程，减环节、减材料、减时限，编制好各项政策资金审核发放流程和办事指南。加快推进网上办理，加强大数据比对识别，推动更多政策直达快享，提升就业政策获得感和满意度。提高政策覆盖面和可及性，对符合条件的以单位形式参保的个体工商户，可参照企业同等享受就业补贴政策。规范资金管理使用，严格履行程序规定，健全风险防控机制，严肃查处骗取套取、虚报冒领等违法违规行为，保障资金安全运行。

（十五）强化宣传解读。各地要加强就业政策宣传，及时更新发布本地区就业创业政策清单，分类梳理面向高校毕业生、困难人员等不同群体和经营主体的政策举措，广泛推动稳就业政策进企业、进园区、进校园、进社区（村）。创新政策宣传方式，及时提供通俗易懂的政策解读，提高政策知晓度，稳定各方预期，营造良好社会氛围。

国务院办公厅

2023 年 4 月 19 日

（本文有删减）

国务院办公厅关于印发《政务服务电子文件归档和电子档案管理办法》的通知

国办发〔2023〕26号

各省、自治区、直辖市人民政府，国务院各部委、各直属机构：

《政务服务电子文件归档和电子档案管理办法》已经国务院同意，现印发给你们，请结合实际认真贯彻执行。

各地区各部门要深入贯彻落实党中央、国务院关于加强数字政府建设、深化政务服务的决策部署，认真做好政务服务电子文件归档和电子档案管理工作，推动各行业各领域政务服务电子文件从形成办理到归档管理全流程电子化管理，有力支撑政务服务“一网通办”，不断提升企业和群众的获得感和满意度。

国务院办公厅

2023年7月30日

政务服务电子文件归档和电子档案管理办法

第一条 为了推进和规范政务服务电子文件归档和电子档案管理工作，根据《中华人民共和国档案法》、《国务院关于在线政务服务的若干规定》等法律法规，制定本办法。

第二条 本办法适用于政务服务机构开展的政务服务电子文件归档和电子档案管理工作。行政处罚、行政检查等电子文件归档和电子档案管理工作可参照执行。

本办法所称政务服务机构，是指行政机关和其他负有政务服务职责的机构。政务服务，是指政务服务机构在办理依申请办理的行政权力事项和公共服务事项过程中提供的服务。政务服务办理系统，是指政务服务机构提供政务服务使用的统筹建设或者自行建设的信息系统。

本办法所称政务服务电子文件，是指政务服务机构在履行职责过程中通过政务服务办理系统形成、办理、传输和存储的数字格式的信息记录，由内容、结构、背景等组成。

本办法所称政务服务电子档案，是指具有凭证、查考价值，对国家以及社会具有保存价值，并归档保存的政务服务电子文件。

第三条 政务服务电子文件归档和电子档案管理工作应当遵循统一规划、全程管理、规范标准、高效利用、安全可控的原则。

第四条 来源可靠、程序规范、要素合规的政务服务电子文件，可以以电子形式归档并向档案部门移交，除法律、行政法规另有规定外，不再以纸质形式归档和移交。

电子档案与传统载体档案具有同等效力，可以以电子形式作为凭证使用。

第五条 国家档案局、国务院办公厅负责统筹协调全国政务服务电子文件归档和电子档案管理工作，研究制定相关政策、规章制度和业务规范。

各级档案主管部门负责监督和指导本级政务服务电子文件归档和电子档案管理工作，审查政务服务电子文件归档范围和档案保管期限，会同有关部门研究制定相关规章制度和标准规范。

各级政务服务机构负责各自职责范围内的政务服务电子文件归档和电子档案管理工作，应当推动完善政务服务办理系统归档功能，积极推进电子档案管理信息系统建设，做好政务服务电子文件形成、办理、归档和政务服务电子档案保管、利用、移交等工作。

各级档案馆应当明确政务服务电子档案移交进馆要求，建设满足电子档案长期安全管理需要的信息化基础设施、应用系统，保障政务服务电子档案规范接收、长久保存和共享利用。

第六条 各级政务服务机构应当依托全国一体化政务服务平台，积极推进政务服务办理系统与电子档案管理信息系统衔接，支撑政务服务电子文件和电子档案全流程管理。

第七条 各级政务服务机构应当依据《机关文件材料归档范围和文书档案保管期限规定》、《机关档案管理规定》、《企业文件材料归档范围和档案保管期限规定》等文件以及部门行政权力清单、责任清单、公共服务目录等确定本单位政务服务电子文件归档范围和档案保管期限，并纳入文件材料归档范围和档案保管期限表进行管理。

政务服务办理全过程中形成和调用的证据性材料、程序性材料、结果性材料等应当纳入归档范围。政务服务电子档案保管期限应不低于行政管理、诉讼、审计等活动所需的追溯年限。

第八条 政务服务电子文件一般以办件为基本单位进行归档整理，政务服务电子文件元数据和以数据共享形式调用的电子证照等电子文件及其元数据应当与该办件办理材料一并归档。涉及联合办理的政务服务，相关政务服务机构应当按照各自职责做好政务服务电子文件归档工作。

第九条 政务服务电子文件归档格式应当符合国家标准规范，并且通用、开放、不绑定软硬件。加密的政务服务电子文件应当解除加密技术手段后归档。

政务服务电子文件归档一般采用在线实时归档方式，不具备在线归档条件的，可以采用离线归档方式，归档时间最迟不能超过办理完毕后的第二年6月底。

第十条 各级政务服务机构应当按照国家有关规定，在政务服务电子文件归档、政务服务电子档案移交等环节进行真实性、完整性、可用性、安全性检测。

第十一条 各级政务服务机构应当做好本单位政务服务电子档案安全管理工作，定期开展电子档案备份，做好电子档案登记、日常检查、转换、迁移、鉴定、销毁等工作。政务服务电子文件办理过程中应当按照国家有关法律法规要求，规范使用密码技术进行保护。

第十二条 各级政务服务机构应当按照国家有关规定向档案馆移交政务服务电子档案并附具开放利用意见。各级档案馆应当做好政务服务电子档案接收工作，提升安全管理水平，按照国家有关规定对接收的政务服务电子档案进行检测，确保真实性、完整性、可用性和安全性。

政务服务电子档案移交一般采用在线移交方式，不具备条件的可以采用离线移交方式。

第十三条 各级政务服务机构应当在符合国家网络安全、数据安全等有关法律法规要求的前提下，依托政务服务平台积极推进本单位政务服务电子文件和电子档案共享利用。

第十四条 各级档案主管部门可以依据有关法律、行政法规对政务服务电子文件归档和电子档案管理工作进行检查，对发现的问题督促有关单位及时整改。

第十五条 涉及国家秘密的政务服务电子文件归档和电子档案管理，依照有关保守国家秘密的法律、行政法规规定办理。

第十六条 各省（自治区、直辖市）、新疆生产建设兵团档案主管部门会同同级政务服务机构，可以参照本办法，结合当地实际情况，制定本地区的具体管理办法。

第十七条 本办法由国家档案局、国务院办公厅负责解释。

第十八条 本办法自印发之日起施行。

国务院办公厅关于印发《提升行政执法质量三年行动计划（2023—2025年）》的通知

国办发〔2023〕27号

各省、自治区、直辖市人民政府，国务院各部委、各直属机构：

《提升行政执法质量三年行动计划（2023—2025年）》已经国务院同意，现印发给你们，请认真贯彻执行。

国务院办公厅

2023年8月9日

提升行政执法质量三年行动计划（2023—2025年）

行政执法是行政机关履行政府职能、管理经济社会事务的重要方式，行政执法质量直接关系法治政府建设成效。为深入贯彻落实《法治政府建设实施纲要（2021—2025年）》，全面提升行政执法质量和效能，制定本计划。

一、总体要求

（一）指导思想。以习近平新时代中国特色社会主义思想为指导，深入学习贯彻习近平法治思想，全面贯彻落实党的二十大精神，深刻领悟“两个确立”的决定性意义，增强“四个意识”、坚定“四个自信”、做到“两个维护”，以提升行政执法质量和效能为目标，着力提高行政执法队伍能力素质，规范行政执法行为，完善行政执法体制机制，强化行政执法监督问责，全面推进严格规范公正文明执法，防止不作为乱作为，更好保护人民群众合法权益，维护公平竞争市场秩序，加快推进法治政府建设。

（二）工作原则。坚持党的领导，把坚持和加强党的领导贯穿于行政执法工作的全过程和各方面。坚持执法为民，努力让人民群众在每一个执法行为中都能看到风清气正、从每一项执法决定中都能感受到公平正义。坚持问题导向，聚焦重点领域行政执法中存在的突出问题，查找根源，切实解决。坚持注重实效，立足基层行政执法实际，增强措施的针对性和实效性，稳步提升行政执法质量。坚持统筹协调，着力增强系统性、整体性、协同性，推动行政执法与政府管理其他各项工作协调发展。

（三）主要目标。到2025年底，行政执法突出问题得到有效整治，行政执法工作体系进一步完善，行政执法队伍素质明显提升，行政执法监督机制和能力建设切实强化，行政执法信息化、数字化水平进一步提升，行政执法质量和效能显著提高，行政执法的权威性和公信力有力增强，人民群众对行政执法的满意度大幅上升。

二、重点任务

（一）全面提升行政执法人员能力素质

1. 着力提高政治能力。各级行政执法机关要把加强党的政治建设放在首位，切实践行习近平法治思想，坚定拥护“两个确立”、坚决做到“两个维护”，正确把握政治方向，严格遵守政治纪律，加强政治历练，积累政治经验，不断提高政治判断力、政治领悟力、政治执行力。加强基层行政执法单位党组织建设，充分发挥党建引领作用。推进行政执法队伍的革命化、正规化、专业化、职业化建设，持续提升做好行政执法工作的能力素养和本领，实现行政执法工作政治效果、法律效果和社会效果的有机统一。

2. 大力提升业务能力。建立健全行政执法标准化制度化培训机制，开展分类分级分层培训，在完成政治理论教育和党性教育学时的基础上，确保行政执法人员每人每年接受不少于60学时的公共法律知识、业务知识和行政执法技能培训，原则上于2024年6月前完成对本地区、本部门行政执法队伍的全员轮训。加强执法行为规范和职业道德教育。国务院司法行政部门要推进全国行政执法人员培训标准化体系建设。国务院有关部门要研究制定本系统行政执法人员的专门业务培训计划。上级业务部门要加强对下级业务部门培训工作的指导，乡镇、街道综合执法人员要参加上级有关业务部门组织的培训，对承担多个部门行政执法事项人员的培训，鼓励跨部门联合开展。培训工作务求实效，坚决避免各种形式主义，切实提升一线执法人员运用法治思维和法治方式开展执法、维护稳定、化解矛盾的能力。

3. 切实加强全方位管理。严格落实行政执法人员资格管理和持证上岗制度，未取得行政执法证件的人员不得独立从事行政执法工作。全面落实行政执法责任制，健全完善行政执法人员年度考核制度。建立健全行政执法人员退出机制，对不符合执法要求的行政执法人员要依法暂扣、收回或者注销其行政执法证件。人民警察证件的管理使用按照人民警察法的规定执行。按照国家有关规定对在行政执法中做出突出贡献的集体和个人给予表彰奖励，推进示范创建活动。

（二）全面推进严格规范公正文明执法

1. 强力整治行政执法突出问题。聚焦人民群众反映强烈的运动式执法、“一刀切”执法、简单粗暴执法、野蛮执法、过度执法、机械执法、逐利执法等不作为乱作为问题，开展专项整治和监督行动。各地区有关部门要于2023年底前梳理形成本地区各行政执法领域的突出问题清单，并对照清单适时组织开展专项整治行动，专项整治情况报送本级司法行政部门汇总。实行垂直管理或者双重领导并以上级单位领导为主的国务院部门的行政执法突出问题专项整治情况，由垂直管理或者双重领导并以上级单位领导为主部门汇总后报送国务院司法行政部门。2024年底前，由国务院司法行政部门牵头，组织有关地方和部门对各地区专项整治情况开展专项监督，并将专项监督情况向国务院报告。

2. 建立健全行政执法标准规范。全面落实行政裁量权基准制度，加强行政裁量权基准的动态管理和备案审查。2023年底前普遍建立行政裁量权基准制度。国务院司法行政部门要会同有关部门围绕行政处罚、行政检查、行政强制等执法种类，分批制定统一的行政执法文书基本格式标准，研究制定行政执法装备配备标准及技术规范指引。

3. 完善行政执法工作机制。严格行政执法程序，全面落实行政执法公示制度、执法全过程记录制度、重大执法决定法制审核制度。依法健全以信用为基础的新型执法机制，规范涉企行政检查，完善联合检查、“双随机、一公开”监管、非现场执法等工作机制，推动监管信息共享互认，避免多头执法、重复检查；对直接涉及公共安全和人民群众生命健康等的特殊行业、重点领域，依法依规实行全覆盖的重点监管。综合运用多种方式督促引导受处罚企业加强合规管理、及时整改违法问题，防止以罚代管。探索建立涉企行政执法案件经济影响评估制度，依法降低行政执法对企业的负面影响。完善涉民营企业行政执法违法行为投诉举报处理机制，依法保护民营企业和企业家权益。

（三）健全完善行政执法工作体系

1. 协调推进行政执法体制改革。地方各级司法行政部门要切实履行行政执法体制改革的法治协调职责，督促指导各级行政执法部门于 2024 年底前研究制定本部门行政执法事项目录。国务院有关部门和省、自治区、直辖市人民政府要组织开展行政执法事项的清理工作，对虽有法定依据但近五年未发生的、极少发生且没有实施必要的、交叉重复的等行政执法事项进行清理，提出拟取消、调整或者暂停实施的意见，按规定程序处理。国务院有关部门制定本领域综合行政执法标准化指南，国务院司法行政部门研究制定综合行政执法改革法治建设政策文件。

2. 做好乡镇、街道赋权有关工作。省、自治区、直辖市人民政府司法行政部门要加强对赋权乡镇、街道行政执法事项的法制审核，指导、监督同级有关行政部门分区域、分类别依法研究提出可以赋权的行政执法事项清单。对拟予清理的行政执法事项不再赋权乡镇、街道。完善赋权事项评估和动态调整制度，各地区 2024 年底前要对已经下放乡镇、街道的行政执法事项至少进行一次评估，对基层接不住、监管跟不上的及时予以调整。各地区要组织开展乡镇、街道行政执法规范化试点。

3. 大力推进行政执法协作。健全事前事中事后监管有效衔接机制。建立健全跨部门、跨区域、跨层级的行政执法协作机制，实现违法线索互联、执法标准互通、处理结果互认。完善行政执法管辖、法律适用等争议协调机制。健全行政执法与刑事司法衔接机制。加强行政执法机关与纪检监察机关的协作配合，及时依规依纪依法移送行政执法过程中发现的有关问题线索。

（四）加快构建行政执法协调监督工作体系

1. 完善行政执法监督制度。加快出台行政执法监督条例，进一步规范行政执法监督体制、监督职责、监督内容、监督方式、监督程序、责任体系等内容。健全完善行政执法监督配套工作制度，推进行政执法案卷评查、行政执法案例指导等工作。研究制定科学、合理的行政执法考核评价指标体系，提高相关指标的针对性、约束力。

2. 健全行政执法监督机制。强化上级行政机关对下级行政机关行政执法工作的全方位、全流程监督，严格履行常态化、长效化监督，2024 年底前基本建成制度完善、机制健全、职责明确、监督有力、运转高效的省市县乡四级全覆盖的行政执法协调监督工作体系。积极探索司法所协助县级人民政府司法行政部门开展乡镇、街道行政执法监督工作的方式方法。

3. 创新行政执法监督方式。县级以上人民政府司法行政部门要制定年度行政执法监督工作方案，综合运用行政执法工作报告、统计分析、评议考核等方式，对行政执法工作情况开展经常性监督，督促行政执法机关全面履行行政执法职能。县级以上人民政府部门承担行政执法监督职责的机构，要加强对本部门本系统行政执法工作和重大行政执法案事件的统筹协调、日常监督和业务指导。完善重大行政执法案件专项监督调查处理机制。拓宽监督渠道，建立行政执法监督与 12345 政务服务便民热线等监督渠道的信息共享工作机制。积极推进落实行政执法监督员制度。

（五）健全行政执法和行政执法监督科技保障体系

1. 推进行政执法和行政执法监督信息系统建设。国务院司法行政部门要加快推进全国行政执法综合管理监督信息系统应用，构建行政执法和行政执法监督一体化平台。按照国家统筹、省级组织、省市两级集中部署、省市县乡四级一体化应用方式，推进行政执法和行政执法监督一体化平台集约化建设和部署应用，推行行政执法移动应用程序（APP）掌上执法。

2. 推进行政执法数据互联互通。推进行政执法和行政执法监督一体化平台与国家“互联网＋监管”系统、全国信用信息共享平台、“双随机、一公开”系统等数据标准的相互兼容，形成全国统一的行政执法数据标准体系。建立健全全国行政执法数据归集共享机制，深化行政执法大数据分析运用，加快推进各地区和国务院有关部门业务系统与全国行政执法综合管理监督信息系统执法数据的互联互通，2025年底前汇聚形成全国行政执法数据库。

（六）不断强化行政执法保障能力

1. 加强队伍建设。根据行政执法机构所承担的执法职责和工作任务，合理配备行政执法力量，并注重行政执法机构队伍梯队建设。加强行政执法机构公职律师和法律顾问队伍建设。整合有关行政执法机关的法制审核力量，建立重大执法决定法制审核协作机制。

2. 强化权益保障。建立健全行政执法责任追究、尽职免予问责机制，细化追责、免予问责情形和容错纠错程序。落实和完善行政执法人员工资待遇政策，强化行政执法人员职业保障，依法为基层一线行政执法人员办理保险。完善行政执法人员心理咨询服务和危机干预机制。

3. 加大财政支持力度。要按照中央与地方财政事权和支出责任划分原则，将行政执法工作经费、行政执法装备配备费用纳入本级预算。结合当地财政实际，合理保障行政执法经费投入力度，切实满足行政执法工作需要。

三、组织实施

（一）加强组织领导。各地区、各部门要切实加强本计划的组织实施，将本计划组织实施情况及时向本级党委（党组）报告。县级以上地方人民政府要建立司法行政、发展改革、财政、人力资源社会保障、政务服务管理、大数据管理以及其他有关行政执法部门参加的工作会商机制，加强对本计划落实的统筹协调和督促指导，及时研究解决本计划实施过程中的共性问题。

（二）强化督促落实。各地区、各部门要明确任务分工，压紧压实责任，将贯彻落实本计划情况纳入法治政府建设督察、依法行政考核内容，作为对地方政府、政府部门及其领导干部综合绩效考核的参考。适时组织开展行政执法人民群众满意度第三方测评。

（三）推进经验交流。各地区、各部门要充分利用报刊、广播、电视等新闻媒体和网络新媒体，广泛宣传提升行政执法质量和效能的好举措好经验好做法，注重发现、培养和宣传行政执法先进人物、先进事迹，深入挖掘、总结推广基层鲜活经验，切实增强行政执法的权威性和公信力，在人民群众心中树立良好执法形象。

国务院司法行政部门要会同各有关方面加强对本计划实施情况的指导监督和跟踪分析，组织开展实施情况评估，及时总结推广典型经验做法，研究解决工作中遇到的问题，重要事项及时向党中央、国务院报告。

国务院办公厅关于依托全国一体化政务服务平台建立政务服务效能提升常态化工作机制的意见

国办发〔2023〕29号

各省、自治区、直辖市人民政府，国务院各部委、各直属机构：

近年来，国务院办公厅会同各地区各有关部门，深入贯彻习近平总书记关于网络强国的重要思想，认真落实党中央、国务院决策部署，依托全国一体化政务服务平台不断提升政务服务效能，"一网通办"能力显著增强，为创新政府治理、优化营商环境提供了有力支撑。但聚焦企业和群众所思所盼，实现政务服务从"能办"向"好办"转变仍然面临制度规范不够健全、业务办理不够便捷、平台支撑能力不足等问题，需加大力度持续推进和迭代创新，不断提升企业和群众的获得感和满意度。为系统总结政务服务效能提升"双十百千"工程经验，全面巩固实践成果，围绕为民办实事、惠企优服务、"高效办成一件事"，提高创造性执行效能，经国务院同意，现就依托全国一体化政务服务平台建立政务服务效能提升常态化工作机制提出以下意见。

一、聚焦急难愁盼，建立健全办事堵点发现解决机制

（一）畅通渠道，健全办事堵点主动发现机制。加强全国一体化政务服务平台投诉建议体系与"好差评"体系、12345政务服务便民热线、线上线下"办不成事"反映窗口、媒体机构留言板、领导信箱等渠道的对接联动，打造央地协同、部门联动、便捷高效的政务服务"总客服"，畅通堵点问题直达反馈通道。各地区各有关部门要多措并举强化与企业和群众的常态化沟通互动，主动发现办事堵点，及时掌握企业和群众办事中的急难愁盼问题。加强一体化政务服务工作联系和创新示范，建立全国一体化政务服务平台建设应用基层联系点，注重发挥市县级平台在直接联系和服务群众中的作用。

（二）接诉即办，健全办事堵点高效解决机制。针对企业和群众反映的政务服务办事堵点，各地区各有关部门应建立健全快速响应、限时整改、监督反馈的管理模式，实现受理、转办、办理、反馈、办结等全流程闭环管理。针对企业和群众普遍关注、反映强烈、反复出现，涉及责任不明或职责交叉等问题，通过建立专门台账、专班负责、联席会议等方式，强化跨部门、跨层级集中会商、协同办理，推动清单管理、责任到人、限时办结。建立完善解决办事堵点办结回访、"回头看"核查等工作制度，确保堵点问题真正解决到位。

（三）趋势感知，健全堵点数据分析应用机制。各地区各有关部门要加强针对办事堵点的数据分析研究，查找政务服务优化、效能提升的薄弱环节，对苗头性、典型性、集中性问题提前研判，推动破解问题的关口前移，为优化流程、创新服务等提供参考，实现通过解决一个诉求带动破解一类问题、优化一类服务，不断推动解决发展所需、改革所急、基层所盼、民心所向的难点堵点问题，以民生“小切口”撬动政务服务能力“大提升”。

二、强化好办易办，建立健全服务体验优化机制

（四）建立高频服务清单管理、闭环优化机制。国务院各有关部门要聚焦与企业和群众生产生活密切相关的高频政务服务事项，加强各业务领域的工作统筹，逐步实现服务名称、服务内容等基本要素统一。各地区各有关部门要按照成熟一批、发布一批的工作原则，依托政务服务平台实现高频服务清单动态管理并定期发布。对于纳入高频服务清单的政务服务及便民服务，要组织专业机构、用户代表等开展测试使用并反馈优化意见，形成清单发布、应用建设、使用反馈、服务优化的闭环，切实将企业和群众经常使用的高频服务打造成为“好用”、“爱用”的精品服务。各地区各有关部门要探索开展“我陪群众走流程”、“政务服务体验员”等工作，邀请企业和群众体验政务服务，鼓励政务服务部门负责同志走进政务大厅、登录办事平台，看政策“懂不懂”、流程“通不通”、服务“优不优”、体验“好不好”，推动服务流程优化、体验提升。围绕“高效办成一件事”加强协同配合，依托全国一体化政务服务平台持续推动更多跨部门、跨层级“一件事一次办”，扩大“跨省通办”、“区域通办”范围，实现更多服务异地能办、就近可办。鼓励推广延时、错峰、“周末不打烊”等服务模式，满足群众差异化办事需求。

（五）强化新技术应用赋能机制。依托全国一体化政务服务平台，探索利用大数据、人工智能、区块链等新技术，分析预判企业和群众办事需求，通过智能问答、智能预审、智能导办等方式，建设企业服务空间和个人服务空间，提供智能化、个性化、精准化服务，推动惠企利民政策和服务“免申即享、直达直享、快享快办”。以政务服务码为载体，推进各类卡、码、证承载的数据互通和服务融合，以“码上办”推动服务“马上办”。持续梳理标准化、可复制、可推广的新技术应用，加强创新应用快速复用推广，及时对新技术赋能的效果、安全性等进行评估，降低新技术应用成本。

（六）完善经验推广和服务宣传机制。加强政务服务创新先进经验做法总结，建立经验推广常态化机制，选取一批在开展政务服务效能提升“双十百千”工程中形成的典型经验做法和有效制度机制在全国范围内复制推广（清单见附件），发挥创新示范作用，推动实现“一地创新、多地复用”。建设数字化创新应用案例库和应用推广中心，对地方和部门服务优化的先进经验和典型案例进行推广和共享应用。完善全国一体化政务服务平台服务宣传推广矩阵，多样化展示和推广“一网通办”服务应用，便利企业和群众了解和获取政务服务应用。

三、加强协同联动，建立健全平台支撑能力提升机制

（七）强化政务服务渠道统筹和线上线下协同服务机制，更好发挥公共入口作用。强化网上办事入口统筹管理和一体化服务，各地区各有关部门要依托全国一体化政务服务平台统一提供政务服务，推动涉及企业和群众办事的平台、网站、移动端等向各级政务服务平台整合。深化政务服务线上线下一体化，统筹线上线下政务服务资源，逐步实现线上线下无差别受理、同标准办理、同质量服务。进一步做好政务服务向基层延伸工作，依托基层服务中心、银行、邮政、公安等，推动更多政务服务以自助办、视频办、政务服务地图、数字化服务门牌等方式延伸至企业和群众身边。围绕老年人、残疾人等特殊群体需求，完善线上线下服务渠道，加快推进适老化改造和信息无障碍建设。

（八）优化政务数据有序共享机制，更好发挥公共通道作用。加快推动制定政务数据共享条例，明确数据提供、使用部门的权责义务，规范政务数据采集、共享、使用等流程。依托全国一体化政务服务平台数据共享枢纽，推动政务数据跨地区、跨部门、跨层级、跨系统、跨业务共享利用。强化政务数据目录编制，做好动态更新、同源发布。不断丰富和完善政务服务业务场景，提出数据和系统对接需求，分批次纳入国务院部门数据共享责任清单和垂直管理信息系统对接清单，强化条块联动、上下协同。各地区各有关部门要按照统一标准规范，持续做好政务数据汇聚、治理和大数据分析等工作，不断提高数据质量，以数据多跑路助力群众少跑腿。

（九）深化全国一体化政务服务平台持续赋能机制，更好发挥公共支撑作用。进一步发挥国家政务服务平台作为全国政务服务总枢纽的作用，强化跨地区、跨部门、跨层级业务协同和公共支撑。加大电子证照应用协同推进力度，动态化管理电子证照发证用证清单、建立健全共享服务体系，不断完善跨地区、跨层级互通互认、异议处理等工作流程，更好支撑企业和群众“免证办”、“免提交”。强化电子印章对接互认，推动制定电子印章管理办法，规范电子印章制发、管理和使用流程，建立健全电子印章跨层级签章和跨地区可信核验的配套管理体系，满足电子印章跨地区、跨部门流转验证需求。提升身份认证支撑能力，依托国家网络身份认证基础设施、国家法人单位信息资源库等，提高各级政务服务平台对自然人、法人用户及其他社会组织的核验能力，增加核验方式，增强安全性，防范化解冒用他人身份注册风险。

（十）细化全国一体化政务服务平台协同运营机制，持续提升平台服务能力。强化全国一体化政务服务平台业务、技术和安全的工作联动，顺畅央地之间、地方之间、国务院部门之间的对接协同渠道，强化跨地区、跨部门、跨层级堵点发现解决、政务服务协同、业务需求对接、经验交流分享等，推动一体化协同发展。各地区各有关部门要加强政务服务平台日常运营和运维工作，加大建设和运营经费保障力度，不断丰富平台功能、优化服务内容，增强用户使用黏性，健全平台安全管理制度，提升平台技术防护能力，确保平台安全稳定运行。

四、做好制度支撑，建立健全效能提升保障机制

（十一）健全政务服务法规制度和标准规则迭代机制。加强国家层面“一网通办”相关法规制度研究，固化政务服务效能提升经验做法，加强制度保障。围绕政务服务改革需要，各地区各有关部门要推进现有法规、规章和规范性文件立改废释工作。围绕创新政务服务、提高“一网通办”水平，按照“急用先行、分批推进”的方式建立健全政务服务效能提升标准规范体系，加强政务服务标准化、规范化建设。

（十二）健全政务服务评估评价机制。持续做好一体化政务服务能力第三方评估工作，以企业和群众获得感为第一评价标准，推动政务服务从政府供给导向向企业和群众需求导向转变。强化数据采集、无感评估、实时监测，提升评估方法的科学性和客观性，切实减轻基层负担，杜绝数据造假和数字形式主义。加强评估结果运用，及时反馈评估发现的问题，推广先进经验。各地区各有关部门应以推动政务服务效能提升为导向，完善以评估促问题整改、以评价促服务优化的工作闭环。

（十三）健全数字素养能力提升机制。依托全民数字素养与技能发展培育体系，创新政务服务人才引进、培养、选拔和评价机制，壮大数字化专业人才队伍，提升群众使用政务服务平台的技能。常态化开展政务服务培训交流，持续提升干部队伍数字思维、数字技能和数字素养，为持续提升政务服务效能提供坚实保障。各地区各有关部门可通过社区和专业服务机构等开展面向不同群体，特别是老年人、残疾人等特殊群体运用智能技术的教育培训、知识讲座，全方位增强群众便捷获取政务服务能力。

各地区各有关部门要高度重视，健全完善

政务服务效能提升常态化工作机制，加强组织领导和统筹协调，细化任务分工，压实工作责任，适时出台政策措施，持续优化各级政务服务平台功能和服务，抓好督促落实，加强经费和人员保障，切实保障各项机制高效运行，对标借鉴典型经验做法，推出更多利企便民举措，不断提升企业和群众的获得感和满意度。

附件：政务服务效能提升典型经验案例（略）

国务院办公厅

2023 年 8 月 18 日

国务院办公厅关于印发《保障农民工工资支付工作考核办法》的通知

国办发〔2023〕33号

各省、自治区、直辖市人民政府，国务院各部委、各直属机构：

经国务院同意，现将修订后的《保障农民工工资支付工作考核办法》印发给你们，请认真贯彻执行。2017年12月6日经国务院同意、由国务院办公厅印发的《保障农民工工资支付工作考核办法》同时废止。

国务院办公厅

2023年9月21日

保障农民工工资支付工作考核办法

第一条 为落实保障农民工工资支付工作的属地监管责任，有效预防和解决拖欠农民工工资问题，切实保障农民工劳动报酬权益，维护社会公平正义，促进社会和谐稳定，根据《保障农民工工资支付条例》等有关规定，制定本办法。

第二条 本办法适用于对各省（自治区、直辖市）人民政府及新疆生产建设兵团（以下统称各省级政府）保障农民工工资支付工作的年度考核。

第三条 考核工作在国务院领导下，由国务院就业促进和劳动保护工作领导小组（以下简称领导小组）负责实施，领导小组办公室具体组织落实。考核工作从2023年到2027年，每年开展一次。

第四条 考核工作坚持目标导向、问题导向、结果导向，坚持定性与定量评价相结合，遵循客观公正原则，突出重点，注重实效。

第五条 考核内容主要包括加强对保障农民工工资支付工作的组织领导、完善落实工资支付保障制度、治理欠薪特别是工程建设领域欠薪工作成效、人民群众满意度等情况。

第六条 领导小组办公室组织有关成员单位制定年度考核方案及细则，明确具体考核指标和分值。

第七条 考核工作按照以下程序进行：

（一）省级自查。各省级政府对照考核方案及细则，对考核年度保障农民工工资支付工作进展情况和成效进行自查，填报考核自查表，形成自查报告，报送领导小组办公室。各省级政府对自查报告的真实性、准确性负责。

（二）实地核查。领导小组办公室组织有关成员单位组成考核组，对省级政府考核年度保障农民工工资支付工作进展情况和成效进行实地核查，对各地组织领导、源头治理、制度建设等考核指标进行评估。实地核查采取听取汇报、核验资料等方式进行。

（三）第三方评估。领导小组办公室委托第三方机构，采取抽样调查、座谈访谈与数据分析相结合的方式，对各地制度落实、人民群众满意度等考核指标进行评估。

（四）暗访抽查。领导小组办公室组织力量或委托媒体组建暗访组，采取“暗访+明查”方式，对各地畅通维权渠道、作风建设等进行调查。

（五）综合评议。领导小组办公室组织有关成员单位根据省级自查、实地核查、第三方评估、暗访抽查情况，结合行业主管、公安、信访等部门掌握的情况，进行考核评议，形成考核报告，报领导小组审批。

第八条 考核采取分级评分法，基准分为100分，考核结果分为A、B、C三个等级。

（一）同时符合以下两个条件的，考核等级为A级：

1. 领导重视、工作机制健全，各项工资支付保障制度完备、落实得力，工作成效明显；

2. 考核得分排在全国前十名。

（二）有下列情形之一的，考核等级为C级：

1. 保障农民工工资支付工作不力、成效不明显、欠薪问题突出，考核得分排在全国后三名的；

2. 发生5起及以上因拖欠农民工工资引发50人以上群体性事件，或发生2起及以上因政府投资工程项目拖欠农民工工资引发50人以上群体性事件的；

3. 发生1起及以上因拖欠农民工工资引发极端事件并造成严重后果的。

（三）考核等级在A、C级以外的为B级。

第九条 考核结果经领导小组审批，按程序报国务院同意后，由领导小组办公室向各省级政府通报，并抄送中央组织部，作为对各省级政府领导班子和有关领导干部进行综合考核评价的参考。需要问责的，按照干部管理权限，移交有关党组织或纪检监察机关。

第十条 对考核等级为A级的，由领导小组予以通报表扬；对考核等级为C级的，由领导小组对该省级政府有关负责人进行约谈。领导小组办公室向各省级政府反馈考核发现的问题，并提出改进工作的意见建议。各省级政府及时组织整改，并向领导小组办公室报送整改情况。

第十一条 对在考核工作中弄虚作假、瞒报谎报造成考核结果失实的，予以通报批评；情节严重的，依纪依法追究相关人员责任。

第十二条 各省级政府参照本办法，结合本地区实际制定相关办法，加强对本地区各级政府保障农民工工资支付工作的考核。

第十三条 本办法由领导小组办公室负责解释，自印发之日起施行。

国务院办公厅转发民政部等单位《关于加强低收入人口动态监测做好分层分类社会救助工作的意见》的通知

国办发〔2023〕39号

各省、自治区、直辖市人民政府，国务院各部委、各直属机构：

民政部、教育部、财政部、人力资源社会保障部、住房城乡建设部、农业农村部、国家卫生健康委、应急管理部、国家医保局、中国残联《关于加强低收入人口动态监测做好分层分类社会救助工作的意见》已经国务院同意，现转发给你们，请认真贯彻落实。

国务院办公厅

2023年10月19日

关于加强低收入人口动态监测做好分层分类社会救助工作的意见

民政部　教育部　财政部　人力资源社会保障部　住房城乡建设部　农业农村部
国家卫生健康委　应急管理部　国家医保局　中国残联

社会救助是社会保障体系中兜底性、基础性的制度安排。为健全分层分类的社会救助体系，加大低收入人口救助帮扶力度，进一步织密扎牢民生兜底保障安全网，现就加强低收入人口动态监测、做好分层分类社会救助工作提出以下意见。

一、总体要求

以习近平新时代中国特色社会主义思想为指导，全面贯彻党的二十大精神，落实党中央、国务院关于改革完善社会救助制度、实现巩固拓展脱贫攻坚成果同乡村振兴有效衔接的决策部署，坚持以人民为中心的发展思想，坚持尽力而为、量力而行，坚持与经济社会发展水平相适应，健全以基本生活救助、专项社会救助、急难社会救助为主体，社会力量参与为补充的分层分类社会救助体系，实现救助资源统筹衔接、救助信息聚合共享、救助效率有效提升，让改革发展成果更多更公平惠及困难群众，切实兜住兜准兜好基本民生底线。

二、合理确定低收入人口范围

低收入人口包括最低生活保障对象、特困人员、防止返贫监测对象、最低生活保障边缘家庭成员、刚性支出困难家庭（刚性支出较大导致基本生活出现严重困难的家庭）成员，以及其他困难人员。最低生活保障对象、特困人员、防止返贫监测对象等低收入人口的认定，按照各地现有规定执行。对不符合最低生活保障条件，但家庭人均收入低于当地最低生活保障标准 1.5 倍，且家庭财产状况符合当地相关规定的家庭，认定为最低生活保障边缘家庭；最低生活保障边缘家庭收入、财产的具体界定、核查范围和核算方法以及认定程序等，可参照当地最低生活保障相关规定执行，对家庭中已实现就业的人员，在核算收入时可按规定适当扣减必要的就业成本。对家庭人均收入低于上年度当地居民人均可支配收入，家庭财产状况符合当地相关规定，且医疗、教育等必需支出占家庭总收入比例超过当地规定比例的家庭，认定为刚性支出困难家庭，具体认定办法和程序由各地根据实际情况制定。

三、加强低收入人口动态监测

（一）完善低收入人口动态监测信息平台。各级民政部门要充分依托“金民工程”全国社会救助信息系统及各级已有系统平台建设基础，逐步完善低收入人口动态监测信息平台，完善数据录入、数据共享、监测预警、数字监督、转办推送等基本功能，尽快实现覆盖全国、统筹城乡、上下联动、部门协同，对低收入人口开展常态化监测预警；深化拓展功能应用，科学设置预警指标，为快速预警、精准救助、综合帮扶提供支撑。民政部门要通过低收入人口动态监测信息平台为教育、人力资源社会保障、住房城乡建设、农业农村（乡村振兴）、卫生健康、应急管理、医保、残联等部门和单位分层分类开展救助帮扶提供信息查询、需求推送等服务支持。各相关单位原则上要依托全国一体化政务服务平台和国家数据共享交换平台，及时将救助帮扶信息反馈给民政部门，形成“一户（人）一条救助链”，避免救助遗漏或重复救助。

（二）完善低收入人口数据库。各地民政部门要以县（市、区、旗）为单位，通过申请人自主申报、入户走访、数据比对等方式，采集辖区内低收入人口相关数据信息并逐级上传，加强数据共享，做到定期更新、动态调整、不断完善。要畅通申报渠道，优化流程，方便申请人自主申报。要提高源头数据采集、核查、录入的准确性，确保信息完整、真实可靠。

（三）加强动态监测。各地要充分发挥“大数据比对＋铁脚板摸排”作用，线上线下相结合，及时、主动发现需要救助的困难群众。加强线上跨部门信息共享和数据比对，各级民政部门要将掌握的低收入人口数据与教育、人力资源社会保障、卫生健康、医保、残联等部门和单位掌握的家庭经济困难学生、登记失业人员、重病患者、重度残疾人等数据进行交叉比对，动态掌握低收入人口就业状况、家庭支出、困难情形等变化情况。加强线下核查，县级民政部门要依托基层力量，组织动员乡镇（街道）干部、村（社区）组织工作人员、村级社会救助协理员、社会工作者等经常性走访困难群众，发现家庭状况发生变化的，及时报告并将变化情况录入低收入人口数据库。积极推行政府购买社会救助服务，委托社会力量开展困难群众家庭状况随访、协助申请等工作。各地对已纳入社会救助范围的低收入人口，重点监测相关社会救助政策是否落实到位、是否还存在其他方面的生活困难；对未纳入社会救助范围的低收入人口，重点监测其家庭状况变化情况，发现符合救助条件的，应当告知相关救助政策，按规定及时启动救助程序。

（四）分类处置预警信息。各地民政部门发现社会救助政策落实不到位的，要尽快按规定落实或商请相关社会救助管理部门落实救助政策；发现低收入人口未纳入社会救助范围但可能符合救助条件的，要根据困难类型和救助需求，将信息分类推送至相关社会救助管理部门处理；发现困难情形复杂的，可适时启动县级困难群众基本生活保障工作协调机制，通过“一事一议”方式集体研究处理；发现低收入人口可能不再符合救助条件的，及时核查或商请相关社会救助管理部门核查有关情况，对符合终止条件的按规定终止救助。

四、做好分层分类社会救助工作

各地要根据低收入人口动态监测预警信息，按照低收入人口困难程度和困难类型，分层分类提供常态化救助帮扶。对防止返贫监测对象，同时按照现行防止返贫动态监测和帮扶机制给予针对性帮扶措施，切实防止规模性返贫。

（一）扎实做好基本生活救助。对符合最低生活保障、特困人员救助供养条件的低收入人口，给予相应的最低生活保障、特困人员救助供养等基本生活救助。对最低生活保障边缘家庭中的重病患者、重度残疾人等特殊困难人员，可单独纳入最低生活保障范围。对参照单人户纳入最低生活保障范围的成年无业重度残疾人等其他特殊困难人员，给予相应的基本生活救助。

（二）完善专项社会救助

1. 医疗救助（含疾病应急救助）。对特困人员参加城乡居民基本医疗保险的费用给予全额资助，对最低生活保障对象等其他符合资助参保条件的低收入人口给予定额资助。对最低生活保障对象、特困人员、最低生活保障边缘家庭、刚性支出困难家庭中符合条件的大病患者在定点医药机构发生的住院费用、因慢性病需要长期服药或患重特大疾病需要长期门诊治疗的费用，按规定给予相应医疗救助。对符合疾病应急救助条件的费用，由疾病应急救助基金按规定支付。

2. 教育救助。对最低生活保障对象、特困人员、最低生活保障边缘家庭、刚性支出困难家庭以及其他经济困难家庭中符合条件的在园幼儿、在校学生，按规定采取发放助学金、生活补助，提供勤工助学岗位、助学贷款以及减免相关费用等方式，给予教育救助。

3. 住房救助。对符合当地住房保障条件的城市最低生活保障家庭、城市分散供养特困人员、城市最低生活保障边缘家庭和刚性支出困难家庭，通过配租公租房或发放租赁补贴优先给予住房救助；对符合当地住房保障条件的农村最低生活保障家庭、农村分散供养特困人员、农村最低生活保障边缘家庭和刚性支出困难家庭，通过农村危房改造等方式优先给予住房救助。

4. 就业救助。对符合条件的最低生活保障对象、最低生活保障边缘家庭成员、刚性支出困难家庭成员，按规定落实贷款贴息、税费减免、培训补贴、社保补贴等政策。多渠道开发就业岗位，通过产业发展、劳务输出、车间吸纳、以工代赈等方式进行就业帮扶，引导就业救助对象积极就业。

5. 受灾人员救助。对遭遇自然灾害的最低生活保障对象、特困人员、最低生活保障边缘家庭成员、刚性支出困难家庭成员，按照自然灾害救助政策给予相应救助；加强与其他救助政策的有序衔接，推动形成救助合力。

（三）加强急难社会救助。对遭遇突发性、紧迫性、灾难性困难导致基本生活暂时出现严重困难的人员，取消户籍地、居住地申请限制，在急难发生地按规定通过临时救助或生活无着流浪乞讨人员救助，及时给予急难社会救助，可实行“小金额先行救助”，事后补充说明情况。发挥县级困难群众基本生活保障工作协调机制作用，及时化解困难群众急难愁盼问题。

（四）积极发展服务类社会救助。鼓励各地通过政府购买服务等方式，对低收入人口中生活不能自理的老年人、未成年人、残疾人等提供必要的访视、照料服务；积极开展社会工作服务，为低收入人口提供心理疏导、资源链接、能力提升、社会融入等服务，推动形成“物质＋服务”的救助方式。

（五）做好其他救助帮扶。对符合条件的最低生活保障对象、特困人员、最低生活保障边缘家庭成员、刚性支出困难家庭成员，可根据当地救助政策给予取暖补贴、殡葬费用减免等救助帮扶。鼓励有条件的地方将困难残疾人生活补贴、残疾儿童康复救助、困难重度残疾人家庭无障碍改造等帮扶措施延伸至最低生活保障边缘家庭成员等。

（六）鼓励开展慈善帮扶。促进社会力量参与社会救助，支持引导公民、法人和其他组织通过捐赠财产、开展慈善项目、创办服务机构、提供志愿服务等方式，面向低收入人口开展慈善帮扶活动。建立政府救助与慈善帮扶衔接机制，在政策、对象、信息、资源等方面进行救助需求与慈善供给的匹配对接，为低收入人口提供多样化救助帮扶。

五、强化组织实施

（一）加强组织领导。强化党委领导、政府负责、民政牵头、部门协同、社会参与的工作机制。各地要落实主体责任，在完善最低生活保障、特困人员救助供养政策措施基础上，结合实际进一步细化最低生活保障边缘家庭、刚性支出困难家庭以及其他困难人员的认定办法、程序和救助帮扶标准、措施等。深入实施基层社会救助能力提升工程，探索实行“一次申请、分类审核认定”等做法，进一步提高社会救助可及性、便捷性。

（二）落实部门责任。相关部门要各司其职、主动作为，协同配合、齐抓共管，打通数据壁垒、加强信息共享，加大政策宣传解读力度，鼓励引导更多困难群众通过勤劳改善生活，共同做好低收入人口动态监测和分层分类社会救助工作。民政部门要统筹低收入人口认定、监测和常态化救助帮扶工作，负责最低生活保障、特困人员救助供养、临时救助等相关工作。教育、人力资源社会保障、住房城乡建设、卫生健康、应急管理、医保等部门按照各自职责分别负责教育救助、就业救助、住房救助、受灾人员救助、医疗救助等相关工作。农业农村（乡村振兴）部门负责做好健全防止返贫动态监测和帮扶机制相关工作。残联组织协同做好残疾人救助帮扶相关工作。财政部门负责根据经济社会发展水平、财政状况、救助需求等因素，通过现有资金渠道合理安排相应社会救助资金，保障低收入人口救助帮扶工作持续开展。

（三）强化监督检查。各地要加强社会救助资金使用监管，确保按时足额发放，不得挤占、挪用、截留或者擅自扩大资金使用范围；杜绝“人情保”、“关系保”，严查优亲厚友、骗取套取等行为，确保资金真正用到困难群众身上。申请或已获得社会救助的家庭或人员应当按规定如实申报收入状况、财产状况。建立容错纠错机制，落实“三个区分开来”要求，对秉持公心、履职尽责但因客观原因出现失误偏差且能够及时纠正的经办人员依法依规免于问责，激励基层干部担当作为，切实兜牢基本民生底线。

三、人力资源社会保障部领导的讲话和文章

踔厉奋发　锐意进取
在新征程上展现新担当新作为

——在全国人力资源社会保障工作会议暨人社系统先进集体和先进工作者表彰大会上的讲话

王晓萍

（2023 年 1 月 16 日）

这次会议的主要任务是，以习近平新时代中国特色社会主义思想为指导，深入学习贯彻党的二十大精神，落实中央经济工作会议部署，总结工作，表彰先进，分析形势，部署重点工作，动员全系统凝心聚力、踔厉奋发，努力开创人社事业高质量发展新局面。下面，我讲四个方面意见。

一、开拓创新、攻坚克难，人力资源社会保障工作取得显著成就

刚刚过去的一年，是党和国家历史上极为重要的一年，也是极不寻常、极不平凡的一年。面对严峻复杂的经济形势和艰巨繁重的工作任务，在以习近平同志为核心的党中央坚强领导下，全国人社系统紧紧围绕迎接党的二十大和学习宣传贯彻党的二十大精神这一主线，认真落实疫情要防住、经济要稳住、发展要安全的要求，坚持稳字当头、稳中求进，担当作为、真抓实干，全面完成各项目标任务。去年取得的成绩，殊为不易，系统上下付出了艰辛努力，展现出良好的工作作风和精神风貌，党中央、国务院给予充分肯定。

第一，积极应对超预期冲击影响，全力稳住就业基本盘。各级人社部门坚持在大局下思考、在大局下行动，坚决贯彻党中央“六稳”“六保”决策部署，深入落实稳经济一揽子政策和接续政策，加力推动落地见效。着力保市场主体稳就业，实施“降、缓、返、补、扩、提”组合式援企稳岗助企纾困政策，靠前发力、直达基层、直惠企业。全年降费率减负超过 1 700 亿元，缓缴 1 300 多亿元，使用 2 011 亿元失业保险基金稳岗稳就业。聚焦高校毕业生等青年就业，加大工作协调和政策支持力度，会同有关部门广开就业门路，多措并举帮助 250 多万未就业毕业生实现就业。聚焦农民工就业，外出务工和就近就业同时发力，脱贫人口务工规模 3 278 万人，有力促进农民增收。聚焦困难人员就业，实施就业援助“暖心”活动，用心用情送岗位、送服务、送政策、送温暖。积极拓展创业和灵活就业新空间，新就业形态规范发展，零工市场加快推进。职业技能培训针对性实效性不断增强，公共就业服务质量有力提升，服务活动有声有色，人力资源服务有效供给，提升了市场匹配

效率。经过共同努力，保持了就业局势总体稳定，全年城镇新增就业 1 206 万人，为经济运行在合理区间和社会稳定提供了重要支撑。

第二，坚持不懈深化改革，社会保障体系建设取得新突破。各级人社部门深入学习习近平总书记的重要文章《促进我国社会保障事业高质量发展、可持续发展》，全面领会内涵要求，深刻把握社会保障是治国安邦的大问题，狠抓贯彻落实。实施企业职工基本养老保险全国统筹，协调各方面利益关系，完善配套政策和措施，积极稳妥做好规范统一费率、统一缴费基数、待遇项目清理规范工作，全年共跨省调剂资金 2 440 亿元，有力支持了基金困难省份养老金发放。会同相关部门制定出台个人养老金实施办法、税收等配套政策，个人养老金制度顺利实施。新就业形态就业人员职业伤害保障试点破冰启动。同步调整企业和机关事业单位退休人员基本养老金。提高城乡居民基础养老金最低标准，19 个省份提高省级基础养老金标准。失业保险、工伤保险省级统筹加快推进。持续开展社保基金管理提升行动，社保基金监管措施和能力得到加强。社会保险覆盖人数和基金规模持续扩大。截至去年年底，基本养老、失业、工伤保险参保人数分别达到 10.53 亿人、2.38 亿人、2.91 亿人，全年基金收支规模超过 14 万亿元。全国统一的社会保险公共服务平台不断完善，社会保障卡持卡人数 13.68 亿人，电子社保卡领用人数 7.15 亿人。

第三，健全人才发展体制机制，人才创新创造活力进一步激发。各级人社部门认真落实中央人才工作会议精神，结合部门职责，细化任务要求，加强与行业主管部门和人才工作相关职能部门的沟通协调，扎实有效推进各项工作。政府特殊津贴制度优化实施，博士后制度和重点专项健全完善。明确“破四唯”“立新标”和优化职称评审监管服务新举措。全面推行县以下事业单位管理岗位职员等级晋升制度，稳步推进事业单位薪酬制度改革。出台加强新时代高技能人才队伍建设的意见，完善技能人才职业技能等级制度，创新建立“新八级工”制度，技能人才职业发展更加畅通。修订颁布国家职业分类大典。工学一体化技能人才培养模式全面推行，技工院校招生任务超额完成。在 2022 年世界技能大赛特别赛上，中国代表团再次取得金牌榜和团体总分第一名的好成绩。

第四，持续提升治理效能，劳动关系保持总体和谐稳定。各级人社部门深入开展和谐劳动关系创建活动，扎实做好涉疫情劳动关系政策、新就业形态劳动者劳动保障权益政策的落实落地，利用多种渠道加强宣传解读，指导企业规范用工和妥善处理劳动关系，防止和减少矛盾纠纷。完善企业工资分配宏观指导制度，稳慎调整最低工资标准，持续推进国有企业工资分配制度改革。依法履行劳动保障监察执法职责，深入贯彻《保障农民工工资支付条例》，开展工作考核，集中整治拖欠农民工工资问题。

过去一年的工作，是新时代十年丰富实践的重要组成部分。十年来，各级人社部门坚持把党的领导作为根本政治保证，把增进民生福祉作为出发点和落脚点，坚持尽力而为、量力而行，坚守底线、突出重点、完善制度、引导预期，推进一系列有效实践，采取一系列惠民举措，实现一系列突破性进展，认识上不断深化、制度上不断完善，为如期全面建成小康社会、实现第一个百年奋斗目标作出了积极贡献。我们把就业作为民生之本和头等大事，突出重点群体，完善政策支持体系，在 14 亿多人口的大国实现了比较充分的就业。这是中国特色积极就业政策体系和就业促进机制全面形成的时期，也是应对失业风险机制不断健全的时期，就业优先政策持续强化，职业技能培训大规模开展，人力资源服务业不断壮大，就业局势长期保持稳定，年均城镇新增就业 1 300 万人，技能就业扶贫为打赢脱贫攻坚战作出突出贡献，成为大局稳定的重要支撑。我们把社会保障作为增进民生福祉的基本制度保障，推动社会保障制度建设进入快车道，建成世界上规模最大的社会保障体系。这是社会保障改革力度最大、发展速度最快的时期，制定实施养老保险制度改革总体方案，重大改革取得突破，适应人口老龄化和劳动力结构变化的养老保险制度体系基本建立。失业保险和工伤保险制度功能更加健全。全民参保计划深入实施，覆盖范围不断扩大，保障水平和能力稳步提高，经济运行“减震器”作用愈加凸显。这些都对保障人民群众基本生活发挥了积极作用。我们牢牢把握人才引领创新驱动，坚持党管人才原则，深入实施人才强国战略，突出评价激励机制改革创新，事业单位人事薪酬管理制度逐步健全，表彰奖励工作得到规范，技术技能人才队伍不断壮大，有力助推了经济社会发展。我们把和谐劳动关系作为社会稳定的重要基础，健全协商协调、争议处理、监察执法机制，完善工资收入分配制度，中国特色和谐劳动关系制度体系不断健全，为社会和谐稳定作出积极贡献。我们创新工作载体，创造性开展一系列标志性活动，连续6届参加世界技能大赛，多次位列世界第一，连年开展就业创业服务展示交流活动、中国创翼大赛，首次举办全国劳务品牌大会、人力资源服务业大会、博士后创新创业大赛，组织开展窗口单位练兵比武，扩大了社会影响力，展现了人社部门的良好形象。

人社工作与人民群众切身利益密切相关，牵动着千家万户的生活。以习近平同志为核心的党中央从党和国家事业发展全局出发，及时科学决策，强化部署推动和责任落实，充分调动各方面积极性，领导实施就业优先战略，推进社会保障兜底线、织密网、建机制，在不断增进民生福祉上持续用力，充分彰显了党的领导和中国特色社会主义制度的政治优势。十年来人社事业的发展进步，根本在于有习近平总书记作为党中央的核心、全党的核心领航掌舵，在于习近平新时代中国特色社会主义思想的科学指引。我们要深刻领悟“两个确立”的决定性意义，更加坚定自觉做到“两个维护”。人社工作取得的成绩，也离不开各级党委、政府的有力推动和各方面的大力支持，凝结着全系统干部职工的心血和汗水。在此，我代表人力资源社会保障部党组向各有关部门和单位、向全系统干部职工表示崇高的敬意和衷心的感谢！

同时，我们也清醒认识到，我国就业总量压力大与结构性矛盾并存，群众在就业方面还有不少难题。社会保障制度公平性、流动性、规范性、可持续性还存在不足。人才发展体制机制和政策体系还需要进一步健全。工资分配秩序不规范问题依然存在，和谐劳动关系治理能力还需要提高。公共服务、基层基础建设还有不少短板。这些都需要我们在今后工作中着力加以改进和解决。

二、深入学习贯彻党的二十大精神，准确把握做好人力资源社会保障工作的新部署新任务新要求

党的二十大高举旗帜、凝聚力量、团结奋进，取得了丰硕的政治成果、理论成果、实践成果，为新时代新征程党和国家事业发展、实现第二个百年奋斗目标指明了前进方向、确立了行动指南。我们要深刻把握党的二十大统一思想、统一意志、统一行动重大而深远的政治意义，把握历史方位、坚定历史自信、增强历史主动重大而深远的历史意义，统筹大局、谋划全局、整体布局重大而深远的战略意义，坚定信心、明确方向、鼓舞斗志。深刻把握过去五年的工作和新时代十年的伟大变革，深刻领悟“两个确立”是推动党和国家事业取得历史性成就、发生历史性变革的决定性因素，对新时代党和国家事业发展、对推进中华民族伟大复兴历史进程具有决定性意义，深刻理解其历史逻辑、理论逻辑、实践逻辑。深刻把握开辟马克思主义中国化时代化新境界的历史责任，深刻认识习近平新时代中国特色社会主义思想是马克思主义中国化时代化的最新成果，是坚持“两个结合”的光辉典范，把握好习近平新时代中国特色社会主义思想的世界观和方法论。深刻把握以中国式现代化全面推进中华民族伟大复兴的使命任务，深刻认识中国式现代化的中国特色、本质要求和推进中国式现代化的重大原则，把准方向定位。深刻把握全面建设社会主义现代化国家的目标任务，深刻认识各个领域的科学谋划、重点部署、战略任务和重大举措，展现新担当新作为。深刻把握以伟大自我革命引领伟大社会革命的重要要求，深刻认识深入推进新时代党的建设新的伟大工程的重大部署，坚持全面从严治党永远在路上、党的自我革命永远在路上。深刻把握团结奋斗的时代要求，大力弘扬党的伟大精神和光荣传统，一步一个脚印把党的二十大作出的重大决策部署付诸行动、见之于成效。各级人社部门要结合职能职责，增强责任感紧迫感，找准切入点着力点，推动人社事业再上新台阶，为全面建设社会主义现代化国家贡献积极力量。

第一，必须深刻领悟“两个确立”的决定性意义，增强做到“两个维护”的高度自觉，保证人社事业行稳致远。“两个确立”是全党全军全国各族人民的高度共识和共同意志，是引领党和国家事业从胜利走向新的胜利的政治保证。习近平总书记心系民生福祉，高度重视、十分关心人社工作，在有关重要会议和考察调研时，作出一系列重要指示，提出一系列新思想新论断新要求，深刻阐明就业、社会保障、人才、工资分配、劳动关系的重大意义，明确目标要求和重点任务，为我们做好工作提供了根本遵循。

深刻领悟“两个确立”的决定性意义，做到“两个维护”，是具体的而不是抽象的，必须落实到行动上。这就要求我们始终牢记“国之大者”，在任何时候任何情况下都坚决同以习近平同志为核心的党中央保持高度一致，在任何时候任何情况下都坚持以党的旗帜为旗帜、以党的方向为方向、以党的意志为意志，在任何时候任何情况下都坚持对党绝对忠诚。要深入学习贯彻习近平总书记关于人社工作的重要指示批示精神。在已有基础上，继续深化、深入思考，把握基本内涵、思维方法、原则要求和重点任务，全面、准确、创造性地落到实处，推动取得实际成效。对于习近平总书记的重要批示，要作为第一政治要件，加强台账管理，确保事事有回音、件件有着落。要坚决落实党中央重大决策部署，把全面贯彻落实党的二十大精神作为首要政治任务，深入学习领会，全面对标对表，制定落实措施。要对照中央经济工作会议关于就业、社会保障等方面的任务要求，一项一项推动落实，为贯彻党的二十大精神开好局、起好步。

第二，必须着力推动高质量发展，把推进共同富裕作为人社事业的价值追求和现实任务。以中国式现代化全面推进中华民族伟大复兴，是新时代新征程我们党的中心任务。高质量发展是推进中国式现代化的基本路径，共同富裕是中国式现代化的重要特征，也是践行以人民为中心的发展思想的必然要求和推动高质量发展的根本目的。

我们要坚持发展为了人民、发展依靠人民、发展成果由人民共享，完整、准确、全面贯彻新发展理念，加快构建新发展格局，自觉主动解决地区差距、城乡差距、收入分配差距，提出新思路，探索新办法，增强发展的平衡性、协调性、包容性，实现高质量发展与民生改善良性互动，促进物的全面丰富和人的全面发展，使现代化建设成果更多更公平惠及全体人民。要把稳定和扩大就业作为促进共同富裕的重要基础，在推动高质量发展中强化就业优先导向，提高群众就业增收致富能力，畅通向上流动通道，使人人都有通过辛勤劳动实现自身发展的机会，做大就业“蛋糕”，发挥好就业沟通社会需求和供给的桥梁作用，通过稳就业使经济运行保持在合理区间。要把健全社会保障体系作为促进共同富裕的重要抓手，坚持社会保障事业高质量可持续发展，强化社会保障统筹和互助共济功能，推进制度的统一性和规范性，更好发挥社会保障改善居民消费预期的作用。要把人才作为在高质量发展中促进共同富裕的重要支撑，深化人才发展体制机制改革，深化人力资源供给侧结构性改革，提升全社会人力资本水平，壮大各类人才队伍，引领创新驱动，提高全要素生产率。要把完善工资分配制度作为促进共同富裕的重要途径，坚持按劳分配原则，完善按要素分配机制，充分发挥工资收入分配扩大消费需求的基础性作用。要构建和发展和谐劳动关系，维护劳动者合法权益，促进社会和谐稳定，充分调动企业和职工的积极性。

第三，必须紧紧围绕人社工作的目标要求和任务部署，开创事业发展新局面。党的二十大在提出未来五年关键时期的重点任务时，对做好就业、社会保障、人才、工资收入分配、劳动关系等工作作出部署，深刻阐述了各项工作的重大意义，提出许多新论断新部署，明确了目标要求和工作重点。

我们要增强机遇意识、责任意识，牢牢抓住发展机遇和有利条件，积极应对人口老龄化、新型城镇化、就业方式多样化、数字化等发展趋势带来的新情况新挑战，深化改革创新，拿出务实思路和管用举措，推动事业取得新发展。要以实施就业优先战略为引领，推动实现高质量充分就业的目标要求。强化就业优先政策，落实发展目标优先、发展要素优先、宏观调控优先、发展政策优先、微观主体优先和社会治理优先，统筹重点群体就业，提高就业创业政策集合度，更好让人民群众安其岗位、乐其职业。要以深化重点改革为突破，推动实现覆盖全民、统筹城乡、公平统一、安全规范、可持续的多层次社会保障体系的目标要求。坚持把社会保障作为人民生活的安全网和社会运行的稳定器，坚持系统观念，树立战略眼光，增强风险意识，拓展国际视野，加强法治化建设，提升社会保障的均衡性和可及性，为人民生活安康托底。要以深入实施人才强国战略为牵引，推动实现培养造就大批德才兼备的高素质人才的目标要求。坚持人才是第一资源的基本定位，立足部门职责，突出抓好专业技术人才、技能人才队伍建设，健全制度、完善政策，更好为经济社会高质量发展提供支撑。要以完善工资收入分配制度为基础，推动实现提高劳动报酬在初次分配中比重的目标要求。积极发挥工资收入分配在整个收入分配中的基础性先导性作用，兼顾效率和公平，健全工资决定、合理增长和支付保障机制，促进劳动者各尽其能、各得其所。要以统筹维护劳动者权益和企业发展为导向，推动实现构建中国特色和谐劳动关系的目标要求。健全劳动法律法规，完善劳动关系协商协调机制，完善劳动者权益保障制度，使人们的工作更加体面、更有尊严，劳动价值得到充分尊重。

三、扎实做好2023年各项工作，推进人力资源社会保障事业高质量发展

今年是全面贯彻落实党的二十大精神的开局之年。中央经济工作会议对做好全年工作进行了全面部署，明确了目标任务。我们要把思想和行动统一到中央决策部署上来，切实抓好各项工作落实。做好今年人社工作的总体要求是，以习近平新时代中国特色社会主义思想为指导，全面贯彻党的二十大精神，落实中央经济工作会议部署，践行以人民为中心的发展思想，坚持稳中求进工作总基调，完整、准确、全面贯彻新发展理念，加快构建新发展格局，着力推动高质量发展，全面做好稳就业工作，积极稳妥推进社会保障制度改革，加强人才人事工作，完善工资收入分配制度，构建和谐劳动关系，驰而不息推进全面从严治党，为全面建设社会主义现代化国家贡献积极力量。

第一，坚持把稳定和扩大就业作为重大政治责任，推动实现高质量充分就业。中央经济工作会议强调突出做好稳增长、稳就业、稳物价工作，我们承担的职责任务很重。要坚持把促进就业作为第一位的工作，制定实施高质量充分就业支持政策，稳存量、扩增量、提质量、兜底线，全力确保就业局势总体稳定。一是着力稳岗稳就业。强化就业优先政策，评估调整阶段性减负稳岗扩就业政策，加大对就业容量大的服务业、小微企业、个体工商户的倾斜支持，推动精准落实，公平普惠、高效直达，释放更大政策效应。二是突出三个重点群体。把促进青年特别是高校毕业生就业工作摆在更加突出的位置。今年高校毕业生规模再创新高，往届未就业毕业生数量也不少，还需要

我们继续加大工作力度。要拓宽市场化社会化就业渠道，做到就业促进、创业引领、基层成长、见习培训同向发力。要更加注重部门协作、信息衔接，尽早实施未就业毕业生服务攻坚行动。农民工就业往往容易受到形势变化的冲击，脱贫劳动力就业事关脱贫农民家庭增收。要统筹协调劳务输出与就近就业，返乡创业、劳务品牌、职业技能、劳务协作“四轮驱动”，多措并举稳住农民工就业，保障企业用工。特别是确保脱贫劳动力就业规模稳定在3 000万人以上。要精准做好困难群体就业工作，持续推进零就业家庭至少一人就业。三是扎实推进职业技能培训。这是提高劳动力市场匹配效率，提升就业质量，缓解就业结构性矛盾的关键。要健全完善终身职业技能培训制度，大规模高质量开展重点群体、重点行业培训，增强培训的针对性实效性。同时，要加强就业服务，深入实施就业服务质量提升工程，持续推进人力资源服务业发展。深入实施重点群体创业推进行动，充分释放创业带动就业的倍增效应。完善灵活就业的支持性政策，健全零工服务模式，支持和规范发展新就业形态，挖掘新的就业增长点。四是加强监测预警。根据形势变化，把握重要节点，及时跟踪掌握重点行业企业特别是中小微企业的生产经营变化情况，精准掌握重点地区、重点群体就业失业状况，扎实做好就业失业统计监测，加强分析研判，完善应对预案和政策储备。

第二，积极稳妥推进社会保障制度重大改革，构建更加完善的社会保障体系。中央经济工作会议对社会保障领域重点改革提出了明确要求。要坚持以制度改革为引领，以确保发放兜住底线，以强化监管打牢基础，扎实推进社会保障体系建设。一是扎实做好养老保险全国统筹工作。这是社会保障领域的一项重大改革任务，难度不小。去年启动实施以来，统一各地缴费政策、加强基金支出管理、调拨统筹调剂资金等工作取得积极成效。今年要继续深入推进，完善调剂机制，加大调剂力度，规范待遇项目，建立对省级政府养老保险工作考核奖惩机制。各地要从全局高度出发，增强“全国一盘棋”意识，落实政府责任。同时，要加快失业保险和工伤保险省级统筹，稳步推进个人养老金制度实施，扎实推进职业伤害保障试点，及时调整完善政策。二是确保各项社会保险待遇按时足额发放。这是社会保险工作的底线任务。要压实保发放责任，强化基金运行监测，严格收支管理，规范基金征缴，落实待遇调整机制，多措并举筹措资金，务必确保待遇调整发放各项工作落实到位。三是强化基金管理和监督。基金安全关系到亿万群众切身利益，必须时刻绷紧这根弦。要在去年开展社保基金管理提升年活动的基础上，组织开展巩固提升行动，进一步筑牢政策、经办、信息、监督“四位一体”风险防控体系，构建人防、制防、技防、群防“四防”协同的风险防控机制。健全社会保险基金保值增值和安全监管制度体系，出台实施社会保险经办条例，研究制定社会保险基金监督条例，全面部署应用基金监管系统，提升基金监管效能。

第三，围绕强化现代化建设人才支撑，立足职能职责激发人才创新创造活力。要细化实化中央任务要求，更好发挥职能作用，推动人社领域人才工作取得新的成效。一是深入落实加强新时代高技能人才队伍建设的意见。技能人才对推动经济高质量发展具有重要作用，也是民生改善的重要基础。中央印发的加强新时代高技能人才队伍建设的意见，明确了技能人才特别是高技能人才发展一揽子政策措施，既有实践经验的总结，更提出了新的要求。要在深入推进已有政策措施落地的基础上，逐项细化分解任务，制定时间表、路线图。要与推进技工教育发展、实施有关技能工程、建设培训基地、组织评选表彰和开展职业技能竞赛有机结合起来，完善政策体系和工作机制。各地也要积极探索，开辟新路。特别是要持续推进“技能中国行动”，加强部省共建技能省市，不断取得实效。二是优化落实博士后制度政策。这是培养青年科技人才的重要载体。要实施博士后重大专项，加强博士后工作站、流动站建设管理服务，加大博士后创新人才支持力度，扩大博士后规模，聚力造就一大批高层次、创新型青年人才。同时，持续深化职称和职业资格制度改革，优化实施政府特殊津贴制度，在县以下基层推行职称评审“双定向”政策。稳妥推进县以下事业单位管理岗位职员等级晋升工作，扎实做好国家表彰奖励等相关工作。

第四，完善工资收入分配制度，推动形成公平合理有序的工资分配格局。收入分配是民生之源，是改善民生、实现发展成果由人民共享最重要最直接的方式。今年的工作重点，就是要继续深化企事业单位工资制度改革，进一步规范工资分配秩序。一是加强企业工资分配宏观指导和调控。以非公有制企业为重点，推行工资集体协商机制，推动企业工资分配向关键岗位和一线岗位倾斜。强化技能价值激励导向，合理提高技能人才工资待遇。及时合理调整最低工资标准。健全企业薪酬调查和信息发布制度，完善工资指导线制度，强化工资信息指引服务。二是深化国有企业工资分配制度改革。持续巩固国有企业负责人薪酬制度改革成果。推进深化国有企业工资决定机制改革，优化国有企业工资内部分配管理，持续推动国有企业重大科技创新薪酬分配激励政策落实落地，加强国有企业工资内外收入监督管理。三是改革完善事业单位工资制度。优化落实高层次人才工资分配激励政策。积极稳妥开展高等学校、科研院所薪酬改革试点，深化公立医院薪酬制度改革，保障义务教育教师工资待遇。

第五，持续推进劳动关系治理提质增效，促进劳动关系和谐稳定。要统筹维护劳动者权益和企业发展，健全工作机制，积极维护劳动关系和谐稳定。一是持续提升劳动关系治理效能。进一步完善劳动关系三方协调机制，继续推进劳动关系和谐同行能力提升。加强对基层涉疫情劳动关系处理、新就业形态劳动者权益保障的指导，指导企业规范用工和妥善处理劳动关系，从源头上减少矛盾纠纷。二是加大争议调解仲裁力度。健全劳动人事争议多元处理机制，多措并举强化纠纷调处，加大协商调解和仲裁办案指导力度，加强调解仲裁机构建设，加快推进“互联网+调解仲裁”工作。三是强化监察执法。完善行政执法程序，规范监察执法，加强能力建设，推进智慧监察。加强平等就业、工资报酬、休息休假等重点领域专项治理，持续加大执法力度。四是持续抓好根治欠薪。坚持标本兼治，突出工程建设领域农民工工资支付保障制度落实，推进监控预警平台部省对接。加强劳动用工领域信用惩戒和恶意欠薪行刑衔接。组织实施工作考核，强化结果运用。五是加强劳动关系运行情况监测。紧盯重点领域、行业、企业和群体，适时强化排查摸底，及时分析研判形势，把握重要个案，完善重大情况报告制度，健全劳动关系协调服务、争议处理、监察执法联动机制和各方面协同处置机制。

第六，持续加强系统行风建设，打造群众满意的人社服务。人社工作直接面对群众、服务群众，行风建设至关重要。近年来，各级人社部门针对群众办事的堵点痛点难点，持之以恒抓行风，取得了很好效果。但要清醒认识到，行风问题具有复杂性顽固性，稍有松懈就会反弹，要凝聚起抓行风的共识，年年抓、持续抓，长期坚持下去。一是强化服务意识和服务能力。要深入开展厅局长走流程、青年干部调研暗访，及时发现整改问题，增进群众感情，提升服务能力。完善窗口服务、内部管理等制度，加强经办服务队伍教育管理监督。强化基层一线工作人员业务培训，常态化开展服务窗口全员练兵比武，选树先进典型，增强服务意识。二是优化服务模式。适应办事群众和企业新需求，推进多领域、多层次数据共享应用，完善信息系统和平台，扩大社保卡居民服务“一卡通”应用范围，让网上办、掌上办等不见面服务成为主渠道。深入推进服务事项集成办理、就地办理等，拓展便民服务圈，强化老年人、残疾人等特殊群体的针对性服务。

春节前后、岁末年初，往往是人社工作的重要节点。当前，要重点抓好以下工作。一是确保各项社会保险待遇按时足额发放。要加强指导和帮助，层层压实责任，多方筹措资金，确保养老金、失业保险金等各项社会保险待遇按时足额发放，及时发放失业补助金。二是做好农民工相关工作。要加强统筹协调，提前全面组织摸排，了解农民工特别是脱贫人口节后返岗、外出务工动向，掌握就业困难人员求职意向，精准对接，推动有序返岗、稳定就业，保障用工需求。对于留在务工地过年的农民工，结合实际开展多种形式的送温暖活动。同时，要持续加大治理欠薪力度，确保农民工劳有所得、过个舒心年。三是妥善处理劳动关系领域矛盾纠纷。密切关注重点行业企业规模裁员风险，加强矛盾排查和化解处置工作，注重统筹平衡，防范出现群体性事件和极端事件。四是加强对医务人员以及疫情防控相关人员的关心关爱。结合职能职责，落实完善激励保障政策。同时，春节过后是举办各类求职招聘会的高峰期，要稳妥做好会议活动的组织，强化个人防护和健康管理，确保线下招聘活动安全有序。

四、一刻不停推进全面从严治党，保障党中央决策部署落到实处

始终不忘初心、牢记使命，始终统一思想、统一意志、统一行动，始终保持干事创业精神状态，始终能够及时发现和解决自身存在的问题，始终保持风清气正的政治生态，是实现新时代新征程党的使命任务必须迈过的一道坎，是全面从严治党适应新形势新要求必须啃下的硬骨头。贯彻落实党中央决策部署，推进人社事业高质量发展，必须以党的政治建设为统领，以推进巡视整改落实为契机，全面提升人社部门党建质量和工作水平。

第一，加强政治机关建设。民心是最大的政治，民生连着民心。人社工作事关民心向背，事关党执政的群众基础。要切实肩负起政治责任，不断提高政治判断力、政治领悟力、政治执行力，紧密结合实际，打通贯彻执行中的堵点淤点难点，把做到“两个维护”体现在履职尽责、做好本职工作的实效上。要加强政治机关意识教育，谋划推动任何工作首先要从政治上看，注重政治效果，考虑政治影响。要及时向党中央请示报告工作中的重大决策、重大事项、重要情况。各地也要按要求向地方党委、政府报告工作，加强领导、争取支持。

第二，坚持系统观念。这是重要的思想方法和工作方法。人社工作关联性和耦合性非常强。要立足当下、着眼长远，整体推进、突出重点，强化各业务板块各工作领域的协调联动，加强与有关部门、有关方面的协同配合，系统性谋划推动工作，提升综合效能。要坚持国家层面制度的统一性和规范性，坚决反对本位主义，不能自行其是、搞变通。各地要结合实际，加强工作探索，形成可复制推广的经验做法。要兼顾各方面的利益关切，纵向上瞻前顾后，横向上兼顾左右，注意政策衔接配套，把握好推进工作的时机。

第三，弘扬优良作风。干部作风直接关系党和政府在群众中的形象。我们要深刻领悟“三个务必”的内涵和要求，以更加扎实的工作作风走好新时代的赶考路。要坚持求真务实、真抓实干，出实招、办实事、求实效，主要负责同志要亲自抓、抓具体、抓深入。要不折不扣落实中央八项规定精神，坚决整治群众身边的腐败和不正之风。特别是要把纠治形式主义、官僚主义摆在更加突出位置，坚决反对“雷声大、雨点小”“雨过地皮湿”的表面文章，避免搞“花拳绣腿”“摆花架子”那一套。要大兴调查研究之风，体察实情、解剖麻雀，善于发现问题、分析原因、找准症结，提出符合客观实际的政策措施。

第四，增强履职能力。新形势下改革发展稳定任务，对增强干部履职能力提出了更高要求。要切实增强责任感，坚持一岗双责，健全工作落实机制，加强跟踪评估和问责问效，坚持精益求精、严谨细致的工作态度，真正做到守土有责、守土尽责。要加强干部教育培训和实践锻炼，加快知识更新，尽快补上能力短板、方法短板，提升专业素养。要积极营造有利于干事创业的良好环境，敢于为担当者担当、为干事者撑腰，善于发现、培养、使用敢担当善作为的干部。要增强防范化解风险的本领。牢固树立底线思维，认真梳理规模性失业、群体性劳动关系纠纷、社保基金收支平衡、资金监管、信息数据安全、人事考试安全等方面风险隐患，做到见微知著、未雨绸缪，牢牢掌握工作主动权。

第五，保持清正廉洁。纪律是管党治党的“戒尺”，必须把严的基调、严的措施、严的氛围长期坚持下去。要以零容忍态度反腐惩恶，用好监督执纪“四种形态”，坚持“一案双查”，严格监督执纪问责。要加强对“一把手”和领导班子监督，坚持严管和厚爱结合、激励和约束并重，严格加强干部日常管理。要强化警示教育，加强典型案例剖析，坚持用身边事教育身边人，做到抓早抓小“治未病”。要加强重点领域和关键岗位监督，特别是要加强行政审批、就业培训资金管理、社保基金监管等领域的廉政风险防控。要在已有工作基础上，不断健全防治腐败滋生蔓延的体制机制。要涵养风清气正的政治生态，各级领导干部要带头廉洁自律，自醒自觉、持之以恒，推动形成清清爽爽的同志关系、规规矩矩的上下级关系、亲清统一的新型政商关系。

理念重塑　数字赋能
加快构建高质量充分就业工作体系

——在人社系统稳就业工作现场推进会上的讲话

王晓萍

（2023年4月25日）

这次会议的主要任务是，以习近平新时代中国特色社会主义思想为指导，深入贯彻党的二十大精神，落实中央经济工作会议和全国“两会”工作部署，交流经验，分析形势，加快构建以数字赋能为支撑的就业工作体系，全力抓好当前和今后一个时期的就业工作。下面，我讲三点意见。

一、深入学习习近平新时代中国特色社会主义思想，深刻领会促进高质量充分就业的重大意义，切实增强责任感、紧迫感、使命感

就业是最基本的民生。党中央高度重视，习近平总书记在许多重要场合、重要会议上，反复强调要做好就业工作，作出了一系列重要指示批示。习近平总书记指出，中国式现代化是人口规模巨大的现代化，是全体人民共同富裕的现代化，要着力解决好就业等民生问题，让现代化成果更多更公平惠及全体人民。习近平总书记强调，就业是民生之本，是最大的民生工程、民心工程、根基工程。我们的人民热爱生活，期盼有更稳定的工作、更满意的收入、更可靠的社会保障。习近平总书记要求，要在推动高质量发展中强化就业优先导向，提高经济增长的就业带动力，支持发展吸纳就业能力强的产业和企业。落实落细就业优先政策，促进青年特别是高校毕业生等重点群体就业，加大就业困难群体帮扶力度。习近平总书记的重要论述，深刻阐释了做好就业工作的重要意义和重点任务，充分彰显了人民至上的价值追求、深邃的战略眼光、强烈的忧患意识和责任担当，深化了我们对就业工作使命任务的认识，为新征程上做好就业工作提供了根本遵循、指明了前进方向。

习近平总书记在党的二十大报告中专段部署就业工作，在党的十八大、十九大就业目标的基础上，明确提出“促进高质量充分就业”。这是就业战略目标的历史性升级，是中国式现代化宏伟蓝图下的就业路径，是回应时代之问、顺应民生之盼、夯实发展之基的重大理论创新。我们必须坚持不懈用习近平新时代中国特色社会主义思想凝心铸魂，深刻领会促进高质量充分就业的重大意义，切实把思想和行动统一到中央的决策部署上来，把真理力量转化为推动就业事业发展的强大动力。

（一）深刻认识促进高质量充分就业面临的新机遇新挑战，进一步找准新发展阶段对就业工作提出的新定位。当前，我国发展进入战略机遇和风险挑战并存、不确定难预料因素增多的时期，就业工作也面临新机遇新挑战。进入高质量发展阶段，经济长期向好为就业稳定创造了良好条件，经济结构优化为就业增长注入了不竭动力。同时，就业总量压力不减、结构性矛盾更加凸显，人民群众对社会保障、劳动权益、就业公平的期盼更加强烈。这要求我们必须立足国情、准确识变、回应期盼，以充分就业为基础，以高质量就业为方向，努力解决好新形势下的就业问题。

（二）深刻认识促进高质量充分就业是增加居民收入、增进民生福祉的关键途径，进一步明确推进共同富裕对就业工作提出的新任务。就业是民生之本、财富之源，是亿万劳动者赖以生存、融入社会、实现人生价值的重要手段，是推进共同富裕的重要基础。我国就业人口近8亿，居民人均可支配收入的56%、脱贫人口家庭收入的67.7%，都是靠劳动就业创造的。这要求我们必须坚持以人民为中心的发展思想，以高质量充分就业促进居民增收、共享发展成果，让广大人民群众获得感、幸福感、安全感更加充实、更有保障、更可持续。

（三）深刻认识促进高质量充分就业是提升人力资本、提高劳动生产率的重要手段，进一步扛起推动高质量发展对就业工作提出的新使命。就业作为重要载体，将劳动力要素与其他生产要素结合，是生产力发展的基本保证。进入高质量发展阶段，劳动力要素的规模驱动力将进一步减弱，经济增长动能将更多依靠提升人力资本质量作支撑。这就迫切需要将人口红利转化为人才红利，以更强有力的人力资本引领经济发展质量变革、效率变革、动力变革。这要求我们必须把充分开发、合理利用人力资源作为重要着力点，强化技能培训、促进人岗匹配、畅通发展渠道，不断激发奋斗激情、创新活力、创造能力，以高质量充分就业厚植高质量发展的潜力和动能。

（四）深刻认识促进高质量充分就业是人民群众安其岗位、乐其职业的基本保障，进一步把握统筹发展和安全对就业工作提出的新要求。高质量充分就业是社会和谐稳定的前提。一个社会就业比较充分，广大劳动者在社会物质生产和其他社会活动中充分融入社会，就会倍加珍惜社会和谐安定，并努力维护社会稳定。反之，一部分人就业权益受到侵害，就可能影响社会稳定。这要求我们必须努力创造更多就业岗位，提高就业质量，改善就业环境，让人人都有通过勤奋劳动实现自身发展的机会，以高质量充分就业促心定、家宁、国安。

二、注重理念重塑、系统重构、数字赋能，加快构建高质量充分就业工作体系

促进高质量充分就业是新时代新征程上的新使命新担当，我们要准确把握实质内涵，聚焦就业机会更加充分、就业结构更加合理、就业环境更加公平、就业能力持续增强、就业保障稳步提升等关键领域，凝心聚力、务实推进。长期以来，我们形成了中国特色的积极就业政策体系，建立了就业优先促进机制，为就业事业健康发展奠定了坚实基础。与此同时，适应新形势、对标新要求，就业工作仍存在一些短板弱项，就业优先理念需要进一步深化，就业工作格局需要拓展，就业支撑手段需要优化升级，就业权益保障需要强化。下一步总的考虑是，坚持以习近平新时代中国特色社会主义思想为指导，以强化就业优先为导向，以促进供需匹配为关键，以夯实基层服务为基础，以推进数据赋能为支撑，以加强风险防控为底线，构建部门协同、上下联动、服务精准、管理科学的高质量充分就业工作体系，不断推动就业质的有效提升和量的合理增长，保持就业局势总体稳定，为中国式现代化行稳致远贡献人社力量。

（一）强化优先导向，健全一体化推进机制，构建高质量充分就业的理念引领。就业工作是一项系统工程，需要齐抓共管、协同推进、群策群力。我们要系统谋划、积极作为，在各领域树牢就业优先理念。要坚持目标优先。推动党委政府将高质量充分就业作为地区发展的优先目标、民生实事的头号工程。更好发挥考核“指挥棒”作用，将就业工作成效纳入高质量发展评价体系，健全高质量充分就业考核机制。要坚持政策优先。加大政策供给和资金支持，引导重大项目推进、重大产业布局扩大就业容量，健全重大政策项目高质量充分就业影响评估机制。要坚持保障优先。强化责任落实，建立党委政府领导、部门横向协同、系统纵向贯通、社会广泛参与的组织体系，提升组织实施力，健全高质量充分就业一体化工作推进机制。

（二）强化需求引导，健全就业产业协同联动体系，构建高质量充分就业的动力引擎。解决就业问题根本靠发展，但不同的经济发展方式和结构会带来不同的就业结果。我们要把扶持政策的落脚点和岗位开发的着力点结合起来，建立需求牵引供给的有效机制。要聚焦关键点，把经济高质量发展的过程变成就业扩量提质的过程。通过数据收集、岗位调查等方式，确定一批就业容量大的行业企业和重大项目，构建岗位收集、技能培训、用工服务、政策兑现联动机制，切实加大支持力度，激励创造更多高质量充分就业机会。要找准结合点，把经济结构调整的过程变成对就业拉动能力不断提高的过程。加大产业、贸易、区域政策与就业政策的协同联动，大力开发新职业，强化针对性培训和服务，在动能转换中挖掘更多数字就业、绿色就业机会，在区域协调发展中支持产业有序转移，把更多就业机会留在国内。同步注重防范失业，加强技能培训、就业服务和权益维护，稳妥做好职工转岗转业帮扶。要挖掘增长点，把全面推进乡村振兴的过程变成统筹城乡就业的过程。紧密结合乡村振兴战略实施、农业强国建设，在县域经济发展、乡村建设行动、提升乡村社会治理水平和生态治理水平中，强化人才支持，培育壮大特色劳务品牌，激发劳动者创业活力，稳住脱贫人口务工规模，统筹推进城乡就业工作。

（三）强化供给优化，健全终身职业技能培训制度，构建高质量充分就业的要素支撑。加强职业技能培训，培养壮大产业发展需要的技能人才队伍，是缓解就业结构性矛盾的根本之策。我们要坚持服务发展和服务就业导向，加快健全终身职业技能培训制度，全面提升劳动者技能水平。要构建技能培训“供应链”。瞄准重大战略工程、重大前沿产业，围绕实体经济特别是制造业转型升级，深化产教融合、校企合作，开展订单式培养、套餐式培训，健全多层次培训体系。要打造培训资源“综合体”。统筹用好各类资金和项目，高质量建设一批公共实训基地和高技能人才培训基地，扶持一批大师工作室，发展一批现代技工院校，构建多元化培训体系。对重点技工院校、重点培训机构，要通过会议带、工作带、活动带等方式，抓牢做实做强基础建设，切实形成合力。特别是技工院校要立足类型教育的定位，以培训实用技能为方向，更好服务企业和社会发展需要。要搭建技能人才成长“立交桥”。推动学历证书与技能证书互认、技师学院与高等职业院校学分课程互认、高技能人才和专业技术人才贯通发展，加大“新八级工”制度落实，加快培养一批懂设计、懂工艺、懂制造、懂编程的集成人才。不少技工院校学生素质很高，也很有自信、有担当，要继续鼓励自立自强，强化典型引路，引导全社会转变职业观，营造形成技能成才、技能报国的浓厚氛围。

（四）强化数字赋能，健全就业信息治理平台，构建高质量充分就业的管理中枢。信息化是提升就业管理服务水平的重要支撑。我们要牢牢抓住信息化发展契机，加快就业工作一体化协同、数字化转型，支撑形成就业和产业、市场联动的工作格局。要树立数字化治理理念。把数据思维贯穿就业创业全过程、全领域，将数字技术与业务创新深度融合，以数据为抓手，全面掌握服务对象底数，提升精准服务、智慧监管和科学决策的数字化治理能力。要搭建一体化信息平台。重塑人社业务经办关系和规程，对内建立以就业为重点，社会保险、劳动用工、人事人才协同支撑的一体化信息平台；对外与民生服务、经济产业等部门数据打通，探索与相关市场主体数据融合，实现共建共享。要推进智慧化创新实践。以数字治理驱动就业工作理念创新、模式创新、手段创新，积极利用大数据、人工智能等手段，推进“人找政策”“人找服务”转变为“政策找人”“服务找人”，推进分析研判“台账化”“静态化”转变为“数据化”“动态化”。今年年底前，各地要建成全省统一的“一库一平台”，即全省集中的就业信息资源库和全省集中的就业信息平台，实现全流程进系统、全业务实名制、全服务用数据，支持精准化就业管理和便捷化就业服务。明年上半年，要建立全国集中的就业信息资源库和全国就业公共服务平台，归集各省就业数据，支持跨省就业服务和就业政策申领，支持形势研判，为宏观决策提供坚实保障。各地要将就业信息平台建设作为“一把手”工程来抓，高度重视、加强调度，适时开展培训、观摩、研讨等工作交流，人社系统就业和信息部门要建立协同工作机制，切实解决堵点难点和瓶颈问题。

（五）强化基层治理，健全全方位就业公共服务体系，构建高质量充分就业的基础保障。优质高效的就业服务，是促进供需匹配的关键。我们要加快健全全方位就业公共服务体系，兜牢重点群体就业。重点是夯实基层基础，构建多元化现代化专业化基层就业服务体系，增强就业公共服务的均衡性可及性。要构建党建引领新格局。就业工作需要党建引领，同时就业工作也是党建工作服务民生的重要抓手。要依托城乡基层党组织，将基层就业服务融入党建引领基层治理范畴。要突出工作重点，区分基层特点，明确基层促进就业职能职责，对就业任务繁重、百姓需求急迫的社区加大力量配备和资源倾斜。要优化便民高效新布局。实施就业服务网格化管理，将服务触角延伸至基层网格，织密基层服务“一张网”，加强 APP 开发应用，推进岗位收集、重点群体帮扶、失业人员管理服务“事事能在网格办”。合理布局服务资源，推行 15 分钟就业服务圈，建设一批“家门口”就业服务站。要打造多方参与新机制。坚持有为政府与有效市场的深度融合，统筹建设零工市场、人力资源市场，鼓励人力资源服务机构创新服务产品，通过政府购买服务加大社会组织培育，调动各方力量参与就业公共服务，巩固提升就业服务水平。

（六）强化统筹推进，完善劳动者权益保障制度，构建高质量充分就业的有力支撑。保障劳动者合法权益，是提升就业质量、增强劳动者安全感的重要举措。我们要坚持正向推动、执法纠治、风险防范统筹推进，努力营造统一高效、规范有序的就业环境。要提升劳动关系治理能力。健全劳动法律法规体系，构建规范有序、公正合理、互利共赢、和谐稳定的中国特色和谐劳动关系，健全工资决定、合理增长和支付保障机制。要维护良好市场秩序。加大监察执法力度，持续开展人力资源市场秩序清理整顿，严肃查处拖欠工资、就业歧视等侵权问题，严厉打击黑中介、虚假招聘等违法违规行为，切实保障劳动者合法就业权益。要健全风险防范机制。强化统计调查和大数据应用，完善风险应对处置预案，建立健全形势监测、趋势研判、风险预警、即时响应的风控体系，把风险化解在萌芽状态，坚决防范化解规模性失业风险。

三、兜牢底线，稳住大局，全力完成全年就业目标任务

今年是全面贯彻党的二十大精神的开局之年，做好就业工作意义重大。中央经济工作会议和全国“两会”对全年就业工作提出明确要求。当务之急是要抓好贯彻落实，以就业任务完成为目标，以强化就业优先政策为抓手，准确把握形势变化，稳存量、扩增量、提质量、兜底线，全力确保就业局势总体稳定。

今年以来，疫情防控平稳转段，经济企稳向好，但外部环境更趋复杂严峻，市场需求仍然不足，就业整体好于去年同期、弱于疫情前常年水平。同时也要看到，就业形势稳中有压，摩擦性失业、结构性矛盾、周期性影响交织叠加，促进就业任务艰巨繁重。近期，国务

院常务会议专题研究了就业工作，要求进一步强化政策引导，确保就业大局稳定。各地要充分认识当前就业工作面临的复杂严峻形势，聚焦重点难点问题，推出更多惠民生、暖民心、顺民意举措，全力以赴完成全年目标任务。一是在加快落实优化调整稳就业政策上再下功夫。要加快政策配套，加大政策宣传，加速释放政策红利。尤其要在扩容增量政策上出实招，切实加大就业容量大的行业企业扩岗支持力度。二是在突出做好高校毕业生等重点群体就业上再下功夫。在毕业生就业方面，要抓紧实施高校毕业生等青年就业创业推进计划，着力拓宽就业渠道，做实做细就业服务，强化困难兜底帮扶，加强就业观念引导，确保高校毕业生就业水平稳定。在脱贫人口就业方面，实施好防止返贫就业攻坚行动，加大培训、服务、维权力度，提高劳务输出组织化程度，提高就地就近就业质量，努力稳住务工规模和收入水平。三是在更好发挥就业服务作用上再下功夫。要以“春风行动”为样板，火热搞好后续的“10+N”公共就业服务活动，加快就业信息化建设步伐，加强零工市场标准化规范化建设，推动服务下沉、效率提升。四是在全面提升职业培训质量上再下功夫。要继续大规模开展职业技能培训，加快技工学校、技师学院转型升级，发挥各类培训主体的聚合效应，着力破解结构性就业矛盾。五是在全力防范就业领域风险上再下功夫。要强化就业形势分析研判，加强舆情监测和正面引导，加大欠薪治理力度，妥善处理劳动关系领域矛盾纠纷，快处快调突发事件，全力确保就业局势稳定。

重任在肩，使命如磐。各地要按照主题教育总体部署，牢牢把握“学思想、强党性、重实践、建新功”的总要求，紧紧锚定目标任务，“敢”字当头，“干”在实处，当好执行者、行动派、实干家，切实把主题教育成效转化为推动就业事业高质量发展成果。要强化责任抓协同。各级人社部门要把就业摆在当前工作的重中之重，主要负责同志回去之后要亲自研究、靠前指挥，分管负责同志分兵把守，各业务板块要围绕就业工作凝聚合力，一个声音、一个步调推进落实。要转变观念求突破。切实解放思想，摆脱路径依赖，跳出就人社谈人社、就就业抓就业的传统思维，善于观大局、察大势，自觉把就业工作放在经济社会发展全局中去定位、去谋划、去推进，善于用改革的思维、改革的办法，不断破解发展中遇到的新矛盾新问题。要奋发有为勇担当。要对标就业新目标新要求，敢想敢试敢创新，敢闯敢干敢担当，始终保持奋发有为的精神状态和只争朝夕的奋斗姿态，奋力推进就业事业大发展，切实托起劳动者“稳稳的幸福”。要调查研究解难题。大兴调查研究之风，围绕促进高质量充分就业的堵点难点和当前稳就业工作的痛点风险点，深入基层一线、深入困难地区，扎进群众意见集中的领域，解剖麻雀，体察实情，硬碰硬破解难题，实打实推进工作。要管好资金筑防线。严肃资金监管，扎实开展失业保险基金管理问题专项整治，加强就业补助资金、技能专账资金管理防控，切实防止资金“跑冒滴漏”。要宣传引导提信心。要把政策讲明白、把方向讲透彻、把流程讲清楚，切实增强就业政策宣传的时效性和覆盖面。同时要树立正确舆论导向，讲好就业故事，主动回应社会关切，积极引导预期，营造良好社会氛围。

做好就业工作责任重大、任务艰巨、使命光荣。让我们紧密团结在以习近平同志为核心的党中央周围，以更加昂扬的精神状态、更加务实的工作作风，踔厉奋发、笃行不怠，全力迈向高质量充分就业的新征程，在波澜壮阔的时代画卷中续写新的就业篇章，为推进中国式现代化、全面建设社会主义现代化国家作出新的贡献！

在 2023 年年中务虚会暨人社系统全面从严治党深化行风建设工作会上的讲话

王晓萍

（2023 年 7 月 27 日）

这次会议的主要任务是，以习近平新时代中国特色社会主义思想为指导，深入学习贯彻党的二十大精神，学习贯彻习近平总书记关于人口高质量发展重要论述、全面从严治党重要论述和人社工作重要指示批示精神，落实主题教育有关要求，总结上半年工作，分析当前形势，研究部署下半年重点工作。下面，我讲三个问题。

第一个问题：深入学习领会习近平总书记重要讲话精神，切实把加强人力资源开发利用作为人社工作的主题主线

习近平总书记在二十届中央财经委员会第一次会议上发表重要讲话，着眼强国建设、民族复兴战略全局，深入分析我国现代化建设面临的人口形势，首次提出人口高质量发展的新概念、新要求，首次提出人口发展新常态的重大论断，明确做好新时代人口工作的基本思路和重大原则，提出了着力提高人口整体素质、加快塑造现代化人力资源，以人口高质量发展支撑中国式现代化的重点任务。习近平总书记的重要讲话为做好当前和今后一个时期的工作指明了前进方向、提供了根本遵循。我们要深入学习领会，紧密结合实际，把加强人力资源开发利用作为全面推进人社事业发展的重大时代课题和紧迫现实任务，认真抓好贯彻落实。

一、深刻认识和把握加强人力资源开发利用的重大意义，增强做好工作的责任感使命感紧迫感

习近平总书记强调，人口问题始终是我国面临的全局性、长期性、战略性问题。现代化的本质是人的现代化。人口发展是关系中华民族伟大复兴的大事。这些重要论述，充分表明人口是国家竞争力的核心，人口高质量发展是人口规模巨大、全体人民共同富裕的现代化的重要目标和途径支撑，充分体现了人口发展在国家发展全局中的极端重要性。我们要深刻认识人口高质量发展事关中国式现代化的目标和成色，深刻认识加强人力资源开发利用具有十分重要的地位和作用，切实增强促进人力资源开发利用的高度自觉。

第一，加强人力资源开发利用，是人口高质量发展的必然要求。人口高质量发展，最基本的在于人口整体素质的提高。人力资源是可持续开发利用的资源，是最需培育、最具潜力、最可依靠的优势。厚植人力资源综合竞争力，是推动人口高质量发展的内核要义。加强人力资源开发利用，对于人们参与经济社会发展和改善自身生存发展条件，具有十分重要的基础性作用。这就要求我们以造就越来越多的高素质人力资源为着力点，激发各类人力资源

的创新创业创造活力，牢牢夯实人口高质量发展的基础，促进人力资源素质提升与人口高质量发展相协调相统一。

第二，加强人力资源开发利用，是经济高质量发展的迫切需要。高质量发展是全面建设社会主义现代化国家的首要任务。加快建设以实体经济为支撑的现代化产业体系，关系在未来发展和国际竞争中赢得战略主动，是构建新发展格局、推动高质量发展的必然要求。高素质人力资源是建设现代化产业体系的关键因素，是构建新发展格局的重要依托，有利于推动创新链产业链资金链人才链深度融合。这就要求我们深化人力资源供给侧结构性改革，提升人力资本，提高全要素生产率，发挥人力资源优势，挖掘人力资源潜力，创造数以亿计的高质量就业岗位，夯实经济高质量发展的动力基础。

第三，加强人力资源开发利用，是创造高品质生活的重要基础。人既是社会生产的手段，更是社会生产的目的。加强人力资源开发利用，有利于提高劳动者就业创业能力，增强通过劳动创造幸福生活的本领，实现稳定就业、增加劳动收入，更好实现自我发展、体现自身价值；有利于化解就业结构性矛盾，普遍提高劳动者素质，提升劳动力市场匹配效率；有利于通过掌握技能、畅通社会性流动通道，激发内生动力，阻断贫困代际传递。这就要求我们把开发利用人力资源、推动人口高质量发展同人民高品质生活紧密结合起来，优先投资人力资源，提高全社会人力资本和劳动者素质水平，不断增进民生福祉。

二、认识适应引领人口发展新常态，正确把握人力资源开发利用的若干重大关系

习近平总书记强调，随着经济社会发展和人口年龄结构变化，我国总体上已由人口增量发展转向减量发展阶段，人口发展呈现少子化、老龄化、区域人口增减分化等明显的趋势性特征，必须全面认识、正确看待我国人口发展新形势。完善新时代人口发展战略，认识、适应、引领人口发展新常态。这些重要论述，深入分析研判我国人口发展的新形势，深刻阐述人口发展新常态的主要表现，充分体现了辩证法的基本观点。我们要深刻认识人口发展新常态是经济社会发展规律的客观反映，不以人的意志为转移，深刻认识人口规模巨大和劳动力资源丰富的基本特征，正确看待人口变化对经济社会发展的影响，全面分析劳动力减少带来的综合效应，围绕人力资源开发利用，在工作思路上、政策措施上、方式方法上深入研究，积极主动作为。

第一，把握好数量和质量的关系。从数量看，我国劳动年龄人口从2012年开始下降，总人口在2022年出现减少趋势。从质量看，我国人力资源素质不断提高，新增劳动力平均受教育年限达到14年，专业技术人才总量近8 000万人，技能劳动者超过2亿人，其中高技能人才6 000万人。

数量和质量辩证统一。一定数量的人口是社会生产的必要先决条件，而人口的质量则是关乎一个国家经济发展方式及其发展潜能的决定性因素。在人口减少体量有限的大背景下，要更加注重提高人口素质、完善相关政策措施，继续保持和提高人口综合红利优势。我们既要注重数量的稳定，推动实现充分就业、广泛的社会保障覆盖，保持人口红利；更要注重质量的提高，推动高质量就业，促进社会体面劳动，稳步提高社会保障水平，创造更为充足的人力资本红利。

第二，把握好总量和结构的关系。从总量看，我国人口虽然出现负增长，但劳动力仍比较充裕。从结构看，我国劳动力大龄化明显，老龄化趋势增强。总量和结构相互联系，总量是结构的统合，结构是总量的表征。我们既要积极化解就业总量压力，整体提升人力资源水平，又要积极应对人口和劳动力结构变化，保持发展的动力和活力；既要充分发挥大龄劳动力经验技术积累增厚的优势，挖掘养老服务、银发经济等巨大市场需求，又要采取措施保持社保基金长期收支平衡；既要充分激励中青年

劳动力干事创业，又要稳定和提高重点群体劳动参与率，推动更多劳动者参与发展、共享发展成果。

第三，把握好供给和需求的关系。从供给看，我国人才总量依然不足，特别是技能劳动者仅占从业人员总数的27%，高技能人才求人倍率长期在2以上，不能满足制造强国建设的需要。我国大专以上文化程度人口2亿多，但不少普本高职、文科专业毕业生与市场结构错位。农民工初中文化程度仍然是大头，小学仍占13.7%。从需求看，随着产业转型升级和技术迭代升级，数字经济和实体经济深度融合，劳动力市场不断重组，社会分工深度细化，对劳动者技术技能水平提出新的更高要求。

供给和需求相互依存、互为条件。加强人力资源开发利用，是增加全社会劳动力有效供给的重要途径。我们要统筹供给和需求，围绕推动高质量发展，构建以实体经济为支撑的现代化产业体系，贴紧社会、产业、企业、个人发展需要，坚持市场需求导向，以提升劳动者技能水平、能力素质为核心，加快培养大批高素质劳动者和技术技能人才，从根本上解决人力资源供需错位的问题。

第四，把握好流动和分布的关系。从流动看，我国人口和劳动力在城乡、区域间流动日趋活跃，从农村向城市集聚，从中西部向东部流动，区域人口增减分化明显。2020年我国流动人口3.76亿人，比2010年增长近70%。2022年常住人口城镇化率65.2%，较2010年提高15.5个百分点。多种就业形式加快发展，灵活就业人员超过2亿人。从分布看，广东、浙江、江苏人口增加规模均在600万人以上。农民工跨省和省内流动趋于均衡，外出农民工省内流动占比58.9%，其中在县域就业超过一半。

流动意味着发展的效率和市场的生机，分布则意味着发展的协调和市场的均衡，二者体现的是活力与秩序的关系。我们既要从加快建设全国统一的劳动力大市场出发，破除妨碍劳动力、人才流动的体制和政策弊端，推动产业随功能走、劳动力随产业走、公共服务随人走，促进城乡、区域间人力资源畅通有序流动；又要适应制造业配置格局和空间布局，统筹平衡外出务工和本地就业，推进基本公共服务均等化，形成人力资源的合理分布。

三、积极塑造现代化人力资源，为推进中国式现代化提供坚实基础和持久动力

习近平总书记强调，必须着力提高人口整体素质，努力保持适度生育水平和人口规模，加快塑造素质优良、总量充裕、结构优化、分布合理的现代化人力资源，以人口高质量发展支撑中国式现代化。要以系统观念统筹谋划人口问题，以改革创新推动人口高质量发展，把人口高质量发展同人民高品质生活紧密结合起来，促进人的全面发展和全体人民共同富裕。要深化教育卫生事业改革创新，全面提高人口综合素质；建立健全生育支持政策体系，促进人口长期均衡发展；加强人力资源开发利用，增加全社会劳动力有效供给；实施积极应对人口老龄化国家战略，努力实现老有所养、老有所为、老有所乐；更好统筹人口与经济社会、资源环境的关系，维护人口安全。这些重要论述，深刻阐明了人口高质量发展的科学内涵和目标要求，深刻阐明了做好新时代人口工作的基本思路和重大原则，明确了以人口高质量发展支撑中国式现代化的重点任务。我们要深刻认识我国人口和人力资源变迁进程与推进中国式现代化战略安排相重叠，聚焦塑造现代化人力资源这一总体目标，围绕贯彻新发展理念，构建新发展格局，推动高质量发展，紧扣人力资源开发利用这一主题主线，全局性谋划、整体性推进各项人社工作，提升人力资源质量和利用效率，稳定劳动参与率、提升劳动生产率，推动人口大国向人力资源强国转变。

第一，把促进高质量充分就业作为人力资源开发利用的主要途径。就业是劳动者参与社会生产、实现自身生存和发展、共享经济社会发展成果的重要前提。推动实现高质量充分

就业，有利于更好提升人力资源开发和利用水平。这就要求我们加快构建部门协同、上下联动、服务精准、管理科学的高质量充分就业工作体系，着力解决劳动力市场供求信息匹配效率不高、劳动者技能与现代化产业体系建设不适应、就业工作合力凝聚不够等突出问题，健全就业促进机制，推动经济社会政策与就业政策协同联动，完善就业公共服务体系，发挥创业带动就业的倍增效应，创造挖掘更多高质量的就业岗位，让劳动者好就业、就好业，充分彰显人力资源价值。要求我们稳定劳动参与率，多措并举促进青年特别是高校毕业生就业，增加妇女劳动就业，加强大龄劳动者就业帮扶，让更多人参与经济活动，避免过早退出劳动力市场，稳定和提高人力资源利用效率。

第二，把建设知识型、技能型、创新型劳动者大军作为人力资源开发利用的内在要求。培养造就一支高素质劳动者大军，有利于改善人力资源要素质量、缓解就业结构性矛盾。这就要求我们积极构建终身职业技能培训工作体系，全面实施“技能中国行动”，紧紧围绕劳动力市场和劳动者就业的需要，创新办法措施、工作路径和工作抓手，使技能培训贯穿劳动者从学习到工作全过程，使终身职业技能培训成为人力资源开发利用的一项长期重大任务。要求我们大力推进技工教育高质量特色发展，深入研究分析，找准发展技工教育的独特优势和突出短板，深化工学一体，优化“双证书”模式，努力培养大批高技能人才和大国工匠。要求我们积极推动专业技术人才创新发展，加大博士后人才培养、引进等支持力度，聚力造就一大批高层次、创新型青年科技人才。

第三，把健全社会保障体系作为人力资源开发利用的重要支撑。社会保障体系是人民生活的安全网和社会运行的稳定器，是全体人民共享现代化发展成果的重要制度安排，有利于在全体社会成员之间分散风险，推动劳动者平等参与市场竞争，解除后顾之忧，创造美好生活，更好开发和释放人力资源红利。这就要求我们积极应对人口老龄化，着眼于稳定劳动参与率，适应群众多样化需求，稳妥有序实施延迟法定退休年龄政策，加快发展多层次、多支柱养老保险体系，提高第二、第三支柱占比，增强社会保障制度可持续性。要求我们加快社会保障法治化建设，巩固重大改革成果，强化社会保障制度统一性、规范性和约束性，增强人民群众基本生活保障的信心和预期。

第四，把完善工资收入分配制度作为人力资源开发利用的重要手段。收入分配是民生之源，健全完善工资收入分配制度是体现劳动价值、提升劳动者素质、激发劳动者创新创造活力、形成高质量人力资源的有效途径。这就要求我们坚持按劳分配为主体、多种分配方式并存的基本分配制度，健全充分体现劳动、知识、技术等要素价值的收入分配机制，推动劳动者各尽所能、各得其所。要求我们聚焦工资分配秩序不规范、行业和群体之间工资收入差距较大等突出问题，构建企业工资宏观调控体系，深化国企薪酬制度改革，完善体现事业单位不同特点的工资分配制度，增加劳动者特别是一线劳动者劳动报酬，提高劳动报酬在初次分配中的比重，以合理的工资收入水平体现人力资源价值。

第五，把健全劳动关系治理体系作为人力资源开发利用的重要保障。劳动关系是最基本的社会关系之一，直接关系劳动者利益和企业的发展，关系更有尊严的体面劳动和社会进步。这就要求我们正确把握和处理劳动力市场安全性与灵活性，健全劳动法律法规体系，完善协商协调、争议处理、行政指导、监察执法、风险防控机制，构建规范有序、公正合理、互利共赢、和谐稳定的中国特色和谐劳动关系，为改善劳动者就业条件、充分发挥人力资源效用保驾护航。要求我们维护好女职工合法权益，完善生育休假政策，落实特殊保护规定，助推提升生育意愿。要求我们保障超龄劳动者权益，更好挖掘老龄人力资源。要求我们建立完善适应灵活就业和新就业形态的劳动权益保障制度，规范平台企业用工，充分发挥就业“蓄水池”作用，不断增强劳动力市场包容性。

第六，把推进人社数字化改革作为人力资源开发利用的重要驱动。推进数字化改革，实现数字赋能，有利于促进人力资源供需有效匹配、服务更加精准、管理科学高效。这就要求我们加快推进人社数字化改革，以深化一体化、发展数字化、迈向智能化为目标方向，着力打造一体化办理、精准化服务、智能化监管、科学化决策、生态化发展等对内对外应用场景，夯实人社一体化信息平台、人社大数据平台、公共基础设施等技术能力底座，建立健全政策标准、强化安全保障等工作支柱，让数字技术更好地服务劳动力市场运行，提高人力资源开发利用效能。要求我们坚持把社会保障卡作为国家民生服务的基础性载体，全面推行居民服务“一卡通”，为群众提供更加方便快捷的公共服务。

第二个问题：攻坚克难、担当作为，扎实推进今年人社各项重点工作

今年以来，面对错综复杂的国际国内形势和艰巨繁重的改革发展稳定任务，各级人社部门认真贯彻落实习近平总书记重要指示批示精神和党中央、国务院决策部署，扎实开展学习贯彻习近平新时代中国特色社会主义思想主题教育，坚持稳中求进、开拓创新，各项重点工作进展顺利，主要指标符合预期。

按照突出做好稳增长、稳就业、稳物价工作的总体要求，坚持把稳就业作为重大政治任务，积极构建高质量充分就业工作体系，紧盯高校毕业生、脱贫人口等重点群体，抓调查研究、抓形势分析、抓政策制定、抓调度推进，就业局势保持总体稳定。上半年全国城镇新增就业 678 万人，完成全年目标任务的 57%。6 月份全国城镇调查失业率为 5.2%，低于预期控制目标。脱贫人口务工规模稳定在 3 000 万人以上。

积极稳妥推进社保重点制度改革，养老保险全国统筹扎实推进，有力确保养老金按时足额发放。城镇职工基本养老金和城乡居民养老保险待遇调整工作稳妥实施，个人养老金制度和新就业形态就业人员职业伤害保障试点持续推进，社保基金管理不断加强。人才评价激励制度改革持续深化，高层次创新型人才和技能人才队伍建设稳步推进。优化企业工资宏观指导调控，一些地区合理调整最低工资标准，研究制定高等学校、科研院所薪酬制度改革试点的意见。部署开展劳动用工“查风险、强协商、保支付、促和谐”专项行动，劳动人事争议调解仲裁持续加强，根治欠薪扎实推进，劳动关系保持总体和谐稳定。

上半年取得的成绩来之不易，根本在于以习近平同志为核心的党中央坚强领导，在于习近平新时代中国特色社会主义思想的科学指引；得益于各有关部门、有关方面的大力支持和积极配合，也凝结着全国人社系统干部职工的心血和汗水。在此，我代表部党组对全系统干部职工的辛勤付出表示衷心的感谢和崇高的敬意！

7 月 24 日，中央政治局召开会议，分析研究当前经济形势，部署下半年经济工作。会议强调，要加大民生保障力度，把稳就业提高到战略高度通盘考虑，兜牢兜实基层“三保”底线，扩大中等收入群体。我们要切实把思想和行动统一到中央对形势的研判和对工作的部署上来，紧紧围绕不断推动经济运行持续好转、内生动力持续增强、社会预期持续改善、风险隐患持续化解等“四个持续”的目标要求，以开展主题教育为契机，牢固树立正确政绩观，坚持稳中求进工作总基调，紧盯形势变化，聚焦重点难点，明责守责尽责，确保完成全年各项目标任务。

一、坚决扛牢稳就业政治责任，确保就业局势总体稳定

稳就业是全系统的首责首业。党的二十大和中央经济工作会议对就业工作作出重大部署。今年以来，习近平总书记多次作出重要指示批示，李强总理提出明确要求，国务院领导

同志多次研究指导就业工作。这次中央政治局会议强调要把稳就业提高到战略高度通盘考虑，这一重要要求充分体现了就业作为民生改善“温度计”、经济发展“晴雨表”、社会稳定“基本盘”的本质属性，充分彰显了就业工作在改革发展稳定全局中的重要战略地位。这些是做好就业工作的强大动力，抓好落实也是一份沉甸甸的重大责任。我们要进一步提高政治站位，坚持把稳就业作为保民生、稳增长的重要基础，切实把稳就业各项工作抓实抓好抓到位。

当前，经济运行面临新的困难挑战，国内需求不足，外部环境复杂严峻；疫情防控平稳转段后，经济恢复是一个波浪式发展、曲折式前进的过程。这些都会传导到就业领域，就业发展的动能不足，稳就业还需要付出艰苦努力。从主要指标看，虽运行在合理区间，但尚未恢复到疫情前水平。从市场需求看，虽市场岗位多于求职人数，但总体需求走弱，地区和行业呈现分化趋势。从重点群体看，虽总体稳定，但青年失业水平上升。我们要充分认识做好就业工作具备的有利条件和积极因素，聚焦突出问题，全力攻坚、加力冲刺，努力完成全年就业目标任务。概括地讲，今年就业工作目标就是“三个指标、两个确保”，也就是实现城镇新增就业 1 200 万人左右、城镇调查失业率 5.5% 左右、脱贫人口务工规模 3 000 万人以上三个量化指标，确保高校毕业生就业不能发生群体性事件，确保脱贫人口不能出现规模性返贫。这是中央交给我们的硬任务，必须不折不扣完成，切实抓好各项政策措施的落实落地，千方百计稳就业惠民生。

要突出抓好高校毕业生等青年就业工作。目前，高校毕业生等青年就业进展总体平稳。从走势看，随着毕业生集中离校进入劳动力市场，就业压力还将进一步增大。要深入分析研判、因势利导、综合施策，以未就业高校毕业生和登记失业青年为重点，以推进就业服务攻坚行动为抓手，统筹拓展市场化社会化就业渠道和开发政策性岗位，加强针对性的就业服务，发挥“大数据 + 铁脚板”的优势，促进毕业生多渠道就业创业。

要加快推进就业信息化建设。这是促进就业工作转型升级的重要引领、支撑和保障。在人社系统稳就业工作现场推进会上，明确提出要把强化数字赋能、推进就业信息化作为构建高质量充分就业工作体系的重要内容、提升就业服务管理水平的重要支撑。上个月，在宁夏召开的网络安全和信息化工作座谈会上，再次强调要把就业信息化作为人社信息化建设的重点，作为“一把手工程”来抓，要求尽快建成全省集中的“一库一平台”，也就是全省集中的就业信息资源库和全省集中的就业信息平台。各地要按照统一部署，集中力量加快推进，部省之间加强沟通，确保年底前完成。

要加强部门协同形成促就业的合力。就业工作是一项十分复杂的系统工程，涉及方方面面。要增强系统观念，注重调动各部门、各方面的积极性主动性，不能单打独斗。系统内部各个业务板块之间、行政部门和事业单位之间都要围绕稳就业促就业出主意、拿措施、下真功夫。同时，要主动加强和发展改革、财政、教育、金融、国资等部门的沟通协调，在岗位开发、就业资金投入、促进就业服务活动等方面积极支持参与，发挥好就业工作领导协调机制作用，形成齐抓共管、共促就业的良好局面。

要支持民营经济发展增加就业。近期，中央印发关于促进民营经济发展壮大的意见，明确提出要强化人才和用工需求保障。我们要继续加大对民营经济政策支持的力度，落实完善降低失业保险、工伤保险费率，失业保险稳岗返还等减负稳岗政策。会同有关部门研究搭建民营企业、个体工商户用工和劳动者求职信息对接平台。加强人才服务，维护好灵活就业和新就业形态劳动者权益，继续发挥好平台企业吸纳就业的作用。

二、积极稳妥推进重大改革，开拓创新推动发展

要持续深化社会保障制度改革。实施好养

老保险全国统筹。加大调剂力度，持续推进规范地方待遇项目、健全转移接续、省级政府考核、强化经办管理、建设信息系统等工作，压实地方政府保发放主体责任，确保基本养老金按时足额发放。继续研究完善省级政府企业职工基本养老保险考核细则，做好考核实施工作。推动个人养老金发展。指导先行地区平稳实施，进一步完善相关政策，做好调研评估，及时研究解决新情况新问题，为在全国推广打好基础。扎实推进新就业形态就业人员职业伤害保障试点。持续优化政策、提升服务，及时解决试点过程中的卡点、堵点问题，扎实做好试点评估工作，研究提出扩大试点的思路举措。

要持续深化人才发展体制机制改革。积极推进高等学校、科研院所薪酬制度改革试点。这是中央深改委明确的重点改革任务，要稳妥推进，严格把握试点范围，压实主管部门主体责任，加强工作指导、政策解读、舆情监测引导，确保试点工作平稳有序。把加强新时代高技能人才队伍建设的重大改革举措一项一项抓好落实，推进技能证书和学历证书双证互认工作，完善落实职业技能等级评价制度，进一步畅通技能人才发展通道。突出青年科技人才，优化落实博士后制度政策。稳妥推进县以下事业单位管理岗位职员等级晋升工作。

积极稳妥推进重大改革，要注重调查研究，发挥破改革难题、开事业新局的作用。要在加强成果转化上下功夫。上半年，部党组领题6项重点研究，包括构建高质量充分就业体系、灵活就业和新业态劳动者工资工时权益维护、服务保障高水平人才高地和人才平台建设、一体推进“不敢腐、不能腐、不想腐”、新就业形态劳动者社保权益保障、健全终身职业技能培训制度和技能人才发展的工作体系等。部属各单位和各地都进行了一系列调研，形成了一批调研报告。接下来，关键是要扎实推进成果转化，做好调研“后半篇文章”。对于今年重点改革任务的调研，要尽快形成相关文件、形成推进工作的具体措施，持续推动改革任务落实落地。对于人社领域重大问题和难点堵点问题的调研，要将调研思考和政策建议进一步实化细化，形成谋划事业发展的思路路径和推进工作、解决问题的抓手办法。要通过深入调研指导推动工作。及时掌握基层情况，按照中央精神和党委、政府要求，与地方和基层共同研究分析存在的困难问题，上下结合，指导工作落实。要鼓励基层大胆探索，善于发现和总结地方和基层的好经验好做法，及时提炼推广，示范带动面上的工作。要围绕京津冀协同发展、长江经济带发展、长三角一体化发展，雄安新区、海南自贸港、粤港澳大湾区、成渝地区双城经济圈建设等国家重大战略实施，大胆探索、先行先试，厚植全面改革实践基础。要紧扣对口援疆、援藏、援青等工作，探索更加精准有效的支持措施和工作路径。要积极推进部里和一些省份合作协议的落实，结合实际推动各项政策举措取得创新突破。

三、狠抓专项整治，持续巩固拓展提升

今年以来，全系统认真学习贯彻习近平总书记重要指示批示精神，部署开展了劳务派遣单位截滞留稳岗返还资金、失业保险待遇发放、职业技能培训和评价、保障农民工工资支付等4个专项整治行动。目前，劳务派遣单位截滞留和骗取稳岗资金问题通过多种方式已全部清理完毕，失业保险待遇发放问题已完成人员核查，并全量完成资金处置。其他两项专项整治工作也都在扎实推进。同时也要看到，专项整治的进展还不平衡，各地推进力度不一，全面完成专项整治还需要持续发力。

要强化思想认识。进一步深刻反思、高度警醒，充分认识相关问题的严重政治危害性以及维护民生资金安全的极端重要性，以零容忍态度打击欺诈骗保、恶意欠薪、骗取培训资金等违法违规行为。

要强化责任落实。四个专项整治将全年持续推进，要切实抓好制度完善、组织检查、指导督促等工作。各地要落实问题整改的主体责任，出实招管用招，做到坚决查、彻底治、强震慑、有实效，全力以赴夯实安全堤坝。前三

项专项整治主要是针对去年审计涉及相关省份的问题，同时对尚未审计的省份也提出了明确要求。还没有接受审计的省份要落实责任，抓紧自查自纠，避免重复审计提出的问题。

要强化举一反三。随着资金量的不断增长，社保基金和培训资金安全等方面的形势依然严峻复杂，如果不高度重视、严格防范、标本兼治，旧的问题还可能反复发生，新的问题也会不断出现。要全面梳理人社业务各个领域政策管理漏洞和薄弱环节，把“当下改”和“长久立”结合起来，完善制度机制，用制度管人管事管资金。

四、增强底线思维，防范化解风险

当前，国际形势复杂严峻，国内经济恢复的基础尚不稳固，这些都会不同程度地传导反映到人社领域。社保基金运行、人事考试组织、人社数据安全等方面，还面临着不少隐患。

要树牢风险意识。人社领域无小事。就业、社保、劳动权益维护等涉及人数多、涉及范围广，政治性强，社会敏感度高。要在全面梳理研判风险点的基础上，与审计、巡视、督查、舆情、反映材料以及媒体报道等多方面情况贯通起来，增强底线思维，做到见微知著、睹始知终，紧紧盯住各种可能的风险，决不能因我们的疏忽、懈怠或是工作不到位而引发影响社会稳定的事件，决不能在人社领域发生区域性系统性风险。

要高度重视个案处置。个案如果处置不及时、不妥当，很容易被炒作发酵。要在充分了解个案涉及各方利益诉求、深入分析诉求合理性与现实可行性的基础上，依法依规及时予以处置。同时，认真分析个案问题背后可能隐藏的倾向性、苗头性和普遍性问题，完善相关政策举措，坚决避免个案问题向面上延伸扩大。

要完善风险防控责任体系。落实主体责任、属地责任，加强风险预警预判，根据形势变化及时调整完善应对处置预案。持续跟踪重点地区、行业、群体就业失业、劳动关系变化，对于重大案件要及时发现、及时处置，第一时间向当地政府和部里报告情况，上下联动、横向协同，把风险化解在萌芽状态、化解在初始阶段。各单位、各厅局一把手是风险防控的第一责任人，必须切实担起责、把好关。

要加强宣传引导和舆情监测。要把握好不同群体面对利益调整的心理心态，把握好政策实施和宣传引导的时度效。要充分运用多种载体形式，善于用群众喜闻乐见的方式，把党的惠民政策讲透彻，把对群众的利益安排讲明白，把改革举措和办事程序讲清楚，提升政策宣传解读的感染力说服力。要积极发挥基层窗口直接面对群众的作用，把思想引导与解疑释惑、排忧解难及预防化解矛盾纠纷结合起来，倾听收集群众诉求，加强心理疏导，增强群众同理心和共情感。要强化舆情监测，及时回应社会关切，澄清网络上的误读误解，防止恶意炒作，营造良好氛围。

今年下半年，全系统还要举办几项具有标志性、牵引性的重要活动。9月，将在天津举办第二届全国技能大赛。这是经国务院批准的综合性国家职业技能赛事，对于促进技能人才培养、推动职业技能培训、弘扬工匠精神有着十分重要的作用。第二届全国技能大赛的规模和竞赛项目数量都超过上届，意味着组织筹备的工作量相应增大。部里和各地特别是天津市要加强协同配合，按照“简洁、节约、安全、创新、技能”原则，扎实做好大赛各项工作。10月，将在山东烟台举办第二届全国博士后创新创业大赛。要认真做好赛事筹备工作，真正把大赛打造成为海内外博士后科研成果展示和转化的高层次平台。11月，将在广东深圳举办第二届全国人力资源服务业发展大会。这是推动人力资源服务业高质量发展、促进人力资源开发利用的重要活动。要精心组织，把工作做实做细，深化拓展大会品牌效应，打造高品质的行业展示交流和创新发展平台。

第三个问题：坚定不移深入推进全面从严治党，持续深化人社系统行风建设

这次套开全面从严治党深化行风建设会，

主要任务是深入学习领会习近平总书记关于全面从严治党重要讲话精神，认真贯彻落实二十届中央纪委二次全会、国务院第一次廉政工作会议部署，以持续深化行风建设为重要抓手，推动人社系统全面从严治党向纵深发展。近年来，我们始终坚持把行风建设作为全系统的一项重要工作常抓不懈，取得了积极成效，同时也面临着一些新形势新情况。人社领域违纪违法问题还时有发生，暴露出行风建设特别是内控管理方面存在的突出短板弱项。近日，国务院常务会议审议通过《社会保险经办条例（草案）》，即将颁布实施。这也要求我们以此为契机，规范服务行为，提高服务水平，提升行风建设质效。我们要巩固拓展主题教育成果，始终牢记全面从严治党永远在路上、行风建设永远在路上，一年接着一年干，持之以恒、久久为功。

一、进一步提高思想认识，切实增强全面从严治党深化行风建设的高度自觉

坚定不移深入推进全面从严治党，是以中国式现代化全面推进强国建设、民族复兴的关键和根本保证。行风是干部队伍作风的集中反映，也是党风在行业工作中的具体体现。持续深化行风建设是全面从严治党、加强作风建设的具体行动，是践行党的性质宗旨、锻造忠诚干净担当干部队伍的内在要求，是加强党风廉政建设、建设风清气正政治机关的必然要求。

人社部门的工作任务艰巨、使命光荣、责任重大。只有坚定不移推进全面从严治党，才能教育引导和督促党员干部更加坚定政治立场、彰显价值导向，不断提高领导能力和水平，更好肩负起人社部门的职责使命。只有坚定不移深化系统行风建设，牢固树立和践行“管行业必须管行风”“人人是窗口，处处有服务”的工作理念，才能保持干事创业的精神状态，提高为民便民惠民服务的能力和水平，不断增强人民群众获得感幸福感安全感。只有持之以恒加强系统行风建设，进一步健全内部控制机制，才能有效防范业务风险、管理风险与廉政风险，提高工作的规范性和标准化水平，确保人社事业行稳致远。我们要把握作风建设地区性、行业性、阶段性特征，抓住普遍发生的、反复出现的问题，推进行风建设常态化长效化，推动人社事业高质量发展。

二、强化政治机关建设，在贯彻落实党中央决策部署上下功夫、见实效

人社部门首先是政治机关，政治性是第一属性，讲政治是第一要求。深入推进全面从严治党，第一位的要求就是持续强化政治机关建设，以优良的行风确保党中央政令畅通、令行禁止。我们要教育引导党员干部深刻领悟“两个确立”的决定性意义，增强“四个意识”、坚定“四个自信”、做到“两个维护”，把不折不扣贯彻落实习近平总书记重要指示批示精神和党中央决策部署作为必须完成的政治任务，必须履行的政治责任、领导责任、工作责任，必须严守的政治纪律和政治规矩，切实增强政治自觉、思想自觉和行动自觉，坚决做好执行者、行动派、实干家。要全面深入学习领会和准确把握习近平总书记重要指示批示和党中央重大决策部署的精神实质、核心要义和实践要求，在学深悟透的基础上，立足职能职责抓落实，确保执行不偏向、不变通、不走样。要紧密结合实际创造性执行，在严格贯彻中央精神的前提下积极探索创新，发挥特长优势、补足弱项短板，优化方式方法、过程流程、体制机制，雷厉风行、埋头实干、善作善成，真正把党的惠民政策变成老百姓“口袋里”的实惠。要完善督办落实机制，健全制度保障和刚性约束，打通贯彻执行中的堵点淤点难点，形成工作闭环，扎实推动习近平总书记重要指示批示在人社领域落地生根、开花结果，推动党中央部署的重点任务、重点举措、重要政策、重要要求一贯到底、见到实效。

三、坚持人民至上，在用心用情便民利民上下功夫、见实效

深入推进全面从严治党，必须把出发点

和落脚点归结到实现好、维护好、发展好最广大人民根本利益上来。持续深化行风建设，讲的是政治，为的是民生，检验的是党性。我们要坚持以人民为中心的发展思想，从有益于人民、符合人民利益角度出发察实情、出实招、求实效，让群众看到真变化、得到真实惠。要优化人社便民服务。推动人社业务与数字技术深度融合，通过数据共享融通、智能审核推送等方式，提升一体化办理、精准化服务水平。持续推进“清事项、减材料、压时限”，深入实施人社服务快办行动，深化“一件事”集成改革，探索推广“免申即办”“直补快办”等服务模式。加快完善人社政务服务平台和全国统一的社会保险公共服务平台，拓展“一网通办”事项范围，推动高频服务事项全国无差别受理、同标准办理。运用大数据精准识别政策享受对象，智能推送政策信息，实现更多“政策找人”“人策匹配”，提升政策可及性、获得感。要增强为民服务工作本领。引导党员、干部注重钻研政策业务，思考工作领域政策规定，努力使自己成为所在领域的“活字典”“政策通”。注重活学活用，坚持在干中学、学中干，在本职岗位上勤学苦练、认真钻研，紧跟党中央决策部署，聚焦人社领域痛点难点，深入研究策略方法，有效破解发展难题。注重发挥示范带动作用，常态化全员开展业务技能练兵比武，培树更多“人社知识通”“业务一口清”，挖掘“人社服务标兵”“练兵比武优秀选手”，营造比学赶帮超的良好氛围。

四、坚持从严管理监督，在加强内部防控上下功夫、见实效

我们要始终坚持严字当头、从严管理，把严的措施落到实处、管出成效。要强化“人防”。这是根本。要持续抓教育管理，加强谈心谈话和日常提醒，常态化开展典型案件通报，用身边事教育身边人，强化风险防范的自觉意识。加强对重点领域和关键岗位关键人的监督，坚持零容忍、严打击，对涉及的失职渎职行为要严肃追责问责，形成处理一人、警示一片的震慑。要强化“制防”。这是管长远的。要全面梳理和优化涉险业务的工作流程，补齐监管的制度缺失，实现全链条全节点的风险控制全覆盖。充分汲取已发案件的教训，紧密结合业务发展变化，调整完善相关规章制度，及时补上管理漏洞，确保制度建设与时俱进。增强制度刚性约束，推动形成制度管人、流程管事的运行机制，坚决避免制度挂墙、责任悬空。要强化“技防”。这是重要手段。推进系统互联互通和部门信息共享，用数字化、信息化技术规范权力运行。加强信息系统建设管理，推广养老保险全国统筹“大管控”模式，从社保领域拓展到其他业务，推动建立全覆盖的数字化、智能化内控监督体系。要强化“群防”。这是凝聚监督合力的重要举措。发挥社会公众参与监督的积极性，扩大发现违法违规行为线索的渠道，畅通电话、网络等举报平台，加强对权力行使的外部制约。

近期，部里调整了加强行风建设工作领导小组，部行风办设置在办公厅，强化对常态化长效化加强行风建设工作的统筹协调和督促落实，专门调增编制设立行风建设协调处。目前，相当一部分省份也设有行风建设处、公共服务处、行政审批处等，统筹行风建设工作。要明确行风建设责任部门，层层分解任务、层层压实责任，各领域形成合力，推动机制更加优化、运行更加高效。要坚持党建与业务双促进，将深化系统行风建设作为融合党建工作和业务工作的重要载体，融入人社日常工作方方面面、各个环节，做到同谋划、同部署、同落实、同考核，统筹兼顾、协同推进。加强定期协调调度、分析研究推进情况，有关负责同志要经常到基层一线走一走看一看，及时调度、研究解决行风建设工作中的实际困难和问题，加强对落实情况的跟踪问效，形成齐抓共管的工作格局。

踔厉奋发　担当作为
不断开创专业技术人才工作新局面

——在专业技术人才工作座谈会上的讲话

王少峰

（2023年4月26日）

今天，我们召开专业技术人才工作座谈会，主要任务是深入学习贯彻党的二十大精神，深刻领会习近平总书记关于做好新时代人才工作的重要思想，全面贯彻落实中央对人才工作决策部署，总结工作，交流经验，分析形势，研究部署当前和今后一个时期专业技术人才工作重点任务。刚才，8家单位从不同角度作了交流发言，讲得都很好，听了很受启发，希望大家相互学习借鉴。下面，我讲四点意见。

一、开拓创新、真抓实干，专业技术人才工作取得明显进展

去年以来，专业技术人才工作紧紧围绕迎接党的二十大召开和学习贯彻党的二十大精神这一主线，坚持稳中求进、真抓实干，各项工作取得明显成效。

（一）贯彻落实中央对人才工作部署有新进展。

制定印发贯彻落实中央人才工作会议精神工作方案，扎实有效推进涉及人社部门工作任务落实落地。配合有关部门推进北京、上海、粤港澳大湾区3个人才高地等国家高水平人才高地和吸引集聚人才平台建设。服务国家重大战略、重点行业和区域协调发展，在实施人才项目、制定人才政策、推动改革试点等方面，加大支持力度，强化人才支撑。

（二）专业技术人才制度建设有新突破。

研究制定出台加强和改进新时代博士后工作意见。认真总结完善政府特殊津贴制度实施情况，把政府特殊津贴制度作为关心爱护和团结引领人才的一项重要制度安排、作为加快建设国家战略人才力量的一项重要举措，对新一轮政府特殊津贴制度实施工作作出部署。

（三）人才评价激励机制改革有新举措。

持续深化职称制度改革，制定印发进一步做好职称评审工作的通知，明确“破四唯”“立新标”和优化监管服务等新举措。改革完善职业资格制度，降低或取消了13项准入类职业资格考试工作年限，对33项职业资格考试实行相对固定的合格标准。修订国家职业分类大典，增加了43个专业技术类新职业。积极应对疫情影响，稳妥组织实施各类职业资格考试，300余万人取得各类职业资格证书。扎实开展“山寨证书”专项治理工作。

（四）人才培养引进项目实施有新成果。

大力培养博士后青年人才，深入实施博士后创新人才支持计划，全年招收3.2万名博士后，累计招收培养博士后34万人。深入实施专业技术人才知识更新工程，遴选举办300期高级研修项目，培养培训95.2万名高层次人才，工程实施以来，累计培训高层次人才18.3万人次、急需紧缺人才1 246万人次。大力推进数字技术工程师培育项目，发布13个数字技术新职业并制定颁布国家职业标准，遴选公布首批90家培训机构和3家评价机构目录。选拔培养640名特培学员，累计培养9 000名少数民族专业技术人才。

（五）服务人才水平有新提升。

积极支持专家人才服务乡村振兴，不断完善实施职称评审“定向评价、定向使用”、部分职业资格考试单独划定合格标准等倾斜政策，组织实施各类专家人才服务团113个。加强人才创新创业平台建设，备案新设410家博士后科研工作站，建设博士后揭榜领题常态化对接平台，新建30个继续教育基地和16个专家服务基地。加强专家人才联系服务，组织110名高层次专家参加国情研修，主办种业创新、天文科技、中医药高质量发展专家创新大讲堂等活动。

2022年是极不平凡的一年，全系统上下勠力同心、攻坚克难，较好地完成了各项任务目标。这一年来的生动实践也是新时代十年专业技术人才工作的新发展。十年来，专业技术人才工作始终坚持党对人才工作的全面领导，深入学习贯彻习近平总书记关于新时代人才工作的新理念新战略新举措，牢牢把握人才引领发展的战略地位，紧紧围绕党和国家中心任务，深入实施人才优先发展战略，人才对经济社会发展的支撑作用不断提升。始终坚持高端引领、整体开发，聚焦国家重大战略需求，突出高精尖缺导向，着力培养选拔科技领军人才和青年创新人才，统筹推进各类人才资源协调开发，努力建设规模宏大、素质优良、结构不断优化、作用日益突出的专业技术人才队伍。始终坚持改革创新、激发活力，总体完成深化职称制度改革，形成新时代职称制度框架，圆满完成减少职业资格许可认定工作，建立国家职业资格目录清单管理制度，优化实施政府特殊津贴制度，健全完善博士后工作制度，颁布实施专业技术人员继续教育规定，出台事业单位高层次人才工资分配激励机制、公立医院薪酬制度改革等政策文件，覆盖全体专业技术人才的制度政策体系逐步健全，人才活力不断激发。始终坚持人才优先、以人为本，遵循人才成长发展科学规律，积极向用人主体授权、为人才松绑，健全完善、强化落实专家人才联系服务制度，加强人才服务平台建设，举办第五届、第六届全国杰出专业技术人才表彰和第一届全国博士后创新创业大赛等标志性活动，激励支持人才创新创业的社会氛围日益浓厚。

十年来专业技术人才工作的发展进步，根本在于有习近平总书记作为党中央的核心、全党的核心掌舵领航，在于有习近平新时代中国特色社会主义思想科学指引，也凝聚了全系统同志们的辛勤工作和努力奉献。在此，我代表部党组向专业技术人才工作战线上的全体同志表示衷心感谢和诚挚问候！

在充分肯定成绩的同时，我们也要清醒地看到，专业技术人才工作还存在人才队伍结构性矛盾突出、高层次领军人才和基础研究人才数量不足等问题。对此，我们要高度重视，切实采取更加有力的举措，认真加以解决。

二、准确把握新时代专业技术人才工作的新部署新任务新要求

党的十八大以来，以习近平同志为核心的党中央高度重视人才工作，习近平总书记对做好人才工作发表一系列重要讲话、作出一系列重要论述，中央人才工作会议明确了当前和今后一个时期加快建设人才强国的战略目标、重点任务和重大举措，党的二十大对实施人才强国战略作出全面部署。专业技术人才是我国人才队伍的骨干力量，在实施人才强国战略中地

位突出、作用重要。我们必须深刻学习领会习近平总书记关于做好新时代人才工作的重要思想，全面贯彻落实党的二十大对人才工作的部署安排，进一步找准方向定位，明确目标任务，坚定信心决心，切实增强做好新时代专业技术人才工作的思想自觉、政治自觉、行动自觉。

（一）深刻领会坚持党对人才工作的全面领导，确保专业技术人才工作正确政治方向。

习近平总书记强调，坚持党对人才工作的全面领导是做好人才工作的根本保证。我们必须深刻领会坚持党对人才工作的全面领导是中国特色社会主义人才制度的政治优势和必然要求，是加快人才强国建设的政治保证和组织保障，将党管人才原则贯穿到专业技术人才工作的全过程、各方面，更好推动党中央关于新时代人才工作各项决策部署落地见效。

（二）深刻领会人才的基础性战略性支撑地位，切实增强做好专业技术人才工作的使命感责任感紧迫感。

习近平总书记强调，教育、科技、人才是全面建设社会主义现代化国家的基础性、战略性支撑。加快推动构建新发展格局、实现高质量发展，实现高水平科技自立自强，都迫切需要高素质人才队伍作支撑。我们必须把思想和行动统一到党中央作出的战略决策上来，深刻把握人才的基础性、战略性支撑作用，以“时时放心不下”的责任感，自觉把专业技术人才工作融入党和国家事业发展全局中去定方向、谋思路、出政策、促改革、抓落实，为以中国式现代化全面推进中华民族伟大复兴筑牢人才根基。

（三）深刻领会完善人才战略布局的重要部署，统筹推进各类人才队伍建设。

习近平总书记强调，要加快建设世界重要人才中心和创新高地。我们必须坚持系统思维，统筹推动各类人才队伍建设，优化人才队伍结构和区域布局，全面提升专业技术人才整体素质。要聚焦建设世界重要人才中心和创新高地，全力支持北京、上海、粤港澳大湾区和有关地方建设高水平人才高地和吸引集聚人才平台。要服务西部大开发、东北全面振兴、中部地区加快崛起、东部地区加快推进现代化等区域协调发展战略，统筹推进各层次、各领域、各地区专业技术人才队伍建设。

（四）深刻领会加快建设国家战略人才力量的战略重点，着力培养造就拔尖创新人才。

习近平总书记强调，战略人才是支撑我国高水平科技自立自强的重要力量，要把建设战略人才力量作为重中之重来抓。我们要深刻认识加快建设国家战略人才力量在新时代人才工作中的重要意义和特殊地位，坚持高端引领，全面提高人才自主培养质量，大力选拔培养高层次创新型领军人才。同时，坚持全球视野，聚天下英才而用之，打造支撑我国高水平科技自立自强的战略力量。

（五）深刻领会体制机制改革是人才事业发展的根本动力，积极营造有利于激发人才活力的制度环境。

习近平总书记强调，要深化人才发展体制机制改革。我们必须全面把握人才发展体制机制改革的主要目标和重点任务，坚持问题导向，持续将深化人才发展体制机制改革摆在突出位置，思想再解放、改革再深化，着力在破除“四唯”和“授权”“松绑”上下更大功夫，真正解决制约人才发展的顽障痼疾，加快推动形成人才制度优势，以改革动力激发人才活力。

三、扎实做好各项重点工作，加快推进专业技术人才高质量发展

今年是全面贯彻党的二十大精神的开局之年，关于今年的工作，年初专技司已经制定印发了工作要点，进行了安排部署，各地要结合实际抓好落实。这里，我再重点强调几个方面：

（一）围绕服务国家重大战略，不断提升专业技术人才工作引领支撑发展能力。

要坚持在大局下思考、在大局下行动，国家战略部署到哪里，专业技术人才工作就跟进到哪里。

一要抓深度融入。要紧紧围绕中央要求，研究制定发挥职能作用服务保障人才高地建设的实施意见，集中配置人社部门优势资源，细化完善支持政策措施，指导有关地方有序开展改革试点，确保中央各项支持保障政策落实到位。同时，按照中央统一部署，积极支持其他高层次人才集中的城市，在人才投入、环境营造、政策创新等方面采取有力措施，结合区域经济发展水平、人才队伍规模质量、科技创新能力和基础设施建设等实际，加快打造各具特色的吸引集聚人才平台。

二要抓服务保障。要围绕党的二十大提出的加快建设教育强国、科技强国、文化强国、制造强国、航天强国、网络强国、农业强国、数字中国、健康中国等强国战略，聚焦推动战略性新兴产业融合集群发展，加强与行业主管部门主动对接，依据各地产业发展基础、发展规划和方向，同步谋划人才规划、人才政策和人才举措，切实完善和提供针对性强的人才支持保障政策，着力塑造发展新动能新优势。

三要抓倾斜支持。要围绕支持革命老区、民族地区加快发展，加强边疆地区建设，全面推进乡村振兴，进一步完善落实职称评审“双定向”、职业资格考试单独划线、事业单位公开招聘、工资等倾斜激励政策，着力解决基层单位招人难留人难问题；深入实施专家人才服务基层行动，积极引导支持各类人才发挥优势促进基层社会治理和经济社会发展；扎实做好少数民族人才培养工作，强化本土人才培养。

（二）改革创新博士后制度，加快培养造就博士后青年英才。

博士后制度是全球通用的培养吸引使用创新型青年科技人才的重要制度，是国家战略人才力量的生力军。要高水平谋划推进新时代博士后工作，推动博士后制度在培养造就青年科技人才中发挥更大作用。

一要以全面落实《关于加强和改进新时代博士后工作的意见》（以下简称《意见》）为重点，推动开创博士后工作新局面。《意见》从提高培养质量、改进管理方式、加大资金投入、强化服务保障等方面提出了创新举措，各地区和有关单位要结合实际，进一步健全完善配套政策，提标提质、扩面增效，切实推动各项措施落地见效，不断提升博士后制度的吸引力和竞争力。

二要以实施重点项目为抓手，加快培养引进博士后青年英才。要高度重视、做大做强博士后创新人才支持计划，进一步提高资助标准和规模，留住更多本土优秀博士在国内从事博士后研究，加大青年人才自主培养力度。各地要积极发挥设站单位主体作用，实施各具特色的博士后培养引进项目，更大规模培养造就博士后青年人才。

三要以打造高水平工作平台为载体，大力支持博士后创新创业。高标准、高水平、高质量举办第二届博士后创新创业大赛，常态化开展博士后揭榜领题对接活动，不断完善“企业出题张榜、博士后领题揭榜”的人才项目对接模式。今年还将新设一批博士后科研流动站，继续抓好工作站新设站备案工作，各地和有关单位要积极组织符合条件的单位进行申报，严格把握设站条件要求，进一步优化设站布局，强化设站后的指导扶持，确保建站质量。

（三）优化实施政府特殊津贴制度，进一步健全完善专家工作体系。

专家是人才队伍的“关键少数”和“金字塔尖”，对整个人才队伍建设具有引领示范带动作用。要以实施新一轮特贴制度为重点，进一步健全完善专家选拔培养、发挥作用和联系服务等工作体系。

一要加强统筹衔接，健全专家培养选拔制度体系。突出高端引领和荣誉激励，指导各地加强统筹谋划和工作衔接，优化实施好本地区人才项目，不断推进形成以特贴制度为基础，结构合理、梯次衔接的高层次人才培养选拔制度体系。

二要全面把握政策，高标准做好享受特贴人员选拔工作。目前我们正在组织开展新一轮享受特贴人员首次选拔工作，要突出需求导向，优化人选结构，严格程序要求，确保人选质量，更好发挥特贴制度激励引导作用。

三要加强政治引领，强化管理服务机制。组织开展各具特色的国情研修、决策咨询、创新讲堂、休假慰问、日常联系服务等活动，优化表彰奖励制度，加大先进典型宣传力度，大力弘扬科学家精神，激励引导专家人才厚植爱党爱国情怀、砥砺报国之志、建功立业新时代。

（四）全面加强继续教育，不断提升专业技术人才能力素质。

继续教育是提升人才能力素质的重要途径，要继续以实施知识更新工程为龙头，推动专业技术人才继续教育工作高质量发展。

一要健全完善继续教育制度。部里将推动继续教育立法，指导出台地方或行业继续教育规定。各地应加快立法建设或规定修订工作，建立继续教育与使用、晋升相衔接的激励机制，把继续教育“软指标”变成“硬任务”。同时，完善继续教育考核评估、学时登记管理等相关配套政策。

二要深入实施专业技术人才知识更新工程。要按照工程年度任务计划部署，围绕战略性新兴产业和科技前沿领域，会同行业主管部门扎实推进高级研修、能力提升等重点项目，确保完成年度培训100万名创新型、应用型、技术型人才任务。为进一步扩大工程的示范效应，今年部里将举办高规格示范性高级研修，推动大规模知识更新和继续教育向高质量高水平发展，全面提升专业技术人才能力素质。

三要加快推进落实数字技术工程师培育项目。数字技术工程师培育项目是培养高水平数字人才的创新项目。去年项目启动实施以来，目前已经初步搭建起了项目框架政策体系、组织体系、标准体系、培训体系和评价体系。但总体来看，项目进展还比较慢，培训还没有形成规模。各地要加大力度、加快进度推进项目落地，以国家职业标准为依据，以新职业培训教程为基础，扎实开展好规范化培训和社会化评价，加快培育一批高水平数字技术工程师。要抓紧制定出台职称衔接认定、职业培训补贴等配套措施，加强全过程监管，确保培养质量。

四要加强继续教育服务体系建设。在培训平台、师资课件、信息化管理等方面提供高效便捷服务。

（五）纵深推进人才发展相关机制改革，不断激发人才创新活力。

要围绕人才评价等重点领域持续深化人才发展体制机制改革，把抓政策落实作为推进改革的关键环节，下大力气解决多年困扰、反映强烈的突出问题。

一要持续深化职称制度改革。要以“破四唯”和“立新标”为突破口，落实进一步做好职称评审工作通知要求，合理设置论文和科研成果要求，减少学历、奖项等限制性条件，科学制定职称评审新标准。要进一步健全职称制度，在保持现有职称系列总体稳定的同时，要按照中央要求和经济社会发展需求，研究完善职称系列，及时开发新增职称评审新专业，并建立动态调整机制。要健全职称评审监管服务模式，科学合理下放职称评审自主权，进一步规范高级职称评审委员会备案工作，继续加强民营企业职称评审工作，推动高技能人才与专业技术人才职业发展贯通。

二要深入推进职业资格制度改革。要健全国家职业资格框架体系，进一步完善国家职业分类和职业标准，实行职业资格目录动态调整，推进职业资格设置依法依规纳入、取消或退出。要防范化解职业资格考试安全风险，加强考试环境综合治理，完善风险防范和应急处置措施，多措并举确保考试安全。

三要改革完善符合不同事业单位特点的人事管理制度。探索在部分高校和科研院所开展自主确定专业技术岗位结构比例试点，落实支持事业单位科技人才“双创”政策。

四要健全完善区域发展、产业发展与人才需求匹配机制。加大职称、工资等政策激励力度，鼓励引导人才向基层一线和艰苦边远地区流动。

五要强化人才创新创业激励。推动落实职务科技成果转化奖励等政策，增加知识、技术价值激励导向，最大限度激发人才创新创造创业活力。

四、积极担当作为，不断提高专业技术人才工作水平

新时代加快建设人才强国的蓝图已经擘画，目标任务已经明确，我们要对标对表党的二十大各项决策部署，立足职能职责，全面抓好贯彻落实。

（一）提高政治站位，确保党中央关于做好人才工作决策部署落实到位。

要结合开展学习贯彻习近平新时代中国特色社会主义思想主题教育，深入学习贯彻习近平总书记关于做好新时代人才工作的重要思想，完整准确全面把握新时代人才工作的新理念新战略新举措，强化理论武装，推动工作实践，切实把拥护“两个确立”、做到“两个维护”体现在履职尽责、做好本职工作的实际行动和工作实效上。要坚持加强党对人才工作的全面领导，完善重大决策、重大事项、重要情况请示报告制度，在党管人才原则和工作格局中把准政治方向、找准工作定位，主动担责、全面履责、确保尽责。要充分发挥职能作用，狠抓改革落实、项目落实、服务落实，在精准施策上出实招，在精准推进上下实功，在精准落地上见实效，确保中央决策部署在专业技术人才领域落地见效。

（二）坚持守正创新，着力破解专业技术人才工作发展难题。

新形势下，如何处理好人才评价中的“破四唯”和“立新标”，人才使用中的授权松绑和管理监督，人才流动配置中的政府和市场作用，人才激励中的物质和精神关系，人才服务的普惠性和特惠性等一系列关系，需要我们坚持守正创新、问题导向，紧跟中央要求，顺应实践发展和人才需求，大兴调查研究，努力加以破解。要聚焦建设世界重要人才中心和创新高地这一战略目标，进一步增强改革创新意识，总结发扬过去工作中形成的经验做法，探索解决新问题的路径方法，在更高起点上加强工作整体谋划和统筹推进，以更开放的理念、更完善的制度、更有效的工作，不断拓展专业技术人才工作新领域、新品牌、新亮点。

（三）坚持系统观念，进一步健全完善专业技术人才工作体系。

专业技术人才工作是一项系统工程，各方面各环节关联性和耦合性都很强。要强化系统思维，加强与教育、科技和有关产业部门的协同配合，强化人才培养、评价、使用、支持、激励等体制机制改革系统集成和协调联动，不断推进人才链与创新链产业链深度融合，提升人才工作综合效能。要坚持上下联动、左右互动，形成专技工作“一盘棋”的工作格局。部里相关部门要加强对各地的分类指导，支持各地因地制宜，充分用好授权，大胆探索创新，形成更多可复制可推广的经验做法。各地也要按照部里统一部署要求，科学把握各项人才政策界限，防止各自为政。各地区之间要加强交流合作，经验互鉴，结合各自实际的资源禀赋，合理推进人才资源协调开发，不搞同质化人才竞争，不盲目跟风引才，不恶意竞价挖才。

（四）加强自身建设，不断提升专业技术人才工作能力。

推动新时代专业技术人才事业蓬勃发展，对增强干部履职能力提出了更高要求。要围绕人才工作新的使命任务、新的战略安排、新的工作需要，加强干部教育培训，开展前瞻性基础性人才理论研究，不断提高专业素养和履职本领。要深入开展学习贯彻习近平新时代中国特色社会主义思想主题教育，大兴调查研究之风，察实情、想实招、办实事，着力破解人才工作改革发展难题和解决人才“急难愁盼”问题，力戒形式主义、官僚主义。要强化风险防控，牢固树立底线思维，及时研判，未雨绸缪，切实防范化解职业资格考试等风险隐患，

加强重点领域和关键岗位监督，特别是严防人才选拔、项目评审、资金使用等廉政风险。

同志们，做好新时代专业技术人才工作责任重大、使命光荣！我们要更加紧密地团结在以习近平同志为核心的党中央周围，立足职能，踔厉奋发、担当作为，努力开创专业技术人才事业新局面！

守正创新　奋发有为
努力开创事业单位人事管理工作新局面

——在2023年事业单位人事管理工作座谈会上的讲话

王少峰

（2023年6月9日）

这次事业单位人事管理工作座谈会的主要任务是，以习近平新时代中国特色社会主义思想为指导，全面贯彻党的二十大精神，落实全国人力资源社会保障工作会议部署要求，总结工作，交流经验，研究部署当前和今后一个时期事业单位人事管理重点任务。下面，我讲三点意见。

一、充分肯定事业单位人事管理工作取得的成绩

近年来，各级人社部门深入贯彻落实习近平总书记重要指示批示精神和党中央决策部署，扎实推进事业单位人事管理工作，取得了明显成效。

（一）公开招聘工作取得新成效。

严把择优进人的入口关，坚持信息公开、过程公开、结果公开，规范招聘程序、招聘岗位条件设置，保证事业单位源源不断补充高素质专业化人才。引导人才向基层流动，制定和落实艰苦边远地区基层公开招聘“三放宽、一允许”等倾斜政策，着力解决艰苦边远地区基层“招人难”问题。着力做好事业单位公开招聘高校毕业生工作，进一步改善了基层队伍整体素质结构，有效促进了高校毕业生就业。

（二）聘用管理工作推出新举措。

全面推行聘用制度，不断完善聘用合同的订立、履行、变更、解除、终止、续订等程序，能进能出的用人机制进一步健全。创新完善符合行业特点的事业单位聘用管理办法，会同教育部门推进义务教育学校教师聘用管理“县管校聘”改革，有效缓解县域内教师结构性缺员和优质师资配置不均衡问题；会同卫生健康部门创新医疗卫生人才聘用管理，推行医师多点执业、基层卫生人才“县管乡用”“乡管村用”，有力助推了医疗卫生体制改革和基层卫生事业发展。

（三）岗位管理工作取得新成果。

分类完善符合行业特点的岗位管理政策，探索建立岗位结构动态调整机制，动态调整优化教育、文博、体育等行业事业单位岗位设置和结构比例，推动完善人员能上能下、待遇能高能低的管理机制。健全完善特设岗位制度，支持事业单位引进急需紧缺高层次人才和高技能人才。在基层事业单位设置“定向评价、定向使用”专业技术岗位，切实助力基层事业单位吸引人才、留住人才。

（四）考核奖励工作取得新成绩。

坚持把政治标准放在首位，改进考核方法，切实加强事业单位工作人员考核工作。组织开展全国脱贫攻坚专项奖励，鼓舞了奋战在脱贫攻坚第一线的事业单位工作人员的士气。组织开展关心爱护疫情防控一线医务人员专项行动，在全国事业单位开展疫情防控专项奖励，有效激励保障了一线医务人员奋勇抗疫。

（五）培训工作实现新发展。

坚持政治统领、服务大局，突出政治训练、政治历练，强化专业能力、专业精神，全面提升事业单位工作人员政治业务素养。坚持分级分类、全员覆盖，抓好岗前、在岗、转岗、专项等各类培训。坚持精准效能、按需施训，事业单位工作人员培训体系不断完善，培训效能持续提升。

（六）纪律监督工作取得新进展。

组织开展整治公开招聘突出问题专项行动，集中开展对“吃空饷”等突出问题专项治理，严肃人事纪律，建立长效机制。严格落实事业单位人事管理回避制度，切实强化了对事业单位用人行为和工作人员履职行为的源头治理。严格落实事业单位工作人员处分制度，严格日常管理，严肃执纪问责，切实将全面从严治党落到实处。

（七）深化人事制度改革实现新突破。

全面推行县以下事业单位管理岗位职员等级晋升制度，有效拓展县以下事业单位管理人员的职业发展空间。聚焦向用人主体授权，以高校、科研院所为重点，会同有关部门进一步赋予和落实事业单位用人自主权。聚焦积极为人才松绑，出台系列政策，支持和鼓励高校和科研院所科研人员创新创业。积极参与深化事业单位改革试点和教科文卫等重点行业、重点领域改革工作。

（八）健全人事管理法规制度体系实现新提升。

大力推进《事业单位人事管理条例》配套规章制度建设，陆续制定出台了考核、奖励、回避、培训、申诉等规定，各地结合本地区特点和工作实际，进一步细化完善政策措施，狠抓制度落地落实，事业单位人事管理工作法制化、规范化水平进一步提升。

二、准确把握做好新时代事业单位人事管理工作的新部署新要求

习近平总书记高度重视事业单位改革发展和干部队伍建设，作出一系列重要指示批示。党的二十大对加强社会事业发展和事业单位队伍建设提出明确要求。我们必须深刻学习领会习近平总书记重要论述和党的二十大精神，贯彻落实全国人社工作会议要求，进一步找准方向定位，切实增强做好新时代事业单位人事管理工作的政治自觉、思想自觉、行动自觉。

（一）做好新时代事业单位人事管理工作必须始终坚持正确的政治方向。

习近平总书记强调，社会事业关乎民生、连着民心，发展社会事业是治国理政、定国安邦的大事。我们要深刻认识到，事业单位人事管理工作的第一属性是政治性，旗帜鲜明讲政治是第一要求。要不断提高政治站位，深刻领悟“两个确立”的决定性意义，不断增强“四个意识”，坚定“四个自信”，坚决做到“两个维护”，把坚持正确政治方向贯彻到制定重大政策、部署重大任务、推进重大改革的实践中，不断提高政治判断力、政治领悟力、政治执行力，确保事业单位人事管理工作始终坚持坚定正确的政治方向。

（二）做好新时代事业单位人事管理工作必须牢牢把握坚持和加强党的全面领导这一根本原则。

习近平总书记强调，要使事业单位成为坚持党的领导的坚强阵地。我们要深刻认识到，坚持和加强党的全面领导，是做好新时代事业单位人事管理工作的政治优势和根本要求。要始终坚持党管干部、党管人才原则，深入贯彻新时代党的组织路线，履行好事业单位人事综合管理职能，把党的全面领导落实到各项工作全过程各方面，努力为党和人民打造一支忠诚干净担当的高素质专业化事业单位人员队伍。

（三）做好新时代事业单位人事管理工作必须坚持人民至上。

习近平总书记强调，要坚持人民至上，站稳人民立场、把握人民愿望；维护人民根本利益，增进民生福祉。我们必须始终坚持以人民为中心的发展思想，聚焦群众反映突出的“急难愁盼”问题，聚焦事业单位管理存在的短板弱项，综合施策、精准发力，推动事业单位管理体制机制创新，持续优化公共服务供给，更好满足群众期盼，增进民生福祉。

（四）做好新时代事业单位人事管理工作必须坚持服务保障中国式现代化建设。

习近平总书记强调，教育、科技、人才是全面建设社会主义现代化国家的基础性、战略性支撑。我们必须深刻认识教育、科技、人才在推进中国式现代化、全面建设社会主义现代化国家中的战略地位和重要作用，持续深化事业单位人事制度改革，着力破除阻碍人才发展的体制机制性障碍，持续在向用人主体授权、为人才松绑、完善人才评价体系等方面下功夫，营造识才爱才敬才用才的良好环境，为推进中国式现代化提供有力人事人才支撑保障。

（五）做好新时代事业单位人事管理工作必须坚持一刻不停推进全面从严治党。

习近平总书记强调，全面从严治党永远在路上。我们必须深刻领会、全面落实党中央全面从严治党的战略部署，切实把全面从严治党各项要求落实到事业单位人事管理工作全过程、各方面，始终把纪律规矩挺在前面，加强对事业单位工作人员的全方位管理和经常性监督，严格执行回避、处分等制度规定，正风肃纪、规范工作，切实把严的基调、严的措施、严的氛围落到实处并长期坚持下去。

三、推动事业单位人事管理工作再上新台阶

做好当前和今后一个时期的事业单位人事管理工作，要以习近平新时代中国特色社会主义思想为指导，全面贯彻落实党的二十大精神，践行新时代党的组织路线，落实全国人力资源社会保障工作会议部署要求，着力深化事业单位人事制度改革，完善符合事业单位特点和人才成长规律的人事管理制度，坚持分级分类管理，营造识才爱才敬才用才的良好环境，激发事业单位生机和活力，建设德才兼备的高素质事业单位工作人员队伍，为全面建设社会主义现代化国家提供人事人才支撑保障。

（一）全面做好公开招聘工作。

要将“公开、平等、竞争、择优”的原则和要求落到实处。要助力高校、科研院所等事业单位招聘引进急需紧缺高层次人才。要大力支持基层招聘乡村振兴急需人才。要抓紧研究制定有针对性的政策措施，切实解决实践中存在的突出矛盾和问题。

全力促进高校毕业生就业是今年事业单位公开招聘工作的一项重点任务。各地要主动与中央要求对标对表，明确任务，落实责任，倒排工期，指导和督促事业单位加快招聘进度。要强化与相关部门协调联动的工作机制，共同部署推进，共同服务指导，共同抓好督促检查，分工负责、同向发力，共同完成好今年事业单位招聘高校毕业生的目标任务。

（二）切实强化聘用管理。

要进一步完善聘用合同相关政策规定。积极探索适应事业单位人事管理工作要求的聘用合同新形式新内容，在聘用制度框架内，健全完善符合本地区聘用合同管理的具体办法。要进一步探索完善人员聘用机制。完善和规范基层教师队伍“县管校聘”和基层医疗卫生人才“县管乡用”“乡管村用”中的聘用管理。

（三）着力优化岗位管理。

结合开展部属高校和中央科研院所自主确定专业技术岗位结构比例试点等工作，建立健全事业单位用人自主权“放得下、接得住、用得好”的体制机制。要规范特殊岗位设置管理政策。围绕服务乡村振兴战略，进一步完善和规范基层事业单位“定向评价、定向使用”专业技术岗位设置管理工作和特设岗位管理制度，要紧贴基层需要，做好跟进服务，解决难点问题。要严格把握好“双定向”岗位和特设

岗位的政策范围，特定政策服务特定人群，更好地发挥特殊政策的特殊作用。

要做好县以下事业单位管理岗位职员等级晋升制度常态化实施工作。各地要总结经验，不断巩固提升，持续释放制度红利。要突出政治标准，树立鲜明用人导向，坚持把好干部标准落到实处。要以职员等级晋升为契机，进一步全面规范事业单位岗位管理工作。要保持持续激励，既要保持政策的力度和温度，又要注重细水长流。

（四）健全完善考核奖励体系。

要抓好新考核规定的贯彻实施，进一步完善事业单位工作人员考核评价体系。要组织好政策宣传培训，根据不同行业和专业特点，制定具体实施办法或者细则，细化考核内容标准，科学制定指标体系，创新完善考核方式。要树立质量、绩效、贡献为核心的评价导向，将考核结果与岗位晋升、工资调整、合同续订、监督问责等内容有机结合，推动形成能者上、优者奖、庸者下、劣者汰的良好局面。要切实落实奖励规定，综合运用各种奖励手段，充分发挥正向激励作用，激励担当作为、干事创业。

（五）进一步严格纪律约束。

要严格落实事业单位人事管理回避制度，从源头上规范事业单位选人用人行为。要细化制定具体实施办法，在进人用人过程中严格落实岗位回避要求，将履职回避落实到人事管理、人才评价、项目评审等各项工作中。要扎实做好事业单位工作人员处分工作，进一步规范事业单位工作人员的履职行为。要切实发挥好处分制度的惩治教育作用，教育引导事业单位工作人员正确履职、规范履职、依法履职。

（六）抓实做深培训工作。

要始终坚持把学习习近平新时代中国特色社会主义思想作为培训的必修课摆在人员培训最突出位置。要注重分类施训，管理人员要注重提高管理能力、专业水平和职业素养；专业技术人员要注重提高专业技术水平和创新创造创业能力；工勤技能人员要注重提高职业技能水平和实际操作能力。要健全完善事业单位工作人员的培训体系，形成线上与线下相结合、理论和实践相结合的多元化培训平台和培训模式，促进事业单位工作人员队伍本领提升。

（七）扎实推进管理服务体系建设。

要持续推进事业单位人事管理“一件事”改革，各试点地区要在已有基础上进一步提质增效，打造“一件事”改革升级版；非试点地区要充分学习借鉴试点地区经验，从本地实际出发，逐步推进“一件事”改革。各地要切实加强信息化建设，以优化服务作为信息化建设的出发点和落脚点，推动事业单位人事管理更加科学规范，服务更加便捷高效。

（八）大力加强自身建设。

要深入开展学习贯彻习近平新时代中国特色社会主义思想主题教育，进一步增强做好新时代事业单位人事管理工作的政治自觉、思想自觉、行动自觉。要切实加强队伍培训，推动全系统干部职工努力成为熟悉法规、知晓制度、掌握政策、解决问题、推进工作的行家里手，不断提高政治能力、思维能力、实践能力。要完善工作机制，进一步加强人社系统内的工作协同，进一步加强与有关部门的沟通协调，配合组织部门履行好牵头抓总、综合管理、监督检查职责，形成“一盘棋”“一股绳”的良好工作格局。要坚持全面从严治党，持之以恒正风肃纪，力戒形式主义、官僚主义，大兴调查研究，以勤政务实、清正廉洁、敢担当善作为的优良作风推动各项工作任务落地落实。

在深化职称制度改革工作座谈会上的讲话

吴秀章

（2023年11月28日）

今天，职称和职业资格改革工作培训班开班，我们同时召开深化职称制度改革座谈会，主要任务是学习贯彻习近平总书记关于新时代人才工作重要思想，学习贯彻党的二十大和中央人才工作会议精神，贯彻落实中央深化人才发展体制机制改革要求，总结近年来深化职称制度改革成果，研究部署当前和今后一个时期职称制度改革工作。下面，我谈四点意见。

一、充分肯定新一轮职称制度改革取得的积极成效

党的十八大以来，党中央、国务院高度重视职称制度改革工作，把职称制度改革纳入中央人才发展体制机制改革总体布局。2016年12月，中共中央办公厅、国务院办公厅印发《关于深化职称制度改革的意见》，全面部署新一轮职称制度改革。按照党中央、国务院决策部署，我部会同有关部门系统谋划、扎实推进，不断健全职称制度，完善评价标准，创新评价机制，拓展评审范围，优化管理服务，出台27个职称系列改革的指导意见，印发职称评审管理暂行规定、民营企业职称评审办法等10个综合性配套政策，全国31个省（区、市）和新疆生产建设兵团均以本地区党委、政府名义出台了职称制度改革实施意见，绝大多数省份如期完成各系列改革任务，各地共制定出台600多项改革配套文件。2021年，我们曾对职称制度改革工作进行了全面总结，并报告中央改革办，职称改革任务总体上已经完成，初步形成了新时代职称制度框架体系。

改革过程中，大家积极探索真招实招，涌现出不少实用管用的新鲜经验，总结起来主要有三个方面：一是“破四唯、立新标”，二是“抓两端、带中间”，三是“优服务、强监管”。

（一）坚持问题导向，破四唯、立新标，树立科学客观公正的评价标杆。

着重解决评价标准“一刀切”等问题，由重数量向重质量转变。一是立足破四唯，提高评价科学性。新的评价标准以品德、能力、业绩为导向，注重考察专业技术人才的业绩水平和实际贡献，打破学历、资历、论文、奖项等条件限制。主要比拼能力水平，对不具备学历要求的特殊人才，由同行专家推荐即可参加职称评审。以实绩论英雄，注重考核履行岗位职责的工作绩效和创新成果，将取得的经济效益和社会效益作为评审的重要内容。正确看待和运用论文指标，既发挥高质量论文价值，也坚决反对单纯以论文数量论输赢的简单做法。破除数“帽子”、数奖项倾向，获奖作品的级别和数量不再是职称评审的门槛条件，而是作为竞争择优的加分项。二是着眼立新标，强化评价导向性。把品德放在评价首位，注重考察职业操守，倡导科学精神、强化社会责任、坚守道德底线，对医护人员注重考察医德，对教师

队伍突出强调师风，对科研人员倡导科学精神。实行分类评价，以职业属性和岗位需求为基础，细化人才专业分类，分类制定职称评价标准。推行代表作制度，丰富代表作形式，标准开发、技术推广、高质量专利、成果转化、优秀教案病历等均可作为代表性成果参加职称评审。今年，部里对各省份评价标准修订情况进行了摸底，绝大部分省份已按要求完成各系列标准修订工作，修订后的标准体现了改革精神，考虑了不同领域、不同层次人才特点和工作实际，受到了广大专业技术人才的欢迎。

（二）坚持目标导向，抓两端、带中间，畅通各类专业技术人才的职业发展通道。

突出高层次人才评价，夯实基层一线人才评价，中间着力扩大职称评价范围。一是建立高层次人才职称评审绿色通道，聚集优秀人才。对承担国家重大科技任务、关键核心技术攻关，取得颠覆性技术创新的高层次急需紧缺人才，不问出身、不唯地域、不求所有、不拘一格，一事一议、一人一策，实行特殊人才特殊评价，建立职称评审绿色通道，让人才吸引人才，形成集聚效应。二是完善基层一线人才评价政策，稳定基层队伍。在县以下全面实行“定向评价、定向使用”的倾斜政策，基层一线人才单独制定评价标准，放宽学历、科研要求，主要考察工作业绩、任务完成情况和群众认可度。评价上，单独分组、单独评审、基层有效；使用上，比例单列、专岗专用、单独管理，为基层人才拓空间、增实惠，鼓励更多人才扎根基层。三是拓宽职称评审范围，激励创新创业。职称评审实现了向非公领域的延伸和高技能人才评职称的突破。2020年，部里印发《关于进一步做好民营企业职称工作的通知》，扫清民营企业人才参加职称评审的障碍。今年，晓萍部长专门召开民营企业座谈会，职称工作是支持民营企业创新发展的重要内容。从调研情况看，各地都在创新思路、积极行动，积极支持民营企业人才、自由职业人才参加职称评审。部里两次印发改革意见，推动高技能人才与专业技术人才职业发展贯通，重点打破学历、身份等条件限制，鼓励高技能人才参加职称评审，拓展高技能人才职业发展空间，有力促进两支人才队伍的融合发展。

（三）坚持需求导向，优服务、强监管，营造人才评价的良好环境。

大力向用人主体放权，为各类人才松绑。一是加强信息化建设，持续提升职称评审服务能力。2021年6月，部里正式开通全国职称评审信息查询平台，为广大专业技术人员和用人单位提供职称信息查询核验服务，初步形成了职称评审大数据系统。各地也积极推进职称信息化建设，实行网上评审、电子证书，通过数据共享进一步减少申报材料，让数据多跑路、让人才少跑腿。二是有序下放评审权限，加强职称评审事中事后监管。坚持真授权、授到位，有序向人才密集、管理规范的高等院校、科研院所、大型企业下放职称评审权限，充分发挥用人主体的积极性。同时坚持放管结合，加强职称评审监管，不能一放了之。严格执行高评委核准备案制度，建立评审专家遴选退出机制，实行评审结果公开公示，畅通职称评审权利救济渠道。近期，部里正在研究制定职称评审监管办法，研究构建政府监管、单位（行业）自律、社会监督的综合监管体系。各地也进行了很多有益的探索。

为进一步了解职称制度改革的政策落实情况，今年部里委托中国人事科学院开展了政策落实情况评估。从回收的20万份调查问卷汇总情况看，80%以上的专业技术人员对职称制度改革总体满意，90%以上的受访者认为职称制度改革在引导人才深耕业务、搭建职业发展阶梯、激发创新活力等方面发挥了重要作用，反映出职称制度改革得到了广大专业技术人才的支持和拥护。同时，我们也要清醒地认识到，改革过程中仍然存在一些突出问题，比如破四唯“破”得还不彻底、立新标“立”得还不扎实；分类评价不够清晰，评价精准度不高、针对性不强；“二流人才”评价“一流人才”、“二线专家”评价“一线专家”现象依然存在；个别地方重放权、轻监管，一放了之，将评聘矛盾甩给用人单位；职称信息化建设还存在短板，信息孤岛、数据安全等问题需要高度重视、持续推进解决。这就要求我们进一步解放思想、强化担当，推进改革向实处发力、向深处拓展。

二、准确把握深化职称制度改革面临的新形势新要求

中央人才工作会议以来，党中央、国务院对人才发展体制机制改革尤其是人才评价工作提出了一系列新任务、新要求，为进一步深化改革指明了方向，提供了遵循。我们必须把思想和行动统一到中央决策部署上来，围绕大局思考，顺应人才呼声，适应时代要求，把握好工作的着眼点和着力点。

（一）加快建设世界重要人才中心和创新高地对职称工作提出了新要求。

加快建设世界重要人才中心和创新高地，是习近平总书记深刻把握世界大势和发展规律，准确判断我国发展阶段和历史方位，对加快建设人才强国作出的顶层设计和战略谋划。中央刚刚印发了实施方案，当前燃眉之急是要培养造就一批战略科学家、青年科技人才、卓越工程师等关键核心技术攻关人才，尽快实现高水平科技自立自强。职称制度改革工作要始终胸怀“国之大者”，紧紧锚定中央确定的战略目标和部署安排，加强工作谋划和对接，主动服务科技领军人才、青年科技人才、卓越工程师队伍建设，遵循科研规律和人才成长规律，不断完善人才评价机制、创新评价方式，加快建立以创新价值、能力、贡献为导向的人才评价体系，加快形成并实施有利于科技人才潜心研究和创新的职称评价制度，练就识别人才的慧眼，让更多优秀青年科技人才脱颖而出，为他们“挑大梁”“当主角”创造条件，让他们在最好的年华拥有最大的舞台。

（二）推进人口高质量发展对职称工作提出了新任务。

在二十届中央财经委员会第一次会议上，习近平总书记提出了以人口高质量发展支撑中国式现代化的重要论断和工作要求。部党组紧抓落实，晓萍部长强调要把加强人力资源开发利用作为推进人口高质量发展的重要措施，作为人力资源和社会保障事业发展的重大时代课题和紧迫现实任务。专业技术人才是我国劳动人口中素质最高、创新性最强的群体，对人口高质量发展具有引领带动作用。要充分发挥职称评价“指挥棒”作用，通过完善各类专业技术人才的评价标准，引导专业技术人才不断提高能力素质，培养造就一支规模宏大、结构优良的高素质人才队伍，增加我国高素质人力资源供给，为促进人口高质量发展、支撑中国式现代化贡献力量。

（三）激发人才积极性创造性依然是职称工作面临的重要课题。

习近平总书记强调，要深化人才体制机制改革，最大限度把广大人才的报国情怀、奋斗精神、创造活力激发出来，放手让他们把才华和能量释放出来。深化职称制度改革的一项重要任务就是向用人主体授权，积极为人才松绑。新一轮职称制度改革取得了积极成效。但是，一些地方和单位对人才评价还是着眼于管，尤其是岗位结构比例比较紧张的单位，下放评审权后大家更加焦虑了。我们要重视这些苗头性问题，及时提醒有关单位健全制度、加强监管，确保职称评审的公平公正，进一步激发和释放专业技术人才的积极性创造性，让作出贡献的人才更有成就感、获得感。

三、以“时时放心不下”的责任感持续推进职称制度改革

从落实中央改革任务的角度，职称制度改革总体已经完成；但从服务专业技术人才发展的角度来说，职称制度改革依然在路上。事实上，我们现在面临的形势更加复杂，需要解决的问题更加棘手，专业技术人才的期待更高，亟待完成的任务更重。当前和今后一个时期，我们要坚持正确的政治方向，坚持党管人才，坚持目标导向、问题导向，聚焦国家战略，聚焦制度建设，聚焦标准引领，以“时时放心不

下”的责任感、积极担当作为的精气神持续推进职称制度改革。重点做好以下四方面工作。

（一）坚持依规有序，进一步健全制度体系。

职称工作最大的特点就是政策性强，要发挥制度建设管根本、管长远的作用，进一步完善职称政策体系。目前，职称政策框架已经搭起来了，还需要不断丰富内容，继续织密织牢。一是落实律师、政工师系列职称制度改革任务。我们要按照中央新的要求，积极配合有关部门推进改革，争取2024年完成改革任务。同时适应经济社会发展新需求，探索在新兴职业领域增设职称系列。二是完善职称评审监管办法。从调研情况看，加强职称评审全链条、全领域监管非常必要，有些省份已经走在前面，出台了本地区的监管办法。近期，部里研究起草了《职称评审监管暂行办法》稿，作为制度建设的重要内容。希望大家多提意见建议。三是谋划好中央交办的重点任务。近期，党中央、国务院文件中对职称工作提出了很多新要求，比如建立和完善青年科技人才评价机制，建立符合干部教育培训特点的师资队伍考核评价体系和职称评审制度，研究制定专业技术类公务员任职资格与专业技术人才职称互认转换办法，制定专职科普工作者职称评聘标准等等，我们要对标对表，提前谋划，抓好落实。各地也要加强制度建设，用制度管人管事。

（二）坚持分类评价，进一步完善评价标准。

标准是人才评价的核心，专业技术人才特别关心、关注。优化细化评价标准是我们推进改革的重中之重，既要整体推进，保持各类人才评价标准大体平衡，“破”与“立”协同配合；又要重点突破，把重点人才、特殊人才、新兴职业的职称评价摆在突出位置。对基础研究人才，注重评价原创性贡献、学术影响力和研究能力，科学设置评价考核周期，减少评价考核频次。对青年科技人才，探索建立能够识别有天赋、有潜力人才的评价标准，完善并落实优秀青年科技人才职称职务破格晋升机制。对知识产权专业人才，部里还要出台专门的评价办法，将专利转化效益作为重要的评价标准。对以数字人才为代表的新职业群体，要多向企业要标准、向市场要标准，符合新职业发展趋势和要求。

（三）坚持包容开放，进一步创新评价机制。

职称评审工作要围绕中心、服务大局，针对高水平科技人才的特点和成长规律，提供更加灵活的职称评审方式。一是完善同行评价机制。加快建立专业性、自律性更强的职称评审委员会，支持高端人才采取国际同行评价的方式，不断提升职称评审的业内和社会认可度。二是建立职称评审绿色通道。对特殊人才坚持急用先行、特事特办，可采取“一事一议”“一人一策”的评审方式，给予特殊政策、特殊支持。同时要强调严把评审入口关、质量关。三是更好发挥用人单位主体作用。授权国家实验室自主开展高级职称评审，支持科创中心、科技领军企业、行业龙头企业推荐本单位技术负责人直接评定职称，支持科学中心、创新高地采取更加灵活的职称评聘机制。四是畅通境外人才评价渠道。支持外籍和港澳台地区人才按规定参加职称评审，扩大直接采认台湾地区职业资格范围，推进粤港澳职业资格互认，建立境外职业资格单向认可清单，为境外人才提供高效、优质的评审服务。

（四）坚持放管结合，进一步优化评审服务。

要按照“于法周延、于事简便”的原则，寓管理于服务，切实提升职称评审服务水平。一是科学下放，有序承接。一方面把该放的放好、放活、放到位，发挥用人主体主观能动性；另一方面督促指导用人单位建立有效的自我约束和外部监督机制，确保下放的权限接得住、用得好。二是权责一致，强化监督。加大监管力度，通过明确监管内容、完善监管方式、推进信用建设、强化责任追究等方式，构建全方位、多层次、立体化的职称评审监管体系。三是以信息化为抓手，优化服务。加强职称评审信息系统建设，推广网上评审和电子证书，完善职称评审结果查验系统，进一步打破信息孤岛，加强数据共享，不断提升职称工作数字化、智能化水平。探索在职称工作中应用区块链、大数据分析、人工智能等前沿技术，确保数据安全和系统平稳运行。

四、主动担当作为确保各项改革举措落实落细

（一）持续改革不停步。

新一轮职称制度改革7年来，大家做了很多工作，下了很大功夫，也取得了很大成效。但是，当前人才工作面临的形势更加复杂，职称改革遇到的新情况、新问题还不少，必须要有“改革永远在路上”的清醒认识，以高度的政治责任感和奋发有为的精神状态，主动作为、勇挑重担，持续深化职称制度改革。

（二）推动落实见成效。

政策的生命力在于落实。新一轮职称制度改革，国家层面出台了很多新的政策，各地也有很多创新举措。各级人社部门要加强督导、跟踪问效，在评价标准中落实“破四唯”“立新标”的要求，在制度设计中落实规范改革的要求，在组织评审中落实公正评审的要求，将服务发展、激励创新、科学评价、分类施策等改革精神贯穿职称工作全过程，让好政策落地有声、落实有效，让专业技术人才和各类用人主体充分享受改革红利。

（三）加强统筹聚合力。

职称制度改革是一个复杂的系统工程，需要各有关部门密切配合、共同努力。人社部门要加强统筹协调，重点关注工程、教育、科研、卫生等领域的人才评价工作，积极支持文化艺术、文博体育、民航气象等领域的人才评价工作，充分依靠行业主管部门的专业力量，在评价标准、评价方式等方面尊重行业主管部门意见，在评审服务、监督管理等方面加强与公安、网信、市场监管等部门的协调配合，形成多部门协作的工作格局，齐心协力完成好各项改革任务。

（四）做好宣传优环境。

职称制度改革事关专业技术人才切身利益，社会非常关注。调研中发现，仍然有不少专业技术人员对职称政策不够了解甚至存在误解，影响改革政策落实落地效果。我们要进一步加强政策宣传和解读工作，避免出现误读误解。要通过宣传合理引导改革预期，让更多的人了解改革、支持改革、参与改革，营造有利于持续推进改革的良好氛围。

同志们，深化职称制度改革关系到党和国家事业发展，关系到专业技术人才队伍建设质量，责任重大、使命光荣。让我们紧密团结在以习近平同志为核心的党中央周围，不忘初心、牢记使命，为人才事业创新发展、加快实现高水平科技自立自强、建设创新型国家而努力奋斗！

勇于担当　奋发有为
切实维护好新就业形态劳动者权益

——在维护新就业形态劳动者劳动权益全国电视电话会上的讲话

吴秀章

（2023 年 12 月 18 日）

今天，我们召开维护新就业形态劳动者劳动权益电视电话会，主要任务是深入贯彻落实习近平总书记关于维护新就业形态劳动者权益重要指示批示精神和党的二十大有关决策部署，总结工作进展，交流经验做法，分析研判目前面临的形势，部署推进下一阶段的重点工作。下面，我讲三点意见。

一、守正创新、真抓实干，新就业形态劳动者权益保障工作取得积极进展

近年来，伴随平台经济的蓬勃发展，新就业形态劳动者权益保障问题成为我国劳动领域的重大课题。在党中央坚强领导下，各级人社部门坚决贯彻落实党中央和国务院决策部署，与有关部门密切协作，创新完善新就业形态劳动者权益保障制度机制，狠抓工作落实，推动企业积极响应，引导全社会共同参与，促进新就业形态劳动者权益保障水平稳步提高。主要体现在以下五个方面。

（一）新就业形态劳动者权益保障政策体系逐步完善。

《关于维护新就业形态劳动者劳动保障权益的指导意见》和外卖员、网约车司机等重点群体专项权益保障政策及系列指引指南相继出台，合理界定了企业的劳动保护责任，加强了新就业形态劳动者权益保障。聚焦社会反映最强烈的职业伤害问题，创新职业伤害保障试点办法，兜牢了劳动者权益保障底线。主动适应新就业形态发展变化，国家层面形成“一个指导意见”“若干专项规定和指引指南”的“1+N”新就业形态权益保障政策体系。全国 31 个省（区、市）和新疆生产建设兵团也结合本地实际，制定出台了具体实施办法，细化政策举措。

（二）平台用工指导工作扎实推进。

各级人社部门多措并举，压实企业用工责任，有力推动新就业形态劳动者权益保障政策落实落地。大力开展头部平台企业“走前头做示范”活动，引导和督促平台企业在充分听取劳动者意见基础上，完善订单分配、报酬支付、考核奖惩等平台劳动规则。试点推行劳动合同和书面协议订立指引，指导头部平台企业试点应用，规范平台合作企业用工行为，丰富劳动者权益保障内容。支持工会组织推动头部平台企业、快递企业与新就业形态劳动者开展协商恳谈，围绕劳动者关心的重点事项订立集体合同或协议。

（三）劳动保障基本公共服务不断优化。

各地将新就业形态劳动者纳入服务范围，改进服务方式，不断提高基本公共服务水平。加强就业创业服务，将灵活就业岗位信息纳入公共就业服务范围，加大岗位信息采集和发布力度，不断拓宽劳动者求职就业渠道。健全新就业形态劳动者培训政策，指导73个新就业形态技能培训工作重点联系城市积极探索创新，支持劳动者提高职业技能。提高社会保险经办服务水平，积极推进社会保险“跨省通办”，畅通灵活就业人员在就业地参加职工养老保险渠道，提升新就业形态劳动者参保便捷度。支持全国总工会、平台企业等大力搭建户外劳动者服务站点，目前全国已建设站点超13万个，较好缓解了新就业形态劳动者“吃饭难、喝水难、休息难、如厕难”等现实问题。

（四）矛盾纠纷处置力度持续加大。

各地积极畅通劳动者维权渠道，多地开通线上举报、调解仲裁微信小程序等，方便新就业形态劳动者维权“网上办”“扫码办”。强化纠纷调解，大力推动重点行业、企业建立新就业形态争议调解组织300余家，并培育选树了一批金牌新就业形态调解组织。探索构建多元纠纷调解工作机制，加强与人民调解、行政调解联动，大量纠纷得以消弭在萌芽状态。加强裁审衔接，规范裁审标准，联合法院明确涉新就业形态司法裁判意见，印发新就业形态劳动人事争议典型案例，明晰劳动关系认定的考量因素，依法维护新就业形态劳动者权益。加强劳动监察执法，通过约谈、抽查检查等方式，依法查处违法违规行为，督促侵害新就业形态劳动者权益的问题立行立改。

（五）齐抓共管的工作协同机制基本建立。

各级人社部门与发展改革、市场监管、交通运输、工会、法院等部门强化工作协同，积极宣传解读政策，部署实施专项行动，联合开展行政指导，强化对平台企业及其合作企业的用工指导和监督。通过约谈等方式，合力纠正企业违法违规用工问题，妥善处置舆情热点事件。截至目前，基本形成了部门协同、上下联动、一体推进的工作态势。一些地方还建立了常态化的新就业形态工作协调机制或工作专班。

总的来看，在各方面的共同努力下，平台企业用工逐步规范，新就业形态劳动者权益保障水平稳步提高。报酬权益保障力度明显加大，报酬拖欠风险持续保持在较低水平，职业伤害保障试点工作较好解决了试点地区、试点企业新就业形态劳动者的后顾之忧。新就业形态劳动者辛勤劳动的正面形象深入人心，社会公众更加尊重、理解和体谅新就业形态劳动者，新就业形态劳动者的获得感、幸福感、安全感明显提高。

二、提高站位、认清形势，增强维护新就业形态劳动者劳动权益的责任感使命感

在看到工作取得一定成绩的同时，也要清醒地认识到，维护新就业形态劳动者权益工作依然任重道远。各级人社部门务必进一步提高政治站位，深刻认识当前推进新就业形态劳动者权益保障工作面临的新形势、新挑战，进一步增强做好工作的责任感和使命感，持续发力，推动工作取得新的成效。

（一）要深入学习领会习近平总书记重要指示批示精神和党中央有关决策部署。

习近平总书记高度重视新就业形态劳动者权益保障工作，多次作出重要指示批示，强调新就业形态领域当前最突出的是新就业形态劳动者法律保障问题等，要及时跟上研究，把法律短板及时补齐，在变化中不断完善。要求创新社保参加方式，明确平台企业劳动保护责任。近期，又在与全国总工会新一届领导班子成员集体谈话等多个重要场合，强调要重视维护新就业形态劳动者的合法权益。这些重要指示批示，既充分体现了习近平总书记深厚的人民情怀和对新就业形态劳动者的关心关怀，又对平台经济发展方向作出了重要战略部署，为我们的工作指明了方向、提供了根本遵循。可以说，维护新就业形态劳动者权益工作是党中

央交办的一项重要政治任务，各级人社部门务必把思想和行动统一到党中央、国务院的决策部署上来，与中央要求时时对标对表，坚决扛起做好这项工作的政治责任，加强与有关部门的协同配合，加大工作力度，确保中央部署要求落地生根。

（二）要清醒认识维护新就业形态劳动者权益面临的形势和挑战。

新就业形态作为新生事物，形式多样，且仍在不断发展变化中，维护新就业形态劳动者权益工作面临的形势复杂、任务艰巨。从思想认识看，部分企业仍存在落实政策规定不积极、不主动，规避承担用工责任的问题。一些地方对新就业形态劳动者权益保障工作的复杂性认识不足，有的地方存在畏难情绪。从监管基础看，现行的法律法规和监管体系与平台用工模式不够匹配，传统的工作机制、方式方法在新业态领域有诸多失灵，理清部门职责、畅通横向纵向工作衔接、妥善处理矛盾纠纷等方面还存在许多薄弱环节。从客观形势看，在当前就业压力较大的形势下，平台经济作为吸纳新增就业的重要蓄水池，更多劳动者涌入平台就业，部分新就业形态劳动者等单时间延长、收入下滑，劳动者对劳动权益有了更多期待。

（三）要深刻理解维护新就业形态劳动者权益的重要意义。

新就业形态劳动者是平台经济的重要建设者，是社会经济运行不可或缺的支撑者，是满足人民群众美好生活需要的服务提供者，已经成为我国劳动大军新的重要组成部分。维护好新就业形态劳动者的劳动权益，是提高劳动者就业质量、促进共同富裕的应有之义，是推动平台经济规范健康发展、实现我国经济高质量发展、促进社会和谐稳定的重要保障，是维护劳动领域政治安全、巩固党的执政基础的必然要求，既是民生问题，也是经济问题，更是政治问题，是“国之大者”。各级人社部门务必以“时时放心不下”的责任感履好职尽好责，用心用情用力做好新就业形态劳动者权益保障工作。

三、持续发力、久久为功，推动新就业形态劳动者权益保障再上新台阶

当前和今后一个时期，我们要深入贯彻党的二十大精神和习近平总书记重要指示批示精神，全面落实党中央、国务院关于维护新就业形态劳动者权益的决策部署，把维护新就业形态劳动者权益工作摆在更加突出的位置，坚持以人民为中心的发展思想，坚持统筹兼顾、问题导向、分类施策，着眼当前、立足长远，推动新就业形态劳动者权益保障水平不断提高，全力构建中国特色和谐劳动关系，筑牢共同富裕、经济发展和社会和谐根基。重点抓好以下五项工作。

（一）切实提高政治站位，推进工作提质增效。

做好新就业形态劳动者权益保障工作是一项重要的政治任务，也是复杂的系统性工程。各地要持续深入学习习近平总书记重要指示批示精神，高度重视新就业形态劳动者权益保障工作，将其作为重中之重，强化政策研究，摸清现状问题，系统谋划工作，科学设定本地区短期、中长期工作目标，持续发力推进。要深入调研，摸清本地区外卖员、快递员、网约车司机、货车司机等不同类型新就业形态劳动者底数、权益保障重点难点问题。根据企业的用工方式和不同劳动者群体的特点和诉求，在现有法律政策框架下，有针对性、创造性地开展工作，逐步扩大新就业形态劳动者权益保障广度，不断提高权益保障水平，推动劳动者更高质量充分就业。

（二）压实企业用工责任，解决劳动者“急难愁盼”问题。

各地要加强政策宣传，继续通过行政指导、专项行动、监督检查等，增强企业依法合规用工意识，加大《关于维护新就业形态劳动者劳动保障权益的指导意见》等系列政策落实力度。结合本地实际，积极推行劳动合同和书面协议订立指引，以外卖、网约车行业平台企业及其合作企业为重点，逐步推动典型新就业

形态劳动者书面协议全覆盖，引导和督促企业与确立劳动关系的劳动者依法订立劳动合同，推动平台用工更加规范有序。大力推行新就业形态劳动者休息和报酬权益指引、劳动规则公示指引，指导企业公平确定劳动报酬，科学安排工作时间，制修订劳动规则切实履行民主程序，确保劳动者基本权益落到实处。加强行业用工规范，积极配合邮政局推行快递从业人员劳动合同示范文本等。

（三）完善维权服务机制，防范风险隐患。

各地要落实《新就业形态劳动者权益维护服务指南》有关要求，进一步畅通劳动者维权渠道，解决“告状无门”的难题，并积极引导劳动者依法理性维权。坚持调解优先，加强涉新就业形态矛盾纠纷联合调解工作，联通法院、司法部门、工会、企业组织等，建立“一站式”的新就业形态劳动纠纷联动调解机制，将矛盾化解在“小”。充分发挥典型案例指引作用，进一步强化裁审衔接，公正裁判涉新就业形态争议案件。快速查处严重违法违规问题，发挥警示震慑作用。加强涉新就业形态劳动纠纷风险监测，密切关注和及时处置互联网相关舆情，把风险隐患消除在“早”，切实提高防范化解群体性风险的能力。

（四）深化重点问题研究，夯实制度基础。

各地要持续跟踪新就业形态和企业用工方式的变化，加强理论研究，进一步厘清新就业形态的内涵和外延，深入研究新就业形态劳动者就业特点，有针对性地完善分类分层保障的具体对策措施。抓紧开展现行政策执行情况的评估，总结基层和企业的创新实践和经验做法，对看得准、较成熟的逐步上升为地方法规或制度规定。对有条件的地区，支持开展地方立法研究工作，探索为维护新就业形态劳动者权益提供法治保障，为国家层面立修法奠定基础。

（五）健全协同治理机制，形成工作合力。

各地要进一步完善工作体系，健全工作机制。对内，劳动关系板块要和就业、社会保险板块密切配合、协同发力，共同研究解决好实践中的重点难点问题；对外，要主动加强与交通运输、市场监管、邮政、工会、法院、司法、企业代表组织等相关部门的沟通和联系，充分发挥相关部门职能作用，强化行业分类规范，推动健全上下贯通、左右联动、内外协同治理的工作新格局。

同志们，维护好新就业形态劳动者劳动权益，构建中国特色和谐劳动关系意义重大、任务艰巨、使命光荣。我们要坚定信心、迎难而上，以高度的政治责任感、真挚的为民情怀和强烈的使命担当，开拓进取，圆满完成各项工作任务，为开创劳动关系工作新局面、促进更高质量就业、全面建设社会主义现代化国家作出新的更大贡献！

推进数字人社建设 赋能人社事业高质量发展

——在人社网络安全和信息化工作座谈会上的讲话

李 忠

（2023年6月27日）

在全党上下深入开展学习贯彻习近平新时代中国特色社会主义思想主题教育之际，我们召开人社网络安全和信息化工作座谈会，主要任务是以习近平新时代中国特色社会主义思想为指导，深入贯彻落实党的二十大精神，总结工作、交流经验、分析形势，安排部署数字人社建设行动各项工作，助推人社事业高质量发展。

信息化是各项业务工作的引领、支撑和保障，数字化是信息化发展的高级阶段，部党组对此高度重视。今年1月，晓萍同志在全国人社工作会议上指出，要“推进多领域、多层次数据共享应用，让网上办、掌上办等不见面服务成为主渠道，深入推进服务事项集成办理”。5月，部里召开网信领导小组全体会议，晓萍同志强调“要以数字化赋能推动人社事业高质量发展”。这次在宁夏开会，可以说是江苏会的一个延伸。江苏会明确把就业信息化作为当前信息化工作的重点任务，本次会议则是对今后3至5年的信息化工作进行全局部署。

一、深入学习领会习近平总书记关于数字政府建设的重要论述，切实增强思想自觉政治自觉行动自觉

党的十八大以来，习近平总书记从党和国家事业发展全局出发，深刻洞察信息革命发展大势和国际国内大局，围绕建设网络强国、数字中国提出一系列新论断新部署新要求，对数字政府建设作出一系列重要论述，为以数字化推进中国式现代化指明了前进方向、提供了根本遵循。我们要深入学习领会、全面准确把握，立足人社工作实际，切实抓好贯彻落实。

第一，深刻领会和把握推进数字政府建设的重大意义。习近平总书记强调，没有信息化就没有现代化。网络安全和信息化是事关国家安全和国家发展、事关广大人民群众工作生活的重大战略问题。加强数字政府建设是创新政府治理理念和方式的重要举措，对加快转变政府职能，建设法治政府、廉洁政府、服务型政府意义重大。全面贯彻网络强国战略，把数字技术广泛应用于政府管理服务，推动政府数字化、智能化运行，为推进国家治理体系和治理能力现代化提供有力支撑。这些重要论述，深刻阐明了信息化、数字化在推进经济发展、民

生改善和国家长治久安中的重要地位和作用，深刻阐明了数字政府建设对于健全国家治理体系、提升治理能力的重要意义。我们要全面推进人社数字化改革，充分发挥数字化对人社事业高质量发展的驱动引领作用。

第二，深刻领会和把握推进数字政府建设的基本内涵。习近平总书记强调，要推进政府决策科学化、社会治理精细化、公共服务高效化，用信息化手段更好感知社会态势、畅通沟通渠道、辅助决策施政、方便群众办事，做到心中有数。要以推行电子政务、建设智慧城市等为抓手，以数据集中和共享为途径，建设全国一体化的国家大数据中心，推进技术融合、业务融合、数据融合，实现跨层级、跨地域、跨系统、跨部门、跨业务的协同管理和服务。这些重要论述，深刻阐明了推进数字政府建设的总体目标，明确了推进数字政府建设的功能定位和主攻方向。我们要紧密结合实际，积极推进人社数字化改革，助力数字经济发展、服务数字社会建设。

第三，深刻领会和把握推进数字化民生服务的重点任务。习近平总书记强调，要把满足人民对美好生活的向往作为数字政府建设的出发点和落脚点，打造泛在可及、智慧便捷、公平普惠的数字化服务体系，让百姓少跑腿、数据多跑路。要运用大数据促进保障和改善民生，推进教育、就业、社保等领域大数据普及应用，深度开发各类便民应用。完善全国统一的社会保险公共服务平台，充分利用互联网、大数据、云计算等信息技术创新服务模式，深入推进社保经办数字化转型。探索以社会保障卡为载体建立居民服务“一卡通”，在交通出行、旅游观光、文化体验等方面率先实现“同城待遇”。这些重要论述，充分彰显了人民至上的执政理念和价值追求，深刻阐明了推进数字化民生服务的关键环节和基本路径。我们要自觉践行以人民为中心的发展思想，不断提升人社领域公共服务均等化普惠化便捷化水平，让人民群众更好共享数字红利。

第四，深刻领会和把握推进数字政府建设的重要原则要求。习近平总书记强调，要把坚持和加强党的全面领导贯穿数字政府建设各领域各环节，坚持正确政治方向。各级党委和政府要强化互联网思维，善于利用互联网优势，着力在融合、共享、便民、安全上下功夫。要筑牢网络安全防线，提高网络安全保障水平。要强化系统观念，健全科学规范的数字政府建设制度体系。各级领导干部要加强学习，懂得大数据，用好大数据，增强利用数据推进各项工作的本领，不断提高对大数据发展规律的把握能力，使大数据在各项工作中发挥更大作用。这些重要论述，深刻阐明了数字政府建设的领导力量和根本保证、思维方法和能力要求。我们要提高认识、转变观念，把握规律、主动作为，深化人社数字化改革创新，推动人社工作全方位变革。

二、正确把握人社信息化工作面临的新形势新任务新要求，切实增强责任感使命感紧迫感

经过多年的实践发展，人社信息化从发行第一代社会保障卡到二代卡、三代卡，到线上线下融合的电子社保卡，再到试点推行居民服务“一卡通”；从社会保障纳入国家电子政务“十二金”之中到“金保工程”一期、二期建设，再到实施“互联网+人社”行动和信息化便民服务创新提升行动，就业培训、社会保障、人才人事、劳动关系等领域信息化统筹推进，协同联动的“大系统”、涵盖各类人员全生命周期的“大数据”、支撑各项业务服务的“大平台”建设取得显著成效，“全数据共享、全服务上网、全业务用卡”的应用格局初步形成。这些都有力支撑了人社事业发展，也为数字人社创新升级奠定了坚实基础。

据了解，人社系统信息化取得了显著进步。但是，也要清醒认识到，还存在短板不足。各地区发展差距依然存在，各业务领域发展不均衡不协调，业务之间还没有完全有效打通，信息系统的整合共享尚不充分。数据资源的开发利用还不够，还需要更好发挥辅助决

策、支撑监管、方便群众、强化治理的作用。数据安全防护也还需要引起高度重视。踏上强国建设、民族复兴的新征程，顺应数字技术发展的新趋势，迫切要求我们着眼大局、服务大局，加快推进人社数字化改革，以人社事业高质量发展助力中国式现代化。

第一，正确把握新时代新征程人社工作使命任务，以数字化改革推进人社事业高质量发展。党的二十大明确了以中国式现代化推进中华民族伟大复兴的使命任务，提出了实现高质量充分就业，健全覆盖全民、统筹城乡、公平统一、安全规范、可持续的多层次的社会保障体系，培养造就大批德才兼备的高素质人才，提高劳动报酬在初次分配中的比重，完善劳动者权益保障制度等目标要求，作出一系列重大任务部署。全面落实这些任务部署，事关人口规模巨大的现代化成色，事关人口高质量发展，事关推动实现全体人民共同富裕。推进数字化改革，实现数字赋能，有利于促进劳动力供需匹配、现代化产业体系建设与人力资源开发协同、服务精准与管理科学配套，是构建高质量充分就业工作体系、终身职业技能培训工作体系，健全社会保障监督管理和服务体系、劳动用工监管服务体系的内在要求，是适应引领人口发展新常态的必然选择。

第二，正确把握数字时代发展脉动，积极推进人社数字化理念重塑。我国已加速进入以数字化、网络化、智能化为主要特征的数字时代，形成以数据资源为关键要素，以现代信息网络为主要载体，以信息通信技术应用、全要素数字化转型为重要推动力的发展新趋势。这些深入渗透到经济社会全过程各领域，深刻改变人们的生产方式和生活方式，不仅带来劳动力市场重组等一系列革命性变化，也对民生建设提出新的更高要求。目前，我国数字经济规模超过 50 万亿元，占国内生产总值超过 40%，连续多年稳居世界第二位。移动网络的终端连接总数已达 35.28 亿户，移动物联网连接数达到 18.45 亿户。电子政务在线服务指数也从全球第 34 位跃升到前 10 名以内，数字政府建设总体效能不断增强。及时跟上数字时代的步伐，争取发展主动权，充分开发利用民生领域数据资源“富矿”，推动数字技术与人社工作有机融合，创新工作模式与流程，已经成为摆在我们面前的一道必答题和抢答题。

第三，正确把握人民群众新期盼，着力提高人社数字化便民服务水平。人民群众最关心的是能不能找到工作，工作是不是稳定、够不够体面，工资收入怎么样，单位有没有给缴社保费、社保能不能接上，有没有更好的职业发展空间等等。随着经济社会发展特别是互联网的普及使用，群众对人社领域公共服务的方便快捷和服务品质有了更高期待。目前，我国网民规模 10.7 亿人，互联网普及率近 80%，线上办公用户超过 5.4 亿户。这些都要求我们主动适应群众需要，摸清群众利益诉求，善于运用数字化手段统领各项民生业务，深度开发便民应用，不断增强服务效能，提升工作质量和效率，让数字技术更好地服务群众、造福人民。

第四，正确把握中央关于数字政府建设新部署，不断提升人社数字化治理能力。党中央、国务院对数字政府建设作出一系列决策部署，进行系统性谋划和体系化布局，明确了优化数字社保、就业和人力资源服务，建立完善适应数字新就业形态的劳动权益保障制度等方面的目标任务。我们要按照中央的部署要求，对标对表工作任务，自觉主动推进数字化改革，充分发挥海量数据资源和丰富应用场景优势，夯实数字化支撑，形成用数据服务、用数据监管、用数据决策的机制，积极打造人社数字治理新模式。

三、全面推进数字人社建设各项重点工作，推进人社事业高质量发展

实施数字人社建设行动，是贯彻落实数字政府建设的具体举措，是人社事业高质量发展的重大基础性工程，是当前和今后一个时期推进人社数字化改革的施工图。在整体把握上，数字人社建设行动可以概括为“1532”四个数字。其中，“1”，即 1 个总体目标，也就是深

化一体化、发展数字化、迈向智能化，这是推进人社领域治理体系和治理能力现代化的方向引领。“5”，即5类对内对外应用场景，也就是一体化办理、精准化服务、智能化监管、科学化决策、生态化发展。着力打造这些场景，是优化各项业务工作模式的基本路径。“3”，即3项能力底座，也就是人社一体化信息平台、人社大数据平台、公共基础设施。建设这些底座，目的在于夯实数字人社发展的技术基础。“2”，即2个工作支柱，也就是建立健全政策标准、强化安全保障。强化这些支柱，目的在于为推进数字人社发展提供有力有效的支撑。数字人社建设行动方案，部署了全方位、全过程、各环节的工作，需要全面抓好落实。这里，我重点强调五个方面，也就是做到“五个强化”。

第一，强化运行支撑，保障重点业务工作落实。人社领域的重大改革、重点任务很多，推进数字人社的一个重要目的，就是通过提供系统和数据等技术支撑，确保更好落到实处。要夯实高质量充分就业的工作基础。在前期工作的基础上，尽快建成全省集中的“一库一平台”，也就是全省集中的就业信息资源库和全省集中的就业信息平台，实现全流程进系统、全业务实名制、全服务用数据，支持精准化就业管理和便捷化就业服务。同时，要完善全国数据归集机制，积极谋划推进后续工作。要助力健全多层次社会保障体系。深入推进全民参保计划，聚焦灵活就业人员、新就业形态就业人员等重点群体，深入开展信息比对，精准定位到每一名“漏保”“脱保”“断保”人员，为参保对象提供全网式、全流程、无差别的方便快捷服务，努力把各类群体全部纳入社会保障范围。围绕系统集成、协同高效，构建一二三支柱协同发展的养老保险管理服务模式，完善社保各险种之间的衔接共享，打通相关领域的系统平台，提高多层次社会保障体系的运行效率。要赋能人力资源开发利用。充分发挥大数据作用，打通各部门人才数据共享通道，准确掌握相关人才分布、市场供需等情况，提高人才与产业匹配度。围绕现代化产业体系建设特别是制造业转型升级，通过数字技术应用引导技能人才发展，推进技工院校特色发展，健全终身职业技能培训工作体系。要推进劳动维权协同治理。加强新就业形态劳动权益保障，推广应用电子劳动合同，探索开展平台企业用工监测，着力解决新就业形态劳动用工存在的突出问题。加强调解、仲裁、劳动保障监察联动处置，实现省内“一点举报投诉、全网协同处理”。完善劳动人事争议“总对总”在线诉调对接机制，促进调解仲裁与诉讼有效衔接。特别要强调的是，上面这些业务板块不是各自为战，必须推进一体化应用，深入分析业务关联特性，将各类业务放在一体化信息平台上运行，切实打通各个系统和数据，真正发挥人社部门的整体治理优势。同时，也要结合与相关政府部门和社会机构的共享与协同，发挥更大的作用。

第二，强化便捷高效，持续优化人社公共服务。人社公共服务事关惠民政策的落实落细，直接体现为群众的切身利益。要推进服务同质。加强人社领域公共服务标准化建设，以省为范围，统一经办服务标准，动态调整服务事项清单，持续完善事项要素、电子档案等标准规范。要推进服务协同。构建网点、网站、电话、社保卡、手机端等各类渠道相互衔接、互为补充的人社公共服务体系，让群众按需选择。适应人口规模流动，加强地区协作，持续拓展“跨省通办”“省内通办”服务事项，推动社保业务省内无差别受理，优化社保关系转移流程，推动工伤保险省内及跨省联网直接结算。要推进服务优化。结合业务协同和数据共享，精简证明材料、经办流程，将关联事项整合成一件事一次办，推进“一门综窗”服务，推行快办秒批等模式，加强银行等基层网点下沉服务，让群众少跑腿、好办事。要推进服务创新。运用大数据技术为企业、群众画像，摸清需求，结合人工智能技术建设人社政策文件库、问答知识库，发展12333智能客服和“数字柜员”，智能推送政策信息和服务信息。要推进“一卡通”建设。坚持社保卡作为国家民生服务基础性载体的功能定位，加强顶层设计和立法标准工作，推进全业务用卡，强化跨部门、跨地区用卡，推进“多卡合一”“多码融合”。加强电子社保卡的开发利用，强化社保卡身份认证功能，努力让社保卡成为值得信赖的民生必需品，成为服务群众的政府公共品。

第三，强化监管效能，提高风险防控水平。人社领域相关风险防控形势复杂严峻，各类基金资金的监督管理任务艰巨繁重，迫切需要用数字技术扎牢风险防控的笼子。要构建监测预警系统。加强区域性行业性失业、规模性裁员、脱贫劳动力就业失业监测，健全形势监测、趋势研判、风险预警、即时响应的风控体系和应急处置机制。要落实专项整治任务。扎实开展失业保险基金管理问题、职业技能培训和评价专项整治，依靠数字化手段，加强对就业补助资金、培训补贴、社保基金的有效监管，及时发现和解决问题，举一反三，提高政策效能和资金效益。要加强重点领域监管。聚焦人力资源服务、零工市场、新就业形态等，集成打通市场监管等相关部门数据，运用人工智能技术，对扰乱人力资源市场秩序、劳动用工和欠薪违法违规行为实施精确管控，形成风险预警、线索核查、调查处置的协同闭环管理机制。聚焦欺诈骗保、骗领补贴、违规提前退休、重复领取补贴待遇等重点问题，通过现场检查、网络监督、数据稽核，提高发现问题的效率和精准度。要深化“大管控”应用模式。从社保领域拓展到其他业务，推动建立全覆盖的数字化、智能化内控监督体系，在一体化信息平台中嵌入风险管控规则，对不合规业务弹窗提醒或直接阻断，提升风险预警能力，控住增量风险，实现智能化的管理手段与日常工作平台的有机融合。

第四，强化数字引领，助力决策科学精准。数字技术已成为推进决策科学精准的重要基础。要摸清底数。做实全业务实名制，落实就业失业登记、社保登记、劳动用工备案联办机制，结合跨部门数据共享，构建各项业务主题库，全面动态掌握各类群体的具体状况和趋势变化，做到基础数据清晰，确保决策有规律可循、有数据可依。要加强分析。注重发挥好人社数据“金山银库”效应，加快建立基于大数据的监测分析体系，为决策提供发展趋势、可行性研究、社会风险评估等支撑。尤其就业数据是宏观调控的重要依据，要加快完善就业形势分析研判机制，通过关联分析相关信息资源，提升政策调节的科学性、预见性和有效性。要加强评估。以各方面数据为纽带，加强对人社政策措施的综合分析，形成决策、执行、评估、改进的运行闭环，持续调整优化政策和服务供给，确保决策符合实际、取得实效，经得起检验。

第五，强化数据管理，筑牢数字人社安全防线。人社领域数据规模庞大，数据安全是底板底线。要建立制度规范。坚决贯彻落实数据安全相关法律法规，各地要按照部里的统一要求，建立健全本地相关制度，切实把安全制度落到实处、安全责任落到人头。要加强技术防范。提升部省两级数据中心和全国金保网络的承载支撑能力，完善部省两级灾备系统，全面提升应急保障能力。对创新采用的新技术和新模式，也要做好安全评估，避免产生新的风险。要加强运行管理。加强宣传引导，注重提升服务对象的数据安全防护意识和技能，严防个人信息泄露。从严加强第三方厂商的安全规范管理，确保不发生数据泄露等安全问题。

四、提高站位、担当作为，确保各项工作任务落实落地

做好数字人社建设这篇文章，事关事业发展全局。各级人社部门要强化责任担当，以更扎实的作风和更有力的举措，切实把各项工作抓紧抓实抓到位。

第一，提高政治站位。数字人社建设，是落实数字政府建设要求，不断推进人社工作管理精准化、服务人本化、决策科学化的一件大事。要深入开展学习贯彻习近平新时代中国特色社会主义思想主题教育，以学铸魂、以学增

智、以学正风、以学促干，坚决拥护“两个确立”，切实把数字人社建设作为践行“两个维护”的具体行动，充分认识推进数字人社建设的重大意义，认真贯彻落实习近平总书记关于网络强国、数字中国的重要指示精神和党中央、国务院决策部署。要主动纳入地方党委、政府的统一领导和数字政府建设的大盘子，加强相关重要情况、重大问题、重大事项的请示汇报，积极争取更多的支持。

第二，压实工作责任。各级人社部门要将数字人社作为“一把手”工程，主要负责同志亲自抓、抓具体、抓深入，健全完善与数字化改革相适应的组织领导和统筹协调机制，切实履行主体责任，务求取得实效。要细化实化数字人社建设实施方案，形成时间表、路线图、任务书，明确综合、业务、技术等各部门责任，拧成一股绳，决不能将数字化改革仅仅当成技术工作，丢给信息部门了事。要从人财物上给予倾斜支持，积极协调解决数字化改革中的困难问题。要加强调度评估，定期跟踪分析、调研指导。

第三，鼓励探索创新。部里将及时发布数字人社参考应用场景，建立“揭榜领题”机制，支持各地大胆探索、勇于创新，在有条件的地区先行先试。要增强进取意识、机遇意识，结合当地数字经济发展和数字社会建设需求，深入剖析人社信息化的短板弱项，在统一政策规程和信息平台前提下，因地制宜建设数字化应用场景，加强基础能力支撑。要以更加开放的态度，既立足本职，又跳出本部门本业务，从群众视角和全局层面看问题，推动各业务的跨域协同和工作体制机制变革。探索与社会数据的对接，鼓励社会力量参与创新。要充分调动地市、区县等人社部门积极性，尊重基层的首创精神，强化政策、数据、平台、应用、服务等方面的赋能，及时总结提炼各地好的做法，形成可复制可推广的经验。

第四，坚持系统观念。信息系统、一体化平台等本身就具有系统观念的题中之义。要增强人社工作各项业务之间的关联性和耦合性，加强与有关部门、有关方面的数据共享、协调联动。在这两个方面，都需要下真功夫。要在谋划数字人社整体推进、全面布局的过程中，把就业信息化作为当前阶段的主要矛盾和矛盾的主要方面，把握阶段性重点，以重点突破带动整体推进，做到整体与局部相辅相成、相互促进。要立足当下、着眼长远，按照数字人社建设的总体安排，既一项一项扎实推进、落地见效，又加强系统性谋划，提升综合效能。

第五，提升数字素养。数字人社建设既是制度重构、流程再造、整体优化的过程，也是推动干部队伍理念重塑、本领增强、能力提升的过程。各级人社部门领导干部要强化数字思维、互联网思维，顺应数字化发展趋势，强化数字化理念，把握规律特点，善于在数字化背景下设计制度、制定政策、优化流程。特别要深刻理解数字化改革对于转变政府职能、创新治理理念和方式的巨大驱动作用，习惯于用数据“说话”、用网络“服务”、用系统“管理”，抛弃不符合数字化发展方向的思维定式和工作范式，更不能认为数字化改革会带来对自身工作的“约束”。要把实践中行之有效的经验做法制度化长效化，形成制度规范成果，持续推动理念更新、技术革新、工作创新。要加强对人社系统业务干部数字素养的教育培训，补上素质短板、方法短板，善用数据、善治网络。要加强人社数字化专业队伍建设，形成一支讲政治、懂业务、精技术的复合型信息化建设工作团队。

第六，弘扬优良作风。优良的作风是推进数字人社发展的重要保证。要树立正确政绩观，坚持求真务实、真抓实干，出实招、办实事、求实效，以钉钉子精神推进各项工作，一件事情一件事情地办，确保干一件成一件。力戒形式主义、官僚主义，坚决反对“雷声大、雨点小”“雨过地皮湿”的表面文章，避免搞“花拳绣腿”“摆花架子”那一套。要大兴调查研究，体察实情、解剖麻雀，全面掌握情况，掌握真实情况，做到心中有数。善于发现问题，分析原因、找准症结，提出符合客观实际的办法措施。推进数字人社建设的许多工作，都会涉及资金、招投标、项目管理等，廉政风险防控一刻不能放松，必须把严的基调、严的措施、严的氛围长期坚持下去，确保每一个信息化工程都建成干干净净的工程。要强化纪法教育、警示教育，加强典型案例剖析，做到抓早抓小"治未病"。要持续加大风险排查和隐患处置力度，加强重点领域和关键岗位监督和制度建设，扎紧篱笆、筑牢防线。

深入学习贯彻《社会保险经办条例》在法治轨道上推动社保事业高质量发展

——在人社系统贯彻实施《社会保险经办条例》动员部署电视电话会上的讲话

李　忠

（2023年9月14日）

这次会议是部党组同意召开的。《社会保险经办条例》（以下简称《条例》）将于2023年12月1日起施行，这是我国社保经办法治建设的重要成果。部党组书记、部长王晓萍同志高度重视《社会保险经办条例》的组织实施工作，提出明确要求。今天我们召开电视电话会，主要任务是，以习近平新时代中国特色社会主义思想为指导，深入贯彻落实党的二十大精神，在全系统部署《条例》的学习贯彻工作，在法治轨道上推动社保事业高质量发展。下面，我讲三方面意见。

一、充分认识《条例》出台的重大意义

《条例》是全面规范社保经办工作的第一部行政法规，从2018年启动立法工作，历时五年，终结硕果。《条例》深入贯彻习近平新时代中国特色社会主义思想，系统总结了社保经办四十年改革发展历程的重要经验，特别是党的十八大以来社保经办工作取得的重要改革成果，将其固化下来，在社保经办法治化进程中具有里程碑意义。

（一）《条例》是提升社会保障治理效能的重要抓手。

习近平总书记指出，社会保障是人民生活的安全网和社会运行的稳定器，是治国安邦的大问题，强调要完善社会保障管理体系和服务网络，在提高管理精细化程度和服务水平上下更大功夫，提升社会保障治理效能。《条例》第一条就开宗明义，阐明了立法的目的和宗旨，即规范社会保险经办，优化社会保险服务，保障社会保险基金安全，维护用人单位和个人的合法权益，促进社会公平。这是《条例》始终秉持的价值追求，也是以人民为中心的发展思想的具体体现。《条例》的出台，必将全面提升社保经办工作的科学化、规范化水平，也一定会让人民群众享有更加高效便利、安全规范、富有温情的公共服务。

（二）《条例》是社会保障法治化建设的重要成果。

习近平总书记强调，要推进社会保障法治化，从立法、执法、司法、守法各环节加强社会保障工作，在法治轨道上推动社会保障事业健康发展。2011年实施的《中华人民共和国社会保险法》（以下简称《社会保险法》），确

立了我国社会保险的总体框架、基本方针、基本原则和基本制度，其中设专章规定了社保经办工作。之后，国家相继出台了一系列法律法规，初步构建了社会保障法治体系。《条例》在《社会保险法》的基础上，对社保经办工作进行了细化和完善，确立了社保经办工作基本规范。《条例》的出台，必将改变长期以来我们主要依据部门规章、政策文件、业务规程经办社保业务的问题，社保经办的权威性、指导性、约束性将显著增强，也将为社保经办机构履职尽责提供更加有力的法治保障。

（三）《条例》是推动社会保障事业高质量发展的重要支撑。

目前我国已经建成世界上规模最大的社会保障体系，基本养老保险、失业保险、工伤保险参保人员分别达到10.57亿人、2.4亿人、2.94亿人，加强社保经办工作至关重要。特别是随着我国社会主要矛盾发生变化和城镇化、人口老龄化、就业方式多样化加快发展，人民群众对健全社会保障体系的诉求日益增加，对社保经办提出了新的更高的要求。可以说，加强社保经办工作，既是社会保障体系建设的重要内容，也是社会保障事业高质量发展的重要依托。《条例》的出台，必将进一步夯实社保经办工作基础，对于社会保障事业高质量发展将起到固根本、稳预期、利长远的重要支撑和保障作用。

二、全面理解和把握《条例》的主要内容

《条例》充分吸纳总结了社保经办领域的改革创新经验和系统行风建设成果，聚焦社保经办实践中出现的新情况新问题，对社保经办运行规律有了更为深刻的认识。要全面理解《条例》的重要内容，必须做到“四个准确把握”。

（一）准确把握《条例》的指导原则。

《条例》规定，社保经办工作坚持党的领导，坚持以人民为中心，遵循合法、便民、及时、公开、安全的原则。坚持党的领导、坚持以人民为中心，这是社保事业健康发展的根和魂，“五个原则”是贯穿《条例》全文的一条鲜明主线，是做好社保经办工作的基本要求。“合法”是行政法治的核心内容，要树牢法治意识，坚持依法行政，切实做到法无授权不可为、法定授权必须为。“便民”体现的是社保经办服务的价值取向，要强化宗旨意识，创新服务方式，不断提升群众办事体验和满意度。“及时”强调的是社保经办服务的行政效率，要以服务上的“高要求”来落实时间上的“硬标准”，把服务群众的承诺转变为推动经办提质增效的强大动力。“公开”体现的是对公众知情权、参与权、表达权和监督权的尊重和维护，要始终做到行政行为公开透明，让管理服务在阳光下运行，自觉接受人民的监督。“安全”则是社保经办工作的底线要求，要始终坚持底线思维，强化安全底线，防范化解重大风险，确保社会保障事业行稳致远。

（二）准确把握便民利民的要求。

习近平总书记指出，我们不舒服一点、不自在一点，老百姓的舒适度就好一点、满意度就高一点，对我们的感觉就好一点。《条例》在减证便民、优化服务方面作出规定，是其一大亮点。

一是大幅“清、减、压”。原先没有时限要求的，《条例》尽量予以明确。如申请领取基本养老金的，自收到申请之日起20个工作日内办理完毕等。原先有时限要求的，《条例》尽量予以压缩。如用人单位参保登记办理时限由15个工作日变为在登记管理机关办理登记时同步办理参保登记。《条例》本着“应减尽减”的原则，压减各类证明材料40%以上。同时，规定社保经办机构要求提供身份证件以外的其他证明材料，应当有法律、法规和国务院决定依据，切实解决提供无谓证明材料的问题。

二是要求创新服务方式。要加强社保经办体系和服务网络建设，加强与相关政务服务事项协同办理，为用人单位和个人提供“一体化”经办和“一站式”服务。要完善全国统一的社保公共服务平台，充分利用互联网、大数

据、云计算等信息技术创新服务模式，深入推进社保经办数字化转型，强化部门间信息共享，通过“数据多跑路”实现“群众少跑腿”，不断提升管理手段和服务水平。

三是为老年人等特殊群体提供个性化服务。《条例》坚持传统服务方式和智能化服务创新并行，要求各级社保经办机构推动无障碍环境建设，采用授权代办、上门服务等方式，为广大老年人和残疾人等特殊群体提供更加贴心暖心的社保服务。

（三）准确把握风险防控的各项要求。

《条例》以法治方式强化社保经办风险防控，主要体现在以下三个方面。

一是保障社保基金安全。维护好基金安全是社保工作的底线和红线，对此，《条例》构建了多元的监督体系，明确了社保经办机构核查社保登记和待遇享受等事项的职责，要求建立社会保险信用管理制度，对骗取社保基金支出，隐匿、转移、侵占、挪用社保基金或者违规投资运营等违法行为，明确了违法的成本和代价。

二是保障社会保险数据安全。“记录一生、保障一生、服务一生”是社保经办部门对广大参保群众的庄严承诺。社保数据的准确、完整、安全关乎广大参保群众的切身利益，维护社保数据安全是社保部门义不容辞的职责。《条例》要求社保经办机构妥善保管社会保险经办信息，确保信息完整、准确和安全，健全信息核验机制。

三是强化社保经办工作运行安全。《条例》要求社会保险经办机构建立健全业务、财务、安全和风险管理等内部控制制度，并定期开展检查、评估，对发现的问题进行整改，明确岗位权限和职责，对重点业务、高风险业务分级审核，这些都是社保经办工作安全规范运行的重要保障。

（四）准确把握社会各方在社保经办领域的责权。

一是强化了对社保经办行为的行政监督和社会监督。《条例》要求社保经办行为不仅要自觉接受人社行政部门、财政部门、审计机关的监督，还要接受社会各方的监督。用人单位和个人有权对经办服务提出意见建议，对违法行为进行举报、投诉，对侵害社会保险权益行为申请复议、提起诉讼。

二是明确了用人单位和个人责任。《条例》对用人单位、待遇享受人员或者其亲属需要履行的义务进行了规定，例如，要求个人出现国家规定的停止享受社会保险待遇的情形，用人单位、待遇享受人员或者其亲属应当自相关情形发生之日起20个工作日内告知社保经办机构。

同时，《条例》对构成违反治安管理、犯罪的行为，规定了治安管理处罚和刑事责任。

三、切实加强对《条例》宣传贯彻的组织领导

《条例》的生命力在于实施。各地特别是社保经办系统要切实把抓好《条例》的学习宣传贯彻作为当前和今后一个时期的重要任务，不折不扣地贯彻执行。

（一）提高政治站位，压实工作责任。

从现在到《条例》正式实施，只有两个半月时间，宣贯工作时间紧、任务重。部里印发了《关于学习宣传贯彻〈社会保险经办条例〉的通知》，各地要把抓好《条例》贯彻执行摆上重要日程。人社法制、政策、监督、经办、宣传、信息等部门要牢固树立“一盘棋”思想，既要各司其职，又要通力合作，形成贯彻执行《条例》的整体合力。

（二）精心组织编写《条例》解读材料。

全面准确地做好《条例》的解读是后续开展培训宣贯的基础。部社保中心已将《条例》解读发送各地征求意见，各地要尽快组织专门力量，结合经办工作实际，进行系统研究。部社保中心要充分吸收各地的意见建议，尽快修改完善，形成较为成熟的《条例》解读，供各地在学习宣贯工作中使用。

（三）抓好《条例》的培训宣传工作。

各级社保经办机构要先学一步，做到全系

统工作人员第一时间全面把握《条例》立法精神、宗旨和原则，准确理解《条例》的主要内容和具体要求。培训工作要有计划有组织，做到全员覆盖。要通过培训，把社保经办管理服务工作统一到《条例》的要求上来，全面提升依法经办的能力和水平。

要充分发挥广播、电视、报纸等传统媒体优势，面向社会大众深入阐释解读《条例》的主要内容、积极作用和重要意义。要创新宣传形式，以群众喜闻乐见的方式向用人单位及灵活就业人员、农民工、高校毕业生等重点群体，开展精准宣传，介绍《条例》在优化社保服务、方便群众办事方面的利好。同时，采取以案释法、以案说法等形式，宣传欺诈骗保行为的危害及法律后果，引导和教育广大群众知法守法，为《条例》的实施营造良好社会氛围。部社保中心要统筹协调，组织精干力量，成立工作专班，对各地的宣贯工作及时给予指导帮助。

（四）完善配套制度，切实增强制度运行的统一性和规范性。

为确保《条例》平稳实施，部里将对照《条例》要求，对现行社保经办规章制度进行清理，做好"废改立"工作。对于现行的仍在指导工作的各种经办规程中，与《条例》清材料、减证明、压时限等要求不符的规定，要及时地进行彻底清理。各地也要及时清理地方出台的政策文件，确保把社保经办管理服务统一到《条例》的规定和要求上来。各地要以《条例》出台为契机，加快完善相关配套制度，研究落实《条例》的细则和办法。

目前，部社保中心牵头起草的《社会保险领域严重失信主体名单管理办法》作为《条例》的一项重要配套制度，已基本就绪。此次《条例》首次明确了社保经办机构在社会保险领域严重失信主体名单管理工作方面的职责，为社保信用体系建设提供了上位法依据。加快社会保险信用体系建设，对于构建"事前承诺、事中监管、事后惩戒"的社保监管机制，完善社保失信信息记录和共享体系，遏制欺诈骗保或挪用贪占各类社保基金的违法行为，推动社保经办服务模式的转型均具有重要意义。《社会保险领域严重失信主体名单管理办法》正式发布后，大家要共同做好实施工作，让信用管理成为社保经办管理和服务的重要抓手。

（五）强化支撑保障，推动社保经办服务能力和水平提升。

《条例》的顺利实施，还要依赖于部门间的数据共享、信息系统的改造升级等基础支撑。目前，部里正在会同相关部门研究制定社保数据共享机制。希望各地同步以《条例》为依据，加强推动与其他部门的数据共享和业务协同，大力推动统一的社保公共服务平台和社会保障卡应用，同时要对照《条例》的要求，分析差异，尽快开展信息系统改造升级，把《条例》的各项规定落到实处。

同志们，做好《条例》贯彻实施工作，任务艰巨、责任重大。我们要坚持以习近平新时代中国特色社会主义思想为指导，统筹谋划、多措并举，推动《条例》的精神和理念深入人心，确保《条例》的有关规定落地见效，在法治轨道上推动社保事业高质量发展取得新成效。

开拓创新 真抓实干
努力开创新时代法治人社建设新局面

——在人力资源和社会保障法治工作座谈会上的讲话

俞家栋

（2023年5月17日）

在全党上下深入开展学习贯彻习近平新时代中国特色社会主义思想主题教育之际，我们召开人社法治工作座谈会，主要任务是以习近平新时代中国特色社会主义思想为指导，深入学习贯彻习近平法治思想，全面贯彻党的二十大精神，认真落实全国人社工作会议部署要求，总结经验，分析形势，部署任务，推动新时代法治人社建设高质量发展。下面，我讲三点意见。

一、充分肯定法治人社建设取得的显著成效

近年来，各级人社部门深入学习贯彻习近平法治思想，认真落实法治人社建设实施方案，紧紧围绕人社中心任务，协调推进立法、执法、执法监督和普法工作，攻坚克难，开拓创新，法治人社建设取得新成效。

（一）坚持“立改废释”并举，人社法律制度体系进一步完善。

顺应人社事业发展需要，推进《社会保险经办条例》出台，颁布《网络招聘服务管理规定》《拖欠农民工工资失信联合惩戒对象名单管理暂行办法》《社会保险基金行政监督办法》《社会保险基金监督举报工作管理办法》4件部门规章。根据新修订的《中华人民共和国行政处罚法》修改完善3件部门规章，并对现行有效行政规范性文件进行全面梳理，推进集中统一公开。各地紧密结合实际，加快完善具有地方特色的法律制度体系，制修订地方性法规和政府规章50余件，制定规范性文件700余件。

（二）持续推进“放管服”改革，人社政务服务水平进一步升级。

深入推进行政审批制度改革，全面实行行政许可和公共服务事项清单管理，在全国范围内推行“证照分离”改革全覆盖，积极推进证明事项告知承诺制，持续开展人社服务快办行动、人社政务服务“好差评”等活动。

（三）严格规范行政执法行为，人社部门依法履职能力进一步提升。

深入贯彻《保障农民工工资支付条例》，推动农民工工资专用账户、实名制管理、失信惩戒等制度落地见效，根治欠薪工作取得明显成效。加强重点领域执法，组织开展清理整顿人力资源市场秩序、社会保险基金管理问题整治等专项行动，积极推进“双随机、一公

开”“互联网 + 监管”等工作，对相关违法行为始终保持高压态势。全面落实行政执法“三项制度”，建立健全行政裁量权制度，完善轻微违法行为依法免予处罚清单，出台《新就业形态劳动者劳动合同和书面协议订立指引（试行）》，督促平台企业依法合规用工，切实维护新就业形态劳动者合法权益。

（四）全面加强执法监督，依法及时化解矛盾纠纷机制进一步健全。

健全完善合法性审查、法律顾问、执法案卷评查和评议考核等行政执法监督制度，严格落实执法责任。依法妥善处理各类行政争议案件，积极配合和自觉接受人民法院司法监督，发现和纠正行政执法中的问题。健全依法多元化解纠纷机制，会同有关单位联合出台加强劳动人事争议协商调解、仲裁与诉讼衔接、法律援助等方面的文件，建立争议“总对总”在线诉调对接机制和青年仲裁员志愿者联系企业活动常态化长效化工作机制，依法及时化解矛盾纠纷。

（五）创新开展法治宣传教育，人社政策法规知晓度进一步提高。

制定实施“八五”普法规划，认真落实“谁执法谁普法”普法责任制，紧贴中心工作和群众关心热点，与全国总工会、应急管理部联合开展法治知识竞赛活动，参与人数累计达千万，答题点击次数超过 14 亿。各地通过法治竞赛、普法宣传队、普法讲师团、微信普法平台、普法微视频等多种形式，多角度、全方位地宣传人社政策法规。

二、准确把握法治人社建设面临的新形势新任务新要求

党的十八大以来，以习近平同志为核心的党中央把全面依法治国纳入“四个全面”战略布局，在深入推进全面依法治国的伟大实践中创立了习近平法治思想。党的二十大对坚持全面依法治国、推进法治中国建设作出全面部署，为推进新时代法治政府建设提供了科学指引和前进方向。我们要深入学习领会，深刻理解把握，切实把思想和行动统一到中央部署要求上来，紧扣人社职能职责，认真抓好贯彻落实。

（一）深刻把握习近平法治思想的精髓要义，确保法治人社建设始终坚持正确的政治方向。

习近平法治思想是马克思主义法治理论中国化的最新成果，深刻回答了新时代全面依法治国的重大理论和实践问题，特别强调党的领导是中国特色社会主义法治之魂，中国特色社会主义法治道路是建设社会主义法治国家的唯一正确道路，坚持法治为了人民、依靠人民、造福人民、保护人民，等等。这些重要论述，深刻阐明了中国特色社会主义法治建设的鲜明特征、方向道路、根本立场。我们要深刻认识习近平法治思想的丰富内涵、精髓要义和实践要求，坚持把党的领导作为做好新时代人社法治工作的根本保证，严格落实党的领导入法入规等要求，使党的主张、各项改革通过法治保障有效实施，切实把党的领导落实到法治人社建设全过程各方面。要把以人民为中心思想落实到法治人社建设具体实践中，积极顺应群众新要求新期待，通过制度安排、法律规范、政策支持保障和改善民生，让群众获得感幸福感安全感更加充实、更有保障、更可持续。

（二）深刻把握党的二十大对全面依法治国的重要部署要求，坚持运用法治思维、法治方式推动人社事业改革发展。

党的二十大对坚持全面依法治国，推进法治中国建设作专章论述，提出在法治轨道上全面建设社会主义现代化国家，对完善中国特色社会主义法律体系、扎实推进依法行政等作出部署安排，强调要加强重点领域、新兴领域、涉外领域立法，以良法促进发展、保障善治，要求健全劳动法律法规。我们要深刻把握全面依法治国对法治人社建设提出的新任务新要求，遵循经济社会发展规律，顺应保障和改善民生需要，按照法定权限和程序行使权力、履行职责，坚持在法治轨道上统筹社会力量、平衡社会利益、调整社会关系、规范社会行为。

要聚焦人社领域重点改革，围绕人力资源供需结构矛盾、社会保障制度公平性可持续性、构建和谐劳动关系特别是新就业形态劳动者权益保障等方面，积极研究探索用法治方式解决问题的新路径新方法，破解深层次体制机制障碍，为实现人社领域治理体系和治理能力现代化提供法治保障。

（三）深刻把握法治人社建设面临的新情况新问题，切实增强做好工作的责任感紧迫感。

党的二十大对人社工作提出一系列新部署新任务，我国人口老龄化、新型城镇化、就业形式多样化、数字化等发展趋势给人社工作带来了新问题新挑战。法治人社建设自身也还存在法律制度体系不够系统完备、执法不够规范、法治宣传教育成效有待提升等问题，创新推进法治建设力度还需加强。这些都对法治人社建设提出了新的更高要求。我们要客观分析形势，正视矛盾问题，积极担当作为，聚焦人社重点工作加强前瞻性谋划和规律性思考，科学制定政策法规，推进法律制度实施，在推进重大立法项目、行政规范性文件合法性审核、重大行政执法决定法制审核等工作中把好“法律关”，持续强化法治人社自身建设，提高创造性执行效能，更好发挥法治引领和推进发展作用。

三、扎实推进法治人社建设各项任务落实落地

当前和今后一个时期，推进法治人社建设总体要求是：坚持以习近平新时代中国特色社会主义思想为指导，深入学习贯彻习近平法治思想，全面贯彻落实党的二十大精神，以在法治轨道上推进人社事业高质量发展为目标，聚焦服务保障人社领域重大改革和重要任务，坚持统筹兼顾和重点突破相结合，扎实推进人社法治各项工作，奋力开创新时代法治人社建设新局面。

（一）推进重点领域、新兴领域立法，持续提升人社立法工作质量。

一要加强前瞻性立法研究。着眼落实二十大报告关于实施就业优先战略、完善社会保障体系、健全劳动法律法规等重要部署，加强对新就业形态劳动者权益保障等新情况新问题的研究，做好理论储备、实践储备和人才储备。

二要加快重点急需项目立法。要积极配合做好《社会保险经办条例》审议有关准备工作，统筹做好《社会保险基金监督条例》《人力资源服务机构管理规定》等法规规章制定工作。

三要坚持科学民主依法立法。要研究制定中长期立法规划，统筹立改废释纂，增强立法系统性、整体性、协同性、时效性。要加强调查研究，广集民意、广聚民智，特别是要积极邀请人大代表、政协委员和专家学者深度参与立法进程。要根据新修订的《中华人民共和国立法法》精神，进一步完善立法工作程序。

（二）提升行政执法质量和效能，全面推进严格规范公正文明执法。

一要牢固树立法定职责必须为、法无授权不可为的理念，制定完善执法行为规范，明确各项执法行为的主体、步骤、环节和时限。全面落实行政裁量权基准制度，结合实际制定行政处罚等事项的具体裁量标准和适用规则，规范裁量范围和幅度。

二要严格落实行政执法公示制度、执法全过程记录制度、重大执法决定法制审核制度，健全行政执法启动、调查取证、决定审核、文书送达、执行、公示等程序，确保执法行为过程信息全程记载、执法全过程可回溯管理、重大执法决定法制审核全覆盖。

三要用好“双随机、一公开”“白名单”等工作机制，积极推进联合检查、调查，对可以通过信息共享、“互联网 + 监管”等方式实现检查目的的，鼓励探索更多使用非现场执法方式。

四要全面实行行政许可事项清单管理，完善行政许可实施规范，持续优化审批服务，完善首问负责、一次告知、一窗受理、自助办理等制度，推进线上线下深度融合、协调发展。

五要建立健全行政执法人员管理制度，加

强对行政执法人员的教育、管理和监督，严格执行行政执法人员持证上岗制度，认真落实执法人员年度考核制度，完善行政执法投诉举报和处理机制，对违法或者违纪人员，严格按照行政执法责任制追究责任。

（三）强化行政权力运行监督，不断增强人社部门科学依法决策能力。

一要严格落实重大行政决策程序规定。把公众参与、专家论证、风险评估、合法性审查和集体讨论决定作为重大决策必经程序。要建立重大决策合法性审查机制，未经合法性审查或者合法性审查未通过的，不得提交讨论。要建强公职律师等工作队伍，有效发挥外聘法律顾问和专家学者作用。

二要严格落实行政规范性文件合法性审核制度。法制机构要严格履行审核把关职责，对事关人社事业发展全局和涉及群众切身利益的重要问题，要积极从法律中找依据、找路径、找办法，提出用法律解决问题的意见建议。

三要健全行政争议实质性化解机制。依法妥善处理各类行政争议案件，定期对行政争议案件的类型和产生的原因进行分析，探索改进行政行为的方式方法。积极配合人民法院的审判活动，建立健全法制机构牵头协调、涉诉业务机构工作人员出庭应诉的工作机制，不断促进业务工作法治化、规范化、科学化。

四要自觉接受党内监督、人大监督和民主监督。认真执行向本级人大及其常委会报告工作制度、接受询问和质询制度，积极配合全国人大常委会做好执法检查工作。全面推进政务公开，畅通举报监督渠道，方便社会各方对人社工作进行监督。

（四）落实“谁执法谁普法”普法责任制，持续提升人社普法工作成效。

一要将普法纳入工作总体布局，坚持与其他业务工作同部署、同落实、同检查，在组织开展重大活动、专项检查、专项行动时，要把普法作为重要环节，对普法内容、普法形式、普法责任作出具体部署。

二要严格落实领导干部学法制度，努力使法治理念深植于广大干部的头脑之中，使依法行政要求贯穿于各项工作的始终。

三要积极培育由专家学者、律师、执法人员和社会志愿者等组成的普法宣传员队伍。在学校、律所、大中型企业等建设人社基层普法联系点，鼓励面向学生、劳动者等社会公众广泛开展人社法治宣传。

四要支持京津冀、长三角、珠三角等地结合区域协同发展规划，开展联合普法行动。通过举办知识竞赛、评选优秀音视频作品等活动，打造人社普法宣传品牌，切实提高人社法治宣传效果。

同志们，法治兴则民族兴，法治强则国家强。人社法治工作责任重大，使命光荣！新征程上，我们要更加紧密地团结在以习近平同志为核心的党中央周围，深入贯彻党的二十大精神，深学笃信践行习近平法治思想，坚定不移走中国特色社会主义法治道路，迎难而上、锐意进取，高标准完成法治人社建设各项目标任务，为推进人社事业高质量发展提供有力法治保障。

强化机遇意识　突出示范引领
推动就业公共服务能力建设再上新台阶

——在公共就业服务能力提升示范项目调度推进视频会上的讲话

俞家栋

（2023年10月9日）

这次会议的主要任务是：以习近平新时代中国特色社会主义思想为指导，全面贯彻党的二十大精神，落实党中央、国务院关于稳就业工作决策部署，调度推进公共就业服务能力提升示范项目实施，加快健全公共就业服务体系，切实提升服务质量和水平，更好助力促进高质量充分就业。下面，我讲五点意见。

一、提高思想认识，切实增强实施示范项目的责任感使命感紧迫感

公共服务关乎民生，连接民心。就业公共服务是公共服务的重要组成部分，是实现劳有所得目标的关键举措。党中央、国务院高度重视。党的二十大明确提出要提高公共服务水平，增强均衡性和可及性，扎实推进共同富裕。习近平总书记强调，要紧紧抓住人民群众“急难愁盼”问题，健全基本公共服务体系，着力做好重点群体就业帮扶；要求着力补齐民生短板，破解民生难题，兜牢民生底线，办好就业等民生实事，提高公共服务可及性和均等化水平。这些重要论述，饱含着总书记真挚的为民情怀和强烈的使命担当，为我们实施好示范项目提供了根本遵循。近年来，经过各地各有关部门共同努力，就业工作进展顺利，就业形势总体稳定。当前，我国经济发展不确定性依然较大，需求收缩、预期转弱，就业稳存量、扩增量面临较大压力。广大劳动者期盼“好就业”“就好业”，而公共就业服务水平距离劳动者需求还有一定差距。针对这种情况，财政部、人力资源社会保障部实施公共就业服务能力提升示范项目，这是提升就业公共服务质量的创新举措，是推进高质量充分就业的有效探索。实施公共就业服务能力提升示范项目，就是要以城市为单位，探索不同情境下就业矛盾难点的破题之策，创造一批可复制可推广的经验，打造高质量充分就业的服务样板，供全国参考借鉴。我们要牢记习近平总书记嘱托，切实把思想和行动统一到中央决策部署上来，将实施示范项目作为办好民生实事的重要内容，摆在人力资源社会保障工作的突出位置，推进示范项目实施与城市建设、经济发展、民生改善协同谋划、一体推进，推动公共就业服务体系、机制、功能、渠道建设尽快见成效、上水平，更好满足劳动者精细化服务需求，助力实现高质量充分就业，助力经济高质量发展，助力保障和改善民生。

二、坚持效果导向，准确把握项目实施的重点目标

实施公共就业服务能力提升示范项目，目的就是鼓励各地以实施就业优先政策、稳定就业工作大局、缓解结构性矛盾为主要落脚点，真抓实干、大胆创新，着力打造全方位公共就业服务体系，推动政府公共就业服务能力快速提升。在项目设计和实施中，必须抓矛盾、补短板、强弱项，结合本地经济社会发展需要和就业工作实际，合理确定工作目标。重点要实现以下三方面目标。

一是就业任务要顺利完成。就是必须较好完成城镇新增就业任务，把城镇调查失业率控制在合理区间，有效降低失业人员规模，努力促进重点群体就业，高校毕业生毕业去向落实率高于全国水平，农村劳动力务工规模保持稳定，就业困难人员及时得到援助，零就业家庭至少有一人就业。

二是服务能力要明显加强。覆盖省市县乡村的五级公共就业服务体系更加完善，特色化人力资源市场、零工市场更加规范，人力资源服务机构等市场化力量有效参与，就业服务信息化建设取得积极进展，公共就业服务的均衡性可及性明显增强，技能人才规模不断扩大，技能人才求人倍率明显降低，招工难、就业难问题有效缓解。

三是群众满意度要大幅提升。突出群众满意这个根本出发点和落脚点，切实提升群众对公共就业服务满意度、就业扶持政策经办服务满意度、职业技能培训对象满意度，真正将项目的实施成效转化为群众对就业的获得感幸福感。

三、突出问题导向，科学确定项目建设的主攻任务

此次示范项目建设聚焦培训提技能、兜底稳就业、智能强服务三个建设方向，涉及市场建设、供需对接、技能培训、群体就业、信息支撑、研判分析等多领域。需要项目城市立足实际、科学谋划，把有限的资源用到本地区就业创业领域发展急需、服务短板和群众的迫切需要上，多做打基础、利长远的事情。

一是聚焦劳动者就业创业能力提升，增强技能培训的针对性。重点是聚焦五类群体，完善两项机制，加快打造与市场需求相适应的培训供给能力。五类群体，即高校毕业生、农村转移劳动力、登记失业人员、就业困难人员、新业态新模式从业人员等群体。两项机制，即职业技能培训共建共享机制、培训就业对接机制，充分利用各类培训资源，面向急需紧缺职业、重点产业企业及民生重点领域，实施专项培训，建设特色劳务品牌，更好为就业创业赋能、为产业发展助力。

二是聚焦重点群体就业需要，提高政策服务的有效性。重点是坚持市场引导和政府促进相结合，通过强化政策落实、服务对接、环境营造，充分调动各方促就业积极性，鼓励企业更好稳岗扩岗，支持各类劳动者多渠道就业创业。特别是要针对不同群体特点和就业需求，创新服务方式，提高服务效率，缩短服务距离，建立差异化服务机制，重点加快构建高校毕业生等青年就业政策服务体系、失业人员及时发现和即时帮扶机制、困难人员动态认定和就业援助机制、农村劳动力转移输出就业工作机制，切实兜牢就业民生底线。

三是聚焦信息化智能化发展趋势，提升就业服务的便捷性。要按照推进就业服务信息化建设的总体部署，结合省级“一库一平台”建设思路，推动理念创新、数据赋能，加快打造三个智能化系统，即打造智能政策经办系统，实现失业登记、政策推送、补贴申领、审核发放等就业政策申领发放“一网通办”；打造智能求职招聘系统，实现岗位收集、信息发布、简历投递、职业指导、智能匹配等公共招聘服务“一网提供”；打造智能信息监测系统，实现就业失业登记和重点群体实名管理，数据跨地区、跨部门共享，为数据向上集中、提升统计监测信息化水平奠定坚实基础。

四、注重改革创新，切实发挥项目建设的示范效应

开展公共就业服务能力提升示范项目，项目建设是过程，示范引领是目的。前两批入围的40个城市，有很好的工作基础，也有很高的积极性，实现一城一域的能力提升不难，但形成一批可复制可推广的经验、发挥示范引领作用不易。需要大家以项目实施为契机，发挥基层首创精神，用足用好“绣花”功夫，大胆推进政策创新、制度创新、模式创新，力争为全国公共就业服务能力提升闯出更多新路。这里也强调三个方面。

一是要强化特色引领。示范项目要有亮点，关键还是要立足区域实际，突出特色优势。要结合本地区经济社会发展实际，找准摸透本地就业群体的构成特点、劳动者就业的主要去向，以及劳动者和用人单位对就业服务的所需所盼，在以往基础上进一步明确主攻方向，更好地凝练特色、擦亮品牌。

二是要坚持重点突破。示范项目既需要整体推进，也需要突出重点，可以是某一方面，也可以多个领域。要重点聚焦本地区就业服务领域的堵点、痛点和难点，集中资源力量，运用新思维、新模式、新技术打好攻坚仗，实现机制创新、政策集成、流程再造，避免千篇一律、面面俱到、“撒胡椒面”。

三是要注重可持续。就是既主动担当作为，又坚持一切从实际出发，尽力而为、量力而行。要充分考虑项目设计、政策实施的必要性可行性，多在健全机制、优化模式上下功夫，坚决避免单纯通过发补贴提标准、大搞基建提高短期成效的做法，确保财力可承受、项目可持续、各方可借鉴。

五、压实工作责任，更好凝聚项目推进的工作合力

前两批入选城市的实施情况，既关系项目实施的整体成效，也影响项目的后续推进。2022年的项目即将进入收尾阶段，2023年的项目也即将时间过半，但从实施情况看，各地进展还不平衡。各地必须高度重视，精心组织，加快实施，确保实效。

一是强化组织领导。项目城市承担主体责任，要建立由政府负责同志牵头，财政、人社等相关部门分工负责，行业机构积极参与的工作机制，成立工作专班，明确工作任务，倒排时间进度，确保项目顺利推进。

二是强化进度管理。进一步完善示范项目任务推进计划，密切跟踪工作进度，将项目实施进度和完成情况作为重要指标纳入年度考核。2022年确定的项目城市，要开展阶段性盘点，认真梳理工作进展，督促进度比较慢、效果不明显的地区，提前部署绩效评价和群众满意度调查。2023年确定的项目城市，要优化完善实施方案，明确项目时间表及路线图，确保按时推进。

三是强化资金管理。要落实地方投入责任，确保配套资金及时到位。要及时拨付资金，细化支出计划，优化审批流程，确保资金支出与项目建设同步推进。要规范资金管理，加强资金使用、拨付全过程监督，中央财政转移支付的支出要符合就业补助资金支出方向，不能偏离就业主题，更不允许出现违规挪用、超期回收等问题，确保资金安全高效运行。

四是强化总结宣传。要综合运用各类媒体，广泛宣传实施示范项目、提升就业服务质量的创新做法和实践成效，选树推广一批典型案例和有效模式，营造良好社会氛围。部里将及时通过信息快报等方式，适时总结推广地方经验，促进各地交流借鉴，推动示范项目顺利实施。

同志们，实施好公共就业服务能力提升示范项目，意义深远、责任重大、使命光荣。让我们坚持以习近平新时代中国特色社会主义思想为指导，以开展主题教育为契机，踔厉奋发、锐意进取，高质量推进项目各项举措落实落地，努力推动公共就业服务质量和水平全面提升，为实现高质量充分就业、更好保障和改善民生作出更大贡献！

四、人力资源社会保障部文件

社会保险基金监督举报工作管理办法

（2023 年 1 月 17 日人力资源社会保障部令第 49 号公布
自 2023 年 5 月 1 日起施行）

第一章　总　　则

第一条　为了规范社会保险基金监督举报管理工作，切实保障社会保险基金安全，根据《中华人民共和国社会保险法》和有关法律、行政法规，制定本办法。

第二条　人力资源社会保障行政部门开展社会保险基金监督举报的受理、办理等管理工作，适用本办法。

本办法所称社会保险基金是指基本养老保险基金、工伤保险基金、失业保险基金等人力资源社会保障部门管理的社会保险基金。

第三条　人力资源社会保障部主管全国社会保险基金监督举报管理工作。县级以上地方人力资源社会保障行政部门负责本行政区域内的社会保险基金监督举报管理工作。

人力资源社会保障行政部门负责社会保险基金监督的机构具体承担社会保险基金监督举报综合管理工作。人力资源社会保障部门负责社会保险政策、经办、信息化综合管理等的机构，依据职责协同做好社会保险基金监督举报管理工作。

第四条　人力资源社会保障行政部门要加强与公安、民政、司法行政、财政、卫生健康、人民银行、审计、税务等部门和人民法院、纪检监察等机关的协同配合，做好社会保险基金监督举报管理工作，共同保障社会保险基金安全。

第五条　社会保险基金监督举报管理工作应当坚持依法、公正、高效、便民的原则。

第二章　举报范围

第六条　本办法所称社会保险基金监督举报（以下简称举报），是指任何组织或者个人向人力资源社会保障行政部门反映机构、单位、个人涉嫌欺诈骗取、套取或者挪用贪占社会保险基金情形的行为。

依照本办法，举报涉嫌欺诈骗取、套取或者挪用贪占社会保险基金情形的任何组织或者个人是举报人；被举报的机构、单位、个人是被举报人。

第七条　参保单位、个人、中介机构涉嫌有下列情形之一的，任何组织或者个人可以依照本办法举报：

（一）以提供虚假证明材料等手段虚构社会保险参保条件、违规补缴的；

（二）伪造、变造有关证件、档案、材料，骗取社会保险基金的；

（三）组织或者协助他人以伪造、变造档案、材料等手段骗取参保补缴、提前退休资格或者违规申领社会保险待遇的；

（四）个人丧失社会保险待遇享受资格后，本人或者相关受益人不按规定履行告知义务、隐瞒事实违规享受社会保险待遇的；

（五）其他欺诈骗取、套取或者挪用贪占社会保险基金的情形。

第八条 社会保险服务机构及其工作人员涉嫌有下列情形之一的，任何组织或者个人可以依照本办法举报：

（一）工伤保险协议医疗机构、工伤康复协议机构、工伤保险辅助器具配置协议机构、工伤预防项目实施单位、职业伤害保障委托承办机构及其工作人员以伪造、变造或者提供虚假证明材料及相关报销票据、冒名顶替等手段骗取或者协助、配合他人骗取社会保险基金的；

（二）享受失业保险培训补贴的培训机构及其工作人员以伪造、变造、提供虚假培训记录等手段骗取或者协助、配合他人骗取社会保险基金的；

（三）其他欺诈骗取、套取或者挪用贪占社会保险基金的情形。

第九条 社会保险经办机构及其工作人员涉嫌有下列情形之一的，任何组织或者个人可以依照本办法举报：

（一）隐匿、转移、侵占、挪用、截留社会保险基金的；

（二）违规审核、审批社会保险申报材料，违规办理参保、补缴、关系转移、待遇核定、待遇资格认证等，违规发放社会保险待遇的；

（三）伪造或者篡改缴费记录、享受社会保险待遇记录等社会保险数据、个人权益记录的；

（四）其他欺诈骗取、套取或者挪用贪占社会保险基金的情形。

第十条 与社会保险基金收支、管理直接相关单位及其工作人员涉嫌有下列情形之一的，任何组织或者个人可以依照本办法举报：

（一）人力资源社会保障行政部门及其工作人员违规出具行政执法文书、违规进行工伤认定、违规办理提前退休，侵害社会保险基金的；

（二）劳动能力鉴定委员会及其工作人员违规进行劳动能力鉴定，侵害社会保险基金的；

（三）劳动人事争议仲裁机构及其工作人员违规出具仲裁文书，侵害社会保险基金的；

（四）信息化综合管理机构及其工作人员伪造或者篡改缴费记录、享受社会保险待遇记录等社会保险数据、个人权益记录的；

（五）其他欺诈骗取、套取或者挪用贪占社会保险基金的情形。

第十一条 依法应当通过劳动人事争议处理、劳动保障监察投诉、行政争议处理、劳动能力再次鉴定、信访等途径解决或者以举报形式进行咨询、政府信息公开申请等活动的，不适用本办法。人力资源社会保障行政部门应当告知举报人依法依规通过相关途径解决。

人力资源社会保障行政部门收到属于财政部门、社会保险费征收机构等部门、机构职责的举报事项，应当依法书面通知并移交有权处理的部门、机构处理。

第三章　接收和受理

第十二条 人力资源社会保障行政部门通过 12333 或者其他服务电话、传真、信函、网络、现场等渠道接收举报事项。

人力资源社会保障行政部门应当向社会公布接收举报事项的电话号码、传真号码、通信地址、邮政编码、网络举报途径、接待场所和时间等渠道信息，并在其举报接待场所或者网站公布与举报有关的法律、法规、规章，举报范围和受理、办理程序等有关事项。

第十三条 举报人举报应当提供被举报人的名称（姓名）和涉嫌欺诈骗取、套取或者挪用贪占社会保险基金的有效线索；尽可能提供被举报人地址（住所）、统一社会信用代码（公民身份号码）、法定代表人信息和其他相关佐证材料。

提倡举报人提供书面举报材料。

第十四条 举报人进行举报，应当遵守法律、法规、规章等规定，不得捏造、歪曲事实，不得诬告陷害他人。

第十五条 举报人可以实名举报或者匿名举报。提倡实名举报。

现场实名举报的，举报人应当提供居民身

份证或者营业执照等有效证件的原件和真实有效的联系方式。

以电话、传真、来信、网络等形式实名举报的，举报人应当提供居民身份证或者营业执照等有效证件的复印件和真实有效的联系方式。

举报人未采取本条第二款、第三款的形式举报的，视为匿名举报。

第十六条 现场举报应当到人力资源社会保障行政部门设立的接待场所；多人现场提出相同举报事项的，应当推选代表，代表人数不超过5人。

第十七条 接收现场口头举报，应当准确记录举报事项，交举报人确认。经征得举报人同意后可以录音、录像。实名举报的，由举报人签名或者盖章；匿名举报的，应当记录在案。

接收电话举报，应当细心接听、询问清楚、准确记录，经告知举报人后可以录音。

接收传真、来信、网络等形式举报，应当保持举报材料的完整。

对内容不详的实名举报，应当及时联系举报人补充相关材料。

第十八条 人力资源社会保障行政部门应当加强举报事项接收转交管理工作。

第十九条 举报涉及重大问题或者紧急事项的，具体承担社会保险基金监督举报综合管理工作的机构应当立即向本部门负责人报告，并依法采取必要措施。

第二十条 举报按照“属地管理、分级负责，谁主管、谁负责”的原则确定管辖。

必要时，上级人力资源社会保障行政部门可以受理下级人力资源社会保障行政部门管辖的举报事项，也可以向下级人力资源社会保障行政部门交办、督办举报事项。

两个及两个以上同级人力资源社会保障行政部门都有管辖权限的，由最先受理的人力资源社会保障行政部门管辖。对管辖发生争议的，应当自发生争议之日起5个工作日内协商解决；协商不成的，报请共同的上一级人力资源社会保障行政部门，共同的上一级人力资源社会保障行政部门应当自收到之日起5个工作日内指定管辖。

第二十一条 人力资源社会保障行政部门接收到举报事项后，应当在5个工作日内进行审查，有下列情形之一的，不予受理：

（一）不符合本办法第七条、第八条、第九条或者第十条规定的；

（二）无法确定被举报人，或者不能提供欺诈骗取、套取或者挪用贪占社会保险基金行为有效线索的；

（三）对已经办结的同一举报事项再次举报，没有提供新的有效线索的。

对符合本办法第七条、第八条、第九条或者第十条的规定但本部门不具备管辖权限的举报事项，应当移送到有管辖权限的人力资源社会保障行政部门，并告知实名举报人移送去向。

除前两款规定外，举报事项自人力资源社会保障行政部门接收之日起即为受理。

第二十二条 人力资源社会保障行政部门应当自接收举报事项之日起10个工作日内，将受理（不予受理）决定通过纸质通知或者电子邮件、短信等形式告知有告知要求的实名举报人。

第四章　办　　理

第二十三条 受理举报事项后，人力资源社会保障行政部门办理举报事项以及作出行政处理、行政处罚决定的，应当按照《社会保险基金行政监督办法》等有关规定和本章的规定执行。

已经受理尚未办结的举报事项，再次举报的，可以合并办理；再次举报并提供新的有效线索的，办理期限自确定合并办理之日起重新计算。

第二十四条 人力资源社会保障行政部门在办理举报事项中涉及异地调查的，可以向当地人力资源社会保障行政部门提出协助请求。协助事项属于被请求部门职责范围内的，应当依法予以协助。

第二十五条 办理举报事项涉及其他部门职责的，人力资源社会保障行政部门可以会同相关部门共同办理。

第二十六条 下级人力资源社会保障行政部门对上级人力资源社会保障行政部门交办、移送的举报事项，应当按照规定时限或者上级人力资源社会保障行政部门督办要求办理，并书面报告调查处理意见、办理结果。

第二十七条 符合下列情形之一的，经人力资源社会保障行政部门批准，举报事项予以办结：

（一）经办理发现问题，依法作出行政处理、行政处罚决定的；依法应当由其他部门、机构处理，向有关部门、机构提出处理建议，或者移交有关部门、机构处理的；

（二）经办理未发现欺诈骗取、套取或者挪用贪占社会保险基金情形的；

（三）其他依法应当予以办结的情形。

人力资源社会保障行政部门应当自受理举报事项之日起60个工作日内办结举报事项；情况复杂的，经人力资源社会保障行政部门负责人批准，可以适当延长，但延长期限不得超过30个工作日。

第二十八条 符合下列情形之一的，经人力资源社会保障行政部门批准，可以中止对举报事项的办理：

（一）举报涉及法律、法规、规章或者政策适用问题，需要有权机关作出解释或者确认的；

（二）因被举报人或者有关人员下落不明等，无法继续办理的；

（三）因被举报的机构、单位终止，尚未确定权利义务承受人，无法继续办理的；

（四）因自然灾害等不可抗力原因，无法继续办理的；

（五）因案情重大、疑难复杂或者危害后果特别严重，确需提请上级主管部门研究决定的；

（六）其他依法应当中止办理的情形。

中止情形消除后，应当恢复对举报事项的办理。办理期限自中止情形消除之日起继续计算。

第二十九条 上级人力资源社会保障行政部门发现下级人力资源社会保障行政部门对举报事项的办理确有错误的，应当责成下级人力资源社会保障行政部门重新办理，必要时可以直接办理。

第三十条 实名举报人可以要求答复举报事项的办理结果，人力资源社会保障行政部门可以视具体情况采取口头或者书面形式答复实名举报人，答复不得泄露国家秘密、商业秘密和个人隐私。口头答复应当做好书面记录。

第五章 归档和报告

第三十一条 人力资源社会保障行政部门应当严格管理举报材料，逐件登记接收举报事项的举报人、被举报人、主要内容、受理和办理等基本情况。

第三十二条 举报材料的保管和整理，应当按照档案管理的有关规定执行。

省级人力资源社会保障行政部门应当完善举报信息系统，实行信息化管理。

第三十三条 县级以上地方人力资源社会保障行政部门应当建立社会保险基金监督举报管理年度报告制度。

省级人力资源社会保障行政部门应当于每年1月31日前，向人力资源社会保障部报告上一年度社会保险基金监督举报管理情况。

第六章 保障措施

第三十四条 举报人的合法权益依法受到保护。任何单位和个人不得以任何借口阻拦、压制或者打击报复举报人。

第三十五条 人力资源社会保障行政部门工作人员与举报事项、举报人、被举报人有直接利害关系或者其他关系，可能影响公正办理的，应当回避。

举报人有正当理由并且有证据证明人力资源社会保障行政部门工作人员应当回避的，可以提出回避申请，由人力资源社会保障行政部门决定。申请人力资源社会保障行政部门负责人回避的，由上级人力资源社会保障行政部门决定。

第三十六条 人力资源社会保障行政部门应当建立健全工作责任制，严格遵守以下保密规定：

（一）举报事项的接收、受理、登记及办理，应当依照国家有关法律、行政法规等规定严格保密，不得私自摘抄、复制、扣压、销毁举报材料；

（二）严禁泄露举报人的姓名、身份、单位、地址、联系方式等信息，严禁将举报情况透露给被举报人或者与举报工作无关的人员；

（三）办理举报时不得出示举报信原件或者复印件，不得暴露举报人的有关信息，对匿名的举报书信及材料，除特殊情况外，不得鉴定笔迹；

（四）开展宣传报道，未经举报人书面同意，不得公开举报人的姓名、身份、单位、地址、联系方式等信息。

第三十七条 举报事项经查证属实，为社会保险基金挽回或者减少重大损失的，应当按照规定对实名举报人予以奖励。

第三十八条 人力资源社会保障行政部门应当配备专门人员，提供必要的办公条件等，保障举报管理工作顺利进行。

第七章 法律责任

第三十九条 受理、办理举报事项的工作人员及其负责人有下列情形之一的，由人力资源社会保障行政部门责令改正；造成严重后果的，依法依规予以处理：

（一）对于应当受理、办理的举报事项未及时受理、办理或者未在规定期限内办结举报事项的；

（二）将举报人的举报材料或者有关情况透露给被举报人或者与举报工作无关的人员的；

（三）对涉及重大问题或者紧急事项的举报隐瞒、谎报、缓报，或者未依法及时采取必要措施的；

（四）未妥善保管举报材料，造成举报材料损毁或者丢失的；

（五）其他违法违规的情形。

第四十条 举报人捏造、歪曲事实，诬告陷害他人的，依法承担法律责任。

第八章 附则

第四十一条 本办法自 2023 年 5 月 1 日起施行。原劳动和社会保障部《社会保险基金监督举报工作管理办法》（劳动和社会保障部令第 11 号）同时废止。

人力资源服务机构管理规定

（2023年6月29日人力资源社会保障部令第50号公布
自2023年8月1日起施行）

第一章 总 则

第一条 为了加强对人力资源服务机构的管理，规范人力资源服务活动，健全统一开放、竞争有序的人力资源市场体系，促进高质量充分就业和优化人力资源流动配置，根据《中华人民共和国就业促进法》《人力资源市场暂行条例》等法律、行政法规，制定本规定。

第二条 在中华人民共和国境内的人力资源服务机构从事人力资源服务活动，适用本规定。

第三条 县级以上人力资源社会保障行政部门依法开展本行政区域内的人力资源服务机构管理工作。

第四条 人力资源社会保障行政部门应当加强人力资源服务标准化、信息化建设，指导人力资源服务行业协会加强行业自律。

第二章 行政许可和备案

第五条 经营性人力资源服务机构从事职业中介活动的，应当在市场主体登记办理完毕后，依法向住所地人力资源社会保障行政部门申请行政许可，取得人力资源服务许可证。从事网络招聘服务的，还应当依法取得电信业务经营许可证。

本规定所称职业中介活动是指为用人单位招用人员和劳动者求职提供中介服务，包括为用人单位推荐劳动者、为劳动者介绍用人单位、组织开展招聘会、开展网络招聘服务、开展高级人才寻访（猎头）服务等经营性活动。

第六条 申请从事职业中介活动的，应当具备下列条件：

（一）有明确的章程和管理制度；

（二）有开展业务必备的固定场所、办公设施和一定数额的开办资金；

（三）有3名以上专职工作人员；

（四）法律、法规规定的其他条件。

第七条 申请从事职业中介活动的，可以自愿选择按照一般程序或者告知承诺制方式申请行政许可。按照一般程序申请的，应当向住所地人力资源社会保障行政部门提交以下申请材料：

（一）从事职业中介活动的申请书；

（二）机构章程和管理制度；

（三）场所的所有权证明或者租赁合同；

（四）专职工作人员的基本情况表；

（五）法律、法规规定的其他材料。

前款规定的申请材料通过政务信息共享可以获得的，人力资源社会保障行政部门应当通过政务信息共享获取。提交申请材料不齐全的，人力资源社会保障行政部门应当当场一次性告知需要补正的全部材料。

按照告知承诺制方式申请的，只须提交从事职业中介活动的申请书和承诺书。申请人有较严重不良信用记录或者存在曾作出虚假承诺等情形的，在信用修复前不适用告知承诺制。

第八条 按照一般程序申请行政许可的，人力资源社会保障行政部门应当自收到申请之日起20日内依法作出行政许可决定。按照告知承诺制方式申请行政许可的，人力资源社会保障行政部门应当经形式审查后当场作出行政许可决定。

符合条件，人力资源社会保障行政部门作出准予行政许可决定的，应当自作出决定之日起10日内向申请人颁发、送达人力资源服务许可证；不符合条件，人力资源社会保障行政部门作出不予行政许可书面决定的，应当说明理由，并告知申请人享有依法申请行政复议或者提起行政诉讼的权利。

第九条 经营性人力资源服务机构开展人力资源供求信息的收集和发布、就业和创业指导、人力资源管理咨询、人力资源测评、人力资源培训、人力资源服务外包等人力资源服务业务的，应当自开展业务之日起15日内向住所地人力资源社会保障行政部门备案，备案事项包括机构名称、法定代表人、住所地、服务范围等。

备案事项齐全的，人力资源社会保障行政部门应当予以备案，并出具备案凭证，载明备案事项、备案机关以及日期等；备案事项不齐全的，人力资源社会保障行政部门应当当场一次性告知需要补正的全部事项。

经营性人力资源服务机构开展劳务派遣、对外劳务合作业务的，执行国家有关劳务派遣、对外劳务合作的规定。

第十条 依法取得的人力资源服务许可证在全国范围内长期有效。

第十一条 人力资源服务许可证分为纸质证书（正、副本）和电子证书，具有同等法律效力。

人力资源服务许可证纸质证书样式、编号规则以及电子证书标准由人力资源社会保障部制定。

第十二条 经营性人力资源服务机构设立分支机构的，应当自市场主体登记办理完毕之日起15日内，书面报告分支机构住所地人力资源社会保障行政部门，书面报告事项包括机构名称、统一社会信用代码、许可证编号以及分支机构名称、负责人姓名、住所地、服务范围等。

人力资源社会保障行政部门收到书面报告后，应当出具收据，载明书面报告的名称、分支机构名称、页数以及收到时间等，并由经办人员签名或者盖章。

第十三条 经营性人力资源服务机构变更名称、住所、法定代表人或者终止经营活动的，应当自市场主体变更登记或者注销登记办理完毕之日起15日内，书面报告住所地人力资源社会保障行政部门。人力资源社会保障行政部门应当及时换发或者收回人力资源服务许可证、备案凭证。

经营性人力资源服务机构跨管辖区域变更住所的，应当书面报告迁入地人力资源社会保障行政部门。迁出地人力资源社会保障行政部门应当及时移交经营性人力资源服务机构申请行政许可、办理备案的原始材料。

第十四条 人力资源社会保障行政部门应当公开申请行政许可和办理备案的材料目录、办事指南和咨询监督电话等信息，优化办理流程，推行当场办结、一次办结、限时办结等制度，实现集中办理、就近办理、网上办理，提升经营性人力资源服务机构申请行政许可、办理备案便利化程度。

人力资源社会保障行政部门应当及时向社会公布依法取得行政许可或者经过备案的经营性人力资源服务机构名单及其变更、注销等情况，并提供查询服务。

第三章 服务规范

第十五条 人力资源服务机构接受用人单位委托招聘人员的，发布招聘信息应当真实、合法，不得含有民族、种族、性别、宗教信仰等方面的歧视性内容。

人力资源服务机构不得违反国家规定，在户籍、地域、身份等方面设置限制人力资源流动的条件。

第十六条 人力资源服务机构接受用人单位委托招聘人员的，应当建立招聘信息管理制度，依法对用人单位所提供材料的真实性、合法性进行审查，并将相关审查材料存档备核。审查内容应当包括以下方面：

（一）用人单位招聘简章；

（二）用人单位营业执照或者有关部门批准设立的文件；

（三）经办人员的身份证件、用人单位的委托证明。

经办人员与用人单位的委托关系，人力资源服务机构可以依法通过企业银行结算账户等途径确认。

接受用人单位委托招聘外国人的，应当符合《外国人在中国就业管理规定》等法律、法规、规章的规定。

第十七条 人力资源服务机构不得有下列行为：

（一）伪造、涂改、转让人力资源服务许可证；

（二）为无合法证照的用人单位提供职业中介服务；

（三）介绍未满16周岁的未成年人就业；

（四）为无合法身份证件的劳动者提供职业中介服务；

（五）介绍劳动者从事法律、法规禁止从事的职业；

（六）介绍用人单位、劳动者从事违法活动；

（七）以欺诈、暴力、胁迫等方式开展相关服务活动；

（八）以开展相关服务为名牟取不正当利益；

（九）以欺诈、伪造证明材料等手段骗取社会保险基金支出、社会保险待遇；

（十）其他违反法律、法规规定的行为。

第十八条 人力资源服务机构对其发布的求职招聘信息，应当标注有效期限或者及时更新。

第十九条 人力资源服务机构接受委托或者自行组织开展人力资源培训的，不得危害国家安全、损害参训人员身心健康或者诱骗财物。

第二十条 人力资源服务机构举办现场招聘会，应当制定组织实施办法、应急预案和安全保卫工作方案，核实参加招聘会的招聘单位及其招聘简章的真实性、合法性，提前将招聘会信息向社会公布，并对招聘中的各项活动进行管理。

举办网络招聘会，除遵守前款规定外，还应当加强网络安全管理，履行网络安全保护义务，采取技术措施或者其他必要措施，确保网络招聘系统和用户信息安全。

举办大型现场招聘会，应当符合《大型群众性活动安全管理条例》等法律、法规的规定。

第二十一条 人力资源服务机构开展人力资源供求信息收集和发布的，应当建立健全信息发布审查和投诉处理机制，确保发布的人力资源供求信息真实、合法、有效，不得以人力资源供求信息收集和发布的名义开展职业中介活动。

人力资源服务机构在业务活动中收集用人单位信息的，不得泄露或者违法使用所知悉的商业秘密。

第二十二条 人力资源服务机构通过收集、存储、使用、加工、传输、提供、公开、删除等方式处理个人信息的，应当遵循合法、正当、必要和诚信原则，遵守法律、法规有关个人信息保护的规定。

人力资源服务机构收集个人信息应当限于劳动者本人基本信息以及与应聘岗位相关的知识、技能、工作经历等情况。

人力资源服务机构应当建立个人信息保护、个人信息安全监测预警等机制，不得泄露、篡改、损毁或者非法出售、非法向他人提供所收集的个人信息，并采取必要措施防范盗取个人信息等违法行为；应当对个人信息保护情况每年至少进行一次自查，记录自查情况，及时消除自查中发现的安全隐患。

第二十三条 人力资源服务机构因业务需要，确需向境外提供在中华人民共和国境内运营中收集和产生的个人信息和重要数据的，应当遵守有关法律、法规的规定。

第二十四条 人力资源服务机构应当建立和完善举报投诉处理机制，公布举报投诉方式，及时受理并处理有关举报投诉。

人力资源服务机构发现用人单位、与其合作的人力资源服务机构存在虚假招聘等违法活动的，应当保存有关记录，暂停或者终止提供有关服务，并向人力资源社会保障行政部门以及有关管理部门报告。

第二十五条 人力资源服务机构应当加强内部制度建设，健全财务管理制度，建立服务台账，如实记录服务对象、服务过程、服务结果等信息。服务台账应当保存2年以上。

以网络招聘服务平台方式从事网络招聘服务的人力资源服务机构应当记录、保存平台上发布的招聘信息、服务信息，并确保信息的完整性、保密性、可用性。招聘信息、服务信息应当自服务完成之日起保存3年以上。

第二十六条 经营性人力资源服务机构应当在服务场所明示营业执照、服务项目、收费标准、监督机关和监督电话等事项，并接受人力资源社会保障行政部门和市场监督管理、价格等主管部门的监督检查。

从事职业中介活动的，还应当在服务场所明示人力资源服务许可证。从事网络招聘服务的，应当依照《网络招聘服务管理规定》第十三条的规定公示相关信息。

第二十七条 经营性人力资源服务机构不得向个人收取明示服务项目以外的服务费用，不得以各种名目诱导、强迫个人参与贷款、入股、集资等活动。

经营性人力资源服务机构不得向个人收取押金，或者以担保等名义变相收取押金。

第二十八条 经营性人力资源服务机构接受用人单位委托，提供人力资源管理、开发、配置等人力资源服务外包的，不得有下列行为：

（一）以欺诈、胁迫、诱导劳动者注册为个体工商户等方式，改变用人单位与劳动者的劳动关系，帮助用人单位规避用工主体责任；

（二）以人力资源服务外包名义，实际上按劳务派遣，将劳动者派往其他单位工作；

（三）与用人单位串通侵害劳动者的合法权益。

第二十九条 经营性人力资源服务机构应当公平竞争，不得扰乱人力资源市场价格秩序，不得采取垄断、不正当竞争等手段开展服务活动。

第三十条 经营性人力资源服务机构提供公益性人力资源服务的，可以通过政府购买服务等方式给予支持。

第四章 监 督 管 理

第三十一条 人力资源社会保障行政部门采取随机抽取检查对象、随机选派执法人员的方式和法律、法规规定的措施，对经营性人力资源服务机构实施监督检查。被检查单位应当配合监督检查，如实提供相关资料和信息，不得隐瞒、拒绝、阻碍。

人力资源社会保障行政部门应当将监督检查情况及时向社会公布。其中，行政处罚、监督检查结果可以通过国家企业信用信息公示系统或者其他途径向社会公示。

对按照告知承诺制方式取得人力资源服务许可证的，人力资源社会保障行政部门在实施监督检查时，应当重点对告知承诺事项真实性进行检查。

第三十二条 人力资源社会保障行政部门对经营性人力资源服务机构实施监督检查，按照“谁许可、谁监管，谁备案、谁监管”的原则，由作出行政许可决定或者办理备案的人力资源社会保障行政部门依法履行监督管理职责。

在作出行政许可决定、办理备案的人力资源社会保障行政部门管辖区域外，或者未经行政许可、未备案，违法从事人力资源服务活动的，由违法行为发生地人力资源社会保障行政部门管辖。多个地方人力资源社会保障行政部门对违法行为均具有管辖权的，由最先立案的人力资源社会保障行政部门管辖；发生管辖争议的，由共同的上一级人力资源社会保障行政部门指定管辖。

上级人力资源社会保障行政部门根据工作需要，可以调查处理下级人力资源社会保障行政部门管辖的案件；对重大复杂案件，可以直接指定管辖。

第三十三条 人力资源社会保障行政部门应当加强对经营性人力资源服务机构的事中事后监管，建立监管风险分析研判、市场主体警示退出等新型监管机制。

人力资源社会保障行政部门负责人力资源服务领域行政许可、备案的机构和劳动保障监察机构，应当健全监督管理协作机制。

人力资源社会保障行政部门应当加强与市场监督管理、公安等部门的信息共享和协同配合，健全跨部门综合监管机制。

第三十四条 人力资源社会保障行政部门应当依法督促经营性人力资源服务机构在规定期限内提交上一年度的经营情况年度报告，并在政府网站进行不少于30日的信息公示或者引导经营性人力资源服务机构在其服务场所公示年度报告的有关内容。

人力资源社会保障行政部门通过与市场监督管理等部门信息共享可以获取的信息，不得要求经营性人力资源服务机构重复提供。

第三十五条 人力资源社会保障行政部门应当加强人力资源市场诚信体系建设，制定经营性人力资源服务机构信用评价制度，建立健全诚信典型树立和失信行为曝光机制，依法依规实施守信激励和失信惩戒。

第三十六条 人力资源社会保障行政部门应当畅通对经营性人力资源服务机构的举报投诉渠道，依法及时处理有关举报投诉。

第三十七条 有下列情形之一的，人力资源社会保障行政部门可以依法撤销行政许可：

（一）工作人员滥用职权、玩忽职守作出准予许可决定的；

（二）超越法定职权作出准予许可决定的；

（三）违反法定程序作出准予许可决定的；

（四）对不具备申请资格或者不符合申请条件的申请人作出准予许可决定的；

（五）依法可以撤销行政许可的其他情形。

被许可人通过欺骗、贿赂等不正当手段取得行政许可的，应当予以撤销。

人力资源社会保障行政部门发现存在第一款、第二款规定情形的，应当及时开展调查核实，情况属实的，依法撤销行政许可。相关经营性人力资源服务机构及其人员无法联系或者拒不配合的，人力资源社会保障行政部门可以将人力资源服务许可证编号、行政许可时间等通过政府网站向社会公示，公示期为45日。公示期内没有提出异议的，人力资源社会保障行政部门可以作出撤销行政许可的决定。

第三十八条 有下列情形之一的，人力资源社会保障行政部门应当依法办理行政许可注销手续：

（一）经营性人力资源服务机构依法终止经营的；

（二）人力资源服务许可证被依法吊销或者行政许可依法被撤销的；

（三）因不可抗力导致行政许可事项无法实施的；

（四）法律、法规规定的应当注销行政许可的其他情形。

第五章　法律责任

第三十九条 违反本规定第五条第一款规定，未经许可擅自从事职业中介活动的，由人力资源社会保障行政部门依照《人力资源市场暂行条例》第四十二条第一款的规定处罚。

违反本规定第九条第一款规定，开展人力资源服务业务未备案，违反本规定第十二条、第十三条规定，设立分支机构、办理变更登记或者注销登记未书面报告的，由人力资源社会保障行政部门依照《人力资源市场暂行条例》第四十二条第二款的规定处罚。

第四十条 违反本规定第十五条第一款

规定，发布的招聘信息不真实、不合法，违反本规定第二十一条的规定，未依法开展人力资源供求信息收集和发布的，由人力资源社会保障行政部门依照《人力资源市场暂行条例》第四十三条的规定处罚。

第四十一条 违反本规定第十七条第（一）（二）项规定，伪造、涂改、转让人力资源服务许可证，为无合法证照的用人单位提供职业中介服务的，由人力资源社会保障行政部门依照《中华人民共和国就业促进法》第六十五条的规定处罚。

违反本规定第十七条第（三）项规定，介绍未满16周岁的未成年人就业的，依照国家禁止使用童工的规定处罚。

违反本规定第十七条第（四）（五）项规定，为无合法身份证件的劳动者提供职业中介服务，介绍劳动者从事法律、法规禁止从事的职业的，由人力资源社会保障行政部门责令改正，没有违法所得的，可处以1万元以下的罚款；有违法所得的，可处以不超过违法所得3倍的罚款，最高不得超过3万元；情节严重的，提请市场监督管理部门吊销营业执照；对当事人造成损害的，应当承担赔偿责任。

违反本规定第十七条第（六）（七）（八）项规定，未依法开展人力资源服务业务，牟取不正当利益的，由人力资源社会保障行政部门依照《人力资源市场暂行条例》第四十三条的规定处罚。

违反本规定第十七条第（九）项规定，骗取社会保险基金支出、社会保险待遇的，由人力资源社会保障行政部门依照《中华人民共和国社会保险法》第八十七条、第八十八条的规定处罚。

第四十二条 违反本规定第二十条第一款规定，未依法举办现场招聘会活动，违反本规定第二十八条规定，未依法开展人力资源服务外包的，由人力资源社会保障行政部门依照《人力资源市场暂行条例》第四十三条的规定处罚。

第四十三条 违反本规定第二十二条、第二十三条规定，未依法处理个人信息的，由有关主管部门依照《中华人民共和国个人信息保护法》《中华人民共和国网络安全法》等法律、法规的规定处罚。

第四十四条 未依照本规定第二十五条第一款规定建立健全内部制度或者保存服务台账，未依照本规定第二十六条规定明示有关事项，未依照本规定第三十四条第一款规定提交经营情况年度报告的，由人力资源社会保障行政部门依照《人力资源市场暂行条例》第四十四条的规定处罚。

第四十五条 违反本规定第二十七条第一款规定，向个人收取明示服务项目以外的服务费用，或者以各种名目诱导、强迫个人参与贷款、入股、集资等活动的，由人力资源社会保障行政部门依照《人力资源市场暂行条例》第四十三条的规定处罚。违反本规定第二十七条第二款规定，向个人收取押金的，由人力资源社会保障行政部门依照《中华人民共和国就业促进法》第六十六条的规定处罚。

第四十六条 违反本规定第二十九条规定，扰乱人力资源市场价格秩序，采取垄断、不正当竞争等手段开展服务活动的，由有关主管部门依照《中华人民共和国反垄断法》《中华人民共和国反不正当竞争法》等法律、法规的规定处罚。

第四十七条 人力资源社会保障行政部门和有关主管部门及其工作人员有下列情形之一的，对直接负责的领导人员和其他直接责任人员依法给予处分：

（一）不依法作出行政许可决定的；

（二）在办理行政许可或者备案、实施监督检查中，索取或者收受他人财物，或者谋取其他利益的；

（三）不依法履行监督职责或者监督不力，造成严重后果的；

（四）其他滥用职权、玩忽职守、徇私舞弊的情形。

第四十八条 违反本规定，侵害劳动者合法权益，造成财产损失或者其他损害的，依法承担民事责任。

违反本规定，构成违反治安管理行为的，依法给予治安管理处罚；构成犯罪的，依法追究刑事责任。

第六章　附　　则

第四十九条　在实行相对集中行政许可权改革或者综合行政执法改革的地区，对经营性人力资源服务机构从事人力资源服务活动的行政许可、监督管理等职责，法律、行政法规和国务院决定等另有规定的，依照有关规定执行。

第五十条　公共就业和人才服务机构的设立和管理，依照《中华人民共和国就业促进法》《就业服务与就业管理规定》等规定执行。

第五十一条　本规定自 2023 年 8 月 1 日起施行。此前人力资源社会保障部发布的人力资源服务机构管理有关规定，凡与本规定不一致的，依照本规定执行。

人力资源社会保障部　中华全国总工会 中国企业联合会 / 中国企业家协会 中华全国工商业联合会关于推进新时代和谐劳动关系创建活动的意见

人社部发〔2023〕2 号

各省、自治区、直辖市及新疆生产建设兵团人力资源社会保障厅（局），总工会，企业联合会 / 企业家协会，工商联：

近年来，各地认真贯彻落实中共中央、国务院关于构建和谐劳动关系的决策部署，扎实推进和谐劳动关系创建活动，在保障职工各项权益、完善协商协调机制、推动企业与职工共商共建共享等方面取得了积极成效，为促进经济高质量发展和社会和谐稳定发挥了重要作用。为进一步构建中国特色和谐劳动关系，现就推进新时代和谐劳动关系创建活动（以下简称创建活动）提出如下意见。

一、指导思想

以习近平新时代中国特色社会主义思想为指导，深入贯彻党的二十大精神，完整、准确、全面贯彻新发展理念，加快构建新发展格局，着力推动高质量发展，全面落实党中央、国务院关于构建和谐劳动关系的重要决策部署，以促进企业发展、维护职工权益为目标，坚持稳中求进工作总基调，在更大范围、更广层次、更多内容上不断丰富和发展和谐劳动关系创建实践，实现企业和职工协商共事、机制共建、效益共创、利益共享，打造企业与职工的利益共同体、事业共同体、命运共同体，使广大职工建功立业新时代的团结力量充分涌流，使各类企业尊重劳动、造福职工的崇德向善行为蔚然成风，让推动企业高质量发展的和谐动力竞相迸发，为构建中国特色和谐劳动关系奠定坚实基础。

二、基本原则

（一）坚持党的全面领导。发挥党总揽全局、协调各方的领导核心作用，健全党委领导的政府、工会、企业三方共同参与的协商协调机制，强化共同奋斗的政治引领，把党的领导落实到创建活动的全过程、各方面、各环节，始终保持正确方向，形成共同构建中国特色和谐劳动关系的强大力量。

（二）坚持增进民生福祉。以满足人民日益增长的美好生活需要为根本目的，在企业发展的基础上，着力解决好职工急难愁盼问题，不断提高职工权益保障水平，切实增强广大职工的获得感、幸福感、安全感，促进人的全面发展，扎实推进共同富裕。

（三）坚持法治规范保障。增强企业和职工法治观念，推动企业依法规范用工，职工依法维护权益，提高劳动关系治理法治化水平，更好发挥法治固根本、稳预期、利长远的保障作用，在法治轨道上深入推进创建活动。

（四）坚持文化凝心聚力。以社会主义核心价值观为引领，培育企业关心关爱职工、职工爱岗爱企的和谐文化理念，讲仁爱，尚和合，厚植人文关怀，弘扬劳动精神，倡导团结奋进，不断巩固劳动关系双方协商共事、合作共赢、发展共享的共同思想基础。

（五）坚持创新稳健并重。坚持因地制宜、因势利导，科学把握创建工作的时度效，突出重点，分类施策，典型引路，循序渐进。增强问题意识，紧盯创建任务，不断推动实践创新、理论创新、制度创新。

三、目标任务

在全国各类企业持续推进新时代和谐劳动关系创建活动，推动企业贯彻落实劳动保障法律法规、完善劳动关系协商协调机制、健全劳动者权益保障制度、促进和谐文化建设。力争到2027年底各类企业及企业聚集区域普遍开展创建活动，实现创建内容更加丰富、创建标准更加规范、创建评价更加科学、创建激励措施更加完善，创建企业基本达到创建标准，和谐劳动关系理念得到广泛认同，规范有序、公正合理、互利共赢、和谐稳定的劳动关系进一步形成。

四、明确创建内容

（一）企业创建的重点内容。建立健全企业党组织，充分发挥党组织在和谐劳动关系创建活动中把关定向、团结凝聚各方力量的作用。全面落实劳动合同、集体合同制度，加强企业民主管理，依法保障职工劳动报酬、休息休假、劳动安全卫生、社会保险、职业技能培训等基本权益。建立职工工资集体协商和正常增长机制，加强劳动保护，改善劳动条件。建立企业劳动争议调解委员会，强化劳动争议预防，促进劳动争议协商和解。加强人文关怀，培育企业关心关爱职工、职工爱岗爱企的企业文化。

（二）工业园区、街道（乡镇）创建的重点内容。健全工业园区、街道（乡镇）党委领导的构建和谐劳动关系工作机制，加强对创建活动的组织领导，推动辖区内企业普遍开展和谐劳动关系创建活动。建立健全劳动关系协调机制、矛盾调处机制、权益保障机制，加强劳动保障法律宣传、用工指导服务，搭建劳动关系双方沟通协调平台，及时预防化解劳动关系矛盾。布局劳动关系基层公共服务站点，为企业和劳动者提供一站式、智慧化、标准化劳动关系公共服务。

五、规范创建标准

根据本地企业的类型、分布、职工人数和劳动关系状况以及工业园区、乡镇（街道）工作基础等，分类培育，分步推进。

（一）企业创建标准

——企业党组织健全，在创建活动中，组织职工、宣传职工、凝聚职工、服务职工的职能作用发挥充分，党员先锋模范作用有效发挥。

——企业工会组织健全、运行顺畅，针对工资等职工关心的问题定期开展集体协商并签订集体合同，协商程序规范、效果良好，职工工资增长与企业效益、劳动生产率增长相适应。

——以职工（代表）大会制度为基本形式的企业民主管理制度健全，定期召开职工（代表）大会，按规定将涉及职工切身利益的规章制度和重大事项经过职工（代表）大会审议通过，完善厂务公开制度，公司制企业依法设立职工董事、职工监事。

——企业劳动争议调解委员会机构健全、制度完善，建立劳动争议预防预警机制，及时调处劳动争议和影响劳动关系和谐稳定的苗头性、倾向性问题，促进劳动争议协商和解。

——职工培训制度健全，制定培训计划，采取岗前培训、学徒培训、脱产培训、技术比武、技能竞赛等方式，大幅提升职工技能水平。职工教育经费足额到位，经费60%以上用于企业一线职工的教育和培训。

——重视企业文化建设，努力培育与中华优秀传统文化相契合富有企业特色的企业精神和健康向上的企业文化，践行社会主义核心价值观，切实承担报效家园、服务社会、造福职工的责任。

——加强对职工的人文关怀，不断改善职工的生产和生活条件，支持和帮助职工平衡工作和家庭责任，保障生育女职工享有平等的就业机会、职业发展机会和待遇。注重职工的精神需求和心理健康，建立职工健康服务体系，塑造职工幸福生活环境，提高职工生活品质。

——职工爱岗敬业、遵守纪律、诚实守信，对企业的责任感、认同感和归属感较强，能够正确对待社会利益关系调整，以理性合法形式表达利益诉求，维护自身权益。

——职工满意度较高。职工对劳动报酬、社保缴纳、休息休假、工作环境、技能培训、劳动条件、协商民主、人文关怀等指标综合评价满意度高。

（二）工业园区、乡镇（街道）创建标准

——工业园区、乡镇（街道）党委领导的构建和谐劳动关系工作机制健全，将创建活动纳入当地党委、政府重要议事日程，制定出台推进创建活动的实施方案，完善政府、工会、企业代表组织共同参与的劳动关系协商协调机制。

——辖区内企业用工管理普遍合法合规，基本达到创建标准。

——辖区内企业普遍建立以工资集体协商为重点的集体合同制度，对不具备单独开展条件的小微企业，通过签订区域性、行业性集体合同实现覆盖。

——依法建立工会组织、企业代表组织以及劳动争议调解组织，健全劳动关系矛盾纠纷排查预防和联动化解机制，对辖区内带有普遍性、倾向性的劳动关系问题开展协商，预防和调处劳动争议。建立健全突发性、集体性劳动争议应急调解协调机制和重大劳动争议信息报告制度，及时化解矛盾和纠纷。

——成立厂务公开协调领导机构，辖区内企业普遍建立以职工代表大会为基本形式的企业民主管理制度，对不具备单独建立条件的小微企业，通过区域性（行业）职代会实现覆盖。

——辖区内防范和处置重大安全生产、重大职业危害事故以及重大劳动关系群体性、突发性事件的机制健全有效。

——根据辖区内企业规模，合理布局劳动关系基层公共服务站点，达到服务标识统一、服务场所固定、服务设施齐全、服务内容完备，配备一定数量的劳动关系协调员，经常性地对辖区内企业创建活动进行督促指导服务，定期组织培训、交流、观摩等活动，通过线上线下多种方式提升服务效能，形成地域、行业特色鲜明的公共服务品牌。

六、健全创建评价机制

（一）开展评审评估。科学设置创建标准指标体系，引导企业、工业园区、乡镇（街道）对照创建标准开展自我评价，由当地协调劳动关系三方对其是否达标进行评估。健全创建示范单位评审评估制度，在坚持协调劳动关系三方定期集中评审的基础上，探索引入社会第三方机构开展日常综合评估，形成协调劳动关系三方评审为主、社会评估为补充的和谐劳动关系评审评估机制和规范统一的综合评价体系，提高评审评估的客观权威性、科学合理性和社会公信力。

（二）定期命名授牌。国家协调劳动关系三方会议每三年开展一届全国和谐劳动关系创建活动，采取先创建后认定的方式，对创建活动中表现突出的企业、工业园区命名“全国和谐劳动关系创建示范企业、工业园区”，颁发铭牌，并向社会公布名单，系统总结好的经验和做法，发挥先进典型示范引领作用，并采取措施予以推广。

（三）实施动态管理。建立创建单位定点联系培育机制，加强日常跟踪服务和监督管理，督促创建达标单位在持续巩固已有成效的基础上，不断提升创建水平。健全创建示范单位的动态退出机制，由省级协调劳动关系三方采取抽查、普查等方式，充分利用劳动保障监察和劳动争议调解仲裁案件以及群体访、群体性事件、集体停工事件等信息，加大动态精准核查力度，定期对已命名的示范单位进行核查。对存在不签劳动合同、未依法缴纳社会保险费、超时加班、拖欠工资等构成重大劳动保障违法行为的，以及引发较大影响的劳动关系群体性事件、极端恶性事件、重大安全生产事故和职业危害事故、负面网络舆情的全国和谐劳动关系创建示范单位，由省级协调劳动关系三方报国家协调劳动关系三方审议同意后，取消命名，收回铭牌，并在本省（自治区、直辖市）内向社会公布。国家协调劳动关系三方定期组织对全国和谐劳动关系创建示范单位交叉互检，对各省级协调劳动关系三方未及时核查处置的，予以通报。

七、完善创建激励措施

（一）定期表彰奖励。国家协调劳动关系三方会议每五年开展一届“全国和谐劳动关系创建工作先进集体、先进个人”表彰，对组织实施全国和谐劳动关系创建示范活动表现突出的工作机构、社会组织、企业、工业园区和乡镇（街道）及其相关工作人员授予“全国和谐劳动关系创建工作先进集体、先进个人”称号，颁发荣誉证书、奖章和奖牌，并向社会公布名单，激励社会各方积极参与。

（二）提供精准服务。对符合条件的企业，优化人社公共服务方式和手段，开展一对一用工“诊断”，提供定制化企业薪酬数据服务，开通人社公共服务经办快速通道，优化各项补贴申领和办理流程，及时落实职业培训补贴、失业保险稳岗返还、社会保险补贴等政策。

（三）适当减少检查频次。对达到创建标准且符合守法诚信等级要求的企业，适当减少劳动保障监察和社会保险稽核日常巡视检查频次；劳动争议调解仲裁机构主动上门开展政策调研指导，对办理劳动争议案件开辟绿色通道。

（四）作为评选表彰重要参考因素。将达到创建标准的企业作为推荐和评选全国五一劳动奖状、全国厂务公开民主管理先进单位和示范单位、信用企业、全国企业优秀文化成果、全国就业与社会保障先进民营企业、全国关爱员工优秀民营企业家等荣誉的重要参考因素。

八、工作要求

（一）强化组织领导。和谐劳动关系创建活动是构建和谐劳动关系的重要载体。各级协调劳动关系三方要充分认识深入推进新时代和谐劳动关系创建活动的重大意义，切实增强责任感和使命感，把创建活动作为新时代构建中国特色和谐劳动关系的一项重要任务，摆在突出位置，采取有力措施，增强创建实效。要在党委、政府的统一领导下，健全组织领导机制，推动形成党委领导、政府负责、社会协同、企业和职工参与、法治保障的工作格局。要积极争取党委、政府重视支持，将创建活动纳入当地经济社会发展总体规划和政府目标责任考核体系，确保专项经费投入，定期公布创建单位。

（二）强化责任传导。各级协调劳动关系三方要建立创建活动工作目标责任制，将创建活动任务分解到各部门、各环节，明确责任主体、重点任务、时间进度、保障措施，确保创建活动落地落实落细。要结合本地实际，针对不同规模、不同行业企业特点，进一步规范创建标准、丰富创建内容、改进创建评价、完善激励措施。探索开展创建和谐劳动关系行业，拓宽创建范围。全国行业系统可根据本行业实际，深入开展行业和谐劳动关系创建活动。

（三）强化服务指导。各级协调劳动关系三方要结合各自职能，发挥三方机制优势，形成工作合力，加强对创建活动的部署、组织、调度，推动创建活动深入开展。人力资源社会保障部门要牵头做好创建活动的组织、协调、调研、督导和服务工作，完善创建活动的申报、备案、资料建档、评价评审、动态调整等日常管理台账，定期通报创建活动信息。工会组织要加强工会组织建设，加大对职工群众的思想政治引领，健全联系广泛、服务职工的工作体系，为职工提供法律援助、政策咨询、协商培训、职业道德教育等服务，监督企业落实劳动保障法律法规，引导职工以理性合法形式表达利益诉求、解决利益矛盾、维护自身权益，团结和凝聚广大职工建功立业新时代。企业代表组织要加强基层企业代表组织建设，充分发挥企业代表组织对企业经营者的团结、服务、引导、教育作用，根据企业特点提供“诊断式”、全流程、多样化、多层次的服务指导，教育引导广大企业经营者主动承担社会责任。

（四）强化检查督导。各级协调劳动关系三方要采取系统检查与联合检查相结合、自我检查与上级抽查相结合、综合检查和专项检查相结合的方法，重点对创建活动部署、创建活动进度、创建活动举措、创建活动成效等进行检查督导，及时研究解决创建活动中遇到的新情况新问题，推动创建活动走稳走深走实。国家协调劳动关系三方每年对各地创建活动情况进行联合督导。

（五）强化宣传引导。各级协调劳动关系三方要加强与主流媒体、新媒体的协同配合，将创建活动与宣传工作一体谋划、一体推进，通过设立宣传月、开设宣传专栏、组织业务技能竞赛、举办巡回演讲、开展主题征文和摄影作品征集、拍摄专题片、培育教育实践基地等方式，全景式、立体化、多角度、持续性展现创建活动的生动实践和昂扬气派，用心用情用力打造创建活动特色品牌，提高全社会对创建活动的认知度、参与度和美誉度。要大力宣传创建活动涌现出来的先进典型和先进事迹，发挥榜样示范作用，扩大创建活动的传播力、引导力和影响力，营造共商共建共享和谐劳动关系的良好社会氛围。

人力资源社会保障部
中华全国总工会
中国企业联合会 / 中国企业家协会
中华全国工商业联合会
2023 年 1 月 3 日

中共中央组织部　人力资源社会保障部关于印发《事业单位工作人员考核规定》的通知

人社部发〔2023〕6 号

各省、自治区、直辖市党委组织部、政府人力资源社会保障厅（局），中央和国家机关各部委、各人民团体组织人事部门，新疆生产建设兵团党委组织部、人力资源社会保障局，部分高等学校党委：

为准确评价事业单位工作人员的德才表现和工作实绩，规范事业单位工作人员考核工作，根据《事业单位人事管理条例》等法律法规，中央组织部、人力资源社会保障部共同研究制定了《事业单位工作人员考核规定》，现印发给你们，请结合本地区、本部门实际认真贯彻执行。

中共中央组织部
人力资源社会保障部
2023 年 1 月 12 日

事业单位工作人员考核规定

第一章　总　　则

第一条　为了准确评价事业单位工作人员的德才表现和工作实绩，规范事业单位工作人员考核工作，推动建设堪当民族复兴重任、忠诚干净担当的高素质专业化事业单位工作人员队伍，把新时代好干部标准落到实处，根据《事业单位人事管理条例》和有关法律法规，制定本规定。

第二条　事业单位工作人员考核，是指事业单位或者主管机关（部门）按照干部人事管理权限及规定的标准和程序，对事业单位工作人员的政治素质、履职能力、工作实绩、作风表现等进行的了解、核实和评价。

对事业单位领导人员的考核，按照有关规定执行。

第三条　事业单位工作人员考核工作，坚持以习近平新时代中国特色社会主义思想为指导，贯彻新时代党的组织路线和干部工作方针政策，着眼于充分调动事业单位工作人员积极性主动性创造性、促进新时代公益事业高质量发展，坚持尊重劳动、尊重知识、尊重人才、尊重创造，全面准确评价事业单位工作人员，鲜明树立新时代选人用人导向，推动形成能者上、优者奖、庸者下、劣者汰的良好局面。工作中，应当坚持下列原则：

（一）党管干部、党管人才；

（二）德才兼备、以德为先；

（三）事业为上、公道正派；

（四）注重实绩、群众公认；

（五）分级分类、简便有效；

（六）考用结合、奖惩分明。

第四条 事业单位工作人员考核的方式主要是年度考核和聘期考核，根据工作实际开展平时考核、专项考核。

第二章 考核内容

第五条 对事业单位工作人员的考核，以岗位职责和所承担的工作任务为基本依据，全面考核德、能、勤、绩、廉，突出对德和绩的考核。

（一）德。坚持将政治标准放在首位，全面考核政治品质和道德品行，重点了解学习贯彻习近平新时代中国特色社会主义思想，坚定拥护“两个确立”，增强“四个意识”、坚定“四个自信”、做到“两个维护”，坚定理想信念，坚守初心使命，忠于宪法、忠于国家、忠于人民的情况；做到坚持原则、敢于斗争、善于斗争的情况；模范践行社会主义核心价值观，胸怀祖国、服务人民，恪守职业道德，遵守社会公德、家庭美德和个人品德等情况。

（二）能。全面考核适应新时代要求履行岗位职责的政治能力、工作能力、专业素养和技术技能水平，重点了解政治判断力、政治领悟力、政治执行力和学习调研能力、依法办事能力、群众工作能力、沟通协调能力、贯彻执行能力、改革创新能力、应急处突能力等情况。

（三）勤。全面考核精神状态和工作作风，重点了解爱岗敬业、勤勉尽责、担当作为、锐意进取、勇于创造、甘于奉献等情况。

（四）绩。全面考核践行以人民为中心的发展思想，依法依规履行岗位职责、承担急难险重任务、为群众职工办实事等情况，重点了解完成工作的数量、质量、时效、成本，产生的社会效益和经济效益，服务对象满意度等情况。

（五）廉。全面考核廉洁从业情况，重点了解落实中央八项规定及其实施细则精神，执行本系统、本行业、本单位行风建设相关规章制度，遵规守纪、廉洁自律等情况。

第六条 对事业单位工作人员实行分级分类考核，考核内容应当细化明确考核要素和具体指标，体现不同行业、不同类型、不同层次、不同岗位工作人员的特点和具体要求，增强针对性、有效性。

第七条 对面向社会提供公益服务的事业单位工作人员的考核，突出公益服务职责，加强服务质量、行为规范、技术技能、行风建设等考核。宣传思想文化、教育、科技、卫生健康等重点行业领域事业单位要按照分类推进人才评价机制改革有关要求，分别确定工作人员考核内容的核心要素，合理设置指标权重，实行以行业属性为基础的差别化考核。

对主要为机关提供支持保障的事业单位工作人员的考核，突出履行支持保障职责情况考核。根据实际情况，可以与主管机关（部门）工作人员考核统筹。

第八条 对事业单位专业技术人员的考核，应当结合专业技术工作特点，以创新价值、能力、贡献为导向，注重公共服务意识、专业理论知识、专业能力水平、创新服务及成果等。

对事业单位管理人员的考核，应当结合管理工作特点，注重管理水平、组织协调能力、工作规范性、廉政勤政情况等。

对事业单位工勤技能人员的考核，应当结合工勤技能工作特点，注重技能水平、服务态度、质量、效率等。

第三章 年度考核

第九条 年度考核是以年度为周期对事业单位工作人员总体表现所进行的综合性考核，一般每年年末或者次年年初进行。

第十条 年度考核的结果一般分为优秀、合格、基本合格和不合格四个档次。

第十一条 年度考核确定为优秀档次应当

具备下列条件：

（一）思想政治素质高，理想信念坚定，贯彻落实党中央决策部署坚决有力，模范遵守法律法规，恪守职业道德，具有良好社会公德、家庭美德和个人品德；

（二）履行岗位职责能力强，精通本职业务，与岗位要求相应的专业技术技能或者管理水平高；

（三）公共服务意识和工作责任心强，勤勉敬业奉献，改革创新意识强，工作作风好；

（四）全面履行岗位职责，高质量地完成各项工作任务，工作实绩突出，对社会或者单位有贡献，服务对象满意度高；

（五）廉洁从业且在遵守廉洁纪律方面具有模范带头作用。

第十二条 年度考核确定为合格档次应当具备下列条件：

（一）思想政治素质较高，能够贯彻落实党中央决策部署，自觉遵守法律法规和职业道德，具有较好社会公德、家庭美德和个人品德；

（二）履行岗位职责能力较强，熟悉本职业务，与岗位要求相应的专业技术技能或者管理水平较高；

（三）公共服务意识和工作责任心较强，工作认真负责，工作作风较好；

（四）能够履行岗位职责，较好地完成工作任务，服务对象满意度较高；

（五）廉洁从业。

第十三条 事业单位工作人员有下列情形之一的，年度考核应当确定为基本合格档次：

（一）思想政治素质一般，在贯彻落实党中央决策部署以及遵守职业道德、社会公德、家庭美德、个人品德等方面存在明显不足；

（二）履行岗位职责能力较弱，与岗位要求相应的专业技术技能或者管理水平较低；

（三）公共服务意识和工作责任心一般，工作纪律性不强，工作消极，或者工作作风方面存在明显不足；

（四）能够基本履行岗位职责、完成工作任务，但完成工作的数量不足、质量和效率不高，或者在工作中有一定的失误，或者服务对象满意度较低；

（五）能够基本做到廉洁从业，但某些方面存在不足。

第十四条 事业单位工作人员有下列情形之一的，年度考核应当确定为不合格档次：

（一）思想政治素质较差，在贯彻落实党中央决策部署以及职业道德、社会公德、家庭美德、个人品德等方面存在严重问题；

（二）业务素质和工作能力不能适应岗位要求；

（三）公共服务意识和工作责任心缺失，工作不担当、不作为，或者工作作风差；

（四）不履行岗位职责、未能完成工作任务，或者在工作中因严重失职失误造成重大损失或者恶劣社会影响；

（五）在廉洁从业方面存在问题，且情形较为严重。

第十五条 事业单位工作人员年度考核优秀档次人数，一般不超过本单位应参加年度考核的工作人员总人数的20%。优秀档次名额应当向一线岗位、艰苦岗位以及获得表彰奖励的人员倾斜。

事业单位在相应考核年度内有下列情形之一的，经主管机关（部门）或者同级事业单位人事综合管理部门审核同意，工作人员年度考核优秀档次的比例可以适当提高，一般掌握在25%：

（一）单位获得集体记功以上奖励的；

（二）单位取得重大工作创新或者作出突出贡献，取得有关机关（部门）认定的；

（三）单位绩效考核获得优秀档次的。

对单位绩效考核为不合格档次的，以及问题较多、被问责的事业单位，主管机关（部门）或者同级事业单位人事综合管理部门应当降低其年度考核优秀档次比例，一般不超过15%。

第十六条 对事业单位工作人员开展年度考核，可以成立考核委员会或者考核工作领导小组，负责考核工作的组织实施，相应的组织人事部门承担具体工作。考核委员会或者考核工作领导小组由本单位成立的，一般由单位主要负责人担任主任（组长），成员由单位其他领导人员、组织人事部门和纪检监察机构有关人员、职工代表等组成；由主管机关（部门）成立的，一般由主管机关（部门）组织人事部门负责人担任主任（组长），成员由主管机关（部门）组织人事部门有关人员以及事业单位有关领导人员、从事组织人事和纪检监察工作的有关人员、职工代表等组成。

第十七条 年度考核一般按照下列程序进行：

（一）制定方案。考核委员会或者考核工作领导小组制定事业单位年度考核工作方案，通过职工代表大会或者其他形式听取工作人员意见后，面向全单位发布。

（二）总结述职。事业单位工作人员按照岗位职责任务、考核内容以及有关要求进行总结，填写年度考核表，必要时可以在一定范围内述职。

（三）测评、核实与评价。考核委员会或者考核工作领导小组可以采取民主测评、绩效评价、听取主管领导意见以及单位内部评议、服务对象满意度调查、第三方评价等符合岗位特点的方法，对考核对象进行综合评价，提出考核档次建议。

（四）确定档次。事业单位领导班子或者主管机关（部门）组织人事部门集体研究审定考核档次。拟确定为优秀档次的须在本单位范围进行公示，公示期一般不少于5个工作日。考核结果以书面形式告知被考核人员，由本人签署意见。

第四章 聘期考核

第十八条 聘期考核是对事业单位工作人员在一个完整聘期内总体表现所进行的全方位考核，以聘用（任）合同为依据，以聘期内年度考核结果为基础，一般在聘用（任）合同期满前一个月内完成。

聘期考核侧重考核聘期任务目标完成情况。

第十九条 聘期考核的结果一般分为合格和不合格等档次。

第二十条 事业单位工作人员完成聘期目标任务，且聘期内年度考核均在合格及以上档次的，聘期考核应当确定为合格档次。

第二十一条 事业单位工作人员无正当理由，未完成聘期目标任务的，聘期考核应当确定为不合格档次。

第二十二条 事业单位工作人员聘期考核一般应当按照总结述职，测评、核实与评价，实绩分析，确定档次等程序进行，结合实际也可以与年度考核统筹进行。

第五章 平时考核和专项考核

第二十三条 平时考核是对事业单位工作人员日常工作和一贯表现所进行的经常性考核。

第二十四条 对事业单位工作人员开展平时考核，主要结合日常管理工作进行，根据行业和单位特点，可以采取工作检查、考勤记录、谈心谈话、听取意见等方法，具体操作办法由事业单位结合实际确定。

事业单位可以根据自身实际，探索建立平时考核记录，形成考核结果。平时考核结果可以采用考核报告、评语、档次或者鉴定等形式确定。

第二十五条 专项考核是对事业单位工作人员在完成重要专项工作、承担急难险重任务、应对和处置突发事件中的工作态度、担当精神、作用发挥、实际成效等情况所进行的针对性考核。

根据平时掌握情况，对表现突出或者问题反映较多的工作人员，可以进行专项考核。

第二十六条 对事业单位工作人员开展专项考核，可以按照了解核实、综合研判、结果反馈等程序进行，或者结合推进专项工作灵活安排。

专项考核结果可以采用考核报告、评语、

档次或者鉴定等形式确定。

第六章　考核结果运用

第二十七条　坚持考用结合，将考核结果与选拔任用、培养教育、管理监督、激励约束、问责追责等结合起来，作为事业单位工作人员调整岗位、职务、职员等级、工资和评定职称、奖励，以及变更、续订、解除、终止聘用（任）合同等的依据。

第二十八条　事业单位工作人员年度考核被确定为合格以上档次的，按照下列规定办理：

（一）增加一级薪级工资；

（二）按照有关规定发放绩效工资；

（三）本考核年度计算为现聘岗位（职员）等级的任职年限。

其中，年度考核被确定为优秀档次的，在绩效工资分配时，同等条件下应当予以倾斜；在岗位晋升、职称评聘时，同等条件下应当予以优先考虑。

第二十九条　事业单位工作人员年度考核被确定为基本合格档次的，按照下列规定办理：

（一）责令作出书面检查，限期改进；

（二）不得增加薪级工资；

（三）相应核减绩效工资；

（四）本考核年度不计算为现聘岗位（职员）等级的任职年限，下一考核年度内不得晋升岗位（职员）等级；

（五）连续两年被确定为基本合格档次的，予以组织调整或者组织处理。

第三十条　事业单位工作人员年度考核被确定为不合格档次的，按照下列规定办理：

（一）不得增加薪级工资；

（二）相应核减绩效工资；

（三）向低一级岗位（职员）等级调整；

（四）本考核年度不计算为现聘岗位（职员）等级的任职年限；

（五）被确定为不合格档次且不同意调整工作岗位，或者连续两年被确定为不合格档次的，可以按规定解除聘用（任）合同。

其中，受处理、处分时已按规定降低岗位（职员）等级且当年年度考核被确定为不合格档次的，为避免重复处罚，不再向低一级岗位（职员）等级调整。

第三十一条　事业单位工作人员年度考核不确定档次的，按照下列规定办理：

（一）不得增加薪级工资；

（二）相应核减绩效工资；

（三）本考核年度不计算为现聘岗位（职员）等级的任职年限，连续两年不确定档次的，视情况调整工作岗位。

第三十二条　事业单位工作人员聘期考核被确定为合格档次且所聘岗位存续的，经本人、单位协商一致，可以续订聘用（任）合同。

聘期考核被确定为不合格档次的，合同期满一般不再续聘；特殊情况确需续订聘用（任）合同的，应当报经主管机关（部门）审核同意。

第三十三条　事业单位工作人员考核形成的结论性材料，应当存入本人干部人事档案。

第三十四条　平时考核、专项考核结果作为年度考核、聘期考核的重要参考。

运用平时考核、专项考核结果，有针对性地加强激励约束、培养教育，鼓励先进、鞭策落后。

第三十五条　考核中发现事业单位工作人员存在问题的，根据问题性质和情节轻重，依规依纪依法给予处理、处分；对涉嫌犯罪的，依法追究刑事责任。

第三十六条　事业单位工作人员对考核确定为基本合格或者不合格档次不服的，可以按照有关规定申请复核、提出申诉。

第七章　相 关 事 宜

第三十七条　对初次就业的事业单位工作人员，在本单位工作不满考核年度半年的（含试用期），参加年度考核，只写评语，不确定档次。

对非初次就业的工作人员，当年在其他单位工作时间与本单位工作时间合并计算，不满考核年度半年的（含试用期），参加年度考核，只写评语，不确定档次；满考核年度半年的（含试用期），由其现所在事业单位进行年度考核并确定档次，原工作单位提供有关情况。

前款所称其他单位工作时间，可以根据干部人事档案有关记载、劳动合同、社会保险缴费证明等综合认定。

第三十八条 对事业单位外派的工作人员进行年度考核，按照下列规定办理：

（一）挂职、援派、驻外的工作人员，在外派期间一般由工作时间超过考核年度半年的单位进行考核并以适当的方式听取派出单位或者接收单位的意见。

（二）单位派出学习培训、执行任务的工作人员，经批准以兼职创新、在职创办企业或者选派到企业工作、参与项目合作等方式进行创新创业的专业技术人员，由人事关系所在单位进行考核，主要根据学习培训、执行任务、创新创业的表现确定档次，由相关单位提供在外表现情况。

第三十九条 对同时在事业单位管理岗位和专业技术岗位两类岗位任职人员的考核，应当以两类岗位的职责任务为依据，实行双岗位双考核。

第四十条 对高校、科研院所等事业单位的科研人员，立足其工作特点，探索完善考核方法，合理确定考核周期和频次，促进科研人员潜心研究、创造科研成果。

第四十一条 病假、事假、非单位派出外出学习培训累计超过考核年度半年的事业单位工作人员，参加年度考核，不确定档次。

女职工按规定休产假超过考核年度半年的，参加年度考核，确定档次。

第四十二条 事业单位工作人员涉嫌违纪违法被立案审查调查尚未结案的，参加年度考核，不写评语，不确定档次。结案后未受处分或者给予警告处分的，按规定补定档次。

第四十三条 受党纪政务处分或者组织处理、诫勉的事业单位工作人员参加年度考核，按照有关规定办理。

同时受党纪政务处分和组织处理的，按照对其年度考核结果影响较重的处理、处分确定年度考核结果。

第四十四条 对无正当理由不参加考核的事业单位工作人员，经教育后仍拒绝参加的，直接确定其考核档次为不合格。

第四十五条 事业单位或者主管机关（部门）应当加强考核工作统筹，优化工作流程，注意运用互联网技术和信息化手段，简便高效开展考核工作，提高考核质量和效率。

第四十六条 各级事业单位人事综合管理部门和主管机关（部门），应当加强对事业单位工作人员考核工作的指导监督。

对在考核过程中有徇私舞弊、打击报复、弄虚作假等行为的，按照有关规定予以严肃处理。

第八章　附　　则

第四十七条 机关工勤人员的考核，参照本规定执行。

第四十八条 各地区各部门可以根据本规定，结合实际制定事业单位工作人员考核具体办法或者细则。

第四十九条 本规定由中共中央组织部、人力资源社会保障部负责解释。

第五十条 本规定自发布之日起施行。

人力资源社会保障部关于表彰全国人力资源社会保障系统先进集体和先进工作者的决定

人社部发〔2023〕7号

各省、自治区、直辖市及新疆生产建设兵团人力资源社会保障厅（局），部属各单位：

党的十九大以来的5年，是极不寻常、极不平凡的5年。5年来，在以习近平同志为核心的党中央坚强领导下，全国人力资源社会保障系统坚持以习近平新时代中国特色社会主义思想为指导，坚决维护习近平总书记党中央的核心、全党的核心地位，坚决维护党中央权威和集中统一领导，认真贯彻落实党中央决策部署和习近平总书记重要指示批示精神，牢固树立以人民为中心的发展思想，紧密围绕党和国家工作大局，将促进共同富裕、增进民生福祉、提高人民生活品质摆在突出位置，勇于担当、攻坚克难、笃行实干，为人力资源和社会保障事业高质量发展作出重要贡献，涌现出一大批先进集体和先进工作者。

为表彰先进，弘扬奋斗精神，激励动员各级人力资源社会保障部门和广大干部职工把思想和行动统一到党的二十大精神上来，将力量凝聚到党的二十大确定的任务中来，扎实推动人力资源和社会保障事业高质量发展，为全面建设社会主义现代化国家贡献力量，人力资源社会保障部决定，授予北京市昌平区人力资源和社会保障局等100个单位“全国人力资源社会保障系统先进集体”称号，授予寇亚君等100名同志“全国人力资源社会保障系统先进工作者”称号。

希望受表彰的单位和个人珍惜荣誉、再接再厉，充分发挥模范带头作用，以更高标准干在实处、走在前列，为人力资源和社会保障事业改革发展再立新功、再创佳绩。

全国各级人力资源社会保障部门和广大干部职工要以受表彰的先进集体和先进工作者为榜样，更加紧密地团结在以习近平同志为核心的党中央周围，高举中国特色社会主义伟大旗帜，全面贯彻习近平新时代中国特色社会主义思想，深刻领悟“两个确立”的决定性意义，增强“四个意识”、坚定“四个自信”、做到“两个维护”，始终坚持人民至上，牢记全心全意为人民服务的根本宗旨，肩负起党的二十大赋予人力资源社会保障部门的光荣使命，踔厉奋发、锐意进取，不断谱写新时代新征程人社事业新篇章，为全面建设社会主义现代化国家、全面推进中华民族伟大复兴作出新的贡献！

附件：

1. 全国人力资源社会保障系统先进集体表彰对象名单（略）

2. 全国人力资源社会保障系统先进工作者表彰对象名单（略）

人力资源社会保障部

2023年1月14日

人力资源社会保障部等 9 部门关于开展县域农民工市民化质量提升行动的通知

人社部发〔2023〕8 号

各省、自治区、直辖市及新疆生产建设兵团人力资源社会保障厅（局）、发展改革委、教育厅（教委、教育局）、公安厅（局）、财政厅（局）、住房城乡建设厅（局）、农业农村厅（局）、医保局、总工会：

推进县域农民工市民化对于推进乡村振兴和城乡融合发展具有重要作用。为深入贯彻落实党的二十大精神和中央经济工作会议、中央农村工作会议精神，落实党中央、国务院关于农民工工作的决策部署，进一步做好农民工市民化工作，人力资源社会保障部、国家发展改革委、教育部、公安部、财政部、住房城乡建设部、农业农村部、国家医保局、全国总工会决定于 2023 年开展县域农民工市民化质量提升行动。有关工作通知如下：

一、行动目标

适应乡村振兴、新型城镇化、城乡融合发展等战略要求，顺应县域农民工流动变化趋势，推进以县城为重要载体的城镇化建设，以提升县域农民工市民化质量为重点，进一步落实落细农民工市民化相关政策，着力提高县域农民工就业质量和技能水平，维护劳动保障权益，扩大县域基本公共服务供给，强化基层服务能力，推进县城稳定就业农民工及其随迁家属平等享有基本公共服务和在城镇无障碍落户，增强县域农民工享有基本公共服务的可及性和便利性。

二、重点任务

（一）提高就业创业质量。多措并举稳定和扩大县域就业岗位，提高县域农民工就业稳定性。积极开展东西部劳务协作，引导县域大力培育发展劳务品牌。结合县城建设示范地区，树立一批农村劳动力转移就业典型。推动公共就业服务向乡村延伸，就业创业政策咨询、就业失业登记、职业介绍等服务覆盖全体城乡劳动者。组织开展春风行动等专项招聘服务系列活动，建立岗位信息发布机制。落实农民工返乡创业支持政策，打造一批农民工等人员返乡入乡创业园，培养一批农民工返乡创业致富带头人。

（二）提升技能水平。大规模开展农民工职业技能培训，持续提升技能素质和稳定就业能力。实现国家乡村振兴重点帮扶县、易地扶贫搬迁集中安置区有培训意愿的脱贫劳动力均有机会参加职业技能培训。国家乡村振兴重点帮扶地区培训脱贫劳动力 60 万人次以上，培养高级工以上高技能人才和乡村工匠 1 万名左右。发挥县级人民政府的统筹作用，整合利用企业、职业院校（含技工学校）等各方培训力量，推动县域培训资源共建共享。持续提升培训的针对性和实效性，开设一批适合大龄农民工、青年农民工的培训项目，打造一批农民工培训特色优质品牌，培养一批高技能人才和乡村工匠。

（三）强化劳动权益保障。督促指导用人单位依法与农民工签订劳动合同。进一步扩大农民工参加企业职工基本养老保险、医疗保险、失业保险、工伤保险规模，切实保障工伤农民工返乡后各项工伤保险待遇的落实，社保转移接续服务便捷顺畅。及时有效查处拖欠农民工工资案件，畅通劳动争议仲裁“绿色通道”，健全法律援助和法律服务网络。加强灵活就业和新就业形态劳动者权益保障。

（四）加强县域公共服务供给。落实国家基本公共服务标准，推动县域基本公共服务项目达标。完善财政转移支付与农业转移人口挂钩相关政策，对吸纳外来农民工较多的县域给予财政倾斜支持。加大保障性住房建设力度，及时将符合条件的进城农民工纳入城镇住房保障范围。加快推进县域内义务教育优质均衡和城乡一体化发展，依据常住人口规模配置教育资源，保障农民工子女义务教育学位供给。深入推进“两为主、两纳入、以居住证为主要依据”的随迁子女入学政策，清理取消不合规的随迁子女入学证明材料及时限要求，稳步提升农民工随迁子女在公办学校就读（含政府购买民办学校学位）比例。全面落实县城取消落户限制的政策，实现稳定就业生活的农民工便捷落户。

（五）提升基层服务农民工能力。县级普遍建立农民工工作议事协调机构工作机制。支持有条件的地区设立农民工综合服务中心或者在县、乡（镇）、村（社区）的政务服务平台设置农民工综合服务窗口，为农民工提供“一站式”便利服务。加强部门信息共享，应用农民工综合信息系统，加强对农民工就业创业、职业技能培训、权益保障、社会融合等情况的动态监测。在春节前后开展“春暖农民工”服务行动。

三、工作要求

（一）加强组织领导。各地要充分认识县域农民工市民化质量提升行动的重要意义，发挥各级农民工工作议事协调机构作用，建立人力资源社会保障部门牵头，发展改革、教育、公安、财政、住房城乡建设、农业农村、医保、工会等部门参与的专项工作机制，明确责任分工、加强协同配合。

（二）精心组织实施。各地要加强对县域农民工市民化基础情况的分析研判，全面了解县域农民工就业创业、权益保障、公共服务等方面的工作情况，做到底数清、情况明。梳理对标国家相关政策要求，聚焦县域制定有针对性的政策举措，加大现有政策执行力度。省级人力资源社会保障部门要会同有关部门结合实际制定实施方案，细化实化行动目标、工作举措和进度安排，于2023年2月底前报人力资源社会保障部备案。

（三）加强指导调度。省级人力资源社会保障部门要会同相关部门，加强对市县工作指导调度和重点政策协调支持，及时掌握工作情况，加强形势研判和成效评估。人力资源社会保障部拟将县域农民工市民化工作情况作为全国农民工工作督察重点内容，并适时对部分地区开展工作评估。

（四）做好宣传引导。利用好线上线下宣传渠道，采取农民工喜闻乐见的形式，加强对农民工就业创业、劳动权益维护、落户、子女教育、住房保障、医疗卫生等相关政策的宣传解读，提高政策知悉度。宣传推广县域农民工市民化工作中的好经验好做法，发挥示范引领作用。

人力资源社会保障部
国家发展改革委
教育部
公安部
财政部
住房城乡建设部
农业农村部
国家医保局
全国总工会
2023年1月12日

人力资源社会保障部　财政部关于做好国有企业津贴补贴和福利管理工作的通知

人社部发〔2023〕13号

各省、自治区、直辖市及新疆生产建设兵团人力资源社会保障厅（局）、财政厅（局），中央和国家机关有关部委、直属机构，全国人大常委会办公厅，全国政协办公厅，国家监委，最高人民法院，最高人民检察院，有关民主党派中央，有关人民团体：

为贯彻落实党的二十大精神，进一步深化国有企业工资分配制度改革，规范收入分配秩序，按照党中央、国务院关于深化中央企业负责人薪酬制度改革意见和《国务院关于改革国有企业工资决定机制的意见》（国发〔2018〕16号）有关规定，现就做好国有企业津贴补贴和福利管理工作通知如下：

一、加强津贴补贴管理

企业应按照国家法律和行政法规，党中央、国务院制定或批准的规范性文件以及本通知规定（以下简称国家规定），结合实际制定完善津贴补贴制度。制度内容包括津贴补贴项目名称、适用范围、确定程序、发放标准、监督办法等。

企业应结合实际不断优化调整津贴补贴设置，除国家规定明确要求必须设置的项目外，减少一般性津贴补贴设置，鼓励在技术技能和一线艰苦岗位设置科技专项津贴、技能津贴、高温津贴等津贴补贴。

企业应合理确定津贴补贴项目水平，国家对津贴补贴项目水平有明确规定的，按照规定确定项目水平；国家没有明确规定的，应根据项目的功能，参照当地物价水平、同类项目市场水平、社会平均工资，并结合本企业职工工资水平、企业承受力等因素合理确定。

企业津贴补贴统一纳入工资总额管理并在应付职工薪酬中列支，不得以代金券或按人按标准报销等形式在工资总额外变相设置或发放。

二、规范福利管理

企业应按照国家规定并结合实际制定完善福利制度，明确福利项目名称、适用范围、确定程序、发放标准、监督办法等。

国家规定的福利项目主要包括：

（一）丧葬补助费、抚恤金、职工异地安家费、探亲假路费、防暑降温费、离退休人员统筹外费用等对职工出现特定情形的补偿性福利。

（二）救济困难职工的基金支出或者发放的困难职工补助等对出现特定生活困难职工的救助性福利。

（三）工作服装（非劳动保护性质工服）、体检、职工疗养、自办食堂或无食堂统一供餐等集体福利。

（四）国家规定的其他福利。

除上述四项情形外，企业不得自行设置其他福利项目。

国家对福利项目水平有明确规定的，按照

规定执行；国家没有明确规定的，根据市场水平、企业承受力等因素合理确定。企业经济效益下降或亏损的，除国家另有规定外，原则上不得增加福利项目或提高水平，必要时应缩减项目或适当降低水平。

企业不得将本企业产品和服务免费或低价提供职工使用，确实需要的，应按市场价格公平交易。推进货币化福利改革，将取暖费等按人按标准定期发放的货币化福利纳入工资总额管理。除国家另有规定或企业在工资总额内设置津贴补贴外，企业不得以福利或其他名义承担职工个人支出。福利项目支出列入职工福利费管理，其中集体福利设备设施管理经费列入职工福利费管理，但与企业建立劳动关系的集体福利部门职工的工资性收入纳入工资总额管理。工会福利、职工教育经费、社会保险及住房公积金有关费用列支按照国家相关规定管理。

三、规范企业负责人薪酬外待遇

坚持国有企业负责人薪酬制度改革成果，严格规范企业负责人薪酬待遇，除下列情形外，企业负责人不得以任何名义领取其他货币性收入：

（一）国家规定的国家科学技术奖等，纳入经批准的评比达标表彰项目按照国家规定给予个人非由企业资金承担的奖金。

（二）国家规定的履职待遇、业务支出相关补贴等。参加或承担符合规定的非本单位课题、项目以及参加评审、讲课或写作等所获得的补贴（劳务费）。

（三）国家规定的社会保险、住房公积金等待遇和非货币性集体福利。

四、做好组织实施

各地区、各有关部门和国有企业要高度重视企业津贴补贴和福利管理工作，明确工作职责，认真做好政策实施。国有企业要根据本通知完善津贴补贴和福利制度，开展自查自纠，严肃分配纪律和财经纪律，确保分配合法合规。对本通知实施前企业在工资总额外发放的津贴补贴要予以妥善处理，其中，按照国家规定设置且未在工资总额内设置相同性质项目的，应纳入工资总额管理；不符合国家规定或已在工资总额内设置相同性质项目的，应予以取消并不得核增工资总额。在国家规定之外自行设置的福利项目，应予以调整取消。

本通知适用于国家出资的国有独资及国有控股企业。中央和地方有关部门或机构作为实际控制人的企业，参照本通知执行。

人力资源社会保障部

财政部

2023 年 2 月 16 日

（本文有删减）

人力资源社会保障部　财政部　国家税务总局关于阶段性降低失业保险、工伤保险费率有关问题的通知

人社部发〔2023〕19号

各省、自治区、直辖市及新疆生产建设兵团人力资源社会保障厅（局）、财政（财务）厅（局），国家税务总局各省、自治区、直辖市和计划单列市税务局：

为进一步减轻企业负担，增强企业活力，促进就业稳定，经国务院同意，现就阶段性降低失业保险、工伤保险费率有关问题通知如下：

一、自2023年5月1日起，继续实施阶段性降低失业保险费率至1%的政策，实施期限延长至2024年底。在省（区、市）行政区域内，单位及个人的费率应当统一，个人费率不得超过单位费率。

二、自2023年5月1日起，按照《国务院办公厅关于印发降低社会保险费率综合方案的通知》（国办发〔2019〕13号）有关实施条件，继续实施阶段性降低工伤保险费率政策，实施期限延长至2024年底。

三、各地要加强失业保险、工伤保险基金运行分析，平衡好降费率与保发放之间的关系，既要确保降费率政策落实，也要确保待遇按时足额发放，确保制度运行安全平稳可持续。

四、各地要继续按照国家有关规定进一步规范缴费比例、缴费基数等相关政策，不得自行出台降低缴费基数、减免社会保险费等减少基金收入的政策。

五、各地人力资源社会保障、税务部门要按规定开展降费核算工作，并按月及时上报有关情况。

阶段性降低失业保险、工伤保险费率政策性强，社会关注度高。各地要把思想和行动统一到党中央、国务院决策部署上来，加强组织领导，精心组织实施。各地贯彻落实本通知情况以及执行中遇到的问题，请及时向人力资源社会保障部、财政部、国家税务总局报告。

人力资源社会保障部
财政部
国家税务总局
2023年3月28日

人力资源社会保障部　中华全国总工会　中国企业联合会 / 中国企业家协会　中华全国工商业联合会关于印发《全国和谐劳动关系创建工作先进集体和先进个人表彰办法》的通知

人社部发〔2023〕22 号

各省、自治区、直辖市及新疆生产建设兵团人力资源社会保障厅（局），总工会，企业联合会 / 企业家协会，工商联：

为规范有序开展全国和谐劳动关系创建工作先进集体和先进个人评选表彰活动，树立全国和谐劳动关系创建工作先进典型，充分发挥其在推动构建规范有序、公正合理、互利共赢、和谐稳定的劳动关系中的示范带动作用，激励各方积极参与创建活动，推动形成广覆盖、全方位、多层次的创建局面，人力资源社会保障部、全国总工会、中国企业联合会 / 中国企业家协会、全国工商联共同制定了《全国和谐劳动关系创建工作先进集体和先进个人表彰办法》。现印发给你们，请认真贯彻落实。

人力资源社会保障部
中华全国总工会
中国企业联合会 / 中国企业家协会
中华全国工商业联合会
2023 年 4 月 18 日

全国和谐劳动关系创建工作先进集体和先进个人表彰办法

第一章　总　　则

第一条　为规范有序开展全国和谐劳动关系创建工作先进集体和先进个人评选表彰活动，树立全国和谐劳动关系创建工作先进典型，发挥其在推动构建规范有序、公正合理、互利共赢、和谐稳定的劳动关系中的示范带动作用，激励各方积极参与创建活动，推动形成广覆盖、全方位、多层次的创建局面，根据中共中央办公厅、国务院办公厅《评比达标表彰活动管理办法》（中办发〔2018〕69 号）、《关于人力资源社会保障部评比达标表彰项目的函》(国评组函〔2021〕112号)等相关规定，制定本办法。

第二条 全国和谐劳动关系创建工作先进集体和先进个人评选表彰每5年开展一次，由人力资源社会保障部会同全国总工会、中国企业联合会/中国企业家协会、全国工商联组织实施。

第三条 全国和谐劳动关系创建工作先进集体评选范围为：组织开展和谐劳动关系创建工作的机构、社会组织、街道（乡镇）和工业园区等。全国和谐劳动关系创建工作先进个人评选范围为：在和谐劳动关系创建工作中作出突出贡献的个人。

第四条 “全国和谐劳动关系创建工作先进集体”和“全国和谐劳动关系创建工作先进个人”奖项设置和名额不得突破已批准项目和名额上限。其中，先进集体100个、先进个人300名。

第五条 表彰工作坚持公开、公平、公正的原则，严格按照三方协商、自下而上、逐级推荐、民主择优的方式进行。

第二章 评选条件

第六条 全国和谐劳动关系创建工作先进集体应当具备下列基本条件：

（一）政治方向正确坚定。以习近平新时代中国特色社会主义思想为指导，学习贯彻党中央、国务院关于构建和谐劳动关系的决策部署和习近平总书记关于构建和谐劳动关系的重要论述，深刻领悟“两个确立”的决定性意义，增强“四个意识”、坚定“四个自信”、做到“两个维护”，把党的领导落实到和谐劳动关系创建工作全过程、各方面、各环节，始终保持正确政治方向。

（二）组织领导保障有力。党委领导的政府、工会、企业代表组织三方共同参与的组织领导机制健全，加强对创建工作的部署、组织、调度。将创建工作纳入当地政府重要议事日程，建立和谐创建工作目标责任制，明确责任主体、重点任务、时间进度、保障措施。健全日常管理台账，定期通报创建工作信息，加强创建工作督导检查，确保如期完成和谐创建目标任务。

（三）和谐劳动关系创建工作成效显著。一是单位党组织在和谐劳动关系创建工作中把关定向、团结凝聚各方力量、健全协调劳动关系工作机制、加强部门协调配合等方面组织领导作用突出；二是求真务实、攻坚克难，在健全劳动关系协调机制、矛盾调处机制、争议多元处理机制、劳动者权益保障机制，积极防范化解劳动关系风险矛盾等方面发挥重要作用，取得积极成果；三是真抓实干、务求实效，在扩大创建范围、丰富创建内容、规范创建标准、科学创建评价、完善创建激励等方面业绩突出；四是勇于创新、锐意改革，在行业和谐创建、劳动关系基层公共服务、培育积极向上和谐文化等方面特色亮点纷呈；五是高举旗帜、强化宣传，通过设立宣传月、开设专栏、举办巡回演讲、开展主题征文和摄影作品征集、拍摄专题片等方式予以大力宣传，在发挥先进典型示范引领作用、打造和谐创建特色品牌、提升创建工作社会影响力等方面成效显著。以上各项工作均年初制定工作计划、年底如期完成，具体工作实绩和成效在本区域、本行业内处于前列。

第七条 全国和谐劳动关系创建工作先进个人应当具备下列基本条件：

（一）以习近平新时代中国特色社会主义思想为指导，学习贯彻党中央、国务院关于构建和谐劳动关系的决策部署和习近平总书记关于构建和谐劳动关系的重要论述，深刻领悟“两个确立”的决定性意义，增强“四个意识”、坚定“四个自信”、做到“两个维护”，自觉在思想上政治上行动上同以习近平同志为核心的党中央保持高度一致。

（二）带头贯彻落实《关于推进新时代和谐劳动关系创建活动的意见》，勇于创新、敢于担当、善于协调，主动宣传积极向上的和谐文化，具有优良的职业风范和求真务实的工作作风。

（三）组织领导或从事和谐劳动关系创建工作1年以上，在扩大创建范围、丰富创建层次、增强创建实效，努力形成全方位、多层次、特色鲜明的创建局面等方面事迹突出。

（四）先进个人所在单位应满足本办法第六条规定的先进集体基本条件或和谐劳动关系创建标准。

第八条 单位领导班子成员曾受到党纪、政务处分或者刑事处罚及被问责的，或因涉嫌违纪违法被立案调查审查的，不得评为全国和谐劳动关系创建工作先进集体。

个人曾受到党纪、政务处分或者刑事处罚及被问责的，或因涉嫌违纪违法被立案调查审查的，不得评为全国和谐劳动关系创建工作先进个人。

第三章 评 选 程 序

第九条 人力资源社会保障部会同全国总工会、中国企业联合会/中国企业家协会、全国工商联成立全国和谐劳动关系创建工作先进集体和先进个人表彰工作领导小组及其办公室，并向社会公开评选范围、评选条件、评选程序、表彰名额、奖励办法等内容。

第十条 评选工作按照推荐、初审、复审等程序组织实施，并严格实行“谁推荐谁公示”制度。拟推荐对象由各县（市、区、旗）、市（地、州、盟）、省（自治区、直辖市）协调劳动关系三方机制和国家协调劳动关系三方会议成员单位自下而上、逐级择优推荐审核。

（一）组织推荐。推荐单位按照评选标准和要求，在广泛征求意见基础上，集体研究提出先进集体和先进个人推荐意见，并在本单位或辖区内公示5个工作日。推荐的集体和个人所在单位为机关、人民团体、事业单位等组织的，应按照管理权限征求组织人事部门、纪检监察机关和工会等意见。公示无异议后，推荐材料按管理权限分别报送县（市、区、旗）、市（地、州、盟）、省（自治区、直辖市）协调劳动关系三方机制或国家协调劳动关系三方会议成员单位。

（二）初审考察。各省（自治区、直辖市）协调劳动关系三方机制和国家协调劳动关系三方会议成员单位就评选推荐程序的规范性、推荐材料的真实性以及推荐对象的基本情况、事迹等进行审核，必要时可按管理权限进行组织考察，并在本单位或辖区内公示5个工作日。公示无异议后，形成推荐工作报告，报送全国和谐劳动关系创建工作先进集体和先进个人表彰工作领导小组办公室。

（三）复审评议。全国和谐劳动关系创建工作先进集体和先进个人表彰工作领导小组办公室对推荐的集体和个人基本条件、代表性、典型性等情况进行复审，提出拟表彰对象名单，并在全国范围内公示5个工作日。公示无异议后，报全国和谐劳动关系创建工作先进集体和先进个人表彰工作领导小组确定表彰对象名单。

第四章 评 选 要 求

第十一条 评选先进集体和先进个人要重点向基层和工作一线倾斜，统筹考虑三方、地域、行业等方面的代表性，原则上不将同一单位及其工作人员同时推荐为先进集体和先进个人。一般不评选副司局级或者相当于副司局级以上单位和干部、县级以上党委或者政府，县处级干部比例原则上不超过先进个人评选总数的20%。

第十二条 评选工作突出实干实绩导向，以思想政治表现、工作业绩和贡献大小作为主要衡量标准，切实将政治过硬、业绩突出、作风优良的集体和个人选上来，形成让实干者得荣誉的正向激励效应。

第十三条 评选工作要严把政治关、作风关、廉洁关、业绩关，认真处理群众举报，杜绝暗箱操作。对于不符合推荐条件或者未严格按照规定程序推荐的单位或者个人，经查实后撤销其推荐资格。评选工作中有违纪违法行为的，按有关规定予以处理。

第五章　表彰和管理

第十四条　人力资源社会保障部会同全国总工会、中国企业联合会/中国企业家协会、全国工商联组织召开全国和谐劳动关系创建工作先进集体和先进个人表彰暨经验交流会，对评选出的先进集体，授予“全国和谐劳动关系创建工作先进集体”称号，颁发奖牌、证书。对评选出的先进个人，授予“全国和谐劳动关系创建工作先进个人”称号，颁发奖章、证书。表彰决定向社会公布。

第十五条　人力资源社会保障部会同全国总工会、中国企业联合会/中国企业家协会、全国工商联适时组织开展全国和谐劳动关系创建工作先进集体和先进个人事迹报告会。

第十六条　先进集体和先进个人有违纪违法行为、影响恶劣的，或者隐瞒情况、弄虚作假骗取表彰的，按规定程序撤销其所获表彰，收回其奖牌或奖章、证书。

第六章　组织经费保障

第十七条　各级人力资源社会保障部门、总工会、企业联合会/企业家协会、工商联不得以任何方式向评选单位和个人收取或者变相收取费用。

第十八条　表彰工作经费由中央财政等列支，人力资源社会保障部、全国总工会、中国企业联合会/中国企业家协会、全国工商联以分工为基础列入年度预算，主要用于召开全国和谐劳动关系创建工作先进集体和先进个人表彰暨经验交流会以及制作奖牌、奖章、证书等。

第七章　附　　则

第十九条　本办法由人力资源社会保障部负责解释。

第二十条　本办法自发布之日起施行。

中共中央组织部　人力资源社会保障部　教育部　公安部　国务院国资委关于做好取消普通高等学校毕业生就业报到证有关衔接工作的通知

人社部发〔2023〕26号

各省、自治区、直辖市及新疆生产建设兵团党委组织部，政府人力资源社会保障厅（局）、教育厅（教委、教育局）、公安厅（局）、国资委，中央和国家机关各部委、各人民团体组织人事部门，各中央企业，部属各高等学校，部省合建各高等学校：

为深入贯彻党的二十大精神，全面落实党中央、国务院关于高校毕业生就业工作决策部署和《国务院办公厅关于进一步做好高校毕业生等青年就业创业工作的通知》（国办发〔2022〕13号）要求，切实做好普通高等学校毕业生就业报到证取消后有关衔接工作，更加便利高校毕业生求职就业，现就有关事项通知如下：

一、简化求职就业材料。2023年起，不再发放《全国普通高等学校本专科毕业生就业报到证》和《全国毕业研究生就业报到证》（以下统称就业报到证），取消就业报到证补办、改派手续，不再将就业报到证作为办理高校毕业生招聘录用、落户、档案接收转递等手续的必需材料。

二、建立去向登记制度。教育部门建立高校毕业生毕业去向登记制度，作为高校为毕业生办理离校手续的必要环节。高校要指导毕业生（含结业生）及时完成毕业去向登记，核实信息后及时报省级教育部门备案。实行定向招生就业办法的高校毕业生，省级教育部门和高校要指导其严格按照定向协议就业并登记去向信息。高校毕业生到户籍和档案接收管理部门办理相关手续时，教育部门应根据有关部门需要和毕业生本人授权，提供毕业生离校时相应去向登记信息查询核验服务。

三、做好户口迁移衔接。高校毕业生户籍可以迁往就业创业地（超大城市按现有规定执行），也可以迁往入学前户籍所在地。迁入地公安机关要根据毕业生就业情况、本人意愿和迁入地落户政策要求，办理户口迁移手续。

四、做好档案转递衔接。2023年起，组织人事部门和档案管理服务机构在审核和管理人事档案时，就业报到证不再作为必需的存档材料，之前档案材料中的就业报到证应继续保存，缺失的无需补办。高校要及时将高校毕业生登记表、成绩单等重要材料归入学生档案，按规定有序转递，个人不能自带和保管。到机关、国有企事业单位就业或定向招生就业的，转递至就业单位或定向单位；到非公单位就业、灵活就业及自主创业的，转递至就业创业地或户籍地公共就业人才服务机构，其中转递至就业创业地的，应提供相关就业创业信息；暂未就业的，可根据本人意愿转递至户籍地公共就业人才服务机构，或按规定在高校保留两年。档案接收管理部门要及时向社会公布服务机构和联系方式，各相关单位和公共就业人才服务机构要认真做好毕业生档案接收工作。

五、做好报到入职衔接。用人单位可凭劳动（聘用）合同或就业协议书（含网签协议）或普通高等教育学历证书或其他双方约定的证明材料，为高校毕业生办理报到入职手续，参加工作时间按照高校毕业生毕业后实际入职之日计算，法律法规另有规定的从其规定。

六、完善信息查询渠道。用人单位、户籍和档案接收管理部门、公共就业人才服务机构在办理招聘录用、落户、档案接收转递等业务时，可通过查看学历证书、劳动（聘用）合同（就业协议、录用接收函）等，或通过全国高校毕业生毕业去向登记系统（https://dj.ncss.cn），查询离校时相应毕业去向信息。高校毕业生和有关单位可通过中国高等教育学生信息网（https://www.chsi.com.cn）查询和验证高校毕业生学历、学位信息。

各地各有关部门、用人单位和高校要按照通知要求，认真梳理调整原涉及就业报到证的办事规则流程并及时公告，进一步精简证明材料，不得额外或变相增加办理环节和申请材料，切实做好取消就业报到证有关工作衔接，为高校毕业生就业创业提供便利。

中共中央组织部
人力资源社会保障部
教育部
公安部
国务院国资委
2023 年 4 月 23 日

人力资源社会保障部　教育部　科技部　工业和信息化部等10部门关于进一步推进实施百万就业见习岗位募集计划的通知

人社部发〔2023〕27号

各省、自治区、直辖市及新疆生产建设兵团人力资源社会保障厅（局）、教育厅（委、局）、科技厅（委、局）、工业和信息化主管部门、民政厅（局）、财政厅（局）、商务厅（局）、国资委、团委、工商联，各中央企业：

就业见习是增强青年岗位实践能力的重要途径。2022年百万就业见习岗位募集计划（以下简称计划）首次实施以来，各地区、各有关部门聚焦青年求职需求，广泛开发见习岗位，多渠道搭建对接平台，帮助高校毕业生等青年提升就业能力，取得了积极成效。为深入贯彻党中央、国务院决策部署，落实《国务院办公厅关于进一步做好高校毕业生等青年就业创业工作的通知》（国办发〔2022〕13号）要求，进一步提升就业见习质量，人力资源社会保障部、教育部、科技部、工业和信息化部、民政部、财政部、商务部、国务院国资委、共青团中央、全国工商联等10部门决定继续实施百万就业见习岗位募集计划。现将具体要求通知如下。

一、总体要求

聚焦离校两年内未就业高校毕业生和16～24岁失业青年需求，着力广覆盖、提质量、优服务，做到数量有保障，全年继续募集不少于100万个就业见习岗位，力争全年岗位总量不低于上年，确保有见习意愿的高校毕业生等青年都能获得见习机会；质量有提升，发布一批示范性岗位，创建一批国家级高校毕业生就业见习示范单位，增强见习吸引力；服务有品质，完善见习供需对接平台，加大就业见习组织力度，提升见习服务保障能力，形成有利于促进高校毕业生等青年就业长效机制。

二、工作任务

（一）精准锁定见习对象。聚焦离校未就业毕业生、登记失业青年，通过实名信息数据库、求职登记小程序和失业登记库分类开展走访摸排，及早确定见习对象，主动联系了解需求，定向推送见习信息。重点锁定困难毕业生，定期与低保、脱贫、残疾等数据库开展比对，及时组织符合条件人员参加见习。同步开通线上就业见习报名渠道，简化报名手续，及时登记有意参加见习人员信息。在此基础上，建立见习对象信息库，做实基础台账，做到个人基本信息清、学历技能水平清、见习就业意愿清，并对困难毕业生作出专门标识，方便后续提供针对性见习服务。

（二）提升岗位募集质量。按照多元募集、量质并重的原则，重点面向承担科技项目的研究型大学、科研院所、科技型企业，开发一批科研类见习岗位；面向制造业龙头企业、单项冠军企业、专精特新“小巨人”企业和技工院校，开发一批技术技能类见习岗位；面向事业单位、国有企业、中小微企业，开发一批管理类见习岗位；面向城乡社区组织、社区服务机构、基层服务平台和各类社会组织，开发一批社会服务类见习岗位，满足高校毕业生等青年多元见习需求，更好发挥所学所长。在此基础上，按照不少于百分之一的比例，精心选取一批示范性的高质量见习岗位，集中打包推出，增强见习吸引力。

（三）增强见习对接效率。主动梳理推出本地见习单位清单、岗位目录清单和服务机构联络清单，通过部门网站、各类媒体、公共就业人才服务平台等渠道，及时向社会公布。每季度至少举办一次就业见习专项对接活动，通过进校园、专项服务活动、线上线下招聘等渠道，多维度组织岗位推荐、专场招聘、双向选择洽谈等活动，并在各类招聘会中同步推出见习岗位，将政策咨询、见习指导贯穿其中，更好助力见习供需双方对接。

（四）搭建统一服务平台。优化升级百万就业见习岗位募集计划服务专区，丰富拓展网上见习服务内容，提供见习单位申报、见习岗位查询、见习政策宣传、见习人员报名、见习数据统计等一站式服务。打造全国联网的见习统一服务平台，将计划服务专区与各地就业见习服务专区、网站互联互通，推动岗位共享、业务协同，同步链接中国公共招聘网、高校毕业生就业服务平台、国家大学生就业服务平台、就业在线及各地公共招聘网站，更加便捷见习人员和见习单位参与。

（五）强化见习规范管理。做好见习事前指导，指导见习单位与见习人员签订见习协议，确保见习活动规范有序。强化见习事中管理，督促见习单位建立带教制度，委派实践经验丰富、业务素质好、责任心强的技术或管理人员作为带教老师，帮助见习人员熟悉岗位内容、提升工作能力。抓实见习事后问效，定期跟进见习单位见习人员管理、政策落实和见习实效等情况，定期了解地方见习岗位募集、制度执行、政策落实和组织实施等情况，健全就业见习长效机制。

（六）做好后续跟踪帮扶。鼓励见习单位积极留用见习期满人员，见习期间或期满后被见习单位正式录用的，见习单位应及时与高校毕业生签订劳动合同，缴纳社会保险。对见习后未留用人员做好后续就业帮扶，对有就业意愿的，持续提供岗位信息、职业指导等服务；对有创业需求的，积极提供项目开发、融资支持、场地便利、跟踪扶持等“一条龙”服务；对需要提升技能的，针对性推荐职业培训项目，促进尽快实现就业创业。

三、支持政策

（一）补贴支持。对吸纳就业见习的单位，按规定给予就业见习补贴，用于支付见习人员见习期间基本生活费，为见习人员办理人身意外伤害保险，以及对见习人员的指导管理费用。有条件的地方或见习单位可为见习人员购买商业医疗保险，提高见习保障水平。对见习期满留用率达到50%以上的见习单位可适当提高见习补贴标准。将对见习期未满与见习人员签订劳动合同的，给予见习单位剩余期限见习补贴政策延续至2023年底。

（二）税费支持。见习单位支出的见习补贴相关费用，不计入社会保险缴费基数。符合税收法律及其有关规定的支出，可以在计算企业所得税应纳税所得额时扣除。

（三）保障激励。见习人员的见习时间一般为3～12个月，离校未就业高校毕业生见习期间不视为就业，见习期满后可按规定参照应届毕业生享受有关政策。在国家级高校毕业生就业见习示范单位评选中，优先激励参加本次计划并表现突出的各类单位。

四、工作要求

（一）强化组织领导。各地要将计划实施纳入本地就业工作整体安排，加强部门协同，合力抓好实施。人力资源社会保障部门要加强见习工作统筹协调，做好见习信息发布、见习专区搭建、见习管理服务等工作。财政部门要加大就业补助资金支持力度，保障见习政策落实。教育部门要指导高校做好见习政策宣传，向有需求的高校毕业生推荐见习信息。科技、工业和信息化、民政、商务、国有资产监督管理、工商联等部门要立足部门职能职责，发挥行业优势，动员鼓励各类用人单位设立见习岗位，积极提供有示范性的优质岗位。共青团要发挥组织优势，提供企业资源，动员失业青年参加见习，丰富青年见习实践活动。

（二）强化工作推进。各地要结合实际制定具体实施方案，层层分解落实本地见习任务，明确时间进度，细化工作措施和工作要求，推动各项工作任务顺利推进。要优化见习补贴申领流程，实施“1+1”见习补贴申领模式，不得见习结束后集中发放，在按月发放就业见习补贴基础上，对见习留用率高的单位结束见习工作后集中一次性发放差额补贴。加强部门间信息比对和监督检查，防止补贴资金骗取、挪用、虚报、冒领等行为。

（三）强化示范引领。各地要指导见习单位高度重视见习工作，不断创新和完善本单位见习管理制度，为见习人员提供更加良好的工作、生活、学习环境。要选树一批管理运行规范、吸纳人员较多、见习成效明显的国家级高校毕业生就业见习示范单位，并结合实际按规定开展本地就业见习示范创建工作，为当地就业见习工作开展树立标杆，发挥先进典型的带动作用，推动见习工作提质增效。

（四）强化宣传引导。各地要充分利用电视、微博微信、短视频等宣传载体，广泛宣传见习制度和参与渠道，并在青年人聚集的高校、社区开展政策宣讲，扩大见习知晓度和影响力。同时加大典型示范，大力宣传一批青年通过见习提升能力、成功就业的故事，宣传见习单位履行社会责任的良好形象，引导更多青年和用人单位主动参与见习活动。

各地人力资源社会保障部门每月汇总各方情况后，填报《百万就业见习岗位募集计划情况汇总表》（见附件），于下月前5个工作日内报人力资源社会保障部就业促进司，并于年底报送年度计划实施情况报告。

附件：百万就业见习岗位募集计划情况汇总表（略）

人力资源社会保障部
教育部
科技部
工业和信息化部
民政部
财政部
商务部
国务院国资委
共青团中央
全国工商联
2023年5月5日

人力资源社会保障部　财政部
关于2023年调整退休人员
基本养老金的通知

人社部发〔2023〕28号

各省、自治区、直辖市人民政府，国务院各部委、各直属机构，新疆生产建设兵团：

经党中央、国务院批准，从2023年1月1日起调整企业和机关事业单位退休人员（以下简称退休人员）基本养老金水平。现就有关事项通知如下：

一、调整范围。2022年12月31日前已按规定办理退休手续并按月领取基本养老金的退休人员。

二、调整水平。全国调整比例按照2022年退休人员月人均基本养老金的3.8%确定。各省以全国调整比例为高限确定本省调整比例和水平。

三、调整办法。采取定额调整、挂钩调整与适当倾斜相结合的办法，并实现企业和机关事业单位退休人员调整办法统一。定额调整要体现公平原则；挂钩调整要体现多缴多得、长缴多得的激励机制，应与退休人员本人缴费年限（或工作年限）和基本养老金水平挂钩；对高龄退休人员、艰苦边远地区退休人员，可适当提高调整水平。继续确保安置到地方工作且已参加基本养老保险的企业退休军转干部基本养老金不低于当地企业退休人员基本养老金平均水平。要进一步强化激励，适当加大挂钩调整所占比重。

四、资金来源。调整基本养老金所需资金，参加企业职工基本养老保险的从企业基本养老保险基金中列支，参加机关事业单位工作人员基本养老保险的从机关事业单位基本养老保险基金中列支。对中西部地区、老工业基地、新疆生产建设兵团和在京中央国家机关及所属事业单位所需资金，中央财政予以适当补助。地方财政对本地调整企业退休人员基本养老金新增支出安排资金给予一定补助。未参加职工基本养老保险的，调整所需资金由原渠道解决。

五、组织实施。调整退休人员基本养老金，是保障和改善民生水平的重要措施，体现了党中央、国务院对广大退休人员的亲切关怀。各地区要高度重视，切实加强领导，精心组织实施，加强宣传解读，正确引导舆论，确保调整工作平稳进行。要按照党中央、国务院统一部署，结合本地区实际，制定具体实施方案，于2023年5月31日前报送人力资源社会保障部、财政部备案。要严格按照人力资源社会保障部、财政部备案同意的实施方案执行，把各项调整政策落实到位。要切实采取措施加强养老保险基金收支管理，提前做好资金安排，确保基本养老金按时足额发放，不得发生新的拖欠。未经人力资源社会保障部、财政部批准，不得自行提高退休人员基本养老金水平，不得通过设立最低养老金标准等方式变相提高待遇水平。将调整退休人员基本养老金工作纳入对省级政府养老保险工作考核。在京中央国家机关及所属事业单位的调整方案由人力资源社会保障部、财政部制定并组织实施。

人力资源社会保障部
财政部
2023 年 5 月 19 日

人力资源社会保障部关于印发数字人社建设行动实施方案的通知

人社部发〔2023〕34号

各省、自治区、直辖市及新疆生产建设兵团人力资源社会保障厅（局），部属各单位：

为贯彻落实党的二十大精神和党中央、国务院关于数字中国、数字政府建设的决策部署，按照《数字中国建设整体布局规划》《国务院关于加强数字政府建设的指导意见》等文件要求，我部决定实施数字人社建设行动，全面推行数字化改革，为推进人力资源社会保障领域治理体系和治理能力现代化提供有力支撑。现将《数字人社建设行动实施方案》印发给你们，请结合实际认真贯彻落实。

人力资源社会保障部
2023年6月19日

数字人社建设行动实施方案

根据《数字中国建设整体布局规划》《国务院关于加强数字政府建设的指导意见》和“十四五”系列规划部署要求，为实施数字人社建设行动，增强人力资源社会保障（以下简称人社）部门履职效能，推进人社领域治理体系和治理能力现代化，制定本方案。

一、总体要求

（一）指导思想

以习近平新时代中国特色社会主义思想为指导，全面贯彻落实党的二十大精神和党中央、国务院决策部署，深入贯彻习近平总书记关于网络强国的重要思想和数字中国的重要论述，强化人社业务与数字技术的深度融合，构建一体化、数字化、智能化人社工作新形态，发展数字政务、赋能数字经济、助力数字社会，以数字人社助力中国式现代化。

（二）基本原则

坚持党的全面领导。把党的领导贯穿数字人社建设各方面各环节，贯穿人社数字化改革和制度创新全过程，确保数字人社建设正确方向。

坚持以人民为中心。站稳人民立场，把握人民愿望，着力破解企业群众反映强烈的急难愁盼问题，让数字人社建设成果更多更公平惠及全体人民，促进共同富裕和人口高质量发展。

坚持数据赋能。树立数字化思维，强化全流程进系统，形成全周期数据链，充分发挥数据作为新型生产要素的先导作用，让数据在政策实施、支持决策、服务群众、配置资源等方面发挥更大作用，提升人社领域管理服务水平，赋能政府治理和经济社会发展。

坚持改革引领。突出问题导向、目标导向、结果导向，注重制度创新和技术创新双轮驱动、顶层设计和基层探索有机结合，以数字化改革推动人社领域经办、服务、监管、决策模式的全方位变革。

坚持整体协同。强化系统观念，增强系统集成，联通业务，打通数据，贯通上下，促进技术融合、业务融合、数据融合，提升跨层级、跨地域、跨系统、跨部门、跨业务的协同管理和服务水平。

坚持安全可控。贯彻总体国家安全观，统筹发展和安全，构建制度、管理和技术衔接配套的安全防护体系，强化基础设施、数据资源和应用平台等安全保障能力，加强个人信息保护，守牢网络和数据安全底线。

（三）主要目标

总体目标是，依托金保工程等信息化项目，全面推行人社数字化改革，推进理念重塑、制度重构、流程再造，深化一体化、发展数字化、迈向智能化，优化数字社保、就业和人力资源服务，加强数字新就业形态劳动权益保障，实现一体化办理、精准化服务、智能化监管、科学化决策、生态化发展，引领和支撑人社事业高质量发展。

到2025年，数字人社建设体系初步形成，人社数字化底座基本建立，“全数据共享、全服务上网、全业务用卡”成效更加广泛，人社数字化应用场景不断涌现，业务实现有机联动，建成横向打通、纵向贯通、协同高效的人社一体化发展格局。

到2027年，数字人社建设取得显著成效，数字化管理新体系、服务新模式、监管新局面、决策新途径、生态发展新格局全面形成，全国人社领域数字化治理体系和治理能力成熟完备，实现整体“智治”。

（四）整体框架

数字人社建设行动按照“1532”的整体框

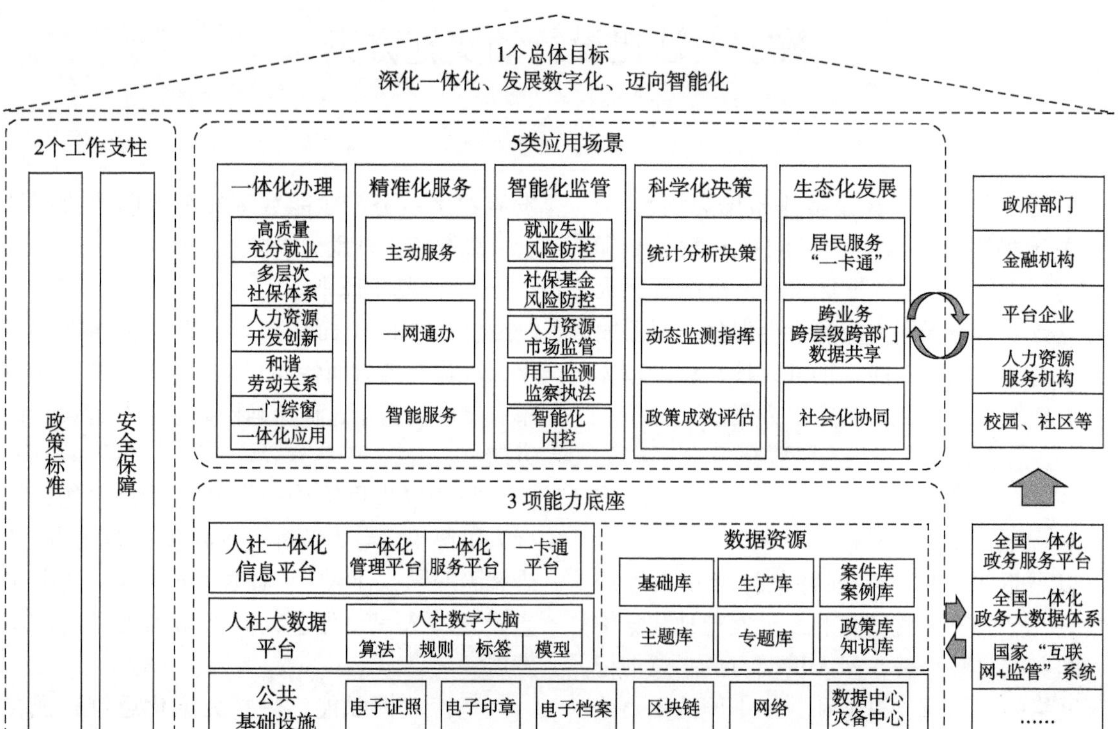

数字人社建设行动整体框架图

架进行布局。“1”即1个总体目标，深化一体化、发展数字化、迈向智能化，提升人社领域治理体系和治理能力现代化水平；“5”即着力打造一体化办理、精准化服务、智能化监管、科学化决策、生态化发展5类对内对外应用场景，引领各类业务工作；“3”即持续完善人社一体化信息平台、人社大数据平台、公共基础设施3项能力底座，夯实发展基础；“2”即建立健全政策标准、安全保障2个工作支柱，提供有力有效支撑。

二、推进一体化办理，塑造数字化管理新体系

（五）以数字化推动政策精准落实，支持建立高质量充分就业工作体系。建成全省统一的就业信息资源库和就业信息平台，对内实现业务统一办理、对外实现服务统一提供。推进招聘求职、政策申领、职业指导等在线服务，支持劳动者和企业便捷享受就业政策和服务。汇聚人社全领域数据资源，共享相关部门和市场机构数据，实现政策申领、就业管理和就业服务等信息“一库管理”，做准、做实、做全服务对象底数。打造全国就业公共服务平台，开通就业失业登记、就业见习、就业政策服务等全国统一服务入口，支持全国性、跨地区就业业务线上办理。完善中国公共招聘网和“就业在线”，提升全国一站式招聘求职服务能力。构建全国就业信息资源库，实时归集就业管理和服务数据，支持业务办理和形势分析研判。（责任单位：就业司、信息中心按职责分工负责）

（六）以数字化推动经办服务升级，支持健全多层次社会保障体系。深入推进社保经办数字化转型，实行“全险合一”的社保经办管理服务，实现社保业务在省内无差别受理，全省通办。实现社保业务、财务、档案联动管理，实现“社税共享”“社银直联”，协同推进“社税财银”四方对账。实现工伤认定、劳动能力鉴定、工伤待遇申领协同办理，实现工伤保险协议机构省内及跨省联网直接结算。强化职业伤害保障等新就业形态劳动者社保服务支撑能力。健全社保数据准实时归集共享机制，实现企业（职业）年金数据汇聚、个人养老金数据共享，搭建多层次社会保障体系数字全景图。加大“数据找人”工作力度，精准扩大参保覆盖面。（责任单位：社保中心、养老保险司、工伤保险司、失业保险司、农保司、基金监管局、信息中心按职责分工负责）

（七）以数字化推动人才精准培养和有效供给，支持人力资源开发创新。健全终身职业技能培训工作体系，发展覆盖职业生涯全过程的数字化职业技能培训，动态感知市场需求，形成以社会保障卡为载体的终身职业培训电子档案。建立全国统一的技工教育数字资源服务平台，推动与有关部门信息互联互认。加强职称评审、高层次人才管理服务信息化，推进相关人才信息归集共享，健全专业技术人才和技能人才库。完善技能人才评价工作网，建立职业技能评价服务监管平台，实现职业技能评价全过程信息记录和监管预警。加强事业单位工资管理信息化，推动事业单位工作人员职业生涯全周期管理。（责任单位：职业能力司、专技司、工资司、事业管理司、信息中心、指导中心、考试中心、专家中心按职责分工负责）

（八）以数字化推进劳动维权便利化，支持构建和谐劳动关系。推广应用电子劳动合同，拓宽在人社服务中的应用场景。推进“互联网＋调解仲裁”、数字仲裁庭、智能仲裁院建设。推进劳动关系协同治理，调解、仲裁、劳动保障监察联动处置，实现案件信息共享、查证事实互认。与法院等部门实现裁审信息衔接比对和案件协查，开展劳动人事争议“总对总”在线诉调对接工作，促进调解仲裁与诉讼有效衔接。统筹推进农民工信息采集归集，加强农民工实名信息管理。（责任单位：劳动关系司、农民工司、调解仲裁司、监察局、信息中心按职责分工负责）

（九）全面推行“一门综窗”。将各级人社服务大厅的“单一窗口”整合为“综合窗口”，大力推行受办分离模式，现场办理事项“只进一扇门、一窗全办结”。向有条件的街道乡镇、社区行政村、银行、邮政下沉人社服务窗口，建立覆盖广泛的自助服务体系，推行全天候随时办服务。通过数据共享，进一步精简办事环节和材料。（责任单位：就业司、信息中心、社保中心、部属相关单位按职责分工负责）

（十）深化人社业务一体化应用。深入推进人社领域系统互联互通、数据融合共享、业务协同联动、部省纵向贯通，推动更多关联事项“智能联办”。以就业为牵引，持续推动业务整合、事项重组、岗责优化。统一办理就业失业登记、社保登记、劳动用工备案。聚焦个人全生命周期、单位用人全过程，深化人社领域关联事项“一件事”打包办，联合相关部门推进新生儿出生、企业开办、员工录用、灵活就业、军人退役、职工退休、公民身后等重要阶段关联事项的“一件事一次办”。探索灵活就业和新就业形态人员就业、社保等相关业务联办。（责任单位：行风办、就业司、劳动关系司、信息中心、社保中心、部属相关单位按职责分工负责）

三、推行精准化服务，构建优质便捷服务新模式

（十一）大力推行主动服务。运用大数据精准识别政策享受对象，实现“政策找人”“人策匹配”，主动推送政策信息和相关服务，实现政策待遇“免申即享”“民生直达”“直补快办”。运用多源数据为服务对象精准“画像”，线上核验办事群众身份，自动核对办事材料，实行“免证办”“智能秒批”。推广“辅助帮办”“全程代办”，为老年人、残疾人等群体提供暖心服务。在线发布本地区政策清单，实现惠企惠民政策及其兑现操作办法同步发布，“一网全查、一看就懂”。（责任单位：部属相关单位按职责分工负责）

（十二）持续推进“一网通办”服务。全面实现人社政务服务事项“应上尽上、全程网办”，向移动客户端、自助终端、服务热线延伸，线上线下事项统一、服务联动、多端协同。推动全国人社“一网通办”服务事项下沉至地方服务渠道。推动更多事项“跨省通办”，强化就业失业登记、社保关系转移接续、流动人员人事档案转递、劳动维权、社会保障卡服务等高频事项协同办理，扩大异地经营企业和流动人员的“跨省通办”事项范围，实现相关人社政策待遇享受资格的异地共认或跨地区核验。实现就业、职业技能培训和评价、社保、职业资格、技工院校毕业证书、劳动维权等个人权益信息全国一键查询，实现多支柱养老保险账户权益信息的联动查询。推进京津冀、长三角、粤港澳、川渝等区域联动协作。（责任单位：就业司、流动管理司、职业能力司、专技司、劳动关系司、基金监管局、调解仲裁司、监察局、信息中心、社保中心、指导中心、考试中心、部属相关单位按职责分工负责）

（十三）加快发展智能服务。积极探索新技术应用，打造面向未来的智能化、沉浸式服务体验。建设集中统一、共享共用、动态更新的人社政策文件库，推进政策信息智能关联解读，实现政策赋能。构建全国智能化政策问答知识库，推进12333电话智能语音、在线智能客服、智能外呼等服务，加强话务数据分析，创新电话办事方式，逐步实现“一线通答”。建立智能化的业务规则引擎，以事项引导方式实现智能导办，同一事项同要素管理、同标准办理。运用知识图谱、数字孪生等新技术，提供“数字柜员”24小时在线服务。在部分业务探索开展系统自动受理审核服务。（责任单位：办公厅、法规司、信息中心、部属相关单位按职责分工负责）

四、实施智能化监管，开创精确风险防控新局面

（十四）加强就业失业风险防控。全面推行就业管理和职业技能培训实名制，推进就业补助资金等拨付发放全流程数字化。通过数据比对、智能核查，对相关补助资金实施事前事中事后精准管控。通过对政策享受数据的关联分析，开展相关补助资金使用效能评估。加强失业动态监测和预警，探索与相关部门联合开展就业运行监测，提升就业失业风险预判和应对能力。（责任单位：就业司、职业能力司、失业保险司按职责分工负责）

（十五）深化社保基金管理风险防控。基于大数据技术，建立常态化疑点数据筛查核查机制。健全业务规则，建立风控模型，优化系统风控预警功能，实现对社保关键业务环节和高风险业务智能化监控。依托生产库数据，全面加强社保基金非现场监督。深化社保待遇支付和工伤保险就医结算费用支出合规性智能监控。持续提升养老保障基金投资运营信息化监管能力。开展个人养老金运行信息核验，对相关政策进行运行监管。（责任单位：基金监管局、社保中心、养老保险司、失业保险司、工伤保险司、信息中心按职责分工负责）

（十六）推进人力资源市场监管。共享市场监管等部门信息，健全人力资源服务机构、劳务派遣单位、职业技能培训和评价机构名录库，动态掌握机构经营服务情况。健全违法查处机制，依托国家“互联网＋监管”系统多元数据汇聚功能，打击造假、欺诈、侵权、骗取补助资金等行为。将人力资源服务、劳务派遣、职业技能培训和评价机构重大违法违规案件纳入信用记录，共享至全国信用信息平台和企业信用信息公示系统。（责任单位：流动管理司、职业能力司、劳动关系司、监察局按职责分工负责）

（十七）提升用工监测和监察执法精准度。加强与相关部门数据共享，建立企业用工风险预警机制，重点加强工程建设领域农民工工资欠薪预警监管。开展拖欠农民工工资失信联合惩戒，联动处置根治欠薪反映线索。依托系统开展企业劳动保障守法诚信等级评价，对违法风险较高的企业提高“双随机、一公开”抽查频次，实施重点监督。探索开展远程监管、移动监管、信息监管等非现场监管。探索归集平台企业用工信息，加强平台企业劳动用工情况监测。动态分析舆情和投诉热点，联动处置违法违规线索。（责任单位：劳动关系司、监察局、宣传中心按职责分工负责）

（十八）推动智能化内控。人社各项业务纳入一体化信息平台，实现全流程数字化运行。建立覆盖全领域、防控全过程、全员全岗有责的人社数字化内控监督体系，将管理手段融入工作流程，将风控规则嵌入信息系统，实现事前预警、事中管控、事后核查。基于“中台化”“原子业务”等模式，深化企业职工基本养老保险全国统筹“大管控”应用，建立就业、职业技能培训和评价、社保其他险种等部省联动管控机制，在部级逐步实现对关键业务环节和高风险业务的实时管控。建立相关领域的案件库和案例库，形成专家知识图谱，基于大数据、人工智能等技术，辅助支持工伤认定、劳动能力鉴定、劳动争议办案。利用5G、视频、区块链等技术，辅助远程实现工伤事故调查、劳动能力鉴定。全面实现非涉密人社信息系统通过电子社保卡扫码登录。（责任单位：就业司、职业能力司、养老保险司、工伤保险司、调解仲裁司、信息中心、社保中心、部属相关单位按职责分工负责）

五、支撑科学化决策，开拓数字化监测分析新途径

（十九）加强统计分析决策。推动实现从业务系统直接提取统计数据，加快构建统计现代化采集体系，严防统计造假。运用大数据技术，对就业趋势变化、社保基金收支平衡、养老待遇测算调整等开展挖掘分析、预测预警和模拟仿真，完善“用数据说话”的循证决策机制。推进人社大数据在经济运行研判和社会治理等领域的深层次应用。（责任单位：规划司、就业司、养老保险司、信息中心、社保中心、部属相关单位按职责分工负责）

（二十）强化动态监测指挥。全面梳理反映人社部门履职效能的核心指标。完善人社监测指挥平台，实现数据指标的动态展示和“随查随用”。重点建设就业形势、社保基金运行、人才流动、劳动用工、农民工权益和流动、舆

情热点等动态监测预警，完善人力资源市场供求信息监测，形成即时感知、主动应对的治理模式。实现对各级人社服务大厅的实时监控，对人事考试、根治欠薪及重大舆情、重大要情、网络安全等突发事件的调度指挥。（责任单位：规划司、就业司、流动管理司、农民工司、劳动关系司、养老保险司、监察局、行风办、宣传中心、信息中心、社保中心、考试中心按职责分工负责）

（二十一）加强政策成效评估。基于大数据和模型，对高质量充分就业、社会保障等重大改革和关系群众切身利益的重要政策实施效果开展分析评估，构建“决策－执行－评估－改进”的量化闭环，推动实现精准施策。（责任单位：部属相关单位按职责分工负责）

六、加快生态化发展，构筑高效共享协同新格局

（二十二）积极推广居民服务“一卡通”。将社会保障卡作为政府民生服务的基础性载体，实现人社领域全面用卡，推行惠民惠农财政补贴资金“一卡通”发放。推广社会保障卡在政务服务、就医购药、养老服务、交通出行、文化体验、旅游观光、乡村振兴等方面应用，在相关区域探索实现“同城待遇”，积极扩大在校园、企业、园区、社区的应用。支持银行、商户、服务商等多方共建“一卡通”应用生态。推进电子社保卡与政务服务码等互通互认，持续深化“多卡合一”“多码融合”，实现应用赋能。依托社会保障卡构建统一身份认证体系和支付结算模式，建立“区块链＋电子社保卡”个人信息授权使用机制。（责任单位：信息中心、宣传中心、部属相关单位按职责分工负责）

（二十三）加强跨业务跨层级跨部门数据共享。制定人社部门内部及跨部门数据共享目录并及时更新，全面实现人社部门内部跨业务精准高效共享应用，加强各级人社部门与相关民生服务、经济产业、公安、司法等部门数据按需共享。深化人社领域跨层级跨部门共享应用，实现业务联动、状态联查、服务联通。基于部省两级的人社数据资源，依托全国一体化政务大数据体系，面向相关政府部门提供数据共享和比对服务，实现数据赋能。（责任单位：信息中心、部属相关单位按职责分工负责）

（二十四）加强社会化协同应用。在确保数据安全的前提下，探索推动人社领域公共数据资源开发利用，助力优化营商环境。按需对接市场机构和平台企业的社会数据，促进人社领域公共数据和相关社会数据融合应用。支持人力资源服务产业园和相关人力资源服务机构共享使用人力资源市场供需信息，充分运用电子劳动合同、电子证照等服务资源，促进人力资源服务数字化转型升级。探索与重点企业人力资源管理系统对接，打造“政企智联”服务模式，实现相关人社业务的衔接办理。（责任单位：流动管理司、劳动关系司、专技司、信息中心、社保中心、指导中心按职责分工负责）

七、夯实数字化底座，打牢人社数字化改革技术基础

（二十五）健全人社一体化信息平台。健全人社一体化管理平台。建成省级集中部署、业务协同联动、实时联网管控的人社一体化管理平台，推进信息系统整合，探索开辟应用创新区，支持市县两级开展数字化创新应用，实现平台赋能。完善全国集中性、跨地区业务系统功能，加强金保工程建设成果推广应用。健全人社一体化服务平台。推进全国人社政务服务平台与省级平台联动建设，做好与全国一体化政务服务平台对接，持续提升全国就业公共服务平台、国家社会保险公共服务平台服务能力，推进跨平台共享服务资源，提升掌上12333、电子社保卡移动端的智能化服务能力，实现服务赋能。健全社会保障卡“一卡通”平台。推进部省社会保障卡“一卡通”平台数字化升级，实现区域“一卡通”应用接入全国“一卡通”专区。构建持卡人数字空间，归集整合持卡人信息，实现“一卡一人一档”。提升社会保障卡社银联动服务水平，探索推进社会保障卡加载数字人民币支付功能。（责任单位：信息中心、规划司、部属相关单位按职责分工负责）

（二十六）建立人社大数据平台。持续完善人社数据指标体系和技术标准。建立部省两级人社数据资源目录，实行“一数一源一标准”，实现动态管理。加强人社数据汇聚融合和全生命周期治理，开展“清数”专项工作，加强数据资产管理，健全全国人社数据归集机制。建立部省两级人社大数据平台，完善持卡人员、用人单位基础库，建立就业创业、社会保障、人才人事、劳动关系等主题库和应用场景专题库，加载算法，训练模型，形成“人社数字大脑”。按信息主体健全人社电子档案袋，开展标签画像，提供精确感知、精准识别、分类评价、监管决策能力，支持场景化数字化应用。建立安全有序的数据回流机制，部级向省级、省级向有需求的地市回流相关人社数据，支持定制大数据应用。（责任单位：信息中心、部属相关单位按职责分工负责）

（二十七）完善公共基础设施。建设部省联动的人社区块链基础支撑服务平台、电子印章系统、电子证照库，实现全国共建共用、互通互认。建设省级电子档案库，实现相关纸质档案电子化、证照化。提升部省两级数据中心实时业务支撑能力、全国主干网络承载能力，完善部省两级灾备系统。开展人社领域核心业务系统的测试验证，积极探索、稳妥推进安全可靠技术和产品应用，提高自主可控水平。（责任单位：信息中心、部属相关单位按职责分工负责）

八、筑牢工作支柱，支撑人社数字化改革

（二十八）完善政策标准。加快完善与数字人社相适应的体制机制，修订清理不相适应的政策制度、管理规定，以数字化改革驱动人社业务流程再造、事项整合。继续推行基本公共服务标准化，统一全省服务标准，规范服务入口，持续完善事项要素、电子档案等标准，动态调整人社政务服务事项清单，统一发布“跨省通办”事项办事指南。推广全国统一的社保经办服务技术标准。全面推行证明事项告知承诺制，拓展容缺办理事项。改变以表单为载体的传统办事模式，实现系统自动提取数据、自动预填申报等。合理界定岗位职责，加强监督管理、风险防控、数据治理和应用等岗位的人力配置。（责任单位：规划司、人事司、行风办、社保中心、部属相关单位按职责分工负责）

（二十九）强化安全保障。全面落实网络和数据安全责任，建立制度规范、技术防护、运行管理三位一体的安全保障体系，健全安全评估、监测预警、应急演练、事件处置等机制。实现与当地政务云的安全有效衔接。注重供应链安全，加强安全教育和运维人员管理。落实人社行业数据分类分级规范，强化数据全生命周期安全保护。加强关键信息基础设施安全保护，落实网络安全等级保护，开展密码应用安全性评估。开展对新技术新应用的安全评估，探索对算法的审核管理。加强安全态势感知平台建设应用。（责任单位：信息中心、部属相关单位按职责分工负责）

九、加强数字人社建设组织实施

（三十）加强组织领导。各级人社部门要建立数字人社建设协调机制，将数字人社建设作为“一把手”工程，主要负责同志统筹协调，分管负责同志具体抓落实，综合、业务、信息化等各部门全程参与。省级人社部门制定本地实施方案，参照本方案任务安排及部内责任分工，分解具体任务和时间节点，明确本地牵头部门和参与单位，强化业务驱动，配备专门力量。多渠道筹集经费，创新重大任务和工程的资金投入方式，引导金融资源和社会资本规范参与建设。（责任单位：部网信办、部属相关单位按职责分工负责）

（三十一）加强创新实践。部里发布数字人社参考应用场景，建立全国“揭榜领题”攻关机制，支持有条件的地区选择部分场景先行

探索实践，适时总结推广。各地应从“小切口”破题，围绕难点痛点，研究提出本年度重点应用场景，并报部里备案。加强对数字人社建设成果和创新实践的宣传报道，营造良好舆论氛围。（责任单位：部网信办、宣传中心、部属相关单位按职责分工负责）

（三十二）加强调度评估。部里牵头制定数字人社建设评估体系，定期开展工作调度，重点分析评估统筹管理、实施进度、改革措施、应用成效等情况。省级人社部门定期开展跟踪调度和调查研究，建立创新容错机制，将数字人社建设作为绩效考核的重要内容。（责任单位：部网信办、部属相关单位按职责分工负责）

（三十三）加强队伍建设。分层级组织人社干部数字化业务能力培训，把数字素养纳入业务技能练兵比武活动。持续加强作风建设。加强人社数字化专业队伍建设，创新专业人才的引进培养交流使用机制，形成一支讲政治、懂业务、精技术的复合型干部队伍。（责任单位：行风办、人事司按职责分工负责）

人力资源社会保障部　教育部　财政部关于延续实施一次性扩岗补助政策有关工作的通知

人社部发〔2023〕37号

各省、自治区、直辖市人民政府，新疆生产建设兵团：

为深入贯彻党的二十大精神，落实党中央、国务院关于促进高校毕业生等青年就业工作决策部署，发挥失业保险助企扩岗作用，鼓励企业积极吸纳大学生等青年就业，经国务院同意，现就延续实施一次性扩岗补助政策有关事项通知如下：

一、对招用2023届及离校两年内未就业普通高校毕业生、登记失业的16~24岁青年，签订劳动合同并为其缴纳失业、工伤、职工养老保险费1个月以上的企业，可按每招用1人不超过1 500元的标准发放一次性扩岗补助。政策执行至2023年12月底。

二、1名上述人员的就业参保信息和身份只能由一户企业用于享受一次性扩岗补助，不能重复使用。一次性扩岗补助和一次性吸纳就业补贴政策不能重复享受。各地不得超出现有政策规定提高政策享受门槛，增加限制条件，要让招用上述人员并符合相关条件的企业尽可能享受政策红利。

三、一次性扩岗补助所需资金从失业保险基金“其他支出”科目中列支。

四、各地可采取“免申即享”的方式，按照“方便、快捷、规范、安全”的原则，主动向符合条件的企业发放一次性扩岗补助。可按月将本地新参保人员信息与部省人社业务协同平台提供的“普通高校应届毕业生身份核验接口”、教育部门移交的有就业意愿的离校两年内未就业高校毕业生数据信息、登记失业信息比对，确认参保人员身份符合政策享受条件，向企业发送信息并经其确认后，将一次性扩岗补助资金发放至用人企业对公账户，对没有对公账户的企业，可将资金发放至当地税务部门提供的该企业缴纳社会保险费账户。

各地失业保险经办机构要开设服务窗口，便于企业自行申请一次性扩岗补助。对企业所招用的相关人员参保情况，经办机构要通过本地信息系统核实，并在收到企业申请后30日内办结。

五、要做好基金风险防范，强化事后核查，统筹推进一次性扩岗补助畅通领、安全办。省级人力资源社会保障部门应于每月20日前向人力资源社会保障部上报一次性扩岗补助发放数据，支持部端开展全国信息比对核查。对部端比对下发的身份不实、跨省（区、市）重复享受等疑点数据，各地要立即核实，对于不符合条件的企业，及时追回所发放一次性扩岗补助，按规定追究其相应责任。

实施一次性扩岗补助政策是促进高校毕业生等青年群体就业、维护就业局势稳定的重要举措。各地人力资源社会保障、教育、财政部门要高度重视，加强组织保障，形成工作合力。要充分发挥失业保险省级统筹制度优势或省级调剂金作用，支持政策落实，不得擅自设置基金备付期限等政策启动条件。人力资源社会保障部门经办机构、信息化综合管理机构要明确责任分工，加强协调配合，抓紧优化操作办法和信息系统，确保政策尽快落地见效。加强宣传引导，积极推送政策信息，提高政策知晓度。

各地在推进工作过程中遇有重大问题，及时向人力资源社会保障部、教育部、财政部报告。

人力资源社会保障部
教育部
财政部
2023 年 6 月 25 日

人力资源社会保障部　民政部　国家卫生健康委　退役军人事务部　国家医保局　国家中医药局　中国残联关于推进工伤康复事业高质量发展的指导意见

人社部发〔2023〕41号

各省、自治区、直辖市及新疆生产建设兵团人力资源社会保障厅（局）、民政厅（局）、卫生健康委、退役军人事务厅（局）、医保局、中医药局、残联：

工伤康复是工伤保险制度的重要组成部分，对促进工伤职工回归社会、重返工作岗位、实现有尊严的生活具有重要意义。为全面贯彻落实党的二十大精神，加快推进工伤康复工作提质增效，充分发挥工伤保险制度优越性，切实解决工伤康复事业发展不平衡不充分的问题，现提出如下意见。

一、总体思路和工作目标

（一）总体思路。以习近平新时代中国特色社会主义思想为指导，深入贯彻党的二十大精神，坚持以人民为中心的发展思想，深入推动高质量发展和健康中国战略，切实推动预防、补偿、康复“三位一体”的工伤保险制度建设，探索建立适合我国国情的工伤康复制度体系，更好地满足工伤职工康复需求，努力使工伤职工得到有效康复，使工伤职工有更多获得感、幸福感、安全感。

（二）工作目标。2023—2027年，工伤康复制度体系更加健全，职业康复稳步推进，管理服务更加精准，社会康复加快拓展，工伤职工享有公共服务水平大幅提升，康复成效显著提高，重返岗位和融入社会能力明显增强。

二、健全工伤康复制度和标准

（一）完善工伤康复管理制度。以医疗康复为基础、职业康复为核心、社会康复为纽带、再就业扶持为延伸，进一步夯实工伤康复制度基础，完善工伤康复相关标准，及时修订相应的目录和规范。各地要根据新形势新要求，补短板、强弱项、固优势，研究制定与本地区经济社会发展水平和工伤保险制度建设相适应的工伤康复管理办法，完善相应政策和标准，明确相关工作程序，建立康复效果评估机制，形成科学合理、严谨有序、高效便民的工伤康复管理制度。

（二）加强门诊和社区医疗康复。充分发挥基层康复积极功能，将工伤康复协议管理由住院康复向门诊和社区康复延伸，将符合规定的门诊和社区康复费用纳入工伤保险基金支付范围。各地要明确门诊和社区康复功能定位、服务内容和标准，做好与住院康复的管理服务衔接，以功能改善为导向，加强康复效果评估和结果应用。鼓励有条件的地区探索居家康复管理服务模式，明确相应管理机制、服务内容以及支付方式和标准。

（三）加快推进职业康复。完善职业康复政策法规，强化行业规范和成效评估，加强人才队伍、职业康复机构建设，提升管理服务水平，探索建立工伤康复与就业促进等政策和管理服务衔接协同机制，逐步建立适合我国国情的职业康复制度。国家适时开展职业康复协同就业、职业技能培训、残疾人康复政策以及管理服务衔接、共享的试点工作，在评估试点成效的基础上逐步推开。

（四）积极拓展社会康复。充分依托本地区社会服务体系，探索通过社会工作方式，促进完善工伤职工心理社会适应、社区生活独立等康复服务保障，推动工伤职工有效获取与自身康复需求相适应的社会康复。有条件的地区可探索建立购买社会康复服务机制，统筹各级各类社会资源助力工伤职工重返社会和工作岗位。

三、完善工伤康复工作机制

（五）建立健全工伤康复早期介入机制。各地人力资源社会保障部门要会同卫生健康、中医药、民政、残联等部门根据当地实际，建立工伤康复早期介入机制，明确工作程序，简化工作环节和证明事项；推动工伤康复与医疗救治有序衔接，各环节管理服务相互促进。工伤康复协议机构要建立工伤康复早期介入标准和流程，针对工伤职工不同伤情特点进行康复价值评估，制定个性化康复治疗方案，规范开展工伤康复。不具备工伤康复早期介入能力的相关机构可依托具备相应能力的机构提供支持。有条件的地区可以积极探索工伤医疗救治和工伤康复一体化管理服务。

（六）逐步建立“先康复后鉴定”工作机制。完善工伤康复申请和实施劳动能力鉴定的衔接机制，探索制订与劳动能力鉴定标准相衔接的工伤康复效果综合评估标准，对经确认有康复价值的工伤职工，要引导其进行相应的工伤康复并通过康复效果评估后进行劳动能力鉴定。有条件的可结合实际选择不少于 2 种适宜伤情开展“先康复后鉴定”工作，制定相关工作方案，明确政策措施和实施路径，及时总结经验，稳步推开。

四、创新工伤康复扶持政策

（七）完善工伤康复政策。《工伤康复服务项目（试行）》覆盖住院和门诊治疗以及工伤康复全程。工伤保险协议医疗机构和工伤康复协议机构为工伤职工实施《工伤康复服务项目（试行）》内的康复项目，所发生费用按规定纳入工伤保险基金支付范围。发挥中医药在工伤康复中的特色优势，积极将符合条件的中医治疗类康复项目纳入本地工伤康复服务项目范围。鼓励工伤康复新技术推广应用，工伤康复项目与医疗服务价格项目重合的，可以相关部门制定的政府指导价作为费用保障标准的依据；工伤康复项目属于非医疗事项的，或属于医疗事项但相关部门未制定政府指导价的，由各地人力资源社会保障部门会同有关部门，结合当地实际做好费用保障标准的制定、调整和优化工作。

（八）推动工伤康复和就业促进深度融合。与用人单位解除或者终止劳动关系的伤残职工，有就业意愿并登记失业的，符合就业困难人员条件的，各地可按规定认定为就业困难人员，纳入就业援助范围，落实相应的就业服务和扶持政策。建立工伤康复人员信息库，对有劳动能力和就业意愿的，提供就业服务和职业技能培训服务。

（九）推进工伤职工享受残疾人服务待遇。推动符合条件的工伤职工按规定办理残疾人证，按规定享受残疾人优惠扶持政策。惠及当地所有残疾人的康复、职业技能培训和就业促进等服务和设施，符合条件的工伤职工可凭残疾人证按规定享受相关服务。

五、加强工伤康复精细化管理

（十）合理利用工伤康复服务资源。各地要按照“工伤康复相对集中”的原则，从工伤救治期、工伤康复急性期、稳定期到维持期，统筹工伤康复服务资源和工伤康复需求，合理布局工伤康复协议机构，逐步形成衔接顺畅、功能互补的工伤康复服务体系。鼓励积极拓展工伤康复服务，可以将符合条件的各级工会所辖的“工人疗养院”、退役军人事务部门管理的“优抚医院”、依托乡镇卫生院或社区卫生服务中心等建设的尘肺病康复站（点）、残疾人康复服务机构按规定纳入工伤康复协议机构范围。

（十一）完善工伤康复协议机构管理。加强工伤康复协议机构协议管理工作，细化协议签订内容，加大对工伤康复协议机构指导和培训力度。加强对工伤康复协议机构的监管，建立日常检查和定期考核相结合的监管机制。定期组织相关部门和专家对辖区内工伤康复协议机构开展康复服务质量考核评估，有条件的地方也可探索建立第三方参与的联合考核评估机制，加强考核评估结果运用。建立协议退出机制，推动协议管理与康复服务质量、费用结算、协议机构退出等关联管理。

（十二）加强工伤康复费用监督管理。各地要发挥工伤保险对工伤康复服务行为和费用控制的激励约束作用，探索实施按项目、按病种等多种支付方式并存的复合支付方式，鼓励探索按床日、按人头计费的新方式，建立结余留用、超支合理分担的激励约束机制。探索建立覆盖工伤康复全程的质量控制机制以及以职业回归和社会回归为导向的评估机制。探索对工伤康复费用开展智能实时监控，利用信息化手段对工伤康复费用开展全程监控和智能审核。促进工伤康复协议机构行业行为规范和行业自律，探索引入行业协会和学会协同提升监管能力。

（十三）组建工伤康复专业队伍。建立国家级工伤康复专家库，参与完善工伤康复制度建设和政策研究，协助制定全国工伤康复技术规范和相关标准。支持各地根据实际建立本地工伤康复专家库，协助推进本地区工伤康复相关工作，指导开展工伤康复确认、效果评估和疑难案例评定以及工伤康复协议机构管理和考评等工作。鼓励有条件的地方配备专职或者兼职的工伤康复专管员，参与工伤康复流程管理，提供“全链条”辅助服务。

六、提升工伤康复服务水平

（十四）优化工伤康复供给侧服务。各地要加强工作指导，促进工伤康复协议机构按照有关规定提升技术力量和设施功能，不断提高服务能力和水平。进一步发挥工伤康复示范平台引领作用，完善相应管理办法。总结评估区域性工伤康复示范平台开展成效，建立全国工伤康复重点城市联系制度。各地要充分发挥区域性工伤康复示范平台和工伤康复重点联系城市“龙头”作用，形成分级示范带动效应，持续推进本地工伤康复工作，全面提升工伤康复管理服务水平。有条件的地方可以依托本地具备实施康复条件的医疗机构、康复机构、康复辅助器具配置机构、培训和就业指导机构等，组建“工伤康复联合体”，建立联动协同机制，促进提升工伤康复服务质量和优化服务流程。

（十五）畅通工伤康复服务绿色通道。各地要深入贯彻落实“放管服”政策要求，探索建立工伤认定和工伤康复申请联动机制，完善工伤康复申请、康复价值确认、康复效果评估等程序衔接。要明晰工作流程，精简证明材料，加强主动服务，便捷办事程序。加快推动经办服务模式转型升级，推行网上办事，普及掌上服务，提升服务效率。

（十六）积极推进工伤康复管理服务数字化转型。各地要将工伤康复纳入省级社会保险信息系统建设规划设计，推动工伤康复数字化与管理服务深度融合，全面实现工伤康复费用持社会保障卡（含电子社保卡）联网直接结算，整体提升工伤康复管理服务信息化水平。鼓励各地基于大数据、人工智能、云计算等技术手段，优化整合康复教育、医疗科技、业务培训等资源，切实提升服务成效。

七、切实加强对工伤康复工作的领导

各有关部门要按照职能分工，加大政策完善力度，推动政策协同形成合力，共同促进工伤康复工作。人力资源社会保障部门要加快推动工伤保险省级统筹，统一规范全省工伤康复工作。积极推进工伤康复事业发展各项工作和任务落实。要加强职业康复体系建设，促进工伤康复与就业、培训政策和管理服务协同发展。卫生健康和中医药部门要分别积极推动落实康复医疗发展、中医康复发展政策措施，提高服务能力。民政、残联等部门和单位要积极推进残疾人康复工作与工伤康复工作的协作机制，进一步拓宽工伤致残和残疾人康复、培训、就业等待遇和管理服务的共享与合作。退役军人事务部门要充分发挥“优抚医院”的公共服务功能，协同推进提升工伤康复服务质量。医疗保障部门要做好医疗服务价格管理，完善医疗康复项目价格政策。

各地要完善工作机制，强化政策落地，结合实际制定工作推进方案，抓好落实。运用群众喜闻乐见的宣传形式，加强工伤康复宣传和引导，特别是加强工伤职工就业和技能培训优惠政策和信息的宣传普及，积极宣传地方工作亮点，促进经验交流；积极宣传先进典型，营造工伤职工自尊自强自立、积极融入社会，用人单位勇于承担社会责任、积极接纳工伤人员，有关部门积极联动、充分发挥合力的良好氛围。

人力资源社会保障部
民政部
国家卫生健康委
退役军人事务部
国家医保局
国家中医药局
中国残联
2023 年 8 月 17 日

人力资源社会保障部　国家发展改革委 农业农村部关于开展防止返贫就业攻坚行动的通知

人社部发〔2023〕44号

各省、自治区、直辖市及新疆生产建设兵团人力资源社会保障厅（局）、发展改革委、农业农村（农牧）厅（局、委）、乡村振兴局（协作办、对口办）:

就业是巩固拓展脱贫攻坚成果的基本措施。为深入贯彻党中央、国务院决策部署，落实《中共中央 国务院关于做好2023年全面推进乡村振兴重点工作的意见》部署安排，进一步做好脱贫人口就业帮扶工作，助力巩固拓展脱贫攻坚成果、全面推进乡村振兴，人力资源社会保障部、国家发展改革委、农业农村部（国家乡村振兴局）决定开展防止返贫就业攻坚行动。现就有关事项通知如下：

一、总体要求

以习近平新时代中国特色社会主义思想为指导，深入贯彻党的二十大精神，落实党中央、国务院关于脱贫人口就业帮扶有关决策部署，聚焦工作重点和难点，进一步拓展强化工作举措，努力促外出、拓就近、稳岗位、保重点，全力稳定3 000万人以上脱贫人口（含防止返贫监测对象，下同）务工规模，全力稳定脱贫人口务工收入，坚决守住不发生因失业导致规模性返贫的底线。

二、重点任务

（一）拓展完善劳务协作对接机制。推动劳务协作下沉延伸，组建一批省际、市际、县际间区域劳务协作联盟，形成常态化、广覆盖的跨区域信息共享和有组织劳务输出机制，拓宽脱贫人口外出务工渠道。推动劳务协作提质增效，大力培育、广泛推介一批带动就业效果好、知名度高、认可度好的劳务品牌，提高脱贫人口外出务工质量。强化“季节性”有组织劳务输出，因地制宜挖掘一批季节性岗位，加强务工服务保障，增加脱贫人口农闲季节外出务工收入。

（二）大力扶持就业帮扶车间健康发展。按照“升级一批”、“扶持一批”、“新建一批”、“调整一批”的原则，优化调整就业帮扶车间认定标准和退出程序，梯次设定就业帮扶车间奖补标准，差异化落实奖补政策，分类扶持就业帮扶车间发展。紧密结合乡村产业振兴、东部地区产业转移、延伸补齐当地产业链等，探索推广“企业+就业帮扶车间”、“联合体+就业帮扶车间”等模式，增强就业帮扶车间市场竞争力、抗风险能力和就业带动能力。

（三）全力挖潜以工代赈就业带动能力。围绕实施以工代赈政策的重点工程项目、中小型农业农村基础设施项目和以工代赈专项投资项目，加强人力资源社会保障部门与发展改革部门、行业部门间以及与项目业主单位、施工单位间的沟通协调，协同推进项目立项、招工组织、用工保障和劳务报酬发放。动态掌握脱贫人口和其他低收入群体就近务工需求，作为安排以工代赈项目数量、规模、资金投入的重要依据。用好农民劳务专业合作社、劳务经纪人及人力资源服务公司等平台载体，优先组织符合条件的脱贫人口和其他低收入群体参与项目建设。督促项目施工单位与脱贫人口签订劳务协议，及时足额发放劳务报酬，切实保障劳动者合法权益。

（四）切实发挥乡村公益性岗位兜底作用。综合考虑当地脱贫人口数量、就业困难程度以及公共利益需要，科学设定乡村公益性岗位数量和类别。完善乡村公益性岗位相关政策管理规定，以是否能胜任、是否能完成岗位职责任务为标准，取消年龄、残疾等不合理招用限制，规范招用程序，督促用人单位加强在岗人员履职情况监管，允许从事非全日制乡村公益性岗位的人员兼职从事灵活就业。深入开展乡村振兴领域不正之风和腐败问题专项整治，将乡村公益性岗位资金支出使用情况作为重点内容，及时纠正查处优亲厚友、轮流坐庄、漠视群众实际需求、挤占挪用资金、拖欠工资补贴等违法违规行为。

（五）持续加大脱贫人口就业保障力度。将脱贫人口纳入本地稳岗政策扶持范围，推行“即申即享”、“直补快办”政策申领模式，落实好税收优惠、社会保险补贴等政策，支持脱贫人口多渠道就业创业。健全就业跟踪服务机制，发挥基层服务机构、“家门口”就业服务站等作用，及时帮助脱贫人口求职就业、稳定岗位、转岗再就业。针对性组织开展“订单、定向、定岗”式培训，大力开展技能培训，提高脱贫人口就业竞争力和就业质量。督促脱贫人口所在企业依法支付劳动报酬，对被裁减的脱贫人口，依法支付经济补偿，对与企业发生劳动争议的，依法依规受理，开辟劳动仲裁“绿色通道”，做到快立、快调、快审、快结。

（六）积极帮扶脱贫家庭青年群体就业。对脱贫家庭新成长劳动力，继续实施雨露计划，组织引导接受中、高等职业院校和技工院校教育，加大劳动预备制、新型学徒制培训力度，按时足额发放补助资金和培训补贴。延伸做好雨露计划毕业生后续帮扶，深入开展“雨露计划+”就业促进行动，实施“一人一档”、“一生一策”精准帮扶，全面落实就业创业帮扶政策。加强脱贫家庭未就业高校毕业生以及长期失业青年就业帮扶，将其作为“10+N”公共就业服务活动的重点对象，优先提供职业指导、职业介绍等服务。

（七）坚持抓好重点地区倾斜支持。依托东西部协作机制、定点帮扶机制和省内协作机制，加大国家乡村振兴重点帮扶县和大型易地扶贫搬迁安置区政策、资金、项目等倾斜支持力度，推动落地一批产业项目、企业实体，辐射带动上下游企业发展，提高当地就业容量。组织就业服务示范活动，提供针对性就业岗位，举办专场招聘活动，促进脱贫人口就业。落实易地扶贫搬迁安置区按比例安排就业机制，优先组织搬迁脱贫人口在安置区政府投资建设项目、基层管理服务项目就业。

三、保障措施

（一）强化组织领导。各地要高度重视防止返贫就业攻坚行动，将其作为巩固拓展脱贫攻坚成果的重要举措，细化实施方案，强化工作举措，确保行动取得扎实成效。人力资源社会保障部门要加强统筹协调，会同其他部门落实各项就业帮扶举措；发展改革部门要加大以工代赈政策实施力度，统筹支持易地搬迁脱贫人口就业帮扶；农业农村部门要推动乡村地区产业发展，提供更多就近就业岗位；乡村振兴部门（协作办、对口办）要加强脱贫人口稳岗就业情况监测和工作调度，定期进行分析研判和信息共享，共同做好脱贫人口就业帮扶工作。

（二）强化监测调度。各地要持续做好脱贫人口就业规模和务工收入动态监测，及时关注务工规模和务工收入同比、环比变化情况，对务工规模和务工收入出现下降的，要及时通报风险情况，采取针对性措施，实现风险点早发现、早干预、早帮扶。增设脱贫人口务工收入状况指标项，各地要准确、及时录入相关信息。人力资源社会保障部、农业农村部（国家乡村振兴局）将定期通报脱贫人口务工规模进度，并对务工收入情况进行预警。

（三）强化宣传引导。各地要加大就业帮扶政策宣传力度，利用群众喜闻乐见的方式，面向脱贫人口、市场主体、人力资源服务机构等分类推出政策清单、经办流程，努力提高政策知晓度和落地率。要及时梳理工作开展中的典型经验做法和脱贫群众就业增收典型案例，充分利用网络、电视、报纸等多种媒体，多渠道多维度开展宣传，营造良好社会氛围。

人力资源社会保障部

国家发展改革委

农业农村部

2023年9月1日

人力资源社会保障部　工业和信息化部关于实施专精特新中小企业就业创业扬帆计划的通知

人社部发〔2023〕47 号

各省、自治区、直辖市及新疆生产建设兵团人力资源社会保障厅（局）、中小企业主管部门，各计划单列市人力资源社会保障局、中小企业主管部门：

专精特新中小企业创新能力强、质量效益高、带动就业能力强。为进一步支持专精特新中小企业健康发展，创造更多高质量就业岗位，吸纳更多重点群体就业，人力资源社会保障部、工业和信息化部拟在全国范围内实施专精特新中小企业就业创业扬帆计划，现将有关事项通知如下：

一、工作目标

以习近平新时代中国特色社会主义思想为指导，全面贯彻党的二十大精神，落实中央经济工作会议要求，坚持管理和服务并重、帮扶和发展并举，着力强政策、优服务、重激励、促发展，挖掘专精特新中小企业发展潜力，激发劳动者创新创业活力，拓宽市场化就业渠道，促进专精特新中小企业健康发展，为推动实现中国式现代化提供有力支撑。

二、主要内容

（一）鼓励创办创新型中小企业。加大创业帮扶力度，统筹用好各类创业载体，对创办创新型中小企业的劳动者，优先提供创业孵化支持，提供项目指导、风险评估、实战模拟等服务，聚焦不同创业阶段，针对性开展创业培训，促进创意成果转化。加强融资支持，对符合条件的，加快落实创业担保贷款、稳岗扩岗专项贷款等政策，提升申领便利度，缓解融资难题。支持专精特新中小企业参加“创客中国”“中国创翼”等创业创新活动，组织优秀企业家开展交流沙龙、合作对话等，提供项目展示、管理咨询、资源对接等服务。

（二）保障专精特新中小企业用工。将专精特新中小企业全部纳入重点企业用工服务范围，指定人社服务专员，开展企业岗位空缺和用工需求情况调查，提供用工指导服务。强化招聘对接，在“10+N”公共就业服务活动中，设立专精特新中小企业招聘专区，归集发布岗位信息，促进供需匹配。深化劳务协作机制，建立跨区域劳务协作联盟，有组织开展省内外劳务协作，对季节性用工需求明显的专精特新中小企业，探索建立用工余缺调剂机制，缓解临时用工难题。

（三）保障技术技能人才供给。实施数字技术工程师培育项目，围绕智能制造、大数据、区块链等专精特新中小企业关联度高的新领域，分职业、分方向、分等级开展规范化培训。梳理专精特新中小企业急需紧缺职业（工种）信息，及时更新本地区技能培训专业目录，科学设置培训课程，推广订单、定向、定岗式培训。鼓励专精特新中小企业组织员工开展职业技能培训，健全产教融合、校企合作机制，支持开展数字技能、绿色技能等领域技能人才联合培养。

（四）支持技术技能人才发展。按照国家有关规定，动态调整职称专业设置，根据当地产业发展和专精特新中小企业需要，增设人工智能、大数据、工业互联网等新专业，健全完善职业标准和评价标准体系。贯通继续教育、职称评审、职业培训政策，依托数字技术工程师培育项目取得高级专业技术等级证书的，可作为申报高级职称的重要参考；取得中级、初级专业技术等级证书的，可纳入各地各部门中级、初级职称认定范围。鼓励地方结合实际，将专精特新中小企业急需紧缺人才纳入人才引进目录、人才政策支持范围，加大对人才住房、子女教育等方面支持力度。

（五）支持开展就业见习活动。在全国范围内实施专精特新中小企业青年就业见习领航行动，动员企业结合实际需求，开发见习岗位，建设就业见习基地，广泛吸纳高校毕业生等青年开展就业见习活动。对组织开展就业见习的企业，落实就业见习补贴政策；对见习期满提前留用的，给予剩余期限见习补贴。加强就业见习指导服务，做好协议签订、岗前培训、待遇保障、专人带教、权益维护等工作，对见习岗位质量好、见习留用率高的，优先推荐参加国家级就业见习示范单位创建活动。

（六）支持构建和谐劳动关系。指导专精特新中小企业依法合规用工，鼓励围绕劳动报酬、休息休假、福利待遇等开展集体协商，指导企业强化人文关怀，构建和谐劳动关系。加强劳动争议隐患排查，指导专精特新中小企业建立健全内部申诉和协商回应制度，妥善化解因不规范用工等引发的苗头性问题，稳定用工规模。健全重大集体劳动争议应急处置机制，依法依规及时公正处理专精特新中小企业的争议案件，保障企业和劳动者合法权益。

（七）打包兑现就业扶持政策。加强大数据应用，定期开展就业失业、用工备案、社保参保以及高校毕业生、脱贫人口信息等数据比对，精准识别政策享受对象，主动向受益对象推送政策，实现“政策找人”。推进“人社服务快办行动”，深化涉企“一件事”集成改革，大力推广“直补快办”模式，对直接吸纳符合条件的重点群体就业的，按规定一揽子兑现吸纳就业补贴、社保补贴、扩岗补助等政策，对专精特新中小企业政策享受、员工招聘、参保缴费、档案转递等事项打包办、提速办。

三、组织实施

（一）加强组织领导。各地要提高思想认识，把支持专精特新中小企业发展吸纳就业作为贯彻党的二十大精神的重要举措，作为做好当前稳就业工作的重要抓手，列入重要议事日程。各地人力资源社会保障、工业和信息化部门要发挥牵头作用，健全数据共享、定期会商、政企联动机制，人力资源社会保障部门主要负责提供用工指导服务、技术技能培训、就业政策落实等，工业和信息化部门主要负责联系专精特新中小企业，了解企业用工形势和意见诉求，定期更新企业清单并提供人力资源社会保障部门，共同协调推动解决困难问题。

（二）细化工作措施。各地要结合实际，围绕当地产业体系和重点行业，确定重点支持的企业清单，细化工作举措，明确任务安排和时间节点，确保各项任务落到实处。要大兴调查研究之风，深入基层、问需于企、问计于民，真正摸清企业和劳动者的急难愁盼，稳步推动落实解决，切实提高服务对象的获得感和满意度。

（三）强化调度推进。各地要加强指导调度，密切跟踪工作进展，重点关注企业的经营发展、政策落实、技能培训、用工服务、开展见习、吸纳就业等情况，及时掌握工作成效。对抓落实有力有效的，要加大政策和资金支持力度；对工作进度慢的，及时通过调研、督导、约谈等方式督促加大工作力度，确保工作有序推进。

（四）注重宣传推广。广泛挖掘选树一批吸纳就业数量较多、具有良好社会声誉的专精特新中小企业，及时纳入和谐劳动关系创建、就业和社会保障先进民营企业表彰等活动范围，发挥示范引领作用。加大宣传报道力度，通过各类主流媒体平台，大力宣传典型经验，广泛解读政策举措，主动回应社会关切，营造良好舆论氛围。

人力资源社会保障部

工业和信息化部

2023年9月14日

人力资源社会保障部关于印发《人力资源管理专业人员职称评价办法（试行）》的通知

人社部发〔2023〕51号

各省、自治区、直辖市及新疆生产建设兵团人力资源社会保障厅（局），中央和国家机关各部门、各直属机构人事部门，各中央企业人事部门：

人力资源管理专业人员是专业技术人才队伍的重要组成部分，是实施人才强国战略、创新驱动发展战略、就业优先战略和乡村振兴战略的重要力量。为贯彻党的二十大精神，落实党中央、国务院关于深化职称制度改革的决策部署，进一步畅通人力资源管理专业人员职业发展通道，我部制定了《人力资源管理专业人员职称评价办法（试行）》。现印发给你们，请结合实际认真组织实施。

各地区、各有关部门要高度重视人力资源管理专业人员职称评价工作，加强组织领导和沟通协调，健全工作机制，完善评价体系，促进评用结合，加强监督管理，不断增强人力资源管理专业人员职称评价工作的科学化、制度化、规范化水平。要加大宣传力度，做好政策解读，及时总结宣传典型经验做法，引导人力资源管理专业人员积极参与职称评价，营造良好社会氛围。评价工作中的有关情况和问题，请及时与人力资源社会保障部联系。

人力资源社会保障部

2023年9月27日

人力资源管理专业人员职称评价办法（试行）

第一章　总　　则

第一条　为贯彻落实党中央、国务院关于深化职称制度改革的决策部署，加强人力资源管理专业人员职称评价工作，高质量推进人力资源管理专业人员队伍建设，更好服务人才强国战略、创新驱动发展战略、就业优先战略和乡村振兴战略，根据《职称评审管理暂行规定》、《人力资源社会保障部关于深化经济专业人员职称制度改革的指导意见》等政策规定，制定本办法。

第二条　坚持德才兼备、以德为先，遵循人力资源管理专业人才开发规律，突出专业水平和创新实践，科学客观公正评价人力资源管理专业人员的职业道德、创新能力、业绩水平和实际贡献。

第三条　对企业、社会组织、个体经济组织等用人单位中从事人力资源管理工作的人员，事业单位中从事人力资源管理服务的专业技术岗位人员，经营性人力资源服务机构从业人员，公共人力资源服务机构工作人员开展职称评价工作，适用本办法。

第四条 人力资源社会保障部负责全国人力资源管理专业人员职称评价统筹规划和综合管理工作。县级以上地方各级人力资源社会保障行政部门负责本地区人力资源管理专业人员职称评价综合管理和组织实施工作。

第二章 职称体系

第五条 人力资源管理专业人员职称属于经济职称系列，设初级、中级、高级。初级职称设助理级，高级职称分设副高级和正高级。初级、中级、副高级和正高级职称名称依次为助理人力资源管理师、人力资源管理师、高级人力资源管理师、正高级人力资源管理师。

第六条 人力资源管理专业人员各层级职称与事业单位专业技术岗位等级相对应。正高级对应专业技术岗位一至四级，副高级对应专业技术岗位五至七级，中级对应专业技术岗位八至十级，初级对应专业技术岗位十一至十三级。

第三章 评价标准

第七条 坚持把品德放在评价首位，重点考察人力资源管理专业人员的政治立场、职业道德、职业操守和履行社会责任情况，弘扬爱国奉献、创新协作、诚实守信的职业精神。

第八条 根据人力资源管理与服务岗位类型特点，科学合理设置职称评价标准，破除唯学历、唯资历、唯论文、唯奖项等倾向。对主要从事人力资源管理和人力资源服务工作的实务型人员，着重考察其专业水平和工作业绩，突出评价其在经济社会发展中的创新引领作用和取得的经济社会效益。对主要从事人力资源领域研究咨询工作的研究型人员，着重考察其研究能力，突出评价学术水平、学术影响和应用效果。

第九条 人力资源社会保障部负责制定《人力资源管理专业人员职称评价基本标准》（附后）。各地区人力资源社会保障行政部门可结合本地区实际情况，制定地区标准。具有自主评审权的用人单位可结合本单位实际，制定单位标准。地区标准和单位标准不得低于国家标准。

第四章 评价机制

第十条 初级、中级实行以考代评方式，副高级采取考试与评审相结合方式，正高级一般采取评审方式。初级、中级、副高级考试依据《经济专业技术资格考试实施办法》实施。副高级和正高级职称评审坚持同行评议，综合采用个人述职、面试答辩、业绩展示等多种形式。

第十一条 进一步打破户籍、地域、身份、档案等制约，创造便利条件，畅通各类人力资源管理专业人员职称申报渠道。非公有制经济组织、社会组织的人力资源管理专业人员，可按属地原则进行申报。在内地就业的外籍和港澳台人力资源管理专业人员，可按规定参加人力资源管理专业职称评价。

第十二条 建立职称评审向优秀人才倾斜机制，引导人力资源管理专业人员主动服务国家重大战略。对在促进就业、服务人才、助力乡村振兴等工作中作出重大贡献的人力资源管理专业人员，可制定较为灵活的评价标准，适当放宽学历、资历等条件限制，可采取“一事一议”、“一人一策”的方式直接评审高级职称。对引进的海外高层次人才和急需紧缺人才，开辟职称评审绿色通道，其在海外从事人力资源相关工作的经历和贡献可作为职称评审的依据。

第十三条 对长期在艰苦边远地区、国家乡村振兴重点帮扶县和易地搬迁集中安置区、公共人力资源服务机构等基层一线工作的人力资源管理专业人员，可适当放宽学历条件，淡化或不作论文要求，重点评价其实际工作能力、业绩和贡献。

第十四条 促进人力资源管理专业人员职称评价和使用相结合，实现职称评价与人员聘用、考核、晋升等用人制度相衔接，做到因事设岗、按岗择人、人岗相适。用人单位要将职称评价结果作为人员聘用、考核、晋升和能力建设的重要依据。加强聘后管理，建立健全人力资源管理专业人员考核制度。

第十五条 加强人力资源管理专业人员继续教育，创新和丰富继续教育内容和手段，促进人力资源管理专业人员拓展知识技能。人力资源管理专业人员参加继续教育情况，作为聘任专业技术职务或申报评定上一级职称的重要条件。

第五章 评审委员会建设

第十六条 各地区、各部门以及用人单位可组建经济系列人力资源管理专业高级职称评审委员会。发挥用人主体在职称评审中的主导作用，逐步将经济系列人力资源管理专业高级职称评审权下放到人员规模较大、职称制度完善、专业水平较高、诚信自律规范的大型企事业单位和人力资源服务机构、国家级人力资源服务产业园等单位。

第十七条 中央和国家机关各部门、中央企业、国家级人力资源服务产业园等组建的经济系列人力资源管理专业高级职称评审委员会由人力资源社会保障部核准备案，评价标准报人力资源社会保障部。其中，国家级人力资源服务产业园的经济系列人力资源管理专业高级职称评审委员会应当以所在地级市人力资源社会保障部门为主体组建。各地区组建的经济系列人力资源管理专业高级职称评审委员会由省级人力资源社会保障行政部门核准备案。人力资源服务机构和其他用人单位组建的经济系列人力资源管理专业高级职称评审委员会按照职称评审管理权限由省级以上人力资源社会保障行政部门核准备案。已按规定核准备案的经济系列高级职称评审委员会，可以继续开展包括人力资源管理专业在内的经济系列高级职称评审。备案有效期不得超过 3 年，有效期届满应当重新核准备案。

第十八条 各地区、各部门和用人单位等可以建立经济系列人力资源管理专业职称评审委员会专家库，在专家库内随机抽取规定数量的评审专家组成职称评审委员会。高级职称评审委员会组成人员应当是单数，根据工作需要设主任委员和副主任委员，评审专家不少于 11 人。

第十九条 评审委员会的评审专家应具备以下条件：

（一）遵守宪法和法律；

（二）具备良好的职业道德；

（三）具有人力资源管理专业或者经济、会计、统计、审计等相关系列（专业）相应层级的职称；

（四）从事人力资源领域专业技术工作；

（五）能够履行职称评审工作职责。

第二十条 经济系列人力资源管理专业高级职称评审委员会开展评审工作，应按照《职称评审管理暂行规定》等有关规定，严格执行评价标准，规范评审程序，确保公开透明、公平公正。职称评审工作实行回避制度，评审专家及工作人员与职称申报人有利害关系或者其他关系可能影响职称评审客观公正的，应当按有关规定进行回避。高级职称评审委员会组建单位应当建立职称评价服务平台，加强职称评审信息化建设，推广在线评审，逐步实现网上受理、网上办理、网上反馈。

第六章 监 督 管 理

第二十一条 人力资源社会保障行政部门和有关行业主管部门加强对人力资源管理专业人员职称评价工作的监督检查。对考试机构安全风险管控不力的，要严肃追责。对不能正确行使评审权、不能确保评审质量的经济系列人力资源管理专业人员高级职称评审委员会，要暂停评审工作、责令进行整改，直至收回评审权。

第二十二条 建立人力资源管理专业人员职称评审诚信档案制度。对参评人员通过弄虚作假、暗箱操作、以权谋私等违纪违规行为取得的职称，予以撤销，记入诚信档案，纳入全国信用信息共享平台。评审工作人员、评审专家应严格遵守评审纪律，不得徇私舞弊、暗箱操作或利用职称评审工作便利为本人或他人谋取不正当利益。

第七章 附　则

第二十三条 涉密领域和军队人力资源管理专业人员职称评价的具体办法，由相关部门和单位参照本办法和有关规定另行制定。

第二十四条 本办法自2024年1月1日起施行，由人力资源社会保障部负责解释。

附件：人力资源管理专业人员职称评价基本标准

附件

人力资源管理专业人员职称评价基本标准

一、遵守中华人民共和国宪法和法律法规，贯彻落实党的基本路线和方针政策。

二、具有良好的职业道德、职业操守和敬业精神。

三、认真履行岗位职责，按照要求参加继续教育。

四、人力资源管理专业人员申报各层级职称，除必须达到上述基本条件外，还应分别具备以下条件：

（一）助理人力资源管理师

1. 正确理解和执行人力资源领域法律法规、规章制度和相关政策。

2. 较为系统掌握人力资源领域的专业知识、工作方法和业务技能。

3. 能够拟定人力资源工作方案，承担人力资源管理或人力资源服务工作的某个方面或某项业务。

4. 具备国家教育部门认可的高中毕业（含高中、中专、职高）或国家人力资源社会保障部门认可的技校毕业（以下统称高中阶段毕业）以上学历。

（二）人力资源管理师

1. 掌握并能够正确执行人力资源领域法律法规、规章制度和相关政策。

2. 具有系统的人力资源领域专业理论知识、工作方法和业务技能。

3. 有较丰富的人力资源工作实践经验，能够负责单位人力资源管理工作某个方面或组织实施人力资源服务项目。

4. 工作业绩良好，取得一定经济、社会效益。

5. 具备博士学位；或具备硕士学位，从事人力资源工作满1年；或具备第二学士学位或研究生班毕业，从事人力资源工作满2年；或具备大学本科学历或学士学位，从事人力资源工作满4年；或具备大学专科学历，从事人力资源工作满6年；或高中阶段毕业，取得助理人力资源管理师职称后，从事人力资源工作满10年。技工院校高级工班、预备技师（技师）班毕业生分别按照大专、本科学历参加评审（下同）。

取得经济、会计、统计、审计等相关系列（专业）初级职称，参加人力资源管理师考试时，可视同具备助理人力资源管理师职称。

（三）高级人力资源管理师

1. 系统掌握人力资源领域法律、法规、政策和理论知识、技术方法。

2. 具备较高的专业水平和较丰富的人力资源工作经验，能够独立负责人力资源管理工作或设计实施人力资源服务项目，指导助理人力资源管理师、人力资源管理师等合规高效开展工作。

3. 工作或经营业绩较为突出，能够在人力资源规划、配置、开发、评价、激励、组织发展等方面发挥重要作用，有效提高人力资源开发利用水平，取得一定的经济、社会效益。

4. 任现职以来，在工作经历中满足下列条件中的2项：

（1）作为骨干参与人力资源服务企业经营管理活动，主持设计并组织实施促进就业创业、优化人力资源配置相关项目或人力资源服务行业经验交流、发展研讨、供需对接等活动，取得较好的经济、社会效益；

（2）主持或作为主要人员，参与制定人力资源管理、人力资源服务、就业创业、劳动关系等领域法规、政策、发展规划和标准规范等，积极促进本地区、本单位人力资源开发利用；

（3）主持或作为主要人员，在推动人力资源管理、人力资源服务产品研发、技术革新、模式创新方面取得突破或取得较好的经济、社会效益；

（4）作为骨干参与公共人力资源服务机构管理、发展工作，主持设计并组织实施招聘、岗位开发、就业创业指导、就业援助、流动人员人事档案管理、政策咨询等公共就业和人才服务活动，取得较好的社会效益；

（5）主持或作为主要人员，参与组织实施公共人力资源服务基础设施建设、技术改造等项目，对加强和改进本行业（地区、部门）公共人力资源服务工作具有较大贡献；

（6）具有较强的研究能力和解决人力资源领域疑难问题的能力，公开发表过本专业学术论文或公开出版过本专业专著、教材，或完成本专业研究课题、调研报告、制度设计、专利成果转化、技术推广、决策咨询、方法创新等。

5. 具备博士学位，取得人力资源管理师职称后，从事与人力资源管理师职责相关工作满2年；或具备硕士学位，或第二学士学位或研究生班毕业，或大学本科学历或学士学位，取得人力资源管理师职称后，从事与人力资源管理师职责相关工作满5年；或具备大学专科学历，取得人力资源管理师职称后，从事与人力资源管理师职责相关工作满10年。

取得经济、会计、统计、审计等相关系列（专业）中级职称，参加高级人力资源管理师考试及评审时，可视同具备人力资源管理师职称。

（四）正高级人力资源管理师

1. 系统掌握和正确运用人力资源领域相关法律、法规、政策和专业理论、技术、方法，准确把握人力资源工作规律和发展状况。

2. 具备深厚的人力资源专业水平和丰富的工作经验，能够高标准规划设计、组织实施、评估监督人力资源管理工作或人力资源服务项目，指导助理人力资源管理师、人力资源管理师、高级人力资源管理师等合规高效开展工作。

3. 工作或经营业绩突出，作为负责人组织开展人力资源规划、配置、开发、评价、激励、组织发展等工作，在促进就业、服务人才、构建和谐劳动关系等方面取得明显经济社会效益。

4. 任现职以来，在工作经历中满足下列条件中的2项：

（1）担任人力资源服务企业负责人或主要业务骨干，引领支持所在企业规范诚信经营，作出较为突出的经济贡献，取得较为显著的社会效益，积极促进就业和优化人才开发配置，在行业或地区处于龙头和引领地位；

（2）主持或作为主要人员，参与制定人力资源管理、人力资源服务、就业创业、劳动关系等领域法规、政策、发展规划和标准规范等，对促进本地区、本单位人力资源开发利用有较大贡献；

（3）负责制定并实施所在单位的人力资源战略规划，有效优化组织及人员结构，提升单位人力资本水平，促进人力资源与企业发展目标高效匹配；

（4）主持或作为主要人员，在人力资源管理、人力资源服务产品研发、技术革新、模式创新方面取得关键性突破或取得较好的经济、社会效益；

（5）主持或作为主要业务骨干，设计并组织实施公共就业和人才服务活动或高标准完成公共人力资源服务基础设施建设、技术改造等项目，取得较好的社会效益；

（6）具备国际化视野及突出的综合分析和创新解决人力资源领域重大问题的能力，能够提出有重要指导意义的人力资源理论方法或将前沿技术应用于人力资源工作实践，创新管理理念、专业方法和商业模式，并有相应专著、论文或课题、报告、专利等支撑；

5. 具备大学本科及以上学历或学士以上学位，取得高级人力资源管理师职称后，从事与高级人力资源管理师职责相关工作满 5 年。

五、参加高级人力资源管理师、正高级人力资源管理师评审的人力资源管理专业人员，从事人力资源管理或人力资源服务工作近五年内，满足以下条件之一的，同等条件下可予以优先考虑：

1. 主持或作为主要成员制定的人力资源领域重要规划、政策规章、行业标准等，经省级及以上主管部门批准或采纳，颁布实施后取得了显著的经济、社会效益；

2. 主持或作为主要成员承担国家重大战略任务、重大项目、重大工程的人力资源管理工作或提供人力资源服务，作出突出贡献；

3. 主持或作为主要成员承担省部级及以上人力资源管理、人力资源服务领域重要项目或活动的规划设计、组织实施，取得显著成绩；

4. 主持或作为主要成员完成的人力资源管理、人力资源服务领域研究项目、研究报告、专业论文、学术专著等获省部级及以上奖励，或被省部级及以上单位采纳并转化为实施方案，或在行业产生较大影响，受到同行专家公认；

5. 主持或作为主要成员组织实施大中型人力资源服务企业的中外投融资、企业改制、兼并重组、管理创新等项目，达到预期目标；

6. 长期在国家乡村振兴重点帮扶县、易地搬迁集中安置区、艰苦边远地区以及公共人力资源服务机构等基层一线从事人力资源管理和服务工作，作出突出贡献。

中共中央组织部　人力资源社会保障部关于印发《事业单位工作人员处分规定》的通知

人社部发〔2023〕58号

各省、自治区、直辖市党委组织部、政府人力资源社会保障厅（局），新疆生产建设兵团党委组织部、人力资源社会保障局，中央和国家机关各部委、各人民团体组织人事部门，部分高等学校党委：

为严明事业单位纪律规矩，规范事业单位工作人员行为，保证事业单位及其工作人员依法履职，根据《中华人民共和国公职人员政务处分法》和《事业单位人事管理条例》等法律法规，中央组织部、人力资源社会保障部共同研究制定了《事业单位工作人员处分规定》，现印发给你们，请结合本地区、本部门、本单位实际认真贯彻执行。

中共中央组织部
人力资源社会保障部
2023年11月6日

事业单位工作人员处分规定

第一章　总　　则

第一条　为严明事业单位纪律规矩，规范事业单位工作人员行为，保证事业单位及其工作人员依法履职，根据《中华人民共和国公职人员政务处分法》和《事业单位人事管理条例》，制定本规定。

第二条　事业单位工作人员违规违纪违法，应当承担纪律责任的，依照本规定给予处分。

任免机关、事业单位对事业单位中从事管理的人员给予处分，适用《中华人民共和国公职人员政务处分法》第二章、第三章规定。处分的程序、申诉等适用本规定。

第三条　给予事业单位工作人员处分，应当坚持党管干部、党管人才原则；坚持公正、公平；坚持惩治与教育相结合。

给予事业单位工作人员处分，应当与其违规违纪违法行为的性质、情节、危害程度相适应。

给予事业单位工作人员处分，应当事实清楚、证据确凿、定性准确、处理恰当、程序合法、手续完备。

第二章　处分的种类和适用

第四条　事业单位工作人员处分的种

类为：

（一）警告；

（二）记过；

（三）降低岗位等级；

（四）开除。

第五条 事业单位工作人员受处分的期间为：

（一）警告，六个月；

（二）记过，十二个月；

（三）降低岗位等级，二十四个月。

处分决定自作出之日起生效，处分期自处分决定生效之日起计算。

第六条 事业单位工作人员受到警告处分的，在作出处分决定的当年，参加年度考核，不能确定为优秀档次；受到记过处分的当年，受到降低岗位等级处分的当年及第二年，参加年度考核，只写评语，不确定档次。

事业单位工作人员受到降低岗位等级处分的，自处分决定生效之日起降低一个以上岗位和职员等级聘用，按照事业单位收入分配有关规定确定其工资待遇；对同时在管理和专业技术两类岗位任职的事业单位工作人员发生违规违纪违法行为的，给予降低岗位等级处分时，应当同时降低两类岗位的等级，并根据违规违纪违法的情形与岗位性质的关联度确定降低岗位类别的主次。

事业单位工作人员在受处分期间，不得聘用到高于现聘岗位和职员等级。受到开除处分的，自处分决定生效之日起，终止其与事业单位的人事关系。

第七条 事业单位工作人员受到记过以上处分的，在受处分期间不得参加专业技术职称评审或者工勤技能人员职业技能等级认定。

第八条 事业单位工作人员同时有两种以上需要给予处分的行为的，应当分别确定其处分。应当给予的处分种类不同的，执行其中最重的处分；应当给予开除以外多个相同种类处分的，执行该处分，处分期应当按照一个处分期以上、多个处分期之和以下确定，但是最长不得超过四十八个月。

事业单位工作人员在受处分期间受到新的处分的，其处分期为原处分期尚未执行的期限与新处分期限之和，但是最长不得超过四十八个月。

第九条 事业单位工作人员二人以上共同违规违纪违法，需要给予处分的，按照各自应当承担的责任，分别给予相应的处分。

第十条 有下列情形之一的，应当从重处分：

（一）在处分期内再次故意违规违纪违法，应当受到处分的；

（二）在二人以上的共同违规违纪违法行为中起主要作用的；

（三）隐匿、伪造、销毁证据的；

（四）串供或者阻止他人揭发检举、提供证据材料的；

（五）包庇同案人员的；

（六）胁迫、唆使他人实施违规违纪违法行为的；

（七）拒不上交或者退赔违规违纪违法所得的；

（八）法律、法规、规章规定的其他从重情节。

第十一条 有下列情形之一的，可以从轻或者减轻给予处分：

（一）主动交代本人应当受到处分的违规违纪违法行为的；

（二）配合调查，如实说明本人违规违纪违法事实的；

（三）主动采取措施，有效避免、挽回损失或者消除不良影响的；

（四）检举他人违规违纪违法行为，情况属实的；

（五）在共同违规违纪违法行为中起次要或者辅助作用的；

（六）主动上交或者退赔违规违纪违法所得的；

（七）其他从轻或者减轻情节。

第十二条 违规违纪违法行为情节轻微，且具有本规定第十一条的情形之一的，可以对其进行谈话提醒、批评教育、责令检查或者予以诫勉，免予或者不予处分。

事业单位工作人员因不明真相被裹挟或者被胁迫参与违规违纪违法活动，经批评教育后确有悔改表现的，可以减轻、免予或者不予处分。

第十三条 事业单位工作人员违规违纪违法取得的财物和用于违规违纪违法的财物，除依法应当由其他机关没收、追缴或者责令退赔的，由处分决定单位没收、追缴或者责令退赔；应当退还原所有人或者原持有人的，依法予以退还；属于国家财产或者不应当退还以及无法退还的，上缴国库。

第十四条 已经退休的事业单位工作人员退休前或者退休后有违规违纪违法行为应当受到处分的，不再作出处分决定，但是可以对其立案调查；依规依纪依法应当给予降低岗位等级以上处分的，应当按照规定相应调整其享受的待遇。

第十五条 事业单位有违规违纪违法行为，应当追究纪律责任的，依规依纪依法对负有责任的领导人员和直接责任人员给予处分。

第三章 违规违纪违法行为及其适用的处分

第十六条 有下列行为之一的，给予记过处分；情节较重的，给予降低岗位等级处分；情节严重的，给予开除处分：

（一）散布有损宪法权威、中国共产党领导和国家声誉的言论的；

（二）参加旨在反对宪法、中国共产党领导和国家的集会、游行、示威等活动的；

（三）拒不执行或者变相不执行中国共产党和国家的路线方针政策、重大决策部署的；

（四）参加非法组织、非法活动的；

（五）利用宗教活动破坏民族团结和社会稳定的；挑拨、破坏民族关系，或者参加民族分裂活动的；

（六）在对外交往中损害国家荣誉和利益的；

（七）携带含有依法禁止内容的书刊、音像制品、电子出版物进入境内的；

（八）其他违反政治纪律的行为。

有前款第二项、第四项、第五项行为之一的，对策划者、组织者和骨干分子，给予开除处分。

公开发表反对宪法确立的国家指导思想，反对中国共产党领导，反对社会主义制度，反对改革开放的文章、演说、宣言、声明等的，给予开除处分。

第十七条 有下列行为之一的，给予警告或者记过处分；情节较重的，给予降低岗位等级处分；情节严重的，给予开除处分：

（一）采取不正当手段为本人或者他人谋取岗位；

（二）在事业单位选拔任用、公开招聘、考核、培训、回避、奖励、申诉、职称评审等人事管理工作中有违反组织人事纪律行为的；

（三）其他违反组织人事纪律的行为。

篡改、伪造本人档案资料的，给予记过处分；情节严重的，给予降低岗位等级处分。

违反规定出境或者办理因私出境证件的，给予记过处分；情节严重的，给予降低岗位等级处分。

违反规定取得外国国籍或者获取境外永久居留资格、长期居留许可的，给予降低岗位等级以上处分。

第十八条 有下列行为之一的，给予警告或者记过处分；情节较重的，给予降低岗位等级处分；情节严重的，给予开除处分：

（一）在执行国家重要任务、应对公共突发事件中，不服从指挥、调遣或者消极对抗的；

（二）破坏正常工作秩序，给国家或者公共利益造成损失的；

（三）违章指挥、违规操作，致使人民生命财产遭受损失的；

（四）发生重大事故、灾害、事件，擅离职守或者不按规定报告、不采取措施处置或者处置不力的；

（五）在项目评估评审、产品认证、设备检测检验等工作中徇私舞弊，或者违反规定造成不良影响的；

（六）泄露国家秘密，或者泄露因工作掌握的内幕信息、个人隐私，造成不良后果的；

（七）其他违反工作纪律失职渎职的行为。

第十九条 有下列行为之一的，给予警告或者记过处分；情节较重的，给予降低岗位等级处分；情节严重的，给予开除处分：

（一）贪污、索贿、受贿、行贿、介绍贿赂、挪用公款的；

（二）利用工作之便为本人或者他人谋取不正当利益的；

（三）在公务活动或者工作中接受礼品、礼金、各种有价证券、支付凭证的；

（四）利用知悉或者掌握的内幕信息谋取利益的；

（五）用公款旅游或者变相用公款旅游的；

（六）违反国家规定，从事、参与营利性活动或者兼任职务领取报酬的；

（七）其他违反廉洁从业纪律的行为。

第二十条 有下列行为之一的，给予警告或者记过处分；情节较重的，给予降低岗位等级处分；情节严重的，给予开除处分：

（一）违反国家财政收入上缴有关规定的；

（二）违反规定使用、骗取财政资金或者违反规定使用、骗取、隐匿、转移、侵占、挪用社会保险基金的；

（三）擅自设定收费项目或者擅自改变收费项目的范围、标准和对象的；

（四）挥霍、浪费国家资财或者造成国有资产流失的；

（五）违反国有资产管理规定，擅自占有、使用、处置国有资产的；

（六）在招标投标和物资采购工作中违反有关规定，造成不良影响或者损失的；

（七）其他违反财经纪律的行为。

第二十一条 有下列行为之一的，给予警告或者记过处分；情节较重的，给予降低岗位等级处分；情节严重的，给予开除处分：

（一）利用专业技术或者技能实施违规违纪违法行为的；

（二）有抄袭、剽窃、侵吞他人学术成果，伪造、篡改数据文献，或者捏造事实等学术不端行为的；

（三）利用职业身份进行利诱、威胁或者误导，损害他人合法权益的；

（四）利用权威、地位或者掌控的资源，压制不同观点，限制学术自由，造成重大损失或者不良影响的；

（五）在申报岗位、项目、荣誉等过程中弄虚作假的；

（六）工作态度恶劣，造成不良社会影响的；

（七）其他严重违反职业道德的行为。

有前款第一项规定行为的，给予记过以上处分。

第二十二条 有下列行为之一的，给予警告或者记过处分；情节较重的，给予降低岗位等级处分；情节严重的，给予开除处分：

（一）违背社会公序良俗，在公共场所有不当行为，造成不良影响的；

（二）制造、传播违法违禁物品及信息的；

（三）参与赌博活动的；

（四）有实施家庭暴力，虐待、遗弃家庭成员，或者拒不承担赡养、抚养、扶养义务等的；

（五）其他严重违反公共秩序、社会公德的行为。

吸食、注射毒品，组织赌博，组织、支持、参与卖淫、嫖娼、色情淫乱活动的，给予降低岗位等级以上处分。

第二十三条 事业单位工作人员犯罪，有下列情形之一的，给予开除处分：

（一）因故意犯罪被判处管制、拘役或者有期徒刑以上刑罚（含宣告缓刑）的；

（二）因过失犯罪被判处有期徒刑，刑期超过三年的；

（三）因犯罪被单处或者并处剥夺政治权利的。

因过失犯罪被判处管制、拘役或者三年以下有期徒刑的，一般应当给予开除处分；案件情况特殊，给予降低岗位等级处分更为适当的，可以不予开除，但是应当报请事业单位主管部门批准，并报同级事业单位人事综合管理部门备案。

事业单位工作人员因犯罪被单处罚金，或者犯罪情节轻微，人民检察院依法作出不起诉决定或者人民法院依法免予刑事处罚的，给予降低岗位等级处分；造成不良影响的，给予开除处分。

第四章　处分的权限和程序

第二十四条　对事业单位工作人员的处分，按照干部人事管理权限，由事业单位或者事业单位主管部门决定。

开除处分由事业单位主管部门决定，并报同级事业单位人事综合管理部门备案。

对中央和地方直属事业单位工作人员的处分，按照干部人事管理权限，由本单位或者有关部门决定；其中，由本单位作出开除处分决定的，报同级事业单位人事综合管理部门备案。

第二十五条　对事业单位工作人员的处分，按照以下程序办理：

（一）对事业单位工作人员违规违纪违法行为初步调查后，需要进一步查证的，应当按照干部人事管理权限，经事业单位负责人批准或者有关部门同意后立案；

（二）对被调查的事业单位工作人员的违规违纪违法行为作进一步调查，收集、查证有关证据材料，并形成书面调查报告；

（三）将调查认定的事实及拟给予处分的依据告知被调查的事业单位工作人员，听取其陈述和申辩，并对其所提出的事实、理由和证据进行复核，记录在案。被调查的事业单位工作人员提出的事实、理由和证据成立的，应予采信；

（四）按照处分决定权限，作出对该事业单位工作人员给予处分、免予不予处分或者撤销案件的决定；

（五）处分决定单位印发处分决定；

（六）将处分决定以书面形式通知受处分事业单位工作人员本人和有关单位，并在一定范围内宣布；

（七）将处分决定存入受处分事业单位工作人员的档案。

第二十六条　事业单位工作人员已经被立案调查，不宜继续履职的，可以按照干部人事管理权限，由事业单位或者有关部门暂停其职责。

被调查的事业单位工作人员在案件立案调查期间，不得解除聘用合同、出境，所在单位不得对其交流、晋升、奖励或者办理退休手续。

第二十七条　对事业单位工作人员案件进行调查，应当由二名以上办案人员进行；接受调查的单位和个人应当如实提供情况。

以暴力、威胁、引诱、欺骗等非法方式收集的证据不得作为定案的根据。

在调查中发现事业单位工作人员受到不实检举、控告或者诬告陷害，造成不良影响的，应当按照规定及时澄清事实，恢复名誉，消除不良影响。

第二十八条　参与事业单位工作人员案件调查、处理的人员应当回避的，执行《事业单位人事管理回避规定》等有关规定。

第二十九条　给予事业单位工作人员处分，应当自批准立案之日起六个月内作出决定；案情复杂或者遇有其他特殊情形的可以延长，但是办案期限最长不得超过十二个月。

第三十条　处分决定应当包括下列内容：

（一）受处分事业单位工作人员的姓名、工作单位、原所聘岗位（所任职务）名称及等级、职员等级等基本情况；

（二）经查证的违规违纪违法事实；

（三）处分的种类、受处分的期间和依据；

（四）不服处分决定的申诉途径和期限；

（五）处分决定单位的名称、印章和作出决定的日期。

第三十一条 事业单位工作人员受到处分，应当办理岗位、职员等级、工资及其他有关待遇等的变更手续的，由人事部门按照管理权限在作出处分决定后一个月内办理；特殊情况下，经批准可以适当延长办理期限，但是最长不得超过六个月。

第三十二条 事业单位工作人员受开除以外的处分，在受处分期间有悔改表现，并且没有再出现违规违纪违法情形的，处分期满后自动解除处分。

处分解除后，考核及晋升岗位和职员等级、职称、工资待遇按照国家有关规定执行，不再受原处分的影响。但是，受到降低岗位等级处分的，不恢复受处分前的岗位、职员等级、工资待遇；无岗位、职员等级可降而降低薪级工资的，处分解除后，不恢复受处分前的薪级工资。

第三十三条 事业单位工作人员受到开除处分后，事业单位应当及时办理档案和社会保险关系转移手续，具体办法按照有关规定执行。

第五章　复核和申诉

第三十四条 受到处分的事业单位工作人员对处分决定不服的，可以自知道或者应当知道该处分决定之日起三十日内向原处分决定单位申请复核。对复核结果不服的，可以自接到复核决定之日起三十日内，按照《事业单位工作人员申诉规定》等有关规定向原处分决定单位的主管部门或者同级事业单位人事综合管理部门提出申诉。

受到处分的中央和地方直属事业单位工作人员的申诉，按照干部人事管理权限，由同级事业单位人事综合管理部门受理。

第三十五条 原处分决定单位应当自接到复核申请后的三十日内作出复核决定。受理申诉的单位应当自受理之日起六十日内作出处理决定；案情复杂的，可以适当延长，但是延长期限最多不超过三十日。

复核、申诉期间不停止处分的执行。

事业单位工作人员不因提出复核、申诉而被加重处分。

第三十六条 有下列情形之一的，受理处分复核、申诉的单位应当撤销处分决定，重新作出决定或者责令原处分决定单位重新作出决定：

（一）处分所依据的事实不清、证据不足的；

（二）违反规定程序，影响案件公正处理的；

（三）超越职权或者滥用职权作出处分决定的。

第三十七条 有下列情形之一的，受理复核、申诉的单位应当变更处分决定或者责令原处分决定单位变更处分决定：

（一）适用法律、法规、规章错误的；

（二）对违规违纪违法行为的情节认定有误的；

（三）处分不当的。

第三十八条 事业单位工作人员的处分决定被变更，需要调整该工作人员的岗位、职员等级或者工资待遇的，应当按照规定予以调整；事业单位工作人员的处分决定被撤销的，需要恢复该工作人员的岗位、职员等级、工资待遇的，按照原岗位、职员等级安排相应的岗位、职员等级，恢复相应的工资待遇，并在原处分决定公布范围内为其恢复名誉。

被撤销处分或者被减轻处分的事业单位工作人员工资待遇受到损失的，应当予以补偿。没收、追缴财物错误的，应当依规依纪依法予以返还、赔偿。

第六章　附　　则

第三十九条 对事业单位工作人员处分工作中有滥用职权、玩忽职守、徇私舞弊、收受贿赂等违规违纪违法行为的工作人员，按照有关规定给予处分；涉嫌犯罪的，依法追究刑事责任。

第四十条 对机关工勤人员给予处分，参照本规定执行。

第四十一条 教育、科研、文化、医疗卫生、体育等部门，可以依据本规定，结合自身工作的实际情况，与中央事业单位人事综合管理部门联合制定具体办法。

第四十二条 本规定实施前，已经结案的案件如果需要复核、申诉，适用当时的规定。尚未结案的案件，如果行为发生时的规定不认为是违规违纪违法的，适用当时的规定；如果行为发生时的规定认定是违规违纪违法的，依照当时的规定处理，但是如果本规定不认为是违规违纪违法的或者根据本规定处理较轻的，适用本规定。

第四十三条 本规定所称以上、以下，包括本数。

第四十四条 本规定由中共中央组织部、人力资源社会保障部负责解释。

第四十五条 本规定自发布之日起施行。

人力资源社会保障部关于强化人社支持举措助力民营经济发展壮大的通知

人社部发〔2023〕61号

各省、自治区、直辖市及新疆生产建设兵团人力资源社会保障厅（局）：

民营经济是推进中国式现代化的生力军，是高质量发展的重要基础，是推动我国全面建成社会主义现代化强国、实现第二个百年奋斗目标的重要力量。为深入贯彻党中央、国务院关于促进民营经济发展壮大的决策部署，全面落实《中共中央　国务院关于促进民营经济发展壮大的意见》，始终坚持“两个毫不动摇”，促进民营经济做大做优做强，着力推动高质量发展，现将有关事项通知如下：

一、扩大民营企业技术技能人才供给

（一）加强民营企业技能人才培养。围绕制造强国、数字中国、健康中国建设，梳理急需紧缺职业（工种）信息，引导民营企业积极发挥职工培训主体作用，自行组织开展或依托技工院校等职业院校、职业技能培训机构等开展技术技能人才培训。深化产教融合、校企合作，支持民营企业与技工院校以多种方式开展合作，开设冠名班、订单班、学徒班，强化技能人才培养。鼓励具备条件的民营企业建设高技能人才培养基地，设立技能大师工作室，开展技术攻关、技能传承等工作。

（二）畅通民营企业人才评价渠道。加大“新八级工”职业技能等级制度落实力度，支持符合条件的民营企业自主开展职业技能等级认定，打破学历、资历、年龄、比例等限制，对技艺高超、业绩突出的民营企业一线职工，按照规定直接认定其相应技能等级。支持民营企业专业技术人才在劳动合同履行地、所在企业注册地设立的职称申报受理服务点，或通过人力资源服务机构等社会组织进行职称申报。建立职称评审“绿色通道”或“直通车”，民营企业高层次专业技术人才、急需紧缺人才、优秀青年人才可直接申报相应级别职称。支持民营企业参与制定职称评审标准，与企业相关的职称评审委员会、专家库要吸纳一定比例的民营企业专家。推进民营企业高技能人才与专业技术人才贯通发展，畅通技能人才成长通道。支持符合条件的民营企业备案新设博士后科研工作站。

（三）健全民营企业人才激励机制。推动民营企业建立健全体现技能价值激励导向的薪酬分配制度，突出技能人才实际贡献，合理确定技能人才工资水平。鼓励民营企业参加各级各类职业技能竞赛，对于获奖选手可按照有关规定晋升相应职业技能等级。推荐民营企业高技能人才参评中华技能大奖、全国技术能手，支持将符合条件的民营企业高层次专业技术人才、高技能人才纳入享受政府特殊津贴人员推荐选拔范围。

二、优化民营企业就业创业服务

（四）支持民营企业稳岗扩岗。综合运用财政补贴、税收优惠、就业创业等各项涉企扶持政策，持续强化倾斜支持中小微企业政策导向，健全惠企政策精准直达机制，支持民营企业稳岗扩岗，引导高校毕业生等青年群体到民营企业就业。倾斜支持就业示范效应好的民营企业，优先推荐参评全国就业与社会保障先进民营企业暨关爱员工实现双赢表彰活动。

（五）强化民营企业就业服务。各级公共就业服务机构要面向各类民营企业，提供劳动用工咨询、招聘信息发布、用工指导等均等化服务。组织开展民营企业线上线下专场招聘活动，推动招聘服务进园区、进企业。加快建设全省集中的就业信息资源库和就业信息平台，搭建供需对接平台，为民营企业提供招聘求职等一站式服务。实施重点企业用工保障，及时将专精特新、涉及重点外资项目等民营企业纳入重点企业清单，提供“一对一”和“点对点”用工服务。鼓励人力资源服务机构面向民营企业提供高级人才寻访、人力资源管理咨询等专业化服务。

（六）加大民营企业创业扶持。集聚优质创业服务资源，构建创业信息发布、业务咨询、能力培养、指导帮扶、孵化服务、融资支持、活动组织等一体化服务机制，支持高校毕业生、农民工、就业困难人员等重点群体创业。充分发挥各类创业载体作用，搭建中小企业创新创业服务平台，提供低成本、全要素、便利化的中小微企业孵化服务。组织开展创业大赛、展示交流等推进活动，发掘一批创新型企业和项目，培育一批创业主体。

三、推动民营企业构建和谐劳动关系

（七）提升协调劳动关系能力。健全政府、工会、企业代表组织共同参与的协调劳动关系三方机制，深入推进民营企业开展和谐劳动关系创建。发挥龙头企业作用，带动中小微企业聚集的产业链供应链构建和谐劳动关系。加强对民营企业的用工指导服务，依法保障职工劳动报酬、休息休假、社会保险等基本权益。建立职工工资集体协商和正常增长机制，推动企业与职工协商共事、机制共建、效益共创、利益共享，促进劳动关系和谐稳定。

（八）强化民营企业劳动争议协商调解。建立劳动争议预防预警机制，推动企业完善劳动争议内部协商解决机制，及时发现影响劳动关系和谐稳定的苗头性、倾向性问题，强化劳动争议协商和解。推动规模以上民营企业广泛设立劳动争议调解委员会，建立健全小微型企业劳动争议协商调解机制，及时化解涉民营企业劳动争议。持续推进青年仲裁员志愿者联系企业活动，将预防调解工作纳入“中小企业服务月”活动，为民营企业提供法律政策宣传咨询、劳动用工指导等服务，依法规范企业劳动用工行为。加强新就业形态劳动纠纷一站式调解，推动相关劳动争议和民事纠纷一站式化解。强化涉民营企业劳动争议仲裁办案指导，加大终局裁决和仲裁调解力度，提升仲裁终结率。

（九）优化劳动保障监察服务。主动为民营企业提供劳动保障法律服务，并融入日常执法和专项检查全过程，引导民营企业自觉守法用工。全面推进严格规范公正文明执法，全面推行“双随机、一公开”监管，减少对企业正常生产经营活动影响，做到对守法者“无事不扰”。推行告知、提醒、劝导等执法方式，落实行政处罚法“轻微违法不处罚”和“首违不罚”规定，为民营企业发展壮大营造良好稳定预期和公平市场环境。

四、加大社会保险惠企支持力度

（十）降低民营企业用工成本。继续实施阶段性降低失业、工伤保险费率政策至2025年底，对不裁员、少裁员的民营企业实施失业保险稳岗返还政策，以单位形式参保的个体工商户参照实施。

（十一）发挥工伤保险降风险作用。以出行、外卖、即时配送、同城货运等行业的平台企业为重点，组织开展新就业形态就业人员职业伤害保障试点。积极开展面向民营企业特别是小微企业的工伤预防工作，化解民营企业工伤事故风险。

五、工作要求

（十二）加强组织领导。各地要进一步提高政治站位，始终坚持把支持和促进民营经济发展壮大作为重要政治任务，立足人社部门职能职责，完善各项政策措施，细化实化工作任务。建立常态化服务民营企业沟通交流机制，定期听取民营企业意见诉求，积极作为、靠前服务，推动促进民营经济发展壮大的各项政策举措落地见效。

（十三）便利涉企服务。各地要不断优化经办服务流程，全面推行证明事项告知承诺制，进一步清理办理事项、精简办事材料、压缩办理时限，及时制定更新服务清单、办事指南，提升民营企业享受人社政策便利度。深化涉企“一件事”集成改革，推广“直补快办”“政策找企”，对民营企业政策享受、员工招聘、参保缴费、档案转递等事项打包办、提速办、智慧办。

（十四）衔接公共服务。各地要进一步打破户籍、身份、档案、所有制等制约，做好人事管理、档案管理、社会保障工作衔接，促进各类人才资源向民营企业合理流动、有效配置。强化公共服务有序衔接，配合相关部门将民营企业高技能人才纳入人才引进范畴，在积分落户、购（租）房、医疗保障、子女教育等方面给予倾斜。

（十五）营造良好氛围。各地要加强政策宣传解读，面向社会公开政策清单、申办流程、补贴标准、服务机构名单，集中开展人社厅局长进企业宣讲活动。加大宣传引导力度，及时总结经验，推广创新举措，挖掘先进典型，大力弘扬企业家精神，引导广大民营经济人士争做爱国敬业、守法经营、创业创新、回报社会的典范。

人力资源社会保障部

2023 年 11 月 30 日

人力资源社会保障部关于进一步健全人力资源社会保障基本公共服务标准体系全面推行标准化的意见

人社部发〔2023〕62号

各省、自治区、直辖市及新疆生产建设兵团人力资源社会保障厅（局），部属有关单位：

近年来，各级人力资源社会保障部门认真贯彻落实党中央、国务院关于建立健全基本公共服务标准体系的决策部署，加快推动实施《国家基本公共服务标准》，积极开展人力资源社会保障领域基本公共服务标准化试点工作，在提升公共服务能力水平、促进基本公共服务均等化方面取得了明显成效。为巩固试点成果，推广典型经验，以标准化推动基本公共服务均等化和人力资源社会保障事业高质量发展，现就人力资源社会保障领域进一步健全基本公共服务标准体系，全面推行标准化提出以下意见。

一、总体要求

（一）指导思想。以习近平新时代中国特色社会主义思想为指导，深入贯彻党的二十大精神，认真落实党中央、国务院关于健全完善基本公共服务标准体系、加快实施《国家基本公共服务标准》、推动基本公共服务均等化的部署要求，积极回应人民对美好生活的向往、对高质量人力资源社会保障基本公共服务的期盼，充分发挥标准化的基础支撑和创新引领作用，通过全面推行标准化不断提升人力资源社会保障基本公共服务均等化、普惠化、便捷化水平，为增进民生福祉、提高人民生活品质作出贡献。

（二）工作目标。到“十四五”期末，人力资源社会保障标准化工作体制机制构建形成，配套政策制度基本完善。人力资源社会保障领域基本公共服务标准规范体系全面建立，实现业务全覆盖、地域全覆盖、服务对象全覆盖，标准统一程度和区域协同水平明显提高。各类标准得到普及应用，对人力资源社会保障管理服务的支撑作用明显增强，人力资源社会保障服务机构硬件建设、服务提供、内部管理、考核评价、风险防控等方面有标可依。标准化与信息化、数字化紧密融合、相互促进。《国家基本公共服务标准》在人力资源社会保障领域得到全面有效落实，人力资源社会保障基本公共服务均等化水平和服务对象满意度明显提高，标准化对构建“覆盖全民、城乡一体、均等可及、优质高效”的人力资源社会保障基本公共服务体系、促进人力资源社会保障事业高质量发展的支撑引领作用得到有效发挥。

（三）基本原则。

坚持人民至上。以人民群众满意为“第一标准”，以基本公共服务标准为民生保障的底线标准，将标准化作为提升服务水平、优化营商环境、解决群众急难愁盼问题的重要抓手，不断扩大服务对象、提高服务标准，切实增强人民群众获得感、幸福感、安全感。

坚持服务中心。将标准化工作置于人力资源社会保障工作全局中谋划推进，以人力资源社会保障领域重大改革、重点任务和重要工作需求为导向，切实发挥标准化服务人力资源社会保障中心工作的基础支撑作用。

坚持均衡可及。牢牢把握基本公共服务均等化目标，加强全系统标准化工作的统筹谋划、区域协同、均衡发展，保持政策连续性、稳定性，强化服务可及性，确保服务普惠达标。

坚持改革创新。适应新形势、新任务、新要求，树牢标准化理念，及时更新落实标准，创新工作方式方法，充分发挥基层人力资源社会保障部门在标准化工作中的创造性，形成更多可复制可推广的成功经验。

二、主要任务

（一）加强顶层设计。贯彻国家标准化发展纲要和基本公共服务体系建设规划，完善人力资源社会保障领域标准化顶层设计，突出标准化引领作用，做好标准化制度设计、政策制定、体系优化、能力提升等工作。强化标准化与国家重大战略部署的衔接，准确把握推动高质量发展、实现共同富裕、促进区域协调发展、保障和改善民生等对标准化的需求，明确人力资源社会保障标准化发展重点方向和重大举措。加强标准化基础性、理论性和前瞻性研究，统筹谋划标准化发展路径，对标实现基本公共服务均等化要求，研究标准化工作分阶段目标任务、主要指标、政策措施等，做好制度和政策储备。

（二）健全标准体系。依据《国家基本公共服务标准》《人力资源和社会保障标准体系》和《人力资源社会保障系统基本公共服务事项清单》，按照“全面覆盖、完整实用”的原则，科学构建标准体系框架。梳理已有国家、行业标准和规范性文件，补充细化地方标准和内部标准，制定标准体系表，形成国家、行业、地方和内部标准规范有机衔接的完整体系。各地要结合当地实际，充分吸收借鉴试点成果，加快构建本地区基本公共服务标准体系，为标准制定实施提供基本遵循。

（三）加快标准制定。加强人力资源社会保障领域国家标准、行业标准的制修订，加快制定出台急需短缺标准。鼓励将适用性强、实施效果好的地方标准上升为国家、行业标准，提升标准层次，提高标准统一程度。加快地方标准和内部标准规范研制，根据《人力资源社会保障系统基本公共服务事项清单》，逐项编制服务指南和操作规程，进一步优化服务流程、简化办事材料、强化协同共享。结合地方实际，以服务半径和服务人口为基本依据，制定完善人力资源社会保障服务机构场地环境、设施设备和人员配备等基础标准，保障服务机构高效运转。

（四）完善政策标准。对照《国家基本公共服务标准》在学有所教、劳有所得、老有所养、优军服务保障等方面的要求，按照保基本、全覆盖、可持续的原则，制定与服务事项配套的政策待遇标准。国家有统一标准的项目，按照不低于国家标准执行。国家暂无统一标准的项目，按照国家相关要求和地方实际情况明确本地区标准，保障人民群众应享受的服务“应有尽有、承诺必达”，应享受的待遇“应发尽发、应保尽保”。在充分考虑经济发展状况和财政负担能力的基础上，对基本公共服务标准范围和保障水平进行常态化动态调整，切实兜牢民生底线。

（五）强化标准实施。按照领域全覆盖、地域全覆盖、服务对象全覆盖的要求，在本地区各级各类人力资源社会保障机构全面开展标准实施工作。通过标准实施进一步优化服务流程、规范服务行为、落实支出责任、提高服务质量。坚持标准化和信息化、数字化一体谋划、一体推进，及时将标准成果融入信息化、数字化建设，充分发挥标准化促进信息系统整合共享和推动数字化转型基础性作用，通过信息化数字化手段更好实现标准应用。

（六）推动区域协同。推广标准化试点工作经验，结合国家区域协调发展重大战略和工作部署，加快制定京津冀、长三角、粤港澳大湾区、成渝双城经济圈等区域人力资源社会保障基本公共服务跨地区协同标准，推动更多服务事项实现跨省通办，提升区域一体化服务水平，促进人力资源合理流动，助力区域协调发展。

（七）开展效果评估。建立标准化工作评估机制，参考借鉴试点经验，研究制定本地区基本公共服务标准实施评估办法，开展日常评估工作，及时向有关单位反馈评估结果，强化结果运用。结合系统行风建设、明察暗访、“好差评”、满意度调查等工作，全面跟踪评价标准实施情况。将标准化工作纳入本地区人力资源社会保障重点工作，推动纳入地方工作考核内容，完善激励措施，鼓励基层勇于改革创新，积极担当作为。

（八）加强工作宣传。大力宣传标准化工作的重要意义、实施成效、先进经验和案例典型，扩大社会影响力，提升工作人员标准化意识和争先创优积极性，在系统内外营造良好工作氛围。充分利用各类媒体平台，及时公开各项基本公共服务标准，提高群众知晓率和参与度，方便群众参与标准实施监督。鼓励在人力资源社会保障公共服务场所开设宣传专区，通过报纸、杂志、音视频等开展标准宣传解读。

（九）开展人员培训。加强标准化业务培训和学习交流，将标准化纳入各级培训计划，普及标准化知识，提升各岗位工作人员懂标准、做标准、用标准的能力。加强标准化人才队伍建设，培养一批既懂业务又懂标准化的复合型人才，造就一支高素质专业化的人力资源社会保障标准化工作队伍。

三、组织保障

（一）加强组织领导，健全工作机制。各地要提高政治站位，将标准化作为推动人力资源社会保障事业高质量发展的基础性工程。各级人力资源社会保障部门尤其是省级人力资源社会保障部门要加强标准化工作组织领导，建立健全标准化工作领导机构和协调机制，明确标准化日常工作机构，制定管理办法，完善工作制度，加快形成统一领导、分工负责、协同推进的工作格局。部属相关单位和标准化技术委员会要加强主管领域标准化工作的指导，将标准化作为推动业务工作的重要手段，加大督促落实力度。

（二）制定实施方案，形成工作合力。省级人力资源社会保障部门要制定本地区全面推行人力资源社会保障基本公共服务标准化实施方案，明确目标任务、重点工作、时间进度、责任分工、保障措施等，推动《国家基本公共服务标准》在人力资源社会保障领域全面深入实施。各地要加强标准化工作与人力资源社会保障领域重大工程、专项行动、重点任务等的协同配合。鼓励各地参与国家社会管理和公共服务综合标准化试点。各地要积极协调编办、发展改革、财政、市场监管等部门，为标准化工作创造有利条件。

（三）强化资源整合，注重风险防控。各地和部属有关单位要加强标准化工作“人、财、物”方面的保障，注重多种资源和多方力量协同发力，充分发挥市场机制作用，带动社会投入，扩大服务供给。积极吸纳标准化专业机构和专家力量参与人力资源社会保障标准化建设，鼓励有条件的地区成立省级人力资源社会保障领域标准化技术委员会。要制定风险预案，针对标准实施过程中可能出现的风险问题做好分析研判，提出解决方案。要按照“尽力而为、量力而行”的要求，合理引导预期，积极稳妥做好标准制定实施工作。

人力资源社会保障部
2023年12月4日

人力资源社会保障部
关于加强零工市场规范化建设的通知

人社部发〔2023〕65号

各省、自治区、直辖市及新疆生产建设兵团人力资源社会保障厅（局）：

零工市场是向灵活就业人员与用工主体提供就业服务的重要载体，对健全就业服务体系、优化人力资源配置、拓宽就业渠道具有重要作用。为深入贯彻落实党中央、国务院关于支持多渠道灵活就业的决策部署，现就加强零工市场规范化建设有关工作通知如下：

一、规范零工市场服务定位。各地要将零工市场纳入就业公共服务体系建设工作，整体谋划、统筹推进。要坚持公益性，对所有灵活就业人员免费提供规范可持续的基本就业公共服务。要坚持普惠性，面向社会开放，扩大城乡服务覆盖范围，提高零工市场服务均等化和可及性。要坚持灵活性，充分发挥灵活、快速服务优势，适应灵活就业人员求职需求和特点，提供多样化服务。要坚持兜底性，大力挖掘适合大龄和就业困难劳动者的就业岗位，兜底帮扶劳动者实现就业增收。

二、规范零工市场服务功能。各地要健全完善以即时快招服务为核心、以技能提升和权益维护服务为支撑的零工市场基本服务，重点提供灵活就业岗位供求信息撮合服务、职业指导服务、就业技能培训和创业培训信息推介服务、培训需求信息收集服务、权益维护指引服务。有条件的地方可围绕灵活就业人员求职就业实际需求，完善便民服务设施，提供车辆即停即走、工具借用寄存、候工休息以及平价超市、住宿餐饮和车辆接送等服务，为灵活就业人员务工提供便利条件。

三、规范零工市场建设布局。各地要结合“家门口”就业服务站建设，合理规划布局数量适宜、规模适度的零工市场，构建分布合理、便利可及的灵活就业服务网络。对零工需求量大、交通便利的地方，要设立辐射一定区域的综合性零工市场，集中向灵活就业人员提供就业创业服务。对用工行业集中、岗位需求相似的地方，要设立行业性、专业性零工市场，重点服务行业用工需求。对用工需求分散、人员规模较小的地方，要结合基层就业服务平台、就业驿站等服务网点建设，灵活设立零工服务站点，向灵活就业人员就近提供服务。

四、规范零工市场运行模式。对人力资源社会保障部门自行运作的零工市场，要明确管理机构和工作人员职责，具备专门的服务场所设施，能够容纳一定数量人员集中开展对接洽谈活动。对在公共就业服务机构加挂零工市场牌子的，要在综合服务场所划分灵活就业服务专区或设立专门服务窗口，为灵活就业人员提供“一站式”服务。对委托社会力量运行管理的零工市场，要按照政府向社会力量购买服务要求，规范操作程序，明确承接主体和购买内容，严格资金管理和绩效评价，定期开展运行情况评估，对评估结果不合格、不符合公益性质的零工市场及时予以退出。

五、规范零工市场信息分析。各地要结合本地实际定期汇总分析求职人员信息、招聘岗位信息、匹配结果信息、工资价位信息等相关数据，动态掌握灵活就业供求变化趋势。要按月公布本地零工市场主要行业及岗位求人倍率信息，引导灵活就业人员求职择业。要加强线上零工市场建设，结合就业服务“一库一平台”建设，将零工市场供求信息纳入省级就业信息平台，搭建线上供求匹配平台，实现全辖区零工市场信息联通、集中发布岗位招聘信息。

六、规范零工市场服务要求。各地要建立工作日志台账制度，记录分析零工市场主要业务开展情况。要建立健全工作规章制度，全面落实首问负责、限时办结、一次性告知等制度，主动公开服务项目、办事指南、服务热线和投诉举报渠道等事项。要规范本地零工市场命名规则，统一业务流程和服务标准，统一使用服务标识标志，提高服务场所辨识度。我部将发布全国统一的零工市场标识，供各地参照使用。

七、加强服务能力建设。各地要综合考虑当地灵活就业人员规模、行业用工特征、零工市场辐射范围等因素，按照服务对象数量的一定比例配备专兼职工作人员。要通过运营管理单位委派、社会聘用、志愿者招募等渠道，充实零工市场工作人员队伍。要加强零工市场工作人员常态化能力培养，定期组织业务培训轮训，分析就业形势、解读就业创业政策，提高专业素质和能力。要建立激励约束机制，严格考核制度，督促引导工作人员不断提升服务水平。

八、加强组织实施工作。各地要高度重视零工市场规范化建设工作，作为人力资源社会保障部门抓窗口建设、促队伍发展、为群众办实事的重要内容，强化组织领导，加强监督检查，明确规范化建设工作目标任务和时间表、路线图，确保各项工作规范有序推进。要建立零工市场综合管理制度，协同相关部门规范市场秩序，确保零工市场安全运行。要及时总结零工市场规范化建设经验做法，宣传推广一批提供规范化服务的零工市场，带动提升零工市场整体服务水平。

各地在推进零工市场规范化建设工作中的典型经验请及时发送，我部将组织媒体开展集中宣传。工作中出现的新情况、新问题，请及时报告。

人力资源社会保障部

2023 年 12 月 26 日

人力资源社会保障部关于做好疫情防控新阶段关心爱护医务人员工作有关问题的通知

人社部函〔2023〕3号

各省、自治区、直辖市及新疆生产建设兵团人力资源社会保障厅（局）：

为贯彻落实党中央、国务院关心爱护医务人员决策部署，切实做好疫情防控新阶段关心爱护医务人员工作，现就有关问题通知如下：

一、做好工资待遇保障工作。要按照国务院联防联控机制有关要求，积极落实医务人员各项工资福利待遇政策，充分体现对他们的关心爱护。积极落实完善医务人员临时性工作补助有关政策规定，会同卫生健康、财政等部门，指导医疗卫生机构执行补助政策，认真做好补助审核工作，确保补助及时足额发放到位。要适应疫情高峰期医疗救治工作需要，及时落实核增一次性绩效工资总量政策，指导医疗卫生机构优化内部分配办法，核增的一次性绩效工资不能简单按岗位等级发放，应把加班等情况纳入依据范围，指导对医务人员加班加点给予合理补偿，有条件的单位可将一次性绩效工资总量与原绩效工资总量合并优化内部分配办法。继续落实好卫生防疫津贴政策。

二、落实职称评聘和岗位等级晋升倾斜措施。各地要切实落实职称评聘倾斜政策，将医务人员在疫情防控中的现实表现作为职称评审、岗位聘用的重要内容，对于表现优秀的在职称评聘中优先申报、优先参评、优先聘任。医务人员参加疫情防控的工作成果可作为代表作参加职称评审。作出突出贡献获得省部级以上表彰奖励的，可直接申报参加高一级职称评审或考试。医务人员参加疫情防控经历可视同为一年基层工作经历，视同完成当年继续教育学时学分。对参加疫情防控一线工作的医疗卫生事业单位医务人员，优先晋升专业技术岗位等级，表现突出、获得记大功奖励的，可直接聘用至高一等级专业技术岗位。

三、做好工伤认定和保障。按照《工伤保险条例》及《关于因履行工作职责感染新型冠状病毒肺炎的医护及相关工作人员有关保障问题的通知》（人社部函〔2020〕11号）认定为工伤的医务人员，按规定享受相关待遇。各地要切实加强对新阶段医务人员工伤认定工作领导，加强与卫生健康等相关部门沟通，确保工伤认定绿色通道畅通无阻，确保工伤保险待遇按时足额发放。

四、做好奖励表彰工作。各地要加大对医务人员职业精神宣传力度，在统筹开展本年度各类相关表彰工作时，表彰对象适当向做出突出贡献的医务人员和医务团队倾斜，激励鼓励医务人员再接再厉，积极投入救治工作，坚守岗位，再立新功。对在全社会产生重大积极影响的突出典型，可以按规定给予及时性表彰。各类表彰和及时性表彰都要严格按照规定条件和程序进行，因疫情防控工作已受过表彰的原则上不重复表彰。要结合疫情防控工作实际，按照《事业单位工作人员奖励规定》开展及时奖励，对表现突出的医务人员给予嘉奖、记功、记大功奖励，奖励的比例（名额）向做出重大突出贡献的医务人员和集体予以倾斜。要将医务人员在疫情防控工作中的现实表现作为年度考核的重要内容，年度考核优秀比例向一线医务人员倾斜。对做出突出贡献的医疗卫生事业单位，可以按规定程序适度增加年度考核优秀比例。

五、做好医务人员招聘配备工作。各地要支持医疗卫生事业单位根据实际需要及时组织公开招聘，及时充实配备医务人员，特别是针对当前农村地区疫情防控工作需要，会同有关部门切实做好县域内医务人员统筹使用和基层医疗卫生事业单位医务人员配备工作。

六、合理安排医务人员休息休假。各地要指导医疗卫生机构结合实际情况，采取补休、轮休等方式，及时安排医务人员休息休假。根据医务人员参加疫情防控工作情况，及时为其安排带薪休假，适当增加带薪休假时间，增加的带薪休假不含公休和法定节假日，不计入带薪年休假天数，可在两个年度内使用。

各级人力资源社会保障部门要充分认识做好疫情防控新阶段关心爱护医务人员工作的重要性紧迫性，提高政治站位，加强组织领导，压实工作责任，用心用情用力做好关心爱护医务人员工作，切实把党中央、国务院的决策部署落实到位。

人力资源社会保障部

2023 年 1 月 11 日

人力资源社会保障部关于举办中华人民共和国第二届职业技能大赛的通知

人社部函〔2023〕6号

各省、自治区、直辖市及新疆生产建设兵团人力资源社会保障厅（局），国务院有关部门、有关行业组织人事劳动保障工作机构：

为深入学习贯彻落实党的二十大精神，全面贯彻落实习近平总书记对技能人才工作重要指示和致首届全国技能大赛贺信精神，我部定于2023年9月在天津举办中华人民共和国第二届职业技能大赛（以下简称第二届全国技能大赛）。现将有关事项通知如下：

一、指导思想

以习近平新时代中国特色社会主义思想为指导，深入学习贯彻党的二十大精神，全面落实习近平总书记对技能人才工作重要指示精神和致首届全国技能大赛贺信精神，聚焦高质量充分就业、服务经济社会发展和实现劳动者全面发展，坚持智慧集约、公平公正、绿色安全、开放共享理念，引领带动广大劳动者技能水平提升，培养更多大国工匠、高技能人才，为全面建设社会主义现代化国家提供坚强有力的技能人才保障。

二、大赛主题

技能成才　技能报国

三、工作目标

举办一届智慧、绿色、安全、特色的技能盛会，全面提升新时代职业技能竞赛品牌影响力，展示技能人才队伍建设成效，交流推广技能人才培育经验做法。推动各地、各行业健全职业技能竞赛体系，实现以赛促学、以赛促训、以赛促评、以赛促建，不断提升技能竞赛工作水平。大力弘扬劳模精神、劳动精神、工匠精神，营造尊重劳动、尊重知识、尊重人才、尊重创造的良好社会氛围，进一步激励广大劳动者特别是青年一代崇尚技能、学习技能、投身技能、提升技能，走技能成才、技能报国之路。

四、竞赛安排

（一）大赛时间。2023年9月16—18日比赛，16日上午开幕，19日晚闭幕。

（二）比赛地点。国家会展中心（天津）等。

（三）竞赛项目。分世赛选拔项目和国赛精选项目，共109个竞赛项目（附件1）。其中，世赛选拔项目63个，作为第47届世界技能大赛全国选拔赛；国赛精选项目46个。

（四）参赛方式。分全国总决赛和省级（行业）及以下选拔赛。全国总决赛以省（区、市）及新疆生产建设兵团为单位组团参赛，相关行业部门（名单见附件2）组团参加部分世赛选拔项目比赛。

（五）报名条件。凡16周岁以上（2007年1月1日以前出生）、法定退休年龄以内的中国大陆公民均可按属地原则（在当地学习或工作满1年以上）报名参赛。各参赛代表团每个竞赛项目限报1名（团队项目为1队）选手，国赛精选项目的新职业赛项中单人项目最多可报2名选手。世赛选拔项目选手应为2002年1月1日以后出生（信息网络布线、制造团队挑战赛、机电一体化、飞机维修、网络安全、水处理技术、云计算、光电技术、工业4.0、工业设计技术、机器人系统集成、增材制造、数字建造等13个竞赛项目选手应为1999年1月1日以后出生）。国赛精选项目选手应为相应职业从业人员。

五、组织工作

人力资源社会保障部作为第二届全国技能大赛主办单位，牵头成立中华人民共和国第二届职业技能大赛组委会（以下简称组委会），负责统筹决策和部署推动赛事各项重点工作。组委会设秘书处、技术工作组、活动指导组、新闻宣传组、会议组、外事组、市场推广组和监督仲裁委员会。天津市人民政府作为承办单位，牵头成立中华人民共和国第二届职业技能大赛执委会（以下简称执委会），负责具体落实赛事组织协调、技术实施、开闭幕式活动、技能展示、“中华绝技”展演、技能强国论坛、交通食宿服务、健康安全服务保障等工作，设综合协调部、赛务工作部、技术保障部等16个工作部。

各省（区、市）及新疆生产建设兵团人力资源社会保障厅（局）和相关行业部门可相应成立参赛工作机构，负责组织实施本地区、本行业选手选拔和参赛工作。

六、技术工作

组委会负责赛事技术统筹管理工作。专业技术类竞赛项目（智能制造工程技术、集成电路工程技术、人工智能工程技术、工业互联网工程技术、虚拟现实工程技术等5个竞赛项目）参照国家职业标准中级以上，技能类竞赛项目参照世界技能大赛技术标准、国家职业标准（三级/高级工及以上）或行业企业评价规范相应等级，组织制定技术规则和技术文件。遴选确定各竞赛项目裁判长，由其组织制定技术文件、命制比赛试题、确定评判标准、负责比赛评判工作等。裁判员原则上由各参赛代表团推荐，确有需要的项目由组委会在具有相应执裁经验的人员中择优选择。具体要求另行通知。

执委会选派熟悉比赛场地、设施设备技术要求的专业人员担任场地经理，负责各竞赛项目比赛设施设备和工具材料等技术保障工作。第三届全国技能大赛承办地可选派人员协助各项目开展工作并观摩学习大赛组织筹办工作。

七、奖励政策

（一）金牌、银牌、铜牌和优胜奖。对各竞赛项目获得前3名的选手，相应颁发金、银、铜牌，选手排名不并列。对前3名以外但排名在参赛人数1/2以上的选手颁发优胜奖，其他参赛选手颁发参赛证书。各地、行业部门参赛代表团获得奖牌情况不进行排名，组委会按行政区域顺序公布成绩，以金牌4分、银牌3分、铜牌2分、优胜奖1分计各参赛代表团成绩。

（二）全国技术能手和职业技能（专业技术）等级。对各竞赛项目获得前5名的选手（团队双人赛项前3名、三人赛项前2名），经核准授予“全国技术能手”称号。技能类各竞赛项目优胜奖及以上获奖选手可直接晋升技师（二级）职业技能等级，已具有技师（二级）职业技能等级的可晋升高级技师（一级）。专业技术类5个竞赛项目获得金、银、铜牌的选手，颁发高级专业技术等级证书；获得优胜奖的选手，颁发中级专业技术等级证书。职业技能（专业技术）等级证书按人力资源社会保障部有关规定颁发。

（三）第47届世界技能大赛中国集训队。世赛选拔项目中，单人项目前5名、团队项目前3名选手入围第47届世界技能大赛中国集训队。第46届世界技能大赛各项目首次阶段性考核（网络安全、酒店接待项目全国选拔赛）排名前3名（团队项目为前2名）且未参加2022年世界技能大赛特别赛的适龄选手可直接入围第47届世界技能大赛中国集训队，如选择参加世赛选拔项目比赛（占各参赛代表团报名名额），则以比赛成绩作为入围第47届世界技能大赛中国集训队依据。集训项目以世界技能组织最终确定的为准。

（四）其他奖励。为各参赛代表团1名优秀选手颁发“参赛代表团最佳选手奖”，西部13个省份参赛代表团各推荐1名优秀选手作为“西部技能之星”；为各项目裁判长、裁判长助理和裁判员颁发执裁证书；为组织大赛作出突出贡献的单位颁发“突出贡献奖”；为积极组织参赛、开展赛前选拔集训、赛中未发生违规违纪行为的参赛代表团颁发“优秀组织奖”。鼓励各地结合职业技能培训和技能人才表彰工作实际，将符合条件的省级、市级比赛选手赛前培训纳入职业培训补贴领取范围，制定本地区奖励政策，对获奖选手和专家团队等给予奖励。鼓励各有关行业部门结合实际，对有关人员和单位给予奖励。

八、工作要求

（一）各地区和有关行业部门要高度重视，公平公正公开组织本地区、本行业选拔赛，组织参赛相关人员参加赛前培训和技术讨论，并做好赛事新闻宣传报道工作。比赛期间，要严格管理本参赛代表团参赛选手及相关人员，遵守比赛各项规定，确保第二届全国技能大赛顺利进行。

（二）各参赛代表团统一组织本地区、本行业报名工作，明确1名竞赛工作负责同志作为联络员，并于3月1日前电告组委会秘书处。全国总决赛参赛报名工作将于6月30日截止。

（三）竞赛期间，将同期组织技能展示交流、“中华绝技”展演、技能强国论坛等活动，请做好推荐展示展演项目和经验交流等准备工作。全国总决赛选手报名要求、推荐展示展演项目、各类人员注册等具体事宜另行通知。

（四）做好大赛宣传工作。深入领会和准确把握党的二十大对技能人才工作提出的新部署、新要求，把培育新时代技能文化贯穿大赛筹办全过程，突出大赛主题，把握关键节点，采取融媒体方式，全方位、多角度持续宣传备赛、参赛情况和先进典型，进一步在全社会营造劳动光荣、技能宝贵、创造伟大的时代风尚。加强统筹谋划，结合实际制定本参赛代表团宣传报道方案，突出重点、展示亮点。各参赛代表团明确1名宣传工作负责同志作为宣传工作联络员，负责本代表团宣传工作，组织协调3～5家本地区、本行业媒体参与赛事报道，做好随队媒体注册、管理和服务保障等工作。

（五）比赛不收取任何费用。参赛选手、展示展演交流及随队媒体等相关人员交通费、食宿费和人身意外伤害保险，由各参赛代表团自行承担。在津食宿和市内交通由第二届全国技能大赛执委会统一安排。

（六）企业或社会组织自愿赞助第二届全国技能大赛的，应严格执行相关财务规定和制度。组委会授权执委会组织实施并统一管理社会赞助工作。

九、联系方式（略）

附件：

1. 第二届全国技能大赛竞赛项目（共109项）

2. 第二届全国技能大赛参赛行业部门名单及项目

人力资源社会保障部

2023年2月25日

附件 1

第二届全国技能大赛竞赛项目（共 109 项）

一、世赛选拔项目（共 63 项）

（一）运输与物流（7 项）

飞机维修、车身修理、汽车技术、汽车喷漆、重型车辆维修、货运代理、轨道车辆技术

（二）结构与建筑技术（13 项）

砌筑、家具制作、木工、混凝土建筑、电气装置、精细木工、园艺、油漆与装饰、抹灰与隔墙系统、管道与制暖、制冷与空调、瓷砖贴面、数字建造

（三）制造与工程技术（21 项）

数控铣、数控车、建筑金属构造、电子技术、工业控制、工业机械、制造团队挑战赛、CAD 机械设计、机电一体化、移动机器人、塑料模具工程、原型制作、焊接、水处理技术、化学实验室技术、增材制造、工业设计技术、工业 4.0、光电技术、可再生能源、机器人系统集成

（四）信息与通信技术（8 项）

信息网络布线、网络系统管理、商务软件解决方案、印刷媒体技术、网站技术、云计算、网络安全、移动应用开发

（五）创意艺术与时尚（6 项）

时装技术、花艺、平面设计技术、珠宝加工、商品展示技术、3D 数字游戏艺术

（六）社会及个人服务（8 项）

烘焙、美容、糖艺 / 西点制作、烹饪（西餐）、美发、健康和社会照护、餐厅服务、酒店接待

二、国赛精选项目（共 46 项）

（一）传统赛项（26 项）

数控车、数控铣、电工、装配钳工、焊接、电子技术、CAD 机械设计、汽车维修、新能源汽车智能化技术、木工、砌筑、室内装饰设计、网络系统管理、信息网络布线、珠宝加工、时装技术、餐厅服务、烹饪（中餐）、烘焙、茶艺、社会体育指导（健身）、起重设备应用技术、石油钻井技术、电力系统运营与维护、计算机软件测试、机器人焊接技术

（二）新职业赛项（20 项）

智能制造工程技术、集成电路工程技术、人工智能工程技术、工业互联网工程技术、虚拟现实工程技术、互联网营销、连锁经营管理、供应链管理、人工智能训练、健康照护、物联网安装调试、工业机器人系统操作、工业机器人系统运维、无人机装调检修、建筑信息模型技术、增材制造设备操作、全媒体运营、区块链应用操作、服务机器人应用技术、家政服务（整理收纳）

附件2

第二届全国技能大赛参赛行业部门名单及项目

一、交通运输部

飞机维修、车身修理、汽车技术、汽车喷漆、货运代理、轨道车辆技术

二、住房和城乡建设部

砌筑、花艺、瓷砖贴面、水处理技术、抹灰与隔墙系统、管道与制暖、焊接、建筑金属构造

三、中国机械工业联合会

数控车、数控铣、制冷与空调、机电一体化、移动机器人、原型制作、工业4.0、机器人系统集成

四、中国轻工业联合会

木工、精细木工、家具制作、烘焙、糖艺/西点制作

人力资源社会保障部
关于开展国家级高校毕业生就业见习示范单位创建活动的通知

人社部函〔2023〕10号

各省、自治区、直辖市及新疆生产建设兵团人力资源社会保障厅（局）：

为加强和规范各地就业见习单位建设，发挥典型示范和带动引领作用，提升就业见习工作质量，人力资源社会保障部决定开展国家级高校毕业生就业见习示范单位创建活动。现就有关事项通知如下：

一、总体要求

以习近平新时代中国特色社会主义思想为指导，深入贯彻党的二十大精神，落实党中央、国务院关于稳就业决策部署，通过国家级高校毕业生就业见习示范单位创建，深入展示各地就业见习的成效经验和特色亮点，健全完善就业见习的政策制度和工作体系，选树一批高标准就业见习单位，提升见习服务保障能力，帮助高校毕业生等青年增强岗位实践经验，促进高质量充分就业。

二、创建对象

开展就业见习工作的各类企事业单位、社会组织。优先从参加百万见习岗位募集计划并表现突出的各类单位中创建。

三、创建目标

2023年，全国创建约100家就业见习示范单位。对符合创建标准的就业见习单位，命名为“国家级高校毕业生就业见习示范单位”并授牌。

四、创建原则

创建活动坚持公开、公平、公正；坚持自愿申报、先创后评；坚持严格执行创建标准和程序；坚持动态调整，注重实效。

五、创建标准

国家级高校毕业生就业见习示范单位应认真落实习近平新时代中国特色社会主义思想，坚决拥护中国共产党的领导，贯彻落实党的路线方针政策，模范遵守国家法律法规，同时稳定运营久、岗位质量高、管理制度完备、见习成效好。具体标准如下：

（一）单位运营规范。见习单位稳定运营3年以上，无违法违纪行为，用工规范、劳动关系和谐稳定，能够为见习人员提供安全的工作场所、良好的工作环境、配套的工作设备，见习实施中没有发生安全生产责任事故。

（二）岗位提供稳定。能够稳定持续提供就业见习岗位，接收见习人员进行岗位实践锻炼，原则上近两年平均每年接收见习人员不少于50人（科技型中小企业每年接收见习人员数可按企业现有在职员工的10%标准掌握）；

所提供的见习岗位具备一定的技术含量、业务内容，每年见习非正常离岗率低于20%（离岗率=非正常结束见习人数/实际招收见习人数）。

（三）管理制度健全。建立规范的见习管理制度和带教制度，具有清晰明确的见习台账记录，建立见习期满后的考核鉴定制度，有专门机构及人员负责见习工作；按要求在规定时间内与见习人员签订见习协议，及时足额发放基本生活补助，亦理人身意外伤害保险或其他保险；无冒领、虚领见习补贴等问题。

（四）见习成效显著。见习人员职业素质和岗位技能有明显提高，年度平均留用率不低于50%，对未留用的见习人员积极推荐给其他相关用人单位；见习人员对该单位见习效果满意度达到80%以上。

六、创建程序

（一）自主申报。各地具备创建积极性、见习工作成效好的企事业单位和社会组织自愿申报，按要求填写《国家级高校毕业生就业见习示范单位申报表》（附件1），连同企业营业执照副本（事业单位法人证书、社会团体法人登记证书）复印件，创建工作方案等相关材料，提交所在地的市级人力资源社会保障部门，经市级人力资源社会保障部门审核并征求同级生态环境、应急管理、市场监管、税务等部门意见后，报送省级人力资源社会保障部门汇总。各省（区、市）人力资源社会保障部门确定创建单位名单，于4月28_日前将上述材料报送人力资源社会保障部。之前认定的国家级高校毕业生就业见习示范单位，需重新进行申报，放弃参加申报的，取消其国家级高校毕业生就业见习示范单位称号。

（二）推动创建。人力资源社会保障部制定国家级高校毕业生就业见习示范单位评审标准（附件3），各省（区、市）人力资源社会保障部门要加强对申报单位的工作指导和支持，推动申报单位在创建周期内达到国家级高校毕业生就业见习示范单位创建标准。

（三）评估验收。创建达标后，由各省（区、市）人力资源社会保障部门对照评审标准，通过查阅资料、实地核查、走访座谈等方式，对申报单位进行初审，根据参考分配名额（附件2），择优推荐示范单位，并按程序进行公示，公示期为5个工作日，公示无异议后于10月15日前将申报单位创建总结报告、推荐工作报告、评审结果报送人力资源社会保障部。申报单位创建总结报告主要内容包括：创建开展情况、创建成效、后续工作考虑等。推荐工作报告主要内容包括：本地区推荐工作组织情况、推荐过程、公示情况、推荐意见等。评审结果主要内容包括参照评审标准打分情况。

（四）审核认定。人力资源社会保障部组织专家对各地推荐的示范单位进行审核评估，提出拟确定的国家级高校毕业生就业见习示范单位名单，在人力资源社会保障部网站公示。综合公示情况，对符合要求的单位，认定为“国家级高校毕业生就业见习示范单位”。

（五）示范带动。示范单位要高度重视见习工作，不断创新和完善本单位见习管理制度；加大对见习人员的补贴力度，提高见习人员的福利待遇，为见习人员提供更加良好的工作、生活、学习环境；为当地见习工作树立标杆，引领和带动见习工作开展。

（六）监督管理。实行年度报告制度，示范单位应当于每年年初将上年度开展就业见习情况报送省级人力资源社会保障部门汇总，4月底前报送人力资源社会保障部。人力资源社会保障部每2年组织对示范单位进行复评，核查就业见习开展情况，确保示范单位符合示范标准。示范单位发生违法违规违纪问题并造成恶劣社会影响的、创建过程中弄虚作假的、创建工作被证实达不到创建标准以及产生其他应当撤销示范命名情形的，将予以撤销命名。

七、工作要求

（一）加强组织保障。各地要高度重视国家级高校毕业生就业见习示范单位创建工作，作为推动就业见习工作的重要内容，明确专人负责，细化工作流程，落实工作责任，推动创建工作有序开展、按期完成。要加强对申报单位的工作指导和跟踪管理服务，及时总结经验，报送创建工作进展。

（二）加大宣传引导。各地要注重创建工作的总结宣传，统筹线上线下多种渠道，运用门户网站、微信公众号、广播电视、微视频、报刊等各种形式，广泛宣传示范单位创建中的典型经验，发挥先进典型的示范带动作用，引领更多青年和用人单位主动参与就业见习。

（三）严格工作要求。各地要严格按照实事求是、客观公正的原则，组织实施创建工作，对推荐工作相关材料的真实有效性负责。要指导申报单位全面准确、如实详尽自主申报，认真准备材料，不增加基层工作负担，确保推荐对象的先进性、示范性和代表性。报送材料电子版请发送至 jycjsqnc@163.com，纸质材料同步报送人力资源社会保障部。

附件：

1. 国家级高校毕业生就业见习示范单位申报表（略）

2. 各地申报国家级高校毕业生就业见习示范单位名额分配表（略）

3. 国家级高校毕业生就业见习示范单位评审标准

人力资源社会保障部

2023 年 3 月 16 日

附件 3

国家级高校毕业生就业见习示范单位评审标准

类别	指标	评分标准	分值	备注
见习单位运行（30 分）	见习工作连续性	能够持续提供一定数量的见习岗位	2	每年提供见习岗位数：
	见习人员数量	原则上近两年平均每年招收见习人员人数达 50 人	5	
	见习岗位质量	见习岗位具有一定知识、技术、技能含量和业务内容，符合青年实践能力提升需要	3	见习岗位：（请列出）
	见习岗位运作	每年见习人员非正常离岗率低于 20%	5	
	见习制度	建立规范的见习管理制度	4	见习管理制度：（请列出见习单位的主要见习管理制度）
	专人负责制	有专人负责见习人员工作指导	3	负责机构：
	工作条件	具备符合国家规定的劳动保护措施和劳动安全卫生条件	5	
	有无安全责任事故及投诉情况	没有发生安全生产责任事故，没有以责任方名义被投诉，或能及时妥善处理相关事故和投诉	3	
见习政策落实（10 分）	发放基本生活补助	按照当地规定的标准和程序向见习人员及时、足额发放基本生活补助，无拖欠和克扣等问题	4	见习人员补助金额： 元 /（人・月），其中见习单位补助部分金额： 元 /（人・月）

续表

类别	指标	评分标准	分值	备注
见习政策落实（10分）	申报见习经费	按规定向主管部门申报见习补贴经费，申报材料规范、准确，无冒领、虚领等问题	3	
	办理人身意外保险	按照规定要求为见习人员办理人身意外伤害保险或其他保险	3	人身意外保险费用：　元/人，人身意外保险赔付额度：　元
见习流程管理（30分）	发布见习岗位信息	按要求及时发布见习岗位信息，且发布情况与申报情况保持一致	2	
	签订见习协议	按要求与见习人员签订见习协议。见习协议内容规范（明确见习期限、岗位职责、见习待遇、见习计划安排、双方权利义务、解除终止协议条件等）	4	
	开展岗前培训	对见习人员进行系统的岗前培训（培训制度完善、培训内容丰富、培训方案完整、培训时间充足）	4	
	带教制度	为见习人员配备带教师傅，制定相应的带教计划，明确带教比例	3	带教比例：（分类说明）
	带教执行情况	带教师傅和见习人员都了解带教情况和计划，严格按照带教比例、带教计划进行带教	3	
	建立见习台账记录	建立清晰明确的见习台账记录［包括：见习人员花名册、见习岗位及期限、见习考勤记录、发放基本生活补助明细账（单）、见习考核意见等］	5	
	上报见习数据及材料	主动与主管部门配合，按要求上报见习相关数据和工作材料	4	
	开展考核鉴定	按规定对见习期满人员进行考核，并出具书面见习证明，记载其见习经历和成果，包括见习岗位、见习时间、承担任务、掌握技能、见习单位评价等方面信息，作为见习人员求职择业的实践经历	5	
见习效果（20分）	见习人员留用率	见习人员年度平均留用比率不低于50%（事业单位除外）	10	
	见习人员反馈	见习人员的职业素质和岗位技能得到明显提高，对该单位见习效果满意度达到80%以上	10	见习生反馈情况：（请根据电话抽查、问卷调查、现场座谈访问等方式了解见习生对见习单位的意见和建议，对见习效果的满意度）
创新与发展（10分）	管理办法和管理制度	重视见习工作，不断完善见习管理办法、带教培训方式和见习管理制度等	3	创新性的管理制度和办法（具体名称）：

续表

类别	指标	评分标准	分值	备注
创新与发展（10分）	补贴和福利待遇	加大对见习人员补贴力度，提高福利待遇，为见习人员提供更加良好的生活、学习和见习环境	3	由见习单位提供的其他福利待遇:（例如：宿舍、食堂、培训、其他）
	典型带动	在本单位树立优秀见习人员典型，发挥典型带动作用，鼓励、引导见习人员和新入职员工积极提升职业技能、加强职业规划、培养职业意识	2	
	示范和引领	为当地见习工作树立标杆，引导、示范和带动当地就业见习工作的开展	2	

人力资源社会保障部关于开展2023年高校毕业生等青年就业创业推进计划的通知

人社部函〔2023〕19号

各省、自治区、直辖市及新疆生产建设兵团人力资源社会保障厅（局）：

高校毕业生等青年就业关系民生福祉、经济发展和国家未来。为深入贯彻落实党中央、国务院决策部署，进一步做好高校毕业生等青年就业工作，人力资源社会保障部决定开展2023年高校毕业生等青年就业创业推进计划。现将有关事宜通知如下：

一、总体要求

坚持以习近平新时代中国特色社会主义思想为指导，深入贯彻党的二十大精神，落实党中央、国务院关于促进高校毕业生等青年就业决策部署，坚持市场导向和政府促进并重，坚持政策激励和服务助力并举，坚持整体推进和重点帮扶并行，充分挖掘就业渠道，做实做细就业服务，兜牢青年就业底线，引导转变就业观念，健全高校毕业生等青年就业促进机制，推动实现高质量充分就业。

二、重点任务

（一）中小微企业吸纳毕业生就业政策落实行动。聚焦中小微企业落实各项就业政策，按月将中小微企业新增参保人员数据与高校毕业生、失业登记等数据进行比对，确定符合政策享受条件的单位和人员，主动联系推介政策内容。开通“绿色通道”，推广“直补快办”模式，做到随申请随确定随审核随发放。开展中小微企业政策宣传行活动，深入工业园区、企业厂区，上门发放政策清单、服务清单和经办机构清单，告知政策申请流程和经办渠道。

（二）公共部门稳岗扩岗行动。各地人力资源社会保障部门要加强与组织、教育、科技、民政、国资等部门的对接协同，积极稳定机关事业单位、国有企业招录（聘）规模，结合实际适当增加“三支一扶”、农村特岗教师、大学生志愿服务西部计划和科研助理岗位招聘人数，支持推进实施“城乡社区专项计划”、“村医专项计划”。加快事业单位招聘进度安排，“三支一扶”计划在8月底前完成人员招募工作。

（三）高校毕业生等青年创业服务支持行动。开展更加多元的创业指导和交流活动，组织创业项目展示、创业路演观摩、创业园区参观等活动，开展创业导师面对面、企业家座谈、创业沙龙等互动交流，对有创业意愿的提供“马兰花创业培训”等各类培训服务，提升高校毕业生等青年的创业意识和创业能力。搭建资源对接平台，组织参加各类创业赛事活动，结合实际打造地方特色创业活动品牌，提供项目与资金、技术、市场对接渠道。健全创业孵化平台，提供政策代办、成果转化、跟踪扶持、咨询服务等一站式服务。

（四）“职引未来”系列招聘行动。各地要以“职引未来”为主题，开展百日千万招聘专项行动、大中城市联合招聘高校毕业生等招聘活动，聚焦高校毕业生等青年群体，重点组织线下招聘服务，提升品牌影响力。高校毕业生集中的城市每周至少举办一次专业性招聘、每月至少举办一次综合性招聘，失业青年较集中的市县要定期组织小型专场招聘会，整合岗位资源进街道、进社区开展巡回招聘。要逐校对接岗位需求，根据高校毕业生等青年群体学历层次、技能水平、就业意愿等，有针对性归集发布岗位信息，做好信息筛查，精准识别岗位群体，提升人岗匹配效率。

（五）公共就业服务进校园行动。推动公共就业服务向校内延伸，动态掌握毕业生就业落实情况、离校安排等，“一校一策”与高校对接，持续开展公共就业服务“六进”校园活动，把服务送到毕业生身边。开展百所院校就业服务活动，每省选取3～5所就业工作任务重、压力大的高校，组织人社厅局长、就业局长结对帮扶，定向送岗位、送资源、送政策、送服务。开展高校毕业生档案转递接收服务专项行动，面向高校开展档案转递政策宣传和业务指导，加强部门衔接，确保档案安全有序转递。建立公共就业人才服务机构与高校就业机构常态化联系机制，支持与高校合作设立就业创业指导服务站，为毕业生提供身边服务。

（六）离校未就业毕业生服务攻坚行动。提前部门信息衔接，主动对接教育部门和高校，7月底前完成未就业毕业生实名信息交接。通过线上线下失业登记、业务经办、走访摸排等途径，将本地户籍和到本地求职的毕业生纳入登记范围。提早公布服务渠道，6月底前面向高校毕业生发出一封公开信或服务公告，方便毕业生查询求职就业信息。全面落实实名帮扶，对有就业意愿的未就业毕业生逐一联系，了解就业需求，有针对性提供职业指导、岗位推荐、职业培训或就业见习机会。

（七）青年专项技能提升行动。将有培训意愿的高校毕业生等青年全部纳入职业培训服务范围，对城乡未继续升学的初高中毕业生开展劳动预备制培训。鼓励对青年开展新兴产业、智能制造、现代服务业等领域职业技能培训，拓展学徒培训、技能研修、新职业和就业技能培训等多种模式，积极采取校企合作、订单式、定向式培训等方式，提高培训后就业率。发挥竞赛带动作用，积极动员青年参加世界技能大赛、第二届全国技能大赛、“振兴杯”全国青年职业技能大赛等竞赛活动，探索设置本地适合青年的职业赛项，引导青年走技能成才之路。

（八）就业见习质量提升行动。推进实施百万就业见习岗位募集计划，重点开发一批科研类、技能类、管理类、社会服务类岗位，推出一批示范性岗位，优化就业见习专区、网站功能，开展见习对接活动，提升见习质量和吸引力。开展国家级高校毕业生就业见习示范单位创建活动，动员参加见习的企事业单位参与创建，带动提升见习工作水平，发挥示范引领作用。

（九）就业困难结对帮扶行动。聚焦脱贫家庭、城乡低保家庭、零就业家庭以及残疾等困难毕业生，建立就业帮扶机制，做实专门台账，实施动态管理，制定“一人一策”帮扶计划，对离校未就业的开展结对帮扶，优先提供岗位信息，优先组织培训见习。聚焦长期失业青年，通过登记失业库及时锁定对象，开设青年就业训练营，开展职场体验、就业指导、人力资源市场参观、职业沙龙等就业服务活动，帮助他们接触职场、融入社会。

（十）就业权益护航行动。持续开展人力资源市场秩序专项清理整顿，依法打击“黑中介”、虚假招聘等违法行为，及时查处滥用试用期、不依法签订劳动合同和支付工资等行为。开展普法宣传，灵活运用网站、新闻媒体、宣传视频等载体，通过服务普法、以案释法、进校送法等方式，增强高校毕业生等青年法律意识。加快落实就业报到证取消后衔接工作安排，强化信息共享和服务支撑，简化优化落户、档案转递、报到入职等手续，提供集体户口落户、社会保险转移接续等服务，更加便捷高校毕业生等青年流动就业。

三、工作要求

（一）强化组织领导。各地要充分认识实施高校毕业生等青年就业创业推进计划的重要意义，作为贯彻党的二十大精神的具体举措，认真落实计划各项任务，聚焦毕业生等青年就业急难愁盼问题，强化举措，创新方法，务求实效。要结合实际制定具体实施方案，充实细化计划内容，明确工作任务、职责分工、时间进度和落实举措，向社会公开活动安排，充分调动人力资源服务机构参与积极性，组织开展好各项行动。

（二）强化工作推动。各地要完善工作组织协调机制，明确专人负责，强化经费保障，建立信息共享和工作通报制度，加强协同配合，凝聚工作合力，确保各项任务落地。建立工作推进调度机制，加强对市县工作指导，定期调度各项工作进展，汇总工作情况，每月5日前报送人力资源社会保障部。

（三）强化宣传引导。各地要积极挖掘工作中的好经验、好做法，依托传统媒体和新兴媒介，多渠道多维度开展宣传报道。大力宣传国家促进高校毕业生等青年就业创业的支持政策，推出一批“实干奋斗　青春圆梦”青年就业典型，开展“最美基层高校毕业生”学习宣传活动，充分发挥示范引领激励作用，引导青年树立正确就业观、成才观，通过劳动和奋斗，更好实现人生价值。

人力资源社会保障部

2023年3月30日

人力资源社会保障部等6部门关于开展2023年民营企业服务月活动的通知

人社部函〔2023〕23号

各省、自治区、直辖市及新疆生产建设兵团人力资源社会保障厅（局）、教育厅（教委、教育局）、退役军人事务厅（局）、总工会、妇联、工商联：

为深入贯彻党的二十大精神，落实党中央、国务院稳增长稳就业稳物价决策部署和"两个毫不动摇"方针，促进民营经济高质量发展，带动和扩大就业，人力资源社会保障部、教育部、退役军人事务部、全国总工会、全国妇联、全国工商联定于4—5月在全国开展2023年民营企业服务月活动（以下简称"服务月活动"）。现就有关事项通知如下：

一、活动时间

2023年4月上旬至5月上旬。

二、活动主题

服务民企促发展，扩大就业惠民生。

三、服务对象

（一）以民营企业、中小微企业、个体工商户为重点，同时面向各类用人单位。

（二）以高校毕业生、退役军人、脱贫劳动力、登记失业人员、农民工为重点，同时面向各类求职人员。

四、活动内容

（一）开展调研走访。充分发挥人社服务专员作用，深入走访民营企业，摸清用工服务需求和招聘岗位信息，了解招聘用工困难问题，听取意见建议。开展"人社局长进民企"活动，服务月活动期间，各级人社部门负责同志要会同工会、工商联等部门开展民营企业专题走访调研，实地了解企业生产经营、招工用工中的痛点难点。

（二）强化政策宣讲。通过现场宣讲、定向推送、会议座谈、线上发布等方式，运用通俗易懂的语言，广泛向民营企业宣讲涉企的就业扶持政策，帮助民营企业掌握政策内容、补贴申领渠道、申领材料要求、办理时限，千方百计提高民营企业对就业政策的知晓度。

（三）组织招聘对接。广泛组织开展各类招聘对接活动，有序增加现场招聘频次。充分利用各类线上渠道，开设民企招聘线上专场专区、开展直播带岗、视频双选等云招聘活动。组织民企进校园、进社区、进乡村，提高招聘对接的有效性。服务月活动期间，民营企业数量较多的市（县）每周至少开展一次面向民营企业的招聘活动。

（四）加快政策落地。进一步提高就业政策落实效率，在招聘活动现场设立就业创业政策咨询受理专区，及时受理民营企业政策申请。进一步优化就业政策经办流程，推广"直补快办"服务模式，提升政策落实的精准性。

（五）实施便捷服务。及时更新并公布就业、社保等涉企事项清单，推动员工招聘、参保缴费、档案转递等企业招用员工“一件事”打包办，进一步精简人社涉企服务环节、压缩办事时间，提高民营企业享受服务的便利度。

五、工作要求

（一）加强组织领导。各地要把本次服务月活动作为落实“两个毫不动摇”方针的重要举措，精心组织，周密安排。要将“‘百城万企’民企高校携手促就业行动”作为服务月活动的重要内容，统筹谋划、共同开展好各项具体服务活动。人社部门要发挥牵头作用，组织开展形式多样的招聘对接活动，动员社会力量参与提供招聘用工服务。教育、退役军人事务、工会、妇联、工商联等部门要立足职能职责，发挥部门优势，广泛收集民企岗位信息，动员高校毕业生等重点群体参加服务月活动，切实提高活动实效。

人力资源社会保障部将依托中国公共招聘网（http://www.job.mohrss.gov.cn）开设“2023年民营企业服务月”专场，与就业在线、国家大学生就业服务平台（https://www.ncss.cn）、工会就业服务网上平台（微信小程序：工E就业）、全联人才在线和各省分会场链接。

（二）收集发布岗位信息。各地要充分了解辖区内民营企业的用工现状和招聘需求，广泛收集招聘岗位信息，确保岗位真实性、有效性。依法查处发布虚假招聘信息、签订不实就业协议等违法违规行为，坚决防止和纠正性别、年龄等就业歧视。扩大招聘岗位信息发布范围，通过办事大厅、招聘活动现场及网站、微信等线下线上多渠道发布。对招聘岗位进行分类整理，设置分行业、分地区、分人群招聘专栏，方便劳动者获知。

（三）广泛开展宣传报道。各地要与各类宣传媒体密切合作，广泛宣传、跟踪宣传本次服务月活动开展情况，做到电视有影像、广播有声音、报纸有专题，各类网络平台滚动发布活动特色、亮点和成效，打造全社会帮助民企招聘用工、助力民企高质量发展的良好氛围。

（四）强化现场招聘活动安全管理。各地要严格遵守《关于进一步加强人力资源市场现场招聘会安全管理工作的通知》，落实属地管理原则，强化安全管理责任意识，加强现场招聘会日常管理，加大现场安全检查巡查力度，确保各类现场招聘会安全。要遵守当地疫情防控指挥部门要求，安全有序举办现场招聘活动。

各地要安排专人负责，于4月14日前报送负责人名单、省级分会场网址链接。服务月活动期间，各地活动预告、招聘安排、专场动态等信息要及时报送中国公共招聘网（邮箱地址附后）。服务月活动结束后，各地要及时汇总情况，总结经验做法，分析存在的问题，持续优化招聘用工服务，不断提升涉企服务实效。服务月活动总结和“2023年民营企业服务月活动情况统计表”（见附件）于5月12日前报人力资源社会保障部。

六、联系方式（略）

附件：2023年民营企业服务月活动情况统计表（略）

人力资源社会保障部
教育部
退役军人事务部
全国总工会
全国妇联
全国工商联
2023年4月7日

人力资源社会保障部　全国博士后管理委员会关于举办第二届全国博士后创新创业大赛的通知

人社部函〔2023〕32号

各省、自治区、直辖市及新疆生产建设兵团人力资源社会保障厅（局），中共海南省委人才发展局，国务院有关部委、直属机构人事（干部）部门，有关博士后设站单位：

为深入贯彻党的二十大和中央人才工作会议精神，全面贯彻习近平总书记关于做好新时代人才工作的重要思想，持续发挥博士后制度在培养高层次创新型青年人才、促进产学研融合、推动大众创业万众创新中的重要作用，人力资源社会保障部、全国博士后管理委员会决定举办第二届全国博士后创新创业大赛（以下简称大赛）。现就有关事项通知如下：

一、总体目标

坚持科技是第一生产力、人才是第一资源、创新是第一动力，深入实施科教兴国战略、人才强国战略、创新驱动发展战略。坚持服务大局、突出特色、多方参与、务实节俭办赛理念，打造新时代全国性博士后创新创业赛事品牌，建设博士后创新创业的高水平交流展示平台、吸引人才开放合作的重要窗口和培养选拔高层次创新型人才的有效渠道，持续激发博士后创新潜能，释放博士后创业活力，有力推动产学研融合和科研成果转化，培养造就具有国际竞争力的高水平青年科技人才队伍。

二、大赛主题

智汇赋能发展　博创引领未来

三、赛事安排

（一）比赛时间。5月—8月开展比赛报名和预选推荐，9月开展全国复赛（书面评审）工作，10月开展全国总决赛（具体时间另行通知）。

（二）全国总决赛地点。山东省烟台市八角湾国际会展中心。

（三）比赛项目。设创新赛、创业赛、海外（境外）赛和揭榜领题赛四个组别，预设新一代信息技术、高端装备制造、新能源新材料、生物医药与健康、现代农业与食品、海洋开发与应用、其他行业等7个赛道。各组别可根据项目报名情况调整赛道。

（四）参赛方式。符合参赛条件的博士、博士后研究人员或所在团队于5月15日起登录中国博士后网大赛专区（www.chinapostdoctor.org.cn）或第二届全国博士后创新创业大赛官网（www.sdhwrc.com）自主报名（参赛条件详见附件1）。创新赛、创业赛组别由各省、自治区、直辖市和新疆生产建设兵团人力资源社会保障部门、中共海南省委人才发展局（以下简称各地区）进行预选并组队参赛；部分博士后工作规模较大的设站单位可单独组队参赛（名单见附件3），其他参赛者按照属地化原则在各地区参加预选。海外（境外）赛和揭榜领题赛组别由符合条件的个人或团队自主报名参赛。

创新赛、创业赛、海外（境外）赛和揭榜

领题赛等各组别赛事的具体安排详见附件 2。

四、组织工作

人力资源社会保障部和山东省人民政府作为大赛主办单位，联合成立大赛组委会，负责统筹决策和部署推动大赛各项重点工作。全国博士后管委会办公室、中国博士后科学基金会、山东省人力资源和社会保障厅、烟台市人民政府作为承办单位。山东省及烟台市有关部门联合成立大赛执委会，负责具体落实赛事协调、交流对接、开闭幕式活动、新闻宣传、赛事合作、后勤保障等各项工作。大赛邀请知名行业专家、创投孵化机构专家等有关人员担任评审专家，负责参赛项目的评选工作。

各地区和单独组队的设站单位可成立参赛工作机构，负责开展宣传动员、资格审核、项目预选和组队参赛工作。有条件的地方可视情况发布地方赛事指引，组织预选赛。

大赛公开征集国内有关创业投资机构、创业孵化机构、银行等作为合作机构，为参赛博士后及项目提供项目评选、路演培训、融资孵化、贷款授信等服务。有意向的单位可联系大赛执委会交流对接组。

五、奖励政策

（一）各组别的每个赛道颁发金奖、银奖、铜奖、优胜奖若干。大赛组委会按照金奖 10 万元、银奖 5 万元、铜奖 2 万元的标准向获奖者发放奖金，优胜奖获得者颁发获奖证书。

（二）人力资源社会保障部、全国博士后管理委员会向获奖项目团队核心成员中的国内进站博士后研究人员颁发“全国创新创业优秀博士后”证书，向组织参赛的地方、单位颁发优秀组织奖若干。

（三）各地区要加大对获奖项目和人员的支持力度，对获奖项目落地、获奖人员享受人才政策等予以优先支持。

六、工作要求

（一）各地区、有关部门、设站单位要高度重视，认真组织，动员符合条件的人员积极参赛。各地区和单独组队的设站单位要明确 1 名工作人员作为本地区、本单位的大赛联络员。做好大赛宣传工作，各地区和单独组队的设站单位明确 1 名宣传工作负责同志作为宣传工作联络员，负责本参赛代表队宣传工作，组织协调 3～5 家本地区、本行业媒体参与赛事报道，做好随队媒体注册、管理和服务保障等工作。大赛联络员、宣传工作联络员名单请于 5 月 15 日前报大赛组委会秘书处（报名回执见附件 4）。

（二）各地区要择优推荐 5 项左右可供博士、博士后挑战的有关单位技术需求（企业、科研院所、重点实验室等在研发、生产过程中急需解决的技术问题），于 5 月 30 日前报大赛组委会秘书处。

（三）各地区和单独组队的设站单位要积极做好参赛资格审核和预选推荐工作，保证公平公正公开，并于 8 月 15 日前上报参加创新赛、创业赛书面评审的项目和人员名单。

（四）全国总决赛期间，将同期组织全国博士后人才交流与成果转化对接会等活动。具体事宜另行通知。

（五）比赛不收取任何费用。参赛者及相关人员往返交通费、食宿费和人身意外伤害保险由各参赛代表队自行承担。大赛期间食宿和市内交通由大赛执委会统一安排。随队媒体往返交通费、食宿费等由各参赛代表队自行承担。

七、联系方式（略）

附件：

1. 第二届全国博士后创新创业大赛参赛条件

2. 第二届全国博士后创新创业大赛赛事安排

3. 可单独组队的博士后设站单位名单

4. 报名回执（略）

人力资源社会保障部
全国博士后管理委员会
2023 年 4 月 19 日

附件 1

第二届全国博士后创新创业大赛参赛条件

一、创新赛

参赛项目须同时具备以下条件：

（一）参赛项目技术研发负责人或项目研发团队的核心成员至少有 1 名是国内在站或已出站的博士后研究人员。

（二）项目具有创新性，符合我国相关产业高质量发展方向和科技自立自强需求，其成果、产品或服务有较大的潜在需求并具有一定竞争优势，已完成样机、履行服务合同或拥有其他亟须投资转化的科研成果。至报名截止时，参赛项目尚未在中华人民共和国行政区域内登记注册运营。

（三）参赛项目所提出的成果、产品或服务符合国家法律法规和产业政策，参赛人员对参赛项目拥有合法自主的知识产权或使用权，无违反竞业禁止、保密约定等情况。

二、创业赛

参赛项目须同时具备以下条件：

（一）2018 年 1 月 1 日后至截止报名时已在中华人民共和国行政区域内登记注册的初创型企业，该企业法定代表人或股东成员中至少有 1 名成员是国内在站或已出站的博士后研究人员。

（二）企业具有创新能力和高成长潜力，拥有创新性的产品、技术或完整的商业模式，符合我国产业高质量发展方向，主要从事高新技术产品研发、制造、服务等业务。

（三）企业为非上市公司，且 2022 年度（自然年）营业收入在 2 亿元人民币以内。

（四）企业发展符合国家法律法规和产业政策要求，经营规范，社会信誉良好，无知识产权纠纷和违反竞业禁止、保密约定等情况。

三、海外（境外）赛

参赛人员和项目须具备以下条件：

（一）注册参赛人员应为项目技术研发负责人或项目开发团队的核心成员，具有海外（境外）博士后研究工作经历，或在海外（境外）取得博士学位，不限国籍。

（二）参赛项目应为意向在国内合作（转化）的科研创新项目、与国内单位进行科研创新合作的项目（课题）或以科研创新成果注册企业的落地计划。

（三）参赛项目所提出的科研成果、产品或服务符合国家法律法规和产业政策。参赛人员须对其参赛项目拥有合法的知识产权或使用权（授权），个人或团队应承诺申报材料及比赛过程中无国际/国内知识产权纠纷、商业侵权等失实或失信行为。

四、揭榜领题赛

聚焦国内科技企业、科研院所、重点实验室的技术难题、科研攻关和技术升级需求，推广博士后揭榜领题的悬赏发布模式，面向国内在站或国内已出站的博士后以及拟进站从事博士后研究的博士群体征集解决方案，实现博士后科研成果与有效需求精准对接，推动博士后科研成果转移转化和快速落地，促进产学研深度合作，提高解决“卡脖子”技术难题的整体成效。

（一）张榜单位应符合下列条件：

1. 具有独立法人资格。

2. 近三年内无重大违法、违规行为。生产经营状况和信用记录良好。

3. 能够保障张榜项目实施的资金投入，提供项目研发实施的支持和配套条件，在项目完成后能够率先在本单位推动应用。

4. 与揭榜人员 / 团队成功对接后应依法签订合作协议，兑现揭榜领题项目承诺奖金。

（二）张榜单位提出的项目需求应符合下列条件：

1. 重点聚焦新一代信息技术、高端装备制造、新能源新材料、生物医药与健康、现代农业与食品、海洋开发与应用、其他行业等领域“卡脖子”前沿技术、关键核心（共性）技术、关键零部件、材料及工艺的技术瓶颈和关键难题。

2. 单个项目需求投入总额一般不低于 100 万元。

3. 实施周期原则上不超过 3 年。

4. 项目须明确指标参数、资金投入、时限要求、产权归属及其他应向参赛应征方提出的条件要求。

（三）揭榜者应为国内在站或已出站博士后人员、拟进站从事博士后研究的海内外博士及其团队，并具备以下条件：

1. 能针对张榜需求提出明确解决方案，要求思路清晰、技术路线可行、数据真实。

2. 有明确的预期目标及相应技术指标，有可靠的项目完成年限及进度安排等。

3. 具有合法自主的知识产权，无知识产权纠纷。

4. 揭榜者可以是个人，也可以是多人组团进行联合攻关，团队内部有较为明确的合作机制。

5. 张榜单位员工或在站博士后不能参与本单位需求项目的揭榜。

五、有关要求

报名参赛人员须根据个人情况、参赛项目情况科学选择参赛组别和相应赛道报名参赛。

报名参赛人员，须根据创新创业项目所在地或项目主要参与人中博士后研究人员所在的设站单位，选择参赛地区（单位），并在通过相应遴选程序后获得全国总决赛参赛资格。同一项目或同一人员不得在大赛不同组别、不同地区或单位重复报名参赛。在第一届全国博士后创新创业大赛总决赛创新赛、创业赛、海外（境外）赛组别获得金银铜奖的项目及团队负责人不得再次报名同一组别的比赛，创新赛、海外（境外）赛、揭榜领题赛组别获奖项目实现产业化、注册企业的可报名参加创业赛。参赛人员因不当行为产生的法律后果自行承担。

附件 2

第二届全国博士后创新创业大赛赛事安排

一、创新赛和创业赛

（一）报名参赛

1. 自评符合参赛条件的人员自愿登录中国博士后网大赛专区（www.chinapostdoctor.org.cn）或第二届全国博士后创新创业大赛官网（www.sdhwrc.com）注册报名。

参赛人员须对所填信息的准确性、真实性以及知识产权、允许主办方非商业性使用、宣传等问题作出正式确认和承诺。在网站进行报名注册时须先网签承诺书，并提交项目计划书。项目计划书主要包括项目名称、项目摘要、团队或企业介绍、创新成果及技术、所提供产品或服务、市场分析、营销策略、财务规划、风险及其管理等内容。

2. 各地区人力资源社会保障部门和单独组队的博士后设站单位负责对选择参加本支队伍的报名材料进行审核，对符合参赛条件且提交报名材料完整的项目确认参赛资格。

参赛报名及资格确认时间：2023 年 5 月 15 日至 6 月 30 日

（二）预选推荐

1. 各地区人力资源社会保障部门和单独组队的博士后设站单位可根据参赛报名情况，视情况开展初选工作。

2. 每支参赛队伍可在创新赛、创业赛组别每个赛道各推荐 2 个以内项目参加全国复赛（书面评审）（在正式推荐之前，需通过全国博士后管理信息系统对项目团队中的国内博士后研究人员身份进行核验）。

考虑到各地区博士后数量不均衡，大赛组委会可在参赛项目规模基本不变的前提下，根据各地区参赛报名情况对全国复赛（书面评审）参赛指标进行适当调整。

预选推荐截止时间：2023 年 8 月 15 日

（三）全国复赛（书面评审）

分组别、分赛道邀请知名行业专家、创投孵化机构专家等对参赛人员提交的项目计划书等材料进行评审，评选一定数量的优秀项目进入全国总决赛。

全国复赛（书面评审）时间：2023 年 9 月中下旬

（四）全国总决赛

采用“项目路演和现场答辩”方式，分组别、分赛道邀请知名行业专家、创投孵化机构专家等进行评审。

全国总决赛时间：2023 年 10 月

二、海外（境外）赛

（一）参赛报名及资格确认

自评符合参赛条件的人员，自愿登录中国博士后网大赛专区（www.chinapostdoctor.org.cn）或第二届全国博士后创新创业大赛官网（www.sdhwrc.com）注册报名。

参赛人员须对所填信息的准确性、真实性以及知识产权、允许主办方非商业性使用、宣传等问题作出正式确认和承诺。在中国博士后网大赛专区进行报名注册时须先网签承诺书，并提交项目计划书。项目计划书主要包括项目名称、项目摘要、个人或团队介绍、可合作的创新成果（技术）或课题（研究方向）、计划创办企业所能提供产品或服务、市场分析、营销策略、财务规划、风险及其管理等。参赛人员须对所填信息的准确性和真实性负责。

由大赛执委会对海外（境外）博士后的报名材料进行审核，对符合参赛条件且提交报名材料完整的项目确认参赛资格。

参赛报名及资格确认时间：2023 年 5 月 15 日至 8 月 15 日

（二）全国复赛（书面评审）

分赛道邀请知名行业专家、创投孵化机构专家等对参赛人员提交的项目计划书等材料进行评审，评选一定数量的优秀项目进入全国总决赛。

全国复赛（书面评审）时间：2023 年 9 月中下旬

（三）全国总决赛

采用“项目路演和答辩”方式分赛道进行比赛，参赛人员可通过现场参赛或视频连线的方式进行路演。知名行业专家、创投孵化机构专家等在全国总决赛现场进行评审。

对海外（境外）赛报名结束（2023 年 8 月 15 日）后专程回国（来华）到比赛现场参加全国总决赛的参赛人员，给予一定数额的国际旅费资助。

全国总决赛时间：2023 年 10 月

三、揭榜领题赛

揭榜领题赛需求征集、需求发布及揭榜应征等环节依托中国博士后网大赛专区（www.chinapostdoctor.org.cn）、第二届全国博士后创新创业大赛官网（www.sdhwrc.com）开展。

（一）需求征集及发布

由各地区分别征集企业、科研院所、重点

实验室等在研发、生产过程中需要解决的技术问题，包括技术研发、产品研发、技术改造和技术配套等需求，特别是阻碍企业发展的“卡脖子”技术瓶颈和关键难题。对征集到的需求，由各地区人力资源社会保障部门择优推荐，由大赛组委会审核后发布。

需求征集及发布时间：2023 年 6 月 15 日前

（二）参赛揭榜

参赛人员针对张榜需求提交解决方案。参赛人员须对所填信息的准确性、真实性以及知识产权、允许主办方非商业性使用、宣传等问题作出正式确认和承诺。在网站进行报名注册时须先网签承诺书。参赛人员可通过网站报名系统与需求方进行对接。

参赛揭榜时间：2023 年 8 月 15 日前

（三）全国复赛（书面评审）

组织发榜单位与揭榜人员 / 团队进行对接，邀请知名行业专家等对参赛方案进行书面评审，评选一定数量优秀参赛方案进入全国总决赛。

全国复赛（书面评审）时间：2023 年 9 月中下旬

（四）全国总决赛

采用“项目路演和现场答辩”的方式进行评审。

除参加全国总决赛的参赛人员外，大赛执委会还将邀请部分需求方与揭榜方在全国总决赛现场进行对接。

全国总决赛时间：2023 年 10 月

附件 3

可单独组队的博士后设站单位名单

北京大学
清华大学
吉林大学
复旦大学
上海交通大学
山东大学
华中科技大学
中山大学
西安交通大学
深圳大学
中国科学院在京研究所

人力资源社会保障部　最高人民法院关于联合发布第三批劳动人事争议典型案例的通知

人社部函〔2023〕36号

各省、自治区、直辖市人力资源社会保障厅（局）、高级人民法院，解放军军事法院，新疆生产建设兵团人力资源社会保障局、新疆维吾尔自治区高级人民法院生产建设兵团分院：

为深入学习宣传贯彻党的二十大关于支持和规范发展新就业形态、加强灵活就业和新就业形态劳动者权益保障的重要部署，推进落实《关于维护新就业形态劳动者劳动保障权益的指导意见》（人社部发〔2021〕56号），充分实现平台经济良性发展与劳动者权益保护互促共进，现发布第三批劳动人事争议典型案例，请各地仲裁机构、人民法院在办案中予以参照。

人力资源社会保障部

最高人民法院

2023年4月24日

劳动人事争议典型案例（第三批）

目　录

案例1. 如何认定网约货车司机与平台企业之间是否存在劳动关系？

基本案情

刘某于2020年6月14日与某信息技术公司订立为期1年的《车辆管理协议》，约定：刘某与某信息技术公司建立合作关系；刘某自备中型面包车1辆提供货物运输服务，须由本人通过公司平台在某市区域内接受公司派单并驾驶车辆，每日至少完成4单，多接订单给予加单奖励；某信息技术公司通过平台与客户结算货物运输费，每月向刘某支付包月运输服务费6 000元及奖励金，油费、过路费、停车费等另行报销。刘某从事运输工作期间，每日在公司平台签到并接受平台派单，跑单时长均在8小时以上。某信息技术公司通过平台对刘某的订单完成情况进行全程跟踪，刘某每日接单量超过4单时按照每单70元进行加单奖励，出现接单量不足4单、无故拒单、运输超时、货物损毁等情形时按照公司制定的费用结算办法扣减部分服务费。2021年3月2日，某信息技术公司与刘某订立《车辆管理终止协议》，载明公司因调整运营规划，与刘某协商一致提前终止合作关系。刘某认为其与某信息技术公司之间实际上已构成劳动关系，终止合作的实际法律后果是劳动关系解除，某信息技术公司应当支付经济补偿。某信息技术公司以双方书面约定建立合作关系为由否认存在劳动关系，拒绝支付经济补偿，刘某遂向劳动人事争议仲裁委员会（以下简称仲裁委员会）申请仲裁。

申请人请求

请求裁决某信息技术公司支付解除劳动合同经济补偿。

处理结果

仲裁委员会裁决：某信息技术公司向刘某支付解除劳动合同经济补偿。

案例分析

本案争议焦点是，刘某与某信息技术公司之间是否符合确立劳动关系的情形？

《中华人民共和国劳动合同法》第七条规定："用人单位自用工之日起即与劳动者建立劳动关系"，《关于维护新就业形态劳动者劳动保障权益的指导意见》（人社部发〔2021〕56号）第十八条规定："根据用工事实认定企业和劳动者的关系"，以上法律规定和政策精神体现出，认定劳动关系应当坚持事实优先原则。《关于确立劳动关系有关事项的通知》（劳社部发〔2005〕12号）相关规定体现出，劳动关系的核心特征为"劳动管理"，即劳动者与用人单位之间具有人格从属性、经济从属性、组织从属性。在新就业形态下，由于平台企业生产经营方式发生较大变化，劳动管理的体现形式也相应具有许多新的特点。当前，认定新就业形态劳动者与平台企业之间是否存在劳动关系，应当对照劳动管理的相关要素，综合考量人格从属性、经济从属性、组织从属性的有无及强弱。从人格从属性看，主要体现为平台企业的工作规则、劳动纪律、奖惩办法等是否适用于劳动者，平台企业是否可通过制定规则、设定算法等对劳动者劳动过程进行管理控制；劳动者是否须按照平台指令完成工作任务，能否自主决定工作时间、工作量等。从经济从属性看，主要体现为平台企业是否掌握劳动者从业所必需的数据信息等重要生产资料，是否允许劳动者商定服务价格；劳动者通过平台获得的报酬是否构成其重要收入来源等。从组织从属性看，主要体现在劳动者是否被纳入平台企业的组织体系当中，成为企业生产经营组织的有机部分，并以平台名义对外提供服务等。

本案中，虽然某信息技术公司与刘某订立《车辆管理协议》约定双方为合作关系，但依据相关法律规定和政策精神，仍应根据用工事实认定双方之间的法律关系性质。某信息技术公司要求须由刘某本人驾驶车辆，通过平台向刘某发送工作指令、监控刘某工作情况，并依据公司规章制度对刘某进行奖惩；刘某须遵守某信息技术公司规定的工作时间、工作量等要求，体现了较强的人格从属性。某信息技术公司占有用户需求数据信息，单方制定服务费用结算标准；刘某从业行为具有较强持续性和稳定性，其通过平台获得的服务费用构成其稳定收入来源，体现了明显的经济从属性。某信息技术公司将刘某纳入其组织体系进行管理，刘某是其稳定成员，并以平台名义对外提供服务，从事的货物运输业务属于某信息技术公司业务的组成部分，体现了较强的组织从属性。综上，某信息技术公司对刘某存在明显的劳动管理行为，符合确立劳动关系的情形，应当认定双方之间存在劳动关系。某信息技术公司与刘某订立《车辆管理终止协议》，实际上构成了劳动关系的解除，因此，对刘某要求某信息技术公司支付经济补偿的仲裁请求，应当予以支持。

典型意义

近年来，平台经济迅速发展，创造了大量就业机会。与此同时，维护劳动者劳动保障权益面临诸多新情况新问题，其中，平台企业与劳动者之间的法律关系性质引发社会普遍关注。不同平台之间用工模式存在差异，一些平台企业占有数据信息这一新就业形态劳动者从业所必需的生产资料，通过制定规则、设定算法对劳动者的工作机会、劳动条件、劳动方式、劳动收入、进出平台自由等进行限制或施加影响，并从劳动者劳动成果中获益。此类模式下，平台企业并非提供信息中介、交易撮合等服务，而是通过对劳动者进行组织和管理，使他们按照一定模式和标准以平台名义对外提供服务，因此，其应当作为用工主体或用人单位承担相应法律义务和责任。在仲裁和司法实践中，各级劳动人事争议仲裁机构和人民法院应当注意审查平台运营方式、算法规则等，查明平台企业是否对劳动者存在劳动管理行为，据实认定法律关系性质。

案例 2. 如何认定网约配送员与平台企业之间是否存在劳动关系？

基本案情

徐某于 2019 年 7 月 5 日从某科技公司餐饮外卖平台众包骑手入口注册成为网约配送员，并在线订立了《网约配送协议》，协议载明：徐某同意按照平台发送的配送信息自主选择接受服务订单，接单后及时完成配送，服务费按照平台统一标准按单结算。从事餐饮外卖配送业务期间，公司未对徐某上线接单时间提出要求，徐某每周实际上线接单天数为 3 至 6 天不等，每天上线接单时长为 2 至 5 小时不等。平台按照算法规则向一定区域内不特定的多名配送员发送订单信息，徐某通过抢单获得配送机会，平台向其按单结算服务费。出现配送超时、客户差评等情形时，平台核实情况后按照统一标准扣减服务费。2020 年 1 月 4 日，徐某向平台客服提出订立劳动合同、缴纳社会保险费等要求，被平台客服拒绝，遂向仲裁委员会申请仲裁。

申请人请求

请求确认徐某与某科技公司于 2019 年 7 月 5 日至 2020 年 1 月 4 日期间存在劳动关系，某科技公司支付解除劳动合同经济补偿。

处理结果

仲裁委员会裁决：驳回徐某的仲裁请求。

案例分析

本案争议焦点是，徐某与某科技公司之间是否符合确立劳动关系的情形？

根据《关于发布智能制造工程技术人员等职业信息的通知》（人社厅发〔2020〕17 号）相关规定，网约配送员是指通过移动互联网平台等，从事接收、验视客户订单，根据订单需求，按照平台智能规划路线，在一定时间内将订单物品递送至指定地点的服务人员。《关于维护新就业形态劳动者劳动保障权益的指导意见》（人社部发〔2021〕56 号）根据平台不同用工形式，在劳动关系情形外，还明确了不完全符合确立劳动关系的情形及相应劳动者的基本权益。

本案中，徐某在某科技公司餐饮外卖平台上注册成为网约配送员，其与某科技公司均具备建立劳动关系的主体资格。认定徐某与某科技公司之间是否符合确立劳动关系的情形，需要查明某科技公司是否对徐某进行了较强程度的劳动管理。从用工事实看，徐某须遵守某科技公司制定的餐饮外卖平台配送服务规则，其订单完成时间、客户评价等均作为平台结算服务费的依据，但平台对其上线接单时间、接单量均无要求，徐某能够完全自主决定工作时间及工作量，因此，双方之间人格从属性较标准劳动关系有所弱化。某科技公司掌握徐某从事网约配送业务所必需的数据信息，制定餐饮外卖平台配送服务费结算标准和办法，徐某通过平台获得收入，双方之间具有一定的经济从属性。虽然徐某依托平台从事餐饮外卖配送业务，但某科技公司并未将其纳入平台配送业务组织体系进行管理，未按照传统劳动管理方式要求其承担组织成员义务，因此，双方之间的组织从属性较弱。综上，虽然某科技公司通过平台对徐某进行一定的劳动管理，但其程度不足以认定劳动关系。因此，对徐某提出的确认劳动关系等仲裁请求，仲裁委员会不予支持。

典型意义

近年来，网约配送员成为备受社会关注的群体，如何维护好其劳动保障权益也频频引发舆论热议。在网约配送行业中，平台企业对网约配送员存在多种组织和管理模式。在类似本案的模式中，平台向非特定配送员发送订单信息，不对配送员的上线接单时间和接单量作任何要求，但与此同时，平台企业制定统一的配送服务规则和服务费结算标准，通过设定算法对配送员的配送行为进行控制和管理，并将配送时长、客户评价等作为结算服务费的依据。一方面，劳动者工作时间、工作地点更加自由，不再受限于特定的生产经营组织体系；另一方面，平台企业借助信息技术手段打破了传统用工方式的时空限制，对劳动者实现了更加精细的用工管理。对此，《关于维护新就业形态劳动者劳动保障权益的指导意见》（人社部发〔2021〕56号）明确不完全符合确立劳动关系的情形，并指出相关部门应指导企业与该类劳动者订立书面协议、合理确定双方权利义务，逐步推动将该类劳动者纳入最低工资、休息休假等制度保障范围。在仲裁与司法实践中，应在区分各类情形的基础上分类保障劳动者合法权益，并积极推动完善相关法律政策，进一步畅通劳动者维权渠道，充分实现平台经济良性发展与劳动者权益保护互促共进。

案例 3. 外卖平台用工合作企业通过劳务公司招用网约配送员，如何认定劳动关系？

基本案情

某货运代理公司承包经营某外卖平台配送站点，负责该站点网约配送业务。2019 年 5 月 27 日，某货运代理公司与某劳务公司订立《配送业务承包协议》，约定由某劳务公司负责站点的配送员招募和管理工作。何某于 2019 年 7 月 28 日进入某外卖平台站点工作，并与某劳务公司订立了为期 1 年的《外卖配送服务协议》，约定：何某同意在某外卖平台注册为网约配送员，并进入某货运代理公司承包的配送站点从事配送业务；何某须遵守某货运代理公司制定的站点工作制度，每周经提前申请可休息 1 天，每天至少在线接单 8 小时；何某与某劳务公司之间为劳务合作关系，某劳务公司根据订单完成量向何某按月结算劳务报酬。从事配送工作期间，何某按照某货运代理公司制定的《配送员管理规则》，每天 8：30 到站点开早会，每周工作 6 至 7 天，每天在线接单时长为 8 至 11 小时不等。何某请假时，均须通过站长向某货运代理公司提出申请。某货运代理公司按照何某订单完成量向何某按月支付服务费，出现高峰时段不服从平台调配、无故拒接平台派单、超时配送、客户差评等情形时，某货运代理公司均按一定比例扣减服务费，而某劳务公司未对包含何某在内的站点配送员进行管理。2019 年 11 月 3 日，何某在执行配送任务途中摔倒受伤，其要求某货运代理公司、某劳务公司按照工伤保险待遇标准向其赔偿各项治疗费用，某货运代理公司以未与何某订立任何协议为由拒绝承担责任，某劳务公司以与何某之间系劳务合作关系为由拒绝支付工伤保险待遇。2019 年 12 月 19 日，何某以某货运代理公司、某劳务公司为共同被申请人向仲裁委员会申请仲裁。

申请人请求

请求确认何某与某货运代理公司、某劳务公司于2019年7月28日至2019年12月19日期间存在劳动关系。

处理结果

仲裁委员会裁决：何某与某货运代理公司于2019年7月28日至2019年12月19日期间存在劳动关系。

案例分析

本案争议焦点是，何某是否与两家公司存在劳动关系？与哪家公司存在劳动关系？

本案中，从某货运代理公司与某劳务公司订立的《配送业务承包协议》内容看，某货运代理公司将配送员招募和管理工作外包给某劳务公司，应当由某劳务公司负责具体的用工组织和管理工作。但从本案用工事实看，某劳务公司并未对何某等站点配送员进行管理，其与某货运代理公司之间的《配送业务承包协议》并未实际履行；某货运代理公司虽然未与何某订立书面协议，却对其进行了劳动管理。因此，应当根据某货运代理公司对何某的劳动管理程度，认定双方之间是否存在劳动关系。何某须遵守某货运代理公司制定的《配送员管理规则》，按时到站点考勤；某货运代理公司对何某执行配送任务的情况进行监督，通过扣减服务费等方式对何某的工作时间、接单行为、服务质量等进行管理，双方之间存在较强的人格从属性。某货运代理公司根据单方制定的服务费结算办法向何某按月结算服务费，双方之间存在明显的经济从属性。何某虽以平台名义从事配送任务，但某货运代理公司将其纳入站点的配送组织体系进行管理，双方之间存在较强的组织从属性。综上，某货运代理公司对何某进行了较强程度的劳动管理，应当认定双方之间存在劳动关系。

典型意义

《关于维护新就业形态劳动者劳动保障权益的指导意见》（人社部发〔2021〕56号）对平台企业采取合作用工方式组织劳动者完成平台工作的情形作出了规定。在新就业形态劳动争议处理中，一些平台用工合作企业也以外包或劳务派遣等灵活方式组织用工。部分配送站点承包经营企业形式上将配送员的招募和管理工作外包给其他企业，但实际上仍直接对配送员进行劳动管理，在劳动者主张相关权益时通常否认与劳动者之间存在劳动关系，将“外包”当成了规避相应法律责任的“挡风板”“防火墙”，增加了劳动者的维权难度。在仲裁和司法实践中，应当谨慎区分劳动关系与各类民事关系，对于此类“隐蔽劳动关系”，不能简单适用“外观主义”审查，应当根据劳动管理事实和从属性特征明确劳动关系主体，依法确定各方权利义务。

案例4. 劳动者注册个体工商户与平台企业或其用工合作企业订立合作协议，能否认定劳动关系？

基本案情

孙某于2019年6月11日进入某外卖平台配送站点工作，该站点由某物流公司承包经营。某物流公司与孙某订立了自2019年6月11日起至2021年6月10日止的书面劳动合同。从事配送工作期间，孙某按照某物流公司要求在规定时间、指定区域范围内执行某外卖平台派发的配送任务，某物流公司根据孙某出勤及订单完成情况向其按月支付劳动报酬。某物流公司于2020年8月21日与某商务信息咨询公司订立《服务协议》，约定将含孙某在内的部分配送员委托给某商务信息咨询公司管理。在某商务信息咨询公司安排下，孙某注册了名为“某配送服务部”的个体工商户，并于2020年9月6日与某物流公司订立了为期1年的《项目承包协议》，约定：某配送服务部与某物流公司建立合作关系，某配送服务部承接某外卖平台配送站点的部分配送业务，某物流公司按照配送业务完成量向某配送服务部按月结算费用。此后，孙某仍然在某外卖平台站点从事配送工作，接受某物流公司管理，管理方式未发生任何变化。2020 年 12 月 10 日，某物流公司单方面终止《项目承包协议》，孙某要求某物流公司支付违法解除劳动合同赔偿金。某物流公司认为订立《项目承包协议》后，双方之间已从劳动关系变为合作关系，劳动合同自动终止，并以此为由拒绝支付违法解除劳动合同赔偿金。孙某遂向仲裁委员会申请仲裁。

申请人请求

请求确认孙某与某物流公司于 2020 年 9 月 6 日至 2020 年 12 月 10 日期间存在劳动关系，某物流公司支付违法解除劳动合同赔偿金。

处理结果

仲裁委员会裁决：孙某与某物流公司于 2020 年 9 月 6 日至 2020 年 12 月 10 日期间存在劳动关系，某物流公司向孙某支付违法解除劳动合同赔偿金。

案例分析

本案争议焦点是，在孙某以个体工商户名义订立《项目承包协议》情况下，其与某物流公司之间是否存在劳动关系？

从法律主体资格看，劳动者注册为个体工商户后，既可以作为自然人与其他用人单位建立劳动关系，也有权以个体工商户名义开展市场经营活动。在第一种情形下，劳动者与企业之间存在“管理 - 从属”关系，即企业对劳动者实施劳动管理，劳动者向企业提供从属性劳动，双方之间市场主体地位不平等，法律关系呈现明显的从属性；在第二种情形下，个体工商户与企业均具有平等的市场主体法律地位，个体工商户可以依照约定向企业提供服务并获取对价，但服务内容和方式、对价形式及多少等事项由双方协商确定，企业与个体工商户背后的自然人之间不具有“管理 - 从属”关系。

本案中，在某商务信息咨询公司安排下，孙某注册个体工商户，并以个体工商户名义与某物流公司书面约定建立合作关系，但从用工事实看，某物流公司与孙某之间完全延续了此前的劳动管理方式，孙某仍然向某物流公司提供从属性劳动，双方之间并未作为法律地位平等的市场主体开展经营活动。因此，某物流公司关于双方之间由劳动关系变为合作关系、劳动合同自动终止的主张，与事实不符，应当认定在 2020 年 9 月 6 日之后双方之间仍然存在劳动关系，对孙某要求某物流公司支付违法解除劳动合同赔偿金的仲裁请求，应当予以支持。

典型意义

在新就业形态下，劳动关系与合作关系之间的边界更加模糊，劳动者的劳动形式、劳动时间、工作场所、取酬方式等更加灵活多样。一些平台企业及其用工合作企业利用这一特点，一方面诱导或强迫劳动者注册成为个体工商户，并与之订立合作协议；另一方面仍对劳动者进行较强程度的劳动管理，单方确定劳动规则、报酬标准等事项，以合作之名行劳动用工之实，严重损害了劳动者劳动保障权益。对此，国务院印发的《促进个体工商户发展条例》第三十条第二款规定：“任何单位和个人不得诱导、强迫劳动者登记注册为个体工商户。”在仲裁和司法实践中，应当重点审查企业与劳动者之间是否存在劳动管理和从属性劳动，坚决防止“去劳动关系化”规避用工责任，充分保障劳动者各项劳动保障权益。

案例 5. 如何认定网络主播与文化传播公司之间是否存在劳动关系？

基本案情

李某于 2018 年 11 月 29 日与某文化传播

公司订立为期2年的《艺人独家合作协议》，约定：李某聘请某文化传播公司为其经纪人，某文化传播公司为李某提供网络主播培训及推广宣传，将其培养成为知名的网络主播；在合同期内，某文化传播公司为李某提供整套直播设备和直播室，负责安排李某的全部直播工作及直播之外的商业或非商业公众活动，全权代理李某涉及直播、出版、演出、广告、录音、录像等与演艺有关的商业或非商业公众活动，可在征得李某同意后作为其委托代理人签署有关合同；李某有权参与某文化传播公司安排的商业活动的策划过程、了解直播收支情况，并对个人形象定位等事项提出建议，但一经双方协商一致，李某必须严格遵守相关约定；李某直播内容和时间均由其自行确定，其每月获得各直播平台后台礼物累计价值5 000元，可得基本收入2 600元，超过5 000元部分由公司和李某进行四六分成，超过9 000元部分进行三七分成，超过12 000元部分进行二八分成。从事直播活动后，李某按照某文化传播公司要求入驻2家直播平台，双方均严格履行协议约定的权利义务。李某每天直播时长、每月直播天数均不固定，月收入均未超过3 500元。2019年3月31日，李某因直播收入较低，单方解除《艺人独家合作协议》，并以公司未缴纳社会保险费为由要求某文化传播公司向其支付解除劳动合同经济补偿。某文化传播公司以双方之间不存在劳动关系为由拒绝支付。李某向仲裁委员会申请仲裁，仲裁委员会裁决双方之间不存在劳动关系。李某不服仲裁裁决，诉至人民法院。

原告诉讼请求

请求确认与某文化传播公司之间于2018年11月29日至2019年3月31日期间存在劳动关系，某文化传播公司支付解除劳动合同经济补偿。

处理结果

一审法院判决：李某与某文化传播公司之间不存在劳动关系。李某不服一审判决，提起上诉。二审法院判决：驳回上诉，维持原判。

案例分析

本案争议焦点是，某文化传播公司对李某的管理是否属于劳动管理？

在传统演艺领域，企业以经纪人身份与艺人订立的合同通常兼具委托合同、中介合同、行纪合同等性质，并因合同约定产生企业对艺人的“管理”行为，但此类管理与劳动管理存在明显差异：从“管理”的主要目的看，企业除安排艺人从事演艺活动为其创造经济收益之外，还要对艺人进行培训、包装、宣传、推广等，使之获得相对独立的公众知名度和市场价值；而在劳动关系中，企业通过劳动管理组织劳动者进行生产经营活动，并不以提升劳动者独立的公众知名度和市场价值为目的。从“管理”事项的确定看，企业对艺人的管理内容和程度通常由双方自主协商约定，艺人还可以就自身形象设计、发展规划和收益分红等事项与企业进行协商；而在订立劳动合同时，单个劳动者与企业之间进行个性化协商的空间一般比较有限，劳动纪律、报酬标准、奖惩办法等规章制度通常由企业统一制定并普遍适用于企业内部的劳动者。此外，从劳动成果分配方式看，企业作为经纪人，一般以约定的分成方式获取艺人创造的经济收益；而在劳动关系中，企业直接占有劳动者的劳动成果，按照统一标准向劳动者支付报酬及福利，不以约定分成作为主要分配方式。综上，企业作为经纪人与艺人之间的法律关系体现出平等协商的特点，而存在劳动关系的用人单位与劳动者之间则体现出较强的从属性特征，可据此对两种法律关系予以区分。

本案中，通过《艺人独家合作协议》内容及履行情况可以看出，某文化传播公司作为李某的经纪人，虽然也安排李某从事为其创造直接经济收益的直播活动，但其主要目的是通过培训、包装、宣传、推广等手段使李某成为知名的网络主播；李某的直播时间及内容由其自主决定，其他相关活动要求等由双方协商确定，李某对其个人包装、活动参与等事项有协商权，对其创造的经济收益有知情权；双方以李某创造的经济收益为衡量标准，约定了“阶梯式”的收益分成方式。因此，双方之间的法律关系体现出平等协商的特点，并未体现出《关于确立劳动关系有关事项的通知》（劳社部发〔2005〕12 号）规定的劳动管理及从属性特征，应当认定为民事关系。李某提出确认劳动关系并支付解除劳动合同经济补偿的诉求，与事实不符，不予支持。

典型意义

近年来，随着网红经济的迅速发展，大量网络主播经纪公司也应运而生。与传统演艺业相比，网络主播行业具有更强的灵活性、互动性、可及性和价值多元性，经纪公司“造星”周期和“投资-回报”周期也相应缩短。一些经纪公司沿袭传统方式与主播建立民事合作关系，以培养知名主播、组织主播参加各类商业或非商业公众活动为主业，通过平等协商确定双方权利义务，以约定的分成方式进行收益分配；但与此同时，一些企业招用网络主播的主要目的是开展“直播带货”业务，以网络直播手段推销各类产品，主播对个人包装、直播内容、演艺方式、收益分配等没有协商权，双方之间体现出较强的从属性特征，更加符合确立劳动关系的情形。因此，在仲裁和司法实践中，应当加强对法律关系的个案分析，重点审查企业与网络主播之间的权利义务内容及确定方式，综合认定双方之间的法律关系性质。

案例 6. 如何认定网约家政服务人员与家政公司之间是否存在劳动关系？

基本案情

宋某，出生日期为 1976 年 10 月 7 日，于 2019 年 10 月 26 日到某员工制家政公司应聘家政保洁员，双方订立了《家政服务协议》，约定：某家政公司为宋某安排保洁业务上岗培训（初级），培训费用由公司承担，宋某经培训合格后须按照公司安排为客户提供入户保洁服务，合作期限为 2 年；宋某须遵守公司统一制定的《家政服务人员行为规范》，合作期限内不得通过其他平台从事家政服务工作；某家政公司为宋某配备工装及保洁用具，并购买意外险，费用均由公司承担；宋某每周须工作 6 天，工作期间某家政公司通过本公司家政服务平台统一接收客户订单，并根据客户需求信息匹配度向宋某派发保洁类订单，工作日无订单任务时宋某须按照公司安排从事其他工作；某家政公司按月向宋某结付报酬，报酬计算标准为底薪 1 600 元 / 月，保洁服务费 15 元 / 小时，全勤奖 200 元 / 月；如宋某无故拒接订单或收到客户差评，某家政公司将在核实情况后扣减部分服务费。2019 年 11 月 1 日，宋某经培训合格后上岗。从事保洁工作期间，宋某每周工作 6 天，每天入户服务 6 至 8 小时。2020 年 1 月 10 日，宋某在工作中受伤，要求某家政公司按照工伤保险待遇标准向其赔偿各类治疗费用，某家政公司以双方之间不存在劳动关系为由拒绝支付。宋某于 2020 年 1 月 21 日向仲裁委员会申请仲裁，请求确认与某家政公司于 2019 年 11 月 1 日至 2020 年 1 月 21 日期间存在劳动关系。仲裁委员会裁决宋某与某家政公司之间存在劳动关系，某家政公司不服仲裁裁决，诉至人民法院。

原告诉讼请求

请求确认某家政公司与宋某之间不存在劳动关系。

处理结果

一审法院判决：宋某与某家政公司于 2019 年 11 月 1 日至 2020 年 1 月 21 日期间存在劳动关系。某家政公司不服一审判决，提起上诉。二审法院判决：驳回上诉，维持原判。

案例分析

本案争议焦点是，宋某与某家政公司之间

是否符合订立劳动合同的情形？

认定家政企业与家政服务人员是否符合订立劳动合同的情形，应当根据《关于确立劳动关系有关事项的通知》（劳社部发〔2005〕12号）第一条之规定，重点审查双方是否均为建立劳动关系的合法主体，双方之间是否存在较强程度的劳动管理。

本案中，宋某未达法定退休年龄，其与某家政公司均是建立劳动关系的合法主体。在劳动管理方面，某家政公司要求宋某遵守其制定的工作规则，通过平台向宋某安排工作，并通过发放全勤奖、扣减服务费等方式对宋某的工作时间、接单行为、服务质量等进行控制和管理，双方之间存在较强的人格从属性。某家政公司掌握宋某从事家政服务业所必需的用户需求信息，统一为宋某配备保洁工具，并以固定薪资结构向宋某按月支付报酬，双方之间存在较强的经济从属性。宋某以某家政公司名义对外提供家政服务，某家政公司将宋某纳入其家政服务组织体系进行管理，并通过禁止多平台就业等方式限制宋某进入其他组织，双方之间存在明显的组织从属性。综上，某家政公司对宋某存在较强程度的劳动管理，符合订立劳动合同的情形，虽然双方以合作为名订立书面协议，但根据事实优先原则，应当认定双方之间存在劳动关系。

典型意义

在传统家政企业运营模式中，家政企业主要在家政服务人员与客户之间起中介作用，通过介绍服务人员为客户提供家政服务收取中介费；家政企业与服务人员之间建立民事合作关系，企业不对服务人员进行培训和管理、不支付劳动报酬，家政服务工作内容及服务费用由服务人员与客户自行协商确定。为有效解决传统家政行业发展不规范等问题，《关于促进家政服务业提质扩容的意见》（国办发〔2019〕30号）指出，员工制家政企业应依法与招用的家政服务人员签订劳动合同，按月足额缴纳城镇职工社会保险费；家政服务人员不符合签订劳动合同情形的，员工制家政企业应与其签订服务协议，家政服务人员可作为灵活就业人员按规定自愿参加城镇职工社会保险或城乡居民社会保险。各地落实该意见要求积极支持发展员工制家政企业。在此类企业中，家政企业与客户直接订立服务合同，与家政服务人员依法签订劳动合同或服务协议，统一安排服务人员为客户提供服务，直接支付或代发服务人员不低于当地最低工资标准的劳动报酬，并对服务人员进行持续培训管理。在仲裁与司法实践中，对于家政企业与家政服务人员之间发生的确认劳动关系争议，应当充分考虑家政服务行业特殊性，明确企业运营模式，查明企业与家政服务人员是否具备建立劳动关系的法律主体资格，严格审查双方之间是否存在较强程度的劳动管理，以此对签订劳动合同和签订服务协议的情形作出区分，据实认定劳动关系。

人力资源社会保障部关于同意部省共建国家级青岛人力资源服务产业园的函

人社部函〔2023〕38号

山东省人民政府：

《山东省人民政府关于推荐青岛国际人力资源服务产业园申报国家级产业园的函》（鲁政字〔2020〕140号）收悉。经研究，同意部省共建国家级青岛人力资源服务产业园，以青岛国际人力资源服务产业园市北园区为核心园，分设西海岸园区、胶州园区。

国家级青岛人力资源服务产业园建设要以习近平新时代中国特色社会主义思想为指导，深入贯彻党的二十大精神，认真落实党中央、国务院决策部署，紧紧围绕就业优先战略、人才强国战略、创新驱动发展战略和乡村振兴战略，坚持“立足青岛、辐射胶东、面向全省、服务全国”，建设促进高质量充分就业、强化人才智力支撑、经济要素协同发展的综合性示范园区。突出区位优势，锚定国际化、专业化定位和发展方向，加强人力资源领域国际交流合作，建设国际化人力资源服务重要枢纽。丰富园区功能，创新运营机制，优化服务环境，突出创新创业、人才赋能、金融助力，形成服务产业集群发展特色平台。落实地方政府主体责任，加大政策支持力度，加强园区建设管理和评估考核，持续规范人力资源服务活动，提升人力资源开发配置水平，为高质量发展提供有力的人力资源支撑。

人力资源社会保障部

2023年4月28日

人力资源社会保障部关于同意部区共建国家级柳州人力资源服务产业园的函

人社部函〔2023〕39号

广西壮族自治区人民政府：

《广西壮族自治区人民政府关于申请设立中国柳州人力资源服务产业园的函》（桂政函〔2021〕172号）收悉。经研究，同意部区共建国家级柳州人力资源服务产业园，以柳州公共实训基地为核心园，分设北部园区、柳东园区。

国家级柳州人力资源服务产业园建设要以习近平新时代中国特色社会主义思想为指导，深入贯彻党的二十大精神，认真落实党中央、国务院决策部署，紧紧围绕就业优先战略、人才强国战略、创新驱动发展战略和乡村振兴战略，坚持“立足广西、融入湾区、面向全国、联通东盟”，建设支撑实体经济发展、助力乡村全面振兴、服务共建“一带一路”的现代化人力资源服务产业园区。突出产业特点，围绕先进制造业、现代农业发展需求，加快构建功能完善、机制健全、运行高效、服务优质的人力资源服务体系。融入区域发展，发挥园区服务就业创业、人才引进培养、劳务合作对接作用，强化辐射和引领效应。落实地方政府主体责任，加强政策支持、园区管理和评估考核，持续规范人力资源服务活动，协同推进人力资源开发配置，为新时代壮美广西建设集聚更多人力资源力量。

人力资源社会保障部

2023年4月28日

人力资源社会保障部　全国总工会 中国企业联合会/中国企业家协会　全国工商联 关于开展劳动用工“查风险　强协商 保支付　促和谐”专项行动的通知

人社部函〔2023〕57号

各省、自治区、直辖市及新疆生产建设兵团人力资源社会保障厅（局）、总工会、企业联合会/企业家协会、工商联：

为加强劳动用工指导服务，全面提升集体协商质效，有效防范化解欠薪风险隐患，持续巩固根治欠薪成果，促进劳动关系和谐稳定，国家协调劳动关系三方决定自2023年6月至12月，在全国部署开展劳动用工“查风险　强协商　保支付　促和谐”专项行动。现将有关事项通知如下：

一、目标任务

以习近平新时代中国特色社会主义思想为指导，深入贯彻落实党中央、国务院关于构建和谐劳动关系的决策部署，以促进企业发展、维护职工权益为目标，坚持预防为先，化解为主，充分发挥协调劳动关系三方机制作用，加强劳动关系风险动态监测，集中指导开展集体协商要约，分类推动企业开展工资集体协商，及时督促企业妥善化解基层欠薪矛盾隐患，守住不发生系统性、区域性劳动关系风险的安全底线，保持劳动关系和谐稳定。

二、主要措施

（一）开展风险摸排

6月中旬至7月中旬，各级协调劳动关系三方机制要全面梳理排查欠薪风险隐患。借助劳动关系协调员、工会劳动法律监督员、集体协商指导员等各方力量，以欠薪风险为重点，主动上门为企业开展劳动用工法治“体检”服务，了解企业用工、工资发放等情况，对存在的劳动用工法律风险开出“用工处方”，提出改进建议。结合部门间共享的企业缴税、缴费、还贷、物流等数据信息，综合分析研判企业风险等级，建立工作台账，明确整改事项、整改时限和整改负责人，做到整改一条消除一条，力争将欠薪等劳动关系风险隐患消除在萌芽状态。

（二）开展协商要约

7月下旬至8月中旬，各级协调劳动关系三方机制要积极引导支持企业与工会开展“要约行动”。基层工会要主动开展“要约行动”，上级工会帮助和指导基层工会依法行使要约权。引导生产经营正常、经济效益稳定且发展势头良好的企业，重点就职工技能要素参与企业分配、育龄职工弹性工作方式等进行集体协商。指导生产经营困难企业与职工重点协商调整薪酬水平、支付周期，努力稳定工作岗位。对因兼并、解散、破产等原因，致使集体合同或专项集体合同无法履行或部分无法履行等情形的企业，依照法定程序变更、解除集体合同或专项集体合同。以货运、网约车、网约配送等行业的头部平台企业为重点，推动建立协商协调机制，定期就计件单价、抽成比例、在线时长、派单量、极端天气补贴等开展协商，明确相关标准调整程序、矛盾纠纷解决机制，从源头上消除劳动关系风险隐患。

（三）开展指导服务

7月下旬至12月中旬，各级协调劳动关系三方机制要加强分类指导，帮助企业用好惠企政策，助力企业恢复元气，支持企业稳岗扩岗促就业。加强与市场监管、税务等部门的联系，以新办企业为重点，通过免费发放用工指南、组织线上讲座等多种方式宣传劳动法律法规政策，指导企业建立健全工资支付、民主管理等内部规章制度，引导职工有序参与企业管理，保障劳动者的知情权、参与权、表达权和监督权，有效防范因制度不健全导致的劳动报酬争议。对符合法定情形确需裁员的企业，指导其提前30日向工会或者全体职工说明情况，并向当地人力资源社会保障部门报告裁减人员方案，依法履行程序。对因企业裁员产生的失业人员，要有针对性地开展就业援助、心理指导、技能提升等服务，帮助失业人员尽快再就业。对可能引发大规模裁员、集体停工、集体讨薪等苗头性、倾向性重大风险隐患，要提前介入，主动上门，有效指导化解。

（四）开展示范引领

各级协调劳动关系三方机制要以今年即将开展的第一届全国和谐劳动关系创建工作先进集体和先进个人评选表彰为契机，大力宣传企业在健全劳动关系协调机制、矛盾调处机制、争议多元处理机制、劳动者权益保障机制，积极防范化解欠薪等劳动关系风险矛盾方面的典型做法，营造防范欠薪风险、构建和谐劳动关系的良好社会氛围。积极推进区域和谐劳动关系高质量发展改革创新试点，创新完善根治欠薪制度机制和方式方法，形成一批可推广可复制的典型经验和做法。

三、组织实施

（一）加强组织领导。要提高政治站位，精心组织实施。要结合各自职能，发挥三方机制优势，密切协同配合，形成工作合力，推动专项行动顺利开展。

（二）明确责任分工。要制定实施方案，明确时间进度、具体举措和责任单位，采取有力措施，分类有序推进。人力资源社会保障部门要牵头对专项行动情况进行定期调度和不定期督促，确保专项行动走深走细走实。工会要引导广大职工积极主动为企业优化用工管理、防范劳动关系风险献计出力。企联、工商联要引导会员企业承担社会责任，积极参与集体协商，主动预防、化解欠薪等劳动关系风险隐患。

（三）注重区域协同。要建立根治欠薪工作区域协同机制，在有关政策制定出台、劳动争议处理和监察执法等方面加大协同力度，对可能出现群体性事件跨地区蔓延的，要加强信息互通、资源互助，确保无缝衔接，全面稳妥处置。

（四）强化宣传引导。要及时发布行动安排，组织媒体跟进报道，多渠道宣传活动开展情况和工作进展成效，为专项行动营造良好的舆论环境和社会氛围。

2023年12月31日之前，各省级协调劳动关系三方机制要梳理总结本地区工作情况，将书面材料及其电子版报送至国家协调劳动关系三方会议办公室。

人力资源社会保障部
全国总工会
中国企业联合会/中国企业家协会
全国工商联
2023年6月13日

人力资源社会保障部关于做好 2023 年技工院校招生工作的通知

人社部函〔2023〕58 号

各省、自治区、直辖市及新疆生产建设兵团人力资源社会保障厅（局）：

为深入贯彻落实中共中央办公厅、国务院办公厅印发的《关于加强新时代高技能人才队伍建设的意见》《关于深化现代职业教育体系建设改革的意见》，切实做好 2023 年技工院校招生工作，现就有关事项通知如下：

一、稳定招生规模，提高培养层次。各级人力资源社会保障部门要按照《2023 年人力资源和社会保障事业发展计划》要求，细化任务指标，确保完成今年全国技工院校计划招生 140 万人目标。要认真研究分析人力资源状况及本地区初高中毕业生数量、结构、升学意愿等情况，指导技工院校深挖办学潜力，合理制定招生计划。要充分发挥技师学院招生主力军作用，提高预备技师、高级工招生数量和比例。

二、优化专业设置，分类招生培养。各级人力资源社会保障部门要引导技工院校建立专业动态调整机制，扩大社会急需紧缺专业招生。要积极拓展生源渠道，面向应往届初高中毕业生、企业职工、灵活就业人员、失业人员等多种群体开展招生工作。鼓励技工院校与企业合作开展订单定向培养班或企业冠名班招生，对接企业标准定制人才培养方案，开展工学一体真实生产项目教学。要指导技工院校统筹做好全日制和非全日制招生工作，针对不同群体合理制定人才培养方案。要指导技工院校积极面向城乡劳动者开展劳动预备制培训和企业新型学徒制培训招生。

三、做好招生宣传，落实助学政策。各级人力资源社会保障部门要将技工院校招生宣传纳入宣传工作重点，依托基层劳动保障平台和公共就业服务机构开展招生宣传。要指导技工院校把握世界青年技能日等重要时间节点，创新宣传形式，充分运用线上线下多种方式、传统媒体和新媒体多种平台，重点宣传技工院校招生政策、资助政策、就业质量、优秀毕业生典型事迹等内容。要指导技工院校聚焦国家乡村振兴重点帮扶地区，加大对城乡家庭经济困难学生招生宣传，并按规定落实国家免学费和助学金政策，开辟绿色通道，对家庭经济困难学生优先安排订单定向培养班或企业冠名班、优先落实助学政策、优先安排实习、优先推荐就业。

四、严肃招生纪律，规范招生行为。各级人力资源社会保障部门要适时开展招生专项检查、抽查和巡查，确保技工院校有序规范开展招生工作。要统一对外公布招生政策、具备招生资质的技工院校名单和专业目录等信息。要严格审核各校招生宣传材料，严禁夸大宣传、虚假宣传。要坚持依法监管、从严处理，杜绝借招生名义谋取不当利益，对违法违规行为及时处理。要设立并向社会公布技工院校招生监督举报电话，及时宣讲政策。要密切关注招生舆情，及时回应社会关切，对不实信息第一时间予以澄清并联系相关部门妥善处理。

今年我部继续调度各地技工院校招生情况，请各省（自治区、直辖市）及新疆生产建设兵团人力资源社会保障厅（局）做好本地区招生，并按月份填写技工院校招生情况进展表（见附件），于8月至11月的每月10日前报中国就业培训技术指导中心。

附件：技工院校2023年招生进展情况表（略）

人力资源社会保障部

2023年6月19日

人力资源社会保障部关于开展“源来好创业”青年创业资源对接服务季活动的通知

人社部函〔2023〕78号

各省、自治区、直辖市及新疆生产建设兵团人力资源社会保障厅（局）：

为全面贯彻落实党的二十大决策部署，深入实施重点群体创业推进行动，营造创业就业良好氛围，更好激发高校毕业生等青年创业就业活力和内生动力，促进以创业带动就业，人力资源社会保障部定于9月至12月在全国县级以上城市组织开展“‘源来好创业’青年创业资源对接服务季”活动。现将有关事项通知如下：

一、活动时间

2023年9月至12月。

二、活动主题

激扬青春，创出未来。

三、服务对象

（一）有创业意愿的高校毕业生等青年创业者，同时面向返乡农民工、失业人员等重点群体；

（二）有创业资源对接需求的青年领创项目，重点是处于种子期和初创期的创业实体、创业项目，同时面向创业孵化基地和农民工返乡创业园等创业载体入驻项目。

四、活动内容

（一）集中发布创业资源信息。围绕服务对象在场地、资金、经营管理、市场拓展、人才支持等方面的实际需求，汇集创业资源信息，集中向社会推介。重点编制发布“三清单两名录”，即创业孵化基地、返乡创业园等空余场地资源清单，创业担保贷款、稳岗扩岗专项贷款、当地特色创业贷款等融资贷款清单，创业培训机构和创业培训课程计划等培训信息清单，当地创业导师及其专长领域信息等创业导师名录，人力资源服务机构以及招聘活动计划等招聘机构名录。

（二）深入摸底服务对象需求。充分发动各级公共就业创业服务机构和基层服务平台，广泛组织访基地、入园区、进校区、走社区活动，开展创业资源需求和供给信息摸底，形成信息台账，做到服务对象清、创业需求清、资源供给清。瞄准青年和高校毕业生、返乡农民工、失业人员等重点群体特点，加强实名制登记管理，梳理个性化需求，动态更新创业资源清单名录，促进双向互选，提高对接效率。

（三）广泛开展场地资源对接。组织本地创业孵化基地、返乡创业园等创业载体深入挖掘可利用的场地资源，开展“开放周”“体验日”等观摩体验活动，引导符合条件的服务对象与创业载体直接对接、快速入驻。共享发布创业载体的自有设施设备资源信息、入驻项目提供的产品服务信息，为有需求的创业实体提供产业链上下游供需对接机会。

（四）密集举办融资对接双选会。遴选有

资金需求的创新创业大赛优秀创业项目、劳务品牌项目、专精特新项目等成长型创业项目，根据不同项目特点，分类制定具体对接方案，积极向金融和投资机构推介，争取融资支持。积极邀请金融机构、创业投资机构、天使投资人等共同参与，组织创业项目路演、融资推介双选会、“政企银担”交流等系列活动，扩大投融资对接服务渠道。

（五）实施创业培训“马兰花”计划。广泛推介“产生你的企业想法”“创办你的企业”“改善你的企业”“扩大你的企业”“网络创业培训”等培训课程，精心设计培训内容，丰富培训方式，组织创业训练营、创业实训、商业实战模拟等活动。加密创业培训计划，灵活安排培训时间，为服务对象选课参训提供更多机会。加强培训后续跟踪服务，提供政策解读、创业测评、创业指导和孵化服务等联动支持。

（六）组织创业指导进基层活动。组织创业导师对接创业孵化基地、返乡创业园等创业载体，了解入驻项目生产经营状况，通过实地走访、远程会诊、结对帮扶、驻点服务等方式，为服务对象答疑解惑，提供项目发展解决方案。根据创业导师擅长领域、研究专业、指导方向等特点，分批开展巡回指导、跟踪指导、专家讲座、创业沙龙等活动，促进服务对象与创业导师对接见面、双向选择。

（七）提供创业企业招聘服务。针对创业企业招聘用人需求，细化本地招聘活动计划安排，加密线上线下招聘活动频次，举办分类型、分行业的特色专场招聘，为初创企业提供人才招引和对接服务。深入各类创业载体和校区、园区，设立招聘服务站点，开展招聘推介、岗位推送等活动，便利创业企业和求职者面对面对接洽谈。

（八）大力推动创业政策落实。打包创业担保贷款、一次性创业补贴、创业培训补贴、税收优惠等政策信息，利用手机APP、12333政务服务平台等渠道，向符合条件的服务对象主动推送，告知政策内容、申请流程、经办渠道，提高政策知晓度。根据摸底了解的需求信息，精准锁定政策对象，通过组织集中服务、上门服务、开设绿色通道等方式，推动政策措施加快兑现、精准“滴灌”。

（九）推出灵活就业特色活动。依托零工市场组织特色服务活动，提供“用工直招”“送人到岗”“就业大篷车”等快速对接服务，帮助灵活就业人员尽快对接用工单位、上岗就业。组织“培训充电”“心理疏导”等就业服务活动，帮助灵活就业人员了解就业市场供求状况，提升就业能力。开展劳动保障政策宣讲、法律宣传等关爱帮扶活动，提升灵活就业人员权益保障意识，维护自身合法权益。

五、工作要求

（一）加强组织领导。各地要充分认识创业资源对接服务活动的重要意义，将其作为完善促进创业带动就业保障制度、促进青年创业就业的重要举措，紧密结合推动实施重点群体创业推进行动，加强部门联动，形成工作合力，周密部署、精心实施。要积极动员社会各方力量参与，发挥行业协会等社会组织作用，统筹用好公共和市场、本地和外地资源，扩大优质创业服务资源供给。

（二）丰富活动内容。各地要细化制定创业资源对接服务系列活动方案，在本通知提出的活动内容基础上，创新活动形式，结合实际创设新的特色活动。有条件的地方可同期举办创业项目遴选推介、创新创业大赛等活动，结合推进区域合作协议、搭建区域联盟平台等工作，共同举办区域性创业服务资源对接服务活动。

（三）营造浓厚氛围。各地要统一使用“‘源来好创业’青年创业资源对接服务季”活动名称，提前向社会公布服务季各项活动日程安排，组织本地各大媒体跟进报道，多渠道宣传创业政策、服务举措、典型经验以及活动开展情况和成效，扩大声势和影响，大力营造鼓励创业就业的良好氛围。活动期间的图文影像、新闻线索等请即时发送，我部将组织媒体开展集中宣传。

请各省（自治区、直辖市）人力资源社会保障厅（局）于8月15日前报送联系人及联系方式，并于12月31日前报送活动总结和活动情况表（见附件）。

附件：创业资源对接服务季活动情况（略）

人力资源社会保障部
2023年7月21日

人力资源社会保障部关于组织开展2023年全国行业职业技能竞赛的通知

人社部函〔2023〕80号

各省、自治区、直辖市及新疆生产建设兵团人力资源社会保障厅（局），国务院有关部门、有关行业组织、相关企业人事劳动保障工作机构：

为全面贯彻落实党的二十大关于深入实施人才强国战略部署，大力弘扬劳模精神、劳动精神、工匠精神，激励更多劳动者特别是青年一代走技能成才、技能报国之路，培养更多大国工匠、高技能人才，经研究，我部将继续组织开展2023年全国行业职业技能竞赛，其中，一类职业技能大赛10项、二类职业技能竞赛44项（见附件1）。现就有关事项通知如下：

一、充分认识重大意义。职业技能竞赛为广大技能人才提供了展示精湛技能、相互切磋技艺的平台，对壮大技术工人队伍、推动经济社会发展具有积极作用。要以习近平新时代中国特色社会主义思想为指导，深入学习贯彻习近平总书记关于技能人才工作的重要指示批示精神和致首届全国技能大赛的贺信精神，以“技能成才　技能报国”为主题，着力提高职业技能竞赛科学化、规范化、专业化水平。创新组织形式，提高竞赛质量，推广竞赛成果，实现以赛促学、以赛促训、以赛促评、以赛促建。积极营造劳动光荣、技能宝贵、创造伟大的社会风尚，为全面提高劳动者素质、推动高质量发展、全面建设社会主义现代化国家提供有力人才保障。

二、规范竞赛活动。各竞赛第一主办单位（以下简称第一主办单位）应做好竞赛活动的统筹协调和规范管理。凡纳入我部2023年年度竞赛计划的一类职业技能大赛、二类职业技能竞赛统称为“2023年全国行业职业技能竞赛”。此前列入我部年度竞赛计划，受疫情影响未完成的一类职业技能大赛、二类职业技能竞赛，可冠以“2023年全国行业职业技能竞赛”名称继续举办。鼓励各第一主办单位结合赛事特点和实际，合理确定各赛事决赛时间和举办地，采取集中开放形式办赛。各竞赛活动应于2023年12月10日前完成，未能按时完成的，应书面说明情况并明确完成时限，不得再向我部申报下年度职业技能赛事。

三、确保公平公正。第一主办单位要切实履行竞赛管理主体责任，要将公平公正作为办赛的“生命线”，建立健全竞赛全过程监督管理制度，做好竞赛重点环节的规范管理。严格落实中央八项规定及其实施细则精神，做到节俭办赛、廉洁办赛，务求实效。做好裁判人员的管理培训，各级各类赛事中设备提供、技术支持单位人员不得担任裁判长、裁判员等可能影响竞赛成绩的职务，如有发现，视为该赛事本年度所有竞赛成绩无效，且第一主办单位两个办赛周期内不得向我部申报职业技能赛事。切实加强赛事组织工作，应按照均衡原则合理分配各参赛队决赛名额，除中央企业组织的竞赛外，应以省份为单位组队，不以企业、院校为单位组队。

第一主办单位要广泛发动企业职工参赛，扩大企业职工参赛比例，认真做好选手实名制信息审核工作。对于选手身份与实际不符的，应取消该选手参赛成绩和相关荣誉。已获得“中华技能大奖”“全国技术能手”称号及已通过竞赛获取“全国技术能手”申报资格的人员，不以选手身份参赛。具有全日制学籍的在校创业学生不以职工身份参赛。

四、提升工作质量。依据国家职业（技能）标准举办的职业技能竞赛，获奖选手按照有关规定晋升相应职业资格或职业技能等级。没有国家职业（技能）标准的，不晋升职业资格或职业技能等级。第一主办单位要科学制定竞赛实施方案，严格按照国家职业（技能）标准高级工以上技能要求命题。暂无国家职业（技能）标准的，可参照职业（技能）标准编制技术规程，自主开发相应评价规范，确保竞赛技术质量。高质量组织开展赛后技术点评，推动各职业领域技术创新和技能水平提升。

五、落实奖励政策。对于一类职业技能大赛获得各职业（工种）决赛单人赛项前5名、双人赛项前3名、三人赛项前2名且为职工身份的选手（全国残疾人职业技能大赛另行规定），二类职业技能竞赛获得各职业（工种）决赛单人赛项前3名、双人赛项前2名、三人赛项第1名且为职工身份的选手，经我部核准后，授予“全国技术能手”称号，并按相关规定晋升技师职业资格或职业技能等级，已具有技师职业资格或职业技能等级的可晋升高级技师职业资格或职业技能等级（本职业现行最高技能等级为技师的，不再晋升）。

对于一类职业技能大赛获得各职业（工种）决赛单人赛项第6～20名、双人赛项第4～10名、三人赛项第3～7名的选手，二类职业技能竞赛获得各职业（工种）决赛单人赛项第4～15名、双人赛项第3～8名、三人赛项第2～5名的选手，按相关规定晋升高级工职业资格或职业技能等级，已具有高级工职业资格或职业技能等级的可晋升技师职业资格或职业技能等级（本职业现行最高技能等级为高级工的，不再晋升）。

第一主办单位要严格执行我部有关规定，兑现相应奖励政策，不得以赛事组委会名义设立颁发各赛事正式发文范围以外的奖项。各赛事获奖选手及获得职业资格证书或职业技能等级证书的比例原则上控制在参加决赛选手的50%以内。按照“谁主办、谁负责”原则，由第一主办单位按照我部关于职业技能竞赛选手获取相应职业技能等级证书的有关规定，发放职业技能等级证书；属于国家职业资格目录内的职业（工种），按照国家职业资格目录规定，由相应的职业资格实施机构落实证书发放。

六、制定安全预案。第一主办单位要按照“谁举办、谁负责，谁组织、谁负责”原则，配合赛事举办地有关部门科学合理制定竞赛期间的卫生、安全应急等处置预案，明确专门机构和责任人，落实公共卫生、消防、人身等安全责任。确保各项职业技能赛事活动安全有序开展。

七、做好宣传工作。第一主办单位要高度重视竞赛活动的宣传推广，统筹利用传统媒体和新媒体，通过多种方式，做好竞赛宣传推广。鼓励竞赛主办单位在竞赛同期举办技能中国行活动。我部将统筹做好2023年全国行业职业技能竞赛在“学习强国”学习平台技能中国栏目、“技能中国”微信公众号、视频号等新媒体的宣传，请第一主办单位及时提供新闻通稿、比赛花絮、背景资料等文字、图片、视频宣传素材。

请第一主办单位于2023年12月底前将职业技能竞赛工作总结和《全国行业职业技能竞赛基本情况表》（附件2）等相关资料报送我部职业能力建设司和中国就业培训技术指导中心。

附件：

1. 2023年全国行业职业技能竞赛计划安排（略）

2. 全国行业职业技能竞赛基本情况表（略）

人力资源社会保障部

2023年7月24日

人力资源社会保障部关于做好“八五”普法规划中期评估工作的通知

人社部函〔2023〕100号

各省、自治区、直辖市及新疆生产建设兵团人力资源社会保障厅（局）：

根据《中央宣传部　司法部　全国普法办关于印发〈“八五”普法规划中期评估工作方案〉的通知》（司发通〔2023〕47号）要求，全国人社系统法治宣传教育领导小组将组织对人社部门“八五”普法规划实施情况开展中期评估。现将有关事项通知如下：

一、总体要求

坚持以习近平新时代中国特色社会主义思想为指导，全面贯彻落实党的二十大精神，深入学习宣传贯彻习近平法治思想，按照人社系统“八五”普法规划“重在发现问题，推动解决问题”的要求，认真组织开展中期评估工作，系统总结经验，深入查找不足，有针对性研究采取改进措施，推动人社系统“八五”普法规划全面贯彻落实，为人力资源和社会保障事业高质量发展营造良好法治环境。

二、主要内容

对照全国“八五”普法规划和人社系统“八五”普法规划要求，评估落实“谁执法谁普法”普法责任制，以及推行“谁管理谁普法”“谁服务谁普法”工作情况。突出评估以下方面：习近平法治思想学习宣传；制定印发本部门本系统“八五”普法规划；把普法工作列入本部门本系统年度工作要点；党委（党组）理论学习中心组学法、专题学法；党委（党组）会研究部署、督促落实普法工作；制定“谁执法谁普法”普法责任清单并形成日常宣传机制；把普法融入立法、执法、司法、法律服务全过程，开展以案释法、发布普法典型案例；在全系统组织开展主题普法活动、部门负责同志参加活动；加强本系统法治骨干培训；普法经费列入部门财政预算情况等。

三、评估方法和步骤

（一）自评。9—10月，各省级人社部门对本系统“八五”普法规划中期实施情况进行自评，于10月13日前，向全国人社系统法治宣传教育领导小组办公室提交书面自评报告，字数5 000字左右。自评报告要客观全面总结“八五”普法以来的做法、成效和经验，精准查找问题、分析原因，提出下一步改进措施；要有具体的事例和数据，切忌泛泛而谈。各省级人社部门可根据实际提供典型创新案例和问题清单（内容和格式要求参考司发通〔2023〕47号），作为附件报送。

（二）抽查评估。10—11月，全国人社系统法治宣传教育领导小组办公室组织抽查评估小组对部分省级人社部门开展抽查评估。

（三）评估结果运用。根据中期评估情况，司法部、全国普法办将组织开展全国“八五”普法中期先进集体、先进个人通报表扬工作，全国人社系统法治宣传教育领导小组办公室将以各省级人社部门上报的自评报告和抽查评估情况为基础进行综合考虑，于2023年12月底前完成人社部门“八五”普法中期先进集体、先进个人推荐工作。

四、工作要求

（一）提高政治站位。把“八五”普法规划中期评估作为深入学习贯彻习近平新时代中国特色社会主义思想、深入学习宣传贯彻党的二十大精神的有力举措，深刻认识全民普法在全面依法治国中的重要基础性作用，坚持党的全面领导，坚持以人民为中心，认真谋划，精心组织，突出重点，确保中期评估工作扎实深入，推动“八五”普法规划全面落实。

（二）坚持问题导向。把中期评估作为推进“八五”普法规划深入实施的重要手段，以推动解决问题为目标，真正把情况摸清、把问题找准、把对策提实。多抽查评估困难多、问题多的地方或部门，重在补短板、强弱项，消除死角死面，不断提高普法针对性和实效性。对评估中发现的问题，要逐一明确时间表和施工图，对整改态度不积极、措施不力的，视情通报批评。

（三）减轻基层负担。科学合理设置评估内容，改进评估办法，注意纠正阵仗声势大、层层听汇报、大范围索要台账资料等做法，从重过程向重结果转变，既发现问题又帮助解决问题，充分调动基层干事创业的积极性主动性创造性，坚决避免形式主义、走过场。

人力资源社会保障部

2023年9月28日

人力资源社会保障部关于发布《劳动和劳动安全行业标准编号规则》行业标准的通知

人社部函〔2023〕102号

各省、自治区、直辖市及新疆生产建设兵团人力资源社会保障厅（局），部属有关单位：

《劳动和劳动安全行业标准编号规则》行业标准已经我部审核批准，标准编号是：LD/T 1001—2023，现予以发布，自发布之日起实施。标准全文登载在人力资源社会保障部门户网站“政务公开—规划财务—标准”栏目下。

人力资源社会保障部

2023年10月9日

人力资源社会保障部关于授予2021—2022年度职业技能竞赛优秀选手全国技术能手称号的决定

人社部函〔2023〕106号

各省、自治区、直辖市及新疆生产建设兵团人力资源社会保障厅（局），国务院有关部门，有关行业组织、有关企业人事劳动保障工作机构：

为深入贯彻落实党的二十大精神和习近平总书记对技能人才工作重要指示精神，进一步发挥职业技能竞赛在技能人才工作中的重要作用，根据我部职业技能竞赛管理有关规定，经审核，决定向侯坤鹏等1 132名在2022年世界技能大赛特别赛、全国乡村振兴职业技能大赛、全国养老护理职业技能大赛、2021—2022年度全国行业职业技能竞赛及因受疫情影响延期举办的2020年全国行业职业技能竞赛中取得优异成绩的选手授予“全国技术能手”称号（名单附后），颁发奖章、奖牌和荣誉证书。

希望受表彰的选手以获得的奖励为新起点，戒骄戒躁，大力弘扬劳模精神、劳动精神、工匠精神，不断学习新知识、掌握新技能、创造新业绩，继续发挥示范引领作用。希望广大劳动者向受表彰的“全国技术能手”学习，立足工作岗位，刻苦钻研技术，努力提高技能水平，走技能成才、技能报国之路。希望各地区、各部门、各行业企业深入贯彻落实党中央、国务院对加强新时代高技能人才队伍建设的部署安排，大力实施技能中国行动，加快发展技工教育，大规模开展职业技能培训，广泛开展职业技能竞赛，健全技能人才培养、使用、评价、激励制度，为加快建设知识型、技能型、创新型劳动者大军，全面建设社会主义现代化国家作出新的更大贡献。

附件：

1. 2022年世界技能大赛特别赛获“全国技术能手”称号人员名单（共6名）（略）
2. 全国乡村振兴职业技能大赛获“全国技术能手”称号人员名单（共33名）（略）
3. 全国养老护理职业技能大赛获“全国技术能手”称号人员名单（共5名）（略）
4. 2021年度全国行业职业技能竞赛获“全国技术能手”称号人员名单（共673名）（略）
5. 2022年度全国行业职业技能竞赛获“全国技术能手”称号人员名单（共391名）（略）
6. 2020年度全国行业职业技能竞赛获“全国技术能手”称号人员名单（共24名）（略）

人力资源社会保障部

2023年10月20日

人力资源社会保障部关于表扬中华人民共和国第二届职业技能大赛获奖选手和单位的通报

人社部函〔2023〕110号

各省、自治区、直辖市及新疆生产建设兵团人力资源社会保障厅（局），国务院有关部门、有关行业组织人事劳动保障工作机构：

2023年9月16日至19日，中华人民共和国第二届职业技能大赛（以下简称第二届全国技能大赛）在天津市成功举办。根据《人力资源社会保障部关于举办中华人民共和国第二届职业技能大赛的通知》（人社部函〔2023〕6号）有关规定，我部决定：

一、对在第二届全国技能大赛中获得单人赛项前5名、双人赛项前3名和三人赛项前2名的选手，经人力资源社会保障部核准后，符合条件的授予“全国技术能手称号”，相关名单另行发文公布。

二、对在第二届全国技能大赛中获得金牌、银牌、铜牌及优胜奖的2 046名选手，予以通报表扬。技能类各竞赛项目优胜奖及以上选手，由职业资格实施机构或职业技能等级认定机构按有关规定为其晋升技师（二级）职业技能等级，已具有技师（二级）职业技能等级的晋升高级技师（一级）。专业技术类5个竞赛项目，由数字技术工程培训项目评价机构为获得金、银、铜牌的选手颁发高级专业技术等级证书，为获得优胜奖的选手颁发中级专业技术等级证书。

三、对在第二届全国技能大赛中获得参赛代表团最佳选手奖的36名选手，予以通报表扬。

四、对在第二届全国技能大赛中获得西部之星的13名选手，予以通报表扬。

五、对在第二届全国技能大赛中获得突出贡献奖和优秀组织奖的单位，予以通报表扬。

希望受表扬的单位和个人珍惜荣誉、戒骄戒躁、再接再厉，切实发挥示范引领和表率作用，进一步激发广大技能从业者崇尚先进、学习先进、争当先进的热情。希望广大企业职工和院校师生向获奖选手学习，刻苦钻研技术，学以致用，知行合一，争做国家经济建设需要的高技能人才。希望各地、各部门深入贯彻落实习近平总书记对技能人才工作的重要指示和致首届全国技能大赛贺信精神，按照李强总理对做好技能人才工作的重要批示要求，大力弘扬劳模精神、劳动精神、工匠精神，努力造就一支规模宏大、结构合理、素质优良的技能劳动者队伍，为推动高质量发展、全面建设社会主义现代化国家贡献力量。

附件：

1. 第二届全国技能大赛获奖选手名单（略）
2. 第二届全国技能大赛参赛代表团最佳选手奖名单（略）
3. 第二届全国技能大赛西部技能之星获奖选手名单（略）
4. 第二届全国技能大赛突出贡献奖和优秀组织奖获奖单位名单（略）

人力资源社会保障部

2023年10月26日

人力资源社会保障部关于发布《网络招聘服务规范》《人力资源服务机构诚信评价规范》2 项行业标准的通知

人社部函〔2023〕126 号

各省、自治区、直辖市及新疆生产建设兵团人力资源社会保障厅（局），部属有关单位：

《网络招聘服务规范》《人力资源服务机构诚信评价规范》2 项行业标准已经我部审核批准，标准编号分别是：LD/T 3001—2023、LD/T 3002—2023，现予以发布，自 2024 年 1 月 1 日起实施。标准全文登载在人力资源社会保障部门户网站“政务公开—规划财务—标准”栏目下。

人力资源社会保障部

2023 年 11 月 20 日

人力资源社会保障部关于发布《社会保障卡检测规范》等 6 项行业标准的通知

人社部函〔2023〕129 号

各省、自治区、直辖市及新疆生产建设兵团人力资源社会保障厅（局），部属有关单位：

《社会保障卡检测规范》《人力资源社会保障政务服务平台接入转接技术规范》《人力资源社会保障基础信息资源库数据运维规范》《人力资源社会保障信息系统服务接口报文体规范》《人力资源社会保障部省数据同步技术规范》《人力资源社会保障人员基础信息指标集与代码》6 项行业标准（标准清单详见附件）已经我部审核批准，现予以发布，自 2023 年 12 月 1 日起实施。标准全文登载在人力资源社会保障部门户网站“政务公开—规划财务—标准”栏目下。

附件：标准清单

人力资源社会保障部

2023 年 11 月 24 日

附件

标准清单

序号	标准名称		标准编号
1	社会保障卡检测规范	第 1 部分　卡片质量物理特性检测	LD/T 6001.1—2023
		第 2 部分　卡内 COS 检测	LD/T 6001.2—2023
		第 3 部分　卡内数据结构及密钥装载检测（通用性检测）	LD/T 6001.3—2023
		第 4 部分　读写终端检测	LD/T 6001.4—2023
		第 5 部分　读写终端接口检测	LD/T 6001.5—2023
2	人力资源社会保障政务服务平台接入转接技术规范		LD/T 6002—2023
3	人力资源社会保障基础信息资源库数据运维规范		LD/T 6003—2023

续表

序号	标准名称	标准编号
4	人力资源社会保障信息系统服务接口报文体规范	LD/T 6004—2023
5	人力资源社会保障部省数据同步技术规范	LD/T 6005—2023
6	人力资源社会保障人员基础信息指标集与代码	LD/T 6006—2023

人力资源社会保障部关于确定第47届世界技能大赛中国集训基地的通知

人社部函〔2023〕133号

各省、自治区、直辖市及新疆生产建设兵团人力资源社会保障厅（局），国务院有关部门、有关行业组织、相关企业人事劳动保障工作机构：

为做好第47届世界技能大赛备赛工作，根据《世界技能大赛参赛管理暂行办法》（人社部发〔2013〕28号），经研究，确定在江西洪都航空工业集团有限责任公司等221家单位，设立第47届世界技能大赛59个项目、324个中国集训基地。各项目排名第一的单位为牵头集训基地，履行集训工作主体责任，承担相应项目集训具体组织实施工作，其他集训基地配合牵头集训基地做好相应集训工作。

希望各集训基地加强沟通配合，精心组织实施，遵守廉洁纪律，强化安全意识，提供集训必需的保障和支持，切实做好所承担项目各项工作任务，为我国参赛选手在第47届世界技能大赛上取得优异成绩作出应有的贡献。第47届世界技能大赛各项目集训基地主管部门要高度重视集训工作，加强组织管理和监督检查，提供政策支持和人力物力财力保障，协调解决集训工作中的问题，确保集训工作公平公正、安全顺利进行。要进一步加强世界技能大赛成果转化和推广工作，充分发挥世界技能大赛引领示范作用，健全完善技能人才工作，加快培养更多高技能人才、能工巧匠、大国工匠。

附件：第47届世界技能大赛中国集训基地名单（略）

第47届世界技能大赛中国组委会
（人力资源社会保障部代章）
2023年12月12日

人力资源社会保障部关于开展 2024 年全国公共就业服务专项活动的通知

人社部函〔2023〕136 号

各省、自治区、直辖市及新疆生产建设兵团人力资源社会保障厅（局）：

为全面贯彻落实党的二十大精神和党中央、国务院关于稳就业工作决策部署，推进实施就业优先战略，进一步加强人力资源合理配置和劳动力市场供需对接，推动实现高质量充分就业，现就 2024 年全国公共就业服务专项活动有关事项通知如下：

一、总体要求

以习近平新时代中国特色社会主义思想为指导，深入贯彻党的二十大精神，践行以人民为中心的发展思想，实施就业优先战略，强化就业优先政策，扎实做好促就业稳就业各项工作，推进线上线下相结合的就业服务专项活动，进一步打造“10+N”公共就业服务专项活动品牌，为劳动者求职就业和用人单位招聘用工搭建对接平台，促进劳动者就业创业，助力高质量充分就业。

二、活动安排

（一）就业援助月。1 月，以辖区内就业困难人员为重点服务对象，由各级人力资源社会保障部门联合当地残疾人联合会组织开展，结合送温暖和困难帮扶活动，在元旦后春节前集中为服务对象提供就近就业创业、兜底安置等就业帮扶。

（二）春风行动。1—3 月，重点面向辖区内农村劳动力和用工企业，兼顾高校毕业生等群体，由各级人力资源社会保障部门联合当地农业农村（乡村振兴）、交通运输、工会、共青团、妇联等部门开展，在春节前后集中面向服务对象开展引导有序外出、促进就近就业和返乡创业、招聘用工等服务。

（三）职引未来——大中城市联合招聘高校毕业生专场活动。3—5 月和 9—11 月，分春秋两季，以应届高校毕业生、离校未就业高校毕业生为重点对象，由各级人力资源社会保障、教育部门和有关高校联合开展，为高校毕业生求职择业和用人单位招聘人才提供精准对接服务。

（四）民营企业服务月。4 月，以民营企业为重点服务对象，由各级人力资源社会保障部门联合当地教育、退役军人、工会、工商联等部门开展，充分发挥民营企业吸纳就业主渠道作用，促进高校毕业生、农民工、退役军人等重点群体到民营企业就业。

（五）百日千万招聘专项行动。5—8 月，以高校毕业生、农民工、登记失业人员、脱贫劳动力以及有招聘用工需求的各类用人单位为服务对象，由各级人力资源社会保障部门牵头开展，通过全国统一、多方联动的网络招聘平台，以优质高效服务促进就业。

（六）高校毕业生等青年就业服务攻坚行动。7—12 月，以 2024 届离校未就业高校毕业生、往届未就业高校毕业生、失业青年为重点对象，由各级人力资源社会保障部门负责，针对未就业毕业生和失业青年求职需求，开展政策落实、权益保护、困难帮扶系列服务，促进高校毕业生等青年就业创业。

（七）金秋招聘月。10月，以民营企业、中小企业等用人单位为重点服务对象，由各级人力资源社会保障部门联合当地民政、退役军人、工会、工商联等部门开展，帮助企业招工稳岗，支持劳动者求职就业，促进人力资源供需对接。

（八）职引未来——全国人力资源市场高校毕业生就业服务周。11月下旬—12月上旬，以2025届高校毕业生、往届有就业意愿的离校未就业高校毕业生、“三支一扶”计划等基层服务项目期满未就业人员为重点对象，由各级人力资源社会保障部门负责，组织发动国家级人力资源服务产业园和人才市场、各类人力资源服务机构，为高校毕业生提供市场化就业服务。

（九）职引未来——中央企业面向西藏青海新疆高校毕业生专场招聘活动。2024年9月—2025年6月，以西藏、青海、新疆和四川、云南、甘肃涉藏州县等地未就业高校毕业生、2025届高校毕业生为重点对象，由人力资源社会保障部联合教育部、国务院国资委、有关中央企业开展，通过举办专场招聘活动，支持民族地区和边疆地区高校毕业生就业。

三、工作要求

（一）加强组织领导。各地要提高政治站位，将开展公共就业服务专项活动作为学习贯彻习近平新时代中国特色社会主义思想和全面贯彻党的二十大精神的具体举措，精心策划，抓好实施。人力资源社会保障部门要主动联合其他部门形成工作合力，制定工作方案，强化保障支持，做好各项活动。各地可结合全国性专项活动安排，因地制宜开展本地化专项服务活动。

（二）加强宣传引导。各地要进一步打造公共就业服务品牌，丰富内容和形式。动员社会各方面力量积极参与，提前向社会公开活动安排。活动期间及时跟踪报道，运用新闻媒体、微博微信、广播电视等渠道，开展形式多样、内容丰富的宣传活动。我部将通过部官网、官微等媒介，宣传各地经验做法，扩大各项活动社会知晓度和参与度。

（三）加强数字赋能。各地要加快数字化手段应用，推进部门间信息共享和协同联办，运用新技术精准推送招聘用工及相关政策服务信息。积极探索即时发布信息、组织对接、面试洽谈等“一站式”快办服务。常态化举办线上招聘，开设大型专项招聘活动线上专场专区，推广直播带岗、远程面试等新型招聘对接模式，实现线上招聘不停歇。

（四）加强安全保障。各地要严格落实安全责任，制定线下现场招聘活动安全工作方案和突发事件应急预案，消除安全隐患。结合各地预防季节性流感等公共卫生和疾病防控需要和实际情况，及时调整活动安排和组织形式，确保各项活动有序进行。加大信息审核和保护力度，确认用人单位资质和招聘信息真实有效，保护求职人员个人信息。

附件：2024年全国公共就业服务专项活动安排

人力资源社会保障部

2023年12月20日

附件

2024年全国公共就业服务专项活动安排

序号	名称	时间	开展部门	服务对象
1	就业援助月	1月	各级人力资源社会保障部门联合当地残联组织	就业困难人员、城镇零就业家庭成员、残疾登记失业人员
2	春风行动	1—3月	各级人力资源社会保障部门联合当地农业农村（乡村振兴）、交通运输、工会、共青团、妇联等部门	重点面向辖区内农村劳动力和用工企业，兼顾高校毕业生等群体
3	职引未来——大中城市联合招聘高校毕业生专场活动	3—5月 9—11月	各级人力资源社会保障、教育部门和有关高校	应届高校毕业生、离校未就业高校毕业生
4	民营企业服务月	4月	各级人力资源社会保障部门联合当地教育、退役军人、工会、工商联等部门	重点服务民营企业，促进高校毕业生、农民工、退役军人等重点群体到民营企业就业
5	百日千万招聘专项行动	5—8月	各级人力资源社会保障部门牵头	高校毕业生、农民工、登记失业人员、脱贫劳动力和有招聘需求的各类用人单位
6	高校毕业生等青年就业服务攻坚行动	7—12月	各级人力资源社会保障部门	2024届离校未就业高校毕业生、往届未就业高校毕业生、失业青年
7	金秋招聘月	10月	各级人力资源社会保障部门联合当地民政、退役军人、工会、工商联等部门	民营企业、中小企业等用人单位和登记失业人员、高校毕业生、退役军人、农民工
8	职引未来——全国人力资源市场高校毕业生就业服务周	11月下旬—12月上旬	各级人力资源社会保障部门	2025届高校毕业生、往届有就业意愿的离校未就业高校毕业生、“三支一扶”计划等基层服务项目期满未就业人员
9	职引未来——中央企业面向西藏青海新疆高校毕业生专场招聘活动	2024年9月—2025年6月	人力资源社会保障部联合教育部、国务院国资委、有关中央企业	西藏、青海、新疆和四川、云南、甘肃涉藏州县等地未就业高校毕业生、2025届高校毕业生

人力资源社会保障部　中国残疾人联合会
关于开展2024年就业援助月专项活动的通知

人社部函〔2023〕137号

各省、自治区、直辖市及新疆生产建设兵团人力资源社会保障厅（局）、残疾人联合会：

为全面贯彻党的二十大和二十届二中全会精神，加强困难群体就业兜底帮扶，人力资源社会保障部、中国残疾人联合会定于2024年元旦、春节期间在全国组织开展就业援助月专项活动，集中帮扶就业困难人员就业创业。现就有关事项通知如下：

一、活动主题

就业帮扶　真情相助

二、活动时间

2024年1月1日至1月31日

三、援助对象

（一）就业困难人员；

（二）城镇零就业家庭成员；

（三）残疾登记失业人员。

四、活动目标

（一）帮扶有成效。落实就业援助政策，实施精准就业服务，切实保障就业权益，帮助援助对象尽快就业创业，已就业的援助对象就业稳定性进一步增强。

（二）机制更健全。盘点总结就业援助经验做法，实现基层治理、数字赋能与就业援助有机融合，推动就业援助工作提质增效。

（三）温暖进万家。满怀对援助对象的深厚感情开展就业帮扶工作，不断增强援助对象就业获得感、幸福感、安全感，使他们切实感受到党和政府的温暖和关怀。

五、活动内容

（一）深入开展走访摸排。做实“大数据+铁脚板”，开展登记失业人员、低保家庭、持证残疾人等数据比对，组织联系对接、情况摸底，建立援助对象清单，做到基本情况清、就业需求清、技能水平清、求职意向清。开展援助对象上门走访慰问“送温暖”活动，面对面帮助解决就业困难。

（二）制定分类援助计划。组织职业指导师等专业力量，对照援助对象清单，开展个性化职业指导，制定“一人一策”援助计划，确定差异化帮扶措施。对援助对象多、帮扶难度大的市、县、街道社区，派出专门工作队、服务队，实施“一对一”跟进帮扶。

（三）举办招聘服务活动。提前制定公布招聘活动计划安排，统一使用“2024年就业援助月招聘会”名称。筛选归集适合援助对象的岗位，组织系列线上线下专场招聘活动，开展短信、微信等定向岗位推送。发挥“十五分钟就业服务圈”作用，用好就业驿站、零工市场等基层站点，为援助对象提供“就在身边”

就业服务。

（四）组织政策落实活动。集中盘点就业援助政策落实情况，对存在政策未落实、补贴到位慢的，加大工作推进力度，做到应落尽落。开展“看得懂算得清办得明”宣传解读，规范就业援助政策申请条件与经办流程，更好发挥兜底线、救急难作用。

（五）开展权益维护活动。开展已就业援助对象跟踪回访，督促所在用人单位依法足额支付工资报酬，保障合法劳动权益。对与企业发生劳动争议的，启动劳动争议仲裁绿色通道，做到快立快审快裁。加强对残疾人关心关爱，坚决打击就业歧视、拖欠工资、非法职业介绍及违规收费等侵害残疾人合法权益行为，确保完成促进残疾人就业三年行动方案（2022—2024 年）目标任务，营造良好就业环境。

（六）切实做好兜底保障。开发一批公益性岗位，对通过市场渠道难以就业的援助对象实施兜底安置，按规定给予岗位补贴与社会保险补贴。开展援助对象与参加社会保险人员、低保家庭成员等数据比对，按规定兑现失业保险金等失业保险待遇，推动有关部门为基本生活出现暂时性、阶段性困难的援助对象实施临时救助。强化甘肃、青海等地震灾区就业援助，各有关省份定向推送一批适合受灾劳动者就业的岗位信息，支持灾区开发一批废墟清理、伤员看护、治安维护、卫生防疫、物资运输、临时居所建设等临时公益性岗位，帮助受灾群众尽快就业。

六、工作要求

（一）高度重视。各地人力资源社会保障部门、残联组织要高度重视活动开展，将其作为深入开展学习贯彻习近平新时代中国特色社会主义思想主题教育的重要举措，坚持人民至上，全力以赴为群众办实事、办好事，切实将党和政府对困难群众的关心落到实处。

（二）精心组织。各地要细化工作方案，明确职责分工，确定专人负责，确保活动顺利开展。充分发挥各类公共就业服务机构、经营性人力资源服务机构、街道社区和社会组织力量，凝聚各方广泛参与、共同推进的工作合力。合理安排各项招聘服务活动，严格落实安全生产要求。

（三）强化宣传。各地要广泛宣传活动的主要内容、活动安排、参与方式，结合实际举办活动启动仪式，组织媒体跟进报道，提高活动知晓度。即时报送活动图片、影音资料、新闻线索、典型案例，人力资源社会保障部和中国残联将以工作信息、简报等形式予以总结推广。

请各地认真总结活动成效，于 2024 年 2 月 7 日前报送活动总结。

人力资源社会保障部
中国残疾人联合会
2023 年 12 月 26 日

人力资源社会保障部办公厅
住房和城乡建设部办公厅关于颁布物业管理师等
7个国家职业标准的通知

人社厅发〔2023〕5号

各省、自治区、直辖市及新疆生产建设兵团人力资源社会保障厅（局）、住房和城乡建设厅（委、管委、局）：

根据《中华人民共和国劳动法》有关规定，人力资源社会保障部、住房和城乡建设部共同制定了物业管理师等7个国家职业标准，现予颁布施行。原相应国家职业（技能）标准同时废止。

附件：7个国家职业标准目录

人力资源社会保障部办公厅

住房和城乡建设部办公厅

2023年3月21日

附件

7个国家职业标准目录

序号	职业编码	职业名称
1	4-06-01-01	物业管理师
2	4-08-08-07	室内装饰设计师
3	4-12-04-05	燃气具安装维修工
4	6-29-01-01	砌筑工
5	6-29-01-06	装配式建筑施工员
6	6-29-02-08	防水工
7	6-30-05-05	挖掘铲运和桩工机械司机

注：以上职业标准内容可在人力资源社会保障部官网查询。

人力资源社会保障部办公厅关于印发《新就业形态劳动者劳动合同和书面协议订立指引（试行）》的通知

人社厅发〔2023〕6号

各省、自治区、直辖市及新疆生产建设兵团人力资源社会保障厅（局）：

为更好地维护新就业形态劳动者合法权益，引导企业依法合规用工，根据劳动合同法、《关于维护新就业形态劳动者劳动保障权益的指导意见》等法律法规和政策，我们编制了《新就业形态劳动者劳动合同和书面协议订立指引（试行）》（以下简称《指引》），现印发给你们。

各地要认真组织学习培训，准确理解《指引》内容，结合本地实际，加强对平台用工的指导，稳妥有序推动《指引》应用。同时，密切跟踪了解《指引》应用情况，注意总结好的经验做法，研究解决各方反映的问题，重要情况及时报告。

人力资源社会保障部办公厅

2023年2月21日

新就业形态劳动者劳动合同和书面协议订立指引（试行）

第一章　总　则

第一条　为支持和规范发展新就业形态、维护新就业形态劳动者合法权益，引导企业与新就业形态劳动者依法订立劳动合同、书面协议，根据国家有关法律法规和政策，制定本指引。

第二条　本指引供企业与新就业形态劳动者订立劳动合同、书面协议时参考。

第三条　本指引所称新就业形态劳动者，是指线上接受互联网平台根据用户需求发布的配送、出行、运输、家政服务等工作任务，按照平台要求提供平台网约服务，并获取劳动报酬的劳动者。本指引所称企业是指平台企业和平台用工合作企业。

第二章　订立的原则、形式和效力

第四条　企业要根据用工事实和劳动管理程度，综合考虑新就业形态劳动者对工作时间及工作量的自主决定程度、劳动过程受管理控制程度、是否需要遵守有关工作规则和劳动纪律及奖惩办法、工作的持续性、能否决定或者改变交易价格等因素，与符合确立劳动关系情形的新就业形态劳动者订立劳动合同，与不完全符合确立劳动关系情形的新就业形态劳动者订立书面协议。

第五条 企业与新就业形态劳动者订立劳动合同、书面协议，要遵循合法、公平、平等自愿、协商一致、诚实信用的原则。

第六条 企业要如实告知新就业形态劳动者与完成平台网约服务有关的情况，有权了解新就业形态劳动者与订立劳动合同或书面协议直接相关的基本情况，新就业形态劳动者应如实说明。

第七条 劳动合同、书面协议由企业与新就业形态劳动者协商一致，并经双方签字或者盖章后生效。采用纸质形式订立的，由企业和劳动者各执一份。采用电子形式订立的，应当符合法定要件，企业要确保劳动者可以使用常用设备随时查看、下载、打印完整内容。

第八条 依法订立的劳动合同、书面协议具有约束力，各方应当按照约定全面履行各自的义务。变更劳动合同、书面协议以及企业修订与履行劳动合同、书面协议直接相关的制度规则和平台算法，要符合法律法规和有关政策规定。

第三章 劳动合同的订立

第九条 企业应当与符合确立劳动关系情形的新就业形态劳动者依法订立劳动合同，不得以诱导、欺诈、胁迫等方式与新就业形态劳动者订立书面协议等减损劳动者权益。已建立劳动关系，未同时订立劳动合同的，企业应当自用工之日起一个月内与劳动者订立劳动合同。

第十条 劳动合同应当明确用人单位和劳动者的基本信息、劳动合同期限、工作内容和工作地点、工作时间和休息休假、劳动报酬、社会保险、劳动保护等事项，可以约定试用期、培训、福利待遇等其他事项。

第十一条 平台企业采取合作用工方式，由平台用工合作企业招用劳动者并组织其提供平台网约服务的，可与平台用工合作企业就保障劳动者权益签订专项协议或在合作协议中明确各自应承担的责任。平台用工合作企业要向劳动者如实说明与平台企业约定的涉及劳动者切身利益的事项，可将与平台企业订立的保障劳动者权益的专项协议作为订立劳动合同的附件。

第四章 书面协议的订立

第十二条 平台企业与不完全符合确立劳动关系情形的新就业形态劳动者订立书面协议，可以在劳动者注册平台个人账户时订立，也可以在劳动者执行工作任务前订立。

第十三条 书面协议的内容一般包括平台企业和劳动者的基本信息、订单推送与确认、报酬、服务时间与休息、职业保障以及协议的变更、解除和违约责任、争议解决等事项。

第十四条 平台企业委托经营性人力资源服务机构为不完全符合确立劳动关系情形的新就业形态劳动者提供人力资源管理服务的，经营性人力资源服务机构可以作为第三方，与平台企业、新就业形态劳动者协商订立三方书面协议，在协议中明确其受平台企业委托承担的人力资源管理和服务职责。订立三方书面协议，不改变平台企业应当承担的用工主体责任。

第五章 附 则

第十五条 平台企业应当遵守行业管理规定用工，与新就业形态劳动者依法合规订立劳动合同、书面协议。

第十六条 一个人依托互联网平台自主开展经营活动不适用本指引。

附件：

1. 新就业形态劳动者劳动合同参考文本
2. 新就业形态劳动者书面协议参考文本
3. 新就业形态劳动者书面协议参考文本（三方）

附件 1

新就业形态劳动者劳动合同参考文本

甲方（互联网平台企业或平台用工合作企业）：________

统一社会信用代码：______________

法定代表人（主要负责人）或委托代理人：__________

注册地：______________________

经营地：______________________

联系电话：____________________

乙方（新就业形态劳动者）：________

居民身份证号码：______________

（或其他有效证件名称________证件号：____________）

户籍地址：____________________

经常居住地（通讯地址）：__________________________

联系电话：____________________

根据《中华人民共和国劳动法》《中华人民共和国劳动合同法》《关于维护新就业形态劳动者劳动保障权益的指导意见》等法律法规政策规定，甲乙双方在平等自愿的基础上，一致同意订立本劳动合同，共同遵守本合同所列条款。

一、劳动合同期限

第一条 甲乙双方自用工之日起建立劳动关系，双方约定按下列第____种方式确定劳动合同期限：

1. 固定期限：自______年__月__日起至______年__月__日止，其中，试用期从用工之日起至______年__月__日止。

2. 无固定期限：自______年__月__日起至依法解除、终止劳动合同时止，其中，试用期从用工之日起至______年__月__日止。

二、工作内容（岗位）和工作地点

第二条 乙方工作内容（岗位）是____________。乙方的工作区域（区间）是____________。

第三条 乙方应服从甲方的调度和管理，按照甲方安排的工作时间和工作量完成工作任务，除非违反法律规定或合同约定的情形，一般不得拒绝甲方合理的工作安排。

第四条 乙方在其他用人单位兼职应提前告知甲方。如果甲方认为乙方兼职会影响本劳动合同履行的，有权要求乙方停止兼职。

三、工作时间和休息休假

第五条 乙方每日累计工作时间不超过 8 小时，每周工作时间不超过 40 小时。特殊情况下需延长工作时间的，按照《中华人民共和国劳动法》有关规定执行。

第六条 乙方的工作时间按以下第____种方式计算：

1. 按照接单时间计算，包括自劳动者开始执行甲方分配的任务时起至任务结束时止的全部时间。

2. 按照接单时间加上等待订单的合理时间（指________________）计算。

3. 按照在线时间计算。

如果甲方明确要求了劳动者上线时间、在线时长，或者线下报到时间的，则根据前述要求发生的上线时长和线下报到时间计入工作时间。

乙方同一时间完成两个及以上订单任务的，则接单时间不重复计算。

第七条 甲方采取以下第____种措施，保证乙方合理的休息时间：

1.（适用于配送、出行等行业）乙方接单时间连续达到 4 小时的，系统会发出疲劳提示，甲方停止推送订单 20 分钟。

2. ______________________________。

法律法规和政策另有规定的，按照有关规定执行。

第八条 甲方安排或同意乙方加班的，应依法安排补休或支付加班工资。乙方每日累计工作时间满 8 小时后甲方继续派单的，视为安排乙方加班。

第九条 乙方依法享有法定节假日、带薪年休假、婚丧假、产假等假期。

四、劳动报酬及支付

第十条 乙方的劳动报酬由以下第______项组成：

1. 基本工资：________元 / 月；

2. 甲方根据乙方订单服务情况支付相应的服务费；

3. 按照相关政策支付相应奖励、补贴；

4. 其他：________________________。

订单服务费是根据____等多种因素综合计算出来的结果，每单的订单服务费会有所不同。劳动报酬的支付以甲方制定的以下劳动报酬支付规则为依据。请点击链接 / 详见企业规章制度，仔细阅读劳动报酬支付规则相关内容，并确认。

第十一条 甲方应当按时足额支付乙方劳动报酬，每月至少向乙方支付一次劳动报酬。

第十二条 甲方应合理调整乙方的劳动报酬。甲方调整报酬结构、数额、运价和服务费计算标准等对劳动报酬有重大影响的事项，应当依法定程序平等协商确定，并以醒目方式提示乙方阅读确认调整后的标准。

五、社会保险和福利待遇

第十三条 甲乙双方依法参加社会保险，甲方为乙方办理有关社会保险手续，并承担相应社会保险义务，依法应当由乙方缴纳的社会保险费由甲方从乙方的工资中代扣代缴。

第十四条 甲方依法执行国家有关福利待遇的规定。

第十五条 乙方因工负伤或患职业病的待遇按国家有关规定执行。

六、职业培训和劳动保护

第十六条 甲方按照国家规定提取和使用职业培训经费，对乙方进行工作岗位所必需的培训。乙方应按照甲方要求参加相关培训，掌握岗位基本业务知识，不断提高岗位技能。未经安全生产教育和培训合格的不得上岗作业。

第十七条 甲方应当严格执行劳动安全卫生相关法律法规规定，落实国家关于女职工、未成年工的特殊保护规定，建立健全劳动安全卫生制度，保障相关经费，按要求对乙方进行劳动安全卫生教育和操作规程培训，为乙方提供必要且符合国家或者行业标准的安全防护设施和劳动保护用品，努力改善劳动条件，减少职业危害。

第十八条 甲方应采取措施保障乙方人格尊严不受侵害，保护乙方免受职场欺凌和骚扰。请点击链接 / 详见企业规章制度，了解职场欺凌和骚扰的内容及具体情形，以及在遭遇极端天气、生命受到威胁或受到职场欺凌或骚扰时寻求帮助和进行投诉的途径。

乙方在完成服务任务过程中如果遭遇极端天气等威胁身体健康或生命安全的情况或遭到欺凌、骚扰等情形的，有权终止服务任务的履行，并向甲方及时说明情况，保留证据。

第十九条 乙方应严格遵守交通安全规则，按照相关政策要求及时检修服务车辆，确保行车安全。

七、劳动合同的履行、变更、解除、终止

第二十条 甲乙双方协商一致，可以变更劳动合同约定的内容。变更劳动合同，应当采用书面形式。

第二十一条 甲方承诺以显著方式、清晰易懂的语言真实、准确、全面地告知乙方平台进入退出、订单分配、计件单价、抽成比例、报酬构成及支付、工作时间、奖惩规则等直接涉及乙方劳动权益的制度规则和相关平台算法。在制定、修订前述直接涉及乙方劳动权益的制度规则、相关平台算法时，依法提前听取意见建议。前述直接涉及乙方劳动权益的制度规则和平台算法有变更的，甲方应依法公示或告知乙方。

第二十二条 乙方应遵守依法制定的平台服务行为规范和退出规则。乙方存在严重违反规章制度、公序良俗、给甲方造成严重经济损失的行为或者法律规定的其他情形的，甲方有权解除本劳动合同。请点击链接/详见企业规章制度，认真阅读平台服务行为规范和平台退出规则，并确认。

第二十三条 出现法定劳动合同解除或终止事由时，甲乙双方可依法解除或终止本合同的履行。

第二十四条 甲方应当在解除或终止本合同时，为乙方出具解除或者终止劳动合同的证明，并在十五日内为乙方办理档案和社会保险关系转移手续。

八、双方约定事项

第二十五条 双方约定的其他事项：____。

九、劳动争议处理

第二十六条 甲乙双方因本合同发生劳动争议时，可以按照法律法规的规定，进行协商、申请调解或仲裁。对仲裁裁决不服的，除法律另有规定的外，可以依法向有管辖权的人民法院提起诉讼。

十、其他

第二十七条 本合同中记载的乙方联系电话、通讯地址为劳动合同期内通知相关事项和送达书面文书的联系方式、送达地址。如发生变化，乙方应当及时告知甲方。

第二十八条 双方确认：均已详细阅读并理解本合同内容，清楚各自的权利、义务。本合同未尽事宜，按照有关法律法规和政策规定执行。

第二十九条 本合同一式两份，甲乙双方各执一份，自双方签字（盖章）之日起生效，双方应严格遵照执行。

如以电子形式签订，乙方可随时查看并下载电子文本及其所有链接。

甲方（盖章）

法定代表人（主要负责人）

或委托代理人（签字或盖章）

年　月　日

乙方（签字）

年　月　日

劳动合同附件：用工合作协议（平台用工合作企业与新就业形态劳动者订立劳动合同时适用）

用工合作协议参考文本

甲方（互联网平台企业）：____________

统一社会信用代码：____________

法定代表人（主要负责人）或委托代理人：____________

注册地：____________

经营地：____________

联系电话：____________

乙方（平台用工合作企业）：____________

统一社会信用代码：____________

法定代表人（主要负责人）或委托代理人：____________

注册地：________________________

经营地：________________________

联系电话：______________________

根据《中华人民共和国民法典》以及《关于维护新就业形态劳动者劳动保障权益的指导意见》等法律法规政策规定，在平等自愿的基础上，双方一致同意订立本合作协议，共同遵守本协议所列条款。

一、合作内容

第一条 甲乙双方经协商一致就以下事项开展合作：________________________。未经甲方同意，乙方不得将甲方委托合作事项另行转包、分包。

二、合作期限

第二条 甲乙双方合作期限自____年__月__日起至____年__月__日止。

三、双方的权利和义务（双方可根据具体合作内容补充完善）

第三条 甲方依据以下标准和结算周期向乙方支付合作费用。

双方服务费的结算依据包括：

1. ______；2. ______；3. ______等。

合作费用每日/月/季度/年结算一次，其中涉及人工费用的部分支付周期不超过1个月。

甲方应每日/月将乙方员工接单情况、上线时间、接单时间、工作评价、服务费用等信息推送乙方，作为乙方确定乙方员工报酬的重要依据。

第四条 乙方应与乙方员工依法及时订立劳动合同，按时足额向其支付劳动报酬，依法参加社会保险并缴纳社会保险费，履行相关劳动保障责任。甲方有权监督乙方对其员工的工资支付和相关劳动保障法律义务履行情况。

第五条 甲方的软件服务应具备疲劳提醒功能，当依托甲方平台就业的乙方员工（以下简称乙方员工）接单时间连续达到4小时的，甲方系统会发出疲劳提示，并告知将停止推送订单20分钟。（适用于配送、出行等行业）

乙方员工每日累计接单时间达到8小时，会征求乙方及乙方员工本人意见是否继续派单。

第六条 甲方承诺在制定、修订平台进入退出、订单分配、计件单价、奖惩规则等直接涉及乙方员工劳动权益的制度规则和平台算法前，会通知乙方。乙方应听取工会或涉及的新就业形态劳动者的意见建议，并将意见建议及时反馈给甲方。甲方会及时将前述制度规则和平台算法以显著方式、清晰易懂的语言真实、准确、全面地公示并告知乙方员工。

甲方变更前述制度规则和平台算法的，将以显著方式提示阅读，并确认。

第七条 甲方承诺保护乙方员工的个人信息权利。甲方将根据平台个人信息处理规则（请点击链接/详见企业规章制度，认真阅读并确认），按照个人信息保护相关法律法规规定，处理乙方员工有关信息。

第八条 甲方承诺坚持算法取中原则，算法规则的制定以保障劳动者安全健康为基本前提，强化恶劣天气等特殊情形下的安全提示。

第九条 甲方为乙方员工提供以下异议申诉渠道：____________。

乙方员工如对于报酬计算、服务时长、服务费用扣减等事项有异议的，可通过上述申诉渠道向甲方提出申诉，甲方承诺及时予以回应并公正处理。

乙方应告知其员工可通过甲方提供的申诉渠道对乙方的下述行为进行投诉，甲方承诺及时予以回应并公正处理：

（1）以任何形式、任何名义收取管理费、挂靠费、履约保证金等费用，要求回扣、截留报酬，强迫员工参加活动、强制/诱导员工办理与平台无关业务、进行不合理消费等（合理的车辆租赁、维修服务费用除外）；

（2）未依据合法有效的制度规则对员工进

行罚款等处罚；

（3）以任何直接或间接方式强迫员工延长工作时间、扣减报酬、未及时足额支付劳动报酬等；

（4）甲方或乙方的工作人员存在骚扰、欺凌乙方员工等行为；

（5）其他：________________________。

第十条 甲方认为乙方员工的意见建议对于完善平台运营非常重要，乙方应告知员工向甲方提出意见建议的渠道。

第十一条 甲方与乙方变更或终止本合作协议，对乙方履行与乙方员工的劳动合同产生实质性影响的，甲乙双方应在征求乙方员工本人意愿的基础上，就其后续工作安排和合同订立做出合理安排。

四、违约责任

第十二条 因甲方未及时向乙方支付相关费用导致乙方员工被拖欠工资或给其造成其他经济损失的，甲方应依法承担赔偿责任并向乙方支付违约金。

乙方未及时向其员工支付工资，甲方接到投诉先行垫付后，可向乙方追偿并要求乙方依法支付违约金。

第十三条 因甲方平台算法不合理、道路指引不合规等给乙方员工造成损失的，甲方依法承担相应赔偿责任。

甲方（盖章）

法定代表人（主要负责人）

或委托代理人（签字或盖章）

年 月 日

乙方（签字）

法定代表人（主要负责人）

或委托代理人（签字或盖章）

年 月 日

附件 2

新就业形态劳动者书面协议参考文本

甲方（互联网平台企业）：__________

统一社会信用代码：____________________

法定代表人（主要负责人）或委托代理人：____________

注册地：____________________

经营地：____________________

联系电话：____________________

乙方（新就业形态劳动者）：____________________

居民身份证号码：________________

（或其他有效证件名称________证件号：______________）

户籍地址：____________________

经常居住地（通讯地址）：____________________

联系电话：____________________

根据《关于维护新就业形态劳动者劳动保障权益的指导意见》等，甲乙双方在平等自愿的基础上，一致同意订立本协议，共同遵守本协议所列条款。

一、主要权利义务

第一条 乙方工作内容为 完成 ×× 服务任务。乙方的工作区域或工作地点 依承接线

下服务任务时确认 。

第二条 甲方通过以下第____种方式提供管理和服务：

1. 由甲方直接提供日常管理和服务，包括____________。

2. 甲方与第三方建立业务合作关系，第三方提供相应属地化服务，包括 薪税服务、线上线下指导和培训以及职业伤害保障参保理赔、________等运营服务，以满足与甲方的业务合同约定。反映乙方要求和意见，为乙方获得当地的公共服务等提供支持和协助等。（请点击链接/详见企业规章制度，认真阅读并确认）

3. 上述两种方式兼有。

甲方已与第三方明确约定不得有以下行为，第三方如有下述行为，乙方可通过平台规则中明确的投诉渠道进行投诉。

（1）以任何形式、任何名义向乙方收取管理费、挂靠费、履约保证金等费用，要求回扣、截留报酬，强迫乙方参加活动、强制/诱导乙方办理与平台无关业务、进行不合理消费等（合理的车辆租赁、维修服务费用除外）；

（2）以任何形式、任何名义对乙方进行不合理罚款；

（3）以任何直接或间接方式限制乙方在工作时间、工作时长、接单等方面的自主决定权；

（4）设置不合理工作门槛，例如：存在性别、民族、年龄、户籍等歧视；要求乙方注册为个体工商户或另行签订与本协议不一致的其他协议等；

（5）第三方工作人员存在骚扰、欺凌等行为的；

（6）其他：____________________________。

第三条 甲方不得以各种直接或间接措施限制乙方在多平台就业或客观上会导致限制其多平台就业的后果。乙方在多平台接单的，应按约定及时完成通过甲方平台已接订单。

二、服务订单推送与确认

第四条 甲方通过互联网信息推送的方式向乙方提供服务任务；服务任务推送显示为各类服务订单。服务订单显示必要的服务任务信息（包括但不限于：1.________；2.________；3.________；4.________等）。

第五条 甲方按照以下规则向乙方推送订单。请点击链接/详见企业规章制度，阅读订单推送规则并确认。甲方如变更订单推送规则会在平台页面公示，以显著方式提示乙方阅读并确认。

甲方的订单推送规则遵循公平合理的原则确定，不因乙方的性别、年龄、民族、户籍等有不合理的差别待遇。

第六条 在符合本协议第十二条之约定的前提下，乙方完全自主决定上线时间、在线时长、接单时间和下线时间等，并且不会因此对订单推送或服务费用确定产生直接影响。预约单中设定的预约时间不属于对乙方工作时间的限制。

第七条 乙方完成服务任务过程中应遵守甲方的平台服务规则并接受甲方的监督。（请点击链接/详见企业规章制度，阅读平台服务规则并确认）。

三、报酬及支付

第八条 乙方服务报酬构成包括：__________、________、________等。

服务报酬的确定主要参考以下因素：1.________；2.______；3.______；4.____；5.____等。乙方提供正常劳动情形下，获得的服务报酬不低于当地小时最低工资标准。法定节假日的报酬标准应高于工作日。请点击链接/详见企业规章制度，认真阅读报酬支付规则相关内容，并确认。

第九条 甲方按每单/每天/每7天/每15天/每月和乙方结算支付一次报酬。乙方可根据实际情况随时提现。提现可能因银行支付规则等造成延迟。

第十条　甲方在乙方每单服务结束后24小时/72小时内向其提供服务结算清单，其内容包括：1.有关服务订单履行情况信息；2.服务费总额及其构成情况信息；3.有关扣减项目及数额信息；4.________；5.________等。甲方确保乙方在本次订单服务结束后_____个月内随时可查询和下载该服务信息清单的相关信息。

第十一条　乙方服务完成情况有可能影响每笔订单的服务报酬。乙方如果存在互联网平台规则中明确规定的一般违规行为，甲方会根据制度规则和平台算法相应扣减该笔订单的服务报酬。甲方平台规则中会明确规定可能致乙方服务报酬扣减的一般违反服务规范或平台规则的行为，请点击链接/详见企业规章制度，仔细阅读报酬支付规则及一般违反服务规范或平台规则行为的范围等相关内容，并确认。甲方不能单纯因客户差评或因不可抗力等非主观因素未按时完成工作任务扣减乙方服务报酬。

一般违规行为，单次违规扣减不超过该次服务报酬总额的_____%，扣减信息在订单服务报酬支付中显示。甲方做出扣减服务报酬决定时，应及时告知乙方扣减理由、金额等信息。乙方对扣减决定有异议的，可通过甲方提供的申诉渠道提出异议。异议成立的，扣减服务报酬在____日内返还乙方。

乙方存在严重违反服务行为规范或严重侵犯客户权益行为的，单次扣减不超过该次服务报酬总额的100%，甲方做出扣减服务报酬决定时，参照上款流程办理。严重违反服务行为规范或严重侵犯客户权益行为的范围参照本协议第二十二条约定。

四、服务时间与休息

第十二条　甲方实时掌握乙方的工作情况，并且记录其服务时间。甲方采取以下第_____种措施，保证乙方身体健康和合理休息：

1.（适用于配送、出行等行业）乙方连续接单时间达到4小时的，系统会发出疲劳提示，甲方停止推送订单20分钟；乙方每24小时累计接单时间超过____小时的，甲方会推送休息提示，建议乙方下线休息____小时/甲方会停止推送订单____小时。如乙方当时正在执行订单任务过程中，则从该订单任务完成后开始计时。接单时间是指乙方自执行订单任务时起至完成任务时止的全部时间，如同一时间接两个及以上订单，接单时间不重复计算。

2.____________________。

法律、行政法规或规章另有规定的，按照有关规定执行。

第十三条　乙方在多平台工作的，应合理安排休息时间，避免疲劳工作。

五、职业保障

第十四条　甲方负有保障乙方职业安全卫生和进行相关培训的责任，有权要求乙方遵守职业安全规范并参加相关培训。

甲方为乙方提供职业安全卫生、平台操作、平台规则等培训。乙方应按照要求参加相关培训。

第十五条　甲方为乙方提供必要且符合国家或者行业标准的劳动防护用品及安全防护用品的获取渠道。

第十六条　乙方应遵守各项安全生产法律法规，定期确认有关设备、工具符合安全生产规定，完成任务过程中应遵守道路交通安全及安全生产规章制度和操作规程，正确佩戴、使用劳动防护用品及安全防护用品。

第十七条　甲方会采取必要措施保障乙方人格尊严不受侵害，并向乙方提供紧急情形下请求救助的渠道或联系方式，乙方在完成服务任务过程中如受到侵害，可向甲方请求救助，甲方有义务提供帮助。

第十八条　乙方在完成服务任务过程中如果遭遇极端天气、危险路况或遭到欺凌、骚扰等情形的，有权终止服务任务的履行，并向甲方及时说明情况，保留证据。

请乙方点击链接/详见企业规章制度或联系甲方客服，了解在遭遇极端天气、遇到危险或在完成服务任务过程中受到欺凌或骚扰时寻求帮助和进行投诉的途径。

第十九条 甲方为乙方提供以下第______项保障计划：

1. 甲方按国家和所在地有关要求为乙方参加新就业形态就业人员职业伤害保障试点，缴纳职业伤害保障费，承担相应的职业伤害保障责任；

2. 甲方通过______________商业保险对乙方受到的职业伤害予以合理赔偿；

3. 其他商业保险计划：____。

第二十条 甲方支持并愿意协助乙方作为灵活就业人员参加企业职工基本养老保险、职工基本医疗保险或按规定参加城乡居民基本养老保险、城乡居民基本医疗保险。所在地方或行业有特别规定的，按照有关规定执行。

六、协议的履行、变更、解除和违约责任

第二十一条 甲方承诺以显著方式、清晰易懂的语言真实、准确、全面地告知乙方平台进入退出、订单分配、计件单价、抽成比例、报酬构成及支付、工作时间、奖惩规则、安全要求等直接涉及乙方劳动权益的制度规则和平台算法。

甲方承诺在制定、修订前述直接涉及乙方劳动权益的制度规则和平台算法前，通过________________方式听取工会或乙方所属群体代表的意见建议，将结果公示并告知乙方。

甲方变更前述直接涉及乙方劳动权益的制度规则和平台算法的，将以显著方式提示乙方阅读，并确认。

甲方承诺坚持算法取中原则，算法规则的制定以保障乙方安全健康为基本前提，强化恶劣天气等特殊情形下的算法优化和安全提示。

第二十二条 乙方应遵循诚实信用原则履行本协议约定的任务，因乙方故意、严重过失、严重违反服务行为规范给甲方或客户造成严重损失的，甲方有权注销乙方账号并解除本协议，给甲方造成经济损失的，有权要求乙方给予赔偿；给客户造成损失的，依法承担赔偿责任；涉嫌违法的向公安机关报案，并协助公安机关处理。

严重违反服务行为规范或严重侵犯客户权益行为属于平台规则中的禁止性行为，包括但不限于：______________________等。（请点击链接/详见企业规章制度，认真阅读平台规则中的禁止性行为及其后果的有关规定。）

第二十三条 甲方为乙方提供以下申诉和提出意见建议的渠道：__________。乙方如对于报酬计算、服务时长、服务费用扣减、委托管理方责任、__________等有异议的，可通过上述申诉渠道向甲方提出申诉，甲方承诺及时予以回应并公正处理。

第二十四条 甲方承诺保护乙方的个人信息权利。甲方需根据乙方同意的平台个人信息处理规则（请点击链接/详见企业规章制度，认真阅读并确认），按照个人信息保护相关法律法规规定，处理乙方有关信息。

第二十五条 乙方有权随时注销在甲方平台注册的账号。乙方注销在甲方平台注册的账号的，视为本协议解除。

七、双方约定事项

第二十六条 双方约定的其他事项：____。

八、争议解决

第二十七条 甲乙双方在履行协议过程中如发生争议，可以按照法律法规的规定，进行协商、申请调解或向合同履行地等有管辖权的人民法院提起诉讼。

九、其他

第二十八条 本协议中记载的乙方联系电话、通讯地址为协议期内通知相关事项和送达书面文书的联系方式、送达地址。如发生变化，乙方应当及时告知甲方。

第二十九条 双方确认：均已详细阅读并理解本协议内容，清楚各自的权利、义务。本协议未尽事宜，按照有关法律法规和政策规定

执行。

第三十条 本协议一式两份，甲乙双方各执一份，自双方签字（盖章）之日起生效，双方应严格遵照执行。

如以电子形式签订，乙方可随时查看并下载电子文本及其所有链接。

甲方（盖章）
法定代表人（主要负责人）
或委托代理人（签字或盖章）
年 月 日

乙方（签字）
年 月 日

附件3

新就业形态劳动者书面协议参考文本（三方）

甲方（互联网平台企业）____________
统一社会信用代码：____________
法定代表人（主要负责人）或委托代理人：____________
注册地：____________
经营地：____________
联系电话：____________

乙方（新就业形态劳动者）____________
居民身份证号码：____________
（或其他有效证件名称______证件号：____________）
户籍地址：____________
经常居住地（通讯地址）：____________
联系电话：____________

丙方（经营性人力资源服务机构）____________
统一社会信用代码：____________
法定代表人（主要负责人）或委托代理人：____________
注册地：____________
经营地：____________
联系电话：____________

根据《关于维护新就业形态劳动者劳动保障权益的指导意见》等，各方在平等自愿、协商一致的基础上订立本协议，共同遵守本协议所列条款。

一、主要权利义务

第一条 甲方为乙方提供服务任务相关信息，接受客户对于乙方的服务评价，线上监督和指导乙方按照平台确定的规则和要求完成服务任务并承担由此产生的服务费用。

第二条 乙方的主要责任是<u>完成××服务任务</u>，工作区域或工作地点<u>依承接线下服务任务时确认</u>。

第三条 丙方为受甲方委托，在工作区域进行属地化管理和服务的机构。其核心管理职责包括：

1. 提供报酬支付等薪税服务；
2. 协助参加有关社会保险；
3. 提供有关培训；
4. 处理乙方相关事故和纠纷；
5. ____________。

详细内容请点击<u>链接</u>/详见企业规章制

度，认真阅读并确认。甲方如果变更丙方的，应当提前______日告知乙方（变更/重新签订书面协议），否则因甲方未及时告知乙方给乙方造成经济损失的，由甲方承担相应的赔偿责任。

第四条 甲方和丙方均不得以各种直接或间接措施限制乙方在多平台就业或客观上会导致限制其多平台就业的后果。乙方在多平台接单的，应按约定及时完成通过甲方平台已接订单。

二、服务订单推送与确认

第五条 甲方通过互联网信息推送的方式向乙方提供服务任务；服务任务推送页面显示为各类服务订单。服务订单显示必要的服务任务信息（包括但不限于：1.______；2.______；3.________；4.________等）。

第六条 甲方按照以下规则向乙方推送订单。请点击链接阅读订单推送规则并签字确认。甲方变更订单推送规则的，会在平台页面公示，以醒目方式提示乙方阅读并确认。

甲方的订单推送规则遵循公平合理的原则确定，不因乙方的性别、年龄、民族、户籍等有差别待遇。

第七条 在符合本协议第十三条之约定的前提下，乙方完全自主决定上线时间、在线时长、接单时间和下线时间等，并且不会因此对订单推送或服务费用确定产生直接影响。预约单中设定的预约时间不属于对乙方工作时间的限制。

第八条 乙方完成服务任务过程中应遵守甲方的平台服务规则并接受甲方的监督。（请点击链接/详见企业规章制度，阅读平台服务规则并确认）。

三、报酬及支付

第九条 乙方服务报酬构成包括：__________、__________、__________等。

服务报酬的确定主要参考以下因素确定：1.________；2.________；3.________；4.________；5.________等。乙方提供正常劳动情形下，获得的服务报酬不低于当地小时最低工资标准。法定节假日的报酬标准应高于工作日。请点击链接/详见企业规章制度，认真阅读报酬支付规则相关内容，并确认。

乙方服务报酬由甲方/丙方支付。

第十条 报酬支付方按每单/每天/每7天/每15天/每月和乙方结算支付一次报酬。乙方可根据实际情况随时提现。提现可能因银行支付规则等造成延迟。

第十一条 甲方在乙方每单服务结束后24小时/72小时内向其提供服务结算清单，其内容包括：1.有关服务订单履行情况信息；2.服务费总额及其构成情况信息；3.有关扣减项目及数额信息；4.________；5.________等。甲方确保乙方在本次订单服务结束后______个月内随时可查询和下载该服务信息清单的相关信息。

第十二条 乙方服务完成情况有可能影响每笔订单的服务报酬。乙方如果存在互联网平台规则中明确规定的一般违规行为，甲方会根据制度规则和平台算法相应扣减该笔订单的服务报酬。甲方平台规则中会明确规定可能导致乙方服务报酬扣减的一般违反服务规范或平台规则的行为，请点击链接/详见企业规章制度，仔细阅读报酬支付规则及一般违反服务规范或平台规则行为的范围等相关内容，并确认。甲方不能单纯因客户差评或因不可抗力等非主观因素未按时完成工作任务扣减乙方服务报酬。

一般违规行为，单次违规扣减不超过该次服务报酬总额的______%，扣减信息在订单服务报酬支付中显示。甲方做出扣减服务报酬决定时，应及时告知乙方扣减理由、金额等信息。乙方对扣减决定有异议的，可通过甲方或丙方提供的申诉渠道提出异议。异议成立的，扣减服务报酬在______日内返还乙方。丙方有义务协助乙方进行申诉。

乙方存在严重违反服务行为规范或严重侵

犯客户权益行为的，单次扣减不超过该次服务报酬总额的100%，甲方做出扣减服务报酬决定时，参照上款流程办理。严重违反服务行为规范或严重侵犯客户权益行为的范围参照本协议第二十三条约定。

四、服务时间与休息

第十三条 甲方实时掌握乙方的工作情况，并且记录其服务时间。甲方采取以下第____种措施，保证乙方身体健康和合理休息：

1.（适用于配送、出行等行业）乙方连续接单时间达到4小时的，系统会发出疲劳提示，甲方停止推送订单20分钟；乙方每24小时累计接单时间超过______小时的，甲方会推送休息提示，建议乙方下线休息______小时/甲方会停止推送订单______小时。如乙方当时正在执行订单任务过程中，则从该订单任务完成后开始计时。接单时间是指乙方自执行订单任务时起至完成任务时止的全部时间，如同一时间可接两个及以上订单，接单时间不重复计算。

2. ________________________________。

法律、行政法规或规章另有规定的，按照有关规定执行。

第十四条 乙方在多平台工作的，应合理安排休息时间，避免疲劳工作。

五、职业保障

第十五条 甲方和丙方共同负有保障乙方职业安全卫生和进行相关培训的责任，均有权要求乙方遵守职业安全规范并参加相关培训。

甲方和/或丙方为乙方提供职业安全卫生、平台操作、平台规则等培训，包括线上和线下的培训。乙方应按照要求参加相关培训。

第十六条 甲方提供必要且符合国家或者行业标准的劳动防护用品及安全防护用品的获取渠道；丙方为乙方获得必要的劳动防护用品及安全防护用品提供便利和支持。

第十七条 乙方应遵守各项安全生产法律法规，定期确认有关设备、工具符合安全生产规定，完成任务过程中应遵守道路交通安全及安全生产规章制度和操作规程，正确佩戴、使用劳动防护用品及安全防护用品。

第十八条 甲方和丙方共同采取必要措施保障乙方人格尊严，并向乙方提供紧急情形下请求救助的渠道或联系方式。乙方在完成服务任务过程中如受到侵害，可向甲方和丙方请求救助，甲方和丙方均有义务提供帮助。

第十九条 乙方在完成服务任务过程中如果遭遇极端天气、危险路况或遭到欺凌、骚扰等情形的，有权终止服务任务的履行，并向甲方和丙方及时说明情况，保留证据。乙方向丙方报告的，丙方应及时告知甲方。

请乙方点击链接/详见企业规章制度或联系甲方/丙方，了解在遭遇极端天气、遇到危险或在完成服务任务过程中受到欺凌或骚扰时寻求帮助和进行投诉的途径。

第二十条 甲方和/或丙方为乙方提供以下第____项保障计划：

1. 按国家和所在地要求为乙方参加新就业形态就业人员职业伤害保障试点，缴纳职业伤害保障费，承担相应的职业伤害保障责任；

2. 通过__________商业保险对乙方受到的职业伤害予以合理赔偿；

3. 其他商业保险计划：______________________________________。

第二十一条 甲方和丙方支持并愿意协助乙方作为灵活就业人员参加企业职工基本养老保险、职工基本医疗保险或按规定参加城乡居民基本养老保险、城乡居民基本医疗保险。所在地方或行业有特别规定的，按照有关规定执行。

六、协议的履行、变更、解除和违约责任

第二十二条 甲方是平台运营制度规则和算法的制定者。甲方和丙方承诺以显著方式、清晰易懂的语言真实、准确、完整地告知乙方平台进入退出、订单分配、计件单价、抽成比例、报酬构成及支付、工作时间、奖惩规则、安全要求等直接涉及乙方劳动权益的制度规则

和平台算法。

甲方承诺在制定、修订前述直接涉及乙方劳动权益的制度规则和平台算法前，通过________________方式听取工会或乙方所属群体代表的意见建议，将结果公示并告知乙方。丙方协助甲方组织前述活动。

甲方变更前述直接涉及乙方劳动权益的制度规则和平台算法的，将以显著方式提示乙方阅读，并确认。

甲方承诺坚持算法取中原则，算法规则的制定以保障乙方安全健康为基本前提，强化恶劣天气等特殊情形下的算法优化和安全提示。

丙方有权在甲方的授权范围内制定与提供属地化管理和服务相关的制度规则，可就相关平台制度规则和平台算法向乙方进行解释说明。

第二十三条 乙方应遵循诚实信用原则履行本协议约定的任务，因乙方故意、严重过失、严重违反服务行为规范给甲方或客户造成严重损失的，甲方有权告知丙方并注销乙方账号及解除本协议，给甲方造成经济损失的，甲方有权要求乙方给予赔偿；给客户造成损失的，依法承担赔偿责任；涉嫌违法的向公安机关报案，并协助公安机关处理。

严重违反服务行为规范或严重侵犯客户权益行为属于平台规则中的禁止性行为，包括但不限于：________等。（请点击链接/详见企业规章制度，认真阅读平台规则中的禁止性行为及其后果的有关规定。）

第二十四条 甲方为乙方提供以下申诉和提出意见建议的渠道：__________。

丙方为乙方者提供以下申诉和提出意见建议的渠道：__________。

乙方如对于报酬计算、服务时长、服务费用扣减、委托管理方责任、__________等有异议的，可通过上述申诉渠道向甲方和丙方提出申诉，甲方和丙方承诺及时予以回应并公正处理。

丙方如有下述行为之一的，乙方可通过甲方提供的申诉渠道投诉，甲方承诺及时予以回应并公正处理：

1. 以任何形式、任何名义向乙方收取管理费、挂靠费、履约保证金等费用，要求回扣、截留报酬，强迫乙方参加活动、强制/诱导乙方办理与平台无关业务、进行不合理消费等（合理的车辆租赁、维修服务费用除外）；

2. 以任何形式、任何名义对乙方进行不合理罚款；

3. 以任何直接或间接方式限制乙方在工作时间、工作时长、接单等方面的自主决定权、强迫延长或限制工作时间、扣减报酬等；

4. 丙方工作人员存在骚扰、欺凌等行为的；

5. 设置不合理工作门槛，例如：存在性别、民族、年龄、户籍等歧视；要求乙方注册为个体工商户或另行签订与本协议不一致的其他协议等；

6. 其他：____________________________。

第二十五条 本协议约定的报酬支付方未依照约定按时足额支付乙方服务报酬的，乙方可要求甲方支付，甲方如已经将相关费用支付给丙方的，可向其追偿。

第二十六条 甲方和丙方均有义务保护乙方的个人信息权利。甲方和丙方需根据乙方同意的平台个人信息处理规则（请点击链接/详见企业规章制度，认真阅读并确认），按照个人信息保护相关法律法规规定，处理乙方有关信息。

第二十七条 甲方与丙方之间的合作协议变更、终止或解除不影响本协议中甲方与乙方相关权利义务的履行。

丙方发生变动的，甲方提前______日告知乙方，如乙方未提出异议，本协议中约定的丙方权利义务由其承继企业继续履行；乙方不同意变更的，可以单方解除协议。

第二十八条 乙方有权随时注销在甲方平台注册的账号。乙方注销在甲方平台注册的账号的，视为本协议解除。

七、各方约定事项

第二十九条 乙方对履行本协议而知悉的甲方和丙方的商业秘密承担保密义务，未经甲方和丙方同意，不得泄露。

第三十条 各方约定的其他事项：________________。

八、争议解决

第三十一条 各方在履行协议过程中如发生争议，可以按照法律法规的规定，进行协商、申请调解或向合同履行地等有管辖权的人民法院提起诉讼。

九、其他

第三十二条 本协议中记载的乙方联系电话、通讯地址为协议期内通知相关事项和送达书面文书的联系方式、送达地址。如发生变化，乙方应当及时告知甲方和丙方。

第三十三条 各方确认：均已详细阅读并理解本协议内容，清楚各自的权利、义务。本协议未尽事宜，按照有关法律法规和政策规定执行。

第三十四条 本协议一式三份，三方各执一份，自三方签字（盖章）之日起生效，各方应严格遵照执行。

如以电子形式签订，乙方可随时查看并下载本协议文本及其所有链接。

甲方（盖章）
法定代表人（主要负责人）
或委托代理人（签字或盖章）
　　年　月　日

乙方（签字）
　　年　月　日

丙方（盖章）
法定代表人（主要负责人）
或委托代理人（签字或盖章）
　　年　月　日

人力资源社会保障部办公厅 国家密码管理局办公室关于颁布密码工程技术人员国家职业标准的通知

人社厅发〔2023〕7号

各省、自治区、直辖市及新疆生产建设兵团人力资源社会保障厅（局）、密码管理局，中共海南省委人才发展局：

根据《中华人民共和国劳动法》《中华人民共和国职业教育法》有关规定，人力资源社会保障部、国家密码管理局共同制定了密码工程技术人员国家职业标准，现予颁布施行。

附件：密码工程技术人员国家职业标准目录

人力资源社会保障部办公厅
国家密码管理局办公室
2023年3月1日

附件

密码工程技术人员国家职业标准目录

序号	职业编码	职业名称
1	2-02-38-13	密码工程技术人员

人力资源社会保障部办公厅等 6 部门关于印发《工作场所女职工特殊劳动保护制度（参考文本）》和《消除工作场所性骚扰制度（参考文本）》的通知

人社厅发〔2023〕8 号

各省、自治区、直辖市及新疆生产建设兵团人力资源社会保障厅（局）、卫生健康委，人民检察院，总工会、企业联合会 / 企业家协会、工商联：

为指导用人单位完善工作场所女职工特殊劳动保护和消除工作场所性骚扰制度，切实保障广大女职工合法权益，促进女职工身心健康，营造安全、健康、舒心的良好工作环境，同时为检察机关开展妇女权益保障公益诉讼提供参考，人力资源社会保障部、国家卫生健康委员会、最高人民检察院、全国总工会、中国企业联合会 / 中国企业家协会、全国工商联根据《中华人民共和国劳动法》《中华人民共和国劳动合同法》《中华人民共和国妇女权益保障法》《女职工劳动保护特别规定》《女职工保健工作规定》等法律法规及有关政策规定，制定了《工作场所女职工特殊劳动保护制度（参考文本）》和《消除工作场所性骚扰制度（参考文本）》。现印发给你们，供指导用人单位制定完善有关规章制度或与女职工签订劳动合同、集体合同时参考。用人单位可根据所在地地方性法规规定，结合实际对参考文本有关内容进一步细化完善。

人力资源社会保障部办公厅
国家卫生健康委办公厅
最高人民检察院办公厅
全国总工会办公厅
中国企业联合会 / 中国企业家协会办公室
全国工商联办公厅
2023 年 3 月 8 日

工作场所女职工特殊劳动保护制度
（参考文本）

用人单位名称：________________

中国劳动和社会保障科学研究院研制

2023 年 3 月

目　录

第一章　总　　则

第一条　为加强女职工工作场所特殊劳动保护，维护女职工合法权益，保障女职工身心健康，构建和谐稳定的劳动关系，根据《中华人民共和国劳动法》《中华人民共和国劳动合同法》《中华人民共和国妇女权益保障法》《女职工劳动保护特别规定》《女职工保健工作规定》等法律法规规定，结合本单位实际情况，制定本制度。

第二条　本制度经第________届职工代表大会第____次会议审议通过。

第三条　本制度适用于本单位全体女职工，并向本单位全体职工公示告知。

第二章　劳动就业保护

第四条　本单位在录（聘）用女职工时，依法与女职工签订劳动（聘用）合同，劳动（聘用）合同中应具备女职工特殊保护条款，明确不得限制女职工结婚、生育等内容。

第五条　本单位遵守女职工禁忌从事的劳动范围的规定，并将本单位属于女职工禁忌从事的劳动范围的岗位书面告知女职工。

第六条　女职工在孕期、产期、哺乳期（指自婴儿出生之日起至满一周岁止）内，除有法律、法规规定的情形外，用人单位不得解除劳动（聘用）合同。劳动（聘用）合同期满而孕期、产期、哺乳期未满的，除女职工本人提出解除、终止劳动（聘用）合同外，劳动（聘用）合同的期限自动延续至孕期、产假、哺乳期期满。

第三章　工资福利保护

第七条　本单位工资分配遵循按劳分配原则，实行男女同工同酬。女职工在享受福利待遇方面享有与男职工平等的权利。

第八条　本单位不因女职工结婚、怀孕、生育、哺乳，降低其工资和福利待遇。

第九条　在晋职、晋级、评定专业技术职称和职务、培训等方面，坚持男女平等的原则，不歧视女职工。不因女职工怀孕、生育、哺乳等原因限制女职工参与上述活动。

第十条　妇女节（3月8日），女职工放假半天。

第十一条　本单位在发展的同时，采取积极有效措施，持续改善女职工工资福利待遇，不断提高女职工权益保障水平，促进女职工共享发展成果。

第四章　生 育 保 护

第十二条　本单位严格执行国家有关女职工特殊劳动保护的法律法规，对在经期、孕期、产期、哺乳期的女职工给予特殊保护。

第十三条　女职工月经期保护

（一）女职工在月经期间，不安排其从事国家规定禁忌从事的劳动。

（二）患重度痛经及月经过多的女职工，经医疗机构确诊后，月经期间适当给予1至2天的休假。

第十四条　女职工孕期保护

（一）女职工在怀孕期间，不安排其从事国家规定的孕期禁忌从事的劳动。

（二）对怀孕满7个月以上（含7个月）的女职工，本单位不延长劳动时间或者安排夜班劳动，并在劳动时间内安排一定的休息时间或适当减轻工作；在从事立位作业女职工的工作场所设置休息座位。

（三）女职工在孕期不能适应原劳动的，本单位根据医疗机构的证明，与职工本人协商一致，予以减轻劳动量或安排其他能够适应的劳动。

（四）怀孕女职工在劳动时间内进行产前检查，所需时间计入劳动时间，依法支付劳动报酬。

第十五条 女职工产期保护

（一）按照国家有关规定，女职工生育享受98天产假，其中产前可以休假15天；根据医疗机构证明，难产的，增加产假15天；生育多胞胎的，每多生育1个婴儿，增加产假15天。生育奖励假、配偶陪产假和育儿假，按照本地规定执行。

（二）根据医疗机构证明，女职工怀孕未满4个月流产的，享受15天产假；怀孕满4个月流产的，享受42天产假。

（三）女职工产假期间的生育津贴，按照本单位上年度职工月平均工资的标准由生育保险基金支付。

（四）对有过两次以上自然流产史，现又无子女的女职工，本单位根据实际情况，在其怀孕期间予以减轻工作量；经女职工申请，暂时调离有可能直接或间接导致流产的工作岗位。

（五）女职工休产假，提前填写《请假申请单》，由上级领导批准签报人力资源部门进行核对并备案。

（六）职工根据所在地规定申请休生育奖励假、配偶陪产假、育儿假等假期可参考上述流程办理。

第十六条 女职工哺乳期保护

（一）女职工在哺乳期内，不安排其从事哺乳期禁忌从事的劳动。

（二）对哺乳未满1周岁婴儿的女职工，不延长劳动时间或者安排夜班劳动。在每天的劳动时间内为哺乳期女职工安排1小时哺乳时间；女职工生育多胞胎的，每多哺乳1个婴儿每天增加1小时哺乳时间。

（三）婴儿满周岁后，经医疗机构确诊为体弱儿的，可适当延长授乳时间，但不得超过6个月。

第五章 职业安全健康保护

第十七条 本单位加强女职工的特殊劳动保护，对女职工进行劳动安全卫生知识培训。在生产发展的同时，投入专项资金，通过建立孕妇休息室、哺乳室等设施，改善女职工劳动安全卫生条件。

第十八条 定期组织女职工进行妇科疾病、乳腺疾病检查以及女职工特殊需要的其他健康检查。

第十九条 关爱更年期女职工，经医疗机构诊断为严重更年期综合征的，经治疗效果仍不明显，且不适应原工作的，应暂时安排适宜的工作。

第二十条 本单位公开承诺，对工作场所性骚扰行为持零容忍态度，明确禁止性骚扰的具体行为，健全预防和制止性骚扰的制度，完善必要的安全保卫措施，加强对消除性骚扰的宣传、教育和培训，通过开通热线电话、意见箱、电子邮箱等多种形式畅通投诉举报渠道，依据专门制定的消除工作场所性骚扰制度对反映问题妥善处理，并对女职工提供心理疏导和依法维权的支持，积极创建安全健康舒心的工作环境。

第六章 管理监督

第二十一条 本单位明确由________部门负责本制度的组织实施。

第二十二条 本单位建立由工会负责人担任组长的监督检查小组，女职工在小组成员中保持一定比例。监督检查小组定期对本制度执行情况开展检查，并向全体职工公布检查结果。

第二十三条 女职工合法权益受到侵害时，可向________________部门或监督检查小组举报投诉。经调查核实后，督促相关部门整改。

受理部门：____________________；

投诉电话：____________________；

信　　箱：____________________；

电子邮箱：____________________。

第七章　附　　则

第二十四条　本制度未尽事宜，按有关法律法规执行。法律法规未有规定的，双方协商解决。本制度生效后，在履行过程中，劳动（聘用）合同履行地的相关规定优于本制度规定的，按最优标准执行。

第二十五条　女职工特殊劳动保护的内容可以纳入集体合同、劳动安全卫生专项集体合同或女职工权益保护专项集体合同中。

第二十六条　本制度自____年__月__日生效。

消除工作场所性骚扰制度
（参考文本）

用人单位名称：________________

中华全国总工会女职工部
中国劳动和社会保障科学研究院联合研制
2023 年 3 月

目　录

第一章　总　则

第一条　为消除工作场所性骚扰，依法保障女职工权益，营造安全健康舒心的工作环境，根据《中华人民共和国民法典》《中华人民共和国妇女权益保障法》《女职工劳动保护特别规定》等法律法规，制定本制度。

第二条　本制度所称的性骚扰是指，违反他人意愿，以语言、表情、动作、文字、图像、视频、语音、链接或其他任何方式使他人产生与性有关联想的不适感的行为，无论行为实施者是否具有骚扰或其他任何不当目的或意图。

第三条　本制度经第____届职工代表大会第____次会议审议通过。

第四条　本制度适用于本单位全体职工，并向全体职工公示告知。

第二章　公开承诺

第五条　本单位公开承诺对性骚扰行为零容忍。

第六条　本单位明确由______部门负责本制度的组织实施，并负责受理工作场所性骚扰举报投诉事件的调查处置。各级管理层都有职责和专人负责做好预防和制止工作场所性骚扰的工作。

本单位建立由工会负责人担任组长的监督检查小组，女职工在小组成员中保持一定比例。监督检查小组定期对本制度执行情况开展检查，并向全体职工公布检查结果。

第七条　本单位工作场所内禁止包括但不限于以下行为：（1）以不受欢迎的语言挑逗、讲黄色笑话、向他人讲述个人性经历、不受欢迎的称呼等；（2）故意触摸、碰撞、亲吻他人敏感部位，不适宜地展示身体隐私部位或在他人周围对自己做涉性的接触或抚摸；（3）以信息方式给对方发送或直接展示色情、挑逗文字、图片、语音、视频等，如微信、短信、邮件等；（4）在工作场所周围布置淫秽图片、广告等，使对方感到难堪；（5）以跟踪、骚扰信息、寄送物品等方式持续对他人表达、传递含性暗示的内容；（6）其他性骚扰行为。

第三章　宣传培训

第八条　持续开展预防和制止工作场所性骚扰行为的宣传教育活动。在单位公告栏、办公室公告板等明显的地方张贴规章制度、“禁止性骚扰”标识和宣传画、举报投诉热线电话。

第九条　组织预防和制止工作场所性骚扰的专题培训，也可将专题培训纳入包括入职培训在内的各种培训之中。

第四章　职工举报投诉

第十条　职工在工作场所遇到本制度第七条规定的行为的，都应向实施者表明“你这种行为是不受欢迎的”等明确态度。

第十一条　职工在工作场所遇到本制度第七条规定的行为的，有权向其上级主管或____ ______部门举报投诉，其上级主管或______部门对举报投诉事项进行受理登记，并由____部门启动调查程序，及时向当事人提供法律援助服务。在对举报投诉者予以保密的前提下，可以适当方式予以鼓励。

受理部门：________________________；
投诉电话：________________________；
信　　箱：________________________；
电子邮箱：________________________。

第十二条　举报投诉者尽可能详细地记录每个细节并保全所有证据。

第五章 调查处置

第十三条 接到举报投诉后，相关部门应及时进行走访调查，收集和固定相关证据。包括但不限于：（1）受害人陈述；（2）电子证据，如微信聊天记录、电子邮件记录、短信记录、通话记录；（3）视听证据，如图片、录音、录像、监控等；（4）证人证言，及时搜集本单位相关同事的证人证言；（5）物证，及时保存涉及的相关材料；（6）第三方证据，比如报警记录、调查笔录、酒店录像等；（7）其他相关证据。

第十四条 对性骚扰实施者的处置措施包括：警告、调整工作岗位、依法解除劳动合同等。涉嫌触犯有关法律法规的，移送司法机关处理。

同时，采取措施避免对性骚扰受害者的二次伤害，可将性骚扰实施者调整至难以与受害者接触的工作岗位。

第十五条 相关部门在举报投诉与调查处置的全过程中，应注意个人隐私权的保护，做好相关材料的保密工作。有关调查处理结果应及时向举报投诉人进行反馈。

第六章 工会参与监督

第十六条 本单位工会将预防和制止工作场所性骚扰纳入集体协商议题，提高女职工的参与度和代表性；将预防和制止性骚扰等内容纳入集体合同和女职工权益保护专项集体合同、劳动安全卫生专项集体合同的协商中，在集体合同尤其是专项集体合同中增加预防和制止性骚扰条款。

第十七条 本单位工会要广泛听取和反映职工的意见建议，为职工提供法律咨询服务，支持、协助受害者用法律手段维权，并为受害者提供专业心理疏导服务。

第十八条 本单位工会通过工会劳动法律监督提示函、工会劳动法律监督意见书等，提示相关部门建立健全预防和制止工作场所性骚扰的制度机制，完善工作场所相关措施，营造安全健康舒心的工作环境。

第七章 附　　则

第十九条 本制度未尽事宜，按有关法律法规执行。

第二十条 本制度自____年__月__日生效。

人力资源社会保障部办公厅　中央网信办秘书局　工业和信息化部办公厅关于颁布数据安全工程技术人员国家职业标准的通知

人社厅发〔2023〕9号

各省、自治区、直辖市及新疆生产建设兵团人力资源社会保障厅（局）、网信办、工业和信息化主管部门，中共海南省委人才发展局：

根据《中华人民共和国劳动法》《中华人民共和国职业教育法》有关规定，人力资源社会保障部、中央网信办、工业和信息化部共同制定了数据安全工程技术人员国家职业标准，现予颁布施行。

附件：数据安全工程技术人员国家职业标准目录

人力资源社会保障部办公厅
中央网信办秘书局
工业和信息化部办公厅
2023年3月20日

附件

数据安全工程技术人员国家职业标准目录

序号	职业编码	职业名称
1	2-02-38-12	数据安全工程技术人员

人力资源社会保障部办公厅
工业和信息化部办公厅
关于颁布机器人、增材制造工程技术人员国家职业标准的通知

人社厅发〔2023〕10号

各省、自治区、直辖市及新疆生产建设兵团人力资源社会保障厅（局）、工业和信息化主管部门，中共海南省委人才发展局：

根据《中华人民共和国劳动法》《中华人民共和国职业教育法》有关规定，人力资源社会保障部、工业和信息化部共同制定了机器人、增材制造工程技术人员国家职业标准，现予颁布施行。

附件：2个国家职业标准目录

人力资源社会保障部办公厅
工业和信息化部办公厅
2023年3月20日

附件

2个国家职业标准目录

序号	职业编码	职业名称
1	2-02-38-10	机器人工程技术人员
2	2-02-38-11	增材制造工程技术人员

人力资源社会保障部办公厅　财政部办公厅关于印发《中央本级社会保险基金监督举报奖励实施细则（暂行）》的通知

人社厅发〔2023〕11号

人力资源社会保障部规划财务司、养老保险司、失业保险司、工伤保险司、农村社会保险司、社会保险基金监管局、信息中心、社会保险事业管理中心、中央国家机关养老保险管理中心，财政部社会保障司：

现将《中央本级社会保险基金监督举报奖励实施细则（暂行）》印发你们，请结合实际认真贯彻落实。

人力资源社会保障部办公厅
财政部办公厅
2023年3月20日

中央本级社会保险基金监督举报奖励实施细则（暂行）

第一条　为做好中央本级社会保险基金监督举报奖励工作，根据《社会保险基金行政监督办法》《社会保险基金监督举报奖励暂行办法》等有关规定，制定本细则。

第二条　公民、法人和其他社会组织（以下简称举报人）对欺诈骗取、套取或者挪用贪占基本养老保险、失业保险、工伤保险基金（以下简称社会保险基金）的违法违规问题进行举报并提供相关线索，经人力资源社会保障部查证或人力资源社会保障部会同财政部共同查证属实、符合《社会保险基金监督举报奖励暂行办法》规定的，按照本细则给予奖励。

第三条　中央本级社会保险基金监督举报奖励工作由人力资源社会保障部负责社会保险基金监督工作的机构（下称承办单位）具体承办。

中央本级社会保险基金监督举报奖励包括人力资源社会保障部本级管理的社会保险基金违法违规事项和需由人力资源社会保障部直接查处或者牵头查处的涉案金额巨大、社会影响恶劣的社会保险基金案件。

承办单位及其工作人员应当按照规定为举报人保密，不得泄露举报人相关信息。

第四条　中央本级举报奖励资金纳入人力资源社会保障部部门预算，接受财政、审计、社会监督。

第五条　人力资源社会保障部按照查证属实违法违规行为所造成社会保险基金损失金额

的2%对举报人进行奖励。奖励金额最低200元，最高100 000元。

对举报事项查证为违法违规行为但尚未造成基金损失的，人力资源社会保障部根据违法违规行为性质、可能造成的基金损失等因素，给予举报人200～1 000元奖励。

第六条 同一事项由两个或者两个以上举报人分别举报的，奖励第一举报人。承办单位按照举报受理时间的先后顺序确定第一举报人，举报受理时间依据举报工作管理相关规定确认。由两个或者两个以上举报人联名举报的，按照一个举报人奖励额度进行奖励，奖励资金由举报人自行协商分配后发放。

第七条 承办单位应当在案件查处完毕后10个工作日内以经举报人确认的送达方式、送达地址向举报人送出《社会保险基金监督举报奖励通知书》，并与举报人确认是否收到。

第八条 举报人应当自接到《社会保险基金监督举报奖励通知书》之日起30个工作日内，持本人有效身份证件、《社会保险基金监督举报奖励通知书》、本人社会保障卡或者银行卡到人力资源社会保障部办理领取奖励资金手续。

举报人不能现场办理领取奖励资金手续的，应当将本人有效身份证件、社会保障卡或者银行卡复印件及《社会保险基金监督举报奖励通知书》《非现场领取奖励资金承诺书》通过邮政特快专递寄送到承办单位指定地址。

举报人委托他人办理的，受委托人应当到现场办理领取奖励资金手续，并提供《社会保险基金监督举报奖励通知书》、举报人授权委托书、举报人和受委托人有效身份证件、举报人社会保障卡（银行卡）银行账号。

举报人逾期未领取奖励资金的，视为主动放弃。

第九条 承办单位工作人员持《社会保险基金监督举报奖励通知书》等奖励工作相关材料办理汇款手续。奖励资金按照规定代扣代缴个人所得税后，通过银行汇款至举报人提供的社会保障卡（银行卡）银行账号。

第十条 承办单位应当建立健全举报奖励台账，负责做好举报奖励相关档案的管理工作。

第十一条 任何组织、个人弄虚作假骗取、冒领奖励资金的，一经发现，责令退回冒领的奖励资金，并依法承担相应责任；涉嫌犯罪的，依法追究刑事责任。

第十二条 承办单位工作人员在举报奖励工作中存在下列情形的，视情节轻重依法给予处分；涉嫌犯罪的，依法追究刑事责任：

（一）伪造或者教唆、伙同他人伪造材料，冒领奖励资金的；

（二）利用职务之便故意泄露线索套取奖励资金的；

（三）泄露举报人相关信息导致举报人利益受到损害的；

（四）贪污、挪用、截留奖励资金的；

（五）其他依法依规应当承担法律责任的行为。

第十三条 本细则由人力资源社会保障部、财政部负责解释，自公布之日起实施。

人力资源社会保障部办公厅
关于印发《专业技术人员职业资格证书管理工作规程（试行）》的通知

人社厅发〔2023〕16号

各省、自治区、直辖市及新疆生产建设兵团人力资源社会保障厅（局），中央和国家机关有关部委、直属机构人事部门，有关行业协会、学会：

现将《专业技术人员职业资格证书管理工作规程（试行）》印发给你们，请遵照执行。

本规程自2023年6月15日起施行。《人事部办公厅关于发放专业技术资格证书有关问题的通知》（人办职〔1990〕3号）、《人事部办公厅关于专业技术资格证书发放问题的通知》（人办职〔1994〕2号）、《人事部专业技术人员职称司关于专业技术资格证书发放程序问题的通知》（人职司函〔1995〕7号）、《人事部关于加强职称评聘和考试工作中证书管理的通知》（人发〔1996〕72号）、《人事部办公厅关于更换补发专业技术资格证书有关问题的通知》（人办发〔1997〕85号）、《人事部办公厅关于认真做好专业技术人员执业资格证书发放工作的通知》（人办发〔1998〕40号）同时废止。

人力资源社会保障部办公厅

2023年5月22日

专业技术人员职业资格证书管理工作规程（试行）

第一章　总　　则

第一条　为规范专业技术人员职业资格证书制作和发放工作，提升管理与服务水平，依据有关法律、法规和制度规定，制定本规程。

第二条　由人力资源社会保障部统一制作的专业技术人员职业资格证书管理工作适用于本规程。

第三条　专业技术人员职业资格证书管理工作应当坚持依法依规、安全规范、高效便民的原则。

第四条　人力资源社会保障部负责专业技术人员职业资格证书的核发管理、政策制定、信息化及其他综合管理工作，对证书制作发放工作进行监督指导。

各有关行业主管部门、各省级人力资源社

会保障行政部门、有关行业协会或者学会负责本行业或者本地区专业技术人员职业资格证书制作发放的管理工作。

各级考试机构（含具有专业技术人员职业资格考试管理职能的行业协会或者学会）负责证书数据的采集、审核，以及证书的发放工作。

人力资源社会保障部人事考试中心承担证书数据接收、证书制作、证书发放等具体管理工作，负责全国专业技术人员职业资格证书查询验证系统的运行维护，提供证书查询验证等应用服务。

第二章　证书的形式和内容

第五条　专业技术人员职业资格证书包括纸质证书和电子证书两种形式，具有同等法律效力，原则上应当同步制作和发放。

第六条　专业技术人员职业资格证书按照法律法规、职业资格制度等有关规定用印。

第七条　专业技术人员职业资格纸质证书记载的基本信息包括职业资格信息、持证人信息、管理信息和备注信息等。

职业资格信息包括职业资格名称、级别、专业等。

持证人信息包括姓名、性别、出生年月、本人照片、证件号码等。

管理信息包括管理号、批准日期、查验二维码等。

备注信息包括有效范围、有效期限、持证人信息变更情况记录等。

专业技术人员职业资格电子证书记载的信息应当符合电子证照信息标准等有关规定。

第三章　证书的制作

第八条　持证人信息一般由有关考试机构在组织考试报名时采集。

第九条　有关考试机构应当按照考试报名证明事项告知承诺制和有关考试规定及时完成数据核查和处理工作，确保证书信息完整、准确、有效。

有关考试机构原则上应当于考试成绩发布后25个工作日内向人力资源社会保障部人事考试中心提交符合信息标准的证书数据。不能于规定时限一次性提交证书数据的，可以分批提交。

第十条　人力资源社会保障部人事考试中心接收证书数据后，一般应当于20个工作日内交付印制纸质证书并开通证书查询验证服务。已经实行电子证书的，应当同步制发电子证书。

第四章　证书的发放

第十一条　证书发放机构应当建立完善纸质证书交接、登记、保管、发放等工作制度，配备专门的工作场所和专责的证书管理人员，建立健全纸质证书管理风险防控机制和工作责任体系，公开纸质证书领取时间、方式和服务事项办理流程等。

证书发放机构接收纸质证书时应当认真清点、检查和验收，并于履行签收手续后10个工作日内启动纸质证书发放工作。

第十二条　证书发放机构原则上应当提供纸质证书现场发放服务和邮寄服务，并提供证书邮寄服务的网上申请途径。

证书邮寄费用一般由提出申请的持证人支付。

第十三条　现场发放的纸质证书应当由本人领取。确需委托他人代为领取的，应当提供持证人和代领人的身份证件、委托书等。

未按时领取的纸质证书，由证书发放机构代为保管，保管期限为自考试结束日起5年。

第十四条　电子证书由人力资源社会保障部人事考试中心通过中国人事考试网全国专业技术人员职业资格证书查询验证系统提供下载等应用服务。

第十五条　持证人信息发生改变确需变更证书的，持证人可以按规定向证书发放机构申请换发证书。

证书发放机构对换发证书申请初审后，报送有关考试机构或者考试主管部门。有关考试机构或者考试主管部门审核确认后，向人力资源社会保障部人事考试中心提交换发证书数据。人力资源社会保障部人事考试中心按程序重新制发证书。

重新制发的证书，应当在证书的备注信息中载明持证人信息的变更情况，并在管理信息系统中记录。

第十六条 纸质证书遗失、损毁或者超出保管期限未领取的，持证人可以向证书发放机构申请补发纸质证书，证书补发与证书换发的工作流程一致，重新补发的纸质证书标注“补发”字样。已经制发电子证书的，不再补发纸质证书。

第五章 证书撤销、无效的处理

第十七条 有关机构依据专业技术人员职业资格考试违纪违规行为处理规定等作出专业技术人员职业资格证书无效处理后，应当于10个工作日内以书面方式将处理决定和处理事由告知有关考试机构和人力资源社会保障部人事考试中心。

第十八条 有关考试机构应当于专业技术人员职业资格证书无效处理作出后的15个工作日内完成相关数据处理并提交人力资源社会保障部人事考试中心。

人力资源社会保障部人事考试中心应当于接收相关数据后的5个工作日内完成证书查询验证数据的更新工作；已经制发电子证书的，应当同步撤销相应的电子证书。

第六章 其他服务

第十九条 有关考试主管部门或者考试机构应当对存量纸质证书进行归集整理，逐步将证书数据交由人力资源社会保障部人事考试中心汇总后，向社会提供网络查询验证服务。

第二十条 人力资源社会保障部人事考试中心根据存量证书数据归集整理情况，按照有关电子证照管理办法，对存量证书制作电子证书。

第二十一条 证书换发、补发、存量证书归集整理和制作电子证书时，职业资格信息或者实施部门（单位）发生调整的，使用调整后的新信息。

存量证书归集整理和制作电子证书时，持证人姓名、证件号码等关键信息缺失或者不完整的，按照信息标准补全关键信息；其他信息缺失或者不完整的，可以采取信息容缺方式处理。

第二十二条 人力资源社会保障部人事考试中心通过中国人事考试网全国专业技术人员职业资格证书查询验证系统提供证书的查询验证服务。

人力资源社会保障部按照相关规定通过国家政务服务平台、国家数据共享交换平台、全国人力资源和社会保障政务服务平台等提供专业技术人员职业资格证书信息共享和服务。

第二十三条 人力资源社会保障部人事考试中心通过中国人事考试网定期向社会公布证书制作发放工作进度、证书查询验证范围、职业资格实行电子证书的范围等信息。

第七章 附 则

第二十四条 已经退出国家职业资格目录的职业资格办理证书换发和补发事项，按申请人自愿原则，由各地证书发放机构审核确认后开具相应的职业资格证明；人力资源社会保障部不再作为实施部门的，各级人力资源社会保障部门不再受理相关证书的换发和补发事宜。

第二十五条 持证人或者有关单位对证书及其查询验证结果存在异议的，可以向证书发放机构申请核实。

第二十六条 收回的纸质证书，以及超出保管期限未领取的纸质证书，由证书发放机构登记造册后按年度交由人力资源社会保障部人事考试中心销毁。

第二十七条 由人力资源社会保障部颁发考试合格证明等，或者由人力资源社会保障部提供考试合格电子证明制作和应用服务的，参照本规程管理。

由省级人力资源社会保障行政部门组织

实施的专业技术人员职业资格考试并颁发证书的，可以参照本规程管理。

第二十八条 本规程由人力资源社会保障部负责解释。

第二十九条 本规程自 2023 年 6 月 15 日起施行。本规程施行之前的规定与本规程不一致的，以本规程为准。

人力资源社会保障部办公厅等6部门关于印发《消除工作场所童工和加强工作场所未成年工特殊劳动保护制度（参考文本）》的通知

人社厅发〔2023〕17号

各省、自治区、直辖市及新疆生产建设兵团人力资源社会保障厅（局）、卫生健康委、妇女儿童工作委员会办公室，总工会、企业联合会/企业家协会、工商联：

为指导用人单位完善消除工作场所童工和加强工作场所未成年工特殊劳动保护制度，切实维护未成年人的合法权益，构建和谐稳定的劳动关系，人力资源社会保障部、国家卫生健康委员会、国务院妇女儿童工作委员会办公室、全国总工会、中国企业联合会/中国企业家协会、全国工商联根据《中华人民共和国劳动法》《中华人民共和国未成年人保护法》《禁止使用童工规定》《未成年工特殊保护规定》等法律法规及有关政策规定，制定了《消除工作场所童工和加强工作场所未成年工特殊劳动保护制度（参考文本）》。现印发给你们，供指导用人单位制定完善有关规章制度或与未成年工签订劳动合同时参考。

人力资源社会保障部办公厅
国家卫生健康委办公厅
国务院妇女儿童工作委员会办公室
全国总工会办公厅
中国企业联合会/中国企业家协会办公室
全国工商联办公厅
2023年6月2日

消除工作场所童工
和加强工作场所未成年工特殊劳动保护制度
（参考文本）

用人单位名称：________________

中国劳动和社会保障科学研究院
中国人民大学劳动人事学院
首都经济贸易大学劳动经济学院
中国劳动关系学院劳动关系与人力资源学院联合研制

目　录

第一章　总　　则

第一条　为消除工作场所童工，加强工作场所未成年工特殊劳动保护，维护未成年人的合法权益，构建和谐稳定的劳动关系，根据《中华人民共和国劳动法》《中华人民共和国职业病防治法》《中华人民共和国未成年人保护法》《中华人民共和国工会法》《禁止使用童工规定》《未成年工特殊保护规定》等法律法规规定，结合本单位实际情况，制定本制度。

第二条　本制度经第____届职工代表大会第____次会议审议通过，并向本单位全体职工公示告知。

第二章　招 录 管 理

第三条　本单位为非文艺、体育单位，公开承诺工作场所禁止使用童工。

第四条　本单位消除工作场所童工，包括以下内容：

（一）不招用不满16周岁的未成年人。招录时，必须核查被招用人员的身份证。录用人员的录用登记、核查材料应当妥善保管；

（二）不为不满16周岁的未成年人介绍就业；

（三）不以勤工俭学、实习、教学实践、职业技能培训为名，安排不满16周岁的未成年人从事生产经营性劳动；

（四）遵守《职业学校学生实习管理规定》等国家有关规定，不使用不满16周岁的未成年人从事劳动。

第五条　本单位招用已满16周岁、不满18周岁的未成年工时，应当做好：

（一）如实告知劳动者工作内容、工作条件、工作地点、职业危害、安全生产状况、劳动报酬等；

（二）依法与未成年工签订劳动合同，未成年人的监护人可以同时在劳动合同上签字；

（三）安排未成年工健康检查，填写《未成年工健康检查表》《未成年工登记表》，向所在地的县级以上人力资源社会保障行政部门办理登记；

（四）承担健康检查等产生的费用；

（五）依法合理安排未成年工工作岗位。

第三章　宣 传 培 训

第六条　持续开展消除工作场所童工、加强工作场所未成年工特殊劳动保护的宣传教育活动。在单位公告栏、办公室公告板等明显的地方张贴规章制度、举报投诉热线电话。

第七条　未成年工上岗前，对其进行有关的职业安全卫生教育、培训。同时，组织消除工作场所童工、加强工作场所未成年工特殊劳动保护的专题培训或将专题培训内容纳入各类培训之中。

第四章　劳 动 保 护

第八条　本单位不安排未成年工从事接触职业病危害的作业和国家规定禁忌从事的劳动；不安排未成年工在营业性娱乐场所、酒吧、互联网上网服务营业场所从事劳动。

第九条　本单位严格执行国家关于工作时间、休息休假、社会保险和劳动安全卫生等方面的规定。

第十条　本单位工资分配遵循按劳分配原则，对包括未成年工在内的全体职工执行统一的劳动报酬分配办法。

第十一条　本单位工资以货币形式按月足额支付给未成年工，不克扣或者无故拖欠未成年工的工资。

第十二条　本单位定期对未成年工进行健康检查并承担费用：

（一）安排工作岗位之前；

（二）工作满1年；

（三）年满18周岁，距前一次的体检时间已超过半年。

未成年工的健康检查，按照《未成年工特殊保护规定》中《未成年工健康检查表》列出的项目进行。

第十三条 本单位根据未成年工的健康检查结果安排其从事适合的劳动，对不能胜任原工作岗位的，应根据医疗机构的证明，予以减轻劳动量或安排其他劳动。

第五章 监督检查

第十四条 本单位明确由________部门负责本制度的组织实施。

第十五条 本单位建立由工会负责人担任组长的监督检查小组。监督检查小组定期对本制度执行情况开展检查，通过工会劳动法律监督提示函、工会劳动法律监督意见书等，提示相关部门建立健全预防措施，并向全体职工公布检查结果。

第十六条 本单位未成年工合法权益受到侵害时，可向________部门或监督检查小组举报投诉。经调查核实后，督促相关部门整改。

受理部门：__________________________；

投诉电话：__________________________；

信　　箱：__________________________；

电子邮箱：__________________________。

第十七条 本单位积极配合人力资源社会保障行政部门对本单位禁止使用童工及未成年工特殊劳动保护方面进行监督检查。

第六章 附 则

第十八条 本制度未予规定的，按照劳动法及其他有关法律法规执行。法律法规未有规定的，双方协商解决。

第十九条 未成年工特殊劳动保护的内容可以纳入集体合同、劳动安全卫生专项集体合同或未成年工权益保护专项集体合同中。

第二十条 本制度自____年__月__日生效。

未成年工登记表

编号：

<table>
<tr><td rowspan="2">贴照
片处</td><td>姓名</td><td></td><td>性别</td><td></td><td>户籍</td><td></td></tr>
<tr><td>身份证号码</td><td colspan="3"></td><td>学历</td><td></td></tr>
<tr><td>工作单位</td><td colspan="4"></td><td>合同期限</td><td></td></tr>
<tr><td>监护人</td><td colspan="4"></td><td>联系方式</td><td></td></tr>
<tr><td rowspan="2">健康状况</td><td colspan="2">健　康</td><td colspan="4">______（是√，否×）</td></tr>
<tr><td colspan="2">患有何种疾病或有何种
生理缺陷（非残疾型）</td><td colspan="4"></td></tr>
<tr><td>拟安排劳动范围
（岗位、工种）</td><td colspan="6"></td></tr>
<tr><td>用人单位经办人</td><td colspan="3"></td><td>联系电话</td><td colspan="2"></td></tr>
<tr><td>用人单位法定
代表人签字</td><td colspan="3"></td><td colspan="3">用人单位（盖章）

年　月　日</td></tr>
<tr><td>人力资源社会保障
行政部门意见</td><td colspan="6">
年　月　日</td></tr>
</table>

说明：此表一式二份，一份由用人单位留存，一份由当地人力资源社会保障行政部门留存。

未成年工健康检查表

________省______市______县（区）________工厂________车间____工种

姓名____________性别____民族____出生日期______年____月____日

重要病史________________________检测日期______年____月____日

1. 脉搏__________次 / 分
2. 收缩压________Pa
3. 舒张压（消音）________Pa
4. 肺活量（1）________（2）________（3）________最大值________ml
5. 营养状况____
6. 血色素____g/L
7. 身高__________cm
8. 体重__________kg
9. 体重 / 身高__________
10. 坐高__________cm
11. 胸围__________cm
12. 肩宽__________cm
13. 骨盆宽__________cm
14. 月经来潮：□已　　□未

<table>
<tr><td rowspan="10">体格检查</td><td>项目</td><td>正常</td><td colspan="8">阳 性 体 征</td></tr>
<tr><td rowspan="6">心脏</td><td rowspan="6"></td><td rowspan="2">左界大</td><td rowspan="2">右位心</td><td rowspan="2">心动过速（次/分）</td><td rowspan="2">心动过缓（次/分）</td><td colspan="2">频发早搏</td><td rowspan="2">其他心律异常</td><td rowspan="2">其他</td></tr>
<tr><td>安静（次/分）</td><td>运动后（次/分）</td></tr>
<tr><td></td><td></td><td></td><td></td><td></td><td></td><td></td><td></td></tr>
<tr><td rowspan="3">病理杂音</td><td>部位</td><td colspan="2">收缩期</td><td colspan="2">舒张期</td><td colspan="2" rowspan="2">传导方向</td></tr>
<tr><td rowspan="2"></td><td>性质</td><td>响度</td><td>性质</td><td>响度</td></tr>
<tr><td></td><td></td><td></td><td></td><td colspan="2"></td></tr>
<tr><td>肺脏</td><td colspan="9"></td></tr>
<tr><td>肝脏</td><td></td><td colspan="8">肋缘下______厘米 肘突下______厘米 软硬度______厘米 触痛_____厘米</td></tr>
<tr><td>脾脏</td><td></td><td colspan="8">肋缘下______厘米 最大斜径______厘米 软硬度______厘米 触痛_____厘米</td></tr>
<tr><td></td><td colspan="2">其他部分异常</td><td colspan="8"></td></tr>
<tr><td rowspan="7">部分常见病</td><td rowspan="4">视力</td><td rowspan="2">远</td><td>左</td><td></td><td colspan="6" rowspan="7">印象：</td></tr>
<tr><td>右</td><td></td></tr>
<tr><td rowspan="2">近</td><td>左</td><td></td></tr>
<tr><td>右</td><td></td></tr>
<tr><td colspan="3">沙眼</td><td></td></tr>
<tr><td colspan="3">脊柱侧弯</td><td></td></tr>
<tr><td colspan="3">神经衰弱</td><td></td></tr>
<tr><td rowspan="6">其他检查化验</td><td colspan="2">胸透</td><td colspan="2"></td><td colspan="6" rowspan="7">建议：

医师签名：______________
日　　期：______________</td></tr>
<tr><td colspan="2">心电图</td><td colspan="2"></td></tr>
<tr><td colspan="2">肝功</td><td colspan="2"></td></tr>
<tr><td rowspan="2">结果试验</td><td>OT</td><td colspan="2">毫米直径</td></tr>
<tr><td>PPD</td><td colspan="2">毫米直径</td></tr>
<tr><td colspan="2">其他</td><td colspan="2"></td></tr>
<tr><td>备注</td><td colspan="4"></td></tr>
<tr><td colspan="3">□可、□否</td><td colspan="2">参加素质测试</td><td colspan="6"></td></tr>
</table>

人力资源社会保障部办公厅　财政部办公厅关于做好2023年高校毕业生“三支一扶”计划实施工作的通知

人社厅发〔2023〕18号

各省、自治区、直辖市及新疆生产建设兵团人力资源社会保障厅（局）、财政厅（局）：

为深入贯彻落实党的二十大精神，进一步引导和鼓励高校毕业生到基层工作，按照《关于实施第四轮高校毕业生“三支一扶”计划的通知》（人社部发〔2021〕32号）安排，现就做好2023年高校毕业生“三支一扶”计划实施工作通知如下。

一、充分认识实施“三支一扶”计划的重要意义。高校毕业生“三支一扶”计划是引导和鼓励高校毕业生到基层工作的示范性项目，在优化基层人才队伍结构、促进基层经济社会事业发展、带动高校毕业生就业观念转变方面发挥了积极作用。要进一步提高政治站位，深入实施人才强国战略，充分认识实施“三支一扶”计划的重要意义，聚焦基层对青年人才的需求，认真做好2023年实施工作。要加强部门间沟通协作，进一步健全服务保障机制，不断提升项目实施质量，充分发挥示范引领作用，积极引导鼓励更多高校毕业生到基层工作。

二、优化选拔招募结构。2023年，中央财政支持招募“三支一扶”人员3.4万名，鼓励有条件的地方结合实际适当扩大招募规模。紧贴全面推进乡村振兴重点工作需要，积极拓展水利基础设施建设与运行管理、农技推广、林草生态保护修复、医疗卫生、乡村建设等服务岗位。招募计划继续向乡村振兴重点帮扶县、脱贫县、易地扶贫搬迁大型和特大型集中安置区所在县倾斜，向革命老区、民族地区、边疆地区等艰苦边远地区倾斜，对国家乡村振兴重点帮扶县实行计划单列。科学设定招募条件，对招人难、留人难的艰苦边远地区可适当放宽专业要求、降低开考比例、提高本地户籍毕业生比例，对脱贫户、零就业家庭毕业生和已参加规范化培训医学专业毕业生可适当优先。招募选拔坚持公开平等、竞争择优，要制定专门方案，细化考试流程，严格考务管理，确保考试安全。

三、加强培养使用。继续实施“三支一扶”人员能力提升专项计划，2023年中央财政支持培训8 000人次，其中乡村振兴主题培训5 000人次。要多层次组织开展岗前、在岗和离岗培训，健全贯穿全服务周期的教育培训制度，将“三支一扶”人员纳入农业农村、卫生健康、水利等行业培训范围，不断提升“三支一扶”人员综合素质和专业水平。要严肃能力提升专项培训纪律，规范财务经费管理，不得组织任何形式的旅游活动，不得借训谋私。要严格学员管理，加强学风建设。指导基层单位充分用好“三支一扶”人员队伍，明确岗位职责，健全导师制，加强“传帮带”，强化岗位锻炼。积极推荐优秀“三支一扶”人员兼任基层单位团委副书记、河（湖）长助理、林（场）长助理、基层供销社主任助理等，鼓励支医人员服务期间参加助理医师等相关职业资格考试，为“三支一扶”人员锻炼成长创造条件。完善“三支一扶”人员管理制度，严明纪律规矩，加强日常监督和作风建设，健全考核激励机制。

四、健全服务保障机制。要加大配套资金支持力度，按月足额发放“三支一扶”人员工作生活补贴，落实一次性安家费，按规定缴纳社会保险。结合实际按规定缴纳住房公积金，办理补充医疗和商业保险，发放艰苦边远地区津贴等，提高保障水平。按规定严格管理使用中央财政补助资金，开展年度绩效自评，提高资金使用效益。推动基层服务单位加强工作生活保障，参照本单位人员标准给予食宿、交通等相应补助。多渠道搭建“三支一扶”人员交流平台，组织开展节日慰问座谈，激发干事创业热情。

五、强化期满服务。要完善期满流动政策，畅通流动渠道，创新流动服务，促进“三支一扶”人员扎根基层成长成才。落实公务员定向考录、事业单位专项招聘、住院医师规范化培训等支持政策。要在县乡基层事业单位公开招聘中拿出一定数量或比例的岗位对服务期满考核合格的人员进行专项招聘，并增加工作实绩在考察中的权重，聘用后可以不再约定试用期。组织开展多种形式的专场招聘活动，鼓励国有企业基层单位优先招聘服务期满人员。将有创业意愿的期满人员纳入创业扶持范围，按规定落实创业政策。符合条件人员可同等享受应届毕业生相关政策，按相关规定享受考研初试加分、学费补偿或助学贷款代偿等政策。加强对服务期满人员的跟踪培养，建立联系服务机制，在职称评定、进修学习等方面予以优先。

六、组织开展中期评估。省级人力资源社会保障部门要组织开展第四轮“三支一扶”中期评估工作，对目标任务完成情况、政策完善落实情况、管理服务实施情况等进行全面总结，深入评估“三支一扶”计划对促进高校毕业生基层就业创业、推动基层人才队伍建设等方面起到的积极作用。要大兴调查研究，通过实地调研、网上调查、发放调查问卷等多种方式，广泛听取基层意见建议，准确把握基层需求，研究分析工作中存在的问题及原因，结合新形势新要求创新相关政策措施，推进“三支一扶”计划提质增效。全国“三支一扶”工作领导小组办公室将适时赴部分省市开展重点评估调研。

七、做好宣传引导。结合学习宣传贯彻党的二十大精神，以及学习宣传“最美基层高校毕业生”先进事迹，加强对“三支一扶”人员思想教育和政治引领，提振干事创业激情，引导他们更好服务基层、扎根基层。加强政策宣传，创新宣传报道形式，主动进校园推送引导鼓励高校毕业生到基层工作的政策措施，宣传项目重要意义和实施成效，不断提升“三支一扶”计划影响力。

各地要高度重视，抓紧谋划部署，尽快启动 2023 年实施工作，确保 8 月底前完成选拔招募，9 月初新招募人员上岗服务。省级财政部门、人力资源社会保障部门要按规定据实结算 2022 年度中央财政补助资金，提出资金结算方案和 2023 年度预算申请，于 6 月 15 日前联合上报财政部、人力资源社会保障部。省级人力资源社会保障部门于 9 月 30 日前将本地中期评估报告报送人力资源社会保障部。

人力资源社会保障部办公厅
财政部办公厅
2023 年 6 月 2 日

人力资源社会保障部办公厅　教育部办公厅关于积极稳妥做好高校毕业生档案转递接收工作的通知

人社厅发〔2023〕20号

各省、自治区、直辖市及新疆生产建设兵团人力资源社会保障厅（局）、教育厅（教委、教育局）：

为深入贯彻党的二十大精神，全面落实国务院办公厅《关于进一步做好高校毕业生等青年就业创业工作的通知》（国办发〔2022〕13号）等文件要求，加强高校毕业生档案转递接收工作，规范档案工作秩序，切实保障档案安全，现就有关事项通知如下：

一、全面落实取消就业报到证政策要求。从2023年起，不再发放《全国普通高等学校本专科毕业生就业报到证》和《全国毕业研究生就业报到证》（以下统称就业报到证），取消就业报到证补办、改派手续，取消高校毕业生离校前公共就业人才服务机构在就业协议书上签章环节，取消高校毕业生离校后到公共就业人才服务机构办理报到手续，不再将就业报到证作为流动人员人事档案的必需材料。之前档案材料中的就业报到证应继续保存，缺失的无需补办。

二、规范档案转出手续。各地教育部门要指导高校认真落实高校毕业生毕业去向登记制度，组织高校毕业生按照毕业去向和档案转递要求准确填报档案转往单位或流动人员人事档案管理服务机构（以下简称档案管理服务机构）信息。高校要参照干部人事档案材料收集归档相关规定，将高校毕业生相关的毕业生登记表、成绩单、党团组织、奖惩记录等材料及时整理归档，形成完整的高校毕业生档案。根据毕业去向登记信息，认真填写《高等学校毕业生档案转递单》，明确就业单位名称、转递编号等信息，随档案材料密封后，按规定通过机要通信或邮政特快专递渠道转出档案。严禁个人自带档案。

三、积极做好档案接收工作。各地人力资源社会保障部门要指导档案管理服务机构加强高校毕业生档案接收工作，合理安排工作力量，按规定做好材料甄别、整理和档案入库管理工作。档案管理服务机构在办理档案接收手续时，可根据高校毕业生姓名和转递编号，在全国高校毕业生毕业去向登记系统 https://dj.ncss.cn 查询核验毕业去向登记信息。落实档案接收告知承诺制，对缺少关键材料的，经与高校协商退回并补充材料，或一次性告知所缺材料及其可能造成的影响，高校毕业生作出书面知情说明、承诺补充材料后予以接收；对缺少非关键材料的，采取先存后补方式予以接收。关键材料一般是指用于核定存档人的出生日期、参加工作时间、入党时间、学历学位、工作经历等重要信息的材料。对到集体立户用人单位就业的高校毕业生，将其档案纳入用人单位集体账户保管，提高管理服务效率。及时采集档案基础信息，并上传至全国跨地区档案管理服务平台，方便高校毕业生查询办事。

四、强化政策宣传。各地要指导档案管理服务机构、高校大力开展档案政策宣介活动，用好用活门户网站、校园网、政务服务信息平台以及“两微一端”等新媒体平台，讲清讲明高校毕业生档案的功能作用、管理政策和办事流程，提升高校毕业生档案意识。面向档案管理服务机构经办人员和高校就业指导老师等组织开展业务培训，提高业务经办能力。

五、创新提供公共服务。各地人力资源社会保障部门要指导档案管理服务机构发挥服务中小企业的职能优势，配合开展面向离校未就业高校毕业生的就业创业政策、岗位信息推送，组织开展专场招聘等，帮助其尽快实现就业创业。对组织关系保留在档案管理服务机构流动人才党组织的高校毕业生党员，按照地方党委组织部门要求，加强教育培训和管理服务工作。根据高校毕业生需求，及时做好档案转递接收、出具证明材料、政审考察服务、党员组织关系接转等工作，为高校毕业生流动发展提供良好服务。

六、开展高校毕业生档案转递接收服务专项行动。今年8月底前，各地人力资源社会保障部门、教育部门要联合开展2023届高校毕业生档案转递接收服务专项行动，通过编印宣传折页、宣传海报，制作推送短视频、举办公开课等方式，多层次多渠道立体式进行档案政策宣传解读。指导各地档案管理服务机构、高校认真做好档案接收、转递工作，助力高校毕业生顺利实现就业创业。各地专项服务活动工作情况请于10月底前分别报送人力资源社会保障部人力资源流动管理司和教育部高校学生司。

各地要把档案转递接收作为高校毕业生就业工作的重要内容，切实提高政治站位，健全工作机制，规范工作流程。加强部门联动，强化信息衔接，提高档案转递接收工作的便捷性和精准度。加强对档案管理服务机构、高校的跟踪指导，增强工作预见性，做好应急处置工作，及时研究解决重点难点问题，确保高校毕业生档案顺畅有序规范转递。

附件：高等学校毕业生档案转递单（略）

人力资源社会保障部办公厅
教育部办公厅
2023年6月13日

人力资源社会保障部办公厅关于开展2023年高校毕业生等青年就业服务攻坚行动的通知

人社厅发〔2023〕21号

各省、自治区、直辖市及新疆生产建设兵团人力资源社会保障厅（局）：

为贯彻落实党中央、国务院决策部署，进一步做好未就业高校毕业生和失业青年就业促进工作，现决定在全国集中开展高校毕业生等青年就业服务攻坚行动。现就有关工作通知如下：

一、总体要求

以习近平新时代中国特色社会主义思想为指导，坚决贯彻党中央、国务院决策部署，落实主题教育“学思想、强党性、重实践、建新功”总要求，把促进青年特别是高校毕业生就业工作摆在更加突出的位置，坚持市场主导与政府引导并举，政策支持与服务保障并重，普遍服务与重点帮扶并行，以实名台账为基础，强化政策落实、服务保障、权益维护、困难帮扶，确保工作不断档、服务不断线，力争有就业意愿的未就业毕业生和登记失业青年年底前都能实现就业或参加到就业准备活动中。

二、行动主题

服务促就业　筑梦赢未来

三、行动时间

2023年7月—12月

四、服务对象

（一）2023届离校未就业高校毕业生；

（二）在各级人力资源社会保障部门登记的失业青年（包括往届未就业高校毕业生和16～24岁失业青年）。

五、主要措施

（一）集中发布公共就业服务信息。6月底前，地市及以上人力资源社会保障部门要广泛运用各种媒介，普遍发出公开信或服务公告，集中推介公共就业服务相关内容。重点亮出“四个一”，即一份公共就业人才服务机构、档案管理服务机构等名录，一张就业创业、人才引进、档案转递等服务清单，一份公共招聘网站、优质人力资源服务机构等招聘名录，一批求职登记小程序、失业登记全国统一服务平台等求助途径，为未就业毕业生等青年提供求职指引和便利。

（二）迅速建立完善实名台账。6月底前，各地人力资源社会保障部门要对登记失业青年信息进行全面摸排，通过电话短信、上门走访等方式，逐一摸清个人信息、就业需求、帮扶状态，对未就业的做好记录，形成登记失业青年实名台账。7月底前，省级人力资源社会保障部门要积极对接教育部门和高校，全面获取未就业毕业生信息，建立2023届未就业毕业生实名台账。允许未就业毕业生在户籍地、常住地、求职地进行失业登记或求职登记，做到愿登尽登，并及时纳入2023届未就业毕业生实名台账。

（三）全面落实实名制就业服务。要依托实名台账，对未就业毕业生等青年开展集中帮扶，针对性提供就业创业服务。对有就业意愿的，至少提供1次政策宣介、1次职业指导、3次岗位推介、1次技能培训或就业见习机会。对有创业意愿的，提供项目、资金等支持，并推动创业孵化基地按一定比例向他们免费开放。对未就业毕业生等青年就业状态和服务提供等发生变化的，要在台账中及时记载、动态更新。

（四）组织实施困难毕业生就业结对帮扶。要将脱贫家庭、低保家庭、零就业家庭以及有残疾的2023届未就业毕业生和长期失业青年作为重点帮扶对象，实施“一人一档”、“一生一策”精准帮扶，组织党员干部、服务机构开展结对帮扶，优先提供职业指导，优先推荐岗位信息，优先提供培训见习机会。通过家门口就业服务站、政府购买服务等方式，为长期失业青年提供实践引导、职业指导、就业援助，将他们请出家门，更多与社会接触交往，激发就业内生动力。对通过市场渠道难以就业的，运用公益性岗位予以安置。

（五）大力推进就业政策落实落地。要持续更新毕业生等青年就业创业政策清单，明确政策内容、补贴标准、申请流程等，打捆打包推送用人单位及未就业毕业生等青年。要按月将本地企业新增参保人员、劳动用工备案、就业登记数据与帮扶台账进行比对，及时锁定政策对象，变“人找政策”为“政策找人”。

（六）高频举办招聘服务活动。要按照“10+N”公共就业服务专项活动安排，举办毕业生等青年专场招聘，加密线上线下招聘，丰富行业企业专业专场、直播带岗等特色招聘，做到周周有招聘、时时有岗位。要组织招聘活动进社区进园区，便利辖区内未就业毕业生等青年求职应聘。未就业毕业生等青年较为集中的地级以上城市，每周至少举办1次专业性招聘活动，每月至少举办1次综合性招聘活动。

（七）积极提供便捷可及就业服务。要将专业就业服务力量下沉，统筹利用基层平台、社区网点等资源，推行15分钟就业服务圈，推进“家门口”就业服务站，提高未就业高校毕业生和失业青年对就业服务的感知度。要将就业服务与数字技术深度融合，加快推进线上线下一体服务，提供招聘求职、政策咨询、职业指导、创业辅导等在线服务，更加便利青年享受服务。要组织各级各类人力资源服务机构广泛参与，为青年提供多元化、专业化就业服务。

（八）实施青年专项技能培训计划。依托政府公共服务平台，及时公开职业培训机构目录和补贴性职业培训项目目录。对有就业意愿和培训需求的未就业毕业生等青年群体积极提供培训服务，摸清专业基础情况和培训需求，精心设计课程内容，丰富培训方式，大力开展新职业、先进制造业、现代服务业等领域培训，增强青年群体适应产业发展、岗位需求和基层就业的能力。鼓励企业对新招用的未就业毕业生等青年开展学徒制培训，通过企校双师带徒、工学交替，培养适合企业发展和岗位需要的高技能人才。

（九）持续强化就业权益保障。要加强人力资源市场秩序监管，对虚假招聘、就业歧视、“培训贷”、隐私信息泄露等违法行为重点整治。要加强政策法规宣传，采取多种形式将求职就业涉及的劳动保障法律法规向未就业毕业生等青年和用人单位广而告之，引导企业规范招聘行为。要及时发布防范求职陷阱的专门提醒，畅通投诉举报渠道，帮助未就业毕业生等青年提升防范意识。

（十）广泛开展就业宣传引导。要充分利用电视、互联网等各类媒体平台，开展形式多样、内容丰富的宣传活动，让未就业毕业生等青年了解促进就业创业的政策措施，感受党和国家的关心重视。要强化典型引导，各省级人力资源社会保障部门要组织青年就业典型宣传，推出不少于10位服务重大战略、投身生产一线、主动创业创新、扎根城乡基层的青年典型，广泛宣传他们在平凡岗位上实干奋斗的先进事迹，全方位展示新时代青年人就业创业的精神风貌，引导未就业毕业生等青年从实际出发选择职业和工作岗位，多渠道实现就业创业、建功立业。

六、工作要求

各地人力资源社会保障部门要将2023年高校毕业生等青年就业服务攻坚行动作为做好当前就业工作的重要抓手，落实属地责任，细化实施方案，明确工作措施、时间安排和保障机制。要主动联系有关部门，加强协调配合，聚合政策服务资源，并充分调动市场机构和行业协会参与积极性。要强化跟踪调度，及时汇总并动态报送任务完成、工作进展、典型经验、意见建议，年底前及时报告行动总结。

部里将从7月起，对各地2023届未就业毕业生信息衔接工作（7月底前填写工作进展汇总表，见附件2）及求职登记小程序求助毕业生联系服务情况进行周调度，对登记失业青年及2023届未就业毕业生实名台账进行半月调度。行动结束后，各地要认真总结工作情况，提出改进措施，形成书面报告，年底前报送部就业促进司。

附件：

1. 逐梦青春　就业启航——致2023届高校毕业生的一封信（略）

2. 离校未就业高校毕业生信息衔接工作进展汇总表（略）

人力资源社会保障部办公厅

2023年6月23日

人力资源社会保障部办公厅　全国总工会办公厅 中国企业联合会 / 中国企业家协会办公室 全国工商联办公厅关于印发《工作场所高温和高寒天气劳动者权益保障制度（参考文本）》的通知

人社厅发〔2023〕26 号

各省、自治区、直辖市及新疆生产建设兵团人力资源社会保障厅（局）、总工会、企业联合会 / 企业家协会、工商联：

为指导用人单位完善工作场所高温和高寒天气劳动者权益保障制度，维护劳动者合法权益，构建和谐稳定的劳动关系，人力资源社会保障部、全国总工会、中国企业联合会 / 中国企业家协会、全国工商联根据《中华人民共和国职业病防治法》《中华人民共和国安全生产法》《中华人民共和国劳动法》《防暑降温措施管理办法》等法律法规及有关政策规定，制定了《工作场所高温和高寒天气劳动者权益保障制度（参考文本）》。现印发给你们，供指导用人单位制定完善有关规章制度时参考。

人力资源社会保障部办公厅
全国总工会办公厅
中国企业联合会 / 中国企业家协会办公室
全国工商联办公厅
2023 年 8 月 10 日

工作场所高温和高寒天气劳动者权益保障制度
（参考文本）

用人单位名称：________________

中国劳动和社会保障科学研究院研制

目　　录

第一章　总　　则

第一条　为加强工作场所高温和高寒天气下作业劳动保护工作，维护劳动者合法权益，构建和谐稳定的劳动关系，根据《中华人民共和国职业病防治法》《中华人民共和国安全生产法》《中华人民共和国劳动法》《防暑降温措施管理办法》等法律法规规定，结合本单位实际情况，制定本制度。

第二条　本制度经第____届职工代表大会第____次会议审议通过。

第三条　本制度适用于本单位全体职工，并向本单位全体职工公示告知。

第二章　范 围 界 定

第四条　本制度所称的高温天气是指地市级以上气象主管部门所属气象台站发布的日最高气温达到 35 ℃以上的天气。高温天气作业是指用人单位在高温天气期间安排职工在高温自然气象环境下进行的作业。

第五条　本制度所称的高寒天气是指地市级以上气象主管部门所属气象台站发布的 -25 ℃以下的低温天气。高寒天气作业是指用人单位在高寒天气期间安排职工在室外连续作业 4 小时以上的作业。

第三章　工作场所改善

第六条　本单位优先采用有利于控制高温或高寒的新技术、新工艺、新材料、新设备，从源头上降低或者消除高温和高寒危害。

第七条　积极改善作业环境和劳动条件，为高温、高寒天气作业的职工提供符合要求的劳动防护设施设备，使作业环境和劳动条件符合国家职业卫生标准要求。

第八条　在高温、高寒工作环境设立休息场所，配备相应的防暑降温和防寒保暖设施。

第四章　劳动保护措施

第九条　加强教育培训，组织职工进行上岗前职业卫生培训和在岗期间的定期职业卫生培训，普及高温防护、中暑急救以及高寒防护、冻伤急救等职业健康知识培训，增强劳动者的防护意识和防护能力。

第十条　对高温和高寒职业病危害的岗位，实施由专人负责的高温和高寒日常监测，并按照有关规定进行职业病危害因素检测、评价。

第十一条　在高温和高寒天气期间，根据生产特点和具体条件，采取合理安排工作时间、轮换作业、适当增加高温和高寒工作环境下职工的休息时间和减轻劳动强度、减少高温和高寒时段室外作业等措施，降低高温和高寒作业环境对劳动者身体的不利影响。

第十二条　对高温和高寒天气作业的职工进行健康检查，患有心、肺、脑血管性疾病、肺结核、中枢神经系统疾病及其他身体状况不适合高温或高寒作业环境的职工，调整作业岗位。职业健康检查费用由本单位承担。

第十三条　加强对女职工和未成年工高温和高寒天气作业的劳动保护，不安排怀孕女职工和未成年工在 35 ℃以上的高温天气期间从事室外露天作业及在 33 ℃以上的工作场所作业。不安排女职工和未成年工从事《女职工劳动保护特别规定》和《未成年工特殊保护规定》中的高温和低温相关禁忌劳动。

第十四条　制定高温和高寒天气作业应急预案，定期进行应急救援的演习，并根据从事高温和高寒天气作业的职工数量及作业条件等情况，配备应急救援人员和足量的急救药品。职工出现中暑或冻伤症状时，立即采取救助措施；病情严重者，及时送医疗卫生机构治疗。

第五章　工作时间安排

第十五条　在高温天气期间，合理调整工作时间：

（一）日最高气温达到 40 ℃以上，停止当日室外露天作业；

（二）日最高气温达到 37 ℃以上、40 ℃以下时，全天安排职工室外露天作业时间累计不超过 6 小时，连续作业时间不超过国家规定，且在气温最高时段 3 小时内不安排室外露天作业；

（三）日最高气温达到 35 ℃以上、37 ℃以下时，采取换班轮休等方式，缩短职工连续作业时间，并且不安排室外露天作业职工加班。

第十六条　在高寒天气期间，合理调整工作时间：

（一）日最低气温达到 –40 ℃以下，停止当日室外露天作业；

（二）日最低气温达到–25 ℃以下、–40 ℃以上时，全天安排劳动者室外露天作业时间累计不超过 6 小时，连续作业时间不超过国家规定，并且不安排室外露天作业职工加班。

第六章　津 贴 支 付

第十七条　安排职工在 35 ℃以上高温天气从事室外露天作业以及不能采取有效措施将工作场所温度降低到 33 ℃以下，且连续作业时间不超过有关规定，向职工发放高温津贴。高温津贴以法定货币形式按时足额发放给职工，不得以发放清凉饮料、防暑降温用品等实物或各类有价证券代替。高温津贴标准按照当地标准执行。

第十八条　安排职工在室外 –25 ℃以下高寒天气连续作业 4 小时以上，向职工发放高寒津贴。高寒津贴标准按照当地标准执行。

第十九条　本单位不因高温和高寒天气停止工作、缩短工作时间而扣除或者降低职工工资。高温、高寒津贴在企业成本费用中列支。

第七章　管 理 监 督

第二十条　本单位明确由________部门负责本制度的组织实施。

第二十一条　本单位建立由工会负责人担任组长的监督检查小组，定期对本制度执行情况开展检查。通过工会劳动法律监督提示函、工会劳动法律监督意见书等，提示相关部门完善预防措施，并向全体职工公布检查监督结果及整改情况。

第二十二条　职工合法权益受到侵害时，可向___________部门或监督检查小组举报投诉。经调查核实后，督促相关部门整改。

受理部门：________________________；

投诉电话：________________________；

信　　箱：________________________；

电子邮箱：________________________。

第八章　附　　则

第二十三条　本制度未尽事宜，按有关法律法规执行。法律法规未有规定的，双方协商解决。

第二十四条　本制度高温和高寒天气劳动者权益保障的内容可以纳入集体合同、劳动保护专项集体合同中。

第二十五条　本制度自____年__月__日实施。

人力资源社会保障部办公厅 公安部办公厅 全国总工会办公厅 中国企业联合会/中国企业家协会办公室 全国工商联办公厅关于印发《预防和消除工作场所不当管理风险隐患制度（参考文本）》的通知

人社厅发〔2023〕27号

各省、自治区、直辖市及新疆生产建设兵团人力资源社会保障厅（局）、公安厅（局），总工会、企业联合会/企业家协会、工商联：

为指导用人单位预防和消除工作场所不当管理风险隐患，规范用工管理，进一步促进劳动关系和谐稳定，人力资源社会保障部、公安部、全国总工会、中国企业联合会/中国企业家协会、全国工商联根据《中华人民共和国劳动法》《中华人民共和国劳动合同法》《中华人民共和国刑法》《中华人民共和国居民身份证法》《工资支付暂行规定》等法律法规和有关政策规定，制定了《预防和消除工作场所不当管理风险隐患制度（参考文本）》。现印发给你们，供指导用人单位制定完善有关规章制度或与职工签订劳动合同、集体合同时参考。用人单位可根据所在地地方性法规规定，结合实际对参考文本有关内容进一步细化完善。

人力资源社会保障部办公厅
公安部办公厅
全国总工会办公厅
中国企业联合会/中国企业家协会办公室
全国工商联办公厅
2023年8月14日

预防和消除工作场所不当管理风险隐患制度
（参考文本）

中国劳动和社会保障科学研究院
中国人民大学劳动人事学院
首都经济贸易大学劳动经济学院
中国劳动关系学院劳动关系与人力资源学院联合研制

第一条 为预防和消除工作场所不当管理风险隐患，规范劳动用工管理，维护职工合法权益，依法构建和谐稳定的劳动关系，根据《中华人民共和国劳动法》《中华人民共和国劳动合同法》《中华人民共和国刑法》《中华人民共和国居民身份证法》《工资支付暂行规定》等法律法规和有关政策规定，制定本制度。

第二条 经与工会或职工代表平等协商确定，本制度于第__届职工代表大会第__次会议审议通过，并向本单位全体职工公示告知。

第三条 本单位为预防和消除不当管理风险隐患，重点做好以下方面：

（一）招用劳动者时，明确工作内容、工作条件、工作地点、职业危害、安全生产状况、劳动报酬，如实告知劳动者要求了解的其他情况，并依法签订劳动合同；

（二）办理入职手续时，不扣押职工的居民身份证和其他证件，不要求职工提供担保或者以其他名义向职工收取财物；

（三）不禁止职工在非工作时间离开工作场所，不强制要求职工入住本单位经营的宿舍等住所；

（四）安排职工加班时，不违反依法协商程序、不突破法定加班时间上限；

（五）支付劳动报酬时，不克扣或者无故拖欠职工工资；

（六）处理违反本单位规章制度、劳动合同约定条款的职工时，不要求职工额外劳动或对职工罚款。因职工本人原因给本单位造成经济损失的，按照劳动合同的约定赔偿经济损失，可从职工本人的工资中扣除，每月扣除部分不超过职工本人当月工资的20%。若扣除后的剩余工资部分低于当地最低工资标准，则按照最低工资标准支付；

（七）依法解除或终止劳动合同时，一次性付清职工工资和应支付的经济补偿，并同时出具解除或者终止劳动合同证明（证明不对职工作出评价），15日内为职工办理档案和社会保险关系转移手续。除劳动合同法第二十二条、第二十三条规定的情形外，不对解除劳动合同的职工收取违约金；

（八）严禁以暴力、威胁或者非法限制人身自由的手段强迫职工劳动。

第四条 本单位在公告栏、食堂等明显的地方张贴预防和消除不当管理风险隐患制度，公布热线电话、意见箱、电子邮箱等意见反映渠道。

第五条 本单位定期组织预防和消除不当管理风险隐患及相关法律法规专项培训，或将专项培训内容纳入职工入职培训等各种培训中。

第六条 本单位由__________部门全面负责本制度的组织实施。

第七条 本单位建立由工会负责人担任组长的监督检查小组，结合职工所提意见建议，适时与实施部门沟通协商，并向全体职工公布改进结果，定期以适当形式向职工代表大会报告。

联系人：______________________________；

热线电话：____________________________；

意见箱：______________________________；

电子邮箱：____________________________。

第八条 法律法规有特别规定的，从其规定。法律法规未作规定的，由本单位与职工或职工代表协商解决。

第九条 本制度自____年__月__日实施。

人力资源社会保障部办公厅　财政部办公厅
关于进一步加强就业政策落实有关工作的通知

人社厅发〔2023〕30号

各省、自治区、直辖市及新疆生产建设兵团人力资源社会保障厅（局）、财政厅（局）：

为深入贯彻党中央、国务院关于稳就业工作的决策部署，精准有效落实就业扶持政策，提高政策知晓度和落实率，增强广大劳动者和用人单位的获得感，切实把主题教育成果转化为办好民生实事的具体行动，全力促发展稳就业惠民生，现就有关事项通知如下：

一、集中开展就业政策分类宣传。启动实施“就业政策在身边”滚动宣传，9月份起，分群体分类别发布全国就业创业政策清单，逐项开展“看得懂算得清办得明”宣传解读，制作政策宣传海报、政策问答。各地要在此基础上，细化本地区政策清单、政策一卡通，逐项发布政策内容、享受条件、补贴标准、流程材料、经办渠道、办理期限等要素。要用好各类媒体，更加注重根据政策对象特点，发挥好新媒体、自媒体的作用，对重点群体、用人单位较为集中的社区、园区，要主动开展送政策上门。要优化政策宣传解读，以群众喜闻乐见的形式，既讲清政策内容、申领流程，也讲清政策目的、基本考虑，增强政策传递的准确性有效性。

二、盘点核查就业政策落实进度。对照国务院就业相关文件和就业补助资金管理办法，结合巡视审计、督查核查、信访反映、媒体报道发现问题台账，开展2021年以来各项就业补贴政策落实进度大排查、问题整改“回头看”。通过自查互查、数据抽查、台账清查、第三方核查等方式，重点看问题整改是否到位、相关责任是否追究、制度漏洞是否补齐，是否还存在申请后超期未受理、受理后超期未审核、审核后超期未拨付等情况。对发现的政策未落实、补贴到位慢问题，要限期整改，杜绝拖欠就业困难人员、脱贫劳动力、困难高校毕业生的社会保险补贴、公益性岗位补贴或求职创业补贴等问题。对政策落实不到位的地方，要核查其资金筹集、结余和使用去向，督促其落实投入责任，优化支出结构，优先保障中央确定的各项补贴政策，优先落实对困难人员的兜底性政策。核查工作要于9月底前完成，相关情况报人力资源社会保障部和财政部。

三、大力推广“直补快办”经办模式。继续实施企业吸纳社会保险补贴、一次性吸纳就业补贴“直补快办”，将就业见习补贴、一次性创业补贴纳入“直补快办”范围，有条件的地方可结合实际进一步拓展。按月开展就业失业、用工备案、社保参保、经营主体登记注册，以及高校毕业生、脱贫人口信息等数据比对，对确认符合政策享受条件的，主动向受益对象推送政策，告知补贴政策内容、申请流程、经办渠道。对主动申请享受补贴的，加快受理审核，确保在20个工作日内完成补贴发放。对面向个人的就业补贴资金，鼓励通过社会保障卡实现“一卡通”发放。要结合就业服务信息化一库一平台建设，统筹利用现有资源，加快对就业补贴申领经办信息化支撑，将各项就业补贴申请、审核、支付全流程纳入信息化管理，到2023年年底前实现全省范围内“政策经系统经办、资金从系统支出、数据由系统提取”。

四、突出支持民营企业和中小微企业。主动协调工业和信息化、市场监管、工商联等部门，加强对本地区民营企业和中小微企业的政策宣传解读，集中开展人社厅局长进企业宣讲活动，对重点民营企业、专精特新中小企业，及时纳入重点企业用工保障范围，同步推送就业创业扶持政策。结合企业用工实际，按规定打包落实好阶段性降低失业和工伤保险费率、失业保险稳岗返还、职业培训补贴、吸纳就业补贴、社会保险补贴等政策，采取一次告知、一站受理、帮办代办、一揽子兑现等方式，助力企业更好享受政策红利，积极稳岗扩岗。

五、持续整治群众身边腐败和作风问题。持续整治就业政策落实中群众身边腐败和作风问题，坚决防止内外勾结、违规操作、弄虚作假、虚报冒领、贪污挪用、吃拿卡要、优亲厚友、玩忽职守等问题，坚决防止超范围使用资金、向财政供养人员发放补贴等问题。着力优化业务流程和权限设置，推行“受审分离”、“办理不见面”，切实提升效率、防范风险。对申领补贴金额大、人数多、期限长的用人单位，要不定期通过数据比对、实地走访等方式进行核查。人力资源社会保障部于今年8月起，将就业政策落实不到位问题纳入线上监督举报受理范围。各地要按照要求，对转办的问题线索认真核查办理，主动接受群众和社会监督。对专项整治中发现的问题严肃处理，按要求及时报告。

各地人力资源社会保障、财政部门要提高思想认识，主要负责同志亲自部署、细化方案，部门间及时沟通预算执行情况和补贴发放情况，切实抓好政策落实和补贴发放，相关工作进展和问题建议及时报告。对部署推动不力、政策落实不到位、出现重大违规问题、造成不良影响的，将视情予以约谈、通报，并在就业工作先进地区评价、就业补助资金分配中作为负面因素。

人力资源社会保障部办公厅
财政部办公厅
2023年8月28日

人力资源社会保障部办公厅关于颁布劳动保障协理员等25个国家职业标准的通知

人社厅发〔2023〕32号

各省、自治区、直辖市及新疆生产建设兵团人力资源社会保障厅（局），国务院有关部门人事劳动保障工作机构，中央军委政治工作部兵员局、文职人员局，有关行业组织、企业人事劳动保障工作机构：

根据《中华人民共和国劳动法》有关规定，我部组织制定了劳动保障协理员等25个国家职业标准，现予颁布施行。原相应国家职业（技能）标准同时废止。

附件：25个国家职业标准目录

人力资源社会保障部办公厅
2023年8月31日

附件

25个国家职业标准目录

序号	职业编码	职业名称
1	3-01-04-03	劳动保障协理员
2	4-01-01-00	采购员
3	4-07-03-01	职业指导师
4	4-08-05-06	计量员（试行）
5	4-08-09-01	商业摄影师
6	4-09-10-03	盆景师
7	4-10-04-02	保健按摩师
8	4-10-04-03	芳香保健师

续表

序号	职业编码	职业名称
9	4-10-07-01	宠物健康护理员
10	4-10-07-02	宠物驯导师
11	4-10-07-03	宠物美容师
12	4-14-02-05	老年人能力评估师
13	6-02-06-12	酒体设计师
14	6-05-04-02	制帽工
15	6-07-01-03	造纸工
16	6-08-01-01	印前处理和制作员（珂罗版制版员）(试行)
17	6-08-01-02	印刷操作员（珂罗版印刷员）(试行)
18	6-09-03-11	抽纱刺绣工
19	6-15-02-03	石材生产工
20	6-18-01-05	镗工
21	6-20-02-02	内燃机装配调试工
22	6-24-01-00	电机制造工
23	6-24-05-04	小型家用电器制造工
24	6-28-03-05	管廊运维员 L（试行）
25	6-31-03-04	无损检测员（试行）

注：1. “L”代表绿色职业。

2. 以上国家职业标准内容可在人力资源社会保障部官网查询。

人力资源社会保障部办公厅
中华全国总工会办公厅
中华全国工商业联合会办公厅
中国企业联合会办公室关于开展基层劳动人事争议调解组织建设行动的通知

人社厅发〔2023〕36号

各省、自治区、直辖市及新疆生产建设兵团人力资源社会保障厅（局）、总工会、工商业联合会、企业联合会/企业家协会：

为贯彻党中央、国务院关于构建和谐劳动关系的重要部署，落实《关于进一步加强劳动人事争议协商调解工作的意见》（人社部发〔2022〕71号），切实提升基层劳动人事争议协商调解工作能力，决定开展基层劳动人事争议调解组织（以下简称调解组织）建设行动。现就有关事项通知如下：

一、总体要求

以习近平新时代中国特色社会主义思想为指导，深入贯彻落实党的二十大精神，坚持把非诉讼纠纷解决机制挺在前面，坚持和发展新时代"枫桥经验"，持续强化调解组织建设。到2025年底，规模以上企业广泛设立劳动争议调解委员会（以下简称调解委员会），行业商（协）会广泛设立商（协）会调解组织，有条件的市、县级劳动人事争议仲裁院（以下简称仲裁院）普遍设立调解中心，争议案件易发高发地区的乡镇（街道）普遍设立实体化的调解中心，调解组织工作规范化、专业化、智能化水平明显提升，协商调解解决的劳动人事争议案件数量占案件总量的比重显著提高，更好发挥在维护社会公平正义、推进创新基层社会治理、促进劳动关系和谐与社会稳定中的重要作用。

二、主要措施

（一）加强调解组织建设

1. 企业调解委员会。工会、工商联、企联组织负责牵头推进企业调解委员会建设。规模以上企业要依法设立调解委员会；有分支机构的，按照分级设立的原则在总部和分支机构分别设立调解委员会。有需要的企业，可在车间、工段、班组等设立调解小组。建立总部调解委员会抓总、分支机构调解委员会为基础、调解小组为基本单位的多层次调解工作网络。

调解委员会由劳动者代表和企业代表组成，人数由双方协商确定，双方人数应对等。劳动者代表由工会委员会成员担任或者由全体劳动者推举产生，企业代表由企业相关负责人担任。调解委员会主任由工会委员会成员或者双方推举的人员担任。调解员由调解委员会聘任的工会、人力资源部门工作人员或者本企业其他工作人员担任。调解员应当公道正派、联系群众、热心调解工作，具有一定劳动保障法律政策知识和沟通协调能力，具有劳动关系协调师职业技能等级的人员可优先聘任。调解小组组长由基层生产部门负责人或者工会小组长、一线班组长等担任。

小微型企业可参照规模以上企业做法设立调解委员会，也可联合设立调解委员会。不具备设立调解委员会条件的，可安排劳动者担任劳动争议调解员（信息员），参加小微型企业劳动争议协商调解机制。

2. 乡镇（街道）调解中心。人力资源社会保障部门负责牵头推进乡镇（街道）调解中心建设。乡镇（街道）调解中心主任可由乡镇（街道）分管领导担任，调解员由乡镇（街道）劳动就业社会保障服务所（中心）工作人员和乡镇（街道）劳动关系协调员、劳动保障监察协管员、法律工作者和取得劳动人事争议调解员证的志愿者等人员担任。

乡镇（街道）劳动就业社会保障服务所（中心）因机构改革发生变化的地区，人力资源社会保障部门要加强与承接劳动人事争议协商调解工作部门的联系，推动相关部门加强工作人员配置和硬件保障，做好业务衔接、能力培训、办案指导等工作。

3. 仲裁院调解中心。人力资源社会保障部门负责牵头推进仲裁院调解中心建设。仲裁院调解中心负责人由仲裁院相关负责人担任，调解员由仲裁院工作人员、兼职仲裁员，工会、工商联、企联等劳动人事争议仲裁委员会组成部门派驻人员和法律援助工作人员等担任。

4. 商（协）会调解组织。工商联组织负责推进所属商（协）会调解组织建设。商（协）会调解组织负责人由商（协）会相关负责人担任，调解员由商（协）会工作人员和聘请的法律工作者、志愿者、相关企业代表等人员担任，具有劳动关系协调师职业技能等级的人员可优先聘任。企联组织负责推进企联（企协）多元调解组织建设。

（二）明确工作职责

1. 加强预防。调解组织要主动做好宣传工作，通过发放宣传材料、组建网络交流群组、组织讲座沙龙等方式，宣传劳动保障法律政策，引导用人单位依法合规用工、劳动者依法理性维权。

企业调解委员会要参与协调履行劳动合同、集体合同、执行企业劳动规章制度等方面出现的问题，参与研究涉及劳动者切身利益的重大方案，协助企业建立健全劳动争议预防预警机制。

商（协）会调解组织要发挥熟悉行业特点、具备行业影响力的优势，推动会员自觉遵守劳动法律法规政策，以行业自律引导会员企业合法用工。可在会员企业间搭建交流互动平台，通过用工交流、企业文化建设经验分享等方式，促进会员企业共建劳动争议预防机制。

乡镇（街道）调解中心可通过公布电话、发放信息公示卡等方式，畅通与辖区内企业和劳动者沟通渠道，提供维权服务。还可根据劳动人事争议发生的季节性、行业性特点，有针对性地开展“农民工欠薪劳动争议专场”等以案释法活动，增强宣传效果。

仲裁院调解中心要办理好仲裁院、人民法院委派委托调解的案件。协助人力资源社会保障部门，发挥专业优势，通过包片指导、组织培训等方式，做好对辖区内其他调解组织的工作指导。

2. 强化协商。调解组织要发挥自身特点和优势，通过多种形式推动用人单位建立争议协商和解机制，通过协商和解化解争议。

企业调解委员会、商（协）会调解组织可协助企业建立健全劳动关系双方沟通对话机制，通过举办劳动者座谈会、开设意见信箱、线上咨询平台等方式，畅通劳动者利益诉求表达渠道。帮助劳动争议当事人开展协商，当事人协商达成一致的，监督和解协议的履行；不愿协商、协商不成或者达成和解协议后未按期履行的，协助劳动者申请调解。

乡镇（街道）、仲裁院调解中心要推动用人单位完善协商规则，建立内部申诉和协商回应制度，丰富协商形式，优化协商流程，及时回应劳动者协商诉求。推动工会组织、专家学者和律师等力量参与劳动人事争议协商，开展咨询解答、释法说理、劝解疏导等方式，促进达成并全面履行和解协议。

3. 做好调解。调解组织要遵循平等、自愿、合法、公正、及时的调解原则，加大调解力度，帮助劳动人事争议当事人在平等协商、互谅互让的基础上自愿达成调解协议，调解协议不得违反法律、行政法规强制性规定。调解不成的，引导当事人通过合法渠道解决。对涉及人员多、影响面广、容易激化的重大矛盾纠纷，要及时报告有关部门，并配合做好矛盾纠纷疏导化解工作。

有条件的地区，仲裁院调解中心要建成集多元调解、工会维权、法律援助等多项功能于一体的综合服务平台，不断提高调解成功率，帮助争议当事人"一站式"化解矛盾纠纷。

人力资源社会保障部门要加大指导力度，与工会、工商联和企联形成工作合力，建立健全以仲裁院调解中心为指导，以乡镇（街道）调解中心、商（协）会调解组织为支撑，以调解员（信息员）为落点的小微型企业劳动争议协商调解机制，及时有效化解小微型企业劳动矛盾纠纷。

（三）夯实基础保障

1. 加强工作保障。企业、行业商（协）会等单位要支持调解委员会、商（协）会调解组织建设，提供必要的办公场所、设备和工作经费，支持调解员依法履行调解职责。调解员需要占用工作时间的，按照正常出勤对待。

乡镇（街道）调解中心要积极争取所在乡镇（街道）的支持，提供专门的调解室和设备设施，保障工作经费。人力资源社会保障部门要落实《关于做好2023年政府购买服务改革重点工作的通知》（财综〔2023〕12号）要求，做好政府购买劳动人事争议协商调解服务工作，配备专职调解员，提升协商调解能力。

人力资源社会保障部门要会同工会、工商联、企联等仲裁委员会组成部门，为仲裁院调解中心安排调解室、接待室等工作场所，配备必要的办公办案设施设备，保障工作经费，做好购买劳动人事争议协商调解服务工作。

2. 加强规范化建设。人力资源社会保障部门要会同工商联等单位积极开展涉案企业合规第三方监督评估工作，帮助企业全面检视劳动用工法律风险，提高依法合规经营管理水平，加强争议源头预防。调解组织要建立完善调解员名册制度、调解员激励和约束机制。加大培训力度，突出政治理论和廉政教育培训，强化劳动保障法律政策、调解方法技巧等业务培训，提升调解员政治素养和办案能力。健全完善调解组织与仲裁院、人民法院衔接制度，做好委托委派调解、协助当事人仲裁审查或者司法确认调解协议等工作，提高争议化解质效。建立健全信息反馈制度，及时向有关部门反馈劳动人事争议案件预警信息、报告重大集体劳动人事争议案件、提出工作意见建议。

3. 加强智能化建设。乡镇（街道）、仲裁院调解中心和有条件的企业调解委员会、商（协）会调解组织要积极使用人力资源社会保障、工会、工商联等部门在线调解平台和其他类型"互联网+调解"服务平台，为当事人提供网上调解服务。有条件的地区，可为当事人提供预约式在线调解服务，进一步方便当事人远程维权。积极做好争议"总对总"在线诉调对接工作，提高办理人民法院委托委派调解劳动人事争议案件数量。支持协商调解"网上办""掌上办"，强化数据赋能，逐步实现协商调解智能化。

三、组织领导

各地人力资源社会保障部门、工会、工商联和企联要提高政治站位、强化责任担当，提高对调解组织建设重要性的认识，加强部门协同，强化人员、经费等保障，形成工作合力。积极争取当地党委政府支持，推动将调解组织建设情况纳入经济社会发展总体规划、政府目标责任和平安建设考核体系。加强进度跟踪和调研督导，建立工作台账，定期调度建设和工作情况。加强宣传和舆情引导，充分运用各种媒体，及时宣传工作成效、典型案例和先进事迹，营造良好工作氛围，不断提升人民群众对劳动人事争议协商调解工作满意度。

人力资源社会保障部办公厅
中华全国总工会办公厅
中华全国工商业联合会办公厅
中国企业联合会办公室
2023 年 9 月 15 日

人力资源社会保障部办公厅 国家邮政局办公室关于颁布报刊业务员等 3个国家职业标准的通知

人社厅发〔2023〕37号

各省、自治区、直辖市及新疆生产建设兵团人力资源社会保障厅（局）、邮政管理局，中国邮政集团有限公司：

根据《中华人民共和国劳动法》有关规定，人力资源社会保障部、国家邮政局共同制定了报刊业务员等3个国家职业标准，现予颁布施行。

附件：3个国家职业标准目录

人力资源社会保障部办公厅
国家邮政局办公室
2023年9月20日

附件

3个国家职业标准目录

序号	职业编码	职业名称
1	4-02-07-05	报刊业务员
2	4-02-07-06	集邮业务员
3	4-02-07-07	邮政市场业务员

注：以上国家职业标准内容可在人力资源社会保障部官网查询。

人力资源社会保障部办公厅
中华全国供销合作总社办公厅
关于颁布易货师等 2 个国家职业标准的通知

人社厅发〔2023〕38 号

各省、自治区、直辖市及新疆生产建设兵团人力资源社会保障厅（局）、供销合作社：

根据《中华人民共和国劳动法》有关规定，人力资源社会保障部、中华全国供销合作总社共同制定了易货师等 2 个国家职业标准，现予颁布施行。

附件：2 个国家职业标准目录

人力资源社会保障部办公厅
中华全国供销合作总社办公厅
2023 年 9 月 15 日

附件

2 个国家职业标准目录

序号	职业编码	职业名称
1	4-01-03-03	易货师
2	4-03-02-10	调饮师

注：以上国家职业标准内容可在人力资源社会保障部官网查询。

人力资源社会保障部办公厅　交通运输部办公厅关于颁布航标工等3个国家职业标准的通知

人社厅发〔2023〕39号

各省、自治区、直辖市及新疆生产建设兵团人力资源社会保障厅（局）、交通运输厅（局、委）：

根据《中华人民共和国劳动法》有关规定，人力资源社会保障部、交通运输部共同制定了航标工等3个国家职业标准，现予颁布施行。原相应国家职业（技能）标准同时废止。

附件：3个国家职业标准目录

人力资源社会保障部办公厅
交通运输部办公厅
2023年9月15日

附件

3个国家职业标准目录

序号	职业编码	职业名称
1	4-02-03-05	航标工
2	6-30-02-05	救援机械操作员
3	6-30-05-01	起重装卸机械操作工（汽车吊司机）

注：以上国家职业标准内容可在人力资源社会保障部官网查询。

人力资源社会保障部办公厅　生态环境部办公厅关于颁布碳排放管理员国家职业标准的通知

人社厅发〔2023〕40号

各省、自治区、直辖市及新疆生产建设兵团人力资源社会保障厅（局）、生态环境厅（局）：

根据《中华人民共和国劳动法》有关规定，人力资源社会保障部、生态环境部共同制定了碳排放管理员国家职业标准，现予颁布施行。

附件：碳排放管理员国家职业标准目录

人力资源社会保障部办公厅
生态环境部办公厅
2023年9月19日

附件

碳排放管理员国家职业标准目录

序号	职业编码	职业名称
1	4-09-07-04	碳排放管理员 L

注：1. “L”代表绿色职业。

2. 该国家职业标准内容可在人力资源社会保障部官网查询。

人力资源社会保障部办公厅　教育部办公厅 民政部办公厅　住房城乡建设部办公厅 全国总工会办公厅　共青团中央办公厅 关于开展“城暖农民工”服务活动的通知

人社厅发〔2023〕41 号

各省、自治区、直辖市及新疆生产建设兵团人力资源社会保障厅（局）、教育厅（教委、教育局）、民政厅（局）、住房城乡建设厅（局、委）、工会、团委：

农民工是我国现代化建设的重要力量，在推进以人为核心的新型城镇化建设中发挥重要作用。为深入贯彻落实党的二十大精神，进一步做好进城农民工服务保障工作，人力资源社会保障部会同相关部门决定组织开展“城暖农民工”服务活动。现将有关事项通知如下：

一、活动目标

以习近平新时代中国特色社会主义思想为指导，坚持以人民为中心的发展思想，聚焦解决农民工急难愁盼问题，采取切实措施，全面做好农民工服务保障工作，推动在城镇就业的农民工就业更稳定，权益保障更充分，享受公共服务更便捷，形成农民工共建共享城镇发展成果、更好融入城镇的良好格局，让广大农民工深切感受到党和政府的关怀关爱。

二、活动内容

（一）做好农民工就业服务。落实好进城农民工在城镇平等享受公共就业服务政策，加强大龄农民工、脱贫劳动力就业服务。针对农民工的就业需求，举办专场招聘会，用好“窗口服务＋现场专场”面对面、“直播带岗＋线上专场”云端服务模式，搭建立体化招聘对接平台。发挥基层社区、园区、厂区服务机构作用，采取送岗上门，鼓励在农民工居住集中地区设立就业服务驿站，强化岗位信息归集投放，建立岗位信息发布机制。组织开展全国工会就业创业服务系列活动，为农民工提供更多优质就业岗位。

（二）提升农民工技能和文化水平。支持未就业农民工自主选择政府补贴性培训或社会化培训，支持企业开展农民工岗位技能提升培训。开设一批适合大龄农民工、青年农民工的培训项目，打造一批农民工培训特色优质品牌，培养一批高技能人才和能工巧匠。鼓励各地加强农民工培训监督指导，着力提升培训效果。鼓励农民工参加岗位练兵、技能竞赛、技术比武等活动。深化“求学圆梦计划”，加大对进城农民工支持力度，帮助更多农民工提升学历文化水平。

（三）加大农民工劳动保护。督促企业依法落实工时制度，保障农民工休息休假权益。严格执行夏季高温天气作业相关规定，督促企业健全防暑降温工作制度。调动各方面力量，开展夏季送清凉、冬季送温暖等活动。加强高危行业企业、劳动密集型企业农民工安全知识培训，加大职业病防治知识宣传力度。持续推动农民工参保扩面，进一步畅通社保关系转移接续。推进基层快递网点参加工伤保险。做好农民工法律咨询、法律援助等服务，畅通农民工维权渠道，开展农民工工资争议速裁庭建设专项行动，依法及时有效维护农民工劳动报酬权益。

（四）改善农民工居住条件。加大保障性住房建设和供给力度，以人口流入多、房价高的城市为重点，鼓励在农民工较为集中的企业、产业园区等建设保障性租赁住房，将符合条件的农民工纳入住房保障范围。鼓励招用农民工较多的企业多渠道改善员工住宿条件，积极为员工提供宿舍、公寓等。

（五）做好农民工子女关心关爱。简化随迁子女入学证明材料，优化办理流程，逐步提高随迁子女在公办学校就读和享受政府购买学位的比例。鼓励各地设立随迁子女入学教育咨询热线，加强对随迁子女学习和生活上的关心帮助。依托"童心港湾"项目点，向农村留守儿童提供自护教育、心理健康、素质教育等服务，减轻农民工后顾之忧。鼓励有条件的地方和企业利用寒暑假等时间开展农民工子女团聚活动。

（六）加强困难农民工帮扶。落实属地责任，加大对失业农民工、就业困难农民工的帮扶力度，做好农民工失业登记，及时提供有针对性的职业介绍、技能培训、心理咨询等服务。对急难临时救助对象由急难发生地直接实施临时救助，切实解决农民工及其家庭遭遇的突发性、紧迫性、临时性基本生活困难。

（七）增强农民工城市归属感。以进城农民工及其随迁家属为重点开展新市民融入城市培训。组织开展慰问农民工演出活动，丰富农民工精神文化生活。扩大工会组织覆盖面，聚焦货车司机、网约车司机、快递员、外卖配送员等农民工较为集中的重点群体，深化建会入会工作。实施"工会服务站点双 15 工程"，为广大户外劳动者提供休息、饮水、充电等贴心服务。鼓励各地结合实际，在城市街道、社区、农民工集中的工业园区，建立一批农民工暖心驿站。

（八）提升农民工办事便利。鼓励各地建立为农民工办实事清单制度，在农民工集中输入地区，设立办事"一站式"综合服务窗口，搭建线上办事综合平台。支持有条件的地方制定农民工服务标准，提升服务保障工作标准化、规范化、制度化水平。有条件的地区可将农民工办事高频事项相关政策文件梳理汇编成册，在基层服务窗口、交通站场、招聘活动现场等地发放。

（九）加强党建引领。创新农民工流动党员管理服务方式，发挥基层党组织在农民工服务保障工作中的作用。加强农民工党员队伍建设，注重在农民工群体中发展党员。推动农民工集中的重点领域和新兴行业党组织全覆盖。指导企业提高农民工党建工作水平，在生产一线广泛设立党员示范岗、党员责任区，建好用好农民工党员发挥作用的平台。

（十）发挥农民工的主体作用。大力弘扬劳模精神、劳动精神、工匠精神，引导农民工树立辛勤劳动、诚实劳动、创造性劳动的理念，不断加强学习，提升能力。引导农民工发扬主人翁精神，立足岗位做贡献，积极参与基层治理，参加社区志愿服务，主动融入城镇、融入社区。

三、工作要求

（一）高度重视。农民工为我国城乡经济社会发展发挥着重要作用。开展好"城暖农民工"服务活动是贯彻落实党中央、国务院决策部署的重要举措，各地要高度重视，切实加强领导，提高政治站位，抓好工作落实。

（二）精心组织。各级人力资源社会保障、教育、民政、住房城乡建设、工会、团委等部门和单位要细化工作举措，明确职责任务，加强协同配合，形成工作合力。各省（区、市）

人力资源社会保障部门要发挥好牵头作用，动态掌握服务活动进展情况，及时总结报送工作情况。

（三）注重实效。要深入基层、深入实际、深入农民工群体，通过进社区、进厂区、进园区等方式，充分了解进城农民工面临的突出问题和所需所盼，针对大龄农民工、青年农民工等不同群体，开展有针对性的服务活动。

（四）加强宣传。各地要加大农民工就业创业、劳动保障权益、子女教育、住房保障、城镇落户等政策宣传，提高政策知悉度。通过多种渠道，开展典型经验宣传，深化活动效果。加强典型引路，注重在各行各业选树优秀农民工代表，开展寻找最美农民工活动，营造良好氛围。

人力资源社会保障部办公厅
教育部办公厅
民政部办公厅
住房城乡建设部办公厅
全国总工会办公厅
共青团中央办公厅
2023 年 9 月 28 日

人力资源社会保障部办公厅关于加强急需紧缺人才目录编制发布工作的通知

人社厅发〔2023〕43号

各省、自治区、直辖市及新疆生产建设兵团人力资源社会保障厅（局）：

为充分发挥急需紧缺人才目录在优化人力资源流动配置服务就业、服务人才、服务发展中的积极作用，提高人力资源开发利用效率，促进人才区域合理布局和协调发展，推进人才链与创新链产业链深度融合，现就加强急需紧缺人才目录编制发布工作通知如下：

一、建立健全急需紧缺人才目录编制发布工作制度。聚焦重大战略、重大工程、重大项目、重点产业对人力资源的需求，有重点多层次地编制发布综合性、区域性、行业性急需紧缺人才目录，建立健全定期编制发布制度，提升人力资源流动配置服务能力。探索建立与经济社会发展相适应的人才需求预测发布机制，动态反映辖区内人力资源供需匹配状况、薪酬水平和核心技术技能要求，为用人单位、劳动者、人力资源服务机构、培训机构提供求职招聘、供需对接、教育培训和技能提升等方面指引，促进人力资源开发利用、优化配置。

二、完善多层次急需紧缺人才目录编制发布工作体系。围绕实施国家重大发展战略、区域协调发展战略、主体功能区战略等决策部署，组织开展重点急需紧缺人才目录编制发布工作。重点急需紧缺人才目录以部省联动形式联合立项，由有工作需求的省级人力资源社会保障部门每年3月底前提出申请，人力资源社会保障部研究确定后共同组织实施，发挥重点急需紧缺人才目录的示范引领作用。省级人力资源社会保障部门要结合实际，优先选择本地经济社会发展重点领域、重点产业组织编制发布省级急需紧缺人才目录，鼓励主动围绕制造业、战略性新兴产业、现代服务业、绿色低碳、物联网、数字经济等现代化产业体系建设，编制发布行业性急需紧缺人才目录。支持有条件的地市、人力资源服务机构编制发布特色急需紧缺人才目录。

三、提高急需紧缺人才目录编制工作质量。急需紧缺人才目录应与现行国家职业分类大典颁布的相关职业衔接，通过问卷调查、实地调研、第三方数据应用等方式，面向用人单位、相关行业协会、人力资源服务机构科学采集样本，提高样本代表性和覆盖面。采取数据模型、大数据分析等技术手段，全面分析重点领域、重点行业的人力资源供需、培养和流动等情况。加强人力资源供需形势研判，对未来一个时期供需趋势提出科学预测，分类提出急需紧缺人才培养、引进和激励等对策措施。通过部门座谈会、专家论证会或公开征求意见等多种渠道，广泛听取各方面意见建议，提高急需紧缺人才目录精准性、实效性和前瞻性。注重将高技能人才纳入急需紧缺人才目录对象范围，强化对急需紧缺高技能人才供需状况研究分析。

四、强化急需紧缺人才目录对人力资源流动配置的引导作用。加强急需紧缺人才信息推介，通过新闻发布、信息手册等方式广泛发布，为劳动者求职应聘、提升专业能力提供精准指引。依托急需紧缺人才目录，举办人才交流现场会、线上招聘会等招才引智活动，做好人才智力与项目的对接交流服务工作，积极引导人才向重点领域、重点行业集聚。鼓励构建区域性急需紧缺人才供需合作平台，促进人才区域合理布局，为区域经济协调发展提供人才智力支撑。支持人力资源服务机构利用专业优势，针对急需紧缺人才开展寻访、猎头等市场化引才服务，为用人单位推荐、引进优秀人才。

五、促进急需紧缺人才目录深度融入人才政策。加强急需紧缺人才目录与人才培养、引进、激励等政策协调联动，深化目录成果转化应用。建立健全人才需求预测预警机制，推动高等院校、职业院校（含技工院校）调整优化学科专业设置，深化产教融合，加快人力资源供给侧结构性改革，提高人力资源供给与社会需求匹配度。鼓励培训机构围绕急需紧缺人才目录调整开发培训项目，提高人力资源培训针对性和实效性，提升劳动者技术技能水平。鼓励各地将急需紧缺人才目录所列的急需紧缺人才纳入本地高端人才激励政策体系，在工资待遇、人才安居、子女教育、医疗服务等方面予以保障，并提供优质的人才公共服务。研究制定鼓励人力资源服务机构市场化引才的政策措施，对引进急需紧缺人才业绩优秀的人力资源服务机构可按规定从人力资源服务业发展、人才工作等专项经费中给予一定奖补，或在优先入驻所在地人力资源服务产业园，以及在各类购买服务、培训研修等活动中给予倾斜。

六、加强组织领导。各地要统筹谋划，加强与行业主管部门、人才工作部门工作协同，动员组织科研院所、行业协会、龙头企业和骨干人力资源服务机构等积极参与急需紧缺人才目录编制发布工作，推动形成工作合力。鼓励采用“揭榜挂帅”等方式，遴选急需紧缺人才目录编制项目承接机构，指导督促承接机构高质量完成目录编制任务。加强急需紧缺人才目录编制发布方法研究，不断总结推广目录编制、发布、应用等方面经验做法，提高工作科学化、规范化水平。

人力资源社会保障部办公厅

2023 年 10 月 8 日

人力资源社会保障部办公厅 工业和信息化部办公厅 关于颁布信息通信信息化系统管理员等 2 个国家职业标准的通知

人社厅发〔2023〕45 号

各省、自治区、直辖市及新疆生产建设兵团人力资源社会保障厅（局），工业和信息化主管部门，各省、自治区、直辖市通信管理局：

根据《中华人民共和国劳动法》有关规定，人力资源社会保障部、工业和信息化部共同制定了信息通信信息化系统管理员等 2 个国家职业标准，现予颁布施行。

附件：2 个国家职业标准目录

人力资源社会保障部办公厅
工业和信息化部办公厅
2023 年 10 月 10 日

附件

2 个国家职业标准目录

序号	职业编码	职业名称
1	4-04-04-03	信息通信信息化系统管理员 S
2	6-31-07-02	工业视觉系统运维员 S

注：1. “S”代表数字职业。

2. 以上国家职业标准内容可在人力资源社会保障部官网查询。

人力资源社会保障部办公厅 国家广播电视总局办公厅 关于颁布广播电视天线工等3个国家职业标准的通知

人社厅发〔2023〕46号

各省、自治区、直辖市人力资源社会保障厅（局）、广播电视局，新疆生产建设兵团人力资源社会保障局、文化体育广电和旅游局：

根据《中华人民共和国劳动法》有关规定，人力资源社会保障部、国家广播电视总局共同制定了广播电视天线工等3个国家职业标准，现予颁布施行。原相应国家职业（技能）标准同时废止。

附件：3个国家职业标准目录

人力资源社会保障部办公厅
国家广播电视总局办公厅
2023年10月11日

附件

3个国家职业标准目录

序号	职业编码	职业名称
1	4-04-03-01	广播电视天线工
2	4-04-03-02	广播电视机线员
3	4-13-01-05	全媒体运营师S

注：1. “S”代表数字职业。

2. 以上国家职业标准内容可在人力资源社会保障部官网查询。

人力资源社会保障部办公厅关于印发《新就业形态劳动者休息和劳动报酬权益保障指引》《新就业形态劳动者劳动规则公示指引》《新就业形态劳动者权益维护服务指南》的通知

人社厅发〔2023〕50号

各省、自治区、直辖市及新疆生产建设兵团人力资源社会保障厅（局）：

为深入贯彻落实党的二十大精神，支持和规范发展新就业形态，加强新就业形态劳动者权益保障，根据劳动法律法规和《关于维护新就业形态劳动者劳动保障权益的指导意见》，我们编制了《新就业形态劳动者休息和劳动报酬权益保障指引》《新就业形态劳动者劳动规则公示指引》《新就业形态劳动者权益维护服务指南》，现印发给你们。

各地要准确理解指引指南内容，做好宣传解读工作，指导企业依法规范用工、新就业形态劳动者依法维权，切实维护好新就业形态劳动者基本权益。

人力资源社会保障部办公厅

2023年11月8日

新就业形态劳动者休息和劳动报酬权益保障指引

第一章　总　　则

第一条　为支持和规范发展新就业形态，维护新就业形态劳动者休息和劳动报酬权益，根据国家有关法律法规和政策，制定本指引。

第二条　本指引所称新就业形态劳动者，主要指线上接受互联网平台发布的配送、出行、运输、家政服务等工作任务，按照平台要求提供平台网约服务，通过劳动获取劳动报酬的劳动者。本指引所称企业是指平台企业和平台用工合作企业。

第二章　工作时间和休息

第三条　企业要制定完善新就业形态劳动者休息办法，科学确定劳动者工作量和劳动强度，确保劳动者获得必要休息时间，防止劳动者过度劳动，保障劳动者身体健康。

第四条　新就业形态劳动者每日工作时间

包括当日累计接单时间和适当考虑劳动者必要的在线等单、服务准备、生理需求等因素确定的宽放时间。企业明确要求新就业形态劳动者在线时间或在指定时间前往指定场所接受常规管理的，企业要求的在线时间和线下接受常规管理时间计入工作时间。

接单时间是指劳动者自执行订单任务时起至完成任务时止的全部时间。劳动者同一时间接两个及以上订单，接单时间不重复计算。劳动者因作业性质和特点，在接单时间内执行订单任务期间可获得连续较长休息时间的，该休息时间可不计入工作时间。

宽放时间由企业与工会或新就业形态劳动者代表结合行业实际，平等协商合理确定。

第五条 企业与工会或新就业形态劳动者代表要根据法律法规精神和行业管理规定，结合行业特点和企业实际，平等协商合理确定新就业形态劳动者连续最长接单时间和每日最长工作时间。劳动者达到连续最长接单时间和每日最长工作时间的，系统应推送休息提示，并停止推送订单一定时间。若劳动者当时正在执行订单任务过程中，从该订单任务完成后开始计算停止推送订单时长。

第六条 企业要建立新就业形态劳动者工作时间、接单时间台账，确保劳动者可通过应用程序自主查询本人工作时间、接单时间等完整记录。

第三章 劳动报酬

第七条 企业与工会或新就业形态劳动者代表结合行业特点和企业实际，平等协商制定新就业形态劳动者劳动报酬规则，明确劳动定额标准、抽成比例、计件单价、劳动报酬支付周期、考核办法等，确保新就业形态劳动者提供劳动获得合理劳动报酬。

第八条 不完全符合确立劳动关系情形但企业对劳动者进行劳动管理的新就业形态劳动者，适用劳动者实际工作地人民政府规定的小时最低工资标准。

第九条 新就业形态劳动者在法定节假日工作的，企业应向劳动者支付高于正常工作时间劳动报酬的合理报酬。

第十条 企业要以货币形式将劳动报酬支付给新就业形态劳动者本人，不得以实物及有价证券替代货币支付。

第十一条 企业应按时足额支付新就业形态劳动者劳动报酬，不得克扣或无故拖欠。企业支付劳动报酬时，应向劳动者提供本人的劳动报酬清单。

第十二条 平台企业要对用工合作企业按时足额发放新就业形态劳动者劳动报酬等情况进行监督。

第四章 附 则

第十三条 符合确立劳动关系情形的新就业形态劳动者，休息和适用最低工资标准等按照《中华人民共和国劳动法》《最低工资规定》等法律法规规章执行。

第十四条 个人依托互联网平台完全自主开展经营活动的，不适用本指引。

新就业形态劳动者劳动规则公示指引

第一条 为引导平台企业依法合规制定和修订新就业形态劳动者劳动规则，保障新就业形态劳动者知情权和参与权，根据国家有关法律法规和政策，制定本指引。

第二条 本指引所称新就业形态劳动者，主要指线上接受互联网平台发布的配送、出行、运输、家政服务等工作任务，按照平台要求提供平台网约服务，通过劳动获取劳动报酬的劳动者。本指引所称企业是指平台企业和平台用工合作企业。

第三条 本指引所称劳动规则是指平台企业组织新就业形态劳动者提供网约服务，进行工作调度和劳动管理时所依据的规章制度、格式合同条款和算法规则等。

第四条 平台企业制定或修订平台劳动规则要遵循合法规范、公平公正、透明可释、科学合理、诚实信用的原则，依法履行民主程序。

第五条 平台企业要向依托平台就业的新就业形态劳动者公开订单分配、报酬及支付、工作时间和休息、职业健康与安全、服务规范等与劳动者基本权益直接相关的规章制度、格式合同条款、算法规则及其运行机制等。包括并不限于：

（一）新就业形态劳动者进入、退出平台规则；

（二）平台订单分配规则，包括订单分配的基本原则、订单优先分配或差别性分配规则等；

（三）报酬规则，包括计件单价及确定因素，抽成比例及确定因素，报酬构成及支付周期、支付方式等；

（四）工作时间和休息规则，包括任务完成时限要求及其确定依据和主要影响因素等，为防止疲劳对每日（或周 / 月）累计最长工作时间、停止推送订单休息等限制性规定；

（五）奖惩规则，包括服务要求和规范，考核制度，奖励和惩戒的情形、方式、标准，劳动者的申诉渠道和企业处理申诉的程序、结果反馈方式等；

（六）其他直接涉及劳动者切身利益的规则。

第六条 平台企业制定或修订直接涉及新就业形态劳动者权益的劳动规则，要提前通过应用程序弹窗等显著方式向劳动者公开征求意见，充分听取工会或劳动者代表的意见建议，将采纳情况告知劳动者。确定实施前，至少提前七日向劳动者予以公示。

第七条 平台企业拟调整经营方式或制定、修订劳动规则对新就业形态劳动者权益有重大影响的，了解或应当了解平台用工合作企业涉及新就业形态劳动者权益的重大制度规则调整的，要开展风险评估，并提前七日向服务所在地人力资源社会保障行政部门和相关主管部门报告，听取意见建议。

第八条 平台企业要在应用程序等显著位置，以清晰易懂的语言，真实、准确地持续公示有关内容，确保新就业形态劳动者能够随时方便查看完整内容，并提供反馈有关意见建议的渠道。

新就业形态劳动者权益维护服务指南

第一章 总 则

第一条 为健全新就业形态劳动者权益维护机制，畅通维权渠道，及时、便捷、高质量化解涉新就业形态劳动纠纷，切实维护好新就业形态劳动者权益，促进平台经济持续健康发展，制定本指南。

第二条 政府行政部门、法院、工会、企业代表组织、平台企业等要不断探索创新适合新就业形态特点的劳动者维权服务方式，改进和优化对新就业形态劳动者的维权服务。

第三条 新就业形态劳动者维护自身权益时应当依法合理表达诉求，不得采取违法和过激形式。

第二章 企业内部劳动纠纷化解机制

第四条 平台企业要建立健全与新就业形态劳动者的常态化沟通机制和新就业形态劳动者申诉机制，畅通线上和线下沟通渠道。

第五条 新就业形态劳动者可向平台企业反映对平台劳动规则的意见建议或其他合理诉求，平台企业要认真听取并作出回应。

第六条 新就业形态劳动者认为平台用工合作企业侵犯其合法权益的，可向平台企业投诉。平台企业要积极核查，协调处理。情况属实的，要督促用工合作企业及时整改。

第七条 新就业形态劳动者对报酬计算、服务时长、服务费用扣减、奖惩、平台用工合作企业管理服务等有异议的，或遭遇职场欺凌、骚扰的，可向平台企业反映或申诉，平台企业要在承诺时间内予以回应并公正处理。

第八条 新就业形态劳动者认为自身劳动权益受到侵害时，可优先与企业协商解决，也可请工会或第三方组织共同与企业协商解决。

第九条 鼓励平台企业成立由工会代表、新就业形态劳动者代表和企业代表参加的企业内部劳动纠纷调解委员会，提供涉新就业形态劳动者劳动纠纷调解服务。新就业形态劳动者认为自身劳动权益受到侵害时，可向企业劳动纠纷调解委员会提出。调解委员会应当及时核实情况，协调企业进行整改或者向劳动者做出说明。

第三章 工会权益维护服务

第十条 新就业形态劳动者有权加入工会。工会组织要积极吸收新就业形态劳动者入会。

第十一条 工会组织要及时帮助新就业形态劳动者解决生活和工作中遇到的困难。新就业形态劳动者在生活和工作中遇到困难，可向所在工会组织或当地工会组织请求予以支持和帮助。

第十二条 工会组织要对平台企业、平台用工合作企业履行用工责任情况进行监督。平台企业、平台用工合作企业违反新就业形态劳动者权益保障相关法律法规政策，工会组织要提出意见或者要求纠正。新就业形态劳动者可向工会组织反映对企业劳动管理的意见建议。工会组织要收集新就业形态劳动者意见，并及时向企业反馈。对工会提出的意见和收集的新就业形态劳动者的意见建议，企业要及时研究，给予答复。

第十三条 工会组织要推动平台企业建立常态化的沟通协商机制，代表或组织新就业形态劳动者就涉及劳动者切身利益的事项与平台企业沟通、协商，订立集体合同或协议。新就业形态劳动者有权参与工会与企业组织的恳谈会、集体协商等活动，平台企业、平台用工合作企业应提供便利条件。

第十四条 新就业形态劳动者认为平台企业、平台用工合作企业侵犯自身劳动权益申请劳动争议仲裁或者向人民法院提起诉讼的，可向工会组织申请法律援助等服务。

第十五条 新就业形态劳动者可就近在工会组织等建立的服务站点申请协调解决权益维护问题。

第四章 相关部门机构权益维护服务

第十六条 新就业形态劳动者与企业发生纠纷，可向人民调解委员会和各级各类专业性劳动争议调解组织申请调解。经调解达成的调解协议，具有法律约束力，当事人应按照约定履行。符合条件的，可向人民法院申请司法确认或向劳动争议仲裁机构申请置换。

第十七条 发生争议后调解不成或当事人不愿调解，符合劳动争议受案范围的，新就业形态劳动者可向实际工作地的劳动争议仲裁机构申请劳动争议仲裁。不符合劳动争议受案范围的，新就业形态劳动者可向人民法院起诉，人民法院应当依法受理。

第十八条 符合劳动保障监察职权范围的事项，新就业形态劳动者可向人力资源社会保障行政部门举报投诉。各地人力资源社会保障行政部门应当畅通举报投诉渠道，及时受理新就业形态劳动者的举报投诉，依法维护劳动者合法权益。

第十九条 新就业形态劳动者可依法向法律援助机构申请法律援助。鼓励法律援助机构在新就业形态劳动者集中工作地或休息地设立法律援助站或者联络点，就近提供法律援助服务，开设新就业形态劳动者法律援助“绿色通道”，提供便捷高效服务。

第二十条 各地要积极构建新就业形态劳动纠纷多元调解机制，加强劳动人事争议调解与人民调解、行政调解、司法调解协调联动。

鼓励有条件的地方探索创新新就业形态劳动纠纷调处机制，联通法院、人力资源社会保障、司法行政、工会、企业代表组织等各类争议处理资源，建立“一站式”的新就业形态争议调处机构。

鼓励新就业形态劳动者比较集中的市、区以及有条件的县和乡镇、街道，联合相关资源力量，组建集咨询疏导、争议调解、劳动仲裁、法律援助、专业审判于一体的新就业形态劳动用工争议多元化解中心。

第二十一条 新就业形态劳动者生活困难需要救助的，可向有关部门申请救助。

第五章 附 则

第二十二条 涉新就业形态商事纠纷不适用本指南。

人力资源社会保障部办公厅关于推进直播带岗在就业公共服务领域应用的通知

人社厅发〔2023〕54 号

各省、自治区、直辖市及新疆生产建设兵团人力资源社会保障厅（局）：

直播带岗是数字技术与公共服务融合发展的创新实践，具有体验直观、互动即时、对接精准的特点，在就业服务领域具有广阔的应用空间。为进一步健全就业公共服务体系，推进直播带岗在就业公共服务领域广泛应用，现就有关事项通知如下：

一、总体要求

以习近平新时代中国特色社会主义思想为指导，全面贯彻党的二十大精神，深入落实党中央、国务院关于就业工作各项决策部署，围绕提升人力资源供需对接匹配效率工作目标，推进直播带岗在就业公共服务领域广泛应用，打造一批特色化、高水平的就业公共服务直播带岗基地，培育一批服务效果好、群众满意度高的就业公共服务直播品牌，培养一批具有职业素养、专业能力的就业公共服务直播人员，牵引就业公共服务方式创新，提升就业公共服务质量，助力高质量充分就业。

二、重点任务

（一）打造直播带岗基地。统筹资源因地制宜多渠道、多形式打造直播带岗基地，满足城乡劳动者求职和各类企业招聘需要。支持在公共就业服务机构场所内建立直播带岗基地、直播带岗间，鼓励联合高校、产业园区、企业、人力资源服务机构、社会媒体等各类社会资源打造就业公共服务网络直播间，推进网络直播技术与就业公共服务融合发展。

（二）完善直播带岗功能。充分利用网络直播技术互动性强的优势，强化直播带岗职业介绍职能，不断完善岗位推介、简历投递等功能，着力提升人力资源供需对接效率。逐步拓展直播服务功能，将政策咨询、职业指导、创业服务等纳入直播服务范围，不断丰富就业公共服务网络直播内容。

（三）培育直播带岗品牌。树立品牌意识，聚焦服务对象特征、当地产业特点等因素，在直播带岗中突出自身特色和服务专长，大力培育具有特色的直播带岗服务品牌。采取多种方式推介本地区直播带岗服务品牌，提高品牌知晓度、公信力，吸引更多企业、求职者参与直播带岗活动，提升直播带岗服务效能。

（四）提升网络直播能力。多种方式开展对直播带岗主播人员技能培训，着力提升岗位推介、职业指导、职业介绍等业务能力，以及直播操作、沟通技巧等网络直播技术水平。加强对直播带岗主播人员管理，定期组织开展党建知识、政治理论学习，提高政治素养，坚定政治立场，把准政治方向。有条件的地方可研究制定直播带岗服务规范、标准，提升标准化服务水平。

（五）提供网络直播支持。积极协调网信等有关部门，强化入网政策和服务支持，便利就业公共服务直播带岗基地享受直播带岗账号认证、功能启用、信息发布等政策。有条件的地方可通过政府购买服务方式开展直播带岗服务，提高直播带岗基地专业化运营能力。

三、组织保障

（一）加强组织领导。各地要高度重视直播带岗工作，将直播带岗作为创新就业公共服务方式、提升就业公共服务质量的重要手段，加强组织领导，推动资源整合，因地制宜推进应用。结合本地实际积极探索、大胆创新，创造可复制可推广经验。

（二）加强规范管理。各地要对就业公共服务领域直播带岗活动进行规范管理，严格审查参与直播活动的经营性人力资源服务机构许可资质、企业资质和招聘岗位信息，不得设置或者发布歧视性内容，确保发布信息和直播内容真实、合法。要主动接受社会监督，推动直播带岗工作健康开展。

（三）加强宣传引导。各地要通过网络媒体、广播电视等，大力宣传直播带岗服务渠道和积极成效。大力总结宣传直播带岗经验做法、特色服务品牌，引导社会各方支持、参与就业公共服务。

各地工作推进过程中的新情况、新问题，请及时报告。

人力资源社会保障部办公厅
2023 年 12 月 28 日

人力资源社会保障部办公厅关于加强农民工职业技能培训工作的意见

人社厅发〔2023〕55号

各省、自治区、直辖市及新疆生产建设兵团人力资源社会保障厅（局）：

农民工是产业工人队伍的重要组成部分，是促进人口高质量发展和实现共同富裕的重点群体。为认真贯彻落实《中共中央办公厅　国务院办公厅关于加强新时代高技能人才队伍建设的意见》和党中央、国务院有关决策部署，健全终身职业技能培训制度，促进农民工技能提升和就业创业，现就加强农民工职业技能培训工作提出以下意见。

一、总体要求

以习近平新时代中国特色社会主义思想为指导，深入贯彻党的二十大和二十届二中全会精神，立足新发展阶段，贯彻新发展理念，将农民工职业技能培训作为实施人才强国战略、就业优先战略的具体举措和重要抓手，深入推进"十四五"职业技能培训规划。以农村转移劳动力、返乡农民工、脱贫劳动力等为重点，面向广大农民工群体开展大规模、广覆盖、多形式的职业技能培训。进一步优化组织实施、严格过程监管、提升就业质效、加强管理服务，努力提升农民工职业技能、就业创业和融入城市的能力和水平，推动其稳定就业、高质量就业和创业创新，为推进乡村全面振兴和实现共同富裕提供技能要素支撑。

二、主要内容

（一）加强组织发动和信息公开。充分利用信息共享、比对、调查等手段，摸排农民工求职意愿和就业技能需求，通过信息推送、集中宣讲、送策入村入企等多种方式，组织发动农民工积极参加职业技能培训，提升就业稳岗技能水平。依托政府门户网站、人力资源社会保障政务服务平台、微信公众号等多种信息渠道公布并更新职业技能培训项目目录和机构目录，方便农民工根据个人实际需要选择合适的培训机构参加有针对性的培训项目。

（二）大力开展就业技能培训。农村转移劳动力密集的地方可结合当地经济和产业发展需求，重点围绕生产制造、建筑、乡村旅游等领域开展就业技能培训，促使当地农村转移劳动力能就业、返乡农民工再就业。指导培训机构对拟参训的农村转移劳动力知识技能基础、就业意愿等情况进行分析，因地因人制宜，立足本地资源、特色产业优势，加大劳务品牌和乡村工匠培育力度。以农民工输入为主的地方可结合劳动力市场需求和用工企业要求，大力开展建筑、维修、家政、餐饮、保安、物流等有效实用的技能培训，帮助其稳定就业，更好融入城市。

（三）强化在岗农民工职业技能培训。支持各类企业对新录用农民工和在岗转岗农民工广泛开展岗前培训、岗位技能提升培训、企业新型学徒制培训和高技能人才培训。发挥行业协会、龙头企业和培训机构作用，引导帮助中小微企业开展在岗农民工培训。推动用工企业通过公共就业服务机构、人力资源服务机构、培训机构等与农民工主要输出地对接，根据用工企业实际需求开展农民工订单、定向、定岗和项目制培训，促进技能培训与就业岗位精准对接。

（四）创新开展创业培训和新职业新业态培训。鼓励准备创业和创业初期的农民工参加创业培训，加强就业创业政策扶持和创业培训后续指导服务。针对学习能力强、创业意识足的新生代农民工，积极开展电子商务、数字经济、人工智能等新技术新领域创业培训，促进提高创业质量和层次。充分发挥行业龙头企业、大型电商平台等的引领作用，开展直播销售员、网络约车、网络送餐、快递物流等新职业新业态领域职业技能培训。

（五）优化就业服务与职业技能培训衔接融通。对在就业公共服务平台等登记有培训就业意愿的农民工，提供相应的培训信息或统筹组织参加就业技能培训。依托公共就业服务中心、职业院校（含技工院校，下同）、职业培训机构、人力资源服务机构等为准备外出就业的农民工提供有针对性的就业及培训政策解读、职业指导、技能培训、岗位推荐等全链条服务。坚持就地就近、辐射全域打造“家门口就业服务圈”，为农民工实现家门口就业提供“最后一公里”服务。强化零工市场即时快招服务，为零散务工农民工提供便捷化、扁平化、实用化的短期技能培训，提升零工就业能力。

（六）加强职业技能培训载体建设。积极构建市场主导、政府支持的载体建设体系。鼓励支持行业协会、龙头企业、职业院校等兴办职业培训集团（联盟），推进培训、就业一体化发展。依法规范民办职业培训机构发展，鼓励建立行业自律机制，挖掘一批品牌培训机构和品牌培训项目，支持其发展壮大。指导高技能人才培训基地和技能大师工作室开展高层次、高质量技能培训，充分发挥示范引领作用。

（七）加强职业技能培训资源建设。加大国家职业标准、行业企业评价规范、专项职业能力考核规范开发力度，加强职业培训教材、数字资源体系建设和师资队伍建设。大力推动职业培训机构、技工院校、高技能人才培训基地等开展标准化职业技能培训。结合实际，加大汽车维修工、养老护理员、家政服务员、育婴员、砌筑工等适合农民工培训就业的职业（工种）国家职业培训规划教材、国家基本职业培训包推广使用力度。用好“互联网+职业技能培训”、多媒体资源培训等培训形式，满足更多农民工特别是新生代农民工的多样化、个性化培训需求。

三、统筹培训资金来源及使用

（八）强化各类资金统筹。统筹使用好就业补助资金、失业保险基金、职业技能提升行动专账资金、企业职工教育经费以及人才队伍建设有关经费，支持农民工职业技能培训工作。引导激励督促企业按照《关于企业职工教育经费提取与使用管理的意见》等规定，足额提取职工教育经费，其中60%以上用于一线职工的教育和培训。

（九）落实职业技能培训支持政策。农民工参加职业技能培训，符合条件的按规定给予职业培训补贴。脱贫（含防返贫监测对象）、就业困难、零就业家庭的农民工以及城乡未继续升学应届初高中毕业生中的农村学员和城市低保家庭学员，在培训期间可按规定给予生活费补贴。个体工商户用工、民办非企业单位用工以及灵活就业农民工，可按规定纳入职业培训补贴范围。对于企业吸纳农民工就业，直接组织其培训且承担培训成本的，可按规定将培训补贴直补企业。

（十）完善培训补贴使用机制。市（地）级（含）以上人力资源社会保障部门可商财政部门动态调整职业培训补贴的职业（工种）范围，并结合经济发展、培训成本、物价指数等情况调整职业培训补贴标准。鼓励农民工培训后参加职业技能评价，对取得职业资格证书（或职业技能等级证书、专项职业能力证书）的，按规定落实职业技能评价补贴和技能提升补贴等政策。同一职业（工种）的同一等级不可重复申领培训补贴（含参保职工技能提升补贴）。

四、加强服务和规范管理

（十一）加强组织领导。充分认识做好农民工职业技能培训工作的重要意义，进一步提高政治站位，将农民工职业技能培训工作提上重要日程安排。建立人力资源社会保障部门牵头协调、多部门共同参与的工作机制，加强统筹、明确责任、细化分工，形成工作合力。做好现有各项培训政策措施的衔接与融合，确保政策措施落实到位。

（十二）提升经办服务效率。进一步优化补贴申领流程，明确申领职业培训补贴、生活费补贴等所需的申请材料、办理条件、办理时限等，提升经办服务效率。提升信息化便民服务水平，减少证明材料，对可通过大数据等信息化手段比对确认信息的，不再要求提供纸质证明材料。探索推行职业培训补贴“全程网办”“掌上办”“一站办”等方式，切实提升劳动者领取补贴效率。

（十三）压实资金安全主体责任。定期组织开展补贴经办流程风险防控和排查，建立风险隐患清单，明确日常监督重点，规范职权行为。建立政府补贴培训资金“谁使用、谁负责”的责任追究机制，对关键环节、关键流程经办人员加强警示教育，签订廉政守纪承诺书。对经办人员违纪违法行为保持零容忍态势，对套取骗取、虚报冒领职业培训补贴资金等违纪违法问题发现一起，查处一起，决不姑息。

（十四）加强政策宣传引导。加大政策宣传解读力度，创新宣传方式，充分运用新媒体等多种途径提高政策的公众知晓度，为院校、机构、企业、农民工等全面了解并享受政策提供支持，促进农民工职业技能培训工作取得实效。积极总结经验做法，宣传推广典型案例，大力营造技能就业、技能成才的良好社会氛围。

人力资源社会保障部办公厅

2023 年 12 月 28 日

人力资源社会保障部办公厅关于发布人力资源社会保障政务服务 30 项“跨省通办”事项办事指南的函

人社厅函〔2023〕17 号

各省、自治区、直辖市及新疆生产建设兵团人力资源社会保障厅（局）：

根据《国务院办公厅关于加快推进政务服务“跨省通办”的指导意见》（国办发〔2020〕35 号），为规范做好“跨省通办”工作，面向企业群众提供清晰办事指引，部里组织制修订了《人力资源社会保障政务服务 30 项“跨省通办”事项办事指南》，编制了 12 个新增“跨省通办”事项办事指南，并对第一批 18 个“跨省通办”事项办事指南进行了修订。现予以发布，请切实抓好落实，加强宣传推广，方便企业群众办理“跨省通办”事项。

本指南自 2023 年 7 月 1 日起施行。《人力资源社会保障部办公厅关于发布第一批高频人社政务服务“跨省通办”事项办事指南的函》（人社厅函〔2021〕107 号）同时废止。

人力资源社会保障部办公厅

2023 年 3 月 7 日

人力资源社会保障政务服务 30 项“跨省通办”事项办事指南

（一）

事项名称：失业登记

事项简述：申请人可在户籍地、常住地、就业地、参保地任一地点进行失业登记

办理方式：1. 窗口办理。2. 网上办理

办理材料：本人身份证件或社会保障卡

办理时限：10 个工作日内办结

结果送达：1. 窗口办理：由各地确定的方式送达。2. 网上办理：发送办理结果信息或线上查询办理结果

收费以及标准：免费

办事时间：1. 窗口办理：办理地点规定的工作时间。2. 网上办理：全天

办理机构及地点：1. 窗口办理：申请地（户籍地、常住地、就业地、参保地任一地点，下同）公共就业服务机构或政府授权的相关基层服务平台。2. 网上办理：①全国人力资源和社会保障政务服务平台网上办事大厅（zwfw. mohrss. gov.cn）、移动客户端“掌

上 12333”APP、12333 小程序（微信、支付宝、百度），“个人服务”—“就业创业”—“失业登记”。②电子社保卡 APP、小程序（微信、支付宝）、电子社保卡服务渠道，“人社办事”—“失业登记”。③国家政务服务平台。④申请地人力资源社会保障政务服务平台网上办事大厅、APP、小程序、新媒体等

咨询查询途径：1. 申请地公共就业服务机构工作人员。2. 全国人力资源和社会保障政务服务平台（zwfw.mohrss.gov.cn）。3. 申请地人力资源社会保障政务服务平台。4.“掌上 12333”APP。5.12333 小程序

监督投诉渠道：1. 全国人力资源和社会保障政务服务平台（zwfw.mohrss.gov.cn）。2. 申请地人力资源社会保障部门公布的监督渠道

（二）

事项名称：社会保险个人权益记录查询打印

事项简述：申请人可异地查询、打印本人名下社会保险个人权益记录单，不受地域限制

办理方式：1. 窗口办理。2. 网上办理

办理材料：1. 窗口办理：社会保障卡或居民身份证。2. 网上办理：无

办理时限：即时办结

结果送达：即时反馈结果

收费以及标准：免费

办事时间：1. 窗口办理：办理地点规定的工作时间。2. 网上办理：全天

办理机构及地点：1. 窗口办理：社会保险经办机构。2. 网上办理：①全国人力资源和社会保障政务服务平台网上办事大厅（zwfw.mohrss.gov.cn）、移动客户端“掌上 12333”APP、12333 小程序（微信、支付宝、百度），“个人服务”—“社会保障”—“个人权益记录”。②国家社会保险公共服务平台（si.12333.gov.cn），“社保查询”—“年度社会保险个人权益记录单查询”。③电子社保卡 APP、小程序（微信、支付宝）、电子社保卡服务渠道，“人社办事”—“个人社保权益单”。④国家政务服务平台。⑤各级人力资源社会保障政务服务网站、移动客户端

咨询查询途径：1. 服务窗口现场咨询。2. 申请地人力资源社会保障部门公布的咨询电话

监督投诉渠道：申请地人力资源社会保障部门公布的监督渠道

（三）

事项名称：企业职工基本养老保险关系转移接续申请

事项简述：申请人可向转入地申请，转入地与转出地协同办理企业职工基本养老保险关系转移接续，申请人不再需要到转出地办理（不符合转出条件的除外）

办理方式：1. 窗口办理。2. 网上办理

办理材料：1. 窗口办理：居民身份证或社会保障卡。2. 网上办理：无

办理时限：15 个工作日内办结

结果送达：1. 窗口办理：审核后通过各地确定的方式通知。2. 网上办理：网上查询办理结果

收费以及标准：免费

办事时间：1. 窗口办理：办理地点规定的工作时间。2. 网上办理：全天

办理机构及地点：1. 窗口办理：转入地社会保险经办机构。2. 网上办理：①全国人力资源和社会保障政务服务平台网上办事大厅（zwfw.mohrss.gov.cn）、移动客户端“掌上 12333”APP、12333 小程序（微信、支付宝、百度），“个人服务”—“社会保障”—“社保转移在线申请”。②国家社会保险公共服务平台（si.12333.gov.cn），“养老保险”—“企业职工养老保险关系转移申请”。③电子社保卡 APP、小程序（微信、支付宝）、电子社保卡服务渠道，“人社办事”—“养老保险关系转移”—“企业职工基本养老保险关系转移申请”。④国家政务服务平台。⑤各级人力资源社会保障政务服务网站、移动客户端

咨询查询途径：1. 服务窗口现场咨询。2. 转入地人力资源社会保障部门公布的咨询

电话或经办机构咨询电话

监督投诉渠道：转入地人力资源社会保障部门公布的监督渠道

（四）

事项名称：城乡居民基本养老保险关系转移接续申请

事项简述：申请人可向转入地申请，转入地与转出地协同办理城乡居民基本养老保险关系转移接续，申请人不再需要到转出地办理（不符合转出条件的除外）

办理方式：1. 窗口办理。2. 网上办理

办理材料：1. 窗口办理：居民身份证或社会保障卡，变更后的户口簿原件。2. 网上办理：填写制定表单，上传居民身份证及变更后的户口簿照片

办理时限：45 个工作日内办结

结果送达：1. 窗口办理：审核后通过各地确定的方式通知。2. 网上办理：网上查询办理结果

收费以及标准：免费

办事时间：1. 窗口办理：办理地点规定的工作时间。2. 网上办理：全天

办理机构及地点：1. 窗口办理：转入地村（居）委员会、乡镇（街道）社保所或社会保险经办机构。2. 网上办理：①全国人力资源和社会保障政务服务平台网上办事大厅（zwfw.mohrss.gov.cn）、移动客户端“掌上 12333”APP、12333 小程序（微信、支付宝、百度），“个人服务”—“社会保障”—“城乡居民养老保险关系转移申请、社保转移在线申请”。②国家社会保险公共服务平台（si.12333.gov.cn），“养老保险”—“城乡居民养老保险关系转移申请”。③电子社保卡 APP、小程序（微信、支付宝）、电子社保卡服务渠道，“人社办事”—“养老保险关系转移申请”—“城乡居民基本养老保险关系转移申请”。④国家政务服务平台。⑤各级人力资源社会保障政务服务网站、移动客户端

咨询查询途径：1. 服务窗口现场咨询。2. 转入地人力资源社会保障部门公布的咨询电话或经办机构咨询电话

监督投诉渠道：转入地人力资源社会保障部门公布的监督渠道

（五）

事项名称：机关事业单位养老保险关系转移接续申请

事项简述：申请人可向转入地申请，转入地与转出地协同办理机关事业单位基本养老保险关系转移接续（含职业年金），申请人不再需要到转出地办理（不符合转出条件的除外）

办理方式：1. 窗口办理。2. 网上办理

办理材料：1. 窗口办理：居民身份证或社会保障卡。2. 网上办理：无

办理时限：75 个工作日内办结

结果送达：1. 窗口办理：审核后通过各地确定的方式通知。2. 网上办理：网上查询办理结果

收费以及标准：免费

办事时间：1. 窗口办理：办理地点规定的工作时间。2. 网上办理：全天

办理机构及地点：1. 窗口办理：转入地社会保险经办机构。2. 网上办理：①全国人力资源和社会保障政务服务平台网上办事大厅（zwfw. mohrss. gov.cn）、移动客户端“掌上 12333”APP、12333 小程序（微信、支付宝、百度），“个人服务”—“社会保障”—“社保转移在线申请”。②国家社会保险公共服务平台（si.12333.gov.cn），“养老保险”—“机关事业单位养老保险关系转移申请”。③电子社保卡 APP、小程序（微信、支付宝）、电子社保卡服务渠道，“人社办事”—“养老保险关系转移”—“机关事业单位养老保险关系转移申请”。④国家政务服务平台。⑤各级人力资源社会保障政务服务网站、移动客户端

咨询查询途径：1. 服务窗口现场咨询。2. 转入地人力资源社会保障部门公布的咨询电话或经办机构咨询电话

监督投诉渠道：转入地人力资源社会保障

部门公布的监督渠道

（六）

事项名称：机关事业单位基本养老保险与企业职工基本养老保险互转申请

事项简述：申请人可向转入地申请，转入地与转出地协同办理机关事业单位基本养老保险与企业职工基本养老保险互转，申请人不再需要到转出地办理（不符合转出条件的除外）

办理方式：1. 窗口办理。2. 网上办理

办理材料：1. 窗口办理：居民身份证或社会保障卡。2. 网上办理：无

办理时限：75个工作日内办结

结果送达：1. 窗口办理：审核后通过各地确定的方式通知。2. 网上办理：网上查询办理结果

收费以及标准：免费

办事时间：1. 窗口办理：办理地点规定的工作时间。2. 网上办理：全天

办理机构及地点：1. 窗口办理：转入地社会保险经办机构。2. 网上办理：①全国人力资源和社会保障政务服务平台网上办事大厅（zwfw. mohrss. gov.cn）、移动客户端“掌上12333”APP、12333小程序（微信、支付宝、百度），“个人服务”—“社会保障”—“社保转移在线申请”。②国家社会保险公共服务平台（si. 12333.gov.cn），“养老保险”—“机关事业单位养老保险与企业职工养老保险互转”。③电子社保卡APP、（微信、支付宝）、电子社保卡服务渠道，“人社办事”—“养老保险关系转移”—“机关事业单位基本养老保险与企业职工基本养老保险互转申请”。④国家政务服务平台。⑤各级人力资源社会保障政务服务网站、移动客户端

咨询查询途径：1. 服务窗口现场咨询。2. 转入地人力资源社会保障部门公布的咨询电话或经办机构咨询电话

监督投诉渠道：转入地人力资源社会保障部门公布的监督渠道

（七）

事项名称：企业职工基本养老保险与城乡居民基本养老保险制度衔接申请

事项简述：申请人向企业职工基本养老保险关系归集地提出申请，经办机构之间协同办理企业职工基本养老保险与城乡居民基本养老保险互转（不符合转出条件的除外）

办理方式：1. 窗口办理。2. 网上办理

办理材料：1. 窗口办理：居民身份证或社会保障卡。2. 网上办理：无

办理时限：45个工作日内办结

结果送达：1. 窗口办理：审核后通过各地确定的方式通知。2. 网上办理：网上查询办理结果

收费以及标准：免费

办事时间：1. 窗口办理：办理地点规定的工作时间。2. 网上办理：全天

办理机构及地点：1. 窗口办理：转入地社会保险经办机构。2. 网上办理：①全国人力资源和社会保障政务服务平台网上办事大厅（zwfw.mohrss.gov.cn）、移动客户端“掌上12333”APP、12333小程序（微信、支付宝、百度），“个人服务”—“社会保障”—“社保转移在线申请”。②国家社会保险公共服务平台（si.12333.gov.cn），“养老保险”—“城乡养老保险制度衔接申请”。③电子社保卡APP、小程序（微信、支付宝）、电子社保卡服务渠道，“人社办事”—“养老保险关系转移”—“城乡养老保险制度衔接申请”。④国家政务服务平台。⑤各级人力资源社会保障政务服务网站、移动客户端

咨询查询途径：1. 服务窗口现场咨询。2. 申请地人力资源社会保障部门公布的咨询电话或经办机构咨询电话

监督投诉渠道：申请地人力资源社会保障部门公布的监督渠道

（八）

事项名称：军人退役养老保险关系转移接

续申请

事项简述：申请人无需提出申请，转入地与军队经办机构通过部转移平台协同办理退役军人养老保险关系转移接续

办理方式：无

办理材料：无

办理时限：无

结果送达：通过短信或各地确定的方式通知

收费以及标准：免费

办事时间：无

办理机构及地点：无

咨询查询途径：1. 服务窗口现场咨询。2. 转入地人力资源社会保障部门公布的咨询电话或经办机构咨询电话

监督投诉渠道：各地人力资源社会保障部门公布的监督渠道

（九）

事项名称：领取养老金人员待遇资格认证

事项简述：领取养老金的申请人，可异地自助办理领取待遇资格认证，不受地域限制

办理方式：网上办理

办理材料：无

办理时限：即时办结

结果送达：线上即时反馈结果

收费以及标准：免费

办事时间：全天

办理机构及地点：1. 全国人力资源和社会保障政务服务平台网上办事大厅（zwfw.mohrss.gov.cn）、移动客户端“掌上12333”APP、12333小程序（微信、支付宝、百度），“个人服务”—“待遇资格认证”—“领取养老金人员待遇资格认证”。2. 国家社会保险公共服务平台（si.12333.gov.cn），“养老保险”—“领取养老金人员待遇资格认证”。3. 电子社保卡APP、小程序（微信、支付宝）、电子社保卡服务渠道，“人社办事”—“社保待遇资格认证”。4. 国家政务服务平台。5. 各级人力资源社会保障政务服务网站、移动客户端

咨询查询途径：养老金领取地人力资源社会保障部门公布的咨询电话

监督投诉渠道：养老金领取地人力资源社会保障部门公布的监督渠道

（十）

事项名称：养老保险供养亲属领取待遇资格认证

事项简述：申请人属于养老保险供养亲属的，可异地自助办理领取待遇资格认证，不受地域限制

办理方式：网上办理

办理材料：无

办理时限：即时办结

结果送达：线上即时反馈结果

收费以及标准：免费

办事时间：全天

办理机构及地点：1. 全国人力资源和社会保障政务服务平台网上办事大厅（zwfw.mohrss.gov.cn）、移动客户端“掌上12333”APP、12333小程序（微信、支付宝、百度），“个人服务”—“待遇资格认证”—“养老保险供养亲属领取待遇资格认证”。2. 国家社会保险公共服务平台（si.12333.gov.cn），“养老保险”—“养老保险供养亲属领取待遇资格认证”。3. 电子社保卡APP、小程序（微信、支付宝）、电子社保卡服务渠道，“人社办事”—“社保待遇资格认证”。4. 国家政务服务平台。5. 各级人力资源社会保障政务服务网站、移动客户端

咨询查询途径：待遇领取地人力资源社会保障部门公布的咨询电话

监督投诉渠道：待遇领取地人力资源社会保障部门公布的监督渠道

（十一）

事项名称：电子社保卡申领

事项简述：已有社会保障卡的持卡人可在手机端申领电子社保卡

办理方式：网上办理

办理材料：无
办理时限：即时办结
结果送达：线上即时反馈结果
收费以及标准：免费
办事时间：全天
办理机构及地点：1. 电子社保卡APP、小程序（微信、支付宝）、电子社保卡服务渠道。2. 全国人力资源和社会保障政务服务平台移动客户端“掌上12333”APP。3. 国家政务服务平台
咨询查询途径：1. 电子社保卡线上智能客服。2. 发卡地人力资源社会保障部门公布的咨询电话或12333服务热线
监督投诉渠道：发卡地人力资源社会保障部门公布的监督渠道或12333服务热线

（十二）

事项名称：就业创业证查询、核验
事项简述：申请人可异地查询或核验本人就业创业证信息，不受地域限制
办理方式：网上办理
办理材料：无
办理时限：即时办结
结果送达：线上即时反馈结果
收费以及标准：免费
办事时间：全天
办理机构及地点：1. 全国人力资源和社会保障政务服务平台网上办事大厅（zwfw.mohrss.gov.cn）、移动客户端“掌上12333”APP、12333小程序（微信、支付宝、百度），“个人服务”—“就业创业”—“就业创业证查询”。2. 电子社保卡APP、小程序、电子社保卡服务渠道，“人社办事”—“就业创业证”。3. 全国就业创业证查询系统（jyjc.mohrss.gov.cn）。4. 国家政务服务平台。5. 各级人力资源社会保障政务服务网站、移动客户端
咨询查询途径：全国就业创业证查询系统
监督投诉渠道：发证地人力资源社会保障部门公布的监督渠道

（十三）

事项名称：技工院校毕业证书查询、核验
事项简述：申请人可异地查询或核验本人技工院校毕业证书
办理方式：网上办理
办理材料：无
办理时限：即时办结
结果送达：线上即时反馈结果
收费以及标准：免费
办事时间：全天
办理机构及地点：1. 全国人力资源和社会保障政务服务平台网上办事大厅（zwfw.mohrss.gov.cn）、移动客户端“掌上12333”APP、12333小程序（微信、支付宝、百度），“个人服务”—“人才人事”—“技工院校毕业证书查询”。2. 电子社保卡APP、小程序（微信、支付宝）、电子社保卡服务渠道，“人社办事”—“技工院校毕业证书”。3. 人事人才管理信息系统—全国技工院校信息查询（rsrc.mohrss.gov.cn/jxxxcx）。4. 国家政务服务平台
（注：登陆时输入证件号码、毕业证书编号）
咨询查询途径：人事人才管理信息系统
监督投诉渠道：发证地人力资源社会保障部门公布的监督渠道

（十四）

事项名称：技能人员职业资格证书查询
事项简述：申请人可异地查询本人技能人员职业资格证书信息，不受地域限制
办理方式：网上办理
办理材料：无
办理时限：即时办结
结果送达：线上即时反馈结果
收费以及标准：免费
办事时间：全天
办理机构及地点：1. 全国人力资源和社会保障政务服务平台网上办事大厅

（zwfw.mohrss.gov.cn）、移动客户端“掌上12333”APP、12333小程序（微信、支付宝、百度），“个人服务”—“人才人事”—“技能人员职业资格证书查询”。2. 电子社保卡APP、小程序（微信、支付宝）、电子社保卡服务渠道，“人社办事”—“技能人员职业资格证书”。3. 技能人才评价证书全国联网查询（zscx.osta.org.cn）。4.“人力资源社会保障部”微信公众号，“证书查询”—“查询服务”—“技能人才评价证书全国联网查询”。5. 国家政务服务平台

咨询查询途径：1. 技能人才评价证书全国联网查询（zscx.osta.org.cn）。2. 12333服务热线和发证地省级人力资源社会保障部门公布的查询途径

监督投诉渠道：1. 技能人才评价工作网（osta.mohrss.gov.cn）“投诉信箱”。2. 发证地人力资源社会保障部门公布的监督渠道

（十五）

事项名称：专业技术人员职业资格证书查询、核验

事项简述：申请人可异地查询或核验本人专业技术人员职业资格证书信息，不受地域限制

办理方式：网上办理

办理材料：无

办理时限：即时办结

结果送达：线上即时反馈结果

收费以及标准：免费

办事时间：全天

办理机构及地点：1. 全国人力资源和社会保障政务服务平台网上办事大厅（zwfw.mohrss.gov.cn）、移动客户端“掌上12333”APP、12333小程序（微信、支付宝、百度），“个人服务”—“人才人事”—“专业技术人员职业资格证书查询”。2. 电子社保卡APP、小程序（微信、支付宝）、电子社保卡服务渠道，“人社办事”—“专业技术人员职业资格证书”。3. 中国人事考试网（www.cpta.com.cn）。4.“人力资源社会保障部”微信公众号，“证书查询”。5. 12333微信公众号，“在线服务”—“我的证书”。6. 国家政务服务平台

［注：①证书查询验证范围，请访问中国人事考试网（www.cpta.com.cn）—“资格证书”—“证书查询验证”—“查询验证范围”。②须在办理平台完成注册方能进行证书查询、核验。③证书或电子文件带二维码的，可直接扫码核验］

咨询查询途径：1. 中国人事考试网。2. 电子社保卡小程序、电子社保卡服务渠道

监督投诉渠道：1. 通过中国人事考试网查询核验的，监督投诉渠道为中国人事考试网公布的渠道。2. 通过政务服务平台、公众号、小程序查询核验的，监督投诉渠道为12333服务热线

（十六）

事项名称：领取一级至四级伤残职工工伤保险长期待遇资格认证

事项简述：申请人可异地自助办理一级至四级伤残职工工伤保险长期待遇资格认证，不受地域限制

办理方式：网上办理

办理材料：无

办理时限：即时办结

结果送达：线上即时反馈结果

收费以及标准：免费

办事时间：全天

办理机构及地点：1. 全国人力资源和社会保障政务服务平台网上办事大厅（zwfw.mohrss.gov.cn）、移动客户端“掌上12333”APP、12333小程序（微信、支付宝、百度），“个人服务”—“社会保障”—“待遇资格认证”。2. 国家社会保险公共服务平台（si.12333.gov.cn），“工伤保险”—“一级至四级伤残职工领取工伤保险长期待遇资格认证”。3. 电子社保卡APP、小程序（微信、支付宝）、电子社保卡服务渠道，“人社办事”—

"社保待遇资格认证"。4. 国家政务服务平台

咨询查询途径：待遇领取地人力资源社会保障部门公布的咨询电话

监督投诉渠道：待遇领取地人力资源社会保障部门公布的监督渠道

（十七）

事项名称：领取因工死亡职工供养亲属长期待遇资格认证

事项简述：申请人可异地自助办理因工死亡职工供养亲属长期待遇资格认证，不受地域限制

办理方式：网上办理

办理材料：无

办理时限：即时办结

结果送达：线上即时反馈结果

收费以及标准：免费

办事时间：全天

办理机构及地点：1. 全国人力资源和社会保障政务服务平台网上办事大厅（zwfw.mohrss.gov.cn）、移动客户端"掌上12333"APP、12333小程序（微信、支付宝、百度），"个人服务"—"社会保障"—"待遇资格认证"。2. 国家社会保险公共服务平台（si.12333.gov.cn），"工伤保险"—"因工死亡职工供养亲属领取抚恤金资格认证"。3. 电子社保卡APP、小程序（微信、支付宝）、电子社保卡服务渠道，"人社办事"—"社保待遇资格认证"。4. 国家政务服务平台

咨询查询途径：待遇领取地人力资源社会保障部门公布的咨询电话

监督投诉渠道：待遇领取地人力资源社会保障部门公布的监督渠道

（十八）

事项名称：职业技能等级证书查询

事项简述：申请人可异地查询本人职业技能等级证书信息，不受地域限制

办理方式：网上办理

办理材料：无

办理时限：即时办结

结果送达：线上即时反馈结果

收费以及标准：免费

办事时间：全天

办理机构及地点：1. 全国人力资源和社会保障政务服务平台网上办事大厅（zwfw.mohrss.gov.cn）、移动客户端"掌上12333"APP、12333小程序（微信、支付宝、百度），"个人服务"—"人事人才"—"职业技能等级证书查询、核验"。2. 技能人才评价证书全国联网查询（zscx.osta.org.cn和jndj.osta.org.cn）。3. 电子社保卡APP、小程序（微信、支付宝）、电子社保卡服务渠道，"人社办事"—"职业技能等级证书查询"。4. 国家政务服务平台

咨询查询途径：1. 技能人才评价证书全国联网查询（zscx.osta.org.cn和jndj.osta.org.cn）。2. 12333服务热线和发证地人力资源社会保障部门公布的查询途径

监督投诉渠道：1. 技能人才评价工作网（osta.mohrss.gov.cn）"投诉信箱"。2. 发证地人力资源社会保障部门公布的监督渠道

（十九）

事项名称：失业保险关系转移接续

事项简述：申请人提出跨省转移接续申请，转入地与转出地失业保险经办机构协同办理失业保险关系转移接续（不符合转出条件的除外）

办理方式：1. 网上办理（推荐）。2. 窗口办理

办理材料：1. 网上办理：无（注：填写联系电话、人员状态、户籍地址、转入转出地等信息）。2. 窗口办理：居民身份证或社会保障卡

办理时限：15个工作日内办结

结果送达：1. 网上办理：可通过国家社会保险公共服务平台"失业保险关系转移进度查询"查询办理结果。2. 窗口办理：各地确定的方式通知

收费以及标准：免费

办事时间：1. 网上办理：全天。2. 窗口办理：办理地点规定的工作时间

办理机构及地点：1. 网上办理：①全国人力资源和社会保障政务服务平台网上办事大厅（zwfw.mohrss.gov.cn）、移动客户端“掌上12333”APP、12333小程序（微信、支付宝、百度），“个人服务”—“社会保障”—“失业保险关系转移申请”。②国家社会保险公共服务平台（si.12333.gov.cn），“失业保险”—“失业保险关系转移接续申请”。③国家政务服务平台。④各级人力资源社会保障政务服务网站、移动客户端。2. 窗口办理：转入地或转出地失业保险经办机构

咨询查询途径：转入地或转出地失业保险经办机构咨询电话

监督投诉渠道：转入地或转出地人力资源社会保障部门公布的监督渠道

（二十）

事项名称：失业保险金申领

事项简述：申请人可异地申领失业保险金，不受地域限制

办理方式：1. 窗口办理。2. 网上办理

办理材料：1. 窗口办理：本人居民身份证或社会保障卡。2. 网上办理：无

（注：按要求核对社会保障卡、银行账号等关键信息）

办理时限：5个工作日内办结

结果送达：1. 窗口办理：各地确定的方式通知。2. 网上办理：线上查询办理结果

收费以及标准：免费

办事时间：1. 窗口办理：亦理地点规定的工作时间。2. 网上办理：全天

办理机构及地点：1. 窗口办理：各地失业保险经办机构。2. 网上办理：①全国人力资源和社会保障政务服务平台网上办事大厅（zwfw.mohrss.gov.cn）、移动客户端“掌上12333”APP、12333小程序（微信、支付宝、百度），“个人服务”—“社会保障”—“失业保险金网上申领”。②国家社会保险公共服务平台（si.12333.gov.cn），“失业保险”—“待遇申领”—“失业保险金申领”—“失业保险金网上申领”。③电子社保卡APP、小程序（微信、支付宝）、电子社保卡服务渠道，“人社办事”—“社会保障”—“失业保险待遇申领”—“失业保险金申领”。④国家政务服务平台。⑤各级人力资源社会保障政务服务网站、移动客户端

咨询查询途径：失业保险经办机构咨询电话或待遇发放地人力资源社会保障部门公布的咨询电话

监督投诉渠道：待遇发放地人力资源社会保障部门公布的监督渠道

（二十一）

事项名称：社会保障卡申领

事项简述：申请人可异地申领社会保障卡，不受发卡地限制

办理方式：网上办理

办理材料：1. 本人申领：居民身份证正反面照片、制卡相片。合法收入证明（申领人年龄在16～18岁）。2. 父母代18岁以下未成年子女申领：代领人居民身份证正反面照片。申领人居民户口簿或出生证明照片、制卡相片

办理时限：15个工作日内办结

结果送达：以邮寄方式送达

收费以及标准：1. 工本费用：首次申领不收取工本费用。2. 邮寄费用：根据社保卡邮寄地址和收件地址计算邮寄费用，同城10元，省内12元，省外16元

办事时间：全天

办理机构及地点：1. 电子社保卡APP、小程序（微信、支付宝）、实名认证的电子社保卡服务渠道，“人社办事”—“社会保障卡申领”。2. 全国人力资源和社会保障政务服务平台网上办事大厅（zwfw.mohrss.gov.cn）、移动客户端“掌上12333”APP，“个人服务”—“社会保障卡”—“社会保障卡申领”。3. 国家社会保险公共服务平台（si.12333.gov.cn）。

4. 国家政务服务平台。5. 各级人力资源社会保障政务服务网站、移动客户端

咨询查询途径：1. 电子社保卡线上智能客服。2. 发卡地人力资源社会保障部门公布的咨询电话或 12333 服务热线

监督投诉渠道：发卡地人力资源社会保障部门公布的监督渠道或 12333 服务热线

（二十二）

事项名称：社会保障卡启用

事项简述：申请人可异地启用社会保障卡社会保障功能，不受发卡地限制

办理方式：网上办理

办理材料：无

办理时限：即时办结

结果送达：线上即时反馈结果

收费以及标准：免费

办事时间：全天

办理机构及地点：1. 电子社保卡 APP、小程序（微信、支付宝）、实名认证的电子社保卡服务渠道，“人社办事”—“社会保障卡启用”。2. 全国人力资源和社会保障政务服务平台网上办事大厅（zwfw.mohrss.gov.cn）、移动客户端“掌上 12333”APP，“个人服务”—“社会保障卡”—“社会保障卡启用”。3. 国家社会保险公共服务平台（si.12333.gov.cn）。4. 国家政务服务平台。5. 各级人力资源社会保障政务服务网站、移动客户端

咨询查询途径：1. 电子社保卡线上智能客服。2. 发卡地人力资源社会保障部门公布的咨询电话或 12333 服务热线

监督投诉渠道：发卡地人力资源社会保障部门公布的监督渠道或 12333 服务热线

（二十三）

事项名称：社会保障卡补领、换领、换发

事项简述：申请人可异地申请社会保障卡补领、换领、换发，不受发卡地限制

办理方式：网上办理

办理材料：居民身份证正反面照片、制卡相片（拟更新社会保障卡相片人员）

办理时限：15 个工作日内办结

结果送达：以邮寄方式送达

收费以及标准：1. 工本费用：按照发卡地收费规定执行。2. 邮寄费用：根据社保卡邮寄地址和收件地址计算邮寄费用：同城 10 元，省内 12 元，省外 16 元

办事时间：全天

办理机构及地点：1. 电子社保卡 APP、小程序（微信、支付宝）、实名认证的电子社保卡服务渠道，“人社办事”—“社会保障卡补换”。2. 全国人力资源和社会保障政务服务平台网上办事大厅（zwfw.mohrss.gov.cn）、移动客户端“掌上 12333”APP，“个人服务”—“社会保障卡”—“社会保障卡补换”。3. 国家社会保险公共服务平台（si.12333.gov.cn）。4. 国家政务服务平台。5. 各级人力资源社会保障政务服务网站、移动客户端

咨询查询途径：1. 电子社保卡线上智能客服。2. 发卡地人力资源社会保障部门公布的咨询电话或 12333 服务热线

监督投诉渠道：发卡地人力资源社会保障部门公布的监督渠道或 12333 服务热线

（二十四）

事项名称：社会保障卡临时挂失

事项简述：申请人可异地办理社会保障卡临时挂失，不受发卡地限制

办理方式：网上办理

办理材料：无

办理时限：即时办结

结果送达：线上即时反馈结果

收费以及标准：免费

办事时间：全天

办理机构及地点：1. 电子社保卡 APP、小程序（微信、支付宝）、实名认证的电子社保卡服务渠道，“人社办事”—“社会保障卡临时挂失”。2. 全国人力资源和社会保障政务服务平台网上办事大厅（zwfw.mohrss.gov.cn）、移动客户端“掌上 12333”APP，“个人服

务”—“社会保障卡”—“社会保障卡临时挂失”。3. 国家社会保险公共服务平台（si.12333.gov.cn）。4. 国家政务服务平台。5. 各级人力资源社会保障政务服务网站、移动客户端

咨询查询途径：1. 电子社保卡线上智能客服。2. 发卡地人力资源社会保障部门公布的咨询电话或 12333 服务热线

监督投诉渠道：发卡地人力资源社会保障部门公布的监督渠道或 12333 服务热线

（二十五）

事项名称：流动人员人事档案接收和转递

事项简述：存档人员可向人事档案拟接收档案管理服务机构提出申请，符合接转要求的，由拟接收机构和原存档机构协同办理流动人员人事档案接收、转递，存档人员不再需要到原存档机构办理相关手续（存档人员人事档案基础信息需录入全国流动人员人事档案基础信息资源库）

办理方式：1. 窗口办理。2. 网上办理

办理材料：1. 窗口办理：个人存档需有效身份证件或社会保障卡原件。单位存档需有效身份证件或社会保障卡原件、单位介绍信 1 份。2. 网上办理：个人存档无需材料。单位存档需单位介绍信 1 份。

办理时限：1. 窗口办理。开具调函：即时办结。档案转出：10 个工作日。档案接收：即时办结（以上不含机要或邮寄时间）。2. 网上办理：开具调函：3 个工作日。档案转出：10 个工作日。档案接收：5 个工作日（以上不含机要或邮寄时间）

结果送达：线上查询办理结果

收费以及标准：免费

办事时间：1. 窗口办理：各地流动人员人事档案管理服务机构规定的工作时间。2. 网上办理：全天

办理机构及地点：1. 窗口办理：流动人员人事档案管理服务机构（具体名录见人力资源社会保障部门户网站 www.mohrss.gov.cn），“服务之窗”—“流动人员人事档案管理服务机构信息”。2. 网上办理：①全国人力资源和社会保障政务服务平台网上办事大厅（zwfw.mohrss.gov.cn），“就业创业”—“跨省流动人员人事档案管理服务”—“档案接转服务”。②国家政务服务平台

咨询查询途径：全国人力资源和社会保障政务服务平台网上办事大厅

监督投诉渠道：档案接收地人力资源社会保障部门公布的监督渠道

（二十六）

事项名称：职业年金个人权益记录单查询打印

事项简述：申请人可异地查询、打印职业年金个人权益记录单，不受地域限制

办理方式：1. 窗口办理。2. 网上办理

办理材料：1. 窗口办理：社会保障卡或居民身份证。2. 网上办理：无

办理时限：即时办结

结果送达：即时反馈结果

收费以及标准：免费

办事时间：1. 窗口办理：办理地点规定的工作时间。2. 网上办理：全天

办理机构及地点：1. 窗口办理：社会保险经办机构。2. 网上办理：①全国人力资源和社会保障政务服务平台网上办事大厅（zwfw.mohrss.gov.cn）、移动客户端“掌上 12333”APP、12333 小程序（微信、支付宝、百度），“个人服务”—“社会保障”—“职业年金个人权益记录单查询打印”。②国家社会保险公共服务平台（si.12333.gov.cn），“社保查询”—“职业年金个人权益记录单查询”。③电子社保卡 APP、小程序（微信、支付宝）、电子社保卡服务渠道，“人社办事”—“职业年金个人权益记录单查询”。④国家政务服务平台。⑤各级人力资源社会保障政务服务网站、移动客户端

咨询查询途径：1. 社会保险经办机构。2. 申请地人力资源社会保障部门公布的咨询电话

监督投诉渠道：申请地人力资源社会保障部门公布的监督渠道

（二十七）

事项名称：个人社保参保证明查询打印

事项简述：申请人可异地查询、打印个人社保参保证明信息，不受地域限制

办理方式：1. 窗口办理。2. 网上办理

办理材料：1. 窗口办理：社会保障卡或居民身份证。2. 网上办理：无

办理时限：即时办结

结果送达：即时反馈结果

收费以及标准：免费

办事时间：1. 窗口办理：办理地点规定的工作时间。2. 网上办理：全天

办理机构及地点：1. 窗口办理：社会保险经办机构。2. 网上办理：①全国人力资源和社会保障政务服务平台网上办事大厅（zwfw.mohrss.gov.cn）、移动客户端“掌上12333”APP、12333 小程序（微信、支付宝、百度），“个人服务”—“社会保障”—“个人社保参保证明查询打印”。②国家社会保险公共服务平台（si.12333.gov.cn），“社保查询”—“个人社保参保证明查询打印”。③电子社保卡 APP、小程序（微信、支付宝）、电子社保卡服务渠道，“人社办事”—“个人社保参保证明查询打印”。④国家政务服务平台。⑤各级人力资源社会保障政务服务网站、移动客户端

咨询查询途径：1. 社会保险经办机构。2. 申请地人力资源社会保障部门公布的咨询电话

监督投诉渠道：申请地人力资源社会保障部门公布的监督渠道

（二十八）

事项名称：社会保险单位参保证明查询打印

事项简述：申请人可异地查询、打印单位社保参保证明信息，不受地域限制

办理方式：1. 窗口办理。2. 网上办理

办理材料：1. 窗口办理：法定代表人社会保障卡或居民身份证原件，或单位介绍信。2. 网上办理：无

办理时限：即时办结

结果送达：即时反馈结果

收费以及标准：免费

办事时间：1. 窗口办理：办理地点规定的工作时间。2. 网上办理：全天

办理机构及地点：1. 窗口办理：社会保险经办机构。2. 网上办理：①全国人力资源和社会保障政务服务平台网上办事大厅（zwfw.mohrss.gov.cn），“用人单位服务”—“社会保障”—“单位社保参保证明查询打印”。②国家社会保险公共服务平台（si.12333.gov.cn），“社保查询”—“单位社保参保证明查询打印”。③电子社保卡 APP、小程序（微信、支付宝）、电子社保卡服务渠道，“法人办事”—“单位社保参保证明查询打印”。④国家政务服务平台。⑤各级人力资源社会保障政务服务网站、移动客户端

咨询查询途径：1. 社会保险经办机构。2. 申请地人力资源社会保障部门公布的咨询电话

监督投诉渠道：申请地人力资源社会保障部门公布的监督渠道

（二十九）

事项名称：异地工伤事故报告

事项简述：申请人异地发生工伤事故后，可异地向参保地社保经办机构及时报告工伤事故情况，不受地域限制

办理方式：网上办理

办理材料：无

办理时限：3 个工作日内办结

结果送达：网上查询办理结果

收费以及标准：免费

办事时间：全天

办理机构及地点：1. 全国人力资源和社会保障政务服务平台网上办事大厅（zwfw.

mohrss.gov.cn），“个人服务”—“社会保障”—“异地工伤事故报告”。2. 国家社会保险公共服务平台（si.12333.gov.cn），“工伤保险”—“异地工伤事故报告”。3. 国家政务服务平台。4. 各级人力资源社会保障政务服务网站、移动客户端

咨询查询途径：参保地工伤保险经办机构咨询电话或申请地人力资源社会保障部门公布的咨询电话

监督投诉渠道：申请地人力资源社会保障部门公布的监督渠道

（三十）

事项名称：工伤跨省异地就医申请

事项简述：工伤职工需要在异地就医的，可申请工伤跨省异地就医备案，不再需到参保地办理

办理方式：网上办理

办理材料：1. 转诊转院备案：填写工伤保险跨省异地就医（康复）直接结算备案申请信息，提交参保地协议机构转诊转院意见。2. 异地长期居住就医备案：填写工伤保险跨省异地就医（康复）直接结算备案申请信息，提交异地长期居住佐证材料：居住地为户籍所在地的提供户籍相关材料、居住地为非户籍所在地的提供其他异地长期居住佐证材料。长期居住的期限由参保省统一规定。3. 常驻异地工作就医备案：填写工伤保险跨省异地就医（康复）直接结算备案申请信息，提交常驻异地工作佐证材料（参保地工作单位派出证明、异地工作单位证明、劳动合同）及异地长期居住佐证材料。常驻异地工作的期限由参保省统一规定。4. 异地配置辅助器具备案：填写工伤保险跨省异地配置辅助器具直接结算备案信息，不同情形还需提供以下材料：①转诊转院：参保地协议机构转诊转院意见。②异地长期居住：居住地为户籍所在地的提供户籍相关材料、居住地为非户籍所在地的提供其他异地长期居住佐证材料。③常驻异地工作：常驻异地工作佐证材料（参保地工作单位派出证明、异地工作单位证明、劳动合同）及异地长期居住佐证材料。长期居住、常驻异地工作的期限由参保省统一规定

办理时限：5个工作日内办结

结果送达：网上查询办理结果

收费以及标准：免费

办事时间：全天

办理机构及地点：1. 全国人力资源和社会保障政务服务平台网上办事大厅（zwfw.mohrss.gov.cn）、移动客户端“掌上12333”APP、12333小程序（微信、支付宝），“个人服务”—“社会保障”—“工伤跨省异地就医申请”。2. 国家社会保险公共服务平台（si.12333.gov.cn），“工伤保险”—“工伤跨省异地就医申请”。3. 电子社保卡APP、小程序（微信、支付宝）、电子社保卡服务渠道，“人社办事”—“工伤跨省异地就医申请”。4. 国家政务服务平台

咨询查询途径：工伤保险经办机构咨询电话或申请地人力资源社会保障部门公布的咨询电话

监督投诉渠道：申请地人力资源社会保障部门公布的监督渠道

人力资源社会保障部办公厅　教育部办公厅关于做好2023年中小学幼儿园教师公开招聘工作的通知

人社厅函〔2023〕34号

各省、自治区、直辖市及新疆生产建设兵团人力资源社会保障厅（局）、教育厅（教委、教育局）：

为深入贯彻党的二十大精神特别是关于教育工作的有关重大部署，落实落细就业优先政策，促进高校毕业生就业，建设高素质教师队伍，现就做好2023年中小学幼儿园教师公开招聘工作通知如下。

一、高度重视，统筹教师招聘与高校毕业生就业

各地要以习近平新时代中国特色社会主义思想为指导，提高思想认识，坚持稳中求进，结合各学段学位需求、城乡地区差异、学龄人口变动等情况，合理配置教师队伍，系统规划本地区未来教师招聘总体规模，保持一定时期内教师招聘数量合理稳定。稳定高校毕业生招聘规模，鼓励高校毕业生到基层中小学幼儿园任教。鼓励各地在省级或市级层面统一组织中小学教师公开招聘。

二、严格把关，确保教师招聘质量

各地招聘中小学幼儿园教师，要充分发挥党组织的领导和把关作用，严格教师准入的思想政治素养和师德考察，把入职前涉罪信息查询作为必要环节。招聘的教师要符合新时代中小学、幼儿园教师职业行为十项准则要求，无刑事犯罪记录和其他不得聘用的违法记录；符合教师法、《教师资格条例》等法律法规规定的学历标准、普通话水平、身体条件和心理条件，并在办理聘用手续前须取得中小学、幼儿园教师资格证书。

三、多措并举，全面加强高素质教师队伍建设

各地要科学制定招聘计划，重点保障中小学幼儿园紧缺学科师资需求，有针对性地加强道德与法治、体育与健康、科学、信息科技、艺术、劳动、心理健康、特殊教育等紧缺学科教师招聘补充，着力解决教师队伍学科结构性矛盾。要拓宽科学教师补充渠道，吸引科研机构等单位乐教适教的专业人员到中小学从事科学教育。要加强职业学校教师队伍建设，招聘中等职业学校（含技工学校）专业课教师、实习实训指导教师更加突出职业技术技能考察。要落实基层事业单位公开招聘倾斜政策，适当放宽国家乡村振兴重点帮扶县乡村中小学幼儿园招聘条件。

四、提前部署，加快推进教师招聘工作

各地要尽快启动教师公开招聘工作，广泛推介招聘信息。要明确时间表，在4月份组

织笔试，6月底前完成面试，8月1日前完成教师招聘任务。各地人力资源社会保障部门和教育行政部门要认真履行职责，加强工作指导和管理监督，严格考试考务组织，确保公开招聘工作严密、规范、安全、有序进行。请各省（区、市）教育行政部门及时报送工作进展情况，并在招聘工作结束后报送情况统计表。

附件：2023年中小学幼儿园教师岗位招聘毕业生情况统计表（略）

人力资源社会保障部办公厅
教育部办公厅
2023年3月27日

人力资源社会保障部办公厅关于公布第三批技工教育和职业培训“十四五”规划教材目录的通知

人社厅函〔2023〕44号

各省、自治区、直辖市及新疆生产建设兵团人力资源社会保障厅（局）：

根据《技工院校教材管理工作实施细则》（人社厅发〔2021〕12号）有关要求，经我部技工教育和职业培训教材工作委员会组织遴选和审核，共有493种教材评审合格，纳入第三批技工教育和职业培训“十四五”规划教材目录，现予以公布。请指导本地区技工院校和职业培训机构做好教材选用工作。

人力资源社会保障部办公厅

2023年4月13日

（《第三批技工教育和职业培训“十四五”规划教材目录》略）

人力资源社会保障部办公厅关于做好2023年度劳动出版“技能雏鹰”奖（助）学金评定发放工作的通知

人社厅函〔2023〕56号

各省、自治区、直辖市及新疆生产建设兵团人力资源社会保障厅（局）：

为进一步贯彻落实《技工教育“十四五”规划》（人社部发〔2021〕86号），激发技工院校学生技能学习热情，引导技工院校学生坚定走技能成才、技能报国之路，决定继续开展劳动出版“技能雏鹰”奖（助）学金［以下简称奖（助）学金］评定发放工作。现就有关工作通知如下：

一、奖励（资助）对象

2023年度奖（助）学金共计60万元人民币，奖励（资助）200名品学兼优的技工院校在校学生，其中奖学金、助学金名额各100人，奖（助）学金标准为每人3 000元人民币。

（一）申请奖学金的学生应具备以下条件：

1. 热爱祖国，遵纪守法，诚实守信，品行端正。

2. 勤奋好学、刻苦钻研、成绩优异，原则上2022年度总成绩（2022年春季和秋季学期）在本专业名列前三。

3. 原则上在校期间曾获得省级及以上技能大赛名次，或获得省级及以上表彰或荣誉称号。

4. 2023年度应届毕业生和往届奖（助）学金获得者不参加评选。

（二）申请助学金的学生应具备以下条件：

1. 热爱祖国，遵纪守法，诚实守信，品行端正。

2. 勤奋好学、刻苦钻研、成绩良好。

3. 家庭经济困难，未享受国家或地方助学金。

4. 2023年度应届毕业生和往届奖（助）学金获得者不参加评选。

二、名额分配

2023年度奖（助）学金名额分配方案根据各地经济发展情况、技工院校数量以及在校学生数量确定（见附件1）。省级人力资源社会保障部门应根据本地技工院校情况，本着尽可能扩大奖（助）学金覆盖学校范围的原则，组织技工院校申请，每所院校申请奖学金和助学金的学生合计不超过2名。

三、组织实施

（一）部职业能力建设司、中国人力资源和社会保障出版集团（以下简称出版集团）

共同负责奖（助）学金评定和发放管理组织工作。

（二）各地人力资源社会保障部门指定相关职能部门专人负责指导技工院校做好奖（助）学金申请和发放等工作，并对奖（助）学金的落实情况进行监督检查。

（三）各有关院校负责对申请奖（助）学金的学生进行资格审核、推荐，并做好相关资料收集、报送以及奖（助）学金发放等具体工作。

四、评定发放程序

（一）申请

1. 院校组织符合条件的学生提出申请，分别填写《2023年度劳动出版“技能雏鹰”奖学金申请表》和《2023年度劳动出版“技能雏鹰”助学金申请表》（见附件2和附件3，以下简称《申请表》）。

2. 院校审核《申请表》中各项内容的真实性，确定推荐人选，并在全校范围内进行公示，公示时间不少于5个工作日。

3. 院校负责人根据申请学生品学等综合情况，按《申请表》要求撰写推荐信。

（二）审核

1. 院校报送材料。院校汇总《申请表》（含推荐信）、公示材料（加盖院校公章，并附公示实地场景照片）、相关成绩和获奖证明等，一并报送至省级人力资源社会保障部门。材料以扫描件或照片形式通过电子邮箱报送，同时寄送纸质材料备案存档。

2. 省级人力资源社会保障部门审定。省级人力资源社会保障部门审核确定各技工院校报送的材料准确无误后，在《申请表》上加盖公章，汇总报送至出版集团。以扫描件或照片形式通过电子邮箱报送，同时寄送纸质材料备案存档。

3. 获奖（受助）学生材料核定。出版集团对各地报送的全部材料进行核定，部职业能力建设司对获奖（受助）学生名单进行审核并按程序报批公布。

（三）发放

1. 出版集团按照获奖（受助）学生名单，将奖（助）学金汇款至学生所在院校，并寄送证书。

2. 院校收到奖（助）学金和证书后，应及时举办奖（助）学金发放仪式，向获奖（受助）学生颁发奖（助）学金和证书，获奖（受助）情况应载入学生档案。

五、工作要求

（一）加强组织领导。各级人力资源社会保障部门要高度重视奖（助）学金评定发放工作，指定专人负责，并指导有关技工院校做好奖（助）学金的评定发放工作，发给学生的奖（助）学金不得用于抵扣学生在校期间的其他费用。请于2023年5月12日前将本地区负责此项工作的联系人名单和联系方式传真至出版集团。

（二）按时报送材料。各学校应严格按照奖（助）学金评定发放程序，审核阶段的院校报送材料于5月26日前报至本省级人力资源社会保障部门；各省级人力资源社会保障部门汇总材料于6月2日前报至出版集团。在获奖（受助）学生名单公布后，各学校应及时将开具的正式发票邮寄至出版集团。

所有报送的纸质材料均使用A4纸张，按顺序排列装订，如有图片及音像资料，请将电子版发送至出版集团联系人邮箱。

（三）注重宣传报道。各地人力资源社会保障部门要做好奖（助）学金获奖（受助）学生典型励志事例的收集、整理工作，利用各种媒体进行宣传报道。我部将在部门户网站，《中国劳动保障报》、《职业》杂志、出版集团网站等，对获奖（受助）学生突出事迹、取得的成绩以及工作情况进行追踪报道。

奖（助）学金相关文件可在出版集团网站（www.class.com.cn）查阅下载。各地、各技工院校在材料填报过程中如遇问题，请与出版集团联系。

附件：

1. 2023年度劳动出版“技能雏鹰”奖（助）学金名额分配表（略）

2. 2023年度劳动出版“技能雏鹰”奖学金申请表（略）

3. 2023年度劳动出版“技能雏鹰”助学金申请表（略）

人力资源社会保障部办公厅

2023年4月28日

人力资源社会保障部办公厅关于确定 2023 年专家服务基层示范团和专家服务基地的通知

人社厅函〔2023〕60 号

各省、自治区、直辖市及新疆生产建设兵团人力资源社会保障厅（局），北京市人才工作局、中共海南省委人才发展局：

为进一步发挥各类专家对全面推进乡村振兴、服务基层高质量发展的重要作用，在各地组织申报的基础上，今年我部遴选确定了 60 个专家服务基层示范团和第九批 13 家专家服务基地（名单附后）。现就有关事项通知如下。

一、精心组织实施示范团。各地要严格按照确定的主题，摸清基层实际需求，精心设计服务内容，组织邀请对口专家，认真组织实施，切实提升服务活动的精准性、实效性。周密细致做好专家与基层单位对接工作，帮助基层单位、人才、群众与专家建立长期联系，发挥好服务活动的长效持久作用。可结合基层实际，采取线上线下相结合、分批次服务等多种形式开展服务活动。加大对参加服务活动专家关心关爱力度，为他们提供良好的工作生活条件，在组织开展表彰先进、休假疗养等工作中，将积极参加服务活动并作出贡献的专家纳入范围并加大倾斜力度。

二、加强专家服务基地建设。各地要及时通知基地依托单位，按照申报方案做好各项建设工作。加强工作指导督促，健全完善基地管理办法和运行机制，建立定期考核制度，充分发挥基地在承载服务活动、助力乡村振兴、推动地方发展等方面的平台支撑作用。基地作为桥梁纽带，要在结合当地需求深入开展各项服务活动的同时，有计划地重点联系一批当地急需紧缺的专家，建立长期合作关系，用好专家智力、技术、信息、管理等资源，增强本地区内生发展动力。

三、严格遵守财务规定。我部对每个示范团和每家基地分别给予 10 万元和 20 万元经费支持。示范团经费拨付所在地人社厅（局），基地经费拨付依托单位。各地要加强对经费使用的监督管理，确保专款专用，厉行节约反对浪费，提高资金使用效益。经费执行中，要严格遵守财政资金相关管理规定。示范团支持经费未使用完的，须在年底前将结余经费退回我部，同时作出说明。

四、加大宣传力度。各地要及时总结工作中的经验做法和先进典型，积极向中央媒体、《中国组织人事报》等部属媒体和当地媒体供稿，多平台多形式宣传专家助力乡村振兴、服务基层发展的成效经验和典型先进事迹，努力营造良好社会氛围，鼓励引导更多专家服务基层发展，打造人社部门专家服务基层工作的品牌。

五、积极构建人社系统专家服务基层工作体系。各地要充分认识专家服务基层工作的重要意义，加强统筹谋划，更大力度更广范围组织实施好本地区专家服务基层工作，加强地区之间协作，在专家、项目、技术平台等方面推进资源共享。我部将加大指导协调力度，利用“全国专家服务基层工作信息管理系统”等平台，组织各地开展线上线下交流合作，为各地专家服务基层工作提供支持保障。加大对示范团组织实施和基地建设情况督促检查力度，建立后评估制度，跟踪工作成效，及时发现解决问题，研究改进优化措施，推动专家服务基层工作不断提质增效。

各地要进一步提高政治站位，强化责任担当，精心组织实施，明确量化指标要求，按时高质量组织实施好示范团和专家服务基地建设工作，确保取得实效。示范团完成后1个月内，通过“全国专家服务基层工作信息管理系统”报送项目总结材料，包括活动相关音视频资料及经费使用情况等。2023年11月30日前，通过“全国专家服务基层工作信息管理系统”报送本地区全年专家服务基层工作整体情况，包括本地区自行组织开展的专家服务基层活动、省一级专家服务基地建设运行有关情况材料。

附件：

1. 2023年专家服务基层示范团（略）
2. 第九批专家服务基地名单（略）

人力资源社会保障部办公厅

2023年5月15日

人力资源社会保障部办公厅　司法部办公厅关于开展“薪暖农民工”服务行动的通知

人社厅函〔2023〕65 号

各省、自治区、直辖市及新疆生产建设兵团人力资源社会保障厅（局）、司法厅（局）：

为贯彻落实党的二十大精神，进一步做好农民工服务保障工作，切实维护好农民工劳动报酬权益，人力资源社会保障部、司法部决定开展“薪暖农民工”服务行动。现就有关工作通知如下：

一、行动目标

聚焦解决拖欠工资等侵害农民工劳动报酬权益问题，重点做好法治宣传教育、畅通维权渠道、强化执法服务、加大法律援助，推动政策法规知悉度更高、企业用工更规范，农民工权益维护力度更大、法律服务可及性更强、促进农民工劳动报酬权益得到更好维护。

二、行动内容

（一）加强法治宣传教育。通过印发宣传册，制作宣传动漫、海报、微视频、宣传短片、文艺作品，开展有奖竞答、竞赛等形式，利用“三微一端”等媒介，在零工市场、项目工地、人力资源服务机构、招聘活动现场，广泛开展劳动法、劳动合同法、社会保险法、劳动争议调解仲裁法、《保障农民工工资支付条例》等相关法律法规宣传。在企业注册登记、项目开工许可等政务服务窗口，发放维护农民工劳动报酬权益的宣传册。在农民工集中返乡返岗时段，组织开展维护农民工劳动报酬权益宣传周活动，在招聘活动现场设置咨询岗，开展维权专场讲座。选派公益律师、青年仲裁员志愿者到新开企业和项目工地开展法治讲座，在农民工入职培训、项目工地安全教育等关键节点，开展劳动合同签订、劳动报酬权益维护等方面法规政策宣传。

（二）畅通维权渠道。鼓励有条件的地区在重大项目建设现场和农民工集中的工业园区、农民工输入地设立农民工流动工作站（岗），为农民工提供便捷服务。畅通劳动争议仲裁、劳动保障监察、信访等维权渠道，鼓励各地加快建设一站式综合维权窗口，开展农民工工资争议速裁庭建设，通过投诉一窗受理、争议案件速裁，实现农民工劳动报酬案件快速分流处理。发挥 12333、12345 服务热线与全国根治欠薪线索反映平台作用，构建“信、访、网、电”多渠道维权投诉体系，提升维权处置效率。

（三）做好执法服务。组织开展“执法服务进企业”活动，聚焦劳动密集型加工制造企业和工程建设领域等欠薪风险隐患较大的行业企业，在企业自愿情况下，提供点对点上门服务。通过欠薪典型案例以案释法、以案普法，帮助企业梳理分析在用工管理、制度落实等方面存在的漏洞和风险点，辅导培训劳资专管员考勤管理、工资造表等业务知识。

（四）强化法律援助服务。法律援助机构可以根据工作需要在农民工聚集地设立法律援助工作站或者联络点，方便农民工申请法律援助。深化开展“尊法守法·携手筑梦”服务农民工公益法律服务行动和“法援惠民生·助力农民工”活动。畅通农民工法律援助绿色通道，对农民工追索劳动报酬案件优先受理、优先审查、优先指派。

（五）营造良好氛围。鼓励各地打造“不欠薪城市”“不欠薪企业”“不欠薪项目”，选树和宣传一批尊法守法的企业典型，发挥示范引领作用。鼓励有条件的地区开展“最美农民工”选树活动，挖掘一批崇尚劳动、勤劳致富的农民工典型，营造关心关爱农民工的社会氛围。及时排查因欠薪导致生活困难的农民工，通过协调民政救助、动用应急周转金等手段，做好维权期间的基本生活保障。

三、工作要求

（一）切实提高认识。开展“薪暖农民工”服务行动，是贯彻落实党中央、国务院决策部署，维护农民工合法权益的一项民生举措。各地要提高政治站位，紧紧抓住农民工最关心最直接最现实的劳动报酬权益问题，强化工作部署，抓好工作落实。

（二）精心组织实施。各地人力资源社会保障部门要发挥维权协调机制作用，强化部门协作，细化工作方案，量化工作措施，明确职责分工，确保活动有实招、见实效。

（三）及时总结情况。各省（区、市）人力资源社会保障部门要动态掌握行动进展，会同相关部门做好开展活动场次、制发宣传手册数量、提供法律援助人次、救助困难农民工人数等情况统计，认真总结典型经验，及时开展分析研判。有关工作情况和成效，请于12月31日前报送人力资源社会保障部农民工工作司。

人力资源社会保障部办公厅
司法部办公厅
2023年5月18日

人力资源社会保障部办公厅关于开展农民工工资争议速裁庭建设专项行动的通知

人社厅函〔2023〕69号

各省、自治区、直辖市及新疆生产建设兵团人力资源社会保障厅（局）：

为贯彻党中央、国务院根治欠薪工作部署，进一步提升农民工工资争议案件办理质效，依法保障农民工劳动报酬权益，决定开展农民工工资争议速裁庭（以下简称速裁庭）建设专项行动。现就有关事项通知如下：

一、总体要求

以习近平新时代中国特色社会主义思想为指导，深入贯彻落实党的二十大精神，完善劳动者权益保障制度，畅通和规范群众诉求表达、利益协调、权益保障通道，切实发挥调解仲裁在根治欠薪中的应有作用，调配资源，组建速裁庭，建立健全符合农民工工资争议案件办理特点的快立快调快审快结工作机制，做到农民工工资争议案件优先受理、快调速裁，依法及时有效维护农民工劳动报酬权益。

二、主要工作

（一）设立速裁庭

各地要在劳动人事争议仲裁机构内部统筹协调设立速裁庭，负责办理农民工工资争议案件。农民工工资争议案件较多的地区要普遍建成速裁庭，暂不具备设立速裁庭条件的，可先行组建人员相对固定的速裁团队。速裁庭（或速裁团队）要选配政治素质高、业务能力强、工作作风实的骨干仲裁员和记录人员，仲裁员应不少于3名。

（二）优化办案程序

1. 缩短办案时限。速裁庭要简案快办、繁案精办，应调尽调、当裁则裁、调裁结合，对证据确凿、事实清楚的案件力争尽快办结。

2. 引导调解结案。速裁庭要对农民工工资争议案件先行调解并提出合法合理的调解方案，引导当事人合理预期。对含有工资等多个请求的争议案件，速裁庭要积极协调，促成当事人先对工资请求达成协议，先行出具仲裁调解书。

3. 适用简易处理。对符合条件的争议案件，速裁庭要适用简易处理规定，指导当事人及时充分举证，尽量缩短举证期限，并主动与用人单位协商，争取用人单位同意缩短或取消答辩期。

4. 落实终局裁决规定。对符合条件的争议案件，速裁庭要依法适用终局裁决，严格落实终局裁决适用范围、裁决结果分项计算、部分终局案件分别制作裁决书等规定。

5. 落实先行裁决先予执行规定。案情较为复杂、部分事实难以查明的，速裁庭可在查明拖欠工资事实基础上对工资请求先行裁决。农民工就工资请求申请先予执行的，速裁庭要依法审核。裁决先予执行的，应及时向人民法院移送相关材料。

6. 稳慎办理重大集体劳动争议案件。认真落实农民工工资重大集体劳动争议办理应急工作预案，稳慎做好争议案件办理工作。对此类争议，速裁庭要主动约谈用人单位，尽量促成和解或通过调解解决。

（三）健全速裁机制

1. 实行容缺受理。农民工申请人提交的仲裁申请书格式不规范、内容不完整或材料不齐备的，立案工作人员要指导农民工申请人进行修改完善，一次性告知需补正的材料。经初步审查符合受理条件且申请人书面承诺予以补正的，立案工作人员可以容缺受理并尽快通知速裁庭接收案件。

2. 开展要素式办案。速裁庭要根据农民工所在行业和具体案件特点，庭前指导农民工填写要素表，庭审时对有争议的要素重点调查，庭后及时出具要素式裁决书并做好释法说理工作。

3. 创新庭审方式。速裁庭可根据本地区数字仲裁庭、智慧仲裁院建设情况，通过在线庭审办理农民工工资争议案件。经双方当事人同意，速裁庭可用庭审录像替代庭审笔录。要探索更多类型的庭审方式，方便农民工异地维权、快速维权。

（四）强化协同办案

1. 邀请相关部门参与办案。对10人以上集体劳动争议案件，速裁庭可邀请工会、企业代表组织的兼职仲裁员参与办案。对疑难复杂或重大集体劳动争议案件，速裁庭可根据需要邀请当地政府有关部门、涉案企业主管部门参与协商、调解工作，还可吸收律师、专家学者等社会力量参与调解和案件办理工作。

2. 做好工作衔接。农民工有法律援助需求的，速裁庭要对接司法部门、工会组织，帮助农民工尽快获得法律援助服务。对已经劳动保障监察机构行政处理意见认定的事实，除当事人已申请行政复议、提起行政诉讼外，速裁庭予以认可。速裁庭要与人民法院相关庭室做好裁审衔接，并协助农民工做好财产保全申请、裁决书执行申请等工作。

三、组织领导

各级人力资源社会保障部门要提高政治站位、强化责任担当，充分认识速裁庭建设在根治欠薪工作中的重要作用，坚持目标导向、问题导向和效果导向，明确“时间表”“路线图”，加快推进速裁庭建设专项行动。要以速裁庭建设为契机，落实人力资源社会保障部门办案指导职责，强化仲裁办案质效管理，更好地维护农民工合法权益。部里将定期调度速裁庭建设进展情况，及时总结、宣传各地好的经验。

人力资源社会保障部办公厅

2023年5月26日

人力资源社会保障部办公厅关于做好2023年技工院校学生资助工作的通知

人社厅函〔2023〕77号

各省、自治区、直辖市及新疆生产建设兵团人力资源社会保障厅（局）：

为贯彻落实党的二十大精神，落实职业教育法和国家中等职业教育资助政策，鼓励支持适龄青年读技校、学技能、促就业，现就高质量做好2023年全国技工院校学生资助工作通知如下：

一、精细做好资助基础工作

（一）加强学籍电子注册。技工院校要将全日制和非全日制学生的学籍信息，在“全国技工院校信息管理系统”（以下简称信息系统）中进行分类电子注册，并实施分别管理。纸质学籍档案要与电子学籍保持一致，并分类装订、分别管理。属地人力资源社会保障部门要履行审核把关职责，确保学籍数据质量。

（二）加强学籍异动监管。对于近年来学生学籍异动（休学、退学、转学、复学）现象有所上升的趋势，属地人力资源社会保障部门和技工院校要高度重视，将此情况列入日常监管范围。技工院校应于学生学籍异动发生之日起10个工作日内，在信息系统中完成学籍异动处理。人力资源社会保障部门要综合运用现场抽验、远程点名等方式，确保每名全日制学籍学生在学；对存在学籍异动处理不及时、长期空挂学籍的院校，一经发现，可采取约谈、警告、通报等措施督促整改。

二、精准开展资助工作

（一）严格资助审核审批。技工院校要根据《教育部等六部门关于做好家庭经济困难学生认定工作的指导意见》（教财〔2018〕16号）、《财政部　教育部　人力资源社会保障部　退役军人部　中央军委国防动员部关于印发〈学生资助资金管理办法〉的通知》（财教〔2021〕310号）、《财政部办公厅　教育部办公厅　人力资源社会保障部办公厅　人民银行办公厅关于进一步规范和加强学生资助管理工作的通知》（财办教〔2021〕72号）等文件要求，认真组织符合条件的学生申请免学费和助学金资助工作。在评审认定环节既要严格审核学生证明材料真实性有效性，也要注意对学生日常行为的考查，不断提升资助精准度。

（二）资助要向特困家庭学生倾斜。对原建档立卡贫困家庭学生、最低生活保障家庭学生、特困供养学生、孤儿、烈士子女、家庭经济困难残疾学生及残疾人子女等特困家庭学生要重点予以保障，应助尽助，应免尽免。对“边缘易致贫户”“因病因灾因意外事故等刚性支出较大或收入大幅缩减导致基本生活出现严重困难户”家庭的学生，要主动关心关注关爱，及时纳入资助保障范围。在对学生家庭困难程度合理分级的基础上，给予分档资助。

（三）强化信息系统使用。全面使用信息系统进行资助管理，不断提高经办质量和监管效能。坚持“谁采集、谁负责；谁报送、谁负责；谁审核、谁负责”的原则，确保学生资助基础数据真实准确、不重不漏。要依托信息系统并按相关要求，分别完成春季学期、秋季学期受助学生资助审批工作。因未将全部学生在信息系统中注册、未将全部享受免学费和助学金学生在信息系统申报或申报审批不及时导致信息系统中数据少于实际人数而产生的中央补助资金缺口，由相关省（自治区、直辖市）、地市和技工院校自行负责。要提高信息系统风险防控能力，加强学生资助信息安全管理，规范数据应用，确保学生资助信息等隐私敏感数据得到保护。

（四）严格资助资金管理与发放。资助资金须专户管理，专款专用。中等职业教育免学费资金由学校纳入预算按规定管理和使用。助学金应通过中职学生资助卡（或者社会保障卡）及时发放。发放台账要完整准确，学生签名要工整齐全，档案管理要规范完整。对资助结余资金，各地各校要严格依规妥善处理。

三、工作要求

（一）强化责任担当。各地人力资源社会保障部门要提高政治站位，把规范和加强技工院校学生资助管理作为人社领域解决人民群众急难愁盼问题、实现教育公平和大力发展技工教育的重要抓手，列入年度工作计划，持续完善配套政策，加强机构和经办人员队伍建设，定期调度，跟踪问效。要深入开展资助政策业务培训，不断提升经办人员的能力和水平。

（二）强化监督检查。监督检查要坚持问题导向、靶向施策，重点检查学籍与资助管理制度是否健全、学籍与资助数据是否全面准确、助学金是否分档精准资助、资助资金发放是否及时、学籍与资助档案管理是否规范完整等。要加强对“一校两牌”“联合招生”“学籍异动”等情况的监管。在监督检查中，一旦发现挤占挪用、弄虚作假套取学生资助资金等违法违规行为，要依据有关法律法规追究责任，严肃处理。

（三）强化宣传教育。技工院校要通过学校网站、家长会、家长微信群、校园广播、校园开放日等形式，开展资助政策宣讲，使学生和家长了解资助政策。要加强学生的诚信教育，要求学生和监护人如实提供家庭经济情况，及时告知家庭经济变化情况。要通过评选推荐“国家中职奖学金获得者”“校园自强之星”等活动，培养受助学生自立自强、知恩感恩、勇于担当的良好品质，树立学生身边榜样，引导更多青年学生走技能成才之路。

相关工作情况及时报我部技工院校学生资助管理工作办公室。

人力资源社会保障部办公厅
2023 年 6 月 12 日

人力资源社会保障部办公厅关于发布12个国家基本职业培训包的通知

人社厅函〔2023〕79号

各省、自治区、直辖市及新疆生产建设兵团人力资源社会保障厅（局）：

为贯彻落实《国务院关于推行终身职业技能培训制度的意见》（国发〔2018〕11号）和《“十四五”职业技能培训规划》（人社部发〔2021〕102号）精神，深入实施职业技能培训标准化工程，做好国家基本职业培训包开发应用工作，进一步增强培训针对性和有效性，不断提高培训质量，我部组织编制了保卫管理员等12个国家基本职业培训包，现予发布。

国家基本职业培训包由指南包、课程包和资源包三个子包构成，是集培养目标、培训要求、培训内容、课程规范、考核大纲、教学资源等为一体的职业培训资源总和，可在“职业培训数字资源云服务（中国职业培训在线）”（http://px.class.com.cn）平台查询使用。实施过程中的需求和意见建议，请及时向我部反馈。

附件：12个国家基本职业培训包目录

人力资源社会保障部办公厅

2023年6月20日

附件

12个国家基本职业培训包目录

序号	职业名称	职业代码
1	保卫管理员	3-02-02-01
2	连锁经营管理师	4-01-02-06
3	互联网营销师	4-01-06-02
4	冷藏工	4-02-06-04
5	供应链管理师	4-02-06-05
6	网络与信息安全管理员	4-04-04-02
7	劳务派遣管理员	4-07-03-06

续表

序号	职业名称	职业代码
8	形象设计师	4-08-08-20
9	插花花艺师	4-09-10-05
10	无人机装调检修工	6-23-03-15
11	工业机器人系统运维员	6-31-07-01
12	工业机器人系统操作员	6-31-07-03

人力资源社会保障部办公厅关于做好事业单位公开招聘高校毕业生有关工作的通知

人社厅函〔2023〕80号

各省、自治区、直辖市及新疆生产建设兵团人力资源社会保障厅（局）：

为深入贯彻落实习近平总书记关于高校毕业生就业工作的重要指示批示精神，落实党中央、国务院决策部署，全力做好2023年事业单位公开招聘高校毕业生工作，现将有关要求通知如下：

一、提高政治站位。各地要深入学习贯彻习近平总书记重要指示批示精神，把思想和行动统一到党中央、国务院决策部署上来，切实增强做好促进高校毕业生就业工作的使命感、责任感、紧迫感，履职尽责，担当作为，充分发挥事业单位公开招聘在促进高校毕业生就业中的重要作用。要明确目标任务，主动对标对表，将公开招聘高校毕业生与优化事业单位工作人员队伍结构相结合，进一步挖掘岗位资源，确保事业单位总体招聘高校毕业生规模保持稳定。

二、加快招聘进度。各地要加快推进本地区各级各类事业单位公开招聘高校毕业生进度，明确时间表，做好招聘工作与高校学生毕业的衔接。要加强工作调度，组织指导事业单位及早发布招聘公告，适当提前安排招聘考试时间，督促尚未启动招聘的事业单位尽快启动；对已经完成笔试程序的，组织指导加快开展面试、考察、体检、聘用等工作。要确保8月1日前完成中小学幼儿园教师招聘工作，力争8月底前完成统一组织的其他招聘2023届高校毕业生工作，促进高校毕业生尽快就业。

三、优化招聘服务。各地要在信息发布、考务服务、手续办理等方面为高校毕业生参加事业单位公开招聘提供方便快捷的服务。人力资源社会保障部门和事业单位及其主管部门要优化工作流程，发布招聘公告、拟聘用人员公示等信息应当及时、完整、准确。有条件的地区，人力资源社会保障部门要积极为事业单位公开招聘高校毕业生提供笔试面试组织、试题命制、阅卷等考务服务。要指导事业单位严格落实政策要求，不得再将就业报到证作为公开招聘高校毕业生的必需材料。

四、规范招聘行为。各地要坚持“公开、平等、竞争、择优”原则，加强工作指导和管理监督，切实履行招聘方案备案职责，严格考试考务组织，营造公平竞争的就业环境。要合理设置招聘资格条件，不得设置歧视性以及不合理的限制性条件，在招聘公告和实际操作中不得将毕业院校、国（境）外学习经历、学习方式等作为限制性条件。要规范资格审查工作，严格按照有关政策规定和招聘公告明确的资格条件进行资格审查，不得随意进行“简历筛选”。对按程序聘用的高校毕业生，要及时签订聘用合同，建立人事关系。严格落实公开招聘工作保密、回避等纪律要求。

五、树立基层导向。各地要加强政策宣传，积极鼓励引导高校毕业生到艰苦边远地区基层事业单位工作。要用好用足艰苦边远地区基层事业单位公开招聘倾斜政策，可以适当放宽年龄、学历、专业等招聘条件，允许拿出一定数量岗位面向本县、本市或者周边县市户籍人员（或者生源）招聘；对符合政策条件的高层次、高技能、急需紧缺专业的高校毕业生可采取面试、直接考察的方式公开招聘；可根据实际情况适当降低开考比例，或不设开考比例，划定成绩合格线。

六、加强组织领导。各地要切实加强对事业单位公开招聘高校毕业生工作的组织领导，层层压实工作责任。要与各相关部门形成协调联动的工作机制，分工负责、同向发力，切实把党中央、国务院的决策部署落实到位。要树立正确舆论导向，主动回应社会关切，积极引导预期，营造良好社会氛围。请各省级人力资源社会保障部门 8 月底前按月向部事业单位人事管理司报送工作进展情况。

人力资源社会保障部办公厅
2023 年 6 月 19 日

人力资源社会保障部办公厅
市场监管总局办公厅关于开展职业技能培训和评价问题专项治理行动的通知

人社厅函〔2023〕85号

各省、自治区、直辖市及新疆生产建设兵团人力资源社会保障厅（局）、市场监管局（厅、委）：

为贯彻落实习近平总书记重要指示批示精神，扎实推进职业技能培训和评价专项整治工作，人力资源社会保障部、市场监管总局决定联合开展职业技能培训和评价问题专项治理行动（以下简称专项行动）。现就有关事项通知如下。

一、目标任务

从2023年7月到12月，在全国范围内集中开展专项行动。全面排查2019年职业技能提升行动实施以来职业技能培训和评价中存在的突出问题，集中打击虚假培训骗取补贴、售卖证书、“吃”培训的“黑色利益链”等行为，依法依规治理培训评价乱象，进一步突出就业导向，切实提升培训质效。

二、专项行动内容

（一）排查范围

各级各类培训机构（包括职业院校、技工院校、民办职业技能培训机构、企业、行业协会学会、主管部门所属单位等，以下统称培训机构）开展政府补贴性职业技能培训情况。人力资源社会保障部门备案的职业资格鉴定机构和职业技能等级认定机构（以下统称评价机构）开展职业资格鉴定、职业技能等级认定及发证情况；行业协会学会等社会组织和企事业单位自行开展的能力水平评价及发证情况。

（二）排查方式和主要措施

各地人力资源社会保障部门要通过实地检查、互联网检索、大数据筛查等多种方式，结合网民留言、群众投诉举报、各类媒体报道、巡视审计等反映的问题线索，组织对培训机构和评价机构、行业协会学会等社会组织和企事业单位开展的培训和评价相关活动进行全面排查，做到全覆盖无死角。

对排查发现以及审计报告反映的问题线索，要依法依规严肃处理，做到有案必查、违法必究。对涉及违反职业技能培训和评价规定的，要通过行政指导、行政约谈等行政管理措施予以督促，责令限期整改。对涉及行政违法的，要依法予以行政处罚，坚决做到发现一起，严肃查处一起。对涉嫌违法犯罪的，要按照规定移送司法机关，追究有关单位和个人的刑事责任。对公职人员涉嫌违法违纪的，要按照干部管理权限将线索移送纪检监察机关严肃追责问责。

（三）整治内容

1. 对培训机构及其开展的政府补贴性职业技能培训进行排查处理。重点排查培训机构开展的政府补贴性培训项目、参训人员身份、培训时长、上课记录、培训内容、申领培训补贴资金的材料、补贴资金发放记录等。

对不以就业创业为目的组织人员参加“兴趣式培训”、拼凑人数“滥竽充数”式培训等就业针对性不强的低效无效培训，要进行综合分析。培训项目与《职业技能提升行动方案（2019—2021年）》（国办发〔2019〕24号）和《“十四五”职业技能培训规划》（人社部发〔2021〕102号）要求不符，与当地经济社会发展需要、市场急需紧缺、劳动者就业创业需求存在偏差的，要移出政府补贴性培训项目目录。对相关培训机构，依法责令限期整改；未按期整改的，移出政府补贴性培训机构目录。

对编造上课记录未开展培训、提交虚假材料骗取套取培训补贴资金的培训机构，要追回补贴资金，移出政府补贴性培训机构目录，依法给予行政处罚；构成犯罪的，依法追究刑事责任。

2. 对利用互联网技术在线实施职业技能培训的培训机构及其开展的政府补贴性培训进行排查处理。重点排查是否对培训人员进行了实名实人验证、培训过程是否留痕。对篡改数据、线上学习记录造假、以刷课方式开展虚假线上培训骗取培训补贴资金的培训机构和线上平台，要追回补贴资金，移出政府补贴性培训机构目录，依法给予行政处罚；构成犯罪的，依法追究刑事责任。

3. 对主管部门所属单位及其开展的政府补贴性培训进行排查处理。重点排查政府部门所属单位组织开展的政府补贴性培训的组织方式、培训质量、参加人员等。对未开展培训、转包外包给其他单位的，由主管部门责令限期整改；对公职人员和社会人员内外勾结形成“靠训吃训”“黑色利益链”，伪造材料、监守自盗的，按照干部管理权限移送纪检监察机关等查处，对相关人员的失职失责行为严肃追责问责。

4. 对经人力资源社会保障部门备案的评价机构及其开展的评价活动进行排查处理。重点排查评价的职业（工种）范围、参评人员资格审核、评价过程管理、考务管理、题库资源建设、评分结果档案记录、证书数据管理等。对超范围评价、不符合报考条件、伪造报名资格、降低考试难度、伪造试卷、编造虚假资料、不考试就发证、滥发倒卖证书等行为，取消评价结果、宣布证书作废、撤销上传证书数据，追回相应补贴资金，限期整改；未按期整改的，终止备案。

5. 对未经审批备案的职业技能培训机构和评价机构相关活动进行排查处理。重点排查未经人力资源社会保障部门审批备案的职业技能培训机构和评价机构（含自行开展能力水平评价活动的行业协会学会等社会组织和企事业单位）所发证书、项目名称、商业宣传、收费等情况。各地人力资源社会保障部门对上述机构所发证书或在商业宣传时假借行政机关名义、违规使用国徽和行政机关标志、违规使用“中华人民共和国”“中国”“中华”“国家”“全国”“职业资格”“人员资格”“职业技能鉴定”“包过”“保过”等字样的，限期整改；情节严重的，移送有关部门依法处理。

（四）建立长效机制

要将“当下改”与“长久立”相结合，完善职业技能培训资质行政许可和评价机构备案制度。组织开展职业技能考核鉴定应经人力资源社会保障部门备案。未经批准不得在国家职业资格目录之外自行设置国家职业资格，严禁在国家职业资格目录之外开展职业资格许可和认定工作。各类企业不得自行开展冠以职业资格名称的相关活动。加强信息化建设，实现职业技能培训实名制管理。人力资源社会保障部依托“平台企业协同共治系统”，向平台企业发送指令和合规提示，督促平台企业对“职业资格”“职业技能鉴定”“职业资格证书”“职业技能等级证书”等禁限售商品服务信息加强管控。

三、有关要求

（一）加强组织领导。要提高政治站位，

充分认识治理培训和评价乱象、提升培训质效的重要意义，紧密结合学习贯彻习近平新时代中国特色社会主义思想主题教育，把专项行动中发现的问题纳入主题教育检视整改清单，精心组织，周密部署，稳妥推进。人力资源社会保障部门负责做好职业技能培训机构审批、评价机构备案和监督管理等工作。市场监管部门依法查处违反市场监管法律法规行为。加强部门协作，加大执法检查力度，确保专项行动各项措施落到实处。

（二）加强情况报送。各省级人力资源社会保障部门自7月起，每两周向人力资源社会保障部报送专项行动进展情况表（见附件1、2），11月底前报送专项行动工作总结。专项行动期间，发现重大要情应及时报告。

（三）加强调研检查。各省级人力资源社会保障部门会同市场监管部门结合本地实际制定具体实施方案，指导督促培训机构、评价机构做好整改工作。审计问题清单涉及的省份要按照审计整改要求执行；没有进行审计的省份要主动与审计部门联系，了解审计要求，结合专项行动工作部署安排进行全面排查。要加强跟踪问效，做好工作调度、督促指导，及时开展检查抽查。

（四）加强作风建设和警示教育。各地要以严实深细作风推进专项行动整改到位，坚决防止形式主义官僚主义。根据专项行动进展，依法及时通报违纪违法典型案例。深入开展警示教育，加强廉政教育，推动警示教育和廉政教育常态化，进一步增强党员干部、工作人员纪律意识和规矩意识。教育引导培训机构、评价机构管理人员和工作人员严格遵守廉洁自律要求，严禁滥用职权、徇私舞弊、造假牟利。

附件：

1. 职业技能培训和评价问题专项治理行动进展情况表（职业技能培训）（略）

2. 职业技能培训和评价问题专项治理行动进展情况表（职业技能评价）（略）

人力资源社会保障部办公厅

市场监管总局办公厅

2023年6月30日

人力资源社会保障部办公厅关于做好高温天气劳动者权益保障工作的通知

人社厅函〔2023〕91号

各省、自治区、直辖市及新疆生产建设兵团人力资源社会保障厅（局）：

近期，全国多地出现持续高温天气，部分地区遭遇极端高温。为做好高温天气劳动者权益保障工作，现就有关事项通知如下：

一、高度重视高温天气劳动者权益保障工作

高温天气劳动者权益保障事关劳动者身体健康和生命安全。各地要立即行动起来，以时时放心不下的责任感，加强组织领导，明确责任分工，密切协同配合，压紧压实企业主体责任，抓实抓细工作落实，全力保障劳动者合法权益。

二、指导规范高温天气工作时间规定

指导督促企业做好高温天气期间的生产组织和管理，合理安排劳动者在高温天气下的户外工作时间，尽量避开酷热时段作业，适当增加劳动者休息时间和轮换班次。地市级以上气象主管部门所属气象台发布日预报气温最高达到40 ℃以上时，停止安排劳动者进行室外露天作业；日最高气温达到37 ℃以上、40 ℃以下时，安排劳动者室外露天作业时间累计不得超过6小时，并尽量缩短室外连续工作时间，不得安排劳动者在当日气温最高时段3小时内室外露天作业；日最高气温达到35 ℃以上、37 ℃以下时，要采取换班轮休等方式，缩短室外露天作业劳动者连续工作时间，并不得安排劳动者加班。对不适宜高温天气作业的劳动者及时协商调整工作任务，不得安排怀孕女职工和未成年工在35 ℃以上的高温天气下从事室外露天作业及在33 ℃以上的工作场所作业。

三、严格落实高温津贴待遇

根据本地区经济社会发展状况，合理确定并及时调整本地区高温津贴标准，督促企业向符合条件的劳动者发放高温津贴。指导企业合理确定高温天气下劳动者的工作量和劳动强度，不得因高温天气停工、缩短工作时间扣除或降低劳动者工资待遇。严格落实高温津贴制度，高温津贴应以法定货币形式按时足额发放给劳动者，不得以发放清凉饮料、防暑降温用品等实物或各类有价证券代替。引导平台企业对高温天气下接单的户外劳动者给予适当补贴，并可采取延长配送时间等措施，保障网约配送、出行、运输等新就业形态劳动者的生命健康安全。对因高温天气作业引发劳动者发生事故伤害或经职业病诊断机构诊断为职业性中暑的，应按规定依法认定工伤并落实相关保险待遇。

四、加强重点时段执法检查

以室外露天作业的建筑、物流、交通等为重点行业，以快递员、外卖送餐员、环卫工等为重点群体，加大对企业遵守劳动保障法律

法规情况的监督检查力度，督促企业落实高温津贴支付主体责任。畅通举报投诉渠道，对未按规定标准发放高温津贴等行为的投诉举报线索及时处置，发现一起坚决查处一起。加强因高温天气作业引发的劳动争议案件调处，畅通受理渠道，实行快立快审快结，及时有效维护劳动者合法权益。加强与应急管理、卫生健康、工会组织等部门单位的信息共享和协调配合，共同分析研判高温天气劳动安全形势，健全极端高温天气应急管理措施，不断完善高温天气劳动防护、安全生产、防暑降温、高温津贴等各项制度，在高温重点时段联合开展监督检查专项行动，督促企业全面落实《防暑降温措施管理办法》，保障劳动者身体健康和生命安全。

人力资源社会保障部办公厅
2023 年 7 月 7 日

人力资源社会保障部办公厅关于启动推进技工院校工学一体化技能人才培养模式第二阶段工作的通知

人社厅函〔2023〕92号

各省、自治区、直辖市及新疆生产建设兵团人力资源社会保障厅（局）：

根据《推进技工院校工学一体化技能人才培养模式实施方案》（人社部函〔2022〕20号）和《关于推进技工院校工学一体化技能人才培养模式工作安排和启动第一阶段工作的通知》（人社厅函〔2022〕88号）相关要求，现就启动推进技工院校工学一体化技能人才培养模式第二阶段工作有关事项通知如下：

一、第二阶段省级层面主要工作安排

（一）组织申报第二阶段工学一体化建设院校项目。通过技工教育网的“技工教育重点任务管理平台”（登录地址：http://jgyxgl.36ve.com），组织学校申报第二阶段建设院校项目（项目申报书见平台），根据相关要求和推荐名额完成推荐工作，填写《第二阶段技工院校工学一体化项目推荐汇总表》（附件1）并盖章后，于2023年7月25日前将电子版（PDF扫描版和Word版）报送人力资源社会保障部技工教育和职业培训教材工作委员会办公室（以下简称教材办公室）。

1. 建设专业。第二阶段工学一体化的建设专业共69个（附件2），其中包括第一阶段《关于公布31个专业国家技能人才培养工学一体化课程标准和课程设置方案（试用）的通知》（人社职司便函〔2022〕43号）中公布的31个建设专业，以及第二阶段拟新公布的38个建设专业（课程标准和课程设置方案另行公布）。

2. 建设院校申报建设专业相关要求。建设院校优先选择具有一定工学一体化教学基础的技工院校，其中《关于公布全国技工院校工学一体化第一阶段建设院校及建设专业名单的通知》（人社职司便函〔2022〕42号）中的第一阶段建设院校，除已建设专业外，还可申报69个建设专业中的其他专业；其他新申报的建设院校可从69个建设专业中选择申报。本次申报建设专业技师学院原则上不超过3个，其他技工学校原则上不超过2个。

3. 各省份推荐新申报建设院校基本名额。综合考虑各省份2022年技工院校招生规模、工学一体化工作基础，以及第一阶段已建设院校数量等相关情况，确定本次各省份推荐新申报建设院校基本名额（附件3）。第一阶段建设院校不属于新申报建设院校，本次申报建设专业不占用基本名额。

（二）指导工学一体化培养模式建设工作。各地要指导建设院校按照国家技能人才培养工学一体化课程标准和课程设置方案组织教学，对标工学一体化课堂、课程、专业和院校建设标准开展建设。要鼓励建设院校开发教学资源，依据我部技工教育规划教材目录选用工学一体化教材。指导建设院校参照《技工院校工学一体化课程教学实施指导手册》实施教学；指导建设院校加快建立工学一体化教学研究、教学场地、教学管理、教师培养、酬薪管理、资金投入、后勤保障等配套制度。同时，充分发挥本地教学教研部门作用，组织技工院校、行业企业等专家力量，统筹做好工作督导、技术咨询、经验总结、教学交流等工作。

（三）持续推进工学一体化教师培训工作。各省级主管部门继续按照《技工院校工学一体化教师培训标准（试行）》《技工院校工学一体化教师培训指导手册（2023）》《技工院校工学一体化教师培训组织实施技术规程（试行）》和《技工院校工学一体化教师培训管理指南（试行）》，每半年报送工学一体化教师培训计划信息，并依此组织辖区内技工院校师资研修中心开展一、二、三级教师培训，以一级为主，工学一体化教师培训基地开展二、三级教师培训。各地应结合本地区及周边区域院校和专业建设申报情况，向学生数量多、教师缺口大的专业倾斜，增加相应专业大类办班数量，确保培训级别和专业大类分布均衡，切实满足实际需求。各省级主管部门开展工学一体化骨干教师推荐工作，由各技工院校师资研修中心持续组织工学一体化骨干教师培训选拔活动。

二、第二阶段部级层面主要工作安排

（一）组织开发工学一体化课程教学资源。充分发挥职业教育和职业培训教学指导委员会作用，适时分批组织国家技能人才培养工学一体化课程标准和课程设置方案开发院校团队，统一开发工学一体化课程工作页、信息页、教师用书等教学资源。

（二）加强工学一体化教师队伍建设。依托工学一体化教师培训管理服务平台，指导各地培训工学一体化教师 3 500 人，并实现工学一体化教师库及教师培训基地动态管理。强化工学一体化教师及骨干教师跟踪指导及管理，开展教师培训成果在教学实践中的应用效果评估工作。组织修订《技工院校工学一体化教师标准》，指导各地开展技工院校工学一体化教师认定工作。

（三）组织工学一体化教师教研活动。指导各地组织工学一体化教师教研活动，加强教法创新能力、专业教学能力、前沿技术应用等方面的专题研究、培训交流。指导技工院校师资研修中心面向分管教学校领导、教务处（科）长、系主任、教研室（科）负责人等组织工学一体化专题研修活动。

我部将根据各地申报情况，组织专家评审后适时公布第二阶段工学一体化教学模式建设院校。依据工学一体化课堂、课程、专业、学校建设标准，启动工学一体化优质课堂、精品课程等遴选活动（通知另行发布）。

三、其他事项

各省级人力资源社会保障部门要认真落实人力资源社会保障部、国家发展改革委、财政部联合印发的《关于深化技工院校改革　大力发展技工教育的意见》，加强与同级财政部门沟通，积极争取中央财政现代职业教育质量提升计划资金用于支持工学一体化院校、专业建设以及教师培训等各项工作。各地在工作中遇到的情况和问题，可与我部联系。

附件：

1. 第二阶段技工院校工学一体化项目推荐汇总表（略）

2. 第二阶段 69 个工学一体化建设专业

3. 第二阶段新申报工学一体化建设院校各地推荐基本名额分配表（略）

人力资源社会保障部办公厅

2023 年 7 月 7 日

附件 2

第二阶段 69 个工学一体化建设专业

序号	专业代码	建设专业	序号	专业代码	建设专业
1	0101	机床切削加工（车工）	31	0401	汽车驾驶 *
2	0106	数控加工（数控车工）	32	0403	汽车维修
3	0108	数据加工（加工中心操作工）*	33	0405	汽车钣金与涂装
4	0109	数控机床装配与维修	34	0409	工程机械运用与维修
5	0112	机械设备维修 *	35	0410	公路施工与养护 *
6	0116	机械设备装配与自动控制	36	0415	现代物流
7	0117	模具制造	37	0431	城市轨道交通车辆运输与管理
8	0119	焊接加工	38	0432	城市轨道交通车辆运用与检修 *
9	0123	机电设备安装与维修	39	0433	航空服务 *
10	0127	机电一体化技术	40	0435	新能源汽车检测与维修
11	0130	3D 打印技术应用 *	41	0436	汽车技术服务与营销 *
12	0132	新能源汽车制造与装配 *	42	0439	无人机应用技术
13	0135	工业机械自动化装调 *	43	0444	智能网联汽车技术应用 *
14	0136	数字化设计与制造 *	44	0445	重型车辆运用与维修 *
15	0203	电气自动化设备安装与维修	45	0501	烹饪（中式烹调）
16	0205	楼宇自动控制设备安装与维护	46	0502	烹饪（西式烹调）*
17	0208	工业机器人应用与维护	47	0504	饭店（酒店）服务 *
18	0209	电子技术应用	48	0508	美容美发与造型（美容）*
19	0216	电梯工程技术	49	0519	酒店管理 *
20	0219	服务机器人应用与维护 *	50	0529	健康与社会照护 *
21	0301	计算机网络应用	51	0603	电子商务
22	0303	计算机应用与维修	52	0604	会计 *
23	0306	计算机动画制作 *	53	0819	供用电技术 *
24	0308	多媒体制作 *	54	0902	化工工艺
25	0313	物联网应用技术 *	55	1102	建筑施工
26	0314	网络与信息安全 *	56	1104	建筑测量 *
27	0315	云计算技术应用 *	57	1106	工程造价 *
28	0316	工业互联网技术应用 *	58	1210	服装设计与制作
29	0318	人工智能技术应用 *	59	1214	食品加工与检验
30	0319	数字媒体技术应用 *	60	1301	中药 *

续表

序号	专业代码	建设专业	序号	专业代码	建设专业
61	1302	药物制剂 *	66	1407	工业设计
62	1304	生物制药 *	67	1420	平面设计
63	1305	药物分析与检验 *	68	1501	幼儿教育 *
64	1403	珠宝首饰设计与制作 *	69	1502	环境保护与检测
65	1405	室内设计 *			

注：带“*”的建设专业为第二阶段新推出的建设专业。

人力资源社会保障部办公厅 国家卫生健康委办公厅 应急管理部办公厅 国家铁路局综合司 国家矿山安全监察局综合司 关于实施矿山、机械制造、铁路运输、铁路建设施工等行业重点企业工伤预防能力提升培训工程的通知

人社厅函〔2023〕102号

各省、自治区、直辖市及新疆生产建设兵团人力资源社会保障厅（局）、卫生健康委、应急管理厅（局）、国家矿山安全监察局各省级局、各地区铁路监管局：

为贯彻落实安全生产法、职业病防治法、社会保险法和工伤保险条例，根据《工伤预防五年行动计划（2021—2025年）》，人力资源社会保障部会同国家卫生健康委、应急管理部、国家铁路局、国家矿山安全监察局联合实施矿山、机械制造、铁路运输、铁路建设施工等行业（以下简称四类行业）重点企业工伤预防能力提升培训工程。现将有关事项通知如下：

一、指导思想

深入学习贯彻党的二十大精神和习近平总书记关于社会保障、安全生产、职业病防治的重要指示批示精神，紧紧围绕从源头上消除事故隐患与职业病危害，扎实落实工伤预防五年行动计划，将工伤预防作为工伤保险优先事项，全覆盖高质量培训四类行业重点企业重点人员，切实提升工伤预防意识和能力，推动落实企业工伤预防主体责任，保障劳动者生命安全与健康，促进劳动者稳定就业，促进重点行业企业安全健康发展。

二、主要内容

实施四类行业重点企业工伤预防能力提升培训工程，通过三年时间对重点培训对象开展全覆盖、高质量培训，切实提升工伤预防能力，提升安全生产与职业健康基础保障水平。

（一）培训对象。将四类行业的重点企业安全生产与职业健康分管负责人、专职安全、职业健康管理人员和班组长（含车间主任、车队长，下同）作为重点培训对象（以下简称三类人员），2025年底前基本实现培训全覆盖。根据工伤预防费情况，重点保障一线相关人员培训，可适当扩大或缩小培训人员范围。

（二）培训内容。重点学习贯彻习近平总书记关于安全生产、健康中国的重要论述精

神，重点培训安全生产、工伤预防与职业病防治的政策法规、生产安全事故与工伤事故防范以及职业病预防知识、工伤事故与职业病警示教育等内容。可根据不同类型重点企业和三类人员特点分类开展针对性培训，具体内容由当地行业主（监）管部门会同人力资源社会保障、卫生健康行政部门确定。

（三）培训方式。采取线上学习与线下培训相结合的方式。线上学习一般以安全生产、职业健康和工伤保障法规标准以及工伤预防基础知识等通识性内容为主；线下培训一般以行业专业性、岗位特殊性内容为主，包括实践操作和互动研讨等内容。安全生产与职业健康分管负责人线下培训原则上实行不超过40人的小班互动教学，专职安全、职业健康管理人员和班组长线下培训班一般不超过80人。

（四）培训时长。各地应根据培训人员、内容、工伤预防费等情况，结合安全生产培训有关规定，科学确定四类行业重点企业三类人员培训时长和线上线下分布。安全生产与职业健康分管负责人和专职安全、职业健康管理人员应当培训12～48学时，一线班组长应当培训20～72学时。三类人员线下培训时长原则上均不得低于总培训时长的60%，班组长实训类课程不少于总培训时长的1/4。

（五）培训机构。四类行业重点企业工伤预防培训任务可由已建立内部培训机构和专兼职师资队伍的大中型重点企业承担，也可由符合条件的行业协会、专业培训机构等承担，优先选择在技术、设施、师资、课程、管理等方面更有优势的企业或培训机构。行业中具有优势地位的大中型企业要发挥示范带动作用，积极开展工伤预防培训，鼓励为有需求的重点中小企业提供培训师资、场地或设备。鼓励大中型重点企业、专业培训机构开展工伤预防培训实践研究，增强培训科学性、有效性。鼓励大中型企业一线安全从业人员用身边人身边事开展工伤预防教育，把工伤预防融入企业生产岗位一线，在车间、工地、厂区开展员工、班组长、安全健康管理从业人员工伤预防宣讲活动。

三、组织实施

（一）强化培训项目管理。各地人力资源社会保障部门要会同行业主（监）管部门、卫生健康行政部门研究制定工伤预防培训项目申报实施指引，规范项目申报，逐步建立联合遴选、专家评审、择优确定项目实施单位机制；要规范服务合同，明确培训规模、方式、内容、期限、绩效目标、费用、责任等内容，明确项目实施要求；要建立由工伤预防和各重点行业领域专家组成的专家库，为培训项目遴选评审和评估验收等提供技术支撑。

（二）强化资金安全管理。强化资金保障，科学合理确定工伤预防项目，充分考虑培训课程开发、教材建设、师资培训、实训设备配备等基础能力建设成本以及培训场租、培训时长等因素，严防低价竞争。规范经费使用，工伤预防线上培训经费符合采购招标相关政策和流程的，按照工伤预防费相关管理规定，应当予以支付。加强基金监管，社会保险经办机构要定期向社会公开工伤预防费使用情况，保障基金安全和效益。对以虚假培训等套取、骗取基金的，依法依纪严惩。

（三）强化培训质量管理。各地要加强培训过程监督，认真审核培训方案，实施培训实名制管理，利用人脸识别、学习图像抓拍等技术和随机抽查、培训回访等方式进行筛查，杜绝线上培训挂课、代学等违规行为，对于培训管理不规范、培训考核不严格的培训机构，一经发现即予退出，并公开曝光。培训结业实行闭卷考试制度，鼓励通过工伤预防线上平台和地方安全生产、卫生健康考试点实行统一考试，参加培训并考试合格的，按规定支付工伤预防费，并减免相应的安全生产、职业健康再培训或继续教育学时。各地要加强对培训项目质量、施教机构、培训教师的管理评估，探索建立培训机构和培训师资的信用体系，及时淘汰评估结果偏差的培训机构和老师。

四、工作要求

（一）加强组织实施，注重合力推进。各地人力资源社会保障部门要在工伤预防联席机制框架下，建立与行业主（监）管部门、卫生健康行政部门密切配合、协调联动的工作机制，在保障工伤保险待遇支付的情况下，将四类行业重点企业三类人员的培训项目优先纳入工伤预防培训项目，加强监督管理。各地应急、铁路等行业主（监）管部门和卫生健康行政部门负责做好重点企业重点人员培训人数摸底、提出培训方案、项目立项建议和培训组织动员、培训过程监督和考试评价等工作。

（二）周密制定方案，协同抓好落实。各地人力资源社会保障部门与行业主（监）管部门、卫生健康行政部门要加强配合，协同推进。各地人力资源社会保障部门摸清工伤事故发生率，各地行业主（监）管部门和卫生健康行政部门摸清应参与工伤预防培训的重点企业数、人员数。各地人力资源社会保障部门会同行业主（监）管部门、卫生健康行政部门根据重点企业培训目标，合理确定年度培训任务，确保2025年前实现重点企业三类人员培训全覆盖。落实重点企业安全生产和职业病防治主体责任，对不按要求参加的重点企业，地方行业主（监）管部门要强化重点督查检查。

（三）加强督促检查，确保工作实效。各地人力资源社会保障部门要会同行业主（监）管部门、卫生健康行政部门按照职责分工加强督促检查，加强对培训项目的事前、事中、事后全过程监管，按照项目进展安排全程检查、全程跟踪、全程问效。建立工伤预防项目档案管理制度，实现可查询、可追溯的全过程痕迹管理。严格落实项目验收制度，防止弄虚作假。加强工伤预防费使用监督和管理，确保工伤预防费依法合规支出，确保基金安全，确保工伤预防培训取得实效。

人力资源社会保障部办公厅
国家卫生健康委办公厅
应急管理部办公厅
国家铁路局综合司
国家矿山安全监察局综合司
2023年7月26日

人力资源社会保障部办公厅
关于做好《人力资源服务机构管理规定》
贯彻实施工作的通知

人社厅函〔2023〕103号

各省、自治区、直辖市及新疆生产建设兵团人力资源社会保障厅（局）：

《人力资源服务机构管理规定》（人力资源社会保障部令第50号，以下简称《规定》）已于2023年6月29日公布，自2023年8月1日起施行。《规定》的公布实施，对于加快建设高标准人力资源市场体系、实现人力资源服务业高质量发展、更好促进高质量充分就业和人力资源合理流动配置，具有重要意义。为做好《规定》的贯彻实施工作，现就有关事项通知如下：

一、认真抓好《规定》的学习宣传

人力资源市场是人力资源流动配置的基础和支撑，人力资源服务机构是重要的人力资源市场主体。《规定》明确了人力资源服务机构的许可备案、服务规范、监督管理及法律责任等，为人力资源服务机构从事人力资源服务活动提供了基本依据和准则，是健全人力资源市场法规体系、有效规范人力资源市场秩序、保障劳动者和人力资源服务机构等市场主体合法权益的重要举措。各级人力资源社会保障部门要高度重视《规定》的贯彻实施工作，准确把握《规定》主要内容，以人力资源市场建设管理工作人员和人力资源服务行业从业人员为重点，组织开展学习培训。充分利用报纸杂志、广播电视、互联网等媒体，面向人力资源服务机构、用人单位、行业协会开展宣传宣讲和政策解读，提升人力资源服务机构守法诚信意识，增强劳动者运用法规做好安全防范、进行自我维权的能力。认真贯彻执行《规定》，及时回应社会关切，为《规定》的顺利实施营造良好社会氛围。

二、依法做好人力资源服务行政许可和备案

（一）简化优化行政许可。认真落实《规定》关于进一步放宽行业准入条件的具体要求，准确把握职业中介活动业务范围、专职工作人员数量及相关证明材料类型，不得增加或附加许可条件及材料。优化行政许可工作流程，全面规范实施人力资源服务许可告知承诺制，由市场主体自愿选择申请许可方式，对于按照告知承诺制申请许可的，应经形式审查后当场作出许可决定。明晰设立分支机构所提交书面报告中应当载明的具体内容，在收到书面报告后为服务机构规范出具相关收据。对人力资源服务机构跨辖区变更住所的，迁入地与迁出地人力资源社会保障部门应按规定做好信息互通、材料交接等工作。

（二）规范实施行政备案。按照《规定》有关要求，完善行政备案工作程序和实施办

法，指导督促经营性人力资源服务机构及时进行行政备案。统一行政备案的业务范围、基本流程及时限要求，明确机构名称、法定代表人、住所地、服务范围等备案事项内容，通过服务窗口和网上政务服务平台公示相关信息。对备案事项齐全的，应当予以备案并出具载明具体内容且规范清晰的备案凭证。坚决清查和防止以备案之名行许可之实等问题，严禁擅自增设行政备案事项或相关条件。

（三）深入推进便民服务。梳理掌握当地人力资源服务机构基本情况、业务范围、许可证发放使用及开展服务活动状况，建立更新人力资源服务机构管理档案和台账，为规范实施许可备案、增强便民服务效能提供有力支撑。对于可以通过政务信息共享获取的材料，不得要求市场主体提交，并逐步拓宽通过政务信息共享方式获取申请材料的范围。广泛推行当场办结、一次办结、限时办结等制度，更好实现集中办理、就近办理、网上办理。依法公开申请许可和办理备案的材料目录、办事指南和咨询监督电话等信息，及时向社会公布相关人力资源服务机构名单及其变更、注销等情况，并提供查询服务。

三、切实提升人力资源服务规范化水平

（四）加强招聘服务管理。督促人力资源服务机构切实履行招聘信息审查主体责任，建立完备的招聘信息管理制度，不得发布包含歧视性内容的招聘信息和设置限制人力资源流动的条件，不得以人力资源供求信息收集与发布的名义开展职业中介活动。促进人力资源服务机构实现权责一致，依法对用人单位发布招聘信息和所提供材料的真实性、合法性进行审查，支持其依法通过校验企业银行结算账户等途径，确认经办人员与用人单位的委托关系。督促人力资源服务机构建立和完善举报投诉处理机制，依法暂停或终止为存在虚假招聘等违法活动的用人单位提供有关服务，并履行向人力资源社会保障部门及有关管理部门报告的义务。

（五）强化个人信息保护。指导人力资源服务机构建立健全个人信息保护、个人信息安全监测预警等机制，采取必要措施防范盗取、贩卖、泄露个人信息等违法行为。督促人力资源服务机构按照合法、正当、必要和诚信的原则处理个人信息，并限于实现求职招聘目的的最小范围收集必要个人信息。开展人力资源服务机构个人信息保护情况定期自查和日常检查，及时发现和消除泄露个人信息及商业秘密的安全隐患。指导人力资源服务机构严格遵守国家有关法律法规，安全稳妥处置确需向境外提供在境内运营中收集和产生的个人信息及重要数据。

（六）全面规范服务活动。督促人力资源服务机构严格落实开展人力资源培训、举办招聘会、人力资源供求信息收集和发布、人力资源服务外包等服务的有关规定，提升合规经营、规范服务水平。指导人力资源服务机构规范收费，不得向个人收取明示服务项目以外的服务费用，杜绝以各种名目诱导、强迫个人参与贷款、入股、集资等活动。督促人力资源服务机构开展公平竞争，重点关注和及时整治扰乱人力资源市场价格秩序或采取垄断、不正当竞争手段开展服务活动等行为，营造竞争合作、共同发展的良好行风。指导人力资源服务机构加强内部制度建设，健全服务台账制度，按要求如实记录相关信息并保存待查。

四、坚持规范管理和促进发展有机结合

（七）创新日常监管方式。优化“双随机、一公开”监督检查方式，逐步建立监管风险分析研判、市场主体警示退出等监管机制，探索实施信用管理、智慧管理等新型监管制度，完善守信激励和失信惩戒措施。强化对人力资源服务机构全生命周期的管理服务，畅通对机构的举报投诉渠道并及时予以处置，依法实施撤销或注销人力资源服务许可。加大劳动保障监察执法力度，持续开展清理整顿人力资源市场秩序专项行动，紧盯重点领域、关键节点，依法打击非法职介、虚假招聘、泄露个人信息、

违规收费、不正当竞争等违法违规行为。

（八）强化综合监管合力。根据“谁许可、谁监管，谁备案、谁监管”的原则，明确对人力资源服务机构的监督管理职责，加强人力资源社会保障部门内部相关工作机构的沟通协作。按照《规定》要求，结合工作实际，确定在作出行政许可或办理备案的人力资源社会保障部门管辖区域外从事违法活动、出现争议情形时管辖权的具体划分，并明晰直接管辖和指定管辖情形，防止“以批代管”“不批不管”等问题。主动增强与市场监督管理、公安等部门的协同配合，加强监管信息共享互通，加大案件联合处置力度。在实行相对集中行政许可权改革或者综合行政执法改革的地区，要依法依规与相关部门确定工作权责划分，避免出现监管空档，切实提升管理工作效能。

（九）推进行业健康发展。深入落实人力资源服务领域“放管服”改革要求，积极营造公平透明可预期的营商环境，不断激发人力资源服务机构创新发展活力。注重培育壮大人力资源服务力量，做强做优人力资源服务龙头企业，发展“专精特新”人力资源服务机构，推动行业向专业化和价值链高端延伸。鼓励人力资源服务机构规范开展或有序承接政府转移的就业服务、人才引进等业务，加大政府购买人力资源服务力度。加强人力资源市场诚信体系建设和标准化建设，积极树立推广诚信服务典型，加大人力资源服务标准研制宣贯力度，促进人力资源服务行业持续扩大规模、增强服务能力。

五、加强组织领导

各级人力资源社会保障部门要切实加强对《规定》贯彻实施工作的组织领导，紧密结合深入开展学习贯彻习近平新时代中国特色社会主义思想主题教育，坚持目标导向和问题导向，着力提升便民服务水平，聚焦保障劳动者权益，充分发挥人力资源服务业服务就业、服务人才、服务发展的重要作用。以全面贯彻实施《规定》为契机，加快推进人力资源市场管理信息化建设，全面建成运行人力资源市场管理信息系统，逐步构建日常管理信息化、政务服务便利化、监管发展一体化格局。指导人力资源服务行业协会完善行业自律规范，加强对会员单位的监督引导和对从业人员的管理培训，提升行业规范发展水平。强化底线思维，防范化解人力资源市场秩序、招聘会安全等方面风险隐患，及时发现和处置苗头性、倾向性问题，牢牢守住安全底线。认真总结《规定》贯彻实施工作中的经验做法，及时反映有关问题及建议，推动人力资源服务业高质量发展。

人力资源社会保障部办公厅
2023 年 7 月 28 日

人力资源社会保障部办公厅关于个人养老金参加人申请撤回缴费问题处理意见的函

人社厅函〔2023〕119号

中国建设银行：

你行《关于个人养老金参加人误缴费有关问题的函》（建总函〔2023〕539号）收悉。经商财政部、国家税务总局和国家金融监督管理总局，现答复如下：

个人养老金参加人由于操作失误等原因缴费的，可以在该笔缴费计入个人养老金资金账户之日起（不含）5日内，通过开户银行线下网点提出撤回申请。参加人一个自然年度内可以申请撤回一次个人养老金单笔缴费。

开户银行应当按要求及时完善信息系统，经个人养老金信息管理服务平台核验后，为参加人办理撤回缴费业务。撤回单笔缴费不属于领取个人养老金，不按照领取个人养老金代扣代缴个人所得税。

人力资源社会保障部办公厅

2023年9月1日

人力资源社会保障部办公厅关于公布全国技工院校工学一体化第二阶段建设院校及建设专业名单的通知

人社厅函〔2023〕120号

各省、自治区、直辖市及新疆生产建设兵团人力资源社会保障厅（局）：

为贯彻落实《技工教育“十四五”规划》（人社部发〔2021〕86号）和《推进技工院校工学一体化技能人才培养模式实施方案》（人社部函〔2022〕20号），按照《关于启动推进技工院校工学一体化技能人才培养模式第二阶段工作的通知》（人社厅函〔2023〕92号）安排，经技工院校申报、省级人力资源社会保障部门推荐，最终审核确定574所技工院校参与工学一体化第二阶段专业建设，现予以公布。

各地要加强指导，充分发挥本地教学教研部门作用，统筹做好工作督导、技术咨询、教师培训等工作。技工院校要按照国家技能人才培养工学一体化课程标准和课程设置方案组织教学，并参照《技工院校工学一体化课程教学实施指导手册》实施教学，不断完善相关配套制度，做好工学一体化课堂、课程、专业、院校建设等工作。

附件：全国技工院校工学一体化第二阶段建设院校及建设专业名单（略）

人力资源社会保障部办公厅

2023年9月5日

人力资源社会保障部办公厅关于公布38个专业国家技能人才培养工学一体化课程标准和课程设置方案（试用）的通知

人社厅函〔2023〕121号

各省、自治区、直辖市及新疆生产建设兵团人力资源社会保障厅（局）：

为贯彻落实《技工教育“十四五”规划》（人社部发〔2021〕86号）和《推进技工院校工学一体化技能人才培养模式实施方案》（人社部函〔2022〕20号），按照《关于启动推进技工院校工学一体化技能人才培养模式第二阶段工作的通知》（人社厅函〔2023〕92号）安排，我部组织开发了38个专业的国家技能人才培养工学一体化课程标准和课程设置方案（以下简称课程标准和课程设置方案），现予以公布试用。

各地要依据课程标准和课程设置方案指导技工院校规范设置工学一体化专业课程，确保技能人才培养质量。技工院校在严格执行课程设置方案的基础上，可根据实际情况调整专业课程设置及教学内容，但调整量不得超过30%。

课程标准和课程设置方案可在技工教育网工学一体化改革工作专区（https://jg.class.com.cn）免费下载。为便于进一步修订完善，试用过程中如有修改意见，可于2023年12月底前向部教材办公室（教指委工作办公室）反馈。

附件：38个专业目录

人力资源社会保障部办公厅

2023年9月5日

附件

38个专业目录

1. 数控加工（加工中心操作工）专业
2. 机械设备维修专业
3. 3D打印技术应用专业
4. 新能源汽车制造与装配专业
5. 工业机械自动化装调专业
6. 数字化设计与制造专业
7. 服务机器人应用与维护专业
8. 计算机动画制作专业

9. 多媒体制作专业
10. 物联网应用技术专业
11. 网络与信息安全专业
12. 云计算技术应用专业
13. 工业互联网技术应用专业
14. 人工智能技术应用专业
15. 数字媒体技术应用专业
16. 汽车驾驶专业
17. 公路施工与养护专业
18. 城市轨道交通车辆运用与检修专业
19. 航空服务专业
20. 汽车技术服务与营销专业
21. 智能网联汽车技术应用专业
22. 重型车辆运用与维修专业
23. 烹饪（西式烹调）专业
24. 饭店（酒店）服务专业
25. 美容美发与造型（美容）专业
26. 酒店管理专业
27. 健康与社会照护专业
28. 会计专业
29. 供用电技术专业
30. 建筑测量专业
31. 工程造价专业
32. 中药专业
33. 药物制剂专业
34. 生物制药专业
35. 药物分析与检验专业
36. 珠宝首饰设计与制作专业
37. 室内设计专业
38. 幼儿教育专业

人力资源社会保障部办公厅关于学习宣传贯彻《社会保险经办条例》的通知

人社厅函〔2023〕126 号

各省、自治区、直辖市及新疆生产建设兵团人力资源社会保障厅（局）：

《社会保险经办条例》（以下简称《条例》）已于 2023 年 8 月 16 日公布，将于 2023 年 12 月 1 日起施行。为切实做好学习宣传贯彻工作，确保《条例》有效实施，现就有关事项通知如下：

一、充分认识《条例》出台的重大意义

党中央、国务院高度重视社会保障工作。社保经办服务是社会保险体系的“最后一公里”，在服务人民群众、落实民生政策、推动社会保障事业高质量发展中发挥着重要作用。《条例》作为社保经办领域首部行政法规，细化和完善了《中华人民共和国社会保险法》中关于社会保险经办的相关规范，对社会保险参保登记、关系转移、待遇核定和支付等经办业务作出具体规定。《条例》的出台对维护用人单位和个人的合法权益，提升社会保险公共服务的规范性和便捷性，打击欺诈骗保、保障基金安全，在法治轨道上推动社会保险事业高质量发展具有重要意义。

二、广泛开展《条例》的学习和宣传工作

各省级人力资源社会保障部门要组织本地区、本系统及时开展《条例》的学习和宣传活动。要充分发挥广播、电视、报纸等传统媒体优势，以专栏、专版、专刊、专访等形式面向社会大众深入阐释解读《条例》的主要内容、积极作用和重要意义，营造贯彻实施《条例》的良好社会氛围。要通过线上新媒体，以喜闻乐见、易于接受的方式向用人单位及灵活就业人员、农民工、高校毕业生等重点群体，精准有效地宣传《条例》在优化社会保险经办服务、方便群众办事方面的规定和要求。同时，采取以案释法、以案说法等形式，对欺诈骗保行为的危害及需要承担的法律后果进行警示，有力震慑社会保险领域违法违规行为，切实维护社保基金安全。

各级社会保险经办机构要先学一步，做到全系统工作人员第一时间全面了解《条例》立法精神、立法目的、立法原则，准确把握《条例》的总体框架、主要内容和相关要求，通过学习和落实《条例》，有效提升社会保险经办服务水平。

三、做好《条例》配套规章制度修订工作

各级人力资源社会保障部门要坚持依法行政，及时梳理现行与《条例》要求不一致的政策文件，做好废改立的相关工作，确保把社会保险经办管理服务统一到《条例》的规定和要求上来。完善与《条例》配套的规章制度和标准规范，有序推进社会保险经办法规体系建设。

四、依法推动社会保险经办服务能力和水平提升

各级社会保险经办机构要以《条例》出台为契机，对照《条例》要求，全面系统深入梳理现有经办服务事项，及时修订经办规程、优化服务流程，严格执行《条例》规定的办事时限要求，破解群众办事堵点难点痛点。要会同信息化综合管理机构，改造完善信息系统有关功能，加强风险防控；与相关部门建立健全数据共享机制，推进社保数据跨部门跨区域共享，严格执行《条例》规定的证明材料项目范围，不得要求用人单位和个人提供没有法律、法规和国务院决定依据的证明材料。要大力推动统一的社保公共服务平台和社会保障卡应用，把《条例》要求的各项便民措施落到实处。

各省级人力资源社会保障部门《条例》宣贯工作方案请于9月28日前报部社保中心，《条例》学习宣贯过程中遇有问题及时报告。

人力资源社会保障部办公厅
2023年9月14日

人力资源社会保障部办公厅关于公布首批技能根基工程培训基地名单的通知

人社厅函〔2023〕127号

各省、自治区、直辖市及新疆生产建设兵团人力资源社会保障厅（局）：

根据《人力资源社会保障部　工业和信息化部　国务院国资委关于印发〈制造业技能根基工程实施方案〉的通知》（人社部发〔2022〕33号）和《人力资源社会保障部办公厅关于开展国家技能根基工程培训基地申报遴选工作的通知》（人社厅函〔2022〕162号）相关要求，经各省（区、市）人力资源社会保障部门组织申报、遴选推荐和我部专家复核、公示，确定北京市工业技师学院等59家单位为首批技能根基工程培训基地（以下简称基地），有效期自正式公布之日起三年，现将名单予以公布。

各地人力资源社会保障部门要对基地加强工作指导，促进基地在制造业技能人才技能培训、技能评价、技能竞赛、师资研修等方面充分发挥引领带动作用。要创新工作机制，整合有效资源，依托基地搭建区域之间、行业之间、政企校之间交流平台，推动制造业技能根基工程落实落地。要及时总结制造业技能人才培养培训工作成效，宣传推广典型经验，组织开展交流活动，促进基地高质量运行发展。

附件：首批技能根基工程培训基地名单（有效期自正式公布之日起三年）（略）

人力资源社会保障部办公厅
2023年9月15日

人力资源社会保障部办公厅关于做好劳动关系协调师职业技能等级认定工作的通知

人社厅函〔2023〕141号

各省、自治区、直辖市及新疆生产建设兵团人力资源社会保障厅（局）：

根据《中华人民共和国职业分类大典（2022年版）》《关于健全完善新时代技能人才职业技能等级制度的意见（试行）》（人社部发〔2022〕14号）和《关于加强劳动关系协调员队伍建设的指导意见》（人社部发〔2022〕74号）等有关规定，为进一步加强劳动关系协调师职业技能等级认定评价机构（以下简称评价机构）遴选备案管理，提升劳动关系协调师职业技能等级认定质量，推进劳动关系协调员队伍职业化、专业化建设，现就做好劳动关系协调师职业技能等级认定工作通知如下。

一、申报条件

申报面向社会开展劳动关系协调师职业技能等级认定的社会培训评价组织，根据开展认定的区域范围，在符合我部和所在地省级人力资源社会保障部门确定的申报条件基础上，应当具备以下条件：

（一）具备协调劳动关系相关专业背景

各类院校申报的，需设有劳动与社会保障、劳动经济学、劳动关系、人力资源管理、工商企业管理、社会工作、法学、社会学等相关专业；企业等单位申报的，经营范围需包含人力资源管理服务、劳动法律服务、劳动争议调解代理等；社会培训机构申报的，需已开展劳动关系协调、人力资源管理、劳动保障事务处理、社会工作等相关职业培训或评价；已脱钩的行业学会或协会申报的，需具有劳动关系理论、劳动法律法规等方面研究背景，或从事协调劳动关系相关工作。

（二）拥有具备相应资质的考评人员、命题专家

1. 考评人员应当满足以下条件：

（1）拥护中国共产党的领导，具有良好的政治素质、职业道德和专业素养，社会责任感强，工作态度严谨。

（2）持有劳动关系协调师（员）三级及以上职业技能等级证书（职业资格证书）。其中，开展劳动关系协调师二级及以上考评工作的考评人员，需持有劳动关系协调师（员）二级及以上职业技能等级证书（职业资格证书）。

（3）未持有相应劳动关系协调师（员）职业技能等级证书（职业资格证书）的，需取得劳动与社会保障、劳动经济学、劳动关系、人力资源管理、工商企业管理、社会工作、法学、社会学等相关专业中级及以上职称后，累计从事协调劳动关系相关工作2年及以上。其中，开展劳动关系协调师二级及以上考评工作的考评人员，需取得相关中级及以上职称后，累计从事协调劳动关系相关工作5年及以上。

（4）遵纪守法，没有违法违纪、犯罪和不良行为记录。

2. 命题专家应当满足以下条件：

（1）拥护中国共产党的领导，具有良好

的政治素质和职业道德，并具有较高的专业素养，社会责任感强，工作态度严谨。

（2）需持有劳动关系协调师（员）二级及以上职业技能等级证书（职业资格证书）。

（3）未持有劳动关系协调师（员）二级及以上职业技能等级证书（职业资格证书）的，需取得劳动与社会保障、劳动经济学、劳动关系、人力资源管理、工商企业管理、社会工作、法学、社会学等相关专业高级职称。其中，开展劳动关系协调师二级及以上命题工作的命题专家，需取得相关专业高级职称后，累计从事相关工作5年及以上。

（4）遵纪守法，没有违法违纪、犯罪和不良行为记录。

（5）与评价机构签订保密协议。

（6）优先从国家协调劳动关系三方会议专家委员会委员和各地省级人社部门专家库中确定。

（三）具有相应的管理制度（详见附件1）

1. 内部财务管理、人员管理等制度。

2. 劳动关系协调师职业技能等级认定工作实施办法，包括：考务管理、试题管理、证书管理、质量督导、档案管理等。

二、提交材料

（一）按照我部和所在地省级人力资源社会保障部门有关规定需提交的材料。

（二）劳动关系协调师职业各等级样题。

（三）考评人员、命题专家人员情况表（见附件2）。

（四）题库（卷库）建设情况说明。

（五）其他根据国家和地方要求需要提供的有关材料。

三、日常管理

（一）劳动关系协调师职业技能等级认定题库（卷库）需根据实际情况及时更新。

（二）评价机构每年底前向备案所在地的人力资源社会保障部门提供年度开展劳动关系协调师职业技能等级认定情况，包括题库建设（更新）、认定人数及人员名单等情况。

四、组织实施

各级人力资源社会保障部门要充分认识做好劳动关系协调师职业技能等级认定是提升劳动关系协调员队伍能力素质，充分发挥劳动关系协调员作用，推动构建中国特色和谐劳动关系的重要举措，将其作为一项重要任务抓实抓好。要加强组织领导，明确人力资源社会保障部门内部相关部门（机构）职责分工。要及时建立本地区劳动关系协调师职业技能等级认定有关工作机制，指导评价机构完善题库（卷库），规范开展劳动关系协调师职业技能等级认定。要加强对评价机构的监督管理，促进评价机构评价能力和评价质量的不断提升。

附件：

1. 评价机构管理制度清单

2. 人员情况表（略）

人力资源社会保障部办公厅

2023年10月26日

附件 1

评价机构管理制度清单

一、内部管理制度

（一）机构财务管理制度：包含认定收费标准。

（二）机构人员管理制度：含管理人员、专/兼职考评员、专/兼职督导员、外聘命题专家的管理规定和培训规定等。

（三）机构公章使用制度。

二、考务管理制度

（四）劳动关系协调师职业技能等级认定报名及资格审核办法。

（五）劳动关系协调师职业技能等级认定考核实施细则：包括理论知识、操作技能、综合评审等。

（六）认定过程中值班专家管理办法。

（七）职业技能等级认定考生违规违纪处理办法。

（八）职业技能等级认定成绩管理办法：包括阅卷、录分、成绩复核等。

三、试题管理制度

（九）职业技能等级认定试题管理规定：包括命题、试题保存、抽题（含备用试题），试卷印刷、运送、安全保密等。

四、质量督导制度

（十）职业技能等级认定考评工作质量管理规定。

（十一）职业技能等级认定考评员管理规定：包括考评员选拔、培训、任期、回避制度及违规违纪处理。

（十二）职业技能等级认定督导员管理规定：包括督导员选拔、培训、任期、回避制度及违规违纪处理。

五、证书管理制度

（十三）职业技能等级证书管理规定：包括证书制作、上网备案、发放、遗失补办等规定。

六、档案管理及公示制度

（十四）职业技能等级认定档案管理规定：包括档案归档范围、保管期限、工作职责、档案室管理、档案借阅移交、保密规定等。

（十五）职业技能等级认定公示制度：包括招生简章、评价公告、成绩公布、社会监督等。

七、安全管理制度

（十六）职业技能等级认定考试现场安全管理制度。

（十七）职业技能等级认定考场突发事件应急预案。

人力资源社会保障部办公厅关于印发 31 个专业国家技能人才培养工学一体化课程标准和课程设置方案的通知

人社厅函〔2023〕152 号

各省、自治区、直辖市及新疆生产建设兵团人力资源社会保障厅（局）：

为贯彻落实《技工教育“十四五”规划》（人社部发〔2021〕86 号）和《推进技工院校工学一体化技能人才培养模式实施方案》（人社部函〔2022〕20 号），我部组织制定了 31 个专业国家技能人才培养工学一体化课程标准和课程设置方案（31 个专业目录见附件），现予以印发。请根据国家技能人才培养工学一体化课程标准和课程设置方案，指导技工院校规范设置课程并组织实施教学，推动人才培养模式变革，进一步提升技能人才培养质量。

附件：31 个专业目录

人力资源社会保障部办公厅

2023 年 11 月 13 日

附件

31 个专业目录（按专业代码排序）

1. 机床切削加工（车工）专业
2. 数控加工（数控车工）专业
3. 数控机床装配与维修专业
4. 机械设备装配与自动控制专业
5. 模具制造专业
6. 焊接加工专业
7. 机电设备安装与维修专业
8. 机电一体化技术专业
9. 电气自动化设备安装与维修专业
10. 楼宇自动控制设备安装与维护专业
11. 工业机器人应用与维护专业
12. 电子技术应用专业
13. 电梯工程技术专业
14. 计算机网络应用专业
15. 计算机应用与维修专业
16. 汽车维修专业
17. 汽车钣金与涂装专业
18. 工程机械运用与维修专业
19. 现代物流专业
20. 城市轨道交通运输与管理专业

21. 新能源汽车检测与维修专业
22. 无人机应用技术专业
23. 烹饪（中式烹调）专业
24. 电子商务专业
25. 化工工艺专业
26. 建筑施工专业
27. 服装设计与制作专业
28. 食品加工与检验专业
29. 工业设计专业
30. 平面设计专业
31. 环境保护与检测专业

注：以上国家技能人才培养工学一体化课程标准和课程设置方案将在技工教育网全文公布，并出版印制。

人力资源社会保障部办公厅 中华全国总工会办公厅 中华全国工商业联合会办公厅 中国企业联合会办公室关于表扬2023年度工作突出基层劳动人事争议调解组织的通报

人社厅函〔2023〕169号

各省、自治区、直辖市及新疆生产建设兵团人力资源社会保障厅（局）、总工会、工商业联合会、企业联合会/企业家协会：

为深入贯彻习近平总书记关于“坚持和发展新时代‘枫桥经验’”“坚持把非诉讼纠纷解决机制挺在前面”的重要指示精神，落实党的二十大提出的完善劳动关系协商协调机制、完善劳动者权益保障制度、完善社会治理体系等方面决策部署，按照《关于印发〈劳动关系“和谐同行”能力提升三年行动计划〉的通知》（人社部发〔2020〕64号）有关要求，2023年以来，人力资源社会保障部会同全国总工会、全国工商联、中国企联开展了第三批打造“百家金牌劳动人事争议调解组织”活动。活动期间，各级人力资源社会保障部门和总工会、工商联、企业联合会认真学习贯彻习近平新时代中国特色社会主义思想，深入贯彻落实党的二十大精神，按照“预防为主、基层为主、调解为主”工作方针，统筹处理好促进企业发展与维护劳动者合法权益关系，将其作为学习贯彻习近平新时代中国特色社会主义思想主题教育的重要举措，精心组织，密切配合，有序有效推进劳动人事争议调解基层基础建设，涌现了一批工作突出基层劳动人事争议调解组织（以下简称调解组织）。

各类调解组织坚持守正创新，着力深化劳动人事争议源头治理，健全多元处理机制，加强协商调解能力建设，提升争议预防调处效能，最大限度地把矛盾纠纷化解在基层和萌芽状态。企业劳动争议调解委员会、乡镇（街道）、行业性、区域性、商（协）会等调解组织充分发挥协商调解在争议办理中的前端性、基础性作用，努力推动案结事了人和。其中，新就业形态调解组织着眼劳动者劳动保障权益维护工作面临的新情况新特点，强化劳动纠纷联合调处化解力度，积极推动平台经济良性发展与维护劳动者合法权益互促共进。劳动人事争议仲裁院调解中心注重探索创新，发挥专业优势，整合资源力量，推动多元化解，及时高效办理争议案件。各类调解组织依托“互联网+调解”服务平台，推进线上线下调解深度融合，不断提升调解公共服务能力，实现争议化解“网上办”“掌上办”。

为鼓励先进、共创一流，人力资源社会

保障部、全国总工会、全国工商联、中国企联决定，对2023年度工作突出的北京市西城区西长安街街道劳动人事争议调解中心等129家基层调解组织予以通报表扬。希望受表扬的调解组织发扬成绩，再接再厉，当好“领头雁”，切实发挥示范引领作用。各级人力资源社会保障和总工会、工商联、企业联合会等部门要高度重视劳动人事争议预防调解工作，及时总结经验、推广做法，进一步完善争议多元预防调处化解制度机制，持续强化基层调解组织建设，为防范化解劳动关系风险、助力高质量充分就业、构建和谐劳动关系、维护劳动者合法权益与社会稳定作出新的更大贡献！

附件：2023年度工作突出基层劳动人事争议调解组织名单（略）

人力资源社会保障部办公厅
中华全国总工会办公厅
中华全国工商业联合会办公厅
中国企业联合会办公室
2023年12月12日

人力资源社会保障部办公厅关于进一步加强人力资源市场现场招聘会安全管理工作的通知

人社厅明电〔2023〕8号

各省、自治区、直辖市及新疆生产建设兵团人力资源社会保障厅（局），副省级市人力资源社会保障局：

春节后求职择业高峰来临，各类现场招聘会加快恢复，为确保相关活动安全有序举办，切实保障劳动者权益，积极促进复工复产和稳就业，现就有关事项通知如下：

一、强化安全管理责任意识。现场招聘会是稳就业促就业和优化人力资源流动配置的重要载体，加强其安全管理工作直接关系各类参会人员的人身和财产安全。各级人力资源社会保障部门要从统筹发展和安全的高度，切实增强做好现场招聘会安全管理工作的责任意识和底线思维，遵循“安全第一、预防为主”的方针，把管行业必须管安全、管业务必须管安全等要求落实落细。要严格落实属地管理原则，加强形势分析研判和工作组织领导，积极主动协调公安、消防、防疫、市场监管等相关部门，构建信息共享、工作联动和风险防控机制，确保各类现场招聘会安全。

二、安全有序举办现场招聘会。各地要支持和指导人力资源服务机构在安全可控、有序高效的前提下，积极举办现场招聘会等人力资源供需对接活动，为劳动者求职和用人单位招聘提供专业精准、诚信安全的服务。要根据新冠疫情防控形势和要求，结合当地需求和实际条件，鼓励人力资源服务机构针对各类劳动者尤其是高校毕业生、农民工等重点群体，有序开展线上线下招聘会、多样化灵活性专场招聘会。要广泛组织各类人力资源市场、人力资源服务产业园，为举办现场招聘会提供场地、人员、技术等支持，促进人力资源服务机构丰富招聘服务模式、拓展综合性服务，打造更安全、更高效的招聘服务平台。

三、加强现场招聘会日常管理。各地要建立现场招聘会安全管理工作责任制，及时制定和完善突发事件应急预案，落实到事、到人、到岗。实施现场招聘会报备管理的地区，要优化工作流程，细化报告事项，严格核实举办单位、工作方案等内容，提升管理效能；已取消报备管理的，要建立健全事中事后管理制度，确保举办单位具备相应资质。要按照“谁主办，谁负责”的原则，督促举办单位承担安全主体责任，制定现场招聘会组织实施办法，严格审核参会用人单位主体资格和招聘信息真实性、合法性，依法向活动所在地公安、消防等部门办理相关手续。对通过劳务协作等方式组织跨地区现场招聘会的，要周密部署、严密对接，确保防疫、交通等方面安全。

四、加大现场安全检查巡查力度。要加强对现场招聘会等固定招聘场所的安全巡查，重点检查疫情防控、出入通道、消防器材、电器线路、通风系统等方面设施设备，确保安全有防护、遇险能疏散。对安全条件不完备、安全措施不到位、安全责任未落实的，要督促举办单位限时整改，及时发现和化解火灾、踩踏等各类安全隐患。要督促举办单位合理匹配场地面积、招聘会规模与展位数量，足量配备现场工作人员，合理把控入场人数。要设立热线电话和专职人员，及时受理、妥善处置劳动者的投诉举报，依法纠治就业歧视、虚假招聘、非法职介等违法违规行为。要结合现场招聘会安排，采取灵活多样的形式，组织开展防范各类招聘陷阱、加强自身安全保护的宣传教育，提高劳动者风险防范意识。

五、建立安全管理长效机制。要持续提升现场招聘会管理工作科学化、规范化水平，指导督促人力资源服务机构优化工作机制、提高办会能力。要采取集中培训、实地教学、现场演练等多种形式，加强对行业主管部门工作人员和从业人员的安全责任教育，提高人员安全意识和应急处置能力。要完善现场招聘会评估机制，可将招聘会举办效果、举办单位依法守信情况，纳入人力资源服务机构信用评价记录，采取多种方式奖优惩劣。要积极推动创新发展，支持和鼓励人力资源服务机构创新招聘会形式，增强供需对接效能，提升匹配质量。

各地加强人力资源市场现场招聘会安全管理工作的有关情况和成效，请及时报送我部人力资源流动管理司。

人力资源社会保障部办公厅
2023 年 2 月 7 日

五、联合发文

教育部等十部门关于印发《国家银龄教师行动计划》的通知

教师〔2023〕6号

各省、自治区、直辖市教育厅（教委）、科技厅（委、局）、工业和信息化主管部门、民政厅（局）、财政厅（局）、人力资源社会保障厅（局）、卫生健康委、医保局、科协，新疆生产建设兵团教育局、科技局、工业和信息化局、民政局、财政局、人力资源社会保障局、卫生健康委、医保局、科协，中国科学院院属各单位，有关部门（单位）教育司（局），部属各高等学校、部省合建各高等学校：

为深入贯彻落实习近平新时代中国特色社会主义思想和党的二十大精神，积极应对人口老龄化，深入挖掘老龄社会潜能，推动建设全民终身学习的学习型社会、学习型大国，教育部、科学技术部、工业和信息化部、民政部、财政部、人力资源社会保障部、国家卫生健康委、国家医保局、中国科学院、中国科学技术协会研究制定了《国家银龄教师行动计划》，现印发给你们，请结合实际认真贯彻执行。

教育部
科学技术部
工业和信息化部
民政部
财政部
人力资源社会保障部
国家卫生健康委
国家医保局
中国科学院
中国科学技术协会
2023年7月14日

国家银龄教师行动计划

为深入贯彻落实习近平新时代中国特色社会主义思想和党的二十大精神，积极应对人口老龄化，深入挖掘老龄社会潜能，调动优秀退休教师继续投身教育事业的积极性，推动建设全民终身学习的学习型社会、学习型大国，加快建设教育强国，制定本计划。

一、实施背景

教育、科技、人才是全面建设社会主义现代化国家的基础性、战略性支撑。教师是教育发展的第一资源，是科技自立自强的重要支撑，是人才队伍建设的重要保障。积极应对人口老龄化，在保障劳动适龄人口充分就业基础上，挖潜广大退休教师政治优势、专业优势、经验优势，发挥其辐射带动作用，有利于促进教育公平，营造终身学习的文化氛围，加快建设高质量教育体系。目前实施的“中小学银龄讲学计划”“高校银龄教师支援西部计划”等在探索发挥退休教师人力资源优势，提升中西部教育发展水平方面取得了一定成绩，积累了宝贵经验，有基础、有条件在新形势下实现优化升级，发挥综合效益。

二、总体要求

以习近平新时代中国特色社会主义思想为指导，贯彻落实党的二十大精神，深入落实《中共中央　国务院关于全面深化新时代教师队伍建设改革的意见》《中共中央　国务院关于加强新时代老龄工作的意见》等文件要求，将建设全民终身学习的学习型社会、学习型大国与积极应对人口老龄化相结合，教育均衡发展与区域协调发展相结合，挖潜退休教师资源优势与助力教育高质量发展相结合，充分发挥退休教师的有益补充、示范引领作用，服务教育强国建设。

（一）瞄准急需，系统推进。将退休教师作为重要的人力资源，聚焦国家产业急需和重点发展领域，引导海内外退休教师合理流动，强化智力支持。搭建国家层面老有所为的广阔平台，全方位推动退休教师参与各级各类教育工作。

（二）开放融合，分类实施。鼓励乐于从教、有一技之长的退休人员开展支教支研，引导全社会共同参与支持。根据高等教育、职业教育、基础教育、终身教育和公办学校、民办学校等类型特点，分类实施国家银龄教师行动计划。充分发挥数字化优势，助力校地融合发展。

（三）立足需求，注重实效。根据受援地区、学校实际需求，以提升质量为主线，完善银龄教师遴选和评价机制。支持跨地区开展线下支教的银龄教师在工作一定年限后以线上方式持续支教，通过“长短结合、灵活多样”的支持方式，发挥银龄教师“传帮带”作用。

（四）传承文化，共育新人。发挥银龄教师在教育引导和关爱保护青少年方面的优势作用，开展银龄教师与青少年学生共同读书等系列共育活动，促进各族师生交往交流交融，讲好中华民族故事，打造银龄教师特色品牌，为广大青少年树立精神标杆，涵养青少年家国情怀，铸牢中华民族共同体意识。

（五）强化保障，营造氛围。坚持公平招募、自愿参与、双向选择。鼓励各地依托已有机构建立银龄教师培训基地和银龄教师中心，加强岗前指导和研修支持，健全服务保障，关心关爱银龄教师身心健康。完善银龄教师荣誉体系，积极鼓励民办学校、社会力量和资金等各方参与，为银龄教师安心从教营造良好环境。

三、目标任务

经过三年左右时间，银龄教师服务各级各类教育的工作体系基本健全，服务能力不断提升，政府主导、社会参与的银龄教师发展格局基本形成，数字化赋能银龄教师工作水平不断增强，开放灵活的线上线下支教方式不断完善，全国银龄教师队伍总量达 12 万人左右，在推动建设教育强国、积极应对人口老龄化、建设全民终身学习的学习型社会、学习型大国中发挥明显作用。

（一）银龄教师支持普通高等教育行动。聚焦服务国家战略需求，重点支持有发展潜力、有优势特色学科的普通高等学校和民族地区新建或急需提升发展水平的普通高等学校。通过推动高校间优势学科协同发展、吸引海内外优秀人才、促进优质师资合理流动等，发挥高校人才高地的优势，提升人才自主培养质量。申请教师应具有副高级及以上职称。银龄教师应通过课程教学、教学指导、课题研究、团队建设指导等方式，推动受援学校提升学科建设、教育教学和科研工作水平等。

（二）银龄教师支持职业教育行动。聚焦深化产教融合，利用职业教育东西协作等机制和学校间现有对口帮扶、战略合作等关系，重点支持具有地方产业重大需求、需进一步提升办学条件的职业院校。鼓励高水平行业特色型高校退休教师参与。申请教师应具有副高级及以上职称。支持企业符合条件的“内退内养”或退休一线工作人员，根据从业经验、职业技能证书等级等，经审核培训后参与，开展职业教育专业教学、实训教学。银龄教师面向职业院校的支援工作应注重遵循职业教育规律和技术技能人才成长规律，通过开展课程教学、教学与实训指导、专业和团队建设指导等，推动受援学校提升专业建设、教育教学水平等。

（三）银龄教师支持基础教育行动。聚焦基础教育提质扩优，以现有中小学银龄讲学计划为基础，重点支持中西部脱贫地区，欠发达的民族县、革命老区县、边境县以及新疆生产建设兵团团场等义务教育阶段学校。申请教师以中小学退休校长、教研员、特级教师、高级教师等为主。申请的校长可以担任受援学校副校长，指导参与学校的管理工作；申请教师可以开展课堂教学、听课评课、开设公开课、组织研讨课、举办专题讲座等，推动提升受援学校教育教学和管理水平。原单位返聘退休教师工作不列入计划。推动各省份特别是东部省份结合中小学银龄讲学计划，自主实施省内银龄讲学计划，鼓励各地结合实际将普通高中纳入实施范围。

（四）银龄教师支持终身教育行动。聚焦建强师资队伍，支持各级老年教育、社区教育机构，开放教育机构提升发展水平，可重点支持发展不足、需求紧缺、新建的老年教育、社区教育机构以及脱贫地区、欠发达的民族县、革命老区县、边境县和新疆生产建设兵团团场等开放教育机构。招募各级各类学校和多层级开放教育办学网络中的退休校长、管理者、教研员、骨干教师等通过线上线下相结合的方式开展支教支研。充分吸纳各类退休的行业专家、能工巧匠，老年大学、社区学校等具有专技特长的退休学员，经审核培训后参与。

（五）银龄教师支持民办教育行动。支持各级各类民办学校，特别是急需高素质教师的民办普通本科高校和高等职业院校，通过柔性聘用等形式聘用银龄教师。鼓励民办高校加大对银龄教师的资金投入。在民办学校中探索推行“导师制”，由高素质银龄教师担任青年教师导师，发挥师承效应，打造“银龄智库”。充分发挥行业协会等社会组织力量，精准对接供需，引导民办学校科学合理聘用银龄教师，建设具有民办教育特色的高质量师资队伍。

四、组织保障

（一）强化统筹协调。各级教育、科技、工业和信息化、民政、人力资源和社会保障、卫生健康、科学院、科协等部门发挥各自优势，积极动员支持本领域符合条件的优秀退休人员参与国家银龄教师行动计划。

（二）加强经费保障。坚持多渠道筹措资金，充分调动地方、学校、社会力量投入积极性。银龄教师支持高等教育行动、职业教育行动、基础教育行动经费由地方投入为主，中央财政给予引导支持。银龄教师支持终身教育行动经费由地方统筹各类资金给予支持。银龄教师支持民办教育行动经费由相应民办学校自行筹措。

（三）完善政策支持。银龄教师支持高等教育、职业教育、民办教育行动实施中，银龄教师可参照高等学校基本情况报表、中国教育监测与评价等统计规定，作为校外教师折算计入专任教师总数，纳入高校设置、中国教育监测与评价、学位授权审核、办学条件监测、评审评估评比竞赛等指标内容。其中，对于办学历史较短的新建民办院校，对承担课程教学和实践教学的银龄教师在折算系数上予以倾斜支持。

（四）注重数字赋能。建设银龄教师数据库、支教服务平台，与全国教师管理信息系统、国家老年大学（全国老年教育公共服务平台）师资库数据互联互通、共享共用。依托国家智慧教育公共服务平台以及其他成熟的资源共享和学习服务平台，为银龄教师线上线下开展支教支研提供基础支撑。

（五）健全服务保障。受援省份为银龄教师提供必要的商业保险，落实异地就医结算，保障周转宿舍。受援学校应合理保障银龄教师福利待遇，按有关规定为银龄教师提供每学期一次的往返交通费、良好的住宿和通勤条件。有条件的省份、学校可为银龄教师家属、子女探望提供便利。支援学校等派出单位应关心关爱银龄教师及其家属，协助受援学校做好后勤保障等工作。

（六）加强宣传引导。对在银龄教师工作方面作出突出贡献的集体和个人，按国家相关规定予以表彰。深入发现、宣传银龄教师的先进典型、感人事迹，全面总结、推广银龄教师的工作经验和研究成果，大力弘扬银龄教师奉献精神以及在引导青少年健康成长中的重要作用，营造全社会关心关爱银龄教师的浓厚氛围。

教育部　人力资源社会保障部　财政部关于印发《中等职业教育国家奖学金评审办法》的通知

教财〔2023〕11号

各省、自治区、直辖市教育厅（教委）、人力资源社会保障厅（局）、财政厅（局），各计划单列市教育局、人力资源社会保障局、财政局，新疆生产建设兵团教育局、人力资源社会保障局、财政局：

教育部、人力资源社会保障部、财政部研究制定了《中等职业教育国家奖学金评审办法》，现印发给你们，请遵照执行。

教育部
人力资源社会保障部
财政部
2023年12月29日

中等职业教育国家奖学金评审办法

第一章　总　　则

第一条　为规范中等职业教育国家奖学金（以下简称中职国家奖学金）评审工作，保证评审工作公正、公平、公开，根据学生资助管理有关规定，制定本办法。

第二条　中职国家奖学金由中央财政出资设立，用于奖励中等职业学校（含技工学校，下同）全日制在校生中特别优秀的学生。每年奖励2万名学生，奖励标准为每生每年6000元。

第三条　中职国家奖学金每学年评审一次，国家级评审实行等额评审。

第四条　全国学生资助管理中心会同全国技工院校学生资助管理工作办公室，根据中等职业学校全日制在校生数等因素，提出中职国家奖学金名额分配建议方案，报教育部、人力资源社会保障部、财政部同意后，联合下达中职国家奖学金名额，并组织实施中职国家奖学金评审工作。

第五条　各省（区、市）、各计划单列市、新疆生产建设兵团在根据中等职业学校全日制在校生数等因素分配国家奖学金名额时，应当对办学水平较高的学校和以农林、地质、矿产、水利、康养、托育、护理、家政等艰苦、特殊行业的专业和现代农业、先进制造业、现代服务业、战略性新兴产业等人才紧缺专业为主的学校，予以适当倾斜。

第二章　评审机构与职责

第六条　教育部、人力资源社会保障部、财政部成立中职国家奖学金评审领导小组，设立评审委员会。

第七条 评审领导小组由教育部、人力资源社会保障部、财政部有关负责人组成，全面领导评审工作，研究决定有关评审工作的重大事项，负责聘请评审委员会组成人员，批准评审委员会提交的中职国家奖学金评审意见。

第八条 评审委员会由具有代表性的领导、专家学者和教师代表组成，负责组织评审工作，向评审领导小组提出中职国家奖学金评审意见。根据评审工作需要，评审委员会可下设若干评审小组，具体负责评审工作。

第三章 评审程序与要求

第九条 中职国家奖学金评审使用国家奖学金评审系统（以下简称评审系统）。

第十条 中等职业学校具体负责组织中职国家奖学金申请受理、评审等工作，提出本校当年中职国家奖学金获奖学生建议名单，在校内进行不少于5个工作日的公示。

公示无异议后，每年10月31日前，中等职业学校将评审结果按照程序通过评审系统逐级报送至省级教育行政、人力资源社会保障部门。

第十一条 各省（区、市）、各计划单列市、新疆生产建设兵团教育行政部门联合人力资源社会保障部门通过评审系统组织开展评审工作，并于每年11月10日前将评审材料通过评审系统统一报送教育部。

第十二条 中职国家奖学金评审委员会评审程序：

（一）召开预备会。评审委员会召开预备会，培训评审专家，提出评审工作要求。

（二）开展评审工作。评审委员会组织评审小组对上报的评审材料进行审查，提出评审意见。

（三）形成评审报告。评审小组完成评审工作后，由评审委员会汇总各评审小组的评审意见，形成评审报告。

（四）审定评审报告。评审报告经评审委员会主任签字同意，报评审领导小组审定。

第十三条 评审领导小组审定同意后，由教育部和人力资源社会保障部公告获奖学生名单。

第十四条 中职国家奖学金评审要求：

（一）材料的完整性。主要是指上报材料是否及时、齐全、完备。

（二）程序的规范性。主要是指中职国家奖学金评审工作是否符合规定程序。

（三）条件的相符性。主要是指入选学生的综合表现是否符合申请条件。

第四章 申请条件

第十五条 申请中职国家奖学金的基本条件：

（一）具有中华人民共和国国籍。

（二）热爱社会主义祖国，拥护中国共产党的领导。

（三）遵守法律法规，遵守《中等职业学校学生公约》，遵守学校规章制度。

（四）诚实守信，道德品质优良。

（五）在校期间学习成绩、道德风尚、专业技能、社会实践、创新能力、综合素质等方面表现特别优秀。

第十六条 在符合基本条件前提下，申请人还应满足以下具体条件：

（一）年级要求：全日制二年级及以上学生可以申请中职国家奖学金。

（二）成绩表现等要求：成绩表现主要依据综合排名，没有综合排名的按照学习成绩排名并突出技能导向。

1. 位于年级同一专业前5%（含5%）的学生可以申请中职国家奖学金，学校应当优先推荐在地市级及以上技能大赛等专业技能竞赛中获奖的学生。

2. 位于年级同一专业排名未进入5%，但达到前30%（含30%）且在道德风尚、专业技能、社会实践、创新能力、综合素质等方面表现特别突出的，可以申请中职国家奖学金，同时需要提交详细的证明材料。证明材料须由学校审核后加盖学校公章。排名未进入30%的，不具备申请资格。

“表现特别突出”主要是指：

1. 在社会主义精神文明建设中表现突出。具有见义勇为、助人为乐、奉献爱心、服务社会、自立自强等突出表现，在区（县）级及以上地区产生重大影响，被区（县）级及以上官方媒体宣传报道。

2. 在职业技能竞赛或专业技能竞赛方面取得显著成绩。在世界技能大赛取得优胜奖及以上和入围世界技能大赛中国集训队及国际性职业技能竞赛获前8名，在中国技能大赛等全国性或省级职业技能竞赛获得优秀名次（一类职业技能大赛前20名、二类职业技能竞赛前15名）。在世界职业院校技能大赛取得优胜奖及以上和入围世界职业院校技能大赛中国集训队。在全国职业院校技能大赛等专业技能竞赛获得三等奖及以上奖励，省级选拔赛获得二等奖及以上奖励。

3. 在创新发明方面取得显著成绩，科研成果获得省、部级以上奖励或获得通过专家鉴定的国家专利（不包括实用新型专利、外观设计专利）。

4. 在体育竞赛中取得显著成绩，为国家争得荣誉。非体育专业学生参加省级及以上体育竞赛获得个人项目前三名、集体项目前二名；体育专业学生参加国际和全国性体育竞赛获得个人项目前三名、集体项目前二名。集体项目应为上场的主力队员。

5. 在重要艺术展演文艺比赛中取得显著成绩。非艺术类专业学生参加全国中小学生艺术展演或同等水平比赛省级遴选及以上水平比赛，获得三等奖及以上或前三名奖励；艺术类专业学生参加全国中小学生艺术展演或同等水平全国性及国际性比赛，获得三等奖及以上或前三名奖励，参加上述展演（比赛）的省级遴选获得二等奖及以上或前二名奖励。集体项目应为主要演员。

6. 获省级及以上三好学生、优秀学生干部、社会实践先进个人、杰出青年、五四奖章等个人表彰或荣誉称号。

7. 参加全国中等职业学校文明风采优秀作品展示展演的个人或集体项目主要创作人员。

8. 在创业等其他方面有优异表现的。

第五章　附　　则

第十七条　中等职业学校应将获得国家奖学金情况记入学生学籍档案，颁发国家统一印制的荣誉证书，并于每年12月31日前将中职国家奖学金一次性发放给获奖学生。

第十八条　本办法由教育部、人力资源社会保障部、财政部负责解释。

第十九条　本办法自印发之日起施行。《教育部　人力资源社会保障部　财政部关于印发〈中等职业教育国家奖学金评审暂行办法〉的通知》（教财函〔2019〕104号）同时废止。

工业和信息化部等十二部门关于印发《工业互联网标识解析体系“贯通”行动计划（2024—2026年）》的通知

工信部联信管〔2023〕271号

各省、自治区、直辖市及计划单列市、新疆生产建设兵团工业和信息化、教育、科技、人力资源社会保障、自然资源、住房和城乡建设、卫生健康、应急管理、国有资产监管、市场监管主管部门，中国人民银行上海总部、各省、自治区、直辖市、计划单列市分行，各证监局，各省、自治区、直辖市通信管理局，各相关单位：

现将《工业互联网标识解析体系“贯通”行动计划（2024—2026年）》印发给你们，请结合实际，抓好贯彻落实。

工业和信息化部
教育部
科学技术部
人力资源和社会保障部
自然资源部
住房和城乡建设部
国家卫生健康委员会
应急管理部
中国人民银行
国务院国有资产监督管理委员会
国家市场监督管理总局
中国证券监督管理委员会
2024年1月21日

工业互联网标识解析体系“贯通”行动计划（2024—2026年）

工业互联网是第四次工业革命的重要基石，是数字经济与实体经济深度融合的关键底座，是新型工业化的战略性基础设施。工业互联网标识解析体系通过促进产业链上下游数据互通、信息共享，已成为工业互联网的重要纽带和神经系统，为提升产业链供应链韧性和安全水平提供新的路径。《中华人民共和国国民经济和社会发展第十四个五年规划和2035年远景目标纲要》明确提出打造自主可控的标识解析体系。为深入实施工业互联网创新发展战略，推动工业互联网标识解析赋能千行百业，决定开展工业互联网标识解析体系“贯通”行动。

一、总体要求

（一）指导思想

以习近平新时代中国特色社会主义思想为指导，全面贯彻党的二十大精神，立足新发展阶段，完整、准确、全面贯彻新发展理念，服务构建新发展格局，着力推动工业互联网高质量发展，提升工业互联网标识解析体系应用赋能水平，加速工业大数据循环，优化全产业链、全价值链、全生命周期管理与服务，为推进新型工业化，加快建设制造强国、网络强国、数字中国提供有力支撑。

（二）总体目标

到2026年，建成自主可控的标识解析体系，在制造业及经济社会重点领域初步实现规模应用，对推动企业数字化转型、畅通产业链供应链、促进大中小企业和一二三产业融通发展的支撑作用不断增强。

——规模应用关键指标大幅提升。标识解析体系服务企业数突破50万家，在60个行业应用推广标识解析体系，累计注册量突破6 000亿个，日均解析量达3亿次以上，主动标识载体部署超过5 000万枚，骨干企业应用普及率高于行业平均水平。

——重点领域标识应用成效凸显。在生产制造、消费品工业、绿色低碳、安全生产等领域初步实现规模应用，行业“链主”企业带动作用进一步提升，在数字医疗、城市治理、产业集群等领域树立一批样板标杆。

——关键基础支撑能力显著增强。标识解析二级节点覆盖行业、地市范围持续拓展，基于标识的可信工业资产、碳数据服务网络初具规模，对工业经济运行监测、安全生产赋能作用日益显现。

——标识产业生态发展不断壮大。标识解析关键核心技术、软硬件产品实现突破，产业供给能力不断丰富，基础共性和重点行业标识解析标准体系不断完善，国际化设施建设、应用推广和国际治理等工作取得积极进展。

二、重点任务

（一）贯通产业链供应链

加强标识解析系统与工控系统、工业软件、管理系统的适配，打造设备类、软件类、系统类中间件，推动企业内生产、加工、运输、检测等环节上标识，全面提升智能化生产管控、产品精益化管理、数字化交付管理、全生命周期管理、供应链优化等场景应用水平。发挥石化、钢铁、有色、建材、电力、船舶、汽车、新能源、航空航天、医药、电子、建筑等行业“链主”企业带动作用，推动设计、生产、物流、服务、回收利用等环节标识化，带动产业链上下游广大企业普遍接入，实现全产业链上下游数据互通，有效提升供应链协同效率、准时交货率、供货速度和库存周转率等。推动各行业利用标识解析体系数据开展产业链供应链韧性风险监测和评估。

（二）全面赋能消费品“三品”战略

结合消费品工业增品种、提品质、创品牌的“三品”战略，加快推进轻工、食品、纺织、消费电子和锂电池等消费品与工业互联网标识解析体系的深度融合。加快推进基于工业互联网标识的消费品全产业链质量追溯体系建设，通过标识关联生产加工、仓储配送、流通消费、回收利用等环节，推进消费终端适配工业互联网标识，推广消费品质量追溯、数字化营销、全生命周期管理等应用模式，优化消费服务体验。探索利用工业互联网标识构建消费大数据平台，开展需求预测，进一步推动消费升级。

（三）促进数字医疗整合

支持药品、医疗器械等医用产品重点领域接入工业互联网标识解析体系，重点推进医用产品的原料、生产、物流仓储、耗材采购等信息平台的数据汇聚和可信认证工作，实现医疗领域数据资源的可信高效统一管理。加速工业互联网标识解析体系与药品追溯码、医疗器械唯一标识（UDI）体系深度融合，促进医疗机构间医学影像资料可信共享。探索拓展工业互联网标识与药品追溯码、医疗器械唯一标识（UDI）在监管方面的融合应用。

（四）完善绿色低碳管理

利用标识解析体系支撑完善企业、行业、区域等碳排放数据计量监测、碳足迹管理、碳交易体系，逐步提升全流程、全产业链能源数据与碳排放数据采集监控、智能分析和精细管理水平，打造推广“工业互联网+绿色低碳”新应用、新模式、新业态。鼓励运用标识解析等技术，探索工业资源全生命周期管理。充分发挥“链主”企业带动作用，鼓励工业园区、产业集聚区内企业基于标识解析技术开展基础设施建设、能源资源利用、节能降碳、产业低碳协同等，提升绿色低碳发展水平。

（五）提升安全管理水平

鼓励引导关键领域企业开展工业互联网主动标识载体部署，推进企业高风险、高价值设备接入标识解析体系，充分发挥工业互联网标识解析唯一身份、精准定位和数据互通的作用，加强企业安全生产信息互联共享，推动提升企业关键设施设备的安全风险监测预警能力。

（六）提高城市数字化水平

探索建设基于工业互联网的建筑互联网标识解析体系，推动水、电、气、热等领域利用主动标识载体技术。探索标识技术在建筑节能降碳、建筑全生命周期管理等创新应用，推动与城市信息模型（CIM）的融合发展，推进建筑标识解析创新应用。推动工业互联网标识解析体系与地理实体空间身份编码、北斗高精度定位等技术的融合发展。围绕城市交通、物流运输、文体设施、政务服务、国土空间规划等领域探索建立相关设备资产的一码通标识解析标准体系和可信资产服务网络。在确保运营安全、信息安全的前提下，推动地方政府在公共交通、共享交通、智慧停车等多种交通业态中广泛应用工业互联网标识。

（七）推动产业集群升级

推动工业互联网进园区、进基地、进集群，深化在国家高新技术产业开发区、先进制造业集群、国家新型工业化产业示范基地、中小企业特色产业集群等重点产业发展载体的应用推广。支持集群基于标识解析体系开展“产业大脑”建设，服务产业集群内企业数字化改造，打通设计、生产、销售、物流及服务等环节，实现全场景数据共享和追溯。探索利用工业互联网相关技术发展跨越物理边界的虚拟产业集群，加快数据、资金、人力等要素资源虚拟化集聚、平台化运营、网络化协同，构建产业集群数字化新生态。

三、能力支撑

（一）增强基础设施能力

增强国家顶级节点多标识兼容、体系监测、应急保障等能力，完善星火链网融合型区块链基础设施，支持企业、园区、行业、地方建设和接入标识解析二级节点。建设基于标识解析体系的可信工业资产服务平台。探索建设基于工业互联网标识的实时工业经济运行监测体系，提升标识解析体系赋能政府治理能力。

（二）完善技术创新体系

开展可信资产认证、安全防护、数据流通等标识解析技术研发，加强标识解析与人工智能、大数据、区块链、Web3等技术融合创新，探索基于标识数据构建工业大模型、工业智能应用等产品。加快标识解析架构、编码、数据服务、节点对接、融合应用等标准制定和实施。推动工业互联网标识解析实验室、数字化转型促进中心等创新载体建设，加快技术创新和成果转化。

（三）构建产品服务体系

培育基于物联网卡、通信模组、安全芯片等主动标识载体的集成终端，拓展识读软硬件与标识解析的适配。围绕设备互联、软件互通、平台互享研发标识中间件，实现异构、异主、异地工业设备、系统、平台之间的数据对接和互操作。推动主动标识载体、标识解析软件系统集成内置到智能穿戴等设备，培育面向中小企业的标识应用解决方案和应用服务供应商。

（四）提升数据流通水平

构建基于标识的工业数据流通体系，建立重点产业链上下游企业标识解析标准和工业数据认证机制。面向重点行业搭建标识数据可信共享资源池，培育一批行业级标识数据模型、标识中间件等数据服务工具及产品供应商。加快推进数据管理国家标准（DCMM）贯标，开展标识数据应用成熟度评估评价，探索建立工业数据资产价值评估模型，推进重点行业或区域开展数据试点工作，鼓励各地建立基于标识的工业数据智能服务中心。

（五）强化标识安全保障

推动工业互联网标识解析企业实施分类分级管理，制定配套安全服务规范和技术标准，加强对标识解析系统设计、上线、运行等重点环节安全风险评估和技术检测，完善标识数据治理框架，探索建立基于标识的数据分类分级管理、权限管理、全生命周期管理等体系，建立健全基于标识解析的工业资产可信认证、进网许可、安全监测综合服务体系和基于商用密码的标识安全保障体系。鼓励重点企业建设安全监测手段，并与国家工业互联网安全技术监测服务体系对接。

四、组织保障

（一）建立健全推进机制

充分发挥工业互联网专项工作组统筹协调作用，加强部门联动、央地联动，鼓励各地、各行业结合优势，组织产学研用各类市场主体组建细分行业标识应用推进方阵，联合编制融合应用指南，挖掘标识应用典型场景，完善标准体系建设，开展标识解析应用成熟度评估。

（二）加大政策资金支持

持续发挥财政资金引领作用，加强标识关键技术产品攻关和产业化应用。加大信贷扶持力度，鼓励各地财政专项资金、创投基金、社会资本投向标识解析节点建设、技术研究、应用创新和网络安全项目。鼓励各类市场主体积极拓展融资渠道，实现资源优化配置。

（三）强化人才队伍建设

充分发挥高等学校、职业院校、科研机构、企业等主体作用，通过建设国家工业互联网产教融合创新平台、未来技术学院、现代产业学院等人才培养特色载体，开展标识相关专业人才培养工作，着力打造工业互联网标识领域人才队伍。鼓励开展标识国际化人才联合培养，推动优秀人才引进。

（四）加强标识服务管理

指导各地深入实施《工业互联网标识管理办法》，优化管理服务流程，强化事中事后监管。加强许可政策指导和宣贯，压实标识服务机构主体责任，开展合法合规监管检查。加强标识解析监测评价体系和服务平台建设。健全安全审查机制，提升系统安全保障能力。

（五）营造开放产业生态

深化工业互联网一体化进园区“百城千园行”活动，开展标识大会、标识应用创新大赛等特色活动，加强标识解析供需对接服务。指导行业组织等开展标识产品、解决方案和工业互联网园区等星级评价，加强各地标识应用发展成效评估，发布全国工业互联网标识发展指数和成效报告。

（六）推动国际交流合作

依托重点国际合作机制，鼓励国际化园区、外向型企业及境外企业等建设星火链网融合型区块链基础设施，开展国际供应链、物流链、产品认证相关领域应用，推动数据安全合规有序跨境流通。积极参与工业互联网标识相关国际治理，完善标识领域多利益相关方社群治理机制，搭建国际产业合作交流平台。

关于印发《农村留守儿童和困境儿童关爱服务质量提升三年行动方案》的通知

民发〔2023〕62号

各省、自治区、直辖市民政厅（局）、网信办、高级人民法院、人民检察院、教育厅（教委）、公安厅（局）、司法厅（局）、财政厅（局）、人力资源社会保障厅（局）、卫生健康委、应急管理厅（局）、妇儿工委办公室、团委、妇联、残联，新疆生产建设兵团民政局、网信办、新疆维吾尔自治区高级人民法院生产建设兵团分院、新疆生产建设兵团人民检察院、教育局、公安局、司法局、财政局、人力资源社会保障局、卫生健康委、应急管理局、妇儿工委办公室、团委、妇联、残联：

为深入学习贯彻习近平总书记关于儿童工作重要指示批示精神，贯彻落实党中央、国务院关于儿童工作重要决策部署，进一步提高农村留守儿童和困境儿童关爱服务质量，决定开展农村留守儿童和困境儿童关爱服务质量提升三年行动。现将《农村留守儿童和困境儿童关爱服务质量提升三年行动方案》印发给你们，请认真组织实施。

民政部
中央网信办
最高人民法院
最高人民检察院
教育部
公安部
司法部
财政部
人力资源社会保障部
国家卫生健康委
应急管理部
国务院妇儿工委办公室
共青团中央
全国妇联
中国残联
2023年11月15日

农村留守儿童和困境儿童关爱服务质量提升三年行动方案

为进一步提高农村留守儿童和困境儿童关爱服务质量，健全农村留守儿童关爱服务体系，完善困境儿童保障制度，不断增进农村留守儿童和困境儿童福祉，制定本方案。

一、总体要求

（一）指导思想。

以习近平新时代中国特色社会主义思想为

指导，深入学习贯彻习近平总书记关于儿童工作重要指示批示精神，认真落实党中央、国务院有关决策部署，坚持以人民为中心的发展思想，坚持问题导向和目标导向相结合，顺应新时代儿童身心发展特征，不断完善关爱服务措施，全面提升关爱服务质量，筑牢基层基础，促进农村留守儿童和困境儿童全面发展。

（二）工作目标。

到2026年，农村留守儿童和困境儿童精神素养明显提升，监护体系更加健全，安全防护水平显著加强，以儿童需求为导向的农村留守儿童和困境儿童关爱服务工作更加精准高效，支持保障力度进一步加大，基层基础更加坚实，服务信息化、智能化水平进一步提升，全社会关心关爱农村留守儿童和困境儿童的氛围更加浓厚，关爱服务高质量发展态势持续巩固，农村留守儿童和困境儿童生存权、发展权、受保护权、参与权等权利得到更加充分、更加有效的保障。

二、重点任务

（一）实施精神素养提升行动。

1. 加强思想道德建设。各地要根据农村留守儿童和困境儿童不同年龄段的认知水平和特点，采取喜闻乐见、生动活泼的方式，分类提供有针对性的思想道德教育，全面落实立德树人根本任务，引导农村留守儿童和困境儿童树立正确的世界观、人生观、价值观，提高思想道德素质，坚定理想信念，践行社会主义核心价值观。学校要将农村留守儿童和困境儿童作为重点关爱对象，培养其良好道德品质和文明行为。各地团委、妇联要依托革命博物馆、纪念馆、党史馆、儿童校外教育阵地等平台，组织农村留守儿童和困境儿童开展实地参观、红色观影、主题征文等形式多样的红色主题教育，引导其从中汲取信仰力量，筑牢理想信念之基。各地人民法院、人民检察院、司法行政部门要将农村留守儿童和困境儿童列入普法重点群体，加强法治教育，切实提高农村留守儿童和困境儿童法治意识。（最高人民法院、最高人民检察院、教育部、司法部、共青团中央、全国妇联按照职责分工负责）

2. 加强心理健康教育。学校在日常教学中要融入心理健康知识，将农村留守儿童和困境儿童作为关注重点，对有需要的儿童开展心理辅导。各地民政部门要指导儿童督导员、儿童主任在走访中及时掌握农村留守儿童和困境儿童心理关爱服务需求，对于发现有心理、行为异常的农村留守儿童和困境儿童，指导、协助其父母或其他监护人采取干预措施。相关部门可以动员其亲属、邻居以及社会组织和志愿者等开展一对一帮扶，有条件的地方可链接社会工作者等开展心理辅导，符合条件的可纳入精神障碍社区康复服务范围。医疗卫生机构的心理治疗师、精神科医师等对于就诊的农村留守儿童和困境儿童，应当提供规范诊疗服务。（教育部、民政部、国家卫生健康委、共青团中央按照职责分工负责）

3. 丰富精神文化生活。各地民政部门要动员引导社会组织和志愿者等，有针对性地为农村留守儿童和困境儿童提供阅读指导、运动游戏、精神陪伴等服务，丰富其精神文化生活。各地团委、妇联要依托“童心港湾”、“阳光驿站”等，组织开展丰富多彩的实践活动。学校组织开展劳动体验、环境保护等各类社团活动、兴趣小组、课外活动实践时，积极动员农村留守儿童和困境儿童参与，不断充实农村留守儿童和困境儿童精神文化生活。（教育部、民政部、共青团中央、全国妇联按照职责分工负责）

（二）实施监护提质行动。

4. 强化监护职责落实。村（居）民委员会加强对家庭监护的督促指导，教育引导父母依法履行对未成年子女的监护职责和抚养义务，发现农村留守儿童和困境儿童的父母或其他监护人不依法履行监护职责或侵犯儿童合法权益时，要予以劝诫、制止；情节严重的，应当及时向公安机关报告，公安机关应当予以训诫，并可责令其接受家庭教育指导。各地司法行政等部门要通过政策宣讲等加强对儿童父母或其他监护人的法治宣传。各地妇联要加强对农村留守儿童和困境儿童父母或其他监护人的家庭教育指导，引导其积极关注儿童身心健康状况，加强亲情关爱。（公安部、司法部、全国妇联按照职责分工负责）

5. 完善委托照护制度。村（居）民委员会协助监督农村留守儿童委托照护情况，儿童主任入户走访发现被委托照护人缺乏照护能力或怠于履行照护职责的，要告知儿童父母或其他监护人，重新选择被委托照护人或帮助、督促被委托照护人履行照护职责。各地民政部门应当指导外出务工父母或其他监护人加强对留守子女亲情关爱和日常联络沟通。（民政部负责）

6. 加强监护干预工作。各地要加大强制报告制度宣传力度，相关部门、村（居）民委员会、密切接触未成年人的单位及其工作人员，在工作中发现儿童身心健康受到侵害、疑似受到侵害或面临其他危险情形的，应当立即向公安、民政、教育等有关部门报告。各相关部门接到涉及儿童的检举、控告或报告，应当依法及时受理、处置，并以适当方式将处理结果告知相关单位和人员。对于符合临时监护条件的农村留守儿童和困境儿童，民政部门可以采取委托亲属抚养、家庭寄养等方式进行安置，也可以交由未成年人救助保护机构或儿童福利机构收留、抚养。儿童的父母或其他监护人不依法履行监护职责或严重侵犯被监护儿童合法权益的，人民法院可以根据有关人员或单位的申请，依法作出人身安全保护令或撤销监护人资格；必要时，可以责令儿童的父母或其他监护人接受家庭教育指导。儿童合法权益受到侵犯，相关单位和个人未代为提起诉讼的，人民检察院可以督促、支持其提起诉讼；涉及公共利益的，人民检察院有权提起公益诉讼。人民法院、人民检察院发现有关单位存在管理漏洞或履行职责不力的，应当及时发出司法建议或检察建议。（最高人民法院、最高人民检察院、教育部、公安部、民政部按照职责分工负责）

7. 强化政府兜底监护。各地民政部门要持续推进儿童福利机构优化提质和创新转型高质量发展，省级和地市级民政部门设立的儿童福利机构全面优化提质，实现儿童养育、医疗、康复、教育、社会工作一体化发展，加强孤儿成年后安置工作；县级民政部门设立的儿童福利机构原则上全部完成创新转型。各地民政部门要加强未成年人救助保护机构建设，盘活各类民政服务机构人员、场所和设施设备等资源，优先用于未成年人救助保护机构建设，提高未成年人救助保护机构规范化建设水平。未成年人救助保护机构要为儿童提供养育、教育、基本医疗、心理辅导等支持和服务，配备适应儿童服务需求的设施设备和人员，提高居住环境舒适和安全保障水平，完善教育娱乐功能，提高工作人员专业化能力，提高服务质量。（民政部负责）

（三）实施精准帮扶行动。

8. 开展摸底走访建档。县级民政部门要组织儿童督导员、儿童主任严格按照国务院关于加强农村留守儿童关爱保护、加强困境儿童保障工作的文件规定，对辖区内农村留守儿童和困境儿童全面摸底排查，落实数据动态更新机制，及时录入和更新全国儿童福利信息系统；建立定期走访制度，儿童主任至少每个月联系一次，每三个月入户走访一次，对父母双方或一方存在严重身体或智力残疾、儿童自身存在身体或智力残疾、有心理或行为异常的，儿童主任要加大走访频次，发现问题及时报告，积极协调解决问题。加强农村留守儿童和困境儿童档案管理，做到一人一档，档案包括儿童基本信息、走访记录、工作日志、关爱帮扶记录、发现问题和解决方案等内容。有条件的地方可推进农村留守儿童和困境儿童档案电子化。县级民政部门要加强对档案管理的监督检查，每年开展一次抽查工作。（民政部负责）

9. 强化救助保障服务。各地民政部门要进一步加强困境儿童分类精准保障，及时将符合条件的儿童纳入低保、特困供养、临时救助等保障范围。要进一步加强政府救助与慈善帮扶有效衔接，引导鼓励公益慈善力量参与社会救助。各地要完善孤儿基本生活、医疗康复、教育就业和住房等保障制度，加强事实无人抚养儿童基本生活、教育就学、医疗康复等方面精准保障工作，做到应保尽保。健全儿童致残性疾病筛查、诊断、治疗与康复救助衔接机制，规范工作流程，实现早筛查、早诊断、早干预、早康复的一体化管理。为符合条件的残疾儿童提供手术、康复辅助器具配置、康复训练等救助服务。（民政部、国家卫生健康委、共青团中央、中国残联按照职责分工负责）

10. 提升教育帮扶能力。各地要落实义务教育阶段控辍保学长效机制，建立健全教育、公安、民政等部门信息共享制度，落实教育资助政策，加大农村留守儿童和困境儿童辍学学生劝返复学工作力度，确保全部应返尽返。学校要根据复学学生实际情况有针对性地制定教学计划，做好教育安置工作，坚决防止辍学反弹；推动建立学校教师、志愿者等与学业困难儿童“一对一”结对帮扶机制，帮助农村留守儿童和困境儿童增强学习兴趣，提高学习能力。（教育部、公安部、民政部按照职责分工负责）

11. 开展生活关爱服务。各地要结合重要节假日和寒暑假等时间节点，组织多种形式的儿童关爱服务活动，让农村留守儿童和困境儿童切身感受到党和政府的关心关怀，条件具备的地方要常态化开展生活关爱服务工作。各地民政部门要引导农村留守妇女积极参与农村留守儿童和困境儿童的关爱服务工作。各地团委要持续深化“情暖童心”共青团关爱农村留守儿童行动，大力实施“童心港湾”、红领巾学堂项目，精准提供亲情陪伴、情感关怀等关爱服务，发动青年志愿者开展儿童生活关爱服务。各地妇联要组织引导妇联执委、巾帼志愿者等，深化开展“爱心妈妈”关爱服务活动，根据儿童需求提供生活帮助、精神抚慰等，当好儿童成长的引路人守护人筑梦人，打造儿童关爱服务工作品牌。（民政部、共青团中央、全国妇联按照职责分工负责）

12. 开展源头帮扶服务。各地要大力推动落实支持农民工创业就业系列政策，积极为农村留守儿童父母或其他监护人提供就业岗位和机会。各地要推动公共就业服务向乡村延伸，就业创业政策咨询、就业失业登记、职业介绍等服务覆盖到农村留守儿童父母或其他监护人。加强农村留守儿童父母或其他监护人职业培训，帮助提升技能素质和稳定就业能力；加大针对农村留守妇女的职业培训力度，积极向农村留守妇女提供农村留守儿童和困境儿童关爱服务方面的就业岗位，促进农村留守妇女就近就地就业。（民政部、教育部、人力资源社会保障部按照职责分工负责）

（四）实施安全防护行动。

13. 加强安全教育引导。各地要充分运用宣传条幅、各类电子显示屏、村（社区）宣传栏、新闻媒体、新媒体平台等，采取儿童易于接受的方式，宣传普及安全常识和常见意外伤害等知识，提高农村留守儿童和困境儿童安全防护、应急避险和自防互救能力。县级教育、公安、民政、团委、妇联等相关部门每年至少开展一次安全知识进村（社区）活动，面向农村留守儿童和困境儿童及其父母或其他监护人开展防溺水、防欺凌、防性侵以及道路交通安全等方面教育，提高监护人监护能力。学校要在寒暑假放假前组织一次安全知识大讲堂，提高农村留守儿童和困境儿童自我保护意识和能力。（教育部、公安部、民政部、国务院妇儿工委办公室、共青团中央、全国妇联按照职责分工负责）

14. 加强安全风险防范。各地要加强对中小学、幼儿园、儿童福利机构、未成年人救助保护机构等各类涉及儿童机构场所的风险隐患防范，重点开展消防安全、校车安全、卫生情况、自然灾害防范等，严格落实安全工作责任措施。各地要充分发挥河湖长制平台作用，组织有关部门，发动基层力量，加强对人口集中居住地区河湖明渠的巡查，因地制宜设置隔离防护设施，推进落实一个警示牌、一个救生圈、一根救生绳、一根救生杆“四个一”建设，强化涉水安全防范。各地要高度重视汛期自然灾害风险防范，对各类涉儿童机构场所周边的建筑物、围墙、山体、水域等进行细致排查。依法严惩针对农村留守儿童和困境儿童的违法犯罪行为，切实维护其合法权益。（教育部、公安部、民政部、应急管理部按照职责分工负责）

15. 加强网络保护工作。各地网信部门要在预防网络沉迷等专题教育活动中，将农村留守儿童和困境儿童列入重点人群，引导农村留守儿童和困境儿童父母或其他监护人加强对儿童使用网络、手机行为监管，指导其及时发现、制止和矫正儿童网络沉迷行为；开展“清朗·暑期未成年人网络环境整治”专项行动，将农村留守儿童和困境儿童列入重点人群，紧盯重点平台关键环节，紧抓直播、短视频平台涉及危害儿童身心健康的突出问题，及时处理违规问题。各地要建立健全儿童网络巡查机制、信息发布关键词预审机制、不良信息举报受理机制、舆情应对处理机制，将农村留守儿童和困境儿童作为网络安全保护重点对象，加强对儿童网络欺凌、造谣攻击、人肉搜索、侵犯隐私等有害信息的巡查监测、举报受理、有效处置。（中央网信办、公安部按照职责分工负责）

（五）实施固本强基行动。

16. 加强儿童主任队伍建设。各地民政部门要选优配强工作队伍，每个村（社区）择优选任至少一名儿童主任，村（居）民委员会应当选择政治素质过硬、道德品行优良、热爱儿童工作、熟悉村（社区）情况、具有一定文化水平的村（居）民委员会委员或社会工作者等人员担任儿童主任，对于辖区内常住儿童数量较多或农村留守儿童和困境儿童总人数超过30人的村（社区），根据实际需要增配儿童主任。建立儿童主任信息台账，加强动态管理，及时录入和更新全国儿童福利信息系统相关数据。完善日常管理制度，制定儿童主任职责清单和关爱服务内容清单，建立工作评价机制。构建儿童主任综合培训体系，建立覆盖全员的儿童主任培训档案，省级和地市级民政部门每年至少组织一次示范培训，县级民政部门要确保实现每年对儿童主任培训的全覆盖。有条件的地方可加大对儿童主任的补助力度。（民政部负责）

17. 引导社会力量参与。各地民政部门要积极培育和发展儿童福利领域社会组织，通过政府委托、项目合作、重点推介、孵化扶持等多种形式，引导和规范儿童福利领域社会组织参与农村留守儿童和困境儿童关爱服务工作。鼓励社会组织和志愿者等深入西部地区、老工业基地、革命老区等地积极参与农村留守儿童和困境儿童关爱服务行动，对于作出突出贡献的，在农村留守儿童和困境儿童相关表彰工作中予以考虑。（民政部、共青团中央、全国妇联按照职责分工负责）

18. 加强数字化建设。各地民政部门要依托全国儿童福利信息系统，加强与教育、公安等部门间数据信息共享，为加强农村留守儿童和困境儿童关爱服务工作提供信息化支撑，让数据多跑路、让群众少跑腿。探索智能技术在儿童福利信息领域的应用，通过数字赋能，主动发现需要帮助的农村留守儿童和困境儿童，精准匹配需求，量身定制关爱帮扶方案，切实提升农村留守儿童和困境儿童关爱服务工作质量。（教育部、公安部、民政部按照职责分工负责）

三、阶段安排

（一）部署启动（2023年11月至2023年12月底）。各地民政部门会同相关部门结合实际制定具体实施方案，明确工作任务、阶段性目标、方法步骤、保障措施等，建立部门间协作机制，明确部门责任、实施主体、完成时限。具体实施方案于2023年12月底前报民政部。

（二）重点推进（2024年1月至2025年12月底）。各地民政部门整合各方面工作力量，扎实推进各项重点工作任务，着力补短板强弱项，加大攻坚力度。2024年6月底前完成辖区内农村留守儿童和困境儿童全面摸底排查，并完成信息系统更新工作，为农村留守儿童和困境儿童全部建立档案，对摸排发现的需重点关注的农村留守儿童和困境儿童制定有针对性的帮扶措施，建立健全常态化帮扶机制。2024年底前取得阶段性成果，农村留守儿童和困境儿童精神素养有效提升，心理健康教育持续加强，监护体系初步建立，安全防护能力进一步增强，关爱服务精准化水平持续提高，儿童主任队伍规范化、专业化水平明显提升。2025年底前基本实现预期目标。

（三）巩固提升（2026年1月至2026年10月底）。认真总结工作成效和经验，及时梳理工作中形成的有效做法和协作方式，巩固阶段性工作成果，对存在的困难问题提出改进措施，对表现突出的单位和个人按照有关规定予以表扬鼓励，持续推进农村留守儿童和困境儿童关爱服务高质量发展。

四、保障措施

（一）加强组织领导。各地各相关部门要充分认识开展农村留守儿童和困境儿童关爱服务质量提升三年行动的重要性，将其列入年度重点工作，及时安排部署。国务院妇儿工委办公室要将农村留守儿童和困境儿童关爱服务作为未成年人保护和推动实施儿童发展纲要的重点工作，督促相关部门落实工作职责任务。各地要结合实际研究制定实施方案，压实属地责任，加强部门协调，形成工作合力，统筹使用中央和地方财政资金，加强对农村留守儿童和困境儿童关爱服务资金保障，提高农村留守儿童和困境儿童服务保障水平。

（二）强化督促检查。民政部将农村留守儿童和困境儿童关爱服务质量提升三年行动纳入年度重点工作，会同相关部门对行动实施情况进行跟踪监测，通过座谈调研、第三方评估等方式，加强工作指导，采取适当方式对各地实施情况进行调度，并适时征集发布一批农村留守儿童和困境儿童关爱服务质量提升三年行动优秀案例。各省级民政部门要会同相关部门及时调度工作进展情况，每年至少开展一次检查，并于每年12月10日前将本地工作进展情况报民政部。

（三）加强宣传引导。各地要加强农村留守儿童和困境儿童相关法律法规、政策措施宣传工作，开展形式多样的宣传教育活动，在工作中要注意保护农村留守儿童和困境儿童个人隐私，引导农村留守儿童和困境儿童父母或其他监护人自觉履行监护责任，强化强制报告主体的法治意识。各地各相关部门要注重挖掘宣传农村留守儿童和困境儿童关爱服务工作中的先进典型，充分利用报刊、广播、电视等新闻媒体和网络新媒体，广泛宣传各地好典型、好经验、好做法，营造全社会关心关爱农村留守儿童和困境儿童的良好氛围。

关于加强养老服务人才队伍建设的意见

民发〔2023〕71 号

各省、自治区、直辖市民政厅（局）、发展改革委、教育厅（教委）、财政厅（局）、人力资源社会保障厅（局）、住房城乡建设厅（委、建委）、农业农村（农牧）厅（局、委）、商务厅（局）、卫生健康委、市场监管局（厅、委）、老龄办，新疆生产建设兵团民政局、发展改革委、教育局、财政局、人力资源社会保障局、住房城乡建设局、农业农村局、商务局、卫生健康委、市场监管局、老龄办，国家税务总局各省、自治区、直辖市和计划单列市税务局：

养老服务人才是指具有一定养老服务专业知识和专门技能，为在居家、社区、机构等不同场景养老的老年人提供生活照料、康复服务、紧急救援、精神慰藉、心理咨询等多种形式服务的专门人员，是养老服务从业人员中的骨干力量，主要包括养老服务技能人才、养老服务专业技术人才和养老服务经营管理人才。加强养老服务人才队伍建设，有利于引领和带动整个养老从业人员队伍素质的提升，是实施积极应对人口老龄化国家战略和新时代人才强国战略、推动新时代新征程养老服务高质量发展的重要举措。为贯彻落实党的二十大精神和《中共中央　国务院关于加强新时代老龄工作的意见》、《“十四五”国家老龄事业发展和养老服务体系规划》、《国家“十四五”期间人才发展规划》等部署要求，加强养老服务人才队伍建设，现提出如下意见。

一、总体要求

（一）指导思想。

以习近平新时代中国特色社会主义思想为指导，深入学习贯彻党的二十大精神，立足新发展阶段，完整、准确、全面贯彻新发展理念，服务加快构建新发展格局，着眼于满足老年人多样化、多层次、高品质养老服务需求，以发展养老服务技能人才为重点，全方位吸引、培养、用好、留住人才，打造一支规模适度、结构合理、德技兼备的养老服务人才队伍，为新时代新征程养老服务高质量发展提供有力人才支撑。

（二）主要原则。

坚持政府主导、社会参与。切实履行政府及相关部门在养老服务人才政策规划、培养使用、激励引导、支持保障等方面职责。推动教育培训、人力资源、养老服务等机构及行业组织发挥各自优势，合力推进养老服务人才队伍建设。

坚持需求导向、提高质量。加强养老服务人才发展中长期规划，扩大总量、提高质量、优化结构，着力加强技能型、复合型人才培养，推动养老服务人才素质规模与人口老龄化发展趋势及广大老年人养老服务需求相适应。

坚持广纳人才、为我所用。坚持以用为本、以岗砺才，打破学历、年龄、身份、地域等限制，在养老服务实践中广纳人才、培养人才、凝聚人才，加快建设专职、兼职和志愿者相结合的养老服务人才队伍。

坚持改革创新、健全机制。建立健全养老服务人才培养、使用、评价、激励机制，破除制约人才发展的体制机制障碍，为养老服务人才干事创业和实现人生价值创造条件，最大限度激发人才内在动力，形成有利于养老服务人才发展的政策环境和社会氛围。

（三）目标任务。

到2025年，以养老服务技能人才为重点的养老服务人才队伍规模进一步壮大、素质稳步提升、结构持续优化，人才对养老服务高质量发展的引领支撑作用明显增强。到2035年，支持养老服务人才发展的政策环境、行业环境、社会环境持续改善，养老服务人才培养、使用、评价、激励制度机制更加成熟定型。

二、拓宽养老服务人才来源渠道

（四）引导人才到养老服务领域就业创业。结合养老服务岗位特点拓宽用工渠道，落实就业创业扶持政策，支持符合条件的人才到养老服务领域就业创业，对到农村等养老服务基础薄弱地区的加大支持力度。发挥院校培养养老服务人才主渠道作用，支持引导更多职业院校（含技工院校，下同）和普通本科高校养老服务相关专业毕业生对口从事养老服务工作。支持养老服务机构积极参加百万就业见习岗位募集计划，开发针对性就业见习岗位。支持多渠道引进社会工作、康复服务、老年营养、心理咨询等方面专业技术人才及经营管理人才，提升居家社区机构养老服务综合能力和技术水平。支持人口老龄化程度较高、养老服务人才供给不足地区与劳务输出大省开展劳务协作，注重吸纳脱贫人口和防止返贫监测对象到养老服务岗位就业，促进养老服务人才跨地区有序流动。针对农村地区养老服务人才短缺实际，加大政策支持力度，引导更多有能力、有意愿的村民和农村低龄老年人参与提供养老服务，吸引更多养老服务人才返乡入乡就业创业。（民政部、人力资源社会保障部、教育部、财政部、农业农村部按职责分工负责）

（五）支持跨行业跨领域人才流动。支持养老服务机构与家政服务、物业服务等机构开展合作，引导相关人才转型从事养老护理相关工作。支持医务人员到医养结合机构（同时具备医疗卫生资质和养老服务能力的医疗卫生机构或养老机构）执业，并在职称评定等方面享受与其他医疗卫生机构人员同等待遇。支持养老服务机构依照有关规定引进医务人员，事业单位性质的养老服务机构要加大公开招聘力度。积极吸纳退休的医生、护士到养老服务机构内设的医疗机构执业或提供技术指导、技能培训。广泛培养服务于老年人生活照料、健康维护、精神慰藉、法律援助、休闲娱乐等方面的志愿者队伍，鼓励低龄健康老年人积极参与，把老有所为和老有所养相结合，为增加养老服务人才资源提供有益补充。（国家发展改革委、住房城乡建设部、商务部、国家卫生健康委、民政部按职责分工负责）

三、提升养老服务人才素质能力

（六）加强专业教育培养。大力发展养老服务职业教育，结合行业发展需求，支持职业院校开设养老护理、养老服务与管理、康复、老年营养、老年社会工作、老年用品研发制造等相关专业，特别是要侧重失能失智照护等急需紧缺领域，完善学科体系，优化专业布局，扩大招生规模。整合优质高职资源，稳步发展养老服务职业本科教育。加强普通高校本科及以上层次养老服务人才培养，加大对养老服务相关专业建设的支持力度，支持相关专业硕士、博士学位授权点建设，为养老服务行业培养输送更多高层次人才。积极推动养老服务人才培养培训模式创新，鼓励职业院校、普通高校与养老服务机构互设实习实训基地、培养培训基地，积极探索中国特色学徒制，提高“订单式”培养质量。鼓励符合条件的养老服务机构参与举办养老服务类职业院校。支持养老服务机构依托职业院校共建产教融合实训基地，中央预算内投资按照“十四五”教育强国推进工程有关要求予以支持。鼓励支持农村地区养老服务机构采取委托培养、联合培养等产教融合方式，引导职业院校相关专业毕业生到农村地区从事养老服务。（教育部、人力资源社会保障部、民政部、国家发展改革委、农业农村部按职责分工负责）

（七）强化技术技能培训。强化用人单位主体责任，采取集中轮训、岗位练兵、网络培训等多种方式，持续提升养老服务人才能力素质。以实际操作技能和职业道德培训为重点，全面推行就业岗前培训。持续实施职业技能提升培训，将法律知识、职业道德、从业规范、质量意识、健康卫生等要求贯穿养老服务人才职业生涯全过程。支持建设一批以养老服务技能人才为主要培养方向的国家级高技能人才培训基地。鼓励相关院校为养老服务人才学历和非学历继续教育提供机会。用人单位要保障本单位职工参加继续教育的权利。用人单位安排职工参加继续教育的，应保障其学习期间的相关待遇，建立继续教育与工作考核、岗位聘用、职称评聘等挂钩的激励机制。开展养老服务人才培训提升行动，重点对养老护理员、养老院院长、老年社会工作者等进行培训。探索对村级睦邻（邻里）互助点、农村幸福院等的养老服务从业人员开展职业技能培训。（民政部、人力资源社会保障部、教育部、农业农村部按职责分工负责）

四、健全养老服务人才评价机制

（八）拓宽职业发展通道。以养老护理员为试点，完善养老服务技能人才职业技能等级制度，支持具备条件的养老服务企业在现有养老服务技能人才职业技能等级设置基础上，结合实际适当增加或调整技能等级，在高级技师等级之上增设特级技师和首席技师技术职务（岗位），在初级工之下补设学徒工，形成由学徒工、初级工、中级工、高级工、技师、高级技师、特级技师、首席技师构成的新八级工职业技能等级（岗位）序列，培养更多高级别职业技能等级的养老服务技能人才。建立养老服务职业技能等级与相应职称、学历的双向比照认定制度，推进学历教育、非学历教育学习成果与职业技能等级学分转换互认。根据行业发展需要，推进养老服务职业体系建设，加强新职业开发和新工种设置，同步制（修）订相关国家职业标准或行业企业评价规范，为职业技能培训评价提供基本依据。畅通养老服务专业技术人才职业发展通道和评价办法。（人力资源社会保障部、民政部、教育部按职责分工负责）

（九）推进职业水平评价。以养老护理员为试点，加快完善养老服务技能人才职业技能等级社会化认定机制，规范职业技能等级认定机构遴选确定、考核认定和证书颁发。养老服务行业主管部门会同人力资源社会保障部门统筹社会培训评价资源，征集遴选符合资质的单位机构，报经人力资源社会保障部门备案成为职业技能等级认定机构，由其按照国家职业标准相关要求，开展考核认定工作。职业技能等级证书由人力资源社会保障部统一制定编码规则和证书样式，实现全国范围内查询验证。支持符合条件的用人单位自主开展养老服务技能人才职业技能等级评价。推进养老服务领域“学历证书＋若干职业技能等级证书”制度实施。职业技能等级认定结果要与岗位使用有效衔接，并作为薪酬分配的重要参考。加强对第三方评价机构和用人单位评价活动的监督管理，定期组织评估，公开评估结果，按照“谁评价、谁负责、谁发证”的原则，落实评价机构和用人单位主体责任。支持养老服务机构积极吸纳使用社会工作专业人才，鼓励现有养老服务从业人员积极参加社会工作者职业资格评价和学历教育。鼓励在养老服务机构工作的老年社会工作者积极参加高级社会工作师评价并取得职业资格，更好发挥高层次人才示范带动作用。（人力资源社会保障部、教育部、民政部按职责分工落实）

五、重视养老服务人才使用管理

（十）优化岗位配置。引导各类养老服务机构根据功能定位、目标群体、服务特色等，优化管理、专业技术、工勤技能等岗位配置。推动养老服务机构按照评定等级落实养老服务技能人才配比要求，特别是服务失能失智老年人的照护配比。根据需要设置医疗、康复、社会工作、营养、心理咨询等专业技术岗位，配备具有相应职业资格的专业技术人才。支持配强养老院院长和人力资源、财务、质量等方面管理岗位，积极拓展养老顾问等岗位，探索引进职业经理人，着力打造一批懂养老、会运营、擅管理的养老服务经营管理人才，引领提升机构质量管理、规范运营、风险防控能力。依规配齐消防安全、食品安全、物业保障、维修维护、信息管理等工勤岗位。（民政部、人力资源社会保障部按职责分工负责）

（十一）健全人才使用机制。进一步畅通养老服务机构中的技能骨干向专业技术岗位或管理岗位的流动渠道。鼓励技师以上养老服务技能人才在岗位上发挥技能、管理班组、带徒传技。鼓励在养老服务机构等级评定、质量评价、补贴支持等工作中，加大取得职业技能等级证书的养老服务技能人才配置情况所占评价权重，并将其作为养老服务机构参与政府购买服务、项目合作招投标的重要评价指标。鼓励养老服务机构通过内设专业社会工作科室、设置专门岗位或与社会工作服务机构、乡镇（街道）社工站合作等方式，支持社会工作专业人才为老年人提供心理疏导、社会融入、资源链接等服务。事业单位性质的养老服务机构原则上设置以专业社会工作岗位为主体的专业技术岗位。到2025年，推动实现每千名老年人、每百张养老机构床位均拥有1名社会工作者。鼓励养老服务机构设立志愿服务站点，合理安排服务岗位，招募志愿者为老年人提供常态化志愿服务。（民政部、人力资源社会保障部、财政部、市场监管总局按职责分工负责）

（十二）加强人才规范管理。大力开展养老服务人才职业道德教育和养老服务机构诚信经营教育，督促养老服务机构制定员工守则，引导其养成良好品行、提升服务水平，培育安全可靠、值得信赖的养老服务市场环境。发挥养老服务领域行业组织自律作用，制定行业职业道德准则，规范职业行为，积极协调解决养老服务纠纷。建立健全养老服务人才失信惩戒和守信褒扬机制，大力培树诚信经营、爱岗敬业、技能突出、尊老爱老的行业先进典型，依法依规从严惩处欺老虐老、非法集资诈骗等侵害老年人合法权益的行为。对于涉嫌严重违法失信的，依法依规开展失信惩戒。（民政部、国家发展改革委、市场监管总局按职责分工负责）

六、完善养老服务人才保障激励措施

（十三）提高薪酬保障水平。坚持多劳者多得、技高者多得，引导养老服务机构建立基于岗位价值、能力素质、业绩贡献的薪酬分配制度，切实提高养老服务人才薪酬待遇。指导有条件的地区调查发布养老服务人才市场工资价位信息，引导养老服务机构综合考虑从业年限、劳动强度、技能水平等因素，合理确定养老服务人才工资水平，并将工资分配向从事一线工作的员工倾斜。按规定落实养老服务从业人员职业培训补贴、职业技能补贴等政策。强化养老服务机构规范用工意识，依法与员工签订劳动合同或聘用合同，严格按规定参加社会保险。鼓励养老服务机构为员工购买人身意外伤害险或补充医疗保险；积极引进科技助老产品和服务，减轻员工劳动强度、改善工作条件。支持各地探索将养老服务高技能人才纳入城市直接落户范围，其配偶、子女按有关规定享受公共就业、教育、住房等保障服务。养老服务机构劳务派遣人员享受与养老服务机构劳动者同工同酬权利，并按规定享受相应政策待遇。（人力资源社会保障部、财政部、民政部按职责分工负责）

（十四）加大褒扬激励力度。按照国家有关规定开展养老服务先进单位和先进个人表彰活动，表彰对象向基层养老服务机构和一线员工倾斜。定期举办国家级养老护理职业技能竞赛，在全国技能大赛、全国民政行业职业技能竞赛中可设置养老护理等赛项，获奖者按规定享受相应待遇。推动省、市、县开展相关职业技能竞赛活动，完善并落实获奖选手奖励、技能等级晋升等政策。支持符合条件的养老服务技能人才按程序申报建设技能大师工作室。鼓励各地组织开展“最美养老服务工作者”学习宣传活动，大力宣传养老服务人才先进事迹和职业精神，提升养老服务人才职业尊崇感和社会认同度。（人力资源社会保障部、民政部按职责分工负责）

七、强化组织保障

（十五）加强组织领导。坚持党管人才原则，切实加强党对养老服务人才队伍建设的全面领导，地方各级党委和政府要把养老服务人才队伍建设作为落实积极应对人口老龄化国家战略和加快推进新时代人才强国战略的重要内容，纳入经济社会发展和人才队伍建设总体部署和考核范围。民政部门要依托老龄工作和养老服务领导协调机制发挥好牵头作用，负责养老服务人才发展规划编制、政策标准制定、业务指导，协调落实相关发展支持政策。人力资源社会保障部门要协同推进养老服务技能人才、专业技术人才队伍建设，支持完善养老服务人才职业水平评价、职业技能培训和激励政策措施。教育部门要加强养老服务人才专业教育培养，优化完善养老服务相关专业设置，支持和引导各类院校加大养老服务人才培养培训力度。财政部门要协同完善养老服务人才保障激励政策措施。发展改革、住房城乡建设、农业农村、商务、卫生健康、市场监管、税务等部门依职责做好与养老服务人才队伍建设有关的工作。（各相关部门按职责分工负责）

（十六）加强经费保障。地方各级政府要统筹利用现有资金渠道，按规定支持养老服务人才队伍建设。民政部本级和地方各级政府用于社会福利事业的彩票公益金按规定支持养老服务人才队伍建设。积极拓宽社会融资渠道，鼓励各类公益性社会组织、慈善组织加大对养老服务人才队伍建设支持力度。养老服务机构要按规定足额提取职工教育经费，重点用于员工岗位培训、继续教育补贴。符合条件的养老服务机构按国家税收法律法规的统一规定享受相关税收优惠政策。（财政部、民政部、教育部、人力资源社会保障部、税务总局按职责分工负责）

（十七）鼓励探索创新。支持具备一定条件的普通高校、职业院校开展养老服务高层次专业化人才培养项目建设，开发优质教学资源，创新人才培养模式，打造养老服务人才培养高地。以市（地、州、盟）为单位开展养老服务人才改革创新综合试点，支持试点地区在完善人才培养、使用、评价、激励等方面体制机制和政策措施上大胆探索、勇于突破，充分发挥人才改革创新试验田和示范标杆作用。（民政部、教育部、人力资源社会保障部按职责分工负责）

（十八）强化督促指导。发挥全国老龄办统筹协调作用，分解细化相关部门在养老服务人才队伍建设中的职责分工，切实抓好涉及养老服务人才培养、使用、评价、激励等方面政策的落实，及时协调解决政策执行中遇到的重大问题。各地要结合实际细化政策措施，加强部门协同和资源整合，做好政策衔接，加强政策实施情况跟踪监督，建立考核评估机制，确保各项工作落实落地。依托“金民工程”建立全国养老服务人才信息和信用管理系统，逐步与各地养老服务管理信息系统和养老服务机构信息化平台建立数据对接共享机制，完善信息采集和大数据管理，积极开展养老服务人才调查、统计、评估和信用公示。（民政部牵头、各相关部门配合落实）

民政部
国家发展改革委
教育部
财政部
人力资源社会保障部
住房城乡建设部
农业农村部
商务部
国家卫生健康委
市场监管总局
税务总局
全国老龄办
2023年12月31日

财政部　人力资源社会保障部关于印发《就业补助资金管理办法》的通知

财社〔2023〕181 号

各省、自治区、直辖市、计划单列市财政厅（局）、人力资源社会保障厅（局），新疆生产建设兵团财政局、人力资源社会保障局：

为推动实施就业优先战略，落实各项就业创业扶持政策，规范就业补助资金管理，提高资金使用效益，我们对《就业补助资金管理办法》（财社〔2017〕164 号）进行了修订。现予印发，请遵照执行。

附件：就业补助资金管理办法

财政部

人力资源社会保障部

2023 年 12 月 20 日

附件

就业补助资金管理办法

第一章　总　　则

第一条　为推动实施就业优先战略，落实各项就业创业扶持政策，规范就业补助资金管理，提高资金使用效益，根据《中华人民共和国预算法》、《中华人民共和国就业促进法》、《中华人民共和国预算法实施条例》、《中共中央　国务院关于全面实施预算绩效管理的意见》、《国务院办公厅关于印发基本公共服务领域中央与地方共同财政事权和支出责任划分改革方案的通知》（国办发〔2018〕6 号）等相关法律法规和规定，制定本办法。

第二条　本办法所称就业补助资金是由县级以上人民政府设立，由本级财政部门会同人力资源社会保障部门管理，通过一般公共预算安排用于促进就业创业的专项资金。

第三条　就业补助资金管理应遵循以下原则：

（一）注重普惠，重点倾斜。落实国家普惠性的就业创业扶持政策，重点支持就业困难群体就业创业，中央财政就业补助资金分配适度向中西部地区、就业工作任务重地区倾斜，促进各类劳动者公平就业，推动地区间就业协同发展。

（二）奖补结合，激励相容。优化机制设计，奖补结合，充分调动各级政策执行部门、政策对象等积极性。

（三）科学合理，提升质效。提高政策可操作性和精准性，优化资金支出方向，加强监督与控制，以绩效导向、结果导向强化就业补助资金管理，并结合就业形势和工作任务变化对政策进行动态调整。

第二章　资金支出范围

第四条　就业补助资金分为对个人和单位的补贴、公共就业服务能力建设补助两类。

对个人和单位的补贴资金用于职业培训补贴、职业技能评价补贴、就业见习补贴、一次性求职补贴、一次性创业补贴、社会保险补贴、公益性岗位补贴及其他支出；公共就业服务能力建设补助资金用于就业创业服务补助和高技能人才培养补助及其他支出。

同一项目就业补助资金补贴与失业保险补贴有重复的，个人和单位不可重复享受。

第五条　享受职业培训补贴的人员范围包括：防止返贫监测对象、毕业年度高校毕业生（含技工院校高级工班、预备技师班、技师班和特殊教育院校职业教育类毕业生，下同）、城乡未继续升学的应届初高中毕业生、农村转移就业劳动者、城镇登记失业人员、就业困难人员等（以下统称六类人员），以及符合条件的企业职工。

职业培训补贴用于以下方面：

（一）六类人员就业技能培训和创业培训。对参加就业技能培训和创业培训的六类人员，培训后取得符合规定证书的（包括职业资格证书、职业技能等级证书、专项职业能力证书、培训合格证书，下同），给予一定标准的职业培训补贴。各地应精准对接产业发展和培训对象需求，定期发布急需紧缺职业（工种）指导目录，对指导目录内的职业培训，可适当提高补贴标准。对为城乡未继续升学的应届初高中毕业生垫付劳动预备制培训费的培训机构，给予一定标准的职业培训补贴。其中农村学员和城市低保家庭学员参加劳动预备制培训的，可给予一定标准的生活费补贴。

（二）符合条件的企业职工岗位技能培训。对企业新录用的六类人员，与企业签订 1 年以上期限劳动合同，并于签订劳动合同之日起 1 年内参加由企业依托所属培训机构或政府认定的培训机构开展岗位技能培训，培训后取得证书的给予职工个人或企业一定标准的职业培训补贴。对按国家有关规定参加企业新型学徒制培训、技师培训的企业在职职工，培训后取得证书的，给予职工个人或企业一定标准的职业培训补贴。

（三）符合条件人员项目制培训。各地人力资源社会保障、财政部门可按规定通过项目制方式，向培训机构整建制购买就业技能培训或创业培训服务，按规定对国家重大改革中的失业人员开展职业技能培训，对承担项目制培训任务的培训机构，给予一定标准的职业培训补贴。

职业培训补贴实行“先垫后补”和“信用支付”等办法，每人累计最多享受 3 次。有条件的地区可探索为培训对象建立职业培训个人信用账户，鼓励培训对象自主选择培训机构和课程，并通过信用账户支付培训费用。

第六条　对通过初次职业技能评价并取得符合规定证书（包括职业资格证书、职业技能等级证书、专项职业能力证书，不含培训合格证）的六类人员，给予职业技能评价补贴。对纳入重点产业职业资格评价和职业技能等级认定目录的职业工种，可适当提高补贴标准。每人累计最多享受 3 次，同一职业（工种）不得重复享受。

第七条　享受就业见习补贴的人员范围为离校 2 年内未就业高校毕业生和 16 ~ 24 岁登记失业青年。对吸纳就业见习的单位，给予一定标准的就业见习补贴，用于见习单位支付见习人员见习期间基本生活费、为见习人员办理人身意外伤害保险，以及对见习人员的指导管理费用。对见习人员见习期满留用率达到 50% 以上的单位，可适当提高见习补贴标准。

第八条　对在毕业学年积极求职创业的低保家庭、零就业家庭、防止返贫监测对象家庭和特困人员中的高校毕业生，残疾及获得国家助学贷款的高校毕业生，给予一次性求职补贴。

第九条 对首次创办小微企业或从事个体经营，且所创办企业或个体工商户自工商登记注册之日起正常运营1年以上的离校2年内高校毕业生、就业困难人员、返乡入乡农民工，可给予一次性创业补贴。

第十条 享受社会保险补贴的人员范围包括：符合《中华人民共和国就业促进法》规定的就业困难人员和高校毕业生。

社会保险补贴用于以下方面：

（一）就业困难人员社会保险补贴。对招用就业困难人员并缴纳社会保险费的单位，以及通过公益性岗位安置就业困难人员并缴纳社会保险费的单位，按其为就业困难人员实际缴纳的基本养老保险费、基本医疗保险费和失业保险费给予补贴，不包括就业困难人员个人应缴纳的部分。对就业困难人员灵活就业后缴纳的社会保险费，给予一定数额的社会保险补贴，补贴标准原则上不超过其实际缴费的2/3。就业困难人员社会保险补贴期限，除对距法定退休年龄不足5年的就业困难人员可延长至退休外，其余人员最长不超过3年（以初次核定其享受社会保险补贴时年龄为准）。

（二）高校毕业生社会保险补贴。对招用毕业年度和离校2年内未就业高校毕业生，与之签订1年以上劳动合同并为其缴纳社会保险费的小微企业，给予最长1年的社会保险补贴，不包括高校毕业生个人应缴纳的部分。对离校2年内未就业的高校毕业生灵活就业后缴纳的社会保险费，给予一定数额的社会保险补贴，补贴标准原则上不超过其实际缴费的2/3，补贴期限最长不超过2年。

第十一条 享受公益性岗位补贴的人员范围为就业困难人员，重点是其中的大龄失业人员和零就业家庭人员。

对公益性岗位安置的就业困难人员给予岗位补贴，补贴标准参照当地最低工资标准执行。

公益性岗位补贴期限，除对距法定退休年龄不足5年的就业困难人员可延长至退休外，其余人员最长不超过3年（以初次核定其享受公益性岗位补贴时年龄为准）。

对公益性岗位补贴期满后仍难以通过其他渠道实现就业的大龄就业困难人员、零就业家庭中的就业困难人员、重度残疾人等，可再次按程序通过公益性岗位予以安置，岗位补贴和社会保险补贴期限重新计算，并报送省级人力资源社会保障、财政部门备案，累计安置次数不超过2次。

第十二条 就业创业服务补助用于加强公共就业创业服务机构服务能力建设。

县级以上人力资源社会保障、财政部门可通过就业创业服务补助资金，支持公共就业服务机构加强就业信息网络系统建设及维护。对于基层公共就业服务机构（含政府设立的家门口就业服务站、零工驿站等）承担的免费公共就业服务和创业孵化基地开展的创业孵化服务，可根据工作量、专业性和成效等，给予一定的补助。对公共就业创业服务机构及其与高校开展的招聘活动和创业服务，可根据服务人数、成效和成本等，给予一定的补助。

县级以上人力资源社会保障、财政部门可按政府购买服务相关规定，向社会购买基本就业创业服务，具体范围和办法由省级人力资源社会保障、财政部门确定。

第十三条 高技能人才培养补助重点用于高技能人才培训基地建设和技能大师工作室建设等支出。

各地可结合区域经济发展、产业振兴发展规划和新兴战略性产业发展的需要，依托企业、院校、职业培训机构等具备高技能人才培训能力的单位，建设高技能人才培训基地，重点开展高技能人才研修提升培训、高技能人才评价、高技能人才课程研发、高技能人才成果交流等活动。

各地可发挥高技能领军人才在带徒传技、技能攻关、技艺传承、技能推广等方面的重要作用，选拔行业企业生产和服务一线的优秀高技能人才，依托其所在单位建设技能大师工作室，开展培训、研修、攻关、交流等技能传承提升活动。

高技能人才培养补助资金使用具体范围由省级人力资源社会保障、财政部门结合实际情况，按现行规定确定。

第十四条 其他支出是指经国务院批准同意，财政部、人力资源社会保障部根据就业形势变化新增的就业创业扶持政策支出，以及各地在确保国家确定的各项就业补贴政策落实到位的基础上，经省级人民政府批准，符合国家就业政策导向、与促进重点群体就业创业直接相关、现有补贴政策无法覆盖的就业创业扶持政策支出。

其他支出应当符合转移支付相关管理规定。

第十五条 就业补助资金中对个人和单位的补贴资金的具体标准，在符合以上原则规定的基础上，由省级人力资源社会保障、财政部门结合当地实际确定。各地应合理确定并科学控制公益性岗位补贴占比，严格控制就业创业服务补助和其他支出比例。

第十六条 就业补助资金不得用于以下支出：

（一）办公用房、职工宿舍建设及维修，交通工具购置及运维支出。

（二）发放工作人员工资、津贴补贴等支出。

（三）“三公”经费支出。

（四）普惠金融项下创业担保贷款（原小额担保贷款）贴息及补充创业担保贷款基金相关支出。

（五）办公设备及耗材、报刊书籍订阅、走访慰问等支出。

（六）赛事组织实施经费、奖金等支出。

（七）按规定应由其他财政资金渠道安排的支出。

（八）法律法规禁止的其他支出。

不得对机关事业单位在编人员发放本办法中的补贴。

个人、单位按照本办法申领获得的补贴资金，具体用途可由申请人或申请单位确定，不受本条规定限制。

第三章　资金分配与下达

第十七条 财政部、人力资源社会保障部分配中央财政就业补助资金，采用因素法与项目法相结合的方式。

因素法分配的资金，根据地区经济社会发展水平及财力实际状况，在东部地区和中西部地区之间进行划分后，再按照因素法分配。东部地区与中西部地区具体划分比例根据年度就业整体形势和就业工作任务等确定。东部地区包括北京、上海、江苏、浙江、福建、山东、广东 7 省（市）。

对人力资源社会保障部、财政部评选的促进就业工作先进地区，在分配中央财政就业补助资金时予以适当支持。

项目法分配的资金采取竞争性评审的方式确定支持对象。

第十八条 财政部、人力资源社会保障部因素法分配的因素包括基础因素、投入因素、工作成果因素和重点工作因素四类，并通过绩效调节系数和财力调节系数进行调节。其中：

（一）基础因素权重为 35%，设置劳动力人口等指标，重点考虑就业工作任务量。

（二）投入因素权重为 15%，设置地方政府就业补助资金的安排使用等指标，重点考虑地方投入力度和预算执行情况，引导地方加大投入，加快预算执行。

（三）工作成果因素权重为 15%，设置城镇新增就业情况等指标，重点考虑就业工作成果完成情况。

（四）重点工作因素权重为 35%，根据当年度就业工作重点任务设置具体指标。

每年分配资金选择的因素、权重、方式及增减幅上下限，可根据年度就业整体形势和工作任务重点适当调整。

绩效调节系数和财力调节系数分别通过绩效评价结果和财政困难程度系数确定。

地方财政、人力资源社会保障部门可结合实际确定具体分配方式。

第十九条 在因素法分配中央财政就业补助资金时，人力资源社会保障部负责会同有关部门提供资金测算需要的与就业相关的基础数据、绩效评价结果和资金分配建议。财政部负责收集汇总资金结转结余、预算执行、财政困难程度系数等业务相关数据。地方各级人力资源社会保障、财政部门向上级单位报送分配资金相关基础数据时，要明确分工、压实责任，加强审核把关。各单位按照“谁提供、谁负责”的原则，对所提供数据的准确性、完整性、及时性负责。

第二十条 地方可对公共就业服务能力建设补助资金中的高技能人才培养补助资金，实行项目管理，各地人力资源社会保障部门应编制高技能人才培养中长期规划，确定本地区支持的高技能人才重点领域。

各省级人力资源社会保障部门每年需会同财政部门组织专家对地方申报的国家级高技能人才培养项目进行评审，评审结果需报人力资源社会保障部、财政部备案，省级财政部门会同人力资源社会保障部门根据备案结果给予分类分档补助。

第二十一条 财政部会同人力资源社会保障部于每年 10 月 31 日前将下一年度中央财政就业补助资金预计数下达至各省级财政、人力资源社会保障部门，抄送财政部各地监管局；每年在全国人民代表大会审查批准中央预算后 30 日内正式下达中央财政就业补助资金预算。各省级财政、人力资源社会保障部门应在收到中央财政就业补助资金预算后 30 日内，正式下达到市、县级财政部门和人力资源社会保障部门，并将资金分配情况抄送财政部当地监管局。

地方各级财政、人力资源社会保障部门在收到中央财政转移支付预算时，应核对无误后再下达。如发现问题，应立即向上级财政、人力资源社会保障部门报告。地方不得擅自分配处置存疑的转移支付资金。

地方各级财政、人力资源社会保障部门应对其使用的就业补助资金提出明确的资金管理要求，及时组织实施各项就业创业政策。

第二十二条 各级人力资源社会保障、财政部门应对就业补助资金全面实施预算绩效管理，按照财政部关于转移支付预算绩效目标管理的规定，做好绩效目标的设定、审核、下达工作；建立全过程预算绩效管理链条，强化绩效目标管理，做好绩效运行监控和绩效评价；加强绩效结果应用，加大绩效信息公开力度，提高资金配置效率和使用效益。

第四章　资金管理与监督

第二十三条 地方各级人力资源社会保障部门要在坚持转变政府职能、提高行政效能的基础上，梳理并公开本地区就业补贴政策清单，明确申请材料、申领流程、经办渠道、办理时限。

地方各级人力资源社会保障、财政部门应及时受理各类单位和个人的申请，尽快完成材料审核和资金拨付等工作，并定期对账。做好就业补助资金使用管理的基础工作，加强事中事后监管，有效甄别享受补贴政策人员和单位的真实性，防范出现造假行为，对补贴金额大、人数多、期限长的补贴对象加强核查抽查，防范出现造假行为。

地方各级人力资源社会保障、财政部门应按规定加强信息化建设，依托全省集中的就业信息平台，将补贴申请、受理、审核、拨付纳入系统管理。对能依托信息系统或与相关单位信息共享、业务协同获得的信息和资料，不再要求提供纸质材料，对面向个人的补贴，具备条件的可通过社会保障卡发放。

第二十四条 中央财政就业补助资金按规定直达市县基层，严格按照国库集中支付管理制度相关规定支付。资金使用过程中，涉及政府采购的，应按照政府采购有关法律法规及制度执行。

各级财政、人力资源社会保障部门应加快预算执行进度，及时拨付到位，盘活存量资金，提高资金使用效益，结转结余资金管理按照财政部有关规定执行。

第二十五条 地方各级财政、人力资源社会保障部门应建立健全财务管理规章制度，强化内部财务管理，严格按照财务管理规定，落实岗位设置权限分设和权限不相容要求，优化业务流程，加强内部风险防控。

第二十六条 各级财政、人力资源社会保障部门应将就业补助资金管理使用情况列入重点监督检查范围，主动开展自查、互查、交叉检查或委托开展第三方检查，自觉接受审计等部门的检查和社会监督。

第二十七条 地方各级财政、人力资源社会保障部门应按照财政预决算管理的总体要求，做好年度预决算工作，并按要求向社会公开。

第二十八条 各级人力资源社会保障、财政部门应做好信息公开工作，通过当地媒体、部门网站等向社会公开年度就业工作总体目标、工作任务完成、各项补贴资金的使用等情况。

各项补贴资金的使用情况公开内容包括：享受各项补贴的单位名称或人员名单（含隐藏部分位数的身份证号码）、补贴标准及具体金额等。其中，公益性岗位补贴还应公开公益性岗位名称、设立单位、安置人员名单、享受补贴时间等；一次性求职补贴应在发放前在校内公示。

各级人力资源社会保障、财政部门应严格遵守国家有关个人信息保护的法规制度，既保证资金使用公开透明，又避免个人敏感信息泄露。

第二十九条 各级财政、人力资源社会保障部门应建立就业补助资金“谁使用、谁负责”的责任追究机制。

各级财政、人力资源社会保障部门及其工作人员在就业补助资金的分配审核、使用管理等工作中，存在违反本办法规定的行为，以及其他滥用职权、玩忽职守、徇私舞弊等违法违规行为的，依法追究相应责任。涉嫌犯罪的，依法移送有关机关处理。

对疏于管理、违规使用资金的地方，中央财政将相应扣减其下一年度中央财政就业补助资金；情节严重的，取消其下一年度获得中央财政就业补助资金的资格，并在全国范围内予以通报。

第五章　附　　则

第三十条 本办法由财政部、人力资源社会保障部负责解释。

省级财政、人力资源社会保障部门应根据各地实际情况，依照本办法制定就业补助资金管理和使用的具体实施办法。

第三十一条 中央财政就业补助资金相关支出实施期限至2025年。到期前，人力资源社会保障部会同财政部根据有关法律、行政法规和国务院相关规定及工作需要，组织开展绩效评估，根据评估结果确定是否延续补助政策及延续期限。

第三十二条 本办法自发布之日起施行。《财政部　人力资源社会保障部关于印发〈就业补助资金管理办法〉的通知》（财社〔2017〕164号）、《财政部　人力资源社会保障部关于〈就业补助资金管理办法〉的补充通知》（财社〔2019〕122号）、《财政部　人力资源社会保障部关于〈就业补助资金管理办法〉的补充通知》（财社〔2021〕89号）同时废止。

关于全面推进紧密型县域医疗卫生共同体建设的指导意见

国卫基层发〔2023〕41 号

各省、自治区、直辖市人民政府，新疆生产建设兵团，国务院各部委、各直属机构：

开展紧密型县域医疗卫生共同体（以下简称县域医共体）建设，是提高县域医疗卫生资源配置和使用效率，促进医保、医疗、医药协同发展和治理，推动构建分级诊疗秩序的重要举措。自 2019 年县域医共体建设试点工作开展以来，各地不断探索，取得积极进展。为全面推进紧密型县域医共体建设，经国务院同意，现提出以下意见。

一、总体要求

以习近平新时代中国特色社会主义思想为指导，全面贯彻党的二十大精神，落实新时代党的卫生与健康工作方针，坚持以人民健康为中心，坚持基本医疗卫生事业公益性，深化"三医"联动改革，围绕"县级强、乡级活、村级稳、上下联、信息通"目标，通过系统重塑医疗卫生体系和整合优化医疗卫生资源，推进以城带乡、以乡带村和县乡一体、乡村一体，加快建设紧密型县域医共体，大力提升基层医疗卫生服务能力，让群众就近就便享有更加公平可及、系统连续的预防、治疗、康复、健康促进等健康服务，为健康中国建设和乡村振兴提供有力保障。

到 2024 年 6 月底前，以省为单位全面推开紧密型县域医共体建设。到 2025 年底，紧密型县域医共体建设取得明显进展，支持县域医共体建设的组织管理、投入保障、人事编制、薪酬待遇、医保支付等政策进一步完善；力争全国 90% 以上的县（县级市，有条件的市辖区可参照，下同）基本建成布局合理、人财物统一管理、权责清晰、运行高效、分工协作、服务连续、信息共享的县域医共体。到 2027 年底，紧密型县域医共体基本实现全覆盖，管理体制运行机制进一步巩固，县域防病治病和健康管理能力明显提升，县乡村三级协同支持关系进一步夯实，乡村两级服务水平明显加强，医保基金县域使用效能不断提高，群众获得感进一步增强。

二、坚持政府主导，科学构建县域医共体

（一）健全管理体制。建立由县级党委领导、政府主导，机构编制、发展改革、人力资源社会保障、财政、农业农村、卫生健康（包括中医药、疾控，下同）、医保、药监等部门及乡镇、街道和县域医共体成员单位参与的县域医共体建设推进机制。明确推进机制工作规则、机制成员单位部门主要职责，发挥推进机制在协调和推动县域医共体建设重大事项和工作方面的作用。推进机制日常工作由县级卫生健康行政部门承担。

（二）合理组建县域医共体。根据地理位置、服务人口、现有医疗卫生机构布局等，组建由县级医院牵头，其他若干家县级医疗卫生机构及乡镇卫生院、社区卫生服务中心等组

成的县域医共体。组建数量由地方结合实际确定，人口较多或面积较大的县可组建2个以上县域医共体。县域医共体成员单位法人资格原则上保持不变。县域医共体牵头医院一般应为二级及以上非营利性综合医院或中医医院。鼓励有条件的县级中医医院牵头组建县域医共体。根据自愿原则，以业务同质化管理和加强乡村服务为重点，鼓励引导社会力量办医疗机构加入县域医共体。

（三）加强城乡联动和乡村一体化。加强县域医共体与城市医院的合作，深化城市支援农村工作，二三级医院要通过专家派驻、专科共建、临床带教、远程协同、科研和项目协作等方式，提升县域医共体服务能力和管理水平。开展帮扶的城市公立三级医院对县域医共体要至少派出3名以上专家给予医疗、药学、护理、管理等常年驻守指导。建立健全以县带乡、以乡带村帮扶机制，推动优质医疗资源下沉。将符合条件的公办村卫生室逐步转为乡镇卫生院延伸举办的村级医疗服务点，实行行政、人员、业务、药品、财务、绩效等统一管理。对其他性质的村卫生室，继续深化乡村卫生一体化管理。牵头医院向乡镇（街道）常年派驻临床、管理人才，帮助解决基层问题，面向乡村开展巡回医疗。

（四）加强与专业公共卫生机构医防协同。建立健全专业公共卫生机构对县域医共体开展技术指导和业务培训，下派人员到乡镇服务，以及加强医防协同和资源信息共享等工作机制。探索专业公共卫生机构参与县域医共体管理和服务，可通过派驻疾控监督员等方式参与县域医共体公共卫生工作的监督管理。

三、优化资源配置，规范县域医共体内部运行管理

（五）完善内部决策机制。制定县域医共体章程，明确组织架构，完善牵头医院和成员单位共同参与、定期协商的议事决策制度。加强县域医共体内党组织建设，理顺党委与行政领导班子议事决策程序，发挥党委把方向、管大局、作决策、促改革、保落实的领导作用。选强配齐县域医共体负责人员，负责人员中要有基层医疗卫生机构代表。县域医共体负责人员由县级卫生健康行政部门提名，成员单位负责人和班子成员由县域医共体提名并征求县级卫生健康行政部门意见，根据干部管理权限任免。

（六）加强绩效考核。明确县域医共体年度任务目标和绩效考核指标，引导资源向乡村下沉。县级卫生健康行政部门会同相关部门定期开展县域医共体考核，考核结果与公共卫生服务经费补助、医保基金支付、绩效工资总量核定以及负责人员薪酬、任免、奖惩等挂钩。在对单一医疗卫生机构监管基础上，强化对县域医共体整体监管。县域医共体要建立健全内部考核机制，考核指标向资源下沉、巡诊派驻、家庭医生签约、成本控制等方面倾斜，合理确定医保基金结余留用收入、绩效工资等在成员单位的分配，建立长效激励机制。

（七）优化内部管理。坚持县域医共体服务主体定位，逐步实现行政、人事、财务、业务、用药、信息、后勤等统一管理。实行按需设岗、竞聘上岗、以岗定薪，促进人员合理流动，优先保障基层医疗卫生机构用人需要，确保每个乡镇卫生院（社区卫生服务中心）至少有1名牵头医院主治医师以上职称人员常年服务。对成员单位单独设账、集中核算，有条件的可实行统一账户管理。加强县域医共体内部经济运行分析，严格内审管理，合理控制成本。加强药品耗材管理，实行统一用药目录、统一采购配送。整合县域医共体现有资源，合理建立人力资源、财务管理、医疗质控、医保管理、信息数据等管理中心。

（八）提高管理服务质量。统一县域医共体内规章制度和技术规范、人员培训、质量控制等标准，强化县域医共体医疗质量和安全管理，完善查房、病案管理、处方点评、机构间转诊等工作流程和标准，加强检查检验、疾病诊断质量监测评价。从药品供应、存储、使用、监管等全链条加强县域医共体药事管理，鼓励探索建立总药师制度。统一县域医共体内信息系统，加强数据互通共享和业务协同，推动人工智能辅助诊断技术在县域医共体内的应用。将远程医疗延伸到乡村，推行基层检查、上级诊断、结果互认。加强网络信息安全。将法定传染病、食源性疾病等报告融入县域医共体信息系统，实现在医生工作站自动生成信息按程序报告，避免漏报、迟报。

四、完善服务功能，提升县域医共体整体服务能力

（九）促进资源服务共享。规范成员单位服务行为和流程，畅通乡镇卫生院与县级医院用药衔接，实现目录统一、处方自由流动。鼓励依托县域医共体建设县域中心药房，建立缺药登记和配送制度，解决乡村居民用药问题。根据成员单位能力基础，统筹建立县域内医学检验、医学影像、心电诊断、病理诊断、消毒供应等资源共享中心，统筹建立县域肿瘤防治、慢病管理、微创介入、麻醉疼痛诊疗、重症监护等临床服务中心，提高资源配置和使用效率，提升服务能力。

（十）提升重大疫情应对和医疗应急能力。健全县域医共体传染病监测预警机制，严格落实传染病疫情信息报告和发热门诊、哨点医院等监测任务，配合疾病预防控制机构做好疫情核实等工作。健全分级分层分流的重大疫情救治机制，加强县域医疗急救体系建设，强化牵头医院对基层的指导，提升基层重症、危重症识别和急救能力，畅通绿色转诊通道。加强重大疫情医疗资源和物资储备，加强基层医疗应急小分队建设，完善传染病和突发事件医疗应急处置预案，提升县域内重大疫情应急和突发公共事件处置能力。

（十一）拓展家庭医生签约服务。县级综合医院要设立全科医学科，组织医师依托基层医疗卫生机构开展家庭医生签约服务，扩大做实一般人群和重点人群签约服务，稳步提升覆盖率。建立健全家庭医生对居民首诊制度，跟踪转诊患者治疗过程，做好接续服务。县域医共体内上级医院在专家号源、住院床位和预约检查等方面预留20%以上的资源优先保障家庭医生转诊的患者。

（十二）创新医防融合服务。完善县域医共体公共卫生责任清单，围绕慢病患者、老年人、儿童、孕产妇、重大传染病患者等重点人群，开展疾病预防、筛查、诊治、护理、康复等一体化服务。强化临床医生医防融合服务意识，把预防融入临床诊治全过程。统筹医保基金和公共卫生服务资金使用，实现公共卫生服务和医疗服务的有效衔接。

（十三）提升中医药服务能力。县级中医医院要统筹县域中医药服务资源，发挥县域中医医疗、预防保健、特色康复、人才培养、适宜技术推广和中医药健康宣教龙头作用。鼓励有条件的地区依托县级中医医院建立中药饮片供应中心、中药制剂中心和共享中药房。

五、深化体制机制改革，完善县域医共体支持政策

（十四）落实政府投入保障责任。政府办基层医疗卫生机构的基本建设和设备购置等发展建设支出，由地方政府根据发展建设规划足额安排；人员经费和业务经费等运行成本通过服务收费和政府补助补偿。按规定落实政府对符合区域卫生规划的公立医院投入政策。中央财政通过基本公共卫生服务、基本药物制度补助资金对乡村医疗卫生机构予以支持。中央预算内投资对县域医共体内符合条件的项目加大支持力度。地方政府新增财政卫生健康支出向县域医共体内基层医疗卫生机构适当倾斜。

（十五）优化人事编制和薪酬管理。在编制使用、人员招聘、人事安排、绩效考核、职称评聘等方面赋予县域医共体更多自主权。在县域医共体内公立医疗卫生机构编制分别核定的基础上，更加注重人员统筹使用，根据岗位需要，实行县管乡用、乡聘村用。加强基层全科医生、中医医师、公共卫生医师、药师等培养和招聘力度，建立健全人才引进及交流机制。以县域医共体为单位，充分利用专业技术

岗位职数，适当提高基层医疗卫生机构中级、高级专业技术岗位比例。落实“两个允许”（允许医疗卫生机构突破现行事业单位工资调控水平，允许医疗服务收入扣除成本并按规定提取各项基金后主要用于人员奖励）要求，统筹平衡县乡两级绩效工资水平，合理调控各级各类医疗卫生机构间人员收入差距。鼓励对县域医共体内各医疗卫生机构负责人实行年薪制。

（十六）完善医保支付政策。对紧密型县域医共体实行医保基金总额付费，加强医疗费用增长率、医保报销比例、基层就诊率、县域内基金支出比例、县域内基层医疗卫生机构医保基金占比等方面的考核，完善结余留用机制，结余资金作为县域医共体业务收入，健全合理超支分担机制。稳步推进县级医院实行按疾病诊断相关分组（DRG）或按病种分值（DIP）付费。对适宜基层开展的部分病种，逐步探索不同层级医疗机构同病同付。落实县域医共体医保基金使用内部监督管理责任。继续对不同层级医疗机构实行差别化支付政策，对符合规定的转诊住院患者连续计算起付线。对中医医疗机构牵头组建的紧密型县域医共体在总额预算上适当倾斜。

（十七）加强医疗保障政策协同。各地实施动态调整医疗服务价格时，要统筹支持乡村医疗卫生机构发展，促进分级诊疗。落实一般诊疗费政策，有条件的地方可以调整乡镇卫生院、村卫生室等基层医疗卫生机构一般诊疗费，与医保基金统筹能力和患者承受能力相衔接。医保报销目录中增设农村地区适宜卫生服务项目，逐步提高乡村医疗卫生机构服务性收入占比。对于换药、注射、输液、采血等均质化程度高的医疗服务项目，可以明确具体范围，逐步实施县域同城同价。落实“互联网+”医疗服务价格政策，促进互联网诊疗、远程会诊等医疗服务向基层延伸。

六、组织实施

（十八）加强组织推动。卫生健康行政部门发挥牵头协调作用，相关部门密切配合，积极推动紧密型县域医共体建设。各地建立健全工作机制，结合实际制定全面推进紧密型县域医共体建设时间表、路线图，制订相关配套文件或实施细则。

（十九）强化监测评价。坚持强县域、强基层，推动县域医疗卫生机构形成责任、管理、服务、利益共同体，按照紧密型、同质化、控费用、促分工、保健康发展要求，突出乡村诊疗量占比持续提升结果导向，健全县域医共体建设监测评价指标体系，开展年度监测评价，加强数据分析和共享。

（二十）积极宣传引导。深入总结推广紧密型县域医共体建设经验做法，宣传进展成效和先进典型。加强舆论引导，及时回应社会关切，调动各方积极性和主动性，最大限度凝聚共识，为县域医共体建设营造良好环境和氛围。

国家卫生健康委
中央编办
国家发展改革委
财政部
人力资源社会保障部
农业农村部
国家医保局
国家中医药局
国家疾控局
国家药监局
2023 年 12 月 28 日

市场监管总局　人力资源社会保障部
关于印发《设备监理师职业资格制度规定》
《设备监理师职业资格考试实施办法》的通知

国市监质发〔2023〕13号

各省、自治区、直辖市和新疆生产建设兵团市场监管局（厅、委）、人力资源社会保障厅（局）：

现将《设备监理师职业资格制度规定》和《设备监理师职业资格考试实施办法》印发给你们，请遵照执行。

本通知自发布之日起施行。原人事部、原国家质量监督检验检疫总局《关于印发〈注册设备监理师执业资格制度暂行规定〉〈注册设备监理师执业资格考试实施办法〉和〈注册设备监理师执业资格考核认定办法〉的通知》（国人部发〔2003〕40号）同时废止。

市场监管总局
人力资源社会保障部
2023年2月13日

设备监理师职业资格制度规定

第一章　总　　则

第一条　为了保障重大工程设备质量安全，维护公共利益，加强设备监理专业技术人员队伍建设，根据《中华人民共和国产品质量法》《中共中央　国务院关于开展质量提升行动的指导意见》和国家职业资格制度等有关规定，制定本规定。

第二条　本规定适用于从事重大工程设备监理业务的专业技术人员。

本规定所称重大工程设备的范围，由国家市场监督管理总局等部门另行规定。

第三条　国家设置设备监理师水平评价类职业资格，纳入国家职业资格目录。

设备监理师英文译为：Plant Project Management and Supervision Engineer

第四条　通过设备监理师职业资格考试并取得职业资格证书的人员，表明其已具备从事设备监理专业技术岗位工作的职业能力和水平。

第五条　国家市场监督管理总局、人力资源社会保障部共同负责设备监理师职业资格制度的政策制定，并按职责分工负责设备监理师职业资格制度的实施与监管。

各省、自治区、直辖市市场监管部门和人力资源社会保障部门，按照职责分工负责本行政区域内设备监理师职业资格制度的实施与监管。

第二章　考　试

第六条　设备监理师职业资格实行全国统一大纲、统一命题、统一组织的考试制度。原则上每年举行1次考试。

第七条　国家市场监督管理总局组织成立设备监理师职业资格考试专家委员会，研究拟定考试科目、考试大纲、考试试题和考试合格标准。

第八条　人力资源社会保障部负责审定设备监理师职业资格考试科目、考试大纲，负责设备监理师职业资格考试考务工作，并会同国家市场监督管理总局确定考试合格标准，对设备监理师职业资格考试工作进行指导、监督、检查。

第九条　遵守中华人民共和国宪法、法律、法规，恪守职业道德，诚实守信，并符合下列条件之一的人员，可以申请参加设备监理师职业资格考试：

（一）具备工学、理学、管理学或经济学学科门类专业的大专学历，从事设备监理相关业务工作满4年；

（二）具备工学、理学、管理学或经济学学科门类专业的本科学历或学位，从事设备监理相关业务工作满3年；

（三）具备工学、理学、管理学或经济学学科门类专业的硕士学位或专业学位，从事设备监理相关业务工作满2年；

（四）具备设备监理方向工程硕士学位（专业硕士），从事设备监理相关业务工作满1年；

（五）具备工学、理学、管理学或经济学学科门类专业的博士学位。

第十条　设备监理师职业资格考试合格人员，由各省、自治区、直辖市人力资源社会保障部门颁发中华人民共和国设备监理师职业资格证书。其中，纸质证书由人力资源社会保障部统一印制，国家市场监督管理总局、人力资源社会保障部用印，在全国范围内有效；电子证书由人力资源社会保障部制作，与纸质证书具有同等法律效力。

第十一条　对以不正当手段取得设备监理师职业资格证书的，按照国家专业技术人员资格考试违纪违规行为处理规定处理。

第三章　职 业 能 力

第十二条　设备监理师应当具备以下职业能力：

（一）熟悉设备监理行业相关法律法规、规章制度，掌握行业相关标准规范，了解相关产业政策、行业规划；

（二）具有设备工程、质量管理与检验、项目管理的专业知识和实践经验，具备良好沟通协调能力和专业判断能力；

（三）具备策划、组织、实施、协调和报告设备监理工作的能力；

（四）具备对设备形成过程及招标采购、合同管理等提供专业技术咨询的能力。

第十三条　取得设备监理师职业资格证书的人员，应当按照国家专业技术人员继续教育的有关规定，参加继续教育，不断更新专业知识，提高职业素质和业务能力。

第四章　登 记 服 务

第十四条　设备监理师职业资格证书实行登记服务管理，由国家市场监督管理总局委托全国性设备监理行业组织负责具体工作。

第十五条　职业资格证书登记应当简化程序、优化服务，实行电子网络登记，重点登记设备监理师职业资格证书管理号、从业单位、行业自律承诺、继续教育等信息。

第十六条　全国性设备监理行业组织定期向社会公布设备监理师的登记情况，建立登记人员诚信档案，并为用人单位提供登记人员信息查询服务。

第十七条　取得设备监理师职业资格证书

的人员，应当自觉接受行业自律管理，遵守相关法律、法规、规章、职业道德和行为规范。违反上述要求并造成不良影响的，由全国性设备监理行业组织取消登记，并将违法违规线索提交有关部门查处。

第五章　附　　则

第十八条　专业技术人员取得设备监理师职业资格，可认定其具备工程师职称，并可作为申报高一级职称的条件。

第十九条　境外人员参加设备监理师职业资格考试的，按照国家有关规定执行。

第二十条　本规定施行前，根据原人事部、原国家质量监督检验检疫总局印发的《注册设备监理师执业资格制度暂行规定》《注册设备监理师执业资格考试实施办法》和《注册设备监理师执业资格考核认定办法》（国人部发〔2003〕40号）规定，取得的注册设备监理师执业资格证书，按本规定进行管理。

第二十一条　登记服务、继续教育和行业自律等有关实施办法，由全国性设备监理行业组织按照本规定另行制定。

第二十二条　本规定由国家市场监督管理总局、人力资源社会保障部负责解释。

设备监理师职业资格考试实施办法

第一条　国家市场监督管理总局、人力资源社会保障部按照职责分工负责指导、监督和检查设备监理师职业资格考试的实施工作。

各省、自治区、直辖市市场监督管理部门、人力资源社会保障部门共同负责本地区考试组织工作。

第二条　国家市场监督管理总局、人力资源社会保障部共同委托人力资源社会保障部人事考试中心承担设备监理师职业资格考试的具体考务工作，国家市场监督管理总局委托全国性设备监理行业组织承担设备监理师职业资格考试工作的命题、审题和主观题阅卷等具体工作。

第三条　设备监理师职业资格考试设《设备监理基础知识和相关法规》《设备工程质量管理与检验》《设备工程项目管理》和《设备监理实务与案例分析》4个科目，考试分4个半天进行。

取得监理工程师职业资格证书的人员，可免予《设备工程项目管理》《设备监理实务与案例分析》2个科目的考试。申请免考科目的人员在报名时应当提供监理工程师职业资格证书有关材料。

第四条　设备监理师职业资格考试成绩实行4年为一个周期的滚动管理办法，参加全部4个科目考试人员须在连续的4个考试年度内通过全部科目，方可取得设备监理师职业资格证书。

免试《设备工程项目管理》《设备监理实务与案例分析》的人员，考试成绩实行2年为一个周期的滚动管理办法。

第五条　设备监理师职业资格考试报名证明事项实行告知承诺制。符合《设备监理师职业资格制度规定》考试报名条件的人员，按照当地人事考试机构规定的程序和要求完成报名。参加考试人员凭准考证和有效证件在指定的日期、时间和地点参加考试。

中央和国务院各部门所属单位、中央管理企业的人员按属地原则报名参加考试。

第六条　考试考点原则上设在省会城市和直辖市的大、中专院校或高考定点学校。

第七条　坚持考试与培训分开的原则。凡参与考试工作（包括命题、审题与组织管理等）的人员和有关机构，不得参加考试，也不得以任何形式参与或举办与考试内容有关的培训。应考人员参加培训坚持自愿原则。

第八条 考试实施机构及其工作人员，应当严格执行国家人事考试工作人员纪律规定和《专业技术人员职业资格考试考务工作规程》等各项规章制度，遵守考试工作纪律，规范各项考务工作，切实做好从考试试题的命制到使用等各环节的安全保密工作，严防泄密。

第九条 参加原注册设备监理师执业资格全部4个科目考试的人员，其有效期内的各科目合格成绩有效期顺延，按照4年为一个周期管理。原《设备工程监理基础及相关知识》《质量、投资、进度控制》《设备监理合同管理》《设备监理综合实务与案例分析》科目合格成绩，分别对应科目《设备监理基础知识和相关法规》《设备工程质量管理与检验》《设备工程项目管理》《设备监理实务与案例分析》。

第十条 对违反考试工作纪律和有关规定的人员，按照国家专业技术人员资格考试违纪违规行为处理规定处理。

国家金融监督管理总局　人力资源社会保障部关于印发精算师职业资格规定和精算师职业资格考试实施办法的通知

金规〔2023〕3 号

各银保监局，各省、自治区、直辖市及新疆生产建设兵团人力资源社会保障厅（局），中国精算师协会，各保险集团（控股）公司、保险公司、再保险公司、保险资产管理公司：

为加强精算专业人才队伍建设，推进我国精算事业和保险业高质量发展，国家金融监督管理总局、人力资源社会保障部制定了《精算师职业资格规定》《精算师职业资格考试实施办法》。现予印发，请遵照执行。

国家金融监督管理总局
人力资源社会保障部
2023 年 7 月 7 日

精算师职业资格规定

第一章　总　　则

第一条　为加强精算专业人员队伍建设，科学、客观、公正评价精算专业人员，根据《中华人民共和国保险法》《国家职业资格目录（2021 年版）》有关规定，制定本规定。

第二条　本规定适用于提供精算服务的专业技术人员。

第三条　国家设置精算师水平评价类职业资格，纳入《国家职业资格目录》，面向全社会提供精算师能力水平评价服务。

第四条　精算师职业资格包括准精算师（Associate Actuary）和正精算师（Fellow Actuary）两个级别，通过精算师职业资格考试并取得职业资格证书的人员，表明其已具备从事相应精算师专业岗位工作的职业能力和水平。

第五条　国家金融监督管理总局、人力资源社会保障部共同负责精算师职业资格制度的政策制定，并按职责分工对精算师职业资格制度的实施进行指导、监督和检查。中国精算师协会具体承担精算师职业资格的评价与管理工作。

第二章　考　　试

第六条　精算师职业资格实行全国统一大纲、统一命题、统一组织的考试制度。

第七条 中国精算师协会负责精算师职业资格考试的组织实施工作。中国精算师协会成立教育考试委员会，研究提出精算师职业资格考试专业设置，拟定考试大纲、合格标准，负责命审题工作。

第八条 国家金融监督管理总局、人力资源社会保障部确定专业设置，审定考试大纲，确定合格标准，对考试工作进行监督检查。

第九条 凡遵守中华人民共和国宪法、法律、法规，具有良好的职业道德和敬业精神，具备国家教育部门认可的大学本科（含本科在读）及以上学历或者学位的人员，均可报名参加精算师职业资格考试。

第十条 精算师职业资格考试科目成绩长期有效，应试人员通过全部应试科目，方可视为精算师职业资格考试合格。

第十一条 精算师职业资格考试合格并符合相关条件的，由中国精算师协会颁发，国家金融监督管理总局、人力资源社会保障部监制，中国精算师协会用印的中华人民共和国精算师职业资格证书（以下简称精算师职业资格证书），包含纸质证书和电子证书，该证书在全国范围有效。

第十二条 取得准精算师职业资格证书，可对应中级经济师职称，并可作为申报高一级职称的条件；取得正精算师职业资格证书，符合高级经济师职称申报规定的学历、年限条件的，可直接报名参加高级经济师职称评审。

第十三条 对以不正当手段取得精算师职业资格证书的，按照《专业技术人员资格考试违纪违规行为处理规定》处理。

第三章 职业能力

第十四条 取得精算师职业资格证书的人员，应当遵守国家法律和相关法规，维护国家和社会公共利益，政治素质良好，恪守职业道德。

第十五条 取得精算师职业资格证书的人员，应当具备下列职业能力：

（一）熟悉并掌握精算服务相关的法律、法规和精算准则；

（二）具有丰富的精算专业知识，掌握精算数学、精算模型、数据分析、精算风险管理、费率厘定、准备金评估等精算技术；

（三）能够运用精算专业理论和方法，较好地完成精算实务工作；

（四）具有良好的职业操守，能够形成科学客观的专业判断。

第十六条 申请准精算师职业资格证书须同时满足下列条件：

（一）通过准精算师级别5门科目考试。

（二）参加并完成相关法律和监管规定教育、职业道德教育。

（三）学历和工作年限符合下列条件之一：具备大学本科学历或学士学位，从事精算或金融领域相关工作满4年；具备硕士学位，从事精算或金融领域相关工作满1年；具备博士学位。

第十七条 申请正精算师职业资格证书须同时满足下列条件：

（一）取得准精算师职业资格证书；

（二）通过正精算师级别对应专业类别要求的公共、专业和选考共5门科目考试；

（三）从事精算或金融领域相关工作累计满5年；

（四）参加并完成职业道德教育。

第四章 登 记

第十八条 精算师职业资格证书实行登记服务制度。中国精算师协会制定精算师职业资格证书登记管理办法，报国家金融监督管理总局备案后，由中国精算师协会组织实施。

第十九条 取得精算师职业资格证书的人员，应按照要求定期完成相应的精算职业继续教育，不断更新专业知识、提高职业素质和业务能力。

第二十条 中国精算师协会每年向社会公布精算师职业资格证书的登记情况，建立持证人员的信用记录，加强失信惩戒，并向社会提供相关信息查询服务。

第二十一条 取得精算师职业资格证书的人员，在工作中违反中华人民共和国法律法规、保险精算行业规章制度及精算师职业道德有关规定，造成不良影响的，由中国精算师协会取消登记并向社会公告。

第五章 附 则

第二十二条 本规定施行前，已通过中国精算师资格考试、中国精算师协会会员水平测试，取得的精算师资格证书或会员水平测试合格证书，与按照本规定要求取得的精算师职业资格证书的效用等同。

第二十三条 通过科目转换、抵免规则通过的考试科目，视同通过相应级别相应科目考试。

2017年及之前中国精算师资格考试、中国精算师协会会员水平测试与精算师职业资格考试的科目转换规则，由中国精算师协会拟定，经国家金融监督管理总局备案后公布实施。

精算师职业资格考试与境外精算师资格考试科目的抵免规则及其他抵免规则由中国精算师协会拟定，经国家金融监督管理总局备案后公布实施。

第二十四条 本规定自发布之日起施行。

精算师职业资格考试实施办法

第一条 国家金融监督管理总局、人力资源社会保障部共同指导、监督和检查精算师职业资格考试的实施工作。中国精算师协会负责精算师职业资格考试的具体实施工作。

第二条 精算师职业资格考试设置准精算师和正精算师两个级别。

（一）准精算师级别考试包括《概率论与数理统计》《经济金融综合》《精算数学》《精算模型与数据分析》《精算风险管理》5门科目。

（二）正精算师级别考试分为寿险、非寿险、健康险、社会保险与养老金计划、金融风险管理、资产管理、数据科学7个专业类别，每个专业类别包括1门公共科目、3门专业科目、1门选考科目。考生在报名时根据对应专业类别要求选择专业和选考科目。考试科目包括：

1. 公共科目：《资产负债管理与价值评估》

2. 专业科目：

寿险：《寿险产品开发与管理》《寿险精算评估实务》《财务管理》

非寿险：《非寿险定价》《非寿险精算评估》《财务管理》

健康险：《健康保险精算实务》《健康保险实务》《财务管理》

社会保险与养老金计划：《养老金计划》《社会保险精算》《财务管理》

金融风险管理：《金融风险管理基础》《风险管理与计量》《风险管理法规与实践》

资产管理：《投资学》《金融工程与量化投资》《风险管理与计量》

数据科学：《数据科学综合》《数据分析基础》《数据分析实践》

3. 选考科目为其他专业类别的1门非相同专业科目。

已取得正精算师职业资格证书的人员，报名参加其他专业类别考试的，可免考已通过科目，考试合格后，核发中国精算师协会统一印制的相应专业类别考试成绩合格证明。

第三条 符合《精算师职业资格规定》报考条件的人员，均可申请参加精算师职业资格考试。

第四条 参加考试由本人提出申请，按有关规定办理报名手续，由中国精算师协会核发准考证。参加考试人员凭准考证和有效身份证件在指定的日期、时间和地点参加考试。

第五条 考点原则上设在地市级以上城市的大中专院校、高考定点学校或考试机构建设的专门场所，以及相应的机考考点。考试日期原则上为每年的第二季度和第四季度，根据情况适当增加考试频次。

第六条 坚持考试与培训分开的原则。凡参与考试工作（包括命题、审题与组织管理等）的人员，在参与工作期间及此后一年以内不得参加考试，在参与工作期间及此后五年以内不得从事与考试内容相关的培训工作。应考人员参加培训坚持自愿原则。

第七条 考试相关机构应当严格执行考试工作的各项规章制度，遵守考试工作纪律，切实做好从考试试题的命制到使用等各环节的安全保密工作，严防泄密。

第八条 对违反考试工作纪律和有关规定的人员，按照《专业技术人员资格考试违纪违规行为处理规定》处理。

第九条 本办法自发布之日起施行。

文献卷

工作大事记

2023 年工作大事记

1 月 3 日　人力资源社会保障部召开深入推进根治欠薪工作电视电话会议，学习贯彻党的二十大精神和习近平总书记重要指示批示精神，坚决落实党中央、国务院决策部署，总结工作情况，分析研判形势，部署春节和“两会”前后根治欠薪重点任务。国务院根治拖欠农民工工资工作领导小组办公室主任，人力资源社会保障部党组成员、副部长王少峰出席会议并讲话。

同日　人力资源社会保障部、中华全国总工会、中国企业联合会 / 中国企业家协会、中华全国工商业联合会联合印发《关于推进新时代和谐劳动关系创建活动的意见》，提出力争到 2027 年年底各类企业及企业聚集区域普遍开展和谐劳动关系创建活动，实现创建内容更加丰富、创建标准更加规范、创建评价更加科学、创建激励措施更加完善。

1 月 6 日　人力资源社会保障部务虚会暨党组理论学习中心组学习扩大会召开。会议深入学习贯彻党的二十大精神，研究谋划贯彻落实的工作思路和措施。人力资源社会保障部党组书记、部长王晓萍出席会议并讲话，部党组成员出席会议并作发言。

1 月 12 日　中共中央组织部、人力资源社会保障部联合印发《事业单位工作人员考核规定》，对评价事业单位工作人员的德才表现和工作实绩、规范事业单位工作人员考核工作作出具体规定。

同日　人力资源社会保障部、国家发展改革委等九部门联合印发《关于开展县域农民工市民化质量提升行动的通知》，以提升县域农民工市民化质量为重点，进一步落实落细农民工市民化相关政策，着力提高县域农民工就业质量和技能水平，维护劳动保障权益，扩大县域基本公共服务供给，增强县域农民工享有基本公共服务的可及性和便利性。

1 月 16 日　全国人力资源社会保障工作会议暨人社系统先进集体和先进工作者表彰大会以视频方式召开。会议以习近平新时代中国特色社会主义思想为指导，深入学习贯彻党的二十大精神，落实中央经济工作会议部署，总结工作，分析形势，部署 2023 年重点任务。会议对先进集体和先进个人进行了表彰。人力资源社会保障部党组书记、部长王晓萍出席会议并讲话，部党组成员在主会场出席会议。

1 月 17 日　人力资源社会保障部、国家乡村振兴局召开全国脱贫人口稳岗就业工作视频会议，深入学习贯彻党的二十大精神和习近平总书记关于脱贫人口就业帮扶工作重要指示精神，落实中央经济工作会议、中央农村工作会议部署，安排进一步做好脱贫人口就业帮扶工作。人力资源社会保障部党组书记、部长王晓萍出席会议并讲话，部党组成员、副部长俞家栋主持会议。

同日　人力资源社会保障部印发《社会保险基金监督举报工作管理办法》，规范社会保险基金监督举报管理工作，切实保障社会保险基金安全。文件自 2023 年 5 月 1 日起施行。

1 月 18 日　人力资源社会保障部党组书记、部长王晓萍走访慰问中日友好医院、中国兵器工业集团北京北方车辆集团有限公司的高层次、高技能人才，向他们致以新春祝福和诚挚慰问，并听取他们对人才工作的意见建议。

2月4日　人力资源社会保障部党组书记、部长王晓萍带队赴北京市，就春节后企业用工返岗和劳动者求职就业有关情况开展调研，并座谈交流，听取意见建议。人力资源社会保障部党组成员、副部长俞家栋参加调研。

2月7日　人力资源社会保障部办公厅印发《关于进一步加强人力资源市场现场招聘会安全管理工作的通知》，提出多项措施确保现场招聘会安全有序举办，切实保障劳动者权益，积极促进复工复产和稳就业。

2月13日　市场监管总局、人力资源社会保障部联合印发《设备监理师职业资格制度规定》《设备监理师职业资格考试实施办法》。文件自发布之日起施行，原相关文件同时废止。

2月15日　人力资源社会保障部召开部人才工作领导小组会议，总结2022年部人才工作，研究部署2023年重点任务。人力资源社会保障部党组书记、部长王晓萍主持会议并讲话，部人才工作领导小组成员参加会议。

2月15日至16日　人力资源社会保障部在广东省广州市召开全国社会保险局长会议，深入学习贯彻党的二十大精神，全面贯彻落实中央经济工作会议和全国人力资源社会保障工作会议部署，总结工作，分析形势，部署重点工作任务。人力资源社会保障部党组成员、副部长李忠出席会议并讲话。

2月16日　人力资源社会保障部、财政部联合印发《关于做好国有企业津贴补贴和福利管理工作的通知》，进一步深化国有企业工资分配制度改革，规范收入分配秩序。

2月19日至20日　由人力资源社会保障部、国家中医药局主办，中国中医科学院承办的“传承精华　守正创新　加快推进新时代中医药高质量发展”专家创新大讲堂在北京举行。人力资源社会保障部党组成员、副部长汤涛出席开幕式并致辞。

2月20日　中华人民共和国第二届职业技能大赛组委会第二次全体会议在天津召开。会议深入学习贯彻党的二十大精神和习近平总书记关于技能人才工作重要指示精神，听取大赛筹办工作进展情况汇报，审议总体工作方案等事项，研究部署下一步工作。大赛组委会主任、人力资源社会保障部党组书记、部长王晓萍出席会议并讲话，大赛组委会副主任、人力资源社会保障部党组成员、副部长俞家栋主持会议。

2月21日　人力资源社会保障部办公厅印发《新就业形态劳动者劳动合同和书面协议订立指引（试行）》，对新就业形态劳动者劳动合同和书面协议的订立原则、形式、效力等内容作了较为详细的阐述，并提供了劳动合同、书面协议的参考文本。

3月2日　国务院新闻办公室举行“权威部门话开局”系列主题新闻发布会。人力资源社会保障部部长王晓萍，副部长李忠、俞家栋出席发布会，介绍就业和社会保障工作情况，并回答记者提问。

3月6日　国务院决定：免去汤涛的人力资源和社会保障部副部长职务。

3月8日　人力资源社会保障部办公厅、国家卫生健康委办公厅等六部门联合印发《工作场所女职工特殊劳动保护制度（参考文本）》和《消除工作场所性骚扰制度（参考文本）》，指导用人单位完善工作场所女职工特殊劳动保护和消除工作场所性骚扰制度，切实保障广大女职工合法权益，促进女职工身心健康，营造安全、健康、舒心的良好工作环境。

3月12日　国家主席习近平签署第二号主席令，根据十四届全国人大一次会议的决定，对这次大会表决通过的国务院其他组成人员予以任命，其中，任命王晓萍为人力资源和社会保障部部长。

3月15日　人力资源社会保障部党组理论学习中心组召开扩大会议，传达学习全国“两会”期间习近平总书记重要讲话精神和全国“两会”精神，对抓好贯彻落实提出要求。人力资源社会保障部党组书记、部长王晓萍主持会议，部党组成员出席会议。

3月20日　人力资源社会保障部办公厅、财政部办公厅联合印发《中央本级社会保险基金监督举报奖励实施细则（暂行）》，鼓励社会公众举报社会保险基金违法违规问题，进一步维护社会保险基金安全。

3月21日　人力资源社会保障部办公厅、住房城乡建设部办公厅联合印发《关于颁布物业管理师等7个国家职业标准的通知》，制定了物业管理师、室内装饰设计师、燃气具安装维修工、砌筑工、装配式建筑施工员、防水工、挖掘铲运和桩工机械司机7个国家职业标准，原相应国家职业（技能）标准同时废止。

3月24日　国务院常务会议决定，降低失业和工伤保险费率政策，延续实施至2024年年底等。

3月27日　人力资源社会保障部办公厅、教育部办公厅联合印发《关于做好2023年中小学幼儿园教师公开招聘工作的通知》，统筹教师招聘与高校毕业生就业，落实落细就业优先政策。

3月29日　人力资源社会保障部召开全面从严治党工作会议，深入学习贯彻党的二十大和二十届中央纪委二次全会精神，研究部署2023年部机关全面从严治党工作。人力资源社会保障部党组书记、部长王晓萍出席会议并讲话，部党组成员出席会议。

同日　人力资源社会保障部、财政部、国家税务总局联合印发《关于阶段性降低失业保险、工伤保险费率有关问题的通知》，将阶段性降低失业保险、工伤保险费率政策实施期限延长至2024年年底，进一步减轻企业负担，增强企业活力，促进就业稳定。

3月30日　人力资源社会保障部印发《关于开展2023年高校毕业生等青年就业创业推进计划的通知》，提出10项重点任务，助力高校毕业生等青年就业。

3月31日　国务院新闻办公室举行国务院政策例行吹风会，财政部、国家税务总局有关负责人与人力资源社会保障部失业保险司负责人介绍优化完善部分阶段性税费优惠政策有关情况，并回答记者提问。

4月4日　人力资源社会保障部召开失业保险基金管理问题专项整治动员部署会，认真学习贯彻习近平总书记重要指示批示精神，深入贯彻党的二十大和中央有关部署要求，分析失业保险基金管理面临的形势，部署开展劳务派遣单位截滞留稳岗返还资金和失业保险待遇发放问题专项整治。人力资源社会保障部党组书记、部长王晓萍出席会议并讲话，部党组成员、副部长王少峰，中央纪委国家监委驻部纪检监察组组长、部党组成员张敏，部党组成员、副部长李忠出席会议，部党组成员、副部长俞家栋主持会议。

4月10日　人力资源社会保障部召开学习贯彻习近平新时代中国特色社会主义思想主题教育动员部署会，深入学习贯彻习近平总书记在主题教育工作会议上的重要讲话精神，对人力资源社会保障部开展主题教育进行动员部署。人力资源社会保障部党组书记、部长、部主题教育领导小组组长王晓萍出席并作动员讲话，部党组成员出席会议。

4月11日至13日　人力资源社会保障部党组书记、部长王晓萍带队赴安徽省，围绕健全高质量充分就业工作体系开展调研。在合肥期间，王晓萍与安徽省委书记韩俊、省长王清宪举行工作会谈。

4月14日　国务院常务会议部署优化调整稳就业政策措施，确保就业大局稳定。

4月18日　人力资源社会保障部、中华全国总工会、中国企业联合会/中国企业家协会、中华全国工商业联合会联合印发《全国和谐劳动关系创建工作先进集体和先进个人表彰办法》，对评选条件、评选程序、评选要求等方面作出详细规定，进一步规范开展全国和谐劳动关系创建工作先进集体和先进个人评选表彰活动。

同日　人力资源社会保障部副部长李忠会见香港特区政府财政司司长陈茂波，就香港居民在内地参加社会保险等情况进行交流。

4月21日　人力资源社会保障部学习贯

彻习近平新时代中国特色社会主义思想主题教育“人社学思行”读书班开班。人力资源社会保障部党组书记、部长、部主题教育领导小组组长王晓萍出席开班式并讲话，部党组成员出席。

4月23日　中共中央组织部、人力资源社会保障部、教育部、公安部、国务院国资委联合印发《关于做好取消普通高等学校毕业生就业报到证有关衔接工作的通知》，提出简化求职就业材料、建立去向登记制度等六方面措施，做好普通高等学校毕业生就业报到证取消后有关衔接工作，更加便利高校毕业生求职就业。

4月24日　人力资源社会保障部、最高人民法院联合印发《关于联合发布第三批劳动人事争议典型案例的通知》，发布6个新就业形态劳动人事争议典型案例，加强灵活就业和新就业形态劳动者权益保障。

4月24日至25日　人社系统稳就业工作现场推进会在江苏省南京市召开。会议深入贯彻党的二十大精神，落实中央经济工作会议和全国“两会”工作部署，交流经验，分析形势，推动构建以数字赋能为支撑的就业工作体系，部署安排当前和今后一个时期就业工作。人力资源社会保障部党组书记、部长王晓萍出席会议并讲话，部党组成员、副部长俞家栋主持会议。

4月25日　首届全国博士后揭榜领题项目签约与颁奖仪式在安徽省合肥市举行。人力资源社会保障部党组成员、副部长王少峰出席，并为获得全国博士后揭榜领题优秀方案评选金奖的博士后及博士后团队颁奖。

4月26日至27日　人力资源社会保障部在安徽省合肥市召开2023年专业技术人才工作座谈会，深入学习贯彻党的二十大精神，深刻领会习近平总书记关于做好新时代人才工作的重要论述，全面贯彻落实中央人才工作决策部署，总结工作，交流经验，分析形势，研究部署当前和今后一个时期专业技术人才工作重点任务。人力资源社会保障部党组成员、副部长王少峰出席会议并讲话。

4月27日　国务院新闻办公室举行国务院政策例行吹风会，人力资源社会保障部副部长俞家栋、就业促进司负责人、人力资源流动管理司负责人、职业能力建设司负责人和国务院国有资产监督管理委员会社会责任局负责人介绍“优化调整稳就业政策措施　全力促发展惠民生”有关情况，并回答记者提问。

同日　人力资源社会保障部部长王晓萍会见香港特区政府政务司司长陈国基，就加强香港与内地在人社领域的合作进行交流。

4月28日　国务院新闻办公室举行中外记者见面会，第十六届中华技能大奖获得者和全国技术能手代表等围绕“技能成才　技能报国”与中外记者见面交流。

同日　人力资源社会保障部召开人社系统规划财务工作电视电话会，深入学习贯彻习近平新时代中国特色社会主义思想和党的二十大精神，总结工作，交流经验，分析形势，部署推进2023年规划财务工作。人力资源社会保障部党组成员、副部长李忠出席会议并讲话。

5月5日　人力资源社会保障部、教育部、科技部、工业和信息化部等十部门联合印发《关于进一步推进实施百万就业见习岗位募集计划的通知》，决定全年继续募集不少于100万个就业见习岗位，力争全年岗位总量不低于上年。

5月5日至6日　人力资源社会保障部在福建省福州市召开人力资源流动管理工作座谈会，深入学习贯彻党的二十大精神，交流经验，分析形势，部署工作。人力资源社会保障部党组成员、副部长俞家栋出席会议并讲话。

5月6日　人力资源社会保障部召开部网络安全和信息化领导小组全体会议，深入学习领会习近平总书记关于网络安全和信息化工作的重要论述，研究贯彻落实举措。人力资源社会保障部党组书记、部长王晓萍主持会议并讲话，部党组成员、副部长李忠出席会议。

5月7日　第十六届高技能人才表彰大会在北京举行，表彰30名中华技能大奖获得者和295名全国技术能手。人力资源社会保障部党组书记、部长王晓萍出席会议并讲话，部党组成员、副部长俞家栋主持会议。

5月9日　人力资源社会保障部在上海召开劳动人事争议调解仲裁工作座谈会，深入学习贯彻党的二十大精神，总结上一年调解仲裁工作，交流经验，分析形势，研究部署工作任务。人力资源社会保障部党组成员、副部长王少峰出席会议并讲话。

5月15日　人力资源社会保障部召开人社系统宣传工作电视电话会议，深入学习贯彻党的二十大精神，认真落实全国宣传部长会议精神，总结工作，分析形势，部署2023年人社宣传工作。人力资源社会保障部党组成员、副部长李忠出席会议并讲话。

5月15日至18日　人力资源社会保障部党组书记、部长王晓萍带队赴贵州省，围绕就业特别是促进农村劳动力转移就业工作开展调研。在贵阳期间，王晓萍与贵州省委书记徐麟、省长李炳军举行工作会谈。

5月17日　人力资源社会保障部在云南省昆明市召开人力资源和社会保障法治工作座谈会，深入学习贯彻习近平法治思想和党的二十大精神，总结经验，分析形势，部署工作。人力资源社会保障部党组成员、副部长俞家栋出席会议并讲话。

5月18日　人力资源社会保障部办公厅、司法部办公厅联合印发《关于开展“薪暖农民工”服务行动的通知》，要求重点做好法治宣传教育、畅通维权渠道、强化执法服务、加大法律援助，促进农民工劳动报酬权益得到更好维护。

5月19日　人力资源社会保障部、财政部联合印发《关于2023年调整退休人员基本养老金的通知》，明确从2023年1月1日起，为2022年年底前已按规定办理退休手续并按月领取基本养老金的企业和机关事业单位退休人员提高基本养老金水平，总体调整水平为2022年退休人员月人均基本养老金的3.8%。

5月22日　人力资源社会保障部办公厅印发《专业技术人员职业资格证书管理工作规程（试行）》，规范专业技术人员职业资格证书制作和发放工作，自2023年6月15日起施行。

5月23日　人力资源社会保障部召开职业技能培训和评价专项整治动员部署电视电话会，深入学习贯彻党的二十大精神、二十届中央纪委二次全会精神，全面分析职业技能培训和评价工作面临的形势，对开展专项整治工作进行动员部署。人力资源社会保障部党组书记、部长王晓萍出席会议并讲话，部党组成员在主会场出席会议，部党组成员、副部长俞家栋主持会议。

5月26日　人力资源社会保障部党组举办主题教育“人社学思行”读书班结业式暨理论学习中心组学习扩大会。人力资源社会保障部党组书记、部长、部主题教育领导小组组长王晓萍主持会议并讲话，部党组成员出席会议并作发言。

同日　人力资源社会保障部办公厅印发《关于开展农民工工资争议速裁庭建设专项行动的通知》，要求调配资源，组建速裁庭，建立健全符合农民工工资争议案件办理特点的快立快调快审快结工作机制，做到农民工工资争议案件优先受理、快调速裁，依法及时有效维护农民工劳动报酬权益。

5月31日　人力资源社会保障部召开失业保险基金管理问题专项整治工作领导小组第二次会议暨工作推进会，深入贯彻落实习近平总书记关于失业保险基金管理问题的重要批示精神，交流情况，分析问题，确保专项整治工作有力有序推进，取得扎实成效。人力资源社会保障部党组成员、副部长俞家栋出席会议并讲话。

6月2日　人力资源社会保障部办公厅、财政部办公厅联合印发《关于做好2023年高校毕业生“三支一扶”计划实施工作的通知》，聚焦基层对青年人才的需求，积极引导鼓励高校毕业生到基层工作。

6月5日至7日　人力资源社会保障部部长

王晓萍应邀访问奥地利，会见奥劳动和经济部部长马丁·科赫，交流人力资源社会保障工作，探讨加强双方在促进高质量就业和职业技能开发等领域的务实合作。其间，王晓萍调研了奥“双元制”培训情况，与奥联邦经济商会举行会谈，并与我驻奥使馆、常驻维也纳代表团进行了工作交流。

6月9日　人力资源社会保障部部长王晓萍出席第111届国际劳工大会并发言，宣介党的二十大精神和中国式现代化的重大理论创新，以及人社工作在推进中国式现代化中承担的重要职责和发挥的重要作用。

同日　人力资源社会保障部在北京召开事业单位人事管理工作座谈会，深入学习贯彻党的二十大精神，贯彻落实全国人力资源社会保障工作会议部署要求，总结工作，交流经验，研究部署当前和今后一个时期事业单位人事管理重点工作。人力资源社会保障部党组成员、副部长王少峰出席会议并讲话。

6月13日　人力资源社会保障部办公厅、教育部办公厅联合印发《关于积极稳妥做好高校毕业生档案转递接收工作的通知》，提出全面取消就业报到证，认真落实高校毕业生毕业去向登记制度等，加强高校毕业生档案转递接收工作，规范档案工作秩序，切实保障档案安全。

6月18日　国务院决定：任命吴秀章为人力资源和社会保障部副部长。

6月19日　人力资源社会保障部办公厅印发《关于做好事业单位公开招聘高校毕业生有关工作的通知》，要求全力做好2023年事业单位公开招聘高校毕业生工作，充分发挥事业单位公开招聘在促进高校毕业生就业中的重要作用。

6月20日至21日　人力资源社会保障部在山东省济南市召开社会保险基金监管工作座谈会，深入学习贯彻党的二十大精神，交流经验，分析形势，动员部署社会保险基金管理巩固提升行动。人力资源社会保障部党组书记、部长王晓萍作出批示，部党组成员、副部长李忠出席会议并讲话。

6月23日　人力资源社会保障部办公厅印发《关于开展2023年高校毕业生等青年就业服务攻坚行动的通知》，决定在全国集中开展高校毕业生等青年就业服务攻坚行动，进一步做好未就业高校毕业生和失业青年就业促进工作。

6月25日　人力资源社会保障部党组理论学习中心组召开集体学习研讨会，深入学习领会习近平总书记在二十届中央财经委员会第一次会议和中央政治局第五次集体学习时的重要讲话精神，交流学习体会，研究贯彻落实的思路举措。人力资源社会保障部党组书记、部长王晓萍主持会议并讲话，部党组成员交流发言。

同日　人力资源社会保障部、教育部、财政部联合印发《关于延续实施一次性扩岗补助政策有关工作的通知》，明确对招用2023届及离校两年内未就业普通高校毕业生、登记失业的16～24岁青年，签订劳动合同并为其缴纳失业、工伤、职工基本养老保险费1个月以上的企业，可发放一次性扩岗补助。政策执行至2023年12月底。

6月27日　人力资源社会保障部党组书记、部长王晓萍对湖南、广东两省高校毕业生等青年就业工作分别开展电话督导，对做好当前和下一阶段重点工作进行再部署、再督促。部党组成员、副部长吴秀章、李忠、俞家栋分别在江西、宁夏、山东开展实地督导。

6月27日至28日　人力资源社会保障部在宁夏银川召开人力资源社会保障网络安全和信息化工作座谈会，深入学习贯彻党的二十大精神，交流经验，分析形势，督促落实就业信息化工作，动员部署数字人社建设行动。人力资源社会保障部党组成员、副部长李忠出席会议并讲话。

6月29日　人力资源社会保障部印发《人力资源服务机构管理规定》，对人力资源服务机构的许可备案、服务规范、监督管理及法律责任作了全面规定，为人力资源服务机构活动提供了基本依据和准则，自2023年8月1日起施行。

7月4日至6日　人力资源社会保障部党组书记、部长王晓萍带队赴广西壮族自治区督导调研高校毕业生等青年就业工作。实地调研前，王晓萍对广西高校毕业生等青年就业工作开展了电话督导。在南宁期间，王晓萍与广西壮族自治区党委书记刘宁、自治区主席蓝天立举行工作会谈。

7月7日　人力资源社会保障部党组书记、部长、部主题教育领导小组组长王晓萍以“感悟真理伟力、学习情怀担当，以忠诚干净担当的实际行动践行‘两个维护’”为题，为机关党员干部讲专题党课。部党组成员、副部长、部主题教育领导小组副组长王少峰主持，部党组成员出席。

同日　人力资源社会保障部部长王晓萍会见德科集团全球首席执行官马思翰，宣传我国推进中国式现代化、为全球企业在中国发展创造更多机遇的政策举措，介绍我国支持人力资源服务业的系列政策，就加强中外人才领域合作进行交流。

同日　国家金融监督管理总局、人力资源社会保障部联合印发《精算师职业资格规定》和《精算师职业资格考试实施办法》，加强精算专业人才队伍建设，推进我国精算事业和保险业高质量发展。

同日　人力资源社会保障部办公厅印发《关于做好高温天气劳动者权益保障工作的通知》，提出落实指导规范高温天气工作时间规定、严格落实高温津贴待遇、加强重点时段执法检查等措施，切实做好高温天气劳动者权益保障工作。

7月11日　人力资源社会保障部召开落实一次性扩岗补助政策电视电话会议，认真学习贯彻习近平总书记关于高校毕业生等青年就业工作的重要指示批示精神，部署延续实施一次性扩岗补助政策。人力资源社会保障部党组成员、副部长吴秀章出席会议并讲话。

7月21日　人力资源社会保障部副部长王少峰在印度印多尔出席2023年二十国集团（G20）劳工就业部长会议并发言，宣介中国政府以人民为中心的发展思想及人社事业取得的一系列成就，就G20劳工就业领域合作提出聚焦劳动治理、服务全球发展、推进包容合作等建议。

7月24日　人力资源社会保障部召开主题教育“民生连万家”调研成果交流会，深入贯彻落实习近平总书记关于主题教育的重要讲话和重要指示批示精神，学习领会习近平总书记关于调查研究的重要论述，交流主题教育调研成果，开展典型案例剖析，推进成果转化，推动主题教育走深走实。人力资源社会保障部党组书记、部长、部主题教育领导小组组长王晓萍主持会议并讲话，部党组成员出席。

7月25日　人力资源社会保障部邀请全国人大代表来部，就全国人大重点督办建议选题“健全青年就业促进机制，促进高质量充分就业”进行座谈。人力资源社会保障部党组成员、副部长俞家栋参加座谈交流。

7月26日　人力资源社会保障部办公厅、国家卫生健康委办公厅、应急管理部办公厅等五部门联合印发《关于实施矿山、机械制造、铁路运输、铁路建设施工等行业重点企业工伤预防能力提升培训工程的通知》，决定实施四类行业重点企业工伤预防能力提升培训工程，通过三年时间对重点培训对象开展全覆盖、高质量培训，切实提升工伤预防能力，提升安全生产与职业健康基础保障水平。

7月26日至27日　人力资源社会保障部务虚会暨人社系统全面从严治党深化行风建设工作会在北京召开。会议以习近平新时代中国特色社会主义思想为指导，深入学习贯彻党的二十大精神，学习贯彻习近平总书记关于人口高质量发展重要论述、全面从严治党重要论述和人社工作重要指示批示精神，落实主题教育要求，总结工作，分析形势，交流调研成果，研究推进重点任务落实。人力资源社会保障部党组书记、部长王晓萍出席会议并讲话，部党组成员出席会议并对分管领域工作提出要求。

7月27日　人力资源社会保障部在北京召开高校毕业生等青年就业工作部署推进会，深入学习贯彻习近平总书记重要指示批示精神，全面落实党中央决策部署和中央政治局会议有关要求，进一步分析形势、明确任务，部署做好下一阶段高校毕业生等青年就业工作。人力资源社会保障部党组书记、部长王晓萍出席会议并讲话，部党组成员、副部长王少峰，中央纪委国家监委驻部纪检监察组组长、部党组成员张敏，部党组成员、副部长吴秀章，部党组成员、副部长李忠出席会议，部党组成员、副部长俞家栋主持会议。

7月28日　人力资源社会保障部办公厅印发《关于做好〈人力资源服务机构管理规定〉贯彻实施工作的通知》，围绕认真抓好《规定》的学习宣传、依法做好人力资源服务行政许可和备案、切实提升人力资源服务规范化水平等方面提出措施，推动《规定》贯彻实施。

8月8日至10日　人力资源社会保障部党组书记、部长王晓萍带队赴甘肃省，调研人力资源和社会保障重点工作进展情况。

8月10日　人力资源社会保障部办公厅、全国总工会办公厅、中国企业联合会/中国企业家协会办公室、全国工商联办公厅联合印发《工作场所高温和高寒天气劳动者权益保障制度（参考文本）》，指导用人单位完善工作场所高温和高寒天气劳动者权益保障制度。

8月17日　人力资源社会保障部、民政部、国家卫生健康委等七部门联合印发《关于推进工伤康复事业高质量发展的指导意见》，推动预防、补偿、康复“三位一体”的工伤保险制度建设，探索建立适合我国国情的工伤康复制度体系，更好地满足工伤职工康复需求。

8月28日　人力资源社会保障部办公厅、财政部办公厅联合印发《关于进一步加强就业政策落实有关工作的通知》，全力促发展稳就业惠民生。

8月30日　中华人民共和国第二届职业技能大赛组委会第三次全体会议在天津召开。天津市委书记陈敏尔，市委副书记、市长张工与人力资源社会保障部党组书记、部长王晓萍一行座谈，王晓萍、张工出席会议并讲话。人力资源社会保障部党组成员、副部长俞家栋主持会议。

同日　第二届全国博士后创新创业大赛组委会第一次会议在山东省烟台市召开。会议听取大赛组委会、执委会各工作组情况汇报，审议大赛有关工作方案，对各项筹备工作进行再安排再部署。人力资源社会保障部党组成员、副部长吴秀章出席会议。

同日　中华人民共和国第二届职业技能大赛战略合作伙伴和高级合作伙伴签约仪式在天津举行。人力资源社会保障部党组成员、副部长俞家栋出席仪式。

8月31日　人力资源社会保障部举行加挂“国家外国专家局”牌子仪式。人力资源社会保障部党组书记、部长王晓萍为“国家外国专家局”揭牌。挂牌仪式结束后，王晓萍出席欢迎转隶人员集体见面会并讲话，对贯彻落实机构改革要求、加快推进新时代外国专家工作进行部署。部党组成员参加挂牌仪式和见面会。

同日　人力资源社会保障部办公厅印发《国家职业标准编制技术规程（2023年版）》，对《国家职业技能标准编制技术规程（2018年版）》进行了全面修订。

9月4日　国务院新闻办公室举行国务院政策例行吹风会，人力资源社会保障部副部长李忠、国家医疗保障局和司法部有关负责人介绍《社会保险经办条例》有关情况，并回答记者提问。

同日　2023年中国国际服务贸易交易会人力资源服务主题活动在北京首钢园区举办。人力资源社会保障部党组成员、副部长吴秀章出席活动并致辞。

9月5日　人力资源社会保障部党组书记、部长王晓萍主持召开民营企业座谈会，了解民营企业发展状况，听取企业意见建议，研究人力资源和社会保障领域支持民营企业发展壮大的工作措施。

9月7日　人力资源社会保障部召开学习贯彻习近平新时代中国特色社会主义思想主题教育总结会，深入贯彻落实习近平总书记关于主题教育系列重要讲话和重要指示批示精神，落实中央主题教育第一批总结暨第二批部署会议要求，总结人力资源社会保障部主题教育开展情况，进一步深化主题教育成果，推动机关党的建设和人社事业高质量发展不断开拓新局面。人力资源社会保障部党组书记、部长、部主题教育领导小组组长王晓萍出席会议并讲话，部党组成员出席会议。

9月7日至8日　人力资源社会保障部党组书记、部长王晓萍带队赴山西省大同市，围绕人力资源社会保障重点工作特别是定点帮扶天镇县工作开展调研。调研期间，与天镇县定点帮扶挂职干部座谈。

9月12日　人社系统新闻发布培训班在北京举行开班式。人力资源社会保障部党组成员、副部长、部宣传工作领导小组组长李忠出席开班式并讲话。

9月14日　人力资源社会保障部、工业和信息化部联合印发《关于实施专精特新中小企业就业创业扬帆计划的通知》，决定在全国范围内实施专精特新中小企业就业创业扬帆计划，促进专精特新中小企业健康发展，创造更多高质量就业岗位，吸纳更多重点群体就业。

9月15日　人力资源社会保障部办公厅、中华全国总工会办公厅、中华全国工商业联合会办公厅、中国企业联合会办公室联合印发《关于开展基层劳动人事争议调解组织建设行动的通知》，要求坚持把非诉讼纠纷解决机制挺在前面，坚持和发展新时代“枫桥经验”，持续强化调解组织建设。

9月16日　中华人民共和国第二届职业技能大赛在天津开幕。中共中央政治局常委、国务院总理李强对做好技能人才工作作出重要批示。批示指出：技能人才是实施人才强国战略、就业优先战略和创新驱动发展战略的宝贵资源。举办全国职业技能大赛，为广大技能人才搭建展示技能、切磋技艺的平台，有利于促进形成技能就业、技能成才、技能报国的时代新风。各地区、各部门要坚持以习近平新时代中国特色社会主义思想为指导，全面贯彻党的二十大精神和习近平总书记重要指示要求，按照党中央决策部署，扎实做好技能人才工作，加快发展技工教育，健全终身职业技能培训制度，完善中国特色职业技能竞赛体系，拓宽发展通道，提升待遇水平，在全社会大力弘扬劳模精神、劳动精神、工匠精神，努力造就一支规模宏大、结构合理、素质优良的技能劳动者队伍，为推动高质量发展、全面建设社会主义现代化国家贡献力量。国务委员谌贻琴出席开幕式宣布开幕，并调研技能人才工作。她强调，要深入贯彻习近平总书记关于技能人才工作的重要指示批示精神，落实党中央、国务院决策部署，大力加强技能人才队伍建设，为推动高质量发展和全面建设社会主义现代化国家强化技能人才支撑。大赛组委会主任、人力资源社会保障部党组书记、部长王晓萍，大赛组委会副主任、人力资源社会保障部党组成员、副部长俞家栋出席开幕式。

9月17日　中华人民共和国第二届职业技能大赛技能强国论坛在天津举办。论坛交流推行终身职业技能培训制度、推动技能中国建设等方面进展成效，研究探讨技能强国建设路径举措，呼吁广大劳动者用劳动、技能、创新和拼搏谱写新时代劳动者之歌，共同建设技能强国。人力资源社会保障部党组成员、副部长俞家栋出席论坛并作主旨发言。

9月19日　中华人民共和国第二届职业技能大赛闭幕式在天津市奥林匹克中心体育馆举行。大赛组委会主任、人力资源社会保障部党组书记、部长王晓萍宣布大赛闭幕，大赛组委会副主任、人力资源社会保障部党组成员、副部长俞家栋出席闭幕式。

9月20日至21日　2023世界制造业大会人力资源赋能制造业高质量发展峰会在安徽省合肥市举办。人力资源社会保障部党组成员、副部长俞家栋出席活动并致辞。

9月22日　人力资源社会保障部在广西南宁召开人社帮扶助力推进乡村振兴交流观摩会议，深入学习贯彻党的二十大精神和中央农村工作会议精神，总结工作，交流经验，部署当前和今后一个时期人社帮扶重点任务。人力资源社会保障部党组成员、副部长王少峰出席会议并讲话。

9月24日至26日　人力资源社会保障部党组书记、部长王晓萍带队赴新疆，调研对口支援新疆等人力资源和社会保障重点工作进展情况。在乌鲁木齐期间，王晓萍与新疆维吾尔自治区党委书记、新疆生产建设兵团党委第一书记、第一政委马兴瑞，自治区党委副书记、自治区主席艾尔肯·吐尼亚孜，自治区党委副书记、兵团政委李邑飞举行工作会谈。会见后，王晓萍代表人力资源社会保障部与自治区人民政府、新疆生产建设兵团分别签署共同推动人力资源和社会保障事业高质量发展战略合作协议，明确了就业、技能培训、人才、社会保障、劳动关系、公共服务等方面的合作事项。

9月24日至29日　人力资源社会保障部副部长李忠出席在南非德班召开的2023年金砖国家劳工就业部长会议并应邀访问阿联酋。其间，李忠会见阿人力资源和本地化部部长安瓦尔，探讨加强双方的合作；赴阿技术和职业教育培训中心、人工智能大学调研，与中资企业座谈。

9月25日至26日　人力资源社会保障部副部长吴秀章在爱尔兰都柏林出席世界技能组织2023年全体大会，介绍了上海2026年第48届世界技能大赛筹办进展情况。会议期间，吴秀章会见世界技能组织主席和首席执行官，就筹办工作进行沟通；会见爱尔兰就业事务和零售商业国务部长，就双方未来合作交换意见。

9月27日　在中华人民共和国成立74周年到来之际，人力资源社会保障部（国家外国专家局）在北京举办外国专家招待会。人力资源社会保障部部长王晓萍出席招待会并致辞。

同日　人力资源社会保障部（国家外国专家局）在北京举行中国政府友谊奖颁奖（补授）仪式。人力资源社会保障部部长王晓萍向外国专家颁发中国政府友谊奖并讲话。

同日　人力资源社会保障部印发《人力资源管理专业人员职称评价办法（试行）的通知》，提出政策措施增强人力资源管理专业人员职称评价工作的科学化、制度化、规范化水平，进一步畅通人力资源管理专业人员职业发展通道。

9月28日　人力资源社会保障部副部长吴秀章在瑞士出席第五次中瑞劳工对话，双方围绕新就业形态劳动者权益保护等问题进行交流，并就双方下一步合作重点交换意见。

同日　人力资源社会保障部办公厅、教育部办公厅、民政部办公厅等六部门联合印发《关于开展“城暖农民工”服务活动的通知》，决定组织开展“城暖农民工”服务活动，全面做好农民工服务保障工作。

9月29日　“唱响新时代劳动者之歌”慰问演出活动在北京举办。人力资源社会保障部党组成员、副部长俞家栋出席活动并致辞。

10月18日　全国劳务协作暨劳务品牌发展大会在宁夏银川举行，国务委员谌贻琴出席大会并讲话。她强调，要深入学习贯彻习近平总书记关于做好就业工作的重要指示批示精神，认真落实党中央、国务院决策部署，创新完善工作机制和政策举措，进一步扩大劳务协作和劳务品牌成效，更好巩固拓展脱贫攻坚成果、促进乡村全面振兴，扎实推进共同富裕。人力资源社会保障部党组书记、部长王晓萍，部党组成员、副部长俞家栋出席大会。

10月19日至20日　“一带一路”倡议十周年暨促进高质量就业国际研讨会在北京召开。人力资源社会保障部副部长俞家栋出席开幕式并致辞，介绍人社领域推进共建“一带一路”成果，提出在新起点上深化“一带一路”人社国际合作，促进共建国家经济社会发展和民生福祉。

10月20日　人力资源社会保障部部长

王晓萍会见国际劳工组织助理总干事兼亚太局局长麻田千穗子女士一行，介绍“一带一路”人社国际合作和我国人社事业发展成就，并就在亚太地区共同推进南南合作交换意见。

10月21日　2023年“社保服务进万家”主场活动在江西省南昌市举办，人力资源社会保障部党组成员、副部长李忠出席。10月21日至27日，人力资源社会保障部以“全民参保　共享美好”为主题，在全国组织开展“社保服务进万家”活动，通过进社区、进乡村、进企业、进校园，广泛宣传社会保险政策和便民服务举措。

10月26日　全国博士后创新创业主题交流研讨会在山东省烟台市举办。活动分为院士主旨演讲、知名企业家分享、创投大咖分享、第一届全国博士后创新创业大赛获奖代表分享、高端对话等环节。人力资源社会保障部党组成员、副部长吴秀章出席。

同日　第二届全国博士后创新创业大赛总决赛在山东省烟台市开幕。人力资源社会保障部党组书记、部长王晓萍致开幕辞。

同日　人力资源社会保障部办公厅印发《关于做好劳动关系协调师职业技能等级认定工作的通知》，细化劳动关系协调师技能等级认定工作，提升劳动关系协调师职业技能等级认定质量，推进劳动关系协调员队伍职业化、专业化建设。

10月26日至27日　“尊法守法·携手筑梦”2023年人力资源和社会保障法治知识竞赛现场比赛在湖北省武汉市举办。人力资源社会保障部党组成员、副部长俞家栋出席总决赛并为获奖代表队颁奖。

10月28日　第二届全国博士后创新创业大赛总决赛闭幕式在山东省烟台市举行。人力资源社会保障部党组成员、副部长吴秀章宣布大赛闭幕并在闭幕式上为获奖选手和组队单位代表颁奖。

11月3日　中国－东盟人力资源合作与开发论坛暨中国－东盟人力资源服务博览会在广西南宁开幕。人力资源社会保障部副部长俞家栋出席开幕式并致辞。

11月4日至6日　人力资源社会保障部党组书记、部长王晓萍带队赴上海市，调研技能人才队伍建设等重点工作进展情况。

11月6日　人力资源社会保障部部长王晓萍会见世界技能组织主席汉弗莱斯和首席执行官霍伊一行，宣介我国以人口高质量发展支撑中国式现代化的政策举措，并就上海第48届世界技能大赛的筹办工作、上海世界技能博物馆运营等交换意见。当天，王晓萍出席世界技能博物馆开馆活动，并与上海市市长龚正、世界技能组织主席汉弗莱斯、首席执行官霍伊一道，签署《关于中国上海2026年第48届世界技能大赛框架协议书》。人力资源社会保障部副部长俞家栋参加有关活动。

同日　中共中央组织部、人力资源社会保障部联合印发《事业单位工作人员处分规定》，对处分的原则、种类、适用、权限、程序等作出全面规定，自发布之日起施行。

11月8日　人力资源社会保障部办公厅印发《新就业形态劳动者休息和劳动报酬权益保障指引》《新就业形态劳动者劳动规则公示指引》《新就业形态劳动者权益维护服务指南》，指导企业依法规范用工、新就业形态劳动者依法维权，切实维护好新就业形态劳动者基本权益。

11月21日　人力资源社会保障部部长王晓萍会见蒙古劳动与社会保障部部长布勒根图雅，就完善社会保障制度、增进民生福祉等进行交流。

11月21日至23日　人力资源社会保障部党组书记、部长王晓萍带队赴广东省深圳市，调研人力资源和社会保障重点工作进展情况。

11月22日　第二届全国人力资源服务业发展大会在广东省深圳市开幕。中共中央政治局常委、国务院总理李强对进一步做好人力资源服务业发展工作作出重要批示。人力资源社会保障部党组书记、部长王晓萍出席大会开幕活动并讲话。人力资源社会保障部党组成员、副部长俞家栋主持开幕活动。

11 月 23 日　第二届全国人力资源服务业发展大会闭幕活动在广东省深圳市国际会展中心举行。人力资源社会保障部党组成员、副部长俞家栋出席闭幕活动。

11 月 28 日　人力资源社会保障部召开青年干部交流座谈会，深入学习贯彻习近平总书记关于青年干部成长成才的重要论述，交流青年干部学习和调研体会，巩固深化学习贯彻习近平新时代中国特色社会主义思想主题教育成果。人力资源社会保障部党组书记、部长王晓萍出席会议并讲话，部党组成员、副部长王少峰主持会议。

同日　人力资源社会保障部在贵州省贵阳市召开深化职称制度改革工作座谈会，同时举办职称和职业资格改革工作培训班。人力资源社会保障部党组成员、副部长吴秀章出席会议并讲话。

11 月 30 日　人力资源社会保障部印发《关于强化人社支持举措　助力民营经济发展壮大的通知》，提出扩大民营企业技术技能人才供给、优化民营企业就业创业服务、推动民营企业构建和谐劳动关系、加大社会保险惠企支持力度等举措，助力民营经济发展。

12 月 1 日　人力资源社会保障部召开社会保险基金安全警示教育大会，深入学习贯彻习近平总书记关于社保基金安全的重要讲话和重要指示批示精神，分析研判社保基金安全形势，对警示教育月活动进行动员部署。人力资源社会保障部党组书记、部长王晓萍出席会议并讲话，中央纪委国家监委驻部纪检监察组组长、部党组成员张敏，部党组成员、副部长吴秀章出席会议，部党组成员、副部长李忠主持会议。

同日　人力资源社会保障部举行中国博士后科学基金会和天津市人民政府合作设立“中国博士后科学基金会与天津市联合资助（特别资助）”协议签约仪式。人力资源社会保障部党组成员、副部长吴秀章出席仪式。博士后基金天津联合资助项目正式启动，标志着博士后基金多元化投入改革迈出历史性一步。

12 月 4 日　人力资源社会保障部印发《关于进一步健全人力资源社会保障基本公共服务标准体系全面推行标准化的意见》，就人力资源社会保障领域进一步健全基本公共服务标准体系、全面推行标准化提出意见。

12 月 11 日　人力资源社会保障部办公厅印发《关于开展 2023 年全国人力资源市场高校毕业生就业服务周活动的通知》，决定于 12 月 16 日至 12 月 31 日开展职引未来——2023 年全国人力资源市场高校毕业生就业服务周活动，促进高校毕业生等重点群体市场化社会化就业。

12 月 12 日　国务院决定：免去王少峰的人力资源和社会保障部副部长职务。

12 月 18 日　人力资源社会保障部召开维护新就业形态劳动者劳动权益全国电视电话会，深入学习贯彻习近平总书记关于维护新就业形态劳动者权益的重要指示批示精神，落实党的二十大有关决策部署，总结工作进展，部署做好下一阶段工作。人力资源社会保障部党组成员、副部长吴秀章出席会议并讲话。

12 月 20 日　人力资源社会保障部印发《关于开展 2024 年全国公共就业服务专项活动的通知》，明确 2024 年开展九项全国公共就业服务专项活动，助力高质量充分就业。

同日　财政部、人力资源社会保障部联合印发《就业补助资金管理办法》，规范就业补助资金管理，提高资金使用效益。

12 月 21 日　人力资源社会保障部（国家外国专家局）在北京举办外国专家新年专场文艺演出。人力资源社会保障部部长王晓萍，副部长吴秀章、李忠、俞家栋，与在京外国专家及家属等近千名中外来宾一同观看了演出。

同日　人力资源社会保障部召开专家学者座谈会，围绕学习贯彻中央经济工作会议精神，分析研判当前形势，深化重点领域改革，谋划发展思路举措，听取意见建议。人力资源社会保障部党组书记、部长王晓萍主持会议，部党组成员、副部长李忠出席会议。

同日　人力资源社会保障部召开人力资源服务机构座谈会，围绕贯彻落实中央经济工作会议精神，了解当前就业市场供求状况，听取促进市场化社会化就业有关意见建议，研究推动人力资源服务业高质量发展的工作措施。人力资源社会保障部党组书记、部长王晓萍主持会议，部党组成员、副部长俞家栋参加会议。

同日　人力资源社会保障部召开视频会，正式启动第47届世界技能大赛参赛集训工作。人力资源社会保障部副部长、第47届世界技能大赛中国组委会主任俞家栋出席会议并作动员讲话。

12月22日至23日　由人力资源社会保障部、中国气象局主办，中国气象科学研究院、国家气候中心承办的"积极应对气候变化　科学支撑'双碳'战略"专家创新大讲堂在北京举行。人力资源社会保障部党组成员、副部长吴秀章出席开幕式并致辞。

12月26日　人力资源社会保障部、中国残疾人联合会联合印发《关于开展2024年就业援助月专项活动的通知》，决定于2024年元旦、春节期间在全国组织开展就业援助月专项活动，集中帮扶就业困难人员就业创业。

同日　人力资源社会保障部印发《关于加强零工市场规范化建设的通知》，将零工市场纳入就业公共服务体系建设工作，提高零工市场服务均等化和可及性。

同日　北京市、天津市、河北省在石家庄签署《京津冀社会保障卡居民服务"一卡通"合作框架协议》，共同推进京津冀"一卡通"建设，加快实现三地社保卡跨省通用、一卡多用、线上线下场景融合发展。人力资源社会保障部党组成员、副部长李忠出席签约活动。

12月28日　人力资源社会保障部办公厅印发《关于加强农民工职业技能培训工作的意见》，要求以农村转移劳动力、返乡农民工、脱贫劳动力等为重点，面向广大农民工群体开展大规模、广覆盖、多形式的职业技能培训。

同日　人力资源社会保障部办公厅印发《关于推进直播带岗在就业公共服务领域应用的通知》，要求推进直播带岗在就业公共服务领域广泛应用，打造一批特色化、高水平的就业公共服务直播带岗基地。

12月28日至29日　人力资源社会保障部2023年年底务虚会暨党组理论学习中心组学习扩大会在北京召开。会议以习近平新时代中国特色社会主义思想为指导，深入学习贯彻中央经济工作会议和中央农村工作会议精神，学习贯彻习近平总书记重要指示批示精神，研究贯彻落实的思路和措施，谋划做好2024年工作。人力资源社会保障部党组书记、部长王晓萍出席会议并讲话，部党组成员出席会议并作发言。